KB205761

90일
통큰통독
말씀이 삶이 되어

하나님나라 관점에서 읽는
90일 성경일독 - 말씀이 삶이 되어

초판 1쇄 | 2012년 1월
초판 52쇄 | 2017년 1월
개정판 1쇄 | 2017년 2월 1일
개정판 19쇄 | 2019년 6월 1일
개정증보판 1쇄 | 2019년 4월 1일
개정증보판 22쇄 | 2024년 7월 1일

지은이 | 주해홍
펴낸이 | Hae Hong Joo
편집· 도표 디자인 | 조민정
지도 디자인 | 최은영_(주)디알
발행처 | (주)도서출판 에스라
등록 | 2018년 1월 22일 제 2018-000009호

홈페이지 | 90daysbible.com
저작권자 | 2010 주해홍
e-mail : haejoo518@gmail.com

공급처 | (주)비전북
전화 031-907-3927

ISBN 979-11-960521-0-2
잘못된 책은 바꾸어 드립니다.

"에스라가 여호와의 율법을 연구하여 준행하며
율례와 규례를 이스라엘에게 가르치기로 결심하였었더라" (에스라 7:10)

도서출판 에스라

추천의 글들

통큰통독 90일 성경 읽기는 성경의 스토리와 메시지를 통하여 구속사적인 안목과 역사적 맥을 잡아 주며 우리의 신앙에서 거룩하고 구별된 삶의 소중함을 가르쳐 주는 귀한 책입니다. 각 교회마다 통독 세미나에 앞서 이 책을 읽어야 할 필독서로 강력하게 추천하는 바입니다.

최홍준 목사(국제 목양 사역원장, 호산나 교회 원로 목사)

주해홍 목사님이 성경을 가르칠 때마다 많은 성도들이 그렇게 감탄하고 은혜를 받는 것은 바로 그 예리한 통찰력과 내용 때문입니다. 그 아름다운 내용을 이제 책으로 묶어서 내게 되어 얼마나 감사한지 모르겠습니다. 이 책은 말씀에 갈급한 모든 성도들이 말씀을 제대로 분명하게 먹을 수 있도록 돕는 아주 뛰어난 지침서가 될 것입니다.

유진소 목사(호산나 교회 담임, 전 ANC 온누리 교회 담임)

성경의 의미를 이해하기 위해서(신학) 성경을 읽어야 합니다. 이 책은 바른 성경읽기에 대해서 눈을 열어 줄 것입니다. 신뢰할 만한 참고 도서와 자료들을 적절하게 사용하여 납득할 수 있는 논리로 필요한 설명을 제공합니다. 성경을 연구하고 싶은 분들은 먼저 이 책을 읽으십시오. 설교자들은 이 책을 읽으면서 자신의 성경읽기를 바르게 교정할 수 있을 것입니다.

전상수 목사(신학 박사, 부산 시냇가에 심은 교회 담임 목사)

성경 통독 교재를 만들기 위해서 여러 교재들을 샅샅이 훑어보던 중 이 책을 보게 되었습니다. 이런, 이런! 내가 찾으려던 자료들, 만들려던 도표들이 이 한 권에 다 들어 있었습니다! 한편으로 아쉬웠고 한편으로 반가웠습니다. 가장 알찬 성경 통독 교재, 꼭 읽어야 할 필독서로 자신 있게 추천합니다.

백인호 목사(BEE KOREA 이사 겸 학사위원장)

이 책을 만나고 하나님께 감사드렸습니다. 성경을 읽으면서 궁금했던 내용들을 이 책이 흐름을 따라 실제적으로 잘 정리해 주고 있기 때문입니다. 기도와 묵상 없이는 결코 축적될 수 없는 촘촘한 말씀의 해설과 정리된 자료들이 내 안에 말씀이 살아 움직이도록 도와주었습니다.

정원만("다시 서기 센터" 운영위원, BEE KOREA 성경연구원장)

"성경은 몇 권일까요?" 세미나 중 자주 묻는 질문이다. 그러면 질문이 끝나기가 무섭게 여기저기서 대답이 튀어 나온다. "66권이요!" 정답을 맞힌 듯 뿌듯해하는 분들을 향해 나는 이렇게 대답한다. "아니요, 성경은 한 권입니다. 성경은 한 분 저자이신 성령님께서 기록하신 66부작 대하드라마 한 권입니다." 통큰통독은 성경 전체를 통으로 꿰뚫어 하나님의 뜻과 마음을 바르게 이해할 수 있도록 도와주는 아주 유쾌한 책이다.

류모세 선교사(열린다 성경 아카데미 원장 및 저자)

저는 통큰통독을 2012년에 처음 만났습니다. 그 후로 카톡과 큐티나눔방을 통해 매년 300여명과 통큰통독 교재를 따라 1년 3독씩 성경을 함께 읽고 있습니다. 저는 통큰통독을 '전과'라고 부릅니다. 그 동안 성경공부를 하면서 배운 모든 내용이 역사 시간 순으로 잘 설명되어 있어서 처음 접했을 때 땅 속의 두더지가 땅 밖으로 나와 햇빛을 본 기분이었습니다. 통큰통독방을 통해 많은 사람들에게 치유와 회복의 역사가 있었습니다. 우울증, 자살충동에서 해방되고, 불임가정이 임신도 하고, 부모와 자녀간, 부부간 관계가 회복되는 등 회복의 역사가 일어나고 있습니다. 특히 설교를 알아듣기 시작했고, 또 설교가 너무 은혜롭고 감동이 된다는 고백이 많습니다. 통큰통독을 만나게 해 주신 하나님께, 그리고 1년 3독을 가능케 해주신 주해홍 목사님께 감사를 드립니다.

김현숙 호칭권사(100주년기념교회, 엘리사벳 하우스 큐티나눔방 리더)

하나님의 말씀이 신앙생활의 전부라는 것을 모르는 성도는 없을 것이다. 그런데도 왜 우리는 성경 읽는 것을 그토록 힘겨워하는가? 그것은 성경을 어떻게 읽어야 하느냐에 대한 이해가 부족하기 때문이다. 그런 의미에서 주해홍 목사님의 90일 통큰통독 연대기 성경과 교재는 성도가 매일, 하나님의 관점으로 성경을 즐기며 읽어나갈 수 있도록 돕는 이 시대의 뛰어난 이정표라 생각된다.

김주환 목사(신학 박사, HUB 교회 담임 목사)

Thy Kingdom Come!
이제 세계는 하나로! 내 삶의 우선순위를 통째로 바꾸어 놓은 이 책은 결국 순종까지 끌어내는 참으로 멋진 책입니다. 한번 읽기 시작하면 쉽게 놓을 수 없는 귀하고 귀한 책입니다. 이제 한국어뿐만 아니라 영어, 중국어, 스페인어, 러시아어로 곧 출간이 되면, 세계는 더욱 하나가 되어 진실로 속히 오실 우리 주님 예수 그리스도의 재림을 예비하며 통큰통독의 열기는 통통 튀어서 온 세계를 덮을 것을 분명히 믿습니다.

김영덕 목사(미 육군 군목, 중령, 주한 미8군 군종 참모)

"나무보다는 숲을 보라"는 말이 있습니다. 이 말은 성경공부에도 그대로 적용됩니다. 눈에 보이는 디테일도 중요하지만 각 성경의 전체를 관통하는 흐름을 입체적으로 볼 수 있는 거시적 안목을 우선적으로 갖는 것이 보다 중요합니다. 주해홍 목사님의 「통큰통독」은 바로 이러한 안목을 길러 주는 뛰어난 지침서입니다. 이 책은 단편적인 성경공부에 너무 익숙해서 성경의 전체 흐름과 문맥을 파악하지 못하는 분들에게 성경을 '통째로' 볼 수 있는 귀한 통찰력을 제공할 것입니다.

이상명 총장(신약학 박사, 미주장로회신학대학교 총장)

"성경을 한 번도 읽어 본 적이 없습니다." 목회를 하면서 너무 많이 들었던 말이었습니다. 목사로서 그런 성도들을 만나면 무력함을 느끼기도 했습니다. 그러던 중 「통큰통독」에 대해 듣게 되었습니다. 90일 만에 성도들에게 성경을 완독할 수 있게 돕는 프로그램이 있다는 것입니다. '실마... 90일에 성경을 완독하게 한다고? 그러면 하루 분량이 꽤 될텐데.... 10분도 못 읽는 성도들이 90일에 완독을 해 낼 수 있을까?.."이런 마음으로 시작한 통독을 매년 수백 명의 성도들이 성경을 완독하는 것을 보게 되었습니다. 이제 5독, 6독을 하는 성도들이 생기고, 말씀을 읽는 것이 당연한 교회 문화로 정착하게 되었습니다. 여름이 되면 가족과 함께 「통큰통독」으로 성경을 읽으며 아이들이게도 완독의 기쁨을 선물해 줄 수 있게 되었습니다. 말씀을 사랑하는 성도, 말씀을 소중하게 가까이 하는 성도를 양육하기 원하는 교회들에게 통큰통독을 적극 추천합니다.

김 여호수아 목사(서울 드림교회 담임 목사)

주해홍 목사님은 이 책을 통해 성경통독이 그리스도인에게 얼마나 가치 있는 영적훈련의 통로인가를 다시 한 번 확인시켜 줍니다. 하나님을 더 깊게 알고 싶고 하나님의 나라를 갈망하고 있는 성도들에게 성경보다 더 확실하게 그들을 하나님께로 인도할 수 있는 다른 길이 없음을 이 책의 내용은 소리쳐 전합니다. 그래서 저는 하나님 나라의 온전한 회복을 갈망하는 모든 성도에게 66권의 통전적인 이해와 읽기, 그리고 전인적인 변화의 여정으로 인도해 줄 「통큰통독」을 적극적으로 추천합니다.

김현경 교수(기독교 교육학 박사, 미주 World Mission University 교수)

성경 66권, 1189장, 31100여절의 방대한 분량의 말씀을 저마다 자기 뜻대로 보고 읽고 받아들인다면, 결국은 물위에 표류하는 배처럼 길을 잃고 말 것입니다. 이 표류하는 배 위에서 나의 생각과 하나님의 생각 사이에서 길을 잃고 방황하는 성도들에게 이 책은 '종말론적 구속의 역사', '하나님 나라의 회복', '구별된 삶'이라는 세 가지 관점으로 성경을 바라보게 함으로써, 우리를 자기중심적인 신앙에서 벗어나 하나님 중심의 삶으로, 인위에서 신위의 삶으로 인도해 줄 것입니다. 90일 성경일독 「통큰통독」 개정판의 발간을 기다리며 분명한 방향성 속에서 깊이 있게 말씀을 묵상하고 싶은 성도들에게 이 책을 추천해 드립니다.

박종훈 목사(감리교 부산동지방 교육부 총무)

신앙생활 우선순위의 수위(首位)는 '주님의 말씀을 경청하는 일'입니다. 말씀을 향하여 자신을 열고, 그 말씀이 내 존재를 꿰뚫도록 허용함으로 말씀이 삶이 될 수 있을 때, 비로소 그 삶이 지향하는 바가 올바를 수 있고, 지치거나 낙심하지 않을 수 있습니다. 그러한 까닭에 시편 119편 28절에서 시인은 "주의 말씀대로 나를 세우소서"라고 기도하기도 했습니다. 그러나 안타깝게도 번번이 우리의 성경읽기는 전체의 맥락을 이해하지 못한 채 단편적인 이해에 그치거나, 성경의 말씀들을 있게 한 역사적 배경에 대한 몰이해로 말씀과 삶이 유리된 성경지식에 머물곤 했습니다. 그로 인해 갈증이 깊던 차에 이번 발간된 주해홍 목사님의「통큰통독」은 마치 마른 대지에 흩뿌린 단비와도 같습니다. 시간의 흐름을 무시하지 않으면서 종말론적 구속사의 관점에서, 하나님 나라의 관점에서, 구별된 삶의 관점에서 성경을 볼 수 있게 우리를 이끌어주고, 창조시대로부터 종말에 이르기까지 동시대 안에 들어가 마주하는 성경 말씀들은 고스란히 '지금', '내 삶의 자리'에서 다시 한 번 하나님의 음성을 듣도록 이끌어줍니다. 부디 이 책이 말씀에 목마른 성도들에게 생명의 단비가 되었으면 좋겠습니다.

한석문 목사(감리교 부산동지방 감리사)

하루 50분에서 1시간을 지속적으로 90일간 투자하면 성경을 통독합니다! 그것도 시대적 흐름을 따라가며 성경의 세부 스토리와 전체를 조망하는 관점을 파악하면서 말입니다. 이만하면 성경을 통독하고 성경을 깊이 있게 읽고자 하는 사람들에게 복음입니다. 하나님의 감동으로 된 모든 성경은 하나님의 사람으로 온전하게 하며 모든 선한 일을 행할 능력을 갖추어 줍니다(딤후3:17). 통큰통독성경과 교재로 새롭게 성경통독에 도전하셔서 하나님의 마음을 이해하고 하나님의 나라를 세우고 온전케 되는 복을 누리시게 되기를 바랍니다.

이정숙 총장(신학박사, 횃불 트리니티 신학대학원 대학교 총장)

수년 동안 한국교회에 성경통독의 바람을 일으키며 베스트셀러가 된 본 교재는 '성경 전과'같은 책입니다. 매일 읽을 말씀 본문에 필요한 역사적 배경, 지리적 환경, 지도 등이 자세한 설명과 도표로 일목요연하게 정리가 되어 있어서 성경통독에 정말 유익한 책입니다. 성경 옆에 이 책을 두고 함께 읽어 나가면, 어렵기만 했던 성경이 재미있게 입체적으로 읽히면서 성경의 맥과 주제가 관통되는 기쁨과 감동을 맛보게 되리라 확신합니다.

전혜경 권사(온누리 교회)

이 책은 성경을 읽기를 원하면서도 어렵다고 중단하는 평신도들을 위해 재미있게 읽을 수 있도록 성경의 내용을 우선 시간 흐름 속에 줄거리를 따라 읽도록 재배치했으며, 그 안에서 메시지를 따라 잡도록 안내를 해 주어, 소그룹에서 함께 이 책을 사용하면서 통독할 수 있도록 도움을 주는 책입니다.
종말론적 구속의 역사, 하나님 나라의 회복, 그리고 구별되는 삶의 관점으로 성경을 읽어 그 메시지를 이해함으로 오늘 내가 어떻게 살아야 되는지 도전을 받게 하는 책입니다. 성경적 삶으로 변화 받기를 갈망하는 모든 성도들이 필히 읽기를 바라며 추천합니다.

이진숙 권사(온누리 교회)

기독교의 기본 원리는 믿음으로 사는 것입니다. 믿음의 근거는 하나님의 말씀입니다. 믿음으로 살기 위해서는 하나님의 말씀대로 행해야 하며, 하나님을 사랑하는 방법도 하나님의 계명을 떠나 사랑할 방법이 없습니다. 교회의 혼란은 말씀의 부재에서 옵니다. 현대 기독교인들이 신앙이 약해지고 기독교가 지탄을 받는 이유도 말씀에 근거한 믿음보다 자신의 생각과 교회의 전통을 우위에 두기 때문입니다. 또한, 말씀해석이 파편적이고 자기중심의 해석이 많습니다. 이런 현실 가운데 성경을 효과적으로 통독하며, 하나의 관점으로 맥을 잡는 일은 신앙의 물꼬를 트는 일이라 할 수 있습니다.
특히 주해홍 목사님의 통독 안내서인 "통큰 통독"은 성경을 알기 쉽게 지도와 도표와 그림을 통해 한눈에 알 수 있도록 하였고 성경을 일 년에 몇 차례 통독하며 맥을 잡을 수 있도록 잘 가이드하고 있습니다. 특히 종교개혁 500주년을 맞아 말씀의 개혁이 일어나게 하는 귀한 교재가 되리라 확신하며 추천합니다.

박달수 목사(한국 대학생 선교회(CCC) 부산 지구 대표 간사)

주해홍 목사님의 <통큰통독: 90일 하나님 나라 관점에서 읽는 일독>은 성경을 연대기적으로 재배열하여 성경 전체의 흐름을 조망하게 하는 귀한 저서입니다. 특히 구약성경의 역사서와 시가서, 예언서가 그러하고, 신약의 사복음서, 사도행전과 서신서를 연대기적으로 배열해 두어 성경전체의 흐름을 알 수 있게 하는 책입니다. 성경 전체의 흐름을 이해하고, 성경을 친숙하게 접근하려는 모든 분들에게 소중한 길잡이가 될 것입니다.

신경규 교수(고신대 신학대학, 전문인 선교 훈련원장)

(무 순)

하나님 나라 관점에서 읽는 90일 **통큰 통독을 시작하면서**

한 아이가 세상에 태어나기 위해 모태에서 열 달을 기다리듯이, 이 책이 출간되기까지 15년 세월이 걸렸습니다. 성경 통독에 대한 꿈이 제 마음속에 잉태된 지 지난 15년 동안 수많은 자료를 모으고, 공부를 하며, 그동안 모두 열두 차례 16주120일와 13주90일 과정으로 성경 통독 강의를 진행했습니다. 이런 해산의 고통을 통해 이 책이 이 땅에 모습을 드러내게 되었습니다. 이 모든 일에 하나님의 섭리적 인도하심이 있었습니다. 할렐루야!

누군가가 성경의 영어 철자인 BIBLE을 다음과 같이 풀어 말한 적이 있습니다. Basic Information Before Leaving Earth, 즉 성경은 지구를 떠나기 전 이 세상에서 살아가는 데 필요한 기본적인 정보를 제공하는 책이라고 했다는군요. 그럴듯한 말입니다. 그러나 성경은 단지 우리에게 교회 생활(신앙생활과 구별되는)에 필요한 정보만을 제공하는 것이 아닙니다.

성경의 말씀은 우리의 삶을 변화시켜 참다운 삶을 살아가도록 하는 능력을 가지고 있습니다. 변화를 일으키는 것은 교회의 여러 가지 이벤트나 프로그램이 아니라, '말씀'입니다. 그 '말씀'은 이미 창조에 관여한 것이고, 지금은 '재창조(회복)'의 역사(役事)를 일으키는 것입니다. 그러므로 '말씀'을 읽고 이해를 하지 못하면 신앙생활에 아무런 변화도 오지 않는 법입니다. 그 '말씀'이 바로 성경이고, 성경을 읽지 않는 신앙생활은 신앙생활이 아닙니다. 그것은 교회 생활일 수는 있습니다. '말씀'에 의한 변화가 진정한 변화인 것입니다. 바로 그 말씀의 변화를 일으키는 능력은 우리의 잘못된 하나님과의 관계, 자신과의 관계, 이웃과의 관계, 세상과의 관계를 올바르게 회복시켜, 이 땅에 하나님의 나라가 온전히 이루어지게 하는 능력을 말합니다.딤후 3:16

성경을 읽는 것은 단순히 개인적 신앙생활의 영적 유익만을 위한 것이 아니라, 그렇게 함으로써 이웃과 사회와 국가와 그리고 거기에 소속된 문화가 하나님의 구원을 받게 된다는 말입니다. 사전 편찬가인 Daniel Webster는 "만약 우리가 성경의 원리대로 산다면 국가가 반드시 번성할 것입니다. 그러나 그 성경의 가르침과 원리를 무시한다면, 재앙이 갑자기 도둑처럼 찾아올 것입니다."라고 했습니다.

우리가 이 땅에 하나님의 나라를 이루는 하나님의 역사(役事)에 쓰임받기 위해 구원받았다는 사실을 깨닫고 있는 신자들은 많지 않은 듯합니다. 신자(信者)는 많은데 신자(神子), 또는 참 제자는 많지 않음을 보게 됩니다. 가장 큰 이유는 성경을 통전적(通典的)으로 바로 이해하지 못하여 바른 양육이 이루어지지 않아 우리의 영성이 성경적이지 않기 때문이라고 생각합니다. 양육의 부재는 건강한 예수님의 제자를 양육하지 못한다는 말입니다. 다시 말하면 예수님의 제자로서 삶의 한가운데서 작은 예수로서의 삶을 살면서 바로 그곳에 하나님의 현존과 임재를 체험하는 하나님 나라의 백성으로서의 삶을 살지 못한다는 말입니다. 바로 이것은 성경적 영성이 확립되어 있지 않기 때문입니다.

18-19세기에 미국과 유럽의 교회들이 선교의 열정이 왕성했음에도 불구하고 20세기에 들어서서 교세가 오히려 몰락한 이유는 선교의 열정만큼이나 자기 교회 교인들을 말씀으로 양육하지 못한 데 있었다는 보고가 있습니다. 다른 여러 가지 요인이 있을 수 있겠지만 양육의 부재가 가장 큰 이유라는 데 전적으로 공감합니다. 양육은 예수님의 마지막 부탁이자 명령입니다. 예수님은 **마태복음 28장 20절**에서

"내가 너희에게 분부한 모든 것을 가르쳐 지키게 하라"라고 명령하셨고, 또 **요한복음 21장 15-17절**에서 "내 양을 먹이라"라고 당부하신 것은 곧 '양육'을 말하는 것입니다. 양육은 예수님의 명령입니다. 이 양육은 성경의 통전적 이해를 기초로 해서 이루어져야 하고, 그 성경의 통전적 이해는 성경 전체에 흐르는 맥을 잡아 이해함으로 이루어지는 것입니다.

지금은 말씀으로 돌아가 하나님이 원하시는 삶과 사역이 무엇인가를 재발견하고 방향을 바꿀 때입니다. 그렇게 함으로 우리는 죄악으로 황무한 이 땅을 하나님의 긍휼하심으로 인해 새롭게 부흥시키시려는 하나님의 역사에 동참하게 될 것입니다. 이 진정한 부흥은 말씀으로 돌아가 하나님과 참된 관계를 회복하고 그의 나라를 이 땅에 회복하는 사역에 쓰임받는 것입니다. 그것이 바로 성경이 말하는 부흥이며, 신령한 복을 누리는 삶입니다. 죄악을 용서하고, 이 땅의 무너진 기초를 다시 세우는 일은 성경으로부터 시작해야 합니다. 그것은 성경의 바른 이해를 통한 성경의 영성을 회복함으로 가능해지는 일입니다.

많은 성경 공부가 주제별로 단편적이기 때문에 숲을 보지 못하고 나무만 보는 결과를 초래함으로 성경에 나타나는 진리를 바로 이해하지 못하게 된다는 것이 일반적인 견해입니다. 이 말은 맞는 이야기입니다. 성경을 통해 하나님을 이해함으로 그 진리를 깨닫지 않으면 성경을 언제나 아전인수(我田引水), 자기중심적으로(딤후 4:3) 이해하게 될 것이기 때문입니다. 이것은 인간의 본성을 반영하는 말입니다. 그래서 모든 성도는 반드시 성경을 통독해야 하고 또 그 통독을 모든 단편적 성경 공부에 우선해야 한다는 것입니다. 그것도 바른 성경의 관점에서 하나님의 마음을 이해하는 데 초점을 두고 읽어야 합니다. 성경을 하나님의 관점에서 읽고 이해함으로 信者를 넘어 神子가 되어야 합니다. 그래야 하나님의 나라가 이루어집니다.

성경을 일독하기 위한 많은 성경 통독 방법들이 있습니다. 가장 흔한 것은 매일 3-4장씩 읽어서 1년에 1번씩 성경을 통독하는 것입니다. 또한, 3박 4일, 4박 5일 동안 집중적으로 성경 통독 수련회를 통해 성경을 통독하기도 합니다. 그러나 이런 방법들은 성경 자체를 그냥 1번 통독하는 데는 의미가 있지만, 성경 통독을 통해 궁극적으로 성경의 전체적 의미를 파악하는 데는 그리 큰 도움이 되지 않습니다. 또한 성경의 전체 내용을 알기 위한 책들이 많이 있습니다. 성경 개론, 성경 총론, 성경 관통, 성경의 맥 등의 제목을 단 책들입니다. 이런 책들은 나름대로 성경 전체를 파악하는 데 도움을 줍니다. 그러나 구체적으로 성경을 통독하는 것과는 전혀 별개일 수 있습니다. 단순히 성경 전체를 개관하는데 목적을 두기 때문입니다. 그렇다면 성경도 통독하면서, 성경의 맥도 잡을 수 있는 방법은 없을까요? 이 책은 성경의 맥 공부와 성경 통독을 결합한 책입니다. 즉 성경을 통독하고, 성경의 핵심 내용을 파악하는 성경의 맥 잡기도 함께할 수 있는 두 마리의 토끼를 동시에 잡기 위한 책입니다. 따라서 이 책은 성경 전체를 90일 동안 통독하되 하나님 나라의 관점으로 성경을 통독함으로써 성경의 숲을 보며 그곳의 나무들(핵심 진리들)을 보게 하는 데 목적을 두고 있습니다. 이러한 목표를 이루기 위해 몇 가지의 방법을 사용했습니다. 그것을 위해 이 책은 성경을 다음의 두 가지 방법으로 읽게 하는데 그것은 ① 줄거리 따라 읽기(Storyline 따라가기)와 ② 메시지를 잡고 읽기(Message line 따라가기)입니다.

성경의 내용을 시대적, 시간적 흐름에 의해 재분류하였다.

많은 사람들이 성경을 성경책의 배열 순서로 읽으면서 내용의 흐름을 파악하지 못해 성경 읽기의 흥미를 잃어버리게 되는데 이것이 성경 통독의 어려움입니다. 성경 읽기에는 줄거리 따라 읽기(Storyline)와 메시지로 읽기(Message line)가 있습니다. 흥미 있게 성경을 읽으려면 이 두 가지를 병행해야 합니다. 먼저 줄거리가 통해야 하는데 이것을 위해 시대적 흐름을 따라 성경의 내용을 다시 분류해서 묶어서 읽을 수 있어야 합니다. 이 책은 그것을 제공합니다. 예를 들면 다윗의 이야기(다윗의 Storyline)를 읽을 때 사무엘하와 그 내용과 관련되는 역대기와 그의 상황에 따라 쓴 시편들을 묶어서 읽습니다. 특히 분열왕국 시대에는 각 왕들과 선지자들이 활약하던 시대의 배경을 열왕기와 역대기 등 역사서와 함께 예언서를 묶어서 읽음으로 성경 내용의 시간 흐름을 파악하기 쉽게 하여 Storyline을 따라가게 하였습니다. 그러면서 그 시대의 배경(Context)에서 하나님의 마음을 읽을 수 있는 메시지를 파악하는데 도움이 되는 내용 설명을 제공하였습니다.

메시지 이해를 위해 성경의 맥을 찾는 성경 신학적 관점을 제공한다.

메시지식 읽기를 통해서 우리는 하나님의 마음을 읽고 은혜받으며 읽을 수 있습니다. 그것을 위해 이 책은 성경을 관점, 즉 성경 신학적 관점을 가지고 읽게 합니다. 본 성경 읽기의 성경 신학적 관점은 '하나님 나라(Kingdom of God)'에 두고 있습니다.

그것은 인간의 복된 삶을 위해 하나님이 제공하신 그의 처음 나라인 에덴을 인간이 죄를 범함으로 잃어버리게 되었고, 잃어버린 그 나라를 회복시켜 주시려는 그분의 이야기(His-Story)가 성경이라는 것입니다. 이것을 성경 신학에서는 '구속사'라고 합니다.

따라서 성경의 역사는 바로 이 구속사의 역사이고, 그 역사는 하나님의 나라가 회복되어 가는 역사입니다. 성경에 나타나는 하나님의 마음은 그의 백성의 삶 속에 하나님의 나라가 이루어지기를 원하시는 것입니다. 그래서 예수님은 제자들에게 "나라가 임하옵시며 (Thy Kingdom Come)" (마 6:7)라고 기도하라고 가르치셨습니다. 하나님의 나라는 우리가 하나님의 뜻에 순종함으로 우리의 삶 속에서 이루어지고, 그 순종은 곧 하나님의 뜻을 따라 이 세상의 가치관과 구별되는 삶을 살 때 이루어진다는 것이 성경의 메시지입니다. 하나님 나라는 하나님의 통치가 이루어짐으로 우리가 누릴 신령한 복의 상태를 말합니다. 본 성경 읽기는 이 관점을 따라 읽게 합니다(서론의 관점 설명 참조).

왜 90일인가?

성경을 빠른 시일 안에 한 번 통독을 해 보려는 것이 모든 성도들의 간절한 마음입니다. 그러나 바쁜 시간과 성경의 난해함 때문에 통독이 쉬운 일이 아니라는 생각을 많이 합니다. 60일 성경 읽기가 있지만 하루에 3시간 정도 시간을 할애해야 하고, 일 년에 일독하는 계획은 하루 3장 정도 읽게 되어 시간을 많이 할애할 필요는 없지만 일 년간 지속하기란 쉽지 않습니다. 그래서 하루에 40분에서 1시간 정도 할애할 수만 있다면 90일(3개월) 안에 성경을 한 번, 그것도 성경이 주는 기본적인 진리(맥)를 파악하고 이해하면서 통독할 수 있도록 꾸몄습니다.

성경 읽기에 집중하기 위해 듣기 CD를 제공한다.

성경을 읽을 때 다른 생각하지 않고 성경에 집중할 수 있게 하기 위해 성경을 들으면서 읽을 수 있도록 듣기 CD를 부록으로 제공합니다. 성경 66권 전체를 이 책의 줄거리 전개에 따라 전문 성우의 정확한 발음으로 50시간에 마치도록 빠른 속도로 읽어 녹음하였습니다. 이 성경 듣기 CD의 읽기 속도로 읽으면 성경을 50시간에 읽을 수 있습니다.

감사의 말씀

먼저 이 책이 세상에 나올 수 있도록 은혜를 베풀어 주시고 섭리의 손길로 인도해 주신 하나님께 감사드립니다.

이 90일 성경 통독 강의를 통해 성도님들을 섬길 수 있도록 해 주신 미국 L.A.근교 선랜드(Sunland)에 있는 ANC(All Nations Church) 담임 목사이신 유진소 목사님께 감사를 드립니다. 유 목사님은 양육과 선교의 균형 있는 목회를 통해 저에게 많은 도전을 주셨습니다.

ANC에서 이 성경 통독 강의가 시작되도록 계기를 만들어 주고, 열심히 참여하고, 이 책의 출판을 위해 노력해 준 윤여훈 집사님[성경 대학 팀장]께 감사를 드립니다. 또한 ANC의 이종길 장로님, 신상준 장로님, 서정민 장로님, 정진수 집사님, 서진성, 서해연 부부 집사님, 이곳 유니온 교회의 권영태 장로님 이 책의 원고를 읽고 많은 조언을 해 준 장영국 교수님[방송인. 前 기독교 TV(CTS) 상임 고문. 뒤늦게 선교학 석사가 되신 분], 그리고 많은 오자를 교정해 준 장성희 집사님[뇌 수술 후유증으로 6개월 동안 의식을 회복하지 못하다가 이제 의식을 회복하는 기적을 얻었습니다.], 크리스틴 장 간사님, 그리고 한용주 군에게 감사를 드립니다. 또한 듣기 CD 편집을 위해 수고해 주신 한용희 장로님, 송건빈 장로님, 신정란 권사님, Jolie Yi, 임성수, 윤경희, 황숙경, 강승효 집사님께 감사를 드립니다.

그리고 알찬 강의를 위해 늘 수고해 주시는 ANC 성경 대학 Staff들인 강애라, 황희남, 정남훈, 이준덕, 정태홍 집사님들에게 감사를 드립니다.

도표와 그림 자료를 정리해 준 조민정 양에게 감사를 드립니다.

이 책의 많은 도표와 지도 그리고 편집 에디션을 해 주신 윤홍열 장로님[남서울대학교 시각디자인학과 교수, Ph.D.]과 편집디자인과 일러스트레이션을 맡아 준 최현석 군에게 각별한 감사를 드립니다.

또한 읽기 CD를 정성스럽게 제작해 주신 '백진 음반 기획'의 정병우 사장님께 감사를 드립니다.

이 책을 쓰느라고 컴퓨터 앞에 앉아 많은 시간을 보내는 동안 불평 없이 기도와 격려를 아끼지 않았던 사랑하는 아내와 두 아들(대근, 중근), 자주 찾아와 함께 컴퓨터 앞에서 재롱을 피워 할아버지의 수고를 위로해 준 두 손자 녀석(아람, 다인)에게도 고마운 마음을 전합니다.

이제, 이 책을 읽을 독자들에게도 감사를 드립니다. 독자 여러분에게 성령님이 역사하셔서 성경 읽기를 방해하는 사탄의 유혹을 물리치고 성경 통독을 통해 위대한 하나님 나라의 진리를 깨닫고 에덴의 축복을 되찾는 놀라운 은혜가 있기를 기도합니다.

독자 여러분 모두를 예수님의 이름으로 사랑하며 축복합니다.

2012년 1월

주 안에서 작은 종 주해홍 목사

• 본 저서의 성경 인용은 별도 표시가 없는 한, 개역개정판을 사용하였음을 밝힙니다.

개정판 서문

신학대학원을 졸업한지 11년째 되는 2004년, 늦은 나이에 목사 안수를 받기로 순종하기까지 마음속을 끊임없이 괴롭히는 한 생각이 있었습니다.

남들은 목회를 은퇴하려고 준비하는 나이에 나는 그 목회 사역을 오히려 본격적으로 시작하려고 마음을 모았습니다. 오랜 세월동안 생각하고, 기도도 하고, 고민도 하면서도, 때로는 이기적인 마음 때문에, 혹은 그 길을 가고 있는 사람들에게서 실망스러운 모습을 보고… 등등의 이유로 피해왔던 길이었습니다.

이 시점에서 나의 지난 삶을 돌이켜 보았습니다.
나의 꿈, 나의 야망, 나의 계획, 나의 명성을 이루기 위해 하나님의 도움이 필요했고, 그래서 열심히 기도 했고, 외쳤고, 때로는 핏발을 세우기도 했습니다.
"너희는 먼저 그의 나라와 그의 의를 구하라. 그리하면 이 모든 것을 더해 주시리라." 마 6:33 그의 나라와 의를 구하면 덤으로 주시겠다는 바로 그것을 위하여 나는 나의 신앙적 삶을 걸고 있었는지도 모릅니다. 나는 그 덤을 얻기 위한 열심, 열정이 바로 신앙인 줄로 알았습니다. 그것을 위해 나는 이런 저런 프로그램을 만들고, 열심을 내어 보기도 하면서, 경건의 모양을 경건의 능력인양 착각하면서 때로는 자기를 기만하고, 나아가 하나님을 영광되게 하기는커녕 오히려 그를 만홀히 여겼습니다. 그러고도 나는 참된 사역을 한다고 스스로 만족했었지요. 손가락을 남에게 겨냥할 줄은 알았지만 한 번도 자기 자신을 향해 그 손가락을 겨냥 해보지 못한 자만심이 나에게도 있었음을 숨길 수 없을 것입니다.

그러나 이제 그 손가락을 나 스스로에게로 돌려 보았습니다.
내 꿈, 내 계획이 아닌, 하나님의 꿈, 하나님의 계획을 위한 삶이 바로 참된 신앙의 삶이라는 것을 새삼 깨닫습니다. 내 꿈을 이루는 것이 아니고 주님의 꿈을 이루는 일에 쓰임 받는 삶이 바로 신앙이라고 깨달았습니다.
"그의 나라와 그의 의", 그것은 바로 우리 주님의 꿈이라고 생각합니다.
우리와 같은 사람(Adam)을 창조하시고, 그 사람이 보시기에 너무나도 좋아서, 우리 인간을 너무나도 귀히 여기셔서, 우리가 거할 곳을 특별히 마련하시고 우리를 그 곳에 거하게 하셨지요. 그 곳이 바로 에덴의 동산이었습니다. 그런 사랑을 외면한 우리는 그만 죄를 범해 그 좋은 낙원에서 추방을 당했고, 하나님은 그 날로 부터 우리를 그 낙원으로 다시 돌아오기를 고대하게 되었다고 성경은 가르쳐 주고 있습니다.

잃어버린 낙원의 회복, 하나님과의 바른 관계의 회복, 하나님의 다스림이 이루어지는 하나님 나라의 이룸 등등….
이것이 바로 우리 하나님의 꿈이라고 생각합니다. 우리는 얼마나 많은 시간에 이 하나님의 꿈의 이루어짐에 대해 생각하고, 고뇌하고, 기도했을까요?
아니면, 바로 덤으로 주시겠다고 약속한 그것을 위해 몸부림치며 울부짖는 신앙을 가지고 있지는 않았을까 생각하게 됩니다.
"…뜻이 하늘에서 이루어진 것 같이 땅에서도 이루어지이다"라고 수없이 주기도문을 올려 드렸지마는 이 모두가 단순한 암송이었고, 얼마나 많은 시간에 그 주님의 뜻이 바로 주님의 이와 같은 꿈이었다고 생각하면서 그 기도를 드렸는지를 생각해 봅니다.
나는 바로 이 하나님의 꿈을 이루어 드리는 일에 쓰임 받는 것이 곧 신앙의 푯대임을 믿습니다. 바로 그 푯대를 향해 나의 남은 삶을 살아가기로 했습니다.
그 후에 하나님 앞에 설 때에,
"네가 네 자신의 꿈을 위해서가 아니라, 바로 나의 꿈을 이루기 위해 수고하고 애를 썼구나. 착하고 충성된 종아 내가 이 면류관을 주리라" 라는 이 한마디의 말씀을 듣기 위해 내 남은 삶을 주님의 꿈을 이루어 드리는 일에 쓰임 받겠다고 생각했습니다.

성경은 바로 이 하나님의 꿈에 관한 이야기 책입니다.
그 성경 속에 당신의 꿈을 이루시려는 하나님의 애타는 사랑의 이야기가 가득합니다.
또한 그 성경 속에는 이런 하나님의 애타는 사랑을 외면하고, 내 자신만을 위하여 바벨탑을 높이 쌓아가는 일에 하나님을 이용하려는 인간의 모습도 또한 가득합니다.

하나님의 꿈만을 생각하는 패러다임 전환이 우리 모두에게 절실한 지금.
덤으로 주겠다는 그 외형적 축복에만 더 큰 관심을 두고 자신을 중심으로 한 신앙생활로부터 하나님의 꿈을 이루어 드리는 그의 나라와 그의 의를 구하고 실천하는 것으로의 발상의 전환이 절대로 필요한 이 시점에 우리의 절박함이 있습니다. 그것을 위해 말씀을 공부하고 지키며 가르쳐야 하는 소명을 품고, 감히 주님 앞에 무릎을 꿇고 그 분의 안수하심에 순종하였습니다.스 7:10

그래서 "목사"라는 무거운 짐을 지기로 했습니다. 어쩌면 더 피할 수 없는 일일는지도 모르겠습니다.
목사가 된다는 것은 명예스러운 일도 아니고, 또 멍에를 지는 일도 아닙니다. 단지 주님의 꿈을 이루는 일에 효율적으로 쓰임 받기 위한 도구에 불과한 위치일 뿐입니다.
우리 모두가 다 주님의 이 꿈을 위해 부름 받은 자들이기 때문입니다.

그러면서 이런 생각을 했습니다.

종려 주일날 예수님을 등에 태우고 예루살렘으로 들어가는 나귀를 생각했습니다.
많은 무리들이 '호산나'를 외치며 예수님을 환영했습니다. 그런데 이 나귀가 그 환호성이 자기에게 오는 줄 알고 그만 벌떡 일어나서 그 환호에 자기가 답례를 하면 어떻게 될까? 예수님은 떨어져 버리고 그 환호는 금방 야유로 바뀐다는 사실을 생각해 보았습니다. 목사가 된다는 것은 예수님을 태우고 예수님이 가시는 길로 묵묵히 가는 나귀가 되는 것이라고 생각했습니다. 그래서 안수식 답사에서 이 이야기를 했습니다. 이 이야기는 Charles Colson이 한 이야기를 인용한 것입니다.

그 동안 하나님은 나를 영적으로, 정신적으로 훈련을 시켜 주시면서 성경 교사로 인도 해 주셨습니다.

나는 40년 가까이 성경공부 인도자로서 자료들을 준비하여 공부하면서 중요한 사실을 깨우쳤습니다.
그것은 성경의 가르침이 "하나님의 꿈을 이루기 위해 흩어지는 교회"의 개념을 근거로 하고 있다는 사실입니다. 그것은 롬 12:1,2에 근거하고 있습니다. 하나님의 거룩한 산 제물이 되어 그의 동역자로서 이 세대를 본받아 동화Assimilation되는 자들이 아니고 이 세대를 그리스도의 문화대문화, 對文化, Counter Culture로 개혁하는 자들이 되게 하는 것이 바로 흩어지는 교회의 개념입니다. 하나님의 꿈을 이루어 드리기 위해 삶의 현장으로 작은 예수로서 흩어지라는 것입니다. 이것은 창조의 원리를 보여 주는 창세기 1:26-28의 문화명령Cultural Mandate을 실행하는 삶이기도 합니다. 그것이 "지켜 행하기"의 삶입니다.레 26장, 신 28장

한국교회의 특성은 신앙이 교회 안에만 모여 있고 교회 밖으로 나아가 실천하는 능력이 부족하다는 것입니다. 즉 은혜받기를 갈망하지만 은혜 받은 후에 대해서는 관심이 부족하다기 보다는 아예 없다고 해야 되겠지요. 교회 밖의 일에 대한 관심은 오직 선교나 그나마도 많지 않는 구제헌금을 통해서 이루어지는 일들뿐입니다. 그것도 하나님의 꿈을 이루는 차원보다는 교회의 업적을 알리는 홍보적 효과가 더 강조되는 사업성 사역일 경우가 더 많다는 느낌을 지울 수가 없습니다.

이와 같은 현상은 우리의 성경공부가 하나님의 꿈이라는 숲을 보게 하는 성경공부가 아니고, 교회가 그때그때 필요한 단편적 주제를 중심으로 함으로 교회에 충성하는 교인들을 만들어 내는데 초점이 맞추어져 있었기 때문이라고 생각합니다. 하나님의 꿈이란 큰 그림을 그릴 수 있는 성도를 만드는 데는 별 관심이 없다는 것입니다. 즉 성경의 숲을 놓치고 때로는 본질을 벗어나 비본질을 붙들고 그것이 신앙 인줄로 착각하고 있는지도 모르겠습니다. 그래서 하나님의 꿈이 무엇인지를 모르기 때문에 성경의 숲을 놓치고 나무만 보고 붙드는 장님의 우화가 되풀이 되고 있는지도 모르겠습니다.

우리가 참으로 하나님의 꿈이 무엇인가를 이해하고 그 꿈이 하늘에서 이루어진 것 같이 땅에서도 이루어지는 것이 참 나의 기도의 제목이 된다면, 우리 한국교회는 삶의 현장에서 작은 예수로 살아 갈수 있도록 성도를 훈련하는 것에 성경 공부의 초점이 맞추어져야 한다고 생각합니다.
바로 그 삶의 현장에서 작은 예수로서 예수님이 있어야 할 자리를 채울 수 있는 성도들이 되어야 한다는 것이고, 나는 바로 그 삶의 현장에 작은 예수로 있는 자들이 곧 흩어진 교회라고 생각하는 것이지요. 단순히 전도하기 위해 흩어지는 좁은 의미에서 벗어나야 한다는 것입니다.

모이는 교회를 예배 공동체라고 한다면 흩어지는 교회는 삶의 공동체라고 해야 할 것이고 이 삶의 공동체는 예배 공동체만큼이나 중요한 공동체라고 생각합니다.
흩어지는 교회가 되기 위해서는 은혜이후, 내면의 문제 이후의 것을 생각하고 하나님의 꿈을 이루는데 초점을 맞춘 말씀을 실천하는 훈련을 받아야 할 것입니다.

기독교는 성경의 원리위에 세워지는 삶입니다. 따라서 기독교는 경전 종교이고, 성경이 모든 것에 최우선적 가치를 갖습니다. 그러므로 모든 하나님의 백성으로 부름 받고 택함 받은 사람들은 그들의 삶을 말씀(성경의 원리) 위에 세워야 합니다. 그래서 우리의 가치관, 세계관이 성경적으로 바뀌어야 합니다. 그 일을 위해서 우리는 "오늘 성경 읽으셨나요?" 의 구호를 걸고 성경을 읽고, 깨닫게 하며, 지키게 하는 것을 우리의 사명으로 감당합니다.

흩어지는 교회로서의 성도를 훈련한데 초점을 맞추고 성경 공부 교재들을 만들려고 애를 쓰고 있지만 아직은 모든 것이 부족합니다.
이 책은 오랜 성경 공부를 인도하면서 자료를 모으고 연구했던 것들을 미국 ANC 온누리 교회당시 유진소 목사 시무에서 성경 통독 교재로 개발해서 10여년간 활용하다가 2009년 7월 본 사역원 출판부를 통해 세상에 알려지면서 호응을 얻었고, 두란노에서 2012년 1월부터 5년간 52쇄를 발간하면서 한국어권을

넘어 중국어, 영어, 스페니쉬, 러시아어로 번역되어 세계로 확산하게 되었습니다. 그동안 많은 성도들의 호응으로 이제 그 개정판을 본 사역원 출판부에서 다시 내면서 새롭게 성경읽기 운동을 전 세계에 더 왕성하게 전개하게 되었습니다.

오랜 기간 동안 성경 공부를 인도하면서 느낀 점은 많은 성도들이 성경을 공부하기를 갈망하고 있다는 것입니다. 특히 성경을 한번쯤은 통독해 보기를 원하지만 뜻대로 잘 되지 않아 좌절감을 느끼는 분들을 많이 만납니다. 현실적 삶에는 경제 원리가 작용합니다. "적은 투자로 많은 이윤"을 얻고자 하는 것이 현실적인 삶입니다. 신앙생활에도 이 경제원리가 작용함을 볼 수 있습니다. 특히 성경을 읽을 때도 이런 경제 원리를 적용하기를 원하고 있습니다. 그 이유는 바쁜 생활 속에서 성경공부 또는 읽기에 시간을 내기가 쉽지 않기 때문입니다. 교회 안에 오래된 교인, 심지어 중직을 맡고 있는 교인들 중에서도 성경을 한번도 제대로 읽은 사람이 많지 않다는 사실은 놀라운 일이 아닙니다.

그래서 단 한번을 읽더라도 성경을 통해서 우리에게 보여주시는 하나님의 마음을 파악하고 깨닫고 그것에 순종하는 결단을 이루어 내는 읽기가 될 수 있도록 하기 위해 이 책을 도우미로 출간하게 되었습니다. 이 책 서론에서 언급하고 있는 성경읽기의 3가지 성경 신학적 관점과 메시지를 이해하는 3가지 개념을 잘 이해하셔서 도움을 받으시기를 바랍니다.

성경의 전체 총 장수는 1189장입니다. 하루 13~14장씩 읽으면 90일 동안에 일독할 수 있습니다(1189장/90일 = 13.37장/1일). 이 분량을 읽는데 평균 35분이 필요합니다. 60일 성경일독 하기가 있는데 실제로 해보면 하루에 성경을 읽는 시간을 평균속도로 읽는 사람도 하루 2시간 이상을 할애해야 하는데 바쁜 삶을 사는 현대인들에게는 여간 어려운 일이 아닙니다(경제 원리에 맞지 않는 듯). 일 년 일독의 계획은 하루 3장정도 읽으면 되지만, 일 년을 지속한다는것은 대단한 인내를 요구하며, 통독의 원리에도 맞지 않습니다. 그래서 이 통큰 통독의 진도로 읽으면 하루 평균 35-40분(13-14장 분량)의 속도로 90일 정도는 잘 인내할 수 있어 별 어려움 없이 90일에 일독할 수 있을 것입니다. (이 교재 공부하는 시간을 포함하면 하루 50분-1시간 정도 할애해야 합니다. 그리고 이 책의 읽기 순서에 의해 구성된 듣기 CD가 부록으로 포함되어 있습니다. 이 듣기 CD를 들으면서 읽으면 읽기에 집중하기가 좋습니다. 그 듣기 CD의 전체 시간은 50시간입니다.)

2017년 2월 15일
주의 작은 종 주해홍 목사

개정증보판의 특징

1. 서론 부분을 보강하여 성경 읽기의 3가지 관점과 3가지 개념 설명을 보충하여 성경의 맥을 확실히 잡게 하였다.
2. 매일 읽기 분량은 같은 문맥 안에서 균등하도록 재조정하였다.
3. 초판의 오탈자와 오류를 수정하였다.
4. 사용한 성경 구절은 별도로 표시하지 않는 한 개역개정판을 사용하였다.

하나님 나라 관점에서 읽는 90일 성경 일독 일일 읽기 순서

제 1 일 창세기 1-11장
제 2 일 창세기 12-23장
제 3 일 창세기 24-36장
제 4 일 창세기 37-50장
제 5 일 출애굽기 1-12장
제 6 일 출애굽기 13-24장
제 7 일 출애굽기 25-40장
제 8 일 레위기 1-10장
제 9 일 레위기 11-27장
제 10 일 민수기 1-14장

제 11 일 민수기 15-27장
제 12 일 민수기 28-36장 / 신명기 1-3장
제 13 일 신명기 4-18장
제 14 일 신명기 19-34장 / 시편 90편
제 15 일 여호수아 1-12장
제 16 일 여호수아 13-24장
제 17 일 사사기 1-12장
제 18 일 사사기 13-21장 / 룻기 1-4장
제 19 일 사무엘상 1-16장 / 시편 23편
제 20 일 역대상 9:35-10장 / 사무엘상 17-21장 / 시편 59,56,34편 /
사무엘상 22장 / 시편 52편 / 사무엘상 23장 / 시편 63편 / 사무엘상 24장 /
시편 57,142편/ 시편 54편 / 사무엘상 25장

제 21 일 사무엘상 26-31장 / 사무엘하1장 / 시편 18편 / 사무엘하 2-7장
제 22 일 역대상 11-15장 / 시편 8,19,29,65,68,103,108,138편 / 역대상 16장
제 23 일 시편 96,105,106,39,62,50,73-83,88편 / 역대상 17장 / 사무엘하 8-12:15(상)
제 24 일 시편 32,51편/ 사무엘하 12:15(하)-15장 / 시편 3편 / 사무엘하 16:1-14 / 시편 7편 / 사무엘하 16:15-20장
제 25 일 사무엘하 21-23장/ 역대상 18-20장 / 시편 60편 / 사무엘하 24장 / 역대상 21장 / 시편 4-6,9-13편
제 26 일 시편 14,16,17,22,25-28,31,35,36,38,40,41,53,55편
제 27 일 시편 58,61,64,69,70,71,86,102,109,139-141,143편
제 28 일 시편 37편 / 역대상 22장 / 시편 30편 / 역대상 23-26장 / 시편 15,24,42-49,84,85,87편
제 29 일 역대상 27-29장 / 시편 2,20,21,72,93-95,97-99,101,110,144,145편
제 30 일 열왕기상 1-11장

제 31 일	잠언 1-16장
제 32 일	잠언 17-22:16 / 아가서 1-8장
제 33 일	전도서 1-12장
제 34 일	역대하 1-9장
제 35 일	열왕기상 12-16장 / 역대하 10-16장
제 36 일	열왕기상 17-22장 / 역대하 17-20장
제 37 일	열왕기하 1-12장
제 38 일	역대하 21-22:9 / 열왕기하 13-14장 / 역대하 22:10-25장 / 요나 1-4장 / 아모스 1-9장
제 39 일	열왕기하 15-16:9 / 역대하 26장 / 호세아 1-14장
제 40 일	이사야 6장 / 이사야 1-5장 / 이사야 7-10:4 / 이사야 17장 / 이사야 14:24-32
제 41 일	열왕기하 16:10-20 / 미가 1-7장 / 역대하 27-28장 / 열왕기하 17:1-4 / 이사야 28-29장 / 열왕기하 17:5-41 / 이사야 10:5-12장
제 42 일	열왕기하 18:1-12 / 잠언 25-29장 / 이사야 15-16장 / 이사야 18-20장 / 이사야 22:15-25 / 이사야 30-32장 / 열왕기하 20:1-19 / 이사야 38-39장 / 열왕기하 18:13-19장
제 43 일	이사야 36-37장 / 열왕기하 20:20,21 / 이사야 22:1-14 / 이사야 23-27장 / 역대하 29-32장 / 열왕기하 21장 / 스바냐 1-3장
제 44 일	열왕기하 22-23:25 / 역대하 33-35:19 / 시편 33,66,67,100편 / 열왕기하 23:26,27 / 나훔 1-3장 / 예레미야 1-6장
제 45 일	열왕기하 23:28-34 / 예레미야 22:10-17 / 역대하 35:20-36:4 / 하박국 1-3장 / 열왕기하 23:35-37 / 예레미야 26:1-6 / 예레미야 7-8:3 / 예레미야 26:7-24 / 예레미야 11-12장
제 46 일	예레미야 47장 / 예레미야 46:1-12 / 예레미야 13:1-14 / 예레미야 18:1-17 / 예레미야 45장 / 예레미야 36장 / 예레미야 25:1-14 / 예레미야 14-17장 / 예레미야 8:4-10:16
제 47 일	열왕기하 24:1-4 / 예레미야 35 / 예레미야 23:9-40 / 예레미야 18:18-20장 / 열왕기하 24:5-9 / 예레미야 22:18-30 / 예레미야 13:15-27 / 열왕기하 24:10-17 / 역대하 36:5-10 / 예레미야 24 / 다니엘 1-4장
제 48 일	열왕기하 24:18,19 / 역대하 36:11,12 / 예레미야 52:1-2, 예레미야 27-29장 / 예레미야 25:15-38 / 예레미야 48-51장
제 49 일	에스겔 1-3:21 / 열왕기 하 24:20-25:3 / 예레미야 52:3-6 / 예레미야 10:17-25 / 예레미야 21-22:9 / 예레미야 34장 / 예레미야 46:13-28 / 예레미야 37장 / 예레미야 30-33장 / 예레미야 23:1-8 / 예레미야 38장
제 50 일	역대하 36:13-16 / 에스겔 8-11장 / 에스겔 13-18장 / 에스겔 20-21:17 / 에스겔 22:1-22 / 에스겔 23장

제 51 일	에스겔 21:18-32 / 에스겔 24장 / 에스겔 3:22-7장 / 에스겔 29:1-16 / 에스겔 30:20-31장 / 열왕기하 25:4-21 / 예레미야 52:7-11 / 예레미야 39:1-7 / 역대하 36:17-21 / 에스겔 12장 / 예레미야 52:12-27 / 예레미야 39:8-10 / 시편 89편
제 52 일	예레미야애가 1-5장/ 열왕기하 25:22-26 / 예레미야 39:11-44장 / 에스겔 33:21-33 / 에스겔 19장 / 에스겔 22:23-31 / 에스겔 25-28장 / 에스겔 32장
제 53 일	오바댜 1장 / 시편 137편 / 예레미야 52:28-30 / 에스겔 33:1-20 / 에스겔 34-39장
제 54 일	에스겔 40-48장 / 에스겔 29:17-21 / 에스겔 30:1-19 / 열왕기하 25:27-30 / 예레미야 52:31-34 / 이사야 13-14:23 / 이사야 21장, 33-35장 / 다니엘 5장
제 55 일	이사야 40-55장
제 56 일	잠언 22:17-24장 / 잠언 30-31장 / 욥기 1-11장
제 57 일	욥기 12-24장
제 58 일	욥기 25-42장
제 59 일	역대하 36:22, 23 / 에스라 1-4:5, 4:24-5:1, 학개 1-2장
제 60 일	스가랴 1-8장 / 에스라 5:2-6장 / 다니엘 6장
제 61 일	역대상 1-9:34 / 에스더 1-2장
제 62 일	에스더 3-10장 / 에스라 4:6-23, 7-10장
제 63 일	느헤미야 1-10장 / 요엘 1-3장
제 64 일	시편 1, 91, 119편 / 느헤미야 11-12:30 / 시편 120-127편
제 65 일	시편 128-134편 / 느헤미야 12:31-47 / 시편 104, 107, 111-113편
제 66 일	시편 114-118, 135, 136, 146-150편
제 67 일	느헤미야 13:1-22 / 시편 92편 / 느헤미야 13:23-31 / 말라기 1-4장 / 이사야 56-66장
제 68 일	스가랴 9-14장 / 다니엘 7-12장
제 69 일	누가복음 1:1-4 / 요한복음 1:1-5, 9-13 / 마태복음 1:1-17 / 누가복음 3:23-38 / 누가복음 1:5-2:7 / 마태복음 1:18-25 / 요한복음 1:14 / 누가복음 2:8-39 / 마태복음 2:1-23 / 누가복음 2:40-52 / 요한복음 1:6-8, 15-34 / 마태복음 3장 / 마가복음 1:1-11 / 누가복음 3:1-18, 21-22 / 마태복음 4:1-11 / 마가복음 1:12-13 / 누가복음 4:1-13 / 요한복음 1:35-51, 2:1-12 / 요한복음 3장 / 마태복음 14:3-5 / 마가복음 6:17-20 / 누가복음 3:19-20 / 마태복음 4:12 / 마가복음 1:14 / 요한복음 4:1-44 / 마태복음 4:13-17 / 마가복음 1:15 / 누가복음 4:14-30 / 요한복음 4:45-54 / 마태복음 4:18-22 / 마가복음 1:16-20 / 누가복음 5:1-11
제 70 일	마태복음 8:14-17 / 마가복음 1:21-34 / 누가복음 4:31-41 / 마태복음 4:23-25 / 마가복음 1:35-39 / 누가복음 4:42-44 / 마태복음 8:2-4 / 마가복음 1:40-45 / 누가복음 5:12-16 / 마태복음 9:2-17 / 마가복음 2:1-22 / 누가복음 5:17-39 / 요한복음 5장 / 마태복음 12:1-21 / 마가복음 2:23-3:12 / 누가복음 6:1-11 / 마태복음 10:2-4 / 마가복음 3:13-19 / 누가복음 6:12-16 / 마태복음 5:1-8:1 / 누가복음 6:17-49 / 마태복음 8:5-13 / 누가복음 7:1-17 / 마태복음 11:2-30 / 누가복음 7:18-35

제 71 일	누가복음 7:36-50, 8:1-3 / 마태복음 14:6-12 / 마가복음 6:21-29 / 마태복음 12:22-50 / 마가복음 3:20-35 / 누가복음 8:19-21 / 마태복음 13:1-53 / 마가복음 4:1-34 / 누가복음 8:4-18 / 마태복음 8:18, 23-9:1 / 마가복음 4:35-5:20 / 누가복음 8:22-39 / 마태복음 9:18-34 / 마가복음 5:21-43 / 누가복음 8:40-56 / 마태복음 13:54-58 / 마가복음 6:1-6(상) / 마태복음 9:35-38 / 마가복음 6:6(하) / 마태복음 10:1, 5-11:1, 14:1-2 / 마가복음 6:7-16, 30 / 누가복음 9:1-10(상) / 마태복음 14:13-15:20 / 마가복음 6:31-7:23 / 누가복음 9:10(하)-17 / 요한복음 6장
제 72 일	마태복음 15:21-16:4 / 마가복음 7:24-8:12 / 마태복음 16:5-20 / 마가복음 8:13-30 / 누가복음 9:18-21 / 마태복음 16:21-28 / 마가복음 8:31-9:1 / 누가복음 9:22-27 / 마태복음 17:1-13 / 마가복음 9:2-13 / 누가복음 9:28-36 / 마태복음 17:14-18장, 8:19-22 / 마가복음 9:14-50 / 누가복음 9:37-62 / 요한복음 7장-10:21
제 73 일	누가복음 10:1-13:21 / 요한복음 10:22-39 / 누가복음 13:22-18:14 / 요한복음 10:40-11:54 / 마태복음 19:1-20:28 / 마가복음 10:1-45 / 누가복음 18:15-34
제 74 일	마태복음 20:29-34 / 마가복음 10:46-52 / 누가복음 18:35-19:28 /요한복음 11:55-12:1, 9-11 / 마태복음 21-23장 / 마가복음 11-12장 / 누가복음 19:29-20:40 / 누가복음 21:37-38 / 누가복음 20:41-21:4 / 요한복음 12:12-19 / 요한복음 2:13-25 / 요한복음 12:20-50
제 75 일	마태복음 24-25장 / 마가복음 13장 / 누가복음 21:5-36 / 마태복음 26:1-46 / 마가복음 14:1-42 / 누가복음 22:1-46 / 요한복음 12:2-8 / 요한복음 13장-18:1
제 76 일	마태복음 26:47-27 / 마가복음 14:43-16:1 / 누가복음 22:47-23 / 요한복음 18:2-19 / 마태복음 28장 / 마가복음 16:2-20 / 누가복음 24장 / 요한복음 20-21장
제 77 일	사도행전 1-12장
제 78 일	야고보서 1-5장 / 사도행전 13장-15:35 / 갈라디아서 1-6장
제 79 일	사도행전 15:36-18:22 / 데살로니가전서 1-5장 / 데살로니가후서 1-3장 / 사도행전 18:23-19:22 / 고린도전서 1-6장
제 80 일	고린도전서 7-16장
제 81 일	사도행전 19:23-20:1 / 고린도후서 1-13장
제 82 일	사도행전 20:2, 3상/ 로마서 1-16장
제 83 일	사도행전 20:3하-28장
제 84 일	빌립보서 1-4장/ 빌레몬서 1장/ 골로새서 1-4장
제 85 일	에베소서 1-6장/ 디모데전서 1-6장
제 86 일	디도서 1-3장 / 디모데후서 1-4장 / 베드로전서 1-5장
제 87 일	유다서 1장/ 베드로후서 1-3장 / 히브리서 1-7장
제 88 일	히브리서 8-13장 / 요한일서 1-5장 / 요한이서 1장 / 요한삼서 1장
제 89 일	요한계시록 1-11장
제 90 일	요한계시록 12-22장

차 례

CONTENTS

구약의 시간 흐름으로 읽기

신약의 시간 흐름으로 읽기

서론1 성경 읽기의 관점

1) 성경(BIBLE)이 무엇인가?

성경이 모두 66권으로 되어 있다는 것은 다 아는 사실입니다. 그러나 서로 다른 내용으로 된 별개의 66권이 모여 전집처럼 편집된 책으로 이해하는 사람들도 있습니다. 성경을 마치 윤리 도덕 교과서나, 이스라엘 백성이 가나안 땅을 정복하는 이스라엘 판 무협 소설처럼, 혹은 룻기 같은 책은 시어머니를 잘 공경해서 복 받은 유대판 열녀전쯤으로 생각하는 사람들도 있습니다. 심지어는 성경이 마치 복주머니나 되는 것처럼 토정비결 보듯이 성경을 대하는 사람들도 있습니다.

성경이 무엇인가라고 물어 보면 분명하게 대답하는 사람들이 많지 않습니다. 대부분은 '하나님의 말씀', '하나님의 연애편지'라는 조직신학적 정답만 말하더군요. 성경이 무엇인가에 대해서 자신과의 관계 가운데 분명한 답이 곧 우리가 성경 읽기에 거는 기대감이며, 그런 목적을 달성하기 위해 성경 읽기의 동기부여를 받을 수 있습니다.

어느 미국 목사님이 성경의 영어 철자를 풀어서 성경을 다음과 같이 정의한 적이 있습니다.[1] B.I.B.L.E. 즉 B: Basic, I: Information, B: Before, L: Leaving, E: Earth. 라고 말입니다. 이 말은 "성경은 이 땅에서 필요한 정보를 제공하는 책이다"라고 할 수 있습니다. 그렇다면 그 기본 정보Basic Information란 무엇일까요? 그것은 바로 이 땅에 살아가는 우리에게 내리시는 하나님의 지침 같은 것이라고 말할 수 있습니다.

1) 지금은 없어진 미국 남가주 Garden Grove에 소재했던 수정교회(Crystal Cathedral Church) 예배 설교 중에서.

그것을 좀 더 솔직히 말하면 곧 "복福"을 받는 지침을 말합니다. 복福이라는 한자어는 示, 一, 口, 田로 구성되는데, 그 의미가 시편 73:28의 의미와 같고 그것이 성경적 복이라는 사실을 알 수 있습니다. 즉, 田자는 밭 전자이지만 여기서는 에덴을 상징하는 것으로 봅니다.[2] 示는 神변으로서 하나님을 뜻하고, 口는 사람을 말하며, 一은 함께 한다는 뜻이라고 할 때 이것을 합쳐서 풀면 복福자는 "사람이 하나님과 함께 에덴에 있는 상태이다"라고 할 수 있습니다. 시편 기자는 시편 73:28에서 이렇게 말하고 있습니다. "하나님께 가까이 함이 내게 복이라..." 그렇습니다. 성경이 말하는 복은 여호와와의 온전한 관계로부터 오는 것입니다. 여호와 하나님이 함께 해 주실 때만 얻어지는 복입니다. 그래서 하나님은 임마누엘 하나님이실 때 우리에게 가장 복되신 하나님이십니다. 하나님은 임마누엘이십니다.

성경을 읽어야 하는 이유는 성경은 바로 이런 복된 기본 정보를 제공하는 책이고 그 복은 하나님과 관계가 온전하게 회복됨으로 흘러오는 복이고, 그 관계 회복은 성경을 읽어 하나님이 누구이신가를 바르게 알고 그 하나님과 관계를 맺을 때만 가능하기 때문입니다. 그래서 성경을 꼭 읽어야 하는 것입니다. 그렇다고 성경을 덮어 놓고 열심히 읽는다고 되는 것이 아닙니다. 그런 복된 관계를 회복하는 성경읽기는 어떤 것인가를 설명하겠습니다.

2) 왜 성경을 읽어야 하는가?

성경은 창조 이야기부터 시작 합니다. 창세기 1장은 하나님이 천지를 창조하셨다고 선포하고 그 6일간의 창조 과정을 기록하고 있습니다. 6일 째 마지막 창조 과정에서 짐승까지 창조하시고 긴급히 영계靈界의 회의를 소집하시고 마지막 마무리 과정을 논의하는 듯한 기사가 나옵니다. 그것이 창세기 1:26-28입니다. 이 영계 회의의 회의록이라고 할까요?

📖 창 **1:26-28** 하나님이 이르시되 우리의 형상을 따라 우리의 모양대로 우리가 사람을 만들고 그들로 바다의 물고기와 하늘의 새와 가축과 온 땅과 땅에 기는 모든 것을 다스리게 하자 하시고 하나님이 자기 형상 곧 하나님의 형상대로 사람을 창조하시되 남자와 여자를 창조하시고 하나님이 그들에게 복을 주시며 하나님이 그들에게 이르시되 생육하고

---

2) 밭 전(田)의 글자 모양이 창 2:10 "강이 에덴에서 흘러 나와 동산을 적시고 거기서부터 갈라져 네 근원이 되었으니"의 모양을 그린 상형 문자로 본다. 이런 것은 한자의 원형인 갑골문자를 연구하다가 한자(漢字)들 가운데 창세기 1장에서 11장까지의 내용을 담은 것으로 추정되는 상형 문자가 있음을 발견했다. C H Kang & Ethel R. Nelson. *The Discovery of Genesis*. Concordia Publishing House, 1979, p 44.

번성하여 땅에 충만하라, 땅을 정복하라, 바다의 물고기와 하늘의 새와 땅에 움직이는 모든 생물을 다스리라 하시니라

이 논의가 6일째 짐승까지 창조하고 난 후에 이루어진 것이라면 인간은 창조 과정의 마지막 구색 갖추기 위해 만들어진 존재라는 것으로 생각 할 수 있습니다. 그러나 요한1서 4:8에서 "하나님은 사랑이심이라"라고 하셨고, 하나님이 사랑이라면 그 사랑의 대상이 필요하고 그 대상으로서 인간을 만드셨다는 유추가 가능합니다. 영국의 신약 주석가인 윌리엄 버클리(William Barclay) 목사님은 바로 이 문제를 그의 저서 사도신경, 또는 요한1서 주석서에 이렇게 다루고 있습니다. 그 사랑의 대상으로서의 인간을 창조 과정의 마지막 구색 갖추기로 만들었다고 생각할 수 없습니다.

그렇다면 이 인간 창조를 결정한 천상의 "우리"들의 회의는 언제 있을까를 유추하는 것은 매우 중요한 의미를 부여합니다. 이런 것들이 곧 성경적 세계관의 근원적인 기초가 되기 때문입니다.

하나님은 당신의 사랑을 나눠주고, 그렇게 사랑의 관계를 맺고 교제할 수 있는 대상으로서 인간을 창조하신 것입니다. 그러므로 우리는 이 논의가 창조의 과정을 진행하시기 전에 이루어 졌다고 믿는 것입니다. 그렇게 생각할 수 있는 것은 요한복음에서 말하는 "태초arche"가 주는 의미로 유추할 수 있습니다. 이 태초는 창세기의 시간과 공간이 시작되는 첫 점으로서의 태초보다 더 앞서는, 즉 시간과 공간이 형성되기 이전의 상태를 말합니다. 이 때 이미 인간을 창조하시기로 결정하신 것이라고 믿습니다. 이것은 성경을 이해하는 중요한 대전제presupposition입니다. 그래서 인간을 처음부터 축복의 대상으로 복을 주시고 생육하고 번성하고 충만해서 하나님의 피조세계를 다스리는 청지기로 삼으셨습니다. 이것을 우리는 **창조언약**이라고 부릅니다. **맨 처음 약속이며 복 주신다는 약속입니다.** 이것을 또한 문화명령(Cultural Mandate)라고도 합니다.

또한 창세기 1:26-28의 논의의 과정이 창조 이전에 이루어 졌다고 확신할 수 있는 구절이 에베소서 1:3-4입니다.

에베소 **1:3-4** 찬송하리로다 하나님 곧 우리 주 예수 그리스도의 아버지께서 그리스도 안에서 하늘에 속한 모든 신령한 복을 우리에게 주사 곧 창세전에 그리스도 안에서 우리를 택하사 우리로 사랑 안에서 그 앞에 거룩하고 흠 없게 하시려고

그러므로 하나님은 시간과 공간을 창조하는 그 태초 이전에 이미 인간을 그의 사랑을 나눌 대상으로서 창조하시기로 하셨다는 사실을 강하게 믿게 됩니다. 이것이 우리의 원래의 모습이고 그것을 통해 우리는 영화로운 존재로 지음을 받았음을 알 수 있습니다. 시편 기자도 우리를 하나님보다 조금 못하게 만드시고 영화와 존귀로 관을 씌워 주셨다고 노래합니다. 시편 8:5 이런 영화로움을 선악과 사건으로 인해 상실

하게 되지만, 우리는 원래 영화로운 존재였다는 것은 믿음 가운데서 사실입니다. 성경은 이렇게 인간 스스로 상실한 '영화로움'을 회복시키시려는 하나님의 회복의 역사를 그리고 있는 책입니다. 우리는 그것은 구속의 역사라고 합니다.

하나님께서는 인간을 이렇게 영화로운 존재로 창조했기 때문에 그러한 인간이 가장 살기 좋은 장소를 택해서 그곳에서 살게 해줄 필요가 있었다고 생각합니다. 하나님께서는 인간이 살아갈 수 있는 조건에 적합한 모습으로 우주를 만드시고 그리고 인간을 창조하셨습니다.

창세기 2장에서 그 인간을 위해 창설한 동산이 얼마나 아름다운지 그 모습을 볼 수 있습니다. 그 곳에는 인간이 무엇이든지 마음대로 누릴 수 있도록 모든 완벽한 조건이 갖춰져 있던 동산입니다. 하나님께서는 인간에게 그 동산을 다스릴 수 있는 권리를 인정해 주시고 그렇게 지낼 수 있도록 해주셨습니다. **무진장의 복을 누리고 살았습니다. 그것이 처음 약속이었습니다(창 2:16). 우리는 그렇게 영화로운 존재로 만들어 진 것입니다.**

그런데 사탄의 유혹과 잘못 발동된 인간의 자유의지자기중심성가 합작해서 하나님의 뜻을 거역하고선악과 사건 벌을 받아 복된 관계가 파괴되고 말았습니다. 이것을 우리는 타락이라고 합니다. **타락은 인간의 죄로 말미암아 하나님과 관계가 끊어져 복의 흐름이 차단된 것을 말합니다. 그러나 하나님은 신실하신 분이시고 모든 약속을 반드시 지키시는 분이시기에 맨 처음 약속**복주시고 충만케 하시는 창조 언약**을 지키시기 위해 관계를 다시 회복하는 구속의 역사를 시작하시게 되고, 성경은 그 역사의 모든 과정을 기록하는 책인 것입니다. 다시 말하면 타락은 인간이 하나님과 관계가 불순종의 죄로 인해 관계가 끊어짐으로 "영화로움"의 지위를 상실한 것이고, 구속**회복**은 이 "영화로움"의 지위를 회복시켜 주는 것입니다. 성경은 그것을 기록한 책입니다.**

그래서 우리는 성경을 읽어야 하나님의 그 구속의 사랑을 알고 다시 그 하나님과 관계가 회복되며 태초의 복의 관계로 돌아가 이 땅에서 복된 삶을 살아 갈 수 있게 되는 것입니다.

그 복은 성경의 가르침대로 '하나님과 함께 함으로' 오는 것이고, 성경은 '어떻게 해야 그 하나님과 함께 할 수 있는가 Basic Information**'를 가르쳐 주는 책이기 때문에 우리가 성경을 읽지 않고서는 그 하나님과 함께 하는 방법을 알 수 없다는 것입니다.**

사실 우리의 가치관은 복에 대한 가치에 의해 결정된다고 해도 과언이 아닙니다. 파스칼은 팡세에서 모든 인간은 복과 관련되지 않고는 전혀 움직이지 않는다고 했습니다. 앞에서도 말했지만 성경적 복福이란 시편 73:28에서 언급한 것처럼 "하나님께 가까이 함이 내게 복이라"고 했습니다. 영어 성경은 "But as for me, it is good to be near God...."(NIV)라고 표현합니다. "복"으로 번역된 히브리어 טוב '토브'는 넓은 의미로 '좋은', **아름다운, 최선의, 더 잘, 풍부한, 쾌활한, 편한, 좋은**상냥한 말, **좋아하다, 반가운, 선한, 복지** 등으로 번역 합니다. 이 말의 의미는 복의 포괄적 속성을 보여 주는 단어입니다.

성경의 복과 관계의 중요성에서 우리는 기독교가 관계를 핵으로 하는 신앙임을 살펴보게 될 것입니다. 이 관계성과 관련하여 하나님의 속성 중에 우리에게 가장 귀한 속성은 임재하시는 하나님 즉 임마누엘의 속성입니다. **하나님은 우리와 함께하시기를 원하셔서 우리를 지으셨습니다.**(사43:21)

죄를 범한 인간이 하나님을 보면 죽게 되어 있지만, 죄가 들어오기 전에 인간은 동산에서 하나님과 함께 해도 죽지 않았을 뿐만 아니라 최고의 행복을 누리며 살았습니다(창 2장). 새 하늘과 새 땅에서 함께 하시는 하나님, 그래서 인간은 영화에 이르게 되었고 첫 에덴을 회복하게 되는 것입니다(계21장). 그 사이에서는 성막, 그리고 예수그리스도를 통해서 우리에게 오시고, 함께하심을 볼 것입니다. 그것이 성경의 이야기이고 메시지입니다.

우리는 누리는 복, 즉 "받는 복" - 기복적 복祈福과 "사는 복" - 성경적 복(宣베풀선福)을 함께 누려야 합니다. 그것이 성경의 가르침입니다. 성경은 그 길을 제공하기 때문에 우리는 성경을 꼭 읽어야 하며 그래서 하나님과 그리고 이웃과의 바른 관계를 회복하고 그 복을 누리는 삶을 살아야 합니다. 우리가 "잘 산다."라고 할 때 그것은 "관계가 좋다"는 것과 같은 말입니다.

묵상 포인트

매일 일상의 삶이 하나님께 가까이 가는 삶, 또는 하나님과 함께 하는 삶(Coram Deo)이 바로 복된 삶이라는 시편 기자의 체험적 고백입니다. 하나님께서도 늘 우리와 가까이, 함께 하시기를 원하십니다. 그래서 하나님은 당신의 이름을 아예 임마누엘이라고 하셨습니다.
오늘 여러분은 하나님께 얼마나 가깝게 다가가는 삶을 살았나요?
하나님께 가까이 가는 삶을 산다는 것은 어떤 삶을 말하는 것일까요?

진정한 변화란 무엇인가?

단순히 내 감정이나 기분이 바뀌고 행동이 바뀌는 것입니까? 변화는 단순히 감정이나 느낌이 바뀌는 것이 아닙니다. 호박에 줄을 그어 수박을 만들려는 식의 변화는 변화가 아니고 변형입니다. 성도들은 이런 변형을 변화인줄로 착각하거나, 아니면 이런 변형을 원하는지도 모릅니다. 왜냐하면 이런 변형은 변화의 과정으로 인한 아픔이 없기 때문입니다.
희랍어로 변화를 Metamorphoumai Μεταμορφουμαι(μεταμορφόω의 수동태)라고 합니다. 이 말의 뜻은 다른 형태 또는 형상으로 바뀌는 것을 말합니다. 전형적인 경우가 생물학에서 말나는 탈바꿈입니다. 알이 부화하여 애벌레가 되고 애벌레가 나방이 되는 것이 탈바꿈입니다. '메타몰포마이'의 변화는 이런 변화를 말합니다. 애벌레에 날개를 꽂는다고 나방이가 될 수 없듯이 이런 바뀜은 변화가 아니고 변형입니다. 변형은 아픔의 과정이 없습니다. 그래서 크리스천들은 이런 변형을 변화로 여기고 추구하는 사람들이 있습니다. 이런 변형의 변화를 주겠다는 것이 곧 우상들의 주장입니다. 우리는 이스라엘 백성이 왜 우상 숭배에 열심인가의 이유를 여기서 찾을 수 있습니다.
성경이 말하는 변화는 성경 신학적 관점으로 가치관과 세계관이 바뀌는 본질의 변화를 말합니다. 다시 말하면 권력의 이동shift of power의 현상이 일어나야 하는 것입니다. 지금까지 나의 삶을 지배했던 권력이 사탄적 세속의 가치관으로부터 하나님의 권력으로 이동해야 한다는 말입니다. 출애굽기 19:5에 시내산에서 관계가 회복되는 언약을 체결했을 때 제일 먼저 일어났던 것은 "소속의 변화"이었습니다. 이 소속이 바뀌는 삶을 한자의 사자성어로 역시귀본逆時歸本이라고 표현 할 수 있습니다.

역시귀본(逆時歸本)의 삶

'역시귀본'이란 말뜻을 시대를 거슬러 본래로 돌아간다는 말입니다. 이것은 크리스천들의 삶을 단적으로 말해 줍니다, 우리는 이런 신앙의 야성野性을 먼저 회복해야 할 것입니다. 아래 구절을 깊이 묵상하세요.

📖 호세아 **10:12** 너희가 자기를 위하여 공의를 심고 인애를 거두라 **너희 묵은 땅을 기경하라** 지금이 곧 여호와를 찾을 때니 여호와께서 오사 공의를 비처럼 너희에게 내리시리라.

📖 고후 **10:4-5** 우리의 싸우는 무기는 육신에 속한 것이 아니요 오직 어떤 견고한 진도 무너뜨리는 하나님의 능력이라 **모든 이론을 무너뜨리며 하나님 아는 것을 대적하여 높아진 것을 다 무너뜨리고 모든 생각을 사로잡아 그리스도에게 복종하게 하니**

📖 롬 **12:2** 너희는 **이 세대를 본받지 말고 오직 마음을 새롭게 함으로 변화를 받아** 하나님의 선하시고 기뻐하시고 온전하신 뜻이 무엇인지 분별하도록 하라

이런 것이 이루어지기 위해서는 그 시대를 지배하는 잘못된 세속적이고 비성경적 삶의 원리세계관들을 거슬러 가야 한다는 말입니다. 초대교회 시절 데살로니가를 찾

은 바울 일행을 그 지방 사람들은 "천하를 어지럽게 하던 이 사람들"행 17:6이라고 했습니다. 이 말은 그들이 말하려고 하는 파괴주의자라는 말이 아니라 진정한 변화를 추구하던 자들이라는 말입니다. 참된 변화의 근원은 주기도문에 나오는 것처럼 하늘에서 이루어진 그분의 뜻이 이 땅에서, 내 삶에, 우리의 관계 속에서 이루어지는 것을 말합니다. 그렇다면 하늘에서 이루어진 그분의 뜻은 무엇인가요? 성경은 그것을 보여 주는 것입니다. 이것이 바로 Basic Information에 해당하는 것입니다. 이 기본적 정보를 얻기 위해 우리는 성경을 덮어 놓고 읽으면 안 되고 앞으로 설명할 중요한 **3가지 성경 신학적 관점**과 성경의 핵심 메시지를 이해하기 위한 중요한 **3가지 개념**에 근거해서 성경을 읽어야 합니다. 이런 관점으로 읽기 위해 **줄거리 따라 읽기**와 **메시지 따라 읽기**의 방법으로 성경을 읽어야 합니다. 이런 관점을 가지고 성경을 읽으면 성경 읽기가 신바람이 날 것입니다.

성경은 하나님의 피조 세계가 인간이 죄를 범함으로 잃어버린 에덴에서의 완벽한 행복을 회복시켜 주시려는 하나님의 사랑 이야기입니다. 이 점을 간과하면 성경 읽기의 핵심을 놓치고 엉뚱한 해석들을 하게 될 것입니다.
많은 사람들이 성경을 이런 관점으로 읽지 않고 무작정 성경 책 순서대로 그냥 읽으려고 하니까 성경읽기가 무척 어렵게 됩니다. 이런 식의 성경 읽기는 덮어 놓고 읽는 꼴입니다. 성경을 덮어 놓고 읽는 것이 무엇입니까? 관점 또는 성경의 맥을 알지 못하고 읽는 것입니다.
성경은 펴고 읽어야 합니다. 이 말은 성경의 관점 또는 맥을 미리 알고 그 관점으로 성경을 읽어 가야 한다는 것입니다. 그 때 비로소 '성경 읽기가 꿀 송이처럼 달다'는 것시 109:103을 체험하게 됩니다. 그 결과 성경 읽기가 더욱 신바람 나고 많은 은혜를 체험하게 되며, 삶이 변화되어 복된 삶을 누리게 될 것입니다.

우리의 가치관·세계관이 성경적으로 바뀌는 역사가 일어나야 합니다. 이것이 진정한 본질의 변화입니다. 성경이 말하는 변화는 우리가 누구인가를 깨닫게 함으로 우리의 가치관이 성경적으로 바뀌는 것을 말합니다. 성경을 읽고 이런 변화를 체험하고 이루어야 합니다. 그렇지 못한 성경 읽기는 무모하고, 무의미하고, 공적주의 기대감에서 읽는 읽기일 뿐입니다.
크리스천들은 성경을 읽어 그 지혜를 성경에서 배우고 세상을 지배하고 있는 시대정신과 그 징조를 파악할 수 있어야 합니다.

📖 딤후 **3:1-5** 너는 이것을 알라 말세에 고통하는 때가 이르러 사람들이 자기를 사랑하며 돈을 사랑하며 자랑하며 교만하며 비방하며 부모를 거역하며 감사하지 아니하며 거룩하지 아니하며 무정하며 원통함을 풀지 아니하며 모함하며 절제하지 못하며 사나우며 선

한 것을 좋아하지 아니하며 배신하며 조급하며 자만하며 쾌락을 사랑하기를 하나님 사랑하는 것보다 더하며 경건의 모양은 있으나 경건의 능력은 부인하니 이 같은 자들에게서 네가 돌아서라

그런데 오늘 많은 성도들은 성경을 성경대로 읽지 않고 자기 식으로, "내가복음"에 의해서 읽고 이해하려고 하는 경향이 너무 강합니다. 내려놓아야 할 자기중심성을 내려놓지 못하고, 순종하기를 원하지 않기 때문입니다.

📖 딤후 **4:3-4** 때가 이르리니 사람이 바른 교훈을 받지 아니하며 귀가 가려워서 자기의 사욕을 따를 스승을 많이 두고 또 그 귀를 진리에서 돌이켜 허탄한 이야기를 따르리라

마틴 로이드 존스Martyn Lloyd-Jones는 "자신의 이기적 의도로 성경을 읽지 마라"라고 경고한 적이 있습니다. 성경을 '내가복음'식으로 읽으려는 것은 자기중심성에 충실한 인간이 받을 수 있는 민감한 유혹입니다. 신명기 4:2은 이렇게 기록하고 있습니다. "내가 너희에게 명하는 말은 너희는 가감하지 말고 내가 너희에게 명하는 너의 하나님의 명령을 지키라." 포스트모더니즘은 이것을 부인합니다. 오늘 날 교회가 능력을 상실하고 세상을 오히려 더 어지럽게 하는 결정적 이유는 바로 여기에 있습니다. **성경은 성경대로 읽어야 합니다.**

📖 딤후 **3:14-17** 그러나 너는 배우고 확신한 일에 거하라 너는 네가 누구에게서 배운 것을 알며 또 어려서부터 성경을 알았나니 성경은 능히 너로 하여금 그리스도 예수 안에 있는 믿음으로 말미암아 구원에 이르는 지혜가 있게 하느니라 모든 성경은 하나님의 감동으로 된 것으로 교훈과 책망과 바르게 함과 의로 교육하기에 유익하니 이는 하나님의 사람으로 온전하게 하며 모든 선한 일을 행할 능력을 갖추게 하려 함이라

📖 수 **1:8** 이 율법책을 네 입에서 떠나지 말게 하며 주야로 그것을 묵상하여 그 안에 기록된 대로 다 지켜 행하라 그리하면 네 길이 평탄하게 될 것이며 네가 형통하리라

📖 히 **4:12,13** 하나님의 말씀은 살아 있고 활력이 있어 좌우에 날선 어떤 검보다도 예리하여 혼과 영과 및 관절과 골수를 찔러 쪼개기까지 하며 또 마음의 생각과 뜻을 판단하나니 지으신 것이 하나도 그 앞에 나타나지 않음이 없고 우리의 결산을 받으실 이의 눈앞에 만물이 벌거벗은 것 같이 드러나느니라

신학자 웨인 그루뎀Wayne Grudem은 '하나님의 말씀'을 다음과 같이 설명합니다.

1. 삼위의 한 위격으로서 예수 그리스도를 말한다.

2. 하나님의 법령Decree, 즉 사건을 발생하게 하거나, 사물을 존재하게 하거나, 새롭게 하는 능력 있는 법령의 형태이다. 여기서 말하는 말씀은 창조, 재창조의 능력을 가진 말씀을 의미하는 것이다.
3. 하나님의 개인적 말씀.
4. 인간의 입으로 대변되는 말씀.

말씀(성경)을 읽음으로 이루는 변화는 2.의 경우처럼 말씀의 능력으로 가치관의 변화, 세계관의 변화이며 이는 또한 성화적 구원을 통해서 이루어 가는 변화입니다. 말씀은 그런 변화를 이루는 능력이 있습니다.

📖 시 **119:28** …주의 말씀대로 나를 세우소서

📖 시 **119:105-112** 주의 말씀은 내 발에 등이요 내 길에 빛이니이다 주의 의로운 규례들을 지키기로 맹세하고 굳게 정하였나이다 나의 고난이 매우 심하오니 여호와여 주의 말씀대로 나를 살아나게 하소서 여호와여 구하오니 내 입이 드리는 자원제물을 받으시고 주의 공의를 내게 가르치소서 나의 생명이 항상 위기에 있사오나 나는 주의 법을 잊지 아니하나이다 악인들이 나를 해하려고 올무를 놓았사오나 나는 주의 법도들에서 떠나지 아니하였나이다 주의 증거들로 내가 영원히 나의 기업을 삼았사오니 이는 내 마음의 즐거움이 됨이니이다 내가 주의 율례들을 영원히 행하려고 내 마음을 기울였나이다

📖 고후 **10:4,5** 우리의 싸우는 무기는 육신에 속한 것이 아니요 오직 어떤 견고한 진도 무너뜨리는 하나님의 능력이라 모든 이론을 무너뜨리며 하나님 아는 것을 대적하여 높아진 것을 다 무너뜨리고 모든 생각을 사로잡아 그리스도에게 복종하게 하니

그러므로 성경에 의한 가치관·세계관은 세속 문화에 의해 이루어진 세계관을 다 무너뜨리고 오직 하나님이 주인이시라는 본질적 기본으로 돌아가는 것이며, 성도는 세속문화에 의해 뒤집혀진 하나님의 창조의 원리를 회복하여 하나님의 주권에 순종하는 삶을 사는 자들이 되어야 합니다. A Christian should be an up-person in an upside-down world.

그래서 주기도문에 나오는 것처럼 하늘에서 이루어진 하나님의 뜻이 이 땅에서, 내 삶에, 우리의 관계 속에서 이루어지게 하는 것을 말합니다. 그렇다면 하늘에서 이루어진 하나님의 뜻은 무엇인가요? 성경은 그것을 보여 주는 것입니다. 이것이 바로 Basic Information에 해당하는 것입니다. 이 기본적 정보를 얻기 위해 우리는 성경을 덮어 놓고 읽으면 안 되고 다음과 같이 중요한 3가지 성경 신학적 관점과 성경의 핵심 메시지를 이해하기 위한 중요한 3가지 개념에 근거해서 성경을 읽어야 합

니다. 이런 관점으로 읽기 위해 줄거리 따라 읽기와 메시지 따라 읽기의 방법으로 성경을 읽어야 합니다. 이런 관점을 가지고 성경을 읽으면 성경 읽기가 신바람이 날 것입니다.

3) 그러면 성경을 어떻게 읽어야 하는가?

바른 관점으로 성경 읽기는 세계관 바로 세우기입니다.

기독교는 경전 종교입니다. 기독교의 신앙과 영성은 성경의 원리위에 세워져야 합니다. 성경을 Canon이라고도 합니다. Canon은 규칙, 표준, 또는 척도라는 뜻입니다. 궁극적으로 성경은 모든 판단기준이고, 가치와 세계관의 기초인 것입니다. 그것이 성경적 세계관입니다. 그러기 위해 성경을 **통전적**通典的으로 이해하고, **전인격적**全人格的으로 읽어야 하는 것입니다. 전인격적 성경 읽기는 인격의 3요소인 지知, 정情, 의意를 다 동원하여 읽는다는 것입니다. 또한 믿음의 총체는 하나님을 알고지성적 읽기, 그 사실이 참이고 진리임을 인식하며 관계를 맺어 내 신앙 고백을 올려 드리며감성적 읽기 그래서 그것을 삶속에 실천하는 것입니다의지적 읽기.

전인격적 성경 읽기는 다음과 같이 읽는 것입니다.

① 지성적知性的으로 읽기 : 하나님 바로 알기
② 감성적感性的으로 읽기 : 그 하나님과 바른 관계 맺기
③ 의지적意志的으로 읽기 : 그 맺은 관계대로 살아가기

① 지성적 읽기 : 하나님 바로 알기

지성적 읽기는 우선 성경을 지식적으로 공부하면서 읽어 성경 속의 지식과 사실들을 배우고 습득하는 것을 말합니다. 그러나 그것은 단순 지식 습득을 위한 공부로 끝나면 안 됩니다. 그러면 우리는 성경의 지식만 많이 아는 것으로 끝나버리고 머리만 커지고 가슴은 없어집니다. 지식 습득을 위한 지성적 읽기의 초점은 하나님을 바로 아는 지식, 하나님에 대한 지식을 배우고 습득하는데 초점이 맞추어져 있어야 합니다. 우리는 하나님을 성경적으로 알고 있기 보다는 나의 세속적 가치관으로 형성된 상식에 의해 하나님을 만들어 낼 수 있습니다. 출애굽기 32장에 나오는 이스라엘 백성들이 하나님에 대한 이해가 부족했기 때문에 금송아지를 만들고 하나님이라고 했던 기사를 읽을 수 있습니다. 오늘의 우리도 성경을 읽고 그 성경이 가르쳐 주는 하나님을 알지 못하면 우리는 우리가 원하는 하나님을 만들어 내어 버립니다. 그래서 호세아는 "그러므로 우리가 여호와를 알자 힘써 여호와를 알자 그의 나타나심은 새벽 빛 같이 어김없나니 비와 같이, 땅을 적시는 늦은 비와 같이 우리에게 임하시리라 하니라"(호 6:3)라고 호소합니다. 선지자 시대에 이스라엘 백성들은 참 하나님을 알지 못했습니다. 그것은 그들의 비극이었습니다. 호세아는 호세아서 4장에서 "내 백성이 지식이 없으므로 망하는도다 네가 지식을 버렸으니 나도 너를 버려 내 제사장이 되지 못하게 할 것이요 네가 네 하나님의 율법을 잊었으니 나도 네 자녀들을 잊어버리리라"(6절) 라고 했습니다. 여기서 말하는 지식은 하나님을 아는 지식을 말합니다. 이 지성적 읽기는 우리 성경읽기 방법에서 줄거리 따라 읽기에 해당됩니다.

② 감성적 읽기 : 그 하나님과 바른 관계 맺기

그러나 성경읽기가 여호와를 아는 지식 습득으로서만 끝나면 안 됩니다. 그 여호와가 나와 어떤 상관이 있는가를 깨닫고 그 여호와와 관계 맺기를 해야 합니다. 이것을 말씀의 내면화Internalization이라고 말하고 싶습니다. 또는 묵상과정이라고 할 수 있겠지요. 말씀을 내 것으로 만들어야 말씀이 내게 능력을 발휘하게 됩니다.

3가지 성경 신학적 관점 부분에서 자세히 설명하겠지만, 타락은 하나님과 관계의 끊어짐이고, 구속은 그 반대의 개념으로 하나님과의 관계를 회복하는 것입니다. 하나님의 형상 Image of God, Imago Dei 으로 지음을 받았다는 말은 그 하나님과의 관계 속에서만 존재 가치가 있는 것입니다. 창세기 2:7에 보면 **인간은 흙 + 하나님의 생기**로 되어 있다고 했습니다. 인간의 존엄과 존재 가치는 하나님의 생기가 함께 할 때만 가능합니다. 그러므로 우리는 하나님과의 관계 속에서 살아야 합니다. 그러기 위해 하나님과 관계 회복은 필연적인 것입니다. 이 감성적 읽기는 그런 관계 회복의 역사를 일으키는 읽기입니다. 하나님과 관계 가운데 나의 진정한 고백을 올려 드리는 것입니다.

③ 의지적 읽기 : 그 맺은 관계대로 살아가기

성경 도처에서 "지켜 행하라"라고 수없이 외치고 있음을 읽을 수 있습니다. 특히 시내산 언약을 통해 하나님의 백성이 된 이스라엘에게 백성으로서 살아 갈 규범인 십계명을 주시고 이 계명을 "지켜 행하라"라고 레위기 26장, 신명기 28장에 매우 강조하며, 구약 내내 이것을 매우 강조하고 있음을 읽을 수 있습니다. 특별히 분열 왕국 후반부부터 선지자들이 집중적으로 나타나는 것도 바로 이 "지켜 행함"과 직결되어 있습니다. 예수님도 그의 마지막 말씀에서 "... 내가 너희에게 분부한 모든 것을 가르쳐 **지키게 하라**..."(마 18:20) 라고 하시면서 **지켜 행함**을 매우 강조합니다. **지켜 행하는 그것이 곧 순종입니다.** 그것은 곧 십계명적 영성을 실행하는 삶입니다.

성경 읽기를 통해 변화되었다면 그 변화를 삶으로 표현해야 합니다. **삶으로 실천함이 없는 변화는 진정한 변화가 아닙니다.** 단순한 감정의 변화는 변화가 아닙니다. 예를 들어 설명하면, 지성적 읽기를 통해서 우리는 "예수님은 길이요 진리요 생명이다"는 사실을 배웠습니다. 그 다음 감성적 읽기를 통해서 그 예수님이 **나의** 길이요 진리요 생명이라는 진리를 **나와의 관계** 속에서 묵상하고 깨닫고 그렇게 관계를 맺고 고백을 이끌어내어야 합니다. 그러고는 우리는 그 예수의 길로 내 삶을 살아가야 합니다. "예수님이 나의 길이다"라고 고백하고는 그 길로 가지 않고 여전히 내 길로 가면 되겠습니까?

고백은 있는데 삶이 없다는 것, 이것이 우리 그리스도인의 고민입니다. 그것은 우리의 고백이 형성되는 과정이 잘못 되었기 때문일 것입니다. **자기중심성**이란 것이 문제이지요. 서론 관점 공부를 하면서 이 문제를 다룰 것입니다.

📖 약 2: 14-26 내 형제들아 만일 사람이 믿음이 있노라 하고 행함이 없으면 무슨 유익이 있으리요 그 믿음이 능히 자기를 구원하겠느냐 만일 형제나 자매가 헐벗고 일용할 양식이 없는데 너희 중에 누구든지 그에게 이르되 평안히 가라 덥게 하라 배부르게 하라 하며 그 몸에 쓸 것을 주지 아니하면 무슨 유익이 있으리요 이와 같이 행함이 없는 믿음은 그 자체가 죽은 것이라 어떤 사람은 말하기를 너는 믿음이 있고 나는 행함이 있으니 행함이 없는 네 믿음을 내게 보이라 나는 행함으로 내 믿음을 네게 보이리라 하리라 네가 하나님은 한 분이신 줄을 믿느냐 잘하는도다 귀신들도 믿고 떠느니라 아아 허탄한 사람아 행함이 없는 믿음이 헛것인 줄을 알고자 하느냐 우리 조상 아브라함이 그 아들 이삭을 제단에 바칠 때에 행함으로 의롭다 하심을 받은 것이 아니냐 네가 보거니와 믿음이 그의 행함과 함께 일하고 행함으로 믿음이 온전하게 되었느니라 이에 성경에 이른 바 아브라함이 하나님을 믿으니 이것을 의로 여기셨다는 말씀이 이루어졌고 그는 하나님의 벗이라 칭함을 받았나니 이로 보건대 사람이 행함으로 의롭다 하심을 받고 믿음으로만은 아니니라 또 이와 같이 기생 라합이 사자들을 접대하여 다른 길로 나가게 할 때에 행함으로 의롭다 하심을 받은 것이 아니냐 영혼 없는 몸이 죽은 것 같이 행함이 없는 믿음은 죽은 것이니라

"행함으로 내 믿음을 네게 보이리라..." Make your faith public!

'행함이 없는 믿음은 죽은 믿음'이라고 했는데 이 행함은 단순히 외형적 변화를 추구하는 행함이 아닌 우리의 삶의 가치관과 세계관이 근원적으로 변화되어 일어나는 행함을 말합니다. 단지 감정에 따라서 자비를 베푸는 식의 행함에서 끝나는 것이 아니라 그것이 우리의 성경적 가치관에 따르는 행함이어야 하는 것입니다.

📖 이사야 29:13 주께서 이르시되 이 백성이 입으로는 나를 가까이 하며 입술로는 나를 공경하나 그들의 마음은 내게서 멀리 떠났나니 그들이 나를 경외함은 사람의 계명으로 가르침을 받았을 뿐이라

📖 마 7: 21 나더러 주여 주여 하는 자마다 다 천국에 들어갈 것이 아니요 다만 하늘에 계신 내 아버지의 뜻대로 행하는 자라야 들어가리라

서론2 통전적성경읽기
성경읽기 방법 두가지

줄거리(Story line)와 메시지(Message line) 읽기

성경은 추상적이고 관념적이며 철학적 진리를 단순히 나열한 책이 아닙니다. 하나님은 인간을 포함한 피조세계에 직접 관여하시는 섭리주 하나님이십니다. 성경은 하나님의 그 통치 행위를 근거로 기록된 역사적이고 현실적인 책이기 때문에 성경 속의 시간성을 무시하고 읽을 수 없습니다.

따라서 성경은 먼저 그 줄거리를 따라 읽어야 합니다. 그러나 우리가 가지고 있는 성경책 66권의 배열은 이런 줄거리를 따라 가는 시간 흐름에 근거해서 배열되어 있지 않습니다. 그래서 성경 읽기가 어려운 것입니다. 본 교재에서는 성경 66권의 각 권의 독특성을 그대로 유지하되 성경 전체를 책 중심이 아닌 장 중심으로 해서 총 장수인 1,189장[3]을 시간 흐름 순에 의해 다시 재배열했습니다.

성경을 읽을 때 성경을 한 번 읽었다는 성취감의 만족보다는 성경이 주는 메시지와 내용을 이해하고 그것에서 은혜 받고 깨닫는 것이 중요합니다. 성경을 그냥 한 번 읽어 낸다는 것은 별 의미가 없는 것이기에 성경을 어떻게 하면 실제로 의미를 파악하면서 일독을 할 수 있는가에 대해서 많은 관심을 갖게 되었습니다.

그리고 그 줄거리의 의미를 찾기 위해 성경을 관점을 가지고 읽어야 합니다. 성경통독에 있어서 가장 중요한 것은 성경의 **통전적(通典的) 의미**를 파악하면서 읽는 것이기 때문입니다. **통전적(通典的) 의미**란 '일반적으로 적용되는 규칙규범, 또는 어떤 경우에도 통하는 법전'이라고 국어사전은 정의하고 있습니다. 여기서는 3가지 신학적 관점과 개념을 지칭하는 것이고, 이것이 곧 소위 말하는 '맥'이라는 것입니다. 성경 신학에 근거하는 세계관을 세우는 규범 같은 것을 말합니다. 성경을 통독한다는 것은 통전적 의미를 파악한다는 것이고 통전적 의미를 파악하기 위해서는 전체를 처음부터 끝까지 일관성 있게 읽어야coherent reading합니다. 일관성 있는 독서를 하려면 본문의 "의미 창출 메카니즘"meaning creating mechanism을 알아야 합니

3) 구약 총 929장, 신약 총260장 모두 1189장.

다. 의미는 한 절, 한 절의 의미를 그냥 합산해 나오는 것이 아닙니다. 한 스토리의 의미란 스토리 전체로서 전달되는 것입니다. 즉 의미란 스토리 전체와 부분과의 관계 가운데서 생성됩니다. 이것은 한 권의 책에 대해서도 마찬 가지입니다. 책 안에 나오는 여러 스토리 사이의 관계에 대한 이해가 없이는 그 책을 이해할 수 없습니다.[4] Bailey는 "성경은 부분의 종합이 아니고, 통일성을 가진 전체로 이해해야 한다"고 말합니다.[5] **그래서 성경은 66권으로 편집된 전집 같은 책으로 읽는 것이 아니고, 하나의 통전적 이해의 줄거리[6]를 가진 66부작으로 된 한권의 책으로 읽어야 합니다.** 따라서 일관성 있는 독서를 하려면 시간 흐름에 따라 나오는 전체의 일관성과 각 책의 구조에 대한 통일성을 가진 통전적 이해가 필요한 것입니다. 성경을 한 번 읽더라도 창세기부터 요한 계시록 끝까지 성경 속에 흘러가는 내용줄거리와 메시지을 정확하게 파악하고 이해하며, 그 결과로 말씀에 의해 우리 삶이 변화되는 것이 중요합니다.

이렇게 성경을 읽기 위해서는 중요한 두 가지의 성경읽기 방법으로 읽어야 합니다. 첫째는 성경을 줄거리 따라스토리 라인 읽는 것이 굉장히 중요합니다. 그 다음에는 그 스토리 라인을 따라가면서 그 스토리에 나타나는 메시지를 파악하면서 읽는 소위 메시지 따라가기 읽기를 병행해야 합니다.

1) 줄거리(Storyline) 따라 읽기

우리가 가지고 있는 성경은 창세기부터 계시록까지 66권으로 나열되어 있습니다. 이렇게 나열된 66권은 각 권으로서는 굉장히 중요한 신학적인 메시지가 있고, 중요한 의미가 있습니다만 스토리 라인으로 연결 되지는 않습니다. 성경을 줄거리 따라 읽는다고 했을 때 육하 원칙누가, 언제, 어디서, 무엇을, 어떻게, 왜에 의해 읽어 그 내용사실을 파악하는 것입니다. 육하 원칙에 따라 시간 흐름이 중요한 의미가 있습니다. 그래서 우리는 성경 66권을 성경책 순서대로 읽지 않고 시간 흐름대로 읽을 것입니다.

사실 성경은 성경에 나오는 인물들이 중심이 된 인간 스토리, 휴먼 스토리가 아닙니다. 그 인간들을 통하여 역사하신 하나님의 스토리, His Story 즉 하나님의 이야기인 것입니다. 우리가 역사를 History라고 할 때 사실 그 역사마저도 His Story 입니다. 우리 인간들의 일반적인 역사도 하나님의 이야기라는 것입니다. 왜냐하면 하나

---

4) 김지찬, 「요단 강에서 바벨론 까지」 생명의 말씀사, 2012, p 149.
5) Kenneth E. Bailey, *Jesus through Middle Eastern Eyes,* IVP, 2008, p 20.
6) 이것을 우리는 성경의 맥(脈)이라고 부를 수 있다.

님이 이 우주 만물을 창조하신 창조주이시기 때문입니다. 그래서 하나님은 이 모든 것을 하나님의 섭리 가운데 두시고 친히 역사하신다는 것입니다. 그것이 바로 스토리 라인입니다. 하나님의 역사라는 관점에서 스토리 라인을 따라가는 것이 굉장히 중요합니다. 그렇게 스토리 라인을 잡아 갈 때 하나님이 우리에게 주시는 메시지를 분명히 읽어 낼 수 있기 때문입니다. 그 역사의 핵심은 구속의 역사Redemptive History 입니다.

성경은, 특히 구약은 다양한 주제로 구성되어 있는 것 같지만 실제로는 단일 주제로 되어 있습니다. 많은 성경학자들이 비록 여러 가지 주제를 언급하지만 성경은 그 한 가지 주제를 바탕으로 하고 있다는 사실입니다. 그것은 곧 구속Redemption입니다. 무엇을 향한 구속인가 하면 하나님 나라의 회복을 위한 구속입니다. 구속은 하나님과의 관계 회복을 말하며 그 하나님의 주권을 회복하심을 보여주는 책입니다.

성경을 읽고 우리의 삶이 말씀에 의해 변화되는 능력은 스토리 라인에서 나오는 것이 아닙니다. 그 스토리 라인을 배경으로 하는 메시지에서 나옵니다. 그래서 바른 삶으로 변화시키는 능력 있는 하나님의 메시지를 찾기 위해서는 성경 신학적 관점에 의거하는 줄거리와 메시지를 잡아야 하는 것이 매우 중요합니다.

성경 66권은 자체로 귀한 의미를 가지고 있는 보물 같은 책입니다. 그 각권은 한 권 한 권이 독특성을 가지는 다양한 책입니다. 성경 66권은 1,600년이라는 긴 시간 동안에 약 40여명의 인간 저자가 동원되어서 기록된 책입니다. 그래서 각 성경이 쓰여진 시대적 배경을 깔고 그때그때 상황에 의해 쓰여진 책입니다. 그 자체로 다양한 독특성을 갖고 있으나, 성경 66권이 하나의 큰 통일성을 갖는다는 것을 간과해서는 안 됩니다. 그래서 성경의 각 66권을 하나의 중요한 통일성의 끈으로 묶어야 합니다.

실제로 성경 66권을 묶어 주는 통일성이 있습니다. 우리는 이 통일성을 성경 신학이라고 하며, 또는 성경의 맥이라고도 합니다. 성경의 맥과 성경 신학적인 관점으로 읽기 위해서는 반드시 성경을 스토리 라인을 따라서 읽어야 합니다. 성경을 스토리 라인으로 읽기 위해서는 66권을 성경책 순서가 아닌 시간 흐름 순서대로 재배열해야 합니다.

줄거리 라인을 잡기 위한 성경의 재분류

① 전통적 분류

구약 성경의 전통적 분류

우리개신교가 가지고 있는 신·구약 성경은 모두 66권으로 되어 있습니다. 이 성경 66권을 전통적 분류법에 의하면 구약 성경은 율법서모세 오경 5권, 역사서 12권, 시가서 5권, 예언서 17권 등 모두 39권을 4부분으로 분류합니다. 예언서는 그 내용보다는 분량을 중심으로 대 예언서 5권, 소 예언서 12권으로 다시 나눕니다.

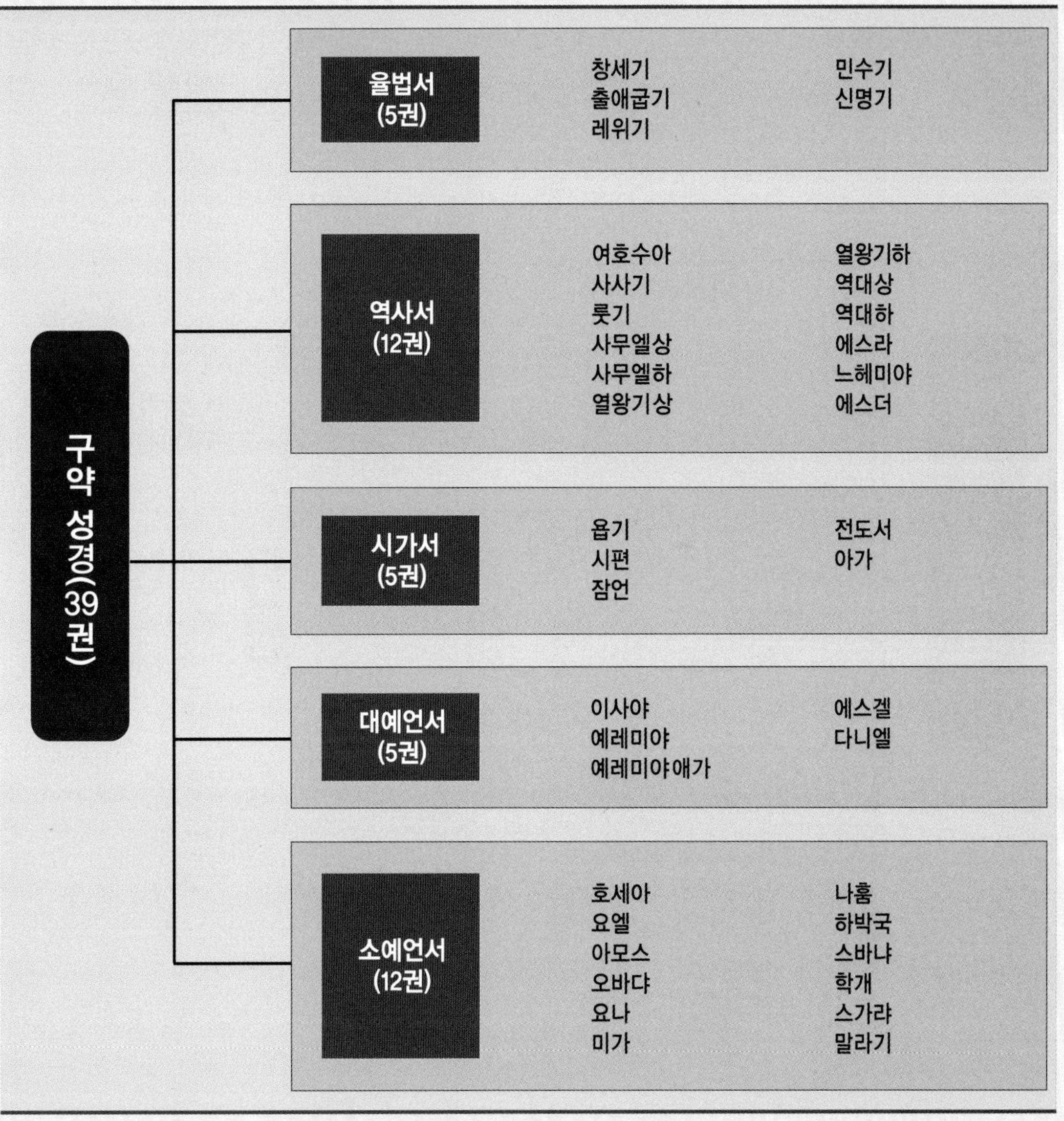

신약 성경의 전통적 분류

신약 성경은 복음서 4권, 역사서 1권, 서신서 21권, 예언서 1권 등 모두 27권의 책을 4부분으로 크게 나눕니다. 서신서를 바울서신 13권, 공동서신 8권으로 다시 나누고, 바울 서신을 일반 서신 6권, 옥중서신 4권, 목회서신 3권으로 다시 세분합니다. 바울 서신은 바울이 특정한 독자들을 상대로 쓴 서신서이고, 공동 서신은 여러 명의 저자들이 불특정한 독자들을 상대로 쓴 편지들입니다.

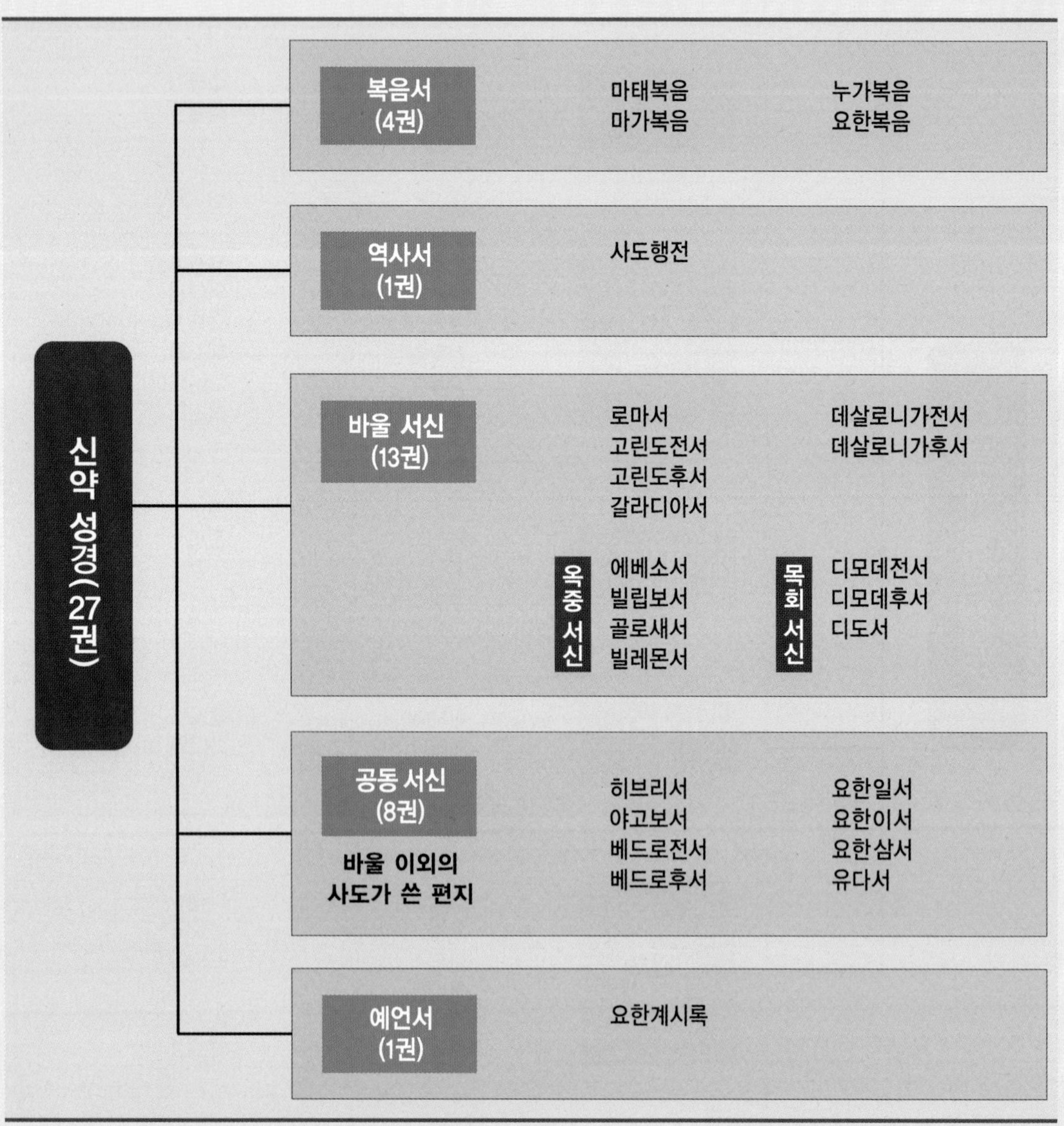

이 전통적 분류법에 의한 순서대로 읽으면 성경이 일관되게 꿰뚫어 가는 맥의 흐름을 찾기가 쉽지 않습니다. 왜냐 하면 이 분류법으로는 마치 성경이 무슨 전집류全集類처럼 생각되어지기 때문입니다. 어떤 사람은 성경을 무슨 윤리 도덕 교과서처럼 생각하거나, 또는 이스라엘 백성이 가나안 땅 따먹기 하는 이스라엘 판 무협소설처럼, 혹은 룻기 같은 책은 시어머니를 잘 공경해서 복 받은 유대 판 열녀전쯤으로 생각하는 사람들도 있습니다. 성경을 이런 생각을 가지고 읽는 사람들은 많지 않겠지만 전통적인 분류에 의한 순서대로 읽으면 성경에 흐르는 맥이 잘 잡히지 않아 쉽게 지루함을 느끼게 될 것 입니다. 그렇다 보니 창세기부터 읽다가 노아의 홍수에 떠내려가 버리거나, 좀 더 인내심을 가지고 읽어보지만 이번에는 출애굽때 홍해 바다를 건너지 못하는 경우를 많이 봅니다. 다시 작심作心하고 신약부터 시작해야지 하고 마태복음을 펴지만 이번에는 족보에 걸려 넘어지고 맙니다. 그러다가 성경책은 예배 시에 들고 다니는 장식품으로 전락해 버리고 마는 경우가 허다합니다. 년 초에 다시 작심하지만 같은 방법으로 나오기 때문에 다시 작심삼일作心三日로 끝나게 되지요.

② 시간 흐름에 의한 분류

성경을 재미있게 읽는 방법은 우선 시간 흐름 속에서 그 줄거리를 찾아가야 합니다. 그러나 성경은 결코 위인전기나 무협소설이나 열녀전이 아니기 때문에 줄거리 따라 읽기에는 한계가 있을 수 있습니다. 그래서 메시지 중심으로 읽는 메시지 따라 Plotline식 읽기를 병행해야 합니다. 은혜 받음과 깨달음이 있어야 하는 것입니다. 따라서 이 책은 줄거리 따라가기를 위해 성경의 편집 순서대로 읽지 않고 시간 흐름을 따라 가면서 읽습니다.삽지 도표 참조

성경 각권 중에는 시간이 흐르는 책이 있습니다. 이것을 역사서라고 합니다. 역사서에는 시간이 흐르는 역사서와 시간이 흐르지 않는 역사서가 있습니다. 모세 오경은 단순히 율법서가 아니라 시간이 흐르는 역사서로 분류해야 합니다. 따라서 창세기부터 열왕기하에 이르기까지 하나의 역사서로 봅니다. 창세기에서 열왕기까지의 역사는 신명기 사관에 의해서 쓰여진 역사서라고 말합니다.

그리고 또 하나의 역사서 줄기가 있습니다. 그 줄기는 학사이며 제사장인 에스라에 의해 쓰여진 제사장 사관으로 쓴 역사서입니다. 역대기 상하, 에스라, 느헤미야, 에스더 등이 이 부류에 속합니다. 이렇게 구약의 두 줄기의 역사서를 통하여 우리는 성경을 시간 흐름으로 연대기를 따라 재분류합니다.

그리고 시간 흐름의 역사적 배경을 통해서 시가서, 즉 욥기, 잠언, 아가서, 전도서와 예언서 같은 것이 생겼습니다. 그래서 다윗의 생애를 읽을 때 다윗이 쓴 시편을 같이 읽습니다. 특별히 분열왕국 시대에 들어가면 많은 선지자들이 활약하게 됩니다. 그 때 활약했던 선지자들의 선지서들을 같이 읽습니다. 그렇게 했을 때 스토리 라

인과 메시지 라인을 연결하게 되는 것입니다. 시가서와 예언서는 메시지 라인을 적용해주는 책입니다.

신약에 가면 4 복음서를 예수님 생애의 시간 흐름이라는 의미에서 또 하나의 역사서로 분류할 수 있습니다. 그래서 우리는 4 복음서를 마태복음, 마가복음, 누가복음, 요한복음 순서대로 읽지 않고 4 복음서의 내용을 예수님의 생애로 전기화해서 시간적으로 읽습니다. 예수님의 생애를 통해서 내용을 나누고 통합해서 복음서를 조화하는 형식으로 예수님 생애에 대해서 읽습니다. 그리고 사도행전의 역사서를 읽으면서 사도들의 행전을 통해서 일어나는 서신서들, 즉 바울의 활약을 통해서 일어나는 바울 서신서들을 같이 읽습니다.

별지로 마련된 '시간 흐름으로 본 신구약 성경 분류의 도표'를 잘 숙지熟知하십시오. 이 도표는 성경 전체를 구속사적 시간 흐름으로 나누고 각 시대에 해당되는 성경을 분류합니다. 이것은 시간 흐름에 따라 분류한 것입니다. 이렇게 성경을 시간 흐름에 따라 분류해서 읽는 이유는 역사성을 고려해서 시대적 배경을 이해하며, 그 역사와 시대적 배경을 이해함으로 그 속에서 역사役事하시는 하나님의 마음을 이해하자는 취지입니다. 나아가서 성경이 그 당시의 원독자原讀者에게 어떻게 적용되어졌고, 또 그것들이 오늘날 우리들의 삶 가운데 어떻게 적용되어지는가에 대해서 실감나게 이해할 수 있습니다. 그것을 우리는 텍스트Text와 콘텍스트Context의 관계로 이야기할 수 있습니다.

2) 메시지(Message line) 따라 읽기

두 번째로 메시지 라인 따라 읽기입니다. 스토리 라인이 전개되어지는 그 과정 속에 일어나는 메시지를 찾으면 은혜 받게 됩니다. 앞에서도 언급했듯이 우리의 삶을 변화시키는 것은 줄거리가 아니고 그 줄거리를 근거로 해서 나오는 메시지에 있습니다.

성경은 성경에 나타난 인물들의 이야기가 아닙니다. 성경은 그 인물을 통해서 역사하신 하나님께 초점이 맞춰져 있습니다. 그 역사적 상황 속의 인물 히스토리history가 아니라 그 인물을 통해 역사하시는 하나님의 스토리His Story라고 했습니다. 성경은 다른 종교의 경전처럼 추상적이고 관념적인 진리를 이야기하는 것이 아닙니다. 시간과 역사적 상황에 의해 전개되어지는 하나님의 역사하심, 하나님의 승리하심에 대한 글입니다. 그러므로 성경의 시간성과 역사성을 무시하고 읽으면 성경의 바른 이해를 할 수 없습니다.

우리는 성경의 줄거리 속에서 하나님의 역사 가운데서, 우리의 삶 속에 어떻게 역사하셨는가, 또는 하고 계시는가를 알아야 합니다. 성경의 메시지는 역사성과 현실성에 근거한 것이기 때문에 현실적인 우리의 삶을 변화시키는 능력이 있다는 사실을 알 때 우리는 바른 메시지를 찾을 수 있습니다. 이 메시지 라인을 찾아 읽기 위해서는 다음에 설명할 3가지의 성경 신학적 관점을 중심으로 3가지의 개념들, 즉 신위, 인위, 자기중심성을 근거로 메시지를 찾아야 합니다.

줄거리 따라 읽기가 사실에 근거하는 내용을 파악하는 것이라면, 메시지 따라 읽기는 그 내용을 어떻게 믿어야 하는 것을 확인하는 것입니다. 그러므로 이 두가지 방법은 동전의 양면처럼 병행되는 것입니다.

서론3

성경읽기의 3가지 성경신학적 관점

흐름과 맥

성경의 66권은 40여명의 인간 저자와 1600년의 긴 세월동안[7]에 기록되었지만, 하나님께서 일관되게 계시한 단일 주제인 "하나님 나라"라는 내용으로 쓰여 진 책이라고 이해하는 사람은 많지 않는 듯합니다. 성경은 그 성경에 등장하는 사람의 행적이 중심이 아니고, 그 인물들을 통해 이 땅에 역사하시는 하나님의 계시에 관한 이야기이고, 그 계시의 내용은 바로 하나님 나라를 이루는 것입니다. 이것이 바로 1600여년 동안 40여명의 저자가 성경을 기록할 때 마치 서로 회의하여 합의한 듯한 일관된 주제입니다. 그것이 바로 '하나님 나라의 온전한 회복'입니다. '구슬이 서 말이라도 꿰어야 보배다'라는 우리의 옛 속담처럼 성경 66권이 이런 일관된 관점에 의해 꿰어지지 않으면 66권은 각각 별개의 책이고 서로 관계가 없는 책처럼 오해하기 쉬운 책들이 되고 맙니다.

앞에서 언급했듯이 성경을 읽는 방법에는 줄거리 중심으로 읽는다고 해서Storyline

---

7) 모세 5경의 저자 모세시대(BC 1500년경)부터 요한계시록 저작(AD 95년)까지 대략의 기간을 의미한다.

성경의 전반적인 흐름을 성경 역사歷史와 성경 지리地理로 설명하는 줄거리 중심으로만 읽는 것은 아닙니다. 그 줄거리를 따라 나오는 메시지를 중심으로 하는 하나님 나라의 관점에서 읽을 수 있도록 하는 Plotline식 읽기에 무게를 둡니다. 따라서 이 성경읽기는 다음에 설명할 3가지 관점을 가지고 읽음으로 핵심 진리를 이해하도록 돕습니다. 물론 성경을 읽는 관점은 여러 가지일 수 있습니다. 그러나 그 모든 관점이 "하나님 나라"라는 관점 속에 포함되어질 것입니다. 우리는 성경을 바로 알기 위해 성경의 관점을 이해하고 그 맥의 흐름을 따라, 하나님의 마음에서 성경을 읽어야 참 은혜와 진리를 깨우치게 되며, 그래서 내 삶의 가치관이 그것에 의해 변화를 받아 하나님이 원하시는 삶을 살게 되며, 그것이 바로 에덴의 복된 삶의 회복입니다.

성경 읽기의 세 가지 성경 신학적 관점은 **첫째, 종말론적인 하나님의 구속의 역사**입니다. **둘째, 하나님 나라**의 관점입니다. 하나님의 통치가 이루어지기 원하시는 하나님의 마음을 쓴 책입니다. **셋째, 그 하나님 나라를 이루기 위해서 하나님의 백성은 거룩한 삶, 즉 구별되는 삶**을 살아야 된다는 것입니다. 세상 문화와 섞이거나 세속적인 사람들과 섞여서 동화되는 삶을 살아서는 안 됩니다.
이 3가지 관점과 더불어 중요한 세 가지 개념을 함께 이해해야 합니다. 그것은 바로 **자기중심성(自己中心性), 신위(神爲), 인위(人爲)**에 대한 개념입니다. 이 3가지 개념이 생소한 분이 많을 것입니다. 다음 설명을 잘 이해하십시오.

그 세 가지 관점과 개념의 핵심은 하나님 나라입니다.
그것을 3가지로 나누어 구체적으로 공부합니다.

성경은 인간구원과 에덴의 회복에 이르는
종말론적 구속의 역사를 기록하고 있다

1) 종말론적 구속사의 관점 – 지성적 읽기 – 하나님 바로 알기

이 관점은 줄거리 따라 읽기와 매우 밀접한 관계가 있습니다. 이것은 성경 전체는 하나님께서 인간을 구원하셔서 태초에 잃어버린 하나님 나라, 즉 에덴을 새 하늘과 새 땅에서 회복시키신다는 관점으로 하나님이 인류의 구원역사를 이어가신다는 내용입니다. 이것을 구속사History of Redemption이라고 합니다. 한마디로 말씀드리면 성경은 인간이 에덴에서 죄를 범하여 하나님과의 관계가 끊어졌는데 하나님은 그 관계를 다시 회복시키기 위한 구속救贖의 역사를 시작하시고창 3:15, 그 완성을 마지막 때終末 (계 20장)에 이룬다는 것입니다. 성경의 이야기, 즉 줄거리는 창세기 3장에서 시작해서 요한계시록 20장에서 끝맺음을 하는 것으로 진행됩니다. 창세기 1, 2장과 요한계시록 21, 22장은 창조 세계에서 죄가 없는 완벽한 상태를 보여 줍니다.

이어서 우리는 하나님이 왜 인간을 구원救援하시려고 하는가에 대한 답을 찾아야 보아야 합니다. 그 대답은 바로 하나님께서 인간의 타락으로 인해 파괴된 에덴의 하나님 나라를 원래의 창조 계획대로 온전히 회복하는 것입니다. 따라서 이 부분의 관점에 관한 공부는 또한 성경적 세계관을 형성하기 위한 귀중한 기초를 제공하고 있습니다.

서론 앞부분에서 자세히 언급했듯이, 하나님께서 사랑을 나누는 대상으로 인간을 만드시기로 정하시고 태초에 천지를 창조하시고, 그 인간을 에덴동산에 두셨습니다. 그러나 인간이 죄를 범함으로 동산에서 추방당하는 비극이 시작되었습니다. 이 선악과 사건으로 인해 하나님과 사랑과 복의 관계가 끊어지게 되고, 그 사건의 주범인 사탄을 제압하고 인간을 에덴으로 다시 회복시키시기 위해서 그 역사를 종말로 이끄신다는 것입니다.
그래서 하나님은 역사에 직접 개입하십니다. 또한 개입하신 역사를 반드시 일직선으로 이끄십니다. 하나님께서 그 역사를 계획하신 목적대로 이끄신다는 것이 우리 기독교의 역사관입니다. 기독교 역사의 핵심은 죄를 범한 인간들을 구속해서 다시 에덴으로 회복시키는 것입니다. 우리는 성경 전체의 역사가 바로 이와 같은 일직선의 역사에 의해서 종말에 이르는 역사로 나간다는 사실을 진리로 받아들이고 있습니다. 그래서 성경의 역사는 인간 구원을 통해 관계를 회복함으로 하나님 나라를 회복한다는 종말론적인 역사관을 가집니다.

창세기 1장 1절에 보면 "태초에 하나님이 천지를 창조하시니라"로 말씀이 시작됩니다. 이 말씀은 우리가 살고 있는 이 우주와 우리의 역사는 시작이 있었다는 말입니다. 창세기 1장 1절은 우주는 영원하지 않다는 사실을 말합니다. 시작이 있다는 것을 말하고, 시작이 있다는 것은 끝이 있다는 것을 함축하고 있습니다. 논리적으로도 실제적 무한성an actual infinite은 존재하지 않습니다. 무한한 과거와 무한한 미래는 존재하지 않는다는 뜻입니다. 시간이 존재한다는 것은 어떤 출발점이 있었다는 것을 말합니다. 즉, 시간을 측정한다는 것은 어떤 사건이나 일의 앞서는 것과 뒤서는 것의 상관관계라고 볼 때 시간이 존재한다는 것은 어떤 일이나 사건의 앞서는 것, 즉 시작점이 있다는 것을 말합니다. 이것은 과학적으로도 증명이 됩니다. 물리학에서 말하는 열역학 제 2법칙에서도 이 말씀을 볼 수 있습니다. 유형의 에너지가 점점 무형의 에너지로 바뀌어서 결국 우주의 질서는 무너진다는 것입니다. 인류의 끝은 반드시 있다는 말입니다. 또한 1927년 우주과학자인 에드윈 허블Edwin Powell Hubble이라는 사람이 우주 망원경으로 우주를 관찰한 결과 우주가 팽창하고 있다는 사실을 밝혀내고 그렇다면 최초의 큰 폭발점이 있었을 것이라고 추측하고 있습니다. 그러나 성경은 하나님께서 천지를 창조하심으로 출발점을 만들었다고 분명히 말하고 있습니다.

진화론자들은 영원한 과거에서 영원한 미래로 무한 진화한다는 것을 과학적인 사실처럼 주장하고 있습니다. 그러나 우주에는 반드시 그 시작점이 있고 그 끝이 있습니다. 단지 그 시작이 우연에 의해서이냐, 아니면 원인이 있느냐가 문제입니다. 진화론자들은 시작과 끝도 우연이라고 말하지만, 성경은 그 원인을 하나님이라고 분명히 밝혀 주고 있으며, 또한 많은 무신론자들마저도 우연偶然이 아니라 어떤 설계에 의해 시작한다고 인정합니다. 시계가 저절로 정교하게 조립될 수 없듯이 어떤 계획된 시작이 있다는 것을 인정합니다. 이것을 지적 설계론Intelligent Design이라고 합니다.[8)]

우리가 존재하는 시간과 공간의 시작은 하나님이 천지를 창조함으로 시작된 것입니다. 창세기 1:1은 영원의 차원으로부터 시간과 공간이 시작된 것을 보여 줍니다. 우리는 창세기와 성경 전체에서 하나님이 그 천지를 우리와의 사랑의 관계로 인하여 창조하시고 그 곳에 하나님의 나라인 에덴을 창설하셨다는 사실을 발견할 수 있습니다. 그렇게 시작한 하나님의 창조와 완벽한 에덴에서의 하나님 나라가 인간이 죄를 범함으로 하나님과의 관계가 단절되면서 하나님의 나라는 파괴되고, 인간의 불행한 문화와 문명이 시작되는 것을 보게 됩니다. 하나님은 이렇게 파괴된 하나님 나라를 회복하는 역사를 시작하셨음을 성경은 말해 주고 있음을 봅니다. 이것이 성경 역사의 시작입니다. 우리는 그 시작의 끝은 계시록 21장 이하의 새 하늘과 새 땅에서 완성적으로 끝난다고 믿습니다. 그 일의 약속은 창세기 3:15의 약속에서부터 시작하지만 본격적 시작은 창세기 12장에서부터 시작되는 아브라함과의 언약으로부터 시작합니다. 이것을 우리는 구속의 역사라고 합니다.

세상에는 다양한 역사관이 있습니다. 그중에 대표적인 것이 힌두교와 불교에서 말하는 윤회사관입니다. 진화론적 유물사관이나 헤겔의 역사철학, 이러한 것들이 모두 윤회사관 입니다. 다시 말하면 역사는 돌고 돈다는 말입니다. 그러나 기독교의 역사관은 반드시 종말이 있는 역사관입니다. 성경은 인간 구원을 통한 하나님의 나

---

8) 관련 참고 도서 : 박담희, 박명론 「기독교 지성으로 이해하라」 도서출판 누가, 2006.

라 회복과 완성이라는 계획을 기록하고 있는데 그것은 바로 이 종말론적 구속의 역사관을 보여 주고 있습니다.

데이비드 베빙턴David Bebbington교수는 그의 저서 *Patterns in History, a Christian Perspective and Historical Thoughts*[9]에서 기독교의 역사관에 대해 다음과 같이 설명합니다.

기독교인들은 역사에 대하여 통상적으로 다음과 같은 세 가지 확신을 가지고 있습니다.

① 하나님은 역사에 개입하신다는 것
② 그 분은 역사를 일직선으로 인도하신다는 것
③ 그분은 역사를 자신의 계획한 목적지로 이끄신다는 것이다.

이 세 가지 신념이 기독교 섭리 신앙의 핵심이며, 구속사의 핵심입니다.

① 하나님이 역사에 개입하신다는 것

하나님의 개입에는 목적이 있는데 그것은 흔히 심판이나 자비를 베풀어 주기 위함이었습니다.

9) 「역사관의 유형들」 이란 제목으로 번역되어 한국 IVP에서 출판.

출 13:21-22 여호와께서 그들 앞에서 가시며 낮에는 구름 기둥으로 그들의 길을 인도하시고 밤에는 불 기둥을 그들에게 비추사 낮이나 밤이나 진행하게 하시니 낮에는 구름 기둥 밤에는 불 기둥이 백성 앞에서 떠나지 아니하니라

여호와는 모든 역사의 과정에 개입하셨습니다. '임마누엘의 하나님'의 이름은 바로 이 사실을 명백하게 설명해 주는 것입니다. '여호와 이레의 하나님' 등 하나님의 이름에서 우리는 하나님이 역사에 사랑과 공의로 개입하신다는 것을 분명히 알 수가 있습니다. 이것은 하나님의 속성이기도 하며 우리를 구속救贖하시는 하나님의 모습입니다.

② 그 분은 역사를 일직선으로 인도하신다는 것 - 시편 136편의 표현 참조

시편 136편에 "감사하라"라는 말 앞에 창조 때의 하나님의 활동에 관한 설명이 나온다는 사실을 묵상해 보세요. 다른 민족들도 유일하신 하나님에 의하여 창조된 세계 안에서 자리 잡고 있다는 의식이 있지만, 이스라엘 민족에게는 일반적인 역사보다는 하나님이 이스라엘의 역사에 관여하신다는 사실에 더 관심이 있었습니다. 사무엘이 지적했듯이 '여호와께서 여기까지 우리를 도우셨다.'에반에셀의 하나님에서도 나타나고 있다고 생각되지만, 이스라엘은 하나님의 인도하심에 따라 꾸준히 앞으로 나가고 있다고 믿습니다. 그 하나님은 역사를 일직선으로 진행시킨다는 것입니다. 성경 속에 순환론에 대한 언급이 전혀 없는 것은 아닙니다. 이를 테면 이스라엘이 지켜야 하는 절기, 또는 농사의 4계절 같은 것은 순환의 사상을 반영하는 것일 수도 있지만 그것은 일직선상의 움직임 위에서 순환하는 것이라고 보아야 합니다. 또는 다윗의 통치를 되풀이 한다고 보는 메시아 통치를 순환론으로 설명하고자 하는 사람들도 있지만 이것은 어디까지나 유추類推 : analogies일 뿐이지 결코 계속해서 반복되는 현상은 아님을 알아야 합니다.

③ 그분은 역사를 자신의 계획한 목적지로 이끄신다는 것이다 - 종말 신앙

구약 성경에는 하나님이 역사에 개입한다는 사상, 그리고 역사가 순환적이라기보다는 일직선적으로 진행된다는 사상과 함께 역사가 어떤 목표를 향하여 움직이고 있다는 사상이 포함되어 있습니다. 즉 그것은 본질적으로 하나님이 일상적인 경로를 따라 역사가 무한히 진행 되도록 하기 보다는 역사를 어떤 정점으로 인도하실 것이라는 신앙입니다. 순환은 결국 끝이 없음을 말한다.

이사야는 이 세상의 종말을 다음과 같이 끔찍하게 예언하고 있습니다.

이사야 13:9 여호와의 날 곧 잔혹히 분냄과 맹렬히 노하는 날이 임하여 땅을 황무케 하며 그 중에서 죄인을 멸하리니

구약 성경의 선지자들은 불의가 종식될 '주의 날'The Day of the LORD에 대한 믿음을 공통적으로 가지고 있었습니다. 역사의 목적은 묵시 문학에서 더 정확하게 나타났습니다. 구약 성경에서 다니엘서의 후반부로 대표되는 묵시 문학은 하나님이 역사를 '마지막 때'로 이끌어 간다는 것을 생생하게 보여 줍니다. 묵시 문학은 하나님께서 결정적으로 역사에 개입할 뿐만 아니라 역사를 종말로 이끌고 간다고 미리 말한다는 점에서 예언을 능가했다고 생각합니다. 하나님이 인도하는 직선은 그 이상의 무엇인가로 인도될 것입니다. 구약 성경은 역사가 목적론적이며 그 내용이 그 목적에 의하여 결정된다는 신념을 내포하고 있습니다. 하나님은 새로운 시대를 향하여 역사를 인도하고 계셨습니다.

신약의 종말 신앙

신약 성경에서도 하나님의 역사의 개입은 심판 또는 자비의 행동이라는 특징으로 나타납니다. 예수님이 온 것은 구원을 통한 하나님 나라의 성취라는 자비를 위한 것이었지만 이는 자연스럽게 심판을 수반하기도 합니다.

📖 요 3:17-18 하나님이 그 아들을 세상에 보내신 것은 세상을 심판하려 하심이 아니요 저로 말미암아 세상이 구원을 받게 하려 하심이라 저를 믿는 자는 심판을 받지 아니하는 것이요 믿지 아니하는 자는 하나님의 독생자의 이름을 믿지 아니하므로 벌써 심판을 받은 것이니라

하나님이 역사에 개입한다는 믿음이 기독교 세계관에 필수적인 내용임을 제시하는 두 가지 사항이 있습니다. 첫째로, 기독교적 관점에 의하면 하나님은 역사 과정의 대세적인 사건에만 아니라 작은 새 한 마리가 날아가는 일처럼 미세한 사건들에도 직접 관여하심을 알 수 있지요. 예수님이 직접 다음과 같이 말씀 하셨습니다.

📖 마태 10:29-31 참새 두 마리가 한 앗사리온에 팔리는 것이 아니냐 그러나 너희 아버지께서 허락지 않으시면 그 하나라도 땅에 떨어지지 아니하리라 너희에게는 머리털까지 다 세신 바 되었나니 두려워하지 말라 너희는 많은 참새보다 귀하니라

하나님은 인간사의 세세한 일들에까지 관심을 기울이시는 분임을 보여 줍니다.

두 번째로, 하나님이 스스로 인간이 되셔서 우리 인간의 구원을 위해 죽으심으로써 역사에 개입하였다는 사실성육신이 기독교 신앙의 핵심입니다. 하나님이 역사의 개입은 하나님의 임재와 부재不在 모두를 의미합니다. 오직 하나님만 우리에게 다가오시는 분입니다. 그것을 우리는 하나님의 내재성Immanence라고 합니다.

또한 신약 역시 역사를 일직선으로 보는 구약 성경의 역사관을 계승합니다. 예수님은 구약의 선지자들과는 확연히 구별되시는 독특한 분이시지만, 이스라엘 선지자들의 믿음을 계승한 것으로도 생각됩니다.

📖 히 1:1-2 옛적에 선지자들을 통하여 여러 부분과 여러 모양으로 우리 조상들에게 말씀하신 하나님이 이 모든 날 마지막에는 아들을 통하여 우리에게 말씀하셨으니 이 아들을 만유의 상속자로 세우시고 또 그로 말미암아 모든 세계를 지으셨느니라

신약 성경의 핵심은 예수님이 구약성경의 예언을 성취하셨다는 사실입니다. 그러므로 하나님의 백성의 역사에는 연속성이 있었습니다. 바울은 이방인을 대상으로 할 때라도 비유대인들이 유대인의 줄기에 접붙여졌다고 힘써 강조하였습니다. 기독교는 전혀 새롭게 시작되었지만, 창조로부터 오늘에 이르기까지 선택된 백성을 통하여 연결되는 일직선적인 하나님의 목적을 그대로 이어 가고 있습니다. 역사는 앞을 향해서 나아가고 있고, 기독교인들이 그들의 신앙을 더 넓은 범위 즉 '예루살렘과 온 유대와 사마리아와 땅 끝까지' 선포함에 따라 계속 전진할 것입니다.

초기 기독교인들이 유대교에서 물려받은 요소의 핵심은 종말론입니다. 역사 과정에는 끝이 있다는 것입니다. 기독교인들은 구약 성경의 선지자들처럼 다가 올 심판을 기대했습니다. 그러나 그들의 기대는 유대교와는 달리 예수님의 재림에 집중되어 있었기 때문에 역사가 끝날 때에 예수님은 민족들을 심판하기 위해 다시 오실 것이라고 믿습니다. 이 마지막 심판은 사람들을 영원한 형벌을 받을 자와 영원한 생명을 얻을 자로 나눌 것입니다. 초기 기독교인들은 분명히 이런 종말론적인 사건들이 이미 자기들 시대에 일어나고 있다고 느꼈습니다. 예수님이 오심초림으로 마지막 때가 시작되었습니다. 영원한 생명을 붙잡을 기회가 이미 주어졌습니다.

요한계시록에 따르면 새 예루살렘이 도래하기 이전이라고 할지라도 역사의 과정은 하나님의 주권에 의해 계속 진행되어 간다고 믿습니다. 기독교인에게 미래에 대한 신념이 있다는 사실은 신약성경에서 소망이 믿음과 사랑과 같이 중요한 덕목이라는 것을 설명하는데 도움이 됩니다. 이 종말의 소망은 공허한 일이 아니라 확실한 기대입니다. 미래는 하나님의 지배 아래 있기 때문에 틀림없이 좋을 것입니다. 역사는 목표를 가지고 있었습니다. 예수님은 종말에 대해 직접 언급했으며, 역사는 반복되지 않았습니다.

기독교의 사관史觀이 일직선의 사관이라고 하더라도 그 각도가 수평일 수는 없을 것입니다. 더더구나 그 각도는 상향적인 것이 아닙니다. 진화론은 모든 것이 발전적으로 진행된다고 믿습니다. 그러나 종말론이 암시하는 점은 모든 것은 종말을 향하여 쇠퇴하는 것이라고 보며, 물리학에서 열역학 제 2법칙[10]은 모든 사물은 생성점으로 부터 쇠퇴한다고 증명하고 있습니다.

위 내용을 참고하여 우리는 성경의 구속의 역사의 흐름을 다음과 같이 분류합니다.[11)]

01 창조 시대	04 가나안 정복 시대	07 분열 왕국 시대	10 신구약 중간 시대
02 족장 시대	05 사사 시대	08 포로 시대	11 복음 시대
03 출애굽 광야 시대	06 통일 왕국 시대	09 포로 귀환 시대	12 교회 시대
			13 종말 - 마지막 때

이 시간의 흐름에서 하나님 나라를 이루시려는 하나님 계획의 흐름을 파악해 볼 수 있습니다.[12)]

하나님 나라 - 하나님 통치의 회복

2) 하나님 나라의 회복의 관점 – 감성적 읽기 – 그 하나님과 관계 맺기

왜 하나님은 이렇게 역사에 개입하시고, 종말을 향해 이끌고 계시는 것일까요?
이 질문의 대답은 '왜 하나님은 우리를 구원하시려는 것일까?'의 대답과 동일한 것입니다.
구원의 참 의미는 무엇인가요?
구원은 역사의 흐름이 방향과 목적이 있듯이 반드시 그 방향과 목적이 있습니다.
죽어서 천당에 데려가시려고 우리를 구원하시는 것만은 아닐 것입니다. 그것은 하나님 나라의 회복을 위한 목적과 방향을 갖는 것입니다.

왜 하나님은 당신의 나라를 세우시기를 원하시는 것일까?
하나님은 왜 인간을 만드셨을까?[13)]

---

10) 열역학 제 2법칙은 현재의 엔트로피[無秩序度]가 증가하고 있기 때문에 과거 언젠가 엔트로피가 가장 낮은 상태, 즉 만물이 가장 안전한 '심히 좋은' 상태로 있었던 태초가 있었음을 암시하고 있다. 그런데 진화론은 시간이 흐를수록 점점 복잡해지고 질서가 증가하는 법칙을 억지로 요구하고 있다. 실제로 우주의 사물은 진행 흐름이 항상 하향적이지 상향적이지 않다.
11) 시간 흐름의 연대기적 분류는 Thomas Nelson 출판사가 발행한 *Time & Life Historical Reference Bible*의 편집 분류한 순서를 참고하여 다소 지나치게 세분하게 분류한 부분은 통합을 하는 수정을 약간 가했다. 신약의 4복음서의 연대기적 분석은 Dr. Orville E. Daniel 이 쓴 *A Harmony of the Four Gospels*, Baker Books, 1996 판을 참조하였다.
12) 이 시대 나눔은 세대주의의 세대 나눔과 전혀 상관이 없음을 밝힌다. 이 시대 나눔은 시간 흐름의 성경 내용 특징을 잡아 나눈 것일 뿐이다.

인간이 죄를 범하기 전의 에덴은 완벽한 하나님의 나라이었습니다. 하나님 나라는 하나님의 주권이 온전히 이루어지는 영역을 말합니다. 내 삶이 하나님의 뜻에 온전히 순종하는 삶이라면 그것이 곧 하나님의 나라입니다. 내 삶속에 하나님의 나라가 이루어진 것입니다. 그런데 아담과 하와[인간]가 뱀[사탄]의 꼬드김에 넘어가 자기 중심성이 인위적이고 이기적인 방면으로 발동되어 그만 하나님의 명령을 어기고 말았습니다. 죄를 범하게 되었고, 그 결과 하나님과의 관계가 끊어지고 말았습니다. 그래서 인간의 삶은 하나님의 주권이 미치지 않는 삶이 되어 버렸습니다. 하나님 나라가 부셔진 것입니다. 이것이 타락입니다. 그러나 창세기 3:15에서 하나님은 하나님 나라를 이 땅에 다시 회복하시려는 계획을 보여 줍니다. 왜 그렇게 하시기를 원하시는 것일까요? 이 문제를 설명하기 위해서는 하나님께서 왜 인간을 창조하셨는가를 먼저 생각해야 합니다. 성경은 이 점을 분명히 대답하고 있지 않습니다. 그러나 성경의 여러 가지 내용을 통해서 이 질문에 대한 대답을 유추해 볼 필요가 있습니다.

영국의 신약 주석가인 바클레이 목사님은 하나님이 사랑이시라면 그 사랑을 나누는 대상이 있어야 한다는 것은 당연한 논리이라고 하면서 다음과 같이 설명합니다.[14] 요한일서 4:8 "사랑하지 아니하는 자는 하나님을 알지 못하나니 이는 하나님은 사랑이심이라." 하나님은 사랑이시라는 말은 우리 모두가 믿고 동의합니다.

하나님이 사랑이시라면 사랑은 나누어야 되는 대상이 있어야 된다는 것은 지극히 당연한 논리입니다. 하나님은 사랑을 나누고 또 교제해야 할 대상이 필요했다고 생각합니다. 하나님은 전지전능하시고, 자급자족하시는 분이며 모든 면에서 완벽하신 분이기 때문에 하나님의 사랑을 나눌 존재가 필히 필요했다고 볼 수는 없습니다. 그러나 그것은 하나님의 초월적인 속성을 말하는 것이고, 하나님은 우리 인간과 관계를 맺을 수 있고, 교제할 수 있는 내재적 속성, 즉 사랑, 공의, 자비...등 인격적 속성도 함께 가지고 계신 분이시기 때문에 사랑의 대상이 필요하다는 추정은 충분히 가능한 이야기입니다. 창세기 1:26-28에서 창조 전 하나님이 인간창조를 계획하셨다는 사실을 읽을 수 있는데, 28절에 "하나님이 그들에게 복을 주시며..."라는 구절에서 사랑의 관계를 맺으시려고 인간을 창조하셨다고 볼 수 있는 것입니다.

하나님께서는 6일 동안 실제로는 닷새 반 동안 천지를 창조하시고 마지막에 인간을 창조하셨습니다. 인간은 하나님과의 사랑을 나눌 수 있는 하나님의 축복을 받을 수 있는 그러한 존재입니다. 하나님께서는 그러한 인간을 가장 살기 좋은 장소를 택

13) 서론1에서 설명한 것을 그 내용이 여기에 다시 중복됨으로 다시 부연 설명한다.
14) William Barclay, *The Apostles' Creed,* Westminster Press, 1998, p 42.
The letter of John, the Daily Study Bible Series, Westminster Press, 1960, p 97.

해서 그곳에 살게 해줄 필요가 있었다고 생각합니다. 하나님께서는 인간이 살아갈 수 있는 소선에 적합한 모습으로 우주를 만드시고 인간을 만드셨습니다.

창세기 2장에 하나님이 인간을 위해 주신 동산이 얼마나 아름다운지 그 모습을 볼 수 있습니다. 그 곳에는 인간이 무엇이든지 마음대로 누릴 수 있도록 모든 조건이 완벽하게 갖춰져 있던 동산이었습니다. 하나님께서는 인간에게 그 동산을 다스릴 수 있는 권리를 인정해 주시고 그렇게 지낼 수 있도록 해주셨습니다. 이것이 바로 하나님의 사랑이고 섭리입니다. 하나님은 우리를 사랑을 나눌 대상으로서 창조하셔서 우리와 관계를 맺고 교제하며, 그분을 하나님으로 섬기며, 그 분의 통치 아래에 순종하는 삶을 살아가도록 인간을 창조하신 것입니다. 그래서 하나님은 당신의 통치하에 있는 인간이 완벽한 조건으로 살아 갈 수 있도록 이 우주 만물을 창조 하시고, 에덴의 동쪽에 동산을 개설하시고 그곳에 인간을 두셨다고 성경은 말하고 있습니다.

창세기 1장 27절, 28절의 말씀을 보면 "하나님이 자기 형상 곧 하나님의 형상대로 사람을 창조하시되 남자와 여자를 창조하시고 하나님이 그들에게 복을 주시며 하나님이 그들에게 이르시되 생육하고 번성하여 땅에 충만하라 땅을 정복하라 바다의 물고기와 하늘의 새와 땅에 움직이는 모든 생물을 다스리라 하시니라" 하나님께서는 인간에게 그 동산을 다스릴 수 있는 권한을 위임하시고 그곳에서 모든 것을 누리며 살 수 있도록 특별히 배려하신 것입니다. **우리는 하나님의 청지기로 지음을 받았다는 사실을 반드시 알아야 합니다. 청지기는 주인이 하나님이라는 사실을 또한 알고 있어야 합니다.**

이 구절에서 우리는 에덴에서부터 하나님은 인간과의 교제와 관계를 하나님 나라라는 개념으로 형성하고 싶어 하시는 하나님의 마음을 읽을 수 있습니다. 이것은 단순히 많은 신학자들이 말하는 문화 명령Cultural Mandate의 성격만 갖는 것이 아니고, 이 구절 속에 '하나님 나라의 개념'이 있고, 에덴이 바로 하나님께서 이루고 싶어 하시는 하나님 나라임을 알 수 있습니다

정치학에서 '나라'라고 할 때 (1)주권 (2)영토 (3)국민이 있어야 나라가 성립한다고 정의를 내립니다. 정성욱 교수는 이 구절에서 하나님 나라를 설명합니다. '생육하고 번성하라'는 하나님 나라의 국민이 많아지라는 것이고, '땅을 정복하라'는 것은 국토영토를 잘 관리하라는 것이며, '모든 생물을 다스리라'는 국권주권을 행사하라는 의미로 해석할 때 창 1:27-28은 하나님 나라의 번영을 뜻한다고 설명합니다.[15] 이 세

15) 정성욱 「티타임에 나누는 기독교 변증법」 홍성사, p 31.

가지 즉, 국민, 국토, 주권은 나라를 형성하는 3요소입니다. 바로 하나님 나라의 요소이지요. 이미 에덴에서 하나님은 하나님 나라를 개설하심으로 인간에게 복을 주셨다고 했습니다.

그림 출처 그레엄 골즈워디 "복음과 하나님 나라" 성서유니온 선교회 2001 p.134

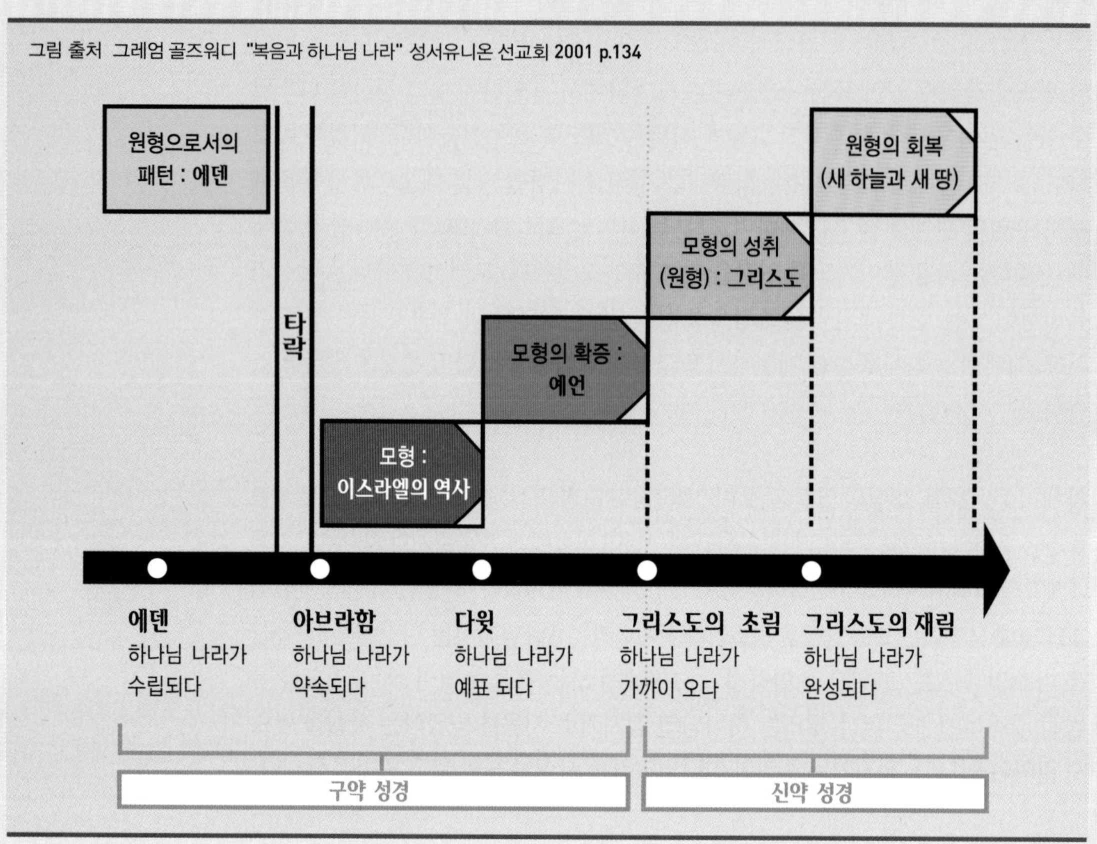

호주의 신약학자 그레엄 골드워디Graeme Goldworthy는 에덴은 하나님 나라의 원형이라고 설명합니다. 성경의 첫 2장창세기 1장, 2장과 마지막 2장계시록 21장, 22장은 죄가 존재하지 않는 장들입니다. 하나님은 인간을 죄가 없는 상태로 창조하셔서 그들의 창조주로서 섬김을 받기를 원하셨습니다. 그러나 인간은 하나님을 그들의 삶의 주인으로 택하지 않는 죄를 범하였고 그들 스스로 주인이 되거나 다른 신을 주인으로 섬김으로 하나님의 통치를 벗어났습니다.

미국 Fuller 신학교의 김 세윤 교수는 그의 저서 '주기도문 강해'에서 다음과 같이 설명하고 있습니다. 인간은 에덴을 떠나 나오면서 스스로 결핍한 존재가 되었고 그 결핍을 채우기 위해 피나는 노력을 기울이며, 그 결과 인간은 문화와 문명을 이루었습니다. 그러나 그 인간이 이룬 문화와 문명은 결핍의 문화이고, 그것은 결코 인간에게 복이 되지 못하고 화가 되는 것입니다.

신약에서 탕자가 아버지에게서 자기의 몫을 받아 스스로 살아가려고 아버지를 떠나는 모습은 에덴을 떠나는 아담의 선택과 같은 맥락입니다. 그는 스스로 아버지의 풍요함을 버리고 결핍의 길을 택한 것입니다. 이것이 바로 에덴을 버린 아담의 모습이요 이는 바로 하나님 아버지를 떠난 인간의 모습입니다. 오늘 날 하나님의 통치를 벗어난 인간은 바로 이 아담적 실존의 존재들입니다. 그런 인간을 하나님의 풍요함으로 돌아오게 하시려고 하나님이 당신이 통치하시는 나라를 세워 가시는 것이 바로 성경의 이야기입니다.

그렇다면 하나님 나라를 어떻게 정의 할까요? 우리가 나라라고 정의할 때 그 나라가 이루어지기 위해서는 국민, 국토영토 그리고 주권이 있어야 한다고 했습니다. 하나님 나라라고 할 때도 역시 이 세 가지를 모두 갖추어야 합니다. 그리고는 통치권을 인간이 행사하는 것이 아니고 하나님이 행사하시는 것입니다. 다시 말하면 **하나님 나라는 하나님의 통치가 이루어지는 영역입니다.** 즉 신본주의神本主義가 이루어지는 영역이지요. 이것을 또한 인위人爲에 반대되는 개념으로 신위神爲라고 합니다.

하나님은 왜 구속하시기를 원하시는가?

구속救贖은 관계 회복입니다. 하나님은 관계를 회복시키고 함께 해 주시기를 원하십니다. 구속이 관계 회복이라면 타락은 관계의 파괴입니다. 이 구속과 타락이라는 용어에는 '권력의 이동power shift'의 의미가 숨어 있습니다. 영향력의 이동이라는 말입니다. 누구의 영향력 아래에 있다가 누구의 영향력 아래로 옮겼는가 하는 것입니다. 하나님은 인간을 하나님의 형상Imago Dei로 지었다고 했습니다창 1:26. 그 말은 인간은 하나님과의 관계, 즉 그분의 영향력 아래에 있을 때 존재가치가 있으며, 최고의 행복을 누릴 수 있다는 말입니다. 그러므로 사탄의 영향력 아래에서 하나님의 영향력 아래로 원대 복귀해야 한다는 것입니다. 그것이 구속, 즉 관계의 회복이고, 복의 지름길입니다. 시 **73:28**에서는 "**...하나님께 가까이 함이 내게 복이라**"고 합니다.

역사의 흐름이 방향과 목적이 있듯이 구원도 방향과 목적이 있습니다. 하나님께서 우리 인간들이 죽은 후 천국에 데리고 가시려고 우리를 구원하신 것이 아닙니다. 물론 우리가 이 세상을 떠나면 하나님의 나라인 천국에 간다는 성경 말씀은 진리입니다. 그러나 우리가 죽어서 천국에 간다는 것이 구원의 참 목적은 아닐 것입니다. 오히려 하나님께서 구속하시는 목적은 바로 이 땅에 하나님 나라를 회복시키시고, 이루어 가시려는 하나님의 계획을 성취해 나가기 위하심입니다. 그래서 본 성경 읽기의 두 번째 관점을 하나님 나라에 두고 있습니다. 하나님 나라는 하나님의 통치가 온전히 이루어지는 영역을 말합니다.

이제 하나님 나라의 중요한 관점에 대해서 설명하도록 하겠습니다. 만약 성경 66권을 약탕기에 넣어 푹 고아서 짜면 무엇이 나오겠습니까? 아마도 산상수훈이 나올 것입니다. 왜냐하면 예수님께서 성경의 가장 핵심적인 진리를 산상수훈에서 가르치고 있기 때문입니다.

인도의 무저항주의를 주장하면서 인도의 영국 식민지에 대해서 비폭력 독립운동을 일으킨 간디가 성경을 읽고 가장 감동을 일으킨 부분이 산상수훈이라고 합니다. 그분이 그의 비폭력주의 철학을 산상수훈으로 부터 배웠다고 합니다. 간디는 인도가 영국으로부터 독립하고 난 뒤에 인도에 와 있는 많은 선교사들을 모아놓고 이렇게 말을 했습니다. "만약 여기 계시는 선교사님과 크리스천들이 예수님께서 가르쳐 주신 산상수훈대로 살고 있다면 여러분들이 여기에 오셔서 선교하느라 고생하실 필요가 없을 것입니다. 왜냐하면 모든 크리스천들이 그렇게 살아가는 모습을 보고 많은 사람들이 예수를 믿기로 작정했거나, 예수를 믿을 것이라고 생각하기 때문입니다"라고 할 만큼 간디도 산상수훈의 진리를 높이 평가했다는 얘기가 있습니다.

이 산상수훈을 다시 약탕기에 넣어 푹 고아서 짜면 그 산상수훈에 안에 있는 또 하나의 핵심적인 엑기스가 나옵니다. 나는 그것이 주기도문이라고 봅니다. 예수님께서 제자들에게 가르쳐주신 이 주기도문은 성경의 가장 핵심적인 진리를 잘 표현하고 있다고 생각합니다. 주기도문의 핵심적인 내용은 **'나라가 임하옵시며 뜻이 하늘에서 이룬 것 같이 땅에서도 이루어지이다'** 라고 생각합니다. 하나님께서 이미 하늘에서 이루어주신 그 하나님의 뜻이 이 땅에 이루어지는 그것이 바로 하나님의 나라가 임한다는 말입니다.

사실 예수님이 이 땅에 오신 이유와 이 땅에서 가르치신 가르침의 핵심은 **하나님 나라**입니다. 하나님께서 하나님의 나라를 이 땅에 회복하시고자 하시는 하나님의 열망을 보여주는 것이 구약의 스토리라고 봅니다. 구약은 하나님 나라를 이 땅에서 꿈꾸었다고 보는 것입니다. 예수님이 이 땅에 오셔서 구약이 꿈꾸었던 그 하나님 나라를 선포하셨습니다막 1:15. 예수님이 구약을 성취하신 분이라고 하는 이유는 구약이 꿈꾸었던 하나님 나라를 이 땅에 오셔서 하나님께서 실현하고 선포하셨기 때문입니다.

신약은 그 점을 강조해서 보여주고 있습니다. 예수님의 첫 설교인 마가복음 1:15에 보면 "이르시되 때가 찼고 하나님의 나라가 가까이 왔으니 회개하고 복음을 믿으라"고 합니다. 이것이 예수님께서 공생애를 시작하시면서 선포하신 하나님 나라 이야기입니다.

예수님께서 3년간 공생애 사역을 통해서 제자들과 따르는 무리들에게 가르친 핵심 진리는 바로 하나님 나라입니다. 그 나라가 이 땅에 이루어져야 한다는 것입니다. 예수님께서 부활하시고 승천하시기까지 40일 동안 지상에 더 머무시는 동안에 제자들에게 가르쳐 주신 핵심 진리 역시 또한 하나님 나라이었습니다. 사도행전 1:3에 보면 "그가 고난 받으신 후에 또한 그들에게 확실한 많은 증거로 친히 살아 계심을 나타내사 사십 일 동안 그들에게 보이시며 하나님 나라의 일을 말씀하시니라" 고 증언하고 있습니다. 이것은 성경이 하나님 나라를 핵심 주제로 삼고 있다는 것을 확연히 보여주고 있는 것입니다.

그런데 문제는 그 인간이 죄를 범할 수밖에 없는 상황에 처했다는 것입니다. 여기서 잠깐 선악과 문제를 다시 이야기 할 필요가 있습니다. 많은 성도들이 의문을 갖거나 회의를 느끼는 질문은 이것입니다. 하나님께서 왜 뱀을 만드셔서 인간을 유혹하게 했는가? 하나님께서는 왜 선악과를 만드셔서 인간을 유혹에 빠지게 해서 죄를 범하게 했는가? 이런 질문들을 하면서 하나님께서 선악과를 만드신 의도를 혼란스럽게 생각하는 경우가 많이 있습니다. 하나님께서 왜 선악과를 만드셨는가에 대한 답을 찾으려면 우리는 반드시 사탄의 존재를 생각해 봐야 합니다.

사탄은 언제, 어떻게 생겨났을까?

창세기에서 말하는 창조의 시작 기점을 '레쉬트(רֵאשִׁית)'(창 1:1)라고 합니다. 이 말은 시간과 공간의 시작점을 말합니다. 그런데 요한복음에서의 태초는 '아르케(ἀρχή)' (요 1:1) 라는 헬라어 단어를 사용하는데 이는 시간과 공간이 생기기 이전의 상태를 말합이다. 영계靈界의 의미를 가리키는 것입니다.

히브리어 성경에 이사야 14:12 "너 아침의 아들 계명성이여 어찌 그리 하늘에서 떨어졌으며 너 열국을 엎은 자여 어찌 그리 땅에 찍혔는고" 의 계명성을 '헬렐'(הֵילֵל hêlēl or heylel)로 표현하고, 라틴어 번역판Latin Vulgate에는 루시퍼Lucifer라고 번역하였고 이것을 흠정역King Jamaes Version에 그대로 사용함으로 계명성이 사탄의 이름처럼 되었습니다. 이 계명성을 루시퍼로 번역한 초대 교부는 터툴리안, 오리겐 등입니다. 이 사탄의 이름인 루시퍼는 문예부흥기의 문학가인 단테가 그의 책 '신곡'과 밀턴이 그의 책 '실낙원'에서 사용함으로 널리 알려지게 되어 계명성이 사탄의 이름이라고 믿게 된 것입니다.

이 계명성의 원래 히브리식 표기는 '헬렐 벤 솨하르(הֵילֵל בֶּן שָׁחַר hêlêl ben šāḥar)' 입니다. '헬렐'은 빛나다는 뜻이고, '벤'은 자식 또는 아들이라는 말이며, '솨하르'는 아침이라는 말입니다. 따라서 계명성으로 번역된 '헬렐 벤 솨하르'의 원뜻은 '아침에 빛나는 자식'이라는 뜻입니다. 계명성은 아침에 빛나는 금성Venus을 가리키고 우리말로는 새벽별이라고도 합니다. 이런 좋은 뜻의 이름이 사탄을 지칭할 수 없고 더 더구나 신약의 요한 계시록에서 예수님이 스스로를 소개할 때 광명한 새벽별이라고 소개함으로계 22:16 이 명칭이 사탄의 명칭일 수 없다는 논란이 일기 시작합니다. 칼뱅과 루터가 여기에 동조하고, KJV를 제외한 모든 성경은 이 헬렐을 루시퍼로 번역하지 않고 '계명성'이라고 번역합니다. 그렇다고 이 구절사 14:12-17이 사탄의 기원과 전혀 관계없다는 주장에는 상당한 무리가 따르는 주장이라고 생각합니다. 물론 성경은 사탄의 기원에 분명한 기록은 없습니다. 그리고 성경은 우리가 알기를 원하는 모든 정보를 제공하고 있지 않습니다. 그래서 우리는 거룩한 유추를 해야 할 경우가 있습니다. 신학에서는 이것을 대전제Presupposition라고 합니다.

이 이사야 14:12-17과 에스겔 28:12-15의 구절들은 사탄의 기원을 유추하게 하는 매우 적절한 구절들이라는 것입니다. 이 사탄의 기원에 대한 적절한 유추를 통해 대전제를 세우는 것은 성경을 이해하는데 중요한 일입니다.

먼저 사탄의 개념이 포로시대 이후 하나님의 백성이 고난을 받게 되는데 관한 의문들로 출발해서 신정론적神正論的 질문에 답을 찾으려는 시도가 이루어지면서 하나님의 대적자인 사탄의 개념이 구체화되기 시작했을 것입니다. 이전까지 하나님의 대적자인 사탄은 막연히 뱀이라는 개념으로 생각했습니다. 그러나 인간이 하나님을 대적하는 죄를 범함으로 그 대가로 고난을 치르게 되고 그 배후에는 하나님의 대적자가 있어 하나님을 대적하게 한다는 사실로부터 하나님의 대적자인 사탄의 개념이 확립되기 시작합니다. 욥기는 아브라함 시대를 배경으로 하는 책이지만, 사탄이라는 단어가 등장하는 것을 보아 고난의 시기이었던 포로시대에 문서화 되었다고 믿게 되는 것입니다. 이런 사실은 포로귀환시대에서 중간기까지 소위 제 2성전시대the 2nd temple period에 사탄의 개념이 본격적으로 정리가 됩니다. 유대 전승에 의하면 묵시문학과 외경, 특히 에녹서에 보면 사탄을 하나님의 진노를 산 타락한 천사fallen angel라고 기록하고 있습니다. 한 때 이 motif는 배격되었으나 2 세기경 랍비 엘리저Parqe de-Raabi Elizer에 의해 다시 받아들여졌습니다.

많은 성서학자들은 이사야서 14:12-17, 에스겔서 28:12-15은 사탄의 기원을 추정할 수 있는 단서를 제공하는 구절들이라고 믿습니다. 사탄에 대해서는 앞에서도 이야기 했었지만, 하나님께서 태초에 천지 우주 만물을 창조하시기 전에 이미 영계에서 하나님께서 어느 때에 천사를 창조했고, 그 천사 중의 한 천사가 교만에 빠져서 하나님의 위치에 도전하다가 결국 하나님의 진노를 사서 타락해서 사탄이 되었다고 추정합니다.

📖 **이사야 14:12-17** 너 아침의 아들 계명성이여 어찌 그리 하늘에서 떨어졌으며 너 열국을 엎은 자여 어찌 그리 땅에 찍혔는고 네가 네 마음에 이르기를 내가 하늘에 올라 하나님의 뭇 별 위에 내 자리를 높이리라 내가 북극 집회의 산 위에 앉으리라 가장 높은 구름에 올라가 지극히 높은 이와 같아지리라 하는도다 그러나 이제 네가 스올 곧 구덩이 맨 밑에 떨어짐을 당하리로다 너를 보는 이가 주목하여 너를 자세히 살펴보며 말하기를 이 사람이 땅을 진동시키며 열국을 놀라게 하며 세계를 황무하게 하며 성읍을 파괴하며 그

에게 사로잡힌 자들을 집으로 놓아 보내지 아니하던 자가 아니냐 하리로다

이 구절은 문자적으로는 바벨론의 느부갓네살왕과 바벨론의 멸망에 관한 구절이입니다. 그러면서 사탄의 기원과 사탄이 하는 일과 사탄의 운명 전체를 추정해 볼 수 있는 구절입니다.

이 구절이 사탄의 기원을 추정하게 하는 근거 되는 구절이라고 볼 때 사탄을 "계명성"에 비유 했습니다. 신약에서는 이 계명성을 "샛별" 또는 "새벽별"로 번역하여 예수님을 상징하는데 이 "계명성"이 사탄을 가리킬 수 없다고 하면서 이 구절이 사탄의 기원을 말하는 구절이 아니라는 것이지요. 그렇게 주장할 수 있습니다. 그러나 사탄이 처음부터 사탄으로 창조되었다고 볼 수 없고, 처음에는 "계명성" 같은 천사로 지음을 받았을 것이라고 추정해 볼 수 있습니다. (에스겔 **28:15** "네가 지음을 받던 날로부터 네 모든 길에서 완전하더니…") 따라서 여기서 "계명성"을 사탄의 명칭으로 보기보다는 사탄으로 타락하기 이전의 천사로 있을 때의 명칭이라고 보아야 할 것입니다. 또한 에스겔서 28:13("…너를 위하여 비파와 소고가 준비 되었더니…")을 가지고 추측해 보면, 영계靈界에 찬양을 맡은 천사가 있었습니다. 그 천사가 바로 하나님이 찬양을 너무 좋아하시는 것을 보고서 그 천사가 교만에 빠져 북극성 높은 곳에 자기 보좌를 올리려고 했던 교만에 빠져 하나님께 감히 도전하다가 하나님의 진노를 받아서 사탄이 되었다고 그렇게 생각할 수 있습니다. 그래서 북극 집회 즉 하나님의 보좌에 자신의 보좌를 올리려고 하다가사 14:13,14 하나님의 진노를 샀고, 결국은 사람과 땅을 진동시키며 열국을 놀라게 하고 그들은 스올 곧 구덩이 맨 밑에 떨어짐을 당하여 사탄이 되었다는 것입니다. 이 구절은 후대 중간기 시대 악과 고난의 시기에 사탄이 개념이 발전되면서 사탄의 사역과 사탄의 운명에 대한 이야기를 상징적으로 표현하는 것으로 많은 성서 신학자들은 믿고 있습니다.

또한 사탄의 기원에 대해서 우리가 찾아 볼 수 있는 구절은 에스겔서 28장에 나오는 구절입니다. 두로 왕에 대한 이야기 입니다. 에스겔서 28장에서 두로 왕이 사탄에 비유된 것은 당시에 두로 왕이 사탄의 사악함에 견줄 만큼 사악했기 때문에 두로 왕을 사탄에 비유했다고 많은 성서학자들은 믿습니다.

📖 **에스겔 28:12-15** 인자야 두로 왕을 위하여 슬픈 노래를 지어 그에게 이르기를 주 여호와의 말씀에 너는 완전한 도장이었고 지혜가 충족하며 온전히 아름다웠도다 네가 옛적에 하나님의 동산 에덴에 있어서 각종 보석 곧 홍보석과 황보석과 금강석과 황옥과 홍마노와 창옥과 청보석과 남보석과 홍옥과 황금으로 단장하였음이여 네가 지음을 받던 날에 너를 위하여 소고와 비파가 준비되었도다 너는 기름 부음을 받고 지키는 그룹임이여 내가 너를 세우매 네가 하나님의 성산에 있어서 불타는 돌들 사이에 왕래하였도다 네가 지음을 받던 날로부터 네 모든 길에 완전하더니 마침내 네게서 불의가 드러났도다

이것이 바로 사탄의 기원에 대한 말입니다. 사탄은 하나님과 대적하고 싶어 하는 교만에 빠져서 하나님의 진노를 사게 되었다는 것입니다. 이 이사야서 14장 12절 이하의 말씀과 에스겔서 28장의 말씀에서 천사가 사탄으로 저주를 받았던 가장 큰 이유는 교만임을 알 수 있습니다. 그 교만은 자기중심성 입니다. 이 사탄이 인간에게 나타나서 꼬드긴 것이 바로 자기중심성을 부추긴다는 것입니다. 바로 인간이 하나님이 될 수 있다고 부추긴 것입니다. 사탄의 이러한 사상은 많은 우상종교와 많은 신비종교에 나타납니다. 예를 들어서 뉴에이지New Age에서 '우리가 신이 될 수 있다.'는 신인합일神人合一 사상이라던가, 또는 힌두교에서 이야기 하는 범아일여梵我一如, 즉 힌두교의 신인 브라만Brahman과 인간Atman[16]이 하나가 된다는 이러한 사상들이 사탄의 교만에서 유래되어진 것이라고 생각합니다.

불행하게도 인간은 하나님이 될 수 있다는 사탄의 꼬드김에 넘어갔고 우리가 가지고 있었던 자유의지의 자기중심성이 하나님께 순종하는 쪽으로 발동되지 못하고 사탄의 유혹에 넘어가는 쪽으로 발동이 되었다는 것입니다. 그것으로 부터 인간의 불행한 역사는 시작되고, 성경의 역사는 사실상 시작된 것입니다. 성경이 1189장으로 되어 있는데 창세기 1장과 2장, 그리고 계시록 21장과 22장, 이 4장만이 죄가 없는 상태를 보여 주고, 그 외에는 다 인간이 죄성을 가지고 나아가는 역사에 하나님이 구원하시려고 개입하시는 스토리가 성경의 이야기라는 것입니다. 이것은 인간의 타락에 기인합니다.

창세기 1장과 2장, 그리고 성경의 맥락(예: 요일 4:8 등)을 통해서 하나님이 사람을 사랑의 관계를 맺기 위해 창조하셨음을 알 수 있습니다. 그러나 첫 인간인 아담과 하와는 사탄의 유혹에 빠져 그만 하나님에게 불순종하고 그 분의 주主되심을 부인하고, 사탄의 소속으로 넘어가게 되었습니다. 인간의 역사를 이해하려고 할 때 이런 영적 세계에서 일어났던 영적 전쟁의 측면을 무시하면 참된 역사의 흐름을 읽어 낼 수가 없습니다. 세상의 세속적 일반 역사는 순수한 인간의 역사[人爲]일 수만은 없습니다. 그 배후에는 이런 영적 전쟁의 영향이 있다는 사실을 인정해야 합니다. 특히 성경과 그 주변 국가의 역사를 이해하기 위해서는 이런 사탄의 악한 영향을 인정해야 합니다.

결국 사탄이 하는 일은 하나님께 가는 모든 영광을 가로채는 것입니다. 이 모든 것

---

16) Ātman은 Sanskrit(आत्, मन्,)어로서 내적자아(inner-self)또는 혼(soul)을 말한다. Hindu교의 Vedanta 학파는 Ātman을 제일 원리(the first principle) 즉 외양상의 현상으로 나타나는 정체성을 뛰어 넘는 참 자아라는 것이다. 이 힌두의 가르침에 의하면 인간이 참 구원에 이르기 위해서 자신의 초자연적인 브라만(Brahman)과 동일해 짐으로(梵我一如) 깨닫게 되는 자신(Ātman)을 아는 지식(self-knowledge (atma jnana)을 터득해야 한다고 가르친다. (Wikipedia 백과 사전에서 요약)

을 염두에 두고 다시 에덴의 동산의 상태로 돌아와 보면, 하나님께서는 인간을 창조하시고 인간에게 가장 완벽한 조건과 여건을 만드시고, 또 그 동산을 관리할 수 있는 관리권을 위임하면서 까지 하나님과의 사랑과 축복의 관계를 맺었습니다. 이러한 것을 사탄이라는 자가 보면 반드시 그 관계를 질투하고 깨려고 시도할 수 있다는 것을 상상해 볼 수 있습니다.

따라서 타락은 사탄과 인간의 자기중심성의 합작품입니다(창 3장).

하나님은 왜 선악과를 에덴동산에 두셨을까? - 하나님 나라, 신위(神爲)의 확립을 위해서

창 **2:15-17** 여호와 하나님이 그 사람을 이끌어 에덴동산에 두어 그것을 경작하며 지키게 하시고 여호와 하나님이 그 사람에게 명하여 이르시되 동산 각종 나무의 열매는 네가 임의로 먹되 선악을 알게 하는 나무의 열매는 먹지 말라 네가 먹는 날에는 반드시 죽으리라 하시니라

하나님이 왜 선악과를 만들어서 인간으로 하여금 죄를 범하게 하셨는가하는 식으로 의아하게 생각하며 혼란에 빠진 사람들이 있습니다. 하나님은 인간을 창조하시고 그들을 에덴에 두시고 그 동산을 다스리게 하시면서 하나님과 교제의 관계를 이루는 하나님 나라를 이루시기를 원하셨습니다. 하나님은 인간이 살기에 완벽한 에덴을 만드시고 그곳에 인간을 두시면서 선악과를 그 에덴동산 중앙에 두시고 '따먹지 말라. 따 먹으면 정녕 죽으리라'고 하셨습니다. 하나님은 동산의 모든 과실은 다 따 먹으라고 하시고 이것만은 안 된다고 하셨습니다. 동산의 모든 과실은 다 먹어도 좋다고 하신 창세기 2:16의 말씀은 그 앞 절인 15절에 다스리게 하는 것과 연결해서 생각해야 합니다. "경작하며 지키게"하신 것은 다스리게 하신 것이고 그것은 바로 1장 28절의 말씀과 연결됩니다.

하나님은 우주 만물을 인간이 살기 좋은 것으로 만드시고 모든 것을 인간에게 초점을 맞추어 만드셨습니다. 그리고 동산의 각종 과실을 마음대로 먹게 하셨고, 이 우주 만물을 다스리도록 모든 권한을 위임해 주셨습니다. **이 '다스린다'는 단어는 인간이 자기 우월성을 착각하게 하는 경향을 띤 단어일 수 있습니다. 우리가 독립적으로 우리의 뜻대로 다스린다는 것이 아니고 하나님의 뜻에 따라서 다스리는 일을 위임 받았다는 말입니다. 그러므로 우리의 뜻(인위)는 없습니다. 오직 하나님의 뜻만이 이루어지도록 다스려야 한다는 말입니다. 이것이 청지기의 정신인 것입니다.**

사탄뱀이 인간을 유혹해서 하나님과의 관계를 파괴하리라는 것을 하나님은 이미 잘 알고 계셨을 것입니다. 인간을 사랑하셔서 그 사랑을 나누기 위해 창조하신 인간

을 사탄의 유혹으로부터 보호하며 하나님 나라를 이루어 가는 유일한 길은 인간이 하나님의 통치 안에 있게 하는 것뿐입니다. 사탄은 영적 존재이기 때문에 육신을 가진 인간이 사탄을 이길 수는 없기 때문입니다.

그래서 하나님께서는 사탄의 유혹이나 공격으로부터 아담과 하와를 보호해 주시기 위해서 동산 가운데 가장 잘 보이는 위치에 선악과나무를 두셨습니다. 그리고 아담과 하와에게 "이 나무의 열매는 먹지 말라. 네가 먹는 날에 반드시 죽으리라"창 2:17 라고 말씀하셨습니다. 이것은 아담과 이브에게 '사탄의 유혹이 오면 동산에 있는 선악과나무를 바라 보아라. 그러면 너희가 하나님의 피조물이라는 사실을 알게 되고, 모든 것을 책임지시는 하나님을 의지하게 될 것이다. 하나님을 따르면 모든 문제는 다 해결할 수 있다'는 하나의 약속을 주신 것입니다.

그러나 하와는 사탄의 유혹에 넘어가서 선악과를 따먹고 죄를 범하고 말았습니다. 아담과 하와는 모든 것들을 풍족하게 누릴 수 있는 하나님의 낙원으로부터 추방되는 운명에 빠졌습니다. 하나님의 입장에서 볼 때 하나님과 인간의 관계가 완벽하고 하나님의 통치가 인간에게 아주 아름답고 완벽하게 이루어질 수 있는 최초의 완벽한 하나님 나라로서의 에덴을 잃어버리게 되고, 인간은 하나님의 보호로부터 멀어지게 되었습니다. 앞서 언급했듯이, 이것은 인간이 무진장의 풍요로움으로부터 제한된 결핍의 상태가 되었다는 말입니다.

인간이 에덴의 풍요함을 버리고 자기가 스스로 삶의 주인이 되어 살아보려고 했던 인간의 타락된 모습입니다. 결국 인간이 스스로 살아가겠다는 것은 결핍 가운데 살아가는 것입니다. 그러한 삶을 사는 인간에게 에덴의 풍요로운 삶으로 회복시키시고 인간을 다시금 에덴의 모습으로 돌아오게 하시려는 것이 하나님의 구속사입니다. 그 구속사역을 통해서 하나님께서는 잃어버린 에덴에서의 하나님 나라, 하나님과의 완벽한 통치 관계, 하나님의 완벽한 사랑의 관계를 회복시켜 주십니다.

우리에게 다시금 하나님의 나라를 회복시켜 주시려고 하는 것이 바로 성경 이야기입니다. 성경은 그와 같은 하나님 나라를 회복시켜 나가시는 하나님의 구속의 스토리입니다. 그래서 우리는 성경을 하나님 나라의 관점에서 볼 것입니다. 하나님 나라는 예수를 믿는 사람들이 모여 정당을 형성하고 정권을 쟁취해서 세우는 그런 나라가 절대 아닙니다. 인간의 삶 가운데 하나님의 주권, 통치가 이루어지는 그 영역을 말합니다. 그러기 위해서 인간은 하나님이 주신 규례와 명령에 순종해야 합니다. 그래야 하나님의 주권이 회복되고 하나님 나라가 우리의 삶 가운데 세워지게 된다는 것입니다.

이것이 바로 성경의 주제인데 그것을 예수님은 **"나라가 임하옵시며..."** 라고 기도하라고 하셨습니다. 이것이 주님 가르쳐 주신 기도의 핵심이기도 합니다. 예수님은 바로 이것을 위해 이 땅에 오셨음을 우리는 성경을 통해서 알 수 있습니다.

막 **1:15** 이르시되 때가 찼고 **하나님의 나라**가 가까이 왔으니 회개하고 복음을 믿어라 하시더라

행 **1:3** 그가 고난 받으신 후에 또한 그들에게 확실한 많은 증거로 친히 살아 계심을 나타내사 사십 일 동안 그들에게 보이시며 **하나님 나라의 일**을 말씀하시니라

우리는 창세기 1장을 읽을 때 왜 하나님이 천지를 창조하셨는가에 대해 질문을 해 본적이 있을 것입니다. 사실 그 해답은 오직 하나님만이 알고 계시는 답입니다. 그러나 성경 전체를 읽으면서 우리는 다음과 같은 사실들을 깨닫게 되고, 바로 그것이 성경이 그리는 큰 그림이 되며, 성경을 바로 이런 관점 위에서 읽어야 하나님의 마음을 제대로 이해하게 되고, 하나님이 주시는 신령한 복, 즉 앞에서 언급했듯이 바로 내게 주시는 그분의 섭리적 축복을 찾을 수가 있는 것입니다.

성경은 바로 이 하나님 당신의 나라를 이루시는 하나님의 사랑의 역사인 것입니다. 바로 구약이 꿈꾸어 온 그 하나님의 나라가 예수님이 오심으로 이 땅에 실현되기 시작했습니다. "아직"은 온전히 이루어지지 않고, 예수님 재림하셔서 완성되는 나라이지만, 그 나라는 "지금" 그리고 "여기에" 이루어져야 한다고 예수님이 가르치십니다. 현재 진행 중이라는 것입니다.

다음 구절을 묵상하시면서 바로 이 하나님의 마음을 느껴 보세요. 성경은 바로 하나님이 우리의 하나님이 되셔서 당신의 나라를 통치하시며 우리와 사랑의 관계를 맺으시기를 원하시는 하나님의 마음을 기록한 하나님의 사랑 이야기입니다.

출 **19: 3-6** 모세가 하나님 앞에 올라가니 여호와께서 산에서 그를 불러 말씀하시되 너는 이같이 야곱의 집에 말하고 이스라엘 자손들에게 말하라 내가 애굽 사람에게 어떻게 행하였음과 내가 어떻게 독수리 날개로 너희를 업어 내게로 인도하였음을 너희가 보았느니라 **세계가 다 내게 속하였나니 너희가 내 말을 잘 듣고 내 언약을 지키면 너희는 모든 민족 중에서 내 소유가 되겠고 너희가 내게 대하여 제사장 나라가 되며 거룩한 백성이 되리라** 너는 이 말을 이스라엘 자손에게 전할지니라

레 **18: 1-4** 여호와께서 모세에게 말씀하여 이르시되 너는 이스라엘 자손에게 말하여 이르라 **나는 여호와 너희의 하나님이니라** 너희는 너희가 거주하던 애굽 땅의 풍속을 따르지 말며 내가 너희를 인도할 가나안 땅의 풍속과 규례도 행하지 말고 너희는 내 법도를 따르며 내 규례를 지켜 그대로 행하라 **나는 너희의 하나님 여호와이니라** 너희는 내 규례와 법도를 지키라 사람이 이를 행하면 그로 말미암아 살리라 나는 여호와이니라

📖 레 26: 3-13 너희가 내 규례와 계명을 준행하면 내가 너희에게 철따라 비를 주리니 땅은 그 산물을 내고 밭의 나무는 열매를 맺으리라 너희의 타작은 포도 딸 때까지 미치며 너희의 포도 따는 것은 파종할 때까지 미치리니 너희가 음식을 배불리 먹고 너희의 땅에 안전하게 거주하리라 내가 그 땅에 평화를 줄 것인즉 너희가 누울 때 너희를 두렵게 할 자가 없을 것이며 내가 사나운 짐승을 그 땅에서 제할 것이요 칼이 너희의 땅에 두루 행하지 아니할 것이며 너희의 원수들을 쫓으리니 그들이 너희 앞에서 칼에 엎드러질 것이라 또 너희 다섯이 백을 쫓고 너희 백이 만을 쫓으리니 너희 대적들이 너희 앞에서 칼에 엎드러질 것이며 내가 너희를 돌보아 너희를 번성하게 하고 너희를 창대하게 할 것이며 내가 너희와 함께 한 **내 언약을 이행하리라** 너희는 오래 두었던 묵은 곡식을 먹다가 새 곡식으로 말미암아 묵은 곡식을 치우게 될 것이며 내가 내 성막을 너희 중에 세우리니 내 마음이 너희를 싫어하지 아니할 것이며 **나는 너희 중에 행하여 너희의 하나님이 되고 너희는 내 백성이 될 것이니라** 나는 너희를 애굽 땅에서 인도해 내어 그들에게 종된 것을 면하게 한 너희의 하나님 여호와이니라 내가 너희의 멍에의 빗장을 부수고 너희를 바로 서서 걷게 하였느니라

📖 스바냐 3:17 너의 하나님 **여호와가 너의 가운데에 계시니** 그는 구원을 베푸실 전능자이시라 그가 너로 말미암아 기쁨을 이기지 못하시며 너를 잠잠히 사랑하시며 너로 말미암아 즐거이 부르며 기뻐하시리라 하리라

📖 계 21: 1-4 또 내가 새 하늘과 새 땅을 보니 처음 하늘과 처음 땅이 없어졌고 바다도 다시 있지 않더라 또 내가 보매 거룩한 성 새 예루살렘이 하나님께로부터 하늘에서 내려오니 그 준비한 것이 신부가 남편을 위하여 단장한 것 같더라 내가 들으니 보좌에서 큰 음성이 나서 이르되 보라 **하나님의 장막이 사람들과 함께 있으매 하나님이 그들과 함께 계시리니 그들은 하나님의 백성이 되고 하나님은 친히 그들과 함께 계셔서** 모든 눈물을 그 눈에서 닦아 주시니 다시는 사망이 없고 애통하는 것이나 곡하는 것이나 아픈 것이 다시 있지 아니하리니 처음 것들이 다 지나갔음이러라

(볼드체 필자 강조)

구별된 삶 - 그 나라를 이루기 위하여 섞이면 안 되는 삶
오히려 정복해야 한다
(변혁 주의적 삶 - 성화를 이루어가는 방편)

3) 거룩한 삶(구별된 삶)의 관점 - 의지적 읽기 - 관계 맺은 대로 살기

하나님 나라가 우리의 삶 가운데 회복되기 위해서는 반드시 하나님이 우리에게 요구하시는 것들에 대해 순종이 이루어져야 됩니다. 하나님께서 우리에게 요구하는 것은 구별된 삶을 사는 것입니다. 그것이 바로 본 성경읽기의 3번째 관점입니다. 하나님께서는 하나님 나라를 회복하시기 위해서 아브라함의 언약으로부터 시작해서 출애굽시 까지 하나님 나라를 이룰 백성을 만드셨습니다. 출애굽기 19장은 시내산에서 하나님 나라의 군신君臣 관계를 맺고 이스라엘을 하나님의 백성으로 삼는 언약을 기록하고 있습니다. 그리고는 그 백성들이 하나님의 백성으로 살아가야 할 규례로서 십계명을 20장에서 주셨습니다. 십계명을 푼 것이 레위기입니다. 하나님께서 레위기를 주시고, 레위기 끝부분인 26장에서 지켜 행하라고 하십니다. 지켜 행하면 복을 주시겠다고 약속하십니다. 그 복이 무엇입니까? 바로 에덴에서 누릴 수 있는 복의 상태로 돌아갈 수 있다는 것입니다. 하나님 나라가 회복된다는 이야기입니다. 그 이야기를 모세는 신명기 28장에서 다시 한 번 "지켜 행하라, 그리하면 복 받는다"고 강조합니다. **우리가 지켜 행한다는 그 말 자체가 순종입니다. 순종이라는 말은 구별된 삶을 사는 것입니다. 거룩한 하나님의 백성으로 사는 것입니다.**

그 삶은 이 세상 세속문화에 섞여 세상 문화에 동화되거나, 적응되어 세상 사람인지 하나님의 사람인지 구별이 되지 않은 삶을 사는 사람이 아닙니다. 이 땅에서 하나님 백성이라는 정체성을 유지하면서 사는 사람을 말합니다. 하나님께서는 이것을 성경 전체에서 말씀하고 계시는 것입니다.

다시 말하면 하나님이 나의 주인이 되시고, 하나님이 나의 통치자가 되신다는 것입니다. 구별되는 삶을 통해서 하나님의 통치하시는 주권이 우리 삶 가운데 온전히 회복될 수 있습니다. 그렇게 하나님의 주권, 하나님의 통치가 우리 삶 가운데 회복되는 바로 그곳에 하나님의 나라가 회복되는 것입니다. 그렇게 회복된 하나님의 나라가 바로 에덴의 풍요, 복의 상태로 돌아갈 수 있다는 것이 성경의 이야기입니다. 그것이 바로 성경이 우리에게 이야기해 주고자 하는 하나님의 구속이라는 것입니다. 그러므로 성경은 하나님 나라를 회복시키고자 하는 구속의 역사를 시작하시고 종말에 완성하신다는 이야기라는 것입니다. 그와 같은 하나님의 나라가 이 땅과 우리 삶 속에 이루어지기 위해서 하나님의 백성은 반드시 하나님의 명령에 순종하는 거룩한 삶, 구별되는 삶을 살아야 합니다.

하나님 나라는 하나님의 백성으로 이루어지는 나라입니다. 하나님 나라는 하나님의 백성에 의해서 시작하고 이어져 갑니다. 성경에 나타나는 족보는 그것을 말해줍니다. 성경을 읽다가 족보가 나타나면 지루하고 쓸데없는 것이 나왔다고 생각하지 말고 여기에 숨긴 하나님의 계획과 마음을 읽어 보십시오.

성경의 모든 족보는 방향이 있고, 그 족보가 멈추는 곳에 하나님 나라를 이어가는 중요한 사람이 있다는 것을 보여 주기 위함입니다. 족보는 바로 하나님 나라의 역사는 하나님이 택하신 백성 즉, "셋"의 계열에서 이어지며, 그래서 하나님의 백성은 이 세상 백성과 결코 섞여서는 안 된다는 것을 보여 줍니다. 성경에서 하나님이 거룩하니 그 백성들도 거룩하라고 명령하심을 봅니다레 11:44-45. 그래서 하나님은 섞이지 않는 나실인을 두었고민 6:1-6, 바알 숭배가 극에 달한 왕정 시대 후기에 바알에 절하지 않은, 즉 섞이지 아니한 자 7000명을 두었다고 했습니다.왕상 19:18 이것을 통해 "남은 자들" 즉 섞이지 않은 하나님의 백성들로 구원의 역사가 이어지게 하는 하나님의 계획을 볼 수 있습니다.

가인이 아벨을 죽여 다시 죄를 범함으로 하나님이 가인으로 그냥 이어지게 하지 않으시고 '셋'을 허락하시고 그로부터 성경의 역사가 이어지게 함을 유의해 보세요.

창세기 5장의 족보는 가인의 계열이 인간 문화를 이루어 나아가고, 하나님 나라의 문화는 셋의 계열에 의해 이어져 간다는 사실을 보여 주고 있습니다. 성경은 이 두 계열의 대치 상황의 기록이기도 합니다. 가인의 계열은 사탄이 주인 노릇하는 문화를 형성하고, 인간의 죄성인 자기중심성의 문화를 쌓아 갑니다. 셋의 계열은 하나님이 다스리는 문화를 형성하여 하나님의 통치에 순종하는 하나님 나라를 세워 가는 섞이지 않은 경건의 계열입니다.

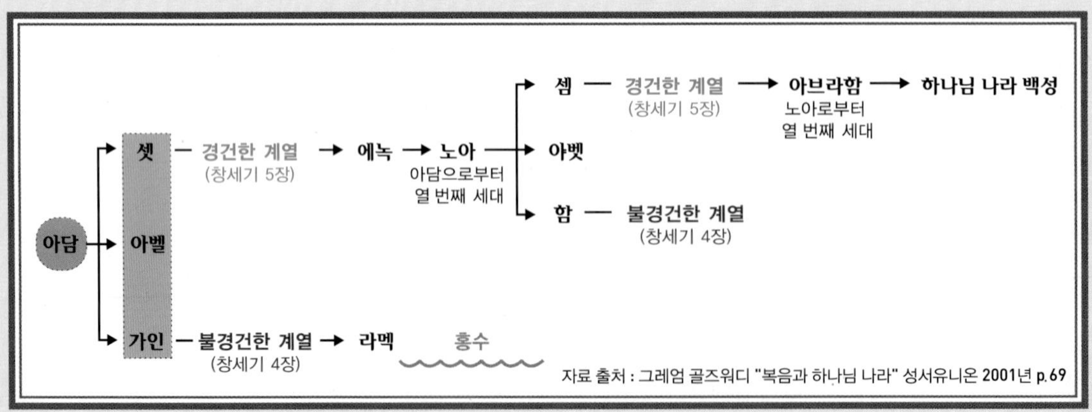

자료 출처 : 그레엄 골즈워디 "복음과 하나님 나라" 성서유니온 2001년 p.69

성경에 나오는 네피림과 니므롯은 가인의 계열의 사람입니다. 이 사람들은 죄를 지으면서 이 세상의 문화를 발달시킨 사람들입니다. 이들의 다스림통치의 원리는 바로 자기중심적인 물리적 힘의 원리에 입각해 있습니다. 인간중심의 인위人爲가 이 세상을 다스린다는 것입니다.창 4:16-24

성 어거스틴도 그의 저서 "두 도성"에서 같은 말을 했습니다.
인류는 타락 이래로 줄곧 두 부류의 사람으로 나누어져 왔다는 것입니다. 하나는 하나님을 쫓아 그분께 순종하는 삶을 사는 사람셋의 계열과 다른 부류는 우상을 섬기며 자기중심적인 삶을 사는 사람가인의 계열입니다.

아브라함이 셋의 계열에서 나타남은 창세기 10장의 족보가 보여 주는 하나님의 계획입니다. 성경은 곧 셋 계열하나님 나라과 가인 계열세상 나라간의 긴장 관계를 보여 줍니다. 그 긴장 관계는 다음과 같은 유형으로 나타남을 볼 수 있습니다.

① 세상 나라 문화가 하나님 나라 문화를 침투하여 세속화시키는 것.
② 하나님 나라 문화가 세상 나라 문화를 침투해서
하나님 나라 문화로 변화시키는 것[17)]

우리의 매일의 삶은 하나님이냐, 바알이냐의 택일의 싸움입니다. 이것은 영적 싸움이기도 합니다. **성경의 심판은 바로 하나님 나라 백성이 세상 문화에 섞여 세속화될 때 임한다는 사실을 유의해서 읽어 보세요. 우상 숭배가 바로 그것입니다. 이것이 구약 역사의 종말입니다.**
하나님은 당신의 나라를 세우기 위하여 가인이 아니라 셋을 따로 세우시면서 섞이면 안 된다는 것을 보여 주십니다. 아브라함을 갈대아 우르에서 불러내심으로 그를 이방 문화로부터 분리하신 것도 섞이면 안 된다는 것을 보여 줍니다.
이 점은 레위기 11: 44,45 "나는 여호와 너희의 하나님이라 내가 거룩하니 너희도 몸을 구별하여 거룩하게 하고 땅에 기는 길짐승으로 말미암아 스스로 더럽히지 말라 나는 너희의 하나님이 되려고 너희를 애굽 땅에서 인도하여 낸 여호와라 내가 거룩하니 너희도 거룩할지어다"라고 특별히 거룩함을 강조합니다. 거룩은 "구별하다"라는 뜻입니다.

하나님은 특별히 가나안 정복을 앞둔 이스라엘 백성들에게 모세를 통해 특별히 당부합니다.

---

17) 참고 도서 : 리처드 니버 「그리스도와 문화」 대한 기독교서회, 2001.

신 12 : 1-7 네 조상의 하나님 여호와께서 네게 주셔서 차지하게 하신 땅에서 너희가 평생에 지켜 행할 규례와 법도는 이러하니라 너희가 쫓아낼 민족들이 그들의 신들을 섬기는 곳은 높은 산이든지 작은 산이든지 푸른 나무 아래든지를 막론하고 그 모든 곳을 너희가 마땅히 파멸하며 그 제단을 헐며 주상을 깨뜨리며 아세라 상을 불사르고 또 그 조각한 신상들을 찍어 그 이름을 그 곳에서 멸하라 너희의 하나님 여호와께는 너희가 그처럼 행하지 말고 오직 너희의 하나님 여호와께서 자기의 이름을 두시려고 너희 모든 지파 중에서 택하신 곳인 그 계실 곳으로 찾아 나아가서 너희의 번제와 너희의 제물과 너희의 십일조와 손의 거제와 너희의 서원제와 낙헌 예물과 너희 소와 양의 처음 난 것들을 너희는 그리로 가져다가 드리고 거기 곧 너희의 하나님 여호와 앞에서 먹고 너희의 하나님 여호와께서 너희의 손으로 수고한 일에 복 주심으로 말미암아 너희와 너희의 가족이 즐거워할지니라

여호수아서는 가나안 정복이 단순한 영토의 점령만이 아니라, 종교와 문화의 정복, 즉 영적, 정신적 정복을 더욱 강조하신 하나님의 의도를 보여주며, 또 그 세속문화에 섞이면 하나님 나라를 이룰 수 없다는 사실을 강조합니다. 그러나 이스라엘은 **바알을 섬기면서 섞였고, 그 섞임으로 인해 결국 멸망**하고 만다는 것이 구약 성경의 역사입니다.

구약이 말하는 섞이지 않음이 단순히 구별하는 것, 점령하는 것을 의미하는 것이라면, 신약이 말하는 구별된 삶, 즉 섞이지 않는 삶은 단순히 성과 속을 구별하는 것이 아닌 변혁의 적극성을 띠는 삶을 말합니다. 오늘 날 하나님의 백성인 그리스도인은 단순히 성과 속을 구별하여 교회의 삶과 세상의 삶을 구별하는 삶을 살아가는 것만이 섞이지 않는 삶이 아니라는 것을 알아야 합니다. 특히 오늘 날의 교회는 과연 하나님 나라의 문화를 이 세상에 전파하고 있는가를 반성해야 합니다.

그것이 선교요 전도인데, 오히려 교회 안의 삶에 안주함으로 세상 문화에 먹히고 있는 것을 보게 됩니다. 내 교회 밖의 삶은 내 교회의 관심사가 아닌 그런 신앙생활을 하고 있습니다. 교회의 기능이 예배하기 위해 모이고 선교하기 위해 흩어진다고 한다면 이 흩어지는 교회는 아예 존재하지 않습니다. 왜냐하면 선교란 단순히 먼 나라에 나아가 복음을 전파는 것만을 의미하는 것이 아니고, 선교는 바로 교회 밖에 그리스도의 세계관에 의한 하나님의 문화를 이루고, 그의 나라를 이룩하는 것이라고 생각하기 때문입니다. 이것이 교회의 바른 양육입니다. 교회에서 예배를 위해 뜨겁게 모이지만, 세상을 향해 그리스도인으로 빛과 소금으로 나아가지 않고 세상 속에서 다 섞여 버리는 안타까운 그리스도인을 많이 만나게 됩니다. 이것은 바로 섞이는 삶이요, 그런 삶 속에 하나님의 나라는 이루어지지 않습니다.

특히 예수님은 요한 17:11-19에서 세상을 향하여 나아가라고 명령하시면서 그 세상에 속하면 안 된다고 가르치십니다. 우리는 세상에 나아가 빛과 소금의 사명을 다

하여 이 세상을 변혁시키고 그리스도의 문화를 이루어야 합니다.

송인규 목사는 그의 저서 「평신도 신학」에서 세상 문화에 대한 4가지 자세를 설명하고 있습니다.

① 격리주의Isolation : 세상과 완전히 담을 쌓고 등지고 사는 것
② 적응주의Assimilation : 세상에 적응하여 세상을 벗하여 사는 것
③ 구획주의Compartmentalization : 세상을 등지고 사는 것은 아니지만 성과 속을 구획적으로 구별하여 사는 삶
④ 변혁주의Transformation : 세상을 그리스도의 문화로 변혁 시키며 사는 삶

그리스도인의 삶은 바로 이 변혁 주의적 삶을 살아야 하고 그러기 위해서 세상 가운데 살아가되, 세속과 섞이면 안 되는 것입니다.

영국의 신학자 앨리스터 맥그래스Alister McGrath는 그의 저서 「칼뱅과 그리스도인의 소명Calvin and Christian Calling」에서 칼뱅은 "신자 개개인은 세상의 모든 영역에서 하나님을 섬기도록 부름을 받은 존재"라고 했습니다. 그것을 칼뱅은 개신교 노동윤리Protestant work ethic라고 했습니다. 칼뱅은 그리스도가 문화를 포함한 창조세계의 모든 영역의 구속자라는 것과, 우리는 일상적인 일을 통해 그분을 섬긴다는 것을 가르치고 있습니다.

지금이야말로 말씀을 강하게 붙들어 참 진리를 깨달아 하나님을 나의 주인으로 모시는 순종의 역사가 일어나 이 세상의 문화를 하나님의 문화로 바꾸어 놓는 영적 각성이 새롭게 이루어져야 하는 때임을 명심해야 합니다. 초대교회의 많은 성도들이 순교한 것은 바로 이 섞이면 안 된다는 관점세계관 때문입니다. 예수님 이외에는 구원이 없다는 사실을 알았기 때문입니다. 신학에서 말하는 "예수의 유일성"은 바로 그리스도인의 세계관을 형성합니다.
그러므로 오늘을 살아가는 현대 그리스도인은 바로 이 섞이면 안 된다는 관점은 곧 포스트모더니즘, 종교 상대주의, 그리고 종교 혼합주의가 만연한 현대를 살아가는 그리스도인의 세계관이 되어야 합니다. 흔히들 '산山 정상은 하나이지만 그 정상에 올라가는 길은 여러 가지'라면서 다른 종교에도 구원에 이르는 길이 있다고 말합니다. 그 주장이 퍽 지성적이고 설득력이 있어 보일지 모르지만, 그것은 함정입니다. 만약 그렇다면 구약의 역사를 통해서 본 것처럼 하나님이 인류 구원의 계획이 좌절되자 직접 그 구원 사역을 감당하시기 위하여 인간의 몸을 입고 이 땅에 오시어 고난받으실 필요가 없었을 것입니다.

성경은 바로 이 세 가지 관점에서 읽어야 하나님 마음을 바로 이해할 수 있고 이 땅에서 하나님 나라를 세우며 살아가야 할 우리가 누려야 할 축복을 성경 속에서 찾아 누릴 수 있다는 것을 명심하시기를 바랍니다. **하나님 나라를 세운다는 것은 삶의 매사에 하나님이 주인 되심에 순종하는 것을 말합니다.**

구별되는 삶을 살기 위해서 다음의 3가지 개념을 잘 이해해야 합니다.

하나님 나라 관점에서 읽는 90일 성경 일독

서론4 바른 메시지를 찾기 위한 3가지의 개념

순종하고 거룩한 삶을 살아가기 위해서 우리는 세 가지 중요한 개념을 이해해야 합니다. 이것은 성경이 주고자 하는 참 메시지를 형성하는 중요한 개념입니다. 그 중요한 개념은 신위神爲, 인위人爲, 자기중심성自己中心性입니다.

1) 신위(神爲)

신위가 무엇인가 하면 곧 '하나님의 방법'입니다. 신위의 신神은 '하나님' 神이고 위爲는 '이룬다'는 뜻입니다. 신위는 바로 '하나님이 이루신다'입니다. 하나님의 방법대로 행한다는 뜻을 가지고 있는 용어입니다. 신위神爲라는 단어는 곧 신본주의神本主義라고 할 수 있지만 그 보다 더 강한 의미를 담고 있습니다. 이 말과 개념은 본 통독 관점의 뼈대를 이루는 말이기 때문입니다. 이 단어가 바로 하나님 나라를 뜻하는 의미를 갖고 있기 때문입니다.

레위기 26:12 "나는 너희 중에 행하여…" 또 예레미야 33:2 "일을 행하는 여호와, 그것을 지어 성취하는 여호와…"라는 구절에서 보는 것처럼 '하나님이 이루시는 것'을 볼 수 있습니다. 그런데 **하나님은 반드시 하나님의 방법으로 이루신다**는 것입니다. 성경 전체는 바로 그 사실을 보여 주고 있습니다. 몇 가지 예를 찾아봅시다. 인간이 죄를 범하고 부끄러운 곳을 가리려고 무화과 잎으로 옷을 지어 입은 것은 인간의 방법이었습니다, 하나님은 가죽옷으로 대치했습니다. 그것은 하나님의 방법이기 때문입니다. 노아에게 방주를 만들라고 했을 때 하나님이 직접 설계하셨고, 또한 동력과 방향타를 달아 주지 않았습니다. 그것은 하나님의 방법을 말합니다. 성막을 보세요. 성경에서 가장 많은 분량을 할애해서 기록한 사건입니다. 그것은 하나님께서 친히 설계해 주시고 있음을 볼 수 있습니다, 하나님은 당신의 방법을 말해 주고 있는 것입니다. **성경은 바로 하나님의 방법을 보여 주는 책**입니다. 인간의 방법으로 행하는 것이 아니라, **하나님께서 하나님의 방법으로 이루시는 것을 보여 줍니다. 우리는 그것은 신위神爲라고 합니다. '하나님이 이루신다'는 말입니다.** 이 신위神爲는 인위人爲에 반대되는 개념입니다. 인위人爲라는 말은 '인간이 이룬다'는 뜻으로 인간의 방법을 말합니다.

2) 인위(人爲)

인위人爲라는 개념은 사람이 주도권을 가지고 행한다는 의미입니다. 인본주의人本主義라고 할 수 있습니다. 신위와 인위의 개념은 상반된 개념입니다. 신위와 인위의 개념 속에 자기중심성이라는 문제가 항상 끼어 있습니다. 그래서 우리는 우리의 삶이 하나님 뜻에 순종하는 삶을 살기 위해서 인위를 버리고 다시 말하면 자기중심성을 버리고 신위에 순종해야 한다는 것입니다. 갈라디아서 5:16-26의 육체의 소욕과 성령의 소욕을 잘 묵상하세요.

인위人爲라는 말은 노자老子 B.C. 6세기 중국 초나라의 철학자가 도덕경에서 인간의 문제가 벽에 부딪혔을 때 무위無爲의 세계로 돌아가는 것이 그 문제의 대안이요 해결이라고 말한 것에서 유래되었다고 생각합니다. 이 무위사상은 B.C. 6세기 중국의 춘추전국시대가 끝나갈 무렵 초나라의 사상가인 노자가 인생의 문제에 대한 답으로 제시한 것입니다. 장 쟈크 루소Jean-Jacques Rousseau(1712-1778), 스위스 제네바 태생의 낭만주의 철학자는 "인간은 태어날 때에는 자유였으나 문명이 인간의 족쇄가 되고 있다."라고 그의 저서 "인간 불평등 기원론"에서 말합니다. 인간은 그들이 만든 문명으로부터 오히려 자유롭지 못하게 된다는 것이지요. 그것이 인위가 갖는 문제라는 것입니다. 그래서 루소는 "자연으로 돌아가라", 즉 무위無爲의 세계로 돌아가라고 외칩니다.(루소가 혹시 노자의 사상을 커닝하고 있지 않는지...) 무위無爲라는 의미는 '자연自然의 순리順理'를 말합니다.

인위人爲가 주는 문제에 대한 대답은 무위無爲가 될 수 없다는 것이 바로 성경의 가르침입니다. 성경의 가르침은 신위神爲, 즉 하나님의 행하심, 다시 말해 **하나님의 방법이 바로 문제의 해결의 대안**이라는 것입니다. 바로 그것이 예수님이 가르쳐 주신 기도문 중에 "뜻이 하늘에서 이룬 것 같이 땅에서도 이루어지이다"라는 기도의 내용이기도 합니다. **땅의 문제인위는 바로 하늘에서 이루어진 뜻신위에 의해서 해결되어야 한다는 말입니다.** 성경 전체는 하나님의 방법을 일관되게 보여 주고 있습니다. 성경의 모든 이야기가 그렇습니다. 그 하나님의 방법을 우리는 신위神爲라고 합니다. 앞으로 우리는 바로 신위神爲라는 말을 많이 사용할 것입니다.

하나님의 통치하에 있다는 것은 하나님이 우주 만물의 주인이요 내 삶의 주인임을 자각하고 항상 그에게 순종하는 길입니다. 그래서 하나님은 동산 한가운데, 즉 아담과 이브의 눈에 가장 잘 띄는 장소에 선악과나무를 두고 그것만은 따 먹지 말라고 함으로써 그들로 하여금 하나님이 이 모든 것의 주인이시다는 것을 늘 명심하게 하기 위해서였습니다. 하나님의 단 한 가지 소원은 바로 우리 인간의 주인이시요, 아버지가 되시기를 원하시는 것입니다출애굽기 19장의 언약 참조. 이것이 바로 성경의 주제입니다.

3) 자기중심성(自己中心性)

인간이 죄를 범하게 된 가장 큰 문제가 무엇입니까? 바로 자기중심성이 문제입니다. 아담과 하와가 선악과를 따먹었던 것도 자기중심성이 발동했기 때문입니다, 인간이 죄를 범하는 모든 범죄의 근원 속에 자기중심성이 깔려있습니다. 자기 뜻대로 살고자 하는 것, 즉 내 방법My Way을 외칠 때 하나님의 방법이 통하지 않습니다. 그러나 하나님은 인간이 자기 방법대로가 아니라 하나님의 방법대로 살아가길 원하시는 모습을 성경 도처에서 볼 수 있습니다.

인위人爲라는 말은 '인간이 이룬다.'는 뜻으로 인간의 방법을 말합니다. 자기중심성은 자기가 자신의 주인이라는 것을 말합니다. 다원주의 시대의 걸맞은 개념이지만 성경과는 전혀 다른 의미를 갖는 개념입니다.

하나님이 나의 주主가 되신다는 것, 그것은 하나님의 통치하에 있다는 것이고 그곳이 하나님의 나라가 이루어지는 영역입니다. 이것이 인간의 정체성과 존재의의를 결정해 주는 절대 중요 진리입니다. 인간이 다스리는 삶을 살아가다가 사탄의 유혹을 받아 자기 우월성, 자기중심성이 발동이 되어 스스로 하나님이 되고 싶을 때 동산 중앙에, 즉 가장 잘 보이는 곳에 있는 선악과나무를 보고 나의 주인은 하나님이시라는 사실을 항상 생각나게 하려고 이 선악과를 두신 것입니다. 그러므로 선악과는 인간의 자기중심성의 발동을 막고 하나님께 온전히 순종하게 함으로 하나님의 보호 아래서 그 축복을 누리게 하시려는 하나님의 사랑의 표시인 것입니다. 순종만

이 하나님의 나라의 통치를 온전히 이루어 갈 수 있는 수단이기 때문입니다. 그것만이 인간이 사탄의 공격을 피해 하나님과의 관계를 맺어 나가는 수단일 뿐만 아니라, 더 나아가서 하나님이 주시는 신령한 복을 온전히 누리는 길입니다. 선악과는 바로 이 진리를 아담과 하와에게 가르쳐 주는 것입니다.

독일 신학자 디트리히 본회퍼는 이렇게 말한 적이 있습니다. "모든 것은 하나님의 것이고 그로부터 오는 것. 우리가 가진 것은 청지기의 관용과 나눔의 기회를 얻을 뿐이다. 청지기의 의식이 없는 믿음은 무의미하다" 이 말은 인간은 자기 삶의 주인이 자신이 될 수 없다는 말입니다. 창 1:26-28의 창조의 원리를 보여 주는 대목에서도 청지기 원리가 분명히 밝혀 져 있습니다. 그런데 인간은 자기가 자기 삶의 주인이 되고 싶어 선악을 알고 싶었고, 그래서 하나님을 거역하고 관계를 끊어 버린 것이 아닙니까?

하나님은 인간에게 단 한 가지만 요구하십니다. 그것은 순종입니다. 다시 말하면 자기중심성을 내려놓아야 순종이 이루어진다는 것입니다. 이것은 절대 진리입니다.

순종 = 자기중심성 내려놓기

순종은 입으로만 주님을 시인하는 것이 아닙니다. 순종의 행위와 열매가 있어야 합니다. 야고보서 기자가 행위가 없는 믿음은 죽은 믿음이라고 했을 때 그것은 바로 순종의 행위, 또는 행동으로서의 순종을 말하는 것입니다. **순종, 그것은 절대 절명의 중요한 단어입니다.** 이것은 인간에 대한 하나님의 유일한 요구입니다. 그러나 인간은 자기중심적 죄성을 갖고 있기 때문에 신위神爲보다는 인위人爲의 길을 택하고, "My Way"를 더 지향하는 속성이 있습니다. 그래서 하나님이 없는, 자기가 마음대로 하는 삶을 살며 그런 문화를 만들어나갔습니다. 창세기 3장-11장 까지 이야기는 바로 하나님을 멀리하고 인간 스스로의 자기 문화를 만들어 가는 모습을 보여 주고 있습니다.

세상의 많은 다른 종교는 이런 순종을 요구하지 않습니다. 특히 무당종교, 우상종교 등은 이런 순종을 요구하지 않습니다. 구약의 바알 종교가 그 대표적입니다.

"오, 신이여, 나에게 아무 것도 요구하지 마시고 오직 내 요구만 들어 주어, 내 길을 자유롭고 풍요롭게 하소서" 이것이 인간의 소원인지도 모릅니다. 바알 종교는 우리를 다음과 같이 속입니다. "우리 종교는 아무것도 요구하지 않는다. 하라 하지마라가 없다. 그러나 인간이 원하는 것은 다 들어 준다"

구약특히 모세5경에는 무려 613개나 되는 "하라, 하지마라"의 규례가 있습니다. 그래서 이스라엘 백성은 이 속임수에 놀아나서 바알을 택했고, 하나님의 심판을 받았음을 성경을 통해서 볼 수 있습니다.

순종을 타율적 순종과 자율적 순종으로 분류해 볼 수 있습니다.
타율적 순종은 기계적 순종으로서 이를테면 해삼이 바다에 살도록 되어진 하나님의 뜻을 절대로 순종하게 되는 것을 말합니다. 해삼이 나무에 기어 올라오는 일은 천지가 개벽하기 전에는 결코 있을 수 없을 것입니다. 자율적 순종은 하나님 형상으로 지음 받은 인간만이 할 수 있는 순종을 말합니다. 인간의 선택을 말하는데 거기에는 다시 2가지로 나누어 볼 수 있습니다.

① **자율적 불순종 -** 아담은 자기 판단에 의해서 하나님께 불순종했습니다. 자기중심성을 버리지 못했다는 말이지요. 이 자율적 불순종은 어떤 형태로던지 간에 그 대가를 치러야 합니다. 그래서 인간은 그 대가를 치르기가 싫어서 순종의 대가를 요구하지 않는 세상의 우상 종교에 미혹되는 것입니다.

시편 115편은 이런 우상이 어떻다는 것을 잘 보여 줍니다.
📖 **시 115편 4-9** 그들의 우상들은 은과 금이요 사람이 손으로 만든 것이라 입이 있어 말하지 못하며 눈이 있어도 보지 못하며 귀가 있어도 듣지 못하며 코가 있어도 냄새 맡지 못하며 손이 있어도 만지지 못하며 발이 있어도 걷지 못하며 목구멍이 있어도 작은 소리조차 내지 못하느니라 우상들을 만드는 자들과 그것을 의지하는 자들이 다 그와 같으리로다 이스라엘아 여호와를 의지하라 그는 너희의 도움이시요 너희의 방패시로다

우상은 결코 인간의 문제를 해결할 수 없다는 말입니다. 그럼에도 불구하고 인간은 우상의 유혹에 속아 넘어가는 경향을 지니고 있음을 봅니다. 칼뱅이 말했듯 인간은 우상 제조 공장입니다.

📖 **디모데 후서 4:3-4** 때가 이르리니 사람이 바른 교훈을 받지 아니하며 귀가 가려워서 자기의 사욕을 좇을 스승을 많이 두고 또 그 귀를 진리에서 돌이켜 허탄한 이야기를 좇으리라

② **자율적 순종 -** 예수께서 겟세마네 동산에서와 갈보리 십자가에서 피와 땀을 흘리면서 이루는 순종은 바로 자율적 순종의 모범입니다. 그것은 자기중심성을 버리고 하나님의 뜻을 따르는 결단과 실천을 말합니다.
하나님 나라를 이루는 순종은 안락함 속에 안주하고자 물질적 축복을 얻기 위함이 아니라, 바로 세속의 정사政事와 권세權勢와 충돌하여 예수님의 명령에 자발적으로

복종하여 하나님의 사랑으로 이 세상의 세속적인 문화에 침투해 들어가는 것입니다. 그래서 그곳에 하나님 나라를 세우고, 예수님이 무리를 민망히 여기시는 바로 그 사랑의 사역을 이루어 나가는 것입니다.

이런 일들은 성경을 하나님 나라 관점에서 통독하여 통전적通典的으로 이해함으로 하나님의 마음을 바르게 알아, 성령 충만함을 받음으로 이룰 수가 있습니다. 또 교회는 이런 깨달음을 성도들에게 갖게 하여야 할 것입니다. 교회는 바로 이런 깨달음을 가진 자들의 모임이어야 하고, 그래서 세속의 정사와 권세에 대립하여 그것들을 하나님의 권세 아래 복종시키는 사랑의 대공세를 감행해야 합니다. 이것이 말씀에 순종하는 그리스도인의 선한 싸움입니다.
오늘 날은 바로 이 순종을 이루기 위한 회개 운동이 요원의 불길처럼 일어나 하나님 나라가 세워져가는 부흥의 역사가 있어야 합니다.

성경 말씀을 읽어 가면서 이 진리를 바르게 깨달음으로 우리는 바로 이런 순종의 자세들을 배워야 합니다. 이런 순종은 바로 가치관, 세계관의 변화부터 시작되어 그것이 삶의 전 과정을 통해 행위로 나타남으로 열매를 맺게 될 것이고 바로 거기에 하나님의 나라가 세워져 갈 것입니다.

자, 이제 성경 읽기를 시작합시다. 우리는 이 세 가지의 관점과 세 가지 개념에 의해 성경을 읽음으로 하나님께서 당신의 나라를 우리 속에 이루시고자 하신 그 경륜과 섭리를 성경 속에서 찾아가는 긴 여정을 시작합니다. 하나님께서 그 나라를 나의 삶을 통해 이루시기를 기도하는 마음으로 성경 읽기를 시작합니다. 그래서 나의 세계관이 성경위에 세워져야 합니다.

"...주의 말씀대로 나를 세우소서" 시 119:28

하나님 나라의 관점에 확고히 서서 성경을 읽을 때 하나님의 마음을 읽을 수 있다면 그것이 바로 큰 복이 된다는 사실을 명심하십시오.

이런 관점에 의한 성경의 통전적通典的이해는 성경을 통독함으로 깨달아 지는 것이고 그 통전적通典的이해는 모든 신앙생활의 매우 중요한 기본임을 명심해야 합니다.

우리가 성경을 읽을 때 이 세 가지 관점과 세 가지 개념을
항상 마음속에 넣어 두어야 됩니다.

① **첫 번째 관점**은 성경은 하나님께서 타락한 인간을 하나님 품으로 다시 돌아오게 하시는 **종말론적 구속사**의 이야기입니다.

② **두 번째 관점**은 인간이 돌아갈 하나님의 품, 그것은 바로 태초에 하나님께서 인간을 위해 만들어 주셨던 하나님 나라의 원형으로써의 하나님 나라입니다. 인간 행복의 원천인 하나님 나라 에덴, 그 에덴으로 돌아오게 하신다는 것입니다. 성경은 다시 말해서 **하나님 나라의 회복**이 있다는 겁니다.

③ 그 하나님 나라가 회복되기 위해서 **세 번째 관점**이 필요합니다. **구별되는 삶, 거룩한 삶, 세속과 섞인 삶을 살면 안 되는 삶**, 그런 삶을 살라는 것입니다. 하나님이 주신 모든 계율을 지키는 삶, 순종하는 삶을 살아가는 이야기입니다.

그래서 우리는 이 세 가지 관점과 더불어 메시지 라인을 뽑아낼 때
꼭 마음속에 새겨두어야 될 세 가지 개념은
자기중심성, 신위, 인위의 개념입니다.

이 책은 여러분이 성경을 직접 읽고 이해하게 하는데 목적을 두고 있습니다.
이제 이 책이 제공하는 순서에 의해 성경 읽기를 시작합시다.
듣기 CD의 도움을 받으십시오.

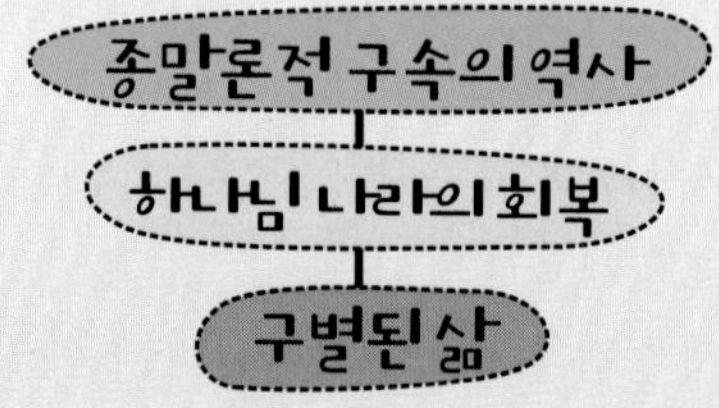

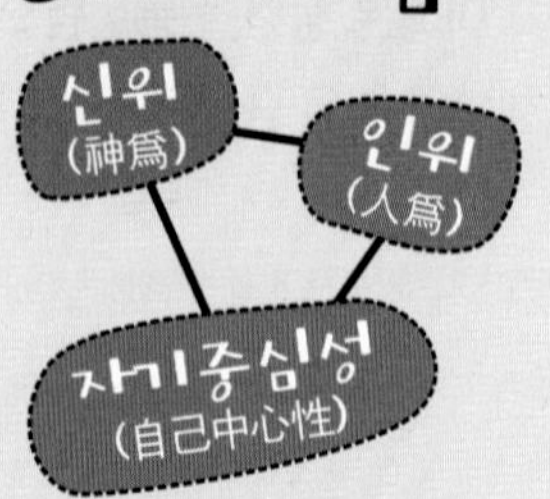

우리는 통통의 씨앗이다

우리의 결단

에스라가 여호와의 율법을 연구하여 **준행하며** 율례와 규례를 이스라엘에게 가르치기로 결심하였었더라 (스 7:10)

여호와가 너를 항상 인도하여 메마른 곳에서도 네 영혼을 만족하게 하며 네 뼈를 견고하게 하리니 너는 물 댄 동산 같겠고 물이 끊어지지 아니하는 샘 같을 것이라 **네게서 날 자들이 오래 황폐된 곳들을 다시 세울 것이며 너는 역대의 파괴된 기초를 쌓으리니 너를 일컬어 무너진 데를 보수하는 자**라 할 것이며 길을 수축하여 거할 곳이 되게 하는 자라 하리라 (사 58:11-12)

나의 영혼이 눌림으로 말미암아 녹사오니 **주의 말씀대로 나를 세우소서** (시 119:28)

그러므로 **너희는 가서 모든 민족을 제자로 삼아 아버지와 아들과 성령의 이름으로 세례를 베풀고 내가 너희에게 분부한 모든 것을 가르쳐 지키게 하라** 볼지어다 내가 세상 끝날까지 너희와 항상 함께 있으리라 하시니라 (마 28:19-20)

그들이 조반 먹은 후에 예수께서 시몬 베드로에게 이르시되 요한의 아들 시몬아 네가 이 사람들보다 나를 더 사랑하느냐 하시니 이르되 주님 그러하나이다 내가 주님을 사랑하는 줄 주님께서 아시나이다 이르시되 **내 어린 양을 먹이라** 하시고 또 두 번째 이르시되 요한의 아들 시몬아 네가 나를 사랑하느냐 하시니 이르되 주님 그러하나이다 내가 주님을 사랑하는 줄 주님께서 아시나이다 이르시되 **내 양을 치라** 하시고 세 번째 이르시되 요한의 아들 시몬아 네가 나를 사랑하느냐 하시니 주께서 세 번째 네가 나를 사랑하느냐 하시므로 베드로가 근심하여 이르되 주님 모든 것을 아시오매 내가 주님을 사랑하는 줄을 주님께서 아시나이다 예수께서 이르시되 **내 양을 먹이라** (요 21:15-17)

나는 날마다 죽노라 (고전 15:31)

"인위 뚝! 신위 Go!"

하나님 나라 관점에서 읽는 90일 성경 일독

01 창조 시대

창 조 시 대 — 창세기 1~11장

주요 인물 ∙아담∙아벨∙에녹∙노아
주요 사건 ∙천지창조∙타락∙대홍수∙바벨탑

태초에서 BC 2166년까지	– 천지창조 – 타락 – 대홍수 – 바벨탑

영국 국교의 주교였던 제임스 어셔James Ussher 1581-1656는 1658년에 출간된 그의 저서 *The Annals of the world* 제4판에서 하나님이 천지를 BC 4004년 10월 23일 일요일 아침 9시에 창조하시기 시작했다고 주장했습니다.

그는 이 날짜를 근거로 해서 아담과 하와가 같은 해BC 4004년 11월 10일 월요일에 에덴동산에서 추방되었고, 노아의 방주는 BC 2348년 5월 5일 수요일에 아라랏 산에 정박했다고 주장합니다.(자료 출처 G.Y. Craig and E.J. Jones, *A Geological Miscellany*, Princeton University 1985)

유대인들은 전승에 의하면 하나님이 우주를 BC 3759년에 창조했다고 믿습니다. 창조 과학자들은 우주 특히 지구의 연령을 6,000년에서 20,000년으로 추정합니다.

그러나 이 시대의 시기는 아무도 정확하게 측정할 수 없습니다. 이 창조 시대는 창세기 1장에서 11장까지에 해당하는 시대로써 시간을 측정할 수 없는 시기입니다. 이 시기의 역사를 원元 역사라고 합니다. 이 원 역사는 연대를 측정할 수 없는 태초의 창조부터 아브라함이 태어나는 시기까지입니다.

빠른 출애굽 시기를 BC 1446년으로 보는 성경 학자들은 아브라함의 탄생 연대를 BC 2166년으로 추정합니다. 그래서 이 시기까지를 창조 시대로 잡습니다. 성경은 이 시기 동안 일어난 4대 중심 사건을 기록하는데 그것은 창조, 타락, 홍수, 바벨탑 사건입니다.

타락한 인간이 자기중심적 역사를 이루어 가는 모습을 보여 주고 있습니다.

01 일

년 월 일

창 1~11장

① 1장 1절
태초에 하나님이 천지를 창조하시니라

② 12장 1-3절
[1] 여호와께서 아브람에게 이르시되 너는 너의 고향과 친척과 아버지의 집을 떠나 내가 네게 보여줄 땅으로 가라
[2] 내가 너로 큰 민족을 이루고 네게 복을 주어 네 이름을 창대하게 하리니 너는 복이 될지라
[3] 너를 축복하는 자에게는 내가 복을 내리고 너를 저주하는 자에게는 내가 저주하리니 땅의 모든 족속이 너로 말미암아 복을 얻을 것이라 하신지라

"시작 (Beginning)"
세상의 기원, 인간과 결혼(가정)의 기원, 죄와 사망의 기원을 밝혀 줍니다. 동시에 하나님의 영광스런 구원 계획의 시작도 함께 보여 주고 있습니다.

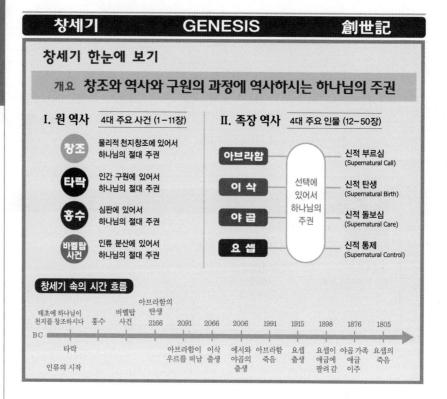

창세기 GENESIS 創世記

창세기 한눈에 보기

개요 **창조와 역사와 구원의 과정에 역사하시는 하나님의 주권**

I. 원 역사 4대 주요 사건 (1-11장)

- **창조** 물리적 천지창조에 있어서 하나님의 절대 주권
- **타락** 인간 구원에 있어서 하나님의 절대 주권
- **홍수** 심판에 있어서 하나님의 절대 주권
- **바벨탑 사건** 인류 분산에 있어서 하나님의 절대 주권

II. 족장 역사 4대 주요 인물 (12-50장)

선택에 있어서 하나님의 주권

- **아브라함** — 신적 부르심 (Supernatural Call)
- **이 삭** — 신적 탄생 (Supernatural Birth)
- **야 곱** — 신적 돌보심 (Supernatural Care)
- **요 셉** — 신적 통제 (Supernatural Control)

창세기 속의 시간 흐름

BC	
	태초에 하나님이 천지를 창조하시다 / 인류의 시작
	타락
	홍수
	바벨탑 사건
2166	아브라함의 탄생
2091	아브라함이 우르를 떠남
2066	이삭 출생
2006	에서와 야곱의 출생
1991	아브라함 죽음
1915	요셉 출생
1898	요셉이 애굽에 팔려 감
1876	야곱 가족 애굽 이주
1805	요셉의 죽음

창세기는 우주와 인류의 기원을 선포함으로 시작합니다. 성경은 설명의 책이 아니고 선포의 책이므로 그것을 믿는 믿음으로부터 출발합니다. 특히 1장에서 11장까지는 이 세상이 어떻게 시작되었는가, 나는 누구인가, 인류 문화의 기원 등 우리의 삶의 가치관을 결정하는 절대적 진리를 밝혀 주고 있습니다. 무엇보다 하나님은 인간과 사랑의 관계를 맺으시고 그 나라를 세우시기 위해 우주를 창조하시고 인간을 지으시고 에덴에 동산을 만드셔서 그곳에 하나님의 통치가 온전히 이루어지는 하나님의 나라를 세우셨습니다. 천지는 하나님의 말씀으로 지어졌다고 했습니다. 말씀은 이렇듯 천지를 창조하는 능력이 있을 뿐만 아니라 우리를 새롭게 재창조하는 능력이 있습니다.히 4:12,13 또한 최후의 심판 때 대적들을 심판하여 파괴하는 말씀의 예리한 검이기도 합니다.계 19:15

1장에서 11장까지는 그 연대를 측정할 수 없는 기간입니다. 이 기간 동안 인간 역사를 이루어 갈 4가지의 엄청난 사건이 발생하였습니다. 그것은 창조, 타락, 홍수, 바벨탑 사건입니다. 하나님 나라를 세웠지만에덴 인간의 타락으로 파괴되고, 그

나라를 다시 세우시기 위한 하나님의 구원 계획은 창세기 12~50장까지 4명의 족장, 즉 아브라함, 이삭, 야곱, 요셉을 통해서 이루어 가시는 사건들로 읽을 수 있습니다. 이 부분은 하나님 나라의 백성으로서 믿음의 기초적 출발을 보여 줍니다. 창세기는 모두 50장, 1533절로 되어 있으며, 신약에서 260번 인용되었습니다.

창조, 타락, 홍수, 바벨탑

창세기의 첫 11장까지는 모든 것들의 기원에 대해 밝혀 줍니다. 그래서 이 부분은 성경의 관점을 밝혀 주는 부분입니다. 앞의 관점 설명을 참조하여 읽으면서 지금까지 공부한 관점의 기초를 확인하십시오.

□ 창세기 1~11장 : 원 역사 - 모든 것들의 기원

1) 1~2장 : 창조

무질서Formless, 공허 또는 무의미Empty, 절망 등의 혼돈Darkness이 하나님의 말씀"가라사대"으로 인해 질서Cosmos로 바뀌었습니다. 말씀이 천지를 지었듯이 말씀이 바로 우리를 재창조하는 역사를 할 수 있는 것입니다. 하나님은 인간과 우주를 6일 동안에 창조했습니다. 첫 3일에는 나중 3일에 만들어질 피조물들이 살아갈 환경과 물질을 만드셨습니다.

하나님이 첫 3일간에 만드신 우주의 원료는 '말씀'이었습니다. 즉 하나님이 첫 3일 동안 만드신 우주는 무無에서 유有가 창조된 것입니다.Ex nihilo '창조하다'라는 단어로 쓰인 '바라'라는 동사는 하나님만이 주어가 될 수 있는 동사이고 그것은 바로 무無에서 유有를 창조한다는 뜻입니다. 첫째 날에 빛을 만드시고 그 빛을 밤과 낮으로 나누시고분리, 넷째 날에 해와 달과 별을 창조하셨습니다.

둘째 날에는 물을 창조하시고 그 물을 궁창 위의 물과 아래의 물로 나누시고분리, 바다와 육지가 되게 하셨고, 다섯째 날에 그 바다와 공중에 살 생물새와 물고기을 창조하셨습니다. 셋째 날에 육지에 살 식물을 만드시고, 여섯째 날에 동물을 만드시고, 그리고 마지막으로 인간을 만드셨습니다. 하나님은 매일 창조하신 피조물을 보고 기뻐하셨습니다. 그리고 인간은 특별히 하나님의 형상으로 지으셨습니다. 그러시고는 매우 기뻐하셨습니다. 이 창조의 과정을

유대인의 우주관을 보여 주는 그림

알아두기

창조에 관한 이론들
2가지 대표적인 이론

1. 간격 이론 (Gap Theory) : 창세기 1장 1절과 2절 사이에 엄청난 시간적 간격이 있다고 주장하는 이론. 이 이론은 소위 말하는 지질시대의 이론과 타협하는 이론이다.

2. 날-시대 이론 (Day-Age Theory) : 이 이론은 창세기의 창조의 하루가 24시간이 아니고 한 시대라고 주장한다. 개혁주의는 하나님이 24시간의 하루 단위로 6일 동안 천지를 창조하셨다는 사실을 믿는다.

찬찬히 살펴보면 모든 과정이 바로 인간이 잘 살아갈 수 있는 여건을 조성하는 과정임을 알 수 있습니다.

인간을 창조하시고 그 인간과 사랑의 관계를 맺고 축복된 삶을 살게 하기 위한 하나님의 사랑의 배려가 넘치는 모습을 볼 수 있습니다. 2장에서 잠깐 언급한 에덴의 풍요로움에서도 그것을 알 수가 있습니다. 일곱째 날은 안식하셨습니다.

첫째 날	빛과 어둠	넷째 날	낮과 밤의 빛들(해, 달, 별)
둘째 날	궁창, 바다	다섯째 날	바다와 공중의 생물들
셋째 날	육지와 육지에 살 식물	여섯째 날	들짐승과 사람
일곱째 날	안식하시다		

□ 창세기 1장 1절 "태초에 하나님이 천지를 창조하시니라"라는 구절은 성경 전체의 핵심입니다. 성경의 첫 구절은 하나님이 우리 인간뿐만 아니라 이 우주 만물의 주인이심을 알려 주는 것입니다.

하나님이 우리의 주인이심을 인정하는 것과 그렇지 않은 것이 바로 영적 싸움이고, 오늘을 살아가는 우리의 세계관, 가치관을 형성하는 가장 기초적인 것입니다. 성경 전체를 통해 하나님은 우리의 주인이시고 우리의 하나님이 되고 싶어 하시는 마음을 보여 준다는 사실을 마음에 새기며 성경을 읽어야 합니다.

그것이 바로 하나님 나라의 관점으로 읽는 방법입니다. 그러므로 이 구절에 대한 믿음이 성경 전체의 믿음을 말합니다. 하나님이 온 우주의 주권자이심을 성경은 처음부터 선언합니다.

성경은 하나님이 이 우주의 주인이시요 주권자이시라는 것을 분명히 밝히며 모든 피조물은 그 사실을 받아들이고 그분께 순종함으로 하나님의 나라가 온전히 이루어지도록 해야 한다는 사실을 시종일관 언급하고 있다는 사실을 염두에 두어야 합니다.

이것이 바로 성경의 핵심이기 때문입니다. 성경은 선포하는 글이지 설명하는 책이 아니라는 것을 분명히 알아야 합니다.

□ "태초에 하나님이 천지를 창조하시니라"라는 구절에서 '창조하시니라'의 선포가 주는 의미는 하나님이 천지의 주인이요 주권자라는 것을 선포하는 중요한 말입니다. 그러므로 세상의 모든 잘못된 철학과 사상을 반박합니다.

이 세상에 무신론Atheism이란 없습니다. 사실 사람들은 무엇인가를 믿습니다. 단지 하나님을 믿지 않을 뿐입니다.

그런데 성경은 분명 하나님은 계시며 그 하나님이 이 우주 만물을 만들었다는 사실을 확실히 선포합니다. 십계명의 제 일계명처럼 하나님 이외에 다른 신은 없습니다. 하나님 이외의 모든 존재는, 영계의 천사를 포함해서, 다 피조물이란 사실을 알려 줍니다. 따라서 범신론Pantheism이나 다신론Polytheism은 인간들이 만들어 낸 하나의 이론일 뿐입니다. 천지는 하나님의 피조물일 뿐이고 오직 하나님 한 분만 참 신이십니다. 또한 이 세상은 우연히 저절로 생겨나서 계속 진화해 가고 있는 것이 아닙니다.

성경은 하나님이 각각 종류대로 창조하셨다는 것을 분명히 밝혀 주고 있습니다. 따라서 진화는 인간의 상상력에 의해서 생겨난 허구일 뿐입니다. 진화론은 결코 과학적으로 증명되지 않습니다. 진화론적 사고방식은 그 진화 생성이 아무런 목적도 없는 운명주의Fatalism를 주장합니다. 그러나 하나님은 천지를 그분의 분명한 목적에 의해 만드셨다는 것을 성경을 통해 볼 수 있습니다. 그렇다면 이 창세기 1장 1절의 선포가 바로 참된 가치관을 제공하는 기초이며 그것이 바로 성경적 세계관입니다. 성경은 그 외의 것은 죄로 규정합니다. 따라서 성경의 첫 장 첫 절에서 부딪히는 사람이 있을 것입니다. 관점 1

나는 결코 우연히 진화되어 생겨 난 것이 아님을 확신하십니까?

진화론의 허구와
세계관 싸움

진화론자들은 원숭이가 우리의 조상이라고 합니다. 세상에 이런 허무맹랑한 소리를 믿는 사람들이 너무나 많습니다.
진화론을 과학적으로 입증된 절대의 진리인 양 믿고 있는 사람들이 너무나 많습니다.
우리가 지금도 학교에서 배우는 과학 특히 생물학이 진화론에 근거한 내용이라는 사실은 안타깝다 못해 개탄스럽습니다.
적어도 한 종에서 다른 종으로 진화되었다는 사실을 입증할 연결 고리의 화석이 발견되지 않고 있다는 사실만으로도 진화론은 과학도 논리도 아니라는 것이 입증되고 있습니다.
성경은 이 부분에 대해서 이미 '종류대로' 만드셨다고 단언합니다. 진화는 한 종에서 다른 종으로 발전한다고 주장합니다.
우리 그리스도인들도 이 세상 문화가 바로 이 진화론적 가치관에 의해 형성된 사실을 깨닫고, 나와 우주가 진화에 의한 것이 아니고 하나님의 설계와 섭리에 의해 창조된 것임을 확고하게 믿어야 합니다.
그것은 바로 내 삶의 주인은 하나님이며 나는 하나님의 설계와 목적에 의해 지금 이 세상에 존재해 있다는 믿음으로 연결됩니다. 이를 통해 바른 순종의 삶을 살아갈 수 있습니다.
창조와 진화는 바로 이런 세계관의 싸움이고 그것은 큰 영적 싸움입니다.

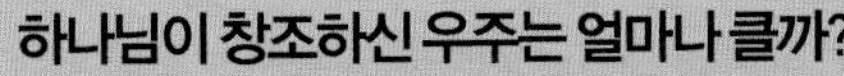

하나님이 창조하신 우주는 얼마나 클까?

우주 과학자들은 우리가 사는 이 지구와 태양계가 속해 있는 은하계Milky Way Galaxy에는 우리의 태양과 같은 태양이 1000억 개나 있다고 추정한다. 이 태양들은 우리의 태양보다도 훨씬 크다고 한다. 우리의 태양은 지구보다도 150만 배가 큰데, 다른 태양들은 이 태양계의 태양보다 훨씬 더 크다고 한다.
이 은하계의 크기는 그 직경이 20만 광년의 거리를 가지고 있다고 추정한다. 1광년은 초속 186km의 빛이 1년 동안 가는 거리를 말한다. 그렇다면 그 직경은 186km×60초×60분×24시간×365일×20만년의 거리이다. 우주 과학자들은 이런 은하계가 10만 개나 있으며 이것들이 서로 떨어져 있는 거리는 몇 백만 광년이라고 한다. 하나님이 창조하신 이 우주가 얼마나 방대한 것인가를 상상할 수 있겠는가?
이런 것을 수학에서는 무한대라고 한다.

인간을 창조하시고 심히 좋아하셨던 하나님의 마음을 생각해 봅시다.

하나님의 형상

하나님은 사람을 창조하시고는 더 좋아하셨는데 왜 그랬을까요? 하나님의 형상대로 지으셨기 때문입니다. 하나님의 형상은 무엇인가에 대해서는 여러 가지 견해가 있습니다.
우선 영적, 정신적, 심리적 자질을 말한다는 견해입니다. 생각하고 느끼고 선택하는 자유의지를 말합니다.
둘째는 창세기 1장 26-27절에서 하나님의 피조물을 다스리는 권세, 즉 하나님을 대리(代理)해서 피조물을 다스리는 능력을 가리킨다는 견해입니다.
셋째, 관계를 맺을 수 있는 자질을 말한다고 합니다. 삼위 하나님이 서로 관계를 맺듯이 바로 그런 자질로 인간이 삼위 하나님과 관계를 맺을 수 있고, 또 이웃과 관계를 맺을 수 있는 그런 자질을 하나님의 형상이라고 말하는 것입니다.
하나님의 형상은 위의 견해 중 어느 하나만을 지칭하기보다는 세 가지 경우를 다 포함한다고 봅니다.
무엇보다도 하나님이 인간을 당신의 형상으로 지으신 이유는 바로 인간과 사랑의 관계를 맺으시고 하나님 나라를 대리하여 다스리게 하며 하나님과 함께 왕 노릇하게 하기 위함입니다.
사람은 하나님이 말씀으로 창조하신 것이 아니고 직접 빚으셨다는 사실을 기억하십시오. 하나님의 손으로? 그 손을 볼 수 있으십니까? 다음 구절에서 하나님의 손을 보십시오.

(p.83로 계속)

창조 이야기가 말해 주는 메시지

1. 말씀에 의한 창조는 말씀의 능력으로 천지를 창조했다는 말입니다.
그것은 무에서 유를 창조했다는 말입니다. 첫 3일의 창조는 바로 무에서 유를 창조하고, 그 다음 3일의 창조는 바로 이 첫 3일 동안 창조한 것을 자료로 창조하셨습니다.

말씀의 권능

📖 **시 33:6-9** 6여호와의 말씀으로 하늘이 지음이 되었으며 그 만상을 그의 입 기운으로 이루었도다 7그가 바닷물을 모아 무더기같이 쌓으시며 깊은 물을 곳간에 두시도다 8온 땅은 여호와를 두려워하며 세상의 모든 거민들은 그를 경외할지어다 9그가 말씀하시매 이루어졌으며 명령하시매 견고히 섰도다
그런데 신약에서는 그 말씀이 바로 예수님이라고 요한복음 1장 1절에서 밝히고 있습니다. 말씀으로서의 예수님은 곧 말씀이 창조의 권능을 가진 것으로서 우리 변화의 원동력이 된다는 뜻입니다. 그 말씀을 받고 안 받고는 인간의 선택입니다.

📖 **살전 2:13** 이러므로 우리가 하나님께 끊임없이 감사함은 너희가 우리에게 들은 바 하나님의 말씀을 받을 때에 사람의 말로 받지 아니하고 하나님의 말씀으로 받음이니 진실로 그러하도다 이 말씀이 또한 너희 믿는 자 가운데에서 역사하느니라

2. 하나님은 계획을 가지고 역사하십니다.
모든 창조는 하나님의 목적이 있고 우리는 그의 목적 안에 있습니다.

📖 **계 4:11** 우리 주 하나님이여 영광과 존귀와 권능을 받으시는 것이 합당하오니 주께서 만물을 지으신지라 만물이 주의 뜻대로 있었고 또 지으심을 받았나이다 하더라
인간은 바로 그 계획 안에 있어야 하고 그의 계획을 인정하고 받아들여야 행복합니다. 그 계획은 바로 에덴의 환경을 말합니다. 물고기는 물에서 살아야 하고, 조기는 바다에서 살아야 합니다.

📖 **전 12:7** 흙은 여전히 땅으로 돌아가고 영은 그것을 주신 하나님께로 돌아가기 전에 기억하라
그런 환경하나님의 계획, 하나님의 목적을 인간이 바꾸기로 한 것이 인간이 불행해지는 근원입니다. 현대 과학에서 유전자 조작 같은 것이 바로 그런 것입니다. 신위神

爲를 인정하지 못하고 인위人爲로 모든 것을 이루어 가려는 인간의 자기중심성은 인간의 고통을 가중할 뿐입니다.

3. 이름을 짓습니다.

모든 것에 대해 하나님이 정의를 내린다는 사실을 알아야 합니다. 이것도 신위神爲를 말합니다. 이것을 사람이 자꾸 바꾸려 합니다. 인간이 다시 자기들 편에 유리하도록 그 정의를 바꾸려 합니다.
예를 든다면 거짓말은 거짓말일 뿐인데 어떤 때는 그것을 상상력이 풍부하다는 것으로 미화하거나 재정의합니다. 그것은 엄격한 의미에서 창조의 원리를 어기는 일입니다.

📖 사 **5:20** 악을 선하다 하며 선을 악하다 하며 흑암으로 광명을 삼으며 광명으로 흑암을 삼으며 쓴 것으로 단 것을 삼으며 단 것으로 쓴 것을 삼는 자들은 화 있을진저

📖 잠 **17:15** 악인을 의롭다 하고 의인을 악하다 하는 이 두 사람은 다 여호와께 미움을 받느니라

4. 하나님은 분리구별 하십니다.

이 분리는 세상과 차단된 상태 또는 격리된 상태를 말하는 것이 아닙니다. 세상과 구별되는 것, 즉 거룩의 개념과 같은 것입니다.
하나님은 천지를 창조하는 과정에서 첫째 날에 빛과 어둠을 분리하셨고, 낮과 밤을 나누십니다. 둘째 날, 궁창 위의 물과 궁창 아래의 물로 나누셨습니다. 그래서 하늘과 땅을 만드시고, 땅과 물을 분리하셨습니다. 셋째 날, 궁창 아래의 물에서 땅과 바다로 분리하셨습니다.

최초의 구속 사역을 시작하시면서 하나님은 아브람을 갈대아 우르 지방의 문명으로부터 분리하셨습니다. 성경의 모든 구속 사역과 관련된 사건에는 바로 이런 분리가 있음을 명심하십시오. 이것은 하나님의 거룩과 관련이 있습니다. 이것이 바로 하나님의 방법을 강조한 것입니다. 바로 신위神爲입니다.

이것은 하나님의 백성은 인간의 세속적인 것과 분리되어야 한다는 말입니다. 이 분리된 것에 인간은 순종해야 하는데 인간은 자꾸 이것을 자기 뜻에 맞게 다시 합하려고 하는 경향이 있습니다. 아브라함이 하나님의 신위神爲에 순종하여 갈대아 우르 지방을 떠나 하나님이 지시한 땅 가나안으로 갔을 때 그 땅은 젖과 꿀이 흐르는 땅이 아니었습니다.

(p.82에서 계속)

이사야 41:8-10
8그러나 나의 종 너 이스라엘
아 내가 택한 야곱아 나의 벗
아브라함의 자손아 9내가 땅
끝에서부터 너를 붙들며 땅 모
퉁이에서부터 너를 부르고 네
게 이르기를 너는 나의 종이라
내가 너를 택하고 싫어하여 버
리지 아니하였다 하였노라 10
두려워하지 말라 내가 너와 함
께함이라 놀라지 말라 나는 네
하나님이 됨이라 내가 너를 굳
세게 하리라 참으로 너를 도와
주리라 참으로 나의 의로운 오
른손으로 너를 붙들리라.

이사야 49:14-16
14오직 시온이 이르기를 여호
와께서 나를 버리시며 주께서
나를 잊으셨다 하였거니와 15
여인이 어찌 그 젖 먹는 자식을
잊겠으며 자기 태에서 난 아들
을 긍휼히 여기지 않겠느냐 그
들은 혹시 잊을지라도 나는 너
를 잊지 아니할 것이라 16내가
너를 내 손바닥에 새겼고 너의
성벽이 항상 내 앞에 있나니

오히려 기근이 아브라함을 기다리고 있었습니다. 그렇다면 하나님을 믿고 의지하여 젖소를 키우고 벌꿀을 쳐서 젖과 꿀이 흐르는 땅으로 만들어야 하는데 아브라함은 기근을 피하고자 자기 판단대로 곧 애굽으로 내려갔습니다. 이것은 하나님의 분리를 인간의 판단으로 다시 세속과 합치는 것으로 바꾸는 인위人爲였습니다. 인간이 보기에는 그것이 더 쉬워 보이기 때문이겠지요.

구원은 바로 죄로부터 분리되는 것을 말합니다. 그런데 구원받은 인간은 다시 죄의 모습으로 돌아가려는 경향이 있음을 우리는 인정합니다.

교회도 세속과 분리(구별)된 상태를 유지해야 합니다. 교회가 세상과 같으면 교회는 하나님의 사역을 감당할 수가 없는 곳이 되어 버립니다. 맛을 잃은 소금이 되어 오히려 세상의 손가락질을 받는 존재가 되어 버립니다.

어둠과 빛은 타협할 수 없습니다. 어두움에 빛이 묻혀 어두워지든가, 빛에 어두움이 묻혀 어두움이 없어져야 하는 것뿐입니다. 성경의 사사기는 바로 분리를 유지하지 못한 인간의 실패를 보여 주는 책입니다. 자연은 의지意志가 없어서 하나님의 분리가 유지되지만, 인간은 의지意志가 있어 다시 분리된 것을 합치려는 경향이 있습니다.

📖 **요 17:14-17** 14내가 아버지의 말씀을 그들에게 주었사오매 세상이 그들을 미워
하였사오니 이는 내가 세상에 속하지 아니함같이 그들도 세상에 속하지 아니함으로
인함이니이다 15내가 비옵는 것은 그들을 세상에서 데려가시기를 위함이 아니요 다
만 악에 빠지지 않게 보전하시기를 위함이니이다 16내가 세상에 속하지 아니함같이
그들도 세상에 속하지 아니하였사옵나이다 17그들을 진리로 거룩하게 하옵소서 아버
지의 말씀은 진리니이다

우리는 하나님의 분리 속에 머물러 있어야만 합니다. 그곳에 진정한 하나님의 보호하심이 있기 때문입니다. 배가 물 위에 떠 있는 것은 물이 배 안으로 스며들지 않기 때문입니다. 배 속으로 물이 스며들면 배는 가라앉을 수 밖에 없습니다.

📖 **고후 6:14-7:1** 14너희는 믿지 않는 자와 멍에를 함께 메지 말라 의와 불법이 어찌
함께하며 빛과 어둠이 어찌 사귀며 15그리스도와 벨리알이 어찌 조화되며 믿는 자와
믿지 않는 자가 어찌 상관하며 16하나님의 성전과 우상이 어찌 일치가 되리요 우리는
살아 계신 하나님의 성전이라 이와 같이 하나님께서 이르시되 내가 그들 가운데 거
하며 두루 행하여 나는 그들의 하나님이 되고 그들은 나의 백성이 되리라 17그러므로
너희는 그들 중에서 나와서 따로 있고 부정한 것을 만지지 말라 내가 너희를 영접하
여 18너희에게 아버지가 되고 너희는 내게 자녀가 되리라 전능하신 주의 말씀이니라 하
셨느니라 1그런즉 사랑하는 자들아 이 약속을 가진 우리는 하나님을 두려워하는 가운
데서 거룩함을 온전히 이루어 육과 영의 온갖 더러운 것에서 자신을 깨끗하게 하자

5. 창조의 원리 다섯 번째는 축복입니다.

하나님은 인간에게만 복을 주십니다. 그 이유는 하나님이 인간과 사랑의 관계를 맺으시려고 당신의 형상으로 만드셨기 때문입니다.

창 **9:6** 다른 사람의 피를 흘리면 그 사람의 피도 흘릴 것이니 이는 하나님이 자기 형상대로 사람을 지으셨음이니라

그러므로 사람을 대할 때 반드시 하나님의 형상을 지닌 자로 대해야 합니다. 축복은 하나님의 환경 속에 있어야 받습니다.

엡 **1:3** 찬송하리로다 하나님 곧 우리 주 예수 그리스도의 아버지께서 그리스도 안에서 하늘에 속한 모든 신령한 복을 우리에게 주시되

그 장場을 벗어나면 하나님의 복을 누릴 수가 없습니다. 왜냐하면 하나님의 축복은 연극 무대에서 배우를 따라다니는 조명처럼 따라다니며 주어지는 것이 아닙니다. "그리스도 안에서in Christ", 이 말은 대단히 중요한 말입니다.

시 **73:28** 하나님께 가까이 함이 내게 복이라 내가 주 여호와를 나의 피난처로 삼아 주의 모든 행적을 전파하리이다

그래서 우리는 언제나 하나님을 기억하면서 그 안에서의 삶을 살아가야 합니다. 그분의 신위神爲를 인정하고 순종하는 삶이 바로 믿음이라는 사실을 잊어버리면 안 됩니다. 순종하는 삶이 없으면서 복 받기를 원한다면 그것은 내가 원하는 복을 받겠다는 인위人爲의 발상입니다. 우리는 하나님의 복을 사모하면서 인정하고 순종해야 합니다.

전 **12:1-8** 1너는 청년의 때에 너의 창조주를 기억하라 곧 곤고한 날이 이르기 전
에 나는 아무 낙이 없다고 할 해들이 가깝기 전에 2해와 빛과 달과 별들이 어둡기 전
에 비 뒤에 구름이 다시 일어나기 전에 그리하라 3그런 날에는 집을 지키는 자들이 떨
것이며 힘 있는 자들이 구부러질 것이며 맷돌질 하는 자들이 적으므로 그칠 것이며
창들로 내다보는 자가 어두워질 것이며 4길거리 문들이 닫혀질 것이며 맷돌 소리가
적어질 것이며 새의 소리로 말미암아 일어날 것이며 음악하는 여자들은 다 쇠하여질
것이며 5또한 그런 자들은 높은 곳을 두려워할 것이며 길에서는 놀랄 것이며 살구나
무가 꽃이 필 것이며 메뚜기도 짐이 될 것이며 정욕이 그치리니 이는 사람이 자기의
영원한 집으로 돌아가고 조문객들이 거리로 왕래하게 됨이니라 6은 줄이 풀리고 금
그릇이 깨지고 항아리가 샘 곁에서 깨지고 바퀴가 우물 위에서 깨지고 7흙은 여전히
땅으로 돌아가고 영은 그것을 주신 하나님께로 돌아가기 전에 기억하라 8전도자가 이
르되 헛되고 헛되도다 모든 것이 헛되도다

창 1:28의 문화 명령 (Cultural Mandate)은

이 세상 문화를 하나님 문화로 만들라는 하나님의 첫 지상 명령입니다.

문화는 하나님의 문화가 되지 않으면 인간의 문화(인간의 자기중심성이 주장하며 가인의 계열이 주장하는 문화)가 될 수 밖에 없고, 실제로 인간의 문화는 가인의 계열이 주도한 문화임을 부인할 수 없습니다.

오늘의 그리스도인은 이 점을 깊이 묵상하고 깨닫고 변화받아야 합니다. 그래서 이 땅의 문화를 그리스도의 문화로 변혁함으로 하나님 나라를 이루는 데 순종하고 헌신해야 합니다.

□ 창조의 과정이 보여 주는 하나님의 마음과 하나님 나라의 기초

창 1:2-2:7

성경은 인간을 포함해서 전 우주가 6일 동안 하나님에 의해 창조되었다고 밝혀 줍니다. 첫 3일간의 창조는 나중 3일간에 만들어질 피조물을 채울 환경을 만들고 설정하는 과정입니다. 하나님은 이 환경을 만드시고 그 환경들을 적절하게 분리하시고 그 환경에 맞는 피조물을 만들어 채우셨습니다. 여기에서도 거룩의 원리를 배울 수 있습니다. 분리하시고 채우시는 하나님의 마음은 성경이 말하는 창조 및 하나님 나라의 기초적 원리를 암시해 줍니다. 앞에서 설명한 관점 3을 근거로 자기중심성을 내려놓을 때 채워 주시는 순종에 대한 사랑입니다.

□ 창세기 1장, 2장은 독일의 신학자 Wellhausen이 주장하는 문서설

을 뒷받침하는 것이 아니고 클로즈 업Close-up기법을 보여 주는 것입니다. 즉 1장은 전 우주의 창조에 관하여 기록하고, 2장에서는 그중 인간 창조에 관한 내용을 집중적으로 조명하는 클로즈 업Close up기법이라는 것입니다.

문서가설

문서가설은 독일의 성경 학자였던 벨하우젠Julius Wellhausen 1844-1918이 주장했다. 문서가설이란 간단히 말하면 구약의 오경이 네 개의 문서로 구성되어 있다고 주장하는 가설이다.

문서가설은 오경이 BC 1400년경 모세에 의해 성령의 영감으로 처음부터 현재 우리가 갖고 있는 형태로 기록된 것이 아니라 이전에 따로 나돌던 문서들을 엮고 결합하는 수세기 동안의 과정을 통해 존재하게 되었고 그 각각의 문서들은 분석적 방법을 통해 식별될 수 있다고 주장한다.

구약의 오경을 연대순으로 보면 J여호와 혹은 야웨 문서, E엘로힘 문서, D신명기 문서, P제사장 문서로 구성되어 있다는 설이다. 이 가설은 시대의 흐름에 따라 변화해 왔다. J문서는 오경 중 가장 오래된 것으로 BC 10-9세기에 속한다고 주장한다.

📖 창 2:7 여호와 하나님이 땅의 흙으로 사람을 지으시고 생기를 그 코에 불어 넣으시니 사람이 생령이 되니라

이 구절은 인간 창조의 2가지 근원은 흙과 하나님의 생기라는 사실을 보여 줍니다. 그것은 바로 이 세상적인 것흙/Earthliness과 하늘의 것하나님의 생기/Heavenliness의 연합입니다. 그래서 인간은 영, 육2분법 또는 영, 혼, 육3분법을 갖습니다. 그러기 때문에 인간은 하나님의 보호가 절대로 필요한 존재입니다. 하나님 나라가 존

재해야 하는 절대적인 이유가 여기에 있습니다. 그래서 하나님은 인간을 보호하며 풍성한 것들을 공급하시기를 원하시는 것입니다.

인간이 하나님의 형상으로 지음을 받고 그의 생기를 받은 이상 인간은 하나님을 떠나서 결코 자유함을 얻을 수 없다는 사실을 알아야 합니다. 하나님은 인간을 이렇게 만드시고 매우 기뻐하셨습니다. 인간은 하나님에게 있어서 가장 귀한 존재입니다. 그 인간이 행복하게 살아가도록 하나님은 에덴동산을 창설하셨다고 했습니다. 그 모습은 매우 아름답고 풍요로운 곳임을 알 수 있습니다.

□ 에덴(עֵדֶן) 동산

에덴עֵדֶן Eden이란 말은 '즐거움', '기쁨' 또는 '낙원'이란 뜻이 있습니다. 이 에덴은 인간이 살기에 완벽한 곳이었습니다. 창세기 2장 8-17절에서 우리는 에덴의 모습을 봅니다. 에덴 중앙에 강이 발원하여 사방으로 흐른다고 했습니다. 첫 두 강은 그 위치를 확실히 알 수 없습니다.

중요한 것은 강의 위치가 아니고 그 강이 주는 풍요함의 의미입니다. 낙원을 가로지른 네 강이 사방으로 흐른다고 한 것은 온 누리를 표현한 것이고, 그 강은 그 땅에 풍요함을 제공한다는 의미를 가지고 있으며, 그 풍요로운 동산은 각종 보석과 그리고 풍부한 과일로 가득 찬 곳이라고 했습니다.

인간이 살기에 아무런 부족함이 없는 곳이라는 뜻입니다. 에덴의 모습은 이사야 11장 6-9절, 25장, 65장 17-25절에서도 볼 수 있습니다. 이것은 요한계시록 21장의 새 하늘과 새 땅의 원형이기도 합니다. 바로 그곳이 하나님 나라입니다.

하나님이 처음 창설하신 이 에덴은 바로 하나님 나라의 원형입니다. 그곳은 하나님의 통치가 온전히 이루어지는 곳으로서 땅에서도 하늘에 닿을 수 있는 복이 넘치는 곳이었음을 알 수 있습니다. 요한계시록에서 언급하는 새 하늘과 새 땅은 바로 이 에덴의 회복이라는 면에서 볼 때 더욱 그렇습니다. 하나님은 에덴을 거처로 삼아 그곳을 거니셨고 아담과 하와는 하나님으로부터 위임받은 다스림으로 그곳에서 피조물의 왕 노릇하면서 하나님과 거리낌 없는 교제를 나누었습니다. 따라서 죄가 들어오기 전의 에덴은 하늘과 땅의 경계가 없었던 곳이었을 것입니다.

그러나 사탄의 유혹을 받은 아담과 하와는 자기중심성의 죄로 인하여 하나님과 관계가 단절되므로 원형으로서 하나님 나라인 에덴은 파괴되고 맙니다. 죄로 인해 하나님과 단절됨으로 하늘과 땅은 경계가 생기고 하나님과의 거리가 멀어지게 되었습니다.

최초의 결혼식의 주례는 하나님이셨다는 사실은 큰 은혜입니다.

하나님의 결혼 공식은 1+1 =1입니다(창 2:18-25). 이 공식은 수학적으로는 맞지 않습니다. 하나에 하나를 더 하면 둘이 되어야 합니다. 그런데 결혼은 하나가 된다고 합니다. 그렇다면 이 공식처럼 되기 위해서 하나가 반이 되면 됩니다. 반에 반을 더하면 하나가 된다는 말입니다 (1/2 + 1/2 = 1).

이 말은 내 속에 둘이 하나가 되는 데 방해가 되는 요소들을 버림으로 가능합니다. 이것이 바로 관점 3으로 풀어 보는 결혼의 창조적 원리라고 생각합니다. 돕는 배필이란 성경대로라면 그를 위한 배필, 곧 그의 필요에 대처하는 배필입니다.

이런 동반자는 동물 세계에서는 발견되지 않습니다. 이 사실로 보아 이성理性이 없는 피조물과 하나님의 형상으로 만들어진 인간 사이에 고정된 큰 간격이 있음을 알 수 있습니다.

하나님은 최초의 여자를 만드실 때 첫 남자의 뼈로 만드셨으며 그 곳을 살로 대신 채우셨다(21절)고 했습니다. 22절에 나오는 "만드시고"라는 단어는 사실상 성전을 세운다고 할 때 세운다는 뜻으로 쓰인 단어입니다.

하와가 아담에게서 만들어졌음은 인류 종족의 단일성과 여자의 위엄을 나타내고 있습니다. 하와가 남자의 발에서 만들어져 짓밟히거나, 남자의 머리에서 만들어져 지배하지 못하게 남자의 심장 근처에서 만들어짐으로 남자의 사랑을 받도록 되었다고 말합니다.

알아두기

성경에는 3개의 동산(Garden)이 나옵니다.

성경은 동산에서 시작해 동산에서 끝나는 하나님의 이야기입니다.

1) 인간이 창조되어 복을 누렸던 에덴(Eden) 동산

2) 죄로 인해 타락한 인간을 구원하고자 예수님이 피 땀 흘려 기도하시던 겟세마네(Gethsemane) 동산

3) 인간이 하나님과 더불어 영원히 안식을 누릴 동산의 성(Garden city, 또는 도성) (계 21-22장)

하지만 하나님은 즉시 구원의 복음을 주셨습니다. 그것은 창세기 3장 15절의 원시 복음입니다. 여자의 후손이 뱀사탄의 머리를 밟고 승리하여 하나님 나라를 회복시킨다는 것입니다. 이것은 요한계시록 4장 이후에서 온전히 성취됩니다. 창세기에서 시작하고 파괴된 하나님의 나라는 요한계시록에서 회복되며 완성됩니다.

성경 전체의 이야기는 창세기에서 타락한 하나님의 나라가 다시 세워져 가는 과정을 그린 것이고, 그것은 요한계시록에서 완성됨을 볼 수 있습니다. 그것을 p.96의 도표창세기와 요한계시록 비교가 잘 보여 줍니다. 이 하나님 나라와 그 백성을 보호하는 수단이 바로 선악과입니다.

에덴은 하나님 나라의 원형으로서 하늘과 땅의 구별이 없는 곳이었을 것입니다.이필찬 "내가 속히 오리라 - 요한계시록 주해" 이레서원 2006 p.239 아담과 하와가 하나님과 함께 동산을 거닐면서 교제를 나누었다는 것은 하나님의 얼굴을 보고도 죽지 않는, 죄가 없는 상태를 말하며, 이것이야말로 완벽한 임마누엘입니다.

그러나 죄로 인해 이 아름다운 동산은 파괴되고, 하늘과 땅은 구별되었고, 하나님의 얼굴을 보면 즉시 죽어 버리는 불행 가운데 있게 되었습니다.

임마누엘의 하나님은 이 에덴을 회복하기를 갈망하신다는 것이 성경 전체가 보여 주는 하나님의 이야기입니다.

성경의 역사는 바로 이런 에덴이 죄로 인해 파괴된 것을 회복하는 하나님의 역사를 보여 주는 것이며, 에덴이 새 하늘과 새 땅으로 온전히 회복됨을 보여 줍니다. 관점 2의 설명에서도 언급했듯이 하나님 나라는 하나님의 통치에 대한 인간의 순종을 요구하고 있기 때문입니다. 에덴은 하나님이 인간을 위해 풍요함을 제공하기 위해 만든 곳이지만, 그렇다고 인간이 놀고먹는 그런 곳은 아닙니다. 하나님의 대리권을 받아 짐승들의 이름을 짓고 그곳을 경작하며 다스리고 충만해야 합니다.창 1:28, 2:15, 2:19

인간은 이 다스림이 곧 하나님이 위임하신 것임을 명심하고, 그분께 모든 것을 순종하여야 합니다. 그래서 하나님은 동산 중앙에, 즉 어디서나 가장 잘 보이는 곳에 선악을 알게 하는 나무를 두어 인간이 자기 한계를 인정하고 하나님을 기억하게 하셨습니다.

선악과의 선악이란 말은 단순히 선과 악이라는 윤리적 개념을 분별하는 것을 말하기보다는 '긍정적인 것과 부정적인 것' 모두를 포괄한다는 의미를 갖습니다. 영어 성경에서 선악과를 the tree of the knowledge of good and evil이라고 했습니다. 즉 선악을 아는 지식의 열매라는 것이지요.

따라서 이 선악과 열매는 하나님의 전지전능하신 능력을 말하는 것이고, 그것을 따 먹는다는 것은 하나님의 능력에 도전한다는 것입니다. 이런 선악과를 따먹고 그 지식을 습득한 인간은 자기 삶을 독자적으로 꾸려가기를 원하는 것입니다.
이것을 자기중심성自己中心性이라고 합니다.

인간은 결과적으로 자기의 한계를 뛰어넘게 된다는 것입니다. 에덴의 하나님 나라의 정신은 하나님이 인간과의 온전한 관계를 유지하기 위해서 인간은 자기중심성을 버리고 하나님이 책임져 주시는 삶에 순종하여야 하는 것입니다. 죄는 자기중심성의 발동으로부터 시작됩니다. 왜냐하면 자기중심성의 발동은 곧 불순종을 낳기 때문입니다. 그러나 인류를 대표하는 아담과 하와는 선악과를 따먹고 하나님의 지식을 습득하여 스스로 하나님이 되기를 선택하고 말았습니다. 그래서 창조의 아름다운 관계는 끊어집니다. 그것을 우리는 타락이라고 합니다.

지도 : 에덴동산의 위치 (창 2:8-17)

아라랏 산
일곱째 달 곧 그 달 열이렛날에 방주가 아라랏 산에 머물렀으며(창 8:4)
카스피해
유프라테스강
티그리스강
대해 (지중해)
가인이 여호와 앞을 떠나서 에덴 동쪽 놋 땅에 거주하더니 (창 4:16)
이같이 하나님이 그 사람을 쫓아내시고 에덴동산 동쪽에 그룹들과 두루 도는 불 칼을 두어 생명나무의 길을 지키게 하시니라 (창 3:24)
에덴동산(?)
강이 에덴에서 흘러나와 동산을 적시고 거기서부터 갈라져 네 근원(根原)이 되었으니 첫째의 이름은 비손이라. (창 2:10~11)
기혼강
비손강
여호와 하나님이 동방의 에덴에 동산을 창설하시고 그 지으신 사람을 거기 두시니라
여호와 하나님이 그 땅에서 보기에 아름답고 먹기에 좋은 나무가 나게 하시니
동산 가운데에는 생명 나무와 선악을 알게 하는 나무도 있더라
강이 에덴에서 흘러 나와 동산을 적시고 거기서부터 갈라져 네 근원이 되었으니
첫째의 이름은 비손이라 금이 있는 하윌라 온 땅을 둘렀으며
그 땅의 금은 순금이요 그 곳에는 베델리엄과 호마노도 있으며
둘째 강의 이름은 기혼이라 구스 온 땅을 둘렀고
셋째 강의 이름은 힛데겔이라 앗수르 동쪽으로 흘렀으며 넷째 강은 유브라데더라
[창세기 2장 8~14절]

알아두기

현존하는 세계의 가족 제도

기독교 문화의 국가들(유럽, 미국 등)은 부부 중심의 가족관계를 갖습니다. 이것은 성경적이기 때문입니다.

유교적 배경을 가진 나라들은 부모와 자식의 관계가 중심이 되는 가족관계를 갖습니다.

회교의 배경을 가진 국가에서는 일부다처제의 허용으로 많은 이복형제들이 생겨남으로 인한 문제 때문인지 형제들의 관계가 중심이 되는 가족관계를 이루고 있음을 볼 수 있습니다.

📖 창 2:25 아담과 그의 아내 두 사람이 벌거벗었으나 부끄러워하지 아니하니라

죄가 없는 인간에게는 하나님의 영광이 보입니다. 그래서 하나님의 형상대로 지으심을 입은 인간은 자신의 모습을 조금도 부끄럽게 생각하지 않습니다. 죄가 없는 인간의 모습은 하나님의 형상 그 자체이기 때문이지요. 그러나 죄를 범한 인간은 하나님이 형상이 깨어지게 되고 하나님처럼 되고자 선악과를 먹음으로 인간의 눈이 하나님을 보지 못하고 죄악된 자신의 모습을 보게 되어 부끄러움을 알게 되어 무화과나무로 자신을 가리려고 하는 모습을 3장에서 볼 수 있습니다.

2) 3~5장 : 타락

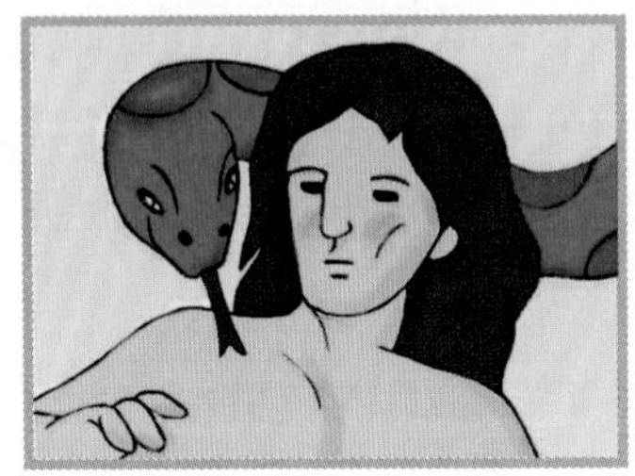

타락의 진행은 먼저 유혹이 오고Tempting 그리고 그 유혹에 굴복Yielding 함으로 결과Results가 나타나게 됩니다. 유혹은 믿음의 약화에서 옵니다. 3장 1~5절에서 사탄이 하와를 유혹하는 그의 작전을 살펴봅니다.콜린 스미스 "손에 잡히는 성경 이야기 1" 국제 제자 훈련원 p.51~55 참조

1. 혼란

창세기 3장 1절: 의심하게 하고 믿음을 약하게 합니다. 믿음의 약화는 즉각 그에 따른 행동의 반응이 뒤따르게 됩니다. 믿음과 행동은 결코 별 개의 것이 아닙니다. 믿음의 약화는 즉각 상황 판단을 흐리게 하는 단계로 옮겨 갑니다.

2. 어림짐작

창세기 3장 4절: 상황 판단을 흐리게 하고, 판단의 기준이 자기 생각으로 옮겨 가게 됩니다. 하나님과 인간의 경계를 넘게 한다는 사실을 기억하십시오.

3. 야망

창세기 3장 5절: 마침내 자기중심성Self-centeredness을 발동하게 합니다. 자기가 모든 것들의 기준이 된다는 것이지요. 성경 전체가 바로 이 인간의 죄의 본성과의 영적 전쟁이라는 사실을 보여 줍니다. 하나님이 선악과를 만드신 이유는 바로 이런 인간의 자기중심성을 억제하고 하나님의 주권을 모든 점에서 인정하고 순종하게 하여 죄를 짓지 않게 하시려는 하나님의 인간을 사랑하시는 마음 때문임을 알아야 합니다. 타락은 곧 인간의 자기중심성의 결과이고, 그 결과 하나님의 풍요로움으로부터 분리되어 인간 스스로의 한계로 인한 결핍의 열매를 맺습니다. 탕자의 비유도 자기중심성을 잘 보여 주는 비유입니다.

☐ 아담과 하와가 받은 유혹은 무엇일까요?죄의 본성

창 3:6 여자가 그 나무를 본즉 먹음직도 하고 보암직도 하고 지혜롭게 할 만큼 탐스럽기도 한 나무인지라 여자가 그 열매를 따먹고 자기와 함께 있는 남편에게도 주매 그도 먹은지라

믿음이 약해져서 상황판단이 흐려진 하와의 모습입니다.
창세기 3장 6절의 세 가지 유혹을 요한일서 2장 16절에서
1. 육신의 정욕 2. 안목의 정욕 3. 이생의 자랑으로 정의합니다.

이 세 가지가 바로 죄의 출발지입니다. 이 부분은 바로 죄의 본성인 자기중심성의 발원지입니다. 믿음이 약해지면 우리의 모든 감각 기관과 가치관은 바로 이런 죄의 유혹에 넘어가도록 노출되어 버린다는 것입니다. 따라서 인간이 갖는 죄의 본성은 인간이 하나님 없이 자기 마음대로 하고 싶어 하는 자기중심성을 말합니다. 사탄은 하와에게 했던 같은 방법으로 예수님을 시험합니다. 왜냐하면 예수님은 제2의 아담이시기 때문입니다.마 4:1-11

다음 도표는 하와의 시험과 예수님의 시험의 유사성을 보여 줍니다. 하와는 자기중심성에 의지함으로 시험에 넘어졌지만 예수님은 말씀에 의지함으로 시험을 이기셨습니다.

요일 2:16	에덴에서의 시험 (창 3:6)	예수님이 받은 시험 (마 4:1-11)
■ 육신의 정욕	"먹음 직하고"	"돌이 떡덩이가 되게 하라."
■ 안목의 정욕	"보암 직하고"	"내게 절하면 천하를 다 주겠다."
■ 이생의 자랑	"지혜롭게 할 만큼 탐스러움"	"뛰어내리라. 천사가 보호하리라."

☐ 창세기 3장 15절 원시 복음 - 영적 전쟁의 선전 포고

창세기 3장 15절을 우리는 원시 복음최초 복음이라고 합니다. 이 구절은 굉장히 중요한 의미를 담고 있습니다. 왜냐하면 이 구절 이후에 발생할 역사의 성격을 밝혀 주고 있기 때문입니다. 그것은 3장 15절이 바로 하나님 나라를 회복하시려는 하나님의 영적 전쟁의 선전 포고문이기 때문입니다.
성경은 사탄이 언제 창조되었는지를 밝히지 않습니다. 이사야 14장 11-20절과 에스겔 28장 11-19절의 내용을 근거로 추론해 보면 사탄은 이미 하늘에서 하나님께 반역하여 타락한 천사로 창세 전에 존재했던 것입니다. 사탄의 목적은

하나님과 인간의 관계를 파괴하고, 하나님께로 가는 영광을 가로채는 데 있습니다.

사 14:13-14 13…내가 하늘에 올라 하나님의 뭇 별 위에 내 자리를 높이리라 내가 북극 집회의 산 위에 앉으리라 14가장 높은 구름에 올라가 지극히 높은 이와 같아지리라…

그래서 사탄은 하나님의 창조 세계의 타락을 이루어 하나님 나라를 파괴하는 일을 감행했습니다. 그러나 하나님은 하나님의 나라를 회복하기 위한 영적 싸움을 선포하신 것입니다.
요한계시록 12장 8-9절은 창세기 3장 15절의 말씀의 성취로 요한계시록 12장에서 아들의 승천에 이어 미가엘예수님을 대표하는과 사탄을 상징하는 옛 뱀인 용의 전쟁이 일어난 것을 알 수 있습니다.

□ 타락의 결과

하나님이 아담과 하와에게 선악과를 금지하신 것은 선과 악을 지식으로 아는 것을 금했다기보다는 체험적으로 알기를 금하셨다고 볼 수 있습니다.
선악과는 영어로 the tree of the knowledge of good and evil입니다. Knowledge는 히브리적 개념으로는 '지식적으로 안다'는 것보다는 '체험적으로 안다'는 의미의 동사인 야다ידע yada`의 뜻입니다. 그러므로 선과 악을 체험하고 경험하기를 금하신 것입니다. 물론 선악과에서는 knowledge에 해당하는 히브리어는 דעת da`ath라는 단어를 사용합니다. 4장 1절에서 아담이 하와와 동침했다고 했을 때는 '안다'는 '야다'라는 동사를 사용했습니다. 이 결과는 생명을 잉태하는 것이었지만 선악과를 체험적으로 알게 되는 결과는 타락을 초래합니다.

선악과를 따먹고 죄를 지음으로 존재적, 본체적으로ontologically 악한 존재가 된 것이 아니고 어떤 것을 선택해야 함에 있어서 도덕적으로morally 악한 존재가 되었다는 것입니다. 인간은 언제나 선택의 기로에 서 있습니다. 시편 1편의 가르침이기도 합니다. 이 선악과로 인한 타락의 결과는 인간은 언제나 선택해야 하고 그 결과에 대해 책임을 져야 하는 존재가 되었다는 것입니다.
사탄의 유혹에 무릎을 꿇는 순간 인간은 하나님을 지각하던 능력을 상실하고 자신만을 지각하는 능력만 남게 됩니다. 그래서 하나님의 영광은 볼 수 없게 되고 타락 전에는 부끄럽지 않던 것들이 부끄럽게 되는 것입니다. 그래서 숨고 남에게 핑계를 돌리게 됩니다.3:7, 8,12
아담과 하와가 사탄의 유혹에 넘어감으로 하나님은 사탄과 자연에 대해 저주를 내립니다. 그러면서 인간에게는 간접 저주를 내리시며 회개할 수 있는 기회를 허락해 주시는 자비를 보여 주십니다. 이런 저주가 요한계시록에서 심판으로 나타납니다.

창세기 2장 17절에 의하면 하나님은 아담과 하와가 선악과를 따먹으면 정녕 죽는다고 했고, 3장 4절에 의하면 사탄은 죽지 않는다고 했습니다. 사탄의 말이 옳은 듯 아담과 하와는 즉각 죽지 않았습니다. 그러나 성경은 이 죽음을 존재의 소멸로 말한 것은 아니었습니다. 아담과 하와가 선악과를 따 먹음으로 죽음의 형벌을 받게 되는 것은 사실입니다. 그러나 그 죽음은 다음과 같이 진행됩니다. James M. Boice *Genesis Vol. 1* Zondervan,1982 p.141 그리고 관계의 끊어짐입니다.

1. 먼저 죽은 것은 영입니다. 죄를 범할 때 영이 즉각 죽습니다. 이것은 곧 하나님과의 단절을 의미합니다.
2. 그 다음은 혼이 죽습니다. 사상과 가치가 하나님을 떠나게 되는 것입니다. 따라서 하나님의 선을 행할 혼이 죽음으로써 인간은 악한 존재가 되는 것입니다.
3. 다음으로 육체가 죽습니다. 육체적 죽음은 영혼과 몸의 분리입니다. 몸은 흙으로 돌아가고 창 3:19 영혼은 위로 올라갑니다. 전 3:20-21
4. 마지막으로 죄악을 벗어나지 못한 인간은 영원한 죽음 둘째 사망:계 20:11-15에 이르게 됩니다.

□ 가죽옷을 입히시는 하나님의 마음은 무엇일까요? 창 3:21

가죽옷은 짐승을 죽여야 얻을 수 있다. 이는 피 흘림이 있는 희생 제물을 바치는 제사의 원천이라 할 수 있고, 인류의 구원을 위해 피 흘려 죽으신 예수님의 그림자이다. 따라서 (하나님이 가죽옷을 지어 입히신 것)은 구속사적 의미를 갖는다.

인간이 타락하고 나서 스스로 지어 입은 옷은 무화과나무 옷(3:7)으로 자기의(義)를 나타내는 반면, 하나님이 지어 입히신 가죽옷은 피 흘림이 있는 하나님의 의를 나타낸다. 가죽옷은 하나님의 방법 즉 신위를 강조한다.

가죽옷은 그리스도 안에서 우리가 얻는 구원을 상징합니다. 피가 흘려져야 하고 죄인 때문에 죄 없는 생명이 희생되어야 합니다.

성경에서 옷은 흔히 구원을 상징한다.

1) 탕자가 집에 돌아오자 깨끗한 옷을 입혔다(눅 15: 22).

2) 이사야 61장 10절과 스가랴 3:3-4에 보면, 자기의(自己義)와 선한 행위라는 옷은 더러운 옷(사 64:6)에 지나지 않았다.

3) 계시록 7:13에서 흰 옷을 입은 자들이 나오는데 그것은 어린 양의 피로 씻음받은 옷을 말한다고 했다.

사람은 나뭇잎으로 죄와 수치를 가리려 했습니다.3:7 그것은 인간의 방법입니다.人爲 가죽옷을 입히시는 것은 하나님 방법의 해결책입니다. 하나님의 방법을, 즉 하나님의 통치하심을 나타내시는 하나님의 마음입니다. 방주를 직접 설계하시고, 방향타와 동력을 달아 주지 않으시는 이유와 같습니다. 성막을 직접 설계하시는 하나님의 마음도 같은 마음입니다.神爲

신위神爲가 이루어지기를 원하시는 하나님은 죄를 범한 인간에게 무화과 나뭇잎이 아니라 가죽옷을 입힌 것은 사죄는 하나님이 하나님의 방법으로 하신다는 것이고, 가죽은 피 흘림을 전제하고 있기 때문에 사죄는 곧 피흘림이 있어야 한다는 것입니다.

여기서도 하나님 나라의 의미를 찾아야 합니다. 신위神爲냐 인위人爲이냐의 싸움은 곧 하나님 나라를 이루는가, 못 이루는가의 싸움입니다.

□ 생명나무의 보호창 3:24

화염검으로 생명나무를 보호한다고 했습니다. 어느 누구도 그 생명나무에 접근할 수가 없게 되었습니다. 그것은 하나님의 심판이고, 하나님과의 관계 단절이라는 엄청난 비극의 상징입니다. 죄가 들어오지 않았던 태초의 에덴은 하늘과 땅의 경계가 없었던 곳이었을 것입니다. 인간이 선악과를 따 먹고 죄를 범하자 하나님이 화염검으로 생명나무를 보호하셨다는 뜻은 하늘과 땅이 경계로 나누어지고, 하나님과 함께 동산을 거닐 수 있었던 완벽한 임마누엘의 관계가 완전히 파괴되었다는 것을 말합니다. 그러나 하나님은 인간과의 관계를 다시 회복하시기 위해 성막을 허락하시고 법궤에서 인간을 만나 주시는 임마누엘을 부분적으로 회복시키는 은혜를 주십니다. 그래서 성막은 하나님 나라의 모형이 되고, **예수님의 십자가의 죽음은 성전의 휘장을 찢어 버림으로**마 27:51 **우리가 에덴으로 다시 돌아가는 길을 열어 주셨습니다.**

이것이 복음입니다. 그것은 성육하신 초림의 임마누엘 예수님에 의해 구체적으로 하나님 나라가 선포되며 재림으로 새 하늘과 새 땅으로 하늘과 땅의 경계가 없었던 태초의 에덴이 회복되며 우리와 영원히 함께하시어 우리의 눈에서 눈물을 닦아 주시며 다시는 죄가 없어 사망과 고통이 없는 하나님의 나라가 완전히 회복되는 것입니다.

죄를 범한 인간을 찾아 주시는 하나님. 하나님의 독특한 속성

우리의 하나님이 되기를 원하시는 하나님

죄를 범하여 하나님과 단절된 인간을 하나님은 끊임없는 사랑으로 찾아 주시는 모습을 또한 봅니다. 여호와 하나님이 아담을 부르시며 그에게 이르시되 "네가 어디 있느냐 내가 동산에서 하나님의 소리를 듣고 내가 벗었으므로 두려워 숨었나이다"(창 3:9,10) "여호와께서 가인에게 이르시되 네 아우 아벨이 어디 있느냐 그가 이르되 내가 알지 못하나이다 내가 내 아우를 지키는 자니이까"(창 4:9)
위의 두 질문에 대한 해답은 그 사람의 신앙의 현 위치를 말해 줍니다.

아래 십자가의 도표에서 자기의 신앙의 현 위치가 어디인가를 찾아보십시오.
그 위치에 하나님 나라가 임했습니까? 아담을 찾는 하나님의 질문은 나와 하나님의 관계를 묻는 질문이고, 아벨을 찾으시는 질문은 나와 이웃과의 관계를 묻는 질문입니다. 이에 대한 나의 대답은 나의 신앙의 위치가 어디에 있는가를 잘 말해 주는 좌표입니다. 이것을 1차 방정식의 X, Y좌표로 설명하면 Y축은 나와 이웃과의 관계를, 그리고 X축은 나와 하나님과의 관계를 나타냅니다.

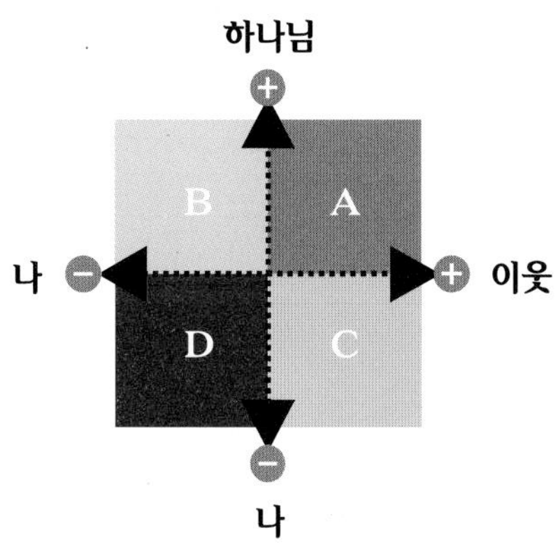

1. 내 신앙의 좌표가 A면에 있으면
하나님 사랑, 이웃 사랑이 모두 +면에 있기 때문에
기독교적(성경적)이라고 할 수 있습니다.

2. 내 신앙의 좌표가 B면에 있으면
하나님 사랑은 +면, 이웃 사랑은 -면에 있기 때문에
이 경우는 신비주의적 신앙에 가깝다고 볼 수 있습니다.

3. 내 신앙의 좌표가 C면에 있으면
하나님 사랑은 -면, 이웃 사랑은 +면에 있기 때문에
이 경우는 세상의 윤리·도덕적 종교의 신앙에
가깝다고 볼 수 있습니다.

4. 내 신앙의 좌표가 D면에 있으면
하나님 사랑은 -면, 이웃 사랑은 -면에 있기 때문에
이 경우는 거의 사탄적이라고 할 수 있습니다.

나의 위치는 어디입니까?

창세기와 요한계시록 비교

A) 유사 (Similarities)

- 새 시작, 새 질서
- 생명나무, 강, 신부, 하나님과 동행
- 도덕적, 영적 이상을 갖고 있는 낙원
- 하나님은 이 에덴동산에 품었던 인간을 위한 이상을 결코 포기하지 않으심

창세기

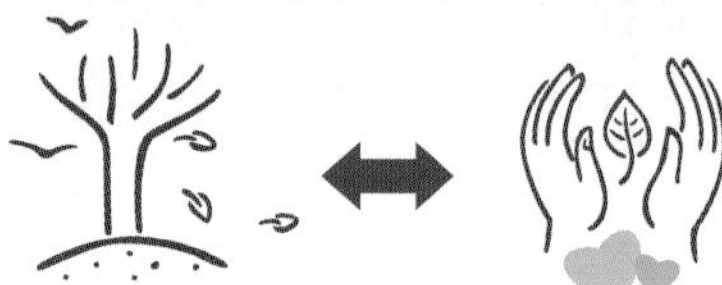

요한 계시록

B) 대조 (Contrasts)

창세기	요한계시록
첫 동산은 폐쇄 (3:23) ■	■ 새 낙원은 OPEN (21:25)
죄로 인한 추방 (3:24) ■	■ 은혜로 인한 회복 (21:24)
저주가 임했고 (3:17) ■	■ 저주가 없어짐 (22:3)
아담으로 인해 생명나무 접근이 금지당함 (3:24) ■	■ 예수님으로 인해 다시 허용됨 (22:14)
슬픔과 죽음이 시작됨 (3:16-19) ■	■ 더 이상 없음 (21:4)
죄로 오염된 낙원 (3:6-7) ■	■ 오염된 것은 들어올 수 없음 (21:7)
인간의 지배(Domain)가 깨어짐 (3:19) ■	■ 그 지배가 그리스도로 인해 새 인간으로 회복됨 (22:5)
사탄의 승리 (3:11) ■	■ 어린양의 최종적 승리 (20:10)
하나님과 사람과의 동행이 방해받음-단절 (3:8-10) ■	■ 하나님과 사람과의 동행(Walk)이 다시 시작됨 (21:3)

C) 성취 (Completions)

- 동산이 도성으로 발전하여 성취
- 한 사람이 민족으로 발전 성취
- 창세기에서 시작된 죄가 요한계시록에서 그 절정에 이르러 죄가 사그러짐
- 그 죄의 절정은 음녀(Harlot), 거짓 선지자(False Prophet), 짐승(the Beast), 용(the Dragon)에서 이루어짐
- 육체적 죽음이 요한계시록에서 두 번째 죽음으로 전개
- 사탄에 내려진 저주가 요한계시록에서 실천됨
- 창세기에서 약속된 구속자가 요한계시록에서 최종적으로 구속 사역을 완성함
- 창세기에서 생긴 기대감은 요한계시록에서 성취
- 창세기는 기초 돌(cornerstone)을 놓고 요한계시록의 관석(Capstone)을 놓음으로 하나님 나라가 완성됨

창세기 4장 - 가인과 아벨의 제사와 가인의 후예

범죄함으로 타락한 인간이 결국 자기중심성의 문화를 만들어 가는 모습이 바로 창세기 4장 이후에 나타나는 이야기입니다.

그것은 제일 먼저 가인에 의한 인류 최초의 살인 사건으로 나타나기 시작함을 봅니다. 가인은 하나님이 아벨의 제사는 받으시고 자기의 제사는 받지 않음에 질투하여 동생 아벨을 죽이는 끔직한 살인죄를 범합니다.창 4:5 왜 하나님은 가인의 제사를 받지 않았을까요? 여기에는 많은 해석이 있으나 히브리서 저자는 11장 4절에서 아벨의 제사는 믿음의 제사였다고 해석합니다. 그러면서 히브리서 11장 6절은 믿음이 없이는 하나님을 기쁘시게 할 수 없다고 합니다. 결국 가인은 하나님이 기뻐하시지 않는 즉, 자기중심적 제사를 드린 셈입니다.

오늘날에도 자기만족의 예배를 하나님께 드리는 사람들이 많을 것입니다. 하나님을 기쁘게 해 드리는 예배를 드려야 합니다. 그 예배는 곧 순종의 예배입니다. 순종은 어떤 인위적 권위에 복종하는 순종이 아니라 말씀에 의해 하나님께 드리는 순종을 말합니다. 이렇듯이 가인의 후예들은 자기중심적, 즉 하나님이 없는 인간의 문명을 만들어 갑니다. 그들은 성을 쌓고, 야발은 육축 치는 자의 시조가 되고, 유발은 음악의 시조가 되고, 두발가인은 기계 문명의 시조가 됩니다.4:17-22

그러나 하나님은 가인의 후예들로는 하나님의 나라를 회복할 수 없을 것을 아시고 죽은 아벨을 대신하여 하나님은 '셋'을 허락하시고 구원의 계열을 여십니다.창 4:25 이것은 바로 섞이면 안 된다는 사실로 태초부터 내려오는 하나님의 바람입니다. 비록 인간이 죄를 범함으로 타락한 상태에 있었지만, 믿음으로 하나님과 관계를 맺는 사람을 통해 통치하시려는 하나님의 목적을 이루어 가십니다. 셋의 계열은 하나님 나라를 이어 가는 하나님의 인맥임을 유의하셔야 합니다.

창세기 5장에 나오는 족보는 셋의 계열을 통해 노아가 나옴을 보여 주기 위함입니다. 성경에 족보가 나오면 지루한 것이 나왔다고 생각하지 말고 족보 끝에 중요한 인물이 나오는 과정을 보여 주기 위한 과정으로 알고 읽으면 흥미롭게 읽을 수 있습니다.

가인의 아내와 당시의 인구

가인의 시대는 추정할 수 없는 시대이지만 가인은 성경에 의하면 아담과 하와의 장남이다.

가인의 아내는 그의 여동생이라고 생각한다. 창세기 3장 20절에 하와를 가리켜 '모든 산자의 어미'라고 했고 5장 4절에 보면 아담은 8백년간 자녀를 낳았다고 했다. 유대 전승은 아담과 하와가 33명의 아들과 27명의 딸을 두었다고 했다.

아담의 창조와 가인의 살인 사건까지 130년이 흘렀다고 추정한다.

이 기간 동안 아담과 하와를 통한 사람들이 제법 많이 태어났을 것이고 가인이 아벨을 살해하고 하나님으로부터 벌을 받고 두려워했던 사람들은 이 사람들일 것이다.

3) 6~10장 : 홍수를 통한 심판

□ 노아 시대의 상황 6:1~7

5절에 인간의 생각은 악함뿐이라고 했습니다. 이 말은 인간의 자기중심성이 극에 달했다는 것입니다. '하나님의 아들'이라는 존재들은 베드로후서 2장 4절 또는 유다서 6절에 나오는 '범죄한 천사'이거나 아니면 하나님을 모르는 가인의 후손들과 결혼한 셋의 후손Sethite들을 가리킨다고 추정합니다. 이들의 타락상은 하나님의 법칙, 즉 신위가 전혀 이루어지지 않고 오직 자기중심적 인위만이 가득한 폭력과 부패로 일관된 악한 상황이었고 하나님도 이들을 지으셨음을 한탄할 정도였습니다. 그 정도면 하나님의 인내의 한계를 넘은 것으로 심판을 초래할 수밖에 없습니다. 예수님도 당시의 사회상을 노아의 시대에 견주어 한탄하신 적이 있었습니다.마 24:37-39 "그들의 날이 120년이 되리라." 라는 3절의 말씀은 인간의 생명을 120년으로 제한했다고 해석하는 사람들도 있고, 홍수가 일어나기까지의 남은 시간이라고 보는 사람들도 있습니다. 그래서 노아가 방주를 120년 동안 지었다고 보는 사람들도 있습니다. 후자가 정설입니다.

방주의 크기는
길이 450ft(133m) 폭 75ft(22m) 높이 45ft(13m)이다.

船자 한자 풀이	舟	+	八	+	口	=	船
	배		여덟		식구		배선

□ 방주를 주시고 무지개로 언약을 삼으시고 구원하시는 하나님 6:7~9:29

노아가 당대의 의인이라고 한 것은8절 노아는 하나님이 자기에게 명하신 것을 그대로 준행하는 자22절이기 때문입니다. 하나님은 바로 그 노아를 부르시고 그를 통해 하나님 나라의 회복의 역사를 이어 가시기 위해 그에게 방주를 주어 구원의 길을 열어 주십니다.

그런데 그 방주를 노아가 알아서 짓게 하시지 않고 하나님이 직접 설계해 주심을 보게 됩니다. 그러면서 배에 있어야 할 동력엔진과 방향타도 달아 주시지 않습니다. 노아는 무려 372일간을 방주에서 보냅니다. 아래 도표 참조

40일 주야를 하늘에서 비가 쏟아지고 천둥 번개가 치며 지각이 변동될 정도로 큰 깊은 샘들이 터지는 상황을 한번 상상해 보십시오. 이런 상황에서 만약에 이 배에 동력과 방향타가 있었다면 인간은 하나님을 의지하기보다는 그 방향타와 동력을 의지하여 그 순간을 모면해 보려는 자기중심성을 발동하였을 것입니다.

하나님이 명하시는 대로 다 준행하는 노아의 모든 것을 직접 책임져 주셨고 노아는 하나님이 방주에 타라고 할 때 탔고, 나오라고 했을 때 나왔습니다. 이것이 바로 신위神爲에 대한 인위人爲의 순종입니다. 여기에 하나님 나라가 이루어지는 것입니다.

도표 : 홍수의 진행 과정

	날짜	일수	진행	관련구절
150일간 땅에 물이 넘침	2월 10일	7일을 기다림	방주에 들어 감	7:4,10
	2월 17일*	40일간 계속	비가 내리기 시작함	7:11~12,17
	3월 27일	40일이 끝남	비가 멈춤	7:4,12
150일간 물이 줄어듦	7월 17일*	150일이 끝남	방주가 아라랏 산에 머무름	7:24~8:4
	10월 1일*	74일을 기다림	산들의 봉우리가 보임	8:5
	11월 11일	40일을 기다림	까마귀를 보냄	8:6~7
	11월 12일	1일을 기다림	비둘기를 보냈으나 돌아옴	8:8~9
	11월 19일	7일을 기다림	비둘기를 보냄. 감람 잎사귀를 물고 옴	8:10~11
	11월 26일	7일을 기다림	비둘기 보냄. 돌아 오지 않음	8:12
	12월 16일	150일이 끝남	물이 충분히 물러감	8:3
땅이 마름	1월 1일*		방주의 뚜껑을 제침	8:13
	2월 27일*		땅이 말라 방주에서 나옴	8:14~19

*의 날짜는 성경에 언급되어 있음(다른 날짜는 추정)

노아의 홍수 이야기는 처음 창조를 취소하시고 재창조하시는 것과 같습니다. 창세기 1장 2절에 하나님의 신이 수면에 운행하는 것과 홍수의 모습은 같은 모습이라고 해석할 수 있습니다. Tremper Longman III *An Introduction of the Old Testament* Zondervan 1995 p.53

창세기 1장과 2장의 원래 창조의 내용들이 9장 1-7절에서 나타남은 재창조를 의미하는 것으로 풀이됩니다.

지도 : 노아의 후손들과 민족 (창 10장, 11장)

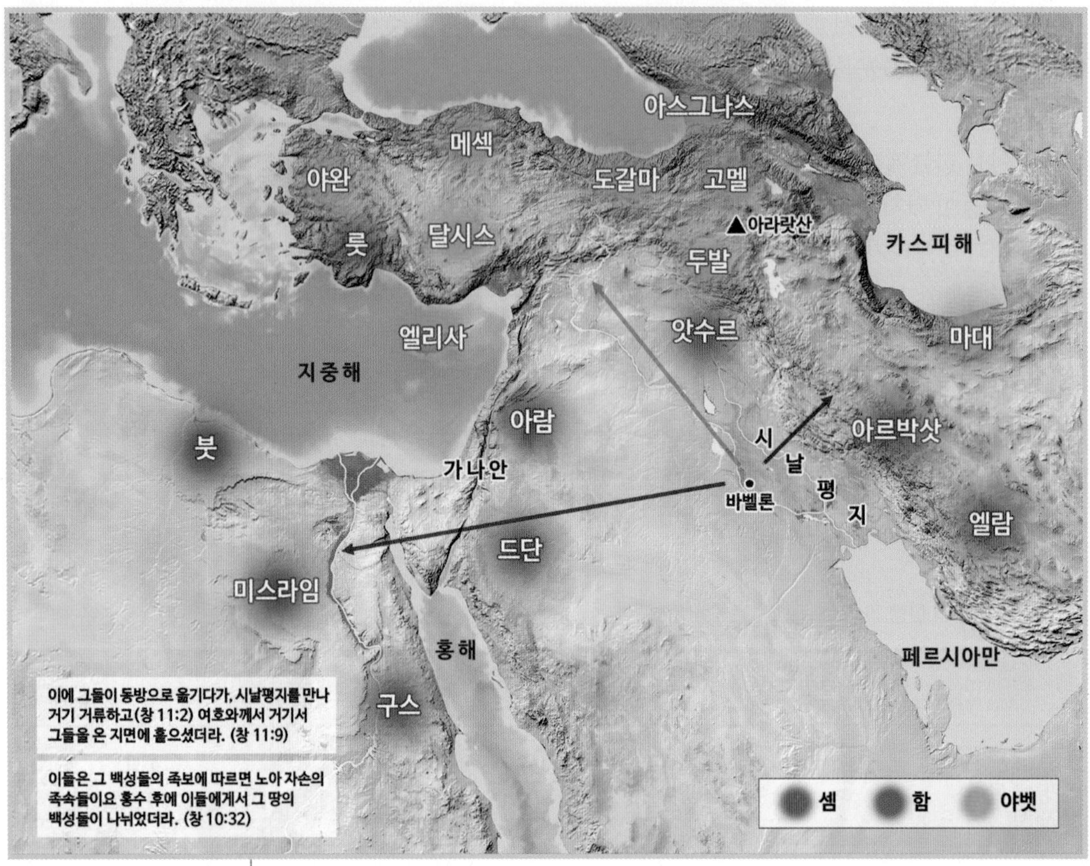

하나님은 노아와 그 가족들에게 무지개를 보여 주시면서 한 언약을 세웁니다. 그것은 다시는 물로 인간을 심판하지 않는다는 약속입니다. 이 약속은 우주적 성격을 가집니다.9~10절 이제 노아의 자손들은 각자 흩어져 번성하기 시작합니다.

□ 노아의 자손들과 민족의 기원 9:18-10장

야벳의 자손을 유라시아인으로, 함의 자손을 북아프리카와 지중해 연안으로, 셈의 자손을 아브라함으로 이어지는 히브리인 등 하나님은 노아의 자손을 번성시키시고, 특별히 셈족으로 언약 백성을 삼으시고 구원과 하나님 나라를 이루어 가십니다. 노아의 후손들이 민족의 기원이 됩니다.10장 위의 지도와 다음도표를 참조하십시오.

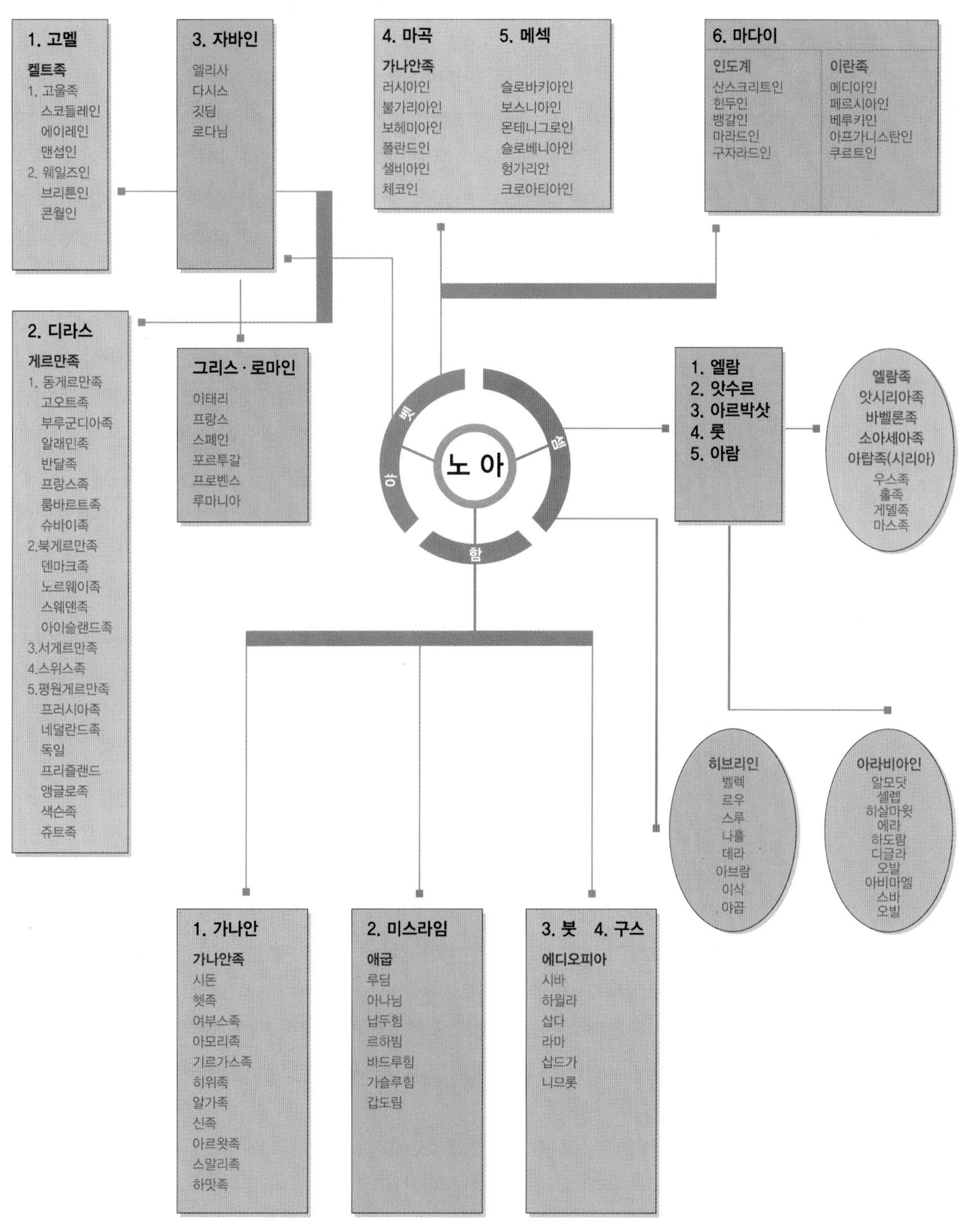
1. 고멜
켈트족
1. 고울족
스코틀레인
에이레인
맨섬인
2. 웨일즈인
브리튼인
콘월인
3. 자바인
엘리사
다시스
깃딤
로다님
4. 마곡
5. 메섹
가나안족
러시아인
불가리아인
보헤미아인
폴란드인
샐비아인
체코인
슬로바키아인
보스니아인
몬테니그로인
슬로베니아인
헝가리안
크로아티아인
6. 마다이
인도계
산스크리트인
힌두인
뱅갈인
마라드인
구자라드인
이란족
메디아인
페르시아인
베루키인
아프가니스탄인
쿠르트인
2. 디라스
게르만족
1. 동게르만족
고오트족
부루군디아족
알래민족
반달족
프랑스족
룸바르트족
슈바이족
2.북게르만족
덴마크족
노르웨이족
스웨덴족
아이슬랜드족
3.서게르만족
4.스위스족
5.평원게르만족
프러시아족
네덜란드족
독일
프리즐랜드
앵글로족
색슨족
쥬트족
그리스 · 로마인
이태리
프랑스
스페인
포르투갈
프로벤스
루마니아
노 아
벳
야
셈
함
1. 엘람
2. 앗수르
3. 아르박삿
4. 룻
5. 아람
엘람족
앗시리아족
바벨론족
소아세아족
아람족(시리아)
우스족
훌족
게델족
마스족
히브리인
벨렉
르우
스루
나홀
데라
아브람
이삭
야곱
아라비아인
알모닷
셀렙
히살마웻
예라
하도람
디글라
오발
아비마엘
스바
오빌
1. 가나안
가나안족
시돈
헷족
여부스족
아모리족
기르가스족
히위족
알가족
신족
아르왓족
스말리족
하맛족
2. 미스라임
애굽
루딤
아나밈
납두힘
르하빔
바드루힘
가슬루힘
갑도림
3. 붓
4. 구스
에디오피아
시바
하윌라
삽다
라마
삽드가
니므롯

4) 11장 : 바벨탑

바벨בָּבֶל Babel Babulwn이란 뜻은 '혼돈Confusion'을 뜻하는 말입니다. 그것은 인간의 교만으로부터 시작된 하나님의 징계를 의미합니다. 죄의 본성이 자기중심성Self-centeredness이라고 했습니다. 다른 말로 하면 그것은 곧 교만입니다. 이 교만이 극치에 다다르면 어떤 결과가 옵니까? 하나님이 없는 인간의 교만은 하늘에 닿아 스스로 하나님이 되기를 원합니다. 이것은 사탄의 본성이기도 합니다.사 14:13-14 이것은 분명 하나님을 향한 반역입니다. 하나님은 이런 인간들을 어떻게 다루십니까?

하나님은 언제나 이런 반역을 눈감아 주시는 분이 아님을 성경은 분명히 말해 주고 있습니다. 그 인간의 교만이 되는 원인인 언어를 하나님은 혼잡하게 하시고 인간을 지면에 흩으시는 것입니다. 혼돈된 언어는 사도행전 2장에서 방언으로 다시 통일되어 하나님 나라의 역사를 위해 쓰임받는 도구가 됨을 볼 수 있습니다.

우리들은 여기에 해당되지 않고 하나님을 참 왕으로, 내 삶의 주인으로 모시고 순종하는 삶을 살고 있는지 깊이 묵상하고 회개해야 합니다. 그러나 우리의 삶 속에 바벨의 요소가 너무나도 많음을 알아야 합니다. 앞의 지도와 도표는 노아의 자손들이 어디로 흩어졌는지를 보여 줍니다.

하나님 나라의 시작과 그 전개 과정이 성경의 흐름이라고 볼 때 창세기 1~11장은 시작점이라고 할 수 있습니다. 이 부분은 하나님 나라와 사탄의 나라에 있을 영적 싸움의 기원을 제시합니다.창 3:15 이러한 싸움은 매우 치열해서 바벨에서는 하나님이 거하시는 곳에서 하나님의 통치를 받는 하나님의 백성이 전혀 없는 듯 보입니다.11:1-9

그러나 우리는 아브라함에게서 하나님의 새로운 백성, 땅에 대한 분명한 약속 그리고 언약이라 부르는 하나님의 통치에 대한 매우 구체적인 시작을 보게 될 것입니다.창 12:1-3,15:1-6

11장의 바벨탑 사건은 창세기 1장에서 11장까지의 인간의 자기중심성의 발동으로 죄를 범하여 타락함으로 생기는 인간의 교만의 극치를 보여 줍니다. 이것은 인위人爲의 극치입니다. 인간은 스스로 하나님의 위치에 설 수 있다고 믿고 그래서 자기들의 지혜로 행복한 지상 천국을 건설할 수 있으리라고 생각합니다.

이것은 오늘날 성행하는 혼합 주의나 포스트모더니즘Post-Modernism과 같은 사상으로 나타나고 또한 뉴에이지New Age 사상으로 표현 되기도 합니다.
그러나 11장과 성경의 모든 교훈은 인간의 높아지기를 갈망하는 마음은 반드시 꺾임을 받는다는 사실을 명확하게 보여 줍니다. 성경은 오히려 낮아짐이 곧 높아짐이라는 사실을 보여 줍니다. 예수님은 친히 그 본을 보여 주셨습니다.빌 2장

11장 10~32절에서 하나님은 그 나라를 회복하시는 구체적인 일을 시작하시기 위해 아브람을 준비하시고 그를 부르시는 과정을 족보로 보여 줍니다. 성경에서 족보가 나오면 그 끝에 중요한 사람이 나오는 과정을 보여 주기 위함이라는 사실을 명심하십시오.아래 도표 참조

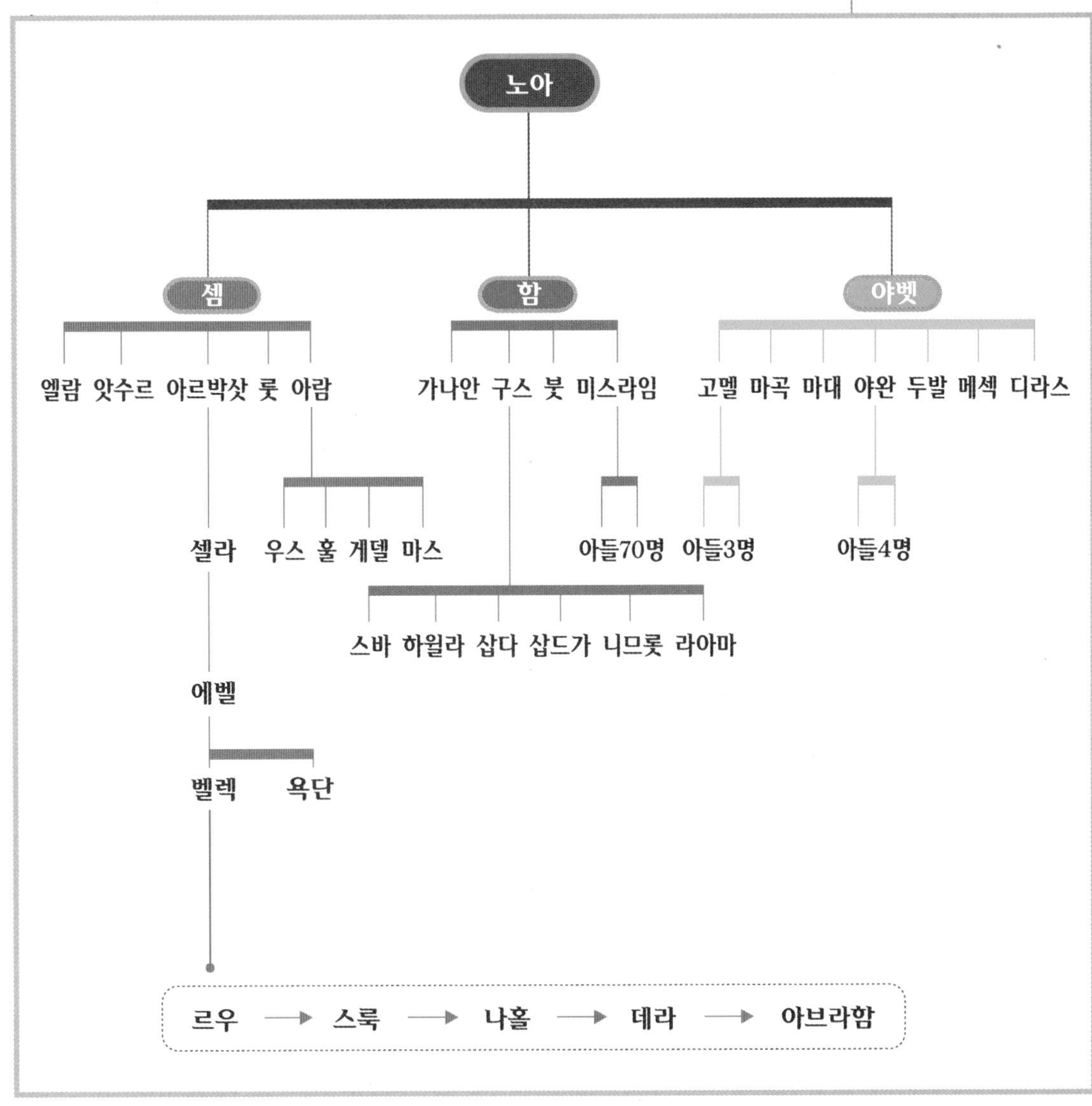

02 족장시대

족장 시대	BC 2166-1805	창세기 12~50장

주요 인물 ・아브라함・이삭・야곱・요셉

주요 사건 ・아브라함에게 언약하심・히브리 민족의 탄생・히브리 민족이 애굽으로 이주함
・하나님이 사단에게 욥을 시험하도록 허락하심

BC 2100
2166 – 아브람의 출생(창 11:26)

2091 – 아브람이 가나안에 들어감(창 12장)
2080 – 이스마엘이 태어남(창 16장)
2067 – 소돔이 멸망함(창 19장)
2066 – 이삭이 태어남
2045? – 모리아 산에서 이삭이 제물로 바쳐짐(창 22장)
2029 – 사라가 죽음(창 23장)
2026 – 이삭이 리브가를 아내로 맞음(창 24장)
2006 – 에서와 야곱이 태어남(창 25장)

2000

1991 – 아브라함이 죽음(창 25장)
1990? – 욥의 생애(욥기)
1985 – 에서가 야곱에게 장자의 명분을 넘겨줌(창 25장)
1929 – 야곱이 아버지 이삭을 속인 후 하란으로 피함(창 27장)
1915 – 요셉이 태어남(창 30장)
1909 – 야곱이 세겜으로 감(창 33장)

1900

1899 – 야곱이 벧엘로 감(창 35장)
1898 – 요셉이 애굽으로 팔려 감(창 37장)
1885 – 요셉이 애굽의 총리가 됨(창 41장)
1876 – 야곱과 그의 가족이 애굽으로 감(창 46장)
1859 – 야곱이 죽음(창 49장)
1805 – 요셉이 죽음(창 50장)

창세기 1장~11장까지는 인간의 자기중심성의 반역의 역사였습니다. 이제 하나님의 신위神爲의 역사로 반전시키기 위한 하나님의 역사가 아브라함을 부르심으로 시작됩니다. 창세기 12장에서 50장까지는 족장 시대를 그리며 아브라함, 이삭, 야곱, 요셉과 같은 4명의 족장들을 통해 하나님은 하나님의 나라를 회복하시기 위한 일을 전개해 나가십니다.

이들 족장은 앞에서 언급한 인위人爲의 자기중심성의 모습이 아니라 하나님 나라에 합당한 순종의 믿음을 소유한 자들로서 하나님의 나라 회복에 쓰임받기 위해 연단과 훈련을 받으며 하나님 나라를 이룩할 백성을 만들어 갑니다.

12~23장까지는 아브라함을 집중적으로 기록하고 있습니다. 아브람을 갈대아 우르에서 부르시고 그의 후손이 하늘의 별과 바다의 모래처럼 많을 것과 그들이 거할 땅을 약속합니다. 이것은 하나님 나라에 필요한 조건들입니다. 하나님은 이런 아브람과의 언약에서 하나님 나라를 회복하시려는 그의 계획을 언약을 통해 보여주십니다. 여기서 중요한 구절은 12장 1~3절의 하나님이 아브람을 부르시는 장면과 15장 1절, 5~6절의 하나님께서 아브람에게 언약을 주는 장면입니다. 여기에서 볼 수 있는 것은 아브람이 연약한 인간이라 실수도 하지만 그러나 하나님의 모든 약속을 온전히 순종하는 모습입니다. 하나님의 언약을 강하게 믿는 믿음 때문에 그의 이름이 아브라함으로 바뀝니다. 그는 과연 믿음의 아버지였습니다. 하나님 나라는 바로 그 순종 위에 이루어지는 것입니다.

24~27장까지는 주로 이삭의 이야기가 나옵니다. BC 2066년에 이삭이 태어났을 것이라고 추정합니다. 하나님이 주신 유일한 아들인 이삭을 제물로 바치라는 하나님의 명령에 온전히 순종하는 아브라함의 모습을 보지만 그 명령에 이삭도 함께 그 순종에 동참하는 모습을 봅니다. 여기서 우리는 미래를 준비하시는 여호와 이레를 만납니다. 이삭의 신앙의 모습은 겸손과 순종이었습니다.

28~36장까지는 야곱에 대한 이야기입니다. 야곱은 BC 2006년에 태어났다고 추정합니다. 그는 쌍둥이 형에서의 발꿈치를 잡고 나왔다고 해서 이름을 야곱이라고 지었습니다. 그는 생존 경쟁에 강한 기질을 타고 났고, 경쟁심이 강하고 흥정에 능한 자였음을 볼 수 있습니다. 그런 점에서 자기중심성이 강한 자였습니다. 하나님은 그런 야곱을 연단하시고 보호하시며 하나님 나라의 백성이 될 이스라엘의 12지파의 아버지가 되게 하십니다. 그는 얍복강에서 하나님과 씨름하여 환도뼈가 깨어진 후에 또 한 차례 가족의 고통딸 디나의 강간 사건이 있은 후에 벧엘로 돌아가라는 하나님의 음성을 들은 후에야 내려놓음의 영성을 터득하고 순종하는 자가 됩니다. 야곱은 집념이 강한 신앙인의 전형입니다.

37~50장까지는 주로 요셉의 이야기가 나옵니다. 요셉이 태어난 해는 BC 1915년으로 추정합니다.창 30장 요셉이 애굽으로 팔려 가고 또 그가 바로의 시위대장인 보디발의 집사가 되어 신임을 얻었고, 보디발의 아내의 유혹을 뿌리친 것 때문에 모함에 빠져 감옥에 갇혔다가 다른 죄수의 꿈을 풀어 준 것이 인연이 되어 바로의 꿈을 해석하고 일약 애굽의 총리가 되는 것을 봅니다. 기근으로 인해 야곱의 식구가 애굽으로 오게 되고 죽은 줄 알았던 아들 요셉을 만난 야곱은 기근을 피해 애굽으로 이주하게 되고 BC 1876년 요셉의 총리 됨을 힘입어 고센 지방에 자리를 잡게 됩니다. 그래서 이스라엘 백성이 이역만리 남의 땅에서 비록 노예의 신세가 되지만 인구가 증가되어 번성할 계기를 얻게 되는 것입니다. 이 모든 역사에서 하나님이 하나님 나라를 회복하시기 위한 하나님의 섭리의 손길을 볼 수 있습니다. 요셉은 지혜와 분별의 신앙을 갖고 있음을 볼 수 있습니다.
족장들의 이야기를 읽을 때, 그들이 믿음의 사람들이긴 하지만 그들의 신앙을 지나치게 우상화해서는 안 됩니다. 그들도 우리와 같이 많은 실수를 합니다. 오히려 그런 사람들에게 역사하시는 하나님의 주권에 초점을 맞추어 족장들의 이야기를 읽어야 합니다.

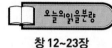

02일

년 월 일

창 12~23장

□ 창세기 12~23장 : 아브라함

◎ 아브람을 부르심11:17-18:15

□ 아브람을 부르시는 위치 문제 - 우르냐 하란이냐

하나님이 아브람이 어디에 있을 때 부르셨는가에 대해 의견이 엇갈리고 있습니다. 어떤 이들은 갈대아 우르Ur에 있을 때 불렀다고 하고, 어떤 이는 그 가족이 하란으로 이주한 후에 불러 내셨다고 하는 이들도 있습니다. 창세기 12장 1절만으로는 어디서 불러 내셨는지 알 수 없습니다.

그래서 그 부르심은 11장 31절에서부터 시작한 것이라고 보아야 합니다. 창 15장 7절에서도 갈대아 우르에서 불렀다고 했고, 느헤미야서 9장 7절에서도 같이 언급하고, 신약에 와서 사도행전 7장 2~4절에서는 하란에 있기 전에 메소포타미아에서 하나님이 부르셨다고 분명히 밝히고 있음을 보아 하나님은 아브람을 갈대아 우르에서 불러 내셨다는 것이 정확한 것입니다.

□ 갈대아 우르를 떠나게 하시는 하나님의 의도는 무엇일까요? - 거룩함구별됨을 위한 떠남의 영성

📖 창 12:1-2 1여호와께서 아브람에게 이르시되 너는 너의 고향과 친척과 아버지의 집을 떠나 내가 네게 보여 줄 땅으로 가라 2내가 너로 큰 민족을 이루고 네게 복을 주어 네 이름을 창대하게 하리니 너는 복이 될지라

출애굽기 12장 40절과 열왕기상 6장 1절을 근거로 아브라함이 하나님의 부르심을 받고 가나안 땅에 들어가던 해는 그의 나이 75세가 되는 BC 2091년으로 추정합니다. 이때는 중간 청동기 시대BC 2200~2000년로서 고고학적 발굴에 의하면 아브람이 살았던 갈대아 우르Ur는 메소포타미아 평야의 남쪽에 위치한 상업의 중심지로서 번성을 누리던 곳이었음이 밝혀졌습니다. 또한 이 도시는 월신月神 나나Nana를 섬기는 신전이 많이 있었던 곳입니다.

하나님의 부르심을 받은 아브람은 이 지역에서 부요하고 안락한 삶을 살고 있었을 것입니다. 하나님은 왜 갈대아 우르에서 잘 살고 있는 아브람아직은 아브라함이 아님에게 그

지도 : 아브람의 여정

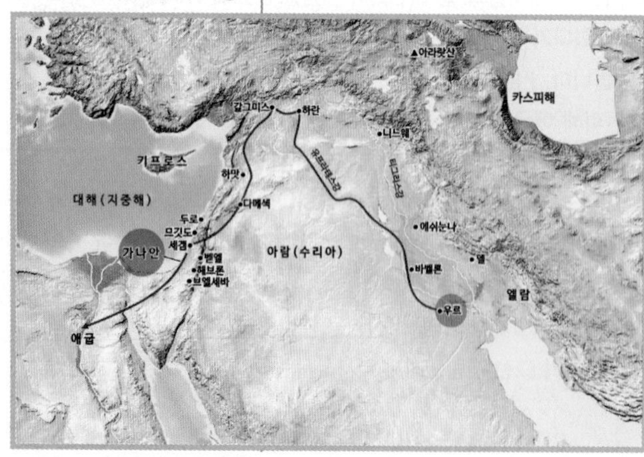

곳을 떠나라고 하셨고, 아직 행선지를 밝히지 않으시면서 내가 지시할 땅이라는 막연한 행선지로 떠나라고 했을까요? 잡신을 섬기며 물질적으로 안락하고 타락된 삶으로는 하나님 나라를 세울 수 없기 때문입니다. 그런 자들에게는 하나님에 대한 순종함이 없기 때문입니다.
그래서 하나님은 아브람을 먼저 이런 타락한 환경으로부터 구별시킬 필요가 있었습니다. 아브람은 이것을 순종했습니다. 하나님은 아브람이 큰 민족을 이루고 복의 근원이 된다는 언약을 주셨습니다.
아브람의 후손이 하나님 나라를 이어 가는 후사가 된다는 말입니다. 이때는 대략 BC 2100년경입니다. 갈대아 지방은 바벨론, 때로는 앗수르라고 불리는 민족들이 사는 지역이었습니다. 갈대아, 즉 세상 나라와 구별하라는 것입니다. 하나님이 왕이 되실 하나님 나라는 세상에 젖어 있는 상태로는 안 된다는 하나님의 강한 메시지가 있습니다.

하나님의 나라를 이루기 위해서는 반드시 하나님께 순종해야 하고 그러기 위해서 세속에서 떠나야 합니다. 아브람이 가게 될 가나안은 결코 갈대아 우르 지방보다 더 살기 좋은 지역이 아니었습니다. 오히려 그곳은 기근이 기다리고 있었습니다. 그리고 나중에 이스라엘 백성이 출애굽해서도 돌아갈 땅은 역시 가나안 땅이었습니다. 그 가나안 땅은 애굽 보다 더 살기 좋은 땅은 아니었습니다. 가나안 땅은 결코 젖과 꿀이 흐르는 땅이 아니었습니다. 오히려 땅은 척박하고, 주변 정세는 늘 불안한 땅이었고, 문화적으로는 이방 신의 종교가 득실거리는 땅입니다.
하나님은 왜 이런 땅을 택했을까요? 그것은 하나님을 온전히 의지하고 순종하는 법을 훈련시키기 위함일 것입니다. 그것이 바로 하나님 나라를 위해 순종의 삶을 살도록 구별하는 삶이고 그것이 성경이 말하는 거룩한 삶입니다. 젖과 꿀이 흐르는 땅이 아니면 젖소와 벌꿀을 치면서 젖과 꿀이 흐르는 땅이 되도록 하나님을 의지하고 순종하면서 행동하면 되는 것입니다. 관점 3

사 43:18-19상 18너희는 이전 일을 기억하지 말며 옛날 일을 생각하지 말라 19보라 내가 새 일을 행하리니 이제 나타낼 것이라
아브람은 하나님의 약속을 믿는 정도가 아니라 마치 그대로 이루어진 것처럼 행동합니다. 그는 하란을 거쳐 가나안 땅에 들어갔고, 마침내 가나안에 도착한 아브람아직 아브라함이 아님은 두 가지 상반되는 일을 합니다. 그것이 무엇이며 무엇을 의미합니까?

그는 세겜에 도착하여 제일 먼저 하나님을 위해 단을 쌓고 하나님께 예배를 드렸습니다. 여기까지는 순종의 아브람입니다.

아브라함의 탄생을 BC 2166년으로 계산하는 근거

1) 솔로몬의 성전 건축 년도
- 왕이 된 지 4년이 지난 후 (왕상 6:11)
솔로몬의 재임 기간은 BC 970~930년
4년 후면 BC 966년

2) 이때는 이스라엘이 출애굽한지 480년이 지났다고 했음 (왕상 6:1)
+480

3) 이스라엘이 애굽에 머문 기간 (출 12:40)
+430년
창 15:13의 400년의 표현은 반올림식 요약적 표현
따라서 야곱이 애굽으로 들어 간 해는 BC1876년

i. 아브라함이 하란을 떠날 때 나이 75세(창 12:5)
+75년
ii. 아브라함이 이삭을 낳을 때 나이 100세(창 21:5)
+25년
iii. 이삭이 야곱을 낳을 때 60세(아브라함 160세)
+60년
iv. 야곱이 애굽에 내려 갈 때 나이 130세(창 47:9)
+130년

= 290년

따라서 아브라함은 야곱이 애굽에 내려 간 해인 BC 1876년보다 290년 전에 태어났기 때문에 본서는 성경 연대의 기점을 아브라함의 탄생 연도인 BC 2166년으로 삼는다.

13장 롯과 헤어지는 아브라함의 모습을 보세요.

롯은 '가시적인' 것에 의해서만 결정하는 육신적인 자의 전형적인 삶을 사는 자임을 볼 수 있습니다. 야곱의 형 에서도 같은 부류입니다.
이 세상에는 언제나 이런 두 부류의 사람이 있습니다. 물질적인 삶을 추구하는 자와 영적인 삶을 추구하는 자들로 나누어 집니다. 두 가지를 다 추구할 수는 없습니다.
예수님도 산상 수훈에서 언급했습니다 (마 6:24). "한 사람이 두 주인을 섬기지 못할 것이니 혹 이를 미워하고 저를 사랑하거나 혹 이를 중히 여기고 저를 경히 여김이라 너희가 하나님과 재물을 겸하여 섬기지 못하느니라" 시편 1편도 두 부류의 사람을 보여 줍니다.
롯은 물질적 삶을 추구하는 전형적인 사람입니다. 롯과의 초지 선택에서 아브람은 믿음의 사람다운 모습을 보입니다. 모든 것을 내려놓고 하나님의 인도하심에만 순종하는 아브람의 성숙한 신앙의 모습을 봅니다. 그런 아브람이 롯에게 양보하면서 헤어진 후 하나님은 그의 언약을 되풀이 해 줍니다.
롯을 구하는 싸움에서 승리한 아브람은 전리품이나 보상을 받기를 거절합니다. 이는 인간적 자원에 의지하지 않고, 하나님 한 분만이 그의 유일한 공급자라는 사실을 보여 주는 것입니다. 롯에게는 내려놓음의 믿음이 없었습니다.
믿음은 '하나님의 생각'과 '사람의 생각'이 상충될 때 사람의 생각을 버리고 하나님의 생각을 따르는 것입니다. 이것이 '내려놓음'의 신앙입니다. '내려놓음'은 곧 자기 권리를 포기하는 것입니다.

(p.109로 계속)

지도 : 아브라함의 행로 (당시의 지형)

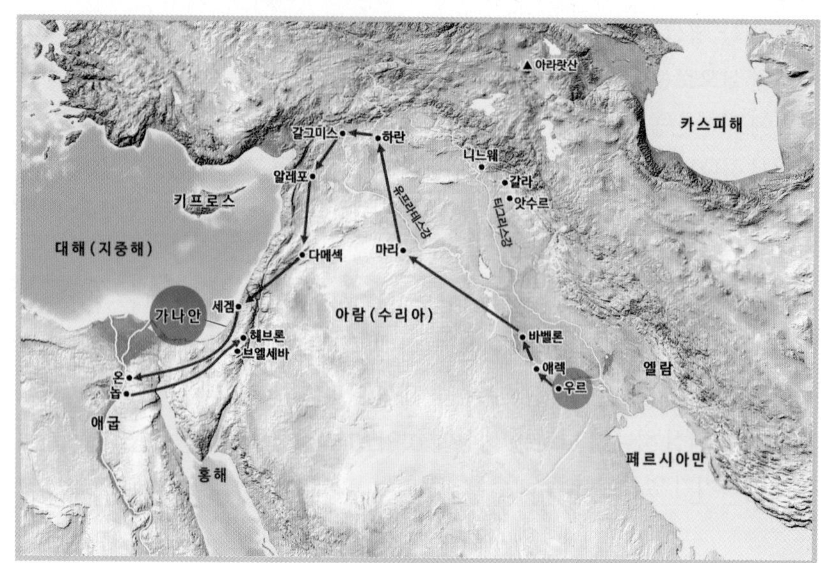

그러나 그는 기근이라는 시련이 오자 하나님을 의지하지 못하고 애굽으로 그 기근을 피하려 내려갔습니다. 자기가 당한 문제를 자기가 해결해 보려는 자기중심성의 발동이겠지요. 이것은 곧 불순종을 말하고, 자기중심성의 아브람은 애굽에서 또 다른 위기를 모면하려고 아내를 누이라고 속이는 실수를 저지르고 맙니다. 성경은 애굽의 의미를 다음과 같이 설명합니다.

사 31:1-2상 [1]도움을 구하러 애굽으로 내려가는 자들은 화 있을진저 그들은 말을 의지하며 병거의 많음과 마병의 심히 강함을 의지하고 이스라엘의 거룩하신 이를 앙모하지 아니하며 여호와를 구하지 아니하나니 [2]여호와께서도 지혜로우신즉 재앙을 내리실 것이라…

이 일은 하나님의 계획을 수포로 돌아가게 할 수 있는 사건이었습니다.

□ 15장에서 하나님은 아브람과 언약 조인식을 합니다

하나님의 나라를 이루시려는 하나님의 열망이 언약으로 나타납니다. 에덴에서의 선악과 언약, 노아와의 무지개 언약, 아브람과의 언약, 모세를 통해 이스라엘 백성과 맺은 시내산 언약 그리고 다윗과의 언약 등, 구약의 모든 언약은 바로 이 하나님 나라를 회복하시려는 하나님의 열망으로부터 시작함을 볼 수 있습니다. 아브람과의 언약은 하나님의 나라를 한 개인으로부터 다시 시작하는 것이고, 출애굽 후 시내산에서 다시 언약을 주심으로 하나님 나라의 건설이 한 민족으로 진전되어 감을 볼 수 있습니다. 관점 2

지도 : 아브라함의 여정 (현재의 지형)

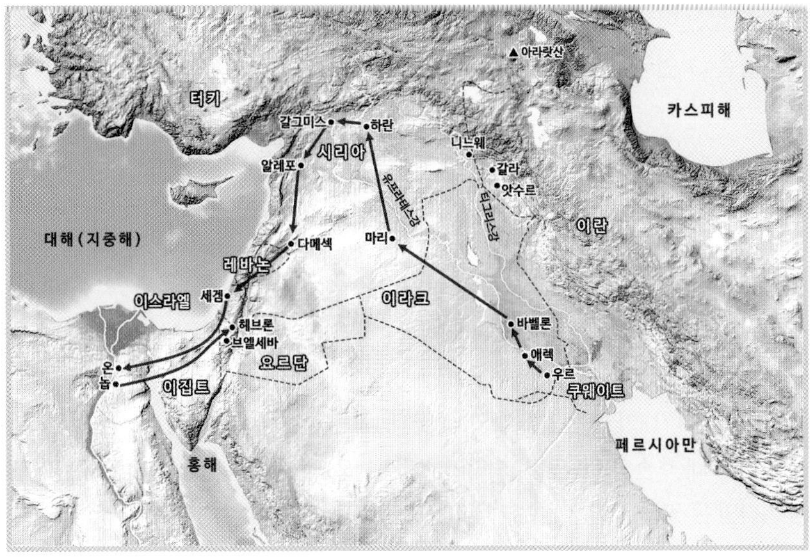

□ 언약의 징표로서 할례 17장

성경의 언약은 언제나 하나님이 주도적입니다. 성경의 언약은 상호 계약이라는 관점에서 이해하면 안 됩니다. 그 주도권은 언제나 하나님께 있기 때문입니다. 그것이 바로 하나님의 주권이고 하나님의 방법으로 행하시는 신위를 의미합니다. 그리고 우리에게는 언제나 지켜 행하는 의무가 있습니다.

17장 1절에 "너는 내 앞에서 행하여 완전하라"라는 명령이 나옵니다. 우리가 완전해 질 수 있는 것도 우리가 능력이 있어서가 아니라 하나님이 전능하신Almighty 하나님이시기 때문에 우리는 그를 믿기만 하면 된다는 것입니다. 영어 성경은NIV "내 앞에서 걸어서 흠이 없게 하라. I am God Almighty, walk before me and be blameless "라고 번역되어 있습니다.

하나님, 바로 전능하신 하나님 앞에서 걷는다는 표현은 그를 의지하고 순종한다는 것입니다. 그렇게 하면 하나님이 약속을 이행해 준다고 했습니다. 즉, '내가 하겠다I will'라는 표현이 17장에서 몇 번이나 나오는지 유의해 보십시오. 아브람이 하나님만을 믿기만 하면 모든 것을 하나님이 다 해 주실 것이라고 하나님은 분명히 말해 주십니다. 우리 하나님은 멀리서 가만히 계시면서 원격 조종하시는 이신론자理神論:Deism의 하나님이 아니고 우리 삶 속에서 직접 행하시는 하나님이십니다. 그것은 하나님의 주권적 통치입니다.
바로 그곳에 하나님의 나라가 이루어 질 수 있습니다. 우리가 그 통치에 순종만

(p.108에서 계속)

사람에게 얼마의 땅이 필요할까?

톨스토이의 단편 이야기
'빠홈'이라고 하는 한 청년은 어느 마을의 소작인으로 일하는 가난한 청년입니다. 그에게 마을의 유지로 보이는 한 할아버지가 한 가지 제의를 합니다.
"내일 아침 일찍 해가 뜨면서부터 해 질 때까지 밟는 땅을 모두 다 자네에게 주겠네, 단 날이 완전히 저물기 전에 이 자리로 돌아와야 한다네."
'빠홈'은 너무나 신이 나서 하루종일 멀리까지 땅을 밟고 다녔습니다. 너무나 신이 난 나머지 해 지기 전에 돌아와야 한다는 조건을 잊어버리고 있다가 해가 다 저물어 가고 있을 때 그 조건이 생각이 났습니다.
그러나 이미 그 마을로부터 상당히 멀리 와 있기에 시간에 돌아갈 가능성은 거의 없지만 그 동안 밟은 땅이 아까워 마을로 전속력으로 달려 가까스로 그 시간을 맞추었습니다.
그러나 너무나 숨이 차서 그만 그 자리에 쓰러져 죽고 말았습니다. 그 마을의 유지는 그가 묻힐 한 평의 땅을 주었습니다.

한다면. 레위기 26장 12절, 예레미야 33장 2~4절, 스바냐 3장 17절은 우리 가운데서 행하시는 하나님의 모습을 보여 주고 있습니다 - 신위神爲.
아브람은 그 언약을 지킨다는 징표로 할례를 받습니다. 

아브라함과의 약속에 나타난 하나님 나라

- 자손 약속 - 하나님 백성
- 땅 약속 - 하나님 통치 영역
- 네 후손의 하나님이 되리라 - 하나님의 통치주권

창 17:7-8 [7]내가 내 언약을 나와 너 및 네 대대 후손 사이에 세워서 영원한 언약을 삼고 너와 네 후손의 하나님이 되리라 [8]내가 너와 네 후손에게 네가 거류하는 이 땅 곧 가나안 온 땅을 주어 영원한 기업이 되게 하고 나는 **그들의 하나님이 되리라**

(굵은 글씨 필자 강조)

하나님이 우리의 하나님이 되시고 싶은 그 갈망이 바로 성경의 핵심입니다. 성경은 구약舊約:옛 약속과 신약新約:새 약속으로 되어 있습니다. 언약, 약속, 계약 등은 쌍방의 동의에 의해서 이루어지는 것입니다. 그러나 하나님이 주신 언약은 하나님의 일방적인 것입니다. 지켜야 할 의무가 인간에게 있습니다. 이 언약약속,명령 뒤에는 반드시 축복이 따른다는 사실을 명심하십시오.신명기 28장 참조

지도 : 소돔과 고모라의 위치

소돔과 고모라의 멸망 18-19장

의인 10명으로 중보 기도하는 아브라함은 이 순간 하나님의 동역자로서의 역할을 감당하고 있습니다. 우리가 기도할 때보다 언약의 하나님께 더 가까이 나아갈 수 있는 순간은 없습니다. 하나님은 우리가 기도할 때, 특히 중보 기도를 드릴 때, 세계를 다스리는 일에 우리를 참여자로 삼으시는 것입니다.
의인 10명은 무엇을 말합니까? 이 의인은 그 시대에 하나님의 대리자로 그 시대의 고통을 안고 하나님께 중보하면서 나아가는 자를 의미한다고 생각합니다. 그런 자의 수가 하나님이 최소한의 만족을 할 만큼 존재할 때 세상에 대한 하나님의 진노는 미루어진다는 것이 소돔과 고모라의 교훈일 것입니다.
의인 10명이 이 사회를 구할 최소 규모의 공동체라고 할 때 과연 오늘의 교회 공동체 안에 이 세상의 타락된 모습을 개혁할 의인 10명이 있습니까? 육신적 안목의 소유자 롯은 소돔과 고

모라의 심판의 결과로 몰락합니다. 모압과 암몬의 조상이 되고 성경의 백성에서 퇴출 됩니다.

아브라함의 실수

아브라함은 믿음의 조상이란 칭호를 받기에 전혀 부족함이 없는 자이지만 그도 인간이기에 연약함으로 인해 많은 실수를 저질렀습니다. 첫째는 약속을 믿고 간 가나안 땅은 풍요의 땅이 아니었고 오히려 기근이 그를 기다리고 있었습니다. 그는 그 기근의 문제를 스스로 해결하려고자기중심성 애굽으로 내려갑니다. 하나님을 의지하지 못한 실수이고 그런 실수는 또 다른 실수로 이어집니다. 애굽에서 자기들의 안전의 문제를 스스로 해결하려고 한 꾀를 생각해 낸 것이 자기 아내를 누이라고 속이는 발상이었습니다. 또한 그는 하나님이 자식을 주신다는 약속의 이행이 너무 지체되자 인내의 한계에 이르게 되었는지 그는 하나님의 약속을 무시하고 스스로 자기 후손의 문제를 해결하려고 하갈과의 사이에서 이스마엘을 얻습니다. 이런 것이 바로 인위人爲가 만들어 내는 비극입니다. 이런 문제는 신위神爲로 돌아가야 해결되는 것입니다. 아브라함은 이스마엘을 함께 데리고 있고 싶어 하는 인정을 보이지만, 하나님은 인위人爲의 결과인 하갈과 그 아들을 내쫓으십니다. 21장은 바로 아브라함의 실수로 인한 약속의 씨와 인간의 씨와의 갈등을 보여 줍니다. 그 갈등의 역사는 지금도 이어지고 있습니다.

이삭 이야기

하나님은 아브람이 100세가 되던 해에 약속을 주신 지 25년이 지나서야 이삭을 태어나게 하십니다. 그렇게 어렵게 허락하셨고 또 그가 유일한 아브람의 적자嫡子라고 하시면서 어느 날 하나님은 아브라함에게 그 이삭을 제물로 바치라고 명령하십니다.

인간 아브라함은 억장이 무너지는 아픔과 갈등이 있었겠지만 또한 인간 제물의 제사는 이교도들이 드리는 제사이고 그것은 하나님의 윤리에 맞지 않는 명령이었지만, 그것마저도 하나님의 뜻에 순종합니다. 순종, 이것이 바로 하나님의 나라를 이루는 방편이기 때문입니다.

하갈을 도와주시는 하나님

창세기 21장 19절에서 보는 하갈을 돕는 하나님의 방법은 광야에서 뱀을 제거하는 대신 놋뱀을 달게 하여 그것을 보게 하시거나, 시편 23편에서처럼 사망의 음침한 골짜기를 없애지 않으시고 그곳을 지나가게 하시면서 언제나 하나님만을 의지하게 하시는 것임을 잊지 마세요.

이삭이 제물로 바쳐 질 때 나이는 몇 살이었을까요?

많은 유대 랍비들은 이 일이 있은 직후에 이삭의 어머니 사라가 죽은 것으로 추정합니다. 그때 그녀의 나이는 127세였습니다. 사라가 90세에 이삭을 낳았다고 했기에 이때 이삭의 나이는 37세이었을 것입니다.

1) 창세기 22장 4절에 보면 사흘(왕복 6일)길을 걸었다고 했고,
2) 나뭇단을 등에지고 갔다고 했습니다.

유대 랍비들의 전설에 의하면, 아버지 아브람이 이삭을 결박할 때 불에 탈 때 느슨해질까봐 더 단단히 묶어 달라고 특별히 부탁했다고 합니다.

하나님은 우리를 시험Test하시지만 그것은 우리의 믿음을 확인하고 더 큰 복을 주시기 위함입니다. 사탄은 우리를 시험temptation하지만 그것은 언제나 하나님을 배반하게 하고 죄를 범하게 하며 우리로 파멸하게 하는 것입니다. 아브라함의 믿음을 확인하신 하나님은 그 제사를 즉각 중지시키시고 미리 준비하신 양을 제물로 바치도록 합니다. 이런 하나님을 22장에서는 여호와 이레 즉 미래를 준비하시는 하나님이라고 불렀습니다. 하나님은 우리의 미래를 늘 준비하고 계십니다. 그 하나님의 준비하심의 복을 누리는 것은 바로 우리의 믿음에 달려 있습니다. 왜냐하면 축복은 조건부로 오기 때문입니다.

03일

년 월 일

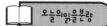

창 24~36장

□ 창 24~36장 : 이삭과 야곱

◎ 이삭의 이야기 계속 24-27장

아내 사라와 사별한 아브라함이 나이 140세에 마지막 할 일은 하나님 나라의 회복의 과업을 이어 갈 이삭에게 신부를 구해 결혼을 시키는 일입니다. 아브라함은 이삭의 신부를 구하는 일에도 하나님의 인도하심을 믿고 순종하는 모습을 봅니다.

이삭의 신부 리브가는 나홀의 성 하란 출생으로24:10 브두엘의 딸이었습니다.24:15 성경은 리브가는 매우 아름답고도 정숙한 여성이었다고 언급합니다.24:16, 65 물을 길러 왔다가 아브라함의 종에게 마실 물을 주고 서둘러 낙타에게도 물을 먹이는 그녀의 모습은 성실함과 친절한 성품을 가지고 있음을 알 수 있습니다.24:19, 25 한편 이삭과의 혼인 의사를 묻는 아브라함의 종과 가족들 앞에서 리브가는 결단성 있는 태도를 보여 줍니다.24:57-58

□ 야곱의 이야기

다음의 도표는 창세기 25장의 야곱의 탄생에서부터 50장에 죽어 장사하기까지의 야곱의 생애가 잘 요약되어 있습니다. 야곱의 생애는 창세기 전체 50장의 절반을 차지하는 25장의 분량을 차지합니다. 그만큼 야곱은 하나님 나라를 회복하시려는 하나님의 계획 속에서 아브라함과의 언약 속에 백성을 이루는 일인 나라를 이루게 될 12지파의 아비가 되는 삶이기 때문에 그렇습니다.

야곱의 생애

유년기	청년기	장년기	노년기
0~77세	77~97세	98~129세	130~147세
브엘세바	밧단아람	헤브론	애굽
출생, 성장, 속이는 자의 삶	도망자, 품꾼, 나그네의 삶	고향에서 의인으로	자식 곁에서 선지자로
· 장자권-축복권 갈취 · 벧엘에서 하나님 만남	· 네 아내, 열두 아들 · 거부가 됨	· 얍복 강 사건 · 세겜 사건 · 엘벧엘 사건 · 에서 사건	· 애굽 이주 · 요셉 상봉

야곱이 에서의 장자권을 빼앗고 그 보복을 피하기 위해 피난길을 떠날 때 그는 젊은이가 아니라 적어도 77세는 되었습니다. 창세기 47장 9절은 야곱이 애굽으로 떠날 때가 130세였다고 했습니다. 요셉이 애굽으로 팔려간 때는 17세였으며 감옥에서 출옥하여 바로에게 나타난 것은 30세 때였습니다.41:46

그렇다면 종으로 13년을 지냈다는 뜻이고. 7년의 풍년이 지나 2년째 흉년이 들었을 때 야곱이 애굽으로 왔으니 요셉은 39세가량 되었습니다. 그렇다면 야곱의 나이 91세 때에 요셉이 태어났다는 말입니다. 창세기 30:25에 보면 요셉이 태어났을 때가 야곱이 아내들을 위한 14년의 수고를 끝냈을 때이므로, 야곱이 이 피난길에 오르며 자신의 길을 가기 시작한 때는 그의 나이 77세였습니다.

위의 도표의 핵심적인 사건을 염두에 두고 야곱의 생애를 읽으면서 육신적이고 경쟁적이며 자기중심적인 야곱의 삶이 어떻게 연단되면서 하나님의 뜻에 합당하게 바뀌어 가는지를 염두에 두기 바랍니다. 무엇보다도 그의 초기의 신앙의 모습은 조건부 신앙의 유형을 갖고 있음을 봅니다.

자기중심적이며 이기적이며 흉정적인 야곱을 하나님은 도망자의 삶을 통해서 연단시킵니다. 우리의 신앙도 이기적이고 자기중심적이고 조건부의 신앙을 가질 때 하나님은 우리를 연단의 과정을 통해 훈련시키시는 것입니다.

창세기 28장 21~22절에서 한 자신의 서원을 야곱이 가나안에 돌아와서도 지키지 않고 있습니다. 야곱은 형 에서를 피해 피난길에 오를 때 벧엘에서 하나님의 천사를 만나 비록 조건부이지만 서원을 하고 단을 쌓았었습니다. 다시 조상의 땅 가나안으로 돌아오는 길에는 얍복나루브니엘에서 하나님의 천사를 놓지 않고 밤새 날이 새도록 치열하게 씨름을 하지만 천사를 놓지 않아 천사가 환도뼈를 칩니다. 이때 야곱은 이전같이 잔꾀를 부리며 흥정하는 모습을 보이지 아니하고 하나님께 진솔하게 축복을 요구하며 하나님의 축복을 받습니다. 그 결과 그는 새 이름 '이스라엘'을 받습니다. 새 이름을 받는다는 것은 정체성이 바뀌었다는 뜻입니다. 그러나 창세기 33장-34장에서 에서를 만나는 과정에서 야곱은 이스라엘이 아니라 옛 야곱의 모습으로 돌아가는 것을 봅니다. 그래서 그는 딸 디나가 강간 당하는 일을 통하여 가정의 비극을 겪은 후에야 하나님의 벧엘로 '돌아가라'는 음성을 듣습니다.[35:1] 하나님은 야곱이 도망 다닐 때 벧엘에서 서원한 것을 상기시키시는 것입니다. 야곱은 이제 그 삶의 방향을 변화시키는 변환점에 이르게 됩니다. 그리고 그가 변화를 받아들이기 위해 제일 먼저 한 것은 바로 이방 신상을 버리고 벧엘의 하나님께로 돌아가는 것이었습니다.[35:2-4] 그것은 바로 신위神爲로 돌아간다는 것입니다. 그것이 진정 하나님이 원하시는 변화입니다. 그 때에 하나님의 나라가 이루어지기 때문입니다.

여기서 잠깐 구약의 인물들의 신앙을 통해 신앙의 3가지 유형을 보겠습니다.

1) If의 신앙입니다. 조건부 신앙이지요. '…을 해 주시면'이라는 조건이 붙습니다.
야곱이 그 전형적인 사람입니다. 그는 창 28:15에 하나님이 그를 보호하신다는 약속을 주었음에도 불구하고 그는 21절에서 '내가 평안히 아버지 집으로 돌아가게 하시오면'이라고 조건을 붙입니다. 어쩌면 이 모습은 우리 모두의 모습이 아닌지 생각해 볼 수 있습니다. 이것은 기복적(祈福的) 신앙입니다.

2) As If의 신앙입니다. 아무것도 이루어 지지 않았지만 하나님의 약속이 마치 모두 그리고 확실히 이루어 진 것 같이 믿는 믿음을 말합니다. 아브라함이 그 전형적입니다. 그는 비록 약간의 실수는 있었지만 하나님이 그에게 주신 약속이 마치 다 이루어진 것처럼 믿고 알 수 없는 미지의 땅으로 이동했습니다. 히브리서 기자는 히브리서 11장 8~19절에서 아브라함의 믿음을 요약해서 설명해 주고 있습니다. 아브라함은 어디로(where) 가야 하는 것인지 모를 때 믿었고(11:8), 어떻게(how) 해야 하는 것인지 모를 때 믿었으며(11:11), 왜(why) 그래야 하는지 모를 때 믿었다(11:17-19)고 말합니다.

3) Even If의 신앙입니다. 비록…일 지라도의 신앙이라고 할 수 있습니다.
다니엘서에 나오는 세 명의 다니엘의 친구(단 3:17~18)와 하박국 3장 17절에 나오는 신앙의 유형입니다. 가장 귀한 신앙이지요. 다니엘의 세 명의 친구는 황금 신상에 절하기를 거절하면서 하나님이 그들을 반드시 뜨거운 풀무 불에서 건져 주실 것을 확신합니다. 여기 까지는 위의 두 번째의 신앙적인 모습니다. 그러나 이들은 여기서 한 걸음 더 나아갑니다. 하나님이 그들을 구해 주시지 않을지라도 그들은 하나님을 의지한다는 것입니다. 죽음을 각오한 신앙입니다.

> 📖 단 3:17-18 [17]왕이여 우리가 섬기는 하나님이 계시다면 우리를 맹렬히 타는 풀무불 가운데에서 능히 건져내시겠고 왕의 손에서도 건져내시리이다 [18]**그렇게 하지 아니하실지라도** 왕이여 우리가 왕의 신들을 섬기지도 아니하고 왕이 세우신 금 신상에게 절하지도 아니할 줄을 아옵소서 (굵은 글씨 필자 강조)

하박국도 같은 신앙의 유형을 보여 줍니다. 굶어 죽을지라도 하나님을 의지한다는 것입니다.

> 📖 합 3:17-18 [17]비록 무화과나무가 무성하지 못하며 포도나무에 열매가 없으며 감람나무에 소출이 없으며 밭에 먹을 것이 없으며 우리에 양이 없으며 외양간에 소가 **없을지라도** [18]나는 여호와로 말미암아 즐거워하며 나의 구원의 하나님으로 말미암아 기뻐하리로다 (굵은 글씨 필자 강조)

1)의 신앙은 우리들의 신앙의 현주소일지도 모르고,
2)의 신앙은 우리의 신앙이 성숙해야 할 목표입니다.
3)의 신앙은 순교자들의 신앙의 유형일 것입니다.

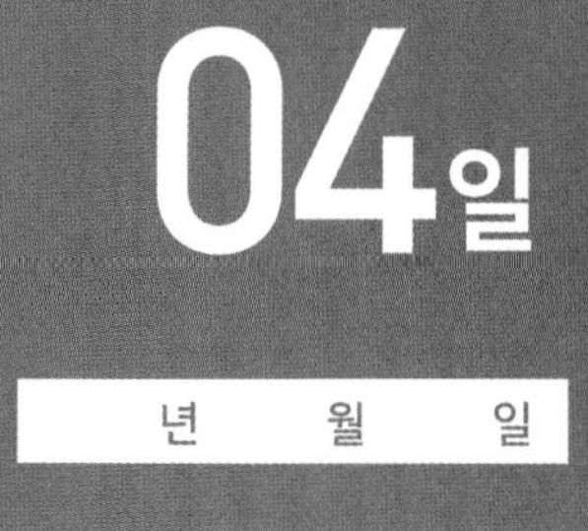

창 37~50장

□ 창세기 37~50장 : 요셉과 형제들의 이야기

요셉은 야곱이 사모하며 결혼하려 했던 라헬과의 사이에서 태어난 야곱의 11번째 아들입니다. 야곱의 나이는 91세였고 이때는 BC 1915년으로 추정합니다. 그는 야곱의 편애와 그의 꿈 때문에 다른 형제들의 미움을 받았고 결국 애굽의 약대상에게 팔려 노예로 애굽으로 가게 됩니다.37장 이때가 요셉의 나이는 17세쯤 되었을 것입니다. 요셉은 애굽 바로의 시위대장 보디발의 집에 노예로 팔려 가지만 "여호와께서 함께 하시므로"이 표현이 39장에 4번이나 나온다는 점을 유의 보디발의 신임을 얻어 그 집안의 총무가 됩니다. 그러나 보디발의 아내의 유혹을 물리친 것 때문에 모함을 받아 감옥에 갇히는 신세가 됩니다.

그는 감옥에서 함께 갇힌 술 맡은 관원장과 떡 맡은 관원장의 꿈을 해석해 준 것이 인연이 되어 그가 바로의 꿈을 해석하기 위해 바로 앞에 서게 됩니다. 바로의 꿈을 7년 풍년 뒤에 7년 흉년이 오는 꿈으로 해석하고 위기 관리를 잘 하도록 지혜로운 권면을 함으로 애굽의 총리로 발탁됩니다. 요셉의 해석대로 풍년 후 흉년이 온 애굽과 가나안 땅까지 오게 되고 야곱의 식구도 양식을 구하려 애굽 땅에 가게 되고 마침내 야곱은 잃어버린 요셉을 만나게 되며 야곱의 온 가족은 기근을 피해 애굽으로 이민을 가게 되고 고센 지방에 정착합니다.

이때가 BC 1876년으로 추정합니다. 이로써 하나님은 야곱과 요셉의 파란 많은 삶을 통해 아브라함과의 약속을 이행하며, 하나님 나라의 회복의 사역을 동역할 한 민족을 이루는 일을 마무리하셨습니다. 이들은 비록 노예의 신분이지만 하나님 나라를 회복하기 위한 동역자로서 400여 년 간의 민족 형성기로 접어들게 됩니다. 요셉의 삶은 한마디로 언제나 '하나님 앞에서의 삶Coram Deo' 이었습니다.

그가 보디발의 아내의 유혹을 받았을 때도 그의 반응은 "이 집에는 나보다 큰 이가 없으며 주인이 아무것도 내게 금하지 아니하였어도 금한 것은 당신뿐이니 당신은 그의 아내임이라 그런즉 내가 어찌 이 큰 악을 행하여 **하나님께 죄를 지으리이까**" 39:9이었습니다. (굵은 글씨 필자 강조)

그가 그 형제들이 그를 팔아 버린 일에 대해 용서를 구하는 일에도 요셉의 반응은 "19요셉이 그들에게 이르되 두려워하지 마소서 **내가 하나님을 대신하리이까** 20당신들은 나를 해하려 하였으나 하나님은 그것을 선으로 바꾸사 오늘과 같이 많은 백성의 생명을 구원하게 하시려 하셨나니 21당신들은 두려워하지 마소서 내가 당신들과 당신들의 자녀를 기르리이다 하고 그들을 간곡한 말로 위로하였더라"50:19-21라고 했습니다. (굵은 글씨 필자 강조)

그는 언제나 하나님 앞에서 하나님이 보시는 것처럼 행했고, 그의 삶을 통해 하나님의 뜻을 이루신다는 하나님의 섭리에 언제나 순종하는 삶을 살았습니다. 이것이 바로 예수님이 주기도문에서 가르쳐 주신 것처럼 뜻이 '하늘에서 이룬 것처럼 이 땅에서도 이루어지는 기도'의 삶이라고 봅니다.

족장들의 삶은 바로 하나님의 나라를 회복하시기 위한 하나님의 섭리를 이루는 삶임을 보았습니다. 하나님은 지금도 우리의 삶, 나의 삶을 통해 '뜻이 하늘에서 이룬 것같이 땅에서도 이루시려는 하나님의' 섭리를 이루어 가신다는 사실을 깨닫고 우리의 삶을 그분께 내어 드려야 합니다. 그래야 그분이 그의 나라를 이 땅에 이루실 수 있습니다. 그 하나님 계획은 출애굽기에서 더욱 구체화됩니다.

□ 애굽에 내려간 야곱의 가족 46:5-27

기근을 피해 애굽으로 이주한 야곱의 가족의 총수는 아래 도표의 명단대로 70명이었습니다. 이들이 400여 년 후에 장정 60만 명이 되어 애굽을 떠납니다. 그런데 사도행전 7장 14절에서 스데반은 야곱 가족의 숫자를 75명으로 언급하고 있습니다. 이 수의 차이는 구약 사본의 차이입니다. 맛소라 사본은 70명으로 계산하고지금 우리 성경의 명단대로, 쿰란Qumran 사본이나 70인역Septuagint의 사본은 요셉의 아들의 수가 더 있다고 보고 75명으로 잡고 있습니다. 스데반은 이 70인역에 근거해서 말하고 있습니다.

	야곱의 처	야곱의 자녀	야곱의 손자들	증손	계
야곱	레아	르우벤	하녹, 발루, 헤스론, 갈미		46:15 (33명)
		시므온	여무엘, 야민, 오핫, 야긴, 스할, 사울		
		레위	게르손, 그핫, 므라리		
		유다	셀라, 베레스, 세라	헤스론, 하물	
		잇사갈	돌라, 부와, 욥, 시므론		
		스블론	세렛, 엘론, 얄르엘		
		디나(딸)			
	실바	갓	시뵨, 학기, 수니, 에스본, 에리, 아로디, 아렐리		18절 (17명)
		아셀	임나, 이스와, 이스위, 브리아, 세라	헤벨, 말기엘	
	라헬 (도중에 죽음)	요셉	므낫세, 에브라임		22절 (15명)
		베냐민	벨라, 베겔, 아스벨, 게라, 나아만, 에히, 로스, 뭅빔, 훕빔, 아릇		
	빌하	단	후심		25절 (8명)
		납달리	야스엘, 구니, 예셀, 실렘		
계	4명	13명	52명	4명	70명*

※위의 도표의 숫자는 첩이었던 실바와 빌하는 계산에서 제외 되었고, 라헬은 죽었기 때문에 계산에서 제외 되었다.

03 출애굽 · 광야시대

출애굽 · 광야시대 BC1805-1405 출애굽기 · 레위기 · 민수기 · 신명기

주요인물 ▪모세 ▪아론 ▪미리암 ▪엘르아살 ▪고라 ▪발람

주요사건 ▪출애굽 ▪시내산 언약 ▪성막 건축 ▪율법수여
▪가데스바네아에서의 실패 ▪광야의 훈련

BC 1600

1805~1730 – 이스라엘이 요셉의 사후에 75년 동안 번영을 누림(출 1:1–7)

1580 – 애굽의 박해가 시작됨(출 1:8–12:42)
1527 – 모세가 태어남(출 2:1–4)

1500

1487 – 모세가 미디안으로 도망(출 2:11–15)
1446 – 모세가 애굽으로 돌아감(출 4:20)
– 유월절이 제정됨(출 12:2)
– 10재앙 · 출애굽
– 하나님이 만나를 주심(출 16:14)
– 이스라엘이 시내산에 도착함(출 19:1)
1445 – 성막이 세워짐(출 40장)
– 가데스바네아를 떠남 (민 10:11)
– 가데스바네아에 돌아옴(민 13:1–14:45)

1445~1406 – 이스라엘이 광야에서 방황함(민 15:1–신 34장)
1406 – 모세가 죽음(신 34:1–7)

출애굽기를 이해하기 위한 간추린 애굽의 역사

애굽은 노아의 아들 함의 후예들이 세운 나라입니다. 이집트의 역사는 수메르나 바벨론의 역사처럼 3,000년 이상의 장구한 역사를 가지고 있습니다. BC 3000년경부터 시작한 이집트의 역사를 다음과 같이 나누어 볼 수 있습니다.

고왕조1-2왕조, 구왕조3-6왕조 피라미드 시대, 제1중간기7-10왕조, 중왕조11-12왕조, 제2중간기13-17왕조, 신왕조18-20왕조, 후기 왕조21-30왕조 등 30왕조를 이어 가면서 큰 제국을 형성하였습니다. 이집트 역사를 다 서술할 수는 없고 출애굽과 관련되는 부분만 살펴봅니다.

먼저 출애굽의 시기와 관련해서 2가지의 이론이 있습니다.

1. 빠른 출애굽설 Early Date Theory

이 이론은 열왕기상 6장 1절을 근거로 시작합니다. 이 구절에서 솔로몬은 그의 재임 4년째에 성전을 건축했고 그것은 출애굽한 지 480년이 되는 해라고 언급합니다. 솔로몬의 재임 기간은 BC 970~930년간 40년 동안이 정설이라고 볼 때 그의 재임 4년째는 BC 966년이고, 이때가 출애굽한 지 480년이라고 한다면 출애굽의 해는 966+480 즉 BC 1446년이 됩니다.

2. 후기 출애굽설 Late Date Theory

이 이론은 출애굽기 1장 11절에 "…그들에게 바로를 위하여 국고성 비돔과 라암셋을 건축하게 하니라" 한 것을 근거로 비돔과 라암셋의 국고성Store cities 건설은 19왕조의 람세스 2세에 의한 것이라는 역사적 사실에 근거를 두고 있습니다. 람세스 2세의 재임 기간은 BC 1290~1244년임으로 BC 1200년대가 출애굽 시기라는 것입니다.

이 두 이론은 팽팽히 맞서고 있지만 빠른 출애굽설이 아직은 유력한 설로 인정받고 있습니다. 따라서 본 저서도 빠른 출애굽설을 따릅니다. 이 설은 성경의 내적증거왕상 6:1에 근거합니다.

BC 1800~1400년의 기간은 이스라엘 백성이 애굽에서 살던 때입니다. 이 무렵의 애굽의 왕조 가운데 13, 14, 17대 왕조 25명은 애굽의 남쪽 지역을 다스렸고, 15대, 16대 왕조 11명의 왕은 북쪽을 다스렸습니다. 이 기간의 애굽의 왕조는 아시아에서 온 셈족이 세운 힉소스Hyksos, 즉 세페르트 왕이 수리아와 북쪽 애굽을 통일하여 세운 왕조입니다.

힉소스란 말은 외국 땅의 통치자들을 의미합니다. 아시아에서 온 이들은 무력으로 애굽의 통치권을 빼앗은 것이 아니라 서서히 침투함으로 점령한 것입니다. 요셉이 애굽에서 총리가 될 때 애굽의 왕조는 16대 왕조의 아페피Apepi 2세로 생각됩니다. 그들은 같은 셈족으로 이스라엘 백성에게 호의적이었습니다. 그러나 이 왕조가 18대 왕조에 의해 물러나자 이스라엘 백성들은 노예로 전락합니다.출 1:8

모세가 등장하는 애굽의 왕조는 18대 왕조로 BC 1500년에서 1200년까지 집권하는 왕조입니다. 힉소스는 18대 왕조의 아모세에 의해 제거되었고 이때는 BC 1570년경입니다. 아모세는 팔레스타인 지방과 시리아 지방을 흡수합니다.

이 18대 왕조는 외국인인 힉소스들을 외국으로 몰아내고 반 셈족 정책을 쓰면서 이스라엘 백성을 억압하기 시작했고 모세가 태어날 때의 바로는 투트모스 3세Thutmose III/주전 1504년 즉위이며, 모세가 이스라엘 백성을 보내 달라고 요구한 바로는 BC 1453경에 즉위한 아멘호텝 2세Amenhotep II라고 많은 학자들은 믿고 있습니다.

출애굽 · 광야 시대는 야곱의 자손들이 애굽으로 내려가 번성하며 노예의 삶을 살기까지 400여 년간 하나님이 그의 백성의 수가 이루어 질 때까지 준비 기간을 거쳐 모세를 훈련시키고 그를 통하여 이스라엘의 백성을 애굽에서 구해 내시고, 시내산에서 율법을 주어 하나님의 백성을 삼는 시내산 언약을 체결한 기간을 말합니다.

이스라엘 백성은 이 기간 동안 그 수가 20세 이상의 장정들만 계산해도 603,550명민 1:46에 이르게 되었습니다. 하나님은 애굽에서 당신의 백성을 인도해 내시고 하나님 나라를 이룰 율법을 주시고, 금송아지를 숭배하는 죄를 범하기도 하지만 하나님은 성막을 완성하게 하십니다.

가데스바네아에서 하나님의 명령을 거역하는 죄를 범함으로 눈 앞에 둔 가나안 입성이 38년이나 지연되면서 하나님은 광야에서 하나님 나라를 이룰 백성들을 재훈련시키십니다. 재훈련 교본이 바로 레위기입니다. 레위기는 하나님 나라의 백성이 되는 훈련 교재입니다. 오늘날도 그 정신은 동일합니다.

아브라함을 부르심으로 시작한 하나님 나라의 다시 세움의 약속은 출애굽이란 엄청난 사건을 통해 그 이루어짐이 시작되며, 시내산에서 계약을 맺음으로 형태를 갖추기 시작함을 볼 수 있습니다.

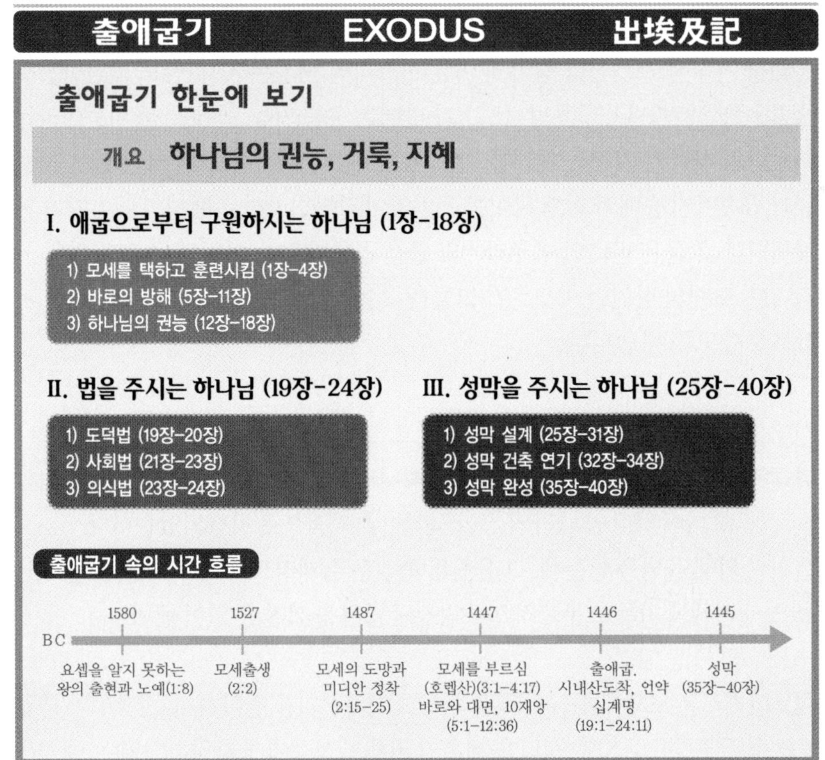

출애굽기 EXODUS 出埃及記

출애굽기 한눈에 보기

개요 하나님의 권능, 거룩, 지혜

I. 애굽으로부터 구원하시는 하나님 (1장-18장)

1) 모세를 택하고 훈련시킴 (1장-4장)
2) 바로의 방해 (5장-11장)
3) 하나님의 권능 (12장-18장)

II. 법을 주시는 하나님 (19장-24장)

1) 도덕법 (19장-20장)
2) 사회법 (21장-23장)
3) 의식법 (23장-24장)

III. 성막을 주시는 하나님 (25장-40장)

1) 성막 설계 (25장-31장)
2) 성막 건축 연기 (32장-34장)
3) 성막 완성 (35장-40장)

출애굽기 속의 시간 흐름

BC

1580	1527	1487	1447	1446	1445
요셉을 알지 못하는 왕의 출현과 노예(1:8)	모세출생 (2:2)	모세의 도망과 미디안 정착 (2:15-25)	모세를 부르심 (호렙산)(3:1-4:17) 바로와 대면, 10재앙 (5:1-12:36)	출애굽, 시내산도착, 언약 십계명 (19:1-24:11)	성막 (35장-40장)

05일

년 월 일

출 1~12장

19장 4~6절

4내가 애굽 사람에게 어떻게 행하였음과 내가 어떻게 독수리 날개로 너희를 업어 내게로 인도하였음을 너희가 보았느니라 5세계가 다 내게 속하였나니 너희가 내 말을 잘 듣고 내 언약을 지키면 너희는 모든 민족 중에서 내 소유가 되겠고 6너희가 내게 대하여 제사장 나라가 되며 거룩한 백성이 되리라 너는 이 말을 이스라엘 자손에게 전할지니라

'구원' (Redeem)

출애굽기는 하나님께서 자기의 이름을 위하여 장자의 죽음을 유월시키는 어린양의 희생 대가를 치루고 이스라엘 백성을 구원하시고 자기의 백성으로 삼고자 하시며 그 백성의 삶에 걸맞은 법을 주고 계심을 보여 줍니다.

'출애굽'의 헬라어 의미는 '탈출'입니다. 성경에는 3가지의 탈출구원 경험이 나옵니다. 그것은 이스라엘의 애굽에서의 구원, 그리스도의 십자가를 통한 죄인 구원, 죽음으로서 이 세상의 속박을 벗어나는 신자의 구원 등 입니다.
야곱이 자기 아들들과 그 가족들과 함께 애굽에 있는 고센 지방으로 이주한 지 430년 후에, 그들은 수가 매우 많아져서 애굽의 왕들은 그들이 애굽의 안전을 위협한다고 생각하게 되었습니다. 그들에게 박해가 뒤따르지만, 하나님은 모세를 준비하시고 그들의 구원자가 되도록 훈련시키십니다. 하나님의 구원의 역사가 시작되었을 때, 바로는 협조하고 싶어 하지 않았으며, 열 가지의 재앙이 있은 후에야 비로소 이스라엘 백성을 내 보내게 됩니다.

열 번째 재앙인 장자의 죽음 재앙은 이스라엘에게는 면제되었는데, 이것을 유월절이라고 합니다. 첫 번째 유월절을 지키게 되고, 가공할만한 열 번째 재앙은 바로로 하여금 마침내 이스라엘 백성을 보내지 않을 수 없게 만듭니다. 이때가 BC 1446년이라고 봅니다. 왕상 6:1에 성전 건축이 BC 966년인데 이는 출애굽 후 480년이 지난 때라고 했습니다.966+480=1446

홍해를 기적적으로 건너 광야에 이른 이스라엘 백성은 시내 반도 최남단으로 수많은250만 이상이라고 추정함 남녀노소가 낮에는 구름 기둥, 밤에는 불 기둥이라는 하나님의 사랑의 기적의 안내를 받으며 대이동을 시작합니다. 그와 함께 불순종과 금송아지 숭배와 회개 사이를 끊임없이 갈팡질팡하는 백성의 이야기가 시작됩니다. 그들은 만나와 메추라기와 물을 공급받으며, 아말렉 족속과 싸워 이깁니다. 모세의 장인인 이드로가 그들을 찾아와 권위를 위임하는 것에 대해 지혜로운 충고를 해 줍니다.

시내산에서 그들은 하나님과 언약을 맺고 하나님 나라의 언약 백성이 되었습니다. 하나님의 구원 사역에 동역자로서 하나님 나라를 이루는 책임 백성이 되었습니다. 드디어 하나님 나라의 건설 사역이 본격적으로 시작되었습니다.
그러기 위해 율법을 받는데, 그 율법의 핵심은 십계명으로서, 그것은 미래의 인류 역사 전체에 기독교 문화적으로 엄청난 영향을 끼칠 큰 일이 됩니다.

여호와께서는 모세에게 그의 백성과 함께 거하시기를 원하셔서결국 예수님은 임마누엘 하나님으로 우리에게 오시지만 성막을 세우기 위해 백성들에게 자원하여 내는 예물을 모으라고 말씀하시며, 그에게 성막과 그 내부의 설비와 제사장의 예복을 만들도록 그리고 일을 감독하기 위해 장인匠人을 임명하도록 지시하며 친히 성막의 설계를 주십니다.

하지만 인간은 자신의 죄성罪性을 드러냅니다. 모세가 하나님과 만남으로 인해 오랜 시간을 비우게 되자 불안해진 백성은 금송아지를 만들어 그것을 하나님이라고 하며 숭배하는 어리석은 죄를 범합니다.

모세는 그들을 위해 탄원하며, 언약이 새롭게 세워집니다. 예물을 모으고, 성막을 드디어 건축합니다. 여호와의 영광이 성막에 충만할 때에 출애굽기는 마무리되지만 긴 광야의 배회를 통한 하나님 나라 백성 만들기 훈련이 시작되는 것입니다.

출애굽기는 40장, 1213절로 되어 있고, 출애굽기는 주전 1876년에서 1446년의 430년간 사건들을 기록하였으며, 신약에 250번 인용되고 있습니다.

□ 출애굽기 1~18장 : 애굽으로부터 구원하시는 하나님

1) 1장 : 히브리 민족 형성

애굽으로 내려간 70인의 야곱의 가족은 430년이란 긴 세월 동안 약 250만 명민수기 603,550명에 근거해서 추정한 수치임의 히브리 민족을 이룹니다. 하나님의 나라는 족장이라는 가족 중심의 공동체에서 민족의 공동체로 번성하였습니다. 그러나 히브리인에게 호의적이던 요셉 시대의 바로는 없어지고 지금은 히브리 민족을 노예로 부리는 애굽 왕의 시대입니다. 이들의 울부짖음을 들으시는 하나님은 히브리를 구원하실 역사를 시작하십니다. 인간은 그들이 고난에 처했을 때에야 하나님을 찾게 되는 것인가요?

'히브리'라는 말은 '강을 건너 온 자'라는 뜻으로 아브람이 갈대아 우르를 떠나 유프라테스 강을 건너 가나안으로 온 것을 말합니다.

구약의 하나님의 백성은 3개의 호칭을 갖습니다.

1. 이스라엘Israelites이라고 부릅니다. 이것은 창세기 32장 28절에 야곱의 이름이 이스라엘로 바뀌고 그의 아들들이 12지파가 되어 이스라엘의 민족을 형성하게 됩니다. 이 호칭은 국가적 개념이 강한 호칭입니다.
2. 유대인Jews이라고 부릅니다. 종교적 개념이 강조된 호칭입니다.
3. 히브리인Hebrews이라고 부릅니다. 이것은 종족의 개념이 강한 호칭입니다.

2) 2~6장 : 모세

간추린 모세의 생애

모세는 120세를 살았습니다. 그의 생애를 40년씩 3기로 나누어 볼 수 있습니다.

□ 왕자 모세탄생~40세 : 하나님 나라를 위해 모세를 준비하시다.1~2장

모세는 레위 지파의 고핫 자손으로서 BC 1527년경에 태어나서 애굽의 18대 왕조의 투트모스 3세Thutmose III/BC 1504년 즉위 치하에서 성장했습니다. 이때는 요셉에게 호의적이었던 같은 종족인 셈족의 힉소스 왕조가 다시 애굽 종족에 의해 무너지고 탈셈족 정책을 쓰면서 셈족인 이스라엘 백성이 더욱 억압을 받고 있던 시대였습니다. 그 결과로 그들의 번성을 막기 위해 산파들에게 히브리인 아이는 다 죽이라는 명령이 내려진 때였습니다.

하나님은 모세를 택하시고 그를 살리기 위해 갈대 상자를 만들어 그 속에 아기 모세를 넣어 나일강의 갈대숲에 숨겨 바로의 딸에게 구출되게 하십니다. 이 갈대 상자는 원어로 תֵּבָה tebah ; ark입니다. 이것은 방주를 뜻합니다.

모세가 구출된 것은 노아의 방주가 노아 일가를 구원하여 새 역사를 쓴 것과 같이 모세의 구출은 그와 맞먹는 중대한 사건이기 때문에 갈대 상자를 원어가 같은 방주라는 의미의 단어를 사용한 것입니다. '모세'라는 말은 '내가 그를 물에서 건져내었음이라'라는 뜻입니다.2:10

모세는 바로의 양자가 되어 40년의 시간을 보내면서 주로 투트모스 3세Thutmose III/BC 1504년 즉위 치하에서 애굽의 제왕학을 학습하며 애굽 나라의 제도를 배우고 지도력을 연마합니다. 이때 그는 유모였던 어머니 요게벳으로부터 배운 히브리 민족의식을 통해 피가 물보다 진하다는 사실을 알고 동족 살해에 분노하여 애굽 관원을 살해하는 혈기 왕성한 청년이었던 것입니다.

이 관원 살해 사건은 모세의 삶을 바꾸어 놓는 계기가 되었습니다. 모세는 곧 미디안 광야로 도망갑니다. 이 모든 것은 모세를 통해 이스라엘 백성을 애굽에서 해방시켜 하나님 나라의 백성을 삼으시려는 하나님의 놀라운 계획 속에 있는 사건입니다.

□ 목자 모세41세~80세 : 하나님 나라를 위해 모세를 부르시고 훈련시키시다.3~4장

모세는 동족인 히브리 노예를 괴롭히는 애굽 관원을 살해하고 그 사실이 탄로가 나서 미디안 광야로 도망을 갑니다. 거기서 그는 미디안의 제사장 르우엘이분은 사실 십보라의 할아버지이다. 아비라고한 표현은 할아버지를 가리킬 때도 쓰는 말이다.과 이드로를 만나게 되고, 그들의 양을 치는 목자가 되며, 그의 딸 십보라와 결혼하고 아들 게르솜을 낳고 40년 간 광야에서 목자생활을 하게 됩니다.

하나님은 모세로 하여금 40년간 목자 생활을 통해서 그가 누렸던 왕자의 화려했던 모든 기득권을 버리게 합니다. 하나님의 동역자로 그의 일꾼이 되기 위해 모세는 그의 모든 기득권을 내려놓는 과정이 필요했습니다. 그래야 하나님의 뜻에만 순종할 수 있게 되기 때문입니다. 그것이 왜 모세가 한창인 나이인 40대 시절에 왕자로서 잘 나가던 때에 부르시지 않고 힘없고 늙고 더구나 살인자가 되어 도망자의 신세가 되었을 때 부르신 하나님의 이유가 되는 것입니다.

하나님은 인간의 잘 나가는 능력을 필요로 하지 않습니다. 하나님은 순종하는 자를 원하시며, 그 순종의 훈련을 쌓게 한 후에야 들어 쓰시는 하나님이십니다. 신위神爲를 원하심을 기억하십시오. 40년을 연단시키시고 내려놓음의 달인이 되게 하신 후에 하나님은 그의 나이 80세가 되었을 때 하나님은 호렙산시내산 불타는 떨기나무에 나타나서 모세를 부르십니다.

불타는 나무는 하나님의 모습을 의미합니다.신 33:16 왜냐하면 불은 타지만 그 떨기나무가 타 없어지지 않음으로 그것은 하나님의 영광과 능력을 상징하고 있기 때문입니다.

하나님의 임재 앞에 선 모세를 향하여 하나님은 "여기는 거룩한 곳이니 네 발에서 신을 벗어라"라고 하셨습니다. 신발은 인간이 자기 뜻을 실현시키고자 신고 돌아다니게 해 주는 수단입니다. 그 신발을 벗는다는 것은 자기 뜻을 이루는 노력을 그만둔다는 결단입니다. 신발을 벗는다는 것은 자기 권리를 포기하는 것을 뜻합니다.룻기 4:1-10 하나님이 자기중심성을 버리게 하신다는 것입니다.

관점 2

모세의 문제인 혈기를 버리게 하신다는 것입니다. 물론 모세는 광야에서 물을 내면서 다시 한번 이 혈기를 다스리지 못하는 실수를 범해 가나안에 들어가지 못하게 되지만 사실 모세가 광야 40년 동안 그 많은 이스라엘 백성의 불평에 대해 혈기를 부리지 않고 잘 다스릴 수 있었던 것은 바로 여기서 자기중심성을 내려놓는 훈련과 결단을 통해서 생긴 것입니다. 하나님 나라는 하나님이 통치하시는 곳이기 때문에 자기중심성은 통하지 않습니다.

자기중심성은 오직 사탄의 나라에서의 덕목일 뿐입니다. 그 하나님 앞에서 신발을 벗게 하시어 자기의 뜻, 자기중심성을 내려놓은 모세에게 하나님은 능력의 지팡이를 주십니다. 그리고 모세는 지팡이가 뱀으로 변하는 기적을 보고 그 뱀의 꼬리를 잡으라4:4는 하나님의 명령에 순종합니다. 뱀의 꼬리를 잡는다는 것은 뱀에 물리기를 자청하는 위험한 일이지만 그것이 하나님의 명령이기 때문에 하나님을 믿고 순종하는 것입니다.

알아두기

출애굽기 3장 14절 에서 하나님은 자신의 이름을 '스스로 있는 자'라고 알려 주십니다. 이는 구약에서 가장 중요한 계시입니다. 그 이름은 무한한 능력을 의미하며 바로 그 능력이 그의 백성을 구원하신다는 의미의 이름입니다.

אֶהְיֶה אֲשֶׁר אֶהְיֶה
('ehyeh 'asher 'ehyeh')
(에흐예 아쉐르 에흐예)
(I Am Who I Am)
"나는 스스로 있는 자니라."
我是自有永有

알아두기

* 모세의 삶을 40년 단위로 3등분 하는 성경적 근거

1) 사도행전 7장
(스데반의 설교에 나오는 간추린 이스라엘 역사에 근거함)

*행 7:23~40 "나이가 사십이 됨에 형제 이스라엘 자손을 돌볼 생각이 나더니..."
- 40에 살인자가 되어 도망

*행 7:30 "사십년이 차매 천사가 시내산 광야 가시나무 떨기 불꽃 가운데서 그에게 보이거늘"

2) 신 34:7
"모세가 죽을 때 나이 120세"

모세는 자기의 능력이 부족함을 고백합니다. 하나님은 그에게 능력의 지팡이를 주었습니다. 모세가 할 일은 하나님만 의지하면 되는 것입니다.

☐ 선지자 모세 81세~120세 : 하나님 나라를 위해 사역하게 하시다.

모세의 공생애 5장 이하

이제 모세는 이스라엘을 애굽에서 구해 내어 하나님 나라를 이루시는 하나님의 큰 역사에 나이 80에 하나님의 동역자가 되어 애굽으로 돌아갑니다.
이 무렵에 모세의 생명을 찾는 자가 죽었다4:19고 한 것은 투트모스 3세가 죽었다는 것이고, 그 후임으로 즉위한 왕은 BC 1453경에 즉위한 아멘호텝 2세 Amenhotep II라고 많은 학자들은 믿습니다. 모세가 대면하여 자기 백성을 떠나게 하라고 요구한 바로가 이 아멘호텝 2세였다고 생각합니다. 그의 미라가 카이로 박물관에 보관되어 있다고 합니다.
모세가 이스라엘을 구하기 위해 애굽으로 돌아갈 때 그의 손에는 지팡이 하나 밖에 없었습니다. 그는 당대의 대국大國인 애굽을 물리치기 위해 최첨단 무기와 대병력의 군대를 동원하지 않았다는 사실을 생각해 보세요. 하나님은 모세에게 그와 같은 군대를 붙여 주기보다 지팡이를 들게 했는데 그것도 모세가 평소에 양을 칠 때 일상적으로 사용하던 평범한 지팡이였습니다.
그런데 그 지팡이가 지금은 하나님의 장중에 잡힌 능력의 지팡이가 되었다는 사실을 깊이 묵상하세요. 그 지팡이는 바로 하나님을 의지할 때 큰 능력을 발휘하는 지팡이입니다. - 신위神爲 관점 2

3) 7~11장 : 하나님의 10재앙

☐ 왜 하나님은 재앙을 열 가지씩이나 내리신 후에야 히브리 민족을 구원해 내실까?

애굽의 바로보다 크신 하나님이 바로를 단숨에 제압하고 이스라엘 백성을 인도해 내실 수 있으실텐데 왜 재앙을 열 가지나 주신 후에야 이끌어 내시는가 하는 질문을 가끔 받습니다. 거기에는 하나님께서 이스라엘 백성들에게 신앙 교육을 시킬 목적이 있는 것입니다.
이스라엘 백성은 430년 간 애굽 땅에 살면서 아브라함과 이삭과 야곱의 하나님을 잊어버렸고 그 하나님이 어떤 분이신지, 얼마나 능력이 있는 분인지를 모르고 있습니다. 또한 그들은 애굽인들의 우상 문화에 익숙해서 그들의 신을 섬기고 있는 이스라엘 백성들에게 하나님이 누구이시고 어떤 분이신가를 가르쳐 줄

알아두기

출애굽기 4장 24~26절 난제 해설

하나님은 왜 모세를 애굽으로 가라고 해 놓고 가는 길에 왜 그를 죽이려했는가 하는 의문을 품어 볼 수 있는 대목입니다. 이 문제의 해결점은 모세의 아내 십보라가 부싯돌을 가지고 모세의 아들 게르솜의 양피를 베고 할례를 행함으로 모세가 살게 되었다는 4:25~26의 구절이 해답입니다.

그것은 바로 아들 게르솜이 할례를 받지 않았고 하나님의 구원 사역을 이룰 모세의 아들이 아브라함의 언약의 징표인 할례를 받지 않았다는 것은 아브라함의 언약의 중요성을 무시하는 행위입니다.

하나님은 아브라함의 언약의 징표로서 모든 하나님의 백성 중 남자는 다 할례를 받으라고 명령했습니다(창 17:10). 출애굽은 아브라함의 언약의 연장선상에 있는 역사입니다. 할례는 하나님 나라의 언약의 징표이기 때문에 그렇습니다.

기회가 필요한 것입니다.

그래서 하나님은 10가지 재앙을 애굽이 섬기는 신과의 대결로 끌어가시는 것입니다. 이 재앙은 또한 요한계시록에서 사탄의 세력들에게 내리는 심판들이기도 합니다.

출 6:6-7 6그러므로 이스라엘 자손에게 말하기를 나는 여호와라 내가 애굽 사람의 무거운 짐 밑에서 너희를 빼내며 그들의 노역에서 너희를 건지며 편 팔과 **여러 심판들로써 너희를 속량하여 7너희로 내 백성으로 삼고 나는 너희 하나님이 되리니 나는 애굽 사람의 무거운 짐 밑에서 너희를 빼낸 너희의 하나님 여호와인 줄 너희가 알지라** (굵은 글씨 필자 강조)

다음의 도표를 살펴보면 열 가지 재앙과 애굽이 섬기는 신들과 관련이 있음을 볼 수 있습니다.

하나님은 이 재앙의 역사를 통해 이스라엘 백성이 애굽의 신들에 익숙한 삶을 살아 왔기 때문에 하나님이 어떤 분이신지 알지 못함으로 그들에게 하나님의 존재를 알리고, 그 하나님이 그 애굽의 신들보다 훨씬 강하다는 것을 보여 주기 위함이고, 참 왕은 하나님이시라는 것을 가르쳐 주시는 것입니다. 이방 신의 개념을 버리고 하나님 중심의 유일신 개념을 갖게 하십니다. 관점 2

알아두기

출애굽기 8장 22절의 파리 재앙부터(4번째 재앙)는 이스라엘 백성이 사는 고센 지방을 건너가게 됨을 보면서 하나님이 자기 백성을 보호하시는 사랑을 보게 됩니다.

I CUT

천주교의 신부들이 성호를 긋는 것은 십자가를 상징하는 것이라고 한다. 첫 유월절에 양의 피를 설주와 인방에 바른 점을 상하 좌우로 연결하면 그것이 십자가의 모양을 만든다.

신부들이 성호를 긋는 것은 십자가를 상징하지만 상하로 긋는 것을 영어 알파벳으로 보면 'I'에 해당하고 좌우로 긋는 것은 그 I를 중간에 자른 모양새가 된다. 따라서 성호를 긋는 것은 I, 즉 나를 죽인다는 뜻이기도 하다.

갈 2:20 "내가 그리스도와 함께 십자가에 못 박혔나니 그런즉 이제는 내가 사는 것이 아니요 오직 내 안에 그리스도께서 사시는 것이라 이제 내가 육체 가운데 사는 것은 나를 사랑하사 나를 위하여 자기 자신을 버리신 하나님의 아들을 믿는 믿음 안에서 사는 것이라"

성호긋기의 카톨릭교리를 인정하지 않지만, 만약 성호를 긋는 것이 바로 이런 의미라면 우리 개신교도 하나님 앞에서 자기를 죽인다는 증표로 이 성호긋기를 해 볼 만한 것이다.

애굽에 내린 10가지 재앙과 관련된 애굽신들

10가지 재앙은 애굽 신에 대한 하나님의 징벌을 의미한다.

	재앙	관련된 애굽의 신		재앙	관련된 애굽의 신
1	피	나일강 신=하피(Hapy)	6	독종	메이스(Meith)여신, 의술의 신=임호텝(Imhotep)
2	개구리	개구리 모양의 머리를 가진 헤카(Heka)신	7	우박	공중의 신=이시스(Isis), 누트(Nut)
3	이	땅의 신=겝(Geb)	8	메뚜기	곡물 신=세트(Seth)
4	파리	멍청이 모양의 코프리(Khopri)신	9	흑암	태양 신=아몬-라(Amon-Ra)
5	가축악질	황소 신=아피스(Apis), 하솔(Hathor)신	10	죽음	생명 신=프타(Path)

모세의 설명은 신명기 4장 31~35절을 참조하세요.

신 4:31-35 31네 하나님 여호와는 자비하신 하나님이심이라 그가 너를 버리지
아니하시며 너를 멸하지 아니하시며 네 조상들에게 맹세하신 언약을 잊지 아니하시
리라 32네가 있기 전 하나님이 사람을 세상에 창조하신 날부터 지금까지 지나간 날을
상고하여 보라 하늘 이 끝에서 저 끝까지 이런 큰 일이 있었느냐 이런 일을 들은 적이
있었느냐 33어떤 국민이 불 가운데에서 말씀하시는 하나님의 음성을 너처럼 듣고 생
존하였느냐 34어떤 신이 와서 시험과 이적과 기사와 전쟁과 강한 손과 편 팔과 크게
두려운 일로 한 민족을 다른 민족에게서 인도하여 낸 일이 있느냐 이는 다 너희의 하
나님 여호와께서 애굽에서 너희를 위하여 너희의 목전에서 행하신 일이라 35이것을
네게 나타내심은 여호와는 하나님이시요 그 외에는 다른 신이 없음을 네게 알게 하려
하심이니라

4) 12장 : 유월절의 유래

왼쪽의 그림에서 보는 것처럼 10번째 재앙인 장자의 죽음 재앙에서 하나님은 이스라엘의 장자를 살리기 위해 어린 양을 잡아 그 피를 집 좌우 설주와 인방에 바르도록 명령하셨습니다.이 모습은 십자가를 연상하게 한다.

그러므로 죽음의 사자가 그 피를 보고 그 집은 건너 뛰어갔습니다. 즉 유월했다는 것입니다. 이것은 우리 죄의 대속물인 어린 양 예수의 죽음과 그 십자가에서 흘린 피로 죽음이 우리를 유월하게 된다는 구속의 예표입니다.12:1-11

이 재앙을 끝으로 드디어 이스라엘 민족은 애굽을 떠나게 됩니다. 그런데 그들 중에는 중다한 잡족이 섞여 가게 됨을 12장 37, 38절에 언급하고 있습니다. 이스라엘은 아직 하나님을 온전히 의지하는 믿음이 없습니다. 이스라엘이 많은 연단을 받아야 할 부분인 것입니다.

5) 13~18장 : 애굽 탈출, 드디어 출국!

창세기 50장과 출애굽 12장의 사이에 약 360년의 세월이 지나갔습니다.

(360년의 계산 근거 - 야곱이 애굽으로 갔을 때 요셉의 나이를 40세로 추정합니다. 41장 46절에 의하면 요셉이 30세에 총리가 되고 7년 풍년 후 기근이 들기 2년째 되었을 때이므로(45:6) 나이가 40세라고 추정합니다. 요셉이 110세에 죽은 것을 근거로 하면 이스라엘이 애굽에 내려간 지 이미 70년이 지났습니다. 출애굽기 12장 40절에 보면 애굽으로 내려간 지 430년 만에 출애굽했다고 했으니 창세기 50장에서 출애굽 사이는 360년가량의 세월이 흘렀다고 추정합니다.)

하나님의 예언대로창 15:13~14 이스라엘은 이방의 땅에서 번성하여 민족을 이룬 후에 하나님의 권능의 손에 인도되어 해방됩니다.
출애굽은 아브라함 언약의 연장선상에서 이해해야 합니다. 아브라함의 자손을 번영하게 하여 민족을 이루시고 그들에게 약속의 땅을 주시겠다고 아브라함과 한 언약의 실천입니다.
또한 창세기 15장 16절에서 보는 것처럼 약속의 땅 가나안에 사는 원주민인 아모리 족속의 죄가 차서 그 죄악을 심판하는 목적도 있습니다.

이것은 바로 하나님 나라의 회복을 향한 하나님의 계획의 진행입니다. 하나님은 그 나라를 이룰 요건으로 이루신 이스라엘 백성이 애굽의 다신론적多神論的 관습에 젖어 있는 상태로는 하나님 나라를 이룰 수가 없기 때문에 백성들을 애

지도 : 애굽에서의 탈출

06일

오늘의 읽을 분량

출 13~24장

애굽으로부터 탈출이 의미하는 점

1. 애굽은 당시의 최대 강국이요, 잡다한 신을 섬기는 우상숭배지였습니다. 이런 곳에서의 탈출은 이스라엘이 하나님과 새로운 관계를 맺고 새로운 자유의 삶을 시작한다는 것입니다.

2. 애굽을 이겼다는 것은 하나님만이 유일한 신이라는 사실을 표명한 것입니다.

3. 성경에서 애굽을 말할 때 그것은 모형론적 의미를 갖는데, 곧 죄악된 세상과 세속을 의미하며, 출애굽은 바로 이것으로부터 구별된다는 의미를 갖습니다.

출애굽의 신앙적 의미를 다음 2가지로 묵상해 봅니다.

① 외적 출애굽 :
외적 세상으로부터 구별되는 것을 말합니다.

② 내적 출애굽 :
이는 세상의 삶을 사랑하는 마음으로부터 분리, 즉 가치관의 변화, 패러다임 Paradigm의 변화들을 의미합니다. 이스라엘의 출애굽 세대는 이 내적 출애굽이 이루어지지 않아서 결국 가나안 땅에 들어가지 못한 것에서 배울 교훈은 많습니다. 광야 학교의 훈련은 바로 이 내적 출애굽이 이루어지도록 하는 훈련이고 이 훈련은 오늘에도 계속되고 있습니다.

홍해 Red Sea는 원래 갈대의 바다 Reed Sea의 오역이라고 봅니다. 히브리어 구약에는 갈대 바다라는 뜻의Yam(Sea) Suph(Reed) 단어가 (신 11:4, 느 9:9에도 나옴) 헬라어로 번역한 70인역에 홍해라는 뜻을 가진 Erythra Thallas로 오역했다는 것입니다.

굽에서 인도해 내어야 했습니다. 그래서 그들에게 여호와 신앙을 가르치고 하나님의 법에 순종하게 하는 훈련을 통해 한 민족의 국가를 형성하고 제사장 나라를 만들어야 하기 때문에출 19:5,6 그들을 애굽에서 반드시 분리해 내어야 했습니다.

성경에서 애굽은 '세속' 또는 '하나님이 없는 세상'을 상징합니다. 출애굽이란 바로 이런 하나님이 없는 세상에서 하나님의 은총의 세상으로 옮겨 가는, 다시 말하면 소속이 바뀌는 것을 의미합니다. 여기서는 바로의 소속에서 하나님의 소속으로 바뀝니다. 영적으로는 사탄의 나라 백성에서 하나님 나라의 백성으로 그 소속과 정체성이 바뀌는 극적인 순간입니다. 그래서 사탄이 이 순간을 그냥 좌시하고 있을 리가 없습니다. 당연히 뒤따라오겠지요. 결코 포기하지 않으려고 하겠지요. 이것이 바로 영적 전쟁입니다.

바로의 군대가 추격하는 것은 당연합니다. 믿음을 가시적인 것에 의존하는 이스라엘 백성들에게는 이 순간 당연히 보이지 않는 하나님의 구원의 손길을 볼 수가 없습니다. 이런 가시적 믿음은 눈에 보이는 현상이 사라지면 금방 없어지고 또 불평합니다. 우리는 출애굽기 전체에서 이런 이스라엘 백성들의 불평을 많이 보게 될 것입니다. 이들은 이 순간 모세를 원망합니다. 그러나 모세의 대답은 이렇습니다.

📖 출 14:13~14 [13]모세가 백성에게 이르되 너희는 두려워하지 말고 가만히 서서 여호와께서 오늘 너희를 위하여 행하시는 구원을 보라 너희가 오늘 본 애굽 사람을 영원히 다시 보지 아니하리라 [14]여호와께서 너희를 위하여 싸우시리니 너희는 가만히 있을지니라

구원은 하나님의 주권입니다. 우리는 믿음으로 잠잠히 받아들이기만 하면 됩니다. 바로와의 싸움은 하나님의 몫입니다. 구약의 모든 전쟁이 다 하나님의 싸움이었음을 보게 될 것입니다. 17장의 아말렉과의 전쟁도 그렇습니다. 가나안 전쟁도 그렇습니다. 관점 2

애굽을 떠나는 이스라엘인의 수는 민수기의 인구 조사에 의하면 각 지파 장정만 603,550명이었습니다. 여기 부녀자, 노인, 아이들, 그리고 섞인 중다한 잡족들까지 합치면 250만 명은 족히 된다고 추정할 수 있습니다. 여기에 가축들까지 합치면 이들의 이동은 장대한 모습일 것입니다. 10열로 걸어갔으면 그 행군의 길이가 240km일 것입니다. 이 행군이 한 지점을 다 통과하려면 8-9일이 걸린다는 계산이 나옵니다. 만약 2열로 홍해를 건넜다면 35일이 걸렸을 것입니다. 그 길이가 1,340km가 되기 때문입니다. 이들이 광야 생활을 하면서 소모하는 음식의 양은 얼마나 되었을까를 상상해 보세요.

📖 출 **19:4** ...독수리 날개로 너희를 업어...

인도하셨다는 하나님의 말씀이 실감나는 것 같습니다.

☐ 불평하는 이스라엘 백성

가시적인 것에 의존하는 이스라엘 백성들의 믿음은 눈에 보이는 기적이 사라지면 그 믿음은 금방 없어지고 또 불평합니다. 그들은 하나님이 바다를 가르고 그들의 방대한 무리를 구하고 바로의 군사를 수장시키는 놀라운 기적을 그 눈으로 본지 얼마나 지났다고, 금방 불평을 늘어 놓습니다. 우리는 출애굽기 전체에서 이런 이스라엘 백성들의 불평을 많이 보게 될 것입니다. 홍해를 직면하면서 부터 시작하는 이스라엘의 불평과 원망의 모습을 읽을 때 밑줄을 치시고 얼마나 자주 불평을 하는지 살펴보세요. 하나님께서 불평과 원망을 어떻게 다루시는가를 살펴보세요. 광야는 노예로 400여 년간 잔뼈가 굵은 이스라엘 백성의 노예 근성을 없애고, 하나님의 자녀로서 자율적 삶을 살아가게 하는 법을 배우는 훈련장임을 명심하십시오. 하나님이 이들을 어떻게 훈련 시키시는가를 살펴보아야 출애굽기를 정확하게 이해할 수 있습니다. 더 나아가 하나님의 백성이 된 오늘날의 그리스도인은 어떤 훈련을 받고 있습니까? 오늘의 그리스도인은 이런 훈련이 필요없다고 생각하십니까?

☐ 그 불평을 들어주시는 하나님 15:19-17:7

이스라엘 백성들은 여전히 불평하지만 하나님은 그들의 필요를 채워 주십니다. 만나와 메추라기를 주십니다. 만나는 신약의 주기도문에서 필요한 일용할 양식으로의 의미를 갖는다고 했습니다. 요한복음 6장에서 예수님은 생명의 떡이라고 말씀하심을 기억해 보십시오. 만나는 바로 예수님이 생명의 떡이라는 사실을 모형론적으로 보여 줍니다.
'만나'라는 말은 "이것이 무엇인고?"라는 뜻입니다. 우리말로 하면 "웬 떡이냐?"라고 할 수 있겠지요.

바위를 쳐서 물을 주십니다.17:1-7 여기서는 일의 순서가 놀랍습니다. 16장에서는 만나가 나오는데 이는 그리스도가 지상에 오심을 나타내며, 17장에서는 바위를 치는 사건이 나오는데 이는 그리스도께서 십자가에서 죽으신 것을 나타냅니다.

물은 그리스도의 죽으심과 부활이 있은 후에 주신 성령을 상징한다고 해석하기도 합니다.요 7:37-38

아말렉과의 전쟁도 하나님이 싸워 주십니다.17:8-16 모세의 팔이 올라가면 이기고 내려가면 지니까 아론과 훌이 아예 두 팔을 받쳐 주고 있음을 봅니다. 그러나 모세의 팔의 마력으로 전쟁을 이긴 것이 아니고 여호와 닛시 즉 '여호와가 나의 깃발'이 되어 주셔서 싸워 주심으로 이긴 것임을 우리는 압니다. 이 모든 것을 통해 나타난 하나님의 마음은 바로 이렇습니다.

📖 출 6:7 …나는…너희의 하나님 여호와인 줄 너희가 알지니라

☐ **이드로를 통해서 조직을 가르쳐 주시는 하나님**18장은 질서의 하나님이시기 때문에 모든 것이 질서 속에서 정돈되게 이루어져 가야 하는 것입니다. 중구난방으로 하는 것은 하나님의 방법이 아닙니다.

☐ 출애굽기 19~24장 : 언약을 맺으시고 법을 주시는 하나님

19장 : 시내산 언약

□ 19장의 언약 - 하나님 나라의 회복의 시작 관점 2

출 19:4-6 [4]내가 애굽 사람에게 어떻게 행하였음과 내가 어떻게 독수리 날개로
너희를 업어 내게로 인도하였음을 너희가 보았느니라 [5]세계가 다 내게 속하였나니
너희가 내 말을 잘 듣고 내 언약을 지키면 너희는 모든 민족 중에서 내 소유가 되겠고
[6]너희가 내게 대하여 제사장 나라가 되며 거룩한 백성이 되리라 너는 이 말을 이스라
엘 자손에게 전할지니라

하나님께서 창세기 3:15과 아브라함과의 언약을 통한 하나님 나라를 회복하시기 위해 이스라엘 백성으로 한 민족을 이루시고 그들을 통한 역사를 시작하시면서 시내산에서 언약을 맺습니다. 먼저 이스라엘 백성에게 하나님이 그들의 하나님이 되실 수 있음을, 하나님이 그들을 위해 하신 일을 상기시켜 줍니다.

□ 출애굽기 1~19장에서 하나님의 행하심을 지도에서 추적해 봅니다.

행하심 1 : 백성의 고통 소리를 들으심2:23-25

행하심 2 : 모세를 준비시키시는 하나님

1) 모세의 탄생과 도피2:1-22

2) 모세를 부르시고 변화시키시는 하나님3:1-5(특히 5절)
능력을 주시는 하나님4:2-4이하

3) 젖과 꿀이 흐르는 땅으로 인도하심을 약속3:8, 17 cf 민수기 13:25-33

행하심 3. 열 가지 재앙으로 바로를 제압하시는 하나님7장~13장

행하심 4. 불과 구름 기둥으로 인도하시는 하나님13:21-22

행하심 5. 홍해를 가르는 기적을 일으키시는 하나님14장

행하심 6. 쓴 물을 달게 하시는 하나님15:22-24

행하심 7. 만나와 메추라기를 주시는 하나님16장

행하심 8. 물을 주시는 하나님17:1-3
아말렉과 싸움에서 이기게 하시는 하나님17:8-16

행하심 9. 조직을 갖추시게 하시는 하나님18장

행하심 10. 드디어 시내산에 도착하고 계명을 받게 준비시키시는 하나님19:4

출19:4~6 4내가 애굽 사람에게 어떻게 행하였음과 내가 어떻게 독수리 날개로 너희를 업어 내게로 인도하였음을 너희가 보았느니라. 5세계가 다 내게 속하였나니 너희가 내 말을 잘 듣고 내 언약을 지키면 너희는 모든 민족 중에서 내 소유가 되겠고 6너희가 내게 대하여 제사장 나라가 되며 거룩한 백성이 되리라 너는 이 말을 이스라엘 자손에게 전할지니라

그 일을 행하신 하나님은 이스라엘 백성이 애굽에 노예로 있을 때 섬겼을 잡신과 같은 존재가 아니라 우주를 소유하신 왕 같으신 분이라는 사실을 먼저 선언적으로 알려 줍니다. 그런 후에 하나님은 일방적으로 다음과 같은 계약을 선포하십니다.

1) 내 소유가 되겠고, 2) 제사장 나라가 되며, 3) 거룩한 백성이 되리라.

이것이 시내산 언약의 요점입니다. 이 시내산 언약은 아브라함 언약이 발전된 것으로 이해해야 합니다. 이제 이스라엘 백성은 바로 그런 하나님의 소유가 되어 그분의 제사장 나라가 되며 하나님의 거룩한 백성, 즉 하나님 나라의 백성으로 삼으신다는 선언적 약속입니다. 성경의 언약이 다 그러하듯이 그것은 쌍방적 계약이 아니라 하나님의 주도 아래 하나님께서 행하신 일방적 계약이고 그 계약을 이행하면 하나님의 축복은 하나님이 보장하는 식의 언약인 것입니다.

이 19장은 바로 시내산 언약이 맺어지는 장면을 보여 줍니다. 성경에서 가장 중요한 부분입니다. 그것은 하나님께서 하나님 나라를 세우시기 위한 계약언약입니다. 계약은 쌍방이 맺는 약속이지만 성경의 언약은 하나님의 일방적인 계약이고 인간은 그것을 지킬 의무와 그에 따른 복을 누릴 특권을 갖습니다. 언약은 言約이듯이 약속입니다. 물론 하나님이 주신 약속입니다. 비록 하나님에 의해 일방적으로 선언된 약속이지만, 그 약속의 실현은 쌍방적 의무입니다. 언약이 약속이라고 해서 축복을 주시는데만 초점을 맞추어 해석한다면 그것은 언약을 잘못 이해하는 것입니다.

언약은 하나님과의 관계가 회복되고 형성되는 것에 초점이 맞추어져야 합니다. 그러므로 언약은 관계 형성의 약속입니다. 그런 관계가 형성이 되면 복은 자연히 주어지는 것입니다. 성경의 모든 언약은 바로 이 관계 형성과 회복에 관한 약속임을 분명히 알아야 합니다. 창조 시 에덴에서 하나님은 아담과 언약을 맺었습니다. 하나님은 인간과 언약을 맺지 않을 수 없었습니다.

사랑의 하나님은 인간과 사랑의 관계를 맺으시고 발전시키며 축복하시기를 원하셨습니다. 그것은 선악과 언약이라고 할 수 있습니다. 그러나 인간은 그 언약을 파기하고 말았습니다. 언약 파기 가능성을 하나님은 아셨기 때문에 선악과를 두어 하나님을 기억하고 의지하게 했으나 인간은 결국 실패하고 말았습니다. 그러나 하나님은 관계 형성과 회복을 위해 아브라함과 언약을 맺으셨고, 지금 또한 시내산 언약을 맺으시는 것입니다. 이 시내산 언약은 아브라함 언약이 발전된 것이며 더욱 구체화된 것입니다. 하나님은 그 언약의 구체적인 이행을 위해 율법을 주십니다. 그러나 인간은 여전히 죄성 때문에 율법을 어기고 그 언약을 파기할 가능성을 하나님은 알고 계시며, 그럴 경우 관계 회복의 길을 열어 주시는데 그것이 바로 '제사 제도'입니다. 레위기에서 구체적으로 공부합니다. 앞서 언급했듯이 하나님 나라는 하나님과의 바른 관계가 회복되어 하나님의 통치가 온전히 회복되는 것을 의미한다고 했습니다.
그러나 결국 이스라엘은 하나님과의 언약을 저버리고 바알을 숭배하며 이방적 세속적 풍조에 휩쓸려 섞이는 삶을 살게 되고 하나님을 져버림으로 하나님의 통치를 벗어나 하나님 나라를 이루지 못하고 결국 망하고 마는 비극을 초래하게 됩니다. 이것이 구약의 역사입니다.

□ 출애굽기 20~24장 - 시내산에 올라 법을 받는 모세

애굽을 출발한 이스라엘 백성들은 3개월 만에 시내산에 도착하고, 십계명을 받고 성막을 짓는 등 11개월 5일 동안 머물게 됩니다. **애굽을 떠난다는 의미는 비합**

법적인 왕을 떠나 진정한 주권자이신 여호와 하나님께 속하게 된다는 것입니다.출 19:5 애굽에 거주한 지 430년이 지난 후출 12:41, 창 15:13, 창 46:5-7 하나님이 그들에게 주시기로 한 땅으로 가기 위해 애굽을 떠났습니다. 이스라엘 백성들은 물론 그들과 함께 언약의 특권을 누리게 된 사람들은 하나님의 은혜를 기억하기 위하여 앞으로 유월절을 지키게 될 것입니다. 시내산에 도착한 백성들은 모세를 통해 계약을 받고 십계명을 받습니다. 이 십계명은 열 개의 계명으로 되어 있지만 그 서언 부분을 함께 이해해야 십계명을 정확하게 이해할 수 있습니다.

□ 십계명의 구성 순서

1. 서언 부분

📖 출 20:2 나는 너를 애굽 땅 종 되었던 집에서 인도하여 낸 네 하나님 여호와니라

하나님은 계명을 주시기 전에 먼저 자신이 인간을 위해 애굽 땅에서 종살이로부터 그들을 구해 내신 일을 했음을 분명히 밝히십니다. 이 서언 부분에서 보는 하나님은 해방자 하나님이시며 그리고 구별된 삶을 살게 하시려는 하나님의 모습에서 하나님이 법을 왜 주시는지 그 이유를 찾아볼 수 있습니다. 이것은 십계명의 본질을 이해하는 데 중요한 대목이고 그 십계명의 정신을 오늘날의 상황 Context 속에서 이해하며 적용할 수 있게 해 줍니다.

1) 해방자 Liberator "애굽 땅, 종 되었던 집에서 인도하여 낸"

출애굽 사건은 은혜의 구원 사건입니다. 출애굽은 하나님의 주권적 행위로 이루어진 사건입니다. 이 사건은 모세가 주동해서 한 것이 아니라는 점, 이 점이 해방 신학과 다릅니다. 인간의 노력으로 이루어진 해방이 아닙니다.
해방 신학Liberation Theology은 출애굽기를 그 사상적 근거로 삼습니다. 하나님은 모든 정치 지도자를 감화하여 모든 억압받는 자들을 해방해야 한다는 것이 출애굽의 취지라는 것입니다. 이들은 만나를 정치적 자유, 권력, 번영을 상징하는 것이라고 보고, 만나가 주어지는 것을 노예, 나약한 자권력이 없는 자, 가난한 자들을 해방시키는 상징으로 보는 것입니다.

그러나 유대교 전통이나 기독교의 전통적 해석은 만나는 하나님의 순수한 은혜라는 것입니다. 인간에게 진정으로 그리고 근본적으로 필요한 것은 바로 하나님의 은혜입니다. 인간이 노예를 해방할 수 있습니다. 제도를 바꿀 수 있고, 번영케 할 수 있습니다. 그러나 그것은 하나님의 은혜로만 가능하고, 그 은혜는 인간이 줄 수 없고 오직 하나님만이 줄 수 있는 것입니다.

해방이라고 할 때 그 해방의 방향성이 중요합니다. 즉 '누구로부터의 해방'이 아니고, '누구에게로 향한 해방'인가가 중요합니다. 해방 신학, 민중 신학은 '누구로부터 또는 무엇으로 부터 해방'에 초점을 맞추고 있다는 것입니다. 그것은 곧 인간 중심Anthrocentric이냐 하나님 중심Theocentric이냐의 문제입니다.
출애굽의 사건은 순전한 하나님의 은혜의 사건입니다. 하나님 나라를 회복하시기 위한 계획 속에 진행된 하나님의 주도적 사건입니다. 또한 출애굽 사건은 신약 시대의 그리스도 구속 사역의 예표입니다.

엡 2:8-9 8너희는 그 은혜에 의하여 믿음으로 말미암아 구원을 받았으니 이것은 너희에게서 난 것이 아니요 하나님의 선물이라 9행위에서 난 것이 아니니 이는 누구든지 자랑하지 못하게 함이라 관점 2

2) 하나님God "나는…네 하나님 여호와니라"

이 일을 하신 분은 모세가 아니고 하나님이시라는 것입니다. 하나님이 애굽 땅, 종 되었던 집에서 인도하여 내신 분이시라는 것입니다. 모세가 한 일이 아니라는 것을 말해 줍니다. 그 하나님을 바로 '아브라함, 이삭, 야곱의 하나님'이라고 부르는 이유는 그들과 맺은 언약을 이루어 주시는 하나님이란 말입니다. 그 언약이란 자기 백성을 애굽에서 구원하심으로 언약을 이루신다는 말입니다. 파스칼이 말한 것처럼 우리 하나님은 철학자들의 관념 속에 있는 하나님이 아니라 실제로 존재했던 아브라함, 이삭, 그리고 야곱의 하나님으로서 실제의 삶 속에서 역사하시는 하나님이시라는 말입니다. 그분은 이신론理神論자들이 주장하듯이 저 멀리서 자연 법칙을 통해 일하시는 그런 하나님이 아니신 것입니다. 삶 한가운데서 우리와 함께 계시며 역사하시는 하나님이신 것입니다. 그 하나님은 바로 '스스로 계신 분'이십니다.

하나님의 이름 Y위 Hㅎ W우 Hㅎ 에다가 '주님'아도나이이라는 의미를 가진 아도나이의 모음을 합성하여 '야훼'로 발음합니다. 의미는 '스스로 있는 자I am who I am'입니다. 이런 하나님이 이스라엘을 애굽의 억압에서 해방해 내셨다는 것입니다. 그것은 하나님 나라를 회복하시기 위함이고 그래서 그 백성이 하나님 나라에 합당한 구별된 삶을 살아가게 하시기 위함입니다. 이것의 신약적 의미는 베드로 전서 2:9로 요약할 수 있습니다.

벧전 2:9 그러나 너희는 택하신 족속이요 왕 같은 제사장들이요 거룩한 나라요 그의 소유가 된 백성이니 이는 너희를 어두운 데서 불러내어 그의 기이한 빛에 들어가게 하신 이의 아름다운 덕을 선포하게 하려 하심이라 성경은 바로 하나님 나라를 이루시는 하나님의 사랑의 역사인 것입니다. 구약이 꿈꾸어 온 그 하나님 나라가 예수님이 오심으로 이 땅에 실현되기 시작했습니다. 아직은 온전히 이루어져 있지 않고, 예수님 재림 시에 완성되는 나라이지만, 그 나라는 '지금' 그리고 '여기에' 이루어져야 한다고 예수님이 가르치십니다. 관점 3

3) 구별된 삶을 위해 하나님은 법을 주시는 분

아담이 죄를 범함으로 하나님 나라가 깨어지면서 인간은 하나님과의 관계가 단절되고 스스로의 삶을 개척해야 하는 형벌을 받습니다.창 3:16~17 그 의미는 우리의 삶이 매 순간 선택을 해야 하는 기로에서 살아가게 된다는 것입니다. 아담과 하와가 죄를 범하기 전에는 그들은 선택해야 할 일이 없었습니다. 왜냐하면 아담과 하와가 할 일이라는 것은 하나님께 순종하는 것밖에 없고 나머지는 하나님께서 다 책임져 주시는 삶을 사는 것이 바로 에덴의 삶이었기 때문입니다. 인간의 불행은 바로 선택해야 하는 것에서부터 시작됩니다.

미국의 시인 프로스트Frost,Robert Lee:1874~1963는
그의 시 '가지 않은 길'의 마지막 연에서

> "…훗날에 훗날에 나는 어디에선가
> 한숨을 쉬며 이야기할 것입니다.
> 숲 속에 두 갈래 길이 있었다고
> 나는 사람이 적게 간 길을 택하였다고
> 그리고 그것 때문에 모든 것이 달라졌다고"
> 라고 고백합니다.
> 김희보 편저「믿음의 명시」종로서적 1987 p.255

이것이 선택을 해야 하는 삶을 우리가 살아가고 있는 것이고 그 선택의 결과에 대해 우리는 반드시 책임을 져야 하는 것입니다. 시편 기자도 시편 1편에서 이 선택에 관해 노래합니다.

애굽을 떠나 노예의 신분에서 자유인이 된 신분의 변화 후에 법이 주어졌습니다. 노예에게는 법이 필요가 없습니다. 노예는 자율적인 의사 결정권이 없기 때문입니다. 자유인이 되었다는 것은 선택의 자유를 가지게 되었다는 것이고 그리고 그 결과에 대해서 책임을 져야 하는 처지가 되었다는 것입니다. 선택의 잘잘못에 따라 그는 하나님과의 관계가 진전되느냐 아니면 파괴되느냐가 결정됩니다. 하나님은 그들이 선택을 해야 할 기로에 섰을 때 하나님과의 관계가 파

괴되지 않는 쪽을 선택할 수 있도록, 그 선택의 기준이 될 수 있도록 십계명을 주시는 것입니다. 그래서 그들이 하나님께 죄를 범하는 길을 택해 관계가 파괴되는 선택을 하지 않고 하나님을 기쁘시게 하는 선택을 함으로 하나님의 백성으로서 구별된 삶을 살아갈 수 있도록 하시는 것입니다. **하나님이 원하시는 구별된 삶을 살지 못하면 하나님 나라는 이루어지지 않습니다. 하나님 나라가 이루어지지 못하면 우리는 하나님이 예비하신 에덴적 축복은 누리지 못합니다.**

그러므로 출애굽의 사건은 에덴적 축복을 누리기 위한 구별하는 삶의 시작을 의미합니다. 애굽적 삶을 청산하고, 앞으로 들어갈 가나안의 삶을 본받지 않고, 하나님의 삶을 살아가야 하는 백성에게 하나님은 그 계명을 주시는 것임을 명심하십시오. 역시 하나님 나라의 관점에서 이해해야 합니다.

레 20:26 너희는 나에게 거룩할지어다 이는 나 여호와가 거룩하고 내가 또 너희를 나의 소유로 삼으려고 너희를 만민 중에서 구별하였음이니라

출애굽하여 이제 미지의 가나안 땅에 들어갈 이스라엘 백성의 구별된 삶은 이방인의 풍속을 좇지 않는 삶이어야 합니다. 그 구별된 삶은 율법을 따르는 삶입니다.

레 18:1-5 1여호와께서 모세에게 말씀하여 이르시되 2너는 이스라엘 자손에게 말
하여 이르라 나는 여호와 너희의 하나님이니라 3너희는 너희가 거주하던 애굽 땅의
풍속을 따르지 말며 내가 너희를 인도할 가나안 땅의 풍속과 규례도 행하지 말고 4너
희는 내 법도를 따르며 내 규례를 지켜 그대로 행하라 나는 너희의 하나님 여호와이
니라 5너희는 내 규례와 법도를 지키라 사람이 이를 행하면 그로 말미암아 살리라 나
는 여호와이니라

오늘날 우리의 구별된 삶은 로마서 12:1-2의 말씀에 따르는 삶입니다.

롬 12:1-2 1그러므로 형제들아 내가 하나님의 모든 자비하심으로 너희를 권하노
니 너희 몸을 하나님이 기뻐하시는 거룩한 산 제물로 드리라 이는 너희가 드릴 영적
예배니라 2너희는 이 세대를 본받지 말고 오직 마음을 새롭게 함으로 변화를 받아 하
나님의 선하시고 기뻐하시고 온전하신 뜻이 무엇인지 분별하도록 하라

2. 본문 - 열 개의 계명

1) 제1계명~제4계명 : 하나님과의 관계

2) 제5계명~제10계명 : 사람과의 관계

- 이웃 사랑이 곧 하나님을 사랑하는 것 마 25장

삶 속에서의 십계명

계명을 지킨다는 것은 우리 삶 가운데 일어나는 영적 싸움을 말합니다.

1계명
자신이 하나님이 되고 싶어 하는 것과의 싸움

2계명
예배의 대상에 대한 싸움

3계명
주인(lordship)에 대한 갈등

4계명
창조의 원리로 돌아가는 삶의 재충전

5계명
존경심 함양의 싸움

6계명
남을 미워하는 것과의 싸움

7계명
성적 순결과 싸움

8계명
부당 이득과의 싸움

9계명
진리 지킴에 대한 싸움

10계명
탐심, 물질 만능주의와의 싸움

십계명은 영성의 기초가 되는 것이며, 성경에 나오는 모든 심판의 근거가 되는 것입니다. 십계명은 하나님의 백성이 이 땅에서 행복하게 살아가는 비결을 가르쳐 주는 하나님의 '행복 코드'입니다. 이것을 지키면 행복해지고, 이것을 어기면 불행 해진다고 신명기 28장에서 분명히 말하고 있음을 기억하세요.

콜린 스미스 "손에 잡히는 성경 이야기 1" 국제 제자 훈련원 2004 p.137~140 참조

시편 1편과 19편은 율법의 중요성을 강조하는 시편입니다.

시편 1편

1 복되어라. 악을 꾸미는 자리에 가지 아니하고 죄인들의 길을 거닐지 아니하며 조소하는 자들과 어울리지 아니하고,

2 야훼께서 주신 법을 낙으로 삼아 밤낮으로 그 법을 되새기는 사람.

3 그에게 안 될 일이 무엇이랴! 냇가에 심어진 나무 같아서 그 잎사귀가 시들지 아니하고 제철 따라 열매 맺으리.

4 사악한 자는 그렇지 아니하니 바람에 까불리는 겨와도 같아.

5 야훼께서 심판하실 때에 머리조차 들지 못하고, 죄인이라 의인들 모임에 끼지도 못하리라.

6 악한 자의 길은 멸망에 이르나, 의인의 길은 야훼께서 보살피신다. (공동 번역)

시편 19장 7~8절

"7여호와의 율법은 완전하여 영혼을 소성시키며 여호와의 증거는 확실하여 우둔한 자를 지혜롭게 하며 8여호와의 교훈은 정직하여 마음을 기쁘게 하고 여호와의 계명은 순결하여 눈을 밝게 하시도다"

□ 그리스도인의 삶 속에서 율법십계명의 역할은?

하나님의 율법은 구원받지 못한 사람들을 하늘로 올라갈 수 있는 사다리가 아니라, 구원받은 자의 생활 양식입니다. 하나님의 백성이기 때문에 주는 것입니다. **계명을 받는다는 것은 하나님의 백성이 되었다는 증거입니다. 계명을 지킨다는 것은 하나님의 백성으로 행복하게 살아 갈 수 있다는 것을 말합니다. 신28장과 십계명은 하나님이 인간에게 주는 '행복 코드'입니다.**시편 1편

□ 십계명은 율법인가? 언약 covenant, testament인가?

율법은 언약과 매우 밀접한 관계가 있습니다. 언약이 없이는 율법이 주어지지 않습니다. 그러므로 언제나 언약이 먼저 주어지고 그에 따른 인간의 의무 조항인 법율법이 주어지는 것입니다. 따라서 법은 언약에 대해 종속 개념 또는 하위 개념입니다.

계약언약은 비록 하나님이 일방적으로 만든 것이라고 해도 계약언약은 하나님이 인간에게 스스로 맹세한 약속이 들어 있습니다. 이 약속이 계약을 일반적 윤리와 구분하는 점입니다.

이 10계명의 계약성은 인간의 의무는 하나님의 백성이 되는 것이고, 하나님의 약속은 인간의 하나님이 되어 주신다는 것입니다. 이것이 하나님 나라 관점입니다. 이 십계명은 윤리·도덕의 차원도 넘어서고, '계약의 차원도 넘어선 삶' 그 자체입니다.

따라서 구약의 영성을 크게 두 가지로 나눌 때 레위기를 중심으로 한 법 지킴을 강조하는 제사장적 영성예배의 회복과 그 법을 지키지 못함으로 인해 깨어진 언약을 회복하기를 강조하는 선지자적 영성하나님의 사랑과 공의의 회복으로 나눌 수 있습니다.
이 두 가지의 영성은 곧 십계명의 지킴과 직결되어 있습니다. 이 두 영성은 평행하는 두 영성이 아니고, 합치고 균형을 이루어 하나가 되는 영성이고 그것이 바로 예수님의 영성이며 신약의 영성입니다.

□ 신약에서 예수님은 십계명을 어떻게 요약하셨을까?

막 12:28-34 28서기관 중 한 사람이 그들이 변론하는 것을 듣고 예수께서 잘 대
답하신 줄을 알고 나아와 묻되 모든 계명 중에 첫째가 무엇이니이까 29예수께서 대답
하시되 첫째는 이것이니 이스라엘아 들으라 주 곧 우리 하나님은 유일한 주시라 30네
마음을 다하고 목숨을 다하고 뜻을 다하고 힘을 다하여 주 너의 하나님을 사랑하라
하신 것이요 31둘째는 이것이니 네 이웃을 네 자신과 같이 사랑하라 하신 것이라 이
보다 더 큰 계명이 없느니라 32서기관이 이르되 선생님이여 옳소이다 하나님은 한 분
이시요 그 외에 다른 이가 없다 하신 말씀이 참이니이다 33또 마음을 다하고 지혜를
다하고 힘을 다하여 하나님을 사랑하는 것과 또 이웃을 자기 자신과 같이 사랑하는
것이 전체로 드리는 모든 번제물과 기타제물보다 나으니이다 34예수께서 그가 지혜
있게 대답함을 보시고 이르시되 네가 하나님의 나라에서 멀지 않도다 하시니 그 후에
감히 묻는 자가 없더라

예수님은 이 십계명을 '하나님 사랑', '이웃 사랑'으로 요약 하셨습니다. 이것을 사랑의 이중 계명이라고 합니다. 20~23장은 언약의 내용에 대해 기술하고 있는데, 십계명은 언약 공동체의 헌법이며 나머지 율법은 헌법 조항이나 명령에 대한 설명들입니다.

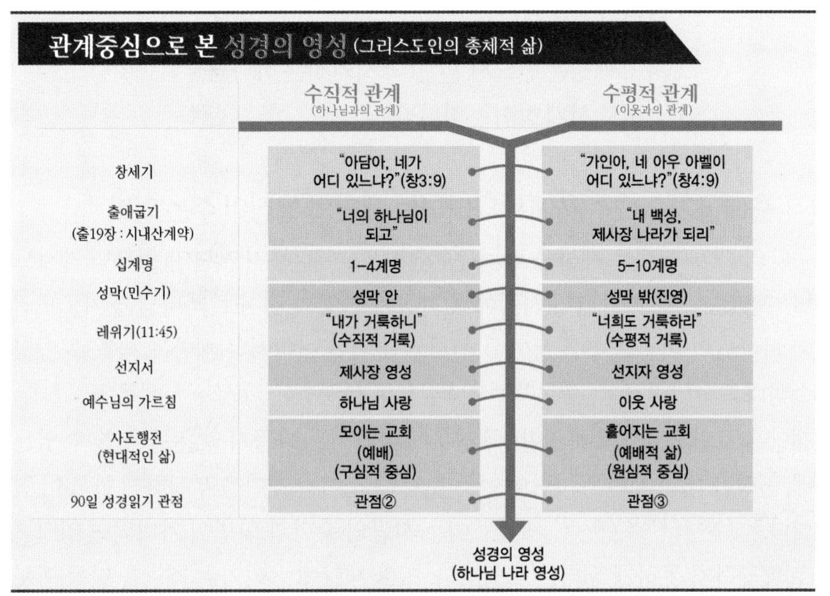

관계중심으로 본 성경의 영성 (그리스도인의 총체적 삶)
수직적 관계
(하나님과의 관계)
수평적 관계
(이웃과의 관계)
창세기
"아담아, 네가 어디 있느냐?"(창3:9)
"가인아, 네 아우 아벨이 어디 있느냐?"(창4:9)
출애굽기 (출19장 : 시내산계약)
"너의 하나님이 되고"
"내 백성, 제사장 나라가 되리"
십계명
1-4계명
5-10계명
성막(민수기)
성막 안
성막 밖(진영)
레위기(11:45)
"내가 거룩하니" (수직적 거룩)
"너희도 거룩하라" (수평적 거룩)
선지서
제사장 영성
선지자 영성
예수님의 가르침
하나님 사랑
이웃 사랑
사도행전 (현대적인 삶)
모이는 교회 (예배) (구심적 중심)
흩어지는 교회 (예배적 삶) (원심적 중심)
90일 성경읽기 관점
관점②
관점③
성경의 영성
(하나님 나라 영성)

십계명의 여덟 가지 '하지 말라'와 두 가지 '하라'

스스로 자기 일을 찾아하지 못하는 미성숙한 자에게는 '하지 말라'가 더 많은 법입니다.

유대교(Judaism-포로기 이후에 형성된 이스라엘의 신앙)는 모세 5경을 통해 613개의 계명을 뽑아 내었습니다. 그중 248개는 '하라'의 형태이고, 365개는 '하지 말라'의 형태입니다. 248개는 우리 온몸을 이루고 있는 각 부분의 총수를 의미하고, 365는 일 년의 날 수를 의미한다고 합니다. 이것은 일 년 내내 우리의 온 몸과 정성을 다해 하나님을 사랑해야 한다는 의미입니다.

유대이즘은 구원을 이 계명을 지키는 행위 구원에 두고 있습니다(이슬람도 마찬가지). 그러나 인간이 스스로 이 계명을 다 지키고 구원에 이르는 길은 불가능합니다. 그래서 두려움이 생기고, 각 계명의 시행 세칙을 세분화해서 만들고 결국에는 율법주의로 흘러가고야 맙니다. 외부로 나타나는 '행함'이 중요해지는 것입니다. 십계명은 원리적인 것이지 세칙적인 것은 아닙니다.

십계명은 단순히 지키는 윤리나 도덕적인 것 이상입니다. 윤리나 도덕일 경우 지킴의 요구와 의무만이 있을 뿐입니다.

임마누엘 칸트는 "의무에서 유래한 선의지"라는 그의 저서에서 그런 윤리적 지킴에 대한 보상은 없다고 말합니다. 그러나 십계명의 지킴은 보상이 따른다고 성경은 말하고 있습니다. '지켜 행하면' 하나님의 복이 약속되어 있습니다. 신명기를 읽을 때 '지켜 행하면'의 강조점을 공부합니다. 십계명의 '너희'는 단수형의 You를 사용한다는 사실을 명심하십시오.

이것은 나와 하나님과의 직접적인 관계를 의미합니다. 나는 결국 개인적으로 하나님 앞에 서는 존재라는 사실을 잊어서는 안 됩니다.

고후 5:10 이는 우리가 다 반드시 그리스도의 심판대 앞에 나타나게 되어 각각 선악간에 그 몸으로 행한 것을 따라 받으려 함이라.

출애굽기와 신약에 나타난 하나님의 성품

하나님의 성품	출애굽의 해방 - 유월절 피에 의한 피함	신약의 구원 - 십자가 보혈
1) 심판 Judgement	10가지 재앙, 장자죽임	골고다에서 인간의 죄를 다루시고 사탄을 이기는 것
2) 은혜 Grace	유월절 어린 양의 피 이스라엘을 애굽에서 구원해 내심	십자가 보혈
3) 전능 Might	홍해를 가르고 피난처를 여심	부활하시고 하늘에 오르시며 구원을 완성하심
4) 인도 Guide	불기둥, 구름기둥	성령의 임재와 인도하심
5) 예비 Provision	만나를 주시고, 물을 마시게 하심	그리스도 안에서 누리는 복 성도의 필요를 채우시는 예수님
6) 신실하심 Faithfulness	언약을 이어가심	언약을 이어가셔서 완성하심
7) 겸손, 낮아지심 condescension	성막 속에서 거하심	성령을 통해 성도와 함께 거하심

□ 출애굽기에서 보는 하나님의 속성

출애굽기에 보이는 하나님의 속성을 다음 3가지로 요약해 봅니다.

1. 인간의 부르짖음비록 그것이 기도라는 형태를 갖추지 않았어도을 듣고 응답하시는 하나님
2. 자기 백성은 반드시 훈련연단 시키시는 하나님
3. 스스로 서게 하시는 하나님

□ 출애굽기 20:24-26에서 나타나는 제단의 특징이 주는 의미

구약의 예배 형태는 제물을 바치는 것입니다. 어디든지 제단만 있으면 제사드릴 수 있습니다. 하나님이 사람에게 찬송과 찬양과 감사로 하나님께 기도드리며 하나님의 이름을 부를 동기를 주시는 곳이면 어디서나 제단을 세울 수 있었습니다.창 12:7-8, 35:1,삿 6:23-24,13:15-20 참조. 신 12장 이후에야 한 중앙 성소에서만 제사드리게 한다. 제단은 토단으로도 족하지만24절 경우에 따라서는 다듬지 않은 돌을 쓸 수 있는데, 연장을 대면 제단은 사람이 만든 것이 되고 이는 제단을 부정하게 한 것이 됩니다.이런 생각은 왕상6:7에서도 남아 있다. 이는 사람의 수단과 방법이 가미되면 영적으로 깨끗하지 못하게 된다는 말입니다. 또한 제단에 올라가는 계단을 만들지 못

하게 하신 이유는 사람의 편리함을 도모하지 말고 불편함을 극복하며 하나님 앞으로 나아가라는 뜻이기도 합니다.

24장 - 언약 인준식을 거행합니다. 그러나 이스라엘 백성이 이 언약을 지키지 않게 되자 수많은 선지자들이 바로 이 언약 준수에 대해 외치게 됩니다.

3. 출애굽기 24:15~40장 : 성막 설계를 주시는 하나님

출 25~40장

◎ 25~31장 : 성소의 준비

언약의 한 부분으로서 하나님은 이스라엘 백성으로 하여금 1년에 3번 일정한 장소에서 여호와와 만나도록 구체적인 지시를 하십니다.

☐ 왜 하나님이 성막을 직접 설계해 주실까? 성막 이외에 하나님이 직접 설계해 주신 것이 무엇이며, 왜 그렇게 했을까?

성막을 주시는 이유

📖 출 **25:8** 내가 그들 중에 거할 성소를 그들이 나를 위하여 짓되

에덴이 하나님 나라의 원형이라면 성막은 하늘의 모형입니다.히 8:5 하나님 나라의 원형이었던 에덴에서는 아담과 하와가 인간이 언제나, 아무데서나 하나님을 만날 수 있었고, 또 하나님의 얼굴을 보아도 죽지 않았습니다. 왜냐하면 그곳은 죄가 없었던 곳이기 때문입니다. 이 모습에서 우리는 죄가 들어오기 전의 에덴은 하늘과 땅의 구별이 없었던 곳이라는 것을 쉽게 상상해 볼 수가 있습니다. 아담과 하와가 죄를 범함으로 에덴에서 추방 당했다는 것은 하나님과의 관계의 단절을 의미합니다. 이로써 하늘과 땅은 구별되어 단절 되는 것입니다. 그것은 곧 하나님 나라의 파괴입니다. 인간은 그 일로 인해 하나님을 만날 길이 없어 졌습니다. 그러나 그것이 이제 성막에서 다시 열리게 되었습니다. 하나님은 이스라엘 백성을 애굽에서 구해 내시고, 시내산에서 언약을 주시고 다시 하나님과 관계를 맺고 언약 백성을 삼으셨습니다. 하나님은 그들에게 하나님의 백성으로서 구별된 삶을 살도록 율법을 주셨습니다. 그러나 하나님은 그들이 율법을 어기고 하나님과의 관계를 깰 수 있는 죄의 속성이 그들에게 있음을 아시고 그들에게 다시 길을 열어 주시는 것이 성막입니다.

하나님은 그들을 거기서 만나시기를 원하십니다. 그래서 하나님은 다시 하늘과 땅이 만나는 길을 여셨습니다. 성막은 하늘 즉 에덴의 모형이라고 할 수 있습니다. 하나님이 거기에 거하시지만 죄에 오염된 인간은 에덴에서처럼 하나님을 함부로 만날 수는 없었습니다. 그래서 하나님은 인간에게 그를 만나는 길을 가르쳐 주시는 것이

알아두기

법궤 속에 들어 있는 것은?

십계명, 즉 돌판뿐이다.출 25:16. 다른 것, 즉 만나와 아론의 지팡이는 법궤 앞에 두라고 했다.출16:33-34, 민17:10 그런데 히 9:4에는 이 3가지가 다 법궤 안에 들어 있는 것으로 언급하는데 아마 후대 어느 시점에 이 3가지를 다 법궤 안에 넣기 시작한 것 같다고 사람들은 추정한다.

법궤는 하나님이 임재하는 곳이며 십계명판만 법궤 안에 두라는 이유는 언약의 중요성 때문이다.

성막은 하나님이 임재하시기 위해 지은 것이라고 했습니다.(출 28:5) 성경에서 성막(전)과 관련해서 하나님의 임재하심을 살펴봅니다.

1. 하나님은 처음에 에덴에 임재하시고 아담과 함께 하셨습니다(창 3:8)
2. 성막에서 함께하셨습니다(출 25:8)
3. 솔로몬의 성전에 충만하셨습니다(왕상 6장)
4. Immanuel. 하나님이 우리와 함께하시다(사 7:14)
5. 하나님의 영광이 성전을 떠나셨습니다(겔 10:18)
6. 육신이 되셔서 우리 가운데 거하시게 됩니다(요 1:14)
7. 우리가 성령이 거하시는 전입니다(고전 3:16)
8. 하나님께서 그의 백성과 영원히 함께하십니다(계 21:3)

John H. Walton
"Old Testament Today"
Zondervan 2004 p.98

제사 제도입니다. 구약의 제사는 하나님을 만나러 가는 길입니다. 하나님을 만나는 길은 하나님이 열어 주시기 때문에 성막도 하나님의 방법대로 지어져야 합니다.

40장 13-33절에 모세가 여호와께서 명한 대로 성막을 완성했다는 말이 8번이나 나오는데서 하나님의 방법이 얼마나 중요한지를 볼 수 있습니다. 그래서 하나님은 성막의 설계를 직접 주십니다. 이것이 바로 신위神爲입니다. **이것은 인간의 방법으로 하나님을 만나러 가는 길을 열 수가 없다는 말입니다. 그래서 하나님은 제사하는 방법도 직접 가르쳐 주십니다.**레위기 1장-10장 **구약의 제사가 하나님 방법대로 이루어져야 하나님을 만날 수 있듯이, 오늘날의 예배도 하나님의 방법으로 드려져야 하나님을 만나는 예배를 드릴 수가 있습니다. 그러나 불행하게도 오늘날 인간 감정을 만족시키는 인위적인 예배를 너무나도 많이 보게 되는 것은 참으로 안타깝다 못해 개탄스럽습니다. 하나님 방법, 즉 신위神爲에 순종하는 첫 번째 길은 성경으로 돌아가는 것입니다. 성경은 읽지도 않고 사람의 머리로만 생각하면 그 곳에는 인위人爲만 있을 뿐입니다.**

하나님은 성막의 건축 구조물의 설계뿐만 아니라 성막 안에 필요한 모든 기구들까지도 직접 설계하시고 만드는 법을 가르쳐 주셨습니다.

□ 성막의 기구와 용도

다음 도표에서 성막의 기구의 종류와 그 용도를 살펴보십시오.

성막에서 사용하는 주요 기구들

이름	무엇인가?
언약궤	지성소 안에 위치한, 금으로 된 직사각형의 상자
속죄소	언약궤를 덮고 있는 뚜껑
휘장	성막 내의 성소와 지성소를 구분하는 커튼
진설병상	이스라엘 12지파를 상징하는 12개의 떡이 진설되어 있는 상
등대	7개의 가지 끝에 등불이 타고 있는 촛대
분향단	지성소의 휘장 바로 앞에 위치한, 향을 불태우는 제단
관유	제사장과 성막의 기구들에 발라 거룩하게 구별하는 기름
번제단	성막의 바깥뜰에 위치한, 희생 제물을 불태우는 놋단
물두멍	제사장들이 직무를 수행하기 전에 손발을 씻었던 큰 놋대야

그리고 그 성막의 기구의 배치 순서를 통해서 하나님을 만나는 경로를 살펴보십시오. 구약에서 사람이 하나님을 만나는 순서는 먼저 번제단에서 죄의 문제를 해결하고, 물두멍에서 성결함을 얻고, 떡상이라는 말씀과 등대의 빛 가운데로 행한 삶을 거치며 분향단의 기도를 거쳐 하나님이 임재해 계시는 법궤에 이르게 된다는 것입니다.

역순으로 하나님은 기도 가운데서 만나 주시고, 빛 가운데서의 행함에서 만나 주시고, 말씀 가운데서 만나 주시고, 죄의 문제와 성결함을 위한 물두멍과 번제단에서 만나 주신다는 것입니다.

□ 성막 기구 배치 순서로 본 하나님과 인간의 만남의 경로

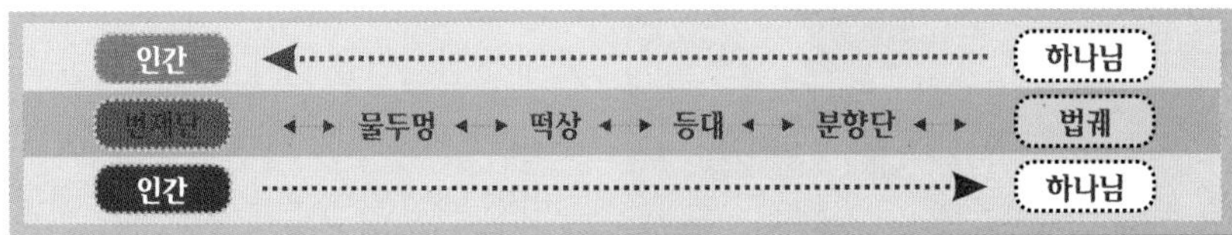

성막의 기구의 영적 의미와 그 배치 순서가 요한복음 내용의 순서와 일치함은 우연이 아닙니다. 이것은 앞의 하나님과의 만남의 경로를 다시 한번 의미있게 설명해 주고 있습니다.

성소	요한복음	
1) 놋제단	1장	"하나님의 어린 양"
2) 물두멍	3장	"물과 성령으로 거듭나지 않고서는 하나님나라에 들어가지 못함"
3) 떡상	4-6장	"나는 생명의 떡, 생수"
4) 등대	8-9장	"나는 세상의 빛이라"
5) 분향단	14-16장	"예수 이름으로 드리는 기도"
6) 지성소	17장	"대제사장의 중보기도"
7) 법궤 시은좌	20장	"성령을 받으라, 하나님의 임재 쉐키나"

성막을 예수님의 모형이라고 합니다. 우리와 하나님과의 관계의 모든 문제를 해결해 준다는 점에서 그렇습니다. 그래서 하나님이 양장에 수놓는 실의 색깔을 정해 주시는 이유는 그런 영적인 의미가 담겨져 있음을 다음 도표를 통해 볼 수 있습니다. 성막을 통해서 예수님을 묵상하십시오.

양장에 수놓은 4색의 의미

색상	의미	예수님과 연관성
청색	희망과 생명 상징	예수는 생명의 주로 예수의 신성과 그 안에 있는 영생을 암시
자색	부요와 고귀함을 상징	자색 옷은 귀인용 옷감으로 만유의 주요 만왕의 왕이신 그리스도의 영광을 나타냄
홍색	왕, 희생을 상징	홍포를 입은 인류의 왕이시며 십자가에 희생당하신 속죄양 예수를 의미
흰색	성결, 순결	예수 그리스도의 무죄성과 순결한 삶을 상징

푸생 작품, [황금송아지 숭배]1633-36

◎ 출애굽기 32~34장 : 금송아지 만들고 숭배하는 백성들, 우상 섬김에 대해

□ 산에서 하산해 보니 백성들은 금송아지를 만들고…

모세가 십계명을 받기 위해 시내산 속으로 간 사이의 공백을 참지 못한 이스라엘 백성은 아론을 설득하여 애굽의 신관으로 회귀하는 모습을 봅니다. 금송아지를 만들어 놓고 그것을 하나님이라고 섬깁니다.

고대 유물에서 발견된 당시 우상화된 소의 모습

잘못된 신을 바른 신으로 섬기는 것은 바른 신을 잘못 섬기는 것만큼이나 치명적입니다. 오늘 우리는 잘못된 신을 바른 신이라고 착각하며 섬기고 있지는 않은지, 특히 종교 다원주의가 가져다주는 혼합 주의에 빠진 현대 그리스도인의 신관은 과연 문제가 없는가를 생각해 보아야 할 것입니다. 출애굽기 34장 12–14절을 특히 유의하세요. 성경을 읽는 관점을 제공합니다. 관점 3

아론은 결국 '사람이 무엇을 원하는가'에 귀를 기울이는 목회자로 전락해 버렸고, 시장 원리에 의한 목회는 결국 우상 숭배로 가는 결과를 초래합니다. 왜냐하면 하나님의 만족은 생각하지 않기 때문입니다. 이 금송아지 숭배는 이것으로 끝나지 않았습니다. 분열 왕국이 시작되면서 북왕국의 여로보암이 금송아지 숭배를 시작하고 그것을 위한 신전을 짓고 그것이 북왕국의 신앙의 기초가 됨으로 북왕국은 왕국 뿐만 아니라 거기에 동조한 열 지파가 없어지는 비극을 초래함을 보게 됩니다.

◎ 출애굽기 35~40장 : 성막 건축

성막 : 하나님이 그 백성 가운데 거하신다
회막 : 하나님께서 그곳에서 그분의 백성과 만나신다
증거막 : 법궤를 그곳에 보관하다

성막의 구성
성소(크기 13.7x4.5x4.5):는 하나님이 어떻게 사람들 가운데 임재하시는가를 상징하고 예배와 제사에 초점을 맞춘다.
물두멍 : 물두멍은 제사장들이 제물을 바치려 성소에 들어가기 전에 손을 씻는 곳
지성소 : 지성소는 성소 전체의 1/3에 해당되는 정방형으로 법궤를 모셔 두는 곳이고 하나님이 임재하는 곳이다. 대제사장이 일년 중 대속죄일에 한번 국가의 죄를 회개하기 위해 들어간다(레 16장)
번제단: 번제단(크기 2.2평방미터X1.3미터 높이)은 꺼지지 않는 불로 매일 아침과 오후에 제물을 태우는 곳
성막 뜰 : 성막 뜰은 45.7미터 x 22.8 미터의 크기의 세마포로 싸여 있는 안쪽 뜰을 말한다.
언약궤의 모습

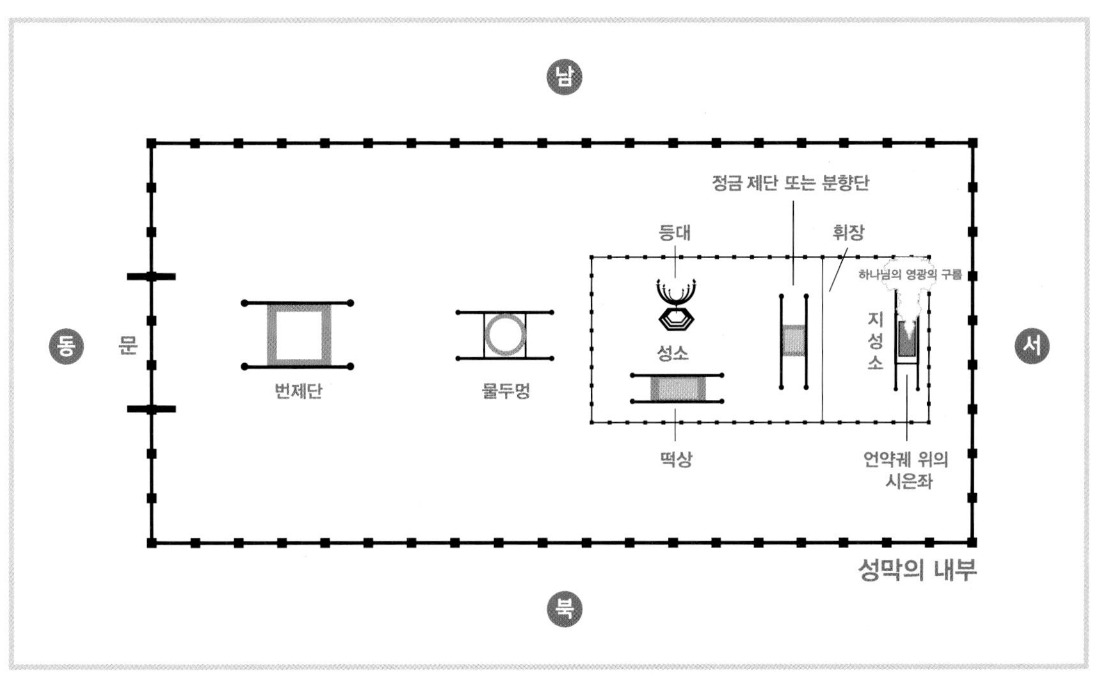
남
동
문
번제단
물두멍
정금 제단 또는 분향단
등대
휘장
하나님의 영광의 구름
성소
지
성
소
떡상
언약궤 위의
시은좌
서
북
성막의 내부

08일

년 월 일

오늘의 읽을 분량

레 1~10장

레위기 LEVITICUS 利未記

레위기 한눈에 보기

개요 구별된 삶을 통한 하나님과 교제 (거룩한 길 다니리)

I. 하나님과 교제의 근거 - 제사(1장-10장) "내가 거룩하니"	II. 구별된 삶에 대한 하나님의 지침(11장-27장) "너희도 거룩하라"
1) 제사와 제사규례 (죄사함) 1장-7장 2) 제사장 (중보) 8장-10장	1) 정결 (순결) 11장-16장 2) 제단 (화해) 17장 3) 사람이 지켜야 할 규례 (18장-20장) 4) 제사장이 지켜야 할 규례 (21장-22장) 5) 절기 등에 대한 규례 (23장-24장) 6) 가나안 땅에 들어 갔을 때 지켜야 할 규례 (25장-27장)

레위기는 시간이 흐르지 않는 책입니다. 그러나 레위기에 주어진 시간은 이스라엘이 BC 1446년경에 시내산에서 계약을 맺고 법을 받으며 성막을 짓기 위해 11개월 동안입니다. 하나님은 피의 희생 제사를 통해 인간의 죄를 용서하시고 구별된 삶을 사는 방법을 가르쳐 주십니다. 그래서 하나님은 그의 백성이 구별된 삶을 삶으로 그와 온전한 교제가 회복되기를 원하시는 것입니다.

레위기는 제사에 관한 의식법과 사회생활을 위한 사회법시민법, 그리고 거룩에 관해 상세히 말해 주고 있습니다. 제사와 그 제사의 수행1~7장, 제사장의 헌신과 의무들 및 정결함에 대한 율법 등8~15장, 속죄일의 의식과 피의 의미16~17장, 사회법과 제사장에 관한 율법 및 특별한 계절들에 대한 세부 사항18~25장, 불순종의 위험과 순종의 보상, 그리고 여호와께 예물을 드리는 것에 대한 규정들26~27장이 포함되어 있습니다. 레위기는 옛 언약 하의 제사장에 관한 책입니다. 그것은 특정한 상황에서 속죄와 성결케 함의 원리를 보여 주며, 우리 주 예수 그리스도의 사역에 대해 많은 실례들을 제시해 줍니다.

레위기의전체무대는 오직 한곳, 시내산 기슭이다. 그곳에서 이스라엘 백성들은 하나님의 백성으로서 거룩하게 살아갈 성결의 법들에 관해 가르침을 받았다.

대해 (지중해)
예루살렘
나일강
시내산
홍해

예수님이 십자가상에서 이루신 속죄의 죽음은 레위기의 의식들이 묘사하고 상징하는 것들의 실체라는 것입니다. 레위기는 모두 27장, 829절로 되어 있고, 신약에서 120번 인용됩니다.

레위기는 두 부분으로 나누어 볼 수 있습니다.

1) 1~10장은 제사 제도를 중심으로 하나님과 관계를 맺을 수 있는 길을 보여 줍니다. 레위기의 핵심 구절인 11장 45절에서 "…내가 거룩하니 너희도 거룩할지어다"라고 했듯이 이 부분은 '내가 거룩하니' 즉, 하나님의 거룩을 나타내는 부분입니다. 하나님과 인간의 관계에서의 거룩성을 말합니다. 이것은 **수직적 거룩**이라고 할 수 있겠지요.

2) 11~27장까지는 하나님의 백성으로서 구별되는 삶을 삶으로 거룩해져야 하는 하나님의 지침을 보여 주고 있습니다. 이 부분은 하나님의 공동체가 하나님과의 관계 속에서 서로 거룩한 삶을 살아가야 하는 모습을 보여 주고 있습니다. 11장 45에서 "…너희도 거룩할지어다"에 해당하는 부분입니다. 이것은 **수평적 거룩**이라고 할 수 있겠지요. 이렇듯 우리는 새 찬송가 242장"황무지가 장미 꽃 같이", 통 233장의 후렴 부분처럼 '거룩한 길 다니리'의 삶을 살아야 합니다.

레위기에 나오는 법과 십계명을 포함한 유대의 율법을 토마스 아퀴나스Thomas Aquinas 는 다음과 같이 분류합니다. 그리고 그 현재적 의미를 살펴봅니다.John H. Walton, *Old Testament Today*, Zondervan 2004 p.97

1) **의식법**儀式法 Ceremonial Law. Spiritual Code 출 35~40장, 레위기 1~10장에 나오는 제사법으로서 예수님에 의해서 완성된 법입니다.마 5:17, 18, 롬 10:4, 고전 5:7 오늘날에는 그 방법이 시행되지 않지만 그 정신은 결코 변함이 없습니다.

2) **시민법**市民法 Civil Law, Social Code 레위기 11~27장까지에 주로 나타나는 법입니다. 이 법은 생활법, 민법, 형법 등을 말합니다. 이 법은 예수님이 오실 때까지 유효했던 규례였고갈 3:24, 또 시대가 바뀜에 따라 그 시행하는 방법이 달라졌습니다. 지금은 그 실효성이 없는 법입니다. 그러나 그 정신은 변하지 않습니다.

3) **도덕법**道德法 Moral Law, Moral Code **십계명을 말하는 것으로 이 법은 예수님이 다시 오실 때까지 일점일획도 변하지 않는 법입니다. 왜냐하면 이것이 바로 하나님 나라의 삶의 기준이고 하나님 백성이 선택의 기로에 섰을 때 그 선택 기준을 제공하는 것이며, 계시록에서 행해지는 심판의 기준이 되는 것이기 때문입니다.**

11장 45절

"나는 너희의 하나님이 되려고 너희를 애굽 땅에서 인도하여 낸 여호와라 내가 거룩하니 너희도 거룩할지어다"

18장 2-5절

"2 너는 이스라엘 자손에게 말하여 이르라 나는 여호와 너희의 하나님이니라 3 너희는 너희가 거주하던 애굽 땅의 풍속을 따르지 말며 내가 너희를 인도할 가나안 땅의 풍속과 규례도 행하지 말고 4 너희는 내 법도를 따르며 내 규례를 지켜 그대로 행하라 나는 너희의 하나님 여호와이니라 5 너희는 내 규례와 법도를 지키라 사람이 이를 행하면 그로 말미암아 살리라 나는 여호와이니라"

"거룩"
(Holiness קָדוֹשׁ Kaw-doshe')

거룩은 성경 전체에서 강조되지만 특히 레위기의 중심 주제입니다. 거룩은 하나님의 첫 번째 속성이며 그분 한 분만이 영광스럽고 온전한 도덕적 순수성을 가집니다. 그러므로 하나님은 당신의 백성에게 거룩함을 명령하는데 그 첫째는 그의 백성이 하나님의 법에 즐겨 순종하는 것입니다. 그래야 세속과 구별된 삶을 살아 갈 수 있기 때문입니다.

알아두기

레위기를 읽으면서 은혜를 받으려면 다음을 생각하면서 읽어야 할 것입니다.

1) 제물로 바쳐지는 짐승들이 어떻게 죽고 각이 떠지는가를 유의하고, 죄인인 내가 그렇게 죽을 수밖에 없는데 예수님이 대신 죽으심으로 그런 죽음이 면제되었다는 사실을 생각하면서 읽으세요.

2) 우리의 옛 자아가 그 제물들처럼 각이 떠져 매일 죽어야 된다는 사실을 기억하면서 읽으세요.

📖 마 5:17-18 [17]내가 율법이나 선지자를 폐하러 온 줄로 생각하지 말라 폐하러 온 것이 아니요 완전하게 하려 함이라 [18]진실로 너희에게 이르노니 천지가 없어지기 전에는 율법의 일점 일획도 결코 없어지지 아니하고 다 이루리라

십계명을 공부할 때도 언급했습니다만 율법은 언약과 매우 밀접한 관계가 있습니다. 언약이 없이는 율법이 주어지지 않습니다. 그러므로 언제나 언약이 먼저이고 그에 따른 법율법은 언약에 대해 종속 개념 또는 하위 개념입니다. 따라서 **구약의 영성을 크게 두 가지로 나눌 때 레위기를 중심으로 한 법 지킴을 강조하는 제사장적 영성**예배의 회복**과 그 법을 지키지 못함으로 인해 깨어진 언약을 회복하기를 강조하는 선지자적 영성**하나님의 사랑과 공의의 회복**으로 나눌 수 있습니다.** 레위기는 바로 바른 예배의 회복을 통한 하나님과의 관계 회복과 전진을 강조하는 영성입니다.

☐ 1. 하나님과 교제의 근거1~10장 "내가 거룩하니"

◎ 레위기 1~10장 : 제사의 규정과 제도

레위기는 하나님을 어떻게 하면 바로 섬기며, 믿어 올바른 관계를 맺는가를 가르쳐 주기 위한 훈련의 책입니다.
이제 곧 우상들이 우글거리는 가나안 땅에 들어가면서, 우상을 섬기던 애굽의 430년 간의 생활 때문에 이스라엘 백성이 하나님과 우상을 구별하지 못하는 삶을 살아갈 가능성이 많으므로 하나님은 이스라엘 백성의 신앙생활에 대한 훈련을 시키고 있는 것입니다. 이스라엘을 하나님의 나라의 백성으로서 어떻게 세속적인 삶으로부터 구별된 삶, 즉 거룩한 삶을 사는가를 가르쳐 줍니다.19장 - 거룩장

레위기를 좋아한다는 성도님들을 만나 보지 못했습니다. 아마 레위기는 희생제사와 피, 그리고 '하라', '하지 말라'가 너무 많아서 그런 것 같습니다. 이런 내용들은 현대인의 마음에는 들지 않는 주제들입니다. 사실 동서고금을 막론하고 사람들은 '피를 요구하지 않은 종교' 즉, 순종의 위험 부담이 없는, 희생제물이 없는 도덕을 원하고 있다는 것입니다. 그래서 '피의 종교'라고 할 수 있는 기독교를 믿는 사람들도 이 기독교를 희생의 위험 부담이 없는 도덕 종교로 접근하면서 물질적 복만을 추구하는 기복적祈福的 신앙을 가진 사람들을 너무나 많이 보게 됩니다. 그런 사람들에게 레위기는 졸음만 오게 하는 수면제 역할을 하는 책이 될지도 모릅니다.
그러나 피가 없는 죄 사함은 없습니다.히 9:22 희생이 없는 순종은 없습니다. 구약의 제사가 피흘림이 있다고 해서 죄 사함이 영원한 것은 아닙니다. 그것은 1년간

유효할 뿐입니다. 그러나 예수님의 피흘림은 우리를 영원한 죄 사함으로 인도해 수시는 은혜입니다. 죄란 하나님과 관계를 단절시키는 것이기 때문에 죄의 문제를 해결하지 않고는 결코 하나님께 갈 자가 없습니다.

레위기에서 제물인 짐승을 죽이고 다듬는 일은 제사장이 하는 것이 아니고 바로 제사를 드리는 자의 몫임을 알아야 합니다. 제사를 드리는 자가 제물을 제단으로 가져옵니다. 그리고 그 제물에 안수하여 자기 죄와 허물을 전가하고 제물인 짐승을 도살합니다. 그리고는 가죽을 벗기고, 각을 뜨고, 머리와 기름을 떼어내고, 내장과 정강이를 물로 씻습니다. 그러면 제사장은 그 짐승의 피를 제사자를 대신해서 제단에 뿌립니다. 그리고 계속해서 그것들을 제단 위에 올리고 태우는 일을 제사장이 합니다.

여기서 각을 뜬다는 것은 내 몸 전체가 부서진다는 뜻이고, 내장은 내 마음과 뜻, 그리고 온 정성을 뜻합니다. 머리는 내 사상, 생각, 가치관을 말하고, 기름은 생명을 뜻합니다. 이런 것들을 불에 태운다는 것은 전체의 생명을 하나님께 바친다는 뜻입니다. 비록 짐승이 대신 죽고 태워지지만 이것은 곧 자기가 죽고 태워진다는 뜻입니다. 신약에 와서는 그 일을 예수님이 대신해 주셨습니다.
레위기는 신약에서처럼 두 개의 상반된 개념을 하나로 묶습니다. 율법과 은혜, 공의와 자비, 순종에 대한 요구와 불순종에 대한 용서의 약속 등, 레위기는 절대 거룩과 절대 사랑이요, 타협할 수 없는 공의와 타협할 수 없는 자비를 하나로 취급합니다.

□ 레위기에 나타난 5대 희생 제사

5대 제사의 정신에서 배우는 신앙의 에센스

1) 번제 - 제물을 다 태우는 제사입니다. 이것은 '자기 부인'을 말합니다. 예수님께서도 자기를 부인하고 자기의 십자가를 지고 예수님을 따르라고 부탁하십니다. '내려놓음'을 강조하며, 하나님의 주권을 인정하라는 것입니다.
2) 소제 - 밀이나 곡식의 알맹이가 깨어져 가루가 되어서 드리는 제사입니다. 이것은 '자기희생과 봉사의 정신' 을 말합니다.
3) 화목제 - 제사를 드린 후에 함께 나누어 먹는 제사입니다. 감사를 드리고 함께 나누는 '나눔의 정신'을 말합니다.
4) 속죄제 - '회개와 자백'의 제사입니다. 오늘날에는 이 제사를 위한 제물이 필요없습니다. 예수님께서 영원한 제물이 되어 주셨기 때문입니다.
5) 속건제 - 이 제사의 정신은 남의 재산을 존중해 주어야 하는 정신이 깃든 제사

알아두기

제사를 드리는 방법은 다음의 네 가지 입니다.

1) 화제 :
제물을 불에 태웁니다.

2) 거제 :
제물을 높이 들었다 내리는 것입니다.

3) 요제 :
제물을 높이 들어 앞뒤로 흔듭니다.

4) 전제 :
포도주, 기름, 피 등을 제물에 부어 드리는 것입니다.

입니다. 속죄제는 인간의 본성에 입각하여 죄를 보는 것이며 자신이 죄인이라는 사실을 보는 것입니다.

반면에 속건제는 개개의 죄악된 행위들에 강조를 두고 있습니다. 속건제에서는 범법자가 한 행동에 대해 손해배상을 하도록 합니다.5:16, 6:4~5 따라서 이 제사는 죄에는 값이 지불되며, 진실한 회개가 있는 곳에는 손해 배상과 상환이 따른다는 사실을 상기시킵니다.

한 가지 재미있는 일은 성경에 기록된 제사의 순서입니다. 하나님은 번제로부터 시작하시는데, 이것은 구속 사역이 '자신의 아들이 완전히 헌신함'을 뜻하며 여기로부터 구원의 계획이 시작된다는 의미입니다. 그러나 인간의 관점에서 볼 때는 순서가 반대입니다.
첫째로 우리는 여러 가지 죄악을 범한 자신을 보고 하나님과 다른사람에게 빚이 있음을 인정합니다. 이것이 속건제입니다. 그러나 계속 죄를 깨닫게 됨에 따라 우리는 본성적으로 죄성을 지닌 죄인임을 인정합니다. 이것이 속죄제입니다. 그 다음으로 성령은 우리에게 그리스도를 나타내시는데, 이는 십자가의 피로써 평화를 이룩하신 분이십니다 이것이 화목제입니다.
우리가 은혜 안에서 자랄 때에 우리는 주님의 완전하심을 이해하는 자리에 이르며 사랑받는 사람들로 영접받는데, 이것이 소제입니다. 이 모든 일들이 일어난 결과로써 우리는 주님께 완전히 헌신하게 되는데, 이것이 번제입니다. 우리는 오늘날 여러 가지 제사를 지낼 필요는 없습니다. "그가 거룩하게 된 자들을 한 번의 제사로 영원히 온전케 하셨느니라" 히 10:14
할렐루야!

제사장직은 하나의 계층으로서 이스라엘 민족의 탄생과 더불어 시작되었지만, 이스라엘 전체가 '제사장 나라가 되며 거룩한 백성'이 되도록 부르심을 받았다는 사실을 보았습니다.출애굽기 19:6 따라서 백성들은 제사장처럼 처신해야 했고 하나님을 아는 지식을 다른 민족에게 전해야 했습니다. 신약 성경에서도 우리는 바로 이런 왕 같은 제사장이라고 했습니다.벧전 2:9
모든 종교들에는 신과의 관계에서 특별한 역할을 담당하는 지도자들이 있습니다. 일반인들의 종교 생활과 그 사회의 건강 상태는 이 지도자들이 자신의 일을 얼마나 정직하게 잘 감당하느냐에 달려 있습니다. 이스라엘 역시 다소의 차이가 있지만, 예외는 아니었습니다. 이스라엘의 종교 지도자들은 제사장과 레위인이라 불립니다. 이들은 하나님과 백성들 간에 좋은 관계가 유지되도록 하는 책임을 맡은 종교 전문가들입니다. 제사장들은 여러 가지 중요한 일을 담당하

대제사장의 복장
흉판에 이스라엘의 열두 지파를 상징하는 열두 개의 보석이 장식되어 있다.

레위기에 나타난 5대 희생 제사를 다음 도표로 요약합니다.

구분		명칭	본문	제물	제사방식	시기	헌제자의 행위	제사장의 행위	목적	
향기있는 제사 - 자원해서 드리는 제사	1	올라 **번제** 불로 태워서 드림 "올라감"을 뜻함	**레** 1:3-17; 6:8-13	가축 중에서: 소, 양, 염소의 수컷, 산비둘기, 집비둘기	여호와께서 기뻐 받으시도록 함: 완전히 태움→ 향기로운 냄새	*매일 아침저녁 (출 29:38-42) *자원할 때 *정한 때에 따라 (민 28:1-8; 레 22:17-23:38)	준비→가져옴→ 안수→도살→ 가죽벗김→조각냄→ 물로 씻음(내장 등)	제물수납→ 번제단에 피 뿌림→ 불, 나무 준비→ 제단에 제물 올림→태움 : 기쁨	**▶하나님께 나아감** 인간의 죄악성(원죄) 대속함→화해→ 인간의 자기 위탁 (자기부인) : 헌신의 삶	하나님이 우리에게 오시는 순서
	2	민하 **소제 또는 곡식제사** 가루로 드리는 제사	**레** 2:1-16; 6:14-23	고운 밀가루; 볶거나 찧은 햇곡식 (올리브기름, 향, 소금과 함께); 누룩과 꿀은 금지	일부를 태움→ 향기로운 냄새 나머지는 지성물로서 제사장들의 몫	*매일 아침저녁 (출 29:38-41) *자원할 때 *정한 때에 따라 (민 28:1-29:40; 레 23:9-20)	준비→기름, 향, 소금→ 가져옴	제물수납→ 일부를 기념물로 태움→ 나머지는 지성물	**▶하나님과 동행함** 섬김→봉사와 희생→ 선행의 삶	
	3	제바흐 슬라밈 **화목제** 감사로 드리는 제사 "화평의 제사"란 뜻	**레** 3:1-17; 7:11-21, 28-36; 22:21-30	가축 중에서: 소, 양, 염소의 수컷이나 암컷; 흠 없는 것 (비교 레 22:23)	내장과 기름기를 태움→ 향기로운 냄새 나머지는 헌제자와 제사장의 몫	*감사할 때→ 서원을 지킬 때→ 자원할 때 (레 7:11-21)	준비→가져옴→ 안수→도살→ 내장, 기름 구별→ 제물먹음 (당일 또는 다음날까지)	제물수납→ 번제단 둘레에 피 뿌림→ 내장, 기름기 태움→ 흔든가슴, 우편 뒷다리는 제사장 몫	**▶하나님과 이웃을 사랑함** 하나님 사랑→ 감사, 서원, 자원의 경험→ 나눔의 삶	↓↑
향기없는 제사 - 의무적	4	핫타트 **속죄제** 죄의 속죄를 위해 드리는 제사	**레** 4:1-5:13; 6:24-30	제사장과 이스라엘 회중: - 흠 없는 수송아지 백성의 지도자: - 흠 없는 숫염소 일반백성: - 흠 없는 암양, 암염소, 산비둘기, 집비둘기 가난한 자: - 고운 밀가루	화목제의 경우와 같이 기름기를 태움→ 나머지는 지성물로서 제사장들의 몫	*정한 절기에 따라, 특히 대속죄일 (민 28:15; 29:5; 29:19; 레 16:1-34 등) *실수로 범죄 했을 때	죄의 고백(레 5:5)→ 준비→가져옴→ 안수→도살→ 기름기 구별	제물수납→ 피를 성소휘장에 뿌림→ 분향단뿔에 피 바름→ 나머지 피는 번제단 밑에 쏟음→ 기름기 태움→속죄함→용서 *지성물을 먹음	**▶하나님의 임재 계속** 부지중에 지은 죄 회개→ 속죄와 용서→ 겸손의 삶	우리가 하나님께 나아가는 순서
	5	아샴 **속건제** 성물을 속하기 위해 드리는 제사	**레** 5:14-6:7; 7:1-10	흠 없는 숫양	내장과 기름기와 기름진 꼬리를 태움→ 나머지는 지성물로서 제사장들의 몫	*하나님의 것 (지성물)이나 이웃의 소유권을 침해했을 때	준비→보상(1/5)→ 가져옴→(안수)→ 도살→내장, 기름기, 기름진 꼬리 구별	속건제물 값 지정→ 제물수납→ 번제단둘레에 피 뿌림→ 내장 등 태움→속죄함→용서 *지성물을 먹음	**▶하나님의 임재 계속** 부지중에 지은 소유권 침해 죄 회개→ 속죄와 용서→ 채권자가 아닌 채무자의 삶	

기 위해서 하나님의 부르심을 받았습니다. 이와 관련하여 성경에서 맨 먼저 언급하는 본문은 신명기 33장 8-10절입니다. 이 본문은 하나님을 위해 특별한 열심을 보였던출애굽기 32:26-29 참조 레위 지파를 언급합니다.

이들의 중요한 임무는 다음과 같습니다.

1) 그들은 다른 이스라엘 백성에게 하나님의 율법을 가르쳤습니다.
이 일은 윤리적 지침호세아 4:1-6뿐만 아니라 의식적이며 법률적으로 난해한 경우들에 대한 판결까지 포함합니다.신명기 17:8-12

2) 그들은 성막을 보살폈습니다.
이 성막소에서 그들은 백성을 대신하여 향을 피우고 희생 제사를 드렸습니다.

3) 또한 우림과 둠밈을 맡았습니다.
이는 하나님의 뜻을 알기 위한 공식적인 제비뽑기에 쓰였습니다. 제사장 에봇의 흉패 속에 보관되었으며 출애굽기 28:30 개인이나 왕의 요청에 의해 사용되었습니다.삼상 23:9-12, 28:6

8장은 이런 제사장을 세우는 과정을 보여 주며 이것은 신약에서 한 인간을 구원해서 하나님의 백성으로 삼는 과정과도 같고 예배의 진행과도 같습니다. 이것은 다음 도표에 잘 요약되어 있습니다.

레위기 8장	신약적 의미	예배적 의미
1) 하나님 앞으로 달려옴 (1-5절)	하나님의 부름에 응함	예배에의 부름
2) 물로 씻음 (6절)	죄를 고백하고 죄 사함을 받음	회개와 사죄의 선포
3) 예복을 입힘 (7-9절)	그리스도의 구속함을 입고 믿음 소망 사랑의 옷을 입음	사죄의 선포
4) 기름을 부음 (10-12절)	사명을 받음(Self-esteem의 회복)	설교 말씀과 결단
5) 제사를 드림 (13-30절)	자신을 헌신함	헌금
6) 하나님과 교제의 음식을 먹음 (31-32절)	하나님과의 관계를 회복함	친교(Koinonia)
7) 구별된 생활과 봉사 (33-36절)	그리스도인으로서 그리스도를 닮아 향기를 발함 그리스도인의 사회적 책임을 가짐	결단 예배적 삶

구약의 제사가 신약에서 어떻게 성취되는가를 다음 도표가 잘 보여 줍니다.

구약의 제사	신약의 제사
■ 일시적인 것임 (히브리서 7:21)	■ 영원한 것임 (히브리서 7:21)
■ 처음 대제사장 – 아론 (레위기 16:32)	■ 유일한 대제사장 – 예수 (히브리서 4:14)
■ 레위지파 출신의 대제사장 (히브리서 7:16)	■ 유다지파 출신의 대제사장 (히브리서 7:14)
■ 땅에 속한 사역 (히브리서 8:4)	■ 하늘에 속한 사역 (히브리서 8:5)
■ 짐승의 피를 사용함 (히브리서 10:4)	■ 그리스도의 피가 사용됨 (히브리서 10:5)
■ 많은 희생 제물이 요구됨 (레위기 22:19)	■ 단 하나의 희생 제물만 요구됨 (히브리서 9:28)
■ 흠 없는 짐승이 필요함 (레위기 22:19)	■ 흠 없는 온전한 삶이 필요함 (히브리서 5:9)
■ 정한 때에 제사장만이 아주 신중하게 성소에 나아갈 수 있음 (레위기 16:3-5)	■ 누구든지 때를 따라 담대하게 은혜의 보좌 앞으로 나아갈 수 있음 (히브리서 4:16)
■ 장차 올 새 시대의 새로운 제사 제도를 바라보는 것임 (히브리서 10:1)	■ 옛 구약의 제사 제도를 완성하고 성취시킨 것임 (히브리서 10:9)

□ 레위기 10장 1-7절의 사건이 주는 교훈은?

1) 하나님의 일은 하나님의 말씀또는 그의 방법대로 하나님께 속한 것으로 해야 한다는 것입니다. 하나님께 속하지 않은 지혜, 능력, 성품

등은 모두 하나님의 일을 하는 데 걸림돌이 된다는 것입니다. 따라서 우리들은 성경에 의지하며 살아야 합니다.

2) 지위, 신분 고하를 막론하고 하나님의 거룩성을 훼손하는 자는 반드시 징벌을 받는다는 점을 보여 줍니다. 따라서 우리는 두렵고 떨리는 마음으로 하나님의 말씀에 귀를 기울이며 근신하는 가운데 그분께 순종하는 삶을 살아야 합니다.
바로 이것이 하나님 나라를 이루는 길이요, 신위神爲가 유난히 강조되는 대목입니다.

□ 2. 구별된 삶에 대한 하나님의 지침 11~27장 "너희도 거룩하라"

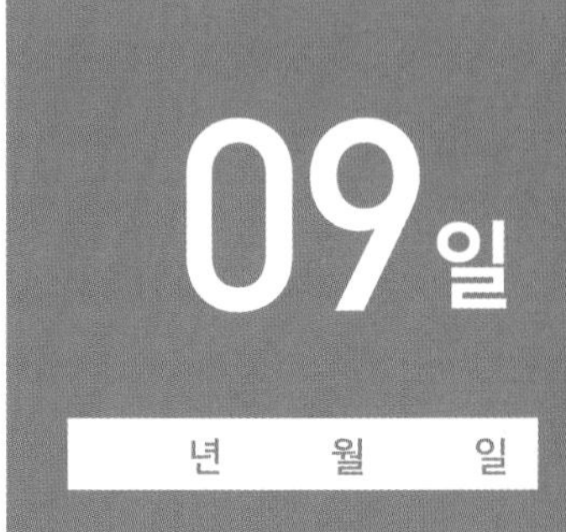

레 11~27장

◎ 레위기 11~27장 : 제사법계속, 생활법, 형법

□ 거룩한 삶을 살아가도록 정결법을 주시는 하나님

성경에서 말하는 거룩함은 곧 구별됨입니다. 모든 죄악된 것들로부터 구별되는 것입니다. 하나님은 하나님의 백성들이 주위의 죄악된 사람들이나 악한 풍습들로부터 구별되기를 원하셨습니다. 이스라엘 백성들은 애굽의 이방 문화에서 벗어났지만, 앞으로 가나안 땅의 이방 문화에 둘러싸이게 될 것입니다. 하나님은 이스라엘 백성들이 죄악된 삶의 모든 양식들을 버리기를 원하셨습니다.

오늘날 하나님을 믿는 우리도 구별된 삶을 살아야 합니다. 나아가 거룩하신 하나님에 대한 진리를 불신자들에게 증거해야 합니다. 우리가 구별된 거룩한 삶을 살아간다면, 하나님께서는 그로 인해 우리가 살 것이라고 약속하셨습니다. 하나님의 거룩하심을 본받아 우리도 이 죄악된 세상에서 구별된 거룩한 삶을 살아가도록 해야 합니다.

11~15장에 나오는 정한 음식과 부정한 음식에 관한 규례, 문둥병에 대한 규례, 그리고 유출병에 대한 규례는 공중 보건에 대한 교육이고, **18장**은 이방인의 문란한 성 습관에 대비하기 위한 성생활에 대한 교육이며, **19~20장은 이웃과 바른 관계에 대한 규례를 가르쳐 줍니다. 이런 것들은 앞으로 이스라엘 백성이 가나안 땅을 정복할 때 이미 형성된 그곳의 이방 문화에 무방비 상태로 노출되어 하나님의 백성으로서 정체성을 잃지 않도록 그 지침을 주신 것입니다.**

이렇듯 하나님 나라가 이루어지기 위해서는 그 백성들이 이 세속과 섞이지 않고 그 정체성을 유지할 뿐만 아니라, 이방 문화의 현장에 하나님의 사랑과 공의의 문화를 심어야 하는 선지자적 사명도 함께 있음을 말해 주고 있습니다.

구약에 있어서 구별된 삶은 규례를 지키는 단순 수동적인 순종적 삶입니다. 그러나 신약적으로 구별된 삶은 단순히 수동적 삶을 넘어서 보다 능동적이고 더 적극적인 삶입니다. 그리스도인은 구별된 삶을 산다는 이유로 이분법적 사고二分法的 思考로 세상과 구별하여 세상과 선을 긋는 삶을 중요하게 생각하는 삶을 살아서는 안 됩니다.

그리스도인은 오히려 더 적극적으로 세상을 향하여 나아가 그 세상의 시대정신時代精神을 주도하며 세상에 그리스도의 문화를 심어야 합니다.Counter Culture

📖 행 17:6 …천하를 어지럽게 하던 이 사람들이 여기도 이르매

이 구절에서 초대 교회 시절의 이방인들은 그리스도인들을 '천하를 어지럽히는 자들' 즉 영어 성경에는 these men who have turned the world upside down 이라고 했습니다. 세상을 뒤집어엎은 사람들이라는 뜻입니다. 그리스도의 문화로 세상 문화를 바꾸어 놓았다는 말입니다.

13장과 **14장**은 죄의 상징으로서 문둥병을 언급합니다. 예수님은 지상 사역에서 이 문둥병을 고쳐 주셨습니다.

16장과 **17장**은 속죄와 관련해서 제사와 피에 관한 규례에 대해 언급합니다. 16장은 속죄일의 중요성을 언급합니다.

이 속죄일은 유대인들은 Yom Kippurthe Day of Atonement라고 하여 오늘 날에도 지키는 절기입니다. 대제사장이 1년에 한 번 지성소에 들어가 죄사함을 받는 의식儀式을 치르는 날입니다.레 16:30

창세기 3장 2절에서 발생한 죄를 해결하는 길은 피밖에 없고, 제물인 짐승의 피는 1년만 유효할 뿐입니다. 그러나 대제사장인 예수님이 우리를 대신하여 제물이 되어 뿌린 피는 영원한 속죄력을 갖습니다.

히브리서 10장 1절 이하는 이 장에 대한 신약적 해석에 해당됩니다. "피 흘림이 없은즉 사함이 없느니라"히 9:22, 레 17:11 히브리서는 레위기를 메시야적 상징으로 해석해 주고 있습니다.

그러므로 히브리서는 반드시 레위기의 눈으로 읽어야 하고, 레위기는 반드시 히브리서적으로 해석해야 합니다. 찬송가 252장은 "나의 죄를 씻기는 예수의 피 밖에 없네"라고 찬송합니다.

□ 희생양scapegoat이란 16장?

'한 제비는 여호와를 위하고 한 제비는 아사셀을 위하여'레 16:8 염소 중 한 마리는 사람들의 속죄 제물로 바치기 위해 죽였습니다. 제사장은 그 다음 두 번째 염소의 몸에 두 손을 대고 백성들의 모든 죄를 염소 위에 고백하여 사람들의 죄를 뒤

집어쓴 그 염소를 광야로 내몰았습니다. 이 두 번째 염소는 '아사셀'에게 간다고 성서에 기록되어 있습니다.

이 아사셀은 무엇인가? 한 성서 해석자는 이 단어의 의미가 영어의 '희생양scapegoat'이란 단어를 파생시킨 '떠나는 염소' 또는 '도망치는 염소'라는 의미를 가지고 있다는 의견을 제시합니다. 그에 반하여 다른 학자는 염소가 보내지는 장소의 이름이 아사셀이라는 의견을 제시합니다. 대부분의 학자들은 이 단어가 '성난 염소'와 유사한 의미를 가진 것으로 생각합니다. 아사셀은 사악한 정령들이 즐겨 거주하는 지역으로 믿어지는 사막에 있는 악마의 거처인 것으로 여겨집니다. 두 번째 염소를 쫓아 보내는 의식은 나쁜 죄를 원래의 장소로 되돌려 보내는 의미를 가진 의식이었을 것입니다. 아니면 사람들의 '모든 불의'16:22를 인간에게 해를 미치지 않는 장소로 보내는 의미를 가진 듯합니다.

□ **23장**은 이스라엘 백성이 하나님의 행하심을 기억하면서 지켜야 할 절기를 보여 주고 있습니다. 이 절기는 강제적으로 지키는 것이 아니라 삶을 기뻐하며 그런 삶을 주신 여호와를 기뻐하며 즐기는 축제festival인 것입니다. 그 절기를 다음 도표가 잘 정리하고 있습니다.

레위기(23장)의 절기

차례	명칭	언제 지켰나?	무엇을 기념했나?	신약적 의미
1	유월절	유대 종교력 1월 14일	애굽의 노예생활에서 해방된 것	그리스도는 유월절 어린 양
2	무교절	유대 종교력 1월 15일-21일	애굽에서 급히 탈출한 고생스러운 일	옛 삶을 벗고, 새 삶을 시작
3	초실절	유월절 후 첫 안식일 다음 날	첫 열매 바치는 날	그리스도께서 첫 열매로서 부활하심
4	칠칠절 (오순절)	무교절 기간 중 첫 열매를 바친 날로부터 50일 되는 날	밀 추수의 첫 소산을 봉헌하기 위한 것	장차 성령의 풍성한 임재로 이루어질 신약 시대의 교회를 예표
5	나팔절	유대 종교력 7월 1일	안식의 달을 맞아 봉헌하기 위한 것	나팔을 부는것은 복음과 재림의 예표
6	속죄일	유대 종교력 7월 10일	나라와 백성의 죄를 해마다 용서함 받기 위한 것	그리스도 십자가 희생을 통한 속죄와 구원
7	초막절	유대 종교력 7월 15일-21일	출애굽 이후에 이스라엘 백성들이 광야에서 40년 동안 생활한 것	하나님의 보호와 그리스도의 통치하의 번영과 축복

□ 안식과 희년에 대하여 - 25장

희년은 안식 개념이 발전된 것이고 회복이라는 하나님 나라의 개념을 가지고 있는 절기입니다. 매 7일째는 안식일이고, 매 7년째는 안식년이며 안식년이 7번

청지기 자세로 살아갑시다. - 레 25:23-34

가나안 땅의 토지와 관련해서, 하나님은 자신의 소유권을 천명하셨습니다. - "토지는 다 내 것임이라"(레 25:23)

그 땅은 하나님에 의해 창조되었고 하나님에 의해 약속의 땅으로 지정되었으며, 하나님에 의해 이스라엘 백성에게 부여되었기 때문에 본질적으로 하나님의 소유였습니다. 이 사실은, 그 땅에 사는 사람은 결코 그 땅을 개인적으로 소유할 수 없음을 의미합니다. 결국 이스라엘 백성들은 그 땅을 관리하고 돌보는 관리인에 불과하였습니다. (오늘날 토지 공개념은 이런 사상에서 나온 것일 것입니다.)

하나님께서 땅의 소유권을 주장하신 이유는 이스라엘 백성들이 탐욕스런 물질주의에 빠져드는 것을 방지하기 위해서였습니다. 오늘날 우리도 모든 것의 소유자가 하나님임을 잊지 말아야 합니다. 요컨대 청지기 자세가 우리의 물질적 소유물들에 관한 태도가 되어야 한다는 것입니다. 우리는 단지 하나님의 것을 관리하는 청지기일 뿐입니다.

레위기 26장 3절은 너희가 나의 규례와 계명을 준행하는 것이 얼마나 중요한 것인가를 보여 줍니다. 신명기 28장의 지켜 행하면과 같은 맥락입니다. 하나님의 백성으로서 순종이 얼마나 중요한 미덕인가를 보여 주고 있습니다.

째 되는 다음 해 즉 50년이 되는 해를 희년the Year of Jubilee이라고 합니다. 이 희년에는 모든 것을 원래 상태로 돌려야 합니다. 특히 토지는 원 주인에게 돌려줍니다. 이것은 곧 하나님 나라의 회복을 의미합니다.

□ **26장: 지켜 행함의 중요성** - 신명기 28장의 근거가 됩니다.

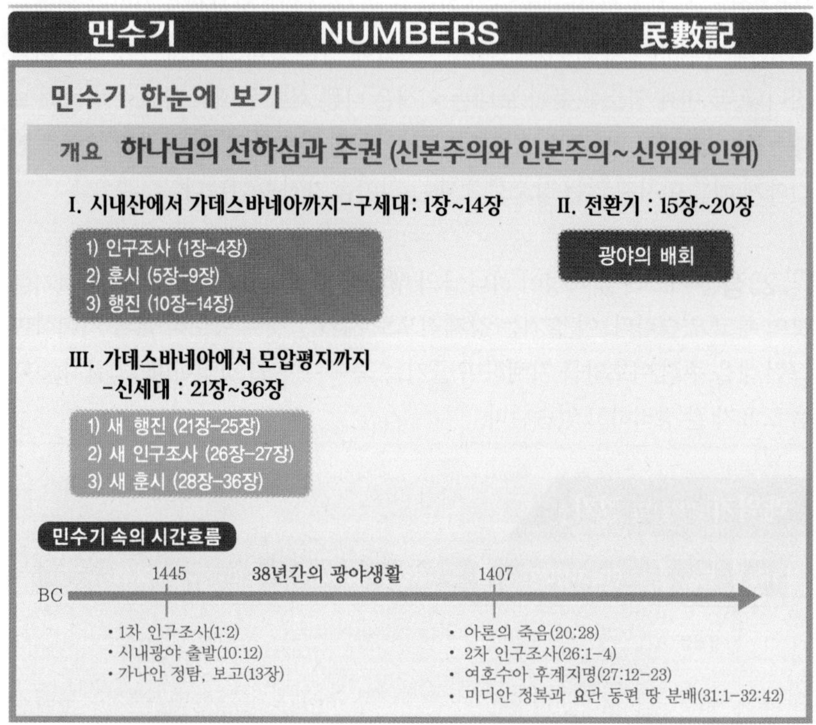

민수기 NUMBERS 民數記
민수기 한눈에 보기
개요 하나님의 선하심과 주권 (신본주의와 인본주의~신위와 인위)
I. 시내산에서 가데스바네아까지-구세대: 1장~14장
1) 인구조사 (1장-4장)
2) 훈시 (5장-9장)
3) 행진 (10장-14장)
II. 전환기 : 15장~20장
광야의 배회
III. 가데스바네아에서 모압평지까지
-신세대 : 21장~36장
1) 새 행진 (21장-25장)
2) 새 인구조사 (26장-27장)
3) 새 훈시 (28장-36장)
민수기 속의 시간흐름
BC
1445
38년간의 광야생활
1407
• 1차 인구조사(1:2)
• 시내광야 출발(10:12)
• 가나안 정탐, 보고(13장)
• 아론의 죽음(20:28)
• 2차 인구조사(26:1-4)
• 여호수아 후계지명(27:12-23)
• 미디안 정복과 요단 동편 땅 분배(31:1-32:42)

민수기는 시내산을 출발하여 모압 평지까지 진군하여 간 이스라엘 백성들의 광야 행적기입니다.p.157의 지도 참조

민수기民數記라고 이름을 붙인 이유는 백성民의 수數를 세는 인구 조사가 두 번이나 있는 것에 근거합니다. 민수기는 이름 그대로 백성을 계수한 책입니다. 첫째 조사는 시내산을 떠날 때이고, 두 번째 조사는 가나안에 들어가기 직전입니다. 민수기는 그 사이의 모든 사건을 기록한 책입니다. 시내산에서 언약을 맺고, 법을 받고, 성막을 완성하는 등 하나님의 백성으로서 살아갈 준비를 완료한 이스라엘 백성은 이듬해 두 번째 유월절을 보내고 시내산을 출발할 준비를 시작합니다.

민 1~14장

9장 17절

구름이 성막에서 떠오르는 때에는 이스라엘 자손이 곧 행진하였고 구름이 머무는 곳에 이스라엘 자손이 진을 쳤으니

"광야"(Wilderness)

민수기는 이스라엘 백성이 시내산에서 11개월 5일을 머물면서 법을 받고 성막을 완성한 후 시내산을 출발하여 가나안 땅 접경지역까지 38년간의 여정을 담은 책입니다. 참으로 많은 파란만장을 일으키는 이스라엘 백성을 불 기둥과 구름 기둥으로 인도하시는 하나님의 마음이 한 편의 드라마로 펼쳐집니다.

지도 : 민수기의 행로

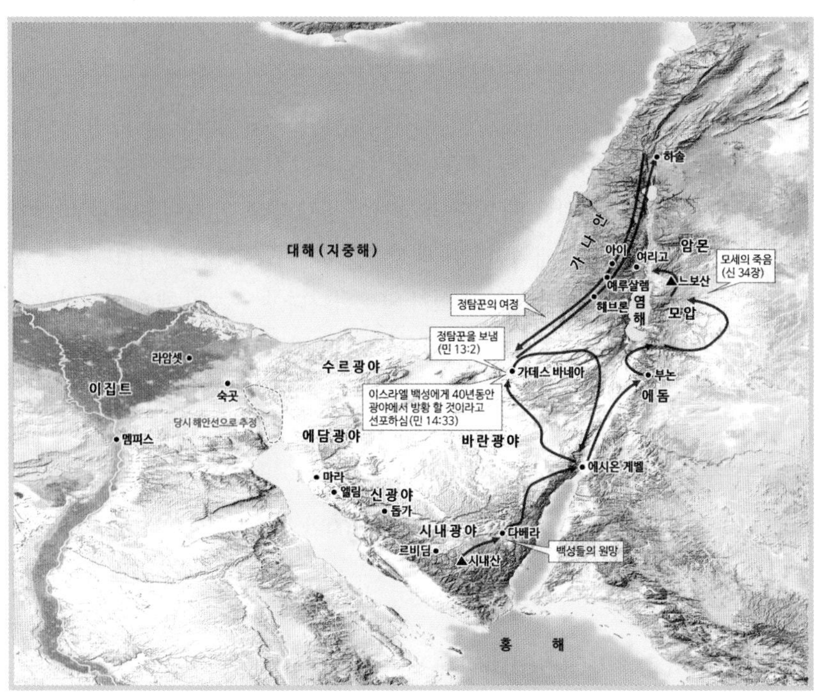

애굽에서 모압까지의 경로 지도 참조

라암셋출 12:17 : 니산월 15일-애굽에서의 집합 장소 ⇒숙곳 ⇒홍해출14 ⇒마라. 엘림. 신 광야출15:22~18:27 ⇒시내산 출 19:1~2 여기까지 3달이 걸림. 여기서 11개월 5일을 머묾. 민 10:11 ⇒하셀롯민 11:34~35 ⇒가데스바네아민 13~20 여기까지 18개월이 걸림. 그 후 37년 6개월을 배회하게 됨 ⇒에돔. 모압에 들어감 ⇒모압 평지

앞으로 가나안 땅에 들어가 그곳 주민을 몰아 내기 위한 전쟁 수행 능력자와 레위인들에 대한 인구를 조사한 다음에, 진영을 치게 하신 후에 시내산을 출발합니다. 이때가 시내산에 머문 지 11개월 5일이 지난 BC 1445년경 봄입니다. 음식에 대한 불평,11:1-9 탐욕을 부린 백성을 죽여 장사 지낸 기브롯 핫다아와 사건,11:18-23, 31-35 미리암과 아론의 질투12:1-6 등을 기록하고 있으며, 그런 가운데서 하나님은 그의 종 모세를 통해 이스라엘을 시내산에서 가데스바네아까지 인도합니다. 그곳에서 이스라엘은 그 땅에 들어가기를 거절하는 것 등으로 인해 하나님을 반역함으로 하나님의 진노를 받아 행렬이 멈춰서는 비극을 초래합니다.13~15장

그 결과 그들은 광야에서 38년의 시간을 보내면서 반역한 구세대가 다 죽게 됩니다. 그 결과 다음 38년간정확히 37년 6개월의 방황은 길고도 슬픈 일이며, 그러고

알아두기

나실인이란 누구인가?

이들은 일정 기간 동안 자신을 성별하여 하나님께 헌신하는 남녀를 말한다. 나실인 제도는 바로 이런 사람들이 일정 기간 동안 자신을 구별하여 하나님께 헌신할 수 있도록 하기 위한 제도이다.

나실인은 포도에서 산출되는 것을 먹지 말고 어떠한 시체도 만지지 말며 머리카락을 잘라서도 안 된다. 서원한 기간은 최소한 30일 이상이어야 하며, 일평생일 수도 있다. 일정한 기간만을 서원한 자는 그 기간이 끝나면 일상의 생활로 돌아올 수 있다.

나서 다시 이스라엘은 행진을 계속하지만 그들의 불평은 끊임없이 이어집니다. 결국에는 고라의 반역 사건16:1-35이 일어나고, 물 부족을 불평한 백성을 위해 모세는 반석을 두 번이나 치는 혈기를 부림으로 가나안에 들어가지 못하게 되는 사건20:11, 그리고 놋뱀 사건21:8~9을 기록합니다. 이런 일을 치르면서 하나님의 백성들은 가데스바네아로부터 요단강 동쪽이며 사해의 북쪽인 모압 평지까지 여행합니다. 모압에 왔을 때 발람의 사건이 생깁니다. 이 대이동의 끝 무렵에는 신세대들의 군사들과 레위인들에 대한 2번째 인구 조사가 실시됩니다. 모압 평지에서 그 땅에 들어가기 위한 준비가 완료됩니다.15~36장 이 책은 이스라엘의 많은 아픈 경험을 기록한 책입니다. 많은 댓가를 치르고 배운 교훈들을 기록한 책입니다. 그러나 하나님은 새 세대를 통해 이스라엘을 가나안 땅으로 인도하시는 언약을 신실하게 지키십니다. 이 민수기는 레위기와 마찬가지로 하나님의 공의와 자비를 보여 주는 책입니다.

민수기는 36장, 1,288절로 되어있고, 신약에 100번 직접, 간접으로 인용되고 있습니다.

□ 1. 시내산에서 가데스바네아까지 - 구세대1~14장

◎ 민수기 1~4장 : 첫 번째 인구 조사

성막을 완성한 이스라엘 백성은 가나안 땅을 향한 출발을 준비합니다. 하나님은 가나안 땅을 향하여 출발하기 전 가나안에서 있을 전투를 대비해서 이스라엘 백성들을 전투 대열로 진영을 짭니다. 그래서 20세 이상 전투 수행 능력자를 각 지파별로 조사하여 진영을 짜게 합니다. 1장 18절 "자기 계통별로 신고하매" 계통은 혈통Pedigree을 말합니다. 각 지파별로 구별하셨다는 말입니다. 이 진영은 하나님의 백성의 대열입니다. 따라서 그 대열 밖은 진 밖이고 곧 이방을 뜻합니다. 이들은 하나님의 성막으로 상징되는 하나님의 거룩하심과 영광을 중심으로 뭉쳐져 있습니다. 이것은 오늘날 모든 성도들의 삶의 모습과도 같습니다. 오늘날 영적 전쟁에 참여하는 성도는 이스라엘의 진영처럼 하나님의 거룩하심과 영광을 중심으로 하는 삶을 살아야 합니다.

인구 조사 결과 각 지파에서 전쟁에 나갈 수 있는 총수는 603,550명입니다. 이들을 중심으로 야영의 진과 행진 대열이 정해집니다. 오합지졸의 이스라엘 백성에게 조직적인 질서를 주심으로 한 단계 진보한 민족으로서 하나님 나라의 공동체를 형성하게 됩니다. 이로써 오합지졸의 이스라엘 백성이 조직적으로 짜여진 하나님의 강한 군사가 되었습니다. 각 지파별로 조사된 숫자와 성막을 중심으로 짠 진영은 다음 도표가 잘 보여 줍니다.

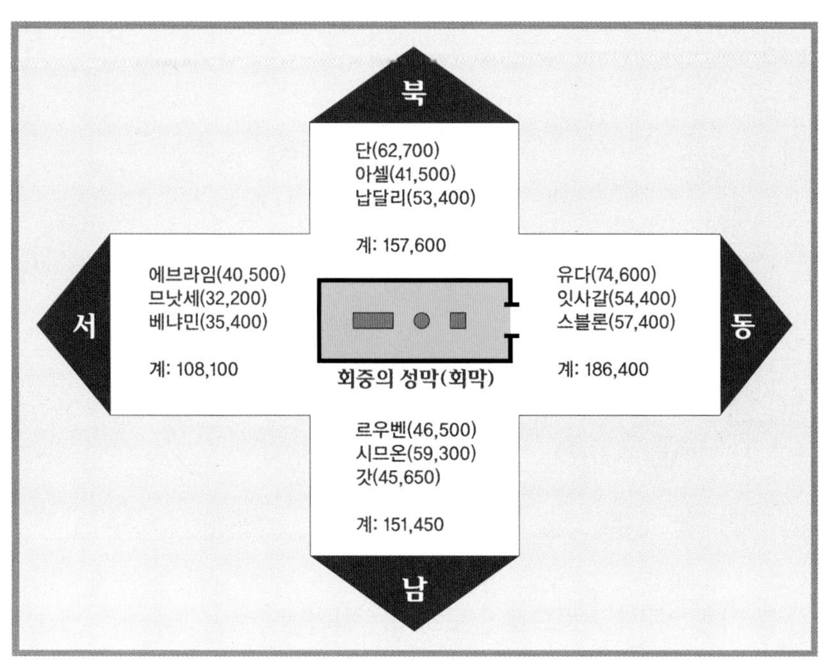

요한복음 1장 14절에 예수님이 인간의 육신을 입고 오셔서 우리 가운데 거하셨다고 했습니다. 그때 거하다의 말은 장막을 쳤다는 말입니다. 지금 여기 광야의 이스라엘 백성들 한가운데 장막을 성전 삼으셔서 그들 가운데 거하시고, 구름 기둥 불 기둥으로 그들을 인도하시는 하나님으로 함께하십니다. 하나님은 이렇게 우리 가운데 함께하시기를 기뻐하신다고 했습니다. (cf 스바냐 3:17)

◎ 민수기 5~8장 : 훈시

이 부분은 레위기의 연장선상에서 읽어야 하는 부분입니다. 백성들에게 성결, 범죄, 부부간의 정절 등에 관한 규례를 주시며, 나실인에 대한 규례 그리고 레위인의 임무인 성막과 그 기구들을 옮기는 규례를 가르쳐 주심으로 하나님 백성으로서 구별된 삶을 살아가도록 훈련하십니다. 레위기는 바로 이런 규례와 훈련의 책입니다.

훈시의 핵심은 **5장 2~3절** 2이스라엘 자손에게 명령하여 모든 나병 환자와 유출증이 있는 자와 주검으로 부정하게 된 자를 다 진영밖으로 내보내되 3남녀를 막론하고 다 진영 밖으로 내보내어 그들이 진영을 더럽히게 하지 말라 내가 그 진영 가운데에 거하느니라 하시매

하나님 나라는 이런 구별된 삶을 사는 자들이 들어가는 나라입니다. 이 말씀은 관점 3을 훈련시키는 훈시입니다. 관점 3

◎ 민수기 9:15~23 : 성막을 덮은 쉐키나의 구름

◎ 민수기 9:1~14 : 두 번째광야에서 첫 번째 유월절을 지킴

성경의 시간적 흐름을 따를 때 민 9:15이 출 40:17과 이어지는 것이라고 보는 견해가 있지만 본 저서는 민수기 1장부터 그대로 이어지는 견해를 따릅니다.

알아두기

하나님은 어떻게 2백 50만이 넘는 대식구를 40년 간 먹이셨을까?

그것은 한마디로 하나님의 직접적인 기적이다. 그 기적은 너무나도 놀랍고 또 지속적으로 이루어졌기 때문에 하나님이 아니고는 어느 누구도 일으킬 수 없는 분명한 하나님의 손길임을 알 수 있다. 이 기적을 믿을 수 없다면서 둘러 대는 이유를 이해하는 것보다 이 기적을 이해하는 것이 훨씬 더 쉽다.

이 광야에서 일어난 일들의 성경 전체의 이야기와 일치한다. 성경에서 숫자 '천' 은 실제적인 천을 가리킨다기보다는 '많다' 또는 '한 씨족'을 가리킨다고 볼 때 이 250만의 숫자는 실제로 줄어 들 수도 있다.

하나님이 기적을 일으켜서 이스라엘을 돌보신 이유는?

1) 이스라엘을 보존하시기 위해서이다. 그 이스라엘에서 여인의 후손(창 3:15)인 메시아가 오시기 때문이다.

2) 그 기적을 통해 여호와 하나님이 이스라엘 백성이 보았고, 섬겼을지도 모르는 애굽의 신들보다 훨씬 강하고 위대하시다는 것을 교육하기 위함이다.

3) 주변 국가 특히 그들이 정복할 가나안에게 이스라엘이 가나안을 향한 진군이 단순한 사람들이 모인 집단의 진군이 아니라, 전능하신 하나님의 뜻이고 또한 동행하는 것이라는 것을 보여 주기 위함이다.

□ 불 기둥 · 구름 기둥으로 인도하시는 하나님

이제 인구 조사도 마쳤고, 가나안까지 여정을 시작해야 할 시간이 되었습니다. 당시에는 네비게이션Navigation같은 것이 없었고 물론 지도도 없었습니다. 이들의 가나안 여정은 초행입니다. 그러나 이 길을 인도하시는 분은 모세가 아니고 하나님이었습니다.

하나님은 그들을 낮에는 구름 기둥, 밤에는 불 기둥으로 그 길을 안내하십니다. 또한 이 구름 기둥, 불 기둥은 열악한 광야의 기후 조건에 이스라엘 백성을 보호하기 위함이기도 합니다. 광야의 밤은 대단히 춥고 낮은 대단히 더운 열악한 환경이라고 합니다. 그래서 낮에는 구름 기둥으로 강렬한 태양빛으로부터 보호하고, 밤에는 불 기둥으로 낮아지는 기온으로부터 보호하시는 것입니다.

구름 기둥, 불 기둥이 움직이면 가고, 서면 그곳에서 야영을 했습니다. 여기서도 하나님의 주권적 통치와 돌보심을 볼 수 있습니다. 이것은 하나님의 방법이고 신위神爲를 보는 대목입니다. 오늘 지금 여기에서도 나를 불 기둥과 구름 기둥으로 보호하시고 인도하시며 주권적으로 돌보아 주심을 체험하고 있습니까? 관점 2

◎ 민수기 10 ~12장 : 11개월 5일 만에 시내산 출발 p.157 지도 참조

□ 여전히 끊임없이 불평하고 모세의 지도력에 도전하는 백성들

민수기는 이스라엘 민족의 불평 기록기라고 해도 과언이 아닙니다. 이제 하나님의 인도하심으로 이스라엘 백성은 하나님이 주시기로 한 약속의 땅을 향하여 250만 명과 가축들이 대이동을 시작합니다. 이스라엘 백성은 하나님이 많은 기적을 통해 그들을 보호하시고 인도하심을 보여 주었는데도 불구하고, 그것이 눈에 보이는 동안에는 순종했지만 그 현상이 사라지면 금방 불평을 늘어놓고 있음을 봅니다. 그들은 가시적인 믿음을 소유한 자들이기 때문에 그렇습니다. 이 가시적 믿음의 대표자는 롯입니다. 그래서 이 책의 제목을 '이스라엘 민족의 불평기'라고 붙여도 될 만큼 이스라엘 백성의 불평으로 가득 찬 책이며 그 불평으로 인하여 엄청난 대가를 치르게 됨을 보는 서글픈 책이기도 합니다.

애굽에서 배불리 먹던 시절로, 다시 노예로 돌아가면 현재의 고생을 면할 것 같은 어리석은 생각을 가진 우둔한 백성을 끊임없는 사랑으로 대하시며, 고기를 못 먹어 불평하는 백성에게 메추라기를 주시는 하나님은 여전히 우리 가운데 계셔서 우리의 필요를 채워 주십니다.

11장 4절을 유의해서 보세요. 이스라엘 백성이 애굽을 떠나올 때 '중다히 섞인 잡족들이' 이스라엘을 선동합니다. 그리스도인들도 이런 선동을 받는 신앙생활을 할 때가 많습니다. 그것은 우리의 신앙관이 하나님 중심으로 견고히 서 있지 못하기 때문입니다. 관점 3

하나님은 250만 명의 대인구에 한 달간 고기를 허락하십니다. 이것을 신약의 오병이어의 기적에 견주어 생각해 보십시오.

민수기 11장 31-35절에서 보면 식욕의 노예가 된 백성들은 하나님께 감사하는 마음도 없이 마음껏 메추라기를 잡았습니다. 그러나 그들의 탐욕이 다 채워지기 전에 하나님께서는 그들을 치셨습니다. 그 후 재앙으로 붕괴된 그곳은 '탐욕의 무덤'이라는 뜻을 가진 '기브롯 핫다아와'라고 불리게 되었습니다.

◎ 민 13~14장 가데스바네아까지, 정탐꾼 보냄 '광야 생활 38년'이라는 운명(?)을 바꿔 놓은 중요한 순간

각 지파의 대표 12명을 뽑아 가나안 정복을 위한 정보 수집을 위해 정탐꾼 즉, 첩보 요원을 파송합니다. 돌아온 첩보 요원의 보고는 이스라엘 백성들에게는 청천벽력 같은 내용이었습니다.

그들의 보고 내용은 가나안의 거주민은 네피림의 후손 아낙 자손창세기 노아의 홍수 전에 번성했던 하나님이 없는 가인의 후예들들의 장대한 체격을 보고 질겁하여 그들은 대장부요, 이스라엘의 사람은 그들에 비하면 메뚜기 같은 존재라고 보고합니다.13:33

이것을 가리켜 메뚜기 증후군Grasshopper Syndrome이라고 합니다.
오직 유다 지파의 대표인 갈렙과 에브라임 지파 대표인 여호수아만 긍정적 보고를 합니다. 여호수아와 갈렙의 눈에는 그 가나안 거민들은 자기들의 밥이요, 가나안 땅은 과연 하나님의 약속대로 젖과 꿀이 흐르는 땅이라는 것입니다.성경적 가치관 그러나 이스라엘 백성은 다수의 보고에 따라 격렬하게 항거하면서 하나님의 전능하심에 의심을 품고 하나님을 반역합니다. 이것은 가시적 믿음에 의존하면서 끊임없는 불평을 늘어놓음의 극치를 이루는 순간입니다.
여기서 하나님의 약속을 믿는 자의 세계관과 자신들의 능력만 믿는 자들의 세계관의 차이가 확연히 드러나는 모습을 봅니다. 하나님의 능력을 믿지 못하는 백성에게 하나님의 진노가 어떻게 임하는지 14장 11절을 묵상하며 읽어 보세요. 관점 2

가데스바네아의 반역. 이것은 인위人爲와 신위神爲의 격렬한 충돌입니다. 믿음이 내 뜻과 하나님의 뜻이 상충될 때 하나님의 뜻을 따르는 것이라면, 이 사건은 하나님의 뜻을 헌신짝처럼 버리고 하나님의 영광에 먹칠을 한 사건이고 하나님의 진노를 가히 심판의 수준에 이르게 하는 사건입니다. 지금까지의 불평은 하나님이 다 들어주셨지만 이것만은 아니었습니다.
그 결과로 40년실제로는 37년 6개월 광야를 유랑하면서 여호수아와 갈렙을 제외하고는그는 나를 온전히 따랐은즉 -14:24 모든 제1세대는 광야에서 모두 죽게 하시고,민 14:29-35 새 세대가 가나안에 들어가게 하시면서 그들이 훈련을 받는 단계로 접어들게 됩니다.

광야. 그곳은 하나님 학교의 훈련장입니다. 출애굽의 과정을 체험한 이스라엘 백성들에게 광야란 하나님의 철저한 보호와 양육과 인도와 임재가 충만했던 매우 안전한 곳인 동시에 가나안으로 가기 위한 중간 과정으로써 현실적으로는 매우 척박한 환경이기 때문에 매일매일 믿음의 투쟁을 해야 하는 이중적 특성을 가지는 곳입니다.
오늘날 믿음이 약한 하나님의 백성들도 이 광야 학교에서 훈련을 받고 졸업장을 받아야 가나안의 젖과 꿀이 흐르는 곳에 들어갈 자격을 얻게 됩니다. 결국 하나님의 진노로 인해 하나님의 능력을 믿지 못해 울고불고한 제1세대는 광야에서 죽어야 하는 신세가 되었습니다. 불행하게도 인간의 본성은 믿음대로가 아니라 눈에 보이는 대로 행하기를 더 좋아하고, 하나님의 말씀이 아니라 인간의 말에 의존하기를 더 좋아하는 모습을 볼 수 있습니다.
하나님은 주시기로 하신 약속의 땅을 쟁취하기를 원하지 않는 자에게 그 땅을 주시지 않는다는 것입니다. 그것은 우리에게 무엇을 의미하는 것일까요?

□ 2. 전환기 15~20장

◎ 민수기 15~19장 : 여러 가지 사건들과 교육

계속되는 백성들의 불평을 하나님은 어떻게 다루시는지를 보세요.

16장 : 염병으로 백성을 다스리는 하나님

17장 : 아론의 지팡이에 싹이 나게 하심으로 아론의 권위를 인정해 주시는 하나님. 이것은 또한 죽음에서 싹이 나고 열매를 맺는 기독교의 능력을 상징하기도 합니다.

◎ 민수기 20장 : 혈기 부린 모세

모세는 미디안에서 피신하여 40년간 목자 생활을 하면서 그는 하나님의 종이 되는 수업을 받았습니다. 그때 그는 동족을 살해한 애굽 관원을 죽인 혈기를 다스리는 수업도 함께 받았을 것입니다.

그러나 그 동안 참으로 많은 이스라엘 백성의 불평을 하나님 앞에 중보 기도로 잘 다스려 왔지만 여기서 그만 그 혈기가 다시 살아난 듯합니다. 그 한 번의 혈기가 결국 예수님을 상징하는 바위를 두 번이나 침으로 말미암아 그는 결국 가나안에 들어가지 못하는 결과를 초래합니다. 이는 잠시 하나님의 방법(말로 하라)를 무시하고 자기분노를 터뜨렸다는 것입니다.

□ 3. 가데스바네아에서 모압 평지까지 - 신세대 21~36장

◎ 민수기 21장 : 놋뱀 사건, 북진 시작 40년이 지난 후 제 2세대 가나안을 향해 출발

불평은 이 시절 이스라엘의 전매특허인 것 같습니다. 이스라엘 백성은 모세를 향해 자기들을 이 광야에서 죽게 할 것이다, 매일 똑 같은 만나와 메추라기 음식이 식상하다는 등 불평을 늘어놓습니다.

이스라엘 백성이 불평할 때 그 불평을 들으시고 해결해 주셨지만, 이번에는 백성의 불평을 불뱀으로 다루시는 하나님을 봅니다. 이 불뱀은 길이가 10cm쯤 되는 뱀으로서 물리면 수십 초 안에 죽는다고 합니다. 대단히 독성이 강한 뱀입니다. 그러자 이스라엘은 회개합니다.

하나님은 불뱀을 없애 주지 않으시고, 불뱀은 그대로 두고 놋뱀을 만들어 달게 한 후 그것을 쳐다보게 함으로 구원받게 하십니다. 구원받기 위하여 그들의 상처를 바라보라고 하지 아니하였습니다. 구원받기 위하여 모세를 바라보라고 하지 아니하였습니다. 구원받기 위하여 자기를 물었던 뱀을 쫓아 버리라고 하지

11일

년 월 일

민 15~27장

하나님 나라를 세우시려는 하나님의 마음을 다음 구절에서 볼 수 있습니다.

민 15:41 나는 여호와 너희 하나님이라 나는 너희의 하나님이 되려고 너희를 애굽 땅에서 인도해 내었느니라. 나는 여호와 너희의 하나님이니라.

이 구절과 관련해서 다음의 성경구절들을 다시 묵상하세요. **출 19:5-6, 출 20:2, 레 18:1-4, 26:12, 스바냐 3:17, 마 5, 6, 7장 (산상 수훈) 계 21:1-4**

이 말씀에서 왜 하나님이 그의 나라를 세우시기를 원하시는지, 하나님의 심정을 읽을 수 있습니까? 그것이 바로 성경을 관통하는 맥입니다.

불뱀을 없애지 않고 놋뱀을 주시는 하나님의 마음을 생각해 보세요.

시편 23편의 '사망의 음침한 골짜기'를 그대로 두시는 하나님을 생각하세요.

하나님은 우리가 힘들고 어려울 때 하나님을 의지하기를 원하십니다. 그것이 바로 하나님의 사랑입니다. 이 세상이 사탄에 의해 악한 세상이 되었기에 사탄이 완전히 소멸될 때까지 부정적인 면이 완전히 없어질 수는 없습니다. 그럴 때 하나님은 우리가 하나님을 의지하기를 원하시는 것입니다.

왕하 18:4 (히스기야 왕 시절)에 보면 놋뱀이 오랜 기간 동안 미신화되어 있음을 볼 수 있습니다.

아니하였습니다. 구원받기 위하여 율법을 지키라고 하지 아니하였습니다. 구원받기 위하여 서로 도우라고 하지 아니하였습니다. 구원받기 위하여 제사를 드리라고 하지 아니하였습니다. 구원받기 위하여 매달린 놋뱀을 바라보라고 하였습니다.이사야 45장 22절 참조

이것을 흔히 예수님의 십자가와 연결해서 설명합니다.요 3:14-15 그것은 바로 믿음의 문제라는 것을 보여 주는 것입니다. 구원의 범위는 바라보는 모든 사람들입니다.요 3:16 구원의 효과는 즉시 생명을 얻는 것입니다.요 5:24, 고후 5:17
불뱀에 물릴까 염려만 하는 자와 그럼에도 불구하고 놋뱀을 보면서 하나님의 약속을 붙잡는 자로 나뉘어 질 것입니다.

◎ 민수기 22~27장 : 요단 동쪽 모압 땅 정복, 교육

발람의 예언22:41-24:25

발람은 이방인의 점쟁이로서 모압 왕 발락의 부름을 받고 모압을 통과하려는 이스라엘을 저주하라는 부탁을 받습니다. 그 임무를 수행하기 위해 당나귀를 타고 가는데 당나귀가 천사와 마주치면서 사람의 말을 하는 일이 생깁니다. 물론 발람의 눈에는 천사가 보이지 않았습니다. 발람은 오히려 당나귀를 나무랍니다. 이 일로 발람은 오히려 하나님의 강권적인 역사하심에 의해 이스라엘을 축복하고 그 장래를 예언합니다. 물론 하나님의 예언이지만 발람의 입을 빌린 것입니다.민 23:18-24, 24:15-25 신약은 이 발람의 여행을 가리켜 불의의 삯을 좇아간 어그러진 길로 묘사합니다.벧후 2:15-16 그런 자들에게는 '캄캄한 어두움' 곧 파멸의 길만이 예비되어 있을 뿐이라고 했습니다.벧후 2:17

☞ 발람의 당나귀

이방의 예언자인 발람과 말하는 당나귀 이야기(민 22:21-35)는 성경 외에도 이스라엘 민속 자료에서도 나온다.
이스라엘 유물 중 당나귀에 올라탄 사람의 유적

12일

년 월 일

오늘의읽을분량

민 28~36장
신 1~3장

◎ 민수기 28~36장 : 교육과 여러 가지 사건들

하나님은 이제 곧 가나안 땅에 들어 갈 새 세대들에게 다시 한번 더 구별된 삶의 중요성을 교육합니다. 하나님 나라의 순수성은 어떠해야 하는가를 보세요.

민 33:55 너희가 만일 그 땅의 원주민을 너희 앞에서 몰아내지 아니하면 너희가 남겨둔 자들이 너희의 눈에 가시와 너희의 옆구리에 찌르는 것이 되어 너희가 거주하는 땅에서 너희를 괴롭게 할 것이요 관점 3

결국 이 가나안 정복은 단순히 전쟁의 승리로 인한 땅의 정복이 아니고, 가치관을 새롭게 한 문화 혁명임을 알아야 합니다.

□ 도피성을 만들어 억울한 죄인을 구제해 주시는 하나님 35:9-15

이 이스라엘 백성에게는 경찰력이 없었으며, 각 성의 장로들이 경우에 따라 법정을 구성했습니다. 어떤 사람이 실수로 다른 사람을 죽였으면 그는 자신을 보호할 어떤 대책이 필요했습니다. 왜냐하면 살해당한 사람의 가족 중 하나가 그 살해당한 친척의 피를 복수하려고 하는 것이 율법적이었기 때문입니다.

창세기 9장 6절에서 사형의 원리가 세워졌는데 그것을 출애굽기 21장 12~14절에서 모세가 확정짓고 있습니다. 달리 말해서 다른 사람을 죽인 사람은 자기 생명이 위험했습니다. 왜냐하면 '피의 복수자'가 살인자의 무죄함을 증명하기 전에 그를 죽일 수 있기 때문입니다. 사고로 타인을 살해한 사람에게는 살해의 의향이 없는 것입니다. 그에게는 자기의 경우를 설명하고 생명을 구원할 권리가 주어질 만한 것입니다. 이것이 도피성을 두는 목적이었습니다.

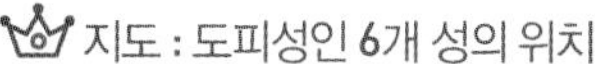
지도 : 도피성인 6개 성의 위치

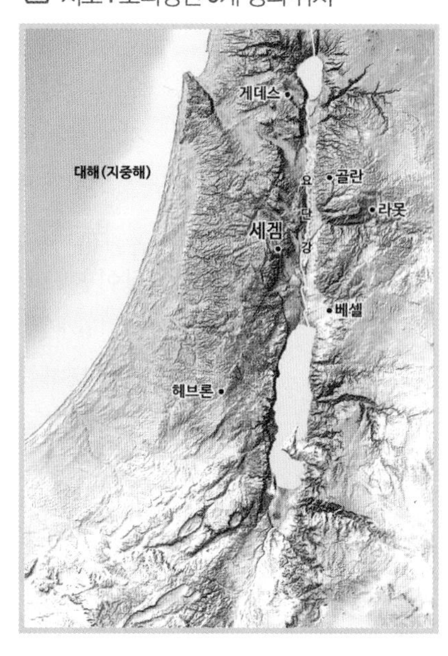

살인자는 장로들이 있어 자신의 경우를 듣고 재판을 열 수 있는 가장 가까운 성으로 도망해야만 했습니다. 그것이 사고였음이 분명하면 그는 그들의 보호 아래 그 성에서 살 수 있으며 피의 복수자는 그를 어찌할 수 없었습니다. 그러나 만일 그가 그 성을 떠나면 그는 살해될 수가 있는 것입니다. 대제사장이 죽으면 그 사람은 자유롭게 되어 자기 성에 안전하게 돌아 갈 수 있게 됩니다. 이 법의 목적은 그 땅을 더럽히지 않기 위한 것이었습니다.민 35:29~34 살인자는 그 땅을 더럽히며, 살인자가 정죄를 받지 않으면 그 땅을 보다 더 큰 죄에 빠뜨리게 됩니다. 이 법은 무죄한 자를 보호하며 정죄를 받지 않게 하기 위한 것이었습니다. 이것은 정당한 법이었습니다.

도피성들은 누구나 접근하기 쉽도록 여섯 성들에 잘 배정되어 있어서 어떤 지파에게도 이 안전한 성들이 멀지 않다는 것을 볼 수 있습니다. 그 위치는 요단강 서편으로는 북쪽에 게데스, 중앙에 세겜, 남쪽에 헤브론이 있습니다. 강을 건너 동쪽르우벤, 갓 므낫세가 정착하기로 됨에는 북쪽에 골란, 중앙에 라못, 남쪽에 베셀 등 여섯 곳입니다.
이 여섯 도피성은 예수님의 아름다운 모형입니다. "앞에 있는 소망을 얻으려고 피난처를 찾은 우리에게 큰 안위를 받게 하려 하심이라" 히 6:18

6장 4-5절
"4 이스라엘아 들으라 우리 하나님 여호와는 오직 유일한 여호와이시니 5 너는 마음을 다하고 뜻을 다하고 힘을 다하여 네 하나님 여호와를 사랑하라"

'지켜 행하라' (Commandments)
'지켜 행하라'의 단어는 이 신명기에 100번 이상 나오는 단어입니다.
율법을 지켜 행하는 것이 바로 하나님의 통치에 순종하는 것이요, 신위(神爲)가 이루어지며, 하나님 나라의 임재가 이루어지는 것입니다.

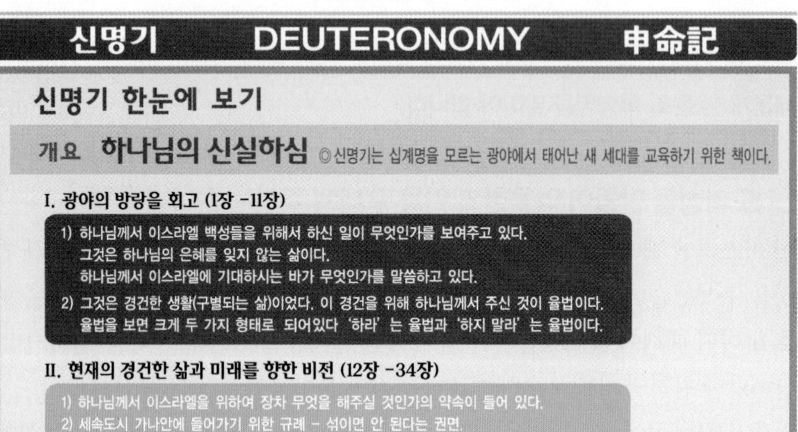

신명기 DEUTERONOMY 申命記

신명기 한눈에 보기

개요 하나님의 신실하심 ◎신명기는 십계명을 모르는 광야에서 태어난 새 세대를 교육하기 위한 책이다.

I. 광야의 방랑을 회고 (1장 -11장)

1) 하나님께서 이스라엘 백성들을 위해서 하신 일이 무엇인가를 보여주고 있다.
그것은 하나님의 은혜를 잊지 않는 삶이다.
하나님께서 이스라엘에 기대하시는 바가 무엇인가를 말씀하고 있다.
2) 그것은 경건한 생활(구별되는 삶)이었다. 이 경건을 위해 하나님께서 주신 것이 율법이다.
율법을 보면 크게 두 가지 형태로 되어있다 '하라' 는 율법과 '하지 말라' 는 율법이다.

II. 현재의 경건한 삶과 미래를 향한 비전 (12장 -34장)

1) 하나님께서 이스라엘을 위하여 장차 무엇을 해주실 것인가의 약속이 들어 있다.
2) 세속도시 가나안에 들어가기 위한 규례 - 섞이면 안 된다는 권면.

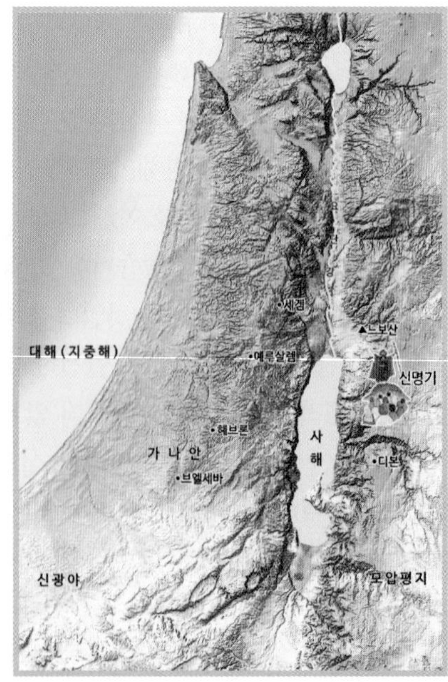

신명기는 시간이 흐르지 않습니다. 그 시대적 배경은 민수기의 끝 부분으로 광야 생활이 다 끝나고 모압 평지에 도착해 가나안 입성을 앞둔 시점입니다. BC 1445년 무렵에 시내산을 출발한 이스라엘 백성은 불과 몇 달이면 도착할 수 있는 거리를 무려 37년 6개월이나 걸려서 이제 모압 평지에 도착합니다. 이때가 BC 1407년경이라고 추정합니다. 이제 하나님이 주신 약속의 땅 가나안에 들어 갈 시점입니다.
애굽에서 하나님의 능하신 손길로 구원받은 이스라엘 백성은 시내산에서

하나님의 백성이 되는 언약을 체결함으로 하나님 나라를 이루기 위한 씨앗창 12:2의 약속의 완성을 이루고, 38년간의 광야 생활을 통한 훈련을 거친 후 마침내 여정의 끝에 이르러 요단강이 사해로 흘러 들어가는 요단강 동쪽 모압 평지에 이르렀으며, 강을 건너 가나안으로 들어갈 준비를 마칩니다. 바위를 두 번이나 치는 실수로 가나안에 들어 갈 수 없음을 안 모세는 여기에서 이제 가나안에 들어 갈 신세대를 향하여 세 편의 고별 설교를 통하여 마지막으로 새 세대를 교육합니다.

약속의 땅 가나안을 정복하게 될 새로운 세대에게메뚜기 증후군에 빠진 제 1세대는 광야에서 다 죽고 없어졌다는 사실을 잊지 마세요. 하나님의 언약을 반복해서 말해 주고 재확인시켜 줄 필요가 있었던 것입니다. 정복할 땅에서 살게 될 새 세대에게 하나님의 백성으로서 어떻게 살아야 하는가에 대한 교육이 필요했던 것입니다. 그래서 신명기를 제2의 율법Deuteronomy-Second Law이라고 합니다. 앞으로 들어갈 가나안 지방의 우상 숭배와 물질 만능주의에 대처해서 영적 무장을 촉구하는 모세의 권면입니다. 그 현대적 의미도 같습니다. "네 보물이 있는 그 곳에는 네 마음도 있느니라" 마 6:21

신명기는 모세가 백성에게 행한 세 편의 설교로 구성되어 있지만, 여기서는 그 내용을 크게 두 부분으로 나누어 봅니다. 그의 세 편의 설교에서 하나님은 신실하신 분이니 그의 계명을 지켜 행하고 그가 주는 복을 받으라고 권면합니다.

1) 1~11장까지는 과거 38년을 회상합니다. 시내산에서부터의 여정과 그 시내산에서 받은 율법 특히 십계명을 교육합니다.

2) 12~34장까지는 현재의 경건한 삶과 미래를 향한 비전을 제시합니다. 세속 도시 가나안에 들어가기 위한 규율과 권면12~30장과 모세의 마지막 권면31~34장이 포함되어 있습니다. 그는 여호수아를 그의 후계자로 임명하고 그의 노래를 만들며,시 90편도 이때에 썼을 것이다. 각 지파들을 축복하고 하나님의 부르심을 받아 느보 산 맞은편 비스가 산 기슭으로 사라지며 역사의 뒤안길로 갑니다.

신명기는 모두 34장 959절로 되어 있고, 신약에 208번 인용됩니다.

☐ 신명기의 6가지 기본적 가르침

J. Sidlow Baxter "Explore the Book" Zondervan 1960 p.213~231 참조

신명기 전체를 통해서 6가지의 기본 가르침을 살펴봅니다. 이는 모세의 신명기 신학이고, 이것은 또한 구약 전체를 이해하는 기초가 됩니다.

1) 기본적 사실Basic Fact - 여호와는 한 분이시다.

📖 신 6:4 이스라엘아 들으라 우리 하나님 여호와는 오직 유일한 여호와이시니

히브리 수의 개념으로 하나, 즉 1을 말할 때, 이 하나는 단순 하나의 개념이 아니고, 복수적 개념이 섞여 있는 하나를 말합니다. 이를테면, 포도 한 송이를 많은 포도들이 포함되어 한 송이를 만들 때 그 하나를 말합니다. 이것을 히브리어의 하나, 즉 echad의 개념입니다.
6장 4절의 여호와 하나님은 한 분이라고 했을 때 그 하나의 개념은 바로 echad라는 복수적 의미를 내포하는 하나, 즉 삼위의 하나님을 포함하고 있습니다.
하나님을 엘로힘'Elohim'이라고 부를 때 바로 이 echad의 개념이 포함된 삼위의 하나님을 말합니다. 히브리어에서 단순 하나를 말할 때, yacheed를 사용하는데 이는 '절대적 하나'(absolute unity)를 말합니다. 이 단어는 하나님Godhead을 말할 때는 결코 쓰이지 않습니다.
6장 4절의 "여호와는 한 분이시다"라는 것은 기독교 신앙의 가장 기본적인 근원입니다. 이것은 바로 다신주의, 일신론Unitarianism, 삼위일체를 배격하는 이단 종파, 범신론 등을 배격합니다. 십계명의 제1계명의 중요성을 강조합니다.

2) 기본적 진리Basic Truth - 하나님의 신실하심

📖 신 6:23 우리 조상들에게 맹세하신 땅을 우리에게 주어 들어가게 하시려고 우리를 거기서 인도하여 내시고

이 구절에서 우리는 다음 세 가지의 하나님의 속성을 봅니다.

1) "거기서 인도하여 내시고"
- 하나님의 권능power을 봅니다.
2) "땅을 우리에게 주어 들어가게 하려고"
- 하나님의 은혜grace를 봅니다.
3) "조상들에게 맹세한 땅을 우리에게 주어"
- 언약을 지키시는 하나님의 신실하심faithfulness을 봅니다.

가나안 땅에 들어가게 하신다는 뜻은 바로 하나님의 나라가 임재한다는 의미로 받아들여야 합니다. 가끔 가나안은 천국의 모형으로 그려지지만 오히려 지금 우리가 소유해야 할 하나님 나라로 비유되어야 할 것입니다. 가나안의 영적 의미는 하나님 나라가 지금 여기에 임하므로 우리가 얻게 되는 영적 축복을 의미한다고 보아야 합니다.

이 속성은 오늘날 우리에게도 그대로 적용되고 있습니다. 다음 구절을 찾아 읽어 보세요. 성경을 열심히 찾는 자는 그만큼 많은 축복을 찾게 되리라고 믿습니다. 살전 5:23, 갈 2:20, 엡 1:4, 3:19, 4:23, 5:18, 골 1:9-11 등은 그리스도인이 누려야 할 복된 삶을 보여 줍니다. 이런 삶이 바로 영적 가나안에서 이루어지는 삶입니다.

3) 기본적 요구Basic Requirement - 지켜 행하라

📖 신 10:12-13 12이스라엘아 네 하나님 여호와께서 네게 요구하시는 것이 무엇이
냐 곧 네 하나님 여호와를 경외하여 그의 모든 도를 행하고 그를 사랑하며 마음을 다
하고 뜻을 다하여 네 하나님 여호와를 섬기고 13내가 오늘 네 행복을 위하여 네게 명
하는 여호와의 명령과 규례를 지킬 것이 아니냐

"지켜 행하라" 이것은 하나님의 명령입니다. 지켜 행함 속에 하나님의 통치가 이루어지기 때문에 이 지켜 행함은 대단히 중요한 하나님의 명령입니다. 영어 성경NIV에 보면 이 구절의 시작에 And now, Israel…로 시작합니다. 이 And Now는 중요한 의미를 갖는 시간적 부사입니다.

"바로 지금부터 이스라엘아 지켜 행하라"라는 의미이지요. 신명기는 바로 이 점을 강조하는 책입니다. 지금 이 시간 이후부터는 과거 애굽의 생활을 청산하고 여호와를 섬김으로 방향을 전환해야 한다는 것입니다. 그것은 패러다임Paradigm의 전환을 촉구하는 것입니다. '지켜 행하기'의 다른 표현은 순종입니다.

📖 요 14:21-24 21나의 계명을 지키는 자라야 나를 사랑하는 자니 나를 사랑하는 자
는 내 아버지께 사랑을 받을 것이요 나도 그를 사랑하여 그에게 나를 나타내리라 22가
룟인 아닌 유다가 이르되 주여 어찌하여 자기를 우리에게는 나타내시고 세상에는 아니
하려 하시나이까 23예수께서 대답하여 이르시되 사람이 나를 사랑하면 내 말을 지키리
니 내 아버지께서 그를 사랑하실 것이요 우리가 그에게 가서 거처를 그와 함께하리라
24나를 사랑하지 아니하는 자는 내 말을 지키지 아니하나니 너희가 듣는 말은 내 말이
아니요 나를 보내신 아버지의 말씀이니라

이스라엘은 결국 이 "지켜 행하라"의 명령에 순종하지 못했습니다.

📖 신 4:25-31 25네가 그 땅에서 아들을 낳고 손자를 얻으며 오래 살 때에 만일 스스
로 부패하여 무슨 형상의 우상이든지 조각하여 네 하나님 여호와 앞에 악을 행함으로
그의 노를 일으키면 26내가 오늘 천지를 불러 증거를 삼노니 너희가 요단을 건너가서
얻는 땅에서 속히 망할 것이라 너희가 거기서 너희의 날이 길지 못하고 전멸될 것이니
라 27여호와께서 너희를 여러 민족 중에 흩으실 것이요 여호와께서 너희를 쫓아 보내

실 그 여러 민족 중에 너희의 남은 수가 많지 못할 것이며 28너희는 거기서 사람의 손
으로 만든 바 보지도 못하며 듣지도 못하며 먹지도 못하며 냄새도 맡지 못하는 목석의
신들을 섬기리라 29그러나 네가 거기서 네 하나님 여호와를 찾게 되리니 만일 마음을
다하고 뜻을 다하여 그를 찾으면 만나리라 30이 모든 일이 네게 임하여 환난을 당하다
가 끝 날에 네가 네 하나님 여호와께로 돌아와서 그의 말씀을 청종하리니 31네 하나님
여호와는 자비하신 하나님이심이라 그가 너를 버리지 아니하시며 너를 멸하지 아니하
시며 네 조상들에게 맹세하신 언약을 잊지 아니하시리라

이스라엘은 결국 멸망하고 제사장 나라의 특권이 신약에서 '교회'새 이스라엘로 옮겨지는 비극을 맛봅니다. 그러나 종말에는 그들도 구원을 받는다는 뜻이 내포되어 있습니다. '지켜 행하면' 복을 받는다고 신명기 28장은 약속합니다. 레위기 26장의 내용을 기억하고, 신명기 28장을 읽으세요. 신명기 28장을 축복장이라고 합니다. 그 축복은 무조건적 축복입니까? 성경이 말하는 축복은 조건부입니다.Conditional Blessing 그 조건은 바로 '지켜 행하면'입니다. 즉, 순종을 말하는 것이지요. 은혜Grace는 무조건적이지만 축복은 조건적입니다. '지켜 행하지 못하면' 어떻게 되는지는 28장 후반부에 잘 나타나 있습니다.

4) 기본적 서약Basic Pledge

이스라엘이 가나안에 들어가는 것은 시내산 언약을 지킨다는 조건하에 들어가는 것임으로 그것을 다시 확인하면서 서약을 합니다. 모세는 30장에서 가나안에서 아브라함의 언약을 근거로 이루어진 시내산의 언약을 다시 한번 지킬 것을 강조합니다.

어떤 신학자들은 이 부분을 모압 언약이라고도 합니다. 그 언약을 지키고 안 지키고 간의 결과는 개인적으로는 신명기 28장에, 공동체적으로는 레위기 26장, 신명기 4장 26~28절, 그리고 신명기 30장에서 되풀이해서 강조하고 있습니다. 세상에는 여호와의 율법을 주야로 묵상하고 그것을 따라 사는 사람과 그렇지 않은 사람으로 나눌 수 있습니다. 이것은 시편 1편의 교훈이기도 합니다. 서약을 지킨다는 것은 바로 율법성경에 따라 살며 신위神爲에 순종하는 삶을 말합니다.

5) 근본적인 차이Basic Difference

구약과 신약의 근본적 차이점을 보여 주는 것이 신명기의 특징이기도 합니다. 구약은 특정한 지역 특히 땅을 강조합니다. 땅의 정복이 구약 특히 신명기에서 강조되고 있음을 봅니다.

신 12:1 네 조상의 하나님 여호와께서 네게 주셔서 차지하게 하신 땅에서…

신 12:10-14 10너희가 요단을 건너 너희 하나님 여호와께서 너희에게 기업으로
주시는 땅에 거주하게 될 때 또는 여호와께서 너희에게 너희 주위의 모든 대적을 이
기게 하시고 너희에게 안식을 주사 너희를 평안히 거주하게 하실 때에 11너희는 너희
의 하나님 여호와께서 자기 이름을 두시려고 택하실 그 곳으로 내가 명령하는 것을
모두 가지고 갈지니 곧 너희의 번제와 너희의 희생과 너희의 십일조와 너희 손의 거
제와 너희가 여호와께 서원하는 모든 아름다운 서원물을 가져가고 12너희와 너희의
자녀와 노비와 함께 너희의 하나님 여호와 앞에서 즐거워할 것이요 네 성중에 있는
레위인과도 그리할지니 레위인은 너희 중에 분깃이나 기업이 없음이니라 13너는 삼
가서 네게 보이는 아무 곳에서나 번제를 드리지 말고 14오직 너희의 한 지파 중에 여
호와께서 택하실 그 곳에서 번제를 드리고 또 내가 네게 명령하는 모든 것을 거기서
행할지니라

장소땅의 강조는 생활의 중심지를 정함으로 국가 통일성을 제공하는 역할을 합니다. 구약 시대 이스라엘 사람들은 예루살렘 혹은 성전 가까이 가는 것은 하나님께 가까이 다가간다는 의미로 받아들였습니다. 이방인이란 바로 이 '곳'이스라엘의 진영으로부터 멀리 떨어져 있기 때문에 하나님과 떨어진 자로 간주하는 것입니다. 다음 구절을 참조하세요. 사 49:1, 57:19 행 2:39 엡 2:17

반대로 신약에서는 바로 이 지역성은 완전히 없어지게 됩니다. 장소place의 중요성은 인물person의 중요성으로 바뀝니다. 그 인물의 중심은 예수님입니다. 예를 들면, 예수님이 사마리아 여인과 예배에 관한 얘기를 할 때 사마리아 여인은 예배의 장소를 말하고구약적 개념 예수님은 예배자의 영적 요소를 말합니다.요 4장 또 사도행전 8장에 빌립과 에티오피아 내시와의 대화 속에서도 볼 수 있습니다. 내시는 장소 즉, 예루살렘에 구애되는 것을 보이지만 빌립은 예수님을 강조합니다. 즉, 신약은 임마누엘의 개념, 즉 어디에 있든지 함께 해 주시는 예수님이 강조된다는 말입니다. 하나님의 속성상 지역을 제한한다는 것은 옳지 못합니다.

6) 기본적 선택Basic Choice

레위기에서 우리는 율법이 하나님의 백성의 정체성을 위해 주어진 것임을 알았습니다.레 26장 신명기는 그 율법을 모르는 2세들을 위해 다시 한번 되풀이됨을 봅니다. 27장~30장에서 모세는 가나안에 들어갈 2세들에게 다시 한번 분명한 선택을 요구합니다.

그 선택은 이 율법을 지킬 것인가 불순종할 것인가의 선택입니다. 그것은 또한 축복과 저주의 선택입니다. 반면에 행하지 않음으로 인한 저주는 어떤 것인가도 보여 줍니다.
신명기적 복은 물질의 풍요함에 있지 않습니다. 물질의 풍요함으로 인해 오히려 하나님을 잊어버리면 그것은 저주가 됩니다. 8:3,11-22을 참조

□ 1. 광야의 방랑을 회고 - 1~11장

년 월 일

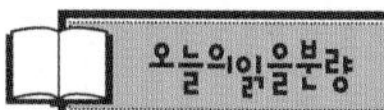

신 4~18장

◎ 신명기 4~11장 : 역사 회고와 백성에 경고, 십계명과 율법 재교육

모세는 가나안 땅에 들어 갈 2세들이 십계명에 대한 교육을 제대로 받지 못한 세대였기에 그들에게 십계명을 가르칩니다.5장
광야 38년간의 고통스러웠던 시절도 하나님의 신실하신 인도에 의한 것이고 그것은 하나님 앞에서 인위人爲를 내려놓는 훈련이었음을 모세는 가르쳐 주고 있습니다. 대표적인 구절이 8장 11-20절입니다. 삶이 윤택해지면 하나님을 잊어버릴 수 있는 것이 인간의 죄된 본성입니다.

신 8:11-20 11내가 오늘 네게 명하는 여호와의 명령과 법도와 규례를 지키지 아
니하고 네 하나님 여호와를 잊어버리지 않도록 삼갈지어다 12네가 먹어서 배부르고
아름다운 집을 짓고 거주하게 되며 13또 네 소와 양이 번성하며 네 은금이 증식되며
네 소유가 다 풍부하게 될 때에 14네 마음이 교만하여 네 하나님 여호와를 잊어버릴
까 염려하노라 여호와는 너를 애굽 땅 종 되었던 집에서 이끌어 내시고 15너를 인도
하여 그 광대하고 위험한 광야 곧 불뱀과 전갈이 있고 물이 없는 간조한 땅을 지나게
하셨으며 또 너를 위하여 단단한 반석에서 물을 내셨으며 16네 조상들도 알지 못하던
만나를 광야에서 네게 먹이셨나니 이는 다 너를 낮추시며 너를 시험하사 마침내 네게
복을 주려 하심이었느니라 17그러나 네가 마음에 이르기를 내 능력과 내 손의 힘으로
내가 이 재물을 얻었다 말할 것이라 18네 하나님 여호와를 기억하라 그가 네게 재물
얻을 능력을 주셨음이라 이같이 하심은 네 조상들에게 맹세하신 언약을 오늘과 같이
이루려 하심이니라 19네가 만일 네 하나님 여호와를 잊어버리고 다른 신들을 따라 그
들을 섬기며 그들에게 절하면 내가 너희에게 증거하노니 너희가 반드시 멸망할 것이
라 20 여호와께서 너희 앞에서 멸망시키신 민족들 같이 너희도 멸망하리니 이는 너희
가 너희의 하나님 여호와의 소리를 청종하지 아니함이니라 관점 2

그러나 인간은 여전히 악을 행하여 하나님을 거역합니다. 모세가 시내산에서 계명을 받기 위해 간 사이의 공백기에 금송아지를 만들고 그것을 여호와 하나

님이라고 섬기는 악을 행했던 백성이었던 것을 회상하면서 하나님의 신실하심에 순종하라는 내용의 권면을 합니다.9장

□ 왜 무당은 쳐 죽여야 했나?

무당을 쳐 죽이는 것을 강조하는 것은 바로 이방 종교인 바알 종교가 무당 종교의 성격을 띠고 있기 때문입니다. 관점 3을 기억하세요. 성경을 읽는데 관점 2와 더불어 대단히 중요한 관점입니다. 성경 전체의 관점이기 때문에 대단히 중요하지만 신명기가 말하는 하나님 나라의 신앙과도 아주 밀접하게 연결되어 있습니다.그래야 하나님이 왜 가나안의 모든 것을 멸절하라고 명령하는지를 이해할 수가 있습니다. 신명기 12장 1-7절도 같은 맥락입니다. 섞이면 안 된다는 것입니다. 관점 3

□ 2. 현재의 경건한 삶과 미래의 비전 - 12~34장

◎ 신명기 12~23장 : 섞이면 안 되는 삶과 미래의 비전

신 12:1-7 네 조상의 하나님 여호와께서 네게 주셔서 차지하게 하신 땅에서 너희가 평생에 지켜 행할 규례와 법도는 이러하니라 2너희가 쫓아낼 민족들이 그들의 신들을 섬기는 곳은 높은 산이든지 작은 산이든지 푸른 나무 아래든지를 막론하고 그 모든 곳을 너희가 마땅히 파멸하며 3그 제단을 헐며 주상을 깨뜨리며 아세라 상을 불사르고 또 그 조각한 신상들을 찍어 그 이름을 그 곳에서 멸하라 4너희의 하나님 여호와께는 너희가 그처럼 행하지 말고 5오직 너희의 하나님 여호와께서 자기의 이름을 두시려고 너희 모든 지파 중에서 택하신 곳인 그 계실 곳으로 찾아 나아가서 6너희의 번제와 너희의 제물과 너희의 십일조와 손의 거제와 너희의 서원제와 낙헌 예물과 너희 소와 양의 처음 난 것들을 너희는 그리로 가져다가 드리고 7거기 곧 너희의 하나님 여호와 앞에서 먹고 너희의 하나님 여호와께서 너희의 손으로 수고한 일에 복 주심으로 말미암아 너희와 너희의 가족이 즐거워할지니라

십계명을 주신 하나님의 마음으로 읽으시기를 바랍니다. 여호와가 복의 근원이시기 때문에 여호와 백성은 오직 하나님만 섬기며, 그가 주시는 복을 누리는 삶을 살기를 하나님은 원하신다는 사실을 알아야 합니다. 우상이 결코 복을 주지 못합니다. 시편 115편을 참고하십시오. 관점 3

신명기 5장과 출애굽기 20장의 십계명의 내용이 다른 까닭은?

가장 큰 차이가 나는 것은 안식일에 관한 제4계명이다. 출애굽기는 안식일을 지켜야 하는 근거를 하나님의 창조 사역에 두는 반면, 신명기는 이스라엘을 출애굽시켜 구원하신 하나님의 구원 사역에서 찾는다. 또한 제5계명에서 신명기는 출애굽기에 비해 "복을 누리리라"는 말을 첨가하고 있다. 제10계명에서는 신명기가 "네 이웃의 아내를 탐내지 말라"라는 말을 앞에 두어 강조하고 있다.

그렇다면 하나님께서 친히 글로 써 주신 십계명의 말씀이 이렇게 차이가 나는 이유는 무엇인가?

모세오경의 모세 저작설을 부인하는 사람들은 자료의 차이 때문이라고 주장한다. 그러나 모세 저작설을 인정하는 사람들은 출애굽기의 말씀을 모세가 나름대로 목적을 가지고 의도적으로 변경시킨 것으로 본다. 그렇다면 모세는 이제 새 세대가 들어갈 가나안의 문란한 이방 문화를 극복하여야 한다는 것을 염두에 두고 변경했을 것이다.

모세가 언급한 왕의 자격 규정은 신약 교회의 리더십(leadership)에도 적용이 됩니다.

왕(지도자)은 하나님이 임명하신다(17:14,15). "성령이 충만한 자를 택하라"(행 6:3)

왕(지도자)은 반드시 하나님의 백성에 속한 자이어야 한다(17:15). "신자 중에서 뽑아라"(행 6:3)

왕(지도자)은 반드시 믿음으로 행해야 한다(17:16). "믿음이 … 충만한 사람"(행 6:5)

왕(지도자)은 충실한 사람이어야 한다(17:17). "한 아내의 남편"(딤전 3:2)

왕(지도자)은 반드시 희생을 각오해야 한다(17:17). "더러운 이(利)를 위하여 하지 말고 오직 즐거운 뜻으로 하여 맡기운 자들에게 주장하는 자세로 하지 마라"(벧전 5:2, 3)

왕(지도자)은 성경을 잘 알아야 한다(17:18,19). "깨끗한 양심에 믿음의 비밀을 가진 자"(딤전 3:9)

왕(지도자)은 순종의 모범이 되어야 한다(17:20). "양 무리의 본이 되라"(벧전 5:3)

□ 십일조의 정신 - 신 14:28-29, 26:12

신명기 14장과 26장에서 하나님은 십일조의 사용 정신에 대해 가르쳐 주십니다. 십일조를 드려야 함을 강조하는 말라기 3장의 구절에 익숙한 우리는 이 구절도 잘 익혀 명심하고 실천해야 합니다. 여호와께 드리는 예물에 대한 태도를 언급합니다. 받은 축복대로 바치는 것을 즐겨하시는 하나님이심을 기억하십시오.[16:7]

◎ 신명기 17장 : 왕을 세울 때도 하나님의 방법대로

하나님은 이미 이스라엘이 왕을 요구하실 것을 아시고 왕을 세우는 방법도 가르쳐 주십니다. 여기에도 하나님의 방법神爲이 강조되어 있음을 보아야 합니다. 하나님은 17장 14-20절에서 그것을 지시합니다.

• 왕을 택하는 법규

1) 여호와께서 택하신 사람을 세울 것
2) 이방인이 아닌 형제 중에서 세울 것

• 왕들이 지킬 행동 원리

1) 말馬을 많이 두지 말 것
2) 아내를 많이 두지 말 것
3) 자기를 위해 은금을 많이 가지지 말 것
4) 율법서를 평생 옆에 두고 읽으며 그대로 행할 것

불행하게도 이 수칙이 솔로몬부터 무너지기 시작하여 왕국이 분열하고 결국 이스라엘은 멸망하는 비극을 맞이합니다.

14일

년 월 일

□ 신명기 19:21의 "생명은 생명으로, 눈은 눈으로"의 참 의미는?

그 보상의 대상을 말하는 것이 아니고, 그 보상의 공정성을 말합니다.출 21:23-37 즉, 눈 하나에는 눈 하나를 직접 없애라는 것이 아니고, 그 눈 하나의 가치에 해당하는 보상이지 둘 또는 그 이상의 가치를 보상하라는 것이 아닙니다.

□ 신명기 24~34장 : 언약 중요성 강조, 삶의 선택, 모세의 죽음

신명기의 하이라이트는 역시 축복장이라고 하는 28장일 것입니다. 우리는 그 장 속에서 받는 복의 모습만을 보고 기뻐하며 도취하지만, 모세의 강조점은 우리가 받을 복의 내용이 아니라 복을 받을 수 있도록 계명을 '지켜 행해야' 한다는 것입니다. '지켜 행하면' 복을 받고 그렇지 못하면 저주를 받는다는 것도 분명히 28장에 나옵니다.

축복과 저주는 '지켜 행하는' 조건이 충족되는가에 의해 구분되는 것이고, 성경의 축복은 조건부 축복 Conditional Blessing**이라는 사실을 분명히 밝혀 줍니다. 물론 구원은 하나님의 무조건적 은혜**Unconditional Grace**입니다.**

이 '지켜 행하는 것'에 대한 이스라엘 백성의 약속을 받기 위해 하나님은 다시 한번 언약을 갱신합니다. 29장~30장은 이 언약 갱신과 더불어 인생의 최고의 가치 있는 선택은 여호와 하나님이라는 것을 강조합니다. 이는 여호수아서 23~24장에서 여호수아가 이스라엘에게 하나님을 택하라는 권면으로 이어집니다. 여호수아가 모세의 후계자로 등장하며 모세는 역사의 뒤안길로 사라지게 됩니다.

신 19~34장
시 90편

□ 신명기 34:1 모세의 죽음

모세의 일생을 생각하면서 시편 90편을 읽으십시오. 시편 90편은 시편 중에 유일한 모세의 시입니다.

□ 시편 90편

신명기 3장 24~27절을 참고하여 읽으세요. 가나안 땅에 들어가고 싶은 모세의 간절한 소망이 나타나 있는 구절입니다. 이 심정과 인생의 날수를 계산해야 하는 지혜 구하기와 연관성은 무엇일까요? 한번 깊이 묵상해 보십시오.

느보 산 정상과 모세 교회

느보 산 정상, 해발 835m이며, 가나안 땅을 건너서 볼 수 있는 곳이다. 여기에는 AD 39년 아레리아가 만든 여행 순례지에서 최초 언급이후 6세기 후반 재건된 모세 기념 교회이다.

04 가나안정복시대

가나안 정복시대	BC 1405-1382	여호수아

주요인물 ·여호수아·갈렙·라합·아간

주요사건 ·가나안 입성·가나안 정복·가나안 땅의 분배

BC 1400	1405	– 이스라엘이 요단강을 건넘(수 1–5장)
	1405~1400	– 가나안 땅을 정복함(수6–12장)
	1390	– 여호수아가 죽음(수 23, 24장)
	1382	– 생존한 장로들이 죽음(수 24:31)

하나님을 반역함으로 광야를 배회하게 된 제1세대는 여호수아와 갈렙을 제외하고 모두 광야에서 죽습니다. 이제 살아남은 제2세대는 긴 광야의 훈련 여정을 끝내고 드디어 가나안에 들어가게 되었습니다. 하나님은 모세로 하여금 이제 가나안에 들어가야 하는 2세들에게 다시 한번 교육을 시키도록 했습니다. 그것이 바로 신명기입니다.

이때가 BC 1407년으로 추정합니다. 모세는 죽게 되고, 준비를 완료한 제2세대의 이스라엘 백성은 여호수아의 지휘로 요단강을 건너 가나안 정복 전쟁을 시작합니다. 이때가 BC 1405년입니다. BC 1400년경에 땅의 정복을 완료하고 분배를 완료합니다. BC 1390년경 여호수아가 죽고 이스라엘의 역사는 사사 시대로 접어들게 됩니다. 모세를 통한 하나님의 간곡한 부탁은 섞이면 안 된다신명기의 주제는 것이었습니다. 그러나 이스라엘은 가나안을 진멸하는 데 실패합니다.

이 시대의 약속의 땅 가나안은 잡다한 부족들이 모여서 살던 곳이고가나안에 이미 아모리 족속, 헷 족속, 여부스 족속, 가나안 족속, 히위 족속, 브리스 족속 등이 자리 잡고 살고 있음. p.177 지도 참조 바알 신앙 등 우상 숭배가 매우 성행하였습니다. 가나안 정복의 다른 이유는 가나안 땅의 죄가 심판의 수준에까지 이르렀기 때문입니다. 창세기 15장 16절 "네 자손은 사대만에 이 땅으로 돌아 오리니 이는 아모리 족속의 죄악이 아직 관영치 아니함이니라 하시더니" 에서 보는 것처럼 약속의 땅 가나안에 사는 원주민인 아모리 족속의 죄가 차서 그것을 심판하는 목적도 있습니다.

지도 : 정복 이전의 가나안

믿음의 장군 여호수아

여호수아는 24장 29절에서 110세를 살다가 죽었다고 기록합니다. 이때를 BC 1390년경으로 추정합니다. 그렇다면 그는 BC 1500년경에 태어났고 그의 나이 54세쯤 출애굽을 시도할 무렵 모세에게 발탁되어 모세에게 40년간 지도자 수업을 받고 모세의 후계자가 되어 모세에게 주어 진 가나안 땅의 정복 사업을 완성합니다.

그는 바로 하나님 나라를 이루는 일에 쓰임받은 자였습니다. 그는 믿음의 장군이었습니다. 그는 광야에서 아말렉과의 싸움을 승리로 이끌었습니다.

물론 그 전쟁도 하나님이 수행한 전쟁이었지만, 모세의 손이 내려가면 지고 올라가면 이기는 싸움이었습니다. 여호수아는 가데스바네아의 12정탐꾼 중에 갈렙과 더불어 오직 하나님의 능력을 믿고 의지했던 군사였습니다. 그는 모세의 유언의 권면처럼 율법을 묵상하며 하나님을 믿는 믿음으로 강하고 담대했던 장군이었습니다. 가나안 정복 전쟁을 수행할 때 하나님의 전략 전술에 믿음으로 순종했던 장군이었습니다, 그는 그 땅을 분배함에 있어서도 사심 없이 하나님의 인도하심을 따라 공명정대하게 분배했습니다. 그는 이스라엘이 하나님의 믿음 안에 머물기를 간곡히 부탁하면서 생을 마감하는 참된 믿음의 장군이었습니다.

'Jesus' 의 구약식 이름은 'Yeshua' 즉 여호수아입니다.
여호수아는 '하나님은 구원이시다 The Lord is salvation' 이라는 뜻입니다.
여호수아는 예수님의 예표입니다.

15일

년 월 일

수 1~12장

21장 43~45절

"43여호와께서 이스라엘의 조상들에게 맹세하사 주리라 하신 온 땅을 이와같이 이스라엘에게 다 주셨으므로 그들이 그것을 차지하여 거기에 거주하였으니 44여호와께서 그들의 주위에 안식을 주셨으되 그 조상들에게 맹세하신 대로 하셨으므로 그들의 모든 원수들 중에 그들과 맞선 자가 하나도 없었으니 이는 여호와께서 그들의 모든 원수들을 그들의 손에 넘겨 주셨음이니라 45여호와께서 이스라엘 족속에게 말씀하신 선한 말씀이 하나도 남음이 없이 다 응하였더라"

"정복하라" (Conquest)

여호수아서는 정복 전쟁에 대해 기록하고 있는 책입니다. 하나님의 백성이 가나안 땅을 차지하는 모습을 볼 수 있습니다.

여호수아 JOSHUA 約書亞記

여호수아 한눈에 보기

개요 **믿음의 승리**

◎ 여호수아서는 창12:1-3,창17:7-8,출33:1-3,신4:5-8,12:2-3의 실현이다. '여호수아'의 뜻은 '여호와는 구원이시다'라는 의미이다.

I. 땅의 정복 (1장-12장)

▼

Ⅱ. 땅의 분배 (13장-21장)

▼

Ⅲ. 여호수아의 유언적 권면 (22장-24장)

▼

여호수아 속의 시간흐름

B.C.	1406	1405	1400	1390
	여호수아를 후계로 임명 (신3:28, 31:1-8)	• 요단강 도하(4:1) • 여리고성 정복(6:1-21) • 가나안동맹군 격파(10:1-27)	가나안정복 완료 땅 분배 (11:23-21:45)	여호수아의 죽음 (24:29)

땅의 정복으로 시작하는 여호수아서는 땅의 분배로 끝을 맺습니다. 또한 여호수아는 여호와 하나님의 율법을 묵상하고 지켜 행하여 강하고 담대한 삶으로 가나안을 정복하라는 것을 권면하는 것으로 시작해서 하나님을 택함은 일생의 가장 중요한 선택이라는 권면을 유언으로 남기면서 끝나는 책입니다.

여호수아는 모세의 지도자 자리를 계승하여BC 약 1406년, 담대하며 율법책을 연구하고 순종하라는 명령을 받습니다. 새로운 세대가 받은 할례는 언약에 대한 순종을 회복했음을 의미합니다.

그들은 하나님께서 아브람과의 언약에서 약속하

신 젖과 꿀이 흐르는 가나안 땅을 정복할 준비가 완료되어 그들은 요단강을 건너기 위해 발을 먼저 들여 놓자 요단강이 갈라지는 기적을 맛봅니다. 땅의 정복은 하나님 나라를 이루기 위한 마지막 단계인 땅의 완성을 위해 전개되는 하나님의 전쟁 이야기이고, 그것은 인간의 전술과 전략人爲에 의한 승리가 아니라 하나님의 전술과 전략神爲에 의한 승리의 이야기입니다. 각종 전쟁은 인간적 전술학으로는 이해가 되지 않는 전쟁을 벌이고 있습니다. 그러나 인간은 여전히 자기중심성을 앞세워 인위人爲를 세움으로 실패하는 모습을 보게 됩니다. 여리고는 하나님의 전술로 이기지만, 아간이 전리품을 취하지 말라는 명령을 어겼기 때문에 아이성을 공략하려는 시도는 실패합니다.

아간과 그의 가족을 벌한 후에, 아이성 공략은 성공하고, 에발 산에서신 27장 참조 율법을 읽고 언약을 새롭게 합니다. 정복한 땅을 각 지파별로 분배하지만 이스라엘은 가나안을 완전히 정복하는데 실패하고, 이것은 이스라엘 역사의 비극의 씨앗을 품게 되는 것입니다. 이 비극은 사사기에서 당장 나타납니다. 점령은 했지만 정복은 하지 못했기 때문입니다.

여호수아서는 모두 24장, 685절로 되어 있고, 신약에 모두 22번 인용됩니다.

☐ 여호수아서의 모형론적 의미 - 가나안이 천국에 비유되는가?

가나안이 흔히 천국에 비유된다고 합니다. 애굽 노예 시절은 불신의 시기요, 홍해를 건너는 것은 세례를 받아 신자가 되는 것이고, 광야 생활이 현세를 살아가는 삶이요, 요단을 건너는 것은 죽음을 의미하고, 가나안에 들어간다는 것은 천국에 들어간다는 것입니다. 찬송가에도 "며칠 후 요단강 건너 가 만나리"라고 합니다. 그러나 호주의 신학자 시드로우 박스터J. Sidlow Baxter는 그의 저서 "성경 탐구" 여호수아서 편에서 가나안이 천국에 비유될 수 없는 이유를 설명합니다. J. Sidlow Baxter *Explore The Book*, Zondevan 1960 p.239~240 가나안은 투쟁하여 정복할 대상이라는 것입니다. 이스라엘이 광야에 있을 때는 거의 전투가 없었습니다. 그 광야는 정복과 점령의 대상이 아니었다는 말입니다. 그러나 가나안에 이르자 곧 그 땅을 정복하고자 전투를 벌이는 모습을 봅니다.

그래서 가나안이 평안을 누리는 천국의 모습을 보여 주는 곳이 아니라는 것이지요. 히브리서 3장과 4장을 자세히 읽어 보면, 가나안은 오히려 성도들이 그리스도 안에서 소유하고 있는 현재의 위치를 의미한다고 볼 수 있습니다. 오히려 광야를 불신 시대로 보고 요단 강 건넘을 세례로 보며 가나안은 성도들이 점령하고 정복해야 할 젖과 꿀이 흐르는 복된 땅인 것입니다. 에베소서 6장의 영적 전쟁이 있는 곳이기 때문입니다. 가나안이 우리가 들어 갈 천당격인 천국이라고 본다면 기독교 신앙은 피안의 세계만 동경하는 현실 도피적 신앙일 수밖에 없습니다. 하나님 나라를 이루기 위한 영적 싸움에서 이겨 얻어질 곳이 가나안입니다.

1. 땅의 정복

◎ 여호수아 1~12장 : 여호수아 등장, 요단강을 건너 가나안 정복 전쟁

여호수아서는 이상한 전쟁 이야기가 아니고 땅의 분배에 관한 이야기이며13장-21장, 창 12:1-3, 창 17:8, 출 33:1-3, 신 4:5-8, 신 12:2의 실현입니다. 땅은 구약에서 대단히 중요한 신학을 제공합니다. p.170의 5번 항목을 참고 땅을 주신 가장 큰 이유는 하나님이 나라를 회복하여 우리의 하나님 되시기를 원하시는 하나님의 꿈을 이루시는 것입니다.

📖 창 17:8 내가 너와 네 후손에게 네가 거류하는 이 땅 곧 가나안 온 땅을 주어 영원한 기업이 되게 하고 나는 그들의 하나님이 되리라

'진멸하라' 라는 하나님의 명령의 윤리성에 대한 대답

'진멸하라'라는 명령을 내린 부분에서 사랑의 하나님이 이렇게 잔인한 명령을 내릴 수 있는지 의아하게 생각하는 사람들이 많고 그것 때문에 시험에 드는 사람들도 있습니다.

📖 신 20:16-18 16오직 네 하나님 여호와께서 네게 기업으로 주시는 이 민족들의 성
읍에서는 호흡 있는 자를 하나도 살리지 말지니 17곧 헷 족속과 아모리 족속과 가나
안 족속과 브리스 족속과 히위 족속과 여부스 족속을 네가 진멸하되 네 하나님 여호
와께서 네게 명령하신 대로 하라 18이는 그들이 그 신들에게 행하는 모든 가증한 일
을 너희에게 가르쳐 본받게 하여 너희가 너희의 하나님 여호와께 범죄하게 할까 함이
니라

하나님의 통치를 온전히 회복하기 위해서 이 족속은 완전히 제거되어야 한다는 것입니다. 하나님의 나라를 이어 갈 하나님의 백성은 결코 섞이면 안 되기 때문입니다. 다 섞여 두루뭉실해 지면 하나님이 아닌 잡종의 신으로 바뀌고 하나님은 없어져 버립니다. 결국 이스라엘은 그 진멸을 실패합니다.수 23:5-13

p.177의 지도를 보세요. 참으로 많은 잡다한 부족들이 사는 가나안 땅입니다. 이스라엘 백성들이 이들과 섞이지 않고 하나님의 나라를 세우기 위해서는 이들을 진멸하는 길밖에 없을 것입니다. 이 부분을 더 잘 이해하기 위해서 우리는 당시의 정황을 고려한 한 관점을 세울 필요가 있습니다. 이때의 가나안 지방의 이방문화 특히 바알 종교로 인한 성적 문란과 타락상은 하나님의 기준에서 볼 때 거

의 노아의 홍수 이전의 상태와도 같았다는 사실을 기억하면 왜 하나님이 철저한 제거를 명하셨는지 이해할 수 있습니다.

이 문제를 인간적人爲 관점에서 보면 하나님은 인간 청소Genocide를 당부하는 잔인한 하나님으로 부각될 수 있습니다. 왜냐하면 인간적 관점에서 인간은 우주의 최고의 가치이며, 만물의 영장이기 때문에 그런 인간을 진멸하라는 것은 잔인한 인종 청소와 같은 것일 수 있습니다. 그러나 하나님의 관점神爲에서 보면 죄를 범한 인간은 그 존엄성을 상실한 존재이고 그들은 오히려 짐승보다 못한 난폭하고 잔인한 존재입니다. 이런 측면에서 하나님에게는 사람의 생명보다 더 중요하게 여겨야 할 가치는 하나님의 이름입니다. 이런 면에서 이것은 그들이 하나님의 백성이 아니기 때문에 다 진멸하라는 것이 아니고 그들은 우상을 숭배함으로 하나님의 이름을 더럽히는 자요, 또한 그들의 창조주이시기도 한 하나님은 그들을 제거하고 심판하실 권한을 갖고 계신 분이심을 알아야 합니다. 하나님의 입장에서 그 땅의 주인은 가나안 주민이 아니고 하나님이시라는 사실도 이 '진멸하라'를 이해하는 데 중요한 요소가 됩니다. 가나안 정복은 또한 창세기 15장 16절에서 약속한 가나안 땅의 아모리 족속의 죄를 심판하신다는 예언의 실현인데 이스라엘은 진멸하지 못함으로 하나님의 심판을 피하지 못하는 결과를 초래하게 됩니다.

또한 발굴된 문헌에 의하면 고대 사회의 땅의 소유권은 부족 간의 전쟁 즉, 신들의 명령을 수행하는 일환으로 치르는 전쟁을 통해 바뀐다는 사실을 알아야 이 상황을 이해하는 데 도움이 됩니다. 고대 사회에 있어서는 땅의 소유권이 바뀌면 그 땅의 거주민들도 잔인하게 바꾸는 것입니다. 그래서 하나님은 당시의 방법으로 땅의 주인을 바꿀 수밖에 없었습니다. 하나님이 그 땅의 주인이시기 때문에 하나님의 방법으로 바꾼다는 것입니다.

현대에서도 식민지에서 그 지역의 문화를 말살하려는 식민지 정책을 썼음을 우리는 잘 압니다. 일본이 한국을 점령하던 시기에 한국 문화를 말살하려고 창씨개명 등 여러 가지 정책을 폈습니다. 많은 식민지에서 이런 문화 말살 정책은 매우 흔한 일입니다. **오늘날 문화 상대주의의 관점에서 볼 때 이런 문화 말살을 전제로 한 진멸 작전은 도저히 용납할 수 없는 일이지만, 하나님 나라에서는 문화 혼합 주의는 용납이 되지 않음을 알아야 합니다. 하나님 나라는 섞이면 안 되는 나라이고, 오히려 그 시대의 문화를 예수의 문화로 선도해 가야 하는 사명도 있다는 것을 알아야 합니다.**

'진멸하라'라는 하나님의 명령은 이런 차원에서 이해해야 합니다. **하나님 나라**

여호수아를 읽을 때 가져야 할 관점 역시 하나님의 나라 건설과 통치의 회복에 있음을 기억하세요. 이 말은 하나님이 주도권을 가지신다는 것이고, 인간은 순종하며 그를 의지하기만 하면 된다는 것입니다.

운동은 땅의 거주자를 바꾸는 운동입니다. 땅의 핵심 지배 세력과 거주 세력을 바꾸는 체제 전복 운동입니다. 그들의 문화, 정치, 종교의 가치 체제를 바꾸는 것이 바로 하나님 나라 운동입니다.

관점3을 생각하세요. 그러나 결과적으로 이스라엘은 이들을 완전히 정복하지 못해서 섞이는 일이 생기면서 결국 멸망의 비극을 초래합니다. 관점 3

◎ 여호수아 5장 13~15절 : 여호와의 군대장관의 등장과 여호수아가 신발을 벗은 이유는?

모세가 하나님 앞에서 신발을 벗었던 것과 같이 이는 하나님께 모든 권한을 포기한다는 말입니다.출 3:5, 룻 4:8

이 땅을 정복하는 싸움의 주도권은 인간에게 있지 않고 하나님께 있다는 것입니다. 이 하나님이 주신 약속의 땅을 정복하는 전쟁은 하나님이 직접 수행하신다는 뜻으로 하나님은 여호수아를 인간 사령관으로 활용할 뿐 그 전쟁 전체를 지휘할 총사령관으로 하나님의 군대 장관을 파송한 것입니다. 어떤 이는 그가 미가엘이라고 하고 또는 예수님이라고 합니다만, 그것이 중요한 것이 아니고 이 군대 장관의 파송은 곧 이 전쟁은 하나님이 수행하는 전쟁이라는 것입니다. 신위神爲이지요.

이 싸움은 인간의 전법으로는 이상한 싸움입니다. 여리고를 함락할 때의 전법을 보십시오. 이 싸움에서 이스라엘 백성이 한 일은 성을 하루에 한 번씩 6일간 돌고 7일째는 7번 돌고, 그리고 언약궤 앞에서 양각 나팔을 분 것뿐입니다. 인간은 오직 하나님의 지시에 따랐을 뿐입니다.

아이성은 어떠했습니까? 그들은 하나님의 지시를 어겼기 때문에 참패를 당하는 전쟁을 치릅니다. 이것은 확실히 이상한 전쟁입니다. 손자병법孫子兵法은 통하지 않는 전법입니다.

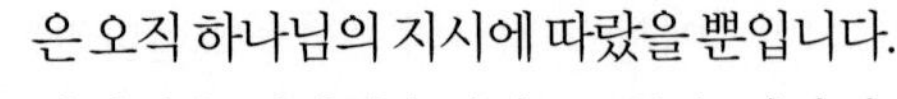

이 전쟁에서 중요한 구절은 9장 14절 "무리가 그들의 양식을 취하고 어떻게 할 지를 여호와께 묻지 아니하고"에서 보는 것처럼 '여호와께 묻지 않는다'는 점 즉,

신위神爲를 무시하고 인위人爲로 해결하려는 자세가 바로 전쟁의 이기고 짐의 관건이라는 것입니다.

시 20:6-8 6여호와께서 자기에게 기름부음 받은 자를 구원하시는줄 이제 내가 아
노니 그의 오른손의 구원하는 힘으로 그 거룩한 하늘에서 그에게 응답하시리로다 7어
떤사람은 병거 어떤사람은 말을 의지하나 우리는 여호와 우리 하나님의 이름을 자랑
하리로다 8그들은 비틀거리며 엎드러지고 우리는 일어나 바로 서도다

시 127:1 여호와께서 집을 세우지 아니하시면 세우는 자의 수고가 헛되며 여호와께서 성을 지키지 아니하시면 파숫군의 깨어 있음이 헛되도다

기생 라합을 기억하세요

기생 라합은 여리고 성에 살고 있었던 바알 신전의 창녀였습니다. 바알 신은 다산과 풍년의 신으로 그에게 제사를 드릴 때는 그 앞에서 성행위를 하는 그런 종교이었습니다. 라합은 그 성행위를 맡고 있었던 여자였습니다. 그녀는 아마 이스라엘 군대가 가나안 땅으로 진격해 오고 있다는 소문을 들었을 것이고 그 군대는 여호와의 군대이며 여호와가 그 이스라엘을 통해서 행하신 일들은 전해지는 소문으로 듣고 있었을 것입니다.

여호수아가 여리고를 함락하기 위해 정보를 수집하려고 정탐꾼을 보냈을 때 이들은 기생 라합을 만났습니다. 라합은 이미 여호와에 대해 듣고 있었고 이제 여호와의 군대가 여리고를 함락시킬 것이라는 판단이 작용할 때 라합은 고뇌에 빠졌습니다. 조국이냐 여호와냐를 선택해야 하는 기로에 섰습니다. 이럴 때처럼 선택이 어려울 때는 없을 것입니다. 이럴 때일수록 그 선택의 기준은 언제나 바른 믿음에 의해야 한다는 것입니다.

라합은 여호와를 택했고 그것은 그녀의 일생에서 가장 귀한 선택이었습니다. 히브리서 11장 31절에 라합의 믿음이 그녀를 멸망 중에서 건져 내었다고 말합니다. 그녀는 나중에 이스라엘 군대가 들어올 때 그 정탐꾼들이 구출해 준다는 약속대로 구출을 받습니다.

그리고 그녀에게는 엄청난 축복이 옵니다. 유다 지파의 살몬이라는 사람과 결혼함으로 보아스를 낳게 되고, 보아스는 룻과 결혼하여 오벳을 낳고, 오벳은 이새를 낳고 이새는 다윗을 낳습니다. 그녀는 다윗의 고조할머니가 되었습니다. 그의 믿음은 들은 대로 믿었고, 믿음대로 행한 여인이기에 예수님의 족보에 들어가는 영광을 얻었습니다.

☐ **하나님은 땅을 주시기로 한 약속을 반드시 지키기 위해 그 싸움에서 이기게 하시려고 태양까지 멈추게 하시는 분임을 기억하십시오 - 수 10:13**

난제해설

여호수아 10장 12, 13절 "태양이… 머무르라"

이 엄청난 기적을 두고 여러 가지로 해석을 하고 있습니다.

1) 지구가 실제로 회전을 느리게 하여 지구의 달력에서 완전히 하루가 빠진 것이라고 주장합니다. 버나드 로만(Bernard Roman)은 그의 저서 "The Christian View of Science and Scripture" Grand Rapids: Eerdmans, 1954 p.159에서 해리 리머(Harry Rimmer) 등 몇몇 천문학자들이 우리의 천문 계산에서 온전한 하루가 빠져 있다는 결론에 도달했다는 보고를 언급하고 있습니다. 리머는 하버드 연구소의 피커링(Pickering)이 이 빠진 하루가 여호수아 시대의 것이란 결론을 내렸으며 예일 대학의 토튼(Totten)도 그런 결론에 도달했다고 말하고 있습니다. 혹자는 그 증거를 중국이나 애굽, 심지어 힌두교의 문헌에서 찾는 사람들도 있습니다.

2) 알쳐(G. L. Archer)는 그의 저서 "난제 백과사전" Encyclopedia of Bible Difficulties Grand Rapids: Zondervans 1988 p.161 에서 카일과 델리치는 여호수아와 이스라엘 사람들이 그날에 이틀 분량의 일을 할 수 있었기 때문에 만약 그들이 보기에 하루가 초자연적으로 길어진 듯했다면 기적적으로 하루가 길어진 사건이 일어난 것으로 여길 수도 있었다고 생각하였다고 했습니다. 또 위에서 잠깐 언급했듯이 시간은 정상적으로 흘러가게 하면서도 하나님께서는 빛의 특수한 굴절작용에 의하여 햇빛이 계속 보이게 함으로써 시각적으로 햇빛이 길어짐을 일으킬 수도 있었으리라고 보았다고 언급하고 있습니다.

3) 본문 중에 '머물다'라는 히브리어 원어 '돔'은 멈춘다는 뜻으로 태양이 빛을 발하기를 멈추었다는 해석입니다. 다시 말하면 이스라엘의 군대가 태양의 열기 때문에 싸우기 힘들었는데 하나님께서 그 빛을 구름으로 가려 주셨다는 것입니다.

4) 본문이 히브리 시(詩)로 기록 되어 있다는 점을 착안하여 하나님께서 이스라엘 군대에 힘을 주셔서 그들로 승리하게 하셨으므로 하루 동안 싸워야 할 분량을 반나절에 마쳤다는 시적 표현이라는 것입니다.

위의 어떤 해석이 정확한 것인지는 알 수 없지만 천지를 말씀으로 지으신 하나님은 태양의 주인이시기도 하기 때문에 하나님께서는 불가능하실 것이 없습니다. 여기서 우리가 분명히 알아 둘 것은 가나안 사람들은 태양과 달을 숭배하는 사람들입니다. 그들에게 하나님은 그들이 숭배하는 태양과 달을 창조하시고 주관하시는 전능하신 하나님이시라는 사실을 분명히 알려 주는 사건임을 알아두면 됩니다.

또한 우리는 이 본문의 기적을 통해서 "의의 태양"(말 4:2)으로서 치료의 광선을 발하시는 분이신 예수님을 연관시켜 묵상할 수도 있습니다.

(참고 : 서춘웅 목사 「성경 난제 해설」 크리스찬서적 2002 p.526 / 「톰슨 주석 성경」 기독지혜사 1988 p.335)

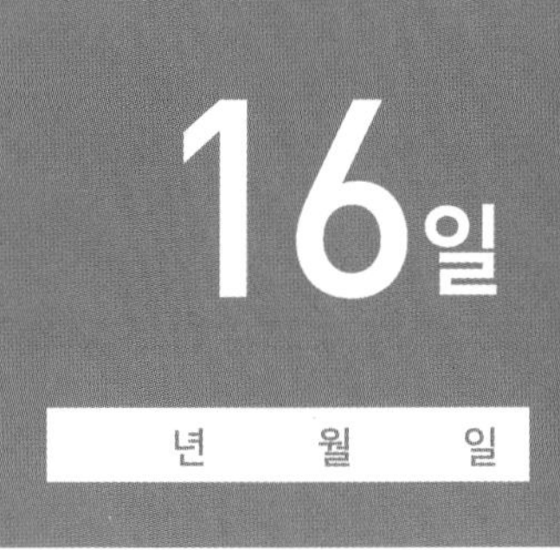

□ 2. 땅의 분배

◎ 여호수아 13~21장 : 가나안 땅을 정복하여 지파별로 분배

지파별로 분배받은 땅을 지도에서 반드시 확인하시고, 요단 동쪽에서는 지금 갓, 므낫세 반 지파, 르우벤 지파가 남아서 살고 있음을 기억하십시오.

수 13~24장

각 지파 땅 분배도-p186

이렇게 점령한 땅을 하나님의 뜻대로 분배합니다. 이 땅은 바로 아브라함의 언약을 통해 약속하신 하나님 나라를 이루시기를 약속하신 그 약속의 신실하신 실천입니다. 이 땅의 분배로 그 땅이 온전히 하나님의 영역이 되었다는 것은 아닙니다. 이제 각 지파는 그 지역에서 하나님의 '진멸 명령'을 수행해야 합니다.

□ 레위 지파에게는 땅 분배가 없는 이유 신 10:8-9, 수 13:14, 14:4, 21장

레위 지파는 한 지역에 머물 수 없는 지파입니다. 그들은 성막을 관리하며 하나님의 제사를 맡으며 각 지파에게 하나님의 율법을 가르치는 일을 해야 하기 때문입니다. 그래서 각 지파가 그들의 생계를 책임져야 하는 것입니다. 그러나 사사기에서 보듯이 이들은 그 사명을 감당하지 못했음을 볼 수 있으며 그것은 결과적으로 이스라엘이 가나안을 진멸하지 못함으로 이 가나안의 진출은 점령으로 끝났을 뿐 정복은 하지 못했고 이스라엘은 결국 섞이고 맙니다. 다시 말하면 이스라엘은 무력으로 침공하여 공간으로서 땅은 확보했지만 그의 문화를 뒤집어 놓지는 못했습니다. 사사기의 사사 정치 제도는 하나님의 나라를 이룰 수 있는 하나님의 독특한 통치 방법이지만, 그들은 오히려 그 제도를 정착시키지 못하고 이방의 정치 제도인 왕정 제도를 도입합니다. 그것은 결국 그들이 그 문화와 종교, 정치 제도에 섞였다는 것을 의미합니다. 그 결과는 나중에 하나님이 바알에 절하지 않은 '남은 자' 7,000명을 두고 하나님 나라 회복 운동을 이어 가게 됩니다.왕상 19:18 관점 3

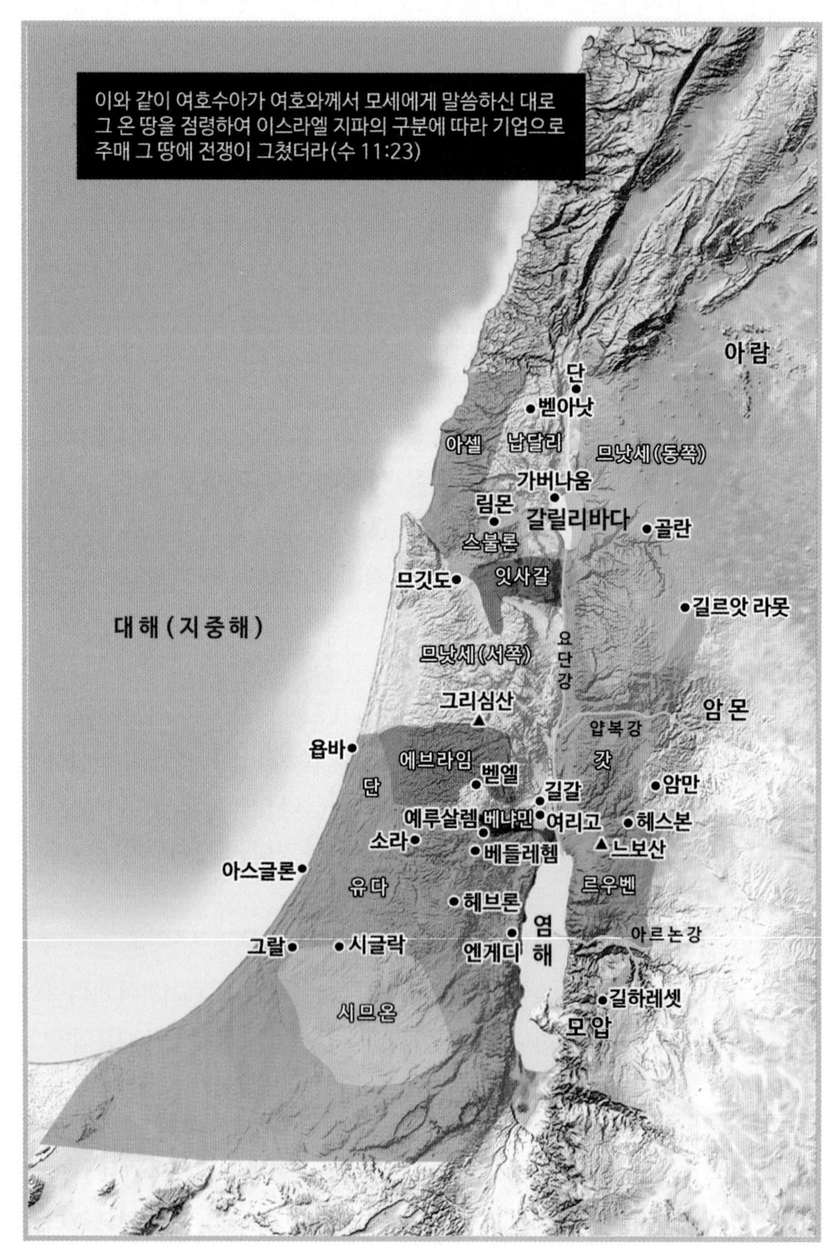

3. 여호수아의 유언적 권면 - "선택하라"

◎ 여호수아 22~24장 : 여호수아의 죽음과 유언

땅의 분배가 끝나고 이제 이스라엘은 그 땅에서의 삶을 시작하게 되었습니다. 이들에게는 하나님 나라로서의 삶의 기준이 있어야 합니다. 왜냐하면 이제부터 이들이 할 일은 이 땅의 종교, 정치, 문화를 하나님의 것으로 바꾸어 놓는 진멸 작전을 개시해야 하기 때문입니다. **섞이면 하나님 나라를 세울 수 없습니다.** 이 일 때문에 여호수아는 자기 백성에게 섬길 신을 오늘 택하라고 강력하게 권면하고 있는 것입니다. 여호수아 1장 6-9절의 권면을 실천하는 삶을 살았기에 여호수아는 이런 유언을 할 수 있었습니다. 이 선택의 이야기는 신명기 29~30장의 연장선상에서 읽으면 이해가 더 잘 될 것입니다.

여호수아는 "만일 여호와를 섬기는 것이 너희에게 좋지 않게 보이거든 너희 조상들이 강 저쪽에서 섬기던 신이든지 혹 너희의 거주하는 땅 아모리 족속의 신이든지 너희 섬길 자를 오늘 택하라 오직 나와 내 집은 여호와를 섬기겠노라"수 24:15라면서 여호와를 택할 것을 권면합니다. 여호와를 선택하는 것만이 유일한 선택이고 일생에서 가장 멋진 선택을 하는 것입니다. 그 이유를 여호수아는 24장에서 설교하고 있습니다. 그런데 이스라엘의 그런 선택이 한 세대가 지나면서 바뀌고 이스라엘은 또 어려움 속으로 빠져 들어감을 봅니다. 그것이 사사기입니다. 오늘날에도 많이 볼 수 있는 일들입니다.

인간의 삶은 선택의 삶입니다. 그것은 선과 악을 알게 되는 선악과를 따 먹은 결과로 오는 형벌이기도 합니다. 하나님이 그와 사랑의 관계를 맺으시고자 우리를 창조해서 에덴에 두시고 우리로 풍족한 삶을 누리도록 모든 것을 완벽하게 만들어 두셨을 때 우리는 선택이란 것을 할 필요가 없었습니다. 하나님은 우리를 위해 모든 좋은 것을 다 있게 한 곳이 에덴이기 때문입니다. 그러나 인간은 하나님을 배반하는 선택을 하는 순간 우리는 결핍의 삶으로 전락했고, 그래서 보다 나은 것을 찾아 선택해야 하는 삶을 살게 된 것입니다. 그래서 그 에덴의 풍요로움으로부터 쫓겨난 인간은 결핍의 삶을 살아야 했고, 제한된 자원 속에서 보다 나은 삶을 찾아 선택을 해야만 하는 짐을 지게 된 것입니다.

미국의 시인 프로스트Frost, Robert Lee/1874~1963는 그의 시 '가지 않은 길'의 마지막 연에서 선택의 의미가 무엇인가를 잘 보여 주고 있습니다. 그 선택의 결과는 선택자가 진다는 것입니다. 우리의 삶은 우리의 선택의 결과입니다. 시편 기자도 시편 1편에서 바로 이 선택에 관해 노래합니다. 여호와의 율법을 주야로 묵상하고 하나님의 형통함으로 축복받는 삶과 그렇지 못하여 결핍하는 삶을 사는 것에 대한 선택은 우리 몫이라는 것입니다.

📖 신 **30:15-19** [15]보라 내가 오늘 생명과 복과 사망과 화를 네 앞에 두었나니 [16]곧 내가 오
늘 네게 명령하여 네 하나님 여호와를 사랑하고 그 모든 길로 행하며 그 명령과 규례와 법도
를 지키라 하는 것이라 그리하면 네가 생존하며 번성할 것이요 또 네 하나님 여호와께서 네
가 가서 차지할 땅에서 네게 복을 주실 것임이니라 [17]그러나 네가 만일 마음을 돌이켜 듣지
아니하고 유혹을 받아 다른 신들에게 절하고 그를 섬기면 [18]내가 오늘 너희에게 선언하노
니 너희가 반드시 망할 것이라 너희가 요단을 건너가서 차지할 땅에서 너희의 날이 길지 못
할 것이니라 [19]내가 오늘 하늘과 땅을 불러 너희에게 증거를 삼노라 내가 생명과 사망과 복과
저주를 네 앞에 두었은즉 너와 네 자손이 살기 위하여 생명을 택하고

약속의 땅을 바라보고 있는 모세 by James Tissot,Wikipedia

05 사사시대

사 사 시 대	BC 1382-1051	사사기 · 룻기 · 삼상 1-7장

주요인물 · 에훗 · 바락 · 드보라 · 기드온 · 입다 · 삼손 · 룻 · 나오미 · 보아스 · 한나 · 엘리 · 사무엘

주요사건 · 열 두 사사의 사역 · 모압여인(룻)의 혼인 · 한나의 기도 · 제사장의 죽음

BC		
1200	1237	– 드보라와 바락(삿 4,5장)
	1191	– 기드온(삿 6–8장)
	1150	– 룻(룻기)
1100	1107	– 엘리의 사역(삼상 1–4장)
	1087	– 입다(삿 11, 12장)
	1069	– 삼손(삿 13–16장)
	1067	– 사무엘의 사역(삼상 1–8장)
	1060	– 블레셋에게 법궤를 빼앗겼다 찾음(삼상 4:1–7:2)

BC 1400년경에 땅의 점령과 분배를 완료합니다. 1390년경 여호수아가 죽고 이스라엘의 역사는 사사 시대로 접어들게 됩니다. 땅의 점령을 완료한 후 이스라엘이 직면한 위협은 내적으로는 문화 혼합주의 유혹과 외적으로는 주변 부족 국가들인 모압, 미디안 그리고 이스라엘의 강적이 되는 블레셋의 공격입니다. 모세를 통한 하나님의 간곡한 부탁은 섞이면 안된다신명기의 주제는 것이었습니다. 왜냐하면 유목민이었던 이스라엘이 가나안에 정착하면서 농업이 주업으로 바뀌면서 풍요豊饒와 다산多産을 준다는 가나안의 토속신인 바알과 그의 여신 아세라를 섬기는 유혹에 빠질 가능성 때문입니다. 그러나 이스라엘은 가나안의 우상 문화를 진멸하는 데 실패합니다.

오히려 그 신을 섬기며 섞이는 비극을 초래합니다. 따라서 하나님께서는 말씀에 의해 통치되는 하나님 나라의 유토피아Utopia라고 할 수 있는 신정 국가神政國家 Theocracy 즉 신위가 온전히 이루어지는 시대를 기대했지만 그것도 인간의 자기중심적 죄성 때문에 실패하고 맙니다. 이 사사기의 역사는 BC 1390경에서 사울이 왕이 되는 BC 1050년까지 계속됩니다. 이 시기는 후기 청동기 2기 시대입니다. 결국 사사 시대에도 하나님의 온전한 통치신위 神爲의 회복은 실패하고 그들은 왕을 요구하기에 이르게 됩니다. 이스라엘은 하나님의 뜻을 순종하기보다는 자기들의 뜻을 펴는 왕정 국가王政國家 Monarchy를 원했고, 하나님은 마지막 사사 사무엘을 통해 왕정 국가를 허용하고 사울을 왕으로 세웁니다. 사울은 하나님의 그릇이 될 수 없었고, 하나님은 다시 사무엘을 시켜 다윗을 왕으로 세웁니다. 룻기는 사사 시대의 어느 한 시점BC1390~BC1050년에 기록된 책입니다. 룻기는 사사 시대의 총체적 난맥상의 어두운 시대에 한 줄기 싱싱한 꽃을 보는 듯 상큼한 향내가 나는 이야기입니다.

17일

년 월 일

삿 1~12장

21장 25절
"그 때에 이스라엘에 왕이 없으므로 사람이 각기 자기의 소견에 옳은대로 행하였더라"

"구원하시다" (Delivered)
사사기는 이스라엘이 되풀이해서 죄를 범하는 모습을 보여주고 그럴 때마다 구원해 주시는 하나님을 보게 될 것입니다.

사사기 JUDGES 士師記

사사기 한눈에 보기

개요 **타협으로 인한 실패**

Ⅰ. 사사시대에 대한 설명 (1장-2장)

Ⅱ. 거듭 되풀이 되는 반역 (3장-16장)

되풀이 되는 패턴

범죄Sin - 고통Suffering - 간구Supplication - 구원Salvation

▼죄의 내용	▼고통	▼구원하는 사사
3:5-8	메소포타미아 왕 (8년)	옷니엘
3:12-14	모압 왕 (18년)	에훗
4:1-3	가나안 왕 (20년)	드보라
6:1-10	미디안 족속 (7년)	기드온
10:6-18	블레셋 족속 (18년)	입다
13:1	블레셋 족속 (40년)	삼손

Ⅲ. 사사시대의 총체적 난맥상 (17장-21장)

사사기 속의 시간 흐름

BC 1390 1367 1309 1229 1209 1169 1162 1122 1078 1075 1072 1055

여호수아의 죽음 (수24:29) / 옷니엘 활약 (3:7-11) / 에훗의 활약 (3:12-30) / 여 사사 드보라의 활약 (4:1-31) / 기드온의 활약 (6:1-8:28) / 입다의 활약 (10:10-12:7) / 삼손의 활약 (13:1-16:31)

하나님은 이 시대를 하나님의 말씀대로 신위神爲가 이루어지는 온전한 하나님 나라를 꿈꾸셨습니다. 하나님은 사사를 세움으로 나라가 하나님의 말씀에 의해서 세워져 가는 것을 원하셨습니다. 그것은 하나님의 유토피아Utopia이었습니다. 사사士師란 말은 쇼페팀shofetim으로 '백성의 소송을 재판하는 자Judge'라는 의미보다는 '누구를 바른 길로 인도하는 자' 또는 '구원자'삿 3:9의 의미가 더 많은 단어입니다. 사사들은 전쟁 때는 최고 사령관, 평화 때는 행정 수반직을 수행하면서 백성들을 바른 길로 인도하는 자들이라는 뜻입니다. 그들은 단순한 재판관만은 아닙니다. 가톨릭은 이 책을 판관기判官記라고 합니다.

사사를 세우시는 하나님의 이유는 여호와만이 왕이시며 또 그분은 그분의 통치권을 수행할 가장 놀랄 만한 통로가 될 만한 사람들을 선택할 수 있으며 또 선택하신다는 사실을 보여 주는 중요한 의미를 지니고 있습니다. 그들을 통해 말씀이 통치하는 공동체하나님 나라를 만들 수 있었을 것입니다.

그러나 땅을 점령하고 분배를 받은 이스라엘의 각 지파는 가나안의 우상 문화를 완전히 몰아내는 것을 실패합니다. 그 결과로 그들은 하나님을 의지하지 아니하고 그들의 각기 소견대로 살게 되었습니다. 하나님은 이 시기에 하나님의 말씀대로 신위神爲가 이루어지는 온전한 하나님 나라를 꿈꾸셨습니다.
그러나 이스라엘은 그들의 소견대로人爲 행함으로 죄를 범할 수밖에 없었고, 그럼에도 하나님은 그들의 부르짖음에 구원으로 응답해 주시는 사랑을 보여 주었습니다. 더구나 하나님의 나라에 막중한 사명을 띠고 있는 레위인이 그 사명여호수아 21장 참조을 망각함으로 그들의 총체적 난맥상을 17장 이하에서 보게 됩니다.
사사기는 모두 21장, 618절로 되어 있고, 신약에 모두 14번 인용됩니다.

□ 1. 사사 시대에 대한 설명 - 1~2장

◎ 사사기 1~2장 : 시대적 상황

1장에서 '쫓아내지 못했다'말이 9번이나 나옵니다. 이것이 바로 사사기의 비극적 역사의 배경을 말해 주는 것입니다. 이것은 모세를 통한 하나님의 준엄한 명령이었습니다.

신 7:1-11 [1]네 하나님 여호와께서 너를 인도하사 네가 가서 차지할 땅으로 들이시고 네 앞에서 여러 민족 헷 족속과 기르가스 족속과 아모리 족속과 가나안 족속과 브리스 족속과 히위 족속과 여부스 족속 곧 너보다 많고 힘이 센 일곱 족속을 쫓아내실 때에 [2]네 하나님 여호와께서 그들을 네게 넘겨 네게 치게 하시리니 그 때에 너는 그들을 진멸할 것이라 그들과 어떤 언약도 하지 말 것이요 그들을 불쌍히 여기지도 말 것이며[3]또 그들과 혼인하지도 말지니 네 딸을 그들의 아들에게 주지 말 것이요 그들의 딸도 네 며느리로 삼지 말 것은[4]그가 네 아들을 유혹하여 그가 여호와를 떠나고 다른 신들을 섬기게 하므로 여호와께서 너희에게 진노하사 갑자기 너희를 멸하실 것임이니라[5]오직 너희가 그들에게 행할 것은 이러하니 그들의 제단을 헐며 주상을 깨뜨리며 아세라 목상을 찍으며 조각한 우상들을 불사를 것이니라[6]너는 여호와 네 하나님의 성민이라 네 하나님 여호와께서 지상 만민 중에서 너를 자기 기업의 백성으로 택하셨나니[7]여호와께서 너희를 기뻐하시고 너희를 택하심은 너희가 다른 민족보다 수효가 많기 때문이 아니니라 너희는 오히려 모든 민족 중에 가장 적으니라[8]여호와께서 다만 너희를 사랑하심으로 말미암아, 또는 너희의 조상들에게 하신 맹세를 지키려 하심으로 말미암아 자기의 권능의 손으로 너희를 인도하여 내시되 너희를 그 종 되었던 집에서 애굽 왕 바로의 손에서 속량하셨나니[9]그런즉 너는 알라 오직 네 하나님 여호와는 하나님이시요 신실하신 하나님이시라 그를 사랑하고 그의 계명을 지키는 자에게는 천 대까지 그의 언약을 이행하시며 인애를 베푸시되[10]그를 미워하는 자에게는 당장에 보응하여 멸하시나니 여호와는 자기를 미워하는 자에게 지체하지 아니하시고 당장에 그에게 보응하시느니라 11그런즉 너는 오늘 내가 네게 명하는 명령과 규례와 법도를 지켜 행할지니라

이것을 하나님의 '진멸 명령'이라고 합니다. 이스라엘 백성은 이 진멸 명령을 지키지 못했습니다. 그들은 모압, 미디안, 블레셋 등 외부로부터의 침입 위협과 내부의 우상 문화의 유혹에 직면한 그런 시대적 상황에 처했고, 여호수아의 세대가 가고 다음 세대는 하나님을 잘 알지 못하는 세대들이 되었습니다.

여호수아 21장 41절에 레위 지파는 땅을 기업으로 받지 못하고 각 지파 땅의 성읍, 모두 48성읍에 흩어져 살면서 그들에게 율법 교육을 하게 되어 있었습니다. 그러나 사사기 17장 이하에서 보듯이 레위인들은 자기들의 사명을 망각하고 저들에게 율법 교육을 하지 못하고 있음을 볼 수 있습니다. 이것은 이스라엘의 총체적 난맥상을 보여 주는 어두운 역사입니다.
이 사사기의 역사는 BC 1390경에서 BC 1050년까지 약 340년간의 기간입니다. 후기 청동기 2기 시대입니다.

□ 2. 거듭 되풀이되는 반역 - 3~16장

◎ 사사기 3~12장 : 계속되는 반역 1

3~16장에서 "…여호와의 목전에서 악을 행하여…", "…대적케 하시며…", "그런 후에 여호와께 부르짖으매…", "한 구원자사사를 세우셨으며"가 계속 되풀이됨을 볼 수 있습니다. 이것이 각 사사가 시작될 때 보여 주는 한 패턴Pattern입니다. 이것을 다음과 같이 요약할 수 있습니다.

1) **"여호와의 목전에 악을 행하여"** 가나안의 우상을 섬김으로 범죄함Sin
2) **"…대적케 하시며"** 하나님이 이방 족속들을 대적으로 붙이고 이스라엘을 억압하심Suffering
3) **"그런 후에 여호와께 부르짖으매"** 회개가 일어남Supplication
4) **"한 구원자사사를 세우셨으며"** 하나님 그들에게 구원 주심Salvation

약속의 땅에 들어간 이스라엘 백성은 현실과 타협하고 안락한 삶을 추구합니다. 그것은 진멸작업이라는 어렵고 고통스러운 삶과는 대조적입니다.
그런 그들은 하나님을 쉽게 배반하는 반역의 죄를 저지를 수밖에 없었습니다.
그런 그들에게 하나님은 모압, 미디안, 블레셋 등을 심판의 도구로 삼으시고 징

벌하십니다. 그러면 그들은 하나님께 간구하며 부르짖습니다. 하나님은 사사구원자를 세우시고 그들을 그 억압으로부터 구원해 주십니다. 이런 일이 되풀이 됩니다. 왜 그럴까요? 출 23:20-33, 신7:1-11, 16, 수23:5-16이 구절을 꼭 찾아서 읽으세요의 명령을 무시했기 때문입니다. 이스라엘은 땅의 분배를 마쳤지만 하나님께서 명령하신 '철저한 제거'는 이루지 못했음이 무엇을 의미하는지를 염두에 두고 사사기 21장 25절 "그 때에 이스라엘에 왕이 없으므로 사람이 각각 그 소견에 옳은대로 행하였더라"의 구절을 생각하면서 읽으세요.

사사기는 하나님 나라 회복에 대한 하나님의 열망을 저버린 인간의 실패의 모습을 담은 기록입니다. **하나님은 인간의 지혜나 힘의 논리가 아닌 하나님의 말씀이 통치의 근원이 되는 나라, 즉 하나님의 나라를 건설하시기를 원했다는 것입니다.** 그래서 가나안 땅을 정복하고도 인간으로 하여금 왕을 세우지 않으셨습니다. 그것은 바로 하나님의 말씀이 통치 원리가 되는 나라를 이룩하시고자 했기 때문입니다. 그러나 인간은 끊임없이 하나님의 뜻을 거역하는 일을 되풀이하게 됩니다.지금 우리를 돌아보게 됩니다. 그 가장 큰 이유는 땅을 점령할 때 철저한 제거가 이루어지지 않았고, 땅을 분배받지 못한 레위 지파는 각 지파로 흩어져서 하나님의 말씀을 가르쳐야 했음에도 불구하고 하나님의 뜻을 알지 못한 채 죄를 범했기 때문입니다. 이러한 모습은 17장 이후에서 잘 나타나고 있습니다. 관점 3

지도 : 이스라엘의 사사들

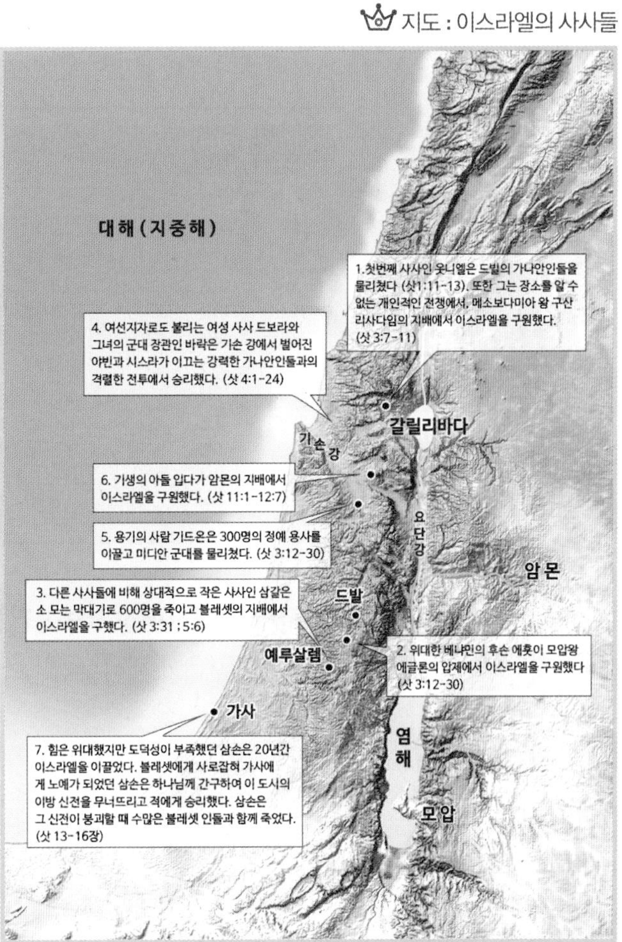
대해 (지중해)
1.첫번째 사사인 옷니엘은 드빌의 가나안인들을 물리쳤다 (삿1:11-13). 또한 그는 장소를 알 수 없는 개인적인 전쟁에서, 메소보다미아 왕 구산 리사다임의 지배에서 이스라엘을 구원했다. (삿 3:7-11)
4. 여선지자로도 불리는 여성 사사 드보라와 그녀의 군대 장관인 바락은 기손 강에서 벌어진 야빈과 시스라가 이끄는 강력한 가나안인들과의 격렬한 전투에서 승리했다. (삿 4:1-24)
갈릴리바다
기손 강
6. 기생의 아들 입다가 암몬의 지배에서 이스라엘을 구원했다. (삿 11:1-12:7)
요단강
5. 용기의 사람 기드온은 300명의 정예 용사를 이끌고 미디안 군대를 물리쳤다. (삿 3:12-30)
암 몬
3. 다른 사사들에 비해 상대적으로 작은 사사인 삼갈은 소 모는 막대기로 600명을 죽이고 블레셋의 지배에서 이스라엘을 구했다. (삿 3:31 ; 5:6)
드발
예루살렘
2. 위대한 베냐민의 후손 에훗이 모압왕 에글론의 압제에서 이스라엘을 구원했다 (삿 3:12-30)
가사
염해
7. 힘은 위대했지만 도덕성이 부족했던 삼손은 20년간 이스라엘을 이끌었다. 블레셋에게 사로잡혀 가사에게 노예가 되었던 삼손은 하나님께 간구하여 이 도시의 이방 신전을 무너뜨리고 적에게 승리했다. 삼손은 그 신전이 붕괴할 때 수많은 블레셋 인들과 함께 죽었다. (삿 13-16장)
모 압

오늘날의 왕은 과연 하나님입니까? 오늘 우리는 우리의 소견대로 행하지 않습니까? 레위지파가 가르치는 직무를 제대로 수행하지 못한 데에도 그 원인이 있다고 보아야 하겠지요. 오늘날 교회에서 그 교육의 직무는 어떻게 되어 가고 있습니까?

3장에서 16장까지는 12사사들의 활동을 기록하고 있습니다. 사사들의 도표와 그들이 활약했던 곳을 지도에서 참고하십시오. 그들 중 중요한 사사들의 약전을 간단히 살펴봅니다.

• **옷니엘 :** 메소포타미아 왕의 억압으로부터 구원하기 위해 세워진 첫 번째 사사입니다.3장

• **드보라 :** 여자 사사로서 이때 또 다른 여자, 장막에 거하는 겐 사람인 헤벨의 아내 야엘을 볼 수 있습니다. 드보라는 군대 지휘관인 바락과 더불어 몸소 전장에 나아가 싸우며, 적장 시스라는 야엘의 장막으로 도망칩니다. 그러나 야엘은 기지를 발휘하여 말뚝으로 적장 시스라를 죽입니다.4-5장

• **기드온 :** 기드온은 하나님의 부르심을 받았을 때 바알과 아세라 제단을 부수는 과단성을 보입니다. 기드온은 300명의 군사로 135,000명의 미디안 군사를 물리친 사사입니다.

그가 300명의 용사를 뽑는 방법은 하나님이 주신 방법으로, 백성들을 데리고 물가로 가서 물을 먹게 하고는 물먹는 자세를 관찰합니다. 손바닥으로 물을 떠서 핥아 먹는 자들은 무릎을 꿇고 물을 마시는 자보다 훨씬 경계 태세가 좋은 자임을 알고 그런 자 300명만 뽑습니다. 그런 기드온을 왕으로 삼으려 하자 기드온은 오직 하나님 한 분만이 왕이시라고 선언하고 왕되기를 거절합니다.5~8장

이름	기간	업적 및 특징, 그리고 관련 성경
옷니엘	40년	최초의 사사이며 갈렙의 조카. 가나안 땅의 견고한 요새지를 정복함 **(사사기 3:7-11)**
에훗	80년	왼손잡이 사사. 모압 왕 에글론을 물리침 **(사사기 3:12-30)**
삼갈	?	소 모는 막대기로 600명을 물리침 **(사사기 3:31)**
드보라	40년	여자 사사. 바락과 협력하여 가나안 왕 야빈과 그의 군대장관 시스라를 물리침 **(사사기 4-5장)**
기드온	40년	300명의 용사들과 함께 135,000명의 미디안 군사를 대파함 **(사사기 6-8장)**
돌라	23년	도도의 손자 **(사사기 10:1-2)**
야일	22년	30명의 아들을 둠 **(사사기 10:3-5)**
입다	6년	기생의 아들. 암몬 족속을 물리침. 경솔한 서원으로 외동딸을 제물로 바침 **(사사기 10:6-12:7)**
입산	7년	아들 30명과 딸 30명을 둠 **(사사기 12:8-10)**
엘론	10년	스불론 지파 사람 **(사사기 12:11-12)**
압돈	8년	아들 40명과 손자 30명을 둠 **(사사기 12:13-15)**
삼손	20년	나실인(Nazirite). 초인적인 힘을 소유한 역사(力士)로, 블레셋 족속을 물리침 **(사사기 13-16장)**

18일

년 월 일

◎ 사사기 13~16장 : 계속되는 반역 2

13~16장은 우리가 잘 아는 삼손의 이야기가 나옵니다.

□ 삼손 신드롬을 아세요?

사사기는 사사들 이야기 중 삼손에 대해 많은 부분을 할애하면서 언급하고 있습니다. 그렇다면 하나님은 삼손의 이야기를 통해 하시고 싶은 많은 이야기가 있다고 봅니다. 사실 삼손 이야기는 소설로, 또는 영화나 오페라로까지 만들어지고 있습니다.

삿 13~21장
룻 1~4장

미국의 애테베리 목사는 "삼손 신드롬"이라는 그의 저서를 통해 삼손같이 강한 남자들이 범할 수 있는 12가지 문제를 지적한 적이 있습니다.마크 애터베리 「삼손 신드롬」 이레서원 2005 p.7 (차례에서)

1) 죄의 경계선을 무시한다
2) 정욕과 씨름한다
3) 남의 조언을 무시한다
4) 규칙을 깨뜨린다
5) 자기 과시가 강하다
6) 분노를 다루지 못한다
7) 같은 실수를 되풀이 한다
8) 자아가 강하다
9) 어리석은 모험을 잘 한다
10) 친밀한 관계가 없다
11) 모든 것을 당연시 한다
12) 큰 그림을 보지 못한다

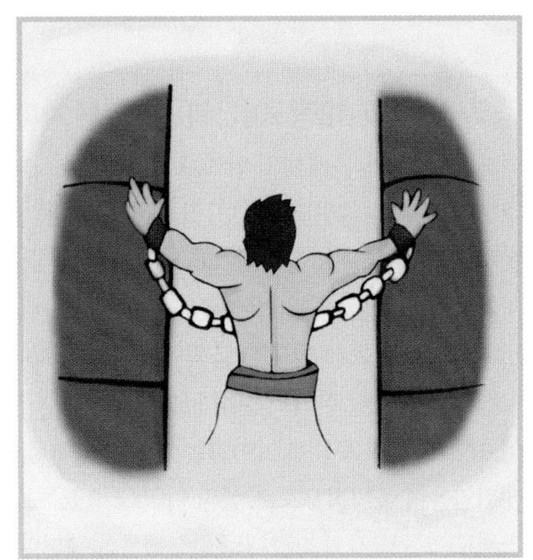

이상의 문제점은 삼손이 행한 것들입니다. 사사기 14장 이하 삼손의 기사를 읽을 때 위에 열거한 삼손의또는 삼손과 같이 강한 남자들 문제점들이 어떻게 나타나는가를 살펴보세요.

□ 3. 총체적 난맥상 - 17~21장

◎ 사사기 17~21장 : 직무 유기의 레위와 시대의 난맥상 

1장에서 언급한 것처럼 '쫓아내지 못함'으로 이스라엘 백성은 결국 우상 숭배에 빠져 섞임으로 하나님의 백성으로서의 정체성을 잃어버리고 맙니다. 그 정체성을 상실한 백성들의 난맥상이 어떤 것인가를 17~21장에서 보여 주고 있습니다.

21장 25절에 "그 때에 이스라엘에 왕이 없으므로 사람이 각각 그 소견에 옳은 대로 행하였더라"라고 했습니다. 결국 그들은 자기 소견 즉 인위人爲의 삶을 살았습니다. 이것이 오늘날에는 하나님 없이 인간의 힘으로 살아가려는 현대인의 모습입니다. 그것이 뉴에이지New Age 운동이고 '적극적인 사고Positive thinking 운동'가 주장하는 요점이기도 합니다. 그러나 성경은 분명히 말합니다. 다음 구절을 잘 묵상하십시오.

📖 잠 16:9 사람이 마음으로 자기의 길을 계획할지라도 그 걸음을 인도하는 이는 여호와시니라

📖 잠 16:33 제비는 사람이 뽑으나 모든 일을 작정하기는 여호와께 있느니라

📖 시 37:5 네 길을 여호와께 맡기라 그를 의지하면 그가 이루시고

□ 사사기 17-18장 : 미가의 신상 - 단 지파의 이주

이 시기는 아마 블레셋의 압박으로 인해 단 지파가 이스라엘 북단으로 대거 이주했던 시기와 관련되는 시기일 것 같습니다. 단 지파는 제대로 자리조차 잡지 못하고 있는 모습을 봅니다. 그런 자들이 어찌 '진멸 작전'을 펼 수가 있습니까? 미가가 만든 신상은 율법에서 엄금하는 것입니다.출애굽기 20:4 '에봇'과 '드라빔'가정 신들으로 점치는 일도 엄금되었습니다. 더욱이 미가에게는 젊은 레위인을 제사장으로 임명할 권한이 전혀 없습니다.

이 이야기와 19-20장에 이어지는 이야기는 하나님을 섬기기 위해 특별히 선택된 레위인들이 불법적으로 자신의 이익을 챙겼음을 보여 줍니다. 일반 백성과 마찬가지로 그들도 자기 소견대로 처신했음을 봅니다.

레위인들에게는 땅을 할당하지 않고 48성읍으로 배치하여 각 지파에게 모세의 명한 대로 여호와의 규례를 가르치는 일을 감당해야 함에도 불구하고수 21장, 레 10:11, 본문의 레위인은 '거할 곳을 찾고자 하여' 돌아다니고 있습니다. 그는 자신의 직분을 미가에게 팔고 미가의 신성시하는 물건을 훔쳐서 단 지파에게 전달합니다. 단 지파는 북쪽에 새 성소를 세워 당시 이스라엘의 참된 신앙 중심지였던 실로에 맞서게 합니다.

□ 사사기 19-21장: 기브아에서의 강간 사건 - 베냐민 자손에 대한 징벌

19장 이하에서 하나님의 율법을 가르쳐야 할 레위가 얼마나 타락했는지를 잘 보여 주고 있습니다. 그 이유는 바로 '쫓아내지 못했기' 때문이라는 사실을 염두에 두고 읽어야 합니다. 왕이 없었다는 것은 인간 왕이 없다는 것만을 의미하지 않고, 그들의 삶의 인도자이신 하나님을 왕으로 순종하는 신앙이 없었다는 뜻이기도 합니다.

그러기에 삶의 본이 되어야 할 레위가 첩을 두었고, 소돔과 고모라와 비슷한 상황이 벌어지며, 그 첩은 베냐민에 속한 기브아 사람들에게 윤간당하며 살해되는 끔찍한 사건이 일어나고, 그녀의 남편인 레위는 그녀의 몸을 잔인하게 열두 토막으로 나누어 열두 지파들에게 보냄으로써 복수를 호소합니다.20장 베냐민 자손이 범죄자들기브아사람들을 넘겨주지 않음으로써 내전이 일어납니다. 그 결과 베냐민 자손이 거의 멸절되다시피 하는 민족적인 비극을 맞습니다.

이와 같은 어처구니 없는 일들은 바로 인간들이 자기의 소견대로 행한 결과입니다. 자기 소견대로 행했다는 것은 바로 인위人爲를 말하는 것입니다. 하나님이 없는 인간이 하는 일은 도덕 무감각증에 걸릴 수밖에 없습니다.

□ 이스라엘 백성들은 왜 하나님을 떠나서 자꾸만 바알 등 우상을 섬길까요?

우선 사사 시대의 경우는 레위인들이 그들의 율법 가르침의 직무를 망각했거나 유기한 것이 원인일 것입니다. 믿음은 들음에서 난다고 했는데 가르치는 자가 없으면 어찌 들을 수 있을까요? 오늘날 교회에서도 바른 가르침이 있어야 합니다. 가르침이 있는 것이 중요한 것이 아니라 바른 가르침, 진짜 복음, 즉 십자가의 복음을 가르쳐야 합니다. 관점 3

우상을 섬기게 되는 또 다른 이유는 '위험 부담' 때문입니다.
하나님을 섬기고 순종하는 것은 현실의 안락하고 손쉬운 삶을 포기해야 하는 위험부담이 따르기 때문입니다. 하나님이 주시는 축복은 '지켜 행해야 오는 축복', 즉 조건부 축복입니다. 사람은 그런 위험 부담을 싫어합니다. 우상은 '지켜 행하면'의 조건을 달지 않습니다. 우상은 그런 위험 부담 없이 쉽게 축복을 준다고 가르치기 때문에 거기에 속아 넘어가는 것이지요. 그것이 사탄의 속임수임을 알아야합니다.
우리가 위험부담을 화투짝에 걸 때 그것은 '도박'이며, 증권에 걸면 그것은 '투기'이며, 하나님에게 걸면 그것은 바로 '믿음'이 됩니다.

바알(Baal) 신

시편 115편에서 우상은 어떤 존재라고 했습니까?

시편 115편
4그들의 우상들은 은과 금이요
사람이 손으로 만든 것이라 5입
이 있어도 말하지 못하며 눈이
있어도 보지 못하며 6귀가 있어
도 듣지 못하며 코가 있어도 냄
새 맡지 못하며 7손이 있어도
만지지 못하며 발이 있어도 걷
지 못하며 목구멍이 있어도 작
은 소리조차 내지 못하느니라 8
우상들을 만드는 자들과 그것
을 의지하는 자들이 다 그와 같
으리로다 9이스라엘아 여호와
를 의지하라 그는 너희의 도움
이시요 너희의 방패시로다 10
아론의 집이여 여호와를 의지
하라 그는 너희의 도움이시요
너희의 방패시로다 11여호와
를 경외하는 자들아 너희는 여
호와를 의지하여라 그는 너희
의 도움이시요 너희의 방패시
로다 12여호와께서 우리를 생
각하사 복을 주시되 이스라엘
집에도 복을 주시고 아론의 집
에도 복을 주시며 13높은 사람
이나 낮은 사람을 막론하고 여
호와를 경외하는 자들에게 복
을 주시리로다.

4장 14절
"여인들이 나오미에게 이르되 찬송할지로다 여호와께서 오늘 네게 기업무를 자가 없게 하지 아니하셨도다. 이 아이의 이름이 이스라엘 중에 유명하게 되기를 원하노라"

'구원자'(Redeemer)
보아스는 기꺼이 기업 무르는 자(고엘, Kinsman or Redeemer)의 역할을 감당합니다. 이는 예수님이 바로 우리의 구원자 역할을 감당하시는 것과도 같습니다. 보아스는 예수님의 족보에 오르는 영광을 얻습니다.

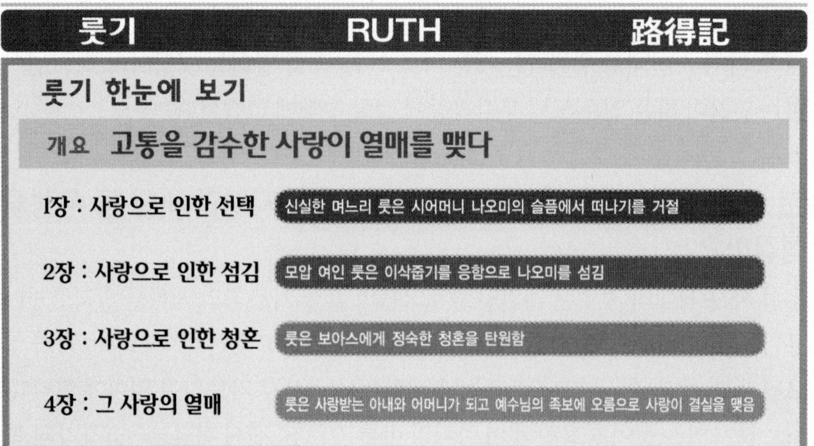

룻기 RUTH 路得記

룻기 한눈에 보기

개요 고통을 감수한 사랑이 열매를 맺다

1장 : 사랑으로 인한 선택	신실한 며느리 룻은 시어머니 나오미의 슬픔에서 떠나기를 거절
2장 : 사랑으로 인한 섬김	모압 여인 룻은 이삭줍기를 응함으로 나오미를 섬김
3장 : 사랑으로 인한 청혼	룻은 보아스에게 정숙한 청혼을 탄원함
4장 : 그 사랑의 열매	룻은 사랑받는 아내와 어머니가 되고 예수님의 족보에 오름으로 사랑이 결실을 맺음

룻기는 시간이 흐르지 않는 역사서입니다. 사사 시대의 어느 한 시점의 이야기를 기록한 책입니다. 사사기의 암흑 시대의 한 시기에 흉년이 일어났을 때 한 이스라엘인의 가정이 모압 땅으로 이주했는데, 거기서 두 아들들은 모압 여인들인 룻과 오르바와 결혼했습니다. 이 두 아들과 그들의 아버지는 거기에서 죽었으며, 아들과 남편을 잃은 나오미가 이스라엘로 돌아갈 것이라고 밝히면서 두 며느리에게는 각각 자기 고향으로 돌아갈 것을 권했을 때 오르바는 돌아갔지만 룻은 시어머니인 나오미와 운명을 같이 하기로 합니다.
룻과 나오미가 베들레헴에 도착했을 때, 룻은 나오미의 친족인 보아스의 밭에서 이삭을 주어 생계를 이어가고자 합니다.레 19:9-10 참조 나오미가 가르친 대로, 룻은 예부터 내려오는 친족의 권리를 주장하여 보아스와 결혼하고 아이를 낳는데 그 아이는 다윗의 선조가 됩니다.신 25: 5-10 참조 사사기에서 인간들의 계속되는 실수를 읽다 보면 하나님 나라는 물 건너가는 것 같은 절망을 느낄 수 있습니다. 그러나 이 룻기는 그 절망을 희망으로 바꾸어 주는 아름다운 이야기일 뿐만 아니라, 예수님의 족보를 이루는 다윗의 탄생과 그 왕국을 보여 줌으로써 희망을 갖게 합니다. 하나님은 암흑과 혼란이 가득 찬 사사 시대에 이런 아름다운 가정을 남겨 두시어 당신의 구원 사역을 이어가시는 것을 보게 됩니다. 참으로 하나님의 사랑은 신기하고 놀랍습니다.

룻기는 성경에 등장하는 여성의 이름으로 된 책 2권 중의 하나입니다. 다른 하나는 에스더서입니다. 에스더는 유대인이지만 이방인들 속에서 살았고, 룻은 이방 여인이지만 유대인들 속에서 살았습니다. 룻은 유대인과 결혼했고, 에스더는 이방인과 결혼했습니다. 이 두 책의 이벤트가 모두 한밤 중에 일어났다는 사실은 흥미롭습니다. 룻은 예수 족보의 4인의 여인 중 한 명이 되었습니다.

룻기는 전체 4장, 84절로 되어 있고, 신약에는 6번 직접, 간접으로 인용되었습니다.

지도 : 모압에서 베들레헴에 이르는 룻의 이야기

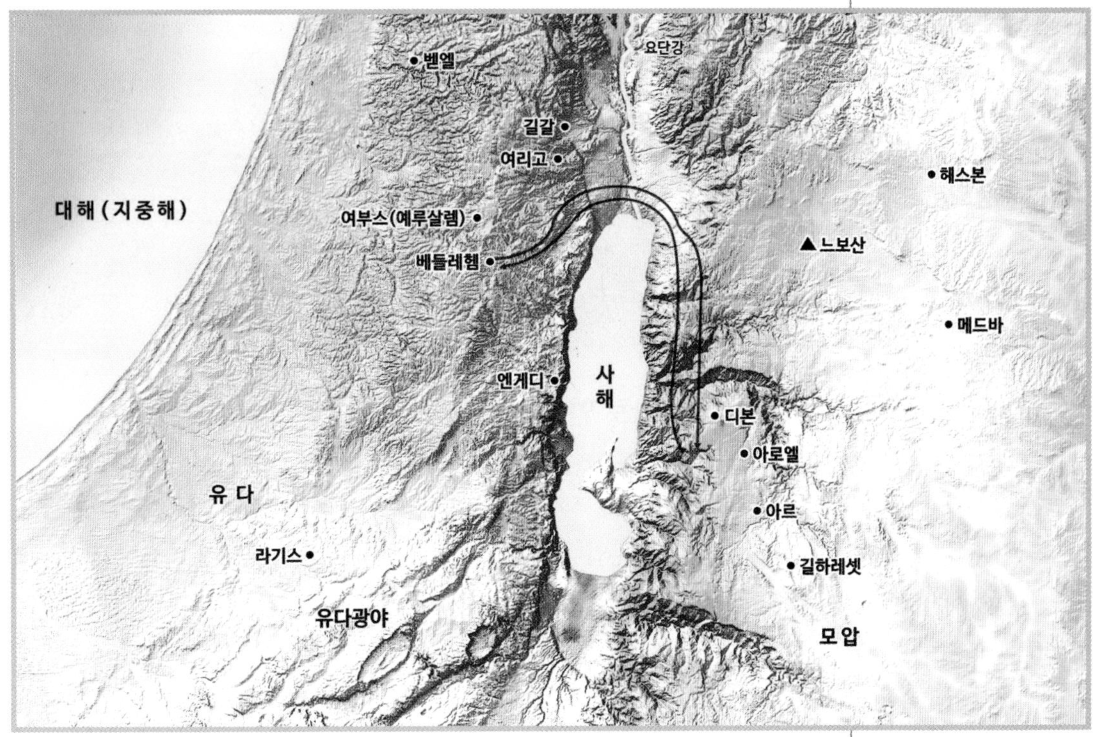

룻기 1~4장 : 이방 여인 룻이 다윗을 등장시킴

◎1장 : 사랑으로 인한 선택

나오미 가정은 기근을 피해 모압 지방으로 갑니다. 그곳에서 두 모압 여인을 며느리로 맞이합니다. 모압은 암몬과 더불어 소돔과 고모라의 재앙을 피해 도망 다니는 중에 두 딸과 관계를 맺고 낳은 롯의 아들들에 의해 이루어진 족속들입니다.창 19:36-37

모압은 지금 이스라엘의 적대국입니다. 그 모압 여인을 며느리로 맞아 딸같이 여기는 나오미의 인간적 따스함을 느낄 수 있습니다. 거기서 나오미는 10년을 머무는 동안 남편을 먼저 잃고 그리고 두 아들을 잃습니다. 그녀는 이제 고향으로 돌아가기로 결심하고 두 며느리에게 그들의 고향인 모압에 남으라고 권하지만 룻은 시어머니를 따라가기로 선택합니다.

◎ 2장 : 사랑으로 인한 섬김

모압 여인 룻은 시어머니의 고향 베들레헴으로 돌아와 가난을 이기려고 남의 밭에서 이삭을 주어 시어머니를 봉양하는 사랑을 보입니다. 그 아름다운 마음은 그의 은인이 될 보아스를 만나는 계기가 됩니다. 보아스는 이삭 줍기를 허용합니다.레 19:9-10

◎ 3장 : 사랑으로 인한 청혼

나오미는 보아스를 만난 이야기를 듣고 그에게 청혼하도록 합니다. 왜냐하면 보아스는 대속의 법레 25:23-28과 형사 취수법신 25:5-10에 의해 그녀의 기업 무를 자임을 알았기 때문입니다. 나오미는 룻에게 청혼하는 법도 자상하게 가르쳐 줍니다. "…그 발치 이불을 들고 거기 누우라…"3:4의 의미는 그 당시의 풍습으로 결혼을 청혼한다는 표시입니다.

□ 기업 무르는 자 - 고엘

1) 이 단어는 빚 때문에 팔린 재산의 소유권을 다시 획득하는 데 사용되었습니다.레 25:25

2) 자손이 없어 죽은 사람의 이름을 회복하여 보존시키는데 사용했습니다.
이때 죽은 자의 형제가 그 죽은 자의 아내를 취하여 자녀를 낳아 줌으로써 죽은 자의 이름을 이스라엘에게 잊혀지지 않게 하는 것입니다.창 38:8 룻기에 나오는 보아스의 경우가 이 경우입니다.룻 3:13 이 경우에는 '고엘'이라는 말이 친족이라는 뜻입니다. 고엘이 하는 일은 죽은 친척이 진 빚을 가장 가까운 친족이 지불하는 것민 5:8, 가난에 쪼들린 친척이 판 땅을 그가 살았을 때레 25:25, 혹은 그가 죽은 이후에렘 32:7이하 도로 사는 것, 혹은 가난한 친척이 노예로 팔려 갔을 때 이를 구속하여 내는 일레 25:48 등입니다. 여기서 '고엘'은 그 가족이 어떤 방식으로든 해를 당치 않도록 보호해 주는 자를 가리킵니다.

3) 살인의 경우 : 살인이란 그 사람이 지상의 친척과 재산으로부터 단절되는 것을 의미합니다. 따라서 피살자의 친척이 살인자에게 복수하는 것이 의무였습니다. 이 경우에 '고엘'은 피의 복수자를 의미합니다.민 35:12-34, 신 19:1-3

4) 고엘의 가장 큰 의미는 고엘이라는 단어가 하나님께 대하여 구속자라는 뜻으로 쓰이는 경우입니다. 하나님은 사람을 영육 간에 죽음에서 구속하시는 주권을 가지신 분이십니다. 이 '구속자'고엘란 말은 이사야 40-66장에서 가장 많이 나옵니다.

욥 19:25 내가 알기에는 나의 대속자가 살아 계시니 예수님은 우리의 '고엘'이 되십니다.롬 6:22, 8:17

◎ 4장 : 그 사랑의 열매

보아스는 룻의 청혼을 받지만 기업 무르는 일에 있어서 자기보다 서열이 앞선 자가 있음을 알고 그에게 포기하기를 종용합니다. 그에게 신발을 벗어 그 권리를 포기함을 보여 줍니다. 신발 한쪽을 벗어서 다른 사람에게 주는 것은 그 신발의 주인이 자기의 재산 청구권을 포기하고 그 사람에게 이양한다는 것을 대중 앞에 알리는 행위입니다.

이 결혼은 혼합 결혼으로서 이스라엘의 표준에서는 죄가 될 수 있습니다. 그런데 그 결혼이 인종적 혼합이냐, 종교적 혼합이냐를 따집니다. 인종적 혼합은 용납되지만, 종교적 혼합은 용납되지 않습니다. 보아스와 룻은 다윗의 증조할아버지와 할머니가 되어 예수님의 족보에 오릅니다. 성경에 족보가 나오면 그 머무르는 곳에 있는 인물의 중요함을 강조하기 위한 것이라고 했습니다.

□ 룻기는 기독교가 관계를 중시한다는 교훈을 줍니다

기독교는 관계를 중요시하는 공동체입니다. 그 말은 기독교는 관계가 맺어지는 현실적 삶을 중요시한다는 말입니다. 현실을 도피한 것이 아니라 적극적으로 참여하는 종교입니다. 반면 다른 종교는 개인 중심적입니다. 자신의 복만 받으면 되는 종교입니다. 불교의 인간관은 천상천하 유아독존天上天下 唯我獨尊입니다. 개인의 해탈을 중요시하지 상호 관계에 중점을 두지 않습니다.

19일

년 월 일

삼상 1~16장
시 23편

18장 7절
"여인들이 뛰놀며 노래하여 이르되 사울이 죽인 자는 천천이요 다윗은 만만이로다 한지라"

"왕국" (Monarchy)
이 책은 이스라엘의 첫 왕국이 시작함을 보여 줍니다. 마지막 사사 사무엘에 이어 첫 왕 사울과 다윗이 등장하며 사울의 극렬한 시기심을 보여 줍니다.

사무엘 상 1 SAMUEL 撒母耳記 上

사무엘상 한눈에 보기

개요 신정 체제에서 왕정 체제로의 전환기

I. 사무엘 : 마지막 사사 (1장-8장)
- ▶사무엘의 출생과 어린 시절 (1장-2장)
- ▶그의 부르심과 직책 (3장)
- ▶그의 때와 활약상 (4장-7장)
- ▶요약 (7:15-17)
- ▶왕을 요구함 (8장)

II. 사울 : 왕조의 첫 번째 왕 (9장-15장)
- ▶왕으로 임명 (9장-10장)
- ▶약속의 시작 (11장-12장)
- ▶말년의 실수와 범죄 (12장-15장)
- ▶거절당함 (15: 23, 28, 35)

III. 다윗 : 후계자로 기름 부음을 받음 (16장-31장)
- ▶사무엘이 기름부음 (16:1-13)
- ▶사울 앞에서의 활약상 (16:14-20장)
- ▶도망자 다윗 (21장-30장)
- ▶사울의 죽음 (31장)

사무엘상 속의 시간흐름

BC 1091	1060	1050	1040	1025	1020	1017	1010
사무엘 마지막 사사로 (3:12-4:1)	블레셋에게 법궤를 빼앗겼다가 찾음 (4:1-7:2)	사울왕 기름 부음 왕정시대 시작 (10:1-27)	다윗출생	다윗 기름부음 (16:1-13)	다윗과 골리앗의 싸움 (17:1-52)	사무엘 죽음 (25:1)	사울의 죽음 (31:1-6)

사무엘 시대의 국제 정세는 새롭게 강적으로 부상하는 해양족의 하나인 블레셋 Philistines이 이스라엘을 괴롭히는 상황이 계속되는 시대입니다. 블레셋의 위협은 이후에도 계속되며 다윗 시대에 절정에 달합니다. 이런 국제 정세가 불안한 상태에서 사사 시대의 혼란을 체험한 이스라엘 백성에게는 이웃 국가들의 정치 체제가 좋아 보였던 것 같습니다. 여전히 소견대로 행하는 모습입니다.

"왕을 주소서! 왕을 주소서!" 이 외침이 성경에서 처음으로 응답받습니다.삼상 10:24 사무엘상은 이스라엘이 사사 시대의 신정 체제Theocracy에서 처음으로 왕정 체제Monarchy로 바뀌는 전환기의 역사를 기록하고 있습니다. 처음 왕 사울은 실패합니다. 둘째 왕 다윗은 사울의 심한 질투 속에서 고통을 당하지만 성공하는 왕으로서의 모습을 보여 줍니다.

사무엘상은 사사 시대와 사울 치하에서부터 왕국이 성립된 시기까지를 연결시킵니다. 그것은 사무엘의 탄생과 부르심과 사역을 기록하며, 사울이 왕으로 기름부음받고 결국에는 왕위에서 밀려나는 것을, 그리고 목동인 다윗이 왕으로 기름부음을 받고, 또 그가 도망자로서 방황하는 것과 사울과 그의 아들 요나단의 죽음을 기록하고 있습니다.

이 사건들은 40년 간에 걸쳐BC 약 1050~1010년 일어난 일들입니다. 사무엘은 레위 지파 사람입니다. 사사기 17~19장에 레위인들마저도 타락하여 무지했던 모습을 기억할 것입니다. 그러나 레위인 중에 사무엘이라는 걸출한 제사장이 배출되는 것은 역시 하나님의 역사하심의 은총입니다. 사무엘의 이야기는 사사기의 연장선상에서 읽어야 합니다.

사사기의 자치적 정치 체제신정 체제의 실패는 왕정으로 이어집니다. 사무엘은 바로 이 왕정을 수립하는데 하나님께 쓰임을 받는 마지막 사사입니다. 그렇지만 사무엘서는 사무엘에 대한 기록이라기보다는 다윗에 초점이 맞추어진 책입니다.

사무엘상은 전체 31장, 810절로 되어 있고 신약에서 35번 정도 인용됩니다.

□ 1. 마지막 사사 사무엘 1~8장

◎ 사무엘상 1~8장 : 마지막 사사 사무엘의 등장

□ 사무엘

사무엘은 어머니 한나의 기도로 태어나 하나님께 헌신된 자입니다. 어머니 한나는 엘가나의 두 아내 중 하나로서 다른 아내와는 달리 아이를 낳지 못했습니다. 그래서 한나는 하나님께 부르짖으며 아들을 주시면 하나님께 드리겠다는 서약을 하면서 간절히 기도합니다. 하나님은 그녀의 기도를 들어주시고 아들을 허락합니다. 한나는 서약한대로 그 아들 사무엘을 나실인으로 만들고 하나님께 드리며 그를 실로법궤가 모셔진 곳의 제사장 엘리에게 맡기고, 그녀는 아들을 주신 하나님을 찬송하면서2장 한나의 노래:이 노래는 신약의 마리아의 찬가를 영감한다 고향 라마로 돌아갑니다. 고향으로 돌아간 한나는 그 후로 3남 2녀를 얻게 됩니다.

사무엘은 제사장 엘리 아래서 자라며 제사장 수업을 받습니다. 제사장 엘리에게 두 아들이 있습니다. 그들은 하나님의 제사장이면서도 하나님에게 오히려 범죄하는 타락한 제사장들이었습니다.2:15, 22 아버지 엘리가 죽으면 그들 중 하나가 대제사장이 될 것임으로 하나님은 그들을 죽이기로 작정합니다.2:25 그들은 블레셋과의 전투에서 죽고, 그 전투에서 법궤가 빼앗겼다는 소식에 엘리도 충격을 받고 죽습니다.4장

하나님은 이런 일을 대비하시면서 사무엘을 허락하셨고 그 사무엘이 어릴 때부

터 법궤가 있는 성소에서 자라게 하셨습니다. 그리고 사무엘을 어느 새벽에 부르시고 그의 메신저로 삼으시고 엘리를 심판할 것을 전달하게 하십니다.
그런 그에게 하나님은 "…그와 함께 계셔서 그의 말이 하나도 땅에 떨어지지 않게" 삼상 3:19 하심으로 사무엘에게 능력을 더해 주셨습니다. 블레셋이 침입하여 전쟁을 하면서 이스라엘은 4천명이나 죽는 참패를 당합니다. 그들은 이번에는 법궤의 위력에 의지하여 이기려고 법궤를 앞세워 전투에 임하지만 지난번보다 더 큰 참패를 당하며 이번에는 3만 명이나 죽습니다. 이스라엘의 장로들은 법궤를 미신적으로 다루었고 이것은 하나님의 진노를 사게 되어 그 법궤를 빼앗기는 대참변을 당합니다. 법궤는 하나님의 영광이 임재하는 곳이지 전쟁을 이기게 하는 어떤 능력을 발하는 것으로 취급한 것은 다분히 바알 신앙의 영향을 받은 발상이었습니다.

지도 : 법궤의 이동 경로

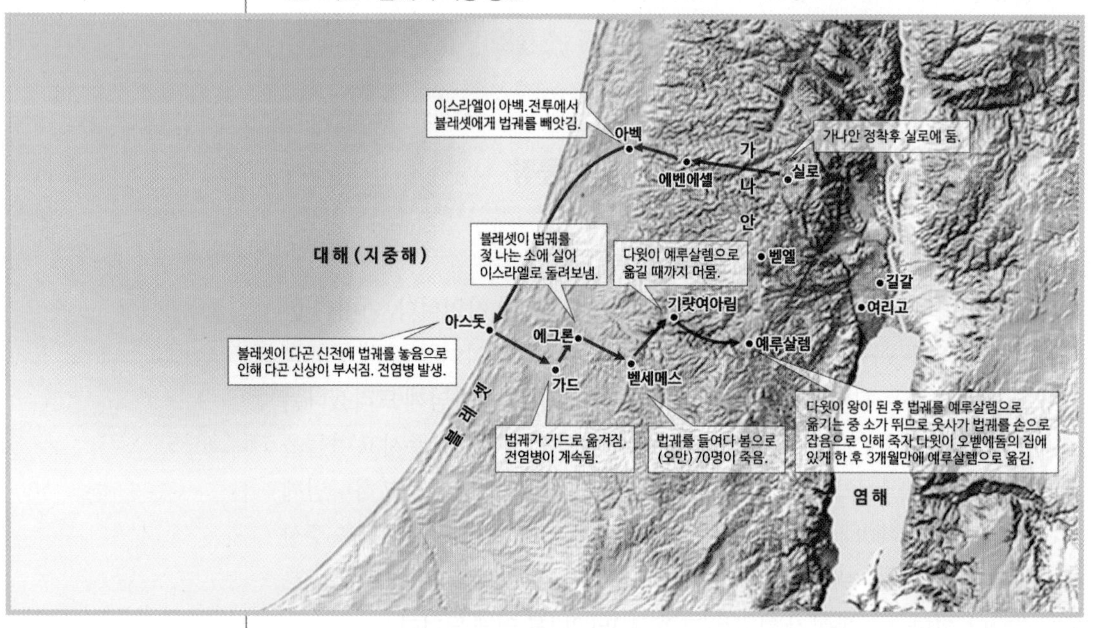

법궤는 가나안 정착 이후 실로에 두었던 것입니다. 그래서 실로는 당시 성지가 된 곳이고 그곳에 성소가 있어 어린 사무엘이 성장한 곳이기도 합니다. 법궤를 그 곳에서 끌어내어 전투지인 아벡 지역으로 옮겼다가 블레셋 군사에게 빼앗겨 블레셋의 신 다곤의 신당이 있는 아스돗으로 옮겨졌습니다. 그러나 이 법궤 때문에 다곤 신상의 목이 부러지는 일이 생기자 블레셋은 이 법궤를 가드 지역으로 보냅니다. 그러자 이번에는 가드에 큰 재앙이 임합니다.
그래서 에그론으로 보냅니다. 이때 에그론 사람이 크게 반대를 합니다. 그러나

7개월 동안 이곳에 머물게 됩니다. 벧세메스에서 블레셋의 복술가들이 회의를 하여 법궤를 이스라엘 백성에게 돌려보내기로 하고 벧세메스를 통해 기럇여아림으로 보내집니다. 벧세메스에서 법궤 안을 들여다 본 사람 70명이 즉사했습니다.

하나님을 본 자는 그 자리에서 즉사하는 것과 같이 죄를 가지고 있는 인간이 죄의 해결 없이 하나님의 영광의 임재를 보는 것은 곧 죽음을 의미하는 것이겠지요. 법궤는 다윗이 예루살렘으로 옮길 때까지 기랴여아림에 머물게 됩니다.4장-6장

20년이 지난 후에 마지막 사사인 사무엘은 이스라엘 백성을 미스바에 모으고 영적 대각성 집회를 갖습니다. 민족의 회개 운동이지요. 이스라엘은 회개하고 바알과 아스다롯의 신상을 깨면서 대각성, 회개를 하면서 언약을 지킬 것을 다시 다짐합니다. 이럴 때 그 믿음을 시험하는 일이 항상 뒤따르는 법입니다. 곧이어 블레셋 군대가 침입합니다. 이번에는 이스라엘 백성이 사무엘을 중심으로 하나님을 의지하는 믿음으로 나아갑니다.

하나님이 이 모습을 보시고 응답하셔서 블레셋 군대를 이스라엘 앞에서 패하게 합니다. 사무엘은 그곳에 '여기까지 도우신 하나님'을 기념하는 돌을 놓고 '에벤에셀의 하나님'을 기념합니다. 사무엘은 왕을 요구하는 이스라엘 백성에게 왕정이 좋은 제도가 아니라는 것을 설득합니다.8장 그의 예측은 다음 왕들에 의해 다 맞아 떨어지게 됩니다.

그들은 "…나를 버려 자기들의 왕이 되지 못하게"삼상 8:7 한다는 하나님에게 떼를 쓰다시피 하며 왕정의 뜻을 이룹니다. 우리는 여기서 또 한 번 인위人爲가 인간에게 멍에를 가져다주는 것임을 보게 됩니다.

사무엘은 마지막 사사로서 왕정 체제로 넘어 가는 과도기를 잘 마무리하고 명예롭게 은퇴하여 고향 라마에서 선지자 학교를 운영하며 지도자를 양성하면서 마지막까지 하나님 나라를 위해 헌신하였습니다.

12장은 사무엘의 감동적인 은퇴사를 보여 줍니다.삼상 12:1-5

그의 생애는 정말 복음송의 가사 같습니다. "내 인생 여정 끝내어 강 건너 언덕 이를 때 하늘 문 향해 말하리 예수 인도하셨네. 매일 발걸음마다 예수 인도하셨네 나의 무거운 죄짐을 모두 벗고 하는 말 예수 인도하셨네" 사무엘은 사람 앞에서나 하나님 앞에서나 한 점 부끄러움이 없는 삶을 살았습니다. 우리도 그런 은퇴사를 할 수 있는 삶을 살도록 해야 하겠지요.

□ 왕을 요구하는 이스라엘 백성 8:2-22

이스라엘 백성들은 밖으로는 새롭게 등장하는 신흥 부족인 블레셋과 동쪽으로부터 오는 암몬 족속의 위협에서 그들의 안보가 불안하다는 것을 느꼈을 것입니다. 안으로는 사사직을 이어 받을 사무엘의 아들들의 부정부패가 심각한 수준이었습니다.
이런 문제들의 해결은 주변 국가들처럼 왕정 제도에 있다고 생각했을 것입니다. 그런 왕정제도가 그들의 안보 문제를 해결해 주리라고 생각했던 것입니다. 이스라엘 백성들은 자신들도 주변 나라들처럼 왕이 있다면, 그 왕이 전쟁에서 이기게 해 줄 것이라고 생각합니다.

이스라엘 백성오늘날의 성도들도 마찬가지들은 하나님의 특별하신 선택에 의해 언약관계로 맺어진 백성들입니다. 하나님은 이스라엘 백성과 언약을 맺고 하나님 한 분만이 그들의 왕이시라는 사실을 알려 주었습니다. 그리고 많은 행하심으로 그들의 왕임을 직접 보여 주셨습니다.
특히 이스라엘이 싸워 이겼던 모든 싸움은 하나님이 직접 싸운 싸움임을 그들은 눈으로 보고 체험한 것입니다. 광야에서 아말렉과의 싸움에서 모세의 팔이 내려오면 지고 올라가면 이기는 싸움은 인간의 전술로는 이해가 되지 않는 싸움입니다. 여리고 성의 함락도 그렇습니다. 기드온이 300명의 군사로 밤중에 횃불과 항아리를 깨는 전법으로 미디안의 대군을 무찌른 싸움삿 7:20은 하나님이 싸우신 싸움임을 알 수 있습니다.
이런 일을 통해서 이스라엘 백성에게 하나님은 우리의 삶을 책임지시고 풍족하게 해 주시는 왕이시라는 신앙이 생기지 않았다는 사실은 참으로 슬픈 일입니다. 그들의 신앙은 가시적可視的인 것에 의존하는 신앙이기 때문입니다. 그들은 눈에 보이지는 않지만 한 분 하나님이 그들의 진정한 왕이요 주인Lord이시라는 사실을 알기를 원치 않았습니다. 그들은 눈에 보이는 왕을 원했고, 그 왕이 자기들의 문제를 해결해 줄 것이라고 믿었습니다. 인위人爲를 믿었다는 것이지요. 참으로 어리석은 일입니다. 하나님의 최선을 스스로 포기하고, 차선인 인간의 것들을 택합니다. 관점 2

모세는 신명기 17장 14-20절에서 먼 훗날 이스라엘 백성이 왕을 요구할 것을 이미 알고 왕의 자격 요건을 언급했습니다.

신 17:14-20 [14]네가 네 하나님 여호와께서 네게 주시는 땅에 이르러 그 땅을 차지하고 거주할 때에 만일 우리도 우리 주위의 모든 민족들 같이 우리 위에 왕을 세워야겠다는 생각이 나거든 [15]반드시 네 하나님 여호와께서 택하신 자를 네 위에 왕으로

세울 것이며 네 위에 왕을 세우려면 네 형제 중에서 한 사람을 할 것이요 네 형제 아
닌 타국인을 네 위에 세우지 말 것이며 16그는 병마를 많이 두지 말 것이요 병마를 많
이 얻으려고 그 백성을 애굽으로 돌아가게 하지 말 것이니 이는 여호와께서 너희에게
이르시기를 너희가 이 후에는 그 길로 다시 돌아가지 말 것이라 하셨음이며 17그에게
아내를 많이 두어 그의 마음이 미혹되게 하지 말 것이며 자기를 위하여 은금을 많이
쌓지 말 것이니라 18그가 왕위에 오르거든 이 율법서의 등사본을 레위 사람 제사장
앞에서 책에 기록하여 19평생에 자기 옆에 두고 읽어 그의 하나님 여호와 경외하기를
배우며 이 율법의 모든 말과 이 규례를 지켜 행할 것이라 20그리하면 그의 마음이 그
의 형제 위에 교만하지 아니하고 이 명령에서 떠나 좌로나 우로나 치우치지 아니하리
니 이스라엘 중에서 그와 그의 자손이 왕위에 있는 날이 장구하리라

이것은 사울 왕부터 시작해서 분열 왕국의 모든 왕을 평가할 때 기준이 됩니다.

율법을 받아 이스라엘 백성에게 읽어주는 모세 ⓒwikipedia

06 통일왕국 시대

통일왕국 시대 BC 1051-931

삼상9-31장 · 삼하1-24장 왕상1-11장 · 역대상 · 역대하1-9장 시편 · 잠언 · 전도서 · 아가

주요인물 • 사울 • 다윗 • 솔로몬 • 요압 • 아브넬 • 압살롬 • 골리앗 • 사독 • 밧세바 • 엔돌의 신접한 여인 • 나단 • 요나단 • 스바의 여왕

주요사건 • 다윗이 세 번 기름부음을 받음 ①베들레헴에서 사무엘에 의해 ②헤브론에서 두 지파에 의해 ③헤브론에서 열두 지파에 의해 • 다윗이 예루살렘을 점령함 • 예루살렘으로 언약궤를 운반해 옴 • 다윗이 언약을 받음 • 솔로몬이 성전을 건축함

1050 – 사울이 기름부음을 받음(삼상 10장)
1040 – 다윗이 태어남
1025 – 다윗이 기름부음을 받음(삼상 16장)
1020? – 다윗과 골리앗(삼상 17장)
1010 – 사울이 죽음(삼상 31장)
1010 – 다윗이 두 지파를 통치함(삼하 2:4)
1004 – 예루살렘을 수도로 정함(삼하 5:6)
1003 – 다윗이 온 이스라엘을 다스림(삼하 5:1)

BC 1000

991 – 다윗과 밧세바(삼하 11장)
979 – 압살롬이 반역함(삼하 15–18장)
970 – 다윗이 죽음(왕상 2장)
970 – 솔로몬이 치세함(왕상 1:39)
966 – 성전 건축을 시작함(왕상 6:1)
959 – 성전 건축이 완성됨(왕상 6:38)
931 – 솔로몬이 죽음(왕상 11:43)

900

사사 시대에 인간의 불순종으로 인해 하나님 나라신위가 이루어지는 신정 국가의 꿈은 접어야 했습니다. 이스라엘은 하나님의 뜻을 순종하기보다는 자기들의 뜻을 펴는 왕정 국가를 원했고, 하나님은 마지막 사사 사무엘을 통해 왕정 국가를 허용하고 사울을 왕으로 세웁니다. 사울은 하나님의 그릇이 될 수 없었고, 하나님은 다시 사무엘을 시켜 다윗을 왕으로 세웁니다. 다윗의 재임 기간 중에 많은 사건들이 일어납니다.BC 1010~970년 이 기간 중 법궤를 예루살렘으로 옮겨 왕국의 위상을 든든히 하면서 잘 나가던 다윗은 밧세바와의 간음 사건을 전환점으로 내리막길을 걷게 됩니다. 그 후 아들 압살롬의 반란으로 인해 도망자의 신세로까지 전락합니다. 다윗은 법궤를 옮기면서 감격이 넘쳤을 때나 도망자 신세가 되어 떠돌아다닐 때나 늘 하나님을 의지하고 찬양하는 마음은 변하지 않았습니다. 그래서 그는 많은 시편들을 남기게 되었습니다. 다윗은 또한 하나님의 성전 건축을 준비하며, 성전 조직을 강화하는 등 하나님에 대한 열정을 가지지만 전쟁으로 인한 많은 피 흘림과 범죄로 성전 건축의 특권이 솔로몬에게로 넘어갑니다. 솔로몬이 왕위를 계승하고 선정을 베푸는 초기 모습을 보이며, 잠언을 읽습니다. 하지만 솔로몬은 결국 많은 이방 아내들 때문에 이방 신전이 들어서고 과중한 세금 정책으로 인해 타락하면서 국운이 기울기 시작하며 결국 BC 931년에 남북 왕국으로 분열됩니다. 이런 처지를 생각하며 전도서와 아가서를 읽으십시오.

□ 2. 왕국의 첫 왕 사울 - 9~15장

◎ 사무엘상 9~16장 : 왕조의 시작, 사무엘의 은퇴, 사울 왕, 요나단

"사울 왕 납시오!"

하나님은 결국 왕정을 허락하셨습니다. 이스라엘의 왕정의 시작에 부정적인 견해와 긍정적인 견해가 있습니다. 부정적인 견해는 8장 7절에 "…나를 버려 자기들의 왕이 되지 못하게 하려 함이니라"라고 하나님이 거절하셨고 또한 사무엘도 8장 11-18절에서 왕정의 문제점들을 설명하며 왕정 제도가 좋지 않은 것이라고 설명합니다. 그러나 그들은 왕을 끈질기게 요구합니다.

긍정적인 견해는 하나님이 주도적으로 왕을 세우셨기 때문에 왕정을 긍정적인 것으로 보는 견해도 있습니다. 하나님께서 결국 왕정을 허락하셨지만 그 왕을 인간들이 임의로 세우는 왕이 아니요 하나님이 세우는 왕이란 점에서 이스라엘의 왕정은 세상 왕정과 다른 것입니다. 그 왕의 자격 요건은 신명기 17장 14-20절에 의거해야 합니다.

사울 왕의 경우, 왕을 세울 때 3가지 단계를 거쳐서 세우는 것을 볼 수 있습니다. 먼저 기름부음이 있습니다.[10:1] 그리고 미스바에서 모여서 왕 선출식을 거행합니다.[10:18-24] 그러나 그중에는 반대하는 자들도 있음을 봅니다. 그런 후에 신탁을 받고 하나님의 신의 감동을 받아 전쟁을 지휘함으로 자격 검정을 받습니다. 그러고는 그를 정식으로 왕으로 삼습니다.[11장] 그때 사울의 나이가 40세라고 했습니다.[13:1]
사무엘상 9장 2절에 사울은 준수한 용모를 갖추었고 키는 온 백성 중에 제일 큰 장사형의 인물로 소개합니다. 사울은 왕이 되어 신체적으로 장사답게 용맹을 떨쳐 왕이 된 후에 암몬과의 전투에서 첫 승리를 쟁취합니다.[11장] 그는 그 후에 많은 전과를 세우며 초기 이스라엘의 왕정 체제의 기초를 잘 세워 가는 듯했습니다. 그러나 사울은 아말렉과의 전투와 블레셋과의 전투에서 치명적인 실수를 세 번씩이나 저지릅니다. 그리고 그는 사무엘, 다윗 그리고 그의 가족들과의 관계가 망가지는 일들을 저지릅니다. 그는 일 중심의 성격을 가진 자인 것 같습니다. 그는 관계의 소중함을 중요시 하지 않는 인격을 소유한 것 같습니다.

그 실수가 어떤 것인가를 13~15장에 걸쳐 살펴보고 그 결과가 어떻게 나타나는가를 유의해 볼 필요가 있습니다. 그 실수는 단순 불순종이 아니라 반역에 해당되는 것으로 하나님의 마음이 떠나고, 하나님의 신이 떠나는 비극을 맞이합니다.

□ 사울 왕의 세 가지 실수를 통해서 보는 반역의 의미

- **실수 1** 삼상 13:8-9 - 사무엘 제사장 없이 제물을 드린 것
- **실수 2** 삼상 14장 - 금식령을 절제 없이 시행했다가 해제한 것
- **실수 3** 삼상 15장 - 진멸하라는 명령을 자기식으로 해석함

실수1과 3은 단순 불순종이 아님을 우리는 알 수 있습니다. 여기서 우리는 단순 불순종과 반역의 차이점을 살펴보겠습니다. 순종은 하나님의 뜻과 내 뜻이 상충될 때 내 뜻을 버리고 하나님의 뜻을 따르는 것이라고 했습니다. 불순종은 하나님이 명령하신 것을 고의로 회피하거나, 하나님께서 금하신 것을 범할 때 일어납니다. 불순종은 하나님의 말씀의 적용을 일시적으로 중단하는 것을 말합니다. 다윗의 밧세바 범죄는 이 경우에 해당합니다. 반역은 하나님의 말씀의 적용을 재평가하는 것으로 불순종보다 훨씬 악한 것입니다. 하나님의 말씀을 자의적으로 해석함으로 순종을 자의적으로 함을 뜻합니다. 사울의 반역은 여기에 해당되는 좋은 본보기입니다. 율법은 우리 생활의 영역을 가르는 경계선입니다. 불순종은 이 경계를 쳐부수고 뛰쳐나가는 것이고, 반역은 그 경계선의 정당성 또는 합법성을 재해석하는 것입니다. (서론 p70~72를 다시 복습하세요.)

반역된 삶의 모습은 이렇습니다.

① 계명을 재평가함으로 죄를 깨닫지 못합니다. ② 책망을 받을 때, 다른 사람을 비난함으로 자신의 과오를 전가시킵니다. ③ 자신과 다른 사람들 간의 대화 단절을 중시할 뿐 하나님과의 사이의 죄는 깨닫지 못합니다. ④ 하나님께 불순종한 사실보다는 개인적인 손실을 슬퍼합니다. 따라서 반역은 자기중심성의 극치를 보여 주는 것입니다. 사울은 결국 자기중심에서 벗어나지 못하고 '내가 복음식'으로 하나님을 섬기는 자의 대표 격이 되었음을 생각해 보세요. 이 실수에 대한 사무엘의 권면에 우리는 귀를 기울일 필요가 있습니다.
사울의 실수를 통해서 보는 하나님을 반역하는 4단계입니다. 하나님을 의지하지 아니하고 자기를 의지하면 1) 자기 자신에게 예민하게 반응하고 자기 생각을 찾는 단계 Self-Sensitiveness 2) 그 자신의 생각 등에 확신을 가지며 독단적이 되는 단계 Self-Assertiveness 3) 자기중심성이 확고해지며Self-Centeredness 4) 그 결과 자신은 망가지기 시작합니다.Self-destructiveness

📖 **삼상 15:22** 사무엘이 이르되 여호와께서 번제와 다른 제사를 그의 목소리를 청종하는 것을 좋아하심 같이 좋아하시겠나이까 순종이 제사보다 낫고 듣는 것이 숫양의 기름보다 나으니

📖 삼상 16:7 여호와께서 사무엘에게 이르시되 그의 용모와 키를 보지 말라 내가 이미 그를 버렸노라 내가 보는 것은 사람과 같지 아니하니 사람은 외모를 보거니와 나 여호와는 중심을 보느니라 하시더라

사울은 왜 이런 실수를 저지르고 있습니까? 그의 문제점은 순종이 부족했다는 것입니다. 하나님을 의지하지 아니하고神爲, 자기의 군대를 신뢰하는人爲 실수를 범한 것입니다. 이것은 분명 하나님 앞에서 죄를 범하는 것입니다. 그리고 그는 자신의 잘못을 철저하게 뉘우치고 회개하는 것이 아니라 자기 체면을 적당히 유지하면서 하는 회개임을 우리는 볼 수 있습니다.

이 점에서 사울은 다윗과 아주 다른 사람입니다.p.219 도표 참조 이런 예는 성경에서 많이 볼 수 있습니다. 아담이 자신의 문제를 해결하기 위해 하나님 앞에 나아가 회개하고 순종한 것이 아니라, 무화과 옷을 만들어 입음으로 스스로의 문제를 해결하려 한 것인데, 이 둘은 어떤 차이가 있을까요?
베드로와 가룟 유다가 같이 예수님을 배반했습니다. 그러나 그것을 처리하는 방법은 달랐고 그 결과는 서로 정반대로 나타났습니다. 가룟 유다는 자기가 해결하고자 한 결과가 자살로 나타납니다. 베드로는 회개합니다. 다윗은 문제 해결을 위하여 하나님을 의지하며 기도했음을 알 수 있습니다. 그 결과 많은 시편을 남기게 되었습니다.

칼뱅은 이렇게 말했습니다. "인간을 파멸에 이르게 하는 가장 분명한 요인이 인간이 자기 자신에게 복종하는 것이기 때문에, 유일하게 안전한 피난처란 주님이 인도하시는 곳이면 어디든지 그분을 따르는 것 외에 다른 생각이나 지혜를 갖지 않는 것이다. 그러므로 무엇보다 먼저 자신을 포기하고, 이후에는 우리의 마음의 모든 힘을 하나님 섬기는 일에 바쳐야 한다." 사울은 자기 고집을 따르는 통치자였고 그래서 하나님의 신이 떠나고 말았습니다.

☐ 사울의 회개가 진정한 회개가 아니었다면 진정한 회개란? - 회개의 철두철미성삼상 15:24-30

회개란 헬라어로 μετανοέω metanoeo라고 합니다. 이 말은 'μετα meta 달리'라는 뜻의 단어와 'νοέω noeo 생각하다'라는 단어의 합성어입니다. 히브리어로는 'שׁוּב shub 가는 길을 돌아간다'는 뜻입니다. 즉, 회개란 생각을 달리한다는 것입니다. 이전의 생각을 바꾼다는 것입니다. 감정이나 기분이나 느낌을 바꾼다는 것이 아닙니다.

믿음이란 지정의知情意의 복합체 즉, 믿음은 어떤 사실로서의 지식Knowledge, 그 사실의 옳고 그름을 판단하는 신념Belief, 그리고 그 신념을 실천으로 옮기는 것Trust의 복합체라면 회개는 우선 지식 체계가 바뀌고 그 지식을 판단하는 신념의 체제가 바뀌고, 그래서 그 신념 체제에 의한 행동 체제가 바뀌는 데까지 나아가야 하는 것입니다.

회개란 단순한 감상적 회심이 아니라 생각의 근본을 바꾸어 생각 자체를 이전과 다르게 하는 데까지 나아가는 것입니다. 사람의 가치관 전체가 바뀌는 것을 말합니다. 이를테면 우리는 '하나님은 나의 왕'이라는 찬송을 부를 때 하나님을 왕으로 여기면서 부르지요. 그런데 입술로는 그렇게 부르는데 내 생각과 가치관과 행동은 그분의 백성다운 모습으로 되어 있지 않다는데 우리의 갈등이 있지 않을까요?
'왕이신 하나님'을 찬송할 때 동시에 나는 '하나님의 백성이 된 나의 모습'을 돌아보면서 찬양을 불러야 한다는 것입니다. 우리는 회개가 단지 감정의 변화 정도로 생각하는 사람들을 많이 보게 됩니다. **회개는 가치 체계가 바뀌는 것입니다.**

□ 사울을 떠나는 여호와의 영삼상 16:14

구약의 성령은 하나님의 특수한 목적에 의해 특정한 사람에게 임했다가 그 임무가 끝나면 그 사람에게서 떠납니다. 신약에서의 성령은 예수님을 구주로 고백하며 받는 세례를 통해 모든 세례 받는 자가 다 같이 선물로 받습니다.행 2:38 그래서 세례를 받은 성도는 성령을 모시는 성전이 됩니다.고전 3:16 신약에서는 예수를 구주로 영접한 모든 성도에게 임하고 내주하십니다.

하나님의 마음은 사울에서 떠나 다윗에게로 옮겨갑니다. 성령이 떠난 사울은 악신에게 시달리게 됩니다.

◎ 시편 23편

시편 23은 정확히 언제, 어떤 계기로 쓰여졌는지 알려지지 않았습니다. 다만 다윗의 이 시를 사울의 고통받는 영혼을 위로하기 위해 부른 노래라고 추정합니다. 이 시는 모든 자에게 하나님이 우리에게 얼마나 큰 위로의 하나님이신가를 잘 보여 주는 감사의 시입니다.

시편 23편에서 자기 이름을 위해 의의 길로 인도하시는 하나님의 이름을 각 구절에서 찾아봅니다 엘머 L. 타운즈 "시편 23편의 기도" 쿰란 출판사 2006 p.90~91

- 여호와는 나의 목자시니 - 여호와 로이, **나의 보호자**
- 내가 부족함이 없으리로다 - 여호와 이레, **나의 공급자**
- 그가 나를 푸른 초장에 누이시며 - 여호와 아도나이, **나의 주**
- 쉴 만한 물가으로 인도하시는도다 - 여호와 샬롬, **나의 평화**
- 내 영혼을 소생시키시고 - 여호와 로피, **나의 치료자**
- 자기 이름을 위하여 의의 길로 인도하시는도다 - 여호와 치드케누, **나의 의**
- 내가 사망의 음침한 골짜리로 다닐지라도 - 여호와 삼마, **임재하시는 나의 하나님**
- 해를 두려워하지 않을 것은 주께서 나와 함께하심이라 - 여호와 체바오트, **나의 용사**
- 주의 지팡이와 막대기가 나를 안위하시나이다 - 여호와 엘 엘리온, **나의 변호자**
- 주께서 내 원수의 목전에서 내게 상을 베푸시고 - 여호와 닛시, **나의 깃발**
- 기름으로 내 머리에 바르셨으니 -여호와 메카데시, **나의 의**
- 내 잔이 넘치나이다 -여호아 엘 샤다이, **나의 양육자**
- 나의 평생에 선하심과 인자하심이 정녕 나를 따르리니 - 여호와 엘 엘로힘, **나의 보호자**
- 내가 여호와의 집에 영원히 거하리로다 - 여호와 엘 올람, **나의 영원**

여기서부터 정신 차려서 잘 따라가야 합니다. 시간을 따라가기 위해 각 권의 장과 절을 왔다 갔다 하면서 읽습니다. 듣기 CD를 함께 사용하면 도움이 될 것입니다. 역대기 상 중에서 사울과 관련되는 부분을 여기서 읽습니다.

시편 23편의 저자강의를 듣기를 원한다면 저자의 강의록인 "성경그리고 삶"(도서출판 에스라, 2018)을 읽고 첨부한 강의 CD에서 이 CD의 부분강의를 들어 보라.

20일

년 월 일

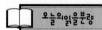

대상 9:35~10장
삼상 17~21장
시 59, 56, 34편
삼상 22장
시 52편
삼상 23장
시 63편
삼상 24장
시 57, 142편
시 54편
삼상 25장

28장 4절
"그러나 이스라엘 하나님 여호와께서 전에 나를 내 부친의 온 집에서 택하여 영원히 이스라엘 왕이 되게 하셨나니 곧 하나님이 유다 지파를 택하사 머리를 삼으시고 유다의 가문에서 내 부친의 집을 택하시고 내 부친의 아들들 중에서 나를 기뻐하사 온 이스라엘의 왕을 삼으셨느니라"

"왕조" (Dynasty)
역대상은 다윗의 영적, 군사적 업적을 보여 주면서 하나님이 어떻게 영원히 이어질 다윗 왕조를 건설하시는가를 보여 줍니다.

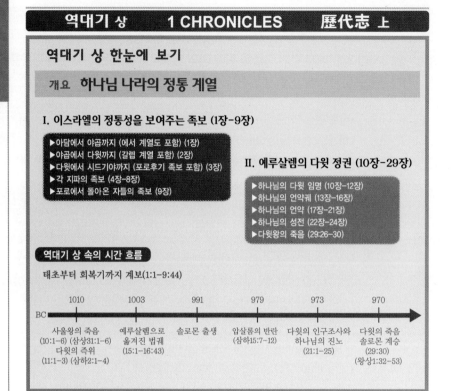

역대기 상 1 CHRONICLES 歷代志 上

역대기 상 한눈에 보기

개요 하나님 나라의 정통 계열

I. 이스라엘의 정통성을 보여주는 족보 (1장-9장)

- ▶아담에서 야곱까지 (에서 계열도 포함) (1장)
- ▶야곱에서 다윗까지 (갈렙 계열 포함) (2장)
- ▶다윗에서 시드기야까지 (포로후기 족보 포함) (3장)
- ▶각 지파의 족보 (4장-8장)
- ▶포로에서 돌아온 자들의 족보 (9장)

II. 예루살렘의 다윗 정권 (10장-29장)

- ▶하나님의 다윗 임명 (10장-12장)
- ▶하나님의 언약궤 (13장-16장)
- ▶하나님의 언약 (17장-21장)
- ▶하나님의 성전 (22장-24장)
- ▶다윗왕의 죽음 (29:26-30)

역대기 상 속의 시간 흐름

태초부터 회복기까지 계보(1:1-9:44)

BC 1010	1003	991	979	973	970
사울왕의 죽음 (10:1-6) (삼상31:1-6) 다윗의 즉위 (11:1-3) (삼하2:1-4)	예루살렘으로 옮겨진 법궤 (15:1-16:43)	솔로몬 출생	압살롬의 반란 (삼하15:7-12)	다윗의 인구조사와 하나님의 진노 (21:1-25)	다윗의 죽음 솔로몬 계승 (29:30) (왕상1:32-53)

역대기는 열왕기처럼 이스라엘의 역사를 기록하지만 열왕기는 남·북 왕국을 포함한 왕권을 중심으로 한 기록이고, 역대기는 남왕국 유다를 중심으로 하며 성전을 중심으로 한 역사를 기록하고 있습니다.
BC 586년 유다가 바벨론에 의해 망하고 70년의 포로 생활이 바사 왕 고레스의 칙령에 의해 끝나고 예루살렘으로 귀환했을 때 이스라엘의 모든 것은 황폐해 있었습니다.
역대기의 저자가 누구인지 정확히는 모르지만 포로에서 돌아온 제사장 출신 학사 에스라라고 추정합니다. 그는 이스라엘 백성의 정체성을 찾기 위해 연대기적 역사서가 필요했고 그래서 아담에서부터 시작하는 역사서를 기록합니다.
그러나 그 정통성이 남왕국 유다로 이어지기 때문에 남왕국의 역사만 포함시키고, 이스라엘이 하나님의 선민이라는 정체성을 확립하기 위해 왕권보다는 성전을 중심으로 하는 신앙 사관에 의해 기술한 역사서입니다. 제사장 사관/史觀 역대기의 강조점은 성전과 그 관련된 예배의 순수성, 예배의 규정과 질서, 우상적 예식

등과 관련해서 하나님의 영광을 높이는 데 그 초점이 맞추어져 있습니다. 역대기 상 전체 29장 중 족보 부분 9장을 빼고 11장부터 29장까지는 다윗에 관한 기록인데 주로 성전을 건축하려는 다윗의 열정을 중심으로 기록하고 있음을 볼 수 있습니다. 다윗은 사울의 비극적인 죽음이 있은 지 7년 동안 헤브론에 수도를 정합니다. 그러나 여부스족의 손에서 결코 빼앗아 본 적이 없는 예루살렘이 전략적으로 중요하다는 것을 알고 있었습니다. 그래서 훌륭한 전략으로 그 성을 정복하고, 도중에 불운한 일들이 있긴 했지만, 결국에는 언약궤를 그 성으로 가져오는 기쁨을 맛봅니다.

그는 성막을 영구히 대신할 수 있는 전을 건축할 것을 계획하며, 선지자 나단에게 그 건물을 위한 완전한 준비를 갖추도록 격려합니다. 하지만 다윗은 그 역사를 시행하는 특권은 그의 아들인 평강의 사람에게 주어질 것이라는 경고를 받습니다. 여호와께서는 그분의 왕조가 영구히 지속될 것이라고 약속하십니다. 그리고 레위 지파를 재정비하여 제사장 제도를 더욱 공고히 하는 것,23-24장 성전 예배를 위한 찬양대 정비25-26장 등 성전과 관련된 다윗의 업적을 기록하고 있습니다. 이런 부분은 사무엘서나 열왕기에는 기록되지 않은 부분들입니다. 역대기 저자는 레위 사람들, 제사장들, 문지기들, 군대의 분대들 등의 목록을 열거합니다.

다윗은 이제 그의 후계자로 지명된 아들 솔로몬에게 그의 모든 힘과, 마음과 뜻을 다해서 온전히 하나님을 따르도록 감동적인 권면을 하며, 온 나라에게도 그와 똑같이 할 것을 부탁합니다. 오늘날까지도 사용되는 장려한 기도로 솔로몬은 왕으로 엄숙하게 선포되고, 목자이고 훌륭한 신하이며 왕이고 죄인이며 하나님의 사람이었던 다윗의 일생은 이 땅에서 종말을 고합니다.대상 23:1-29:30
역대기 상은 전체 29장, 942절로 구성되며, 신약에서 23번 직접·간접으로 인용되었습니다.

☐ 역대기의 4가지 특징

Peter Kreeft *You Can Understand the Bible* Ignatius 2005 p.60~61 참조

1) 사무엘서나 열왕기보다 심판성이 더 강한 책입니다. 따라서 신성이 인간적 측면보다 강한 책입니다.

2) 역대기는 선지자적 관점에서 기록한 책이라기보다는 제사장 관점에서 쓴 책입니다. 그래서 성전 건축에 관해서 지나칠 정도로 자세히 기록하고 있습니다. 또 왕의 선함과 악함의 기준이 레위기적

제사법에 기준하여 성전 예배를 함양하는가, 무시하는가, 방해하는가가 그 판단 기준이 됨을 보여 줍니다.

3) 첫 아홉 장은 사울 왕까지 내려오는 이스라엘 민족의 정체성을 규명하는 족보로 구성되어 있습니다.

4) 다윗과 솔로몬을 주로 부각시키며, 악한 왕보다는 선한 왕을 더 부각시킵니다. 역대기는 분열 왕조 역사에서 오직 남왕국의 정통성만 인정하여 남 왕조의 역사만 기록합니다.

□ 역대기의 현대적 의미 Peter Kreeft *You Can Understand the Bible* Ignatius 2005 p.62

1) 현대인은 성경이 하나님의 영감에 의해 쓰여졌다는 사실에 대한 의구심 때문에 역대기의 의미에 중요성을 두지 않는 경향이 있습니다. 현실감이 없다고 생각합니다. 그래서 현실감이 있는 사무엘서나 열왕기를 더 선호합니다.

2) 현대인은 제사장적 영성보다는 선지자적 영성을 더 선호하는 경향이 있습니다. 선지자적 영성은 윤리 도덕 같은 현실적인 것을 강조하는 반면에 제사장적 영성은 제사예배와 의식적인 것을 더 강조합니다. 선지자적 영성은 수평적인 관계인 인간 상호 관계에 중점을 두며, 제사장적 영성은 수직적인 관계인 하나님과의 관계에 더 중점을 둡니다. 현대인들은 초자연적인 것들조차도 자연적 도덕성으로 이해하려고 시도합니다. 세상 모든 종교가 윤리·도덕적인 면에서는 서로 유사한 교리를 가질 수 있지만, 신神과의 관계에서는 확연히 다릅니다. 현대인은 성전을 짓는 것보다 우리 집 짓기를 더 좋아합니다.

3) 현대인이 역대기를 싫어하는 또 다른 이유는 족보입니다. 그것은 족보의 중요성을 모르기 때문입니다. 역대기의 족보는 유다지파에 초점이 맞추어져 있습니다. 그 계열에서 메시야가 나오기 때문입니다.창 49:10 이 족보의 끝은 마태복음의 족보로 이어집니다. 그 족보의 끝은 바로 예수님입니다. 구약의 족보는 신약에서 완성됩니다.

4) 현대인이 역대기에 흥미를 느끼지 못하는 또 다른 이유는 역대기의 역사를 하나님이 하나님 나라를 세우는회복하는 과정을 기록하는

것이라는 관점에서 읽지 않고 단순히 이스라엘의 역사라는 관점에서 읽으려 하기 때문입니다. 남의 나라의 역사라고 생각하면 흥미가 없는 법입니다.

알아두기

아래 부분은 사무엘서의 사울 기사와 중복되는 부분입니다. 역대상 1장에서 9장까지는 아담부터 시작하여 사울까지의 역사를 족보로 처리합니다. 그중 사울의 족보 부분을 여기서 읽고 사울의 몰락 기사를 읽습니다. 역대기는 사무엘서와 열왕기와 많은 부분이 중복됩니다. 그 중복 부분을 사무엘서와 열왕기의 읽기 순서에 포함해서 같이 읽습니다.

◎ 역대상 9:35-44 : 사울의 족보를 보여 줍니다

◎ 역대상 10장 : 사울의 최후를 기록합니다

□ 3. 왕국의 두 번째 왕 다윗 - 사무엘상 17~31장

◎ 사무엘상 17~19:17 : 다윗의 등장과 사울의 쇠퇴

사울은 자기중심성에 빠진 실수로 결국 왕권을 잃어버리게 되며, 하나님은 사무엘을 통하여 이새의 막내아들 다윗을 왕으로 기름붓게 합니다. 그러나 아직은 사울이 왕으로 재임하고 있는 기간입니다.

소년 다윗은 사울이 싸우는 블레셋과의 전투에서 블레셋의 거구의 장군인 골리앗 때문에 고전을 면치 못하자 이방인의 장군이 하나님의 군사를 욕보인다는 것은 하나님을 능멸하는 것이라며 분노한 소년 다윗이 분연히 이 전투에 참가하여 골리앗과 맞섭니다. 사울은 자신의 군장을 주지만 그 군장이 다윗의 몸에 맞지 않고 또 하나님의 이름으로 나아가는 자에게 인간의 군장이 필요없다는 믿음을 가진 소년 다윗은 그가 평소에 양을 칠 때 양을 보호하기 위해 사용한 물매와 돌 몇 개를 가지고 나아가 자기보다 훨씬 큰 적장 골리앗을 단숨에 물리칩니다.

삼상 17:45-47 45다윗이 블레셋 사람에게 이르되 너는 칼과 창과 단창으로 내게
나아오거니와 나는 만군의 여호와의 이름 곧 네가 모욕하는 이스라엘 군대의 하나님
의 이름으로 네게 나아가노라 46오늘 여호와께서 너를 내 손에 넘기시리니 내가 너를
쳐서 네 목을 베고 블레셋 군대의 시체를 오늘 공중의 새와 땅의 들짐승에게 주어 온
땅으로 이스라엘에 하나님이 계신 줄 알게 하겠고 47또 **여호와의 구원하심이 칼과
창에 있지 아니함을 이 무리에게 알게 하리라 전쟁은 여호와께 속한 것인즉 그가
너희를 우리 손에 넘기시리라** (굵은 글씨 필자 강조)

알아두기

블레셋 족속
("The Philistines")

BC 13세기 마지막 무렵에 에게 해안으로부터 가나안으로 이주해 온 해양 민족으로서 이미 철기 문화를 소유한 강한 민족이었다.

아직 청동기 문화기에 있는 이스라엘에게는 강력한 대적으로 부상하며 이스라엘을 위협하기 시작한다. 사무엘 시대에 이미 가나안 해안을 따라 도시국가 연맹을 만들고 있었다. 이들의 부상과 동쪽의 암몬 족속의 위협은 이스라엘에 왕정이 도입되는 계기가 되었으며, 사울과 다윗 시대에 이스라엘의 큰 대적이 되었다. 이 블레셋 족속은 결국 이 지역의 이름을 팔레스타인이라고 바꿀 만큼 막강한 영향력을 가졌다.

오늘날 팔레스타인으로 이어지고 있다.

이 승리로 다윗의 인기는 사울보다 올라갑니다. 이 일로 사울은 더욱 다윗을 질투하고 경계하며 결국 그를 제거하기로 작정합니다.
다윗은 사울을 피해 도망 다니는 신세가 됩니다.
그러나 다윗은 하나님을 원망하지 않고 더욱 의지하는 신앙의 모습을 갖습니다. 이런 역경은 다윗으로 하여금 더욱 하나님을 의지하게 하고 믿음을 성숙하게 하며 위대한 왕이 될 수 있는 소양을 키우는 역할을 합니다.

사무엘상 19장에서 31장까지는 사울의 다윗 제거 음모를 피해 도망 다니는 다윗과 그를 돕는 사울의 아들 요나단의 따뜻한 우정, 그리고 하나님의 신이 떠나고 악신에 시달리는 사울의 말년과 그의 죽음에 관해 기술합니다.

◎ 사무엘상 19:18~21장 : 도망자 신세가 되는 다윗 지도 참조

도망자 다윗은 어떻게 하나님을 의지했고 하나님은 그를 어떻게 보호해 주셨는가를 그 시간적 배경으로 연관된 시편을 읽으세요. 그런 역경 속에서도 하나님만을 의지했던 다윗의 신앙을 묵상하면서 읽읍시다. 지도를 참조하면서 읽으면 더욱 현장감이 있는 읽기가 될 것입니다.

지도 : 다윗의 도피 생활(21, 22장)

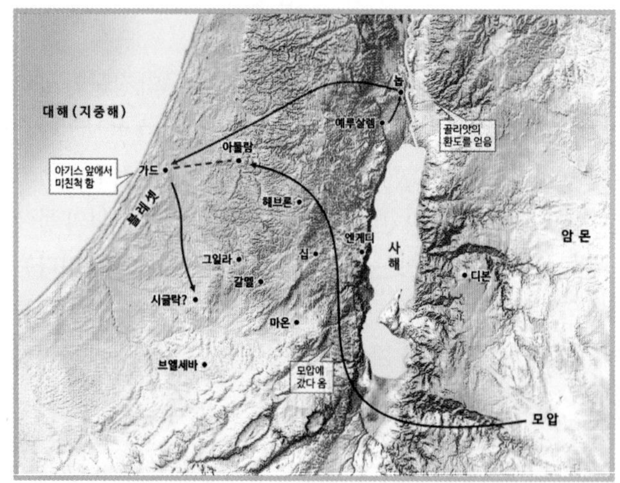

알아두기

시편은 독자적으로 읽지 않고 그 시대의 저자의 활동과 관련해서 재분류해서 읽습니다. 거의 모든 시편들을 역사적 문맥Historical Context에 정확하게 연결시킬 수는 없습니다. 시편들은 예배에 쓰기 위해 쓴 것들이기 때문입니다. 그러나 그 저자의 시대와 내용을 중심으로 역사적 사건에 연결시켜 읽기를 시도합니다. 시편에 대한 소개는 p.233에 있습니다.

◎ **시편 59편:** 사울이 다윗을 죽이려고 하여 다윗은 도망 다니며 시편 59편을 썼습니다.

◎ **시편 56, 34편:** 56편에서 도망자 다윗의 처량한 심정에 동참하십시오.
34편에서 아비멜렉 앞에서 살아남으려고 미친척하다 쫓겨난 다윗이 하나님을 찬양하고 있습니다.

◎ **사무엘상 22**

◎ **시편 52편:** 삼상 22장의 사건을 기억하면서 이 시편을 읽으세요.

◎ **사무엘상 23장 :** 다윗이 그일라를 구원하다.p.218 지도 참조

◎ **시편 63편 :** 하나님의 사랑은 생명보다 더 소중하다고 읊은 시

◎ **사무엘상 24장 :** 다윗이 사울을 살려 줍니다.p.219 지도 참조

◎ **시편 57, 142편 :** 57, 142편은 다윗이 사울을 피하여 동굴로 도망했을 때 지은 시

◎ **시편 54편 :** 다윗이 숨은 사실을 사울에게 밀고한 것을 읊은 시

◎ **사무엘상 25장 :** 사무엘의 죽음과 다윗과 아비가일 이야기

지도 : 다윗의 도피 생활(25-27장)

지도 : 사울을 살려 준 다윗(26장)

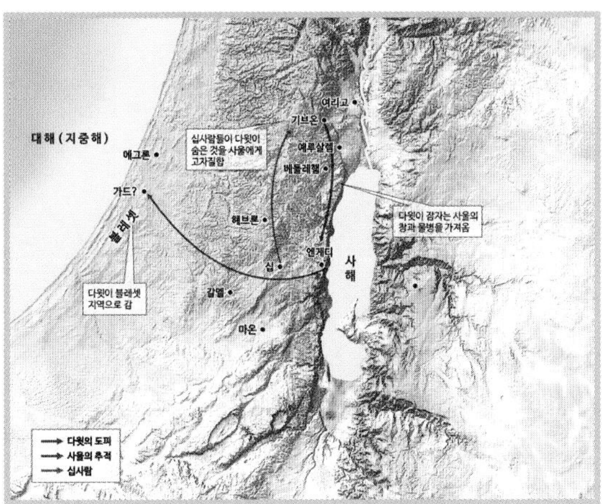

□ 다윗의 삶과 사울의 삶을 아래 도표로 대조해 보세요

다윗의 삶은…	사울의 삶은…
■ 하나님의 마음에 든 왕	■ 사람의 마음에 든 왕
■ 하나님의 뜻을 추구함	■ 사람의 칭송을 추구함
■ 영원한 왕권을 약속받음	■ 왕권이 하나님에 의해 거부됨
■ 친절하고 인정이 많았음	■ 잔인했음
■ 용서를 베풀었음	■ 용서할 줄 모름
■ 잘못을 알았을 때, 회개했음	■ 잘못을 알았을 때, 거짓말했음
■ 용감했음	■ 두려워했음
■ 하나님과 화평한 관계를 이루었음	■ 하나님께로부터 떨어져 나갔음

21일

년 월 일

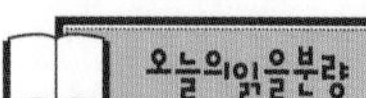

삼상 26~31장
삼하 1장
시 18편
삼하 2~7장

◎ **사무엘상 26~30장 :** 28장에서 다급해진 사울이 신접한 자[무당]를 찾아가 사무엘과 영적으로 접촉하려고 시도하고 있음을 봅니다. 사울에게 인간의 절망이 하나님의 시작이라는 믿음이 없었습니다. 그 절망이 오기 전에 하나님을 의뢰하면 더욱 좋겠지만 절망이 왔을 때도 비록 눈에 보이지 않는다 해도 그 하나님을 의지해야 하는 것입니다. 아래의 지도들을 참조하면서 현장감을 가지고 읽으세요.

◎ **사무엘상 31장 :** 사울의 종말이 어떻게 처참한가를 보세요. 왜 그렇게 죽어야 했을까요? 하나님 없는 사람의 죽음이기 때문입니다.

지도 : 다윗이 아말렉에게 보복함(30장)

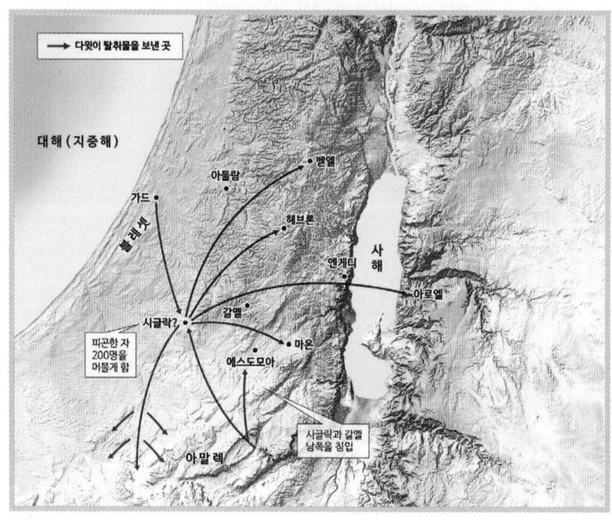

지도 : 사울의 마지막 전투(29장, 31장)

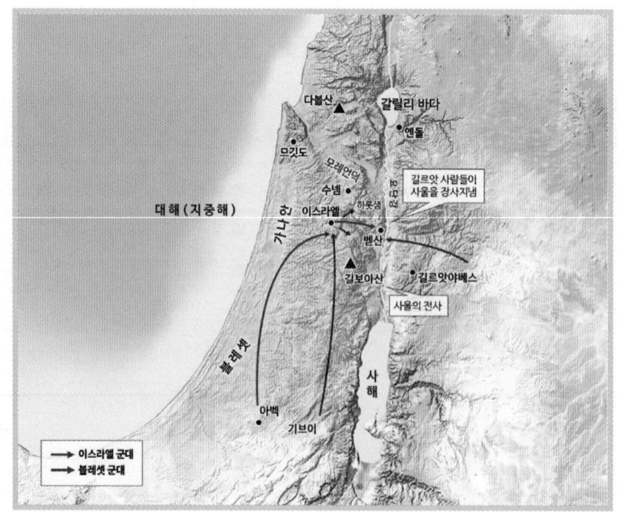

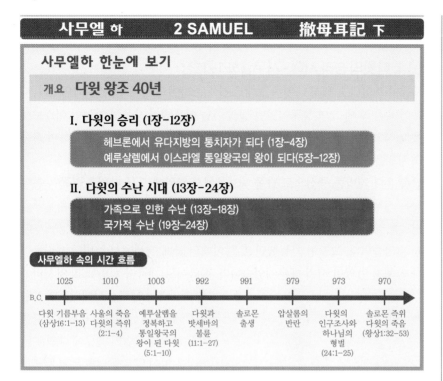

사무엘 하 2 SAMUEL 撒母耳記 下

사무엘하 한눈에 보기

개요 다윗 왕조 40년

I. 다윗의 승리 (1장-12장)

- 헤브론에서 유다지방의 통치자가 되다 (1장-4장)
- 예루살렘에서 이스라엘 통일왕국의 왕이 되다(5장-12장)

II. 다윗의 수난 시대 (13장-24장)

- 가족으로 인한 수난 (13장-18장)
- 국가적 수난 (19장-24장)

사무엘하 속의 시간 흐름

B.C.	1025	1010	1003	992	991	979	973	970
	다윗 기름부음 (삼상16:1-13)	사울의 죽음 다윗의 즉위 (2:1-4)	예루살렘을 정복하고 통일왕국의 왕이 된 다윗 (5:1-10)	다윗과 밧세바의 불륜 (11:1-27)	솔로몬 출생	압살롬의 반란	다윗의 인구조사와 하나님의 형벌 (24:1-25)	솔로몬 즉위 다윗의 죽음 (왕상1:32-53)

7장 16절
"네 집과 네 나라가 내 앞에서 영원히 보전되고 네 왕위가 영원히 견고하리라 하셨다 하라"

"다윗" (David)
다윗의 이름이 200번 이상이나 나오듯 사무엘하는 다윗에 관한 책임을 알 수 있습니다.

사무엘하에서는 다윗의 왕권에 대해 기록합니다. 다윗은 BC 1010년에 왕으로 즉위하여 40년 간 통치합니다. 유다에 대한 그의 통치는 헤브론에서 시작되며 곧이어 이스라엘 북쪽 지파들에게까지 확장됩니다. 그는 예루살렘을 점령하며 거기서 사울로 인해 분열되었던 이스라엘을 다시 통일하고 온 이스라엘의 왕으로서 다스립니다. 그리고 하나님의 언약궤가 예루살렘에 입성합니다. 다윗이 기뻐 춤을 추고, 그의 처 미갈은 비웃음을 짓습니다. 그 다음에 이 책에서는 다윗과 맺은 하나님의 언약, 그의 실패와 밧세바를 간음한 죄, 담대히 예언하는 나단 선지자와 제사장 사독이 등장합니다. 그러나 밧세바와의 범죄 후 다윗은 수난 시대를 맞이하게 됩니다. 그의 아들 압살롬의 반역이 가져다준 비통함, 그리고 그가 예루살렘에서 평안히 생을 마감하기 위해 돌아오는 것 등을 기록합니다. 이 책은 40년 간의 기간을 다룹니다.BC 약 1010~970년 이 기간 다윗을 통해 시편 중에 가장 아름다운 시들이 써집니다. 또한 사무엘하는 가난하고 소외당한 자, 그리고 장애 불구자들에 대한 하나님의 따뜻하고 감동적인 이야기도 다윗과 므비보셋의 관계를 통해 들려주고 있습니다.

사무엘하는 전체 24장, 695절로 되어 있고, 신약에서 26번 정도 직접·간접으로 인용되고 있습니다.

"다윗 왕 납시오!"

1. 다윗의 승리 시대 - 사무엘하 1~12장

사울이 죽었다고 해서 다윗이 그대로 전 이스라엘의 왕이 된 것은 아닙니다. 사울이 죽은 후에 그의 장군이었던 넬의 아들 아브넬이 사울의 아들인 이스보셋을 데리고 요단강 동쪽에 있는 마하나임으로 가서 북쪽 지역을 통치하며 사울의 왕권을 잇게 했습니다.삼하 1-2장

남쪽 유다 지방을 중심으로 남쪽 헤브론에서 왕위에 오른 다윗은 북쪽을 통일하는 전쟁을 일으키고 왕국을 통일합니다. 나아가서 다윗은 고대의 왕들처럼 영토를 넓히는 전쟁을 계속 수행 했고 그 결과 다윗 시대의 이스라엘 영토가 가장 넓었습니다. 그것이 가능했던 것은 이때의 국제 정세에서 주변의 세력들이 다 약해져 있었던 시기 때문이었습니다. 힛타이트 제국이 멸망했고, 앗시리아가 그 세력이 약해진 상태였으며 21왕조의 애굽도 그 세력이 이곳까지 뻗치지 못한 형편이었기 때문에 다윗은 큰 어려움 없이 영토를 넓혀 통일 왕국의 번성기를 만들었습니다.

지도 : 지도로 보는 다윗의 생애

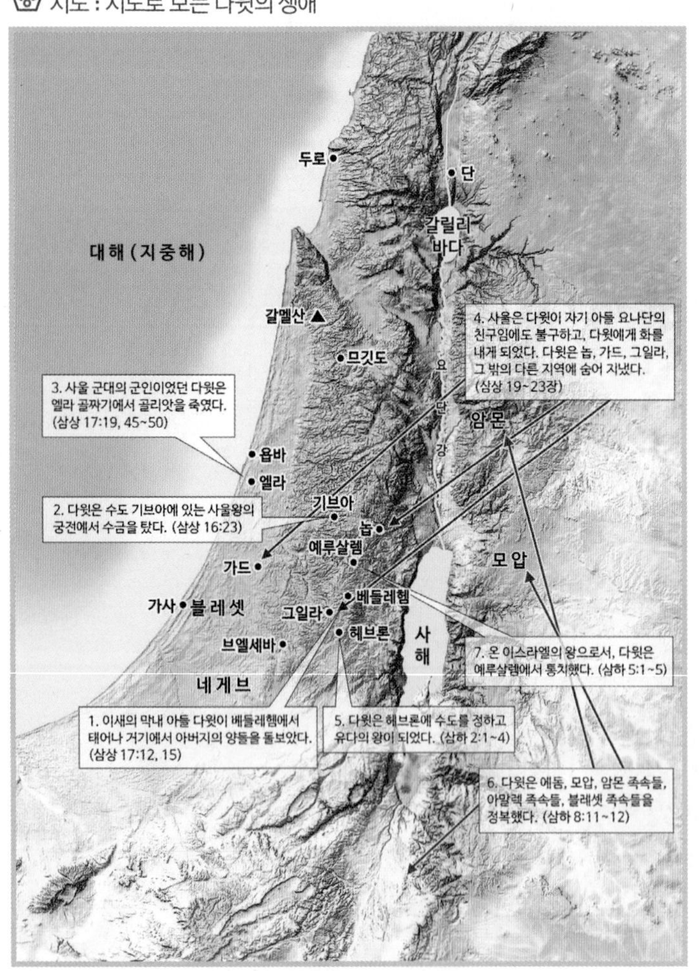
두로
단
갈릴리 바다
대해 (지중해)
갈멜산
므깃도
요단강
4. 사울은 다윗이 자기 아들 요나단의 친구임에도 불구하고, 다윗에게 화를 내게 되었다. 다윗은 놉, 가드, 그일라, 그 밖의 다른 지역에 숨어 지냈다. (삼상 19~23장)
3. 사울 군대의 군인이었던 다윗은 엘라 골짜기에서 골리앗을 죽였다. (삼상 17:19, 45~50)
암몬
욥바
엘라
기브아
2. 다윗은 수도 기브아에 있는 사울왕의 궁전에서 수금을 탔다. (삼상 16:23)
놉
예루살렘
가드
모압
가사
블레셋
베들레헴
그일라
헤브론
사해
브엘세바
네게브
7. 온 이스라엘의 왕으로서, 다윗은 예루살렘에서 통치했다. (삼하 5:1~5)
1. 이새의 막내 아들 다윗이 베들레헴에서 태어나 거기에서 아버지의 양들을 돌보았다. (삼상 17:12, 15)
5. 다윗은 헤브론에 수도를 정하고 유다의 왕이 되었다. (삼하 2:1~4)
6. 다윗은 에돔, 모압, 암몬 족속들, 아말렉 족속들, 블레셋 족속들을 정복했다. (삼하 8:11~12)

이스라엘을 대적하던 블레셋, 암몬, 모압 그리고 에돔을 다 정복한 것입니다.삼하 8장~12장 이 모든 전쟁에서 하나님은 다윗과 함께하셨고 다윗은 그 하나님을 의지했습니다.

삼하 5:10 만군의 하나님 여호와께서 함께 계시니 다윗이 점점 강성하여 가니라

국내 정치에 있어서도 그는 통일 왕국의 면모를 갖추기 위해 여부스 족속이 살고 있는 철옹성 같은 예루살렘을 점령하고 7년 6개월을 통치하던 수도 헤브론을 이곳 예루살렘으로 옮겨 와서 여기서 33년 동안 이스라엘과 유다 즉 통일 왕국을 다스리게 됩니다. 이 예루살렘은 북쪽 지파와 남쪽 지파가 화

합을 할 수 있는 위치입니다. 거기로 법궤를 옮겨와서삼하 6장 이스라엘의 신앙의 중심지로 삼고 이스라엘을 영적으로도 통일하는 과업을 달성합니다. 신명기가 강조한 땅공간의 중요성을 말해 주는 것입니다. 법궤가 예루살렘으로 옮겨 와서 안치되고, 하나님은 다윗과 언약을 맺습니다.7장 성전을 짓고자 하지만 하나님은 다윗이 전쟁으로 너무 많은 피를 흘렸기 때문에 그 과업을 아들에게로 넘겼으며 다윗은 그것을 겸손히 받을 뿐만 아니라, 솔로몬이 성전을 건축할 수 있도록 많은 준비를 해 두는 열정을 보여 줍니다.

◎ 사무엘하 1장 : 사울과 요나단의 죽음을 애도하는 다윗

◎ 시편 18편 : 하나님이 다윗을 사울과 모든 다른 원수의 손에서 건져 주었을 때 다윗은 이 노래로 주님께 감사하며 고백하였습니다.제왕시

◎ 사무엘하 2~4장 : 이스라엘과 유다의 갈등

남 왕조와 북 왕조유다와 이스라엘의 분열 조짐은 이미 존재하고 있었습니다. 다윗 군사와 사울의 아들 이스보셋의 싸움은 단순히 사울 가문과 다윗 가문의 싸움으로 끝나는 것이 아니라 베냐민 지파와 유다 지파의 싸움이고 그 감정의 골은 유다와 이스라엘의 싸움이 되고 결국 솔로몬 이후 북 왕조 이스라엘과 남 왕조 유다로 나누어지는 계기가 됩니다. 다윗은 이런 조짐을 차단하며 그들을 지리적으로 그리고 신앙적으로 통일하기 위해 예루살렘을 탈환하여 수도로 정하고 법궤를 옮깁니다. 다윗은 첫 7년 6개월을 헤브론에서 오직 유다 지파만 통치했습니다.

지도 : 다윗과 이스보셋의 대립(2:10~4:3)

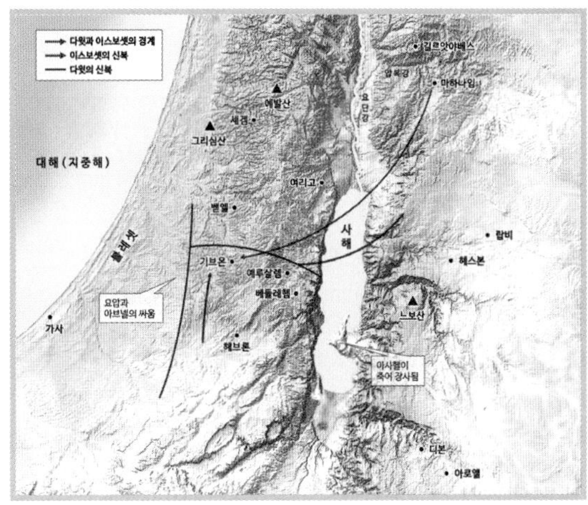

◎ 사무엘하 5~7장 : 다윗의 통일 왕국과 하나님과의 언약

□ 다윗은 예루살렘을 수도로 정하고 법궤를 옮겨 옵니다6장

다윗이 예루살렘에서 여부스 족속을 몰아내고 점령함으로 땅의 정복을 계속할 뿐만 아니라, 법궤를 기럇여아림으로부터 옮겨 옴으로 사울의 장군 넬의 아들이 사울의 아들 이스보셋을 앞세워 북쪽 열 지파를 계속해서 통치하는 것삼하 2:8-10을 종식시키고 나라를 통일시키는 데 중요한 역할을 합니다. 법궤는 하나님의 임재를 상징하며 그의 축복을 상징합니다. 법궤는 이스라엘 공동체 신앙의 중심입니다. 법궤가 있는 성막이 생활의 중심지이며 그것이 바로 국가 통일성을

알아두기

법궤를 지키려고 그것을 잡은 웃사는 왜 죽었는가?

인간의 입장에서 법궤가 수레에서 떨어지는 비상 상황에서 손으로 잡아야 법궤를 보호할 수 있다. 그럼에도 하나님은 웃사를 현장에서 죽게 했다. 인간적 안목에서 도저히 이해할 수 없는 대목이다. 그러나 이것은 하나님의 영광과 관련된 부분이다.

법궤는 하나님이 임재하는 곳이며, 그래서 하나님은 "성물을 만지지 말지니 죽을까 하노라"민4:15라고 하셨다.

하나님의 영광이 인간의 도움을 받을 필요가 없다. 하나님의 일에 사람이 자기 생각의 능력과 생각을 앞세우는 것이 아니라 먼저 하나님의 뜻을 헤아리고 하나님의 뜻 말씀대로 행해야 하는 것이다. 엡6:4

또 율법에 의하면출25:10-22 법궤는 궤에 메어 어깨로 옮겨야 함에도 이 규례를 어기고 인간의편리대로 수레에 실어 옮기는 우를 범했다.

제공하는 역할을 합니다. 신명기 12장 10~14절은 바로 성막이 있는 곳땅의 중요성을 강조합니다. 구약 시대 이스라엘 사람들은 예루살렘 혹은 성전 가까이 가는 것은 하나님께 가까이 다가간다는 의미로 받아들였습니다. 이방인이란 바로 '곳'이스라엘의 진영으로부터 멀리 떨어져 있기 때문에 하나님과 떨어진 자로 간주하는 것입니다.

다음 구절을 참조하세요. 사 49:1, 57:19, 행 2:39, 엡 2:17. 다윗이 법궤가 예루살렘으로 오는 것을 기뻐한 이유는 하나님의 임재가 함께하게 됨으로 예루살렘이 명실공히 전 이스라엘 지파의 중심이 되었기 때문입니다.

□ 하나님은 다윗과 언약을 맺습니다삼하 7:13, 23:5

법궤가 예루살렘으로 돌아오게 됨으로써 다윗은 하나님을 모실 영원한 성전을 짓기를 원하지만 하나님은 그 과업을 솔로몬에게로 넘기고 그 대신 영원한 성전이신 메시야 예수님이 그의 가문에서 온다는 것을 약속을 합니다. 성경에는 여러 개의 언약이 나옵니다.다음 도표는 대표적인 것을 요약했습니다. 그 언약의 핵심은 동일합니다. 그것은 바로 하나님 나라의 회복을 위한 하나님의 약속입니다.

언약의 명칭	무슨 내용인가?
에덴 언약	여인의 후손이 뱀의 후손을 이길 것임 (창 3:15-16)
노아 언약	인류를 다시는 홍수로 멸하지 않을 것임 (창 9:8-11)
아브라함 언약	아브라함의 후손이 장차 큰 민족을 이룰 것임 (창 15:12-21)
시내산 언약	이스라엘은 세계를 위한 제사장 나라가 될 것임 (출 19:5-6)
제사장 언약	아론의 후손들이 영원히 제사장직을 수행할 것임 (민 25:10-13)
다윗 언약	다윗의 집과 보좌가 영원토록 굳게 설 것임 (삼하 7:13, 23:5)
새 언약	구원은 오직 그리스도를 통해서만 가능함 (히 8:6-12)

이 언약들이 점진적으로 발전하면서 구체화되어 가고 있음을 볼 수 있습니다. 다윗 언약은 바로 그 하나님 나라를 회복하시면서 그 나라로 임하시는 메시야의 오심을 직접 약속해 주시는 것입니다. 다음 도표는 그것을 잘 설명해 주고 있습니다.

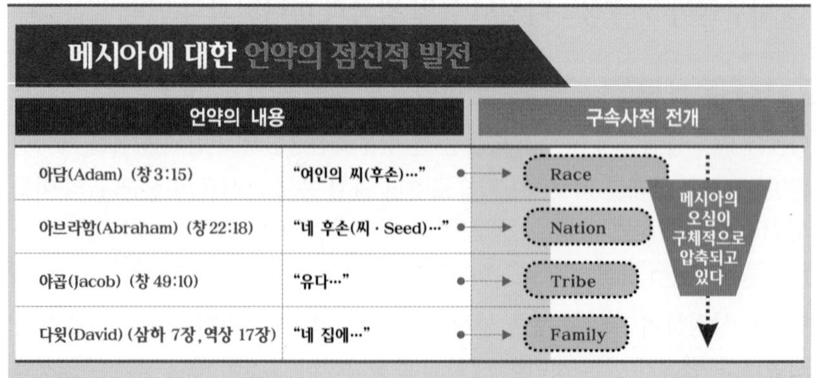

메시아에 대한 언약의 점진적 발전
언약의 내용
구속사적 전개
아담(Adam) (창 3:15)
"여인의 씨(후손)…"
Race
아브라함(Abraham) (창 22:18)
"네 후손(씨 · Seed)…"
Nation
야곱(Jacob) (창 49:10)
"유다…"
Tribe
다윗(David) (삼하 7장, 역상 17장)
"네 집에…"
Family
메시아의 오심이 구체적으로 압축되고 있다

아브라함의 언약에서는 여인의 후손이 뱀을 이긴다는 하나님의 약속을 아브라함의 후손으로 압축시키며 발전시킵니다. 야곱의 12지파로 좁아 든 이스라엘 백성을 시내산 언약에서 제사장 나라로 택함받으면서 다시 구체화됩니다. 이제 그것은 다윗의 가문으로 좁혀들었고 이제 곧 약속의 최종적 실천인 메시야를 대망하게 되는 것입니다. 이 다윗 언약은 1000년 후에 마태복음 1장 1절 "아브라함과 다윗의 자손 예수 그리스도의 계보라"에서 이루어지며 모든 구약 언약이 완성됩니다. 이 말씀은 바로 예수 그리스도는 하나님이 주신 아브라함의 언약과 다윗의 언약의 성취이자 선언이고, 구약의 모든 족보의 완성이라는 선언입니다. 구약에는 많은 족보가 나옵니다. 그 족보는 그 족보 끝에 나오는 인물의 중요성을 보여 주기 위함인데 그 구약의 모든 족보는 예수 그리스도에서 완성됩니다. 그래서 신약에서 예수님의 족보로 끝납니다.

◎ **역대상 11~15장 :** 다윗의 군대와 법궤가 돌아오는 것을 기록하고 있습니다. 이 부분은 삼하 1~8장의 중복되는 부분입니다.

◎ 시편 8, 19, 29, 65, 68, 103, 108, 138편

이 시편들은 바로 다윗이 법궤를 예루살렘으로 옮겨 오게 됨으로 인한 감격과 기쁨이 넘쳐 전능하신 여호와 하나님을 찬송하는 시들이라고 판단되어 이 법궤 이전의 문맥에서 읽도록 합니다. 이 시편들을 그런 문맥에서 읽음으로 다윗의 감격을 맛보고 우리도 그런 감격의 예배를 하나님께 드릴 수 있게 되기를 바랍니다.

오늘의 읽을 분량

대상 11~15장
시 8, 19, 29, 65, 68, 103, 108, 138편
대상 16장

- **시 8편 :** 하나님이 창조하신 만물에 대한 인간의 역할과 중요성을 묘사하는 찬송시로서 하나님의 능력과 영광은 그분이 창조하신 인간과 피조물 속에 드러남과 창조주로서 여호와의 위엄과 성품을 찬양

- **시 19편 :** 하나님의 창조 사역에 나타난 탁월하심과 광대하심과 심오하심을 찬양
- **시 29편 :** 뇌성과 같은 하나님의 음성은 종말에 심판주로 오시는 하나님을 연상케 합니다. 심판주란 말은 곧 그분이 우주의 주인이시라는 말입니다.
- **시 65편 :** 선하신 하나님이 땅의 풍요한 소산을 허락해 주심을 찬양합니다.
- **시 68편 :** 하나님의 군대가 승리의 행진을 합니다. 억압에서 구원하신 하나님을 찬양합

니다.

• **시 103편 :** 하나님의 구원하심과 자비하심을 찬양하는 시입니다.

• **시 108편 :** 이것은 다윗이 하나님을 향하여 결단하며 전투에 임할 때 쓴 시입니다.

• **시 138편 :** 기도에 응답해 주심을 감사하는 찬송시입니다.

◎ 역대상 16장 : 법궤의 귀환을 축하함

특히 31-33절의 하나님의 마음을 묵상합시다. 법궤가 다윗이 세운 성막으로 옮겨진 것은 다윗에게 더할 수 없는 감격이었음을 알 수 있습니다. 다윗은 이 감격과 감사를 시로 지어 아삽이 이끄는 찬양대로 하여금 노래하게 합니다. 그 찬양은 정말 감격 그 자체일 것입니다. 그런 찬양을 듣는 기분으로 이 장을 읽기 바랍니다. 시편을 읽을 때는 "우리말성경"같은 현대어로 번역된 성경이 훨씬 이해하기 쉽습니다.

시편으로 기도하기

시편은 하나님의 말씀을 읽거나 들을 때 기도로 참여한다는 것이 무엇인지를 탁월하게 보여 준다. 아타나시우스는 시편의 천재성을 다음과 같이 간결하게 표현했다. "대부분의 성경은 우리를 향해서 말한다. 반면, 시편은 우리를 위해서 말한다."

시편을 기도의 학교로 사용할 때, 즉 그 기도를 가지고 기도할 때, 우리는 말씀하시는 하나님께 삶으로 반응함으로써 주의 깊은 예배를 드릴 때 어떤 말을 해야 적절한지 감각을 익히게 된다. 시편으로 기도할 때 첫 번째로 깨닫게 되는 것은, 우리는 무엇이든 기도할 수 있다는 것이다. 사실상 인간적인 모든 것이 기도의 재료로 적합하다. 반성과 관찰, 두려움과 분노, 죄책과 죄, 질문과 의심, 요구와 욕망, 찬양과 감사, 고통과 죽음 등 무엇이든 괜찮다. 인간적인 것은 아무것도 배제되지 않는다. 시편은, 기도란 하나님 앞에서 '간절하게 구하는 것'이 아니라고 아주 길게 반박하는 책이다. 그렇다. 기도는 우리 자신을 있는 모습 그대로 바치는 것이다.

두 번째로 깨닫게 되는 것은, 기도가 하나님이 우리를 위해 가지시는 모든 속성거룩, 정의, 자비, 용서, 주권, 축복, 변호, 구원, 사랑, 위엄, 영광에 접근하는 길이라는 점이다. 시편은 기도가 있는 모습 그대로를 관대하게 내어 주시는 하나님의 따뜻한 임재로 우리를 인도한다는 사실을 자세하게 보여 주는 예시다.

루터는 자신의 독일어 시편1528년의 서문에 이렇게 썼다. "빛나는 색으로 채색된 거룩한 기독 교회를 정말로 살아있는 형태로 보고 싶다면, 그리고 그것을 축소된 모형으로 보고 싶다면, 반드시 시편을 붙잡아야 한다.

거기에서 당신은 기독교가 정말로 무엇인지를 보여 주는 맑고 깨끗하고 순수한 거울을 얻을 것이다. 그렇다. 거기에서 당신 자신의 모습을 발견하게 될 것이고, 진정한 '그노티 세아우톤'γνῶθι σεαυτόν, 너 자신을 알라과 하나님 그분과 하나님의 모든 피조물도 보게 될 것이다."

유진 피터슨 "이 책을 먹어라" IVP.2006 p.178~180 참조

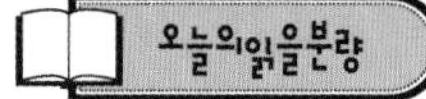

시 96, 105, 106, 39,
62, 50, 73-83, 88편
대상 17장
삼하 8~12:15(상)

◎ 시편 96, 105, 106, 39, 62, 50, 73~83, 88편

• **시편 96편 105편 106편**은 바로 이 법궤를 모시면서 드린 감사 찬송의 시입니다. 다윗은 하나님의 행하심에 대해 감사하는 마음이 얼마나 간절했으면 법궤를 모시는 기쁨이 충만했을까를 생각하면서 읽으세요.

• **시 39편 :** 하나님의 법궤는 하나님의 임재를 상징하고 그 하나님의 임재 앞에 인간은 그 죄성을 감출 수 없습니다. 회개함으로 깨끗함을 받아야 합니다.

• **시 62편 :** 구원의 하나님께 헌신을 다짐하는 찬양시입니다.

• **시 50편 :** 하나님과 맺은 언약을 지키고 그분께 희생 제사를 드림으로서 이스라엘의 존립이 하나님께 달려 있음을 스스로 인정해야 한다고 말합니다.

• **시 73~83편 :** 이 시편은 다윗의 찬양대 대장인 아삽과 관련되어 있는 시편들입니다. 법궤의 이동과 직접 관계가 없겠지만, 법궤 앞에서 제사를 드리며 찬양하는 일과 관계가 있는 시편들이라고 생각합니다.

• **시 88편 :** 왜 하나님이 시인을 어렵게 하신지를 알지 못하지만 여전히 신실한 하나님을 신뢰해야 한다고 노래합니다.

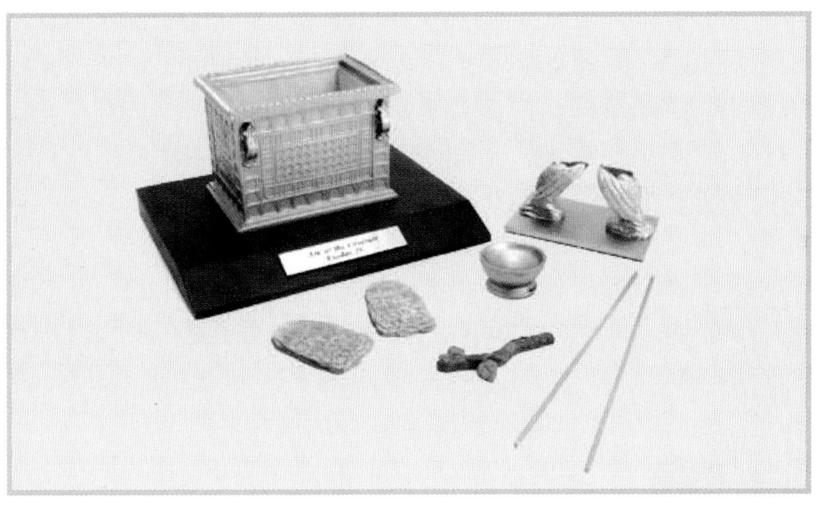

◎ 역대상 17장 : 성전 건축의 이양, 다윗과 언약을 맺으시는 하나님, 다윗의 감사

법궤를 예루살렘에 세워진 성막으로 옮긴 후 다윗은 그 법궤를 모실 영구적인 건물로서 성전 짓기를 갈망합니다. 그러나 하나님은 그 임무를 다윗의 아들에게 줍니다. 다윗은 성전 건축에 필요한 모든 준비를 합니다. 그리고 하나님은 다윗과 다윗의 가문에서 메시야가 올 것이라는 언약을 맺습니다.

◎ 사무엘하 8~10장 : 다윗의 계속되는 승전보

8장~10장까지 다윗 왕국의 절정을 보게 됩니다. 이 부분의 핵심 구절은 8:14 하반절인데 "…다윗이 어디로 가든지 여호와께서 이기게 하셨더라" 입니다.

- **8장** - 주변의 국가들과 전쟁에서 연승하는 다윗의 모습을 보여 줍니다.
그 결과 다윗 왕국은 이스라엘 역사의 전무후무한 강대국이 됨을 보여 줍니다.
- **9장** - 요나단의 아들을 돌보아 주는 다윗의 따뜻한 인간미를 보여 줍니다.

□ 2. 다윗의 수난 시대 - 사무엘하 11~24장

◎ 사무엘하 11~12:15상 : 다윗의 실족과 수난 시대의 시작

다윗의 밧세바 간음 사건은 우발적인 사건이 아니라, 고의적으로 저지른 죄입니다. 다윗은 이때 정열적인 청년이 아니라 중년에 들어선 하나님의 사람이었습니다. 그런 그가 어찌 이런 죄를 저질 수 있을까요? 그 상황을 따져 봅시다. 그는 승리와 번영을 누린 후에 자신감을 얻어 자만심에 빠졌을 것이고, 전쟁터에 있어야 할 때 집에 머물러 있음으로써 직무를 유기하며 불순종하였을 뿐 아니라 오후 시간에 침상에 누워 게으름을 피우고 있었습니다. 또한 자신을 제어해야 할 때에 자기의 욕망을 자유롭게 풀어놓음으로써 자기의 욕정 관리를 소홀히 하여 눈이 '육신의 정욕과 안목의 정욕'에 굴복하도록 내버려 두었던 것입니다. 우리에게 죄가 들어오는 경로를 요한1서 2장 15~17절은 잘 설명해 주고 있습니다. 그것은 '육신의 정욕', '안목의 정욕' 그리고 '이생의 자랑'이라는 심성心性이 사탄의 공격을 받을 때 죄가 시작되는 것입니다.

우리는 여기서 이 심성의 통제를 잃어버리면 죄에 굴복하고 맙니다. 그 욕망은 눈으로 봄으로서 욕망이 활성화되었고 이를 제어하는 데에 실패하였으며, 욕망은 그의 마음에 상상력을 일으키게 됩니다.
그렇게 됨으로 그의 의지는 굴복되어 죄로 인도되었으며, 죄는 패망으로 이끌어 갔습니다. 그는 마태복음 26장 41절에서 명령하신 대로 '깨어 있어 기도하지 않았으며' 그의 '방황하는 눈'을 결정적으로 처리하지 못하였습니다.마 5:29,18:9 이하 죄는 더 큰 죄를 부릅니다. 다윗은 자기의 죄를 은폐하기 위해 밧세바의 남편인 우리아를 격전지로 보내어 전사하도록 명령서를 보냅니다. "…다윗이 행한 그 일이 여호와 보시기에 악하였더라" 삼하 11:27

다윗의 고백 삼하 12:1-14

시편 32편과 51편이 다윗의 이 죄와 관련된 것이라면 그 시편들의 내용을 자세히 살펴보면 다윗은 상당 기간 동안 죄를 숨기고 있었습니다. 시편 32편과 51편을 읽고 이 어려운 기간 동안에 다윗의 형편을 알아봅시다. 그는 육체적으로 연약해지고 병이 들었습니다. 그는 기쁨을 잃었고 간증을 잃었으며, 그의 능력을 잃었습니다. 하나님은 다윗에게 일을 바르게 처리할 시간을 많이 주셨으나 자기의 죄를 숨기기를 고집하였던 것입니다.

만일 그가 참된 회개로써 자신의 문제를 여호와께 가지고 나아갔다면 그 후의 일들은 달라졌을 것입니다. 마침내 하나님은 선지자 나단을 보내셨는데 축복의 말은 한 마디도 없고1-6절 다만 죄를 깨닫게 하는 메시지였습니다. 아래 삽화는 나단 선지자의 충고의 내용을 그린 것입니다.

나단은 두려움 없이 다윗에게 "당신이 그 사람이라"라고 말했습니다. 그는 나단을 죽일 수도 있었습니다. 그러나 다윗은 오히려 그런 충고를 해준 나단을 감사하게 생각해서 나중에 다윗은 아들의 이름을 나단이라고 붙이기도 하였습니다.대상 3:5,눅 3:31 나단 선지자의 충고를 받은 다윗은 회개합니다. 다윗 신앙의 위대함은 바로 여기에 있습니다. 자기 범죄를 무슨 핑계를 둘러대어 합리화하지 않고 철저히 자기 잘못을 깨닫고 곧 하나님 앞에 회개합니다. 그 회개의 시가 시편 51편입

다윗의 자녀들 도표 참조

다윗의 자녀들

	다윗의 아내	자녀들
1	미갈	(자녀를 낳지 못했음)
2	아히노암	암논
3	아비가일	다니엘
4	마아가	압살롬 다말
5	학깃	아도니야
6	아비달	스바댜
7	에굴라	이드르암
8	밧세바	시므아 소밥 나단(예수의 모계) 솔로몬
9	이름이 밝혀 지지 않은 다수의 왕비들 출생	입할 엘리사마 엘리벨렛 노사 네벡 야비야 엘리사마 엘랴다 엘리벨렛
10	후(첩)	첩의 아들 다수(?)

p.211에서 사울의 회개를 보면서 회개의 철저성을 공부했습니다. 다윗의 회개와 사울의 회개와 베드로의 회개와 가룟 유다의 회개를 비교해 보세요. 시편 51편을 통해서 다윗이 얼마나 철저히 회개하는가를 보고 그의 회개의 자세를 본받아 나도 그와 같이 상한 심령을 하나님께 철저히 내어놓게 되기를 바랍니다.

니다. 하나님은 다윗의 죄를 용서할 준비가 되어 있었습니다. 그러나 하나님은 죄가 "죽음을 낳는"약 1:15 일을 막을 수는 없으셨습니다. 하나님의 은혜는 죄를 용서합니다. 그러나 하나님의 통치는 그 사람이 뿌린 씨를 거두게 하실 수밖에 없습니다.시 99:8 참조 그 결과 검이 다윗의 집에서 떠나지 않았습니다.삼하 12:10 밧세바와의 그런 부정한 관계에서 태어난 어린 젖먹이가 죽었고 압살롬은 다말을 범한 암논을 죽였으며13장, 요압은 압살롬을 죽였고18:9-17 아도니야는 브니야에게 죽임을 당합니다.왕상 2:25 이런 시련들에 더하여 다말은 무섭게 무너져 버렸고 다윗의 아내들은 압살롬에게 부끄러운 취급을 당합니다.12:11, 16:20-23

이에 압살롬의 반역이 더하여집니다. 다윗은 한 순간의 육욕으로 말미암아 엄청난 값을 치르게 되었음을 볼 수 있습니다. 그는 육욕을 심고 똑같은 것을 거두었으며, 살인으로 심고 살인을 거두었습니다. "사람이 무엇으로 심든지 그대로 거두리라"갈 6:7 "자신을 돌아보아 우리도 시험을 받을까 조심하라"갈 6:1 성경은 인간의 추한 모습도 다 기록하고 있습니다. 그래서 성경은 정확하고 신실한faithfulness 것입니다. 성경이 성령의 감동이 없이 인간의 판단으로만 썼다면 다윗의 위상을 높이기 위해 이런 간음 사건은 결코 기록하지 않았을 것입니다. 사실 탈무드Talmud는 그들이 숭상하는 다윗의 위상을 높이기 위하여 이런 사실을 왜곡해 버립니다. 그 탈무드Talmud에 의하면 밧세바는 당시 장군들이 전쟁에 나아갈 때 죽을 수도 있다고 생각하기 때문에 이혼을 해 주어 자유의 몸이 되었고 그런 밧세바와 관계했기에 간음이 아니라고 보는 것입니다.

□ 성경에서 말하는 시험의 3가지 종류를 다음 도표에서 살펴보세요

시험의 종류	영어 표현	시험의 주체	시험의 목적	이기는 방법	대표 인물
■ 시련(약1:2-4)	Trial	하나님의 허락 하에 마귀	하나님 부인	인내(입조심)	욥
■ 유혹(약1:13-14)	Temptation	마귀	영적 능력 저하	피하는 것	요셉, 다윗
■ 테스트(창22:1)	Test	하나님	축복의 메시지	순종	아브라함

24일

년 월 일

◎ 시편 32편 : 다윗의 회개의 시(1)

• **시 32편 :** 용서의 기쁨을 노래하는 시입니다. 죄에서 우리를 용서하시는 하나님의 자비하심을 노래합니다. 이 시는 다윗이 밧세바 사건으로 죄를 범한 후에 용서 받은 기쁨을 노래한 시로 볼 수 있습니다. 성 어거스틴은 이 시를 그의 침상에 붙여 놓고 읽을 때마다 그의 방탕함을 사해 주신 하나님께 감사와 감격의 눈물을 흘렸다고 합니다.

◎ 시편 51편 : 다윗의 회개의 시(2)

• **시 51:10** "하나님이여 내 속에 정한 마음을 창조하시고 내 안에 정직한 영을 새롭게 하소서"

□ 사무엘하 11장의 다윗의 범죄는 그의 삶의 큰 전환점을 이룹니다

지도 : 사무엘하 15~19장의 상황을 보여 줌

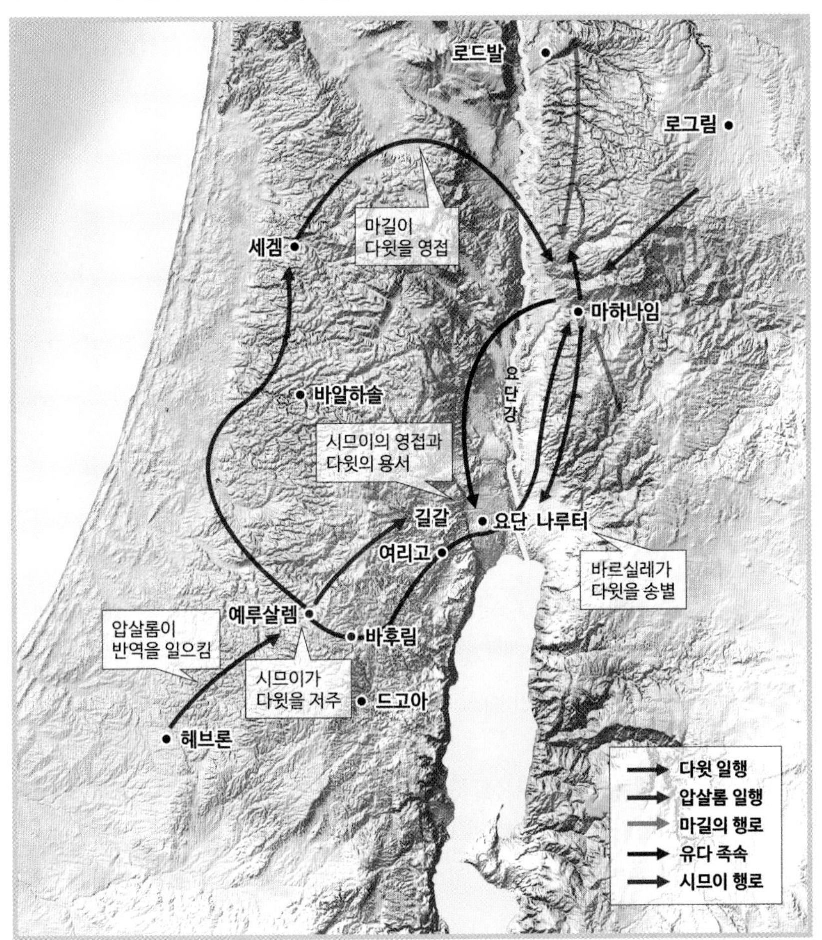

시 32, 51편
삼하 12:15(하)~15장
시 3편
삼하 16:1-14
시 7편
삼하 16:15~20장

◎ **사무엘하 12:15하~15장 : 아들 압살롬의 반란**

◎ **시편 3편 : 압살롬을 피해 다니면서 쓴 시**

- 여호와께 의지하는 다윗의 신앙

◎ **사무엘하 16:1-14 : 시므이의 다윗에 대한 저주**

◎ **시편 7편 : 탄식시** - 적으로부터 구원을 기다리며 읊은 시

◎ **사무엘하 16:15~20장 : 후새의 위장 전향과 그의 계략, 압살롬의 패전과 죽음**

25일

년 월 일

오늘의읽을분량

삼하 21~23장
대상 18~20장
시 60편
삼하 24장
대상 21장
시 4-6, 9-13편

◎ **사무엘하 21장 : 기브온 사람의 소원을 들어주다**

◎ **사무엘하 22~23장 : 다윗의 마지막 말과 다윗의 용사들**

삼하 22장의 다윗의 찬양에서 다윗은 하나님을 어떻게 묘사하고 있습니까? 그 찬양 속에서 다윗의 믿음을 볼 수 있으며 우리는 무엇을 배워야 합니까? 삼하 22장은 시편 18편과 동일합니다. 시편 18편은 삼하 1장에서 그를 대적하는 사울의 죽음 이후에 쓰여진 시로 추정되어 삼하 1장 후에 읽는 것이 순서적입니다.이미 읽었습니다. 삼하 22장 1절에서도 그렇게 밝히고 있습니다.

◎ **역대상 18~20장 : 다윗의 승전 기록들**

◎ **시편 60편**

◎ **사무엘하 24장 : 다윗의 인구 조사**

◎ **역대상 21장 : 다윗의 인구 조사**

☐ 다윗은 이 인구 조사를 통해 하나님께 죄를 범합니다

역대상 21장에는 다윗의 생애에 있어서 범한 큰 죄에 대하여 다루고 있습니다. 여기에 하나님의 목적을 성취하기 위해서 사탄이 일할 수 있도록 허용되어졌던 또 다른 실례가 있습니다.눅 22 : 31-34

백성의 인구 조사 배후에는 다윗의 교만이 있었을 것입니다. 그는 많은 위대한 승리들을 경험했으며대상 18-20장 성공에 대한 영광을 받고 싶었던 것 같습니다. 그래서 그는 하나님을 일일이 의지하기보다는 그의 군대를 의지하고 싶어서 그 수를 계수하는 것입니다.

인구 조사 자체에는 물론 아무 잘못이 없습니다. 왜냐하면 그들의 민족 역사에 있어서 가끔 있었던 일이기 때문입니다. 그러나 우리는 인간을 높이고 인위人爲를 시도하려는 인구 조사가 결코 하나님께 영광을 돌리지 못할 것임을 명심해야 합니다.

알아두기

인구 조사의 죄와 밧세바와의 죄 사이에는 흥미로운 대조점이 있습니다.

(1) 하나는 영적인 죄(교만)였고 다른 하나는 육적인 죄였습니다.

(2) 여기서는 고의적인 고집으로 행하였고 밧세바와의 죄는 육신의 넘치는 욕망의 결과로 온 것입니다

출애굽기 30장 11~16절에는 이 인구 조사와 함께 고려해 보아야 할 또 다른 요소가 있습니다. 인구 조사는 각 사람이 지불해야 하는 '속전'구속의 돈과 연관이 있으며 이 은 한 세겔은 그들이 여호와께서 값 주고 사신 소유인 것을 생각나게 하는 것이었습니다.

출애굽기 30장 12절은 만일 백성이 그들의 속전을 소홀히 하면 나라에 재앙을 내릴 것이며 수적으로 감소하게 될 것이라고 경고합니다.

그런데 바로 이런 일이 발생하였습니다. 하나님은 다윗에게 거의 10개월을 주셔서 마음을 바꾸어 징계를 피하도록 하셨습니다.삼하 24:8 또한 하나님은 그를 단념시키려고 요압의 지혜로운 권고를 사용하기조차 하셨으나 다윗은 인구 조사를 강행합니다. 하나님의 자녀들이 때때로 마음에 고집하여 자기의 길을 주장하는 것은 참으로 안 된 일입니다.

다윗의 죄는 경솔해서 범한 것이 아니었습니다. 그는 냉철하게 이 일을 수행하였으며 정확하게 계산하였습니다. 그는 하나님께 대항하여 반항하고 있었습니다. 관점 2

(3) 이 죄는 민족이 연관되었으며 70,000명이 죽었고, 다른 하나는 가족의 문제였으며 몇 명이 개입되었을 뿐입니다.

(4) 이 두 가지 죄에서 하나님은 다윗에게 회개할 시간을 주셨으나 그는 너무 오랫동안 기다렸습니다. 우리는 그 교만과 하나님의 말씀에 대한 반역이 무서운 죄라고 생각하지 않을지도 모릅니다. 그러나 다윗의 생애에 있어서는 그가 간음을 범하였을 때보다도 더 큰 슬픔과 비극을 초래하였습니다.

시편 PSALMS 詩篇

시편 한눈에 보기

개요 할렐루야

▼분류	▼해당 시편	▼총 편수	▼송영 부분	▼모세 오경과 비교	
제1권	1–41편	41편	41:13	창세기	창조와 사랑
제2권	42–72편	31편	72:18-19	출애굽기	해방과 구속
제3권	73–89편	17편	89:52	레위기	성소와 예배
제4권	90–106편	17편	106:48	민수기	방랑과 고난
제5권	107–150편	44편	150:1-6	신명기	율법과 찬양

150편 6절
"호흡이 있는 자마다 여호와를 찬양할지어다. 할렐루야"

"할렐루야" (Hallelujah)
시편은 이스라엘 백성들의 찬송가입니다. 모든 시편이 다 하나님을 높이는 찬양시가 아니라 할지라도, 하나님을 높이고 찬양하는 것은 시편의 일관된 주제입니다. '할렐루야'는 '하나님을 찬양하라'는 뜻입니다.

시편은 많은 강이 바다로 흘러와 합쳐지듯 많은 저자들의 시들이 모아져서 이루어진 바다와 같습니다. 그 저자는 다윗이 절반 이상을 썼고, 모세, 솔로몬, 에스라, 아삽 등입니다. 시편이 쓰여진 시간을 모세부터 포로기까지 약 천 년 동안이지만 주로 다윗과 솔로몬 시대에 많이 쓰여졌습니다. 그러나 시편은 시간과 공간을 뛰어 넘는 책입니다. 그 진리성은 시時 공空을 뛰어 넘고, 그것은 유대 전통에 의해 쓰여졌지만, 모든 사상과 문화와 인종적 한계를 뛰어 넘는 시들이요 기도문인 것입니다.

유대인들은 모세 5경에 준하여 이전부터 전해져 오던 여러 단편의 시들을 한데 묶어 5권으로 분류했습니다. 각 권의 마지막 부분은 모두 "주여호와를 찬송할지어다. 아멘"하는 송영으로 끝납니다. 특별히 마지막 장인 150편은 그 자체가 마지막 5권의 송영인 동시에 시편 전체의 송영이기도 합니다.

- **제 1권 :** 1~41편은 가장 오래된 부분이며 1, 2, 10편과 33편을 제외하고는 모두 다윗이 지은 것입니다.
- **제 2권 :** 42~72편은 교회적인 소망을 갖고 있으며, 하나님의 언약 이름인 '야훼'여호와가 일반적인 이름인 '하나님'보다 훨씬 덜 쓰이고 있으므로, 이 책은 그 이름이 입으로 말하기에는 너무나 신성한 것으로 여겨지기 시작하던 때에 편집된 것으로 봅니다.
- **제 3권 :** 73~89편에는 아삽의 시편73~83편과 고라의 아들들이 쓴 네 개의 시편84, 85, 87, 88편이 포함되어 있습니다.
- **제 4권 :** 90~106편은 모세의 시편으로 시작됩니다. 101편과 103편은 다윗의 이름으로 되어 있으며, 95-100편은 아마도 장막절에 사용되었던 것으로 추정합니다.
- **제 5권 :** 107~150편은 대부분 저자 미상이지만 유명한 두 개의 부분이 포함되어 있습니다. 위대한 찬양시인 할렐113~118편은 유월절과 장막절에 사용되었고, 아마도 그것은 최후의 만찬 후에 그리스도와 그의 제자들이 불렀던 '찬미'였을 것입니다.마26:30 '성전에 올라가는 노래들'120~134편은 순례자들이 절기 때 예루살렘으로 가는 길에 사용했던 찬송이었을 것입니다.시릴 브리지랜드 "성경연구 가이드" IVP.1995 p.159

시편을 5부로 분류하는 것은 모세 오경에 맞추려는 의도도 있습니다.
한눈에 보기 도표 참조

시편을 내용 별로 분류하면 다음 4부로 나눌 수 있습니다.

1) 경배	2) 감사	3) 회개	4) 간구

이 모두는 기도의 내용이기도 합니다. 우리가 시편으로 기도할 때 유대교와 기독교의 구별은 없고 또 같은 시편으로 기도하는 한 개신교와 가톨릭의 구별이

없습니다. 시편 기자의 하나님이 바로 우리 모두의 하나님이기 때문입니다.
시편은 신학의 편견과 차이를 없애 버립니다. 기독교인도 유대인 못지않게 시편을 좋아하지만, 그 차이는 메시야적 해석입니다. 또 다른 방법의 분류는 두 가지로 나는 것입니다. 하나는 찬송시Hymns이고 다른 하나는 애가Laments입니다. 찬송시는 하나님을 찬양하는 시이고, 애가는 역경 속에 처한 인간이 하나님의 도움을 청하는 시입니다.

시편을 접할 때 기억해야 할 또 다른 중요한 구분이 있습니다. 오랜 시대에 걸쳐 하나님의 백성들은 시편을 소중히 여겨 왔는데, 왜냐하면 매우 많은 시편들이 '보통 사람'을 위해 말하고 있기 때문입니다. 그 시편들은 하나님의 사람이 외치는 기쁨과 고통과 회개의 부르짖음입니다. 하지만 그들에게는 명확히 '제왕적인 요소'를 지닌 시편도 있습니다. 종종 그 시편들은 다윗을 언급하지만, 때로는 '다윗의 계열'에 따를 미래의 왕이신 메시야에 대해 언급하기도 합니다. 이런 유형의 독특한 특징을 찾아보면 때때로 이상한 세목들과 불명확한 언급들처럼 보이는 것을 이해하는 데 도움이 될 것입니다.

시편은 인간 역사 전체를 회고해 보면서, 하나님이 어떤 분이신 것과 그분이 하신 일들로 인해 그분을 찬양하기 위해 쓰여진 노래들입니다. 때때로 그것은 창조와 모든 인간의 필요를 채우시는 하나님의 행위우리가 이따금 '일반 은총'이라고 부르는를 찬양하기도 합니다.

때로는 하나님의 백성의 역사에서 있었던 특정한 사건들을 회고해 보고 그분의 능력과 그분의 자비로 인해 그분을 찬양합니다. 어떤 시편은 특정한 개인이 지은 것이거나 어떤 절기를 위한 것이며, 이러한 배경은 시편의 세부 사항과 왜 백성들이 하나님을 찬양하고 있는가를 이해하도록 도와줍니다. 시편이 모두 찬양하는 노래만은 아닙니다. 고백도 있고, 심지어 불평하기 위해 지은 시들도 있습니다. 하나님의 백성은 그분에게 어떤 것도 숨길 수 없다는 것을 알고 있었으며, 그래서 예배시에 모든 것을 그분께 가져갑니다.

그 때문에 시편은 죄를 깨닫고 괴로워하며, 낙심한 그리스도인들에게 그처럼 커다란 격려의 원천이 되는 것입니다. 주위에 있는 모든 것이 혼란스러울지라도 '그래도 나는 그분을 찬양하겠노라'고 선포합니다.
그러나 시편은 단순히 노래가 아닙니다. 그것은 노래이면서 기도입니다. 시편은 읽혀지는 것이 아니라 사용되어야 합니다. 왜냐하면 기도와 찬양은 입술이 아니라 행동이기 때문입니다.

우리가 시편을 읽음으로 도움을 받는 시편들

- 위로 받기 **23편**
- 하나님을 친근히 만나기 **103편**
- 하나님을 더 잘 알기 **24편**
- 자기 자신에 대한 분명한 이해 **8편**
- 매일 하나님께 가까이 가기 **5편**
- 성경 읽기의 이유 **119편**
- 회개와 용서를 받기 **51편**
- 하나님 찬양 **145편**
- 하나님께 감사드리기 **136편**
- 우리의 가치를 발견 **139편**
- 하나님의 통치를 인정 **146편**
- 하나님을 섬기는 이유 **104편**

시편은 구약의 어느 책보다 메시아에 관한 언급이 가장 많은 책입니다.

구약 중에 가장 사랑받는 장은 시편 23편입니다. 가장 위대한 찬송 시는 103편, 104편입니다. 하나님의 속성전지전능, 영원불변, 무소부재을 가장 잘 나타낸 성경의 부분은 시편 139편입니다. 성경에서 가장 긴 장은 시편 119편이고 가장 짧은 장은 117편입니다. 가장 깊은 개인적 고백을 표현한 시는 51편입니다.
시편은 150장 2,461절로 되어 있고, 신약에서 무려 454번이나 직접·간접으로 인용되고 있습니다.

□ 시편 이해를 돕는 4가지 해석법

1) 그 시가 제시하는 표제를 통해 역사적 맥락을 이해합니다.

시편 150편 중 115편에 편집자의 표제가 표시되어 있습니다. 시편의 표제는 저자의 저작 배경, 시의 공식 용도, 또는 음악적 규정 등을 간단히 표기하는 역할을 합니다.

다음과 같은 표제를 볼 수 있습니다.

- 마스길 : '깨닫다' 혹은 '생각하다'란 뜻의 '시칼'에서 유래된 말.
  교훈의 시 또는 내성內省의 시를 가리킨다.
  모두 13편의 시가 있다.32,42,44,45,52-55,74,78,88,89,142
- 테힐라 : '찬송하다'란 뜻에서 유래된 말로 '찬송시'를 가리킨다.145편
- 미즈모르 : '시'란 뜻. 특별히 현악기를 사용하여 만든 노래를 가리킨다.
  8,11,19 등 모두 56편이 있다.
- 쉬르 : '노래'란 뜻. 즐거운 축제 때에 부르는 노래를 가리킨다.
  29, 120-134 등 모두 30편
- 믹담 : 어원에 따라 다양한 견해들이 제시되고 있지만,
  이 표제어가 붙어 있는 시들을 살펴볼 때,
  '구속의 시' 혹은 '속량의 시'를 가리키는 것 같다.16, 56-60, 모두 6편
- 테필라 : '기도'란 뜻. 따라서 이 표제어가 붙어 있는 시는 기도시이다.
  17, 86, 90, 102, 142, 모두 5편
- 식가욘 : 이 표제문은 분명치 않지만,
  학자들은 아카드어 '쉐구shegu'에서 파생된 말로 보고,
  슬픔의 노래 혹은 '애통의 노래'란 뜻으로 이해한다.
  7편이 여기에 속하고, 하박국 3장에서는 '시기오놋'으로 표기한다.

다윗 시대의 수금

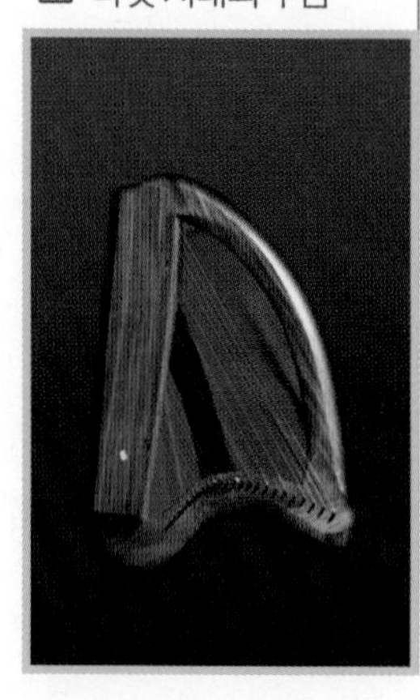

• 셀라 : 기본형은 '살랄'인데 그 뜻은 '올리다'이다.
따라서 이 용어는 그 표시된 곳에서 소리나 주악의 리듬을 높이는 음악적 용어인 것이다.
마치 피아노 반주에서 forte를 하라는 것과 같다.

2) 이스라엘 예배 의식의 특정한 면을 고려해야 합니다.

여호와의 백성이 찬양과 기도로 그분을 노래하는 시편에서, 우리는 예배의 중심에 대해 깨닫게 됩니다. 시편이 강조하는 예배는 하나님의 선하신 본성과 사랑 그리고 우리를 위한 그분의 놀라운 행위를 회상함으로써 살아계신 하나님께 초점을 맞추는 예배입니다.

3) 시편들이 갖는 특정한 구조와 주제를 고려해야 합니다.

시편의 시는 히브리 문학을 근거로 한 탁월한 문학 작품입니다. 히브리 시의 특징은 병행법과 이합체입니다. 병행법은 한 줄이나 한 행이 다른 줄이나 행과 대구를 이루는 것이고, 이합체는 시의 각 행을 히브리 알파벳 순서를 따라 짓거나 앞의 글자를 모으면 하나의 말이 되도록 만든 것입니다.

4) 메시야 사상을 고려해야 합니다.

시편들 중에 여러 편의 시가 왕으로 오실 메시야2,24,110편, 종으로 오실 메시야22,40,60편, 그리고 하나님의 아들118편로 오실 메시야를 묘사한 예언적인 노래입니다. 개인적인 탄식이나 찬양의 노래들이지만, 이 시편들조차 우리가 하나님의 백성이라는 차원이 내재되어 있습니다.
우리 개인은 언약적 관계 속에서 하나님께 하나로 속한 민족의 일부입니다. 그리고 간간이 등장하는 메시야 시편은 신약의 메시야 사상의 열쇠가 됩니다. 이 시편들이 예수 그리스도 안에서 성취되는 것입니다.

□ 오늘은 다윗의 신발을 신고 시편으로 기도하면서 하나님께 나아가는 날이 되어 보십시오

◎ 시편 4~6, 9, 10, 11, 12, 13편 : 다윗의 애가들

아래 읽을 시편, 즉 다윗의 애가는 주로 다윗이 도망다니며 곤경에 처했을 때 여호와를 의지하며 기도하는 마음을 기록한 시들입니다.

다윗이 다음의 시들에서 하나님을 어떻게 묘사하고 있는지를 유의하세요.

1) 하나님은 누구신가?

나의 반석, 나의 요새, 나의 구원자, 나의 피난처, 나의 방패, 나의 구원의 뿔, 나의 등불 등으로 묘사합니다.

2) 하나님은 어떤 분이신가?

구원을 베푸시는 분, 찬송을 받으실 분, 기도를 들으시는 분, 우리의 대적에게 진노하시는 분, 자기 백성을 건지시는 분, 상을 주시는 분, 살피시는 분, 자비로우신 분, 자신을 나타내시는 분, 악을 파멸시키시는 분, 능력 있으신 분, 강하신 분, 완전하신 분, 온유하신 분, 자기 백성을 보전하시는 분, 살아 계시는 분 등으로 묘사합니다.

- **4~6편 :** 도망다니며 때로는 들판 아무 곳에서나 자고 일어나야 하는 상황에서도 안전한 잠을 주시는 하나님께 감사를 드리는 것입니다. 4편은 저녁 잠자기 전에 드리는 기도요, 5편은 아침에 일어나 드리는 기도입니다. 6편은 심중의 잘못을 통회하는 참회시Penitential psalm입니다.
- **9편 :** 승리에 감사하는 시
- **10편 :** 사악한 대적들로부터 보호해 주심을 탄원하는 시입니다.
- **11편~13편 :** 악인들의 강포 속에서 여호와 하나님을 의지하는 마음을 그린 시입니다.

◎ 시편 14, 16, 17, 22, 25, 26편 : 다윗의 애가들

- **시 14편 :** 여호와를 없다고 하는 불신자들의 우매함을 한탄하는 시입니다. 그럼에도 불구하고 다윗은 여호와를 의지하고 기뻐함을 노래합니다. 이 시편은 로마서 3장 10~12절에서 인용되고 있습니다.
- **시 16편 :** 자신이 여호와를 의지함으로 얻는 영원한 기쁨을 노래하지만 오실 메시야의 부활을 암시합니다.
- **시 17편 :** 다윗은 그의 대적자들로부터 여호와의 보호하심을 탄원합니다.
- **시 22편 :** 예수님이 십자가에서 인용한 시편입니다.1절 7-8절은 십자가 위의 예수님의 고통을 표현하는 구절입니다.
- **시 25편 :** 다윗이 죄에 억눌려 고통받을 때 쓴 시입니다. 우리도 이런 상황에 빠질 때 이 시편으로 기도합시다.
- **시 26편 :** 다윗은 하나님 앞에서 자신의 당당함을 노래합니다. 앞의 다른 시들과 대조적입니다. 시 32편 참조

26일

년 월 일

오늘의 읽을 분량

시 14, 16, 17, 22, 25-28, 31, 35, 36, 38, 40, 41, 53, 55편

◎ 시편 27, 28, 31, 35, 36, 38, 40, 41 53, 55편 : 다윗의 애가들

- 시 27편 : 여호와의 집에서 거하기를 갈망하며 헌신을 다짐하는 시입니다.
- 시 28편 : 다윗이 의지할 분은 하나님 한 분뿐입니다. 그분은 다윗의 소망임을 노래합니다.
- 시 31편 : 다윗은 온갖 역경과 어려움 속에서 오직 한 분 여호와만 의지하고 찬송합니다.
- 시 35편 : 응답이 없으신 것 같은 하나님을 향해 다윗은 부르짖으며 절규합니다.
- 시 36편 : 악인의 악행은 하나님의 자비와 대조됨을 보여 줍니다.
- 시 38편 : 32편과 같이 참회의 시입니다. 다윗은 죄로 인해 신음하는 모습을 봅니다.
- 시 40편 : 하나님의 크신 구원을 감사하는 시입니다.
- 시 41편 : 구원을 감사하는 시입니다.
- 시 53편 : 시 14편과 같이 인간의 죄의 보편성을 보여 주는 시입니다.
- 시 55편 : 친구들로부터 배신을 한탄하는 시입니다.

◎ 시편 58, 61, 64, 69, 70, 71, 86, 102, 109 139, 140, 141, 143편 : 다윗의 애가들

그 삶이 도망자의 신세일 때도 하나님을 의지하는 다윗의 믿음을 우리는 배워야 합니다. 특히 시편 71편을 통해서 우리를 도우시는 하나님의 마음을 읽으시고 그를 의지하는 삶이 되도록 이 시편으로 나의 기도를 올려 보세요.

- 시 58편 : 50-60편까지는 믹담 시로 이루어져 있습니다. 믹담이라는 말은 확실치는 않으나 일종의 탄식을 말한다고 봅니다. 하나님께서 곤고한 때에 은혜를 주심을 감사하는 내용입니다.
- 시 61편, 64편 : 역시 곤고한 때에 하나님께서 은혜로 인도하시는 하나님의 능력에 초점을 맞춘 시입니다.
- 시 69편 : 다윗이 대적의 위험 앞에서 절망하고 슬퍼하는 심정을 묘사하고 있습니다.
- 시 70편, 71편 : 위험하고 절망 뿐인 상황 앞에서 하나님의 도우심을 간절히 간구하는 모습을 표현하고 있습니다.

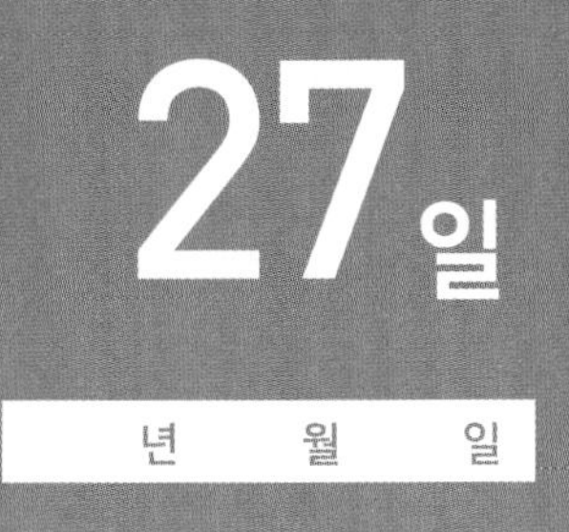

시 58, 61, 64, 69, 70, 71, 86, 102, 109, 139-141, 143편

• **시 86편 :** 곤고한 시절에 도움을 간구하는 기도의 시입니다.

• **시 102편 :** 상당히 고통스러운 처지에 있는 사람의 기도입니다. 그럼에도 불구하고 여호와 하나님의 견고한 사랑을 확신할 수 있다는 심정을 노래합니다.

• **시 109편 :** 고난과 위험 앞에서도 하나님을 신뢰할 수 있음을 노래합니다.

• **시 139편 :** 하나님의 크신 속성을 노래합니다.

◎ 시편 139편에서 배우는 하나님의 속성신론

시편 139편은 신학에서 말하는 하나님의 속성을 밝혀 주는 신론神論을 말하고 있습니다. 하나님의 속성은 크게 비공유적 속성 즉 초월성 Transcendence으로서 하나님만이 갖는 속성과 사람과 공유하는 속성, 즉 은혜성, 내재성Immanence으로 분류해 볼 수 있습니다. 초월성으로서 하나님만이 갖는 속성에는 전지전능1절-6절, 무소부재7절-12절, 영원불변13절-18절, 그리고 완전 거룩19절-24절이 있습니다. 사람과 공유하는 속성은 은혜, 자비 등을 말합니다.

• **시 140편, 141편, 143편 :** 온갖 위험에서 구해 주실 것을 여호와께 간구하는 시입니다. 그곳에 하나님의 변함없는 사랑과 신실하심이라는 주제를 반복합니다.

신정론神正論

신정론은 하나님의 사랑하심과 선하심과 올바름에도 불구하고 현세에서 그의 피조물인 우리가 악과 고통을 겪고 있다는 사실과 조화시키려 합니다. 코트프리트 빌헬름 라이프니츠는 그의 저서신정론/1710년에서 악이 존재함에도 불구하고 신은 올바르다고 변호했습니다. 라이프니츠에 의하면 신은 논리적으로 가능한 일을 할 수 있다는 의미에서만 전능하다는 것입니다. 어떤 요소들은 따로따로는 가능한 것이지만 상호 양립할 수는 없는 경우가 있는데 신은 이런 제한된 상황에서 세계를 창조했기 때문에 이 창조된 세계는 '최선의 가능한 세계'라는 것입니다. 신정론은 대부분 악이라는 신학 문제를 해결하는 것에 목표를 두고 있습니다.

전통적 유신론을 비판하고 나온 저항적 무신론자들을 향해 그리스도교 신학은 십자가를 가리키며, "오히려 하나님의 존재는 고난 가운데에 있고, 고난은 하나님의 존재 자체 속에 있다."라고 주장하며, 하나님은 "사랑이시며 그의 사랑 가운데에서 그리스도의 죽음으로 고통당하시는 분"으로 등장했습니다.

우리와 항상 함께하시기를 약속해 주셨던 주님께서 인간의 가장 극심한 고통의 시간과 장소에까지 동행하셨다는 사실은 하나님의 전능하심이 결코 무정한 절대적 능력이 아님을 보여 주는 것입니다. 하나님의 전능하심은 인간을 위하여 인간과 함께하시기까지 낮아지실 수 있다는 점에서 더욱 빛을 드러내게 된 것입니다.

인과율因果律로 볼 때 그리스도인의 고난은 하나님의 전능하신 속성에 비추어 보면 설명이 되지 않습니다. 그러나 종말론적으로 설명해야 이해가 된다고 마틴 루터는 주장합니다.

28일

년 월 일

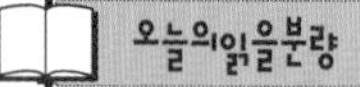

시 37편
대상 22장
시 30편
대상 23~26장
시 15, 24, 42-49, 84, 85, 87편

◎ 시편 37편 : 악인의 번영 – 신정론 이야기

시편 37편에서 우리는 신학의 하나의 큰 과제인 신정론神正論을 살펴볼 수 있습니다. 이 이야기는 하나님의 초월적 속성전지전능, 영원불변, 무소부재, 완전 거룩에도 불구하고 그를 믿고 의지하는 그리스도인이 왜 고난을 받아야 하는가가 바로 신정론神正論 이야기입니다. 이 신정론은 영어로 theodicy인데 그 뜻은 그리스어로 '신'이라는 뜻의 theos와 '정의'라는 뜻의 dike의 합성어입니다. 이는 예레미야의 고민이었기도 했습니다.

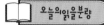

📖 **렘 12:1-2** 1여호와여 내가 주와 변론할 때에는 주께서 의로우시니이다 그러나 내가 주께 질문하옵나니 악한 자의 길이 형통하며 반역한 자가 다 평안함은 무슨 까닭이니이까 2주께서 그들을 심으시므로 그들이 뿌리가 박히고 장성하여 열매를 맺었거늘 그들의 입은 주께 가까우나 그들의 마음은 머니이다

◎ 역대상 22장 : 성전 건축을 준비하는 다윗, 성전 건축을 솔로몬에게 부탁

◎ 시편 30편 : 성전 낙성 감사하는 시이기도 하고, 다윗의 집을 세워 주신언약에 대해것에 대해 감사하는 시이기도 함.

◎ 역대상 23~26장 : 성전 조직을 정비 강화하는 다윗

- **23장 :** 레위인의 임무 조직
- **24장 :** 24 반차 제사장 조직
- **25장 :** 성가대 구성, 지휘자 임명
- **26장 :** 성전 관리자수위대 조직

이 장들을 읽으면 다윗이 정비한 것은 국가 조직이기보다는 성전 조직임을 알 수 있습니다. 오늘날같이 정경 분리의 원칙에 의한 시각에서 볼 때 이를 국가 조직이라고 볼 수 없지만 하나님의 제사장 나라가 된 이스라엘에게 있어서 성전은 국가 조직보다도 우위에 있는 조직입니다. 특히 '하나님의 마음에 맞는 다윗'에게 있어서는 성전의 중요성은 국가 조직보다 훨씬 중요한 우위에 있습니다. 다윗은 국가 조직을 찬양하는 시를 쓰지는 않았지만 성전과 관련된 시를 많이 적었습니다. 다음에 읽을 시편은 성전과 관련된 시들입니다.

◎ 시편 15, 24, 42, 43, 44, 45, 46, 47, 48, 49, 84, 85, 87편

위의 시편들은 성전에서 성가대 지휘자 아삽 또는 수위장인 고라 자손들의 시들로서 성전과 관련해서 하나님을 찬양하는 시편들입니다.

- **시 15편 :** 성전과 관련하여 예배의 길을 원한 자를 언급하고 있습니다.
- **시 24편 :** 이는 장엄한 종교 행사에 사용하는 송축의 시입니다. 궤의 옮김을 기뻐하는 노래입니다.
- **시 42편, 43편 :** 이는 원래 한 편의 시였습니다. 하나님을 갈급해하는 영혼을 노래한 시입니다.
- **시 44편 :** 과거의 실패를 탄식하는 시입니다. 그것은 하나님의 눈 밖에 났기 때문임을 언급합니다.
- **시 45편 :** 축제의 시로 왕가의 성대한 혼인식에 사용되는 시입니다.
- **시 46편 :** 모든 필요를 채워 주시는 하나님을 온전히 의뢰하라는 시입니다. 이 시는 루터의 '내 주는 강한 성이요'의 주제를 제공한 시였습니다.
- **시 47편, 48편 :** 하나님을 찬송하라는 주제의 시입니다. 그는 우주의 왕이시기 때문입니다.
- **시 49편 :** 사악자의 궤계가 아니라 하나님을 의지하라는 것을 권면하는 시입니다.
- **시 84편 :** 아름다운 누상의 시입니다. 여호와의 집의 사랑스러움과 함께 그 집이 그곳에 오는 자들에게 위안과 위로를 주는 것을 묵상하는 시입니다.
- **시 85편 :** 이스라엘에 다시 한번 하나님의 영광이 머무는 곳이 되기를 바라는 간구의 시입니다.
- **시 87편 :** '하나님의 도성'이 갖는 특별한 위치를 송축하는 시입니다.

대상 27~29장
시 2, 20, 21, 72,
93-95, 97-99,
101, 110,
144, 145편

◎ 역대상 27~29장

다윗이 국가 조직 정비 작업 마지막 과정인 군대 조직과 행정 조직을 완비하고 왕위를 물려줄 준비를 끝냅니다. 솔로몬에게 성전 건축을 당부하고 솔로몬이 왕권을 물려받습니다. 다윗 시대는 끝나고 솔로몬 시대로 넘어갑니다.

◎ 시편 2, 20, 21, 72, 93, 94, 95, 97, 98, 99, 101, 110, 144, 145편

본 시편들은 왕권과 제관식과 관련되는 시들로서 하나님 나라를 암시하는 시편들입니다.

- **시 2편 :** '제왕시帝王詩'로서 새 왕의 등극을 축하하는 시입니다.
- **시 20편, 21편 :** 이 두 편의 시는 같은 문맥으로 보아야 하는 시입니다. 전투를 눈앞에 둔 병사들의 기도와 승리의 날에 올리는 감사의 기도로 되어 있습니다. 다윗의 치적과 관계 있는 시입니다.
- **시 72편 :** 솔로몬의 등극과 관련된 제왕시입니다.
- **시 93편, 94편 :** 여호와를 아는 지식이 큰 유익을 가져다준다는 점을 부각시키는 시로서 솔로몬에게 다윗이 교육을 시키는 것과 연관된다고 봅니다.
- **시 95편 :** 창조주 하나님의 권세와 위엄을 강조하면서 반역할 경우 초래할 결과를 언급하는 시로서 역시 솔로몬을 교육하는 것과 연관되어 있다고 봅니다.
- **시 97편, 98편, 99편, 101편 :** 온 세상을 창조하시고 당신의 백성을 보전하시는 하나님을 찬양하는 시입니다.
- **시 110편 :** 고난과 위협 앞에서도 하나님을 신뢰할 수 있음을 보게 합니다.
- **시 144편 :** 온갖 위험 속에서도 도움은 오직 여호와께로서만 온다는 것을 노래합니다.
- **시 145편 :** 찬양시로서 여호와를 아는 것이 그분의 백성들에게 가져다주는 복을 말해 줍니다.

30일

년 월 일

왕상 1~11장

11장 35~36절

"35내가 그의 아들의 손에서 나라를 빼앗아 그 열 지파를 네게 줄 것이요 36그의 아들에게는 내가 한 지파를 주어서 내가 거기에 내 이름을 두고자 하여 택한 성읍 예루살렘에서 내 종 다윗이 항상 내 앞에 등불을 가지고 있게 하리라"

"분열" (Division)

열왕기상은 이스라엘이 두 개의 국가로 분열되는 것을 보여 줍니다. 북왕국 이스라엘은 완전히 우상에 빠져 한 명의 선한 왕도 배출하지 못하는 반면, 남왕국 유다는 가끔 선한 왕을 허락하시는 하나님의 마음을 볼 수 있습니다.

열왕기 상 1 KINGS 列王記 上

열왕기상 한눈에 보기

개요 불복종으로 인한 단절

I. 솔로몬의 40년 통치 (1장-11장)

- ▶솔로몬의 즉위와 초기통치 (1장-4장)
- ▶성전과 왕궁의 건축 (5장-8장)
- ▶전성기 (9장-10장)
- ▶쇠퇴기 (11장)

II. 두 왕국의 첫 80년 (12장-22장)

- ▶르호보암의 즉위 (12장)
- ▶유다 왕국의 왕들 (13장-22장)
- ▶이스라엘 왕국의 왕들 (13장-22장)
- ▶엘리야와 엘리사의 예언 사역 (17장-22장)

열왕기 속의 시간흐름

BC
970 솔로몬 왕위계승 (왕상1:32-53)
966-959 성전건축
931 솔로몬의 죽음 왕국의 분열
722 북왕국 앗수르에 의해 멸망
586 바벨론에 의한 남왕국(유다)의 멸망(왕하25)

열왕기상의 시간은 BC 970년에 솔로몬이 즉위하면서 시작해서 통일 왕국이 분열된 후 80여년까지 모두 120년간의 이스라엘 역사를 포함합니다. 다윗이 죽게 될 무렵, 다윗의 아들 중 하나인 아도니야가 선택된 솔로몬을 대신해서 왕위를 계승하려고 시도합니다.

다윗이 개입하여 솔로몬이 왕으로 즉위하게 됩니다. 솔로몬은 현명하게도 여호와께 장수나 부가 아니라 지혜를 구합니다. 그는 성전을 건축하며, 위대한 봉헌 기도와 함께 그것을 여호와께 봉헌합니다.

하지만 그렇게 한 후 얼마 지나지 않아, 그는 여호와를 떠나 정략적으로 결혼한 이방 여인들에게 그들의 신을 섬기게 허락함으로 하나님 앞에 범죄하게 되고, 또한 백성들에게 무거운 세금을 부과함으로 백성들의 원성을 쌓게 했습니다.

그의 아들 르호보암이 그의 뒤를 이어 왕위에 올랐을 때 북쪽의 열 지파는 여로보암 1세의 지도하에 갈라져 나가 북왕국을 형성하게 되었습니다.왕상 1:1~12:24

유다남왕국의 계속되는 왕들은 좋은 왕도 있었고, 나쁜 왕도 있었던 반면에, 이스라엘북왕국의 모든 왕들은 시종 일관 나쁜 왕들이었습니다. 왜냐하면 북왕국의 왕들은 '여로보암의 길로 행하며…이스라엘로 범죄케'왕상 12: 25~16:34하였기 때문에 결코 좋은 왕으로 인정받을 수 없었습니다. 여로보암 왕은 북왕국 10지파에게 금송아지를 숭배하게 한 왕입니다.

북왕국 아합 왕이 다스리는 동안 선지자 엘리야가 등장합니다. 그는 갈멜산에서 바알을 숭배하는 바알의 선지자들과 대결하며, 그러고 나서 아합의 이교도 아내인 이사벨의 위협을 받아 목숨을 보존하기 위해 시나이 반도로 도망하게 됩니다.

엘리야는 거기에서 하나님을 만나며, 하나님은 예후를 이스라엘 왕으로, 또 엘리사를 자신의 후계자로 임명하라는 명령을 받고 이스라엘로 돌아옵니다. 그는 아합이 이사벨의 부추김으로 나봇의 포도원을 빼앗으려 할 때 다시 한번 아합과 대결합니다.왕상 17:1~22:53

열왕기상은 모두 22장, 816절로 되어 있고, 이 기간 포함된 역사적 시간은 118년 BC 971-853년입니다. 신약에 53번 직접·간접으로 인용되었습니다.

사무엘서, 열왕기는 시간 흐름이 서로 연결되어 있습니다. 사무엘서와 열왕기는 통일 왕국 시대와 유다가 망하여 포로로 잡혀가는 시기까지 기록합니다. 역대기는 앞의 같은 기간을 포함하지만 그 역사를 보는 관점을 달리하여 남왕국을 중심으로 하는 제사장 관점에서 쓴 역사서입니다.

다음 도표는 그 비교를 잘 요약해서 보여 줍니다.

비교	사무엘 · 열왕기	역대기
1) 일반적 성격	연대기적, 전기적 (Biograpical)	통계적 (Statistical)
2) 관점	예언자적 (Prophetic)	제사장적 (Priest)
3) 기록범위	양 왕조 (Both Kingdom)	유다 (Judah Only)
4) 강조점	왕권 (Throne)	성전 (Temple)
5) 전체적 의도	기소 · 공소적 성격-죄를 부각시킴 (Indictment)	고무 · 격려적 성격-새로운 충성심을 고무함 (incitement)
6) 기록방법	단순하고 진솔하고 객관적 기록	의도적으로 선택된 내용만 기록

"솔로몬 왕 납시오!" 1~11장

열왕기상 1~2장 : 다윗의 유언과 죽음, 솔로몬의 즉위

◎1장 : 다윗의 말년과 솔로몬의 즉위

◎2장 : 다윗의 유언2:2-4과 솔로몬의 숙청 작업2:12-46

열왕기를 이해하려면 이스라엘 역사에서 세 가지 중대하고 획기적 사건들의 중요성을 인식할 필요가 있습니다.

첫째는 솔로몬이 죽은 후에 일어난 왕국의 분열 (BC 약 931년)로, 당시 북쪽의 열 지파가 남쪽 지파들에 대항하여 반란을 일으켰습니다. 그 때로부터 우리는 처음에는 세겜에, 그 다음에는 사마리아에 수도를 두었던 북왕국 이스라엘, 그리고 다윗의 자손들이 예루살렘에서 계속 다스렸던 남왕국(유다, 베냐민을 포함)이라는 사실을 잘 알고 있어야 합니다.

둘째는 BC 722년에 있었던 북왕국(사마리아)의 멸망입니다. 그 때 열 지파의 대부분은 앗수르 제국의 여러 성읍으로 포로로 끌려갑니다(왕하17장). 그리고는 이방인들이 북이스라엘의 영토인 사마리아 지방으로 이주해 오게 됩니다. 그들은 거기 남아 있는 이스라엘 사람들과 결혼했으며, 후에 복음서에 나오는 멸시받는 '사마리아인'이 되었습니다.

셋째는 BC 586년에 바벨론에게 예루살렘이 멸망한 것입니다. 이는 유대인 중 가장 엄선된 사람들이 바벨론에 잡혀간 지 10년 후에 일어난 일이었습니다(왕하24-25장).

□ 다윗의 유언 2:2-4

BC 970년경 다윗은 죽고 솔로몬이 왕위를 계승합니다. 다윗은 솔로몬에게 마지막 유언을 합니다.

📖 왕상 2:2-4 2내가 이제 세상 모든 사람의 가는 길로 가게 되었노니 너는 힘써 대장부가 되고 3네 하나님 여호와의 명령을 지켜 그 길로 행하여 그 법률과 계명과 율례와 증거를 모세의 율법에 기록된대로 지키라 그리하면 네가 무엇을 하든지 어디로 가든지 형통할지라 4여호와께서 내 일에 대하여 말씀하시기를 만일 네 자손이 그들의 길을 삼가 마음을 다하고 성품을 다하여 진실히 내 앞에서 행하면 이스라엘 왕위에 오를 사람이 네게서 끊어지지 아니하리라 하신 말씀을 확실히 이루게 하시리라

다윗의 당부는

1) 대장부가 되라. 일신상의 안락을 추구하는 졸장부의 삶이 아니라 시대적 사명을 가지며 하나님의 큰 뜻을 품고 살아가는 자가 되라는 것입니다.

2) 하나님의 말씀을 지켜 행하라. 신명기의 말씀을 명심하고 그 모든 것을 반드시 실천하는 삶을 살라는 것입니다.

3) 하나님 앞에서 행하라. 모든 행위를 하나님 앞에서 행하듯 하라는 것입니다. 그러기 위해서는 성경적 가치관을 가져야 합니다. 이것은 바로 신위神爲앞에 인위人爲를 굴복시키는 삶입니다.

□ 대숙청 작업

다윗이 임종하기 전 왕위 계승의 서열이 앞선 아도니야가 스스로 왕위에 오르지만 다윗이 개입하여 큰 탈 없이 솔로몬이 왕위를 계승하게 됩니다. 그러나 솔로몬은 자신의 왕위를 견고히 하기 위해 집권 초기에 대대적 숙청 작업을 벌입니다.왕상 2:12-46

1) 아도니야를 처형합니다. 그는 솔로몬의 형으로 왕권 계승 서열 1위였고 한때 스스로 왕이 된 자였으며 아버지 다윗의 첩을 요구한 자였습니다.

2) 아비아달을 추방시킵니다. 그는 쿠데타 모의에 가담한 제사장이었습니다.

3) 장군 요압을 처형합니다. 아도니야의 반역 음모에 가담한 자였습니다.

4) 시므이를 처형합니다. 그는 부왕인 다윗 왕이 피난길에 올랐을 때 저주한 자였습니다.

□ 열왕기상 3~4장 : 지혜를 얻는 솔로몬

솔로몬의 지혜를 구하는 기도는 신약에서 예수님의 주기도문을 연상시킵니다. 그것은 바로 그 나라를 구하는 기도이기 때문입니다. 그의 기도는 자기를 위한 기도가 아니라 하나님의 나라가 견고히 설 수 있는 지혜를 구한 기도였습니다. 또한 신위를 위해 인위를 굴복하는 기도였습니다. 우선 솔로몬이 일천 번제를 드렸습니다. 그것은 번제Burnt Offering를 천 번 드렸다는 것이 아니고 천 마리의 제물을 드렸다는 뜻입니다.(참고: 대하 1:6) 천 마리의 제물을 드린 후에 꿈에 나타난 하나님의 응답에 대하여 솔로몬이 구한 기도 내용이 무엇이었는가를 잘 살피세요.

열왕기상 3장 4~12절을 묵상하면서 읽어 보세요. 천 마리의 번제물을 드린 솔로몬에게 나타나신 하나님은 백지 수표를 솔로몬에게 줍니다. "솔로몬의 꿈에 나타나시니라 하나님이 이르시대 내가 네게 무엇을 줄꼬 너는 구하라"이것은 엄청난 기도의 응답입니다. 이런 상황에서 여러분 같으면 무엇을 구하겠습니까? 솔로몬은 '지혜'를 구했습니다. 그것이 하나님의 마음에 맞아 하나님은 '지혜' 뿐만 아니라 그가 구하지도 않은 모든 물질적 축복까지 주셨습니다.
솔로몬의 기도에서 우리는 참기도를 배워야 합니다. 기도는 우리의 뜻을 이루기 위해 하나님의 마음을 움직이는 강청이 아니고 바로 하나님의 마음에 들게 하는 것입니다. 그것이 바로 예수님이 산상 수훈에서 가르쳐 주신 기도입니다. "나라가 임하옵시며, 뜻이 하늘에서 이룬 것같이 땅에서도 이루어지이다." 바로 이 땅에 하나님의 나라가 이루어지게 하는 기도, 그것이 하나님의 마음에 맞는 기도인 것입니다.

📖 마 6:33 그런즉 너희는 먼저 그의 나라와 그의 의를 구하라 그리하면 이 모든 것을 너희에게 더하시리라 관점 2

◎ 5~11장 : 솔로몬의 빛과 그리고 그림자

□ 열왕기상 5~8장 : 솔로몬의 빛

솔로몬의 큰 업적은 성전을 완공하고 봉헌한 것입니다. "주께서 영원히 거하실 처소로소이다"8:13 하나님의 속성 중에 가장 중요한 속성이 임마누엘Immanuel입니다. '우리와 함께하신다'의 뜻이지요. 그렇습니다. 하나님은 우리와 함께하시기를 원하시는 분이시고 바로 그것이 천지를 창조하시고 인간을 창조하신 동인動因입니다. 성전은 바로 이 하나님의 임마누엘의 속성을 상징하는 것입니다. 하나님은 우리와 함께 하시기를 원해서 만드신 에덴이 인간의 타락으로 화염검으로 인간의 접근이 불가능하게 되자 우리와 함께하실 대안으로 성막과 성소를 허락하셨습니다. p.249에 있는 성전에 관한 도표를 참조하십시오. 성전의 신약적 의미는 성도들의 마음입니다. 하나님은 이스라엘의 성막에 거하신 것을 요한복음 1:14에서 우리와 함께 거하신다고 표현했고, 스바냐 3장 17절에서 하나님은 우리 가운데 계신다고 했습니다.

요 1:14 말씀이 육신이 되어 **우리 가운데 거하시매** 우리가 그의 영광을 보니 아버지의 독생자의 영광이요 은혜와 진리가 충만하더라 (굵은글씨 필자 강조)

습 3:17 너의 하나님 여호와가 **너의 가운데에 계시니** 그는 구원을 베푸실 전능자이시라 그가 너로 말미암아 기쁨을 이기지 못하시며 너를 잠잠히 사랑하시며 너로 말미암아 즐거이 부르며 기뻐하시리라 하리라 (굵은 글씨 필자 강조)

□ 성전과 하나님 나라 - 하나님의 주권적 임재

• 성막과 성전의 의미

죄가 세상에 들어오기 전, 에덴에서 하나님과 함께 거닐 수 있는 특권을 누리던 인간은 아담과 하와의 타락으로 하나님과의 관계가 단절 되었으며 하나님 나라가 파괴되었습니다. 하나님은 출애굽기 19장에서 이스라엘과 언약을 맺으시고 시내산 언약 법을 주시고 하나님 나라를 이루시는 일을 착수하셨음을 보았습니다. 하나님은 그런 이스라엘과 함께하시기를 원하셔서 그들과 함께하실 장소로서 성막을 허락 하셨습니다. 성막은 바로 하나님과 인간이 관계를 갱신하고 언약을 수행하기 위해 필요한 것이었습니다. 이 성막텐트의 형태가 이스라엘의 첫 성전이었습니다. 출 25~30장 하나님은 성막 안 지성소의 법궤 위 시온 좌에 거하시며 이스라엘 백성들과 함께하셨습니다. BC 960년에 세워진 솔로몬 성전은 BC 586년 바벨론 느부갓네살 군대의 예루살렘 공격 때 전소全燒되었습니다. 왕하 25:8-9 헤롯 성전은 AD 70년 로마 티투스 장군의 예루살렘 공격때 완전히 훼파되었습니다. 마 24:1-2

• 성전은 예수님의 그림자이며, 그리스도인은 성령을 모시는 성전이다.

성막성전의 원래 목적은 에덴의 타락 이후 하나님과 단절된 인간이 하나님과 만날 수 있게 하는 곳이었다고 했습니다. 출 29:42-43, 30:6-36 이 성막성전의 목적은 다가올 영원한 실체이신 예수 그리스도에 의해 완성되었습니다. 히 8:5,6 ; 9:23, 24 왜냐하면 예수님께서 인간과 하나님을 만나고 그분과의 관계를 새롭게 하는 성막

성전의 역할을 십자가와 부활로 단번에 그리고 영원히 완성하심으로써 돌로 만든 성전은 필요 없게 되었습니다.엡 2:13-14, 20-22 그리하여 예수님의 십자가와 부활 이후 그분 자신의 성전 됨이 드러나게 되었습니다.요2:19-22 하나님이 그리스

성경에 나오는 성전들

성전	연대	설명	관련구절
■ 성막 (움직이는 성전)	BC 약 1445	모세가 하나님에게서 자세한 설계를 받았다. 하나님이 지명하신 장인들이 건설했다. 나답과 아비후가 더럽혔다.	**출** 25-30 **출** 35:30-40:38 **레** 10:1-7
■ 솔로몬의 성전	BC 966-586	다윗이 계획했다. 솔로몬이 건설했다. 느부갓네살이 파괴했다.	**삼하** 7:1-29 **왕상** 8:1-66 **렘** 32:28-44
■ 스룹바벨의 성전	BC 516-169	스룹바벨이 구상했다. 스룹바벨과 유대인 장로들이 건설했다. 안티오쿠스 에피파네스가 더럽혔다.	**스** 6:22 **스** 3:1-8; 4:1-14 **마** 24:15
■ 헤롯의 성전	BC 19-AD 70	스룹바벨의 성전을 헤롯 대왕이 재건했다. 로마가 파괴했다.	**막** 13:2, 14-23 **눅** 1:11-20; 2:22-38; 2:42-51 4:21-24 **행** 21:27-33
■ 현재의 성전	**현재**	성전은 신자의 마음속에 있다. 신자의 몸은 메시아가 재림하실 때까지 하나님의 유일한 성전이다.	**고전** 6:19-20 **고후** 6:16-18
■ 요한계시록 11장의 성전	**환란기**	환란기에 적그리스도가 세우게 된다. 더럽혀지고 파괴된다.	**단** 9:2 **마** 24:15 **살후** 2:4 **계** 17:18
■ 에스겔(천년왕국)의 성전	**천년 왕국**	선지자 에스겔이 환상을 보았다. 메시아가 천년 왕국 시기에 건축하게 된다.	**겔** 40:1-42:20 **슥** 6:12-13
■ 그리스도가 임재하는 영원한 성전	**영원한 왕국**	가장 위대한 성전 ("주 하나님 곧 전능하신 이와 및 어린 양이 그 성전이심이라") 영적인 성전	**계** 21:22 **계** 22:1-21

*헬라어로 성전을 나타내는 히에론(ἱερόν)은 예배의 장소이며,
주로 하나님에 대한 민족적인 예배를 위해 지어진 신성하고 거룩한 공간이다.

도인과 가까워져서 그리스도인 안에 내주內住하시게 될 때 그리스도인이 성전이 됩니다. (고전 3:16, 고후 6:16-18)

• 성막(성전)의 목적은 새 하늘과 새 땅에서 하나님 나라로 완성된다.

새 하늘과 새 땅에서는 하나님과 우리 사이가 완전히 타락 이전의 에덴에서처럼 가까워져서 서로 대면해 보게 될 것입니다. 그때는 하나님과의 관계가 온전히 이루어짐으로 하나님 나라가 완성되는 때입니다. 그러므로 건물인 성전에서 하나님을 만나는 게 아니라 성전의 실체이신 하나님이 성도들 사이에 영원히 거주하시게 될 것입니다.계 21:3, 22

□ 열왕기상 9~11장 : 솔로몬의 그림자 - 몰락

9장은 솔로몬의 부귀영화를 자세하게 알려 주고 있습니다.9:10-28 스바의 여왕이 솔로몬을 방문한 것만 봐도 솔로몬의 국제적 지위와 명성을 충분히 확인할 수 있습니다.10:1-13 이 부분에서 우리는 솔로몬이 하나님께 세 가지의 중대한 죄를 범함을 봅니다.

첫째는 외교적으로 평화를 유지하려는 마음에서 정략적으로 많은 이방 여인들과 결혼하였다는 점입니다. 이것은 후에 유다로 하여금 우상 숭배에 빠지게 하는 구실을 주었습니다.

둘째는 이방 여인들로 하여금 자기들이 섬겨온 우상들을 섬길 수 있도록 종교적 자유를 허락하였다는 점입니다. 종교 혼합 주의를 받아들인 셈입니다. 이것은 종교적 방종을 가져왔습니다.

출 **34:11-17** 11너는 내가 오늘 네게 명령하는 것을 삼가 지키라 보라 내가 네 앞에서 아모리 사람과 가나안 사람과 헷 사람과 브리스 사람과 히위 사람과 여부스 사람을 쫓아내리니 12너는 스스로 삼가 네가 들어가는 땅의 주민과 언약을 세우지 말라 그것이 너희에게 올무가 될까 하노라 13너희는 도리어 그들의 제단들을 헐고 그들의 주상을 깨뜨리고 그들의 아세라 상을 찍을지어다. 14너는 다른 신에게 절하지 말라 여호와는 질투라 이름하는 질투의 하나님임이니라 15너는 삼가 그 땅의 주민과 언약을 세우지 말지니 이는 그들이 모든 신을 음란하게 섬기며 그들의 신들에게 제물을 드리고 너를 청하면 네가 그 제물을 먹을까 함이며 16또 네가 그들의 딸들을 네 아들들의 아내로 삼음으로 그들의 딸들이 그들의 신들을 음란하게 섬기며 네 아들에게 그들의 신들을 음란하게 섬기게 할까 함이니라. 17너는 신상들을 부어 만들지 말지니라 관점 3

결과적으로 십계명 1, 2, 3을 위배했습니다.

셋째는 솔로몬의 궁전과 성전 건축에 너무 많은 부역과 세금을 징수하고 국방의 의무까지 지웠기 때문에 백성들은 폭발 일보 직전에 이르게 되었습니다.

여호와께 신실하지 못한 솔로몬의 행위가 초래할 결과는 분명합니다. 여호와 하나님은 솔로몬의 악독한 언약 위반에 진노하십니다. 그러나 여호와 하나님은 당신께 신실했던 다윗을 생각하여 솔로몬이 살아 있을 동안에는 나라를 빼앗지 않겠다고 선언하십니다. 그러나 솔로몬이 죽은 뒤에는 그 나라가 나뉘게 될 것입니다.11:1-13

☐ 이 일로 하나님께서 어떻게 반응하셨는지를 유의하세요

왕상 11:1-13 1솔로몬 왕이 바로의 딸 외에 이방의 많은 여인을 사랑하였으니 곧
모압과 암몬과 에돔과 시돈과 헷 여인이라 2여호와께서 일찍이 이 여러 백성에 대하여 이
스라엘 자손에게 말씀하시기를 너희는 그들과 서로 통혼하지 말며 그들도 너희와 서로 통
혼하게 하지 말라 그들이 반드시 너희의 마음을 돌려 그들의 신들을 따르게 하리라 하셨
으나 솔로몬이 그들을 사랑하였더라 3왕은 후궁이 칠백 명이요 첩이 삼백 명이라 그의 여
인들이 왕의 마음을 돌아서게 하였더라 4솔로몬의 나이가 많을 때에 그의 여인들이 그의
마음을 돌려 다른 신들을 따르게 하였으므로 왕의 마음이 그의 아버지 다윗의 마음과 같
지 아니하여 그의 하나님 여호와 앞에 온전하지 못하였으니 5이는 시돈 사람의 여신 아스
다롯을 따르고 암몬 사람의 가증한 밀곰을 따름이라 6솔로몬이 여호와의 눈앞에서 악을
행하여 그의 아버지 다윗이 여호와를 온전히 따름 같이 따르지 아니하고 7모압의 가증한
그모스를 위하여 예루살렘 앞산에 산당을 지었고 또 암몬 자손의 가증한 몰록을 위하여
그와 같이 하였으며 8그가 또 그의 이방 여인들을 위하여 다 그와 같이 한지라 그들이 자
기의 신들에게 분향하며 제사하였더라 9솔로몬이 마음을 돌려 이스라엘의 하나님 여호와
를 떠나므로 여호와께서 그에게 진노하시니라 여호와께서 일찍이 두 번이나 그에게 나타
나시고 10**이 일에 대하여 명령하사 다른 신을 따르지 말라 하셨으나 그가 여호와의 명**
령을 지키지 않았으므로 11**여호와께서 솔로몬에게 말씀하시되 네게 이러한 일이 있었**
고 또 네가 내 언약과 내가 네게 명령한 법도를 지키지 아니하였으니 내가 반드시 이
나라를 네게서 빼앗아 네 신하에게 주리라 12**그러나 네 아버지 다윗을 위하여 네 세대**
에는 이 일을 행하지 아니하고 네 아들의 손에서 빼앗으려니와 13**오직 내가 이 나라를**
다 빼앗지 아니하고 내 종 다윗과 내가 택한 예루살렘을 위하여 한 지파를 네 아들에
게 주리라 하셨더라 관점 3 (굵은 글씨 필자 강조)

31일

년 월 일

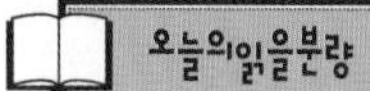

잠 1~16장

1장 7절
"여호와를 경외하는 것이 지식의 근본이거늘 미련한 자는 지혜와 훈계를 멸시하느니라."

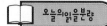

3장 5~6절
"5너는 마음을 다하여 여호와를 신뢰하고 네 명철을 의지하지 말라 6너는 범사에 그를 인정하라 그리하면 네 길을 지도하시리라"

"지혜" (Wisdom)
지혜롭게 산다는 것이 무엇인가를 보여 줍니다. 1:7에 "여호와를 경외하는 것이 지식의 근본"이라고 했습니다.

지혜란 일상의 삶 속에서 이루어지는 하나님을 두려워하는 상식을 말합니다.

히브리어로 호크마로 불리어지는 이 지혜는 신학적이고 이론적인 것이 아니라 삶을 실제로 인도해 가는 어떤 것들을 말합니다.

잠언 PROVERBS 箴言

잠언 한눈에 보기

개요 삶의 실천적 지혜

I.	1장-9장	**잠언이라기보다는 지혜를 예찬하는 Sonnets 형식을 취한 짧은 시들**
II.	10장-24장	**격언, 금언, 좌우명 등 마음에 새겨야 할 잠언들** 22:16까지 모두 375개의 시(詩)의 대구(對句)형태의 금언과 격언(aphorism)이 기재, 22:17에서 24장까지는 16개의 경구(epigram)가 기록됨.
III.	25장-31장	**7개의 잠언과 경구의 합체 등 히스기야 왕이 찾아 낸 솔로몬의 잠언과 아굴의 잠언, 르무엘 왕을 훈계한 잠언이 기록됨**

잠언은 노자老子나 루소Rousseau가 가르쳐 준 인위人爲에 대한 대안代案으로서 참 해답을 보여 줍니다. 잠언은 인위人爲의 문제를 해결하는 대안이 바로 신위神爲라는 사실을 강하게 가르쳐 주고 있습니다.

잠언 전체의 내용이 그 사실을 말하고 있지만 다음 몇 구절을 살펴봅니다.

잠 3:6 너는 범사에 그를 인정하라 그리하면 네 길을 지도하시리라
잠 16:3 너의 행사를 여호와께 맡기라 그리하면 네가 경영하는 것이 이루어지리라
잠 16:9 사람이 마음으로 자기의 길을 계획할지라도
그의 걸음을 인도하시는 이는 여호와시니라

현대인은 자신이 교육을 많이 받고 경험이 풍부하고 세련되었다고 스스로 느끼기 때문에 잠언 같은 것은 오히려 둔하고 어리석은 것처럼 여깁니다. 그런 자들의 마음에는 인위人爲로 가득 차 있습니다. 그러나 하나님의 마음을 알고 그 나라에 합당한 길을 제공하는 책이 바로 잠언입니다.

인생의 정글 속에서 길을 잃었습니까? 그 속에서 빠져나올 수 있는 길을 보여 주는 책은 오직 한 권밖에 없습니다. 그것은 성경이요, 잠언입니다.
지혜란 진실된 삶에 이르게 하는 지도와 같은 것입니다. 잠언은 시편 1편의 각론各論과 같은 책입니다. 시편 1편은 인생의 두 갈래 길을 보여 줍니다. 인간의 길과 하나님의 길이 그것입니다. 인위의 길과 신위의 길, 멸망의 길과 영생의 길입니다. 이런 길의 상세한 설명을 잠언이 말해 줍니다.

현대는 가치관의 혼란 시대입니다. 혼합 주의와 문화 상대주의를 높이 평가하는 포스트모더니즘Postmodernism의 시대입니다. 절대 가치, 절대 진리를 인정하지 않는 시대에서 모두가 혼란스러워합니다. 인위의 문제를 인위로 풀어 보려는 어리석은 시대를 살아가고 있습니다. 우리는 절대 가치로 돌아가야 합니다. 그 길은 성경이며 특히 잠언이 그 길을 보여 주고 있습니다.

잠 9:10 여호와를 경외하는 것이 지혜의 근본이요 거룩하신 자를 아는 것이 명철이라

이 잠언의 대부분은 솔로몬 왕이 쓴 것들입니다. 열왕기상 3:12에 그를 세상의 가장 지혜로운 자로 묘사하고 있음을 봅니다. 그는 무려 3000개의 잠언을 썼지만왕상 4:32, 800개만 여기에 수록되어 있습니다. 그것은 가장 훌륭한 잠언들입니다. 성경 도처에 또 다른 훌륭한 잠언들이 있습니다. 잠언은 긴 인생의 경험으로부터 나온 것들을 짧은 문장으로 표현한 것들입니다. 잠언은 우리로 하여금 하나님이 이 세상을 보고 우리들을 보시는 것처럼 우리도 그렇게 볼 수 있는 능력을 제공해 줍니다.
사무엘이 선지자 학교를 세운 것처럼, 솔로몬은 지혜 학교의 교장일 것입니다. 잠언에는 지식과 지혜라는 단어가 많이 나옴을 볼 수 있습니다. **지식Knowledge은 어떤 사실Facts을 습득하는 능력을 말하고, 지혜Wisdom는 그렇게 습득된 지식을 바르게 적용하게 하는 어떤 능력Ability을 말합니다.** 잠언에는 지혜로운 자를 현자賢者라고 하고, 그 반대되는 자를 바보라고 합니다.

그래서 4가지 종류의 바보를 묘사하고 있습니다.

1) 단순한 바보1:4, 22, 7:7, 21:11
2) 고집 센 바보1:7, 10:23, 12:23, 17:10, 20:3, 27:22
3) 교만스런 바보3:34, 21:24, 22:10, 29:8
4) 야만스런 바보17:21, 26:3, 30:22

잠언은 일곱 개의 지혜 교훈집으로 되어 있습니다. 첫 번째는 현자가 그의 제자에게 주는 지혜에 대한 열세 개의 교훈으로 되어 있는데, 그 절정은 8장에 나오는 지혜의 의인화입니다. 두 번째와 세 번째 교훈집으로 솔로몬의 잠언집이 두 개 있으며,10:1~22:6과 25:1~29:27 이것들은 우리가 성경의 다른 부분에서 보게 되는 솔로몬의 모습을 뒷받침해 줍니다.왕상 3장과 4:29~34, 10장

알아두기

잠언을 읽을 때, 특히 다음 네 장을 유의하세요.

1. 1장 : 지혜를 거부함으로 치러야 할 댓가 1:14-28
2. 7장 : 창녀의 올가미 7:6-21
3. 8장 : 예수님의 선재성 8:22-31
4. 31장: 선한 여인의 특성 31:10-31

거기에서는 자주 자연에서 끌어낸 예를 사용하고 있습니다.왕상4:33 참고 이 두 모음집 사이에 지혜로운 자의 말씀으로 구성된 두 개의 다른 네 번째와 다섯 번째의 모음집이 있습니다.22:17~24:22와 24:23-24 '지혜로운 자'는 고대 근동 전체에 걸쳐 교육과 정책 수립에 주요한 역할을 했습니다. 사19:11-12, 단3:24, 27절 참고 이스라엘에서도 마찬가지였습니다.대상27:32-33 참고 여섯 번째와 일곱 번째 모음집은 '아굴의 잠언'30:1-33과 '르무엘의 말씀' 정확하게 말한다면 '르무엘의 어머니의 말씀'입니다.31:1-9 이들이 누구인지 모릅니다. 잠언은 '완전한 아내'에 대한 저자 미상의 부록으로 끝을 맺고 있습니다.

잠언은 구약의 야고보서라고 할 수 있을 것입니다. **잠언은 단순히 읽고 묵상하는 데서 끝나면 안 됩니다. 잠언의 중요성은 그것대로 살아간다는 데 있습니다. 그래서 잠언은 십계명의 시행 세칙이라고 볼 수 있습니다.**

📖 마 7:24-27 24그러므로 누구든지 나의 이 말을 듣고 행하는 자는 그 집을 반석 위에 지은 지혜로운 사람 같으리니 25비가 내리고 창수가 나고 바람이 불어 그 집에 부딪치되 무너지지 아니하나니 이는 주추를 반석 위에 놓은 까닭이요 26나의 이 말을 듣고 행하지 아니하는 자는 그 집을 모래 위에 지은 어리석은 사람 같으리니 27비가 내리고 창수가 나고 바람이 불어 그 집에 부딪치매 무너져 그 무너짐이 심하니라

잠언은 모두 31장하루에 한 장 씩 묵상하여 한 달간 묵상하기 좋음 915절로 되어 있고 신약에 직접·간접으로 66번 인용됩니다.

☐ 잠언이 쓰이고 수집한 목적을 1:2-4에서 언급합니다

📖 잠 1:2-6 2이는 지혜와 훈계를 알게 하며 명철의 말씀을 깨닫게 하며 3지혜롭게 공의롭게 정의롭게 정직하게 행할 일에 대하여 훈계를 받게 하며 4어리석은 자를 슬기롭게 하며 젊은 자에게 지식과 근신함을 주기 위한 것이니 5지혜 있는 자는 듣고 학식이 더할 것이요 명철한 자는 지략을 얻을 것이라 6잠언과 비유와 지혜 있는 자의 말과 그 오묘한 말을 깨달으리라

☐ 잠언 속에 나타나는 3대 의무

1) 하나님에 대한 의무

하나님을 경외할 것1:7
마음을 다하여 여호와를 의뢰할 것3:5
모든 일에 여호와를 인정할 것3:6

재물과 소산물로 여호와를 섬길 것3:9
여호와의 징계를 가볍게 여기지 말 것3:11

2) 이웃에 대한 의무

이웃을 속이지 말 것11:1
이웃에게 긍휼과 자비를 베풀 것14:21,31
이웃과 더불어 화평을 도모할 것3:29
이웃에게 좋은 친구가 될 것18:24
이웃에게 신실하게 행할 것

3) 자신에게 대한 의무

마음을 지켜 좌로나 우로나 치우치지 말 것14:23, 27
입술과 혀를 지켜 말의 절제와 경건을 이룰 것12:13, 13:2, 21:23
감정을 절제하여 분노를 발하지 말 것14:17, 15:1
마음을 낮춤으로써 겸손할 것16:18-19
잠자기를 즐기지 말고, 깨어 부지런할 것19:15
재물보다 명예를, 은금보다 은총을 택할 것22:1 관점 2

□ 1. 지혜를 예찬하는 짧은 시들 1~9장

◎ 잠언 1~5장

잠언은 삶에서 지혜가 중요하다는 것을 선언합니다. 그 지혜는 바로 여호와를 경외하는데 그 근원을 두고 있다고 선언합니다.1:7 **경외라는 것은 두려운 공포심 같은 것이 아니고 하나님의 전지전능하신 속성 앞에 자신의 모든 것을 내려놓는 마음을 말합니다. 지혜는 모든 것을 포기하더라도 얻을 만한 가치가 있는 것입니다.** 이 부분은 복음을 극히 값진 '진주'에 비유하셨던 예수 그리스도의 말씀마 13:45-46과 평행을 이룬다고 봅니다. 복음은 그 어떤 것도 줄 수 없는 만족을 안겨 줍니다. 그 지혜는 말씀을 근거로 한다고 언급합니다.3장 그 말씀은 천지를 창조할 만한 큰 힘을 갖고 있다고 말합니다. 5장은 간음이 미련한 짓이라고 가르쳐 줍니다.

◎ 잠언 6~9장

말씀은 지혜 그 자체의 본질을 부각시키고 있습니다. 말씀은 지혜를 사람에 비유합니다.8:1-6 즉, 의인화擬人化 또는 인격화人格化라는 말로 표현하는 방법을 사

시가서 5권의 순서를 통해서 보는 영적 진전 (Spiritual Progress)

1.욥기: the death of self-life
욥은 순전한 자이지만 욥기 전반에 흐르는 욥의 자세는 자기 중심적인 면이 숨겨져 있다. 그래서 욥 42:5~6에서 하나님을 눈으로 뵈옵고서야 "그러므로 내가 스스로 거두어들이고 티끌과 재 가운데에서 회개하나이다"라고 자기중심성을 내려놓음

2. 시편: the life in God
하나님 안에서 사는 삶을 노래

3. 잠언: 하나님의 학교에서 하늘의 지혜를 배우고 성화되는 삶을 살아간다.

4. 전도서: 우리의 마음과 생각을 해 아래 두지 않고 하늘의 높은 곳에 두라는 것을 배운다.

5. 아가서: 순전한 사람으로 그리스도와 연합하는 법을 배운다.

욥기 - 고통을 통한 축복
시편 - 기도를 통한 찬양
잠언 - 교훈, 가르침을 통한 신중한 삶
전도서 - 헛됨을 통해서 배우는 진실성
아가서 - 연합을 통해서 얻는 더없는 행복

용하고 있습니다. 지혜는 사람들을 권면하여 유익을 주고자 그들을 매혹하려 드는 한 여인으로 묘사됩니다. **지혜는 참된 통치의 기초이며 모든 정의로운 법에 밑바탕입니다.** 이어서 말씀은 천지 창조 때에 지혜가 수행한 역할을 이야기합니다.8:22-31 말씀은 다시 지혜를 사람에 비유하여, 창조 과정에서 하나님을 보필하는 조력자이자 능숙한 장인으로 묘사합니다. 지혜는 그 어떤 것보다 먼저 존재하였습니다. 지혜를 가진 사람은 창조의 비밀에 다가가며, 여호와께 은총을 얻을 수 있을 것입니다.8:32-36 다음 부분의 말씀은 지혜의 면모를 사람에 빗대어 더욱 강조하고 있습니다. 여기서는 지혜와 어리석음을 두 여인에 비유합니다.

지혜는 자신의 목소리를 듣는 모든 사람들을 자기 집으로 초대하여 잔치에 참여케 합니다.9:1-6 그 초대에 응하는 사람은 누구든지 생명을 얻을 것입니다. 반대로, 어리석음은 미련한 자들을 꾀어 사망에 이르게 합니다.9:13-18

□ 2. 마음에 새겨야 할 격언, 금언, 좌우명 등의 잠언 10~24장

◎ 잠언 10~16장 : 솔로몬의 잠언들

10에서 24장까지는 솔로몬의 잠언 모음집입니다. 이 잠언 모음은 쉽게 요약할 수 없습니다. 이 잠언 모음을 가장 잘 읽을 수 있는 길은, 먼저 본문이 추천하고 있는 지혜의 종류를 이해하는 것입니다.

잠언은 대개 하나 하나의 말잠언이 한 구절을 이루며, 이 한 구절은 두 개의 부분으로 이루어져 있습니다. 이는 가령 "적은 소득이 공의를 겸하면 많은 소득이 불의를 겸한 것보다 나으니라"16:8라는 식입니다. 각 잠언을 구성하는 두 부분은 대개의 경우 서로 대조를 이룹니다. 이것을 대구법對句法이라고 합니다. 두 부분의 중간에 '그러나'라는 말을 넣으면 이런 대조가 더 분명하게 드러날 것입니다.

잠언은 종종 명령문의 형태를 띠는 경우도 있습니다. 그렇다고 이런 잠언들을 구약에 나오는 법과 동일한 반열에 놓아서는 안 됩니다. 잠언의 효력은 우상 숭배나 살인을 절대 금지하는 명령의 효력과 견줄 수 없습니다. 이런 잠언들은 '지혜로운 자라면 미련한 자를 멀리할 것이다' 정도의 의미로 이해하는 것이 가장 적절합니다. 잠언은 어디까지나 사람의 권면이지, 여호와가 내리신 명령이 아닙니다. 자녀에게 체벌을 가하면서 하나님의 권위를 빙자한다는 것은 잘못된 것이지요.13:24

32일

년 월 일

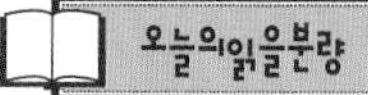

잠 17~22:16
아 1~8장

6장 3절
"3 나는 내 사랑하는 자에게 속하였고 내 사랑하는 자는 내게 속하였으며 그가 백합화 가운데에서 그 양떼를 먹이는도다"

"내 사랑" (My Love)
아가서는 로맨틱한 사랑을 노래한 책입니다. 신랑과 신부의 사랑은 매우 열정적입니다. "나의 사랑"이라는 단어가 20번 이상 나옵니다.

◎ 잠언 17~22:16

솔로몬의 잠언의 연장입니다. 10~16장의 해설을 참조하세요.

아가 SONG OF SONGS 雅歌

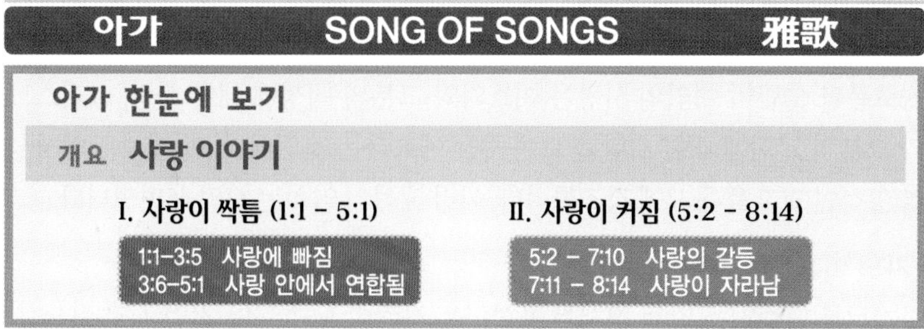
아가 한눈에 보기

개요 사랑 이야기

I. 사랑이 싹틈 (1:1 - 5:1)
1:1-3:5 사랑에 빠짐
3:6-5:1 사랑 안에서 연합됨

II. 사랑이 커짐 (5:2 - 8:14)
5:2 - 7:10 사랑의 갈등
7:11 - 8:14 사랑이 자라남

이 아가서는 유대인들이 절기에 읽는 5개의 두루마리책 중에 하나로서 유월절에 읽는 책입니다. 이 책은 솔로몬과 그가 왕궁으로 데려온 술람미 하녀 간에 있었던 사랑을 묘사한 것입니다.

1~2장은 서로의 아름다움에 대한 칭송이 나와 있습니다. 3장은 그 여인의 독백이며, 4장에서는 솔로몬이 그녀를 찬미합니다. 5장에서는 그녀가 자기의 사랑하는 자를 찾지 못하는 꿈을 묘사하지만, 6~8장에서 그들은 다시 서로의 사랑 안에서 기뻐합니다. 술람미 여인에 대한 전통적인 해석은 그녀를 '수넴 마을의 여인'으로 봅니다. 수넴은 북 이스라엘 레바논 근처의 땅으로 솔로몬의 포도원과 별궁이 있는 곳[8:11-12]입니다. 수넴에 사는 이 여인은 자신에게 속한 포도원을 지키는 햇볕에 그을린 포도원지기였고, 새끼 염소를 먹이는 목자였습니다. 이런 점에서 술람미 여인은 실존 인물이라고 볼 수 있습니다. 아가서는 에스더처럼 '하나님'이란 단어는 한 번도 등장하지 않습니다. 그렇지만 하나님 사랑을 도처에서 상징하고 있습니다.

아가서는 8장 117절로 되어 있고 신약에 전혀 인용이 없습니다.

☐ 아가서 해석법

• **풍유적 해석**Allegorical Theory

유대인들의 탈무드는 아가서에 나오는 신랑은 하나님이고, 신부는 이스라엘 회중이라고 합니다. 기독교인들은 그리스도를 신랑으로, 그리스도의 교회를 신

알아두기

성경에 나오는 남녀 사랑이야기

이삭과 리브가 **창 21:1-67**
야곱과 라헬 **창 29:1-30**
보아스와 룻 **룻 3-4장**
엘가나와 한나 **삼상 1-2장**
다윗과 미갈 **삼상 18:20-30**
솔로몬과 술람미 **아가서**
호세아와 고멜 **호 1:1-3:5**

부로 여깁니다. 그러나 아가서를 풍유적으로만 해석하기에는 본문이 보여 주는 역사성이 너무나 생생합니다.
솔로몬 왕궁에 대한 기술, 이스라엘의 여러 지명에 대한 기술들은 이것이 어느 정도 실재하던 사랑 이야기임을 시사해 줍니다.

• **예표적 해석**Typological Interpretation
이는 아가서가 솔로몬의 사랑 이야기에 근거한 역사적 사실임을 지지합니다. 솔로몬과 술람미 여인의 사랑은 여호와와 그분의 백성에 대한 사랑, 그리스도와 그분의 교회에 대한 사랑을 보여 주는 예표라는 것입니다. 이 해석은 역사성과 영적인 교훈을 동시에 강조합니다. 이런 해석의 열쇠는 시편 45편입니다.

• **자연 이론**Naturalistic Theory
아가서를 단순히 육감적 정서를 포함하는 사랑의 노래, 전원적인 시로 보는 견해를 말합니다. 어떤 풍자나 비유적 의미가 없다고 보는 견해이지요. 단순히 문학적 가치만 인정합니다. 이 이론으로서는 아가서가 영적인 책인 성경에 포함되어야 할 이유를 설명하지 못합니다. 이 이론대로라면 아가서는 세계 문학 전집에 포함되어져야 합니다.

□ 아가서가 보여 주는 사랑

- 부부의 아름다운 사랑 이야기는 성경에 기록될 만큼 소중하다.
- 아가서는 산문적 언어가 아닌 시적 언어를 사용해 사랑이란 구체적으로 표현할 수 없는 감각적인 것임을 보여 준다.
- 부부의 사랑은 둘 만의 것으로 남아야 한다. 상대방에게 각자는 비밀스런 포도원이다.
- 작은 여우를 경계해야 한다. 진정한 사랑은 큰 것보다는 작은 것으로 허물어질 수 있다.

□ 아가서는 사랑의 모든 종류를 다 보여 줍니다

① Erosdesire 8:5 ② Storgeaffection 4:9 ③ Philafriendship.5:16 ④ Agapecharity 2:16 등을 말합니다. ①, ②, ③의 사랑은 주고받는give and take 인간의 사랑의 본질을 보여 줍니다. ④의 경우는 주기만 하는give only 하나님의 사랑의 본질을 말합니다. 그렇다고 아가페의 사랑은 하나님만이 하는 사랑이 아니라 모든 자비적 사랑은 아가페의 사랑입니다.

◎ 아가서 1~8장

년 월 일

전도서 ECCLESIATES 傳道書

전도서 한눈에 보기

개요 참된 선 찾기

I. 경험을 통한 탐색
- ▶1:12-18 : 지혜를 추구
- ▶2:1-11 : 쾌락을 추구
- ▶2:12-23 : 지혜와 쾌락의 대조
- ▶2:24-26 : 첫 번째 잠정 결론

II. 일반적 관찰을 통한 탐색
- ▶3장 : 자연적 질서의 고정성
- ▶4장 : 인간 사회의 병폐와 수수께끼
- ▶5장 : 앞의 것들에 대한 충고
- ▶6장 : 두 번째 잠정 결론

III. 실천적 도덕에 의한 탐색
- ▶7:1-8:8 : 물질적인 것들이 영적 만족을 줄 수 없다.
- ▶8:9-14 : 이상적 변칙
- ▶8:15-17 : 세 번째 잠정 결론

IV. 반성과 결론
- ▶9:7-11:8 : 큰 악이 여전하다.
- ▶11:9-10 : 참된 선
- ▶12:1-7 : 하나님과 함께 하기
- ▶12:13-14 : 최종 결론

전도서는 인생의 허무를 말하는 책이 아니고, 오히려 인간이 어떻게 참된 행복, 참된 선을 추구할 수 있는가를 가르쳐 주는 책입니다.

인간 존재 가치에는 어떤 의미가 있는가? 전도자'코헬렛'이라고 하는 교사는 참된 선인생의 진정한 행복을 찾기 위해 여러 가지 애를 쓰지만전도서 한눈에 보기 도표 참조, 그 노력은 부질없다는 결론에 도달합니다. 결국 모든 것이 헛되고 헛되다는 것입니다.1~2장 전도자는 인생의 참된 선행복을 위해 지혜도 추구했고1:12~18, 쾌락도 추구했지만2:1~11, 인생의 도처에는 악이 만연하고3:16, 4:1~3, 10:1, 죽음이라는 피할 수 없는 고통이 있음을 알았기에3:19~21, 9:4~6, '해 아래'에서 사는 삶은 모든 것이 다 '헛된 것'이라고 말합니다. 그렇다고 전도자는 허무주의 또는 염세주의Pessimism를 말하고자 하는 것은 아닙니다. 숙명론을 말하고 있는 것도 아닙니다. 전도서에서는 하나님 없는 삶의 무익함을 보여 줍니다.

그의 결론은 그 헛됨이 '하나님이 없는 삶'이기 때문이라는 것입니다.

전도자는 하나님을 믿고 의지하며 전심으로 따르는 자는 회의주의자나, 유물론자, 세속 주의자보다 좀 더 나은 상태에 있다고 할 수 있다는 것을 말하고자 하는 것입니다. 여호와를 경외하고 그의 계명들을 지키는 사람들만이 이생에서 즐거움과, 우정과 만족을 누리는 삶의 의미를 깨달을 수 있다는 것입니다10~12장. 누가

전 1~12장

1장 2절
"전도자가 이르되 헛되고 헛되며 헛되고 헛되니 모든 것이 헛되도다."

12장 8절
"전도자가 이르되 헛되고 헛되도다 모든 것이 헛되도다."

"헛됨" (Futility)
의미 없는 어떤 것 또는 쓸데없는 것을 가리킵니다. 그 의미는 오늘 허영과는 약간 차이가 있는 말입니다. 헛되다는 의미의 이 단어는 이 전도서에만 30번 이상 나오는가 하면 성경 나머지 부분에서는 단 한번만 나옵니다.

복음 5장 5절에 제자들이 예수님을 만나기 전에 그들이 밤이 맞도록 고기를 잡으려 했으나 헛수고를 했다는 고백처럼 예수님이 없는 삶이란 헛수고의 삶일 수밖에 없습니다.

📖 눅 5:5 시몬이 대답하여 이르되 선생님 우리들이 밤이 새도록 수고하였으되 잡은 것이 없지마는 말씀에 의지하여 내가 그물을 내리리이다 하고

신위로 돌아가는 것만이 '헛됨'의 문제를 해결하는 길임을 명심하십시오.
전도서는 성경 안에서 제일 철학적인 책입니다. 철학이라고 할 때 절대자의 계시에 의존하지 않고 인간의 이성理性에만 의한 지혜를 지칭합니다. 이 전도서에서는 하나님이 침묵하십니다. 그 나머지 모든 성경에서는 하나님이 말씀하십니다. 전도서는 나머지 성경 65권에서 대답되어지는 질문들을 제시하고 있습니다. 즉 전도서의 주된 질문의 내용은 삶과 죽음의 의미라고 보는데 성경 나머지에서는 여기에 대한 답변을 제시하고 있습니다. 하나님이 없는 삶은 무의미하다는 것을.
전도서는 관점 2로 읽어야 합니다. 

전도서는 모두 12장, 222절로 되어 있으며, 신약에 6번 직접·간접으로 인용되었습니다.

◎ 전도서 1~6장

전도서는 얼핏 읽으면 모든 것이 다 헛되다는 허무주의를 말하고자 하는 것처럼 보입니다. 그러나 2:24과 12:13-14에서 분명히 하는 말은 '하나님이 없을 때' 모든 것은 결국 허망한 것들이라는 것입니다.

하나님 없이는 "모든 것이 헛되다"

하나님 없는 배움 ●→	냉소 (1:16)
하나님 없는 위대함 ●→	슬픔 (1:7-8)
하나님 없는 쾌락 ●→	실망 (2:1-2)
하나님 없는 노동 ●→	인생에 대한 혐오 (2:17)
하나님 없는 철학 ●→	공허함 (3:1-9)
하나님 없는 영원 ●→	불만족 (3:11)
하나님 없는 삶 ●→	우울 (4:2-3)
하나님 없는 종교 ●→	공포 (5:7)
하나님 없는 부 ●→	재난 (5:12)
하나님 없는 존재 ●→	좌절 (6:12)
하나님 없는 지혜 ●→	절망 (11:1-8)

지혜의 출발은 하나님을 경외하는 것,
즉 하나님의 명령에 대한 깊고 진지한 태도이다.
하나님을 경외함 ●→ 만족 (12:13, 14)

□ 하나님이 없을 때 생기는 허망

- 허망 1 : 인간의 지혜전 1:9-10
- 허망 2 : 인간의 수고전 2:22-23
- 허망 3 : 인간의 목적전 2:26
- 허망 4 : 인간의 성공전 4:4
- 허망 5 : 인간의 욕심전 4:8
- 허망 6 : 인간의 명성전 4:16
- 허망 7 : 인간의 부전 5:10-11

돈 기도문

지갑과 통장에 계신 나의 돈 님이여,
당신의 이름을 거룩히 여김을 받으시오며 돈이 판치는 세상에 오셨사오나
소득이 부동산 투자에서 이루어진 것 같이 증권에서도 이루어지이다.
오늘날 나에게 쓰고 남은 잔돈까지도 다 주시옵시고
우리를 불황에 들게 하지 마옵시고 부도와 파산에서 구하여 주옵소서,
대개 자본주의 나라와 권세와 영광이 돈님에게만 영원히 있사옵나이다.
– 돈 내!

□ 하나님의 때Kairos와 사람의 때Kronos를 생각하면서 관점 2에 의해 전도서 3장을 읽어 보십시오.

모든 것에는 때가 있는 법입니다목욕탕 주인의 이야기가 아니고. 증권을 살 때와 팔 때를 분별하고 알 수만 있다면 인생은 대성공이지요. 과연 그럴까요? 하나님의 때를 분별할 수 있는 지혜를 성경을 통해 배워야 합니다.

◎ 전도서 7~12장

12장에서 전도자는 창조주 하나님을 매사에 기억하기를 강력히 권면합니다.

□ 전도서로 본 2개 삶의 대조

삼단 논법Syllogism으로 다음과 같이 결론을 내렸다고 가정해 봅시다.

① 인생사 모두는 해 아래under the sun에 있다.
② 해 아래 모든 것은 결국 허무Vanity하다.
③ 그러므로 인생 자체가 허무하다.

이 결론은 잘못된 결론입니다. 왜냐하면 명제가 잘못되어 있기 때문입니다. ①과 ②의 명제는 세속의 관점에서는 참일 수 있습니다. 그러나 성경적 관점에서는 이 명제는 잘못된 명제입니다. 왜냐하면 세속 인위人爲의 인생은 해 아래에 있지만, 신위神爲의 인생은 해 아래 있지 않고 하나님 혹은 예수님 아래에 있기 때문에 ①과 ②의 명제는 잘못되었고, 따라서 결론은 잘못된 것입니다.

다음 도표로 두 개의 삶을 대조해 보십시오.

전도서가 밝혀 주는 염세주의, 허무주의의 3가지 원인과 처방

1) 사회적 이익보다 개인적 이익을 중시하여 주기보다는 받거나 얻기 위해 사는 삶은 염세주의, 허무주의를 불러 일으킨다는 것입니다. 왜냐하면 그렇게 받기만 하는 삶에서는 결코 만족을 얻지 못하기 때문입니다. 세상은 주면 더 많은 것을 얻는다는 역설을 인정하지 못하기 때문입니다.

2) 하나님에 의해 통제받는 삶이 아니고 하나님과 분리된 삶은 허무주의, 염세주의로 흘러간다고 전도자는 말합니다.(4:1-3) 산업화되고 도시화되는 삶은 하나님을 점점 더 삶으로부터 밀어내고 있습니다. 그래서 그들이 즐겨 사용하는 용어는 '진화론', '적자생존', '자연법의 법칙', '기적의 불가능' 등을 즐겨 사용합니다. 이들은 초월성이라는 단어를 몹시 싫어하지요. 그들에게 중요한 단어는 인본주의(人本主義) 또는 인위(人爲)입니다. 신위(神爲)로 돌아가야 이 문제는 해결됩니다.

3) 전도자는 인간의 삶이 죽음으로 끝난다는 생각에서 벗어나지 못하고, 죽음 저 너머를 생각하지 못하는 삶은 염세주의, 허무주의로 흘러간다는 것입니다.(3:19-20)

	해 아래서의 삶 (Life Under the Sun)	아들 아래서의 삶 (Life Under the Son)
1:3	사람이 해 아래에서 수고하는 모든 수고가	너희 안에서 착한 일을 시작하신 이가 그리스도 예수의 날까지 이르실 줄을 우리는 확신하노라 **(빌 1:6)**
1:9	해 아래에는 새 것이 없나니	그런즉 누구든지 그리스도 안에 있으면 새로운 피조물이라 이전 것은 지나갔으니 보라 (모든 것이) 새것이 되었도다 **(고후 5:17)**
1:14	해 아래에서 행하는 모든 일을 보았노라 보라 모두 다 헛되어	너희 수고가 주 안에서 헛되지 않은 줄을 앎이라 **(고전 15:58)**
2:18	해 아래에서 한 모든 수고를 한함 (수고의 열매를 증오함)	모든 선한 일에 열매를 맺게 하시며 하나님을 아는 것에 자라게 하시고 **(골 1:10)**
6:12	해 아래에서 사람은 죽을 수 밖에 없는 존재다	이는 그를 믿는 자마다 멸망하지 않고 영생을 얻게 하려 하심이니라 **(요 3:16)**
8:15	해 아래에서 쾌락은 일시적이다	너희 안에서 행하시는 이는 하나님이시니 자기의 기쁘신 뜻을 위하여 너희에게 소원을 두고 행하게 하시나니 **(빌 2:13)**
8:17	해 아래에서 사람은 주께서 하시는 일을 깨달을 수 없다	이제는 내가 부분적으로 아나 그 때에는 주께서 나를 아신 것 같이 내가 온전히 알리라 **(고전 13:12)**
9:3	해 아래에서 모든 사람은 죽는다	하나님이 우리에게 영생을 주신 것과 이 생명이 그의 아들 안에 있는 그것이니라 **(요일 5:11)**
9:11	해 아래에서 힘센 것과 빠른 것	하나님께서…세상의 약한 것들을 택하사 강한 것들을 부끄럽게 하려 하시며 **(고전 1:27)**
12:2	해 아래에서의 삶은 멈추게 된다	너희에게 영생이 있음을 알게 하려 함이라 **(요일 5:13)**

□ 잠언, 욥기, 전도서의 특징 비교

잠언 청년기 지혜	욥기 장년기 지혜	전도서 노년기 지혜
의인은 복 받고 악인은 심판 받는다. "내 아들아 완전한 지혜와 근신을 지키고 이것들이 네 눈 앞에서 떠나지 말게 하라" (잠 3:21)	왜 의인에게 고난이 있는가? "그가 나를 죽이시리니 내가 희망이 없노라 그러나 그의 앞에서 내 행위를 아뢰리라" (욥 13:15)	인생의 모든 것이 허무다. "…헛되고 헛되며 헛되고 헛되니 모든 것이 헛되도다" (전 1:2)
"여호와를 경외하는 것이 지식의 근본이거늘 미련한 자는 지혜와 훈계를 멸시하느니라" (잠 1:7)	"너는 대장부처럼 허리를 묶고 내가 네게 묻겠으니 내게 대답할지니라" (욥 40:7)	"일의 결국을 다 들었으니 하나님을 경외하고 그의 명령들을 지킬지어다 이것이 모든 사람의 본분이니라" (전 12:13)
권선징악, 곧 하나님을 좇아 의롭게 행할 때 복을 얻는다. 하나님의 복을 인간의 욕심을 위해 용도 변경하는 것을 막는 것이 청년기의 지혜다.	장년기의 현실은 악인이 잘 되고 오히려 의인이 핍박받는 것이다. 인생은 절대 단순하지 않다. 그러나 하나님 앞에 서서 자기의 모든 의를 포기하는 것이 장년기가 넘어야 할 지혜의 순간이다.	속도보다 중요한 것이 방향이다. 모든 것을 다 이루고 얻은 것에 만족할 만한 시점에 자기 우상화가 시작된다. 그렇게 찾아오는 허무주의에 대항해 여전히 하나님을 경외함이 노년기에 필요한 지혜다.
"여호와를 경외하라" (히, 이르앗 야웨)		

(「생명의 삶」 2005년 12월 두란노 서원)

34일

년 월 일

역대기 하 2 CHRONICLES 歷代志 下

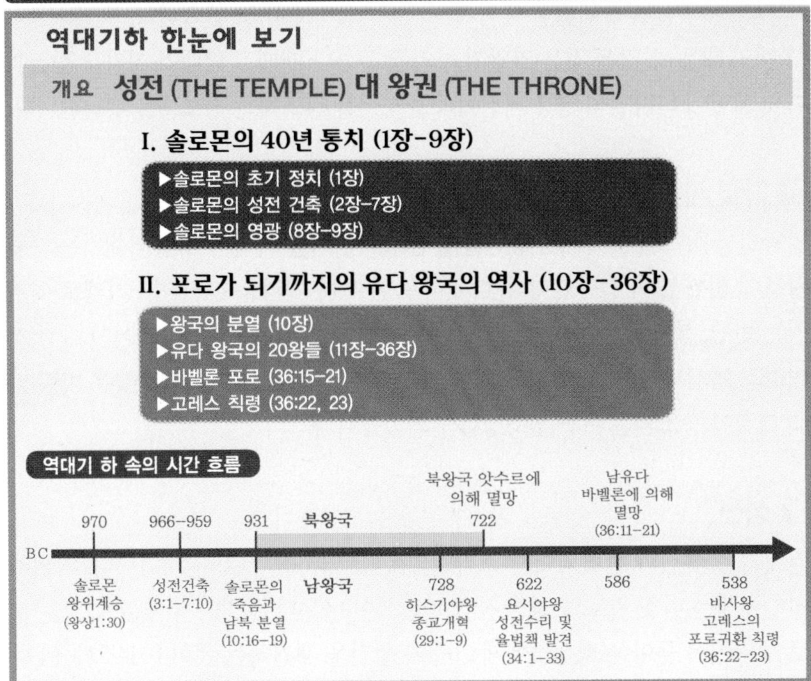

역대기하 한눈에 보기
개요 성전 (THE TEMPLE) 대 왕권 (THE THRONE)
I. 솔로몬의 40년 통치 (1장-9장)
▶솔로몬의 초기 정치 (1장)
▶솔로몬의 성전 건축 (2장-7장)
▶솔로몬의 영광 (8장-9장)
II. 포로가 되기까지의 유다 왕국의 역사 (10장-36장)
▶왕국의 분열 (10장)
▶유다 왕국의 20왕들 (11장-36장)
▶바벨론 포로 (36:15-21)
▶고레스 칙령 (36:22, 23)
역대기 하 속의 시간 흐름
BC
970
솔로몬 왕위계승 (왕상1:30)
966-959
성전건축 (3:1-7:10)
931
솔로몬의 죽음과 남북 분열 (10:16-19)
북왕국
남왕국
북왕국 앗수르에 의해 멸망
722
728
히스기야왕 종교개혁 (29:1-9)
622
요시야왕 성전수리 및 율법책 발견 (34:1-33)
남유다 바벨론에 의해 멸망 (36:11-21)
586
538
바사왕 고레스의 포로귀환 칙령 (36:22-23)

대하 1~9장

7장 1절
"솔로몬이 기도를 마치매 불이 하늘에서부터 내려와서 그 번제물과 제물들을 사르고 여호와의 영광이 그 성전에 가득하니"

36장 19절
"또 하나님의 전을 불사르며 예루살렘 성벽을 헐며 그들의 모든 궁실을 불사르며 그들의 모든 귀한 그릇들을 부수고"

"성전" (Temple)
역대기는 제사장적 사관에 의해 쓰여진 책입니다. 그러므로 그 핵심은 성전입니다.

p.214에 있는 역대기상의 '줄거리 따라가기'를 참조하세요. 이미 언급했듯이 역대기는 성전을 중심으로 하는 관점에서 기록한 남왕국 유다 중심의 이스라엘의 역사입니다. 이 말은 남왕국 유다의 왕들이 순전히 하나님의 관점에서 재평가 되는 것을 기록하고 있습니다. 역대기하는 솔로몬으로부터 시작합니다.

솔로몬은 재물이나 명예보다는 지혜를 구하는 기도를 함으로써 그의 통치를 훌륭하게 시작합니다. 그는 성전을 건축하며, 위대한 봉헌기도로 여호와께 성전을 봉헌합니다. 그러나 비참하게도 바로 이 순간부터 솔로몬의 지위는 저하되기 시작합니다.

스바 여왕의 방문에 대한 유명한 이야기는 그가 재물과 권세를 사랑하고 과시하기를 좋아하는 전형적인 당시의 동방 군주가 되었음을 보여 줍니다.대하 1:1~9:31 그가 죽은 후에 그의 아들 르호보암이 왕위에 오르자 그 나라는 불행하게도 북왕국과 남왕국으로 나누어집니다. 이는 르호보암의 오만한 태도에 기인하기는 하지만, 대부분 솔로몬의 사치와 그로 인해 백성들에게 과중한 세금을 부과한 데 기인한다고 봅니다. 역대기 저자는 이제 하나님을 떠나 금송아지를 숭배하기로 한 북왕국의 왕들에게는 관심이 없고, 남왕국인 유다의 왕조에 대해 기록하며 예루살렘이 바벨론에게 멸망하고BC 약 586년 바사 왕 고레스의 칙령에 의해 예루살렘에 귀환할 때까지BC 약 538년를 기록하고 있습니다.대하 10:1~36:16 이 책의 내용 중 많은 것은 열왕기 하와 유사하나 때때로 역대기 저자는 성전과 다윗 계열이 하나님의 정통 계열이라는 사실을 강조하는 정보들을 수록합니다.

□ 다윗 계열

열왕기는 히브리 역사에서 왕권을 중심으로 역사를 기록하지만, 역대기는 다윗 왕조에 훨씬 많이 집중합니다. 다윗이 속한 유다 지파를 참된 이스라엘로 여겨지는 반면, 북왕국은 계속 반역하기 때문에 하나님의 목적에서 떨어져 나간 것이라고 여깁니다. 포로 귀환 시기에 자라기 시작한 메시야 대망 사상은 바로 다윗 계열이 강조되는 여건을 조성하게 되었습니다.

□ 성전

역대기는 성전과 관련되어 이스라엘의 신앙 역사를 기록한 책입니다. 역대기 저자에게는 다윗 왕조와 성전 간의 관련성이 너무나 뚜렷하기 때문에, 그는 포로 생활에서 돌아온 백성들에게 그들이 성전을 재건하는 것이 바로 그들의 나라를 회복하는 단계라는 것을 알려 주려고 했던 것입니다. 그래서 다윗이 원래 성전을 건축하도록 준비한 것에 대해 상당한 부분을 할애하고 있습니다. 그 나라의 지도자는 군사적 승리자라기보다는 하나님의 전에서 참되고 견고한 예배를 집례하는 자로 여깁니다. 성전의 예배, 제사장들, 레위 사람들, 노래하는 사람들, 예배와 관련된 모든 것들이 강조되고 있는 것입니다. 역대기는 제사장 관점에서 쓴 역사서라고 했습니다. 그래서 역대기는 왕권을 중심으로 한 서술이 아니고 성전을 중심으로 한 서술입니다. 따라서 역대하는 크게 두 부분으로 나누어 볼 수 있습니다.한눈에 보기 도표 참조 1장에서 9장까지는 솔로몬의 생애를 크게 부각시킵니다. 그리고 나머지 부분인 10장에서 36장까지는 남왕국 유대의 역사만 서술합니다. 사무엘서와 열왕기는 선지자 관점에서 쓴 역사서입니다. 구약의 영성은 제사장적 영성과 선지자적 영성이 있습니다.p.291 참조 역대하는 모두 36장 822절로 되어 있고 신약에 45번 직접·간접으로 인용됩니다.

◎ 역대하 1~9장 : 앞에서 읽고 공부했던 솔로몬의 생애를 복습합니다.
역대기의 솔로몬의 생애는 성전을 중심으로 한 생애입니다. 그가 말년에 하나님을 떠나게 되는 것에 관해서는 기록을 생략합니다. 솔로몬은 성전을 세우는 위대한 업적을 세운 왕임을 부각합니다. 성전은 구약적 삶의 중심지였습니다. 신명기의 장소, 공간, 땅의 중요성을 반영하는 것입니다.

07 분열왕국시대

분열왕국 시대 BC 931-586

- 왕상 12-22장 · 왕하 · 대하 10-36장
- 요나(785-750) · 아모스(767-753)
- 호세아(767-714)
- 이사야(739-681) · 미가(733-701)
- 나훔(650-620) · 스바냐(636-623)
- 예레미야(627-574)
- 하박국(621-609)
- 예레미야애가(586)

주요인물

북왕국 열왕 ▪여로보암 ▪오므리 ▪아합 ▪예후 ▪여로보암 2세 ▪호세아

남왕국 열왕 ▪르호보암 ▪아사 ▪여호사밧 ▪웃시야 ▪아하스 ▪히스기야 ▪므낫세 ▪요시아 ▪여호야김 ▪시드기야

선지자 ▪엘리야 ▪미가 ▪엘리사

그 외 ▪이세벨 ▪나아만 ▪아달랴 ▪아마샤 ▪고멜 ▪이스르엘 ▪로암미 ▪바룩 ▪그달리야 ▪이스마엘 ▪요하난

주요사건 ▪이스라엘의 분열 ▪북이스라엘이 앗수르에 의해 포로로 끌려감 ▪예루살렘이 앗수르의 침공으로부터 구원받음 ▪선지자들의 예언활동 ▪새언약을 받음 ▪남유다가 바벨론에 의해 포로로 끌려감

BC 900

931 – 왕국이 분열됨(왕상 12장)
911 – 유다의 첫번째 선한 왕인 아사의 통치(대하 14–16장)

800

874 – 아합의 통치(왕상 16–22장)
873 – 여호사밧의 통치(대하 17–20장)
876~852 – 엘리야의 사역(왕상 17–19, 21장; 왕하 1,2장)
852~796 – 엘리사의 사역(왕하 2–9, 13장)

700

785 – 요나의 사역
767 – 아모스의 사역
767 – 호세아의 사역
733 – 미가의 사역
729 – 히스기야의 통치(대하 29–32장)
722 – 북왕국 이스라엘이 앗수르에게 함락됨(왕하 17장)

600

686~642 – 므낫세의 통치(대하 33장)
650 – 나훔의 사역
641 – 요시야의 통치(대하 34, 35장)
636 – 스바냐의 사역
627 – 예레미야의 사역
626 – 신바벨론 제국이 일어남
612 – 니느웨가 함락됨(나훔)
621 – 하박국의 사역
605 – 갈그미스 전투(렘 46:2)
605 – 예루살렘이 포위공격 당하고, 다니엘이 포로로 끌려감(왕하 24장) (1차포로)

597 – 시드기야의 통치(대하 36장)
597 – 예루살렘이 두번째로 포위공격 당하고 에스겔이 포로로 끌려감(왕하 25장) (2차포로)
586 – 예루살렘이 세번째 포위공격 당하고 성전이 불에 탐(왕하 25장) (유다의 멸망) (3차포로)
586 – 예레미야애가

솔로몬시대는 솔로몬 왕의 많은 이방 아내들 때문에 이방 신전이 들어서고 과중한 세금 정책으로 인해 타락하면서 국운이 기울기 시작하여 결국 BC 931년에 남북 왕국으로 분열됩니다. 여로보암이 이끄는 북왕국은 아예 사마리아에 금송아지를 숭배하는 정책으로 돌변하면서 하나님께 반역하게 됩니다. 패역한 북왕국이 아합이라는 악한 왕과 그 아내 이세벨이 아예 바알을 국교로 삼는 악행을 저지릅니다. 이 시점에서 엘리야와 엘리사가 활동합니다. 북왕국의 왕들은 다 하나님 앞에서 악을 행하는 자들이었습니다. 그들은 곧 여로보암처럼 우상을 숭배했던 자들이었습니다.

이 시대의 배경은 북왕국의 예후 왕조 하의 타락상을 중심으로 한 이야기이며, p.271의 예후 왕조의 왕들의 약전 참조
이 시대에 요나가 부름을 받고 니느웨에서 예언 활동하며 아모스, 호세아, 이사야, 미가가 북왕국에서 활동합니다. 결국 북왕국 이스라엘은 앗수르에 의해 멸망당하는 비극을 초래하고 하나님 나라의 꿈은 멀어져 갑니다.
다음은 남북 왕국의 왕들의 약전입니다.
왕들의 약전은 그 시대의 배경을 이해하는 데 많은 도움을 제공할 것입니다.

□ 남북 왕국의 왕들의 약전

남 S1 르호보암 931-913 17년간

그 이름의 뜻은 '백성을 번성케 함'이지만 실제로 그는 백성을 분열시켰고 더욱 억압한 자였다. 41세에 왕위에 오름, 그도 우상 숭배를 하며 문란한 왕이었다.왕상 14:23-24 그것은 어머니의 영향 때문이었다.왕상 14:21, 31 그는 재임 기간 내내 전쟁에 시달렸다. 북왕국과 싸웠고 특히 애굽의 시삭이 전차 1200대, 기병 6만 명을 거느리고 예루살렘에 진격했을 때왕상 14:25 성전과 왕궁에 있는 많은 보물을 내어 주며 침공을 무마했다. 역대하 12:1은 이것을 르호보암의 교만에 대한 하나님의 징벌이라고 했다. 역대하 11:17에 의하면 그는 처음에는 바른 길을 가려고 했다.

북 N1 여로보암 931-910 22년간 북 왕조의 모든 왕은 악한 왕이었다. 여로보암 왕조

그 이름의 뜻은 '백성이 많음'이다. 선지자 아히야가 여로보암이 장차 열 지파의 왕이 되리라는 것을 예언했듯이 그는 많은 백성의 왕이 되었다.왕상 11:29-40 그는 솔로몬의 신하로 왕의 미움을 사서 애굽으로 도망가 당시 애굽 왕 시삭의 보호를 받다가 돌아와 열 지파의 왕이 되었다.
그는 아주 작은 에브라임 지파 출신이었고 그것이 그의 소외감을 자아내게 하는 요인이 되

었다. 그는 열 지파의 왕이 되어 북왕국을 세우고 왕권을 유지하기 위해 열 지파들이 예배를 위해 예루살렘남왕국의 수도에 있는 성전에 가는 것을 막기 위해 금송아지를 신으로 만들고 사마리아 지방의 단과 벧엘에 금송아지 성전을 별도로 세웠다.왕상 12:26, 29 세겜을 요새화하여 자기 거처로 삼았으며왕상 12:25 그 후 요단 동편에 부느넬을 건축하여 수도를 옮긴다.

그 후 디르사로 수도를 다시 옮긴다.왕상 14:17, 15:21, 33 여로보암은 여호와께 충성하면 영원한 왕조를 주신다는 약속을 받았으나왕상 11:38 약속을 따르지 않고 악을 행한다. 여호와를 섬김과 동시에 바알도 섬기고 금송아지도 섬긴다.왕상 14:9, 15 이를 가리켜 혼합 주의Syncretism라고 한다. 그래서 징벌이 임한다. 자기가 왕이 될 것이라고 예언한 선지자 아히야에게 그는 이전에 그의 아내를 몰래 보내 보지만 결국 아들이 죽는다.왕상 14:1,2, 10-16

남 S2 아비얌913-911 3년간

르호보암의 아들로서 역대서에서는 아비야라고 하고 열왕기에서는 아비얌이라고 부른다. 르호보암이 압살롬의 딸 미가야와의 사이에서 난 세 아들 중 장자이다. 르호보암은 왕비가 18명이고 빈이 60명으로서 아버지 솔로몬의 모습을 닮았다. 아비얌은 이미 할아버지 솔로몬 때에 성인이 되었으며 애굽 왕 시삭이 침공했을 때 부왕인 르호보암이 조공을 바치고 굴욕을 당하는 것을 목격했으며, 오랜 동안의 남북전쟁에도 참전했다. 그는 왕이 되어서도 남북 전쟁을 수행했으며 한때는 여로보암 군대를 격파하고대하 13:19 영토를 확장하기도 했지만 통일의 위업은 달성하지 못하고 2년 만에 죽는다. 그는 부왕의 종교 정책을 닮아 산당에서 이방신을 계속 숭배하게 하였다. 또한 수많은 비빈을 거느리며 부왕과 마찬가지로 문란한 궁중 생활을 즐겼다.

북 N2 나답910-909 2년간 여로보암 왕조

그의 이름은 '고상하다'이지만 이름값도 못하고, 여호와 보시기에 악을 행한 왕이었다. 종교적으로 나답은 아버지를 따른다. 나답이 왕으로 있을 때 블레셋 사람들이 영토를 확장하려 분쟁을 일으킨다. 이들은 블레셋이 군대를 이끌고 침입하고, 나답의 수하 장군인 바아사가 반란을 일으켜 나답을 죽이고 왕이 된다. 나답이 죽음으로 여로보암 왕조는 끝나고 바아사 왕조가 시작된다.

남 S3 아사911-870 41년간 선한 왕

아사는 유다 전국에 들끓고 있던 우상의 잔재인 남창과 여창들을 소탕하고 또한 아세라 여신과 남근男根 등의 우상을 세우고 숭배했던 그의 어머니이면서 대비大妃의 지위를 유지하던 압살롬의 딸 마아가를 폐위하고 그 우상들을 모두 파괴했다. 그는 확실히 다윗같이 여호와 보시기에 선한 왕이었다.왕상 15:11 아사 왕의 개혁 운동으로 에브라임과 므낫세와 시므온 지파들 중에서 많은 자들이 아사 왕에게 돌아왔다.대하 15:8, 9 예루살렘 성회를 열어 신앙 부흥 운동을 일으켰다.대하 15:13-15

아사 왕의 재임 기간 중 2번의 전쟁을 치른다. 한 번은 애굽과, 다른 한 번은 구스에티오피아와의 전쟁이다. 이스라엘 바아사 왕과 전쟁하는 동안 그는 다메섹에 거하고 있는 아람 왕 벤하닷에게 도움을 청한다. 구약에서 전쟁은 하나님께 속한 것이다. 그래서 선지자 하나니는 그의 잘못을 지적한다. 아사는 그 선지자 하나니를 감옥에 가둔다.대하 16:7-10 아사 왕은 하나님의 징계로 병이 들지만 그는 하나님을 찾지 않는다. 그리고 2년 후에 죽는다.

북 N3 바아사909-886 24년간 바아사 왕조

출생이 비천하며 나답의 수하 장군인 바아사는 여로보암과 나답의 일족을 죽이고 왕이 되어 바아사 왕조를 시작한다. 그는 여로보암을 본받아 이스라엘의 백성을 우상 숭배에 빠뜨린다. 라마 성을 건축하다가 중단한다. 아들 엘라 때 전멸당한다.

남 S4 여호사밧873-848 25년간 선한 왕

아사의 아들로서 35세에 즉위하여 25년간 통치한다. 아버지 아사 왕의 종교 개혁 정신을 이어받아 신앙으로 백성을 잘 다스렸기에 국가가 부흥하고 국력이 신장하여 모압, 암몬, 에돔 연합군을 격퇴하고 그들로부터 조공을 받기도 한다. 국고성을 건축하여 국방을 튼튼히 한다. 그러나 북왕국의 아합 왕과 동맹을 맺어 하나님의 책망을 받는다. 아들 여호람에게 왕위를 물려주는데 이 아들이 아합 왕과 이세벨 사이에 태어난 딸인 아달랴와 결혼한다.

북 N4 엘라886-885 2년간 바아사 왕조

바아사의 아들로서 2년간을 치리하다가 나답의 수하 장군에게 살해된다. 엘라는 블레셋 하에 있는 깁브돈을 점령하려고 군대 장관 시므리를 보내고 자기는 집에서 술에 취해 유흥에 빠져 있을 때 이 시므리가 후방에 남아 있다가 반란을 일으켜 엘라와 그 일가를 다 멸하고 바아사 왕조를 무너뜨린다. 이것은 선지자 예후의 예언이 성취되는 결과이다.왕상 16:8-14

남 S5 여호람848-841 8년간

여호람은 BC 853년에 왕이 되었지만 아버지 여호사밧이 848년까지 섭정을 하였고 여호람은 848년부터 단독으로 치리하여 8년간 통치하였다. 여호람은 조부 아사 왕과 부왕 여호사밧 왕과 같지 않은 왕이었다. 그는 자기 형제들을 모두 죽이고 이스라엘의 방백들도 몇 사람 죽였다.
그는 북왕국 아합 왕의 딸 아달랴를 왕비로 삼았기 때문에 아합이세벨의 악행을 본받아 우상 숭배를 일삼았다. 그는 8년간 통치를 하면서 우상 숭배 등 많은 악정惡政을 폄으로 민심이 이반되고 많은 외침外侵을 당한다. 선지자 엘리야가 무서운 형벌을 예언한 대로대하 21:12-15 블레셋과 아라비아가 군대를 일으켜 유다를 친다. 여호람은 엘리야의 예언대로 창자가 빠져나오는 중병을 얻어 2년 동안 고생하다가 죽는다.

북 N5 시므리[885] 7일간 시므리 왕조

시므리의 이름의 뜻은 '어린 양'이다. 시므리의 반란은 7일 천하로 끝난다. 그 7일 동안 바아사의 집안과 그 일족들, 그리고 친구들까지 죽이는 악행을 저지른다. 시므리가 반란을 일으켰다는 소식이 전해지자 온 이스라엘의 군대가 반기를 들고 일어나자 시므리는 자결하였고, 백성의 절반은 다음 왕이 될 디브니를 따르고, 나머지는 오므리를 따랐다.

남 S6 아하시야(여호아하스)[841] 1년간

이 이름의 뜻은 '하나님의 소유'이다. 블레셋과 아라비아의 침입으로 여호람 왕가는 거의 전멸되고 오직 말째인 여호아하스만 살아남아 22세에 왕이 되어 1년간 치리한다. 그는 북왕국의 아합의 딸 아달랴가 그의 어머니이므로 아합 집안의 악행을 본받는다.

북 N6 디브니[885-880] 6년간 시므리 왕조

북 N7 오므리[885-874] 12년간 오므리 왕조

디브니와 오므리가 첫 6년간을 서로 반목하며 북이스라엘을 다스리지만 결국 오므리가 승리하여 시므리 왕조를 멸하고 왕이 되어 오므리 왕조를 시작한다. 오므리의 이름의 뜻은 '하나님을 숭배하는 자'이다. 그러나 오므리는 나라를 부강하게 하지만 여호와께서 보시기에 악을 행하는 왕이었다.

남 S7 아달라[유일한 여왕 841-835] 6년간

유다 왕 여호람의 왕비였고 아합 왕의 딸이었다. 그 이름의 뜻은 '하나님은 크심'이다. 그는 아합과 이세벨 사이에서 태어난 딸답게 잔인한 여인이었다. 그의 아들인 아하시야 왕이 죽은 후 그의 아들들인 자신의 손자들을 다 죽이고 왕권을 잡았다.

6년간 남유다를 치리한다. 그녀는 반대 세력들을 무자비하게 숙청하고 바알 종교를 남유다에 심는다. 이런 와중에 아하시야의 누이[아마 아달라에서 난 딸이 아닌 듯]가 아하시야의 어린 아들 요아스를 몰래 숨겨 6년간 기른다.

북 N8 아합[874-853] 22년간 흉측한 왕 오므리 왕조

아합이 즉위할 당시, 앗수르나시르팔 II세[Ashurnasil'pal. II]는 갈그미스에서 신 헷 왕국 및 레바논을 격파한 후 지중해에 이르고 있었고, 오므리가 죽던 BC 874년까지 수리아, 페니키아, 팔레스타인 등을 조공국으로 삼고 있었다. 이에 맞서 앗수르에 대항할 동맹이 생기게 되는데, 곧 헷, 하맛, 수리아 동맹이었다. 이때 즉위한 아합도 앗수르에 대한 대비책을 세우게 된다. 즉 아합은 솔로몬 이래 이스라엘에게 호의를 갖고 있던 페니키아 시돈 왕 엣바알Ethbaal과 관계를 맺고, 그의 딸 이세벨Jezebel을 취하여 후일을 대비하였다. 당시 엣바알은 왕으로써뿐만 아니라 우상 아스다롯Astarte:Ishtar의 제사장을 겸하고 있었다. 그의 딸 이세벨은 바알교를 가지고 이스라엘에 들어와 이후 종교적 대항전大抗戰을 야기시키게 된다.
아합은 악한 성격의 소유자로 이세벨에게 조종당하여 수도 사마리아에 바알 신전을 세우고 그곳에 남신 바알과 여신 이슈타르를 세웠다. 이 두 신이 결합되어 극히 음탕한 제사姦淫과 混淫 등을 행하였고, 백성의 종교적 도덕적 부패를 극에 달하게 하였다. 그의 호화 생활은 상아 궁전을 지음으로써 극에 달했다. 한편 왕비 이세벨은 바알교를 북왕국에 심었을 뿐만 아니라 여호와를 배척하고, 심지어 여호와 신앙의 멸절을 꾀하였다. 곧 이스라엘 왕조에 있어서 세계 역사상 최초의 종교적 사상적 대탄압을 행한 장본인이 되었다. 칼과 창으로 무장한 군대를 전국에 파견하여 여호와의 제단을 파괴하고, 예언자들을 무참히 살육하였다. 이에 전 이스라엘 백성 중에 바알에게 무릎을 꿇지 않는 자가 겨우 7,000명 뿐이었다.왕상 16~18장,19:18

이 같은 종교적 멸절 위기에 직면하여 등장한 인물이 엘리야Elijah였다. 엘리야는 권위를 가지고 아합과 이세벨 그리고 수많은 바알의 예언자와 대적하였다. 한 예로 엘리야는 하나님의 역사에 힘입어 기손Kishon강가에서 바알 선지자 450명을 참살하였다. 전에는 누구도 엄두 낼 수 없었던 일대 반격이었다.
아합은 나봇의 포도원 탈취 사건으로 엘리야의 예언대로 심판을 받아 아람과의 전투에서 전사한다. 엘리사Elisha가 그 뒤를 이어 이세벨을 포함한 바알 세력을 응징하게 된다.

북 N9 아하시야853-852 2년간 오므리 왕조

아하시야는 42세에 왕이 되어 2년 동안 다스렸으나 병사한다. 병이 들었을 때 그는 이교 사원으로 가서 바알세불에게 병 낫기를 간청한다. 엘리야로부터 죽을 것이라는 경고를 받는다. 아들이 없이 죽어 그의 동생 여호람이 왕위에 오른다.

북 N10 여호람(요람)852-841 12년간 오므리 왕조

아합과 이세벨이 그 부모이다. 그의 형 아하시야를 이어 12년간 재위하였다. 수리아Syria왕 하사엘Hazael과 싸우다가 패하여 부상한 것을 예후가 활로 쏘아 죽였다. 그의 시체는 나봇Naboth이라는 사람의 밭에 던져졌는데, 당시 시체를 매장하지 않고 이처럼 버려둔 것은 최대의 모욕이자 저주였다. 요람은 후궁들과의 문란한 퇴폐 행각을 일삼고, 그의 선대로부터 계승한 이세벨의 음행과 이를 조장하는 술수를 확산시켰다. 향락 추구와 바알 숭배가 극에 달하였다.

남 8 요아스835-796 40년간 선한 왕

이름의 뜻은 '하나님께서 도우심이다'이다. 남유다 왕 아하시야의 아들로 아달랴의 손자 학살로부터 빼내어 길렀다. 대제사장 여호야다가 아달랴에 반기를 들고 불과 7세밖에 안된 요아스를 옹립擁立하였는데 아달랴의 악정에 시달린 모든 백성이 호응했다. 국가가 혼란에 빠졌을 때 왕위에 즉위하여 약 40년간 재위하였다. 요아스는 바알Baal의 신전을 파괴하고, 여호와의 성전을 수축하는 등 신앙으로 나라를 잘 다스렸다.
그러나 여호야다 사후에 신앙을 잃고 타락하여, 이를 지적하는 예언자 스가랴를 성전에서 돌로 쳐 죽이기까지 하였다. 그 결과 외적의 침입에 따른 혼란기에 부하의 반란에 의해 살해되었다.

북 N11 예후841-814 28년간 예후 왕조

그 이름은 뜻은 '그가 하나님이시다'이다. 그는 본래 아람 왕을 따랐으나 이스라엘 장군이 되어 길르앗 라못Ramoth-gilead에서 수리아와 싸웠다. 이때 엘리사Elisha의 기름부음을 받아 왕이 되어 28년을 재위하였다. 그러나 예후는 신앙적인 인물이 아니었다. 예후는 수리아에 대항하고자 친앗수르 정책을 취한 결과로 수리아의 침공 때 죽임을 당했다. 예후는 아합의 후손들을 모조리 죽인 장본인으로 기록되고 있다.
요람여호람, 아하시야, 이세벨 등이 그의 손에 죽임을 당하였다. 그는 유다 왕 아하시야까지 죽임으로 동맹관계가 깨어진다. 또한 예후는 바알을 섬기는 자와 바알의 추종자를 무참히 살해하였는데, 즉 바알에게 거짓제사를 드려 모든 추종자를 모으게 한 다음 여호와를 섬기는 자를 다 내보낸 후에, 나머지 바알의 추종자를 무참하게 도륙하였다.대하 20장 22:1-9 그리고는 바알의 목상을 헐고, 그 당堂을 훼파하고, 그 위에 화장실을 세웠다. 이 같은 예후의 행위에 따라 여호와는 그의 후사에게 사대四代의 왕위 계승을 허락하셨다. 그러나 예후는 전심으로 율법을 지켜 행하지 아니하며 여로보암이 이스라엘로 범하게 한 그 죄에서 떠나지 않았다. 이는 후에 결국 여호와께서 하사엘을 시켜 이스라엘을 찢게 만드는 원인이 된다.왕하 10:18-21

남 S9 아마샤796-767 29년간

아마샤는 25세에 즉위하여 예루살렘에서 29년 동안 다스렸다. 아마샤는 부왕 요아스를 본받아 선정을 펴고, 율법을 지키는 일에 거하였으나, 그의 조상 다윗에는 미치지 못하였다. 또한 그는 전국의 산당들을 완전히 철폐하지 않아 우상 숭배는 계속되고 있었다. 아마샤는 재위 초기 통치권을 확고히 하고, 부왕을 살해한 신하들을 처형시켰다. 또한 치세 중 에돔 족속이 1만 대군을 거느리고 사해 남쪽 소돔 골짜기로 쳐들어왔는데 그는 이 전쟁에서 승리하고 그들의 수도까지도 정복하는 개가를 거두게 된다.
이 전쟁 후 아마샤는 즉시 예후의 손자이며 여호아하스의 아들인 이스라엘의 요아스 왕에게 선전 포고를 하고 전쟁을 일으켰으나 실패한다. 이에 머무르지 않고 북왕국 요아스는 예루살렘으로 진격하여 북쪽 성벽에 있는 에브라임 성문에서부터 북서쪽 성문에 이르기까지 180m의 성벽을 허물어 버렸다. 그는 성전과 왕궁의 창고에 있는 귀중품들을 모조리 약탈하고 많은 사람을 인질로 붙잡아 사마리아로 돌아갔다. 아마샤의 전쟁 의지를 완전히 꺾고, 향후 지속적인 조공을 담보하기 위함이었다.
아마샤 재위 말기 시에는 예루살렘에서 반역이 일어나게 되는데, 이에 아마샤는 예루살렘 남서쪽에 있는 라기스Lachish로 도피한다. 그러나 반역자들은 그곳까지 자객을 보내어 결국 왕을 살해하였다. 다만 그의 시체만은 마차로 실어다가 예루살렘의 다윗성에 있는 유다 왕들의 묘실에 안치하였다. 이후 유다 사람들은 아마샤의 아들 아사랴를 유다 왕으로 삼았는데, 그는 후일 웃시야라는 이름으로 더 잘 알려지게 되는 인물이다.왕하 14:1-22

북 N12 여호아하스[814-798] 17년간 예후 왕조

유다 왕 요아스 23년에 예후의 아들 여호아하스가 왕이 되어 17년 동안 다스렸는데 첫 3년은 예후와 함께 통치했다. 여호아하스는 여호와 마음에 들지 않는 악한 일을 행하였다. 그는 여로보암이 이스라엘 백성을 꾀어 섬기게 한 우상 숭배에 빠져서 음행과 술수를 저지르고 거기서 떠나지 않았다. 여호와는 이러한 이유 때문에 이스라엘 백성에게 분노하셨고, 여호아하스가 재위하는 동안에는 끊임없이 수리아왕 하사엘과 그 아들 벤하닷으로 하여금 그들을 정복하고 다스리게 하셨다. 그러나 여호아하스가 여호와께 부르짖으며 간구하자 주께서는 아람 왕에게 시달리며 고생하는 이스라엘 백성을 보시고 그의 기도를 들어주셨다.
여호와께서 이스라엘 백성에게 해방자앗수르 왕 아닷-니라리 3세를 보내 주셔서 그들은 아람의 압박과 설움에서 해방되어 전과 같이 평화스럽게 살 수 있었다. 그러자 이스라엘 백성은 여전히 북왕국을 세운 여로보암이 만연시켰던 우상 숭배와 음행에 빠져서 다시 죄를 지었다. 마침내 여호와의 인내는 끝나고 아람 왕 하사엘이 이스라엘 군대를 완전히 길바닥의 먼지처럼 짓밟았다. 여호아하스에게 남은 군대는 겨우 전차 10대와 전차병 50명과 보병 1만 명뿐이었다. 그가 죽자 시신은 사마리아에 장사되었고, 그의 아들 요아스가 왕이 되었다.왕하 13:1-9

남 S10 웃시야[767-739] 52년간 선한 왕

그 이름의 뜻은 '하나님의 힘'이다. 아사랴Azariah라고도 하며 16세에 등극, 52년 동안 재위하였다.왕하 15:2 그의 단독 통치는 16년간이었다. 남왕국 유다 왕 중에 가장 유능한 왕이었다. 그는 여호람 왕 때 에돔 족속에게 빼앗겼던 아카바만 북단의 항구 도시 엘랏Elath을 재탈환하였다.
웃시야는 선왕 아마샤의 초기 행적을 본받아 율법에 따라 치세하였다. 또한 당시 선지자 스가랴의 교훈을 받아 여호와께 순종하였는데, 이에 여호와는 그의 모든 일을 형통하게 하셨다. 웃시야는 재위 중 동쪽과 서쪽으로 정벌에 나서, 우선 블레셋의 세 성읍을 모조리 허물어뜨렸다.
곧 예루살렘 남서쪽 40km 지점의 가드Gath성, 서쪽 약 50km 지점의 야브네Japheth성, 가드에서 북쪽으로 약 20km 지점에 있는 해안 성읍 아스돗Ashdod성 등이었다. 이후 구르바알Gurbaal을 비롯, 유다 남동쪽의 경계선 지역에 살던 아라비아 족속, 마온Maon 족속, 암몬Amon 족속들까지 그 손에 붙이셨다.
웃시야는 이에 그치지 않고 예루살렘에도 각기 성문 위에 망대를 세워 방비를 튼튼히 하였고 또한 유다 서쪽의 야산 지대와 고원 평야 지대에도 많은 방어용 망대와 물웅덩이를 파 놓았다.
한편 농경을 장려하여 전국의 산지와 비옥한 저지대에 농부와 포도원지기들을 보내어 밭을 경작하게 하였다. 웃시야는 막강한 군대를 양성하여 군사력을 강화하였는데, 그 수는 족장들로 구성된 2,600명의 고급 장교 예하에 전체 장병 수 30만 7,500명이었다.
각 부대는 방패, 창, 갑옷, 활, 물맷돌 등으로 기능별로 무장시키고 정예화하였다. 아울러 중화살, 발사대 등 군사 무기를 정교하게 고안하여 예루살렘의 모든 망대와 성벽의 구석마다 배치해 놓기도 하였다. 그러나 웃시야는 차차 교만해져 여호와께 죄를 저지르기에 이르고. 결국 문둥병에 걸려 별궁에서 격리 생활을 하다가 그 아들 요담이 왕궁의 책임자가 되어 왕을 대신하여 정사를 돌보았다.

북 N13 요아스[798-782] 16년간 예후 왕조

그 이름의 뜻은 '하나님께서 도우심'이다. 16년간 재위하였다. 그는 여호와의 마음에 맞지 않는 악한 일들을 하고, 이스라엘을 우상 숭배에 빠뜨린 여로보암의 악행을 본받아서 음행과 술수를 일삼았다. 유대 전승은 엘리사와 요아스의 활에 대한 한 재미있는 이야기를 전한다.
엘리사가 병들어 죽게 되자 이스라엘 왕 요아스가 찾아와서 두 손으로 얼굴을 가리고 통곡하며 이렇게 부르짖었다. "나의 아버지여, 이스라엘의 전차와 전차병이 되신 분이시여." 이에 엘리사는 왕에게 활과 화살들을 가져오게 하였다. 왕이 그대로 하자 시위를 당길 것을 명하고, 왕의 손 위에 자기의 손을 얹고 하나님의 권능을 부여하였다. 그리고 엘리사는 동쪽 창문을 열게 한 다음, 왕에게 쏠 것을 명하였다. 왕이 화살을 한번 쏘자 엘리사가 이렇게 설명하였다. "이 화살은 여호와께서 주시는 구원의 표시입니다. 아람과 싸울 때에 주께서 도와주실 것입니다. 그래서 왕이 아백Abpak에게서 그를 쳐서 멸망시킬 것입니다." 이후 엘리사는 왕에게 다른 화살들은 집어 땅바닥을 치라고 하였다. 왕이 그대로 하였으나 그는 땅바닥을 세 번만 두드리고는 그만 그쳤다. 엘리사는 이것을 보고 화를 내면서 다음과 같이 말하였다. "왕이 충분히 대여섯 번이라도 쳤더라면 아람 족속을 완전하게 멸절시킬 것이나 원수를 물리치겠다는 확고한 신념과 예언의 말씀에 대한 신뢰가 부족하기에 왕은 아람 군대를 세 번밖에 무찌르지 못 할 것입니다." 여호아하스가 하사엘에게 빼앗겼던 성읍들을 그 아들 요아스가 벤하닷에게서 탈환하였다.
이스라엘이 이처럼 영토를 회복할 수 있었던 것은 오랫동안 이스라엘을 괴롭혀 온 수리아 왕 하사엘이 죽고, 왕위를 계승한 벤하닷이 강하지 못했다는 것과, 앗수르의 활동이 왕성해져 그 당시 앗수르가 다메섹을 무저항으로 통과하여 지중해 연안까지 진출한 사실을 배경으로 들 수 있다.왕하 14장~15장

남 S11 요담[739-731] 16년간 선한 왕

웃시야의 아들로 선왕이 문둥병으로 고생할 때 섭정하다가 부왕이 죽은 후 25세에 즉위하여, 16년간 치리하였다. 말년에 다메섹Damascus으로부터 위협을 받게 된다.

이름의 뜻은 '하나님은 바르심이다'이다. 요담은 여호와의 마음에 드는 일들을 하고 모든 점에서 아버지 웃시야의 모범을 따랐다. 그는 자기의 아버지처럼 함부로 여호와의 성전에 들어가지는 않았다. 그런데도 백성들은 계속 살인과 폭행을 일삼았다.
요담은 성전의 북쪽에 있는 성문을 새로 만들고, 예루살렘 남동쪽의 오벨Ophel성벽도 여러 곳을 보수하였다. 그는 유다의 산지에 여러 채의 성읍들을 축성하여 국경을 강화하고, 삼림 지대에도 망대와 요새 성읍들을 세웠다. 요담은 암몬Amon 왕과 싸워 이겼다. 그래서 암몬 족속은 이후 해마다 100달란트와 밀과 보리 각각 980톤을 요담에게 조공으로 바치게 된다. 말년에는 북왕국 베가와 다메섹 르신이 앗수르에 대항하도록 압력을 넣는다.

북 N14 여로보암 2세793-753 41년간 예후 왕조

여로보암 2세는 41년 동안 재위하였다. 부왕 요아스의 업적으로 비교적 안정적으로 출발하여 황금 시대를 이루었다. 그는 이스라엘 옛 영토를 모두 다시 정복하여 북단 하맛Hamath 입구에서부터 남단 사해에 이르기까지 잃어버렸던 땅을 모두 수복하였다. 여로보암 2세의 치세는 북이스라엘의 최전성기였다. 이것은 여로보암이 뛰어난 군왕이었다기보다 오히려 주변의 여건에서 비롯되었다. 즉 당시 다메섹 및 그 이웃나라들이 앗수르의 살만에셀 3세에 의하여 철저히 유린당하고 있었기 때문에, 여로보암 2세는 이 호기好期를 이용하여 사방의 나라들을 병합하고 국력을 신장시키기에 이른 것이다.
그 결과 여로보암 2세의 시대는 솔로몬 재위시 전성기의 전 영토에 달하는 범위를 세력권으로 두고 속령으로부터 공물을 받아 전에 없었던 국부를 창출하게 된다.왕하 14:23-24
그는 이스라엘 백성을 우상 숭배에 빠뜨린 여로보암 1세와 똑같은 악행을 저질렀다. 이 세대에 요나, 아모스, 호세아가 활약한다.

북 N15 스가랴753-752 6개월간

여로보암 2세의 아들로서 재위 6개월 동안 통치하다가 평민인 살룸Shallum에게 맞아 죽었다. 이에 대해 아모스의 예언이 있었다.(암 7:9) 그도 자기의 조상들과 마찬가지로 여호와의 마음에 들지 않는 일들을 하고, 여로보암이 이스라엘 백성에게 퍼뜨린 우상 숭배와 음행에서 떠나지 않았다. 그 결과 요단강 동쪽의 길르앗 사람 살룸이 왕에게 반역하여 이블르암Ibleam에서 그를 쳐 죽이고 스스로 왕이 되었다. 이로써 사대四代에 이르는 예후 왕조가 종식되었다.왕하 15:8-12
여호와를 버린 이스라엘 말기의 침통한 양상이 스가랴로부터 전개된다. 왕은 연이어 죽임을 당하고, 눈뜨고 볼 수 없는 학살이 자행되었으며, 이로 인해 온 나라는 혼란에 빠지고 결국 급변하는 국제 정세에 휘말리게 된다.

북 N16 살룸752 한 달간

그 이름의 뜻은 '보응報應'이다. 살룸은 유다 왕 웃시야 39년에 왕이 되어 고작 한 달 동안 재위하였다. 그는 단과 벧엘에서 계속 여로보암의 우상을 섬겼다. 스가랴Zechariah를 죽이고 왕위에 올랐다가, 므나헴Menahem에게 살해되었다.

므나헴이 통치권을 굳히기 위하여 전국을 순회할 때에 살룸의 고향에서는 성문을 굳게 닫은 채 그를 반기지 않았다. 그러자 화가 난 므나헴은 군대를 끌고 와서 그 성읍을 점령하고 그곳의 주민과 그 주변 마을 주민들과 심지어 임신한 여인의 배까지 모두 갈라 죽였다.왕하 15:13-16

남 S12 아하스731-715 16년간 악한 왕

요담의 아들로 아하스는 20세에 왕이 되어 예루살렘에서 16년을 통치하였다. 그러나 자기의 모범적인 조상 다윗처럼 여호와의 뜻에 따라 살지 않고, 이스라엘의 악한 왕들을 본받아 우상 숭배와 음행에 빠졌다. 심지어 그는 자기 아들을 산 채로 불에 태워 우상에게 제물로 바치게 하였다. 또한 그는 이방신에게 제물을 바치는 산당과 산언덕이나 큰 나무 앞에 찾아가 번제물을 바치고 분향도 하였다.대하 16장, 28장

이 시기의 국제정세는 복잡하게 전개되었다.

곧 앗수르와 애굽의 틈바구니에 낀 수리아, 팔레스타인 지방은 강성 대국으로 발돋움하고 있었던 앗수르로부터 위협을 받고 있었다. 따라서 이 당시 수리아 및 이스라엘은 한편으로 애굽의 후원을 기대하면서 반앗수르 동맹을 맺고 있었다.

당시까지 이스라엘에서의 왕위 쟁탈의 이면에는 외교 정책으로써 친앗수르파와 친애굽파가 대립하고 있었다. 그러나 북왕국의 므나헴, 브가히야는 친앗수르 정책을 취하고 있었던 까닭에, 수리아와 동맹을 맺고 아하스를 넘어뜨리고 유다를 자기편으로 끌어들이려 하였다.

유다 측면에서 보면 요담 왕조로부터 비롯한 북방으로부터의 압박은 이때에 이르러 중대한 위기에 직면하게 된다.왕하 16장, 대하 28장 이때에 이사야가 활동한다. 아하스는 이사야의 권면을 받아들이지 않는다. 그는 성전 기명을 뜯어내고, 성전을 폐쇄해 버렸다.대하 28:24

북 N17 므나헴752-742 10년간

그 이름의 뜻은 '위로자'이다. 그러나 그는 잔인한 혁명가였다. 일개 군대 장관직에 있다가 살룸을 죽이고, 왕위를 찬탈하였다. 그는 성격이 괴팍하고 잔인하였기 때문에, 재위 중에 적을 많이 만들었고, 또한 내부에도 친애굽파와 친앗수르파가 생겨 당파 싸움이 심하였다. 므나헴의 재위 시 디글랏 빌레셀Tiglath Pileser III이 침입하게 되자, 므나헴은 그에게 은 천 달란트를 주고 보호국이 되기를 간청하여 위기를 모면하게 된다. 이후 지속적으로 조공을 바치게 된다.

그는 여호와의 마음에 들지 않는 일을 끊임없이 행하고 여로보암이 이스라엘에게 만연시킨 우상 숭배와 음행에서 평생 벗어나지를 못하였다.

제1차 앗수르의 침공시 거액의 보상금을 제공하는 형식으로 큰 위기 없이 화를 모면하게 되었으나, 몇 년 지나지 않아 막대한 타격을 입고, 또 다시 십여 년 뒤 재개되는 침공에 의해 북이스라엘은 완전히 멸망하게 되었다.왕하 15:17-22

북 N18 브가히야[742-740] 2년간

그 이름의 뜻은 '하나님이 눈을 뜨게 하심'이다. 므나헴의 아들로 2년 동안 통치하였다. 그 또한 여로보암이 이스라엘 백성에게 만연시킨 우상 숭배와 음행에서 떠나지 않았다. 그 결과 브가히야는 르말랴의 아들 베가로부터 반역을 당하고, 베가는 요단강 동쪽 길르앗 사람 50명과 함께 사마리아 왕궁의 가장 깊은 요새로 쳐들어가 브가히야를 죽이게 된다.왕하 15:23-26

북 N19 베가[740-732] 20년간

20년간 통치했다고 했으나 첫 12년간은 므나헴과 대립하여 동쪽의 길르앗 지역만 다스렸고, 실제로는 8년간 통치한 셈이다. 그 이름의 뜻은 '눈을 뜸'이다. 베가 또한 우상 숭배와 음행에서 떠나지 않았다. 베가는 앗수르에 대결하는 과감한 정책을 썼다. 그 결과 앗수르의 디글랏 빌레셀 III세에게 이스라엘 북부를 대부분 빼앗기게 된다. 이 침략은 유다 왕 아하스의 청원에 의한 것이다. 또한 앗수르는 길르앗, 갈릴리 전 지역, 납달리 지파 영토 전역을 점령하고 백성들을 모두 앗수르로 끌고 갔다. 이에 친앗수르파였던 호세아에 의해 죽임을 당한다.왕하 15:27-31

북 N20 호세아[732-722] 10년간 - 북이스라엘의 마지막 왕

이름의 뜻은 '구원'이다. 구원은 커녕, 이스라엘 최후의 왕이 되고 말았다. 그도 끊임없이 악을 행하였다. 앗수르의 살만에셀 V세Sharmaneser V에 의하여 종국적 멸망을 당하게 된다.왕하 18:9-12

여로보암의 북왕국이 수립된 이래 210여년, 왕조가 바뀌기를 8번, 엘리야, 엘리사의 전후 70년에 이르는 노력에도 불구하고, 예후 및 요아스의 개혁도, 아모스, 호세아의 예언도 이스라엘을 죄의 수렁 속에서 구원해 낼 수가 없었다. 여호와의 인내는 여기서 끊어졌다. 이리하여 여호와의 선민選民은 역사에서 자취 없이 사라지게 되었다.

□ 이제 유다 왕국만 남는다

남 S13 히스기야[728-686] 42년간 선한 왕

그 이름의 뜻은 '하나님의 힘이다'. 하나님을 경외하고 치세가 훌륭하여 열왕 중 으뜸으로 친다. 그는 문란하던 부왕 아하스의 유업을 이어받아 재위 초기에 많은 곤란을 당하였다. 그는 종교개혁을 이룬다. 또한 당시 외세의 압력이 매우 강하여 내치內治보다 외치外治를 우선한다. 즉 인접한 애굽, 블레셋, 시돈, 에돔, 모압, 암몬 등과 동맹을 맺고, 자신이 맹주가 되어 강적 앗수르를 대적하는 과감함을 보였다. 이사야는 그것이 여호와를 거역하는 것이라고 충고하였으나 히스기야는 이를 귀담아 듣지 않았다.

마침내 앗수르의 산헤립Sennacherid은 남유다를 침공, 히스기야의 연합군을 대파하고, 46개의 성과 20여만 명을 포로로 잡아가고 막대한 전쟁 배상금을 요구하였다. 이같은 어려움 가운데 히스기야는 하나님께 간구하게 되는데, 이에 하나님께서는 앗수르 군사 18만 5천 명을 전멸시키셨다. 그는 재위 시 못과 수로水路를 만들어 예루살렘성으로 물을 끌어들인 과업을 이룩하였다. 말년에 병의 고침을 받고 하나님으로부터 15년간 생명을 연장받는 축복도 누린다.

남 S14 므낫세697-642 55년간 흉악한 왕

므낫세는 12세에 왕위에 올라 55년간 치리하며 최장수 집권자가 된다. 그는 히스기야와는 정반대되는 인물이다. 므낫세 왕은 아합의 성품과 치세 형태가 비슷하였다. 므낫세는 하나님의 성전을 훼파毁破하고, 그곳에 일월성신을 위하여 단壇들을 쌓고, 하나님의 성전에다 직접 만든 바알과 아세라 신상을 두는가 하면, 태양 신상과 갖가지 우상들을 가득 채워 놓았다.왕하 21:6, 대하 33:6

또한 여호와의 선지자들을 대신하여 바알 선지자들과 아세라 선지자들을 세웠고, 또한 그런 선지자들을 높여 주었다. 뿐만 아니라 신접神接한 자들, 무당들, 사술하는 자들, 점치는 사람들을 우대하였고, 아하스처럼 율법에서 가장 금하였던 자기 자식들을 불 가운데로 지나게 하는 흉악한 행동을 서슴지 않았다.이는 우상 몰렉 앞에서의 제사와 흡사하였다.

이런 종교 정책을 반대하는 자는 모두 처형하였다. 하나님께서 하지 말라고 한 것을 어김없이 빼지 않고 실행한 왕이 므낫세이다. 곧 하나님을 대적한 삶을 살았을 뿐만 아니라, 그 외에도 옳지 못한 판단으로 많은 범죄 행위를 일삼았는데, 기록에는 온 땅을 피로 물들게 했다고도 전한다. 그에게는 하나님의 징계가 임한다. 급기야 그는 앗수르의 군대 장관들로부터 쇠사슬로 결박당하여 바벨론으로 끌려갔으나 하나님 앞에 크게 겸손하여 기도하였으므로 하나님이 그 간구를 들으시고 예루살렘에 돌아와 다시 왕위에 앉게 하셨다.대하 33장

남 S15 아몬642-640 2년간 살해됨

아몬은 므낫세의 아들로 유다의 15대 왕이 된다. 그는 22세에 왕위에 올라 2년간 통치한 단명短命의 왕이었다. 그는 선대先代 므낫세 왕의 패역한 정치를 본받았고, 이방신과 우상 숭배로 일관했으며 여호와 보시기에 악을 행하였다고 성서는 기록하고 있다. 결국 므낫세의 죄와 아몬의 죄가 누적되어 아몬은 하나님께 심판의 대상이 되었고, 백성들에게도 버림받은 왕이 되었다.

아몬은 그 주변 사람에게 피살되어 24세로 세상을 마감하게 된다. 비록 아몬의 행적이 그의 참혹한 종말을 가져왔지만, 이같은 종말은 순리는 아니었다. 그 결과 이후 백성들이 일어나 반역에 가담하거나 관계하였던 모두를 색출하여 관계하였던 모두를 죽이고, 아몬의 아들 요시야를 왕으로 세워 국권을 회복하게 된다.왕하 21:19-26

남 S16 요시야640-609 31년간 선한 왕

그의 치리 기간은 유다 창건 이래 가장 행복했던 시기였다. 므낫세 및 아몬의 악정에 뒤이어 요시야는 8세의 나이로 왕위를 계승한다. 31년에 걸친 그의 치세는 유다에 있어 일대 전환기였다. 이 시기에 국제 정세의 변화로 BC 625년 나보폴라살Nabopolassar에 의해 신바벨론이 건설되고 BC 612년 앗수르의 수도 니느웨가 함락되어, 그 찬란하던 앗수르가 붕괴된 사건이 있었다.

요시야는 선한 정치와 종교 개혁으로 대표되는 왕이다. 재위 12년에는 모든 이방 우상을 격멸하고 이교異教적인 예배를 금지하였다. 또한 재위 18년에 예루살렘 성전을 수리하던 중에 모세의 율법서아마 신명기(申命記)일 것이다.를 발견하여 이를 접하고, 크게 감동하게 된다.

즉 북이스라엘이 멸망하고 남유다가 현재 몰락의 길을 걷게 된 것은 하나님을 떠나 우상 숭배가 그 이유임을 깨닫게 된다. 이에 힘입어 그는 대대적인 종교 개혁을 단행한다. 갖가지 우상들을 모조리 색출하여 불사르고 묘지에 뿌렸다. 또한 북쪽 벧엘에 세운 우상 제단들과 산당을 모두 헐고, 우상 예배를 행하던 제사장들을 모조리 죽이고 그 뼈를 취해 제단 위에서 불살랐다. 이것은 오래전 선포된 예언의 성취이기도 하였다.왕상 13:2 요시야의 이같은 종교 개혁에 대하여 성경은 요시야와 같이 율법을 온전히 준행한 왕은 요시야 전에도 없었고, 후에도 그와 같은 왕이 없었다고 기록하고 있다. 이 같은 치적治績에도 불구하고 요시야는 애굽 왕 느고Neco가 앗수르Assyria를 도와 바벨론을 물리치려고 북진할 당시, 느고의 교섭 제의를 무시하고 이에 대응하고자 나섰다가 므깃도에서 불행하게도 한 궁수의 화살에 의해 전사한다.왕상 23:29

남 S17 여호아하스[609] 3개월간 애굽에 포로

요시야의 갑작스러운 죽음에 유다의 지도층은 요시야의 둘째 아들인 살룸Shallum을 세워 예루살렘에서 요시야를 대신하여 왕으로 삼고, 그의 이름을 여호아하스라고 불렀다. 살룸은 애굽을 배척하는 부왕 요시야의 외교 정책을 지지한 아들이었기 때문에 맏형들을 물리치고 왕위 계승자가 되었다. 그는 유다 백성이 뽑아 세운 최후의 왕으로 23세에 왕이 되어 겨우 석 달 동안 재위하게 된다. 즉 애굽 왕 느고가 쳐들어와 그를 폐위시킨 후, 은 100달란트와 금 1달란트를 조공으로 바치라고 명한다. 이후 느고는 여호아하스의 맏형 엘리야김을 유다의 왕으로 세우고 그의 이름을 여호야김으로 바꾸었다.

엘리야김은 '신임神任함'을 의미하고, 여호야김은 '여호와가 맡는다'라는 의미로써 실질적으로는 같은 의미이지만, 이와 같이 왕명을 바꾸게 되기까지는 느고의 깊숙한 내정 간섭이 반영되어 있었다. 즉, 느고는 의도적으로 민심을 회유하기 위하여 여호와께 충실한 것처럼 이름을 변경시켰던 것이다.

민심을 이끌 지도력이 없는 자, 혹은 악을 행하는 자가 그의 사후에까지 이름을 아름답게 남기려고 기만하고자 함은 어느 시대에도 흔히 있는 일이다. 여호아하스도 여기서 예외는 아닌 인물이었다. 여호아하스는 재위 말년에 애굽에 끌려가 그곳에서 죽게 된다.대하 36:1-4

남 S18 여호야김[609-597] 11년간

유다는 애굽의 속국이 되고 조공을 바치는 신세가 되었다. 여호야김은 여호아하스의 이복형이다. 그는 바로 느고에 의하여 25세에 왕이 되어 11년 동안 예루살렘에서 다스렸다. 그는 대담하고 흉악한 통치자로 그 누구도 두려워하지 않았다. 예언자 우리야는 그의 우상 숭배를 비난하다가 암살되었고, 예레미야도 우리야와 같은 처지에 있다가 간신히 화를 면하기도 한다. 여호야김은 또한 과중한 부역과 중세로 백성을 도탄에 빠지게 했을 뿐만 아니라 호화스러운 궁전을 건축하여 국력을 소진하기도 하였다. 실로 그의 안중에는 정의도 없고 연민도 없었으며, 오직 그의 호사豪奢를 위하여 수단과 방법을 가리지 않았다. 이에 국력은 갈수록 피폐해져만 갔다.
그 결과로 갈그미스Carchemish : BC 605년 전쟁에서 애굽을 이긴 바벨론의 왕 느부갓네살이 BC 597년 대군을 거느리고 예루살렘으로 진격하여 여호야김을 포로로 잡아 쇠사슬로 묶어 바벨론으로 끌고 가게 된다. 또한 느부갓네살은 성전의 기구 가운데 귀중한 것들을 골라서 바벨론으로 가져다가 자기 왕궁에 두기도 하는데, 후일 바사의 고레스Cyrus II왕에 의하여 다시 되돌려지게 된다.대하 36:6-8 여호야김은 완전히 친애굽적이었을 뿐만 아니라 모든 점에 있어서 부왕 요시야와 상반되었다.

남 S19 여호야긴597 3개월 10일. 바벨론으로 포로

여호야긴은 왕이 되어 100일 동안 예루살렘에서 다스렸다. 악행을 일삼아 그 또한 여호야김과 마찬가지로 느부갓네살왕이 바벨론으로 끌고 가고, 성전의 귀중품들도 다시 대량으로 약탈해 갔다.
여호야긴은 바벨론 옥에서 37년간 갇혀 있었으나, 후에 출옥이 허락되어 바벨론에 잡혀간 다른 왕들보다도 우대를 받았다. 느부갓네살은 여호야긴 대신 BC 597년 요시야의 셋째 아들 시드기야를 유다의 왕으로 세우게 된다.대하 36:9-10

남 S20 시드기야 597-586 11년간 유다의 마지막 왕. 바벨론으로 포로

느부갓네살은 요시야의 셋째 아들이며 여호야긴의 숙부인 맛다니야Mattaniah를 세워 유다 왕으로 삼고, 시드기야로 개명改名하게 하였다. 그는 21세에 즉위, 11년간 재위하였다. 시드기야는 악인은 아니었지만 정신 박약 증세가 있었다. 그는 예레미야를 존경하여 호의로써 대하였으나, 무모하고 우매한 당시 귀족에 대해서는 통제력을 행사하지 못했다.
시드기야는 고위층과 제사장들과 함께 악한 행위를 일삼았다. 이방의 더러운 풍속을 따르고, 예루살렘 성전까지도 온갖 우상으로 더럽혀 놓았다. 또한 그들은 예언자들의 충고를 귀담아 듣지 않았으며 오히려 조롱하고 웃음거리로 삼았다. 그는 반바벨론파와 친애굽파의 압력으로 바벨론을 배반한다. 그 결과 BC 588년에 바벨론 느부갓네살 왕은 유다를 철저히 황폐화시키고, 유다의 군사 및 예루살렘 성내의 모든 백성들을 닥치는 대로 죽였다. 시드기야 또한 느부갓네살에 의하여 두 눈이 뽑히게 되고, 그의 아들들 또한 그의 목전에서 죽임을 당하였다. 2년 후 BC 586년에 유다도 멸망하고 만다. 이리하여 유다 민족도 약속의 땅 가나안에서 축출되고, 이 땅에서 유다 왕국은 영원히 사라지게 되었다.BC 586년 그들은 바벨론에서 대대로 노예 생활을 하다가 바사 제국을 맞이하게 된다.대하 36:11-23, 왕하 25:1-7

35일

년 월 일

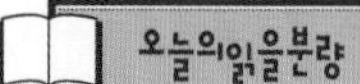

왕상 12~16장
대하 10~16장

□ 결국 왕국이 분열하다

사무엘상 11:8은 왕국이 분할할 수 있는 가능성을 보여 주는 이스라엘 지파 연합국의 취약점을 품고 있음을 보여 줍니다. 삼상 11:8 "사울이 베섹에서 그들의 수를 세어 보니 이스라엘 자손이 삼십만명이며 유다 사람이 삼만명이더라" 이 구절은 이스라엘과 유다가 서로 나누어 반목하고 있다는 사실을 보여 줍니다. 또한 직접 원인은 솔로몬에 대한 하나님의 진노입니다.

왕상 11:9-13 9솔로몬이 마음을 돌려 이스라엘의 하나님 여호와를 떠나므로 여호
와께서 그에게 진노하시니라 여호와께서 일찍이 두 번이나 그에게 나타나시고 10**이
일에 대하여 명령하사 다른 신을 따르지 말라 하셨으나 그가 여호와의 명령을 지키
지 않았으므로** 11**여호와께서 솔로몬에게 말씀하시되 네게 이러한 일이 있었고 또
네가 내 언약과 내가 네게 명령한 법도를 지키지 아니하였으니 내가 반드시 이 나
라를 네게서 빼앗아 네 신하에게 주리라** 12**그러나 네 아버지 다윗을 위하여 네 세
대에는 이 일을 행하지 아니하고 네 아들의 손에서 빼앗으려니와** 13**오직 내가 이
나라를 다 빼앗지 아니하고 내 종 다윗과 내가 택한 예루살렘을 위하여 한 지파를
네 아들에게 주리라 하셨더라** (굵은 글씨 저자 강조)

사울 왕 40년,BC1051~1011 다윗 왕 40년,BC1011~971 솔로몬 왕 40년BC 971~931 집권 후 통일 왕국은 분열하게 됩니다. 분열의 원인인 이스라엘과 유다 간의 반목은 사울 왕을 세울 때부터 있었고 다윗 왕 때도 그런 징후는 있었습니다. 다윗은 선정을 베풀며 지파간의 화합을 강조하면서 통일 구조를 잘 유지했습니다. 그러나 솔로몬의 말기에 솔로몬이 이방인 아내들의 신당을 허락한 것은 치명적인 실수였으며 국가의 기강은 해이해지고 많은 아내들과 그의 명성을 유지하기 위해 과중한 세금을 백성들에게 부과하면서 특히 북쪽 10지파 백성의 원성을 사게 됩니다. 이것은 솔로몬이 신명기에서 모세가 권면한 왕의 자격 요건신 17:14-20, p.174 참조을 무시한 결과이기도 합니다.

열왕기상 10~11장에서 다음과 같은 이유를 찾을 수 있습니다.

1) 많은 말을 두지 말 것, 말을 사려고 백성을 애굽에 보내지 말 것.왕상 10:26-29
2) 아내를 많이 두지 말 것.왕상 11:1-8
3) 부를 많이 쌓지 말 것.왕상 10:14,23,27

신명기 17장에서도 왕을 택할 때에 하나님이 정하신 방법에 의해 택해야 하고 왕은 하나님의 통치 방법에 순종해야 함을 말씀하고 있습니다. 그것을 가장 잘한 왕이 다윗이었고 그래서 차후에 왕의 평가 기준은 다윗이었습니다.왕상 9:4-7, 11:38

◎ 왕상 12~16장 : 여로보암의 반란과 북왕국이스라엘과 남왕국유다
◎ 역대하 10~16장

솔로몬이 왕권을 그의 아들 르호보암에게 넘겼고 그 아들 르호보암은 원로들의 지혜를 무시하고 또래들의 의견을 받아들여 백성을 더욱 억압하는 정책을 씀으로 이스라엘의 10지파의 원성을 악화시켜 버렸습니다. 르호보암이름의 뜻은 민족이 확대되었다는 뜻인데 실제로는 줄어들었다.은 젊은 혈기로 참으로 어리석은 선택을 합니다. 이런 상황을 교묘히 이용하여 솔로몬의 신하로 애굽으로 도망갔던 여로보암이 10지파의 지원을 입고 반란을 일으킵니다.

이스라엘의 예배의 중심지는 예루살렘입니다. 이것은 구약의 땅공간의 중요성 p.170 참조과 맞물려 중요한 점입니다. 그런데 여로보암이 10지파를 이끌고 북왕국을 세우며 수도를 사마리아 지방에 세우게 되었습니다. 그러나 예루살렘이 예배의 중심지이기 때문에 10지파의 북왕국 백성은 예배를 드리기 위해 예루살렘에 가야 했고 그렇게 되면 여로보암의 통치권이 설 수가 없게 됩니다. 그래서 여로보암은 북쪽에 자기 나름의 제사 제도를 창설하고 10지파가 예배를 위해 유다의 수도인 예루살렘에 가는 것을 막아야 했습니다. 여로보암이 세운 예배 제도는 바로 광야에서 이스라엘 백성이 저질렀던 금송아지 숭배였습니다.

이것은 중대한 결과를 초래합니다. 우선 레위 자손이 아닌 보통 사람을 제사장으로 임명한 것은 율법에 위반되는 일입니다. 또한 예루살렘 이외의 성전을 짓는 것은 죄입니다.왕상 12:28-33 그래서 하나님은 열왕기상 14:1~20에서 심판을 선언하십니다.

결국 북왕국은 BC 722년에 앗수르에 의해 멸망하고 10지파는 포로로 잡혀가고, 귀환하는 기록은 없습니다. 이 금송아지 숭배의 제사 제도는 남왕국 유다에도 그 영향을 미칩니다. 르호보암유다도 종교 혼합 주의를 인정하여 우상 숭배를 허용하는 중대한 죄를 범합니다. 이로 인한 다산 종교의 예식이 허용되고 남색과 여색이 허용됨을 봅니다. 이스라엘과 유다 공히 타락함을 봅니다.

36일

년 월 일

오늘의 읽을 분량

왕상 17~22장
대하 17~20장

◎ 열왕기상 17~19장 : 엘리야의 활동

엘리야 활동의 시대적 배경

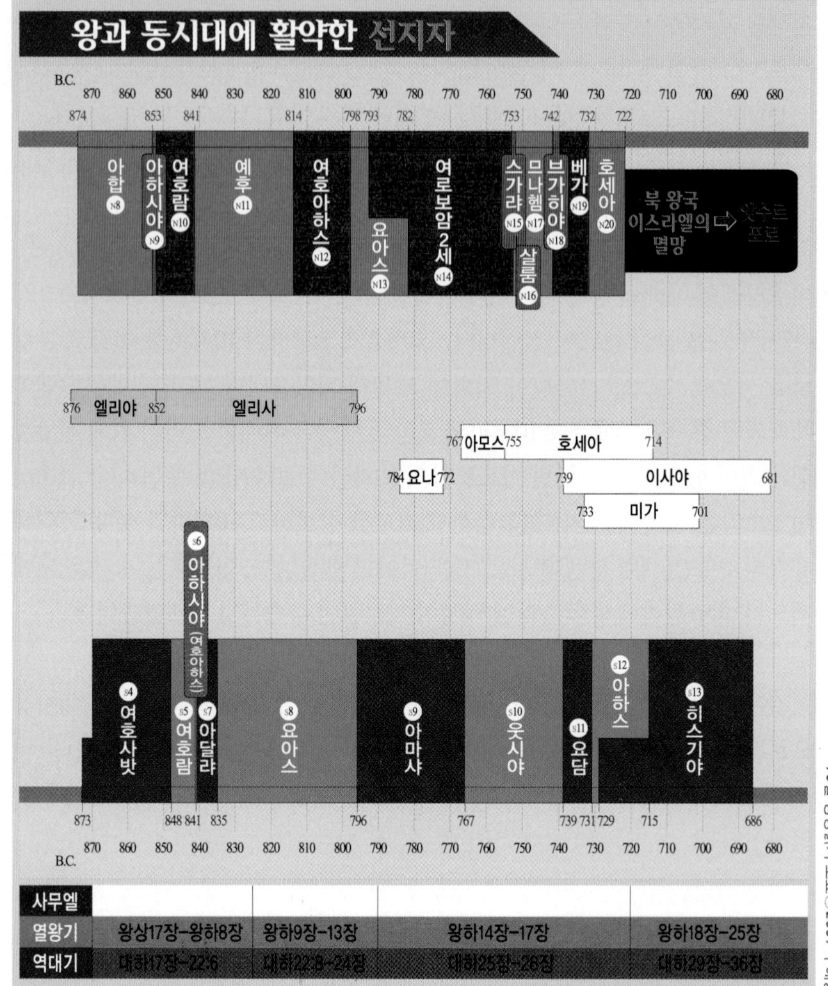

이 시대에 재위했던 남·북 왕국의 약전은 **p.266-279**의 '왕들의 약전'을 참고하세요.

◎ 열왕기상 20~22:40 : 엘리야의 사역

선지자에는 두 부류가 있습니다. 행동을 통한 선지자Prophets of Deed와 말씀을 통한 선지자Prophets of Words입니다. 행동을 통한 선지자는 그들의 예언 활동을 직접 기록하지 않고 행동으로 활약하는 선지자, 즉 엘리야와 엘리사 같은 선지자를 말합니다. 말씀을 통한 선지자는 예언의 말씀을 기록으로 남긴 선지자 즉, 이사야 같은 선지자를 말합니다.

선지자 엘리야 - 행동을 통한 선지자

디셉 사람 엘리야는 북왕국에서 활약한 선지자입니다. 그가 활약한 시대는 대략 BC 876~852년이고 북왕국의 사악한 아합 왕 시대에 주로 활약했습니다.

이 시대는 북왕국이 아합 왕의 아내인 이세벨의 포악성과 우상 숭배가 극에 달하는 때입니다. 하나님은 역사가 전환되어야 할 시점이라고 판단하실 때 선지자를 보내어 직접 역사에 개입하심을 볼 수 있습니다.

아합의 어두운 통치가 극에 달했다고 생각되는 시점에 하나님은 엘리야를 보내셨습니다. 그는 갈멜산에서 바알 선지자 450명과 아세라 선지자 400명 도합 850명과 대결할 정도로 용기와 신념과 열정의 사람이었습니다. 이 갈멜산의 대결은 누가 진정 우주를 창조하고 자연을 주관하는 진짜 신神인가를 분명하게 보여 주는 것입니다. 바알 선지자들은 헛된 제사를 위해 자신들의 몸만 상했을 뿐이지만,시 115편 참조 하나님의 사람 엘리야는 놀라운 기도의 응답을 받습니다.

지도 : 갈멜산의 위치

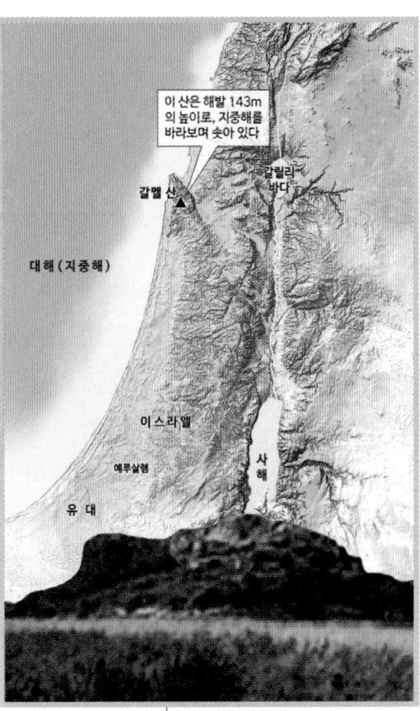

왕상 18:21 엘리야가 모든 백성에게 가까이 나아가 이르되 너희가 어느 때까지 둘 사이에서 머뭇머뭇 하려느냐 여호와가 만일 하나님이면 그를 따르고 바알이 만일 하나님이면 그를 따를지니라 하니 백성이 말 한마디도 대답하지 아니하는지라

이 말씀은 엘리야가 오늘 우리에게 오면 "만약 알라가 하나님이라면 교회를 떠나 모스크로 가라! 또는 만일 시바나 비시누가 하나님이라면 힌두교로 가라!"라는 말과 같습니다. 관점 2

엘리야는 갈멜산의 승리로 인해 이세벨의 위협이 극에 달하자 그는 40일 밤낮을 걸어서 호렙산아마 그 위치가 시내산일 것이라고 추정함으로 도망을 갑니다, 극도로 절망에 빠진 엘리야에게 하나님이 나타나셔서 바알에게 절하지 않은 7000명의 신실한 자남은 자 사상를 남겨 두시고 하나님 나라 회복 운동은 계속됨을 엘리야에게 확신시켜 줍니다. 이 남은 자 사상은 바울에게도 중요한 것입니다.롬9-11장 이것은 바로 관점 3을 보여 주는 것이기도 합니다. 하나님 나라는 언제나 하나님이 주도하시며 섞이지 않은 신실한 하나님의 사람들에 의해 이루어져 가는 것을 보여 줍니다. 관점 3

이 남은 자 7000명 중 엘리야가 만나는 첫 번째 사람이 바로 엘리사입니다.19:19-21

하나님은 아람과의 싸움에서 소수의 아합 군대가 승리케 하시지만 아합은 회개하지 않습니다. 오히려 아내 이세벨과 공모하여 나봇의 포도원을 강탈하는 횡포를 부립니다. 엘리야는 엘리사를 후계자로 삼고 회오리 바람왕하 2:11 을 타고 하늘로 올라갑니다.

◎ 열왕기상 22:41~53 : 유다와 이스라엘의 계속되는 타락상
◎ 역대하 17~20장 : 유다 왕들의 통치

역대기는 제사장 관점에서 성전의 역사를 중심으로 기록한 역사라고 했습니다. 그리고 왕조의 역사는 오직 유대 왕조의 역사만 기록합니다. 그것이 바로 메시야의 계열이기 때문입니다. p.266-279의 왕들의 약전에서 유다 왕들을 참조하세요. 역대하 17장~20장은 유다 왕들의 통치를 기록하고 있습니다.

왕하 1~12장

17장 22~23절

"22이스라엘 자손이 여로보암이 행한 모든 죄를 따라 행하여 거기서 떠나지 아니하므로 23여호와께서 그의 종 모든 선지자를 통하여 하신 말씀대로 드디어 이스라엘을 그 앞에서 내쫓으신지라 이스라엘이 고향에서 앗수르에 사로잡혀 가서 오늘까지 이르렀더라"

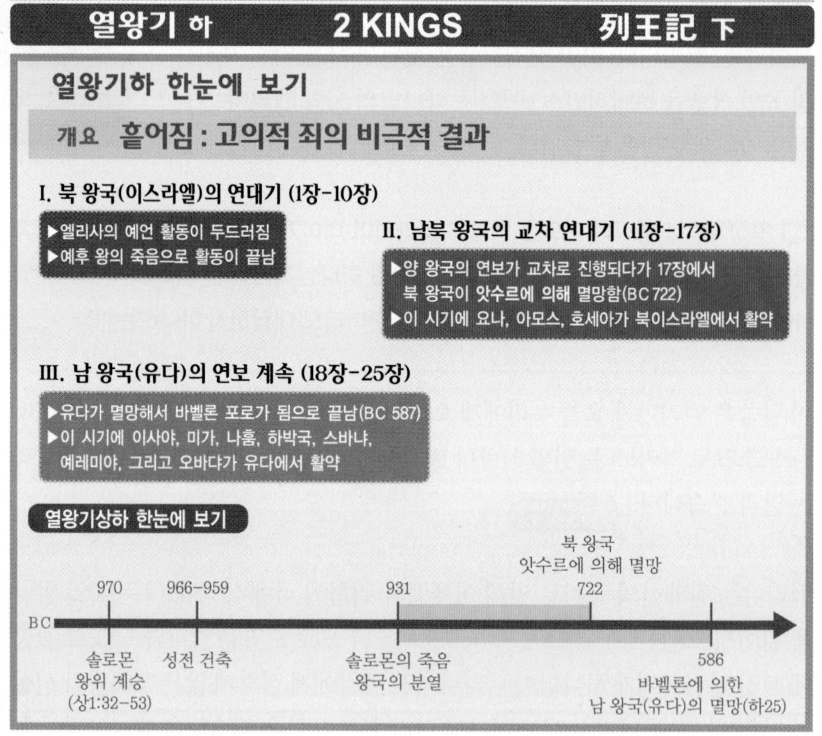

열왕기 하 2 KINGS 列王記 下
열왕기하 한눈에 보기
개요 흩어짐 : 고의적 죄의 비극적 결과
I. 북 왕국(이스라엘)의 연대기 (1장-10장)
▶엘리사의 예언 활동이 두드러짐
▶예후 왕의 죽음으로 활동이 끝남
II. 남북 왕국의 교차 연대기 (11장-17장)
▶양 왕국의 연보가 교차로 진행되다가 17장에서 북 왕국이 앗수르에 의해 멸망함(BC 722)
▶이 시기에 요나, 아모스, 호세아가 북이스라엘에서 활약
III. 남 왕국(유다)의 연보 계속 (18장-25장)
▶유다가 멸망해서 바벨론 포로가 됨으로 끝남(BC 587)
▶이 시기에 이사야, 미가, 나훔, 하박국, 스바냐, 예레미야, 그리고 오바댜가 유다에서 활약
열왕기상하 한눈에 보기
BC
970
966-959
931
722
586
북 왕국 앗수르에 의해 멸망
솔로몬 왕위 계승 (상1:32-53)
성전 건축
솔로몬의 죽음 왕국의 분열
바벨론에 의한 남 왕국(유다)의 멸망(하25)

열왕기하는 상권에 이어 계속해서 남북 왕조의 죄악상을 보여 주면서 결국 멸망당함으로 끝을 맺게 됩니다. 열왕기하는 엘리야가 승천하면서 그 선지자 자

리를 엘리사에게 인계하는 것으로부터 시작합니다.
엘리야의 사역은 북왕국의 아하시야 재위 기간BC 853~852년:BC 841년의 유다의 아하시야와 혼동하지 말 것에도 계속되었으며, 엘리사는 엘리야가 땅으로부터 하나님의 존전으로 회오리 바람을 타고 들려지는 것을 목격하고 예언자로서 엘리야의 뒤를 잇게 됩니다.왕하 1:1~2:25
하나님은 엘리사를 통한 다섯 가지의 기적을 통해 당신의 백성을 돌보심을 보여 줍니다. 그 다섯 가지 기적들은, ① 엘리사는 과부의 기름병이 그녀의 빚을 갚기에 충분할 만큼 만들고, ② 아이를 못 낳는 여인이 아들을 가질 것이라고 약속하고, ③ 후에 그 아들이 죽었을 때 그를 그녀에게 되찾아 주며, ④ 독이 있는 음식을 먹을 수 있게 해 주며, ⑤ 주린 자를 위해 음식을 공급해 주는 것들입니다.

그는 아람 왕의 군대 장관 나아만의 문둥병을, 그의 오만한 콧대를 꺾어 놓은 후에 고쳐 줍니다. 후에 아람과 이스라엘 간의 전쟁에서 엘리사는 아람 군대가 있는 곳과 그들의 계획을 아는 일종의 초자연적 능력을 보여 줍니다. 궁극적으로 아람 군대가 사마리아를 포위 공격하지만, 엘리사는 그의 젊은 사환에게 여호와의 보이지 않는 군대가 그들을 보호하신다는 것을 보여 줍니다.왕하 2:26~6:17

엘리야와 엘리사는 그리스도가 오시기 800년 전에 살았던 선지자들입니다. 그러나 그들의 삶은 신약의 영성과 같은 영성을 보여 주며, 현대의 신자들은 그들로부터 많은 것을 배울 수 있습니다. 엘리야의 이력은 모세의 삶과 유사한 점이 많으며, 또한 그는 선지자적 전통의 연속성을 제공하면서 모세와 후대 8세기 때의 선지자들을 연결시켜 줍니다.

모두가 악했던 이스라엘의 왕들은 그 나라를 파멸로 이끌었으며, BC 722년에 북왕국은 앗수르에게 멸망당합니다. 유다 왕국은 그 뒤 135년 간 지속되었으나, 그 후 BC 597년에 바벨론의 느부갓네살이 예루살렘을 공략하고 인구의 대부분을 사로잡아 갔습니다2차포로. 사마리아의 멸망과 예루살렘의 멸망BC 586년 사이에 선한 왕 히스기야BC 716~687년와 요시야,BC 640~609년 그리고 악한 왕 므낫세BC 687~642년와 아몬BC 642~640년은 각각 남왕국의 운명에서 자신들의 역할을 수행했습니다.왕하 6:18~21:26 요시야 왕 때는 성전에서 우연히 발견한 율법책을 기초로 하여 광범위한 개혁이 진행됩니다. 열왕기하 22~23장에서 이 율법책에 대해 말하고 있는 것에 비추어볼 때순종·불순종의 파괴적 결과 언약 예배의 중심적 위치에 대한 강조점 그것은 아마도 신명기였던 것 같습니다. 요시야는 이교 신상들을 없애고, 하나님의 언약에 대한 그 나라의 헌신을 새롭게 하며, 유월절을 다시 지켰습니다.왕하 22:1~23:30 하지만 예루살렘 멸망 이전에 있었던 마지막 네 왕들은 모두

"흩어짐" (Dispersion)
열왕기하는 계속해서 분열 왕국, 특히 북왕국 이스라엘의 죄악상을 보여 주다가 결국은 두 왕국이 각각 앗수르와 바벨론에 의해 망하는 모습을 보여 줍니다.

자라나기

열왕기하에서 남·북 각 왕조의 왕들이 어떻게 하나님 앞에서 패역한 모습을 보였는지를 유의하면서 우리가 읽는 관점에서 그들의 패역함으로 인한 하나님의 마음을 읽어 보세요.

왕의 선·악의 평가 기준은 다윗 왕의 모범입니다. 이것은 유다 왕조가 다윗 왕조를 계승하며 정통성을 갖기 때문입니다. 영적으로는 다윗 왕의 믿음이 그 기준 역할을 합니다. 그래서 각 왕을 평가할 때 다윗 왕을 기준으로 해서 언급하는 구절들이 많이 나옴을 볼 수 있습니다.**(왕상 9:4-7, 11:38)**

그 다음의 평가 기준은 바로 우상 숭배 여부입니다. 북왕국의 첫 왕인 여로보암이 금송아지 숭배를 시작했고 그 후 북 왕조의 모든 왕은 이와 같이 우상 숭배로 일관했습니다. 이 왕들의 평가 기준은 인간적 안목이나 그들의 정치력에 의해서 평가되는 것이 아닙니다. 왕들 중에서는 다윗의 번영에 버금가는 업적을 잠시 이룬 왕들도 있지만 이들의 평가 기준은 하나님과의 관계에서 얼마나 율법을 잘 준수하였는가입니다.

이스라엘이 모두 섞여 하나님 나라가 이루어 질 수 없는 이런 패역한 시대에 하나님은 바알에 무릎을 꿇지 않은 **7,000**명을 유지함으로 하나님의 나라 회복의 역사는 이들로부터 계속해서 이어질 수 있도록 함을 볼 수 있습니다. 지금도 소돔과 고모라의 심판 때 의인 열 명을 찾으시듯 이 시대에 하나님 나라의 열심을 품은 의인들을 찾으시며, 바알에 무릎 꿇지 않은 남은 자를 보호하고 그들을 통해 역사하고 계십니다.**(롬 11:4-5)**

우리가 이 시대의 '남은 자' 임을 아십니까? 관점 3

악했으며, 그로 인해 그 땅에 내린 여호와의 심판을 피할 길이 없었습니다.왕하 23:31~25:30

열왕기하는 25장 719절로 되어 있고 신약에 직접·간접으로 26번 인용되며, 이스라엘의 역사 중 BC 853~560년 까지 약 293년간의 일들을 기록하고 있습니다.

◎ 열왕기하 1~7장 : 선지자 엘리사의 활약

□ 선지자 엘리사 - 기적을 통한 선지자

엘리사는 영적 갈급이 강한 성품을 가지며, 효성이 지극한 자임을 볼 수 있습니다.왕상 19:20 그는 또한 겸손을 겸비한 자입니다. 열왕기하 3장 11절에 보면 엘

엘리사의 사역

다메섹
3. 다메섹에서 엘리사는 사악한 하사엘이 벤하닷의 뒤를 이어 아람의 왕이 될 것이라고 예언했다. (왕하 8:7~15)
갈릴리 바다
1. 수넴에서 엘리사는 과부의 아들을 살렸다. (왕하 4:8~37)
수넴
대해(지중해)
요단강
도단
2. 엘리사는 불병거로 아람군대를 눈멀게 함으로써 도단과 사마리아 성읍들을 보호했다. (왕하 6:13~23)
사마리아
이스라엘
4. 선지자 엘리사는 북 왕국 이스라엘은 물론, 북쪽의 수리아에서 남쪽의 에돔까지 자신의 사역을 계속했다. (왕상 19:16~21)
예루살렘
사해
유다

엘리야의 기적	엘리사의 기적
❶ 사르밧 과부의 음식이 아무리 먹어도 바닥나지 아니함	❶ 요단 강의 물이 이리저리 갈라짐
❷ 죽었던 과부의 아들이 다시 살아남	❷ 여리고 성의 샘물을 맑게 고침
❸ 하늘의 불이 제단과 희생 제물을 불사름	❸ 과부의 기름이 많아지게 함
❹ 아하시야의 군사들이 불에 타 죽음	❹ 수넴 여인의 죽은 아들이 다시 살아남
❺ 요단 강의 물이 이리저리 갈라짐	❺ 국의 독소를 제거함
	❻ 적은 음식으로 많은 무리를 먹임
	❼ 아람의 군대 장관 나아만의 문둥병을 고침
	❽ 사환 게하시에게 문둥병이 발함
	❾ 도끼의 머리가 물에 떠오름
	❿ 아람 군사들의 눈이 모두 어둡게 됨

리야에게 손 씻는 물을 부어 주었다는 기사를 통해서 이 사실을 볼 수 있습니다. 고대 유대 사회에서 주인이나 손님에게 손 씻을 물을 항아리에서 부어 주는 일은 종들이 하게 되어 있습니다. 엘리사는 종의 겸손을 가진 자입니다. 물론 그는 강한 믿음의 소유자이며 또한 무소유, 무욕심의 사람임을 알 수 있습니다. 그가 나아만 장군의 문둥병을 고쳐 주었을 때 나아만 장군이 준 선물을 거절한 사실을 우리는 잘 알고 있습니다.

엘리사는 많은 기적을 행했습니다. 구약에서는 기적이 그리 흔한 일이 아니었음을 우리는 잘 알고 있습니다. 엘리사는 엘리야보다 더 많은 기적을 행했습니다. 열왕기하 1~10장까지 17가지의 기적이 나옵니다.위의 도표를 참조하세요. 그의 무덤의 기적까지 합치면 20번 정도의 기적이 일어났고, 아마도 기록되지 않은 기적도 많았을 것입니다.

엘리사 역시 아무런 기록도 직접 남기지 않은 행동의 선지자였습니다. Prophets of Deed 그러나 많은 주변 국가의 왕들은 그가 외치면 경청했습니다. 열왕기하 2장에서 엘리야가 회오리 바람을 타고 하늘로 승천합니다. 이스라엘 사람들에게 엘리야의 위치는 대단한 것인데 그 엘리야가 죽지 않고 승천했기 때문에 메시야가 오기 전에 반드시 하늘에 간 엘리야가 온다고 믿었습니다.

열왕기하 1장 8절에서 세례 요한을 연상케 하는 모습의 엘리야를 봅니다. 열왕기하 상반기는 엘리사의 활동 시기입니다. 앞의 지도와 도표를 참조하십시오.p.286 열왕기하 5장은 나아만 장군의 문둥병 치유를 기록하고 있습니다. 나아만 장군의 교만과 억지 겸손의 모습을 묵상해 보십시오.

예후의 거사 진행로

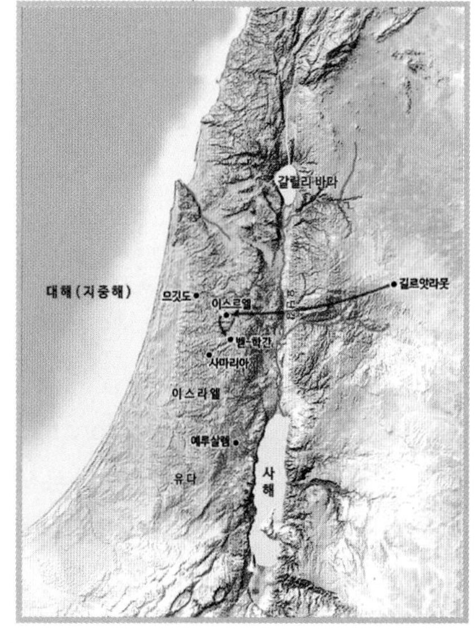

◎ 열왕기하 8~12장 : 예후의 거사와 오므리 왕조의징벌

38일

년 월 일

대하 21:1~22:9
왕하 13~14장
대하 22:10~25장
욘 1~4장
암 1~9장

◎ 역대하 21:1~22:9 : 오므리 왕조와 동시대의 유다 왕들

엘리사는 그의 제자 중 한 청년에게 지시하여 길르앗 라못이라는 지방으로 가서 아합의 수비대 장교 중 하나인 예후에게 기름을 부어 왕이 되도록 엄밀하게 지시합니다. 이는 하나님이 엘리야에게 지시하셨던 것이 이루어진 것입니다.왕상 19:16

이로써 예후는 오므리 왕조를 망하게 하는 거사를 일으킵니다. 이세벨은 하나님의 심판 도구인 예후로 인해 철저히 징벌당합니다. 하나님께서 심판하실 때 악인은 모든 것을 감찰하시는 하나님의 불꽃 같은 눈으로부터 피할 수 없습니다. 그를 숨겨 줄 만큼 충분히 높은 담장도, 충분히 깊은 동굴도, 충분히 오랜 시간도 없습니다. 하지만 그때에 믿는 자들은 의인의 억울함을 신원해 주시는 하나님의 크신 능력과 긍휼로 인해 큰 위로를 받고 풍성한 상급을 기대할 수 있습니다. 예후가 이세벨과 오므리 왕조의 악행을 징벌하고 그들이 섬겼던 바알 신상을 파괴하는 도구로 쓰였다고 해서 그가 선한 왕이라는 것은 아닙니다. 그는 여전히 금송아지를 섬긴 왕입니다.

BC 840년 북왕국의 예후 왕이 앗수르에 조공을 바쳤다는 기록이 있습니다.

◎ 열왕기하 13~14장

□ 이스라엘 백성이 숭배했던 우상들

가나안 입성 후 이스라엘 백성의 문제는 '진멸 작전'의 실패로 인한 바알 종교와의 섞임이었습니다. 그들은 그 후로 끊임없는 우상 숭배에 빠져 하나님의 진노로부터 빠져 나오지를 못합니다. 다음 도표는 이스라엘이 특히 분열 왕국 시대에 얼마나 많은 우상에 빠져 있었는가를 보여 줍니다. 그들이 섬긴 우상의 명단입니다.

하나님은 이미 시내산에서 이들의 문제를 간파하시고 법을 주실 때 제일 먼저 우상 숭배를 금하는 법을 주셨는데 이들은 이것을 무시하고 있습니다.

오늘날 우리는 이런 우상을 섬기지 않는다고 우리가 우상 섬김으로부터 자유스럽다고 생각합니까? 성경이 말하는 우상은 여기서 말하는 이런 우상만을 말하는 것이라고 생각하면 안 됩니다. 십계명의 제1계명은 "너는 나 외에 다른 신들을 네게 있게 말지니라"라고 했습니다. '나 외에'라는 표현을 영어 성경은 'before me'라고 했습니다. 즉 '하나님 앞에'라는 말입니다.

오늘의 우상은 무엇이든지 '하나님 앞'에 있는 것을 말합니다. 그것이 무엇이든지 우선 순위가 하나님보다 앞서면 그것은 바로 우상이라는 사실을 알아야 합니다.

이스라엘 백성이 숭배한 이방 신들

신	통치 영역/묘사	참고 성구
아드람멜렉	전쟁, 사랑	열왕기하 17:31
아남멜렉	자녀를 희생 제물로 요구함	열왕기하 17:31
아세라	바알의 아내	열왕기하 13:6
아시마	헷 족속의 신	열왕기하 17:30
아스다롯(이쉬타르)	성(性), 풍요, 하늘의 여왕	열왕기하 23:13
바알	비, 바람, 구름, 땅의 풍요	열왕기하 3:2
바알세붑	에그론의 신	열왕기하 1:2
그모스	땅을 주는 자	열왕기하 23:13
몰록(밀곰)	모압 족속의 신, 사람을 희생 제물로 드림	열왕기하 23:10
느보	지혜, 문학, 예술	역대상 5:8
네르갈	지하 세계, 사망	열왕기하 17:30
닙하스	아와 사람들(앗수르에서 사마리아로 이주한 사람들)이 숭배함	열왕기하 17:31
니스록	니느웨 사람들이 숭배한 신	열왕기하 19:37
림몬	천둥, 번개, 비	열왕기하 5:18
숙곳-브놋	마르둑의 연인, 전쟁의 여신	열왕기하 17:30
다르닥	풍요(아와 사람들이 숭배함)	열왕기하 17:31

◎ 역대하 22:10~25장

□ 왜 아달랴는 왕의 씨를 모두 없애려 했을까?

아달랴Athnaliah는 북왕국 이스라엘의 아합 왕과 그의 아내인 이세벨의 딸입니다. 그녀는 남왕국 유다의 여호람 왕과 결혼한 인물인데, 누구보다도 정치적인 야심이 큰 여인이었습니다.

그녀의 남편인 여호람 왕이 죽고, 아들인 아하시야 왕까지 예후에 의해 살해당하자 그녀는 자신이 직접 유다 왕국의 왕권을 잡기를 원했습니다. 그런데 아하시야의 아들들, 곧 그녀의 손자들 중 누군가가 아하시야의 뒤를 이어 왕이 된다면, 그녀는 정치 무대의 일선에서 물러나야만 했습니다. 그래서 아달랴는 법통상 유대의 왕위를 이어받을 수 있는 아하시야의 계승자, 곧 자신의 손자들을 모조리 죽이려고 했습니다. 그녀의 계획대로 그들이 모두 사라진다면, 유다 왕위는 그녀 차지가 될 것이기 때문입니다. 권력에 눈이 어두운 한 인간이 저지를 수 있는 비극의 끝은 어디일까요? 관점 3을 생각하고 전도서의 지혜를 적용해 보세요.

□ 열왕기와 역대기에 "하나님 보시기에 정직히 행하여"라고 하여 선한 왕, 그리고 "여호와 앞에 악을 행하여"라고 하여 악한 왕으로 규정하였음을 볼 수 있습니다. 그 근거는?

역대기에 따르면, 하나님께서 보시기에 옳은 일을 했다고 평가받은 왕들은 기본적으로는 십계명의 지킴이며 또한 다윗의 길을 따른 자들이었습니다.
즉, 다윗 왕이 그랬던 것처럼 하나님께 온전한 신뢰와 충성으로 성전 예배를 장려하고, 성전의 봉사자들인 제사장들과 레위인들을 격려하며, 하나님께서 금지시킨 우상 숭배를 척결함으로써 하나님께 대한 믿음과 충성을 나타냅니다. 이런 왕들은 대부분 번영과 명성, 승전의 축복을 누렸습니다. 반면, 하나님께서 보시기에 '그릇된 일'을 했다고 평가받은 왕들은 다윗의 길을 따르지 않은 자들, 곧 성전 예배를 무시하고 우상 숭배를 장려한 자들이었습니다.

선지자들의 고향

"그러나 여호와께서 선지자를 저에게 보내사
다시 자기에게로 돌아오게 하려 하시매
선지자들이 저에게 경계하나 듣지 아니하리라."
(대하 24:19)
요나는 가드헤벨에서 태어났다.
호세아는 이스라엘에서 태어났다.
갈릴리
갈릴리 바다
기손강
야르묵강
대해 (지중해)
엘리사는 아벨므홀라에서 태어났다.
사마리아
길르앗
엘리야는 디셉에서 태어났다.
얍복강
사무엘이 하나님께 바쳐진 후 실로에서 자랐다.
미스바
벧엘
사무엘이 사역했던 지역
나훔은 엘고스에서 태어났다.
길갈
사무엘은 라마에서 태어났다.
예레미야는 아나돗에서 태어났다.
블레셋
유다
사해
아르논강
미가는 가드모레셋에서 태어났다.
아모스는 드고아에서 태어났다.
모압

이런 왕들은 그에 마땅한 벌로 질병을 얻기도 했고, 전쟁에서 패배하기도 했습니다. 반드시 선한 왕들이 모두 성공했고, 악한 왕들이 모두 패배했던 것은 아니었지만, 역대기를 쓴 저자는 선한 왕들이 하나님을 의지했을 때 하나님께서 그들에게 큰 축복으로 응답하셨던 행복한 순간들을 자세하게 묘사하고 있습니다.

□ 선지서를 읽기 위한 정지 작업

여기서부터 선지서를 집중적으로 읽습니다. 왜냐하면 그 선지서가 쓰인 시대적 상황이 생겨났기 때문입니다. 성경은 다른 종교의 경전들처럼 추상적이거나 이념적이며 때로는 공허하기까지 한 그런 것들과는 다르게, 그 시대적 상황에 임하는 하나님의 말씀이기 때문에 성경은 역사적 근거 위에 쓰여진 것입니다. 그래서 선지서는 그 시대의 배경context을 알고 읽어야 그 시대에 임하는 하나님의 말씀을 이해할 수 있고 그래야 그 말씀의 현대적 의미를 파악할 수 있습니다.
예언자의 히브리 원어는 나비נביא 즉 '입'이라는 말입니다. 하나님의 '입'이라는 말입니다. 선지자는 예언자預言者로서 즉 말을 대신 전하는 대언자代言者이지 예언자豫言者 즉 미래를 예측하여 말하는 점쟁이Fortune teller라는 말이 아닙니다. 예언자를 영어로 prophet이라고 할 때 pro의 접두어는 '앞before hand'라는 뜻이라기보다는 '~을 대신하다 in place of'라는 뜻을 가집니다. 따라서 예언자는 누구를 대신하여 말하는 자를 말합니다. 이 말은 선지자는 하나님의 말씀을 받아 대신 전하는 자로서 자신의 생각과 견해가 담긴 자기의 말을 하는 것이 아니고 오직 하나님의 말씀만을 대언代言합니다. 하나님의 말씀이 그들에게 임하기 때문입니다. 선지서를 읽을 때 "여호와의 말씀이 임하여", "…나 여호와의 말이니라" 또는 "이는 여호와의 말씀이니라"라는 구절은 바로 이들은 하나님의 말씀의 대언자라는 것을 강조합니다. 예언은 하나님으로부터 온 메시지를, 더 자세하게 말하면 그의 섭리와 계획을 전하는 것입니다. 선지자에는 두 부류가 있고, 선지서에서 두 가지 영성을 발견할 수 있습니다.

선지자의 두 부류는 '행동을 통한 선지자Prophets of Deed'와 '말씀을 통한 선지자 Prophets of Words'입니다. 행동을 통한 선지자는 그들의 예언 활동을 직접 기록하지 않고 행동으로 활약하는 선지자, 즉 엘리야와 엘리사 같은 선지자를 말합니다. 말씀을 통한 선지자는 예언의 말씀을 기록으로 남긴 선지자 즉, 이사야 같은 선지자를 말합니다. 그들의 사역의 특징은 기적을 일으키는 것과 다른 선지자들과 마찬가지로 개혁Reformation에 중점을 둡니다.

선지자들의 외침은 바로 시내산의 언약으로 돌아오라는 외침입니다. 여기서 구약 성경 특히 선지서에는 두 가지 영성이 강조되고 있음을 알 수 있습니다. 구약의 영성은 언약, 특히 시내산 언약에 의한 율법인 십계명의 내용하나님과 관계와 이웃과의 관계을 근거합니다. 언약이 없이는 율법십계명이 주어지지 않습니다. 율법은 언약과 매우 밀접한 관계가 있습니다. 그러므로 언제나 언약이 먼저이고 그에 따른 법율법은 언약에 대해 종속 개념 또는 하위 개념입니다. 이 시내산의 언약은 바로 십계명의 정신이며 이것은 레위기와 신명기에서 잘 설명되고 있습니다. 십계명의 영성은 바로 예수님이 요약해 주신 것처럼 '하나님 사랑', '이웃 사랑'으로 집약됩니다.

따라서 구약의 영성을 크게 두 가지로 나눌 때 레위기를 중심으로 한 법 지킴을 강조하며 하나님과의 바른 예배제사의 회복을 통한 관계 회복을 강조하는 영성을 제사장적 영성예배의 회복 하나님과 관계이라고 할 수 있습니다. 그 법 지킴이 깨어짐으로 인한 깨어진 언약을 하나님의 공의와 사랑의 회복을 강조하는 영성을 선지자적 영성하나님의 사랑과 공의의 회복 이웃과 관계이라고 할 수 있습니다. '은혜와 율법'이라는 측면에서 볼 때, 제사장 영성은 율법을 강조하고, 선지자 영성은 하나님의 은혜를 강조합니다. 이 두 영성은 십계명의 지킴에 근거합니다. 교회의 기능 '모이는 교회'와 '흩어지는 교회'로 볼 수 있습니다. 구약의 제사장적 영성은 바른 예배의 회복을 통한 하나님과의 관계를 강조하는 것이라면 '모이는 교회'로서의 영성은 여기에 해당된다고 봅니다. 이것은 회개라는 고백을 통하여 하나님과 바른 관계를 회복하고 바른 예배의 회복을 강조한 것입니다. 이것은 십계명의 하나님 사랑에 해당되는 것입니다.1계명-4계명 우리는 하나님과 바른 관계를 회복하기 위해 교회에 모이는 예배 공동체입니다. 이것이 '모이는 교회'의 영성입니다.

선지자적 영성은 이 사회를 향하여 그리스도의 복음을 전파하고 그곳에 하나님의 공의와 사랑에 의한 그리스도의 문화를 세우는 기능을 감당하기 위해 교회가 세상으로 흩어지기를 강조하는 영성, 즉, '흩어지는 교회'로서의 영성에 해당된다고 봅니다. 이것은 십계명의 이웃 사랑 정신5계명-10계명이고, 복음 전파를 통한 그리스도의 문화를 세움으로 사회 개혁을 강조하는 영성입니다.

마 9:35-36 35예수께서 모든 성과 촌에 두루 다니사 저희 회당에서 가르치시며 천국 복음을 전파하시며 모든 병과 모든 약한 것을 고치시니라 36무리를 보시고 민망히 여기시니 이는 저희가 목자 없는 양과 같이 고생하며 유리함이라 (개역한글판)

위에서 보는 것과 같이 세상을 민망히원어적 σπλαγχνιζομαι스플랑크니조마이 의미는 창자의 순서가 뒤바뀌는 아픔을 말한다. 여기는 영성을 말합니다. 또한 마태복음 25장의 양과 염소의 비유에서도 보는 영성입니다. 하나님 나라는 바로 이 두 가지의 영성이 합하여 균형 있는 조화를 이룸으로 세워져 가는 것임을 명심해야 합니다. 이것이 우리가 강조하는 관점 2와 3을 말합니다.

기독교는 안식의 종교이지만, 안주를 추구하는 종교는 아닙니다. 은혜받고 교회 안에서만 뜨거운 신자가 되기 위해 예수님이 우리를 구원하신 것이 아니고 요한복음 4장에 나오는 사마리아 여인처럼 세상을 향해 가는 신도가 되게 하기 위해 우리를 구원하셨다는 사실을 깨닫고 행동하여야 합니다. 신앙생활은 교회가 중심이 되어야 하는 것은 사실입니다. 그러나 이 중심이라는 단어는 두 가지 개념으로 사용하여야 한다는 사실을 알아야 합니다. 그 하나는 구심적 중심이고 다른 하나는 원심적 중심이 있습니다. 구심적 중심은 가운데로 모이는 중심이고 원심적 중심은 밖으로 흩어지는 중심입니다. 교회 중심이란 이 두 가지의 중심 개념이 적용되어야 합니다. 그것은 예배를 위해 모이고, 그리스도의 사랑을 전하기 위해 흩어져야 한다는 말입니다. 사마리아 여인은 흩어졌습니다.

선지서는 주로 시내산 언약 지킴에 의한 사회 개혁 성향이 강하지만 한편 호세아서 같은 것은 하나님과의 바른 관계의 회복을 강조하는 제사장적 영성을 강조하기도 합니다.
선지서가 지적하는 이스라엘 백성들남 · 북 왕조의 죄악상은 ① 우상 숭배 ② 사회 불의 ③ 종교 형식주의입니다. 이것들은 바로 하나님과의 관계제사장적 영성와 이웃과의 관계선지자적 영성의 깨어짐을 지적하는 것입니다. 그래서 선지자들은 우선 회개할 것을 강조하며 그렇지 않으면 심판약속의 땅 가나안에서 추방, 하나님 임재의 떠남이 임할 것이라고 강조합니다. 그러면서 회복의 소망메시야 대망 신앙을 보여 줍니다. 그러나 선지서가 어느 특정 영성만을 강조하지는 않지만 선지서를 읽을 때 이 점을 염두에 두면 이해가 잘 될 것입니다.

☐ 대선지서와 소선지서의 구별은 그 책의 의미적 중요성 때문이 아니고, 책의 분량의 많고 적음에 의해 구분됩니다. 이들 선지서는 말씀에 의한 선지자Prophets of Words들의 기록입니다.

• 대선지서(5권)
이사야서, 예레미야서, 예레미야애가서, 에스겔서, 다니엘서.

• 소선지서(12권)
호세아서, 요엘서, 아모스서, 오바댜서, 요나서, 미가서, 나훔서, 하박국서, 스바냐서, 학개서, 스가랴서, 말라기서.

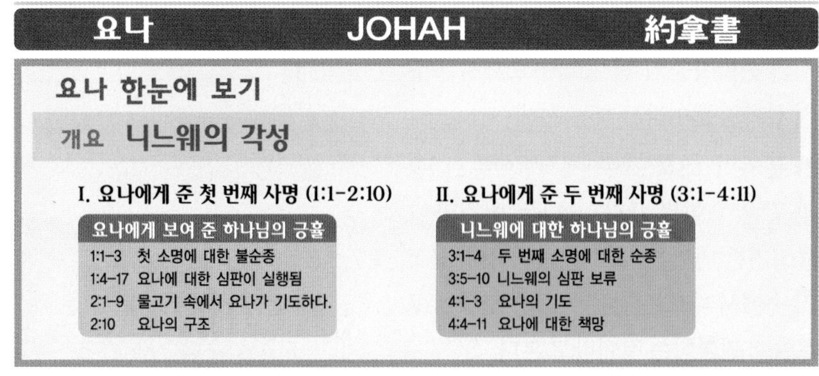
요나 JOHAH 約拿書

요나 한눈에 보기

개요 니느웨의 각성

I. 요나에게 준 첫 번째 사명 (1:1-2:10)

요나에게 보여 준 하나님의 긍휼
- 1:1-3 첫 소명에 대한 불순종
- 1:4-17 요나에 대한 심판이 실행됨
- 2:1-9 물고기 속에서 요나가 기도하다.
- 2:10 요나의 구조

II. 요나에게 준 두 번째 사명 (3:1-4:11)

니느웨에 대한 하나님의 긍휼
- 3:1-4 두 번째 소명에 대한 순종
- 3:5-10 니느웨의 심판 보류
- 4:1-3 요나의 기도
- 4:4-11 요나에 대한 책망

☐ 기록 선지서 중에 요나가 제일 먼저 활동한 선지자이기 때문에 먼저 읽습니다.
요나는 BC 784-772년경 북왕국 이스라엘의 선지자로 니느웨에서 활동했습니다.

4장 11절
"하물며 이 큰 성읍 니느웨에는 좌우를 분변하지 못하는 자가 십이만여 명이요 가축도 많이 있나니 내가 어찌 아끼지 아니하겠느냐 하시니라"

"물고기" (Fish)
요나서가 물고기에 관한 책이 아님이 분명하지만 요나가 큰 물고기에 먹혔다는 사실은 흥미로운 일입니다. 이 사실이 더욱 하나님의 능력을 실감하도록 해 주는 부분입니다.

요나서에서 보는 하나님의 마음

요나서는 이스라엘 백성이 온 세상을 구원하는 하나님의 제사장 나라로 택함을 받았다는 사실을 일깨워 주는 하나님의 경고가 숨어 있는 책입니다. (창 12:3, 22:18, 출 19:5-6)

요나의 거부감에서 우리는 이스라엘 백성이 세계 선교에의 부름을 망각하고 있다는 사실을 볼 수가 있습니다. 아브라함을 부르시고 그를 복의 근원이 되게 하신 것은 이스라엘 백성만을 위한 것이 아니었음을 요나는 몰랐습니다. 그들은 잘못된 선민의식을 가졌고, 하나님은 4장에서 하나님의 마음을 박 넝쿨을 통해서 보여 주십니다. 하나님은 이스라엘이 바른 선민 의식을 갖기를 바라셨습니다.

그래서 이방 민족 앗수르의 니느웨 사람들에게 하나님을 전하게 하신 것입니다. 이런 면에서 요나서는 구약의 사도행전이라고 할 수 있습니다. 하나님은 복음이 이스라엘에만 머물지 않고 앗수르에도 전파되게 하시려는 계획을 요나에게 보여 주신 것입니다. 이와 같은 맥락에서 유다의 바벨론 포로는 하나님의 징계인 동시에 포로된 유다를 통해 바벨론에게 하나님의 구원 계획을 알린 것이라고도 볼 수 있습니다. 구약적인 방식으로 복음이 바벨론에 전파된 것입니다. 요나서는 마태복음 28장의 대명령 the Great Commission이 이미 존재했음을 보여 주는 것입니다.

이스라엘이 제사장 나라로 부름을 받았다는 것은출19장 이 세상을 구원하시는 하나님의 구원 사역에 쓰임을 받는 나라가 되었다는 것입니다. 하나님은 이스라엘이 아닌 이방 나라인 니느웨를 구원하심을 통해 하나님은 이스라엘만 구원하시는 하나님이 아니라는 것을 보여 주십니다. 하나님께서는 바로 이 이방 구원 사역을 위해 요나이름의 뜻은 '비둘기' 즉 평화의 상징이라는 뜻를 부르시고, 앗수르의 사악한 수도인 니느웨에 말씀을 선포하도록 명하셨습니다.

그러나 요나는 이스라엘의 자존심이 발동하여, 그의 조국인 이스라엘과 적대 관계에 있는 이방 구원 사역에 불만을 품고 여호와로부터 피하기 위해 니느웨로 가는 대신 다시스지금의 스페인로 가는 배를 탑니다. 그 배는 폭풍우를 만나게 되고 미신적인 선원들은 그를 제물로 바다에 던집니다. 큰 물고기 한 마리가 그를 삼킵니다.1장 그는 물고기 배 속에서 기도하고, 기도를 응답하신 하나님은 그를 해변에 밀어 올려 주십니다.2장 두 번째로 하나님께서 부르십니다. 니느웨는 그의 설교를 듣고 회개하여 심판에서 피하게 됩니다.3장 요나는 여호와께서 그의 계획을 바꾸셨기 때문에 화를 내고 우울해지며, 여호와께서는 한 식물아마도 아주까리의 일종이 시드는 것을 사용해서 니느웨에 있는 영혼들이 얼마나 중요한가를 보여 주십니다.4장

요나서를 해석하는 몇 가지 방법을 봅니다.

1) 신화적 접근 Mythological approach : 자유주의 신학자들의 견해로서 요나서는 단지 신화일 뿐이라고 하는 견해

2) 풍자적 해석 Allegorical approach : 다음과 같은 우화로 푼다. 요나는 이스라엘, 물고기는 바벨론 포로를 의미한다. 물고기 속에서 나오는 것은 에스라 시대에 포로들이 귀환하는 것이라고 본다.

3) 실제적역사적**접근**Literal-historical approach : 이것이 요나서의 바른 해석이다.

요나서는 4장 48절로 되어 있고, 신약에 9번 직접·간접으로 인용됩니다.

요나서의 지리

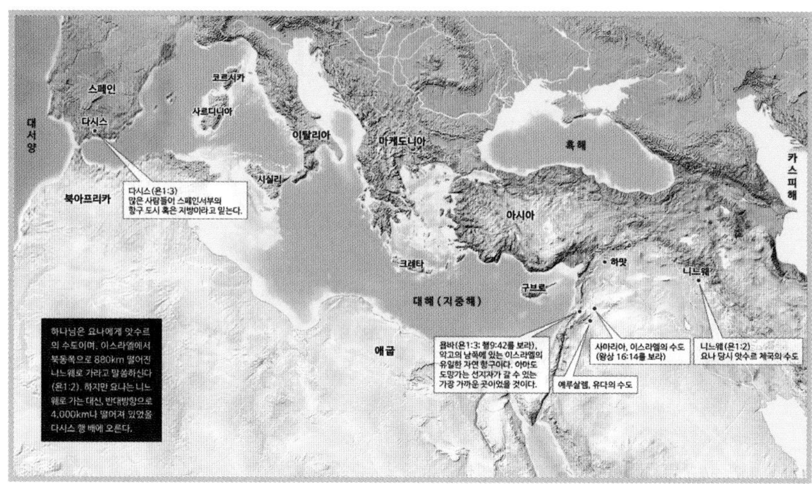

◎ 요나서 1~4장

요나서의 묵상

요나의 심보는 놀부의 심보였습니다. 괜스레 남이 망하기를 바라는 심보 말입니다. 그리고 요나의 문제는 세상으로 흩어져 그리스도인의 세상을 향한 책임을 다하는 선지자 영성을 싫어한 것입니다. 이 요나의 문제는 오늘 바로 나와 우리의 문제일 수 있습니다. 요나 : 요컨대 나의 문제인 것을…

그러나 그는 하나님께 복종했습니다. 그리고 하나님의 계획을 완성하는 도구가 되었습니다. 요나와 정반대되는 인물은 요한복음에 나오는 수가성 여인이 있습니다. 수가성의 여인은 예수님을 만나서 변화 받고 바로 요나가 싫어했던 니느웨 사람과도 같은, 즉 그를 왕따시키는 바로 그 동네 사람들을 향하여 흩어졌습니다. 요나서는 신약의 사도행전처럼 끝이 열린 이야기Open-ended story입니다. 피해자가 완성할 미완성 사랑의 이야기입니다.

요나서 2장의 요나가 물고기 배 속에서 드린 기도는 성경 전체를 요약한 기도입니다. 묵상하면서 2장의 기도를 읽으세요.

요나와 아모스와 호세아서를 읽기 전에 다음 페이지의 시대적 배경 도표와 그 시대에 활약하던 왕들의 약전을 조심스럽게 살펴보고 이해하십시오.

요나서는 구약에서 사탄이 가장 싫어하는 세 가지 책 중에 하나이다.

1) 창세기 : 여자의 후손 중에 사탄을 이길 자가 온다고 한 책 (창 3:15)

2) 다니엘서 : 예수님의 영광스런 재림을 예언한 책 (단 7:13-14)

3) 요나서 : 예수님의 죽음과 부활을 예표한 책 (요나 2장과 마 12:38-41)

도표 : 이 시대에 재위했던 남·북 왕국의 약전은 p.266-279의 '왕들의 약전'을 참고

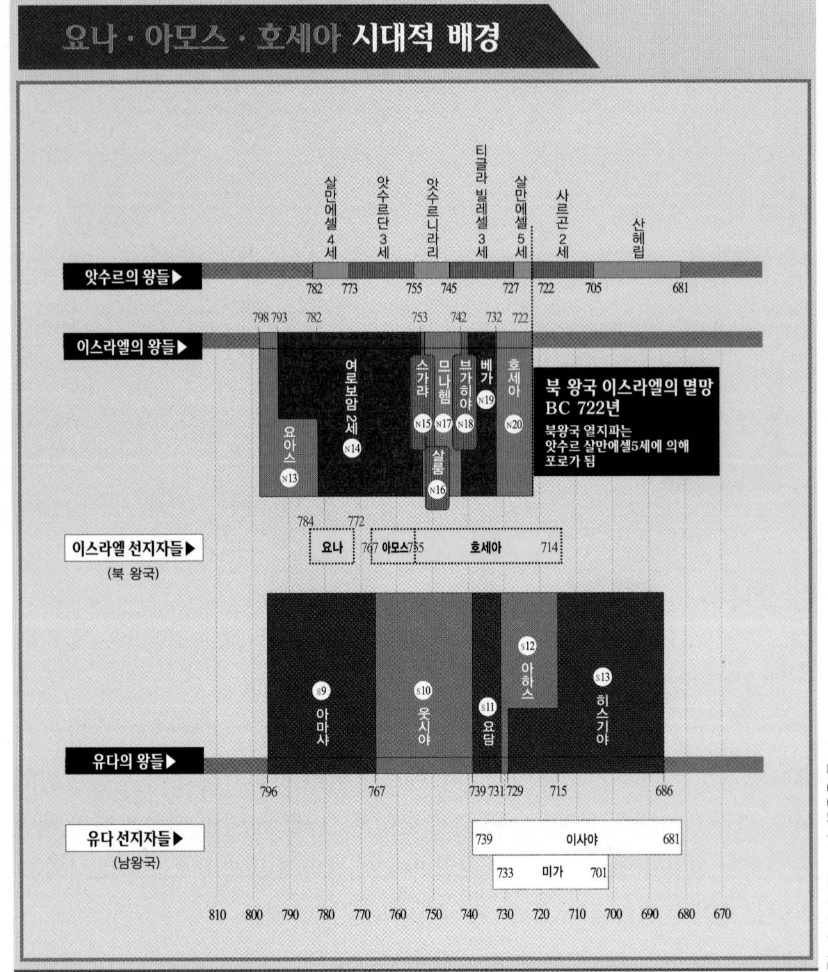

아모스 AMOS 阿摩司書

아모스 한눈에 보기

개요 "공의가 하수 같이…" 남용한 특권에 대한 심판

I. 1장 - 2장 : 8개 나라에 대한 경고

심판의 상징으로 '불' 이 나온다.

II. 3장 - 6장 : 3개의 심판 설교

심판을 받을 수밖에 없음을 강조하는 3개의 짧은 설교가 나오고, 심판이 선언됨

III. 7장 - 9장 : 5개의 환상

메뚜기, 불, 다림줄, 여름 과실, 제단 위의 하나님

아모스이름의 뜻은 '짐:burden'는 이스라엘 내에서 활약한 첫 번째 기록 선지자입니다. 요나는 해외에서 활약했습니다. 아모스는 예루살렘 근교 드고아 지방의 목동 출신으로 그는 선지자 훈련을 받지 않은 평신도 출신 선지자입니다.1:1, 7:14,15 그는 북 이스라엘의 금송아지 신전이 있는 벧엘에서 하나님 신앙 부흥 운동을 전개하고 있습니다. 아모스가 활약하던 시대는 남왕국의 웃시야 왕, 그리고 북왕국의 여로보암 2세가 다스리던 시대였습니다. 북왕국의 여로보암 2세는 BC 793-753년간 약 40년을 통치하였습니다. 당시 이스라엘을 괴롭히던 강대국인 앗수르가 BC 745년에 디글랏 빌레셀 3세가 즉위하기까지 자신들의 국내 문제에 치중하게 됨으로 이스라엘북왕국을 내버려 두게 되었습니다. 이러한 국제 상황을 잘 이용한 여로보암 2세는 솔로몬 시대의 부를 회복하고, 풍요로움을 누리면서 정치적 성공을 누리던 시대였습니다.
그러나 그 국가의 부는 사회 정의를 오히려 깨뜨리는 결과를 초래하였습니다. 빈익빈, 부익부의 현상이 두드러지게 나타남으로 사회 정의는 깨어지고 말았던 시대였습니다. 이때 아모스는 북왕국에서 사회 정의를 외치며 활동했습니다. 사회적 무질서, 여호와의 자비로운 판단을 보고도 배우지 못하는 것, 불의, 거짓 영성, 거짓 평화, 사치와 교만은 북왕국 이스라엘을 심판으로 몰아가고 있었습니다. 아모스는 우상 숭배가 다시 시작된 벧엘을 그의 사역 기지로 삼았습니다. 여기가 문제의 중심지이기 때문입니다. 곧 이스라엘은 성전에서의 매음을 통해 숭배할 수 있는 거짓 신들을 위해 참되신 하나님을 버렸습니다. 오래전부터 내려온 절기들은 공허한 겉치레일 뿐이었습니다. 제사는 아무 의미가 없었고 따라서 무용지물이 되고 말았습니다. **종교가 정직하지 못하면 사회생활에서 불의를 낳습니다.**

부자는 점점 더 부유해지고, 가난한 자는 점점 더 가난해지고 억압받았습니다. 의도적으로 투박한 언어로 아모스는 사마리아의 부유한 여인들을 동정이 없으며, 잔인하고, 계속해서 자기들의 게으름과 사치와 술 취함에 빠져 있을 수 있도록 자기 남편들에게 끊임없이 돈을 요구하는 것에 대해 준열히 비판합니다.3~6장 이런 시대에 아모스의 외침을 들어야 했습니다.

심판에 대한 다섯 개의 상징적 묘사 중 처음 두 개는 아모스의 중재에 의해 피하게 됩니다. 세 번째와 네 번째 사이에서 그는 벧엘의 제사장으로서 그를 여로보암 2세에게 고자질한 아마샤에게 말로 공격을 받습니다.7:1-9:7 그러나 끝에는

5장 24절
"오직 정의를 물 같이, 공의를 마르지 않는 강 같이 흐르게 할지어다."

"부정, 권리 침해"
(Injustice)
아모스는 이방이나 이스라엘이 사회 정의를 이루지 못함에 대한 진노를 말하고 있습니다.

기쁨과 소망이 있습니다. 이스라엘이 만국 중에서 매질당한 후에 여호와께서는 '내 백성 이스라엘을 돌이키실 것' 입니다.9:8-15

아모스는 9장, 146절로 되어 있고, 신약에 22번 직접·간접으로 인용됩니다.

□ 아모스 1~9장

1. 주위를 돌아보다 - 8개 지역에 대한 경고1장~2장

아모스의 8개 지역에 대한 경고

지역	구절	범죄	형벌
다마스쿠스(시리아)	1:1-5	이스라엘을 억압	불 심판, 주민을 노예로 만듦
가사(블레셋)	1:6-8	이스라엘을 에돔에 노에로 팜	도성을 불 심판
두로(페니키아)	1:9,10	이스라엘과 평화협정 파기	도성을 불 심판
에돔	1:11,12	유대인을 학살함	도성을 파괴
암몬	1:13-15	유대인 여인을 학살	도성을 불 심판, 주민을 노예화
모압	2:1-3	죽은 자를 다시 태움	도성을 불 심판
유다	2:4,5	하나님의 말씀을 거역하고 불순종함	예루살렘의 성전 파괴
이스라엘	2:6-16	뇌물 성행, 가난한 자를 억압, 간음이 성행 등등	곡식 실은 수레에 깔린 것처럼 억압을 당함 그 군대는 패망할 것임

2. 안을 살펴보다 - 이스라엘 내부의 문제3~7장

북 이스라엘 왕 여로보암 2세가 다스리는 시대는 번영과 번성을 누렸습니다. 북왕국을 위협하던 아람 왕 벤하닷 3세BC 796-776년가 앗수르에 패배했고 앗수르는 디글랏 빌레셀 3세가 즉위할 때까지 자신들의 국내 문제에 치중하게 됨으로 북왕국은 국제 정세에서 비교적 자유롭게 되었습니다. 그 결과 북왕국의 영토가 확장됩니다. 다메섹이 여로보암 2세의 통치권 하에 들어갔고왕하 14:28 북왕국의 영토는 하맛까지 확장되었습니다. 따라서 솔로몬 이후 최대의 번성을 누리게 됩니다. 그러나 북왕국의 번영은 사회적 부패 현상을 초래하였습니다.2:6-8, 5:11-12 이 구절이 아모스를 이해하는 중요 구절 가나안 사람들의 신인 바알 숭배로 타락했고, 이런 일은 정의의 타락, 상류 계층의 사치스럽고 방종스러운 생활 태도와 사회 전반에 걸친 부패로 이어지게 됩니다.

아모스는 이 시대의 부패상을 다음과 같이 지적합니다.

① 가난한 자들의 억압빈익빈 부익부/4:1 ② 불공정한 재판5:10-13
③ 초호화판 생활6:4-6 ④ 불공정한 거래8:4-6

아모스는 관점2를 생각하면서 그리스도인의 사회적 책임이라는 측면에서 읽어야 하나님 마음을 제대로 읽을 수 있습니다. 아모스서는 확실히 선지자적 영성을 강조하는 책입니다. 관점 2

독일의 철학자 에리스토 브로우는 "성경을 읽고 혁명을 생각해 보지 않았다면 성경을 제대로 읽지 못했다." 라고 했습니다. 혁명이란 세상을 뒤집어엎는 것도 혁명이지만 가치관, 패러다임을 바꾸는 것도 혁명입니다. 그리스도인의 사회적 책임은 마태복음 25장 '양과 염소의 비유'와 연관해서 생각해야 합니다. 예수님의 천국 복음의 구성 내용은 '하나님 사랑'과 '이웃 사랑'입니다. 이것은 두 개의 다른 사랑이 아니고 하나의 사랑입니다.

요일 **4:20-21** [20]누구든지 하나님을 사랑하노라 하고 그 형제를 미워하면 이는 거짓말하는 자니 보는 바 그 형제를 사랑하지 아니하는 자는 보지 못하는 바 하나님을 사랑할 수 없느니라 [21]우리가 이 계명을 주께 받았나니 하나님을 사랑하는 자는 또한 그 형제를 사랑할지니라

도덕성선지자 영성이 결여된 종교는 사회의 무서운 암적 존재입니다. 1989년에 열린 로잔 2차 대회에서 복음주의자들은 다음과 같은 공동 선언문을 발표했습니다. **"우리는 사회정의에 무관심했던 것을 회개한다. 그러나 교회는 여전히 아모스를 찾고 있다." 우리가 이 시대의 아모스가 되어야 합니다!**

3. 앞을 내다보다 - 미래7장~9장

아래 도표는 7~9장에서 나타난 환상과 그 의미를 보여 줍니다.
아래 도표를 참고하며 이 부분을 읽으세요.

환상	관련 구절	의미
메뚜기 떼	7:1-3	하나님은 이스라엘을 징벌하기로 계획하셨다. 그러나 아모스의 중보 기도로 그 뜻을 돌이키심.
불	7:4-6	하나님은 이스라엘 땅을 황폐화시키기로 계획하셨다. 그러나 아모스의 중보 기도로 그 뜻을 돌이키심.
담벽과 다림줄	7:7-9	하나님은 공의의 줄로 이스라엘을 재어 보아 만약 굽고 비뚤어졌다면, 이스라엘을 징벌하실 것이다.
여름 실과 한 광주리	8:1-3	무르익은 여름 실과가 당장 보기에는 아름답지만 조만간 썩을 수밖에 없듯, 그와 같은 처지인 이스라엘 역시 부패로 인해 하나님의 심판을 받게 될 것이다.
부서지는 기둥	9:1-4	부서지는 성전의 기둥처럼, 이스라엘도 그 죄악으로 인하여 부서지는 심판을 당할 것이다.

39일

년 월 일

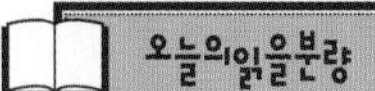

왕하 15:1~16:9
대하 26장
호 1~14장

1장 10절
"그러나 이스라엘 자손의 수가 바닷가의 모래 같이 되어서 헤아릴 수도 없고 셀 수도 없을 것이며 전에 그들에게 이르기를 너희는 내 백성이 아니라 한 그곳에서 그들에게 이르기를 너희는 살아 계신 하나님의 아들들이라 할 것이라"

"불충성" (Unfaithfulness)
호세아의 아내인 고멜의 결혼을 통한 불순결은 호세아가 전하는 메시지의 상징역할을 합니다. 북왕국의 왕들과 백성들은 바알을 숭배함으로 여호와를 반역합니다. 그러나 여호와는 호세아를 통해 그들이 회개하기를 간절히 원하는 마음을 전합니다.

◎ 열왕기하 15:1~16:9
◎ 역대하 26장

□ 북 이스라엘 멸망, 남 유다 웃시야 - 아하스 왕 때

이 부분은 BC 753에서 북왕국이 멸망하는 BC 722년까지 약 30년간 북왕국에는 스가랴, 살룸, 므나헴, 브가히야, 베가, 그리고 마지막 왕 호세아 등 6명의 왕이 등장하며, 같은 기간 남왕국에는 아사랴라고 하는 웃시야, 요담, 그리고 아하스가 왕으로 나오는 시기입니다.왕들의 약전 참조 우상 숭배가 극에 달하고 세상은 더욱 부패해지며 북왕국 이스라엘은 멸망합니다. 특히 역대하 26장의 웃시야열왕기서에서는 아사랴라고 함 왕의 교만에 유의하십시오. 역대하 26장 16절 "저희가 강성하매" 여호와의 은총임을 잊고 교만한 웃시야에게 하나님은 문둥병자가 되는 벌을 내리십니다.

📖 신 8:17-18 17 그러나 네가 마음에 이르기를 내 능력과 내 손의 힘으로 내가 이 재물을 얻었다 말할 것이라 18네 하나님 여호와를 기억하라 그가 네게 재물 얻을 능력을 주셨음이라 이같이 하심은 네 조상들에게 맹세하신 언약을 오늘과 같이 이루려 하심이니라

이런 시대적 배경을 이해하고 호세아서와 이사야서의 이 시대의 부분을 읽습니다.

호세아 HOSEA 何西阿書

호세아 한눈에 보기

개요 **사랑으로 인내하는 선지자**

I. 서언 : 상징으로 쓴 서언 부분 (1장 - 3장)

II. 참을 수 없는 이스라엘의 범죄 : 하나님은 거룩하시다 (4장 - 7장)

다섯 가지 고발(4장 5장), 실현되지 않을 회개 (6장), 불가능할 회복(7장)

III. 이스라엘이 심판받다 : 하나님은 공의로우시다 (8장 - 10장)

심판의 나팔 (8:1), 다가올 분노를 기록하다

IV. 이스라엘의 회복 : 하나님은 사랑이시다 (11장 -14장)

하나님의 바램(11:1,4,8), 아직은 이스라엘이 고통받아야 함(12장), 사랑이 최후의 승리를 이룸(14장)

호세아 선지자는 BC 755년에서부터 북왕국에서 활약한 선지자로서 북왕국이 망하는 것을 목격한 선지자입니다. 호세아는 참으로 마음이 넓고 다정다감多情多感한 큰 형님 같은 성격을 소유한 자 같습니다. 그의 이름을 한문으로 표현하면 好世兒, 고무송 "나의 사랑하는 책: 시편~말라기" 두란노 1997 p.151 그야말로 세상을 하나님의 사랑으로 품은 자일 것입니다. 이런 다정다감하고 자비가 넘치는 하나님의 사랑을 성경에서는 헤세드HESED라고 합니다.

1~3장은 그 다음에 나오는 모든 것에 대한 서론입니다. 호세아의 아내 고멜은 부정한 여자였습니다. 그녀의 세 아이가 태어날 때마다 그들은 당시에 그의 메시지를 강조하기 위한 이름을 갖게 되었습니다. '이스르엘'은 이스르엘에서 예후가 왕족을 암살하였기 때문에, '긍휼히 여김을 받지 못하는 자'는 이스라엘이 여호와께로부터 사랑을 받지 못하는 것이 무슨 의미인가를 알아야 하기 때문에, '내 백성이 아니다'는 잠시 동안 여호와께서 그들과 의절하실 것이기 때문에 그런 이름을 받았습니다. 그러나 회복이 따를 것이며, 다시 그들은 '살아 계신 하나님의 자녀'라고 불릴 것입니다. 호세아가 그의 부정한 아내를 매음에서 구해 내려고 애쓰듯이, 여호와께서도 이스라엘을 구속하실 것입니다.1-3장

창녀 이스라엘은 사회적 타락, 이교와 우상 숭배, 회개진지한 것인지 위선적인 것인지?, 속임수, 살인, 암살, 교만에 탐닉합니다.4~8장 유다도 이 고발에 포함되어 있습니다.5:8-14 이스라엘은 매춘부 역할을 했으며, 백성들은 한때 애굽의 종이 되었듯이 앗수르의 종이 될 것이라는 것입니다.

그들은 바알에게 자신을 바쳤으며, 여호와께서는 그들을 버리실 것입니다. 이것이 의미하는 바는 포도나무, 거품 그리고 송아지로 설명됩니다. 그들이 울창한 포도나무처럼 번성하면 할수록, 그들의 우상 숭배는 더 증가하며, 따라서 벧엘의 우상을 앗수르로 옮겨갈 것입니다. 사마리아 왕은 물 위의 거품 같이 멸망할 것입니다. 에브라임은 타작마당을 밟는 기분 좋은 일을 하는 송아지처럼 편안한 시간을 가졌으나, 이제는 회개함으로 여호와를 찾는 멍에를 져야만 합니다.9~10장 그러나 여호와의 사랑은 취소되지 않을 것입니다.11장

부유함이 죄를 용서해 주지는 않습니다.12장 여호와

께서는 구세주이시며 또한 심판자이십니다.13장 호세아는 참된 회개를 위해 적합한 기도를 제시하며 여호와께서는 회복을 약속하십니다.14장 북왕국 이스라엘의 마지막 여섯 왕은 특히 악했습니다. 가난한 백성들은 압제와 무거운 세금에 시달렸고, 우상 숭배가 만연했습니다. 그리고 나라는 앗수르에 멸망하여 종속되어 버렸습니다.

호세아서는 제사장적 영성을 강조하는 책입니다.
호세아는 14장, 197절로 되어 있고 신약에서 26번 직접·간접으로 인용됩니다.

☐ 호세아 1~14장

1. 상징으로 쓴 서언1~3장

호세아의 이름의 뜻은 '구원'이라는 뜻입니다. 호세아는 북왕국의 죄악상을 보고 울었던 선지자입니다. 마치 예레미야가 남왕국의 죄악상을 보고 운 것처럼 말입니다. 호세아서는 성경에서 가장 이상하게 느껴질 수 있을 것입니다. 왜냐하면 하나님께서 호세아에게 창녀와 결혼하라고 명령하고 있기 때문입니다. 왜 그렇게 했을까요?

① **실험적 이유 :** 그런 불순결한 결혼을 함으로 백성의 불순결함죄악에 마음 아파하시는 하나님을 실감나게 이해시키기 위해서일 것입니다. 하나님은 당신과 백성의 관계를 결혼의 관계에 비유하심을 볼 수 있습니다.사 62:5, 호 2:19, 렘 3:14

② **실례적 이유 :** 호세아 자신의 결혼이 그의 메시지를 잘 나타내어 주는 예가 됩니다.

③ **예언적 이유 :** 하나님은 호세아의 불순결한 결혼에서 태어난 아이들의 이름을 미래에 임할 심판과 회복을 알리는 도구로 사용하심을 볼 수 있습니다.

☐ 호세아의 자녀들의 이름을 통해서 보는 교훈의 내용

이스라엘 왕국과 유다 왕국은 정치적 입지를 다지려고 동맹국들을 신뢰했지만, 호세아 선지자는 하나님을 신뢰해야 한다고 지적했습니다. 이스라엘과 유다는 이방국가들과 결탁하는 동시에 하나님을 무시함으로써 하나님의 선민選民으로서 절개를 팔고 창녀 노릇을 했습니다. 그래서 하나님께서는 호세아에게 창녀인 고멜과 결혼하라고 명령하셨습니다. 호세아는 하나님의 명령에 순종하여 고멜이라는 창녀와 결혼했습니다. 하나님께서는 방탕한 백성들이 호세아 선지자의 결혼을 보고 자기들의 처지를 깨닫기를 바라셨습니다. 머지않아 호세아와 고멜 사이에서 자녀들아들 둘, 딸 하나이 태어났습니다. 호세아와 고멜 부부는 아기들의 이름을 지으려고 고심할 필요가 없었습니다. 하나님께서 그들의 이름을 지어 주셨기 때문입니다. 하나님께서는 장남의 이름을 '이스르엘'하나님께서 흩뿌리신다, 장녀의 이름을 '로루하마'하나님께서 자비를 베풀지 않으신다, 차남의 이름을 '로암미'내 백성이 아니다라고 지어 주셨습니다.'로'라는 접두어의 의미는 '아니다'라는 부정의 뜻임 이 이름들은 하나님을 거역한 백성들에게 중요한 메시지를 전달했습니다. 하나님께서 이스라엘의 뿌리를 뽑아 외국 땅앗수르에 흩뿌릴 것입니다. 실제로 북왕국의 열 지파는 BC 722년에 앗수르에 의해 망하고 포로로 잡혀갔지만 돌아왔다는 기록은 없습니다. 하나님은 그들에게 자비를 베풀지 않을 것입니다. 왜냐하면 하나님께서 수차례에 걸쳐 용서와 화해를 청했음에도 불구하고 그들이 거절했기 때문입니다. 또한 이제부터는 하나님께서 그들을 하나님의 백성이 아닌 것처럼 대할 것입니다.

2. 이스라엘의 범죄 : 하나님은 거룩하시다4~7장

4장과 5장에서는 하나님이 제사장들과 이스라엘의 지도자들이 우상 숭배에 빠진 것을 호세아를 통해 질타하고 있습니다. 6장 1-6절에서 하나님의 마음을 읽으셔야 합니다. 하나님은 제사보다 인애를, 번제보다 하나님 알기를 원하신다 6:6의 구절을 통해서 보는 하나님의 마음은 무엇일까요?

이와 같은 의미를 지닌 구절들을 찾아봅니다.

- 순종이 제사보다 낫고 듣는 것이 숫양의 기름보다 낫다.삼상 15:22-23
- 하나님은 번제가 아니라 우리의 순종의 삶을 원하신다.시편 40:6-8
- 하나님이 구하시는 것은 제사가 아니라, 상한 마음이다.시편 51:16-19
- 하나님은 짐승의 피가 아니라, 공의의 삶을 원하신다.이사야 1:11-17
- 하나님은 제사가 아니라, 내 목소리를 들으라고 하셨다.예레미야 7:21-23
- 하나님은 제사보다 인애를, 번제보다 하나님 알기를 원하신다.호세아 6:6
- 하나님은 절기보다 공법이 물같이 흐르기를 원하신다.아모스 5:21-24
- 하나님은 많은 짐승의 기름보다 겸손과 공의의 삶을 원하신다.미가 6:6-8
- 하나님은 교만한 의인의 외식된 제사보다
  겸손한 죄인의 슬퍼하는 마음을 원하신다.마태 9:13

순종을 요구하시는 하나님.
그것을 통해서만 하나님 나라가 이루어지기 때문입니다. 

3. 이스라엘이 심판받다 : 하나님은 공의로우시다[8~10장]

□ 호세아 8장 : 사람들은 왜 그토록 우상을 섬기는가? - 우상 숭배 중독증

우상 숭배자들이 하나님께 무서운 징벌을 받아 멸망하는 것을 보고서도 우상 숭배를 끊지 못하고 계속 섬겼습니다. 왜 사람들은 그토록 우상 숭배에 집착했을까요?

1) 하나님을 떠나 자신들의 입맛과 자신들의 삶의 방식에 맞는 종교를 원했습니다.

2) 우상 숭배는 아무런 죄의식 없이 성적인 쾌락을 추구할 수 있도록 해 주었습니다. 사람들은 우상들이 상징하는 관능적인 특징들을 실제 행위를 통하여 표현함으로써 쾌락의 삶을 정당화했습니다.

3) 높고 거룩하신 하나님을 대신한 온갖 저급한 우상들은 타락한 인간성에 더 부합되는 존재였습니다. 즉 우상은 인간의 세속적 문화에 더 잘 들어맞는 존재들이었습니다.

오늘날 우리에게 우상은 무엇인가요?
오늘날 우상을 숭배하는 가장 큰 이유는 위험 부담이 없다는 것입니다. 우상 숭배는 자기 변화, 즉 순종을 요구하지 않고 인간이 원하는 것을 다 들어 준다는 매력 때문입니다. 과연 그럴까요? 시 115편을 함께 묵상해 보십시오.

□ 호세아 10장에서 하나님은 오직 한 마음을 원하심을 보여 줍니다. 정몽주와 같은 일편단심의 충성을 요구하는 것입니다. 두 마음은 언제나 용납되지 않습니다.

고려 말 충신 중에 우리가 잘 아는 정몽주가 있습니다. 반란을 일으켜 정권을 바꾼 이성계의 아들인 이방원이 정몽주를 회유하여 포섭하려고 이런 시조를 지었습니다.

이런들 어떠하리 저런들 어떠하리
만수산 드렁 칡이 얽혀진들 어떠하리
우리도 이같이 얽혀서 백년같이 누리리라

그러자 정몽주는 이런 시조로 응수합니다.

> 이 몸이 죽고 죽어 일백 번 고쳐 죽어
> 백골이 진토 되어 넋이라도 있고 없고
> 님 향한 일편단심이야 가실 줄이 있으랴. 관점 3

하나님은 정몽주 같은 마음을 원하시지 이방원 같은 마음을 원하시지 않습니다. 더더구나 포스트모더니즘과 혼합주의가 판을 치는 오늘날의 시대정신 속에 그리스도인은 정몽주의 일편단심을 하나님을 위해 품어야 합니다. 이 한 마음을 품은 자를 신약의 8복에서는 '마음이 청결한 자'라고 말합니다.

4. 이스라엘의 회복 : 하나님은 사랑이시다 11~14장

☐ 호세아 11장 : 구약의 아주 감명 깊은 메시지들 가운데 하나입니다. 여기서 하나님은 자녀에게 걸음마를 가르치고 넘어졌을 때 팔로 안아 치료해 주시는 자상한 아버지로 그려집니다.11:3 우리가 죄를 지었을 때 하나님은 단지 화를 내시는 것보다, 마음 깊이 괴로워하시면서 "내가 어찌 너를 버리겠느냐"라고 외치십니다.11:8-11, 사 43:1-6, 41:9-10, 49:15-16 참조 우리가 죄를 짓고 그 결과로 고통을 당할 때, 우리만 고통받는 것이라고 생각합니다. 하나님께서 우리보다 더욱 상처받으신다는 사실을 망각합니다. 어찌 자녀의 고통이 부모와 상관없는 자녀만의 고통일 수 있을까요!

☐ 호세아 12장 : 호세아는 풍요 속에 젖어 죄가 죄인 줄 모르는 에브라임의 교만을 지적하고 있습니다. 그러한 위험은 오늘날 우리에게도 해당됩니다. 부는 가난한 이들은 지을 수 없는 죄의 기회를 제공합니다. 또한 부자들은 재물 때문에 하나님을 잊기도 합니다. 부는 거짓 자신감을 기릅니다. 부자들은 자신이 다른 이들보다 더 낫다고 생각하며, 자신의 부가 자신의 능력으로 얻어진 것이라고 교만하게 생각하는 경향이 있습니다. (옆의 '자라나기' 참조)

📖 신 **8:12-20** 12네가 먹어서 배부르고 아름다운 집을 짓고 거주하게 되며 13또 네 소와 양이 번성하며 네 은금이 증식되며 네 소유가 다 풍부하게 될 때에 14네 마음이 교만하여 네 하나님 여호와를 잊어버릴까 염려하노라 여호와는 너를 애굽 땅 종 되었던 집에서 이끌어 내시고 15너를 인도하여 그 광대하고 위험한 광야 곧 불뱀과 전갈이 있고 물이 없는 간조한 땅을 지나게 하셨으며 또 너를 위하여 단단한 반석에서 물을 내셨으며 16네 조상들도 알지 못하던 만나를 광야에서 네게 먹이셨나니 이는 다 너를 낮추시며 너를 시험하

부(富)는 축복이기보다는 은사임을 명심해야 합니다. 은사는 나누기 위해 주어지는 것입니다. 마틴 루터는 사람이 3가지 회심을 해야 온전한 회심이라고 말합니다.

즉, 그것은
1) 가슴의 회심
2) 전신의 회심, 그리고
3) 돈지갑의 회심을
말했습니다.

한국 교회의 구제비 비율은 각 교회의 전체 예산의 3%도 안 된다고 합니다. 과연 한국 교회가 나눔에 충실한 교회라고 할 수 있을까요?

예수님이 가르쳐 주신 주기도문 중에 '일용할 양식을 주시옵고'의 의미는 내가 필요한 양식을 구하라는 말이 아니고 우리, 즉 내 이웃의 양식을 위해 기도하라는 말입니다.

일본 기독교인 수가 전체 인구의 1% 밖에 되지 않지만 일본 사회 전체 구제의 70%가 일본 기독교인이 감당하고 있다는 통계는 무엇을 말해 줍니까? 한국 교회는 왜 구제에 인색하다는 비판을 받습니까? 그 이유는 한국 교회 신앙의 뜨거움이 교회 내에만 머물러 있기 때문입니다. 그렇게 해서 이 땅에 하나님 나라가 이루어지겠습니까?

국민 소득과 종교심은 반비례한다고 사회학자들은 주장합니다. 즉, 잘 먹고 잘 살게 되어 편안하게 되면 하나님이나 다른 신들을 찾는 갈급한 마음이 줄어들거나 없어진다는 것이지요. 인간의 이기심을 반영하는 말입니다.

시 마침내 네게 복을 주려 하심이었느니라 17그러나 네가 마음에 이르기를 내 능력과 내
손의 힘으로 내가 이 재물을 얻었다 말할 것이라 18네 하나님 여호와를 기억하라 그가 네
게 재물 얻을 능력을 주셨음이라 이같이 하심은 네 조상들에게 맹세하신 언약을 오늘과
같이 이루려 하심이니라 19네가 만일 네 하나님 여호와를 잊어버리고 다른 신들을 따라
그들을 섬기며 그들에게 절하면 내가 너희에게 증거하노니 너희가 반드시 멸망할 것이라
20여호와께서 너희 앞에서 멸망시키신 민족들 같이 너희도 멸망하리니 이는 너희가 너희
의 하나님 여호와의 소리를 청종하지 아니함이니라

■ 가난한 자와 과부와 고아에 대한 모세의 교훈 - 신명기의 십일조

📖 신 **14:28-29** 28매 삼 년 끝에 그 해 소산의 십분의 일을 다 내어 네 성읍에 저축하
여 29너희 중에 분깃이나 기업이 없는 레위인과 네 성중에 거류하는 객과 및 고아와 과
부들이 와서 먹고 배부르게 하라 그리하면 네 하나님 여호와께서 네 손으로 하는 범사
에 네게 복을 주시리라

40일

년 월 일

사 6장
사 1~5장
사 7~10:4
사 17장
사 14:24-32

1장 19~20절

"19너희가 즐겨 순종하면 땅의 아름다운 소산을 먹을 것이요 20너희가 거절하여 배반하면 칼에 삼켜지리라 여호와의 입의 말씀이니라"

"심판" (Judgement)

하늘의 왕관을 본 이사야는 자기 백성들에게 임박하게 임하는 심판을 예언합니다. 그 심판은 피할 길이 없으나 이사야는 그의 백성들에게 희망, 위로, 그리고 영광스런 미래의 하나님 나라를 함께 전합니다.

이사야 ISAIAH 以賽亞書

이사야 한눈에 보기

개요 하나님, 지존하신 통치자이시며 유일한 구원자

I. 징벌과 회복에 대한 예언 (1장 - 39장)

- 1장 – 6장: '주의 날'과 유다
- 7장 – 12장: '주의 날'과 이스라엘
- 13장 – 23장: 열방에 부과될 10가지 부담
- 24장 – 27장: '그 날'과 이방 나라들
- 28장 – 33장: 예루살렘에 임할 6가지 비통
- 34장 – 35장: 최후의 진노 : 시온의 회복
- 36장 – 39장: 1부의 내용에 대한 추가점

II. 소망과 회복에 대한 예언 묶음 (40장-66장)

묶음 1 : 하나님 초월적 주권 (40장 – 48장)
- 속성에 있어서 하나님의 절대성 (40장–41장)
- 회복에 있어서 하나님의 절대성 (42장–45장)
- 징계에 있어서 하나님의 절대성 (46장–48장)

묶음 2 : 여호와의 '종' (49장 – 57장)
- 첫째로는 이스라엘, 마지막으로는 예수 (49장–53장)
- 이스라엘의 회복 : 예수 그리스도의 통치 (54장–55장)
- 독려와 약속 (56장–57장)

묶음 3 : 여호와의 도전 (58장 – 66장)
- 현재의 잘못을 밝힘 (58장–59장)
- 미래의 큰일들을 보여 줌 (60장–65장)
- 최후의 도전, 약속, 경고 (66장)

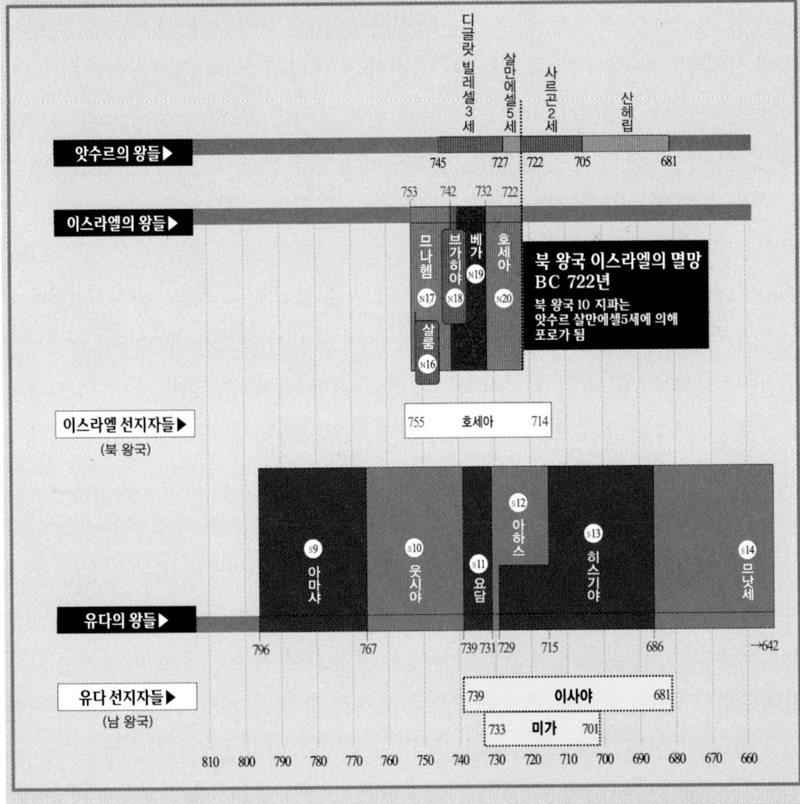

알아두기

여기서부터는 이사야 선지자와 미가 선지자가 활약 하던 시대입니다. 그 선지서들을 읽기 전에 앞의 시대적 배경 도표와 그 시대에 활약하던 왕들의 약전(p.266-279의 왕들의 약전 참조)을 조심스럽게 살피고 이해하세요. 특히 이사야 선지서는 몇 시대에 걸쳐 예언했기 때문에 단숨에 읽지 않고 시대에 따라 왔다 갔다 하니 정신 바짝 차리고 교재의 순서대로 잘 읽기 바랍니다.

줄거리따라가기 Story Line

이사야는 북 이스라엘이 망하고 유다만 남은 시대에 주로 활약했습니다. 이때는 히스기야 왕과 이사야 선지자가 중심 인물입니다. 망국을 예언하기 시작하는 이사야는 죄에 대하여 심판하나 구원이 올 것이라는 두 가지의 메시지로 일관합니다.

이사야이름의 뜻은여호와는 구원이시다는 참으로 큰 선지자입니다. 그는 BC 722년에 북왕국이 앗수르에 의해 망한 뒤에 남왕국에서 사역했던 선지자였습니다. 그가 사역할 때 남왕국유다의 왕은 웃시야, 요담, 아하스, 히스기야 왕이었습니다.p.266~279 왕들의 약전과 p.307의 시대 배경 도표 참조 웃시야가 죽던 해 하나님은 이사야를 부릅니다.6:1 그는 악한 왕 므낫세에 의해 참수형을 당할 때까지(BC 739년에서 681년)사 37:37, 38/왕하 21:16 참조 60년간 사역했습니다. 이사야 시대는 150년 전에 발흥한 앗수르가 이 지역을 제패하고 있었던 시대입니다.

이사야가 아직 소명을 받기 전 젊은 시절에 그는 북왕국이 앗수르에 의해 망하여 열 지파들이 포로로 잡혀가는 광경을 보았을 것입니다. 그 앗수르는 수년 후에 산헤립Sennacherib왕을 앞세워 이번에는 남왕국 유다를 침입합니다. 46개 성읍을 파괴하고, 200,000명을 포로로 잡아갑니다. 이것이 북왕국의 멸망입니다.대하 28:8 이사야의 온 생애는 이 앗수르의 침입으로 고통 가운데 보내야 했습니다. 그는 나라가 철저히 망해 가는 모습을 직접 목격합니다.

이사야의 이름이 '여호와는 구원이시다'라는 뜻 그대로 이 책은 심판에 대해 외치지만 '구원'이란 단어가 선지서 전체를 통해 33번이 나오는데 이사야서에서만 26번이 나온다고 할 만큼 이사야서는 구원에 관한 책이기도 합니다. 특히 53장은 고난 받는 종에 관한 것으로, 바로 예수님의 구원사역을 말하고 있으며, 신약에서 이 장만 85번이나 직접·간접으로 인용되고 있습니다.

이사야서는 분량이 방대하고 또 이 성경 읽기에서 시대적으로 많은 부분을 쪼개서 읽기 때문에 줄거리 따라잡기도 그 해당 부분별로 나누어 게재합니다. 전체를 한 눈에 이해하기 위해서 앞장의 한눈에 보기 도표를 참조하세요. 이사야는 그의 시대로부터 150년 후 고레스의 칙령으로 포로로 잡혀 간 이스라엘 백성들이 귀환하고 하나님께서 그들을 회복시킬 것이라고 예언합니다. 그 시대에 해당되는 부분은 그 시대에 배당해서 읽습니다.

재미있는 사실은 이사야서 66장은 성경 66권과 그 수가 같을 뿐 아니라 그 성격도 같다는 것입니다. 첫 39장은 구약적 성격을 띤 내용이 주로 나옵니다. 심판과 하나님의 공의 그리고 회개가 강조되는 내용입니다. 후반부 27장은 신약적 성격을 띠는 내용이 주로 나옵니다. 구원, 소망, 자비, 용서, 그리고 회복이 그 주 내용을 이룹니다.한눈에 보기 도표 참조 그래서 현대 비평 신학자는 이사야서가 두 개이고 서로 다른 저자가 서로 다른 시대에 썼다고 주장합니다. 우리는 이사야서가 처음부터 66장으로 된 하나의 책이라고 믿습니다. 이사야서 전체는 시로 된 하나의 문학 작품이기도 합니다. 많은 구절이 헨델의 오라토리오Oratorio "메시아"의 가사가 되기도 합니다.11:1-5, 7:14, 40:9, 60:2-3, 9:2, 9:6, 35:5-6, 40:11, 53:3, 53:8 그는 문학적으로 셰익스피어에 비할 수 있고 구약의 사도 바울이라고 할 수도 있을 것입니다. 이렇게 내용이 다르고 또 문체가 다르다고 해서 이사야서는 2명 이상의 저자들이 있으며, 제 1 이사야서, 제 2 이사야서로 나누는 학자들도 있습니다.

이사야서는 66장 1,292절로 되어 있으며, 신약에서 472번 직접·간접으로 인용되고 있습니다.

□ 이사야 1~6장 줄거리 따라잡기

유다의 하나님은 이스라엘의 거룩하신 자이지만, 백성들은 사회적으로나 도덕적으로나 영적으로 죄를 범한 백성입니다. 어느 날 예루살렘은 열방을 위한 하나님의 성이 될 것입니다. (사 2:2~4은 이사야와 동시대인인 미가의 예언미 4:1-3과 같은 것입니다.) 이때문에 백성들의 사악함과 교만은 근절되어야 합니다. 그 성에는 악이 없을 것이기 때문입니다. 유다는 하나님의 포도원입니다. 그것은 들포도만 맺지만, 여호와께서는 그것을 영원히 거부하지는 않으실 것입니다. 이사야는 하나님에 대한 환상을 보며, 곧이어 백성들의 선지자가 되도록 부르심을 받습니다.1-6장

◎ 이사야 6장

□ 이사야의 부르심

하나님의 사람이 소명 받을 때 어떤 절차를 밟게 되는지 유의하시고 특히 하나님과의 관계를 수립하기 위해 죄의 문제를 어떻게 다루는지 유의하세요. 이사야서 6장의 배경은 열왕기하 15장의 역사적 배경을 깔고 있습니다. 여기의 웃시야 왕은 열왕기

하 15장의 아사랴라는 왕을 말합니다. 이사야가 소명을 받아 하나님의 선지자가 되기까지 절차를 6장이 보여 줍니다. 먼저 하나님의 임재가 있습니다. 하나님의 임재 앞에 인간은 자기의 죄를 보지 않을 수 없습니다.

☐ 6장에서 보는 예배의 요소

회개가 있고 하나님은 **용서**하시고 선포합니다. 인간에게 하나님은 **말씀을 선포**하심으로 메시지를 주십니다. 그 메시지에 인간은 **결단과 순종**으로 반응합니다. 이것은 예배의 전형적인 모형이도 합니다. 예배는 적어도 이 네 가지의 요소가 있어야 합니다.

◎ 이사야 1~5장

패역한 이스라엘을 향한 하나님의 질책이 어떠한가를 보세요. 패역한 유다와 예루살렘의 거민들의 신앙 상태를 보면서 오늘날 우리의 신앙 모습과 비교해 보세요.

1장부터 5장까지는 '말일에', '그 날에' 어떻게 하신다고 하는지 유의하시면서 읽으셔야 합니다. 그것은 바로 주의 날the Day of the Lord을 가리킵니다.

☐ 1:16, 17절에서 배우는 회개의 9가지 규범

p.305의 '자라나기'에서 밝힌 루터의 3가지 회심과 연관시켜 보세요.

16너희는 스스로 씻으며 스스로 깨끗하게 하여 내 목전에서 너희 악한 행실을 버리며 행악을 그치고 17선행을 배우며 정의를 구하며 학대 받는 자를 도와주며 고아를 위하여 신원하며 과부를 위하여 변호하라 하셨느니라 회개의 9가지 규범을 찾아보세요. 회개는 관념 속에서 단순히 죄의식을 느끼고 그것을 해소한 것이 아니고 실제적이고 현실적으로 회개의 열매를 맺어야 합니다. 그것을 보여 주고 있습니다.

☐ 2:6-9에서 배우는 교훈은 '형통할 때 축복해 주신 이를 기억하기'입니다.

이스라엘이 하나님을 거역하고 타락한 때는 그들이 미약할 때가 아니었습니다. 미약할 때는 오히려 하나님을 의지했습니다. 거주할 땅도 없었던 가나안 정복 때는 하나님께 전적으로 순종해서 승리하는 삶을 누렸습니다. 그러나 오히려 부해지고 난 후에 그들은 하나님을 잊어가면서 오히려 우상을 섬기는 자들로 돌아서게 됨을 봅니다. 모세는 신명기 8장 12-20절에서 이 점을 경고한 바 있습니다. 풍요로움 속에서 하나님을 기억하고 감사하는 신앙이야말로 성숙된 신앙입니다.

□ 그림으로 이사야 5장의 경고를 읽어 보세요.

이것이 이스라엘의 문제였습니다.

□ 이사야 7~12장 줄거리 따라잡기

유다 왕 아하스BC 731-715년는 여호와께 반항하고, 아람과 이스라엘에게 공격을 받습니다.아람-에브라임(이스라엘의 다른 이름)전쟁 이사야는 아하스 왕에게 여호와를 신뢰하라고 탄원하지만, 그는 그 대신에 앗수르에게 도움을 청합니다. 북왕국의 사악함은 앗수르에게 멸망당함으로써 끝날 것입니다. 비록 앗수르도 심판을 받을 것이지만, 완전한 왕이 오셔서 완전한 나라를 세우실 것이며 이 세상은 하나님 중심적인 나라가 될 것입니다.

◎ 이사야 7장~10:4

7장에서의 하나님은 임마누엘 하나님이심을 볼 수 있습니다. 아람과 이스라엘의 전쟁에서 하나님을 신뢰해야 하는 이유는 그가 우리와 함께 하시는 임마누엘의 하나님이시기 때문입니다. 이는 훗날에 태어날 한 아이의 이름이기도 합니다. 9장에서는 이스라엘을 구원할 메시야를 암시하면서 그 이름들을 보여 줍니다.

알아두기

이사야서는 많은 부분이 시대적 배경을 달리하기 때문에 여러 부분으로 나누어 읽습니다.

10:5~12장은 북 이스라엘의 멸망하는 시대적 배경을 가지고 41일째 읽기로 분류하여 읽습니다.
13:1~14:23은 54일째 분량으로 분류되어 있습니다.
여기서는 17장으로 이어지고, 계속해서 14:24-32, 28~29장으로 이어집니다.

메시아를 암시하는 이름들

이름	의미
기묘자	인간의 한계를 초월하여 계시는 신비한 존재로서, 메시아 예수의 신성을 강조하는 표현임. 즉 그분은 비범하고 뛰어나서 비교할 데가 없으신 분이란 뜻
모사	그분은 올바른 충고와 참된 조언을 하시는 분으로, 인간을 능히 구원할 만한 지혜를 가지신 분이란 뜻
전능하신 하나님	그분은 능치 못할 일이 없는 '전능자 하나님' 이심
영존하시는 하나님	그분은 시간을 초월하시는 영생의 주로서, 구원받은 자에게는 아버지 같은 사랑으로 함께하시는 분임
평강의 왕	그분은 참된 '평강(샬롬)' 을 실현하시는 만왕의 왕으로, 따라서 그분이 통치하시는 나라는 화평과 기쁨과 안식이 넘쳐나는 평강의 왕국임

□ 이사야 13~27장 줄거리 따라잡기

유다와 이스라엘 주위에 있는 나라들은 그들에게도 역시 심판이 닥칠 것이라는 경고를 받습니다. 예루살렘은 멸망할 것이고, 그 성벽은 무너질 것이며, 성전은 파괴될 것이고 백성들은 당황하여 허둥댈 것입니다. 실로 하나님께서는 전 세계를 심판하실 것이지만, 이것은 또한 궁극적으로 신실한 자들을 기쁨으로 이끌 것입니다.13~27장

이 부분에서 이사야는 유다와 이스라엘의 주변 국가들도 심판을 받을 것이라는 것을 구체적으로 예언합니다. 그 대상은다음페이지 지도 참조 바벨론, 앗수르와 블레셋, 모압, 수리아와 북쪽 이스라엘다메섹과 에브라임, 에디오피아구스와 애굽, 21장에서 바벨론과 에돔, 예루살렘에 관한 예언 그리고 23장에 두로의 심판에 관해 예언합니다. 이것은 위로 하늘영계, 아래로 땅에 있는 모든 대적들24:21-23을 물리치고 완벽한 승리를 거두신다는 것을 말합니다. 26장, 27장에 그날에 부를 찬송을 묘사하며, 이스라엘의 신앙을 견고한 성읍으로 묘사합니다. "그날에"라고 시작하는 26장과 27장은 승리한 하나님의 나라를 묘사하고 있습니다.

이방 국가에 대한 이사야의 예언

◎ 이사야 17장

◎ 이사야 14:24~32

북 왕조 이스라엘의 멸망이 가까워 온 시점에서 계속해서 하나님의 경고가 이사야에게 임함을 기억하면서 열왕기하 15:1~16:9절39일째 읽었음까지의 사회상을 근거로 읽어야 합니다.

□ 이스라엘이 궁지에 몰릴 때 이스라엘은 이웃 강대국인 애굽을 의지하려는 경향을 강하게 가졌습니다. 하지만 이사야는 유다 백성들에게 애굽과 결탁하지 말라고 강력히 경고합니다.사 31:1 오늘날의 많은 국가나 개인이나 심지어 신앙 공동체마저도 궁지에 몰릴 때 하나님 외의 다른 어떤 강력한 힘을 찾아 의지하려고 하지는 않는지 생각해 보세요. 이것이 이사야서의 주요 교훈입니다.

41일

년 월 일

오늘의 읽을 분량

왕하 16:10-20
미 1~7장
대하 27~28장
왕하 17:1-4
사 28~29장
왕하 17:5-41
사 10:5-12장

3장 8절
"오직 나는 여호와의 영으로 말미암아 능력과 정의와 용기로 충만해져서 야곱의 허물과 이스라엘의 죄를 그들에게 보이리라"

"우상 숭배" (Idolatry)
유다의 근본적인 죄는 우상 숭배입니다. 그러므로 십계명의 첫 네 개의 계명을 범하고 말았습니다. 이것은 부패, 폭력, 그리고 다른 죄악들 즉 십계명의 나머지 계명들을 범하게 합니다.

◎ 열왕기하 16:10-20

제사장 우리야에게 우상의 신당을 짓도록 명하는 유다의 아하스 왕과 그것에 순종하는 제사장의 패역한 모습을 생각하면서 미가서를 읽습니다. 하나님 나라를 이루시고자 열망하시는 하나님의 마음을 읽는 자세를 잊지 마세요.

미가	MICAH	彌迦書

미가 한눈에 보기

개요 유다의 심판과 회복

1-3장	4장-5장	6장-7장
임박한 심판에 대한 선언	약속된 궁극적 축복	현재의 회개 촉구

유다의 아하스 왕은 하나님의 성전에 이교들의 우상을 세우고, 나중에는 성전을 아예 폐쇄해 버렸습니다. 히스기야가 왕이 되었을 때, 유다는 회복의 길로 들어섭니다.p.307의 이사야 미가서 시대배경 도표 참조 미가는 이사야와 동시대에 활약했던 선지자였습니다. 이사야는 주로 왕실을 상대로 사역했고 미가는 평민들을 상대로 사역했습니다. 미가는 북왕국을 향한 마지막 선지자였고, 또한 사마리아북왕국의 수도와 예루살렘남왕국의 수도에서 동시에 활약했습니다.

미가는 사마리아의 멸망BC 722년에 대해 예언하면서 앗수르 군대가 한 성읍 한 성읍씩 덮치면서 애굽을 향한 연안 평야를 따라 예루살렘 문에까지 밀고 올라오는 환상을 봅니다.1장 미가는 성 안의 벼락부자들은 나라의 토지를 탐내는 등 이 세대에 바닥에 떨어진 경제 정의와 사회 정의를 외치며, 가난한 자들의 권리를 옹호합니다. 바벨론 유수 후에 여호와께서는 남은 자들과 함께 새로이 시작하실 것입니다.2장 불의한 통치자들, 부패한 선지자들, 여호와의 임재가 그들을 보호해 줄 것이라고 믿는 탐욕스러운 제사장들은 미혹되어 있으며 심판을 자초합니다.3장

장차 열방은 하나님의 도를 배우기 위해 예루살렘으로 올 것이며, 거기에는 전 세계적인 평화가 있을 것입니다. 그 이전에 포로들은 바벨론에서 돌아오고, 예루살렘은 비록 포위 공격을 당하고 있긴 하지만 승리할 것입니다. 베들레헴에서 위대한 통치자메시야가 나올 것이며, 백성들을 재결합시킬 것입니다. 그렇게 되면 남은 자들은 믿음의 집단이 될 것입니다.4~5장 여호와께서는 그의 백성들

이 그와 함께 변론하도록 초청하십니다. 그는 값비싼 제물이 아니라 거룩한 삶을 원하십니다.

상업에서의 교활한 풍습을 그만두어야만 합니다.6장 미가는 이스라엘의 상황을 한탄합니다. 그러나 여호와의 심판이 다했을 때 이스라엘은 회복되고, 그들의 적은 정복될 것임을 깨닫습니다. 그래서 여호와께서는 그의 언약에 신실하시다는 것이 입증될 것입니다.7장

미가서는 7장 105절로 되어 있고 신약에 14번 직접·간접으로 인용되고 있습니다.

◎ 미가 1~7장

□ 1. 임박한 심판에 대한 선언1~3장

하나님은 미가 선지자를 통해 부패한 지도자국가 지도자뿐만 아니라 모든 지도자들이 다 포함된다고 생각하세요들에게 하나님의 공의로운 심판을 일깨워 주고 백성들에게는 하나님의 구원의 소망을 심어주기 위해 이 예언서를 쓰게 하셨습니다.

□ 2장 1-2절 정의로운 삶 - 크리스천의 구별된 삶 관점 3

힘을 가진 자들은 언제나 그 힘을 사용하려 합니다. 그 힘을 연약한 사람을 돕는데 사용하는 것이 하나님의 사랑을 실천하는 삶의 모습일 것입니다. 그렇지만 그리스도의 사랑을 그 생각 속에 품고 있지 않는 사람들은 죄의 본성 때문에 그 힘을 악하게 사용하려는 경향이 있습니다. 미가 선지자 당시 유다의 힘 있는 자들은 남의 재산과 땅을 탐내며 그것을 불법으로 빼앗고 취합니다. 그런 과정에서 불법을 자행하며 정의를 짓밟습니다. 그래서 미가 선지자는 바로 이런 행위에 대한 하나님의 엄중한 경고를 전달합니다. 하나님께서 미가 선지자를 통해 이루시고자 했던 정의는 오늘날 우리에게서 이루시고자 하시는 정의와 같은 것입니다. 신약 성경은 탐욕에 대해 경고합니다.엡 5:5더 많은 것을 갈망하는 것은 다른 이들에게 속한 것을 탐하여, 그것을 움켜잡으려는 불의로 이끌기 때문입니다.

□ 2. 약속된 궁극적 축복4~5장

미가 4장 1~5절은 다가올 천년 왕국을 잘 묘사해 주고 있습니다. 미가 5장 2~3절은 BC 4년경에 동방 박사가 물었던 질문의 대답이 BC 740년경에 이미 대답되고 있습니다. 작은 성 베들레헴에서 이스라엘을 다스릴 자가 나오며예수님의 탄생을 말함 남은 자, 즉 하나님 나라를 이루기에 합당한 섞이지 않은 자들이 모여 올 것이라고 예언합니다.

미가 5장을 묵상하십시오.
예수는 구약과 신약 모두에서 핵심적으로 언급되고 있습니다. 구약에서는 예수를 히브리어로 메시야라고 불렀고, 신약에서는 헬라어로 그리스도라고 불렀는데 모두 '기름 부음을 받은 자'라는 뜻입니다. 구약과 신약 모두에서 예수는 하나님의 아들로서 이 세상에 평화와 구원을 가져다주시는 분입니다. 그래서 이사야를 비롯한 구약의 여러 선지자들은 예언을 통해서 예수가 다스릴 영광스러운 메시야 왕국을 묘사했습니다. 그 때에, 즉 메시야가 통치하실 때에 악의 세력은 산산이 부서지고 온 땅에 평화가 임할 것입니다. 그러므로 예수님을 우리의 삶의 기초 돌로 모시는 삶을 살아야 합니다.

☐ 3. 현재의 회개 촉구6~7장

여호와 하나님이 원하시는 것은 외식적外飾的 예배가 아니라 백성들이 깨끗한 심령으로 겸손과 순종을 원하는 것입니다. 그들은 부정한 수법으로 사람들을 등쳐 먹는 짓을 그만두고 정의를 추구해야 함을 촉구합니다. 그렇지 않으면 심판이 임할 것인즉 이스라엘이 생산하여 저장해 둔 양식과 포도주와 기름은 엉뚱한 사람들이 차지할 것이라고 경고합니다. 그러나 미가는 여호와가 오실 그 날에 이스라엘이 회복이 될 것이라는 소망도 보여 줍니다. 하나님은 당신의 백성을 온갖 죄와 사악함에서 구해 내실 것입니다.

◎ **역대하 27~28장** : 기억하세요. 역대서는 남왕국 유다 왕들에 대한 기록입니다. 이스라엘이 망할 즈음의 유다 왕들을 기록하고 있습니다. 여기서는 요담과 악명 높은 아하스 왕에 대한 기록입니다.

◎ **열왕기하 17:1-4** : 앗수르에게 조공을 바치기로 한 이스라엘의 마지막 왕 호세아에 대한 기록입니다. 이제 북왕국은 그 끝에 도달했습니다.

◎ **이사야 28~29장** : 28장은 에브라임북왕국 이스라엘의 다른 이름의 교만을 나무라며 29장은 아리엘하나님의 '제단' 또는 성전의 '제단'이라는 뜻으로서 예루살렘을 가리킨다의 외식함으로 타락한 것을 나무라고 있습니다.

📖 사 **29:13** 주께서 이르시되 이 백성이 입으로는 나를 가까이 하며 입술로는 나를 공경하나 그들의 마음은 내게서 멀리 떠났나니 그들이 나를 경외함은 사람의 계명으로 가르침을 받았을 뿐이라

☐ 심판의 무서운 경고 속에서도 희망을 심어 주시는 하나님

📖 사 **28:16** 그러므로 주 여호와께서 이같이 이르시되 보라 내가 한 돌을 시온에 두어 기초를 삼았노니 곧 시험한 돌이요 귀하고 견고한 기촛돌이라. 그것을 믿는 이는 다급하게 되지 아니하리로다 (옆의 '자라나기' 참조)

◎ **열왕기하 17:5~41**

☐ 북왕국 이스라엘이 앗수르에 의해 망하다BC 722년

여호수아의 인도로 가나안에 들어온 언약 백성은 북왕국의 멸망으로 이제 반대로 하나님이 주신 '젖과 꿀이 흐르는 땅'에서 누려야 할 하나님의 축복을 누리지

못하고 앗수르의 포로로 잡혀갈 뿐만 아니라 이들 열 지파는 영원히 흩어져 살게 되어 그 흔적이 성경에서 사라지게 됨을 봅니다. 성경에 '돌아오는 자'는 남유다의 백성들이 바벨론에 포로로 잡혀갔던 자들입니다. 북왕국의 시작은 여로보암이고 그는 금송아지를 만들어 단과 벧엘에 산당을 짓고 하나님을 배반하고, 그 후로 북왕국은 단 한 명의 선한 왕을 배출하지 못했습니다. 왕의 선과 악의 판단 기준은 다윗이라고 했고 또한 우상 숭배 유무입니다.

◎ 이사야 10:5~12장

□ 하나님의 심판의 도구로 쓰인 앗수르

하나님은 타락한 이스라엘에게 경고한 심판을 내리기 위해 이스라엘보다 더 사악한 앗수르를 이용하십니다. 즉 하나님은 앗수르를 진노의 막대기와 손의 몽둥이로 삼아 타락한 이스라엘을 치셨습니다. 이처럼 이스라엘보다 더욱 사악한 나라가 이스라엘을 치는 것을 보며 남쪽 유다 백성들은 큰 충격을 받았을 것입니다. 하나님은 왜 타락한 이스라엘을 징벌하시기 위해 그보다 더 악한 나라를 사용했을까요? 쉽게 이해할 수는 없지만, 분명한 것은 하나님은 세상 모든 것에 대해 주권을 가지신 분임은 틀림이 없습니다. 그래서 하나님은 어떤 것도 도구로 삼으실 수 있습니다. 그렇다고 해서 앗수르는 이 침공에 대해 책임이 없다는 말은 아닙니다. 이사야 10장은 하나님은 때가 되면 앗수르에게도 죄의 책임을 엄중히 묻겠다고 하셨습니다.

이스라엘 사람들의 추방(왕하 17:6, 24, 30-31)

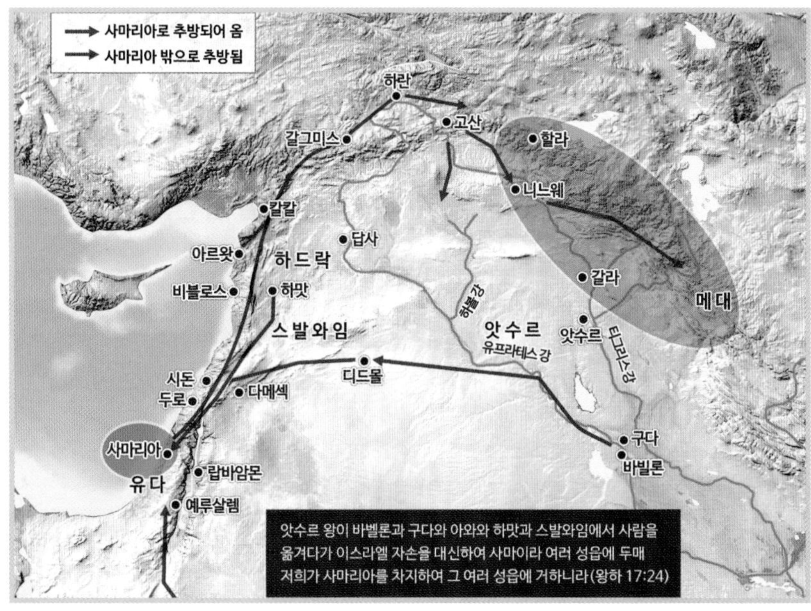

□ 남은 자사 10:20-23를 통해 역사하시는 하나님

11장에서 메시아와 그의 평화로운 왕국이 세워질 것임을 언급하고 12장에서는 그 구원을 받은 자들이 감사하는 찬송을 올려 드립니다. 그들은 남은 자들입니다. 그들은 관점 3에 의한 섞이지 아니한 자들입니다.

남은 자의 보존

사람 혹은 무리	관련 구절
■ 홍수 때에 노아와 가족	창 7:1
■ 애굽에 기근이 닥쳤을 때 요셉	창 45:7
■ 자기들의 고향으로 돌아올 이스라엘	신 4:27-31
■ 바알에게 무릎 꿇지 않은 7천명	왕상 19:18
■ 포로기 이후에 유다의 일부	사 10:20-23
■ 시온을 위해 남은 자	미 2:12-13
■ 유대인과 이방인 모두를 부르신 교회	롬 9:22-27

□ 남은 자의 신약적 의미

롬 11:4, 5 [4]그에게 하신 대답이 무엇이냐 내가 나를 위하여 바알에게 무릎을 꿇지 아니 한 사람 칠천 명을 남겨 두었다 하셨으니 [5]그런즉 이와 같이 지금도 은혜로 택하심을 따라 남은 자가 있느니라 즉, 구원 받은 성도를 말합니다. 이들을 통해 하나님은 당신의 나라를 이룩하시는 역사를 계속 하신다는 사실을 명심하세요. 관점 3

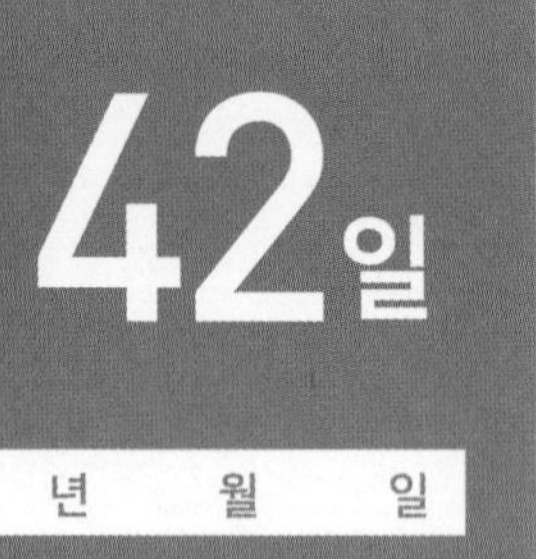

◎ 열왕기하 18:1-12 : 히스기야왕의 개혁

북왕국은 앗수르에 의해 망하고BC 722년 이제 유다 왕국이 남았지만 유다 왕국의 운명도 풍전등화風前燈火의 신세입니다. 히스기야는 BC 729년에 즉위합니다. 처음에는 부친 아하스와 함께 통치를 했지만 BC 715년에 단독 통치를 행사합니다. 그는 대대적 개혁을 시작합니다.역대하 29장~31장에서 자세히 설명함 산당을 철폐하고 우상을 파괴합니다. 그중에는 모세 시대의 놋뱀이 숭배되고 있었다는 사실도 밝혀집니다. 그는 솔로몬의 잠언도 새롭게 수집합니다. 잠언 25~29장은 히스기야 왕이 수집한 솔로몬의 잠언입니다.

오늘의 읽을 분량

왕하 18:1-12
잠 25~29장
사 15~16장
사 18~20장
사 22:15-25
사 30~32장
왕하 20:1-19
사 38~39장
왕하 18:13~19장

◎ 잠언 25~29장 : 히스기야가 수집한 솔로몬의 잠언

이 잠언집의 주제는 통치와 경영에 맞추어져 있습니다.

◎ 이사야 15~16장 ◎ 이사야 18~20장

이사야는 여러 나라들에 대해 예언합니다.p.313의 지도를 참조

◎ 이사야 22:15~25 ◎ 이사야 30~32장

북왕국이 멸망하기BC 722년 직전에 애굽의 도움을 구한 것은 여호와의 진노를 사는 일이었습니다.

사 31:1-3 도움을 구하러 애굽으로 내려가는 자들은 화 있을진저 그들은 말을 의지하며 병거의 많음과 마병의 심히 강함을 의지하고 이스라엘의 거룩하신 이를 앙모하지 아니하며 여호와를 구하지 아니하나니 2여호와께서도 지혜로우신즉 재앙을 내리실 것이라 그의 말씀들을 변하게 하지 아니하시고 일어나사 악행하는 자들의 집을 치시며 행악을 돕는 자들을 치시리니 3애굽은 사람이요 신이 아니며 그들의 말들은 육체요 영이 아니라 여호와께서 그의 손을 펴시면 돕는 자도 넘어지며 도움을 받는 자도 엎드러져서 다 함께 멸망하리라

인위人爲의 문제를 인위人爲로 풀려는 인간의 어리석음은 계속되고 있음을 볼 수 있습니다. 신위神爲로 돌아가기가 그렇게 어려운 것인지! 그 재앙은 유다 왕 히스기야의 반역과 BC 701년에 있었던 앗수르의 즉각적인 보복에서 절정에 이릅니다. 종교 지도자와 세속적 지도자들은 백성들을 잘못 인도했습니다.
예루살렘은 포위 공격을 당할 것이지만 점령을 당하지는 않을 것입니다. 애굽도 앗수르도 믿어서는 안되지만, 여호와께서는 그의 백성을 구원하실 것입니다. 먼 미래에 평화와 정의와 의의 시대가 올 것입니다. 그 이전에 하나님을 믿는 자들만이 살아남을 때가 있을 것입니다.
이 부분의 줄거리는 에브라임이스라엘의 다른 이름과 유다 지도자들에 대한 하나님의 경고입니다.

◎ 열왕기하 20:1~19 : 히스기야의 생명 연장, 바벨론에서 온 히스기야 병 문안 사절단

◎ 이사야 38~39장 : 히스기야의 발병과 회복

하나님은 이사야를 통해서 히스기야의 병을 고쳐 주심으로 그에게 더 큰 용기와 확신을 주십니다. 그러나 히스기야는 바벨론의 사신을 맞이하면서 국가 기밀의 선을 넘어 버리는 실수를 합니다. 아직은 앗수르가 강대국으로 이 일대를 군림하던 시대였습니다.
그런데 히스기야는 근거도 없이 신흥 바벨론 사람들에게 낙관적인 기대를 갖고 있었습니다. 결국 이사야는 예루살렘이 장차 이 바벨론에게 멸망할 것이라고 예언합니다.

◎ 열왕기하 18:13~19장 : 앗수르의 유다 침공

43일

년 월 일

오늘의 읽을 분량

사 36~37장
왕하 20:20,21
사 22:1-14
사 23~27장
대하 29~32장
왕하 21장
습 1~3장

◎ 이사야 36~37장 : 앗수르의 침공 협박, 히스기야의 기도, 유다 구원에 대한 예언

앗수르는 여전히 예루살렘을 위협하고 있습니다. BC 722년에 북왕국을 흡수한 앗수르는 이번에 산헤립 왕이 대군을 이끌고 유다로 침공하여 히스기야의 항복을 요구합니다. 이들은 아람 말로 유대 지도자들을 회유하여 항복을 받고자 시도합니다. 그러나 히스기야 왕은 하나님을 굳게 신뢰하고 하나님께 기도합니다. 히스기야의 믿음은 이 전쟁이 하나님께 있다는 것을 확인시켜 주는 것입니다.
하나님은 다음 날 천사를 통해 앗수르의 대군 18만 5천 명을 죽이며 산헤립과 앗수르가 몰락의 길로 가게 만들어 심판하셨습니다. 이사야 36장 2절의 기사 내용이 산헤립 점토판에 기록되어 있는 것을 발굴하여 대영 박물관에 보관 중임

◎ 열왕기하 20:20, 21 : 히스기야 왕 통치의 끝

◎ 이사야 22:1-14

□ 때를 분별 못한 예루살렘의 백성 - 이사야 22:12-14

사람이 때와 시기를 잘 분별하는 것은 참으로 지혜로운 일입니다. 그래서 전도서를 쓴 지혜자는 "울 때가 있고 웃을 때가 있으며, 슬퍼할 때가 있고 춤출 때가 있다"전 3:4라고 충고했습니다. 그런데 이 같은 '때'의 분별에 있어서 예루살렘 백성들은 참으로 어리석었습니다. 관영한 죄악으로 심판의 날이 가까이 임했습니다. 예루살렘은 결코 소나 양을 잡고 포도주로 축제를 벌일 기쁨의 때가 아니었습니다.
그래서 하나님은 이사야 선지자를 통해 굵은 베옷을 입고 죄를 통곡하며 다가올 재난을 슬퍼하라고 예루살렘 백성들에게 명하셨습니다. 하지만 그들은 선지자의 경고에 귀를 기울이지 않았습니다. 북방에서 일어난 하나님의 심판의 도구인 바벨론 군대는 점점 예루살렘을 향하여 내려오고 있는데도, 그들은 먹고 마시며 즐길 뿐이었습니다. 마치 대 홍수를 앞둔 노아 시대의 어리석은 사람들과 똑같았습니다.
큰 심판과 재난의 날을 앞두고서도 백성들은 하나님을 전혀 개의치 않고 자신의 세속적인 쾌락과 욕망의 삶을 계속했습니다. 그때에 그들은 마땅히 굵은 베옷을 입고 죄악을 회개하면서 주의 긍휼을 바랐어야 옳았는데도 말입니다. 이처럼 이사야 시대의 예루살렘 백성들은 하나님의 길을 떠나 있었기 때문에, 인생에 대해서 '될 대로 되라는 식'의 방종한 태도를 가졌습니다. 그래서 그들은 "내일 죽더라도 오늘은 실컷 먹고 마시자."라고 떠들어 댔습니다. 그 결과 그들은 정말 뼈저린 고통과 재앙의 날을 맞고야 말았습니다.BC 586년
여러분은 지금 무슨 '때'를 맞고 있습니까? 죄로 인해 깊이 슬퍼해야 할 때에 혹

시 즐거워하고 있지는 않습니까? 여러분이 소속되어 있는 사회는 어떠합니까? 그 죄악상에 진정 가슴 아파하면서 밤을 새우는 기도의 시간을 가져 보았나요? 여러분 이 때를 잘 분별하여 적절하게 반응하고 있다면, 여러분은 진정 지혜로운 자임에 틀림없습니다.

◎ 이사야 23~27장

우리의 눈물을 씻겨 주시는 하나님 사 25:6-8

이 부분의 이사야서는 계속되는 타락으로 인해 세계의 심판을 예언합니다. 그러나 이사야는 재난과 고통 이후에 임할 하나님의 은총을 선포합니다. 회복의 그날에, 하나님은 하나님의 백성들에게 모든 눈물을 씻기시며 사망을 영원히 제거하실 것이라고 약속하셨습니다. 이 약속은 계시록 21장에서 온전히 이루어짐을 볼 수 있습니다. 분명 하나님은 독생자 예수 그리스도를 통해 사망을 멸하셨습니다. 이제 우리는 사망을 극복하고 천국에서 영원히 살게 될 것임을 확신할 수 있습니다. 그곳에서 우리는 슬픈 일로 더 이상 눈물을 흘리지 않을 것입니다. 26장 3절에 '평강'이라는 단어가 나옵니다. 히브리어로 '샬롬'입니다. 이것은 삶의 모든 영역에 모난 데가 없이 마음과 생활이 평안을 누리는 것을 말합니다. 어떻게 이런 상태를 얻을 수 있을까요? 하나님을 마음의 중심에 모시고, 그의 약속을 믿는데서부터 얻을 수 있습니다.

◎ 역대하 29~32장 : 히스기야 이야기

역대하 29장~32장은 열왕기의 기사보다 훨씬 자세하게 히스기야의 이야기를 전합니다. 특기할 만한 사실은 아버지 아하스 때에 이방 종교에 빠진 유다를 되돌리는 위대한 종교개혁을 단행합니다.

역대 이스라엘의 종교 개혁과 그 부흥을 다음 도표에서 참고하세요.

이스라엘 역사 속에서 보는 신앙 부흥기

지도자	백성들의 반응은 어떠했나?
모세	하나님의 율법을 받아들이고, 하나님의 말씀에 따라 모두 힘을 합쳐 성막을 건축했다. **(출 32-33장)**
사무엘	모든 우상을 파괴함으로써 하나님을 최우선 순위에 두기로 했다. **(삼상 7:1-13)**
다윗	언약궤를 예루살렘으로 가져왔고, 다 함께 노래와 악기를 가지고 하나님을 찬양했다. **(삼하 6장)**
여호사밧	하나님만 의뢰하기로 결정했다. **(역하 20장)**
히스기야	성전을 정화했고, 우상을 제거했으며, 성전에 십일조를 가져왔다. **(역하 29-31장)**
요시아	하나님의 말씀에 순종하기로 결정했고, 각 자의 삶 속에서 죄악된 요소들을 모두 제거했다. **(역하 34-35장)**
에스라	신앙을 위협하는 사람들과의 관계를 청산했고, 하나님의 말씀에 대한 순종의 결의를 새롭게 다짐했다. **(에스라 9-10장, 학개 1장)**
느헤미야	금식했고, 죄를 고백했으며, 하나님의 말씀을 공개적으로 낭독했다. 그리고 앞으로는 전적으로 하나님만 섬기기로 약속하고 서명함 **(느헤미야 8-10장)**

◎ 열왕기하 21장 : 악명 높은 왕 므낫세와 아몬

히스기야의 뒤를 이어 왕이 된 므낫세는 히스기야와는 정반대의 인물이며 많은 악행을 저질러 하나님의 진노를 쌓습니다. 므낫세는 북왕국의 아합에 견줄 만한 악한 왕이었습니다. 섭정 기간을 포함하여 55년간을 통치하며 그 타락상은 이스라엘에 의해 멸망당했던 가나안의 수준을 능가하는 것이었습니다. 그러나 역대기는 이 인물에 다소 호감을 보입니다.대하 33장 므낫세의 후계자인 아몬은 아버지보다 더 악하여 죽임을 당합니다.

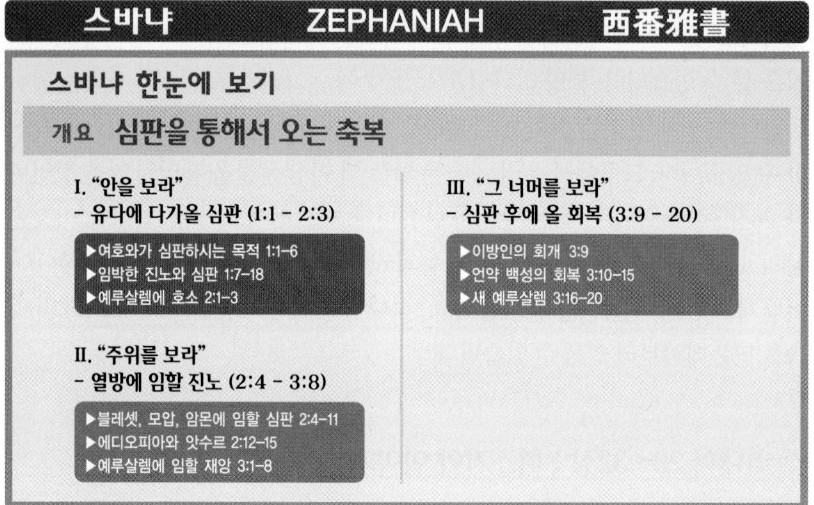

스바냐 ZEPHANIAH 西番雅書
스바냐 한눈에 보기
개요 심판을 통해서 오는 축복
I. "안을 보라"
- 유다에 다가올 심판 (1:1 - 2:3)
▶여호와가 심판하시는 목적 1:1–6
▶임박한 진노와 심판 1:7–18
▶예루살렘에 호소 2:1–3
II. "주위를 보라"
- 열방에 임할 진노 (2:4 - 3:8)
▶블레셋, 모압, 암몬에 임할 심판 2:4–11
▶에디오피아와 앗수르 2:12–15
▶예루살렘에 임할 재앙 3:1–8
III. "그 너머를 보라"
- 심판 후에 올 회복 (3:9 - 20)
▶이방인의 회개 3:9
▶언약 백성의 회복 3:10–15
▶새 예루살렘 3:16–20

3장 17절

"너의 하나님 여호와가 너의 가운데에 계시니 그는 구원을 베푸실 전능자이시라 그가 너로 말미암아 기쁨을 이기지 못하시며 너를 잠잠히 사랑하시며 너로 말미암아 즐거이 부르며 기뻐하시리라 하리라"

"주의 날"(Day of the Lord)

스바냐는 예루살렘이 멸망하게 될 미래의 주의 날을 예언하고 있습니다. 그 날은 현실적으로는 유다가 바벨론에게 멸망하는 날입니다. 그러나 종말론적으로는 그 날은 바로 그리스도가 오시어 통치하는 날입니다.

스바냐이름의 뜻은 '여호와는 숨겨 준다'는 예레미야의 사역이 시작될 무렵인 유다 왕 요시야 시대에 활약한 선지자입니다. 그의 준엄한 어투로 미루어 볼 때 본문의 예언은 BC 622년에 요시야가 성전을 수리하다가 율법책을 발견함으로 종교를 개혁하기 이전에 행한 것이라고 추정됩니다.

이 시대적 상황인 우상 숭배로 인한 혼합 주의와 사회의 부정의에 대한 메시지입니다. 스바냐는 이사야와 함께 선지자 중 단 2명의 왕족 출신 선지자 중 한 명입니다. '주의 날'이라는 말이 이 스바냐서에 제일 많이 나옵니다. 스바냐는 유다의 우상 숭배와 폭력, 사기 그리고 무관심은 분노의 날로 이끌어 간다고 말합니다.1장-다가올 유다의 심판 그 날은 유다뿐 아니라 이방 나라들도 두려워해야만 하는 날이 됩니다.2장-열방에 임할 진노

그러나 섞이지 않고 구별된 삶을 산 사람들은 남게 될 것인데 그들에게 여호와께서는 아낌없이 자비를 베푸실 것입니다. '그가 너로 말미암아 기쁨을 이기지 못하시며 너를 잠잠히 사랑하시며' 3:17-심판 후에 올 회복

스바냐서는 모두 3장, 53절로 되어 있고 신약에 5번 직접, 간접으로 인용되고 있습니다.

도표 : 이 시대에 재위했던 남·북 왕국의 약전은 p.266-279의 '왕들의 약전'을 참고

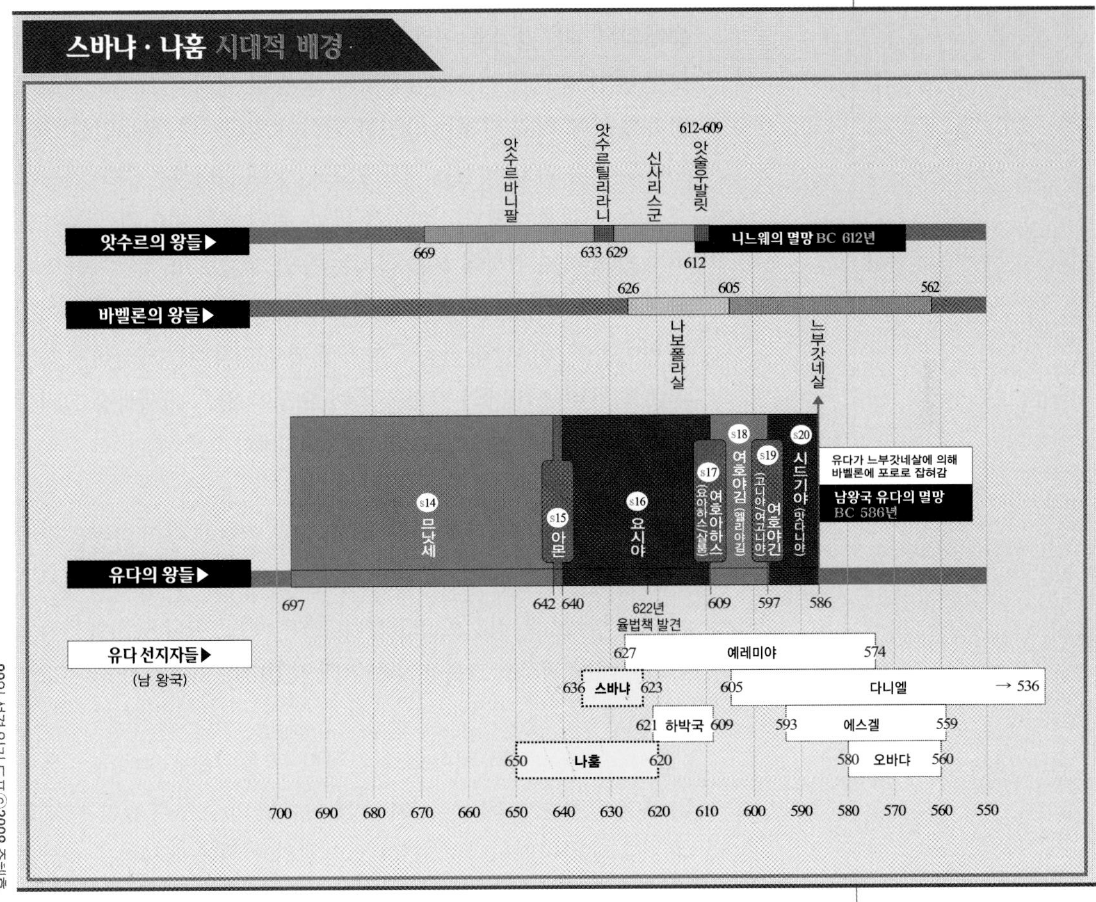

◎ 스바냐 1~3장

☐ 1. 유대에 다가올 심판 1:1~2:3

스바냐가 어떤 자들에게 경고했는가를 보세요.

1) 우상 숭배자

• 바알 - 페니키아와 가나안 사람들이 섬겼던 태양을 상징하는 남자신, 여신인 아스다롯은 달을 상징합니다. 여호수아 이래 이스라엘

백성들이 섬겨 오더니 아합 왕 때에는 왕후 이세벨이 바알을 끌어들여 백성들을 유혹하고 바알 선지자들을 많이 양성하였는데 엘리야가 갈멜산에서 진멸하였지요.왕상 18:40 유다 왕 므낫세 때에는 바알의 단을 성전 안에까지 쌓고 숭배했습니다.왕하 21:4

• **말감** - 암몬 사람들의 신으로 몰렉, 몰록, 밀곰으로도 불리는 신입니다. 이스라엘 사람들은 가나안 정착 이후 암몬 사람에게서 말감 숭배의 영향을 받아 곧 여호와와 동일시하고 여호와의 한 표현같이 보는 혼합 종교로 기울어졌습니다. 말감의 예배 의식에는 부모가 장자를 불에 태워 바치는 잔인한 의식이 있습니다. 우두인신牛頭人身에 두 손을 펴고 서 있는 것도 있고 단상에 걸터앉은 것도 있는데, 그 몸을 뜨겁게 하고 어린아이를 두 손 위에 놓고 아이의 곡성이 들리지 않게 하기 위하여 북을 올리는 동안 제물로 바쳐진 아이가 타서 죽게 되는 것입니다. 솔로몬이 노년에 모압 사람들로부터 이것을 받아들여 예루살렘 힌놈 골짜기에 세우고 자녀를 제사하게 하였는데,왕상 11:7 스바냐의 지적을 받아 요시아 왕은 대제사장 힐기야에게 명하여 백성들에게 금지시켰습니다.왕하 23:10

• **그마림** - '검은 옷을 입은 이'란 뜻을 지닌 말로서 왕의 임명을 받아서 바알 신을 섬겼던 제사장들을 가리키는데, 가나안 족속의 제사장에 대한 명예로운 칭호로 쓰였습니다.왕하 23:5 스바냐 당시에까지도 이러한 이방 제사장 그룹들이 잔존해 있었다는 이야기가 됩니다.

• **점성술사**占星術師 - 하늘의 일월성신日月星神에게 경배하는 유형의 천체 숭배는 인류의 역사와 함께 시작된 아주 뿌리 깊은 우상 숭배 가운데 하나입니다.신 4:19 이스라엘의 천체 숭배자들은 제사를 지낼 때 지붕 위에다 제단을 만들어 분향하고 제물을 바치곤 했는데,왕하 23:12 이러한 풍습은 아마도 앗수르에서 비롯된 것으로, 히스기야의 종교 개혁으로 정화되었다가 므낫세 시대에 복원되었고, 스바냐 시절에도 왕성했던 것입니다.

2) 기회주의자 : 여호와께 '맹세하면서 말감을 가리켜 맹세하는 자' 1:5

3) 배교자들 : 여호와를 '배반하고 좇지 아니한 자' 1:6

4) 불신자 : 여호와를 '찾지도 아니하며 구하지도 아니한 자' 1:6 

2. 열방에 임할 진노[2:4~3:8]

하나님 백성의 유일한 소망이자 의무는 그분을 찾고 그분이 주시는 삶의 기준에 따라 살아가는 것입니다. 그 삶이 섞이지 않는 삶을 말하는 것입니다. 관점 3

만약 그렇지 않으면 하나님의 진노가 임하고 주변 국가들과 같은 운명에 처할 것이라는 것입니다. 3:1-8절의 패역하고 더러운 곳, 포악한 그 성읍은 바로 예루살렘을 말합니다. 결국 그 성읍을 하나님은 쓸어버릴 것이라는 경고입니다.

3. 심판 후에 올 회복[3:9~3:20]

그러나 하나님은 '생존자' 즉, '남은 자'의 구원을 말하며 소망의 길을 보여 주십니다. 인간의 모든 교만심이 제거되고 그 민족이 정결케 될 때 끝까지 남을, 겸손하고 신실한 소수를 위한 하나님의 목적을 자세히 보여 주십니다.

스바냐 3장 17절을 묵상하고 하나님의 은혜를 받읍시다.

회복해 주시는 하나님을 찬양하세요.

◎ 열왕기하 22~23:25 : 요시야 왕의 통치와 그의 개혁
◎ 역대하 33~35:19

요시야 왕은 BC 640에서 609년까지 31년간 남왕국을 통치하면서 종교 개혁을 이룬 왕입니다. 당시 성전을 수리하다 제사장 힐기야가 율법책아마 신명기 사본일 것임을 발견하자BC 622년 경 요시야 왕은 그동안 하나님의 말씀율법을 망각하고 무시했던 것을 옷을 찢으며 회개하고 그 율법을 백성들에게 읽히고,왕하 23:1-3 공공장소를 깨끗이 하고 우상들을 제거했으며,4-14절 그리고 사사 시대 이후로 지키지 않았던 유월절을 처음으로 지키는 율법 회복을 이룩합니다.21-23절 역대하 33장~35:19도 이 부분을 서술합니다.

개혁의 시작은 먼저 율법책 즉 하나님의 말씀을 발견하는 데서부터 시작한다는 사실을 생각해 보세요. 변화는 하나님의 말씀에 의해서 일어나기 때문입니다. 성경을 읽지 않으면 변화의 방향성과 목적성을 찾지 못합니다.

◎ 시편 33, 66, 67, 100편

• **시 33 :** 구원하신 하나님을 찬양하는 시. 여호와를 두려워하는 자만이 현세와 내세의 삶을 지키는 자가 여호와이시라는 사실을 알며19절 여호와를 아는 것이 바로 신자들의 강력한 보호막이라는 것이다.

왕하 22~23:25
대하 33~35:19
시 33, 66, 67, 100편
왕하 23:26,27
나 1~3장
렘 1~6장

• **시 66 :** 예루살렘이 앗수르 손에서 구원받은 것을 송축하는 시
• **시 67 :** 구원의 하나님을 송축하며, 광야를 유랑하던 시절 하나님이 베풀어 주신 큰 복을 되새김
• **시 100 :** 하나님의 백성을 보전하신 여호와를 찬양함

◎ 열왕기하 23:26, 27 : 므낫세의 악행에 분노하신 하나님

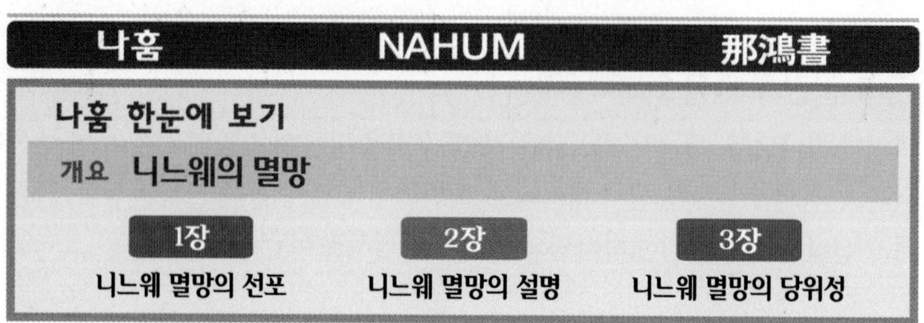

나훔
NAHUM
那鴻書
나훔 한눈에 보기
개요 니느웨의 멸망
1장
니느웨 멸망의 선포
2장
니느웨 멸망의 설명
3장
니느웨 멸망의 당위성

본문의 연대는 테베가 앗수르에 함락된 BC 663년[3:8-10]과 바벨론과 메대에 의하여 니느웨가 함락된 BC 612년의 어느 한 시점일 것입니다. 하나님께서는 선하시며, 따라서 악한 자를 보고 분개하시고 그렇기 때문에 니느웨는 반드시 멸망당해야만 한다는 것입니다.[1-2장]
나훔이름의 뜻은 '위로'의 예언의 리듬은 이제 말발굽 같은 스타카토 박자처럼 명확합니다. 니느웨는 창녀의 벌을 받을 것이라는 것입니다. 그것은 한때 애굽의 수도였으나 BC 663년 앗수르에게 방화와 학살 가운데 멸망한 애굽의 노아몬에 비길 수 있을 것입니다. 아무리 공격에 저항하려 한다 해도 그 성을 구할 수 없을 것입니다. 죽음의 만가輓歌가 왕과 귀족들에게 선포될 것입니다.[3장] 앗수르는 이 예언이 있은 후 약 18년이 지나서 BC 612년에 메대와 바벨론에 의해 완전히 멸망합니다. 이 도시는 AD 1844년에 고고학자들에 의해 발굴되기 시작했습니다. 나훔서는 모두 3장, 47절로 되어 있고, 신약에 4번 직접, 간접으로 인용되고 있습니다.

◎ 나훔 1~3장

☐ 니느웨에 임할 하나님의 심판

나훔 선지자보다 약 1백 년 전, 요나는 니느웨에 회개를 선포했고, 그들은 회개

1장 2절
"여호와는 질투하시며 보복하시는 하나님이시니라 여호와는 보복하시며 진노하시되 자기를 거스르는 자에게 여호와는 보복하시며 자기를 대적하는 자에게 진노를 품으시며"

"니느웨"(Nineveh)
니느웨는 BC 600년경 당시 세계의 초강대국인 앗수르의 수도입니다. 이 책의 주 관심사는 니느웨의 죄악상에 대한 하나님의 진노하심입니다. 나훔은 요나처럼 니느웨를 향하여 하나님의 진노와 자비하심을 선포하고 있습니다.

함으로써 하나님의 심판을 받지 않았습니다. 그러나 회개는 한 번 행하는 것으로 끝나는 것이 아닙니다. 이후 그들은 회개의 정신을 잊어버리고, 다시 타락했습니다. 그 어디에서도 옛날 회개의 정신을 찾아볼 수 없었습니다. 나훔은 하나님께서 니느웨를 심판하실 것이라고 예언했습니다.

니느웨는 강력한 나라 앗수르의 수도였고, 앗수르는 이스라엘을 침략해서 200,000명이나 되는 이스라엘 백성들을 노예로 잡아갔던 국가였습니다. 그들은 교만해서 죄악을 서슴치 않았습니다. 이제 나훔은 앗수르가 심판을 받아야 할 때임을 알고 그들을 향해 하나님의 진노의 심판을 선포했습니다.

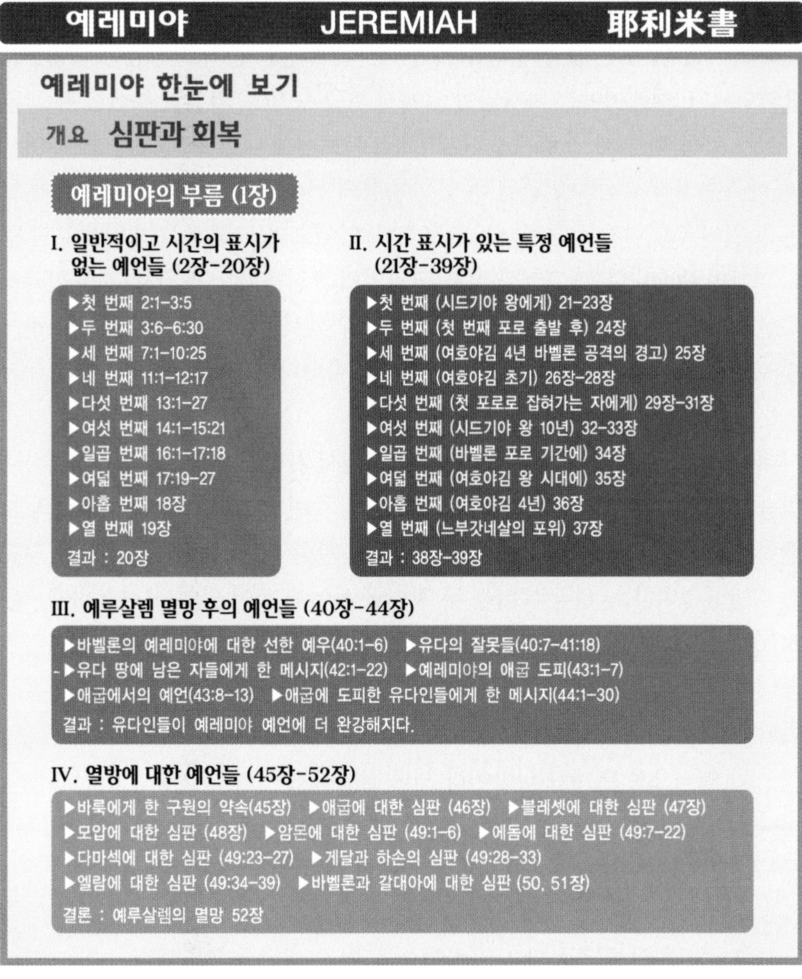

예레미야 JEREMIAH 耶利米書

예레미야 한눈에 보기

개요 심판과 회복

예레미야의 부름 (1장)

I. 일반적이고 시간의 표시가 없는 예언들 (2장-20장)

▶첫 번째 2:1-3:5
▶두 번째 3:6-6:30
▶세 번째 7:1-10:25
▶네 번째 11:1-12:17
▶다섯 번째 13:1-27
▶여섯 번째 14:1-15:21
▶일곱 번째 16:1-17:18
▶여덟 번째 17:19-27
▶아홉 번째 18장
▶열 번째 19장
결과 : 20장

II. 시간 표시가 있는 특정 예언들 (21장-39장)

▶첫 번째 (시드기야 왕에게) 21-23장
▶두 번째 (첫 번째 포로 출발 후) 24장
▶세 번째 (여호야김 4년 바벨론 공격의 경고) 25장
▶네 번째 (여호야김 초기) 26장-28장
▶다섯 번째 (첫 포로로 잡혀가는 자에게) 29장-31장
▶여섯 번째 (시드기야 왕 10년) 32-33장
▶일곱 번째 (바벨론 포로 기간에) 34장
▶여덟 번째 (여호야김 왕 시대에) 35장
▶아홉 번째 (여호야김 4년) 36장
▶열 번째 (느부갓네살의 포위) 37장
결과 : 38장-39장

III. 예루살렘 멸망 후의 예언들 (40장-44장)

▶바벨론의 예레미야에 대한 선한 예우(40:1-6) ▶유다의 잘못들(40:7-41:18)
▶유다 땅에 남은 자들에게 한 메시지(42:1-22) ▶예레미야의 애굽 도피(43:1-7)
▶애굽에서의 예언(43:8-13) ▶애굽에 도피한 유다인들에게 한 메시지(44:1-30)
결과 : 유다인들이 예레미야 예언에 더 완강해지다.

IV. 열방에 대한 예언들 (45장-52장)

▶바룩에게 한 구원의 약속(45장) ▶애굽에 대한 심판 (46장) ▶블레셋에 대한 심판 (47장)
▶모압에 대한 심판 (48장) ▶암몬에 대한 심판 (49:1-6) ▶에돔에 대한 심판 (49:7-22)
▶다마섹에 대한 심판 (49:23-27) ▶게달과 하솔의 심판 (49:28-33)
▶엘람에 대한 심판 (49:34-39) ▶바벨론과 갈대아에 대한 심판 (50, 51장)
결론 : 예루살렘의 멸망 52장

30장 15절
"너는 어찌하여 네 상처 때문에 부르짖느냐 네 고통이 심하도다 네 악행이 많고 네 죄가 허다하므로 내가 이 일을 너에게 행하였느니라"

31장 31절
"여호와의 말씀이니라 보라 날이 이르리니 내가 이스라엘 집과 유다 집에 새 언약을 맺으리라"

"저주" (Curse)
예레미야는 최후의 심판 날에 관해서 첫 예언자입니다. 그는 그의 백성들을 향하여 회개를 촉구했으며, 그들의 회개하기를 거절한 죄로 인해, 하나님의 저주로 유다가 바벨론에게 멸망하여 포로가 될 것이라고 외쳤습니다.

예레미야이름의 뜻은하나님이 '세우시다'는 이사야보다 100년 후에 활약합니다. 열왕기

하 22~25장, 역대하 34~36장은 예레미야 선지자가 활약하던 시대상을 보여 줍니다.

이 시절은 유대를 괴롭힌 강대국 앗수르의 세력이 약해지는 시기입니다. 유다의 마지막 5명의 왕들의 통치 기간인 30년간 예루살렘에 임박할 재앙에 대해 경고합니다만 소용이 없었습니다. 그 사이에 신흥 바벨론의 세력이 급격히 커지면서 바벨론이 유다의 위협 세력으로 등장합니다. 유다는 애굽과 바벨론의 강대국 틈새에서 갈팡질팡하다가 결국 바벨론에 의해 멸망합니다. 예레미야는 예루살렘이 멸망하는 것을 목격하는 비운의 선지자가 됩니다.

예레미야서의 이야기들과 예언들은 연대순으로 되어 있지 않으며, 따라서 차례대로 요약을 할 수는 없습니다. 그러나 역사적 배경을 근거로 사용하여 내용을 요약합니다. 예레미야는 하나님이 그에게 피할 수 없는 과업을 주셨을 때 그의 나이는 이십 세가 채 안 되었습니다. 그의 부르심에 대한 묘사1장는 모세, 이사야, 에스겔의 부르심에 비교될 수 있는 하나의 전형적인 묘사입니다. 그때에 그는 그 일이 무엇인지에 대해 어느 정도 알고 있었으며, 그래서 그 책임을 부담 없이 피하려 했습니다.1:6 그러나 점차 그 과업의 본질을 깨닫게 되자, 그의 심리적 정신적 혼란은 증가되었습니다.15:10-11 여호와께서는 그 나라를 버리시는 것처럼 보였으며, 재앙은 불가피한 것처럼 여겨졌습니다.25:11, 29:10

시대적으로 BC 7세기 말은 고대 근동 역사에서 가장 치명적인 기간 중의 하나였습니다. 앗수르 제국은 쇠퇴하고 있었으며, 주변 국가들에 대한 앗수르의 지배력은 약해지고 있었습니다. 애굽과 바벨론은 둘 다 앗수르의 후계자가 되기를 갈망했습니다. 남왕국 유다는 두 강대국 사이에 끼어 있었습니다. 바벨론은 BC 605년 갈그미스 전투에서 애굽 군대를 쳐부수었을 때 그들의 세력을 시위했습니다. 그렇지만 애굽도 쉽게 팔레스타인에서 물러서지 않을 것을 더욱 결심합니다. 그것은 유다의 주요 부분에서 정치적 위기였으며, 다윗 왕과 같이 도덕적으로, 영적으로 위대한 사람이라 해도 감당하기 어려운 상황이었습니다. 그러나 이 당시의 유다의 다섯 왕인 요시야, 여호아하스살룸, 여호야김, 여호야긴여고냐, 고니야 시드기야는 모두 다 다윗보다 못한 사람들이었습니다.

요시야는 여호와께 충성된 사람이었으며, 영적 개혁을 주도했습니다. 그러나 그는 애굽이 바벨론과 싸우러 올라가는 길을 방해하는 엄청난 판단 착오를 저질렀으며 므깃도 전투에서 전사합니다.왕하 23:29 요시야가 죽은 후에, 예레미야는 육체적 핍박을 받았습니다.20:2 요시야의 아들인 여호아하스는 겨우 석 달 동안만 다스렸으며, 애굽에 포로로 잡혀갔습니다. 애굽은 그의 형인 여호야김을 왕으로 세웠습니다. 여호야김은 예레미야에 대해서 적대적이었으며, 처음에는 애굽과 손을 잡았다가 그 다음에는 바벨론과 손을 잡는 등 정치적으로 우유부단했습니다.

BC 597년에 느부갓네살은 블레셋에 행군해 왔으나, 여호야김은 죽었으며 바벨론 군대가 예루살렘에 이르기 전에 여호야긴이 그의 후계자로 왕위에 올랐습니다. 그들은 성전을 약탈하고 나라의 지도자들 몇 명과 함께 여호야긴을 포로로 잡아갔습니다.왕하 24:10, 14-15 에스겔은 바로 이때에 함께 포로로 잡혀갔습니다. 요시야의 막내아들이며 여호야긴의 삼촌인 시드기야가 왕위에 올랐습니다. 그는 예레미야에게 우호적이었으나, 그의 모사들을 신뢰하지 못하고, 그들을 통제하지 못했습니다. 그들의 압력으로 그는 애굽과 협상을 맺었습니다. 이에 바벨론은 복수를 했습니다. 예레미야는 시드기야에게 항복할 것을 촉구했지만, 몇 달 동안 예루살렘은 포위 공격에 저항했습니다.21:3-10, 38:17-18

그 성은 멸망했으며, 시드기야는 눈이 뽑혔고, 많은 백성들과 함께 바벨론에 포로로 잡혀갔습니다.왕하 25:5-7 예레미야는 이 일이 일어나기 전에 성을 떠나려고 했으나, 감옥에 갇히고 말았습니다. 느부갓네살은 그를 잘 대접했으며,39:11-12 바벨론인들이 통치자로 임명한 그달리야를 후원했습니다. 그달리야가 살해되었을 때, 일부 유대인들은 애굽으로 도망갔으며, 예레미야를 그들과 함께 데리고 갈 것을 주장했습니다.43장

남왕국 마지막 다섯 왕

요시야	여호아하스	여호야김	여호야긴	시드기야
8세 즉위 31년 통치	3달 통치	11년 통치	3달 10일 통치	11년 통치
▸선한 왕 ▸종교 개혁 ▸므깃도 전투 전사 (왕하 23:29)	▸살룸(렘22:11) ▸느고에 의해 애굽에 포로로 잡혀가서 죽음 (왕하 23:31-34)	▸엘리야김 ▸느고가 세움 ▸애굽속국, 조공바침. 예레미야에게 적대적 ▸바벨론에 포로	▸여고냐, 고니야 ▸바벨론 왕이 세움 ▸포악 ▸멸망 예언 들음 (렘 22:24-25) ▸바벨론에 잡혀감 (왕하 25:27-30)	▸맛다디야 (요시야막내) ▸여호야긴 삼촌 예레미야의 예언 무시 (친애굽 정책) ▸눈뽑힌 채로 많은 백성들과 포로로 잡혀감 (렘 39:4-7)
		1차 포로, 다니엘	2차 포로, 에스겔	3차 포로

영적으로 예레미야는 그보다 100년 전에 일했던 호세아 때와 똑같은 영적 배교가 일어나는 것을 보았습니다. 유다는 영적 간음의 죄를 저질렀습니다.9:2, 23:10 많은 격렬한 반대를 촉발시킨 그의 설교에서, 그는 성전의 거룩함으로 인해 그것은 더럽혀지지 않을 것이며, 그 성은 멸망되지 않도록 보호될 것이라는 생각

도표 : 이 시대에 재위했던 남·북 왕국의 약전은 **p.266-279**의 '왕들의 약전'을 참고

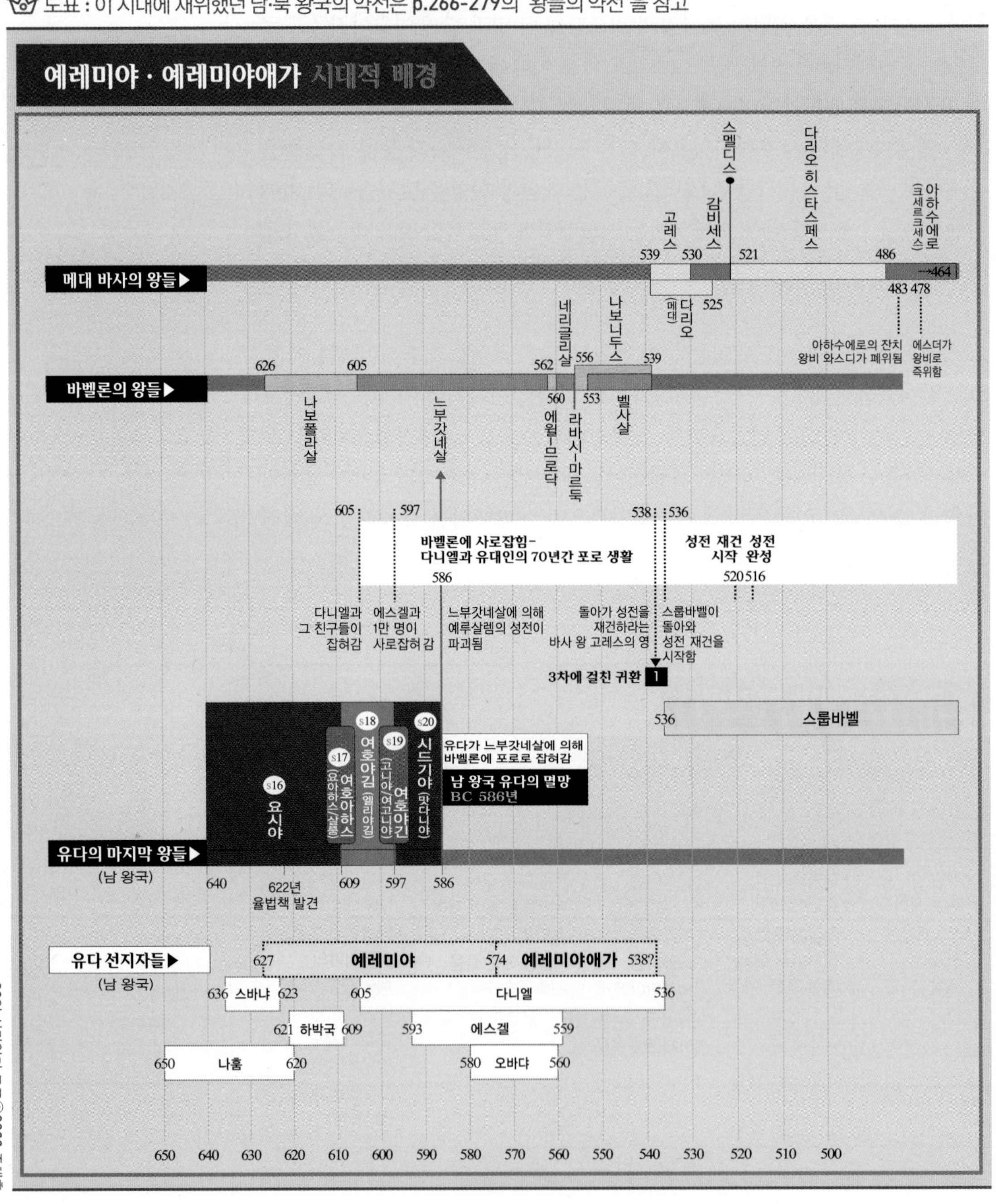

을 열렬하게 부인했습니다. 사회적 불의, 이방의 관습들, 언약을 깨는 것, 그들의 형식적인 종교적 관습들은 심판을 받을 것입니다. 그 땅은 폐허와 황무지가 될 것이며, 그들은 70년간 바벨론 왕을 섬길 것입니다.7:1~8:3

이 책은 또한 위안의 메시지도 담고 있습니다. 70년 후, 여호와께서는 그 분의 약속을 성취하실 것이며, 그들을 되돌아오게 하실 것입니다.25:12, 29:10 그들은 여호와의 계명에 불순종함으로, 그들 편에서 언약을 어겼습니다. 여호와께서 새 언약을 제시하실 날이 올 것인데, 그것은 외적인 것 대신 내적인 것이 될 것입니다. 왜냐하면 그것은 그들의 마음을 변화시키는 그분의 능력에 좌우될 것이기 때문입니다.31:31-34 두루마리 책을 기록하고, 읽고, 불태우고, 다시 쓴 이야기도 역시 여호와의 말씀은 불멸의 능력을 갖고 있다는 약속입니다.36장

예루살렘이 멸망하기 직전에, 예레미야는 반드시 회복이 이루어지리라는 그의 메시지를 더 설득력이 있게 하기 위해 일부러 밭을 삽니다.32:1-15
예레미야서는 모두 52장, 1364절로 되어 있고 신약에 137번 직접, 간접으로 인용되고 있습니다.

□ 예레미야서는 5부로 나누어 볼 수 있습니다한눈에 보기 참조

1. 예레미야 부름1장
2. 일반적이고 시간 표시가 없는 예언들2장-20장
3. 시간 표시가 있는 특정한 예언들21장-39장
4. 예루살렘 멸망 후의 예언들40장-44장
5. 열방들을 향한 예언들45장-51장

□ 예레미야서에서 읽는 하나님의 마음

하나님은 아브라함을 부르시고 세계만방을 구원하시려는 계획을 시작하셨습니다.창 12:3 그리고 이스라엘을 세계만방에 하나님 섬기는 길을 가르쳐 주는 '제사장 나라'로 세우고 그들을 약속의 땅으로 인도하신 것입니다.출 19:5, 6 그런데 북왕국 이스라엘이 앗수르에 의해 멸망하고 BC 722년 이제 남왕국 유다의 운명도 풍전등화風前燈火의 신세가 되었습니다.

예레미야는 남쪽 유다 왕국의 패망기 40여 년 동안(BC 627~586년)에 예언 활동을 하였습니다. 예레미야는 유다의 마지막 다섯 왕들요시야, 여호아하스, 여호야김, 여호야긴, 시드기야 치세 하에서 예언 사역을 하였습니다.

이제 유다마저 패망해 포로로 잡혀가게 되면 이런 하나님의 구속 사역을 저들이 망각하게 되며, 하나님의 명예도 손상을 입게 되는 것입니다. 그래서 하나님 나라를 이루는 구속 계획에 차질이 생기기 때문에 예언을 통해 그 백성을 깨우치려고 많은 예언자들을 일으키시고 그의 백성들을 깨우치시고, 권면하시고, 때로는 채찍질도 하시는 것입니다.

◎ 예레미야 1~6장 : 예레미야 – 고독과 눈물의 선지자

□ 고독과 눈물의 선지자

1) 그는 평생을 독신으로 살아야 했습니다.

"너는 이 땅에서 아내를 맞이하지 말며 자녀를 두지 말지니라" 렘 16:2

2) 그는 가족과 동네 사람들에게까지도 배척을 받아야 했습니다.

"네 형제와 아버지의 집이라도 너를 속이며 네 뒤에서 크게 외치나니 그들이 네게 좋은 말을 할지라도 너는 믿지 말지니라" 렘 12:6

3) 예루살렘 백성들까지 예레미야를 모함했고, 때리고 가두었습니다.

"이에 바스훌이 선지자 예레미야를 때리고 여호와의 성전에 있는 베냐민 문 위층에 목에 씌우는 나무 고랑으로 채워 두었더니" 렘 20:2

왜 예레미야는 이토록 모진 고문을 당하며 투옥되어야만 했을까요?
예루살렘의 멸망을 예언하기 때문이었습니다.

□ 예레미야가 사용한 다양한 이미지들 - 예레미야 1장

예레미야는 매우 다양한 이미지를 사용하여 메시지를 전했습니다. 그는 왜 신부, 웅덩이, 도망가는 노예, 창녀, 그리고 발정기의 암낙타 같은 이미지를 왜 사용했을까요? 다음 페이지 도표 참조

아마도 한 가지 이미지로는 유다가 저지르고 있는 죄의 심각성을 적절히 표현할 수 없었기 때문일 것입니다. 예레미야가 사용한 각 상징은 유다가 고의적으로 하나님께 충실하지 않았던 각기 다른 면을 묘사하고 있습니다.
하나님은 유다에게 신실한 언약을 주셨지만, 유다는 예레미야가 다양한 이미지를 사용하여 기술한 대로 그 언약을 깨뜨리고 이방의 우상을 섬겼습니다.
예레미야는 그 사실을 일깨워 주기 위하여 다양한 이미지를 사용하여 효과적으로 메시지를 선포했습니다.

예레미야가 본 상징과 그 의미

상징	의미	해당 구절
살구나무 가지	하나님께서 타락한 유다를 멸하실 것임	1:11-12
한 쪽이 북으로 기울어진 끓는 가마	하나님은 북방 민족(갈대아 민족) 곧 바벨론을 일으켜 유다를 징벌하실 것임	1:13-15
썩은 베띠	교만한 유다는 썩은 베띠처럼 쓸모가 없음	13:1-11
토기장이와 진흙	하나님은 유다와 열방에 대하여 절대 주권을 가짐 따라서 유다가 계속 하나님을 거역한다면, 토기장이에 의해 깨뜨려지는 진흙 그릇과 같은 운명이 될 것임	18:1-12
깨뜨러진 오지병	힌놈 골짜기에서 이방 우상을 섬긴 유다는 대적의 칼 앞에서 산산이 깨뜨려질 것임	19:1-12
무화과 두 광주리	좋은 무화과 광주리는 경건한 백성을, 나쁜 무화과 광주리는 완악한 백성을 말함	24:1-10
멍에	멍에를 메듯 바벨론 왕을 섬겨야 함	27:1-11
큰 돌	장차 바벨론 왕이 애굽을 정복할 것임	43:8-13
유브라데 강 속에 던져진 두루마리 책	바벨론에 대해 기록한 책이 물에 가라앉듯, 장차 바벨론도 멸망하고 말 것임	51:59-64

◎ 열왕기하 23:28-34 : 요시야 왕이 죽고 다시 악으로 돌아서는 유다
◎ 예레미야 22:10-17
◎ 역대하 35:20~36:4

요시야 왕이 죽고 다시 유다는 악으로 돌아섭니다. 요시야 왕은 신흥 바벨론을 견제하기 위해 쇠퇴한 앗수르의 재건을 돕기 위해 북상하는 애굽 왕 바로느고가 이끄는 애굽 군대를 막기 위해 므깃도에서 전투를 벌이다가 전사합니다. 요시야의 아들 여호아하스가 왕위를 잇지만 석 달을 치리하는 동안 다시 악을 행합니다. 이 전투에서 이긴 애굽 왕 바로느고가 여호아하스를 가두고 애굽으로 데리고 가며, 요시야의 아들 엘리야김을 왕으로 삼습니다. 그 이름을 여호야김으로 바꿉니다. 이제 유다는 멸망을 향하여 달음질치고 있는 모습입니다.

오늘의 읽을 분량

왕하 23:28-34
렘 22:10-17
대하 35:20~36:4
합 1~3장
왕하 23:35-37
렘 26:1-6
렘 7~8:3
렘 26:7-24
렘 11~12장

2장 4절

"보라 그의 마음은 교만하며 그 속에서 정직하지 못하나 의인은 그의 믿음으로 말미암아 살리라"

"대화" (Dialogue)

이 책은 하박국 선지자와 하나님과의 대화를 기록하고 있습니다. 선지자는 하나님께 그분의 길을 묻고 하나님은 그 질문에 대답하고 계십니다. 이 책은 하나님의 길이 이해가 되지 않을 때 하나님께 그의 관심을 끄는 한 가지 의로운 방법을 보여 주고 있습니다.

하박국 HABAKKUK 哈巴谷書

하박국 한눈에 보기

개요 의인은 그의 믿음으로 살리라

1장	2장	3장
경고	환상	기도

하박국이름의 뜻은 '포용하다', '받아들이다'은 많은 의문을 안고 있는 선지자였습니다. 선지자 하박국은 바로 신정론적神正論的 고민을 가지고 있었습니다. 즉, 욥기나 시편 37편, 그리고 예레미야 12장 1절의 기자의 고민처럼 선하고 결백한 자가 고난당하는 반면에 악인이 형통하는 현실에 대한 고민입니다. 그러나 그는 믿음의 반석에 굳건하게 발을 딛고 서서 질문을 던집니다. 그는 '눈이 정결하시므로 악을 차마 보지 못하시는 여호와 하나님'을 믿습니다.

그렇다면 "왜 유다에 있는 악인이 벌을 받지 않는가?"라는 질문이 생깁니다. 하나님께서는 바벨론을 도구로 사용하셔서 이제 곧 벌을 내리실 것이라고 대답하십니다.1장 이것은 또 다른 질문을 불러일으킵니다. "바벨론인들이 그 악인들보다 더 악한데 왜 바벨론을 사용하시는가?" 그 대답은 그것을 매우 명백하게 기록하라는 명령과 함께 주어집니다.

"보라 그의 마음은 교만하며 그의 속에서 정직하지 못하나 의인은 그의 믿음으로 말미암아 살리라"2:4

즉, 혼란의 와중에서 하나님께 중요한 것은 개인의 운명이라는 사실을 보여 주는 구절입니다. 이것은 바벨론을 비웃는 노래에서 훨씬 더 자세하고 분명하게 설명되어 있습니다.

바벨론은 멸망할 것이며 여호와는 옳다고 인정받을 것입니다.2장 3장에서의 기도는 하나님에게 출애굽 시절처럼 그분의 권능을 다시 보여 달라고 요청하며, 장엄한 시편에서 하나님의 위대한 행위들이 회상되고 있습니다.

하박국의 신앙은 이제 비록 모든 물질적 자원들이 그에게서 사라진다 해도 그는 여호와 안에서 그의 행복과 힘과 성취를 발견하리라는 것입니다.3장 세 번에 걸쳐 하박국은 생각하는 신자는 여호와 앞에서 인내하고 잠잠해야 함을 주장합니다.2:1, 2:20, 3:16하반절

하박국서는 모두 3장, 56절로 되어 있고, 신약에 8번 직접, 간접으로 인용되고 있습니다.

◎ 하박국 1~3장

소선지서 하박국은 첫 장부터 의문 부호로 나열되어 있는 것을 보게 됩니다. 풀리지 않는 회의와 의문들을 하나님께 쏟아 놓고 있습니다. 이것은 2,500여 년 전 유대 땅에 살았던 한 선지자만의 고뇌와 질문이 아니라 인류의 조상 아담이 에덴동산에서부터 마음속에 품은 이래로 오늘에 이르기까지 동서고금 모든 인간들이 풀지 못하고 계속적으로 번민하고 제기해 왔던 근본적이고도 원초적인 질문이 아닐까요?

하박국은 인간의 이 끊임없는 난제를 하나님께 대변하고 하나님으로부터 해답을 듣게 되는 형식의 대화dialogue가 1장과 2장에 걸쳐 계속되고 3장에선 정답을 찾아낸 기쁨과 감격을 감사의 찬양으로 하나님께 올려 드림으로써 그 절정을 이루고 있습니다.

도표 : 이 시대에 재위했던 남·북 왕국의 약전은 p.266-279의 '왕들의 약전'을 참고

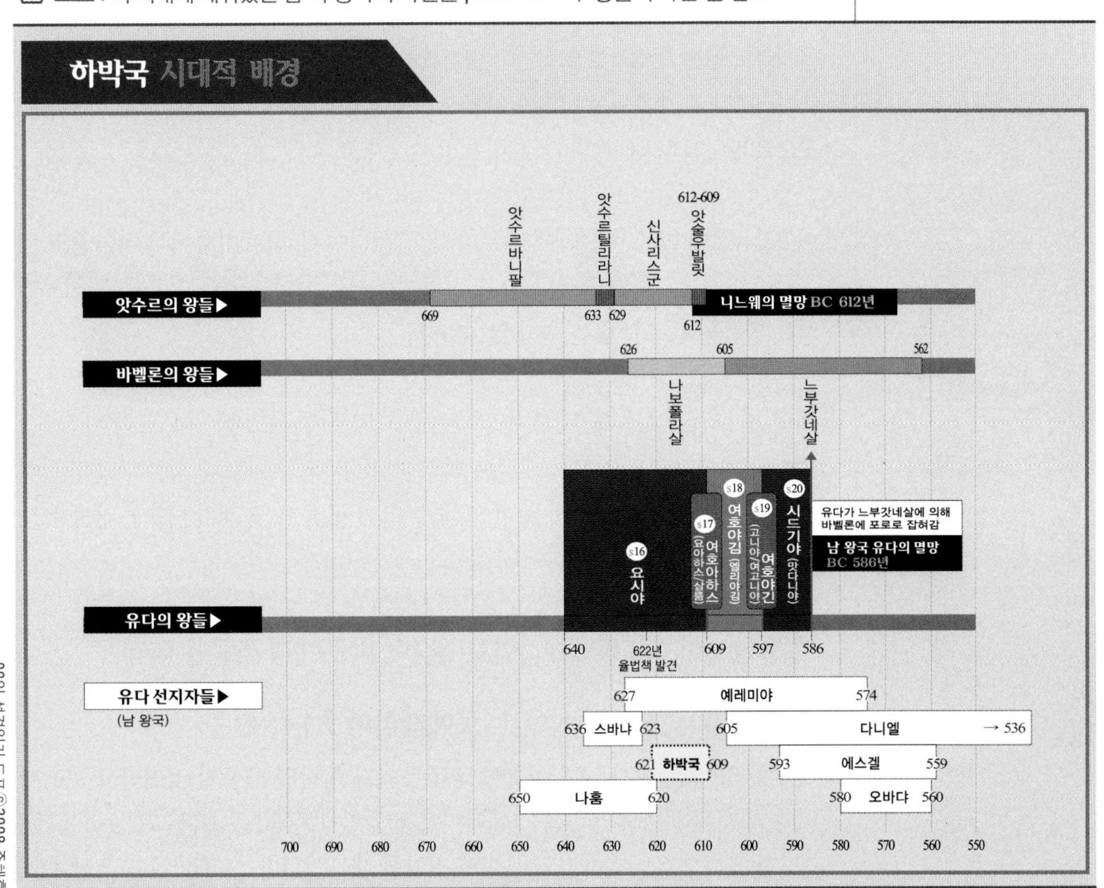

하박국의 의인 신앙

하박국서 2장 4절 "의인은 그 믿음으로 말미암아 살리라."의 말씀은 우리에게 너무나 잘 알려진 말씀입니다. 이 말씀은 바울의 로마서의 중심 사상이 되었고 마틴 루터의 종교 개혁의 슬로건이 되었습니다.

의인義人은 하나님을 굳건히 신뢰하고 의지하며 모든 것을 다 맡기는 그 믿음에 의해서 살아가는 자를 말합니다. 하박국서에서 의인은 하나님의 율법을 순종하는 자입니다. 반면에 악인은 율법을 무시하며 준행하지 않는 자입니다.합 1:4, 시 1편

의인은 어떤 역경 속에서도 하나님의 약속의 말씀을 신뢰하며 하나님의 용서를 받음으로써 사는 자이며, 어떤 경우에도 하나님의 처분을 신뢰하는 가운데 믿음으로 화평을 누리는 자를 말합니다.합 3:1-19 의인은 '…할지라도'의 신앙을 가진 자를 말합니다.p.114 참조 의인은 하나님의 은혜만으로 사는 것이 무엇을 의미하는지를 아는 자입니다.

📖 **합 3:17-19** 비록 무화과나무가 무성하지 못하며 포도나무에 열매가 없으며 감람나무에 소출이 없으며 밭에 먹을 것이 없으며 우리에 양이 없으며 외양간에 소가 없을지라도 나는 여호와로 말미암아 즐거워하며 나의 구원의 하나님으로 말미암아 기뻐하리로다 주 여호와는 나의 힘이시라 나의 발을 사슴과 같게 하사 나를 나의 높은 곳으로 다니게 하시리로다

이 2장 4절의 말씀은 신약에서 로마서, 갈라디아서, 히브리서에서 이어받고 있는데, 로마서는 의(義)를 강조하고, 갈라디아서는 산다는 것을 강조하고, 히브리서는 믿음을 강조함을 볼 수가 있습니다.

예레미야서를 읽을 때 이 시대의 타락상을 염두에 두고 읽으며, 또한 관점 2를 생각하며 하나님의 마음, 즉 "나는 너의 하나님이 되고 너는 내 백성이 되리라"의 구절들에 밑줄을 그으면서 읽어 보세요. 그런 구절이 몇 개가 나오는가를 유의하면서 하나님의 마음을 읽어 보세요.

◎ 열왕기하 23:35-37 : 여호야김이 바로에게 조공을 바침

◎ 예레미야 26:1-6 ◎ 예레미야 7:1~8:3

이 본문의 때는 BC 609년 여호야김의 통치가 시작된 때쯤일 것이라고 추정합니다. 이때에 하나님의 말씀이 예레미야에게 임하는데 그 이유는 7장 1절에서 8장 3절에 나오는 여호야김의 시대의 죄악상 때문입니다. 그 죄악상은 우상 숭배

입니다. 왜 이스라엘 백성이 우상 숭배를 끊지 못할까요? 우상 숭배가 마치 무슨 마약 중독처럼 중독증을 불러일으키는 것일까요? 우상 숭배는 바로 영적 싸움이라는 사실을 인정해야 합니다. 사탄은 하나님의 자리를 노리며 천국에서 반란을 일으키다 실패한 패역한 천사입니다.

사 **14:12-15** 12너 아침의 아들 계명성이여 어찌 그리 하늘에서 떨어졌으며 너 열국을 엎은 자여 어찌 그리 땅에 찍혔는고 13네가 네 마음에 이르기를 내가 하늘에 올라 하나님의 뭇 별 위에 내 자리를 높이리라 내가 북극 집회의 산 위에 앉으리라 14가장 높은 구름에 올라가 지극히 높은 이와 같아지리라 하는도다 15그러나 이제 네가 스올 곧 구덩이 맨 밑에 떨어짐을 당하리로다cf. 에스겔 28:1-19

사탄의 최고의 목표는 인간과 하나님과의 관계를 끊고 하나님께로 가는 영광을 가로채는 데 있기 때문에 하나님에게 불순종하게 하거나 반역하게 하는 것이 그의 목표입니다.
두 번째 목표는 현실적 이유로서 자기중심성의 충족에 있습니다. 우상 숭배는 자기중심성을 포기하는 변화가 없이도 가능한 것이기 때문에 즉, 순종이 없어도, '지켜 행하지' 않아도 복을 준다고 믿기 때문에 손쉽게 복을 얻겠다는 인간의 우둔한 마음 때문입니다. 우상은 순종의 '위험 부담'을 요구하지 않는다는 사실에 현혹되지만 그것은 속임수입니다.

◎ 예레미야 26:7–24 ◎ 예레미야 11~12장

이 시대는 하나님의 진리를 분명히 전하는 것은 순교를 각오해야 했던 시절이었습니다. 예레미야는 지속적으로 불순종으로 인해 성전이 파괴될 것이라고 선포함으로 제사장들을 격노시켰고 그들은 예레미야를 죽이려 했습니다.11절 예레미야 12장에서 예레미야도 신정론적神正論的 고민에 빠져 있음을 봅니다.시 73편, 합 1:12-13 참조 이에 대해 하나님은 더 큰 재앙이 있을 것이라고 말씀하십니다.12:5-6 그분은 징벌하실 것이며 그리고 훗날에 회복시킬 것을 약속하십니다.12:7-17

46일

년 월 일

오늘의 읽을 분량

렘 47장
렘 46:1-12
렘 13:1-14
렘 18:1-17
렘 45장
렘 36장
렘 25:1-14
렘 14~17장
렘 8:4~10:16

◎ 예레미야 47장 ◎ 예레미야 46:1-12

예레미야서 46~51장은 이방 민족들에 대한 심판의 말씀입니다. 47장은 블레셋에 대한 심판의 말씀입니다. 블레셋은 BC 12세기경 가나안 남쪽을 침입한 해양 민족으로서 이스라엘을 괴롭히는 적국입니다. 46장 1~12절은 바벨론 왕 느부갓네살 왕이 BC 605년에 갈그미스 전투에서 애굽을 격퇴할 것을 예언합니다.

◎ 예레미야 13:1-14 : 썩은 베띠 상징

때때로 선지자들은 행동으로서 그들의 메시지를 더욱 강하게 전하기도합니다. 예레미야가 썩어서 못쓰게 된 허리띠를 두르고 유다가 그 썩은 허리띠처럼 철저하게 황폐해 질 것을 예언합니다.

◎ 예레미야 18:1-17 : 토기장이와 진흙 상징

역시 극적인 전달 효과를 노리는 방법입니다. 하나님은 마치 토기장이처럼 부패한 민족을 새롭게 개조할 권한을 갖고 계신다는 것을 보여 줍니다.

◎ 예레미야 36장 ◎ 예레미야 45장

예레미야가 감옥에 갇히지만 그의 말씀 사역은 중단되지 않습니다. 그의 공식 기록원인 바룩을 통하여 하나님의 말씀이 두루마리에 기록되어 읽혀짐으로 말씀이 전파되게 합니다.

◎ 예레미야 25:1-14 : 70년 종살이 예언 70년간 포로가 됨

예레미야가 유다가 70년 동안 바벨론을 섬길 것을 예언함으로 포로 기간이 70년임을 암시합니다. 왜 포로 기간이 70년일까요? 그것은 이스라엘이 490년간 안식년을 지키지 않았기 때문입니다. 레위기 25:1-7, 26:27-35, 40-45, 역대하 36:20, 21을 참조하세요.

◎ 예레미야 14~17장

예레미야는 심각한 가뭄이 오래 계속되는 것을 보고 여호와의 진노가 임한 것을 깨닫고 기도하지만 하나님은 응답하시지 않습니다. 오히려 여호와는 예레미야에게 냉기가 감도는 예언의 말씀을 주십니다. 그것은 예루살렘에 임할 재앙의 날에 관한 것입니다. 유다는 그들이 살던 땅에서 쫓겨나 먼 이방으로 가게 될 것이라는 것입니다.16:13 유다가 여호와를 저버린 이상 하나님도 유다를 버리신다는 것입니다. 그러나 그와 동시에 회복의 약속을 함께 주십니다.16:14-15 토기장이의 이야기를 통해 하나님의 주권을 알게 해 줍니다.

◎ 예레미야 8:4~10:16

엉터리 지도자와 눈먼 백성의 모습을 보여 주며 공포에 빠진 백성을 보고 이 선지자는 슬퍼합니다. 10장은 이스라엘의 하나님이 이웃 나라가 섬기는 우상보다 엄청나게 다름을 강조합니다.

◎ 열왕기하 24:1-4 : 바벨론의 느부갓네살의 침공

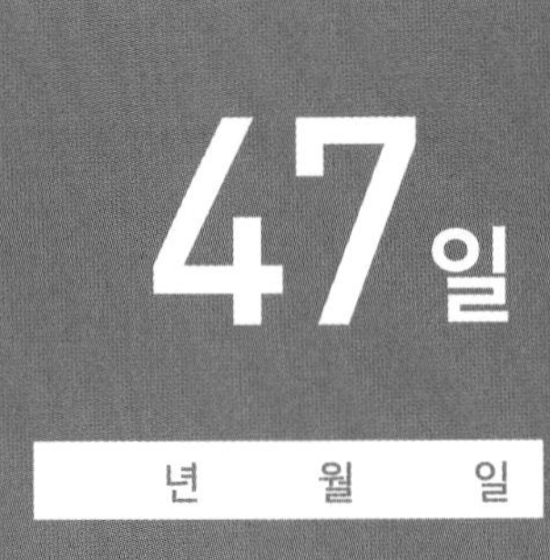

☐ 제 1 차 포로 BC 605년

본문의 역사적 배경을 아는 것이 중요합니다. 애굽은 팔레스타인유다를 포함한 지역에 대한 지배권을 계속할 수 없었습니다. 여호야김요시야의 아들 엘리야김의 바뀐 이름 통치 4년에 갈그미스 전투에서 애굽의 바로 느고Neco는 신흥 강대국 바벨론에게 패합니다. BC 605년, 렘 46:2 참조

그래서 여호야김은 이번에 3년 동안 바벨론의 느부갓네살에게 조공을 바칩니다. 그렇지만 느부갓네살이 BC 601년 애굽의 원정에서 패하자 예레미야 2:18, 36에 나오는 예레미야의 말을 듣지 않고 다시 애굽으로 돌아섭니다. 느부갓네살은 우선 자기 부하의 군대를 남기고 철수합니다. 종말을 예고하는 이 처벌 가운데 이미 여호와의 심판이 집행되고 있음이 열왕기하 24:2에서 분명해 지고, 3-4절에서 므낫세의 죄왕하 21:10-16를 상기시키며 멸망을 예고합니다.

포로 시대는 신흥 바벨론과 애굽과의 전투인 갈그미스 전투에서 승리한 신흥 바벨론이 다니엘과 그 친구를 포함한 1차 포로들을 잡아가는 BC 605년부터 시작합니다. 대하 36:6-7, 단 1:1-3

오늘의 읽을 분량

- 왕하 24:1-4
- 렘 35장
- 렘 23:9-40
- 렘 18:18~20장
- 왕하 24:5-9
- 렘 22:18-30
- 렘 13:15-27
- 왕하 24:10-17
- 대하 36:5-10
- 렘 24장
- 단 1~4장

◎ 예레미야 35장 ◎ 예레미야 23:9-40

예레미야 35장에서 하나님은 레갑 족속들의 모범을 통해 유다 지도자들을 부끄럽게 만들고 있습니다. 레갑 족속들은 포도주를 입에 대지 않으며 유목 생활을 서원했던 여호나답의 후손들입니다. 이들에 대한 언급은 본문과 왕하 10장 그리고 대상 2:55에서만 언급되고 있다. 왕하 10장 15~23절에 의하면 여호나답은 바알 숭배자들에 대항하여 하나님의 편에 선 자입니다. 침략군의 두려움 때문에 레갑 족속은 예루살렘으로 들어갑니다. 렘 35:11 200년 전의 서원에 순종한 그들의 모습은 하나님의 백성을 부끄럽게 만듭니다. 예레미야 23장 9~40절은 거짓 선지자들에 대한 질책입니다. 북왕국의 선지자들은 바알을 섬겼습니다. 그것만으로 흉악한 범죄입니다. 이런 선지자를 질책하는 예레미야가 거짓 선지자들로부터 미움을 사는 것은 당연합니다.

알아두기

신명기 18장은 참 선지자에 대해 다음과 같이 정의합니다.

1) 참 선지자는 이스라엘인이어야 한다.신 18:5
2) 오직 하나님의 말씀만 전해야 한다.신 18:18, 20
3) 선지자의 계시는 모세의 계시와 상통해야 한다.신 18:22
4) 선지자의 예언은 반드시 성취되어야 한다.신 18:22

◎ 예레미야 18:18~20장

예레미야는 원수들을 벌해 달라고 기도합니다. 그는 귀에 거슬리는 메시지로 인해 미움을 사고 있습니다. 19장에서 예레미야가 오지병을 깨뜨린 것도 행동을 통한 메시지의 전달입니다. 이 행동을 통해 그는 하나님이 예루살렘과 유다의 백성을 깨뜨려서 이 오지병처럼 회복 불능 상태로 만드실 것임을 알리는 것입니다. 당시 제사장 바스훌은 성전 구역 안에서 공공질서를 유지할 최고의 책임자였습니다. 이 바스훌이 예레미야를 구타하며 목에 씌우는 나무 고랑을 채워 가두는 등 학대를 자행합니다.

◎ 열왕기하 24:5-9 : 여호야김이 죽고 여호야긴이 즉위-3개월 치리

◎ 예레미야 22:18-30 ◎ 예레미야 13:15-27

여호야김이 죽고 여호야긴이 왕이 되었으나 오직 3개월만 치리합니다. 그 3개월 동안 여호와 보시기에 악을 행하는 악한 왕이 됩니다.

□ 제 2 차 포로 BC 597년

◎ 열왕기하 24:10-17 ◎ 역대하 36:5-10

◎ 예레미야 24장 : 무화과 두 바구니 상징

여호야긴은 느부갓네살 왕 통치 8년째12절 느부갓네살에게 항복하고 포로로 끌려가서 37년을 바벨론에서 사는 신세가 됩니다.왕하 25:27-30 그리고 여호야긴의 숙부 맛다니야의 이름을 시드기야로 고쳐 다음 왕으로 세웁니다. 느부갓네살은 이 침입에서 왕궁과 성전을 약탈하고 많은 왕족을 포로로 잡아갔습니다. 이것이 바벨론 2차 포로라고 합니다. 여호야긴 왕과 에스겔 등 왕실 관리들을 포함한 약 10,000명을 2차 포로로 잡아갑니다.왕하 24:14-16 예레미야는 24장 1-10절의 그림 언어를 통해 잡혀가는 포로들을 위해 하나님이 미래를 예비하시는 것을 보여 줍니다. 1절의 여고냐는 여호야긴 왕을 가리킵니다.

08 포로 시대

포로 시대 BC 605-538 · 다니엘 · 에스겔 · 오바댜(580–560)

주요 인물 · 다니엘 · 느부갓네살 · 사드락 · 메삭 · 아벳느고 · 벨사살 · 다리오

주요 사건 · 다니엘과 그의 세 친구가 구원받음 · 성전의 파괴 · 장차 올 천년 왕국의 성전에 대한 묘사 · 이방 세력에 대한 묘사 · 이스라엘의 미래에 대한 예언 · 바벨론의 멸망

BC 600

605~536	– 다니엘의 사역
597	– 2차 포로: 여호야긴 왕과 에스겔이 잡혀감(10,000명)
593~559	– 에스겔의 사역
586	– 3차 포로: 시드기야 왕이 잡혀가고 남 왕국이 멸망함
550	– 고레스가 바사 제국을 세움
539	– 바벨론이 멸망함(단 5장)
538	– 고레스 칙령(스 1장)

이 포로 시대는 다음과 같이 4단계로 진행됩니다.

① BC 605년 남 왕국이 멸망하기 전, 애굽과의 전투인 갈그미스 전투에서 승리한 바벨론이 다니엘과 그 친구를 포함한 1차 포로를 잡아가는 BC 605년부터 시작합니다. 대하 36:6-7, 단 1:1-3

② BC 597년에 느부갓네살이 침입하여 많은 성전 기물을 약탈하고, 여호야긴 왕과 에스겔 등 왕실 관리들을 포함한 약 10,000명을 2차 포로로 잡아갑니다. 왕하 24:14-16

③ BC 586년에 바벨론의 느부갓네살이 다시 침입하여 이번에는 성전을 불태우고, 성벽을 모두 허물어 버리고 시드기야 왕의 눈을 뽑아 그를 다른 832명과 함께 바벨론으로 끌고 갑니다. 이것은 3차 포로이고 남 왕국 유다가 멸망합니다. 예루살렘에는 오직 가난한 자들만 남게 됩니다. 왕하 25:8-12, 렘 52:28-30

④ BC 581년 예루살렘이 망하고 5년이 지난 후 느부갓네살은 다시 예루살렘에 와 745명의 포로들을 잡아갑니다. 렘 52:30 이때 이곳에 남아서 사역하던 예레미야 등 몇 사람들은 애굽으로 도망을 갑니다. 렘 43장

이 포로 시대에 활약한 선지자는 다니엘, 에스겔, 오바댜입니다. 유다의 멸망과 포로는 100년 전 이사야와 미가에 의해 예언되었던 사건입니다. 사 39:6, 미 4:10 또한 예레미야는 이들의 포로 기간이 70년이 될 것이라고 예언합니다. 렘 25:11-12, 29:10 그 기간이 70년이 된 이유를 레위기 25:1~7, 26:27~35, 40~43을 찾아서 읽어 보십시오. 하나님은 이들을 흩으셨지만 이들을 잊어버리지는 않았습니다. BC 539년 바벨론 왕국의 마지막 왕 벨사살이 죽음으로 멸망합니다. 그리고 다음 해 고레스가 바사 제국을 세우고 귀환 칙령을 내립니다. 하나님은 이런 역경의 시간 속에서도 선지자들을 통해 이제는 희망의 메시지를 보내시고 계심을 볼 수 있습니다. 하나님 나라의 건설은 유다 왕국마저 멸망함으로 물거품이 되는 듯 하지만 하나님은 결코 포기하지 않으시는 분이심을 봅니다.

4장 3절
"참으로 크도다. 그의 이적이여, 참으로 능하도다. 그의 놀라운 일이여, 그의 나라는 영원한 나라요 그의 통치는 대대에 이르리로다."

"왕국" (Kingdom)
다니엘서는 그 당시와 미래에 존재할 왕국들과 하나님의 나라를 대조해서 보여 주고 있습니다. 성경의 어느 책보다 다니엘서가 미래에 다가올 하나님의 나라에 대해 명확하게 잘 보여주고 있습니다.

다니엘 DANIEL 但以理書

다니엘 한눈에 보기

개요 **"모든 생명이 가장 높은 이의 통치를 알리라"**

I. 역사에 대한 기록 (1장-6장)	느부갓네살 왕의 꿈을 통한 앞으로의 역사를 예견함
II. 예언적 기록 (7장-12장)	'이레'의 용어로 풀어 보는 앞으로 될 일들

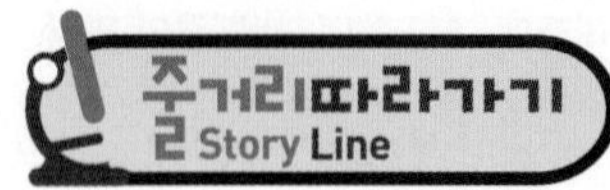

다니엘서는 포로로 잡혀가 좌절에 빠진 이스라엘 백성들에게 하나님이 역사의 창시자이고, 주관자이시라는 사실을 확고히 밝혀 줍니다. 그리고 한 '뜨인 돌'이 이 세상 나라를 멸하고 하나님의 나라를 세움으로 하나님이 진정한 역사의 주권자이심을 밝혀 보여 주는 책입니다.

다니엘서는 두 부분으로 나누어 볼 수 있는데한눈에 보기 참조 전반부1~6장는 바벨론에서 다니엘이름의 뜻은 '하나님은 나의 심판자', 바벨론으로 창시 개명한 이름은 벨드사살에게 일어난 역사적 사실을 기록하고 있습니다. BC 605년, 바벨론에 포로로 잡혀간 다니엘과 그의 세 친구는 느부갓네살 왕을 섬기기 위해 훈련을 받도록 선택됩니다. 그들은 그들에게 제공된 산해진미를 거부합니다. 그 이유는 그 산해진미의 음식은 유대인의 음식에 대한 율법을 어기는 것이기 때문입니다. 그러나 오히려 다른 소년들보다 얼굴이 더 윤택했습니다.1장 다니엘의 지혜는 하나님께서 느부갓네살에게 보내신 꿈들을 2번씩이나 회상하게 하고 설명하는 능력에서 나타납니다.2, 4장 그의 세 친구는 느부갓네살이 만든 커다란 신상에 절을 하려 하지 않았기 때문에 풀무불에 던져졌는데, '신들의 아들과 같은 사람'과 함께 전혀 상하지 않고 불 가운데서 나왔습니다.3장 벨사살의 유명한 잔치가 진행되고 있을 때, 다니엘은 벽에 쓰인 글씨를 해석하며, 바로 그날 밤에 바벨론은 메대의 다리오에게 함락당합니다.5장 다니엘은 바사 왕 밑에서도 여전히 높은 직책을 맡고 있었는데, 마침내 그의 적들은 그를 함정에 빠뜨릴 음모를 꾸미는데 성공하고 그는 사자굴에 던져집니다. 그러나 다음날 급히 달려간 왕은 그가 아무런 해도 입지 않았음을 발견합니다.6장

후반부7~12장는 예언적이고 묵시적이며, 에스겔서의 일부와 같이, 신약에서 매우 상징적인 언어로써 AD 1세기와 '종말'에 핍박이 일어날 것을 묘사하는 데 사

용되었습니다. 환상들은 연대기적 순서로 되어 있습니다. BC 556년의 네 짐승에 대한 환상7장은 보통 바벨론사자, 메대-바사곰, 헬라표범, 로마무서운 짐승 제국을 나타내는 것으로 이해됩니다. 마지막 짐승은 옛적부터 항상 계신 자로부터 '인자 같은 이'가 우주적 권세를 받을 때 죽임을 당합니다.7장 수양과 숫염소의 환상8장은, 알렉산더 대왕이 BC 330년에 바사를 쳐부쉈는데 그가 죽자 그 나라가 넷으로 갈라졌을 때 성취되었습니다.

결국 그의 뒤를 이어 악명 높은 아람 왕 안디오커스 에피파네스BC 175-164년가 왕위에 올랐는데, 그는 유대 백성을 너무나 잔인하게 핍박했기 때문에, 유대 지도자인 유다 마카비우스의 이름을 따서 '마카비 반란'이라고 불리는 저항 운동이 일어났습니다. 천사장 가브리엘이 정한 '때 끝'을 말하기 때문에, 아마도 안디오커스는 적그리스도를 예시하는 것 같습니다.살후 2:8-10 이때는 백성들이 70년간 포로 생활을 하고 있었던 중이었으나, 다니엘은 해방시켜 달라고 끊임없이 기도하는 일을 포기하지 않았습니다.9장 그가 백성들의 죄에 대해 일체감을 갖는 것과, 해방시켜 달라는 절박한 탄원은 이제 곧 응답될 것입니다. 마지막에서 두 번째의 환상에서 다니엘은 눈으로 볼 수 있는 세상의 사건들 배후에는 하늘의 군대들이 포함된 보이지 않는 투쟁이 있다는 것을 발견하게 됩니다.10장 11장에는 특별히 안디오커스에 초점을 맞추어 400년의 역사에 대한 선택적인 예고가 나옵니다. 마지막 장은 마지막 '때'에 대해 다루고 있으며, 다니엘에게 때가 되면 그가 부활할 것이라는 분명한 약속이 나옵니다.12장
다니엘서는 모두12장, 357절로 되어 있고, 신약에서 152번 직접 간접으로 인용되고 있습니다.

◎ 다니엘 1장

섞이지 아니하는 다니엘 관점 3

다니엘은 젊었을 때 나라가 망해서 먼 바벨론 땅에 포로로 잡혀간 인질에 불과했습니다. 다니엘은 결코 그 나라의 신앙과 섞이지 않기로 결단하고 하나님께 기도합니다.1:8-16 다니엘은 여러 황제들을 섬겼으며, 심지어 대제국의 황제들마저도 다니엘의 신앙을 흠모했습니다.

◎ 다니엘 2~4장

이 땅에 하나님 나라의 이룸은 좌절된 것인가? - 2장 (느부갓네살의 꿈) 과 7장(다니엘의 환상)에서 보는 하나님 나라 관점 2

도표 : 이 시대에 재위했던 남·북 왕국의 약전은 p.266-279의 '왕들의 약전'을 참고

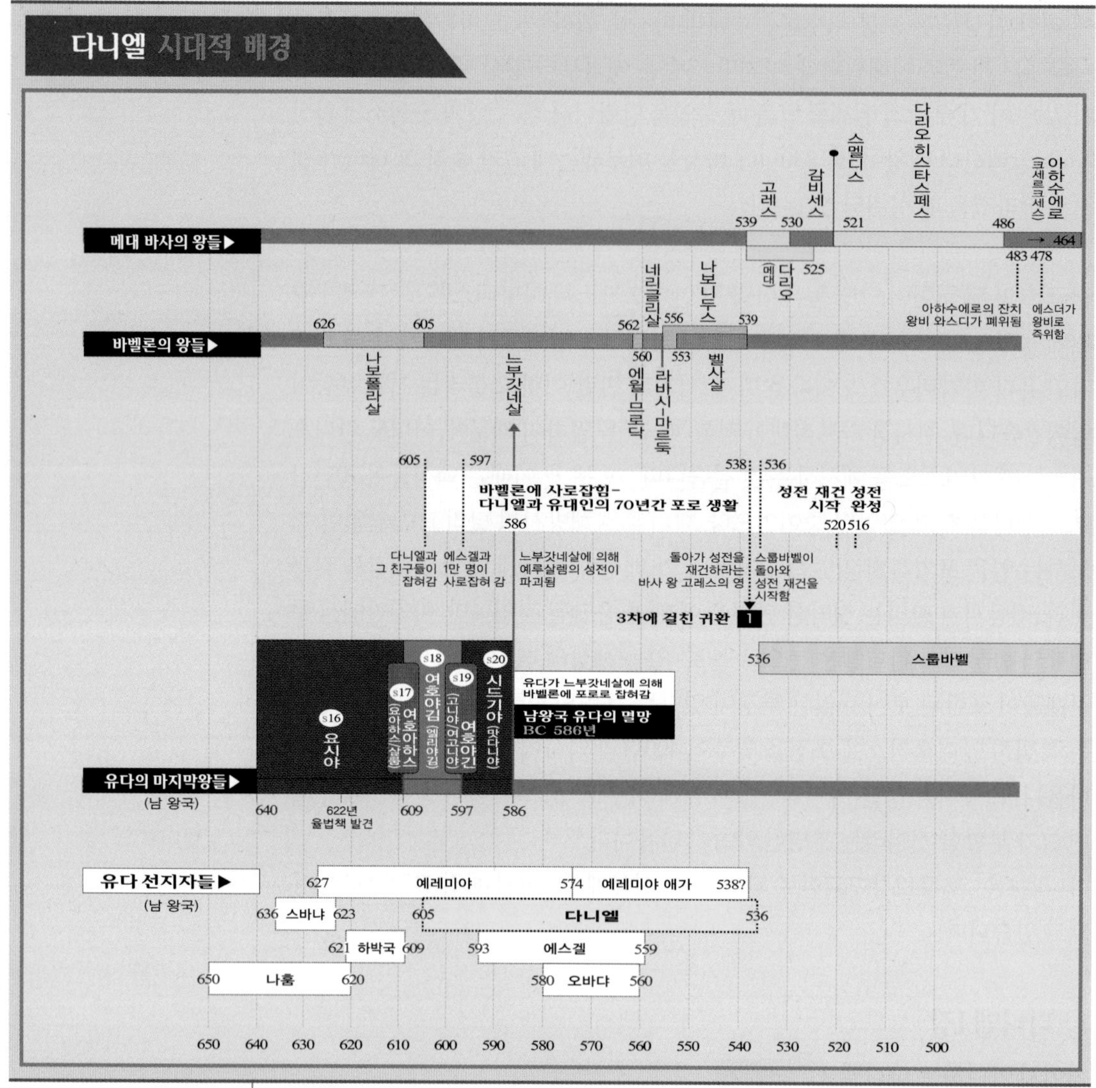

남 왕국 유다마저도 우상을 섬기는 세상 나라인 바벨론에 의해 망해 버리자 하나님의 나라를 이루려는 하나님의 계획은 수포로 돌아간 것인가라고 좌절할 수 있습니다. 그러나 하나님의 계획이 인간의 힘에 의해 결코 좌절될 수 없음을 보여 줍니다. 하나님은 2장에서 세상을 온통 자기가 지배하는 줄 알고 있던 느부갓네살에게 한 꿈을 꾸도록 해서, 인간의 힘으로 결코 하나님의 계획이 끝나지 않음을 보여 줍니다. 그것은 바벨론을 필두로 한 세상 나라는 유한한 나라며 결국 멸망하고 마는 나라이지만, 하나님 나라는 영원한 나라임을 증거합니다.

단 2:44-45 [44]이 여러 왕들의 시대에 하늘의 하나님이 한 나라를 세우시리니 이 것은 영원히 망하지도 아니할 것이요 그 국권이 다른 백성에게로 돌아가지도 아니할 것이요 도리어 이 모든 나라를 쳐서 멸망시키고 영원히 설 것이라 [45]손대지 아니한 돌이 산에서 나와서 쇠와 놋과 진흙과 은과 금을 부서뜨린 것을 왕께서 보신 것은 크신 하나님이 장래 일을 왕께 알게 하신 것이라 이 꿈은 참되고 이 해석은 확실하니이다 하니

다니엘서 2장의 느부갓네살이 꾼 꿈에 나오는 머리는 순금, 가슴과 두 팔은 은, 배와 넓적다리는 놋, 종아리는 철과 진흙으로 된 신상은 바벨론, 메대-바사, 그리스, 로마로 해석되는 세상 나라를 보여 줍니다. 그러나 이 화려하고 막강해 보이는 세상 나라들도 뜨인 돌 하나에 의해 가루처럼 바스러져 사라지고 이 돌은 태산을 이루었다고 했습니다. 다니엘은 이 돌은 영원한 하나님 나라로 해석했습니다.단 2:44 세상 나라의 왕 느부갓네살이 꾼 꿈에서 세상 나라들은 금, 은, 놋, 철로 화려하게 보이고 하나님 나라는 보잘것 없는 모양도 없고 풍채도 없는 돌멩이로 보였지만, 사람들 보기에 고운 모양도 없고 풍채도 없는 돌멩이와 같은 하나님 나라가 세상 나라를 제압하고 영원히 선다는 것을 보여 주시는 것입니다. 하나님은 그 당시 최강대국인 바벨론과 그 뒤를 이어 나타날 막강한 세상의 나라들은 결국 망하고 사라지게 될 것이며, 오직 하나님 나라만이 영원히 굳게 선다는 하나님 나라의 영원성을 증거하신 것입니다.

7장에서는 하나님의 사람인 다니엘에게 한 환상을 보여 주시고, 세상 나라들을 사자바벨론, 곰매대-바사, 표범그리스, 무섭고 놀라운 짐승로마으로 보여 주셨습니다. 요한계시록에 나오는 짐승은 여기에 나오는 짐승에 근거한다. 세상 나라는 짐승 같은 나라이지만, 이 세상 나라들을 물리치는 하나님 나라는 '인자人子같은 이'단 7:13 가 다스리시는 영원한 나라임을 보여 주는 것입니다. 그러나 하나님 나라는 돌멩이 같은 나라가 아니라, '하늘 구름을 타고 오시는 영광스러운 인자人子, 하늘의 인격을 가지신 분, 곧 그리스도'가 다스리시는 영광스러운 나라인 것입니다. 이러한 계시로 포로로 잡혀간 이스라엘 백성들에게는 영원한 하나님 나라의 영광으로 위로하며 소망을 갖게 해 주시는 것입니다.

48일

년 월 일

오늘의읽을분량

왕하 24:18,19
대하 36:11, 12
렘 52:1, 2
렘 27~29장
렘 25:15-38
렘 48~51장

◎ 열왕기하 24:18,19 ◎ 역대하 36:11,12 ◎ 예레미야 52:1,2

여호야긴을 잡아간 느부갓네살은 여호야긴의 숙부 맛다니야를 시드기야로 이름을 고쳐 왕을 세웁니다. 그러나 그가 여호와 앞에 악을 행하고 또한 느부갓네살을 배반합니다. 그는 유다의 마지막 왕이 됩니다.

◎ 예레미야 27~29장

지금의 때는 BC 597년, 바벨론이 첫 포로를 잡아 간 후BC 605년 시드기야를 왕으로 삼았습니다. 그러나 바벨론이 자국 문제가 생기자 시드기야 왕 등 유다 주변 국가들은 반바벨론 정책을 내세웠습니다. 예레미야는 바벨론에 대한 복종의 표시로 멍에를 메고 예루살렘 거리에서 시위를 벌이고 있었습니다. 유다와 다른 나라들이 파멸을 면하려면 바벨론에게 예속하는 길밖에 없습니다.27:12-15, 27:3-11

그의 이런 메시지는 귀에 거슬리는 것이었고 당시 궁정 예언자인 하나냐는 예레미야를 공격합니다. 그는 그러면서 사람의 귀를 즐겁게 하는 말을 전합니다. 29장은 여호야김 왕을 포함한 1차 포로와 여호야긴 왕을 포함한 2차 포로로 잡혀간 자들에게 위로의 편지를 씁니다. 거짓 선지자들은 포로들이 조속히 귀환할 것이라고 했지만 예레미야는 포로 기간이 70년이라고 예언합니다. 하나님의 메시지를 전한다고 거짓말을 하는 자는 모조리 죽임을 당합니다.신명기 18:20 참조

◎ 예레미야 25:15-38 ◎ 예레미야 48~51장

예루살렘이 멸망하고 그 백성들은 바벨론에서 70년의 세월을 보낼 것이라고 예언합니다.25:15-38 예루살렘을 멸망시킨 바벨론의 심판과 맞물려서 열방에 대한 심판도 함께 예언합니다. 48장은 모압의 멸망에 대해 예언합니다.사 16장, 겔 25:8-11, 암 2:1-3, 습 2:8-11 참조

49장은 암몬, 에돔, 다메섹, 게달, 엘람의 멸망에 대해 예언합니다. 50장, 51장은 바벨론의 멸망에 대한 예언입니다. 이 예언은 예루살렘이 함락되기 6년 전 시드기야 왕 4년에 바벨론으로 간 사절단에 의해 바벨론에 있는 포로들에게 전해진 예언입니다. 이 예언은 공개적으로 낭독된 후에 유브라데 강에 던져졌습니다. 바벨론은 메대에 의해 멸망할 것인데 실제로 BC 539년 메대의 고레스 왕에 의해 망합니다.

49일

년 월 일

에스겔 EZEKIEL 以西結書

에스겔서 한눈에 보기

개요 "그들이 내가 여호와임을 알리라"

첫 환상과 에스겔의 부름 (1장-3장)

I. 예루살렘의 현재의 심판 (4장 -24장)

- ▶긴박한 심판에 대한 직설적 예언 (4장-7장)
- ▶하나님의 영광이 성전을 떠나는 환상 (8장-11장)
- ▶심판의 형태와 메시지들 (12장-24장)

II. 열방들의 미래의 운명 (25장-39장)

- ▶열방들에 대한 하나님의 심판 (25장-32장)
- ▶예루살렘의 심판 후에 오는 회복 (33장-37장)
- ▶곡과 마곡의 멸망, 예루살렘의 회복 (38장-39장)

III. 최후의 성전, 예배 그리고 도성의 회복 (40장-48장)

- ▶새 성전 재건과 새 영광 (40:1-43:12)
- ▶새롭게 된 예배와 거룩한 성 (43:13-47:12)
- ▶새롭게 된 땅과 하나님의 도성 (47:13-48장)

BC 597년 제 2차 포로 때에 에스겔이름의 뜻은 히브리어는 예헤즈겔'로서 '하나님께서 힘 있게 하시기를!'은 여호야긴 왕 등 약 10,000여 명의 왕실 지도자들이 잡혀갈 때 함께 바벨론으로 끌려갔습니다. 그는 자신의 아버지처럼 예루살렘 성전에서 하나님을 섬기기 위해서 제사장 교육을 받은 자였습니다. 그가 바벨론으로 끌려갈 때 그의 나이는 20대 중반이었습니다.

그에게 이제는 아무 소망이 없다고 좌절해 있을 때, 그의 나이 30세쯤에 하나님은 그에게 이상을 보여 주시면서 에스겔을 선지자로 부르십니다. 에스겔도 이사야와 마찬가지로 하나님의 일을 하도록 위임받기 전에 하나님에 대한 환상을 봅니다.

에스겔서는 전체가 1인칭으로 기록되어 있습니다. 여호와께서는 이상하고도 신비한 전차와 같은 보좌 위에서 영광스럽게 그에게 나타나셨습니다.1장

에스겔서는 그를 사자로 부르신 그 분과 대비하여 그의 인성과 불완전성을 강

오늘의 읽을 분량

겔 1~3:21
왕하 24:20~25:3
렘 52:3-6
렘 10:17-25
렘 21~22:9
렘 34장
렘 46:13-28
렘 37장
렘 30~33장
렘 23:1-8
렘 38장

38장 23절
"이같이 내가 여러 나라의 눈에 내 위대함과 내 거룩함을 나타내어 나를 알게 하리니 내가 여호와인 줄을 그들이 알리라"

"환상" (Visions)
에스겔서는 하나님이 주신 3가지 큰 환상을 중심으로 쓰여진 책입니다. 첫 번째 환상은 하나님의 영광에 관한 것이고(1~3장), 두 번째는 하나님의 심판에 관한 것이고(8~11장), 세 번째는 하나님의 성전에 관한 것(40~48장)입니다.

도표 : 이 시대에 재위했던 남·북 왕국의 약전은 p.266-279의 '왕들의 약전'을 참고

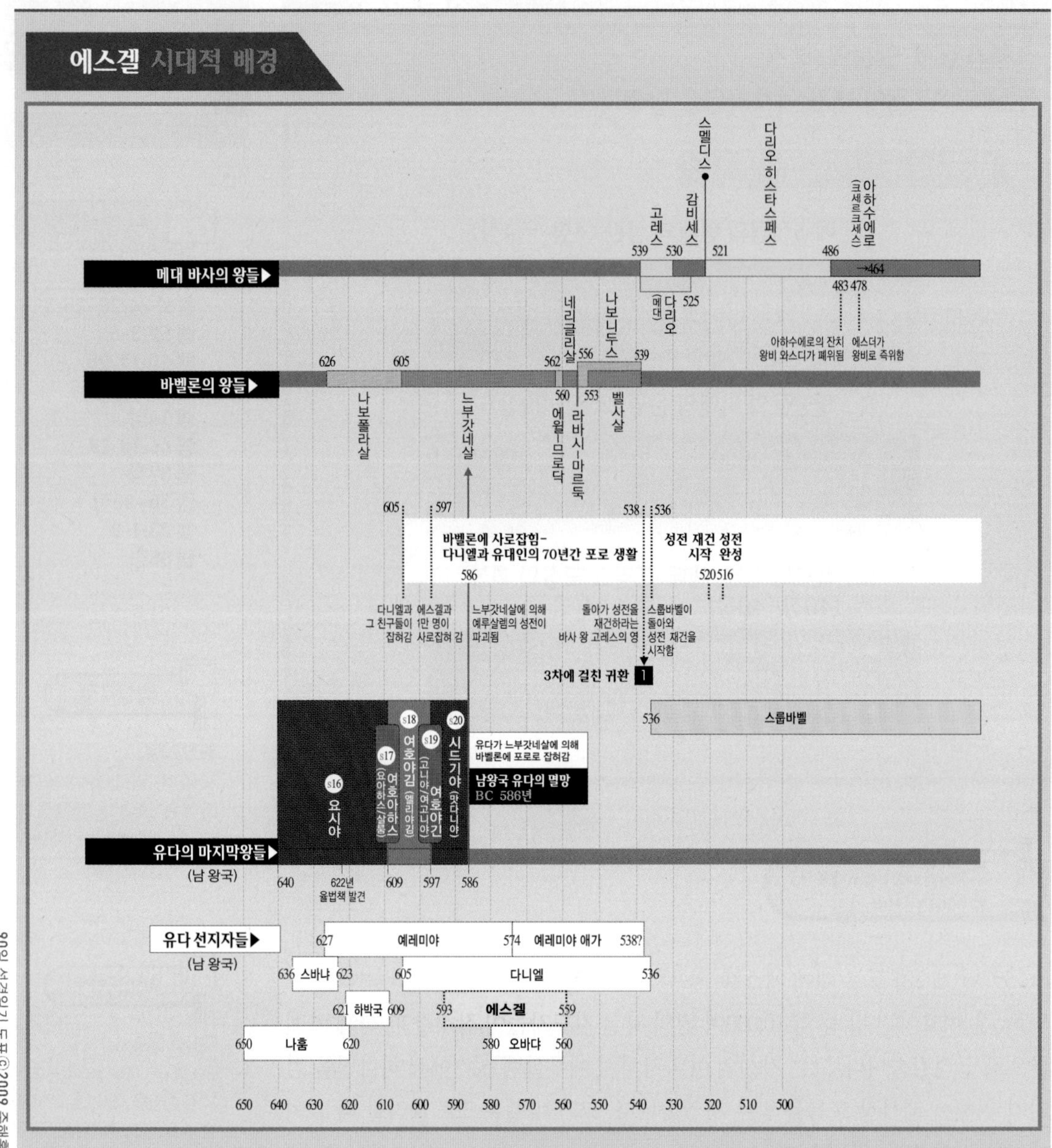

조하려는 듯이 그를 '인자'라고 불렀습니다.2:3

에스겔이 말씀을 선포해야 하는 나라들은 반역적이며, 비록 그들이 듣지 않을지라도 그는 역설하여 말해야 했습니다.2:3-7

그 다음에 그는 성령에 의해 자신이 그들 영혼의 경비병처럼 포로들을 위해 부름받았다는 것을 나타내는 표시로 자신의 집으로 들어가 문을 닫는 행위를 합니다.2:9~3:3, 3:22-27

에스겔은 유대인들이 성전의 파괴와 예루살렘 멸망에 대비하도록 하려고 애를 씁니다. 그들은 여호와께서 그의 성전을 떠나실지도 모른다는 생각은 할 수도 없었습니다. 그는 예루살렘 멸망과 함께 백성들에게 닥칠 상실과 황폐화를 공개적으로 당합니다.4~5장

그는 포로의 삶을 연극으로 보여 줍니다.12장 그는 신실하지 못한 아내, 예루살렘의 생생하고 확대된 이야기를 합니다.16장 그래서 죄와 다가올 멸망에 대한 묘사를 만들어 냅니다. 에스겔은 환상들을 계속 축적해 갑니다. 행음한 두 자매,사마리아와 예루살렘, 23장 오직 태우는 데만 적합한 녹슨 가마24장등입니다. 심판은 불가피합니다. 예루살렘의 멸망은 이전에 회의적이던 포로들의 목전에서 에스겔의 경고들이 옳다는 것을 입증해 줍니다. 주변 국가들도 피할 수 없습니다. 25~32장은 이스라엘의 이웃들인 두로와 시돈, 그리고 애굽에 내릴 심판에 대한 일련의 예언을 담고 있습니다.

BC 586년에 예루살렘이 멸망한 후에,33:21 그의 메시지는 격려와 소망의 메시지가 됩니다. 목자와도 같이 하나님께서는 그의 잃어버린 양들을 구원하실 것입니다.34장
그 나라는 자신의 땅에서 회복될 것입니다.36장 마른 뼈들이 다시 살아날 것입니다.37장 그리고 회복된 나라를 대적하여 일어나는 이방 군대들은 준엄하게 정복될 것입니다.38~39장
예루살렘에 세워질 새로운 성전에 대한 그의 자세한 계획은 때로는 마치 그가 포로 생활에서 돌아온 후 사용할 새 성전을 설계하고 있는 것처럼 문자적으로 해석되어야 하는 듯하기도 하고, 때로는 그가 후에 사도 요한이 하늘나라를 묘사하기 위해 사용했던 말로 예언적이고 비유적으로 말하고 있다는 인상을 주기도 합니다. 따라서 성경을 연구하는 사람들 간에는 이 장들38~40장에 대해 많은 논란이 있습니다.

그러나 겉보기에 지루한 듯한 모든 세부 사항들에도 불구하고, 이 장들은 우리로 하여금 출발점으로 되돌아가게 하며, 에스겔서의 절정을 이룹니다.
왜냐하면, 항상 그렇듯이 성전은 하나님께서 그의 백성과 함께 임재하시는 것을 생각하며, 에스겔서는 하나님께서 새 성전으로 되돌아오셔서 이번에는 결코 다시는 그 곳을 떠나지 않으시는 영광스러운 환상으로 끝나기 때문입니다. 에스겔서는 모두 48장 1,273절로 되어 있고, 신약에서 151번 직접, 간접으로 인용되고 있습니다. 에스겔서의 "내가 여호와인 줄을 그들이 알리라"라는 구절에 유의하고, 관점 2를 생각하세요. 에스겔서 전체에서 무려 70번이나 나옵니다. 29번은

알아두기

에스겔의 환상과 계시록의 환상

① 체루빔(Cherubim)
겔 1장~계 4장

② 곡과 마곡
겔 28장~계 20장

③ 책(두루마리)을 먹음
겔 3장~계 10장

④ 새 예루살렘
겔 40~48장, 계 21장

⑤ 생명수 강
겔 47장, 계 22장

예루살렘 멸망과 관련해서, 24번은 열방의 심판과 관련해서, 17번은 회복과 관련해서 등장합니다.

◎ 에스겔 1:1~3:21 : 소명을 받는 에스겔

바벨론의 제2차 침공 때에 포로가 되어 바벨론 땅으로 끌려간 에스겔은 그곳에서 선지자의 소명을 받고 활동했습니다. 그는 바벨론의 포로가 된 하나님의 백성들을 향해 그 모든 일이 죄악에 대한 하나님의 심판임을 일깨워 주었습니다. 그런 후에 선지자는 이제라도 회개하고 돌이키면 하나님의 은혜로 다시금 회복될 수 있을 것이라고 격려했습니다. 이때가 BC 593년경입니다.

에스겔서 1장에서 하나님은 남 왕국 유대 백성이 바벨론에 포로로 잡혀가자, 네 생물의 형상과 네 날개와 네 개의 '바퀴' 모양의 환상을 통해서 에스겔을 부르셔서 하나님은 이 포로 사건을 수수방관하지 않으신다는 것을 보여 줍니다. 이 형상은 예루살렘 성전에서 나온 것으로 이스라엘 백성이 포로로 잡혀간 바벨론 지방으로 옮겨 온 모습입니다. 그것은 성전의 법궤 환상이었고, 이 법궤언약궤는, 하나님을 자유롭게 만날 수 있었던 에덴하나님 나라의 원형을 잃어버린 하나님의 백성에게 하나님 나라를 다시 찾는 시내산 언약출 19:4~5을 맺은 후, 하나님과 만남의 장소로 다시 허락하신 곳이 성막이며, 그 성막의 지성소 안에서 하나님과 인간이 직접 만나는 곳이었습니다. 이 법궤는 하나님의 가장 중심 되는 속성인 '임마누엘'의 표시입니다.

이 법궤언약궤가 이스라엘 중에 있다는 것은 하나님이 그들과 함께하신다는 표시가 되는 것입니다. 광야 시대의 이동 중에 언약궤를 제사장들로 하여금 메게 한 것은, 이동하는 하나님 백성과 더불어 하나님도 이동하신다는 표시가 되었던 것입니다. 이스라엘이 광야에서 가나안에 정착한 뒤에는 언약궤도 성전에 안치한 것은, 정착한 하나님 백성과 더불어 하나님도 정착하신다는 표시가 되었습니다. 이스라엘 백성들이 포로로 끌려가게 되자 네 생명의 모습으로 상징되는 하나님의 언약궤 위의 영광이 바퀴를 달고 그 백성에게 다가오는 에스겔의 환상의 모습으로 언급됩니다.겔 1:15-21 이 네 생명은 사람, 사자, 소, 독수리의 모양을 했다고 했습니다. 겔1:10. 이 네 생명을 4복음서의 상징이기도합니다. 법궤언약궤의 바퀴 달린 모습에서 하나님께서 이스라엘을 찾으시는 열심, 이스라엘을 사랑하시는 열심을 볼 수 있습니다. 이것은 당신의 백성이 환란 중에 있을 때에도 늘 함께해 주시는 하나님의 사랑을 보여 주는 것입니다.

하나님은 이스라엘의 바벨론 포로 생활에서도 임마누엘이 되어 주셨습니다.

◎ 열왕기하 24:20~25:3

◎ 예레미야 52:3-6 : 예루살렘이 포위되다

바벨론이 국내 문제로 유다에 대한 간섭이 소홀해지자 시드기야 왕이 반바벨론 정책을 취하면서 바벨론을 배반하자 시드기야 왕 9년BC 588년에 바벨론이 다시 침공하여 예루살렘을 포위하자 기근이 심해 고통 중에 빠지게 됩니다.

◎ 예레미야 10:17-25 ◎ 예레미야 21:1~22:9 ◎ 예레미야 34장

예레미야가 시드기야 왕에 대한 하나님의 말씀과 예루살렘의 멸망에 대해 예언합니다. 시드기야는 선지자를 통하여 위로의 말을 듣기를 원합니다. 기적적으로 예루살렘이 멸망을 피하기를 원하지만 멸망은 불가피하다고 예레미야는 말합니다.

□ **34장 :** 하나님의 메시지를 받은 후에 그는 선한 일을 하려고 모든 유대인 노비들을 풀어 주라고 지시합니다. 하나님의 은총을 받기를 원해서 그러했을 것입니다.

신명기 15장 12절 이하에 보면 모든 유대인 노비들은 6년 후에는 자유케 되리라는 규정이 있습니다. 그러나 실제로 그 규정이 잘 지켜지지 않았습니다. 주인은 일단 풀어주었다가 다시 노비로 삼고는 했습니다.

예레미야 34:18에서 왜 송아지를 둘로 쪼개고 그 사이를 지나갔을까요?

그것은 고대 중근동 지역에서 언약을 체결할 때의 관습이었습니다. 고대 사회에서 언약을 맺을 때에는 동물을 희생 제물로 삼아 그것의 척추를 중심으로 하여 반으로 나누었습니다. 그 다음에 언약의 당사자들이 둘로 쪼개 진 희생 고기 사이를 걸어 가운데서 서로 만나 엄숙한 맹세를 했습니다.

이러한 관습의 의미는, 한 쪽 당사자가 언약을 어길 경우, 그 당사자는 희생 제물의 운명처럼 반드시 죽임을 다하게 될 것임을 암시하고 있다고 학자들은 생각합니다. 그만큼 언약은 목숨을 걸고서라도 반드시 지켜야 할 신성한 의무로 간주된 것입니다.

이스라엘의 멸망의 원인을 예레미야 22장 8~9절에서 찾을 수 있습니다.

📖 렘 22:8-9 8여러 민족들이 이 성읍으로 지나가며 서로 말하기를 여호와가 이 큰 성읍에 이같이 행함은 어찌 됨인고 하겠고 9그들이 대답하기는 이는 그들이 자기 하나님 여호와의 언약을 버리고 다른 신들에게 절하고 그를 섬긴 까닭이라 하셨다 할지니라

30:11에서 '공의의 하나님'을 깊이 묵상하십시오.

하나님은 사랑의 하나님이면서도 공의의 하나님이십니다. 사실 사랑은 공의를 포함하고, 공의는 사랑을 포함하고 있습니다. 사랑과 공의는 결국 같은 말입니다. 공의가 없는 사랑은 맹목적이고, 사랑이 없는 공의는 폭력일 뿐입니다.

하나님이 '공의의 하나님'이라고 할 때, 그분은 죄악을 결코 그냥 넘기시지 않는 분이시라는 것입니다. 하나님의 공의로우신 속성은 죄와 함께 하실 수 없다는 것을 말합니다. 그래서 하나님은 자기 백성이 죄악에 빠질 때, 먼저 회개를 강하게 요구하십니다. 한두 번이 아니라 거듭 회개를 촉구하십니다. 그래도 회개하지 않으면 징계하십니다.

우리는 성경 전체를 통해서 공의에 입각한 하나님의 징계를 발견할 수 있습니다. 믿지 않는 자들에 대한 하나님의 징벌은 그들을 파멸시킵니다. 하지만 자기 백성에 대한 하나님의 징계는 그들을 죄에서 돌이켜 회개에 이르게 하고 상실했던 믿음을 회복시켜 줍니다. 이것은 하나님이 자기 백성을 사랑하사, 그들이 회개하고 다시 하나님과 바른 관계를 회복하기를 원하시기 때문입니다.

그러기 위해서 하나님은 그리스도의 희생적인 속죄를 통해 하나님의 아들이신 예수 그리스도의 희생적인 속죄를 통해 하나님의 공의를 충족시키시는 대속적 방법을 허락해 주시는 것입니다. 이것 또한 하나님은 사랑이시라는 것을 보여 주는 사실입니다.

◎ 예레미야 46:13-28 ◎ 예레미야 37장

예레미야가 느부갓네살이 BC605년에 있을 애굽 침공을 예언합니다. 37장은 예레미야가 바른 예언을 하다가 곤경에 처해 감옥에 갇힙니다.

◎ 예레미야 30~33장

포로로 잡혀간 그리고 잡혀갈 유다 백성들에게 하나님은 회복을 약속하십니다.

☐ **31장 :** 성경의 4대 주요 언약 중 하나를 기록하고 있다.

1. **아브라함의 언약 :** 하나님 나라의 땅과 백성과 관계가 있음 창 12:1-3
2. **시내산 언약 :** 하나님 나라의 계약 출 19:4-6
3. **다윗 언약 :** 그 땅과 백성을 다스릴 왕 예수의 오심과 관련이 있음 삼하 7:4-16, 대하 17:3-5
4. **새 언약** New Covenant **:** 새롭게 회개하는 자는 그 왕의 다스림을 받게 된다는 것 렘 31:31-34

☐ **32장 :** 예루살렘은 포위를 당하고 예레미야의 고향인 아나돗은 적의 수중에 떨어집니다. 갇힌 몸이 된 예레미야에게 사촌인 하나멜이 찾아와서 땅을 팔려고 합니다. 2, 3절 놀랍게도 예레미야는 이 땅을 삽니다. 예레미야는 이 행동을 통해 하나님이 '유다의 미래를 예비하신다'는 메시지를 전하고자 하는 것입니다.

◎ 예레미야 23:1-8 : 메시아에 관해 계속 언급

악한 목자 잘못된 왕실과 종교 지도자에 대한 질책입니다. 그들은 반드시 징계를 받을 것이라는 것입니다. 하나님은 언젠가 그가 택한 왕 메시아를 세울 것임을 밝힙니다. 이는 남은 양 무리를 위한 새 목자 즉, 메시아 사상으로 발전합니다.

◎ 예레미야 38장 : 물웅덩이에 던져지지만 구원받는 예레미야

반바벨론 정책을 쓰는 시드기야 왕은 결국 친애굽 정책을 택합니다. 예레미야는 그런 친애굽 정책을 비난하고 대국에 예속하라고 권면하자 친애굽파들의 반감을 사고 물웅덩이에 던져집니다. 이 물웅덩이는 빗물을 받아 쓰기 위해 파 놓은 깊은 구멍 같은 웅덩이를 말합니다.

예레미야 33장 2~3절을 묵상합시다

"2일을 행하시는 여호와 그것을 만들며 성취하시는 여호와 그의 이름을 여호와라 하는 이가 이와 같이 이르시도다 3너는 내게 부르짖으라 내가 네게 응답하겠고 네가 알지 못하는 크고 은밀한 일을 네게 보이리라"

신위神爲의 개념이 생각나십니까?
"일을 행하시는 여호와"는 신위神爲의 하나님입니다.

◎ 역대하 36:13-16

유다의 마지막 왕 시드기야 왕의 배신으로 바벨론에 의해 예루살렘이 함락됨

◎ 에스겔 8장~11장

□ 8장 : 예루살렘의 죄

성전에 우상이 있는 환상을 봄. 이때 에스겔의 나이는 31세 가량이었습니다.

하나님이 떠나 버린 성전

하나님은 에스겔에게 환상 가운데서 예루살렘 백성들이 하나님의 성전 안에서 하나님이 아니라 각종 이방의 거짓 신들을 숭배하는 가증스러운 장면을 보여 주셨습니다. 장로들은 성전 벽에 각양 우상들을 그려 놓고 그것을 숭배했고, 여인들은 성전 북문에서 풍요의 신인 이방신 담무스를 위해 애곡하고 있었습니다. 또한 성전 안뜰에서는 일단의 남자들이 동방의 태양을 향해 경배하고 있었습니다. 하나님의 성전에 하나님은 없었고 이방의 우상들만 가득했습니다. 오늘날 성령을 모시는 성전인 우리 자신[고전 6:19]과 하나님을 예배하는 예배 공동체로서의 교회는 어떤가를 생각해 봅시다. 오직 하나님을 중심으로 경건하고 신령한 예배가 드려지고 있는가요?

아니면 내 감정의 고조를 위한 예배를 드리면서 단순히 은혜의 감정을 추구하는 예배를 참 예배인 것처럼 착각하거나, 출애굽한 이스라엘 백성들처럼 금송아지를 만들어 놓고 그것을 자기들을 애굽에서 구출해 낸 하나님이라고 했듯이 우리도 그와 같이 내가 만들어 놓은 하나님을 참 하나님이라고 섬기며 예배하고 있지는 않습니까? 아니면 세상의 각종 우상들, 세상의 각종 세속적 문화와 관습이 교회를 뒤덮게 하고 있지는 않습니까? 한번 심각하게 고민하고, 하나님의 진노가 임하기 전에 철저히 회개해야 하지 않을까요?

우리의 삶의 중심에 과연 하나님이 계시나요? 

오늘의 읽을 분량

대하 36:13-16
겔 8~11장
겔 13~18장
겔 20~21:17
겔 22:1-22
겔 23장

□ 9장 : 예루살렘의 심판

□ 10장 : 하나님의 영광이 성전을 떠나는 환상을 봄

유다 백성들의 죄악은 결국 하나님의 영광이 성전을 떠나는 결과를 초래했습니다. 이스라엘 백성이 포로로 바벨론으로 잡혀간 당시 그들의 죄악상 때문에 하나님의 성전은 더 이상 하나님을 섬기는 거룩한 예배 장소가 될 수 없었습니다. 그래서 하나님은 환상을 통해 에스겔 선지자에게 '하나님의 영광'이 예루살렘 성전을 떠나가는 모습을 보여 주셨습니다. 그럼에도 불구하고 유다 백성들은 하나님의 성전이 예루살렘에 있기 때문에 자신들은 안전하다고 생각했습니다. 하나님이 떠나가신 그 성전은 한갓 돌덩어리 건축물에 불과할 뿐이었습니다. 이제 예루살렘 성전은 아무도 보호해 주는 이가 없었습니다. 그 결과, 바벨론 군대는 조그마한 남 왕국 유다를 휩쓸어 버렸습니다. 바벨론 군대는 이스라엘의 마지막 방어막을 무너뜨리고 예루살렘을 점령한 후에 하나님의 성전을 파괴하였습니다.

혹 이런 해석은 어떨까요?
임마누엘의 하나님은 언제나 백성과 함께 하시기를 원하십니다. 그런데 그 백성이 심판을 받아 바벨론으로 포로가 되어 바벨론으로 가게 되었고, 당신의 백성과 함께 하시기를 원하시는 하나님은 이사야 40장~45장의 모습대로, 또한 에스겔서 1장의 '바퀴 환상'을 비추어 보아 하나님은 성전에 계시지 않으시고 백성과 더불어 있기 원하셔서 예루살렘의 성전을 떠나셨다는 해석입니다. 이렇게 떠난 하나님의 임재와 영광은 요한복음 1장 14절에서 우리 가운데 장막을 치시면서 우리새 이스라엘에게로 돌아오심을 볼 것입니다.

□ 11장 : 심판으로부터의 회복

11장은 악한 마음을 버리고, 우상 숭배에서 돌아 서면, 즉 인위人爲를 버리고 하나님께 돌아오면 하나님은 그들에게 '한 마음', '새 영', '부드러운 마음'을 줄 것이라고 약속하셨습니다.겔 11:19 이것은 성경이 말하는 중요한 주제 가운데 하나입니다. "내 율례를 따르며 내 규례를 지켜 행하게 하리니 그들은 내 백성이 되고 나는 그들의 하나님이 되리라"11:20의 말씀은 바로 이 성경 읽기의 관점 2를 말합니다. 인위의 길에서 돌이켜 신위神爲에 이르는 길을 말합니다.

즉, 이 말은 하나님의 말씀에 성실히 순종하도록 이끄는 뜨거운 영적인 변화를 가리키는 말입니다. 하나님께서 우리에게 진정으로 바라는 변화는 하나님을 하나님 되게 인정하고 그에게 모든 것을 맡기도록 의지하는 신위의 길로 돌아서는 변화인 것입니다.

◎ 에스겔 13장~18장

□ 13장 : 거짓 선지자들은 에스겔의 사역을 방해합니다. 그들은 백성이 원하는 말만 전합니다.

📖 겔 13:3 [3]주 여호와의 말씀에 본 것이 없이 자기 심령을 따라 예언하는 어리석은 선지자에게 화가 있을진저

📖 벧후 1:20-21 먼저 알 것은 성경의 모든 예언은 사사로이 풀 것이 아니니 [21]예언은 언제든지 사람의 뜻으로 낸 것이 아니요 오직 성령의 감동하심을 받은 사람들이 하나님께 받아 말한 것임이라

□ 16장 : 새 언약을 맺기를 원하시는 하나님

하나님이 우리를 신부로 삼기 원하셔서 어떻게 단장시키시는가를 유의해 보세요.

□ 에스겔에 나오는 비유들

비유	구절	의미
포도나무	15:1-8	유다는 하나님께 쓸모가 없어졌으며, 지금은 단지 심판 때에 불에 태우는 것밖에는 대접을 받을 만한 이유가 없음을 상징
어린아이	16장	하나님의 사랑과 동정을 배신한 이스라엘을 상징
독수리와 백향목	17장	시드기야 왕의 어리석음을 묘사하는데, 그의 반역은 느부갓네살의 군대를 불러 예루살렘을 파괴하는 결과를 낳는다.
용광로	22:17-22	하나님이 예루살렘의 포위라는 불로 정화시킬 것이라고 말함
두 명의 매춘부	23장	이스라엘과 유다의 영적 간음을 말한다.
솥	24:1-14	하나님이 예루살렘의 불순물을 제거하기 위하여 '뜨거운 불을 일으키실' 것임을 상징
파선	27장	두로에 임할 심판을 묘사
무책임한 목자들	34장	예루살렘의 잘못된 지도자들과 하나님이 그들을 어떻게 다루실지를 의미
마른 뼈	37장	이스라엘 민족의 영적 재생을 말함

□ 18장 : 저마다 자기 죄로 죽는다

"가문의 저주를 끊어라"라는 말은 참된 말인가? 겔18:19-20

이 문제와 관련해서 성경은 두 가지의 모순된 견해를 보여 주는 듯 합니다. 첫째, 출애굽기 20장 5절에는 아비의 죄에 대한 벌이 자손 삼사 대까지 미친다고 했습니다. 삼사 대가 지나면 죄가 지워진다기 보다는 죄가 영원히 간다는 뜻입니다. 죄의 연좌제를 말합니다. 둘째 에스겔서 18장 19~20절은 "그런데 너희는 이르기를 아들이 어찌 아버지의 죄를 담당하지 아니하겠느냐 하는도다 아들이 정의와 공의를 행하며 내 모든 율례를 지켜 행하였으면 그는 반드시 살려니와 범죄하는 그 영혼은 죽을지라 아들은 아버지의 죄악을 담당하지 아니할 것이요 아버지는 아들의 죄악을 담당하지 아니하리니 의인의 공의도 자기에게로 돌아가고 악인의 악도 자기에게로 돌아가리라"라고 하면서 아비의 죄로 아들이 벌받지 않는다고 말합니다. 에스겔서가 말하는 죄는 죄의 개인주의를 말합니다. 모세도 하나님이 사람들에게 벌을 주실 때는 그들 각자의 죄 때문에 주시는 것이라고 했습니다.신 24:16

죄의 연좌제는 공동체의 유대를 위해 필요했던 신학이었고, 포로기 이후에는 절망에 빠진 자들에게 새로운 희망을 주기 위해 죄의 개인성을 강조하는 것이라는 주장이 있습니다.민영진 「성지학의 목회적 활용」 이스라엘 문화와 성서읽기 한신 목회 아카데미 제1권 쿰란 출판사, 2007, p.90

◎ 에스겔 20장~21:17

하나님의 이름이 더럽혀진 역사는 바로 이스라엘의 반역의 역사입니다. 하지만 이제 그 반역의 역사에 종지부를 찍을 것입니다.

📖 겔 20:9 그러나 내가 그들이 거주하는 이방인의 눈 앞에서 그들에게 나타나 그들을 애굽 땅에서 인도하여 내었나니 이는 내 이름을 위함이라 내 이름을 그 이방인의 눈 앞에서 더럽히지 아니하려고 행하였음이라

◎ 에스겔 22:1-22 : 하나님의 백성은 피 흘림, 억압, 강탈, 뇌물 수수, 성적인 문란 등 범죄를 저질렀고 신앙은 아예 안중에도 없었습니다.6-12절 하나님은 심판을 통해 하나님을 다시 기억하게 하시며 당신만이 하나님임을 드러내 보이십니다.

◎ 에스겔 23장 : 두 명의 매춘부 비유가 나옵니다. 두 매춘부 오홀라는 북왕국의 수도 사마리아를 가리키며, 오홀리바는 남 왕국 예루살렘을 가리킵니다. 그들의 행위는 혐오스러운 것입니다. 이 비유는 이스라엘과 유다의 영적 간음을 보여 주는 것입니다.

구약 성경에 나오는 여호와의 이름들

	이름	의미	중요성
히브리어	엘 엘룐 (창 14:18-20)	지극히 높으신 자	하나님은 주권자이시며 하늘과 땅을 만드신 분이다.
	사팟 (창 18:25)	재판자	하나님은 의로우시다. 그는 우주의 도덕적 권위자이시다.
	엘 올람 (창 21:33)	영원하신 하나님	하나님은 인간의 수한을 넘어 존재하신다. 그는 우리의 안전을 보장해 주신다.
	여호와 이레(창 22:14)	하나님이 준비하신다	하나님은 우리의 필요를 채우시며 우리가 살아갈 수 있도록 대용물을 제공하신다.
	엘 엘로헤 이스라엘 (창 33: 20)	하나님, 이스라엘의 하나님	하나님과의 관계가 새 이름과 더불어 새롭게 형성되었고 심지어 야곱의 이름은 이스라엘로 바뀌었다.
	엘 샤다이 (창 49:25)	전능하신 하나님	하나님은 전능하시며 높으신 분이다.
	여호와 닛시 (출 17:15)	주는 나의 깃발	하나님은 우리에게 승리를 주신다.
	여호와 샬롬 (삿 6:24)	주님은 평화이시다	하나님은 우리를 온전케 하신다. 그는 우리에게 내적인 조화와 평화를 주신다.
	엘 브릿 (삿 9:46)	언약의 하나님	하나님은 언약을 맺으시고 또 지키신다.
	여호와 츠바옷 (삼상 17:45)	만군의 하나님	하나님은 전능하시다. 하나님은 자기 백성을 위해 싸워 주신다.
	아도나이 (시 2:4)	주님, 주인	하나님은 주권, 권세를 가지셨다.
	케도시 이스라엘 (사 1:4)	이스라엘의 거룩하신 자	하나님은 거룩하시다. 그의 심판과 구속의 행위를 통해서 하나님은 그의 백성을 거룩하게 하신다.
	여호와 치드케누 (렘 23:6)	우리의 의로운 주	하나님은 의로우시다. 하나님은 그 백성들을 의롭게 만드시고 또 의롭다고 선언하신다.
	여호와 삼마 (겔 48:35)	주는 거기에 계신다	하나님은 종말에 그의 백성들과 더불어 존재하신다.
아람어	아티끄 요임 (단 7:9)	옛날부터 항상 계신 이	하나님은 세상을 심판하실 궁극적 권위를 지니고 계신다.
	일라야 (단 7:18)	지극히 높으신 자	하나님은 궁극적 권위를 가지고 계신다.
헬라어	로고스 (요 1:1)	말씀	예수님은 하나님을 인간들에게 드러내시고 또 교통하신다.
	소테르 (요 4:42)	구주	예수님은 우리를 죄와 무능함에서 구원하신다.
	데오스 호 파테르 (엡 3:15)	하나님 아버지	하나님은 그의 가족된 사람들에게 사랑과 권위를 지닌 아버지가 되신다.
	퀴리로스 (빌 2:9-11)	주님	예수님은 최상의 분으로 높여지셨다.
	알파 카이 오메가 (계 1:8)	처음과 나중	예수님은 생명의 근원이시다. 그는 역사를 시작하신 분이며 그 정점이 되신다.

51일

년 월 일

오늘의 읽을 분량

겔 21:18-32
겔 24장
겔 3:22~7장
겔 29:1-16
겔 30:20~31장
왕하 25:4-21
렘 52:7-11
렘 39:1-7
대하 36:17-21
겔 12장
렘 52:12-27
렘 39:8-10
시 89편

◎ **에스겔 21:18-32 :** 바벨론의 칼이 여호와의 칼이 되어 패역한 유다를 치시는 것입니다.

◎ **에스겔 24장 :** BC 586년 1월 15일로 추정되는 날에 에스겔은 그발 강가에서 예루살렘 마지막 심판의 계시를 받습니다. 그것은 예루살렘이 불 위에 걸어놓은 녹슨 가마솥의 모습으로 보이는 것입니다. 그것은 바벨론의 포위 공격을 뜻합니다. 이 날에 에스겔의 아내가 죽어도 에스겔은 울 수도 없습니다. 이스라엘에는 애곡하는 관습이 있습니다. 그 관습을 지킬 수 없을 만큼 예루살렘이 철저하게 패망하기 때문입니다.

◎ **에스겔 3:22~7장 :** 에스겔의 기이한 행동이 여러 번 나오는데 그것은 예언의 효과를 극대화하기 위한 매체 역할을 하는 것입니다. 아래의 도표는 이와 같은 상징적 행동을 종합합니다.

에스겔의 상징적 행위와 그 의미

행동	의미
예리한 칼을 공중에 휘두르며 슬피 울면서 자기 넓적다리를 침 (21:8-17)	예루살렘이 대적의 칼에 철저하게 죽임을 당할 것임
땅에다 갈라지는 두 길을 그린 후에 각각 지시표를 만듦 (21:18-23)	장차 바벨론 왕이 지시된 길을 따라 예루살렘 성을 공격할 것임
가마에 물을 부은 후, 양고기의 좋은 부분을 넣고 오래 불을 땜 (24:3-14)	하나님께서 불 같은 맹렬한 심판으로 유다의 부정을 제거하실 것임
아내의 죽음에도 울지 못함 (24:15-27)	울음조차도 마를 철저한 멸망
커다란 돌 위에 예루살렘 지도를 그리고 주위를 에워 쌈 (4:1-3)	예루살렘 성이 바벨론 군대에 의해 포위 공격을 당할 것임
예리한 칼로 머리털과 수염을 벤 후 1/3은 불사르고, 1/3은 칼로 치고, 1/3은 바람에 흩음 (5:1-4)	유다에 임할 하나님의 심판으로, 더러는 불에 타 죽고, 더러는 칼에 죽고, 더러는 산산이 흩어짐
가재도구를 급히 챙긴 후, 밤에 몰래 성을 빠져나감 (12:1-6)	장차 예루살렘 백성들이 초라하게 바벨론 땅으로 끌려갈 것임
두 막대기를 하나로 연합 (37:15-23)	장차 이스라엘의 두 왕국의 연합

◎ **에스겔 29:1-16** ◎ **에스겔 30:20~31장 :** 에스겔서 25장~32에서 에스겔은 하나님의 열국에 대한 심판을 기록합니다. 이 본문의 부분은 애굽에 내리신 하나님의 말씀을 기록합니다. 그 심판의 목적은 '그들이 나를 여호와인 줄을 알리라'입니다. 29장 1~16절은 BC 567년 1월, 자신을 신격화하는 용납할 수 없는 교만으로 인해 바로의 온 땅에 하나님의 진노가 임합니다. 그것은 누가 하나님이신가를 알게 해 주기 위함입니다. 30장 20-26절은 BC 586년 4월에 바로 호브라의 군대가 마지못해 예루살렘의 포위망을 뚫으려고 시도하지만 실패합니다.

□ **31장 :** 애굽은 커다란 백향목에 비유됩니다. 건방진 교만으로 인해 그 나무는 베임을 당할 것입니다. 애굽은 음부로 떨어질 것입니다.

□ 남 왕국 유다가 바벨론에 의해 망하다 BC 586년

□ 제 3 차 포로 BC 586년

BC 586년에 바벨론의 느부갓네살이 다시 침입하여 이번에는 성전을 불태우고, 성벽을 모두 허물어 버리고 시드기야 왕의 눈을 뽑아 그를 다른 832명과 함께 바벨론으로 끌고 갑니다. 이것이 3차 포로이고 남 왕국 유다가 멸망합니다. 예루살렘에는 오직 가난한 자들만 남게 됩니다. 왕하 25:8-12, 렘 52:28-30 BC 581년, 예루살렘이 망하고 5년이 지난 후 느부갓네살은 다시 예루살렘에 들어와 745명의 포로들을 잡아갑니다. 렘 52:30 이때 이곳에 남아서 사역하던 예레미야 등 몇 사람들은 애굽으로 도망을 갑니다. 렘 43장

◎ 열왕기하 25:4-21 : 예루살렘의 함락과 성전의 약탈

갈대아 사람 바벨론 이 성벽에 구멍을 뚫고 기습하여 시드기야의 목전에서 두 아들을 죽이고, 시드기야의 두 눈을 빼고 사슬에 결박하여 포로로 끌고 가고 성전을 파괴하여 불태우고 많은 성전 기물을 약탈해 갑니다.

□ 성전 수난사

누가	어떻게 했나	관련구절
시삭 (애굽 왕)	성전을 약탈하고 성전 보물을 가지고 감.	왕상 14:25-26
아사 (유다 왕)	성전에서 돈과 보물을 가져가, 그것으로 수리아 왕 벤하닷과 동맹을 맺음.	왕상 15:18-19
아달랴 (유다 여왕)	성전을 파괴하였다가 후에 권좌에서 쫓겨나 성전으로 도망쳐 왔으나 자신의 사악한 지배가 끝났다는 사실을 알았을 뿐이다.	왕하 11:13-15
요아스 (유다 왕)	수리아 왕 하사엘을 막으려고 성전에서 금과 신성한 물건들을 가져갔다.	왕하 12:18
요아스 (이스라엘 왕)	유다 왕 아마샤를 사로잡고, 하나님의 전에 들어가 금과 은 등을 약탈했다.	왕하 14:14
아하스 (유다 왕)	성전에서 은금과 다양한 물건을 취해 앗수르 왕을 달래기 위해 공물로 보냈다.	왕하 16:8-18
히스기야 (유다 왕)	성전에서 모든 은을 취하고 성전의 모든 문의 황금을 벗겨내 앗수르 왕 산헤립의 침공을 취소하도록 사용함	왕하 18:13-18
므낫세 (유다 왕)	하나님의 전에 이교도의 제단을 놓았다.	왕하 21:1-8
느부갓네살 (바벨론)	1차, 2차 침략 때 성전에 쳐들어갔다. 3차 때 성전을 파괴하였고, 그 안의 모든 보물을 가져갔다.	왕하 24:13-17

4대 선지서 비교표

	이사야	예레미야	에스겔	다니엘
■사역 연대(BC)	739–680년까지 (60년간)	627–586년까지 (41년간)	593–570년까지 (23년간)	605–536년까지 (70년간)
■소명장	사 6장	렘 1장	겔 1-3장	
■출신지와 사역지	예루살렘	아나돗, 예루살렘	바벨론 땅 그발 강변	예루살렘, 바벨론
■예언 대상	유대인	포로된 유대인과 남은 유대인	포로된 유대인	이방 나라 왕들과 포로된 유대인
■사역 당시의 통치자	▶유다: 웃시야, 요담, 아하스, 히스기야 ▶앗수르: 디글랏 빌레셀Ⅲ, 살만 에셀V, 사르곤Ⅱ, 산헤립, 에살핫돈 ▶애굽: 샤바코, 디르하가	▶유다: 요시야, 여호아하스, 여호야김, 여호야긴, 시드기야 ▶앗수르: 앗수르 바니팔 ▶바벨론: 나보폴라살, 느부갓네살 ▶애굽: 삼메티쿠스Ⅰ, 바로느고Ⅱ, 삼메티쿠스, 바로호브라Ⅱ	▶유다: 시드기야 ▶바벨론: 느부갓네살	▶유다: 여호야김, 여호야긴, 시드기야 ▶바벨론: 느부갓네살, 에윌 므로닥, 네르갈사레셀, 나보니두스 ▶바사: 고레스
■중심 내용	하나님께서 남은 자에게 영광스런 미래를 약속하심	예루살렘의 죄, 운명, 미래의 영광	예루살렘의 멸망, 회복, 영광스런 미래	4개 왕국과 하나님의 영원한 왕국
■관련 성경	왕하 15–20장 대하 26–30장	왕하 24–25장	단 1–6장	
■정치적 상황	· 시리아와 북왕국 이스라엘의 유다 위협 · 앗수르의 유다 위협 · 애굽과 앗수르의 지정학적 압력에 처한 유다 · 북왕국 이스라엘 멸망	· 애굽, 앗수르, 바벨론의 3국 투쟁 · 앗수르 멸망 · 바벨론 등장 · 백성들 중 일부가 포로됨(1차) · 애굽과 바벨론의 지정학적 위치에 처한 유다	· 백성들 중 일부가 포로됨(2차) · 예루살렘 함락	· 유대인들의 바벨론 포로(3차)
■종교적 상황	· 우상숭배 성행 · 외식적 예배 만연 · 히스기야의 개혁	· 요시야 치하의 부흥 · 요시야 사후 우상 숭배 증가 · 거짓 선지자 전성기	· 전 민족의 불순종, 불신, 반역	· 하나님과의 교제 단절 · 믿음을 가진 소수의 남은 자
■메시아에 대한 비유적 표현	싹, 나의 종	의로운 가지, 여호와 우리의 의	백향목의 연한 가지	돌, 인자, 기름부음 받은 자
■예언의 강조점	구원이란 사람에게서 난 것이 아니라 하나님의 은혜로 말미암는 것임을 가르치기 위함	바벨론 포로의 당위성을 논하고 이를 회개의 기회로 삼아 더 큰 구원 얻을 것을 촉구함	범죄 결과에 대한 단체적, 개인적 책임을 가르치며 아울러 언약 성취에 대한 하나님의 신실성을 계시하기 위함	열국의 우상보다 뛰어난 하나님의 우월성을 보여 주고 하나님의 구원 능력을 장소와 상황에 구애받지 않음을 보여 줌
■선지자의 특징	· 복음의 선지자 · 메시아의 선지자	· 눈물의 선지자 · 심판의 선지자 · 희망의 선지자	· 환상의 선지자 · 포로기의 선지자 · 다른 인자	· 이방 시대의 선지자
■구성	66장	52장	48장	12장
■표현상의 특징	선포와 경고	상징적 행위	비유와 묵시	역사와 묵시
■중심 어휘	구원은 여호와의 것	유다의 국가적 멸망	장차 있을 이스라엘의 회복	이스라엘을 위한 하나님의 영원한 계획

법궤의 행방은?

이 성전 파괴로 인해 법궤의 행방에 대해 관심이 많습니다. 많은 사람들이 성전 파괴 시 부숴졌다고 믿지만 유대교 전승에 의하면 예레미야가 법궤를 느보 산 어느 동굴에 숨겼다고 하고, 또는 요시야 왕이 예루살렘의 어느 동굴에 감췄다고 합니다. 에티오피아의 전설은 솔로몬 왕의 아들과 스바의 여왕이 언약궤를 에티오피아로 가져갔으며 그것이 액섬Aksum의 한 교회에 보관되었다고 합니다. 에티오피아의 그리스도인들은 십계명이 새겨진 돌판을 담은 상자를 들고서 줄을 서 행진하는 관습을 만들었다는 것입니다. 그러나 이런 관습은 고대부터 있었던 것은 아닌 것 같습니다.

□ 남 왕국 유다의 멸망

예루살렘의 함락을 배경으로 다음의 본문들을 읽습니다.

◎ **역대하 36:17-21 : 예루살렘의 함락과 3차 포로**

◎ **에스겔 12장 :** 예루살렘의 멸망을 의미하는 상징적 행동.
12, 13절은 렘 52:7-11과 연관

◎ **예레미야 52:7-11**　　◎ **예레미야 39:1-7**

◎ **예레미야 52:12-27**　　◎ **예레미야 39:8-10**

◎ **시편 89편 :** 하나님이 다윗에게 약속하신 언약을 기억하면서 읽습니다.

52일

년 월 일

애 1~5장
왕하 25:22-26
렘 39:11~44장
겔 33:21-33
겔 19장
겔 22:23-31
겔 25~28장
겔 32장

1장 1절
"슬프다 이 성이여 전에는 사람들이 많더니 이제는 어찌 그리 적막하게 앉았는고 전에는 열국 중에 크던 자가 이제는 과부 같이 되었고 전에는 열방 중에 공주였던 자가 이제는 강제 노동을 하는 자가 되었도다."

"비탄" (Lament)
애가 또는 비탄은 죽음이나 어떤 손실에 대한 공식적인 애도의 표현입니다. 이스라엘의 멸망에 대한 예레미야의 비탄을 보여 줍니다.

예레미야애가 LAMENTATIONS 耶利米哀歌

예레미야애가 한눈에 보기

개요 **슬픔의 시 (Elegy)**

다섯 편의 시가 다섯 겹으로 구성

애가 1 – 1장	■ 예루살렘의 재앙	선지자가 탄식하다 (1–11절) 도성이 애곡하다 (12–22절)
애가 2 – 2장	■ 여호와의 진노	진노의 성격 (1–12절) 권면받는 도성 (13–22절)
애가 3 – 3장	■ 예레미야의 슬픔	고통, 그러나 희망 (1–39절) 국가와 개인에게 호소 (40–66절)
애가 4 – 4장	■ 여호와의 진노	대조와 이유 (1–11절) 방관자 – 에돔 왕(12–22절)
애가 5 – 5장	■ 예레미야의 기도	호소 – 시온이 무너지다. (1–18절) 호소 – 여호와가 구원하시다. (19–22절)

조선이 1905년 을사늑약에 의해 일본에 합병되자 1905년 11월 20일 황성신문에 장지연 논설위원이 시일야방성대곡是日也放聲大哭 "오늘 하루 목 놓아 우노라"라는 제목의 사설을 실었습니다. 예레미야애가는 바로 그와 같은 맥락의 시詩입니다. 이 책은 다섯 개의 시詩로 구성되어 있는데, 각 시詩는 BC 586년에 있었던 예루살렘 멸망으로 인해 야기된 대파괴와 비탄에 대한 마음을 찢는 외로운 부르짖음입니다. 절망과 함께 각 시는 고백과 회개의 기도를 담고 있으며, 또한 소망과 믿음에 대한 암시, 그리고 회복을 위한 기도를 포함합니다. 히브리 성경에서 이것은 성문서의 일부이며, 룻기와 전도서 사이에 놓여 있습니다. 유대인들은 예루살렘에 있는 통곡의 벽에서, 그리고 해마다 압월7월, 태양력 기준 9일, 곧 느부갓네살이 성전을 파괴한 날에 이 다섯 개의 시를 낭송합니다. 이 애가는 계시록 18장과 다음과 같이 대조됩니다. 애가서는 하나님의 도성인 예루살렘의 함락을 보고 하나님의 선지자가 우는 것을 보여 줍니다. 계시록 18장에는 땅의 상인들이 물질과 탐욕의 도성 바벨론이 함락함을 보고 우는 모습이 나옵니다.
애가서는 5장 154절로 되어 있고, 신약에 7번 직접, 간접으로 인용됩니다.

◎ 예레미야애가 1~5장

예레미야애가는 예레미야의 5편의 눈물 젖은 시입니다.
'한눈에 보기 도표'를 참조하세요. 각 장이 한편의 시입니다. 의인화를 사용하고 있습니다. 이때는 예루살렘이 함락되고, 그 참상이란 눈물 없이는 볼 수 없는 것입니다. 손수건을 준비하고 그 참상을 읽어 가기 바랍니다. 이런 참상 가운데서도 하나님의 마음을 읽을 수 있습니다. 3장 21-33절을 깊이 묵상하면서 읽으세요. 또한 성전이 파괴된 것이 이스라엘에게는 큰 슬픔이 아닐 수 없습니다. 왜냐하면 하나님이 성전에 계신다고 믿는 이스라엘 백성에게 더이상 하나님이 그들과 함께 하지 않으시기 때문입니다.

◎ 열왕기하 25:22-26　　◎ 예레미야 39:11~44장

바벨론은 시드기야 왕의 눈을 빼서 바벨론으로 데려가고 그 자리에 그달리야를 총독으로 세웁니다. 그는 나중에 암몬 왕의 사주를 받은 자에 의해 암살당합니다. 예레미야 40~44장은 예루살렘에 남아 있는 자들의 삶을 보여 줍니다.
BC 581년, 예루살렘이 망하고 5년이 지난 후 느부갓네살은 다시 예루살렘에 들어와 745명의 포로들을 잡아갑니다. 이때 이곳에 남아서 사역하던 예레미야 등 몇 사람들은 애굽으로 도망을 갑니다. 그곳에서도 예언 사역을 계속합니다.렘 43장

◎ 에스겔 33:21-33　◎ 에스겔 19장　◎ 에스겔 22:23-31

예루살렘이 불타고 파괴된 일은 BC 586년 7월 18일에서 8월 14일 까지 일어난 일입니다. 이 사건이 바벨론에 있는 에스겔까지 전해지는 데는 당시의 통신 수단은 도보이고 예루살렘에서 바벨론까지 시간이 4개월 정도 걸리는 점스 7:8-8 참조을 통해 볼 때 그해 12월에야 이 소식을 듣게 됩니다. 이제는 하나님의 회복의 메시지를 전할 때입니다. 그러나 무조건의 회복이 아니고 지금이라도 회개하고 죄의 길에서 돌아서면 하나님은 이스라엘을 회복시켜 주실 것입니다. 하나님은 에스겔을 통하여 이스라엘의 지도자들의 죄를 지적하고 회개를 촉구합니다. 회개는 도가니 속에서 철을 정련하는 과정입니다.

◎ 에스겔 25~28장 : 암몬, 모압, 에돔, 블레셋, 두로에 임한 말씀

암몬, 모압, 에돔, 블레셋에 임하는 심판에 대한 언급입니다. 이들은 이스라엘의 가까운 이웃이면서 오래된 대적들입니다. 이들은 모두 이스라엘이 망할 때 기뻐한 나라들입니다. 블레셋을 제외한 국가들은 나바티아 부족의 침입을 받음으로 하나님의 심판이 실현되며 블레셋은 예수님 오시기 전 1세기경에 멸망하여 역사에서 사라집니다.
에스겔 28:11~19은 이사야 14:12~15과 더불어 몰락한 천사, 즉 사탄에 대한 묘사로 풀이하기도 합니다.cf 눅 10:18

◎ 에스겔 32장 : 애굽의 멸망에 대한 예언

53일

년 월 일

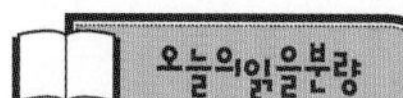

옵 1장
시 137편
렘 52:28-30
겔 33:1-20
겔 34~39장

1장 15절
"여호와께서 만국을 벌할 날이 가까웠나니 네가 행한 대로 너도 받을 것인즉 네가 행한 것이 네 머리로 돌아갈 것이라"

"에돔" (Edom)
에돔은 에서의 후예들입니다. 형제들을 돕지 못한 에돔에 대한 하나님의 진노를 보여 주고 있습니다.

오바댜 OBADIAH 俄巴底亞書

오바댜 한눈에 보기

개요 에돔의 멸망에 대한 예언

오바댜는 1장으로 되어 있어서 그야말로 한눈에 보입니다. 그것은 에돔의 멸망에 대한 예언입니다.

자기 친척들인 남유다가 절망적인 어려움에 빠져 있을 때 에돔은 교만하고, 득의양양하며 중립을 지켰습니다. 심지어 고소하게 여기고, 공격하며, 만행을 저지른 것에 대해 하나님께서 분노를 하셨습니다.1-14절 만일 하나님이 정의로우시다면, 에돔은 반드시 언젠가 똑같은 운명에 처하게 될 것이라는 것입니다.15-16절 그 날이 올 때, 이스라엘은 구원받고 승리를 거둘 것이며, 여호와의 날에 전 세계에 퍼져 있는 이스라엘 남 왕국과 북왕국의 포로들은 그 땅으로 돌아올 것이며, 여호와께서 왕으로 다스리실 것입니다.17-21절
오바댜서는 1장, 21절로 되어 있고, 신약에 한 번 인용됩니다.

◎ 오바댜 1장 : 에돔의 멸망에 대한 예언 – 회개의 촉구가 없음

에돔은 항상 유다를 미워했습니다. 에돔은 야곱의 형 에서의 후손들이라 유다와는 형제 같은 나라이지만 그들은 역사적으로 오랜 앙숙 관계를 이어오고 있었습니다. 느부갓네살 왕이 이끄는 강력한 군대가 예루살렘을 침공하여 멸망시키는 동안, 에돔 사람은 오히려 바벨론의 약탈자 편에 가담했습니다. 극심한 환난의 날에 유다는 형제의 나라에 도움을 기대했지만 그들은 수수방관했고, 심지어 예루살렘의 멸망을 기뻐했습니다.

여기에는 오랜 원수지간의 역사가 있었습니다. 그러나 하나님은 이런 에돔의 태도에 대해 멸망할 것임을 오바댜 선지자를 통해 선포하십니다. 방관자도 죄인이 된다는 사실을 깊이 묵상해 보아야 합니다. 미국의 케네디John F. Kennedy 대통령은 그의 저서 "용기 있는 자"Profiles in Courage에서 "지옥의 가장 뜨거운 자리는 방관자를 위해 마련되어 있다."라고 했습니다. 방관자, 그들은 비겁하고 기생충 같은 존재일지도 모릅니다.

도표 : 이 시대에 재위했던 남·북 왕국의 약전은 p.266-279의 '왕들의 약전'을 참고

오바댜 시대적 배경

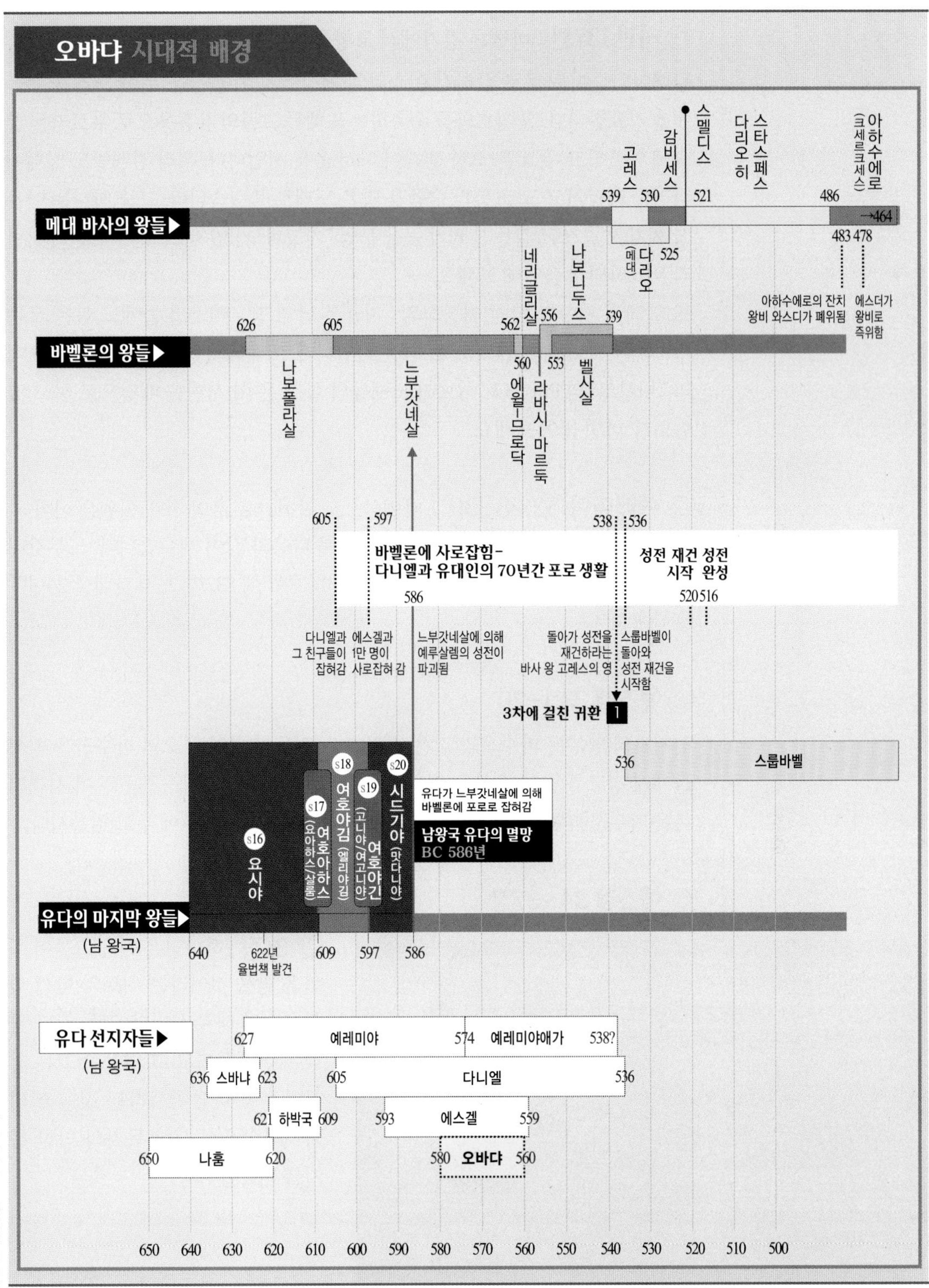

메대 바사의 왕들▶
고레스 539
감비세스 530
스멜디스
다리오 히스타스페스 521
아하수에로 (크세르크세스) 486
→464
(메대) 다리오 525
483 478
아하수에로의 잔치 왕비 와스디가 폐위됨
에스더가 왕비로 즉위함
바벨론의 왕들▶
626 605
나보폴라살
느부갓네살
네리글리살 562 556
나보니두스 539
560 에윌-므로닥
553 라바시-마르둑
벨사살
605 597
바벨론에 사로잡힘-
다니엘과 유대인의 70년간 포로 생활
586
538 536
성전 재건 시작 성전 완성
520 516
다니엘과 그 친구들이 잡혀감
에스겔과 1만 명이 사로잡혀 감
느부갓네살에 의해 예루살렘의 성전이 파괴됨
돌아가 성전을 재건하라는 바사 왕 고레스의 영
스룹바벨이 돌아와 성전 재건을 시작함
3차에 걸친 귀환 1
536 스룹바벨
s16 요시야
s17 여호아하스 (요아하스/살룸)
s18 여호야김 (엘리야김)
s19 여호야긴 (고니야/여고니야)
s20 시드기야 (맛다니야)
유다가 느부갓네살에 의해 바벨론에 포로로 잡혀감
남왕국 유다의 멸망 BC 586년
유다의 마지막 왕들▶
(남 왕국)
640
622년 율법책 발견
609 597 586
유다 선지자들▶
(남 왕국)
627 예레미야 574 예레미야애가 538?
636 스바냐 623
605 다니엘 536
621 하박국 609
593 에스겔 559
650 나훔 620
580 오바댜 560
650 640 630 620 610 600 590 580 570 560 550 540 530 520 510 500

□ 포로로 잡혀간 하나님의 백성을 향하여 회복을 약속하시는 하나님

◎ 시편 137편 : 바벨론 강가에서 고향을 생각하며 부른 가곡 〈가고파〉

갈대아인들이 포로로 잡혀간 이스라엘 백성에게 이방 신을 위한 노래를 부를 것을 강요합니다.3절 여호와를 송축하는 노래를 그들의 유흥용으로 부르라는 강요에 억울하고 두고 온 고향 생각이 나서 읊은 시입니다. 우리 선배들도 일제에 나라를 빼앗기고 그 고통과 슬픔을 많은 노래로 불렀습니다. 그중 하나는 이은상 씨가 시를 쓰고 김동진 씨가 곡을 붙인 "가고파"가 있지요. 그 가사를 이 시편과 비교하면서 음미해 보세요.

또 일제에 저항한 시인 이상화의 "지금은 남의 땅 - 빼앗긴 들에도 봄은 오는가?"라는 시도 이 시편의 맛을 담은 시입니다. 이태리의 작곡가 베르디는 오페라 "나부코"의 Part 33 '히브리 노예들의 합창'은 이 시편을 배경으로 하고 있습니다. 한번 들어 보세요.

◎ 예레미야 52:28-30 : 바벨론으로 잡혀간 포로의 전체 인원은 아마 지배자 계급만 계수했을 것입니다. 그 숫자를 다음과 같이 계수합니다. 느부갓네살 7년BC 597년에 3023명, 느부갓네살 18년BC 586년에 832명, 느부갓네살 24년BC 582년에 745명.

◎ 에스겔 33:1-20

선지자의 임무는 파수꾼과 같은 것입니다. 적들이 침입해 오면 파수꾼은 백성들에게 경고를 발해야 하는 임무를 갖습니다. 오늘날 크리스천들은 이 시대의 복음 파수꾼여호와의 증인이 아니라이 되어야 한다는 사실을 염두에 두고 읽읍시다.

◎ 에스겔 34~37장

□ 34장 : 하나님은 이제 그들이 회복을 받을 것이라는 위로와 함께 회복을 약속해 주십니다. 그들은 다 양 같은 존재들이고 그 양을 이끄는 참 목자는 하나님이시라는 것을 알려 줍니다.11-16절 선한 목자와 악한 목자를 비교합니다.

☐ **35장 :** 에돔은 이스라엘의 멸망에 냉랭한 반응을 보였기 때문에 멸망당할 것임을 말합니다.

☐ **36장 :** 황무해진 이스라엘의 땅에 사람이 살 것이라는 것을 말함으로 그들이 고국으로 돌아가게 된다는 희망을 주십니다. 그 고토에 들어갈 백성들에게 새 영을 주실 것을 말씀하십니다. 그것이 새 언약입니다. 이 언약은 예수님에 의해서 완성되는 언약입니다. 이것은 37장의 마른 뼈가 생기를 받아 살아나는 것과 같은 맥락입니다. 옛 언약은 돌판 위에 쓰여졌고, 법 위에 기초하며, 모두에게 가르쳐야 할 것이며, 하나님과 법적 관계를 맺도록 인도한 것이었습니다. 반면에 새 언약은 마음속에 쓰여지고, 사랑 위에 기초하며, 모두에게 알려져야 하는 것이고, 하나님과 개인적 친근한 관계를 맺도록 하는 것입니다.

☐ **37장 : 마른 뼈를 살리시는 하나님**

"생기를 불어넣으니…" 흙으로 인간을 창조해서 생기를 넣어 생령이 되게 하시는 하나님을 생각하세요.창 2:7 이 회복은 예수님을 통해서 완성되는 회복입니다.

◎ 에스겔 38~39장 : 에스겔의 묵시적 예언

에스겔은 북쪽으로부터 닥칠 야만 민족의 공격에 대해 말하고 있습니다. 이들은 마곡, 메섹, 두발 그리고 고멜 등입니다. 이들의 이름은 당시 세계의 북쪽 경계로 여겼던 흑해·코카스 지역에 거주하는 인도-유럽 어족의 민족들을 말합니다.

이들은 신원 미상의 인물인 곡의 지휘를 받습니다. 곡은 우주적인 악의 세력을 의인화한 명칭일 수도 있습니다.계시록에도 나옴 원근 각처의 군대들과 동맹한 그는 여호와의 백성과 전쟁을 일으킬 것입니다. 하나님은 그 모든 악의 세력을 한 손으로 단번에 영원히 멸하심으로 만인 앞에서 당신의 권능을 나타내실 것입니다. 곡이 모든 계획을 꾸미지만, 늘 그것을 통제하는 분은 하나님이십니다.잠언 16:9 관점 2

54일

년 월 일

오늘의 읽을 분량

겔 40~48장
겔 29:17-21
겔 30:1-19
왕하 25:27-30
렘 52:31-34
사 13~14:23
사 21장
사 33~35장
단 5장

◎ 에스겔 40~42장 : 에스겔의 제2의 성전 환상

하나님은 에스겔에게 성전의 이상을 보여 주시면서 하나님의 백성의 회복을 확인시켜 주고 있습니다. 성전은 법궤와 더불어 하나님의 백성에게는 하나님의 임재요, 하나님이 우리와 함께하시는 축복의 상징이기 때문에 이 성전의 환상은 회복의 희망과 중요한 연관이 있습니다. 에스겔이 이상 중에 본 것은 새 예루살렘의 성전 건축 설계도입니다.

솔로몬이 지었던 예루살렘 성전이 느부갓네살에 의해 파괴되었으나 여기 40~48장에 에스겔을 통해 새로 보여 주시는 성전은 마치 신약의 사도 요한이 기록한 요한계시록의 새 하늘과 새 땅의 새 예루살렘 성전을 환상 중에 보고 기록한 것과 같은 장면으로 대칭을 이루고 있다고 봅니다. 뒤에 읽을 다니엘서 중 특히 10~12장에 나타나는 계시는 마지막 때를 보여 주는 묵시인데 이 장면 역시 요한계시록에서 요한이 본 마지막 때의 환상과 짝을 이루는 놀라운 묵시입니다. 사도 요한은 로마 압제 때 밧모라는 섬에 유배됩니다. 채석장에서 일하다가 종말에 관한 계시를 받았는데 이것도 에스겔, 다니엘과 비슷한 환경에서 주어진 것이라고 볼 수 있습니다.

에스겔서와 다니엘서에 새로 등장하는 어떤 사람이 있는데 그 용어가 '인자'라고 했습니다. 겔 1:26-27, 단 7:13, 계 1:7을 비교 이 인자라는 이는 온 세계 역사의 종말과 관련되어 왕으로 나타날 것임을 보이고 있는데 바로 이 용어는 예수님께서 자신을 지칭할 때 꼭 사용하셨습니다. "인자의 온 것은…"등 이와 같이 구약은 오실 메시야를 확실히 예언하고 있습니다. 다니엘과 에스겔은 따로따로 말씀을 받았습니다. 그러나 그 내용이 하나라는 점이 놀랍습니다. 뿐만 아니라, 앞으로 400년 후 사도 요한이 다니엘, 에스겔과 짝이 맞는 환상을 볼 것이라고는 꿈에도 상상 못했을 것입니다. 그러나 하나님은 섭리 가운데 앞으로 예수 그리스도를 통한 구원 사역이 온 세계를 향해 나타날 것이며, 그 일은 이와 같이 구약에 깊이 뿌리를 내린 분명한 사실이라고 계시로 보여 주시는 것입니다.

에스겔서와 다니엘서에서 인자로 지칭하고 있는 예수님. 그는 누구인가? 이 쟁점은 간단한 이슈가 아닙니다. 그분이 바로 성전이시며, 그가 '하나님이시며, 목숨을 지불하고 백성들을 찾으시는 진정한 왕'이심을 이와 같이 길고 긴 성경의 역사를 흘러오면서 빈틈없이 증명하고 계시는 것입니다. 성경은 진정 하나님의 말씀입니다. 읽기 전에는 도저히 깨달을 수 없는 하나님의 말씀입니다. 읽는 데도 무슨 말인지 모르고 읽기에는 너무 아까운 하나님의 말씀입니다.

◎ 에스겔 43~48장

하나님의 영광이 돌아옴을 보여 주는 것보다 더 큰 위로와 소망은 없습니다. 겔 44장의 성전을 솔로몬의 성전과 비교해 봄으로 에스겔의 성전의 특징을 살펴봅니다.

솔로몬 성전	에스겔 성전	에스겔 성전의 영적 의미
휘장이 있음	휘장이 없음	하나님과 인간 사이의 죄와 율법의 장막이 사라짐 (마 27:51)
진설병상이 있음	진설병상이 없음	예수님이 산 떡으로 오셔서 완전한 제물로 하나님께 드려짐
등대가 있음	등대가 없음	예수님이 세상의 빛으로 오사 어두움을 밝힘
언약궤가 있음	언약궤가 없음	예수님이 성육신으로 완성했기 때문에 필요 없음
	동문이 닫힘	영원히 주의 영광이 떠나지 않음

☐ 여호와 삼마 - 에스겔 48:30-35

하나님은 에스겔에게 거룩한 땅에 세워질 거룩한 성읍의 열두 문에 대한 설명과 함께, 영원한 하늘 도성에 대한 환상을 보여 줌으로 새로운 소망을 주고 있음을 읽을 수 있습니다. 이는 신약에 와서 사도 요한에게 새 예루살렘이 하늘로부터 내려오는 것을 보여주는 것과도 같은 것입니다.계시록 21장

에스겔과 사도 요한 모두 땅의 사방을 향하여 항상 열려 있는 열두 문을 보았는데,겔 48:31-35, 계 21:12-13 이것은 새 예루살렘 도성의 백성들은 누구든지 쉽게 그 도성 안으로 들어가 하나님께 예배드릴 수 있음을 말해 주고 있습니다. 에스겔의 마지막 절인 48장 35절은 이 도성의 이름을 '여호와 삼마'라고 알려 주고 있습니다. 그 뜻은 '주님께서 거기 계시다The LORD is there'입니다. 이 도성은 바로 하나님께서 거주하시는 곳으로 거기서 하나님은 자기 백성들과 영구적으로 교제를 나눌 것입니다.

요한계시록 21장 3~4절은 여호와 삼마의 모습을 잘 보여 주고 있습니다.

"내가 들으니 보좌에서 큰 음성이 나서 이르되 보라 하나님의 장막이 사람들과 함께 있으매 하나님이 그들과 함께 계시리니 그들은 하나님의 백성이 되고 하나님은 친히 그들과 함께 계셔서 모든 눈물을 그 눈에서 닦아 주시니 다시는 사망이 없고 애통하는 것이나 곡하는 것이나 아픈 것이 다시 있지 아니하리니 처음 것들이 다 지나갔음이러라"

이 사실은 우리에게 큰 소망을 줍니다. 하나님이 우리와 함께 해 주시지 않는 것 같은 고난과 어려움을 당하고 있을 때, 성경은 하나님이 '여호와 삼마'라는 이름이 붙여진 하늘 도성에서는 하나님께서 우리와 항상 함께 계시고, 우리 또한 그 분과 늘 함께 있다는 사실을 확연히 보여 주십니다. 그 하나님은 실제로 임마누엘의 하나님으로 지금 우리와 함께 해 주시는 하나님이시기도 한 것입니다.

이스라엘의 성전들

1) 솔로몬의 성전
제1성전 BC 966-959년 동안 건축. 바벨론 군대에 의해 BC 586년 5월 7일에 파괴

2) 스룹바벨 성전
솔로몬 성전 파괴일로부터 70년 후에 유다 총독 스룹바벨에 의해 옛 터에 재건

3) 헤롯 성전
헤롯이 군중의 환심을 얻기 위해 BC 20년경에 해서 AD 64년에 완성된 성전
AD 70년경 로마군에 의해 파괴. 현재 그 자리에 회교의 성전이 들어서 있다.

4) 에스겔 성전
실제로 건축되지 않은 성전. 신앙 속에 있는 성전. 하늘에서 완성될 성전

◎ 에스겔 29:17-21~30:1-19

느부갓네살이 이집트를 침공할 것을 예언하며 이집트를 심판합니다.

◎ 열왕기하 25:27-30, 예레미아 52:31-34 : 여호야긴의 석방과 후대

◎ 이사야 13:1~14:23 : 이사야와 바벨론의 멸망

이사야가 활약하던 당시 바벨론은 앗수르로부터 해방되기 위해 애를 쓰고 있었습니다. 그러나 그는 이사야서 45, 46장을 통해 백 수십년 후에 다가올 바벨론의 멸망을 예고하고 있었습니다. BC 539년 바벨론은 메대의 고레스 왕에 의해 멸망하고, 고레스는 이스라엘 백성의 귀환을 허락하는 칙령을 내립니다. 하나님은 이사야에게 이 일이 있기 백 수십년 전에 이미 이 사실을 예고하게 하십니다.

이사야서의 특징

• 이사야서는 예수님이 동정녀에게서 태어나신다는 것을 최초로 동시에 유일하게 예언합니다.사 7:14, 마 1:21-23

• 이사야서는 역사 이전의 사건을 기록하면서사탄의 타락 14:12-17 또한 역사 이후의 사건새 하늘과 새 땅 66:2에 대해서도 기록하고 있습니다.

• 구약에서 삼위일체의 개념을 가장 명확하게 언급하고 있습니다.사 48:16

• 한 개인에 대한 가장 정확한 예언을 수록하고 있는데 그것은 바사페르시아 왕 고레스Cyres에 관한 것입니다. 고레스가 태어나기 백 수십년 전에 이사야는 고레스가 칙령을 내릴 것을 예언합니다.사 44:28~45:1

◎ 이사야 21장

1절의 '해변 광야'는 바벨론을 가리킵니다. 바벨론의 몰락을 예고하며 이는 포로들에게는 기쁜 소식이 됩니다. 그러나 이것은 이 일이 일어나기 175년 전의 예언이고, 이 예언을 한 이사야 자신도 놀랍니다. 11절의 두마는 에돔을 말합니다. 에돔과 아라비아 족속들의 파멸도 예언되는데 이는 BC 715년 사르곤이 아라비아를 공격함으로 실현됩니다.

◎ 이사야 33~35장

• **33장 :** 구원을 비는 기도와 영광스런 내일에 대한 기대를 갖습니다. 하나님은 당신의 백성을 결코 버리지 않습니다. 하나님의 보호를 받는 성읍은 안전합

니다. 하나님이 왕으로 다스리시는 곳은 모든 것이 안전하고, 보살핌이 있고 죄사함이 있는 곳입니다.

• **34장 :** 에돔을 포함한 열국의 최후를 언급합니다.

• **35장 :** 하나님께서 택한 백성의 구원 회복을 말합니다. 34장의 하나님이 없는 열방에 대한 무시무시한 심판의 이야기와는 대조되는 아름다움이 있는 이야기입니다. 1절-7절은 하나님 나라의 아름다움을 묘사합니다.

◎ 다니엘 5장 : 다니엘과 벨사살

BC 539년, 벨사살 왕의 잔치에 한 손이 나타나 벽에 '메네 메네 데겔 우바르신'이라는 글을 쓰는 일이 벌어집니다. 이 말을 풀 사람이 없어 급히 다니엘을 불러옵니다. 다니엘은 1차 포로때 어린 나이로 잡혀와 지금까지 바벨론에 있었으니 세월이 70년이 흘러 그의 나이도 이제 90에 가까운 나이가 되었을 것입니다. 이 말은 '한 므나, 한 므나, 한 세겔과 반 세겔'이라는 말로서 '메네세다' '데겔달다' '베레스나누다'라는 측정하는 의미의 단어들의 나열입니다. 그 뜻은 '하나님이 벨사살의 시대를 세었고, 그의 능력을 저울에 달아 보니 부족하여, 그 나라를 메대와 바사에게 나누어 준다'는 뜻이었습니다.

다니엘은 그 글의 의미가 '메대 사람과 바사 사람에 의해 벨사살이 죽임을 당할 것이다'라는 것이라고 풀어 줍니다. 그날 저녁 '메대 사람 고레스'가 벨사살을 사살하고 왕이 되는 일이 벌어집니다. 메대-바사 제국의 시작입니다. 이는 하나님의 섭리로서 이제 하나님의 백성을 귀환시킬 계획을 실천하시는 것입니다.

이제 무시무시한 멸망의 이야기는 일단 끝났습니다. 하나님은 이스라엘 백성을 회복하시기를 원하시며 구원의 메시지를 보냅니다. 힘 얻고 은혜 받으며 이 부분을 읽읍시다.

오늘의읽을분량

사 40~55장

□ 이사야 40~55장 줄거리 따라잡기

39장의 장면과 40장의 장면간에는 100년 이상의 시간이 흘러갑니다. 50년 이상 동안 바벨론에 포로로 잡혀 간 자들은, 바벨론 우상들이 여호와보다 강하다고 생각했을 것입니다. 이 부분은 대부분 시로 되어 있다. 예레미야애가에 나오는 시와 이 예언들 중 일부는 바벨론 포로기 후기 시대에 예배 시에 사용되었을 것이라고 생각한다. 그래서 이사야는 그들에게 하나님 한 분만이 전능하신 세계의 주권자主權者이심을 보여 줍니다. 하나님은 자연계에서, 그리고 이방 왕들을 통해 그의 뜻을 행사하실 것이라는 것입니다.

40~48장은 이스라엘이 바벨론에서 해방되어BC 539년경, 남은 자들이 고국에 돌아올 것을 예언합니다. 그리고 그 귀환은 하나님의 백성들에게 자유 그 이상을 의미할 것입니다. 그것은 그들을 통해 세상이 복을 받으리라는 하나님의 원래 계획이 성취되는 것을 의미합니다창 22:18. 이 일을 위해 쓰임받는 자는 바사의 왕 고레스가 될 것입니다. 그의 격려로 예루살렘과 그 성전은 재건될 것입니다. 49장~55장의 주제는 비록 이스라엘이 이방의 지배에서 해방되기는 했지만, 그들은 여전히 자기 죄에 지배를 받고 있다는 것입니다. 그래서 이 부분은 어떻게 이스라엘이 여호와의 종의 고난을 통해서 그들의 죄로부터 자유함을 누릴 수 있는가를 보여 줍니다. 하나님께서는 자신의 신실한 종이 성취할 영광스러운 세계 구원 계획을 갖고 계시는 분이심을 보여 줍니다.

◎ 이사야 40~45장 : 구원하시며 은혜를 베푸시는 하나님

40~45장은 하나님 나라에 대한 하나님의 열망의 마음을 읽을 수 있는 귀한 본문입니다. 관점 2를 생각하십시오. 하나님이 당신의 나라를 세우시는 이유가 바로 우리의 행복을 위함이라는 사실이 이 구절들에서 구구절절이 흘러나옴을 읽을 수 있을 것입니다.

□ 40장 : 시인 이상화 일제 시대 저항시인의 시 "빼앗긴 들에도 봄은 오는가?"에 드디어 광복의 기쁜 소식이 옵니다. 이것은 하나님 나라의 회복입니다. 곤경에 처한 포로인 이스라엘 백성에게 임하는 하나님의 위로입니다. 유한한 인생들은 풀처럼 덧없는 존재들이지만 한 분 하나님은 창조주이시며 영원하신 분이십니다. 바로 그런 분이 양들을 목자처럼 돌보는 자상하고 부드러운 분이시라는 사실을 보여 줍니다.

□ 41장 : 하나님은 이스라엘의 구원이십니다. 그 분은 하나님의 백성만은 확실히 구원해 주시는 하나님이심을 봅니다.

📖 사 **41:1-4** 1섬들아 내 앞에 잠잠하라 민족들아 힘
을 새롭게 하라 가까이 나아오라 그리고 말하라 우리가
서로 재판 자리에 가까이 나아가자 2누가 동방에서 사
람을 일깨워서 공의로 그를 불러 자기 발 앞에 이르게
하였느냐 열국을 그의 앞에 넘겨주며 그가 왕들을 다스
리게 하되 그들이 그의 칼에 티끌 같게 그의 활에 불리
는 초개 같게 하매 3그가 그들을 쫓아가서 그의 발로 가

보지 못한 길을 안전히 지났나니 40이 일을 누가 행하였느냐 누가 이루었느냐 누가 처
음부터 만대를 불러내었느냐 나 여호와라 처음에도 나요 나중 있을 자에게도 내가 곧
그니라

사 41:8-10 8그러나 나의 종 너 이스라엘아 내가 택한 야곱아 나의 벗 아브라함의
자손아 9내가 땅 끝에서부터 너를 붙들며 땅 모퉁이에서부터 너를 부르고 네게 이르
기를 너는 나의 종이라 내가 너를 택하고 싫어하여 버리지 아니하였다 하였노라 10두
려워하지 말라 내가 너와 함께 함이라 놀라지 말라 나는 네 하나님이 됨이라 내가 너
를 굳세게 하리라 참으로 너를 도와주리라 참으로 나의 의로운 오른손으로 너를 붙들
리라

'나의 종'이라는 개념에 유의하십시오. 그 종은 이스라엘만 가리키는 것이 아니라 아래의 몇 구절과 더불어 오실 메시야 예수님을 가리킴을 알 수 있습니다. 이사야서에 4군데 '종의 노래'가 나옵니다. p.375를 참고하세요.

☐ **42장 :** 여호와만이 하나님이시다.

☐ 이사야서 속에서 발견되는 그리스도

이사야서는 제5 복음서라고 할 만큼 그리스도에 관한 예언이 자주 나타납니다. 주로 여호와의 종이라는 개념으로 나타나며, 자기 비하와 희생과 십자가의 고난을 통해 자기 백성을 위로하고 구원해 주실 것임을 암시해 줍니다. 다음 도표를 참고 하세요.

그리스도(메시아)에 관한 예언	살펴보기
■ 그리스도의 신성, 영원성, 전능성, 전지성 등	**이사야** 9:6-7; 40:12-17
■ 그리스도의 성육신(成肉身)과 인성(人性)	**이사야** 7:14-15; 9:6
■ 나사렛에서의 유년기와 비천한 출신	**이사야** 9:1-2; 11:1-2; 53:2
■ 이방 족속에 대한 그리스도의 사역	**이사야** 9:1-2; 42:1
■ 성령을 충만하게 받으실 그리스도	**이사야** 11:2; 42:1
■ 그리스도의 이적, 그리스도의 지혜	**이사야** 35:5-6; 50:4
■ 그리스도의 온유와 긍휼, 복음 전파의 사역	**이사야** 42:2-3; 61:1-3
■ 그리스도의 수난과 죽음과 장사	**이사야** 50:5; 52:14; 53:1-12
■ 그리스도의 부활과 승천과 존귀	**이사야** 52:13
■ 그리스도의 재림과 천년 통치	**이사야** 9:7; 11:2-9; 60:1-3

☐ 43:1-6절을 묵상합시다

📖 사 **43:1-6** 1야곱아 너를 창조하신 여호와께서 지금 말씀하시느니라 이스라엘아 너를 지으신 이가 말씀하시느니라 너는 두려워하지 말라 내가 너를 구속하였고 내가 너를 지명하여 불렀나니 너는 내 것이라 2네가 물 가운데로 지날 때에 내가 너와 함께 할 것이라 강을 건널 때에 물이 너를 침몰하지 못할 것이며 네가 불 가운데로 지날 때에 타지도 아니할 것이요 불꽃이 너를 사르지도 못하리니 3대저 나는 여호와 네 하나님이요 이스라엘의 거룩한 이요 네 구원자임이라 내가 애굽을 너의 속량물로 구스와 스바를 너를 대신하여 주었노라 4네가 내 눈에 보배롭고 존귀하며 내가 너를 사랑하였은즉 내가 네 대신 사람들을 내어 주며 백성들이 네 생명을 대신하리니 5두려워하지 말라 내가 너와 함께 하여 네 자손을 동쪽에서부터 오게 하며 서쪽에서부터 너를 모을 것이며 6내가 북쪽에게 이르기를 내놓으라 남쪽에게 이르기를 가두어 두지 말라 내 아들들을 먼 곳에서 이끌며 내 딸들을 땅 끝에서 오게 하며 7내 이름으로 불려지는 모든 자 곧 내가 내 영광을 위하여 창조한 자를 오게 하라 그를 내가 지었고 그를 내가 만들었느니라

📖 사 **43:21** 이 백성은 내가 나를 위하여 지었나니 나를 찬송하게 하려 함이니라

하나님은 고난 당한 당신의 백성 곁에 늘 계시는 분입니다. 바로 임마누엘의 하나님이시지요. 그 분의 가장 큰 사랑은 바로 우리와 함께 해 주시는 것입니다. 그러므로 하나님의 백성은 두려울 것이 없습니다.

☐ **44, 45장 :** 이 두 장에서도 하나님의 사랑에 의한 이스라엘의 회복이란 주제가 계속되고 있습니다. 그리고 이스라엘이 귀환할 것이라는 예언을 하고 있습니다.

◎ 이사야 46~48장 : 바벨론과 그 신의 몰락

교만한 바벨론과 그 신들의 몰락을 예언하고 있습니다. 불신앙의 이스라엘을 오래 참고 기다리신 하나님은 새 일을 행하십니다.

◎ 이사야 49~55장 : 주의 종, 고난받는 종

☐ 우리를 결코 잊지 않으시는 하나님

하나님께서 우리를 절대 잊지 않고 사랑으로 보살펴 주실 것이라는 많은 성경의 약속들 가운데서 이보다 더 가슴에 파고드는 강렬한 비유는 없을 것입니다.

그것이 바로 임마누엘의 사상입니다. 여기 비유처럼 "여인이 어찌 그 젖 먹는 자식을 잊겠으며 자기 태에서 난 아들을 긍휼히 여기지 않겠느냐 그들은 혹시 잊을지라도 나는 너를 잊지 아니할 것이라" 사 49:15

비록 우리가 하나님을 자주 잊어버린다고 할지라도, 죄악의 길에 빠져 허우적댄다 할지라도 하나님은 결코 우리를 잊지 않으십니다. 심지어 잊지 않기 위해 우리의 이름을 손바닥에 기록하실 정도입니다! 사실 하나님께서 우리와 더욱 가까이 계시는 때는 우리가 곤고한 날을 살아 갈 때 입니다. 기억하시라! 예루살렘의 허물어진 성벽에 관해 알고 계시는 것처럼, 하나님은 우리를 기억하고 우리가 필요로 하는 모든 것을 아신다는 사실을.

'여호와의 종'의 노래

이 49~55장의 부분은 하나님의 종의 개념을 보여 주고 있습니다. 성경에 여호와의 종의 개념은 3가지로 볼 수 있습니다. 이 부분에서 말씀하는 이스라엘 나라는 여호와의 종입니다. 출애굽기 19장의 시내 산 계약에서 '제사장 나라'라는 것은 하나님 나라를 이루는 사역을 감당하는 종이라는 말입니다. 구약에서의 여호와의 종은 바로 이스라엘을 가리킵니다. 그들은 고난 가운데서도 하나님의 뜻을 이루는 자들로 선택된 자들입니다.

📖 **사 48:10** 보라 내가 너를 연단하였으나 은처럼 하지 아니하고 너를 고난의 풀무불에서 택하였노라

그 종의 사명과 신분이 신약에 와서는 예수 그리스도에게로 이전됨을 알 수 있습니다. 예수님은 몸소 당하신 고난을 통하여 우리가 그 고난을 이길 길을 열어 주셨습니다.

📖 **히2:18** 그가 시험을 받아 고난을 당하셨은즉 시험 받는 자들을 능히 도우실 수 있느니라

그리고 그 고난의 종의 개념은 예수님의 제자인 우리들로 이전됩니다. 장래에 누릴 영광을 위하여 오늘 하나님 나라를 우리의 삶 가운데 이루는 고난을 이기는 것입니다.

📖 **롬 8:17-18** 17자녀이면 또한 상속자 곧 하나님의 상속자요 그리스도와 함께 한 상속자니 우리가 그와 함께 영광을 받기 위하여 고난도 함께 받아야 할 것이니라 18 생각하건대 현재의 고난은 장차 우리에게 나타날 영광과 비교할 수 없도다

이사야서의 고난의 종은 그리스도에 대한 예언을 미리 보여 주는 것입니다. 이사야서에는 장차 오실 메시야를 '여호와의 종'으로 묘사하여 노래한 영감 어린

4개의 시가 있습니다.

- **제1노래는** 이사야 **42:1-9**
- **제2노래는** 이사야 **49:1-7**
- **제3노래는** 이사야 **50:4-11**
- **제4노래는** 이사야 **52:13~53:12**

하나님의 종 '이스라엘'이 임무에 실패하자, 하나님은 또 다른 종 '메시야Messiah'를 보내 주기로 약속하셨습니다. 그 메시야이신 예수님은 종의 삶을 통해 우리를 구원하셨습니다. '종의 노래'는 메시야의 사역과 아름다움을 드러내는 노래이지만 또한 우리가 어떠해야 하는지를 보여 주는 노래이기도 합니다. 우리 또한 오늘날 하나님의 종으로서 지친 이들에게 힘을 주고 구원을 전하는 자들이 되어야 합니다.

☐ 회개와 감사의 마음으로 이사야 52장~ 55장을 읽자!

이사야 53장은 가장 감동적인 장이며 가장 많이 읽혀지는 장입니다. 우리의 죄를 위하여 고난 받으시는 예수님의 모습이 가장 현장감 있게 묘사되어 있습니다. 52장, 53장에서 고난받는 여호와의 종 예수님의 모습을 이사야가 마치 십자가 밑에서 목격한 것처럼 생생하게 그리고 있습니다.
이 본문은 그래서 예수님의 발 아래 엎드려 그분의 고난에 동참하는 마음으로 회개와 감사로 읽어야 합니다. 또한 54장, 55장에서 하나님의 백성을 회복하시는 하나님 나라의 개념을 읽을 수 있습니다.

56일

년 월 일

잠 22:17~24장
잠 30~31장
욥 1~11장

◎ 잠언 22:17~24장

이 잠언은 솔로몬의 잠언이 아닌 33가지의 지혜로운 짧은 잠언들입니다. 잠언 23장을 읽으며 부자가 되는 것이 무슨 의미가 있는가를 묵상해 보세요.

◎ 잠언 30~31장 : 아굴와 르무엘의 지혜

아굴과 르무엘은 이스라엘 사람이 아닙니다. 아굴은 인생과 자연을 면밀히 관찰함으로써 겸손을 배운 사람입니다. 이로써 잠언 읽기가 끝났습니다. 욥기의 시대적 배경은 정확히 알 수 없으나, 대개 족장 시대를 배경으로 쓰여졌다고 봅니다. 욥기의 주제가 고난이기 때문에 포로 시기의 고난을 생각하며 여기서 욥기를 읽습니다. 욥기를 3일 동안에 나누어 읽습니다. 앞으로 3일간은 욥을 통해서 고난의 의미를 깨닫고 하나님을 더욱 의뢰하게 되는 은혜가 넘치기를 축원합니다.

욥기 JOB 約伯記

욥기 한눈에 보기

개요 역경을 통한 축복

I. 서언 (1-2장)	▶번영 속에서도 경건한 욥 (1:1-5) ▶사탄의 거짓과 악의 (1:6-19) ▶역경 속에서도 경건을 지키는 욥 (1:20-22) ▶더 잔인하고 악의에 찬 사탄 (2:1-8) ▶최악의 경우에서도 경건한 욥 (2:9-13)
II. 논쟁 (3:1-42:6)	▶욥의 탄식 - 3장 ▶욥의 친구(엘리바스, 빌닷, 소발)와 1차 논쟁 (4-14장) ▶욥의 친구(엘리바스, 빌닷, 소발)와 2차 논쟁 (15-21장) ▶욥의 친구(엘리바스, 빌닷, 엘리후)와 3차 논쟁 (22-37장) (3차 논쟁에서는 소발이 빠지고 엘리후 등장) ▶하나님의 개입 (38 - 41장)
III. 응답 (42:7-17)	▶욥의 정체성 재입증 (42:7) ▶친구들의 외고집 (42:8) ▶욥의 역경이 끝남 (42:10) ▶가정의 회복 (42:11) ▶욥의 번성의 회복 (42:12-17)

욥기는 구약에서 전도서와 잠언과 더불어 지혜서입니다. 이 욥기의 시대적 배경은 아마 족장 시대일 것이라고 추정합니다. 1장에서 욥이 주로 목축업에 종사하고 가정 예배의 형태를 가지고 있음을 보여 주는 것은 제사장직과 체계적인 종교가 마련되기 이전인 족장시대의 한 시점임을 말해 주는 단서가 됩니다.

욥기의 큰 주제는 '결백한 사람이 고난을 당하도록 허용하는 이유가 무엇인가?' 입니다. 당대의 의인이라고 불린 욥에게[1:5-8] 사단이 참소하자 하나님은 욥의 생명만 제외하고는 그에게 속한 모든 소유물을 쳐도 좋다는 허락을 하십니다. 욥은 먼저 그의 재산을, 그 다음에는 그의 자식들을 잃습니다. 그 다음에 욥 자신도 피부병의 고통을 당합니다. 이렇듯 이해할 수 없는 고난이 욥에게 오고, 그의 아내가 하나님을 저주하고 죽으라고 하자, 욥은 오히려 사람은 좋을 때나 나쁠 때나 하나님을 신뢰할 준비가 되어 있어야 한다고 하면서 경건의 자세를 유지합니다. 그의 정신적, 육체적 괴로움이 커지자, 그는 삶이 견디기 어려울 만큼 괴롭다고 느끼며, 자신이 태어나지 않았든지 낳을 때 죽었든지 했으면 좋았을 것이라고 탄식합니다. 이 책의 주요 부분은 바로 이해할 수 없는 고난의 문제를 놓고 욥과 멀리서 그를 위로하러 온 그의 친구들인 엘리바스와 빌닷과 소발 간의 세 차례에 걸친 토론으로 구성되어 있습니다. 그들의 의도는 좋았지만 그들은

1장 21절
"이르되 내가 모태에서 알몸으로 나왔사온즉 또한 알몸이 그리로 돌아가올지라 주신 이도 여호와시요 거두신 이도 여호와시오니 여호와의 이름이 찬송을 받으실지니이다 하고"

"고통" (Suffering)
욥기는 하나님의 선하심과 권능에도 불구하고 인간이 당하는 고통에 대해 말하고 있습니다. 인간이 왜 고통을 당해야 하며 사탄은 왜 끊임없이 인간을 괴롭히는가 하는 질문은 시대를 초월해서 이어지고 있습니다. 그 해답을 이 욥기에서 찾을 수 있습니다.

자신의 경험과 지식에 바탕을 둔 '자기중심적 신학'으로 욥의 문제에 접근했고 그것은 욥의 삶에 연관시킬 수가 없을 정도입니다.

이들의 접근법은 한마디로 인과응보因果應報 권선징악勸善懲惡에 근거한 논리입니다. 그들은 욥이 죄를 지었기 때문에, 아마도 어떤 은밀한 죄 때문에 고난을 받는 것이라고 주장합니다. 그는 회개하고 하나님께로 돌아와야 한다는 것입니다. 그러나 욥은 그들이 주장하듯이 고난을 받을 만한 죄를 범하지 않았다고 주장하며 그 죄를 증명해 보라고 합니다. 하나님께는 자기를 홀로 있게 해 달라고 간청합니다. 여기서 욥의 의義는 어떤 의일까를 생각해 볼 필요가 있을 것입니다. 그의 경건에 고통이 더해지고, 그들과의 논쟁에서 자기의 정당성을 강조하면서 결백을 주장하고, 또한 42장 5절에서 "귀로만 듣던 하나님을 눈으로 본다."라고 고백하며 회개하는 모습을 볼 때 그의 의는 자기 의自己義 : Self-righteousness 이었을 것이라고 생각해 볼 수 있습니다.

욥의 친구들인 엘리바스와 빌닷과 소발, 그리고 나중에 나오는 젊은이 엘리후의 논쟁의 근거는 p.382의 각자의 견해 비교 도표를 참조하세요. 이 세 친구와 엘리후의 논쟁에서 두 개의 중요한 신학 사상을 볼 수 있습니다. 첫째, 자기 경험을 근거로 한 경험 신학과 진정한 성경적 계시 사이에는 차이가 있다는 점입니다. 둘째, 경험과 성경적 계시가 서로 상반되며 해결이 불가능해 보일 때는 최선을 아시고 행하시는 전능하신 하나님의 절대 주권에 순종하는 것을 배워야 한다는 점입니다. 이것이 바로 인위人爲와 신위神爲의 차이입니다.

지도 : 욥이 살았던 우스(1:1)

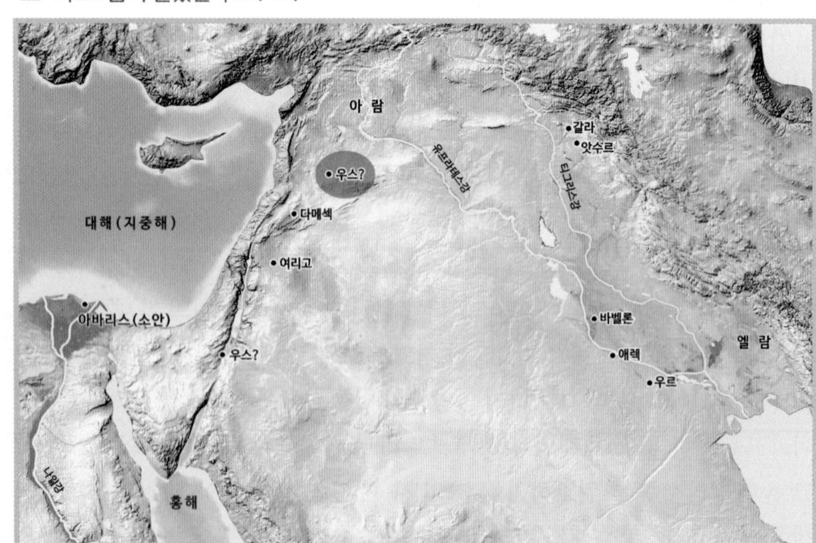

이 문제를 신정론神正論:theodicy이라고 하는데 인간이 다 이해할 수 없을지라도 인간의 삶 속에서 역사하시는 하나님의 섭리와 그분이 베푸시는 의를 뜻합니다. 인간의 계획과 하나님의 의도는 이 세상에서는 결코 만날 수 없는 평행선을 이루고 있지만 인생의 모든 신비와 고통과 죽음이 해결되는 하늘에서는 만나게 될 것입니다.

따라서 욥의 문제는 이들이 주장하는 권선징악적 논리로는 설명할 수 없습니다. 그것은 하나님의 주권에 속한 일이기 때문입니다. 그래서 하나님이 직접 말씀하십니다. 여호와께서 말씀하실 때, 그분의 위대하심에 대한 욥의 생각은 점점 커져서, 그는 자신이 보잘 것 없음을 인정하고 이렇게 말합니다. "내가 주께 대하여 귀로 듣기만 하였사오나 이제는 눈으로 주를 뵈옵나이다."욥42:5라고 욥은 자신의 주권자가 하나님이심을 인정합니다.

욥기의 중심 주제는 단순히 욥의또는 의인이 받는 '고난'일 뿐만 아니라, 그것을 주관하시는 '하나님의 주권'에 관한 것입니다. 욥기는 인간에 대한 하나님의 방법을 정당화하기 위해 쓴 책임을 알아야 합니다. 관점 2

어떻게 정당화하느냐 하면 인간의 유한한 지식에 의한 잘못된 개념을 고쳐 줌으로 하나님의 방법, 길, 수단 등을 바르게 이해하게 합니다. 욥기에서 보듯이 인간의 고통에 대한 영원한 해결은 약속된 그날에 이루어지지만 고통에 대한 현재적 해결책도 제시합니다.

인간이 받는 고통, 또는 믿는 자가 받는 고통은 하나님의 특별한 목적을 이루기 위함이요, 그의 은혜로운 사역을 이루기 위함입니다. 이러한 고통은 체벌적인 것이 아니고, 오히려 치유적인 것이고, 훈련적인 것입니다. 다음 도표는 욥기의 등장인물들의 고난에 대한 관점입니다.

인물	고난의 관점
사단의 관점	사람들은 고난 없이 잘 살고 축복받을 때에만 하나님을 믿는다. - 이것은 전적으로 틀린 생각이다.
욥의 세 친구의 관점	고난은, 하나님께서 죄를 심판하는 것이다. - 때로는 그런 경우도 있지만, 항상 그렇지는 않다.
엘리후의 관점	고난은, 하나님이 우리를 가르치시고 단련시키시는 방법이다. - 이것은 사실이긴 하지만, 완전한 설명은 아니다.
하나님의 관점	고난은, 우리들로 하여금 하나님께서 하시는 일의 이해를 통해서 그분을 믿도록 하는 것이 아니라, 비록 이해할 수 없을지라도 하나님 그분 자체를 전적으로 믿도록 해 주는 것이다.

욥은 고난받는 종이란 면에서 예수님을 예표합니다.

욥기는 42장 1,070절로 되어 있고, 신약에 36번 직접, 간접으로 인용됩니다.

□ 1. 서언 1~2장

◎ 욥기 1~2장 : 욥기 서언

욥기는 유한한 피조물 가운데 드러난 하나님의 속성과 그분의 방식에 대한 문제를 이해하려는 의도가 담겨져 있습니다. 사랑과 은혜의 하나님께서 어떻게 그의 백성들의 삶에 고난과 고통을 주시고, 경험하게 하실 수 있는가? 하나님께서 하시는 일들이 그분이 주장하시는 자신의 성품과 상반되어 보일 때 어떻게 그분의 성품들이 인정을 받을 수 있단 말인가?

이것은 신정론의 문제입니다. 이런 중요한 논제들과 함께 인간 지식의 한계와 인간이 만든 신학의 부적절함을 드러내고, 어떤 환경에서도 하나님을 절대적으로 신뢰할 수 있다는 사실을 보여 주려는 의도를 가지고 있습니다.

간추린 사탄론

이사야 14:12-20의 계명성은 사탄의 타락 과정을 설명하고 있다고 봅니다. 에스겔서 28장의 두로 왕 이야기도 사탄의 타락을 보여 준다고 봅니다. 이스라엘은 모든 선과 악은 하나님으로부터 유래한다고 믿습니다. 그러나 욥의 고난은 사탄의 잘못된 참소로부터 시작됨을 봅니다.1:12, 2:6 사탄은 여기서 그저 하늘의 것으로 나타나지만 그의 실체는 그 이름 그대로 '참소하는 자'히브리 발음으로 '하사탄'입니다. 또한 사탄은 광명한 천사를 가장하여 믿는 자를 현혹하여 하나님의 영광을 가로채는 것을 목적으로 삼는 영적 존재입니다.

□ 욥의 상태 변화 도표 참조

고난을 당한 욥은 처음에는 하나님을 향한 변함없는 믿음으로 입술로조차 죄를 범하지 않았습니다. 그러나 고통이 계속되자 감정이 격해지며, 세상에서 공의가 없어짐은 하나님 탓이라고 불만을 토로합니다. 마침내 우주 만물을 창조하신 하나님을 직접 대면한 그는 하나님의 능력과 지혜와 절대 주권 앞에 무릎 꿇게 됩니다. p.381의 도표는 욥의 변화의 발전을 요약해 줍니다.

□ 2. 논쟁 3장~42:6

◎ 욥기 3~11장

욥기 3장에서 우리는 욥의 탄식을 읽습니다. 그런 욥의 탄식에 대한 세 친구, 엘리바스, 빌닷 그리고 소발 및 엘리후3차 논쟁 후에 등장 등 3명의 친구가 찾아와서 욥의 고난당하는 문제를 놓고 세 차례에 걸친 논쟁을 벌입니다.3~37장 그 논쟁을 다음의 도표로 요약합니다.

도표 : 욥의 상태 변화

단계		내용	욥의 반응
제1단계 재물		전 재산을 잃음 (1:13-17)	모든 소유권을 하나님께 돌리고 도리어 찬송을 드림
		의미 '하나님과 재물을 동시에 섬기지 못한다'는 말씀이 있듯이(마6:24) 대체로 재물에 대한 인간의 욕구는 매우 강렬하지만, 평소 하나님을 경외하던 청지기로서의 삶을 지향했던 욥에게 있어서는 재물의 상실이 치명적인 고통이 될 수 없었다.	
제2단계 육신(정신)	자녀들의 횡사	열 자녀를 모두 잃음 (1:19)	큰 충격에도 불구하고 여호와께 경배함
		의미 자식의 죽음은 곧 자신의 죽음만큼 참혹하게 느껴지는 것이 인지상정이다. 그러나 욥은 이삭을 제물로 바치고자 했던 아브라함의 심정으로 탄식과 원망에 앞서 먼저 하나님 전에 엎드렸다.(창22:10)	
	육체의 질병	온 몸에 악창이 발병함 (2:7)	결코 하나님을 저주하는 죄를 범치 않음
		의미 견디기 힘든 고통이 계속되자, 욥은 평소의 신앙이 적용되지 않는 현실에 대해 격심한 혼란을 경험하고 번민 가운데 빠져들어갔다.	
제3단계 영혼	아내의 저주	'하나님을 욕하고 죽으라'고 종용함 (2:9)	어리석은 여인의 말로 일축함
		의미 일심동체라 일컫는 아내마저 격렬한 비난을 서슴치 않는 것으로 보아 욥에게 닥친 사태의 심각성이 더욱 부각된다. 그러나 욥에게 있어서는 아내보다는 하나님을 주요시하는 신앙이 습관화되어 있었다.(눅14:26)	
	친구들의 참소	욥에게 닥친 재난이 범죄의 결과라고 몰아붙임 (4,5,8,11,15,18,20,22,25장)	상대적 자기 의를 변호함
		의미 위로를 기대하였던 친구에게서 매정한 훈계를 듣게 되자 욥은 상대적 반발감에 사로잡혔으며 더욱 뼈저린 고독을 맛보게 되었다. 한편, 욥은 친구들과의 변론을 통해 흑백 논리와 현실 기복적인 신앙을 극복하는 계기를 마련하게 된다.	
	하나님의 침묵	당장 고통에 처한 욥이 이해할 수 없게도 당신의 때가 이르기까지 기다리심	고통에 겨워 원망하였으나 그것은 호소였지 결코 배신과 저주가 아니었음
		의미 사면초가의 궁지에 몰린 욥은 결국 '신 앞에 선 단독자'로서 하나님께 도움의 손길을 구했으나 번번이 좌절과 탄식 가운데 빠질 수밖에 없었다. 그러나 '모든 것을 합력하여 선을 이루시는' 하나님의 오묘하신 섭리는(롬8:28) 결국 욥으로 하여금 더욱 위대한 축복을 경험케 하셨다.	

□ 욥의 세 친구와 엘리후의 견해 비교도표 참조
욥과 그 친구들과의 순환 논쟁도표 참조

욥은 때때로 여호와께 대한 그의 원한이 폭발하여 강력하게 자신의 감정을 표현하기도 합니다.

욥 7:11 그런즉 내가 내 입을 금하지 아니하고 내 영혼의 아픔 때문에 말하며 내 마음의 괴로움 때문에 불평하리이다 **욥 9:20** 가령 내가 의로울지라도 내 입이 나를 정죄하리니 가령 내가 온전할지라도 나를 정죄하시리라 **욥 9:24** 세상이 악인의 손에 넘어갔고 재판관의 얼굴도 가려졌나니 그렇게 되게 한 이가 그가 아니시면 누구냐 욥 10:16 내가 머리를 높이 들면 주께서 젊은 사자처럼 나를 사냥하시며 내게 주의 놀라움을 다시 나타내시나이다

도표 : 욥의 세 친구와 엘리후의 견해 비교

	엘리바스	빌닷	소발	엘리후
특징	신학자, 실용주의자	역사가, 율법주의자	도덕가, 독단론자	신학자, 지성인
의존 대상	경험	전통	가정	교육
인격	사려깊음	논쟁적임	노골적(직선적)	예리함
무슨 소리	철학	역사	정통	논리
논고	"죄를 범하면 고난 당한다"	"네가 죄짓고 있음이 틀림없다"	"네가 죄를 범하고 있다"	"하나님은 순결케 하시고 가르쳐 주신다"
욥에게 준 충고	악한 자만이 고난당한다	악한 자는 언제나 고난당한다.	악인은 장수하지 못한다	하나님 앞에서 스스로 낮추라
열쇠가 되는 구절	4:8, 5:17	8:8	20:5	37:23
하나님께 대한 관념	의로우심, 악인을 벌하시고 선인을 축복함	심판관, 움직일 수 없는 입법자	굽힐 수 없는 무자비한 분	훈련자, 교사
이름의 의미	하나님은 금 하나님은 집행자	'다툼의 아들'	'털이 많은'	'그는 나의 하나님'

도표 : 욥과 그 친구들과의 순환 논쟁

	첫 번째 논쟁	두 번째 논쟁	세 번째 논쟁
엘리바스	죄 없이 망한 자가 없다. 하나님께 징계받는 자는 복이 있다. (4-5장)	하나님을 대적하며 교만한 자는 환난을 당한다. (15장)	네 악이 크다. 네가 하나님께 돌아가면 다시 흥하리라. (22장)
욥	나를 불쌍히 여기라. 나는 살기를 원치 않는다. (6-7장)	너희는 나를 번뇌케 한다. 나는 소망이 없다. (16-17장)	나의 가는 길은 오직 하나님이 아신다. (23-24장)
빌닷	자녀들이 죽은 것은 죄 때문이다. (8장)	불의한 자는 대가 끊어지고 재앙을 받는다. (18장)	벌레 같은 사람이 어찌 하나님 앞에 의로우랴. (25장)
욥	하나님은 순전한 자나 악한 자나 다 멸망시키신다. (9-10장)	나의 고난은 하나님으로부터 온 것이다. (19장)	하나님의 뜻과 능력을 누가 측량하랴. (26장)
소발	죄악을 버리면 고난이 끝날 것이다. (11장)	악인의 자랑은 잠깐이요 반드시 망한다. (20장)	연설 없음
욥	너희는 잠잠하라. 하나님이여, 내게 대답하소서. (12-14장)	악인이 세상에서 형통하게 지내는 것은 불공평하다. (21장)	죽기 전에는 나의 순전함을 버리지 않으리라. (27-31장)

도표 자료 출처 : 두란노 서원 "생명의 삶" 2003년 10월호 p.21

◎ 욥기 12~24장

계속해서 앞 페이지의 도표를 참조하면서 이 부분을 읽습니다. 결국 이 친구들의 충고는 인과응보, 권선징악의 합리적 사고로 하나님을 이해하고자 하는 무리들의 대표들입니다. 이런 사고는 결국 기복 신앙 또는 자유주의 합리적 신앙을 만들어 냅니다.

57일

년 월 일

오늘의읽을분량

욥 12~24장

◎ 욥기 25~42장

□ 엘리후의 견해 (32~37장)

세 친구의 순환 논쟁이 끝난 뒤 32장부터 부스 사람 엘리후가 등장합니다. 그는 세 친구와 함께 오지 않은 게 분명합니다.[2:11] 하지만 처음부터 대화를 묵묵히 듣고 있었을 가능성도 없지 않습니다. 나이를 지혜와 동일시했던 당시 사회에서는 연장자가 먼저 말을 하는 것이 관례였습니다. 따라서 연소자였던 엘리후는 자신이 대화에 끼어든 것을 정당화할 필요가 있었습니다.[32:1-22] 욥의 세 친구는 고난을 죄의 대가라고 여겼으나, 엘리후는 의인도 고난을 받을 수 있다고 주장했습니다.

욥 25~42장

하나님은 고난을 통해 하나님의 사람을 훈련시키신다는 입장을 표명했던 엘리후는, 세 친구와 달리 하나님께 특별한 책망을 받지 않았습니다.[42:7] 엘리후는 사람과 하나님 사이에 중재할 이가 필요하다고 보았고, 자신을 중재자로 내세웠습니다. 엘리후의 견해를 정리하면 다음과 같습니다.

- 사람보다 크신 하나님은 자신이 하는 일을 다 말씀하시지 않는다.[33:12-13]
- 하나님이 고난을 주시는 것은 그 영혼을 구덩이에서 끌어내어 돌이키고 생명의 빛으로 나아가게 하시기 위함이다.[33:29-30]
- 하나님은 불의를 행치 않으시며 사람의 일에 따라 보응하신다.[34:10-12]
- 하나님은 악인을 징계하시고 의인과 고난받는 자를 도우신다.[36:6-7]
- 하나님은 환난을 통해 허물과 교만한 행위를 알게 하시고 교훈을 듣게 하셔서 죄악에서 돌아오게 하신다.[36:8-10]

□ 3. 하나님의 도전과 욥의 회개 (38장~42:6)

38~41장에서 하나님은 욥의 문제를 직접 해결하시기 위해 욥에게 70가지의 질문으로 도전하십니다. 인간의 고통과 하나님의 주권에 대한 문제의 진정한 답

변은 욥기의 후반부인 하나님의 말씀38-41장에서 발견됩니다. 이 말씀은 이따금 씩 마치 하나님께서 답변은 하지 않으시고 단순히 욥에게 순종하라고 위협하시는 것처럼 잘못 해석됩니다.

욥의 회개는 하나님의 무한하신 위대함과 인간인 자신의 유한함을 깨달았기 때문입니다. 하나님의 주권과 선하심을 인간이 겪는 고통과 조화시킬 수 있는 인간의 완전한 설명은 있을 수 없는데, 그 이유는 피조물을 다스리는 하나님의 권능의 범위와 참된 본질은 물론 인간의 지식에 한계가 있기 때문입니다.

그렇다고 해서 하나님의 주권과 선하심을 인간이 겪는 고통과 조화시킬 수 없다고 증명되는 것도 아닙니다. 욥은 하나님의 방식은 때로 이해할 수 없지만 항상 신뢰할 수 있는 분이라는 깨달음 속에서 마침내 안식을 발견합니다.

하나님의 도전	욥의 응답
첫째, 욥의 무지 (38:1-40:2) ■그는 창조의 순간에 없었다. ■그는 자연의 힘을 설명할 수 없었다.	**욥은 자신의 무지를 인정하고 조용해짐** (40:3-5)
둘째, 욥의 연약함 (40:6-41:34) ■그는 하나님의 방식을 파기할 수 없다. ■그는 자연의 힘을 다스릴 수 없다.	**욥은 자신의 건방짐을 인정하고 회개함** (42:2-6)

4. 회복 42:7-17

하나님과 욥의 대화 내용을 통해 욥을 회복시키시는 하나님을 읽으세요.

		대화 내용	해당 구절
하나님과 욥의 첫 번째 대화	**하나님**	땅, 바다, 하늘의 창조에 관해 질문하심	38:1-38
		동물계에 관해 질문하심	38:39-39:30
		욥에게 대답을 요구하심	40:1-2
	욥	자신의 미천함을 인정하며 대답할 말이 없음을 고백함	40:3-5
하나님과 욥의 두 번째 대화	**하나님**	욥에게 스스로를 구원해 보라고 도전하심	40:6-14
		욥과 하마의 능력을 비교하심	40:15-24
		욥과 악어의 능력을 비교하심	41:1-34
	욥	자신의 생각과 이해가 부족함을 고백함	42:1-3
		귀로 듣기만 한 하나님을 눈으로 보며 회개함	42:4-6
욥과 친구들의 구원		하나님이 욥의 세 친구를 책망하시며 번제를 요구하심	42:7-9
		친구를 위해 중보 기도하는 욥, 회복된 욥의 부귀영화	42:10-17

하나님은 시험을 이긴 욥을 다시금 회복시키셨습니다. 이것은 욥이 믿음으로 가진 궁극적인 의로움의 승리였고 사탄과 싸움에서 이긴 하나님의 승리였습니다.

자라나기 성경이 말하는 고난 - 욥기를 통해서 배우는 지혜

고난이 죄로 인한 형벌일 때가 있습니다. 모세를 비방하다 문둥병에 걸린 미리암,민 12:9-10 하나님께 죄를 범함으로 망했던 아하스대하 28:22-23등 성경 곳곳에서 죄로 인해 고난당하는 모습 을 볼 수 있기 때문입니다. 그러나 예수님은 날 때부터 소경된 사람이 그 사람의 죄나 부모의 죄 때문에 소경이 된 것이 아니라고 말씀하심으로써 고난과 죄가 항상 연관된다는 생각을 고쳐 주셨습니다.요 9:1-3 또한 하나님 나라를 위해 고난받기를 자청했던 사도들과 믿음의 조상들을 볼 때, 히 11:4-40 고난이 죄의 결과일 수 만은 없는 것입니다.

그러면 고난은 왜 생기는 것일까요? 하나님은 욥의 고난에 대해 침묵하셨습니다.욥 33:13 대신에 하나님이 지으신 세상과 그 가운데 행하신 일들을 나열하시며,욥 40:1~41:34 하나님만이 세상의 이치를 모두 아시는 주권자임을 말씀하셨습니다. 이 말은 결국 하나님은 바로 토기장이와 같다는 말입니다. 이사야와 바울이 한 말을 들어 봅니다.

📖 사 **64:8** 그러나 여호와여 주는 우리 아버지시니이다 우리는 진흙이요 주는 토기장이시니 우리는 다 주의 손으로 지으신 것이니라

📖 사 **45:9** 질그릇 조각 중 한 조각 같은 자가 자기를 지으신 이와 더불어 다툴진대 화 있을진저 진흙이 토기장이에게 너는 무엇을 만드느냐 또는 네가 만든 것이 그는 손이 없다 말할 수 있겠느냐

📖 롬 **9:21** 토기장이가 진흙 한 덩이로 하나는 귀히 쓸 그릇을 하나는 천히 쓸 그릇을 만들 권한이 없느냐

고난의 이유에 대한 유일한 답은 하나님 자신이십니다. 하나님은 무슨 일이든 권리를 가지셨고, 피조물인 우리는 어떤 상황에서도 하나님만 신뢰하고 섬겨야 함을 알려 주십니다.전 3:14

이것이 바로 고난의 신비입니다. 욥과 그 친구들의 문제는 모두 자기 의와 자기중심적 삶에 충실하여 고난에 대한 하나님의 주권적 측면을 보지 못한 것입

니다. 신위의 문제를 인위의 관점에서 이해하고 해결책을 찾으려는 시도였다는 것입니다. 우리는 하나님의 절대 주권을 인정하고 그것에 순복하는 믿음까지 자라가야 합니다. 그래야 하나님 나라가 그곳에 이루어진다는 것입니다.

1. 고난의 유익

- 고난을 통해 자신의 죄악을 깨닫고 돌이키며 주의 율례를 배우게 된다. 시 119:67, 71
- 고난당하는 다른 사람을 이해하고 위로할 수 있게 된다. 고후 1:4-6
- 고난을 통해 예수님의 순종을 배우게 된다. 히 5:8-9
- 예수님이 당하신 고난에 동참하는 영광을 누리게 된다. 벧전 4:12-13
- 고난을 통해 겸손해지고 하나님을 온전히 신뢰하는 신앙의 인격자가 되어 간다. 고후 1:9, 욥 23:10

2. 고난당할 때 가질 태도

- 하나님을 전적으로 신뢰해야 한다. 벧전 4:19
- 세상을 이기신 예수님을 바라보며 평안하고 담대해야 한다. 요 16:33
- 고난의 유익을 생각하며 오히려 기쁘게 여기고 인내를 온전히 이루어야 한다. 약 1:2-4
- 기도를 통해 하나님의 도우심을 구해야 한다. 약 5:13

3. 고난당한 사람에게

하나님이 하시는 일		우리가 해야 할 일	
보호해 주신다	시 121:3, 7	**위로한다**	고후 1:4
함께하신다	사 43:2	**불쌍히 여긴다**	욥 6:14
감당함과 피할 길을 주심	고전 10:13	**기도한다**	행 12:5
슬픔이 기쁨이 되게 하심	시 30:11	**보호한다**	잠 22;22
고난에 대해 보상하심	롬 8:18	**구제한다**	욥 31:19–20
구원해 주신다	시 34:17	**공감한다**	롬 12:15

성문서 순서를 통해서 본 영성의 성숙

욥기 : 자기중심적인 삶의 종식. 욥은 순전한 사람이지만, 욥기 전체에 흐르는 욥의 자세는 자기중심적인 모습이 숨겨져 있다. 그래서 "그러므로 내가 스스로 거두어 들이고 티끌과 재 가운데에서 회개하나이다" 42:6라고 고백한다.

시편 : 하나님 안에서의 새로운 삶을 노래한다.

잠언 : 하나님의 학교에서 하늘의 지혜를 배우고 삶에서 실천하는 영성을 가진다.

전도서 : 우리의 마음과 생각을 해 아래에 두지 말고 하늘의 높은 곳에 두라고 배운다.

아가서 : 순전한 사랑으로 그리스도와 연합하는 법을 배운다.

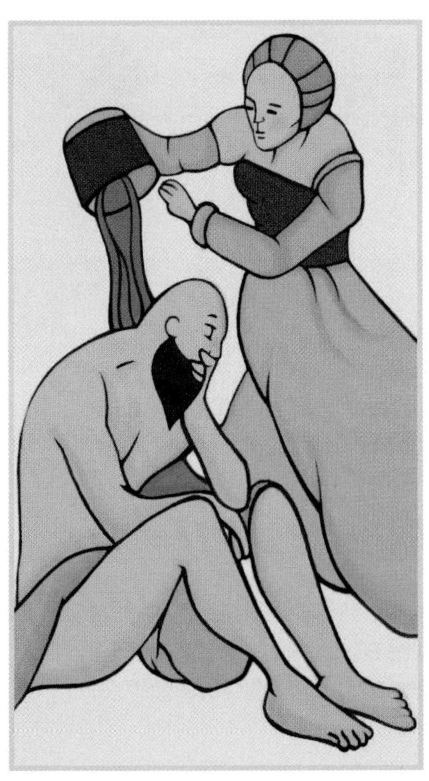

09 포로 귀환 시대

포로 귀환 시대 BC 538-400

- 에스라(458-440) · 에스더(478-463)
- 느헤미야(444-415) · 학개(520-505)
- 스가랴(520-489) · 요엘(440-430)
- 말라기(435-415)

주요 인물 ▪고레스 ▪여호수아 ▪스룹바벨 ▪에스라 ▪아하수에로 ▪에스더 ▪모르드개 ▪하만 ▪느헤미야 ▪아닥사스다 ▪산발랏

주요 사건 ▪고레스의 조서 ▪제2 성전의 건축 ▪성벽의 재건 ▪바사의 유다인들이 구출됨

538 – 스룹바벨의 인도하에 1차로 귀환함(스 1–6장)
536 – 성전 건축이 시작됨(스 3장)
520 – 학개의 사역(스 5:1, 학개)
520 – 스가랴의 사역(스 5:1, 스가랴)
516 – 성전 건축이 완성됨(스 6:15)

BC 500

478 – 에스더가 왕비로 간택됨(에 2장)
458 – 에스라의 인도하에 2차로 귀환함(스 7–10장)
445 – 느헤미야의 인도하에 3차로 귀환함(느 2장)
성벽이 중수됨(느 6:15)
435 – 말라기의 사역

400

포로 귀환 시대는 고레스의 귀환 칙령BC 538년에 의해 성전 재건을 위해 스룹바벨이 1차 귀환단을 인솔해서 돌아오는 것부터 시작합니다. 이때 선지자는 학개와 스가랴가 활약합니다. 에스라서는 이 시기보다 나중에 쓰여졌지만 1장~6장까지는 이 시기를 망라합니다. 이 기간에 있었던 바사포로지에 남은 유대인 대학살 음모를 파헤친 에스더BC 473년경의 부림절의 사건이 있었으며, 2차로 에스라가 귀환하며BC 458년 그리고 마지막으로 느헤미야가 귀국하여BC 445년 예루살렘의 성벽을 재건하고, 율법을 재발견하며 영적 부흥을 이루려고 시도합니다.

철학자 칼 야스퍼스는 이 시대를 세계사에 있어서 축을 이루는 시대the axial period라고 했습니다. 이 시대는 세계 정신사에 빛나는 거성巨星들이 태어났던 시대였습니다. 인도의 붓다석가는 BC 560–480년에 살았고, 중국의 공자孔子는 BC 551–479년 동안 살았고, 노자老子도 공자와 비슷한 시대에 살았다고 추정됩니다. 희랍의 소크라테스도 BC 470–399년에 살았습니다.

년 월 일

대하 36:22, 23
스 1~4:5
스 4:24~5:1
학 1~2장

역대하 36: 22, 23 집으로 가자

고레스의 칙령 - 고향 앞으로!

지도 : 시온으로의 귀환(BC 538~445년)

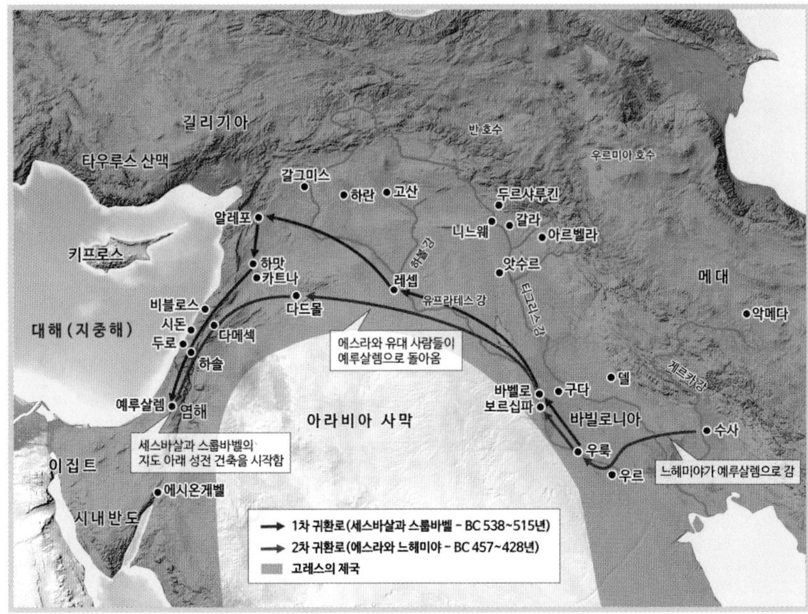

개역 성경 역대하 36장 22, 23절은 에스라 1장 1~3절과 똑같습니다. 따라서 구약의 역사서는 일단 열왕기에서 끝나고 포로 귀환해서 새 역사서가 필요해서 에스라가 쓴 역사서는 역대기입니다. 역대기의 역사는 에스라서로 계속 이어집니다.

이제는 하나님께서 아브라함에게 약속하시고 애굽에서 이스라엘의 백성을 구원해서 인도하셨던 그 가나안 땅으로 그들을 다시 불러 모읍니다. 이것은 제 2의 출애굽 사건입니다. 이 사실은 백 수십 년 전 이사야 선지자에 의해 예언되었던 것입니다.사 44:28~45:4

이 포로 귀환은 예레미야 29장 13~14절에서 하나님이 언급하신 것처럼 그의 백성을 보호하시고, 역사를 주관하시는 하나님의 섭리적 주권을 보여 주시는 사랑의 사건이요, 하나님 나라를 이루시려는 그분의 열망을 보여 주는 사건입니다. 예레미야 29장 10절과 이사야 44장 28절이 성취됩니다. 관점 2

6장 16절
"이스라엘 자손과 제사장들과 레위 사람들과 기타 사로잡혔던 자의 자손이 즐거이 하나님의 성전 봉헌식을 행하니"

"회복" (Restoration)
이 책은 바벨론 포로로부터 2가지 회복을 서술하고 있습니다. 첫째는 세스바살(스룹바벨)의 지도하에 약 40,000여 명의 이스라엘 백성이 돌아왔다는 것(BC 530)과 둘째는 에스라가 돌아와 모세의 율법을 가르치게 되었다는 것(BC 458년)을 기술하고 있습니다.

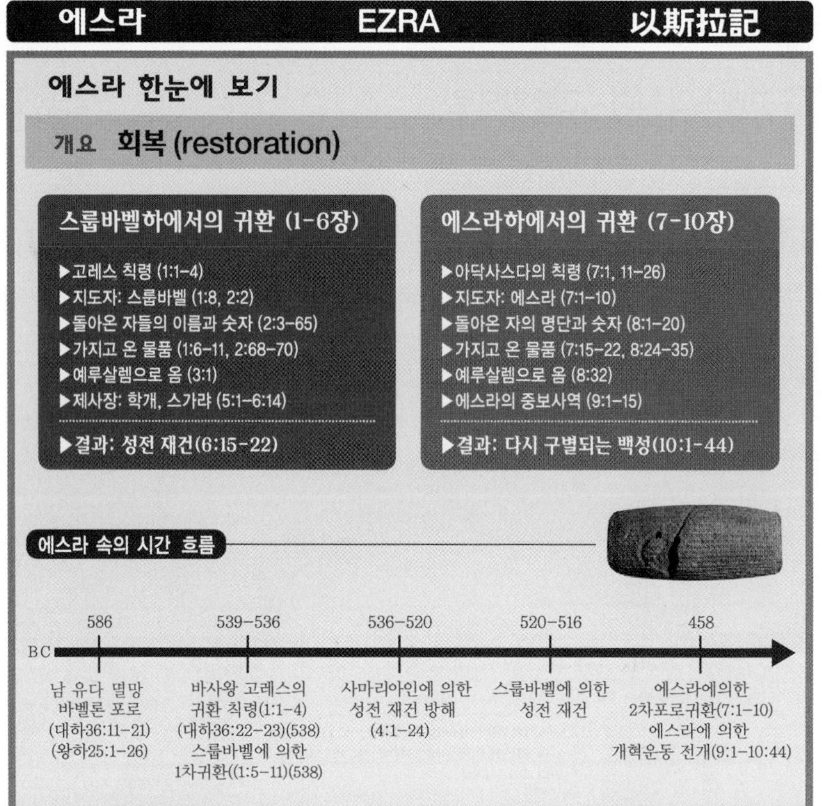

에스라
EZRA
以斯拉記
에스라 한눈에 보기
개요 회복 (restoration)
스룹바벨하에서의 귀환 (1-6장)
▶고레스 칙령 (1:1-4)
▶지도자: 스룹바벨 (1:8, 2:2)
▶돌아온 자들의 이름과 숫자 (2:3-65)
▶가지고 온 물품 (1:6-11, 2:68-70)
▶예루살렘으로 옴 (3:1)
▶제사장: 학개, 스가랴 (5:1-6:14)
▶결과: 성전 재건(6:15-22)
에스라하에서의 귀환 (7-10장)
▶아닥사스다의 칙령 (7:1, 11-26)
▶지도자: 에스라 (7:1-10)
▶돌아온 자의 명단과 숫자 (8:1-20)
▶가지고 온 물품 (7:15-22, 8:24-35)
▶예루살렘으로 옴 (8:32)
▶에스라의 중보사역 (9:1-15)
▶결과: 다시 구별되는 백성(10:1-44)
에스라 속의 시간 흐름
BC
586
남 유다 멸망
바벨론 포로
(대하36:11-21)
(왕하25:1-26)
539-536
바사왕 고레스의
귀환 칙령(1:1-4)
(대하36:22-23)(538)
스룹바벨에 의한
1차귀환((1:5-11)(538)
536-520
사마리아인에 의한
성전 재건 방해
(4:1-24)
520-516
스룹바벨에 의한
성전 재건
458
에스라에의한
2차포로귀환(7:1-10)
에스라에 의한
개혁운동 전개(9:1-10:44)

히브리 성경에는 에스라와 느헤미야가 한 권의 책으로 되어 있습니다. 탈무드에 의하면 제사장 겸 학사 에스라가 역대기, 에스라서, 느헤미야서의 저자라고 합니다. 에스라는 포로 기간 동안 상실한 이스라엘 백성의 정체성이 하나님의 백성이라는 것을 찾아 주어야 했습니다. 그래서 에스라는 역대기와 에스라서, 느헤미야서를 쓰고, 구약 성경의 집대성을 추구하고 시편 119편을 썼다고 봅니다.

고레스 칙령으로 인해 이스라엘 사람들은 세스바살의 지도하에 스룹바벨의 인도하에 유다에 도착하여, 예루살렘에 제단을 쌓고, 예배를 다시 드렸으며, 성전의 토대를 놓았습니다. 사마리아인들의 반대로 인해서 성전 공사와 성읍 공사는 중단되었습니다.1:1~4:24 16년 후에 선지자 학개와 스가랴가 새로 그 일을 시작하도록 격려하고 자극했으며,BC 520년 그 역사는 4년 후 아달월 삼일BC 516년 3월 10일에 완성되었습니다. 이 두 번째 성전이 봉헌되고 유월절이 다시 회복됩니다.5~6장
서기관학사겸 제사장 에스라는 BC 458년에 두 번째로 포로들을 이끌고 귀환하

에스라 시대적 배경

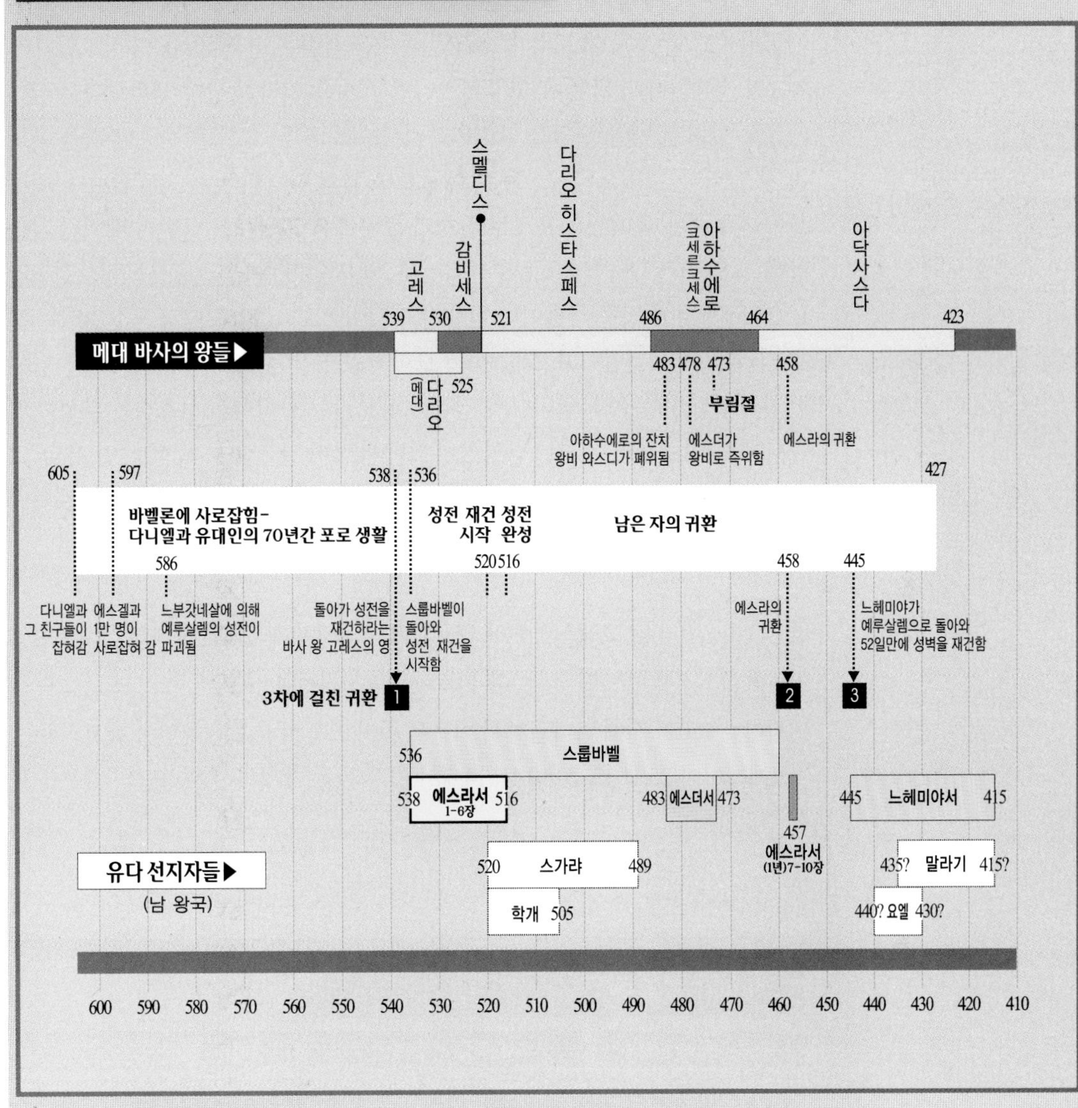

는데, 이는 첫 번째 포로 귀환 후 79년이 지난 때였습니다. 바사 왕 아닥사스다 1세BC 464-423년는 종교적, 도덕적 상황들을 정리하라는 명령과 함께 그를 보냅니다. 주된 문제는 일부 유대인들이 이방 여인들과 결혼했으며, 따라서 그 나라의 종교적, 도덕적 생활의 순수성을 위험에 빠뜨렸다는 것입니다. 백성들은 회개하며 개혁이 이루어집니다.7~10장

에스라서는 모두 10장, 280절로 되어 있고, 신약에 모두 6번 직접, 간접으로 인용되며, 이 책이 망라하는 시대는 BC 539~444년입니다.

알아두기

6장과 7장간에는 60년간의 간격이 있습니다. 이 기간 중 인간 역사 중에는 마라톤 전투를 위시해서 모두 3번의 큰 전쟁을 치루고, 그리고 공자와 석가가 죽습니다. 이런 것은 성경에 기록되지 않았습니다. 그것보다 하나님의 백성의 일이 하나님에게는 더 중요하기 때문입니다.

◎ 에스라 1~2장 : 1차 귀환

이 포로 귀환을 제 2의 출애굽이라고 합니다. 1948년 이스라엘 국가가 회복되어 AD 70년 이후에 흩어진 유대 민족들이 다시 모이기 시작했는데 이를 제 3의 출애굽이라고 합니다. 이 포로 기간 동안 돌아온 사람은 불과 50,000명 정도입니다. 제 1의 출애굽에서 광야에 나온 이스라엘 백성은 열악한 광야 생활보다는 상대적으로 안락한 애굽 생활을 그리워하며 광야로 이끈 모세를 원망한 것을 우리는 잘 압니다. 바벨론의 포로들은 애굽보다 훨씬 안락한 삶을 살았습니다. 바벨론에 거주하는 유대인은 포로로 잡혀가 그곳에서 70년간을 살면서 태어난 자를 합해 그 인구가 3백만 명으로 추산되는데 2백 95만 명은 남고 오직 5만 명 정도가 1,500km의 긴 여정을 차편이나 비행기도 없이 걸어서 강도 떼가 득실거리는 길을 따라 돌아온 것입니다. 그들의 이 모험의 귀향은 종교의 자유를 찾아 하나님 한 분을 향한 마음 때문입니다. 인간은 자유보다는 안락함을 선호하는 본성이 있습니다. 이때 돌아온 지파는 남왕국 유다에서 잡혀 간 지파들 즉, 베냐민, 유다, 그리고 레위인들입니다. 북왕국 열 지파는 몇 명이 섞여서 돌아왔는지는 모르지만 공식적으로 그들은 '잃어버린 지파'가 되었습니다.

📖 스 1:1 바사 왕 고레스 원년에 여호와께서 예레미야의 입을 통하여 하신 말씀을 이루게 하시려고 바사 왕 고레스의 마음을 감동시키시매

이사야는 150년 전에 하나님께서 이들을 돌아오게 하신다는 예언을 했고,사 44:28-45:4 예레미야 25:11-12, 29:10-11, 14에서 이 귀환을 계획하신 하나님의 마음을 보여 주었습니다.

약속의 땅을 향한 2번의 민족 대이동

민족 이동에 관해	1차 이동 – 출애급	2차 이동 – 포로귀환
어디에서 얼마나 있었나	애굽–430년간	바벨론–70년간
이동한 수	약 200만 명	약 6만
여행 기간	40년–2차에 걸친 가나안 입성	100년–3차에 걸친 귀환
인도자	모세, 아론, 여호수아	스룹바벨, 에스라, 느헤미야
목적	가나안 땅 차지	예루살렘 성전과 성읍 재건
현실적으로 부닥친 문제	홍해, 사막, 대적들	폐허지, 자원 부족, 주변의 방해
어떤 실패를 했나	불평과 불순종–그 결과 몇 주면 끝날 수 있는 여행이 40년이나 걸림	두려움과 낙심–그 결과 몇 달이면 완료될 건축 공사가 약 100년이나 걸림
어떤 성공을 했나	마침내 약속의 땅을 차지함	마침내 예루살렘 성전과 성벽을 중건함
교훈	하나님은 자기 백성을 기억하시고, 당신의 나라를 세우신다.	하나님은 자기의 백성을 기억하시고, 자신의 나라를 보존함

이들은 그들의 땅 가나안으로 돌아옵니다. 그 땅은 하나님께서 이스라엘에게 약속한 그 나라를 이루시기 위해 허락하신 땅입니다. 하나님의 나라를 이루시려는 열망이 보이는 조치입니다. 위의 도표는 약속의 땅을 향한 두 번의 민족 이동을 요약합니다.

참고로 귀환 기간 동안 모두 3차의 귀환이 있는데 그것을 다음 도표로 요약합니다.

	제1차 포로 귀환	제2차 포로 귀환	제3차 포로 귀환
귀환 연대	BC 538년	BC 458년	BC 445년
인솔자	스룹바벨	에스라	느헤미야
바사 왕	고레스	아닥사스다 1세	아닥사스다 1세
조서 내용	· 포로민의 귀환 허가 · 성전 건축의 허가 · 성전 기물의 반환과 건축 재료의 지원	· 포로민의 귀향 허가와 그에 따른 국고 지원 · 성직자 세금 면제 · 관리 조직의 허용	· 예루살렘 성벽 중건 허락 · 예루살렘 성벽 중건시 건축 재료의 지원
귀환자 수	대략 5만 명	대략 2천 세대	적은 일단의 그룹
관련 사건	· 성전 건축 공사의 시작 · 초막절 준수	· 에스라의 종교 개혁 · 이방인 아내와의 이혼	· 예루살렘 성벽 중건 · 에스라의 율법 교육
살펴보기	에스라 1-6장	에스라 7-10장	느헤미야 1-13장

◎ 에스라 3:1~4:5 : 예루살렘 예배의 회복

예루살렘의 귀환은 약속의 땅에서의 새로운 출발을 의미했습니다. 귀환민들은 과거의 죄악을 회개하고 하나님과 새로운 관계를 맺고 싶어 했습니다. 이 일을 위해 교제와 화목의 장소인 성전 건축이 무엇보다 시급했습니다. 성전이 이스라엘 백성의 신앙생활에 차지하는 비중과 의미를 생각해 보세요. 이 성전은 스룹바벨 성전이라고 일컫습니다. 헤롯이 크게 증축하지만 AD 70년에 로마군에 의해 철저히 파괴됩니다.

에스라서를 통해 본 영적 회복의 6단계

J. Sidlow Baxter "Explore the Book" Zondervan 1960 p.216~220 참조

1) 고향으로 돌아가다 Back to the Land

이스라엘에게 가나안은 특별한 의미가 있는 땅입니다. 언약의 상속의 땅입니다. 하나님이 아브라함과 언약한 축복의 땅입니다. 먼저 이 축복의 땅으로 돌아가야 합니다. 범죄한 자들, 첫 사랑을 잃은 자들은, 먼저 하나님이 축복하시는 장場, place으로 돌아가야 합니다.

바벨론 포로 기간

렘 29:10과 대하 36:21에 의하면 바벨론 포로기간은 70년으로 본다.
다니엘이 잡혀간 1차 포로가 BC 605년에 있었고 고레스 칙령에 의해 1차 귀환이 BC 536년에 있었음으로 이 기간은 70년간이다. 왜 70년인가 하면 가나안 땅에서 490년간 안식년을 지키지 않았기 때문이다.
다음 성경 본문이 그것을 밝혀준다. 꼭 찾아서 읽을 것.
레 25:1-7, 26:27-35, 40-43
대하 36:20-21

메대 Media-Persian Empire는 어떤 나라인가?

메대라는 나라는 바벨론이 앗수르로부터 독립할 무렵 함께 독립한 나라이다.
이 메대는 바벨론과 동맹 관계를 유지하다가 느부갓네살이 죽은 후에 그 관계가 깨어지고, 바벨론의 벨사살을 죽이고 바벨론을 이어받고 나중에 페르시아바사와 통합하여 바사제국이 된다.
바사 제국은 BC 536년에 시작하여 BC 330년 그리스의 알렉산더 대왕에 의해 멸망한다.

이 세상의 바벨론으로부터 등을 돌려야 한다는 말입니다. 우리가 가야할 축복의 장소는 '복음의 약속'입니다.

📖 요일 1:9 만일 우리가 우리의 죄를 자백하면 그는 미쁘시고 의로우사 우리 죄를 사하시며 우리를 모든 불의에서 깨끗하게 하실 것이요

2) 제단 재건축 the Altar rebuilt

귀환해서 한 첫 번째 일은 제단을 다시 쌓는 일이었습니다. 제단의 의미는 하나님께로 구별되어지는 것consecration to God의 의미를 갖습니다.관점 3을 생각하세요.

3) 새 성전의 시작 the New Temple commenced

귀환의 목적은 성전을 재건하는 데 있었습니다. 새 제단을 쌓고 예배가 회복되었으면 새 성전이 시작되도록 해야 합니다. 우리는 하나님을 찬양하고 증거하는 영적 집을 짓도록 부름받은 자임을 알아야 합니다. 바울은 우리가 하나님의 성전이라고 했다는 사실을 명심하세요.

4) 역경을 만남 "Adversaries" encounter

하나님의 사역을 하며 영적인 삶을 사는 한, 대적은 언제나 만난다는 사실을 명심하고 언제나 하나님을 의지하고 있어야 합니다. 그래서 그 대적과 타협하면 안 됩니다.

📖 약 4:7 그런즉 너희는 하나님께 복종할지어다 마귀를 대적하라 그리하면 너희를 피하리라

5) 예언의 소리 Prophets raised up

역경의 순간에는 언제나 희망의 소리가 있다는 사실을 기억하십시오. 이들의 역경에는 학개와 스가랴가 희망의 예언을 들려주었습니다. 우리의 역경 속에는 언제나 하나님의 말씀인 성경이 떠나지 않아야 합니다.

6) 사명의 완성 the Work completed

믿음과 사역은 하나님의 이름으로 승리하게 되어 있음을 명심하십시오.

◎ 에스라 4:24~5:1 : 학개와 스가랴의 예언에 대해서

학개 HAGGAI 哈該書

학개 한눈에 보기

개요 "오늘부터는 내가 너희에게 복을 주리라"

첫째 메시지 : "일어나라" (1:1-15)

▶시기 : 여섯째 달 첫날
▶주요점 : "집을 지어라"(성전 건축 독려) - 1:8

둘째 메시지 : "지원하리라" (2:1-9)

▶시기 : 일곱 번째 달 21째 날
▶주요점 : "내가 너와 함께 하리라" - 2:4

셋째 메시지 : "확인하라" (2:10-19)

▶시기 : 아홉 번째 달 24째 날
▶주요점 : "그러나 오늘 부터는 내가 너희에게 복을 주리라" 2:19하
(이절은 성경의 중요한 전환점이 된다)

넷째 메시지 : "확신하라" (2:20-23)

▶시기 : 아홉 번째 달 24째 날
▶주요점 : "...그러나 내가 너를 취하고 너로 인을 삼으리니..." 2:23

다리오 왕 2년에 하나님의 말씀이 학개에게 임하였다고 했습니다. 이 때가 BC 520년입니다. 학개서는 학개의 설교 4개가 기록되어 있습니다. 그 설교가 행해진 날짜가 정확하게 적혀 있습니다.시릴 브리지랜드 "성경연구 가이드" IVP.1995 p.260

• **BC 520년 8월 29일 :** 그들은 성전을 건축하기보다는 자기들이 살 집에 마음을 쓰고 있었습니다.1장 일어나 성전을 지으라는 독려입니다.

• **BC 520년 10월 17일 :** 좋았던 '지난 날'을 되돌아볼 필요가 없습니다. 두 번째 성의 영광은 첫 번째 성의 영광보다 큰 것이라는 것입니다.2:1-9

• **BC 520년 12월 18일 :** 제사장에게 두 가지 질문이 주어지는데, 그들의 대답은 죄가 만연되어 있음을 보여 줍니다. 성전이 지어지지 않고 있는 한 모든 것이 오염되어 있습니다.2:10-19

• **BC 520년 12월 18일 :** 네 번째 연설은 보다 짧습니다. 스룹바벨은 그의 할아버지 여호야긴에게 내려졌던 선고렘 22:24가 철회되고, 그는 하나님의 개인적인 대표자라는 약속을 받습니다.2:20-23

학개서는 모두 2장 38절로 되어 있고, 신약에 7번 직접·간접으로 인용됩니다.

1장 8절
"너희는 산에 올라가서 나무를 가져다가 성전을 건축하라 그리하면 내가 그것으로 말미암아 기뻐하고 또 영광을 얻으리라 여호와가 말하였느니라"

"재건축" (Rebuilding)
이 책의 핵심은 예루살렘의 성전의 재건축에 맞추어져 있습니다.

◎ 학개 1~2장

이 책은 '성전 재건'을 주제로 하여 선지자 학개가 받은 4편의 계시로 구성되어 있습니다. 바벨론에서 귀환한 유다 백성들은 하나님의 성전을 재건하는 일에 착수했습니다.

그러나 주변 대적들의 심한 반대에 부딪히자 그만 낙심하고 세상일에 몰두했습니다. 바로 이러한 때에 학개는 미래의 비전을 제시하면서 성전 재건을 힘차게 독려했습니다. 학개서는 심판에서 희망으로 전환하는 중요한 전환점을 보여 주고 있습니다.

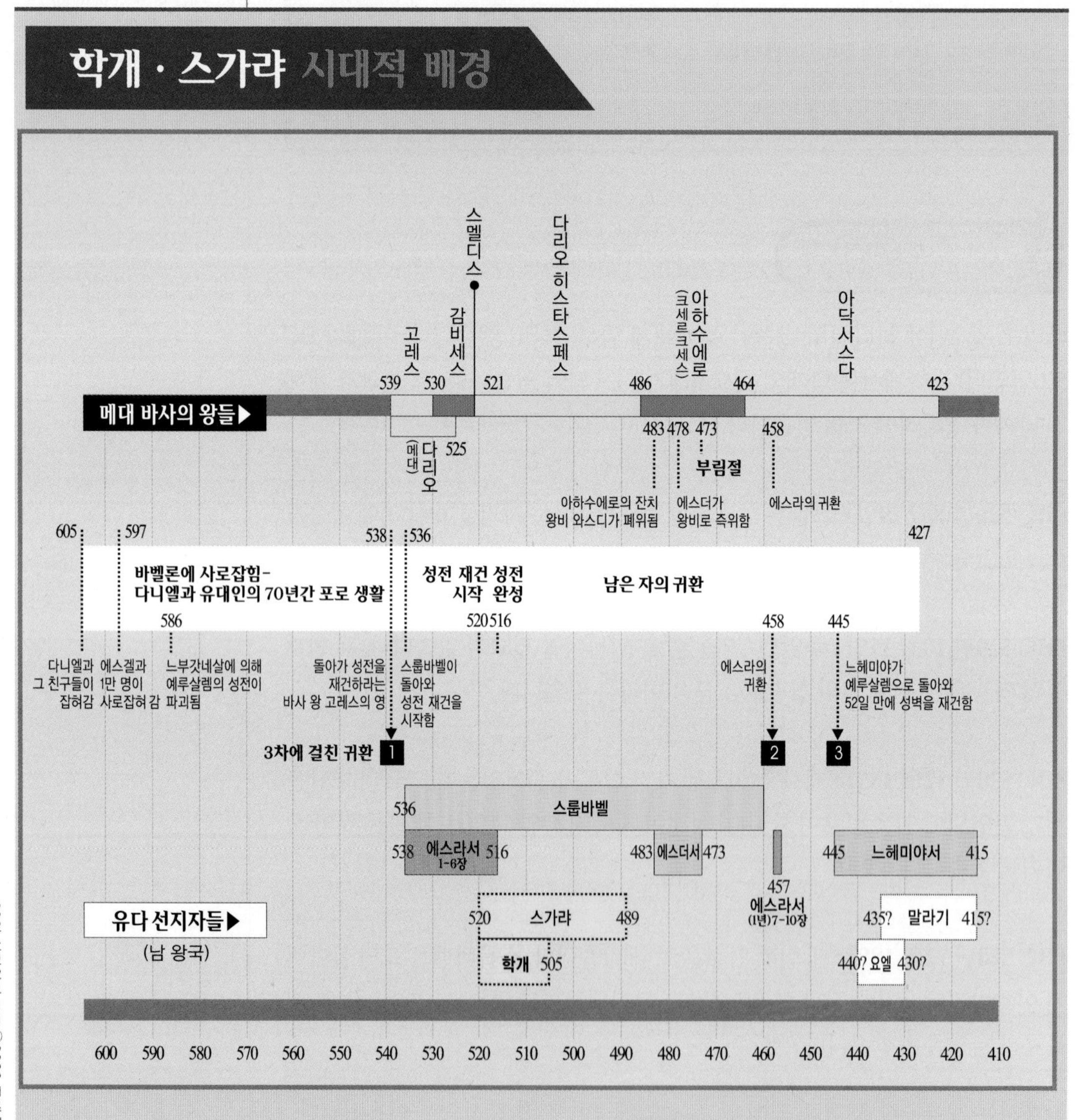

"너희는 산에 올라가서 나무를 가져다가 성전을 건축하라 그리하면 내가 그로 말미암아 기뻐하고 또 영광을 얻으리라 나 여호와가 말하였느니라" 학1:8

자라나기 살아 있는 돌로 지어질 성전 학개 2:6-9

학 2:6-9 [6]나 만군의 여호와가 이같이 말하노라 조금 있으면 내가 하늘과 땅과 바
다와 육지를 진동시킬 것이요 [7]또한 모든 나라를 진동시킬 것이며 모든 나라의 보배
가 이르리니 내가 이 성전에 영광이 충만케 하리라 만군의 여호와의 말이니라 [8]은도
내 것이요 금도 내 것이니라 만군의 여호와의 말이니라 [9]이 성전의 나중 영광이 이전
영광보다 크리라 만군의 여호와의 말이니라 내가 이곳에 평강을 주리라 만군의 여호
와의 말이니라

하나님은 선지자 학개를 통해 두 번째 성전스룹바벨 성전이 이전의 솔로몬 성전을 대신해 참으로 영광스런 약속을 주셨습니다. 오늘날 우리는 더 위대하고 더 영광스런 성전을 생각해 봅니다. 그것은 손으로 짓지 아니한 성전으로서 예수 그리스도의 터 위에 살아 있는 돌들로 지어진 성전입니다. 그 전은 성령을 모시고 있는 바로 우리들입니다.

벧전 2:4-5 [4]사람에게는 버린 바가 되었으나 하나님께는 택하심을 입은 보배로
운 산 돌이신 예수에게 나아가 [5]너희도 산 돌 같이 신령한 집으로 세워지고 예수 그리
스도로 말미암아 하나님이 기쁘게 받으실 신령한 제사를 드릴 거룩한 제사장이 될지
니라

고전 6:19-20 [19]너희 몸은 너희가 하나님께로부터 받은 바 너희 가운데 계신 성
령의 전인 줄을 알지 못하느냐 너희는 너희 자신의 것이 아니라 [20]값으로 산 것이 되
었으니 그런즉 너희 몸으로 하나님께 영광을 돌리라

우리는 그리스도의 십자가의 보혈의 공로로 인해 생명을 얻게 되었습니다. 하나님은 이 성전에 오셔서 평강을 주시고, 항상 경배와 찬양 받기를 원하신다는 사실을 명심하십시다.

60일

년 월 일

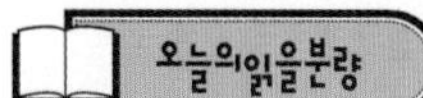

슥 1~8장
스 5:2~6장
단 6장

8장 3절
"여호와가 이같이 말하노라 내가 시온에 돌아와 예루살렘 가운데에 거하리니 예루살렘은 진리의 성읍이라 일컫겠고 만군의 여호와의 산은 성산이라 일컫게 되리라"

"예루살렘" (Jerusalem)
이 책은 스가랴의 시대까지도 여전히 폐허로 남아 있는 도성 예루살렘에 맞추어져 있습니다. 다시 재건될 도성의 모습과 앞으로 영원히 설 도성을 보면서 하나님의 기쁨을 보여 줍니다.

스가랴 ZECHARIAH 撒迦利亞書

스가랴 한눈에 보기

개요 시온을 위한 열정

I. 초기 예언 : 성전 건축 기간 (1-8장)

▶일곱 환상 : ① 네 마리의 말 (1:8-17)
② 네 뿔과 네 대장장이 (1:18-21)
③ 측량줄 (2장)
④ 여호수아의 옷을 새로 입힘 (3장)
⑤ 금촛대 (4장)
⑥ 두루마리 / 여인 (5장)
⑦ 넉 대의 전차 (6장)

▶4가지의 메시지 : ① 7:1-7 ② 7:7-14 ③ 8:1-17 ④ 8:18-23

II. 후기 예언 : 성전 건축 후 (9-14장)

① 새 목자가 왕으로 오심과 그로 인한 시온의 축복 (9-11장)
② 시온의 최종적 진통과 승리 (12-14장)

바벨론에 잡혀간 포로들은 오랜 유배 생활을 끝내고 예루살렘으로 돌아와 하나님의 성전을 다시 세우기 위해 노력했습니다. 그러나 이 일은 곧 궁지에 빠졌고, 사람들은 낙심하고 있었습니다. 학개와 마찬가지로 스가랴도 하나님의 성전을 다시 세우는 일을 마무리하도록 사람들을 격려했습니다. 그의 환상은 사람에게 소망을 주었습니다. 그는 사람들에게 영원한 왕국을 세우실 미래의 왕에 대해서 이야기했습니다. BC 520년경

스가랴는 학개와 동시대 활약한 선지자입니다. 그의 메시지의 핵심은 성전 재건을 독려하는 것과 관련해서 하나님께로 돌아가자는 것입니다. "너희는 내게로 돌아오라 나 만군의 여호와의 말이니라 그리하면 내가 너희에게로 돌아가리라" 1:3는 말은 그의 메시지를 요약해 줍니다.

스가랴서는 **1. 초기 예언** 1~8장과 **2. 후기 예언** 9~14장으로 나뉩니다.
초기 예언은 BC 519년 2월 15일 밤에 여덟 개의 환상으로 주어집니다.

1. 네 말 탄 사람은 열국 가운데 이스라엘을 위한 여호와의 목적을 성취하려는 움직임이 없기 때문에 여호와의 진노가 발한 것을 보여 줍니다. 1:7-17
2. 네 뿔과 네 공장工匠은 예루살렘을 흩어 버린 사람들이 멸망당할 것을 보여 줍니다. 1:18-21
3. 예루살렘을 재건하기 위해 측량하지만 여호와께서 예루살렘의 보호벽이 되실 것입니다. 2장

4. 죄 된 백성의 대표자인 대제사장 여호수아가 무죄하게 되는데, 이는 메시야가 오심으로 죄책이 제거될 것을 나타냅니다.3장
5. 등대와 감람나무는 종교적 민족적 지도자들이 사용할 수 있는 신적 자원을 예증합니다.4장
6. 날아가는 두루마리는 하나님의 말씀이 부정직함을 태워 버릴 것이라고 선포합니다.5:1-4
7. 에바와 여인은 악이 이 땅에서 제거될 것을 예언합니다.5:5-11
8. 네 병거는 온 세상에 대한 하나님의 주권을 선포합니다.6:1-8

여호수아는 왕관을 씁니다. 왜냐하면 그는 제사장으로서 뿐만 아니라 왕으로서도 메시야를 나타내기 때문입니다.6:9-15 벧엘 사람들은 예루살렘 멸망과 살해된 통치자 그다랴를 기념하는 금식이 성전이 재건된 지금에도 계속될 필요가 있는지 묻습니다. 여호와의 대답은 그들이 바벨론 유수 전에 지키지 않으려 했던 기준들을 상기시킵니다. 장차 예루살렘은 영광스럽게 될 것이며, 상황들은 포로 귀환 후 상태와 현저한 대조를 이룰 것입니다. 왜냐하면 예루살렘은 온 세상의 종교적 중심지가 될 것이기 때문입니다.7-8장 후기 예언은 성전 건축 후의 일을 예언합니다. 하나님은 두 말씀을 주시는데, 첫 번째 말씀은 메시야의 도래를 선포하고 여호와의 백성의 부주의한 지도자들을 정죄하며, 언약이 깨어지고 나라가 분열될 것을 예언합니다.9-11장

두 번째 말씀은 여호와께서 큰 전투를 위해 그의 백성을 강하게 하시고 그들을 다듬으시는 것을 봅니다. 마지막 전투가 끝난 후에 생수가 예루살렘에서 솟아납니다.12~14장 신약에서는 그리스도와 관련하여 이 마지막 장들에서 여러 구절을 인용하고 있습니다. 그는 시온의 왕이시며, 칼에 맞는 목자이시라는 것입니다.
스가랴서는 모두 14장, 211절로 되어 있고, 신약에 직접, 간접으로 71번 인용되고 있습니다.

◎ 스가랴 1~8장 : 초기 예언

에스라서 내용에 보면 1차 포로 귀환 때 돌아온 백성들은 스룹바벨이라는 제사장의 인도로 성전 짓기를 시작했지만 완성하지 못합니다. 그 후 학개와 스가랴가 성전을 마저 완성하기 위해 예루살렘으로 돌아와 완공합니다. 그리고 그 후, 에스라가 들어오고, 그 다음에 느헤미야가 예루살렘 성벽성전과 다르다을 개축하기 위해 예루살렘 총독이라는 명함을 갖고 돌아옵니다. 다음 도표p.400는 1-6장에서 보여 준 환상을 요약합니다.

스가랴가 본 여러 가지 환상

환상들	의미
네 마리의 말 (1:8-17)	그는 그리스도를 가리킨다. 이 환상은 열방에 대한 심판과 이스라엘의 재건을 의미한다.
네 뿔과 네 대장장이 (1:18-21)	'네 뿔'은 세상의 4대 세력을, '네 공장(工匠)' 은 그 뿔들을 심판할 하나님의 사자를 가리킨다.
측량줄 (2장)	장차 하나님께서 예루살렘을 재건하고 영화롭게 일으켜 세울 것임을 의미한다.
여호수아의 옷을 새로 입힘 (3장)	하나님의 백성이 하나님의 의롭다 하시는 칭의의 옷으로 거룩하게 될 것임을 의미한다.
금촛대 (4장)	성령이 유다 백성의 지도자인 스룹바벨과 여호수아에게 능력을 공급할 것임을 의미한다.
두루마리 (5장)	각 사람이 지은 죄에 대한 하나님의 심판과 저주를 의미한다.
여인 (5장)	이 '여인'은 죄와 반역을 상징한다 . 그것이 이스라엘을 떠나 바벨론으로 옮겨질 것이다.
넉 대의 전차 (6장)	온 땅 위에 임할 하나님의 심판을 의미한다.

□ 순종이 형식적인 금식보다 낫다 7~8장

하나님은 스가랴를 통해 이스라엘의 형식적인 금식을 책망하셨습니다.

슥 7:5-7 5온 땅의 백성과 제사장들에게 이르라 너희가 칠십 년 동안 다섯째 달
과 일곱째 달에 금식하고 애통하였거니와 그 금식이 나를 위하여 나를 위하여 한 것
이냐 6너희가 먹고 마실때 그것은 너희를 위하여 먹고 너희를 위하여 마시는 것이 아
니냐 7예루살렘과 사면 성읍에 백성이 평온히 거주하며 남방과 평원에 사람이 거주
할 때에 여호와가 옛 선지자들을 통하여 외친 말씀이 있지 않느냐 하시니라

스가랴는 금식이 하나님 앞에 가장 중요한 것이 아니라고 말합니다. 하나님이 진정으로 원하시는 것은 선지자의 말을 청종하는 것입니다. 이스라엘 백성들은 그들의 조상들이 선지자들이 전하는 하나님 말씀을 순종하지 않음으로 그 땅이 황폐케 된 것을 기억해야 했습니다.

그러므로 이스라엘 백성들은 그들 상호간에 진실하며, 하나님께 대하여 진실

하여 언약에 신실한 하나님의 백성이 되어야 했습니다.슥 8:16-19 이렇게 할 때에 그들은 명실공히 하나님의 백성이 될 것입니다.슥 8:8 사무엘은 순종이 제사보다 낫다고 했습니다.삼상 15:22

◎ 에스라 5:2~6장 : 성전을 재건하다

중단된 성전 재건이 학개와 스가랴 선지자의 독려로 다시 시작되고 그 재건이 완성됩니다. 새 왕 다리오를 설득하여 성전 재건을 중단하려는 음모는 그 반대의 결과로 나타납니다. 오히려 그의 지원을 받게 됩니다. 4년 만에 성전 재건을 완성하고 처음으로 유월절을 지킵니다. 바벨론의 속박에서 벗어나는 제 2의 출애굽을 체험한 이들에게 이 유월절 지킴은 특별한 의미가 있었을 것입니다.

◎ 다니엘 6장 : 사자굴에서 살아 나온 다니엘 

◎ 역대상 1:1~9:34

역대기 상의 한눈에 보기는 p.214에 있습니다.

□ 역대기가 족보로 시작하는 이유는 ? 

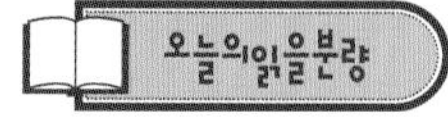

대상 1~9:34
에 1~2장

역대기의 저자는 에스라입니다. 그가 포로에서 귀환했을 때 이스라엘의 신앙 공동체는 그 정체성Identity을 상실한 지 오랜 시간이 흘렀습니다. 이스라엘의 재건, 즉 하나님 나라의 재건은 그들의 신앙 공동체의 정체성 회복으로부터 출발해야 함을 잘 알고 있었습니다. 그래서 에스라는 바벨론에서 귀환한 이스라엘 백성들을 격려하여 여호와 신앙을 굳건히 세우기 위해 그들의 과거 역사를 회고하며 교훈하는 책을 쓰게 된 것입니다. 그런 맥락에서 그는 서두의 첫 아홉 장에서 그들의 조상들의 족보를 먼저 언급했습니다.

에스라는 포로에서 돌아온 이스라엘 백성들에게 그들이 하나님의 백성의 혈통에 속한 사람들이라는 것을 보여 주고자 했습니다. 지금 본국으로 귀환하여 회복된 이스라엘 공동체는 오래 전 그들 조상에게 주신 하나님의 언약과 상관없는 무리가 아니라, 그것의 기업을 물려받을 권리가 있는 자들인 것을 상기시켜 주고자 하는 데 있습니다.
이스라엘은 위대하고 영광스러운 과거가 있었습니다. 하나님이 그들의 패역함으로 인하여 징계하였음에도 불구하고 이스라엘은 유다와 레위 지파 및 다른 지파의 남은 자들Remnant을 통해 과거 영광스러운 시절로 돌아 갈 수 있다는 것을 보여 주고자 했습니다. 이런 격려와 목적으로 족보를 매우 비중 있게 기록하고 있습니다. 그렇다면 오늘을 사는 우리에게 이 족보가 주는 의미는 무엇일까요?

대부분의 민족이 그렇지만, 자신의 조상이 누구인지를 아는 일은 유대인들에게 특히 중요한 일이었습니다. 지나간 인류의 역사에서 우리는 중요한 교훈들을 배웁니다. 마찬가지로 성경의 계보를 통해서도 배울 점이 많이 있습니다.

이스라엘 백성들은 이런 계보족보를 통해 인구를 조사하고 그들의 의무를 조직화하는데 유효하게 활용하기도 합니다. 이 백성들이 이런 족보로부터 무엇을 얻었는지 알게 된다면 아브라함의 영적 후손이 된 우리도 신앙 안에서 같은 것을 얻게 될 것입니다.

> **첫째,** 계보는 상속권과 재산권, 왕위 계승권과 제사장 직분 등 이스라엘 백성들의 소중한 유산을 확립했다는 점입니다.
>
> **둘째,** 계보는 성막의 유지, 정탐꾼의 선발, 약속된 땅의 분배 같은 일을 할 때 이스라엘 백성들을 조직화했다는 사실입니다.
>
> **셋째,** 이것은 참으로 중요한 영적 의미를 보여 주는 것으로, 이스라엘 백성들은 그들의 족보를 통해 하나님께서 자신의 조상들에게 베풀어 주신 놀라운 일들을 항상 기억할 수 있었습니다.

역대기의 저자인 에스라는, 하나님께서 역사상 중요한 역할을 맡은 민족으로 '이스라엘'을 어떻게 선택하셨는지를 보여 주기 위해 많은 이름들을 일일이 나열하였습니다. 사실 어떻게 보면, 하나님의 이러한 계획은 아브라함과 다윗 이전에 아담에게서부터 이미 시작된 것이라고 볼 수 있습니다. 그리고 성경의 계보는 그러한 사실을 분명히 보여 줍니다.

우리는 이렇게 고대 이스라엘 사람들의 입장을 이해함으로써, 오늘날의 우리에게도 해당되는 중요한 신앙 교훈들을 얻을 수 있습니다. 하나님은 오늘날에도 여전히 아브라함의 믿음의 후손들이요 자신의 구속 계획을 완성시켜 나갈 하나님의 백성인 우리를 통해 자신의 계획을 중단 없이 이루어 나가실 것이기 때문입니다. 역대기에 길게 기록된 아브라함 후손의 족보는 단순한 이름들을 나열한 하나의 족보의 의미만 갖는 것은 아닙니다. 한 세대에 다음 세대에 이어지는 족보의 기록 속에는 하나님의 사역이 깃들어 있음을 봅니다.
그런 이유로 성경의 족보는 오늘날 우리에게 우리의 신앙 유산을 어떻게 볼 것인가에 대해 가르쳐 줍니다.

> **첫째,** 족보는 자신의 뿌리를 보게 함으로 감사함을 찾을 수 있고, 그로 인해 하나님을 찬양할 많은 이유들을 발견하게 합니다. 하나님은 그

들을 하나님의 백성으로 선택하셨고, 애굽의 종살이에서 구출해 내셨으며, 젖과 꿀이 흐르는 땅을 주셨고, 또한 왕국으로 세워 주셨음을 볼 수 있습니다. 이 모든 일들은 하나님께서 이스라엘의 열조에 주신 약속들을 세대를 통해 신실하게 지키신 결과였습니다.

둘째, 성경 족보는 이스라엘과 에돔 사이가 아주 가까운 친척 관계임을 보여 줍니다. 오늘날 이것은 우리에게 자신의 주변 이웃을 돌아보게 합니다. 인종들 간에 심각한 갈등과 분열이 있는 이 세상에서 성경 족보는 한 조상, 한 하나님을 볼 수 있는 관점을 제공합니다.

셋째, 과거를 관찰함으로 믿음을 얻고 그 믿음으로 앞을 바라보게 합니다. 과거는 미래의 나침판입니다.

이스라엘의 족보 속에 나타난 하나님의 신실하심을 현재와 미래에도 여전히 기대할 수 있습니다. 하나님은 어제도 오늘도 내일도 동일하신 분이시기 때문입니다.

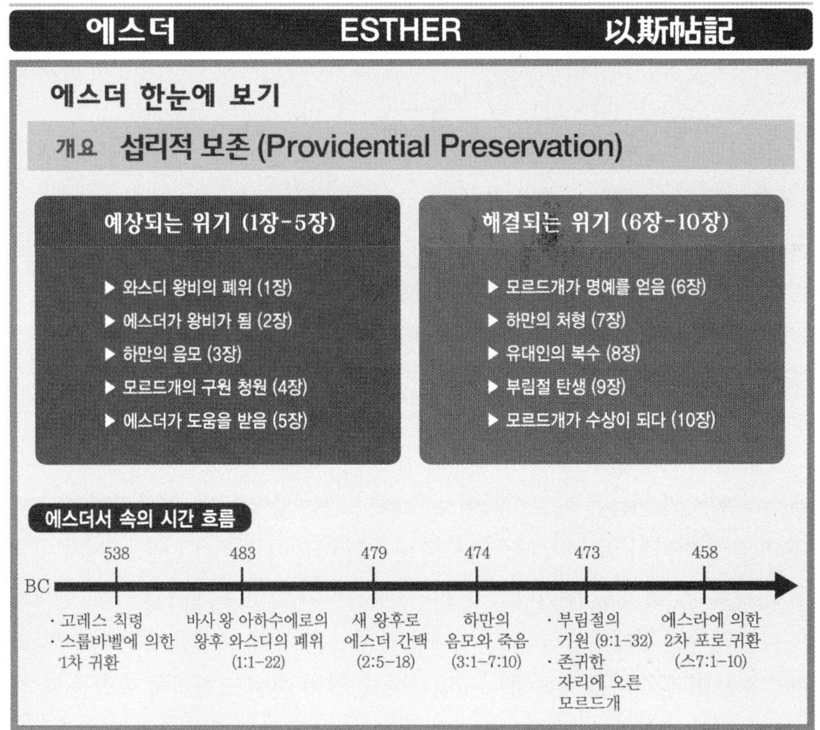

에스더
ESTHER
以斯帖記
에스더 한눈에 보기
개요 섭리적 보존 (Providential Preservation)
예상되는 위기 (1장-5장)
▶ 와스디 왕비의 폐위 (1장)
▶ 에스더가 왕비가 됨 (2장)
▶ 하만의 음모 (3장)
▶ 모르드개의 구원 청원 (4장)
▶ 에스더가 도움을 받음 (5장)
해결되는 위기 (6장-10장)
▶ 모르드개가 명예를 얻음 (6장)
▶ 하만의 처형 (7장)
▶ 유대인의 복수 (8장)
▶ 부림절 탄생 (9장)
▶ 모르드개가 수상이 되다 (10장)
에스더서 속의 시간 흐름
BC
538
· 고레스 칙령
· 스룹바벨에 의한 1차 귀환
483
바사 왕 아하수에로의 왕후 와스디의 폐위 (1:1-22)
479
새 왕후로 에스더 간택 (2:5-18)
474
하만의 음모와 죽음 (3:1-7:10)
473
· 부림절의 기원 (9:1-32)
· 존귀한 자리에 오른 모르드개
458
에스라에 의한 2차 포로 귀환 (스7:1-10)

4:14하
"네가 왕후의 자리를 얻은 것이 이 때를 위함이 아닌지 누가 알겠느냐 하니"

"섭리" (Providence)
이 책은 하나님의 이름이 직접적으로 나타나지 않는 책으로 잘 알려져 있습니다. 그러나 이 책은 하나님의 자기 백성에 대한 놀라운 섭리와 계획을 제외하고는 이해할 수 없는 책입니다.

에스더 시대적 배경

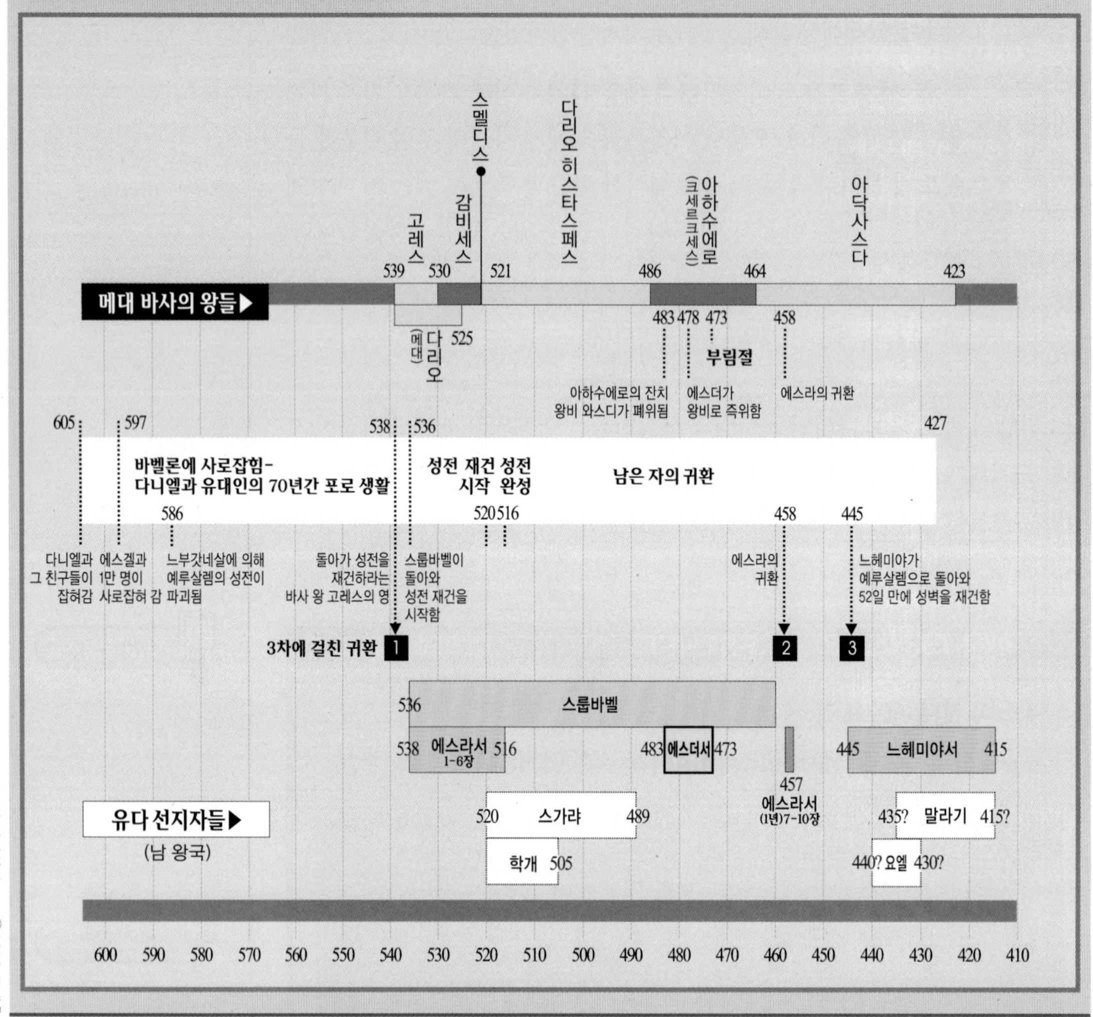

에스더Esther의 이름은 페르시아어로 스타star라는 뜻입니다. 히브리어로 그녀의 이름은 '하다사'입니다. 에스더서는 룻기와 더불어 성경에 나오는 여자 이름으로 된 두 권의 책 중에 하나입니다. 이 두 여인이 살던 시대는 정치적, 경제적으로 암담하던 시대였습니다. 그 시대에 하나님은 이 두 여인을 통해서 한 가닥 희망을 보여 주시기를 원하시는 것입니다. 인간이 어렵고 참담하고 힘들 때 하나님은 멀리서 외면하시는 분이 아니라는 것을 보여 줍니다.

이 두 여인의 책을 통해서 성경은 남성 우월주의를 지지하고 있지 않다는 것을 보여 주기도 합니다. 물론 여권주의女權主義를 강조하는 것도 아니지만, 에스라서와 느헤미야서는 포로 후 귀환한 남은 자에 대한 하나님의 마음을 기록한 책이고, 에스더서는 귀환하지 않은 자들에 대한 하나님의 마음을 기록한 책입니다. 에스더서는 위기에서 하나님이 자기 백성을 보존하시는 그의 섭리적 보존providential preservation을 보여 주는 책입니다. 룻은 이방 여인으로 유대인과 결혼하였고, 에스더는 유대 여인으로서 이방인인 바사 왕 아하수에로고고학의 발굴에 의하면 아하수에로 왕은 BC 485-465년 동안 바사를 통치한 크세르크세스(Xesxer)로 밝혀졌다.와 결혼합니다. 그 내력은 이러합니다. 그의 왕비인 와스디는 왕의 향연에 자신의 모습을 보이기를 거부했다는 이유로 왕후에서 폐위당합니다. 그녀 대신에 에스더가 왕후로 뽑힙니다. 내시가 왕을 암살하려 음모를 꾸미지만, 에스더의 사촌이며, 그녀를 양녀로 키운 모르드개가 그것을 알아채고 그 음모를 에스더에게 알려 줍니다. 최고 고관이 된 하만은 모르드개가 그에게 무릎 꿇어 절하지 않는다는 이유로 격분하여 그 땅 안에 있는 유대인을 모두 학살하라는 잔인한 명령을 내립니다.

1-3장 : 모르드개는 에스더에게 그녀의 특권적 위치를 이용해서 행동을 취할 것을 권합니다. 당시 법은 왕의 허가 없이 왕 앞에 나타나는 자는 지위고하를 막론하고 무조건 죽이게 되어 있습니다. 그녀는 '죽으면 죽으리라'는 결단으로 자신의 생명을 걸고 왕께로 나아갑니다.4장

"이 때에 네가 만일 잠잠하여 말이 없으면 유다인은 다른 데로 말미암아 놓임과 구원을 얻으려니와 너와 네 아버지 집은 멸망하리라 네가 왕후의 자리를 얻은 것이 이때를 위함이 아닌지 누가 알겠느냐 하니"4:14

5-7장 : 하만은 모르드개를 나무에 달려고 음모를 꾸미지만, 오히려 하만이 그 나무에 달립니다.

8-9장 : 유대인들은 자기 적들을 복수하고 부림제비뽑기절을 정하여 기념합니다.

에스더서는 모두 10장, 167절로 되어 있고, 신약에 3번 직접, 간접으로 인용됩니다. 이 책이 망라하는 시간은 BC 483~473년입니다.

에스더서의 모형론적 이해

바사페르시아에 사는 유대인들은 세상 속에 있는 하나님의 세속적 백성, 즉 육신적 그리스도의 모형이라고 볼 수 있습니다. 모두 고향으로 돌아가도록 하나님께서 고레스의 마음을 움직여스 1:1 조치해 주셨는데 황폐한 예루살렘으로 돌아가 고생하면서 성전을 재건하고 성벽을 쌓는 것보다 이곳 바사에서 그 동안 닦아 놓은 기반을 즐기면서 이곳에 영주하는 자들이 바로 바사의 유대인들입

니다. 이들은 롯과 같은 자들입니다. 눈에 보이는 것으로 판단하고 만족하는 세상적인 그리스도인들의 모형입니다. 하나님은 이들도 그의 섭리 속에서 보호하시고 인도하시지만, 그의 이름이 그들과 깊이 관련되기를 허용하시지는 않습니다. 참 성도는 '바벨론'에서 나와야 하고, '애굽'에서 나와야 합니다. 관점 3

◎ 에스더 1~2장

BC 539년 바벨론은 선지자들의 예언대로 바사 제국에 의해서 무너졌습니다. 고레스의 칙령은 유대 포로를 본국으로 보내고 그들의 민족의 신을 회복시키도록 허용하는 조서입니다. 사 44:26-28, 45:1-13에서 예언됨 2장은 귀환하지 않고 남은 자들을 보호하시는 하나님의 섭리를 보여 줍니다. 그 과정으로서 원래의 왕비 와스디가 폐위되고 에스더가 왕후가 되는 과정을 보여 주고 있습니다.

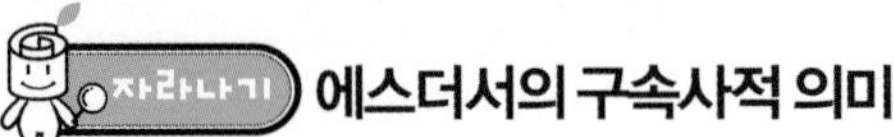

에스더서의 구속사적 의미

에스더서는 하만의 흉계에 의해 이스라엘 백성들이 몰살당할 뻔한 위기에서 에스더에게 하나님이 베풀어 주신 은혜로 구출 받게 된 '부림절'의 유래를 들려줍니다. 여기서 우리는 에스더의 "죽으면 죽으리라" 에스더 4:16 는 용기를 칭찬할 수도 있을 것입니다. 그러나 더 깊은 면, 즉 구속사救贖史의 측면을 들여다볼 필요가 있습니다.

지금까지 구약을 공부해 오면서 살펴보았듯이, 구약시대 사탄의 주된 관심사가 무엇입니까? 이 땅에 '여자의 후손' 창 3:15, 곧 메시아가 오는 것을 방해하는 것입니다. 메시아가 아브라함의 자손에게서 나올 것이 예언되었음으로 창 22:18 ; 행 3:20, 25 사탄은 어떻게 해서든지 이스라엘 백성들을 멸망시키려 획책합니다. 애굽의 바로가 이스라엘의 모든 사내아이들을 죽이려 했던 것, 이스라엘 주변 나라들이 이스라엘을 멸하려고 침략한 것들도 이런 측면에서 볼 필요가 있습니다. 지금 에스더 시대에는 사탄이 하만에게 들어가 이 땅에 메시아를 오게 하는 이스라엘 자손들을 진멸하려 했다는 차원에서 이해할 필요가 있습니다. 하만(המן)의 히브리 알파벳의 숫자를 합치면 666이 된다고 합니다. 이것은 계시록에 나오는 짐승의 숫자입니다. 계 8:18 이런 엄청난 사탄의 방해를 뚫고 메시아는 예언대로 이 땅에 오신 것입니다. BC 5세기 말엽, 바사의 수산 궁을 배경으로 하는 본서는 에스더Esther라는 한 유대인 소녀가 어떻게 해서 바사 제국의 왕후가 되었고 또 어떻게 해서 자기 민족을 파멸로부터 구출해 냈는지를 보여 주고 있는 놀라운 구원의 이야기입니다. 본서에는 '하나님'이란 말이 직접 등장하고 있지는 않지만, 곳곳에서 하나님의 손길을 느낄 수 있습니다. 다음의 도표를 참조하십시오.

◻ 에스더서에 나타난 하나님의 섭리

에스더서에는 '하나님'이란 말이 전혀 안 나오지만 자기 백성을 돌보시는 하나님의 손길이 성경 어느 책보다 확실히 나타나고 있음을 볼 수 있습니다. 다음 도표가 그 사실을 잘 요약합니다.

하나님의 섭리	관련 구절
포로민에 불과한 유대인 소녀 에스더가 바사 제국의 왕후가 된 일	2:15-18
대궐 문에 앉았던 모르드개가 때마침 왕의 살해 음모를 엿듣게 된 일	2:21-23
한 달 동안 에스더를 찾지 않던 왕이 에스더의 등장을 기꺼이 반긴 일	5:2
잠들지 못하고 있던 아하수에로 왕에게 궁중 신하가 때마침 읽어 준 궁중 일기의 부분이 모르드개가 왕을 위해 공을 세운 부분과 관련된 일	6:1-2
궁지에 처한 하만이 에스더에게 살려 달라고 매달릴 때, 때마침 왕이 되돌아와 그 장면을 목격하고, 그것을 강간으로 판단한 일	7:5-8
모르드개를 매달아 죽이고자 세운 하만의 장대에 그 자신이 매달린 일	7:9-10

◎ 에스더 3~10장

하만의 교만으로 인해 바사Persia 지역에 남은 유대인들에게 엄청난 비극이 생기게 되었습니다. 지위가 높아진 하만은 모든 사람에게 자기에게 절할 것을 명하였지만 에스더의 사촌오빠인 모르드개는 하만에게 절하지 않았습니다. 하만은 이에 격분하여 모르드개가 유대인임을 알고 온 유대인까지 다 죽이려는 계획을 세웁니다.

이 음모를 알아차린 모르드개는 이 사실을 왕비 에스더에게 알리고, 왕비 에스더는 왕의 허락 없이 왕에게 접근하는 자는 죽임을 당한다는 당시의 법을 어기고 '죽으면 죽으리라'는 각오로 왕께 나아가 하만의 모든 계획이 탄로나게 합니다. 아하수에로 왕은 왕비 에스더를 사랑한 나머지 하만이 모르드개를 달아 죽이려고 세운 나무에 오히려 하만을 매달아 처형합니다. 왕은 또한 당시 온 바사 제국에 잘 발달된 통신 수단을 이용하여 풍전등화風前燈火같은 위기에 처한 전국 각지의 유대인들을 살려냅니다. 이를 기념하는 절기가 부림절입니다. 부림Purim은 '제비 뽑다'라는 말로서 하만이 유대인을 학살할 달과 날을 제비 뽑아 결정한 것을 말합니다. 이 부림절은 아달월 14일에서 15일 양일간에 지키는데 요즈음 태양력으로는 대개 3월 중입니다.

에 3~10장
스 4:6-23
스 7~10장

◻ 에스더서에 나타나는 바사Persia의 풍습

에스더서는 BC 5세기, 바사 제국의 행정 수도인 수산수사에서 아하수에로크세르크세스 왕의 재위 기간에 있었던 사건을 기록하고 있습니다. 다리오 1세고국으로 돌아가고 싶은 유대인은 누구나 그렇게 하도록 허락한 바사의 왕가 사망하자 그의 아들 아하수에로가 왕이 되었습니다. 아하수에로는 자신의 왕비 와스디에게 불만족하게 되자 그녀를 쫓아내고 에스더와 결혼한 왕입니다.

바사 왕궁의 축제는 그들의 화려함과 부귀를 보여 줍니다. 에스더서는 침대나 긴 의자에 기대어 음식을 먹는 바사의 관습을 보여 주고 있습니다. 모든 식기는 금으로 만들어졌고, 잔의 모양이 저마다 달랐다고 했습니다.1:7
바사의 왕은 특별법으로 보호를 받았습니다. 에스더 1장 14절은 '왕을 대변하는' 일곱 대신을 언급하고 있습니다. 이들은 왕의 조언자인 가장 높은 귀족이었습니다. 오직 왕이 부른 사람만이 왕을 방문할 수 있었는데, 이 관습은 암살로부터 왕을 보호하기 위함은 물론, 왕의 권위를 의미하는 것입니다.
에스더는 아하수에로 왕이 부르지도 않는 상태에서 왕에게 나가기를 두려워했는데, 그런 식으로 왕을 방문하면 즉시 죽음에 처해지기 때문입니다.4:11 바사 제국은 잘 정비된 우편 제도를 자랑했습니다.3:13 왕의 반지8:8는 공문서로 승인을 받았다는 인장이었습니다.
고대 바사의 문서는 두 가지 방식으로 봉인했습니다. 만약 문서가 파피루스에 쓴 것이면 인장 반지로, 점토판에 쓴 것이면 원통형 돌 도장으로 인봉합니다.

왕궁이 있던 도시 페르세폴리스에서 발굴된 물건들 중에는 크세르크세스 왕 소유의 원통형 돌 도장이 발굴되었습니다. 에스더서는 또 '바사와 메대의 법'을 언급하고 있습니다.1:19
이 구절은 바사 제국을 다스렸던 법률이 엄했음을 설명합니다. 한번 공포된 법은 왕 자신이라 할지라도 바꾸거나 비난할 수 없었습니다. 이 때문에 에스더는 '죽으면 죽으리라'는 각오로 왕께 나아가는 것입니다.

📖 에 **4:16** 당신은 가서 수산에 있는 유다인을 다 모으고 나를 위하여 금식하되 밤낮 삼 일을 먹지도 말고 마시지도 마소서 나도 나의 시녀와 더불어 이렇게 금식한 후에 규례를 어기고 왕에게 나아가리니 죽으면 죽으리이다

◎ 에스라 4:6-23 : 성읍 건축에 대한 반대

☐ 왜 성읍 건축을 방해했는가?

유다 백성들이 포로가 되어 바벨론 땅에 잡혀가 있는 동안, 유다 지방은 사마리아 사람들과 그 주변 나라에서 이주해 온 이방인들이 살고 있었습니다. 이들이 주로 성전 건축을 방해하였습니다. 그들은 그 땅의 옛 주인인 유다 백성이 돌

아와 성전을 짓고 다시 공동체를 형성하여 이전의 힘을 회복하면, 자신들의 세력이 약해지거나 쫓겨날 것이라고 생각했고, 이것이 두려워 성전과 성읍 건축을 방해했던 것입니다. 그들은 바사 왕에게 충성하는 것처럼 위장하여 유다 백성들을 거짓으로 고소했고, 그 결과 오랫동안 성전 건축을 할 수 없게 만들었습니다. 하지만 그들의 거짓은 끝내 들통이 나게 되었고, 유다 백성들은 바사 왕의 허락을 다시 받아 마침내 성전 건축을 완성할 수 있었습니다.

◎ 에스라 7~10장 : 에스라의 귀환과 이스라엘의 회개

에스라 6장과 7장 사이는 60년의 시간이 흘렀습니다. 이 사이에 부림절의 기원이 되는 사건이 생겼습니다.에스더서 시대 배경 도표 참조 7장부터는 초점이 에스라에게로 모입니다. 에스라는 제사장이요 서기관입니다. 그가 귀환하여 귀환 포로들과 남아 있었던 유대 백성의 신앙 개혁 운동을 전개합니다. 율법을 가르치며, 구약 경전을 집대성하고 역대기를 써서 유대인들의 정체성을 재확인하고, 성경 읽기 운동을 전개합니다. 많은 사람들이 회개하는 역사가 일어납니다.

□ 회개의 결과 이미 결혼한 이방 아내를 버리는 이스라엘 

섞이면 안 된다는 관점 3을 생각하십시오.

신명기에 보면 가나안 땅에 들어가게 될 때에 하나님은 이스라엘 백성에게 이방 여인들과 절대 혼인하지 말라고 경고하셨습니다.신 7:3 성경은 이방 여인과의 결혼을 금지한 이유를 이렇게 말합니다. "그가 네 아들을 유혹하여 그가 여호와를 떠나고 다른 신들을 섬기게 하므로 여호와께서 너희에게 진노하사 갑자기 너희를 멸하실 것임이니라"신 7:4

이방 아내를 버리라고 한 것은 인간적으로 심했다는 생각이 들 수도 있습니다. 하지만 우리가 알아야 할 사항이 있습니다. 하나님은 무조건적으로 이방 여인을 배척하지 않으셨다는 점입니다. 이방 여인이라고 할지라도 여호와 신앙을 인정하고 받아들이면, 얼마든지 이스라엘 공동체 속으로 받아들이셨습니다. 기생 라합과 모압 여인 룻이 그런 경우입니다. 하지만 이방 여인이 여호와 신앙을 받아들이지 않고, 이전에 섬겼던 이방 우상을 계속 고집한다면 이스라엘 백성은 미련 없이 그 여인에게서 떠나든지 집에서 내보내야 했습니다.

알아두기 성경에 나오는 족보의 의미

성경의 족보는 그 끝에 나오는 사람의 중요성을 강조하기 위해서 족보를 기술합니다. 또한 이런 족보의 사람들은 하나님의 사역에 쓰임을 받기 위해 선택된 자들임을 말합니다. 섞이면 안 되는 관점 3을 생각하세요.

성경의 족보는 장차 사람의 족보를 통해서 이 세상에 태어나실 메시야 예수와 관련이 있기 때문에 무척 소중합니다. 예수님은 인류를 죄에서 구원하시기 위해 유다의 족보를 통해서 이 땅에 오신 것입니다. 족보는 이러한 관점을 생각하면서 이해해야 하고 이스라엘의 정체성(Identity)을 밝히고자 하는 의도가 있음을 같이 이해해야 합니다. 이 족보는 신약에 와서 예수님의 족보로 완성됩니다.

63일

년 월 일

느 1~10장
욜 1~3장

6장 15절
"성벽 역사가 오십이 일 만인 엘룰월 이십오일에 끝나매"

"성벽" (Walls)
고대에는 성벽이 없는 도성은 적 앞에서 아무런 도움이 없는 도시일 뿐입니다. 예루살렘이 그 성벽을 다시 갖는다는 것은 그 도시가 삶을 영위할 수 있는 곳이 된다는 의미입니다.

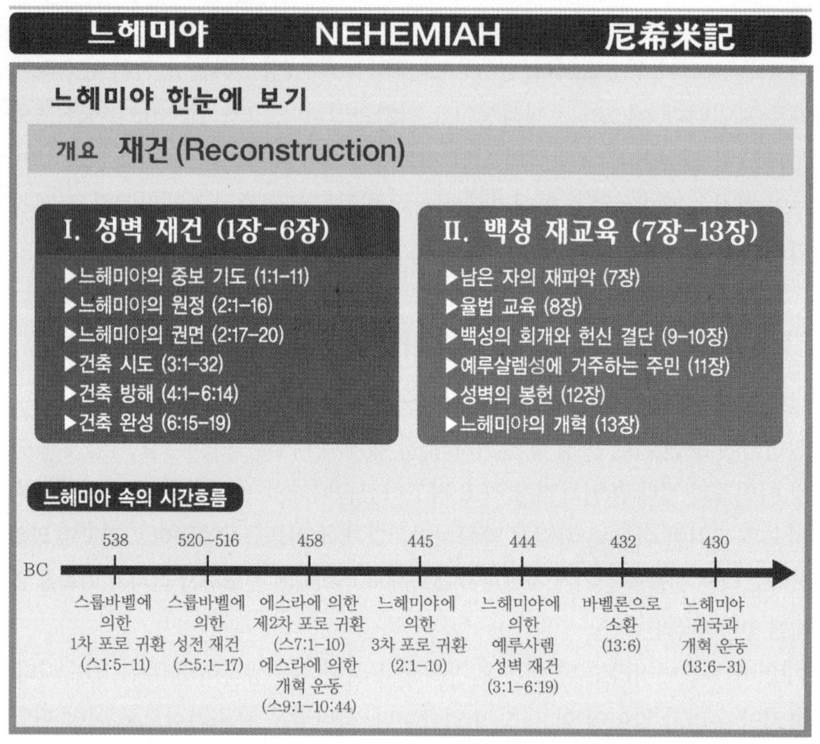

느헤미야 NEHEMIAH 尼希米記

느헤미야 한눈에 보기

개요 재건 (Reconstruction)

I. 성벽 재건 (1장-6장)	II. 백성 재교육 (7장-13장)
▶느헤미야의 중보 기도 (1:1-11)	▶남은 자의 재파악 (7장)
▶느헤미야의 원정 (2:1-16)	▶율법 교육 (8장)
▶느헤미야의 권면 (2:17-20)	▶백성의 회개와 헌신 결단 (9-10장)
▶건축 시도 (3:1-32)	▶예루살렘성에 거주하는 주민 (11장)
▶건축 방해 (4:1-6:14)	▶성벽의 봉헌 (12장)
▶건축 완성 (6:15-19)	▶느헤미야의 개혁 (13장)

느헤미야 속의 시간흐름

BC	사건
538	스룹바벨에 의한 1차 포로 귀환 (스1:5-11)
520-516	스룹바벨에 의한 성전 재건 (스5:1-17)
458	에스라에 의한 제2차 포로 귀환 (스7:1-10) 에스라에 의한 개혁 운동 (스9:1-10:44)
445	느헤미야에 의한 3차 포로 귀환 (2:1-10)
444	느헤미야에 의한 예루사렘 성벽 재건 (3:1-6:19)
432	바벨론으로 소환 (13:6)
430	느헤미야 귀국과 개혁 운동 (13:6-31)

느헤미야는 행동하는 믿음의 사람이었습니다. 그의 신앙은 구심성과 원심성을 균형 있게 갖춘 사람이었습니다. 그는 믿는 대로 실천한 사람입니다. 느헤미야는 바사의 아닥사스다 1세를 위한 술을 맡은 관원이었습니다.

느헤미야는 에스라가 예루살렘에 돌아간 지 약 12년, 그리고 스룹바벨이 예루살렘으로 돌아간 지 90년이 지난 후에 예루살렘의 황폐한 상태에 대한 소식을 듣고 그의 마음이 초조하고 근심에 쌓이게 되었고, 그래서 기도하면서 왕에게 접근하여 예루살렘에 갈 수 있도록 허락을 받아 냅니다.

느헤미야 시대적 배경

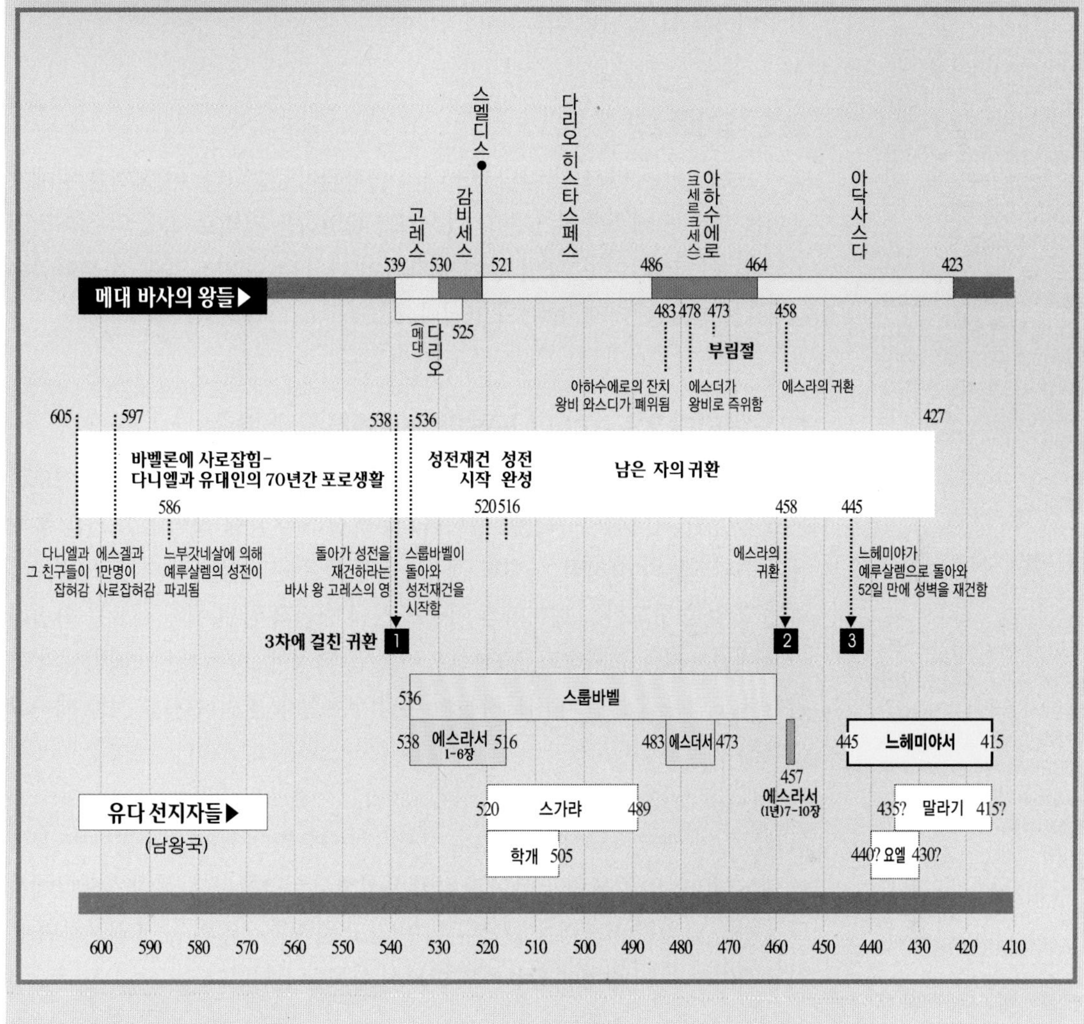

돌아온 느헤미야는 폐허를 돌아보고 BC 444년에 성벽 재건을 시작합니다.1~3장 건축하는 사람들은 사방으로부터 맹렬한 반대를 만나게 되나, 느헤미야는 기도와 행동으로써 흔들림 없이 저항합니다. 그는 여러 가지 사회적 개혁을 실행하며, 성벽 건축을 완성합니다.4~6장

인구 조사가 실시되고, 에스라가 율법을 공개적으로 낭독하고, 초막절을 지키며, 회개의 금식을 행하고 율법에 순종하겠다는 언약에 서명을 합니다.7~10장 예루살렘에 백성이 살도록 배치되고, 성벽을 봉헌하며 큰 기쁨과 감사의 제사를 드립니다.11~12장 느헤미야는 바사의 아닥사스다 왕에게 돌아오고, BC 약 433년 그

하나님과 함께 불가능에 도전하기

테레사 수녀가 인도 캘커타에 큰 고아원을 짓겠다고 발표했습니다. 그때 기자들이 물었습니다. "건축 기금은 얼마나 준비되어 있습니까?" "지금 준비된 기금은 3실링 뿐입니다." 그러면서 테레사 수녀는 책상 위에 실제로 동전 세 닢을 꺼내 놓았습니다. 기자들은 웃었습니다. 수녀가 농담하는 줄 알았기 때문입니다. 그러나 테레사 수녀의 표정과 말은 진지했습니다. "이 3실링과 저로서는 할 수 없습니다. 그러나 이 3실링과 하나님으로서는 충분히 가능합니다."

반대자들의 방해 공작에도 불구하고 느헤미야의 주도하에 포로 귀환민들은 52일 간의 짧은 시간에 예루살렘 성벽 재건을 완성합니다. 이 놀라운 일은 하나님의 능력이 함께하셨기 때문에 가능한 일이었습니다. 느헤미야와 귀환민들 만으로는 이렇게 짧은 시간에 예루살렘 성벽을 재건할 수 없었을 것입니다. 그러나 하나님이 그들과 함께하셨기 때문에, 모든 역경을 극복하고 마침내 목표를 달성할 수 있었습니다(6:15-16).

이것은 기적입니다. 기적은 하나님의 능력과 인간의 믿음이 어우러져 일어나는 것입니다. 우리의 삶 가운데 이런 기적은 언제나 일어날 수 있습니다. 그것은 우리의 믿음에 달려 있는 것입니다. 하나님의 능력은 언제나 있기 때문입니다. 결국 인간이 행하는 것이 아니고 하나님이 행하신다는 사실에서 초점이 떠나지 않도록 하세요.
인위가 아니고 신위입니다.

다음에 두 번째로 다시 예루살렘을 방문합니다.
두 번째 방문 기간 동안 그는 좀 더 많은 개혁을 수행합니다.13장 느헤미야서는 모두 13장, 406절로 되어 있으며, 신약에 5번 직접, 간접으로 인용됩니다. 이 책이 커버하는 시간은 BC 445~415년입니다.

◎ 느헤미야 1장

당시 느헤미야는 바사 왕 아닥사스다의 술관원이었습니다. 이 직책은 왕에게 올리는 모든 술에 독毒이 있는지 없는지를 확인하는 자리로서, 왕의 절대적인 신임을 받는 자리이고, 매일 왕에게 가까이 나아갈 수 있는 높은 신분이었습니다. 단순히 바텐더bar-tender가 아닙니다.

◎ 느헤미야 2:1~6:14 : 느헤미야의 예루살렘 파송

우리는 이 부분이 본문에서 느헤미야의 탁월한 지도력을 보게 되며 그 지도력은 오늘날의 리더십의 귀감이 됩니다. 무너진 예루살렘 성벽의 재건을 통해 유다 귀환민들의 정치적, 사회적 안정과 부흥을 주된 내용으로 다루고 있는 본서는 그 일을 주도한 느헤미야가 어떻게 성벽 재건과 참된 예배 제도를 확립하려고 애썼는지를 묘사하고 있습니다. 이 같은 과정에서 나타난 느헤미야의 탁월한 지도력은 오늘날의 지도자들이 본받아야 할 모범입니다. 그것을 배우고 본받읍시다.

도날드 캄벨Donald K. Campbell은 그의 저서 "Nehemiah: Man in Charge"(Victor Books, 1979)에서 느헤미야의 지도력을 다음과 같이 분석해서 설명합니다. 현대 경영학에서도 통하는 탁월한 지도력을 발합니다, 이 지도 원리를 우리의 삶에 적용하면 유익할 것이며, 특히 경영에 활용하면 반드시 성공할 것입니다.

느헤미야는 먼저 일을 시작하기 전에

1) 성취 가능한 목표를 세움
2) 목표 달성을 위해 우선 무엇부터 해야 할지를 정리하고
3) 언제나 특히 일이 어렵고 시급할수록 먼저 하나님께 기도하며
4) 일을 해나가는데 필요한 사항들을 구체적으로 준비하며
5) 문제가 무엇인지 자신이 직접 살펴보며
6) 계획을 정리한 후에, 팀을 구성하고
   그것을 다른 사람에게 설명하고 협조를 구합니다.

일이 일단 시작되면

1) 일에 몰두하여 전심전력을 다하며
2) 현재 하고 있는 일이 옳다는 것을 동료들에게 확신을 시켜 주며
3) 반대자들과 타협하지 않고 단호한 자세로 임하며
4) 어떤 난관이 닥쳐도 낙심하지 않고 하나님을 의지하며
5) 하나님께서 역사하시는 때까지 참고 기다리는 인내심을 발휘합니다. (하나님의 때Kairos 와 사람의 때Kronos를 기억하십시오.)

◎ 느헤미야 6:15~7:73상 : 성벽 쌓음

고대에 큰 성읍들은 돌로 된 두터운 성벽으로 둘러싸여 있었습니다. 성벽은 적으로부터 성읍 사람들을 보호했습니다. 어떤 성읍들은 이중벽으로 되어 있는데, 이는 벽 하나가 무너질 경우를 대비한 것이었습니다. 성벽 위에 선 군사들은 수 킬로미터 밖에 있는 적군을 살펴볼 수 있었습니다.

◎ 느헤미야 7:73하~10장 : 에스라가 율법을 읽음

느헤미야와 에스라는 백성들을 율법으로 재교육하면서 언약 회복을 위해 '성경으로 돌아가기' 운동을 전개하고 있습니다. 하나님의 말씀성경만이 인간을 바르게 양육할 수 있습니다.히 4:12, 딤후3:14-17

요엘 JOEL 約珥書

요엘 한눈에 보기

개요 여호와 날이 임한다

경고	호소	부록
재앙의 침범 (1:1-2:11)	마지막 순간의 희망 (2:12-27)	나중의 일들 (2:28 - 3:21)
▶현재의 황폐한 상태 (1:1-20) ▶미래의 위협 (2:1-11)	▶호소 : "돌아서라" (2:12-17) ▶약속 : "너를 회복시키시리" (2:18-27)	▶종말의 시대 (2:28 – 3:16) ▶시온의 궁극적 영광 (3:17-3:21)

1장 4절
"팥중이가 남긴 것을 메뚜기가 먹고 메뚜기가 남긴 것을 느치가 먹고 느치가 남긴 것을 황충이 먹었도다"

"메뚜기" (Locusts)
요엘은 유대를 먹는 곤충 메뚜기의 환상을 봅니다. 이 메뚜기 떼는 하나님이 유대 백성의 죄를 심판하기 위해 보낸 군대로 봅니다.

요엘이름의 뜻은 여호와는 '하나님이시다'에 대해서는 그의 부친의 이름1:1이외에는 아무것도 알려져 있지 않습니다. 그가 활약한 시대도 정확하게 측정할 수 없습니다. 요엘이 커버하는 시대에 대해서는 학자간에 의견이 분분합니다. 우리는 요엘이 말라기와 동시대에 활약하며 여호와의 날에 대한 예언을 하고 있다고 생각합니다.

요엘 시대적 배경

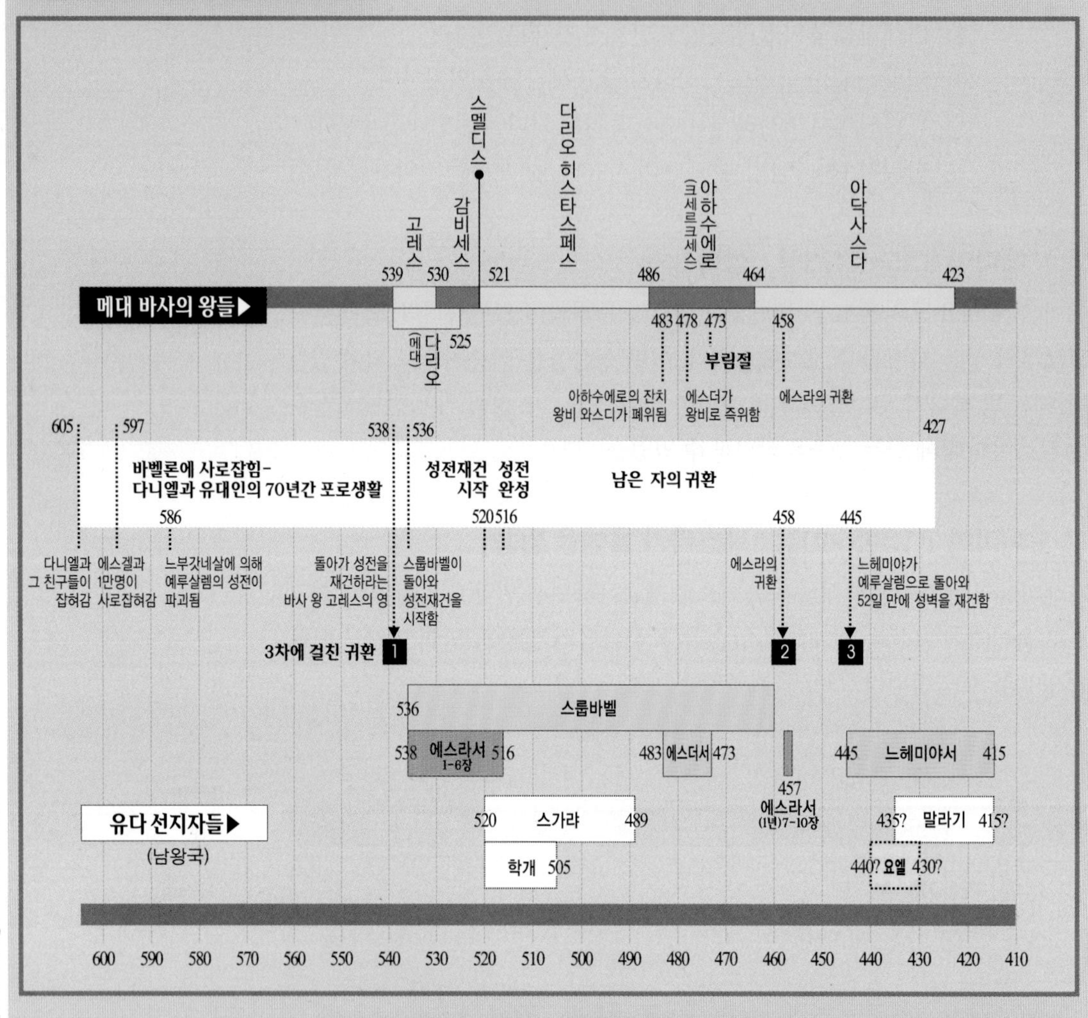

그 내용은 1.재앙의 침범 2.마지막 순간의 희망 3.나중의 일들로 요약합니다. 한눈에 보기 도표 참조 침략해 들어오는 군대처럼 메뚜기 떼의 재앙은 성읍과 나라를 황폐케 합니다. 요엘은 그것을 심판에 대한 경고로 보고, 전국적인 기도의 날을 요구합니다. 백성들이 회개한다면, 하나님께서 완전한 회복을 해 주실 것이라고 약속합니다.1:1-2:27 미래를 바라보면 하나님의 영과 하나님의 심판이 모두 이스라엘과 모든 나라에 임할 것입니다. 마침내 회복된 이스라엘은 하나님의 축복을 나눌 것입니다.2:28-3:21

요엘서는 모두 3장, 73절로 되어 있고, 신약에 34번 직접, 간접으로 인용되고 있습니다.

◎ 요엘 1~3장

'요엘'의 뜻은 '여호와는 하나님이시다'라는 뜻이며, 이 뜻처럼 요엘서는 역사 속에서 하나님의 주권적 사역을 강조하며, 자연 재해를 통해 장차 임할 하나님의 심판을 경고합니다.

1) 과거의 메뚜기의 재앙	2) 과거의 가뭄
3) 임박한 주의 날	4) 궁극적인 주의 날

그 심판의 날은 바로 '여호와의 날'입니다. 그날에 하나님을 거역한 악인들은 멸망할 것이고 하나님의 신실한 자녀들은 구원을 받게 될 것입니다.

욜 **2:28** 그 후에 내가 내 영을 만민에게 부어 주리니 너희 자녀들이 장래 일을 말할 것이며 너희 늙은이는 꿈을 꾸며 너희 젊은이는 이상을 볼 것이며 사도행전에서 성령 강림으로 성취됩니다.

여호와의 날이라는 말은 또한 '그 날'이라는 말로 종종 예언자의 글에서 나타나곤 합니다. 대부분의 경우 그 날이라는 말은 하나님의 심판의 때를 의미합니다. 즉 하나님께서 자신의 계획의 어떤 일면을 이루시기 위해 직·간접적으로 인류 역사에 개입하시는 때를 가리킵니다. 이 말과 관련된 성경의 사건들을 살펴보면, 이 날은 무섭고 두려운 심판의 시기로 이스라엘이 적국의 침입을 당하고 고통스러운 심판을 겪는 시기를 말합니다. 스바냐 선지자는 그 날은 "분노의 날이요 환난과 고통의 날이요 캄캄하고 어두운 날이요 구름과 흑암의 날이니라"스바냐 1:15라고 표현하기도 하였습니다. 그러나 '그 날'이 오직 심판과 고통만 있는 시기는 아닙니다. 하나님의 심판이 지나가고 나면, 새롭게 변화된 하나님의 백성들에게 용서와 구원을 베푸시기 때문입니다. 그래서 '그 날'은 은혜의 시기이기도 합니다.2:1-17

◎ 시편 1, 91, 119편 – 지혜의 시편

□ 시편 1편의 중요성

시편이 지금의 150편으로 편집된 것은 바벨론 포로 이후이라고 생각됩니다. 시편에는 바벨론 포로 때의 형편시편 137편과 포로 귀환 때의 정서시편 126편를 노래한 시가 있습니다. 70여 년간의 포로 생활에서 돌아온 이스라엘의 찬송가 편찬자들은 의도를 가지고 시편 1편을 첫 번째 찬송가로 배치했을것입니다.

이미 이스라엘의 나라는 망했고, 돌아온 이스라엘의 백성들은 자신들이 이방인과 구별되는 정체성Identity을 찾을 길이 없었습니다. 그래서 학사 에스라는 이스

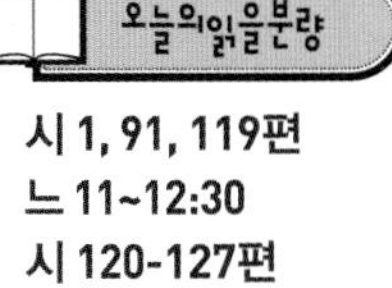

시 1, 91, 119편
느 11~12:30
시 120-127편

라엘의 백성의 정체성으로 율법의 지킴 여부에 두었습니다. 그렇기 때문에 율법의 중요성을 강조할 필요가 있었고, 율법을 주야로 묵상하는 자는 복이 있다는 이 시편이 나머지 모든 시편을 대표하는 시편으로 강조하는 것입니다. 에스라가 저자라고 추정되는 시편 119편도 율법의 중요성을 강조하는 시입니다. 시편 1편은 시편의 총론이고, 나머지 149편의 시들은 시편 1편의 각론이라는 것입니다. 율법 지킴의 중요성은 하나님을 바르게 이해하는 데 필수적인 것이지만, 이것이 형식주의에 흘러 율법주의를 만들어 내는 불행을 초래합니다.

율법 지킴을 강조하는 이유는 이스라엘이 주변 나라들의 우상 숭배를 쫓고 여호와의 율법을 헌신짝같이 버렸기 때문에 여호와의 진노를 초래했고 심판을 받아 '젖과 꿀이 흐르는' 가나안 땅에서 쫓겨나는 불행을 당했습니다. 여호와의 율법을 사랑치 않고 그 율법을 배신했기 때문입니다. 포로 귀환 후에 이스라엘의 시편들은 이러한 뼈저린 각성 가운데 여호와의 율법 사랑을 강조하는 시편 1편을 찬송가의 서두에 배치했을 것입니다. 여호와 찬양자는 진정 여호와의 말씀을 생명으로 사랑하는 자이어야 한다는 것입니다.

시편 1편은 하나님의 백성이 하나님을 예배함으로 복을 받는 길이 무엇인가를 보여 주는 시입니다. 복 있는 자란 '악인의 꾀를 좇지 아니하고 여호와의 율법을 사랑하여 그것을 주야로 묵상하는 자'라는 것입니다. 이때 '묵상하다'라는 단어는 히브리어로 '하가'인데 단순히 관념적으로만 생각하는 것이 아니라, 더 적극적으로 그 생각하는 바를 실천하는 데까지를 포함하는 의미로서의 묵상을 말합니다.

이 시편은 인생의 두 갈래 길을 보여 주고 있습니다. 진정한 복된 삶은 하나님의 율법을 묵상하고 그것을 삶 가운데 실천하여 신위를 이룸으로 살아가는 삶이라는 사실을 언급하고 있습니다. 인간은 언제나 선택의 길목에 서있고, 그 선택의 몫은 인간의 것이고, 인간은 그 선택에 대해 책임을 진다는 것입니다.

☐ **시편 91편 :** 이 시편은 여호와를 아는 지식의 중요성을 부각하는 시입니다. 이 시대에 여호와를 알지 못한 백성을 교육하고 있음을 기억하세요.

☐ **시편 119편 :** 에스라가 저자라고 믿습니다. 율법 공부를 강조하면서 율법으로 백성을 재교육하는 에스라는 율법의 중요성을 강조하고 있습니다. 이 시편은 가장 많은 절수를 가지고 있습니다.

◎ 느헤미야 11:1~12:30

귀향민들이 정착하기 시작합니다. 거주자들의 명단이 나오고 성벽을 봉헌합니다.

◎ 시편 120, 121, 122, 123, 124, 125, 126, 127편

시편 120~134편은 모두가 성전에 나아가는 것과 관련된 시편들입니다. 성전과 성벽을 완성한 귀향민들은 성전에서 하나님을 예배하는 삶을 살아야 함을 뜻합니다. 이 문맥에서 이 시편들을 읽습니다.

◎ 시편 128, 129, 130, 131, 132, 133, 134편

◎ 느헤미야 12:31-47

성벽을 완성하고 봉헌하며 감사 예배를 드립니다. 각기 찬양대가 이끄는 두 행렬의 반대 방향으로 성벽 위를 걸어서 성전 지대에서 만나서 감사와 제사로 끝을 맺습니다. 즐거운 축제 소리가 멀리까지 들립니다. 그런 감격으로 다음의 시편으로 여호와를 송축합시다.

◎ 시편 104, 107, 111, 112, 113편

위의 시편들은 여호와를 송축하고 감사를 올려 드리는 영광송doxology의 시편들입니다.

오늘의 읽을 분량

시 128~134편
느 12:31-47
시 104, 107, 111, 112, 113편

◎ 시편 114, 115, 116, 117 118, 135, 136, 146, 147, 148, 149, 150편

위의 시편들은 여호와를 송축하고 감사를 올려 드리는 영광송doxology의 시편들입니다. 성벽 재건을 완성한 것은 돌아온 포로들이 황폐한 땅을 다시 일으켰다는 것을 뜻합니다. 그런 역사를 이루어 주신 여호와를 감사하며 송축합니다.

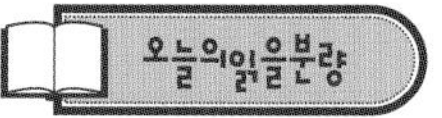

시 114~118, 135, 136, 146~150편

67일

년 월 일

오늘의 읽을 분량

느 13:1-22
시 92편
느 13:23-31
말 1-4장
사 56-66장

◎ 느헤미야 13:1-22 : 돌아온 느헤미야

예루살렘으로 돌아온 느헤미야는 자신이 세운 규정들이 조롱거리로 전락하였음을 알게 됩니다. 그는 이전에 창고 하나를 따로 마련하여 십일조와 성전에 바친 예물들을 안전하게 간수하도록 조치한 적이 있었습니다. 그런데 이제 그 방은 도비야 개인이 사용하는 공간으로 바뀌어 있었습니다. 느헤미야는 도비야가 그런 특권을 얻게 된 경위를 알고 분노하여 즉시 그 일을 질책합니다.13:4-9

그러나 이것은 빙산의 일각에 불과하였습니다. 느헤미야는 성전이 원활하게 운영될 수 있도록 여러 가지 조치를 마련해 놓았으나, 이제는 그 조치들이 무용지물이 되어 있었습니다. 결국 그 때문에 레위인들은 호구지책을 강구하고자 자신들의 밭으로 돌아가 일을 하고 있었습니다. 느헤미야는 자신이 정해 놓았던 규정들을 회복시킵니다. 그 결과, 그가 처음 의도했던 그대로 성전 제사가 이루어질 수 있게 되었습니다.13:10-14 그러나 얼마 되지 않아 다른 악행이 나타납니다. 사람들이 안식일 규례를 대 놓고 모욕합니다.13:15-22 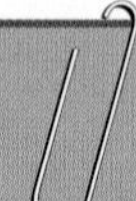 관점 3

□ 느헤미야 13:15-22과 예수님의 성전 청결

이스라엘 백성에게 있어서 성전은 대단히 중요한 장소입니다. 그곳은 하나님의 임재가 있기 때문입니다. 성전의 모독은 곧 신성 모독입니다. 그런 성전을 청소하신 예수님을 오히려 신성 모독 죄로 처형합니다.

귀환기의 역사서의 특징

- 에스라 : 회복의 책Restoration
- 느헤미야 : 재건의 책Reconstruction
- 에스더 : 보존의 책Preservation

◎ 시편 92편 드디어 시편을 다 읽었네요.

안식일의 중요성을 노래한 시입니다. 안식일의 규례를 무시하는 상황을 생각하며 읽습니다.

◎ 느헤미야 13:23-31 : 다시 이방인 아내들을 맞는 유대인들

이방인들과 통혼하는 것이 재차 중요한 문제가 된 것입니다.13:23-31

말라기 MALACHI 瑪拉基書

말라기 한눈에 보기

개요 축복의 약속

I. 국가(공동체)가 저지르는 현재의 죄(1-2장)	II. 다가오는 여호와의 날(3-4장)
부패한 제사장에게 경고한 후 일반 대중에게도 경고한다.	하나님께서 직접 축복을 약속하심

말라기이름의 뜻은 '나의 사자'입니다. 말라기는 느헤미야와 동시대의 인물이지만BC 433년 활약은 느헤미야가 죽고 난 뒤일 것이라고 추정합니다.

말라기 하면 3장 10절에 십일조하면 복 받는다는 구절의 설교를 하도 많이 들어서 이것이 말라기의 주제인 줄로 아는 사람이 많습니다. 그렇지 않습니다. 아브라함으로부터 시작한 하나님 나라를 회복하기 위한 하나님의 선민 선택 및 양육은 1,500년이란 시간이 흘렀습니다. 포로에서 귀환하여 에스라, 느헤미야의 지도로 그들의 영성이 회복되는 듯했지만 시간은 덧없이 흘렀고 에스라와 느헤미야뿐만 아니라 학개, 스가랴, 스룹바벨, 여호수아 모두가 다 하늘나라로 가고, 이 귀환 공동체의 신앙은 다시 해이해지기 시작했습니다. 모든 종교 의식은 형식에 불과했고, 모양은 있었으나 정신은 없었습니다. 이때 하나님은 사자를 보내어 마치 아내와 마주앉아 대화하듯 백성들을 설득하는 말씀을 하고 있는 것입니다. 이 책에는 많은 질문들이 나오는데 그 질문들은 하나님을 힐난하거나 말대꾸하거나 악처가 바가지 긁는 식의 대꾸들입니다. 그들은 하나님과 절연의 단계를 향하여 나아가는 모습입니다. 인간의 힐난성 대꾸의 톤tone을 잘 생각하면서 읽어야 합니다.

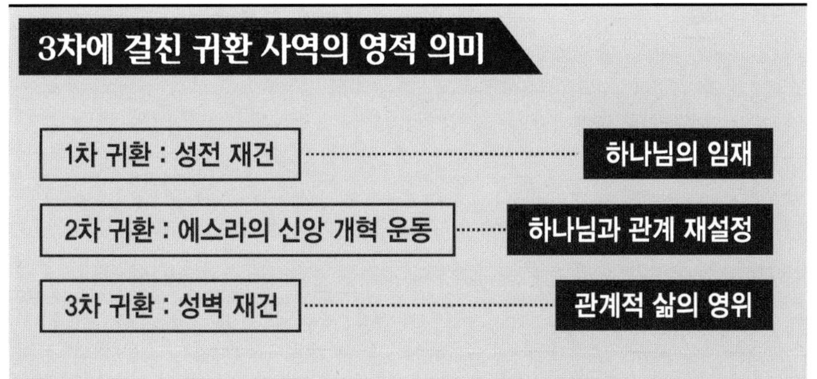

3차에 걸친 귀환 사역의 영적 의미
1차 귀환 : 성전 재건
하나님의 임재
2차 귀환 : 에스라의 신앙 개혁 운동
하나님과 관계 재설정
3차 귀환 : 성벽 재건
관계적 삶의 영위

1장 11절

"만군의 여호와가 이르노라 해 뜨는 곳에서부터 해 지는 곳까지의 이방 민족 중에서 내 이름이 크게 될 것이라 각처에서 내 이름을 위하여 분향하며 깨끗한 제물을 드리리니 이는 내 이름이 이방 민족 중에서 크게 될 것임이니라"

"사자" (Messenger)

이 책은 하나님의 참 제사장은 하나님의 사자를 섬길진대, 언약의 사자를 보내기에 앞서 그의 길을 예비할 사자를 어느 날 보낼 것이라고 언급합니다.

하나님께서 그들을 선택하신 것은 그들을 사랑하신다는 증거입니다. 그러나 여호와께 헌신함이 없이 드리는 제사와 제물은 그들이 그분의 이름을 멸시한다는 정도가 아니라 아예 이제 하나님께 대들기까지 하는 것입니다. 말라기는 하나님이 왜 잠시중간기동안 침묵할 수밖에 없는 이유를 보여 주는 책입니다. 제사장들은 율법을 가르치는 그들의 의무를 소홀히 했고, 백성들은 서로에게 신실하지 못합니다. 이는 자기 아내와 이혼하고 이방 여인과 결혼하는 것에서 특히 분명하게 나타납니다.

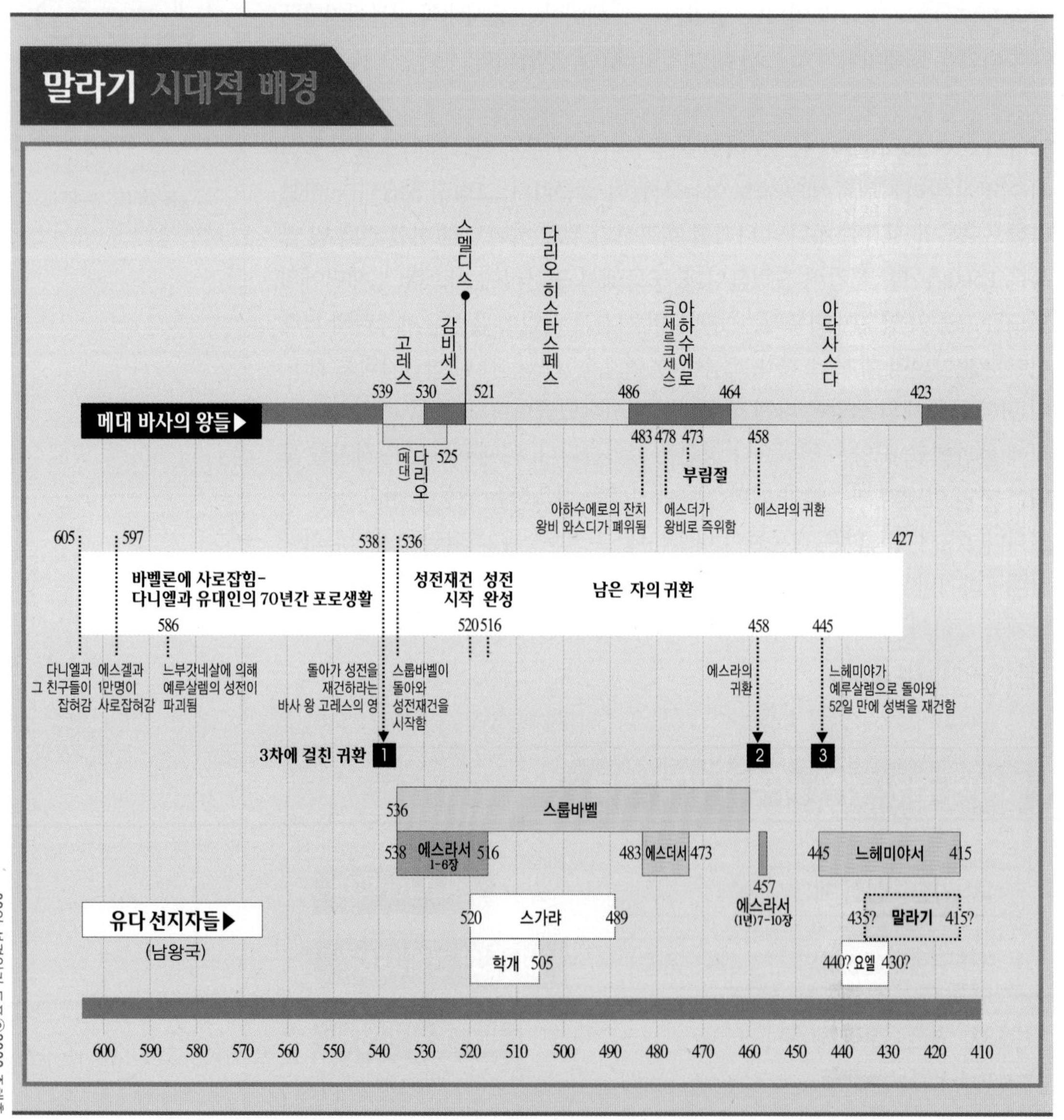

90일 성경읽기 도표ⓒ2009 주해홍

여호와께서 보시기에 이것은 배교인 것입니다.2:1-16 마술, 간음, 거짓 맹세, 가난한 자들에 대한 억압, 나그네를 거부함, 그리고 십일조를 드리지 않는 것 등으로 인해 그들은 여호와께서 오시는 날에 견딜 수가 없을 것입니다.2:17-3:12
그들은 여호와를 섬기는 일이 쓸데없는 것이라고 생각합니다. 그러나 그분은 충성된 사람들을 주목하시며, 다가오는 대파괴 때 그들을 보호할 것입니다.3:13~4:3 마지막으로 그 나라의 언약을 주신 것을 회고해 보고 여호와의 날을 기다리라는 권고를 받습니다.4:4-6
말라기서는 모두 4장, 54절로 되어 있으며, 신약에 25번 직접, 간접으로 인용되고 있습니다.

◎ 말라기 1~4장 : 구약의 마지막 책

구약의 마지막 책인 말라기서의 저자 선지자 말라기Malachi는 학개와 스가랴 이후 대략 1세기쯤이 흐른 느헤미야 시대에 활동했습니다. 오랜 세월 동안 약속된 메시야를 기다려 오던 백성들은 그 약속이 속히 실현되지 않자 실망하고 지친 상태가 되었습니다. 이러한 때에 말라기는 백성들의 불신앙을 꾸짖는 동시에 메시야 도래의 소망을 다시금 뜨겁게 일깨워 줍니다.

1) 1장 - 2장에서는 국가공동체가 현재 저지르고 있는 죄들을 언급합니다. 하나님께서는 직접 부패한 제사장들을 언급하고1:1-2:9 2장 10절에서는 말라기가 하나님을 대변합니다. 여기에서부터 제사장과 같은 특정 그룹이 아니고 일반 대중을 상대합니다.

2) 3장 - 4장에서는 하나님께서 일인칭으로 직접 말씀하십니다. 구약의 마지막 메시지는 '의로운 해태양:예수 그리스도를 의미'의 등장과 '엘리야세례 요한'의 출현, 그리고 악인의 궁극적 파멸에 대한 것입니다. 신약 시대가 오면 예수님이 발하는 치료의 광선으로 인해 구원받는 심령이 외양간에서 나온 송아지처럼 기뻐 뛰며 찬송할 것입니다. 그렇지만 빛을 싫어하는 악인의 무리는 마른 지푸라기처럼 심판의 불에 태워질 것입니다.

□ 말라기는 왜 십일조를 강조했을까?

이스라엘 백성들이 포로 생활에서 돌아와서 성전을 재건하고 옛 영화의 회복을 기대했으나 수십 년이 지나도록 영광보다는 고달픈 생활이 지속되자 그들의 신앙은 형식적인 모습으로 악화되었습니다. 이때 선지자 말라기는 고난의 원인이 그들 자신에게 있음을 지적합니다. 특별히 말라기는 이스라엘 백성들이 십일조

의무를 등한히 한 것을 질책합니다.말 3:7-15 구약이 말하는 십일조는 일종의 성전세로서 세금적 특성이 강하긴 했지만, 이 십일조는 이스라엘의 공동체를 건강하게 유지하는데 필요했던 제도이었습니다. 말라기 시대의 이스라엘 백성들이 십일조 의무를 등한히 여겼다는 사실은 구약의 십일조 정신과 관련해서 그들의 영적 상태를 진단해 볼 수 있습니다. 십일조는 주로 다음 3가지 용도를 살펴봅니다.

1. 제사장 지파인 레위인을 위한 생활비였습니다.민 18:21

이 시대에 십일조를 제대로 드리지 않았다면 레위인들의 성전 봉사를 지원하는 일에 소홀히 했다는뜻입니다. 그렇다면 레위인들은 성전 봉사나 율법 연구를 제대로 못하고 돈벌이를 찾아서 헤맸을수도 있습니다.이것은이스라엘 의 영성이 물질적으로 타락하게 된다는것을의미합니다.

민 **18:21** [21]내가 이스라엘의 십일조를 레위 자손에게 기업으로 다 주어서 그들이 하는 일 곧 회막에서 하는 일을 갚나니

2. 절기 때마다 성전에 올라가는 경비였습니다.신 14:22-27

이스라엘 백성은 일년에 3번의 중요한 절기무교절 또는 유월절, 오순절, 장막절를 지키기 위해 성전에 올라가서 하나님 말씀을 배울 뿐만 아니라 언약 백성들끼리 교제를 나누어야 하나님의 백성으로서의 삶을 유지할 수 있었습니다. 말라기 때에 이스라엘이 십일조를 등한히 했다는 것은 성전에 올라가 예배하는 일과 말씀을 배우는 일과 성도의 교제에 관심을 잃어버리고 등한히 했다는 것입니다.

3. 구제비였습니다.신 14:28, 29

신명기 14장 28~29절에는 매 3년마다 돌아오는 구제의 해에, 레위인과 객과 고아와 과부를 돕는 경비로 십일조를 사용하라고 했습니다. 그런데 이때에 이스라엘 백성이 십일조를 등한히 여겼다는 것은 하나님의 백성의 공동체로서의 일체감이 깨어지고 각자 자기만 돌보는 개인적이고 이기적인 삶을 살았다는 것입니다. 이것은 공동체로서의 이스라엘의 위기를 말해 주는 것입니다.

신 **14:22-29** [22]너는 마땅히 매 년 토지 소산의 십일조를 드릴 것이며 [23]네 하나님 여호와 앞 곧 여호와께서 그의 이름을 두시려고 택하신 곳에서 네 곡식과 포도주와 기름의 십일조를 먹으며 또 네 소와 양의 처음 난 것을 먹고 네 하나님 여호와 경외하기를 항상 배울 것이니라 [24]그러나 네 하나님 여호와께서 자기의 이름을 두시려고 택하신 곳이 네게서 너무 멀고 행로가 어려워서 네 하나님 여호와께서 그 풍부히 주신

것을 가지고 갈 수 없거든 25그것을 돈으로 바꾸어 그 돈을 싸 가지고 네 하나님 여호
와께서 택하신 곳으로 가서 26네 마음에 원하는 모든 것을 그 돈으로 사되 소나 양이
나 포도주나 독주 등 네 마음에 원하는 모든 것을 구하고 거기 네 하나님 여호와 앞에
서 너와 네 권속이 함께 먹고 즐거워할 것이며 27네 성읍에 거주하는 레위인은 너희
중에 분깃이나 기업이 없는 자이니 또한 저버리지 말지니라 28매 삼 년 끝에 그 해 소
산의 십분의 일을 다 내어 네 성읍에 저축하여 29너희 중에 분깃이나 기업이 없는 레
위인과 네 성중에 거류하는 객과 및 고아와 과부들이 와서 먹고 배부르게 하라 그리
하면 네 하나님 여호와께서 네 손으로 하는 범사에 네게 복을 주시리라

□ 말라기가 말하는 2가지 악惡

1) 형식주의 - 신약에서 바리새인이 계승
2) 회의주의 - 신약에서 사두개인이 계승

□ 말라기는 그리스도의 오심을 예언함으로 구속사의 바톤을 신약으로 넘긴다

말라기 마지막 두 장은 세례 요한과 주님이 오신다는 극적인 예언을 싣고 있습니다. 그러고는 약 400년간의 침묵이 흐릅니다. 하나님은 이스라엘이 애굽에 있을 때에도 무려 430년간이나 침묵하셨습니다. 이스라엘은 400년 후에 '광야에서 외치는 소리'가 '주의 길을 예비할' 때마 3:3, 말 3:1 참고 요단강으로 모여 들었고, 그로 인해 오랫동안 지속되었던 예언의 침묵이 비로소 깨어지게 되었습니다.

□ 말라기 3장과 4장의 그리스도의 오심의 예언과 신약의 성취

□ 말라기의 마지막 절4:5,6은 누가복음 1:17장으로 연결된다

말라기의 예언	신약의 성취
언약의 사자로서 그리스도는 자신의 성전에 오신다(3:1). 그리고 자신의 백성을 깨끗케 하신다(3:3)	그리스도는 성전을 깨끗케 하신다.(요 2:14-17) 그리고 자신의 백성을 깨끗케 하신다.(히 13:12)
그가 오시면 심판이 일어난다(4:1)	생명책에 이름이 기록되지 않은 자는 불못에 던져진다.(계 20:11-15)
의의 태양으로서 그리스도는 자신의 백성을 치유하신다(4:2)	그리스도는 대중들을 치유하신다. 궁극적으로 모든 병자가 나을 것이다.(마 12:15; 계 21:4)
앞서 온 사람은 주님의 오심을 예비한다(3:1; 4:5)	세례 요한이 그리스도를 전한다.(마 11:10-14)

이사야 58장 10-13절에서 본 교회의 역할

오늘날 예수를 구주로 고백하는 믿음의 공동체로서 교회는 단순히 하나님을 예배하는 예배 공동체일 뿐만 아니라 이 세상의 이웃을 향하여 '물 댄 동산'같아야 하고, 그 세상에 공급할 '물이 끊이지 않는 샘'과 같아야 합니다.

교회는 예배를 위해 모이는 구심성을 갖지만 그것으로 끝나면 그것은 신비주의 종교가 될 수 있습니다. 하나님의 사랑으로, 이웃과 세상을 사랑하고 개혁하는 원심성을 가져야 하며 세상을 향해 흩어지는 교회가 되어야 합니다.

📖 말 4:5, 6 5보라 여호와의 크고 두려운 날이 이르기 전에 내가 선지자 엘리야를 너희에게 보내리니 6그가 아버지의 마음을 자녀에게로 돌이키게 하고 자녀들의 마음을 그들의 아버지에게로 돌이키게 하리라 돌이키지 아니하면 두렵건대 내가 와서 저주로 그 땅을 칠까 하노라 하시니라

📖 눅 1:17 그가 또 엘리야의 심령과 능력으로 주 앞에 먼저 와서 아버지의 마음을 자식에게 거스르는 자를 의인의 슬기에 돌아오게 하고 주를 위하여 세운 백성을 준비하리라

◎ 이사야 56~59장 : 회복

이제는 메시야가 오셔서 회복하는 길만이 남아 있음을 감지하게 됩니다. 이제부터 나오는 말씀의 본문은 하나님 나라의 회복을 위해 오실 메시야와 관점 2를 염두에 두고 읽어야 합니다.

그날에는 이방인들도 함께 예배할 수 있습니다. 하나님의 사랑은 배타적이 아니고 만민을 위한 것입니다. 하나님의 성전은 '만민이 기도하는 집'입니다. 예수님 시대에는 '도적의 소굴'로 변했지만 이것이야말로 복음입니다.

이것은 예수님에 의해 성취됩니다. 회복을 위해 이들은 우상 숭배로부터 돌아서야 합니다. 57장 각종 신앙 규례를 무시한 그들은 하나님과 이웃 사랑으로 돌아가야 합니다. 58장 또한 속속들이 썩고 거짓과 불공평과 악의와 폭력으로 가득한 삶을 청산해야 합니다. 이 본문에서는 시편 1편과도 같이 두 갈래 길을 보여 줍니다. 인간은 에덴의 죄 때문에 언제나 선택의 기로에 선 삶을 산다는 것을 명심하십시오. 관점 2

하나는 하나님께 응답하는 자들을 위한 축복으로 인도하는 안전한 길, 그리고 다른 하나는 하나님을 거역하는 자들을 위한 파멸로 인도하는 위험한 길을 보여 줍니다.

□ 그들이 하나님보다 더 열심히 섬긴 우상들

우상 이름	섬긴 곳	신의 성격	섬긴 방법
벨(마르둑)	바벨론	기후, 전쟁, 태양의 신	매음, 유아 인신 제사
느보(마르둑의 아들)	바벨론	학문, 천문학, 과학의 신	
아스다롯(아세라)	가나안	사랑, 출산, 풍작의 여신	매음
그모스	모압	국가의 수호신	유아 인신 제사
몰렉(몰록)	암몬	국가의 수호신	유아 인신 제사
바알	가나안	기후, 수확, 농경의 신	매음
다곤	블레셋	수확, 곡물의 신	유아 인신 제사

◎ 이사야 60~66장 : 하나님의 도성에 임하시는 하나님의 영광

사 60:1 일어나라 빛을 발하라 이는 네 빛이 이르렀고 여호와의 영광이 네 위에 임하였느니라

시온의 영광스러운 날이 임한다는 희망의 메시지를 전하고 있습니다. 메시야를 대망하는 마음을 품고, 종말에 이루어질 '새 하늘과 새 땅'의 소망을 품고 이 부분을 읽습니다. 구약 성경은 오실 메시야에 초점이 맞추어져 있습니다. 선지서에 나타난 그리스의 모형을 다음 도표가 잘 요약하고 있습니다. 잘 숙지하십시오.

12 소선지서에 나타난 그리스도

선지자	메시아(그리스도) 사상
호세아	선지자 호세아와 그의 부정한 아내인 고멜과의 관계는 장차 예수 그리스도께서 십자가의 사랑으로 교회를 자신의 신부로 맞아들이는 것을 의미한다.
요엘	요엘이 예언한 풍성한 성령에 대한 약속은 장차 그리스도에 의한 보혜사 성령의 약속을 상기시켜 주는 것이다.(요14:16; 16:7; 행2:1-21)
아모스	아모스의 중보 기도는 장차 죄인을 위한 그리스도의 중보 사역의 그림자이다.
오바댜	오바댜는 장차 오실 메시아를 '만국을 벌할 심판자'(옵1:15), '선민의 피난처'(1:17), 나라의 소유자'(1:21)로 묘사했다.
요나	요나가 큰 물고기 배 속에서 3일 밤낮을 지낸 경험은 장차 그리스도의 죽음과 부활에 대한 생생한 예표이다.(마19:39-41)
미가	미가는 그리스도가 탄생하는 곳을 구체적으로 예언했다(미5:2; 마2:5-6). 그리고 그는 그리스도를 '온 세상의 주권자'(미4:1-9), '평강의 왕'(5:5)으로 묘사했다.
나훔	'아름다운 소식'(나1:15)은 궁극적으로 그리스도로 인한 구원의 복음을 가리킨다.
하박국	'믿음으로 말미암는 구원'(합2:4)은 예수 그리스도께서 가르치실 교훈의 핵심이다.
스바냐	스바냐가 선포한 '여호와의 날' 은 장차 열국을 심판하실 그리스도의 사역이다(습1:3, 15) 후일 그리스도께서는 이 말을 인용하셨다.(마13:41; 24:29)
학개	학개가 외친 '성전' 의 궁극적인 실체는 장차 오실 그리스도이다.(엡1:23) 그리고 학개가 말한 '만국의 보배'(학2:7)는 그리스도를 가리킨다.
스가랴	스가랴는 메시아에 대한 묘사를 **각각** 풍부하게 선포했다. 그는 메시아를 '여호와의 사자'(슥3:1), '의로운 순' (3:8; 6:12), '일곱 눈을 가진 돌'(3:9), '성전을 건축하는 왕이며 제사장' (6:13), '나귀를 타는 겸손한 왕' (9:9-10), '모퉁이 돌, 말뚝, 싸우는 활' (10:4), '은 삼십에 팔린 선한 목자'(11:11-14), '찔림당한 자' (12:10), '씻는 샘'(13:1), 칼로 침을 당한 버림받은 목자 '(13:7) 등으로 묘사했다.
말라기	말라기는 독특하게 그리스도를 예비할 자까지 묘사했다. 즉 '주의 길을 예비할 자' (말3:1), '선지 엘리야' (4:5)는 세례 요한을 가리킨다. 그리고 메시아는 '언약의 사자' (3:1), '의로운 해' (4:12)로 묘사했다.

68일

년 월 일

슥 9~14장
단 7~12장

◎ 스가랴 9~14장

이 부분은 스가랴서의 후반부입니다. 메시야에 관한 예언입니다. 이 말씀은 장차 오실 메시야 예수는 예루살렘 성으로 입성하실 때 나귀를 타셨다는 의미를 내포합니다.마 21:1-7 구약 시대의 왕들은 전쟁 시에 말을 타고 다녔습니다. 정복자들은 말을 타고 성으로 들어갑니다.

예수님은 왜 나귀를 타셨을까요? 그것도 나귀 새끼를. 메시야가 이 땅에 오신 것은 정복자로 오신 것이 아닙니다. 평강과 구원의 사신으로서 오셨습니다. 용서와 은혜의 메시지를 전달하기 위해 오신 것입니다. 이 평화의 사신을 맞아들여야 합니다. 그렇지 않으면 전쟁의 표시로 흰 말을 타고 오실 것입니다.계 19:11 오실 그분은 우리의 좋은 목자이십니다. 11장 15~17절은 나쁜 목자의 모습을 보임으로 좋은 목자를 강하게 부각하고자 합니다. 예수님은 이와는 반대로 좋은 목자가 되심을 감사하면서 이 부분을 묵상해 보세요.

□ 구약과 신약의 중간 시대에 대한 예언들

◎ 다니엘 7~8장

7장의 작은 뿔	8장의 작은 뿔
■ 로마에서 일어날 것이다(네 번째 왕국).	■ 그리스에서 일어날 것이다(세 번째 왕국).
■ 열 한 뿔이 있고, 열 개 중 세 개가 뿌리뽑힐 것이다.	■ 다섯 뿔이 있고, 네 뿔 사이에서 한 뿔이 나올 것이다.
■ 하나님의 백성을 42개월 또는 3.5년 동안 박해할 것이다.	■ 하나님의 백성을 2,300일 또는 6년이 넘도록 박해할 것이다.

위의 도표를 참고하면서 단 7장과 8장을 읽습니다. 이 부분은 신・구약 중간 시대에 대한 예언입니다. 묘사가 비슷하기는 해도 7:8과 8:9의 뿔은 다른 것입니다. 7:8의 뿔은 네 번째 왕국 로마에 대한 문맥에서 등장하지만, 8:9의 작은 뿔은 세 번째 왕국그리스에 대한 문맥에서 나옴을 유의하세요.다음 페이지의 다니엘의 예언 개관 도표를 참조 두 번째 작은 뿔은 BC 175~163년간 수리아를 다스렸으며, 예루살렘을 공격하여 성전을 더럽힌 안티오쿠스 4세 에피파네스를 가리킵니다. 7:8의 작은 뿔의 정체에 대해서는 다소 논쟁의 여지가 있지만, 많은 해석자들은 이것을 미래에

다시 살아 일어날 로마 제국을 다스리는 적그리스도에 대한 언급이라고 봅니다. 다른 해석은 이것을 고대 로마 황제 중 하나라고 말합니다.

◎ **다니엘 9~12장 :** 단 9장과 12장은 주로 중간기 세대의 일들에 대한 예언이 주축을 이룹니다. 다음 도표를 잘 이해하고 읽으면 도움이 될 것입니다.

다니엘서의 예언 개관

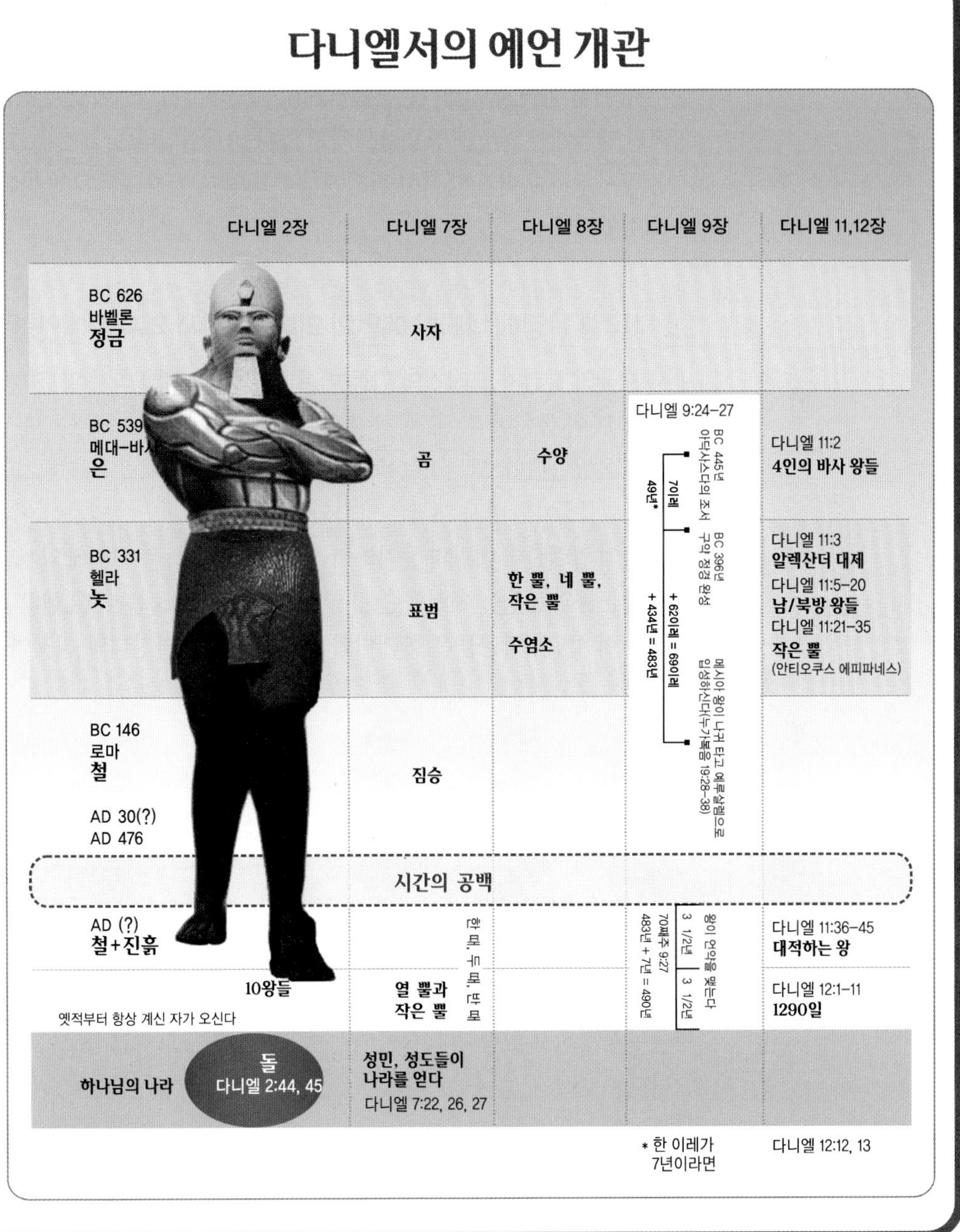

다니엘 2장
다니엘 7장
다니엘 8장
다니엘 9장
다니엘 11,12장
BC 626
바벨론
정금
사자
BC 539
메대-바사
은
곰
수양
다니엘 9:24-27
BC 445년 아닥사스다의 조서
BC 396년 구약 정경 완성
메시아 왕이 나귀 타고 예루살렘으로 입성하신다(누가복음 19:28-38)
7이레
49년*
+ 62이레 = 69이레
+ 434년 = 483년
다니엘 11:2
4인의 바사 왕들
BC 331
헬라
놋
표범
한 뿔, 네 뿔,
작은 뿔
수염소
다니엘 11:3
알렉산더 대제
다니엘 11:5-20
남/북방 왕들
다니엘 11:21-35
작은 뿔
(안티오쿠스 에피파네스)
BC 146
로마
철
AD 30(?)
AD 476
짐승
시간의 공백
AD (?)
철+진흙
한 때, 두 때, 반 때
왕이 언약을 맺는다
3 1/2년
3 1/2년
70째주 9:27
483년 + 7년 = 490년
다니엘 11:36-45
대적하는 왕
10왕들
열 뿔과
작은 뿔
다니엘 12:1-11
1290일
옛적부터 항상 계신 자가 오신다
하나님의 나라
돌
다니엘 2:44, 45
성민, 성도들이
나라를 얻다
다니엘 7:22, 26, 27
* 한 이레가
7년이라면
다니엘 12:12, 13

도표 자료 출처 : "프리셉트 성경" 프리셉트사 1999년 p.1256-1

☐ 다니엘 10장이 보여 주는 영적 전투

다니엘서 10장은 인류 역사의 배후인 영적인 영역에서 싸우고 있는 선한 천사들과 악한 천사들 간의 전쟁에 대해서 얼핏 보여 줍니다. 다니엘이 기도할 때 한 명의 천사가 하나님의 응답을 가지고 지상의 다니엘에게 보내졌습니다.
그러자 사탄의 진영에서 그 천사보다 더 센 악한 천사가 끼어들어 그를 가로막았습니다. 하지만 하나님의 군대 장관인 미가엘이 그를 도와 악한 천사의 방해를 뚫고 길을 열어 주었습니다. 우리는 영적인 전쟁의 실제 장면들을 구체적으로 알 수 없지만, 분명한 것은 인간 역사의 배후에는 선한 영들과 악한 영들 간의 전투가 매일 벌어지고 있다는 사실입니다. 그리고 다니엘처럼 우리의 기도는 영적인 영역에서 엄청난 영향력을 갖고 있다는 사실입니다. 그것은 그리스도의 지상 군사로서 우리가 영적인 전쟁에서 우리의 '무릎으로'단 10:10 싸울 수 있음을 의미합니다.

☐ 다니엘 11장에 나타난 예언의 의미 - 중간사 역사를 예언함

바사 제국의 창건자 고레스의 뒤를 이어 즉위한 세 명의 바사 왕들캄비세스, 스멜디스, 다리오 1세이 통치한 후에, '아하수에로'왕으로 알려진 '크세르크세스Xerxes'가 보좌에 올랐습니다. 그는 BC 479년경에 헬라그리스 정복을 시도했지만 실패했고,살라미스 전쟁 이후 바사 제국은 약화되고 패망했습니다. 그리하여 이제 다니엘은 헬라의 알렉산더 대왕의 통치와,11:3 그리고 그의 죽음 이후에 일어날 그의 네 명의 장군들의 분쟁을 예언했습니다.11:4 알렉산더의 죽음 이후, 헬라 제국을 분할 통치할 4명의 장군들은 톨레미와 셀레우코스와 카산더와 리시마쿠스였습니다.

이 중 애굽과 팔레스타인 지역을 통치한 톨레미 왕조Ptolemy와 수리아와 바벨론 지역을 통치한 셀레우코스Seleucus 왕조가 이스라엘 역사와 밀접하게 관련되었기 때문에, 성경은 그들에게 초점을 맞추고 있습니다. 다니엘서 11장에 언급된 '남방의 왕들'11:5은 당시 애굽의 통치자들인 톨레미 왕조의 왕들을 가리키고, '북방의 왕들'11:6은 수리아의 통치자들인 셀레우코스 왕조의 왕들을 가리킵니다. 여기에는 여섯 명의 톨레미 왕조의 왕들과 일곱 명의 셀레우코스 왕조의 왕들이 등장하고 있습니다. 그들의 동맹, 전쟁, 결혼, 그리고 음모는 현실화되었습니다.

다니엘서 11장 21~45절 부분은 '비천한 북방 왕'에 의해 자행된 유대교 박해 사건에 관한 언급이 있습니다. 여기서 '비천한 북방의 왕'은 유대교 박해자로 악명 높은 '안티오쿠스 에피파네스 4세'BC 175-163년을 가리키는데, 그의 출세와 득세, 그가 자행한 극심한 유대교 박해 사건, 그의 교만과 우상 숭배, 그리고 그의 최후 등의 내용이 다루어지고 있습니다.
이런 내용들은 하나님께 대적하는 부패한 권력자의 횡포가 그 얼마나 파괴적인지, 그리고 세상 권세자들의 권력이 얼마나 덧없는지를 잘 보여 줍니다.

다니엘이 섬긴 왕들

왕의 이름	제국 이름	관련 사건	살펴보기
느부갓네살	바벨론	다니엘의 세 친구인 사드락, 메삭, 아벳느고가 풀무불에 던져짐. 느부갓네살 왕이 7년 동안 미침.	다니엘 1-4장
벨사살	바벨론	다니엘이 바벨론 제국의 운명이 기록된 벽의 글씨를 해석함.	다니엘 5, 7, 8장
다리오	메대-바사	다니엘이 간신들의 모함으로 사자 굴에 던져짐.	다니엘 6, 9장
고레스	메대-바사	고레스의 칙령에 의해 바벨론 포로민들이 본토인 유다 땅과 예루살렘 성읍으로 돌아옴.	다니엘 10-12장

구약 읽기가 끝났습니다. 대단히 고생하셨습니다.
계속해서 중간기 공부를 거쳐 신약으로 갑니다.

10 신·구약중간시대

신구약 중간시대 B.C 400-B.C 5

BC	연도	사건
400		
	334	알렉산더가 헬레스포트를 건넘
	331	알렉산더가 바사인들을 물리침
300	323	알렉산더가 32세로 바벨론에서 죽음
200	260	히브리 성경이 헬라어로 번역됨(70인역)
	197~142	헬라의 셀레우코스 왕조가 유다를 지배함
	175	외경이 완성됨
	169	에피파네스가 성전의 보물을 노략함
	166	마카비 가문이 반란을 일으킴
	165	성전 청결
100	146	로마에 의해 가르타고가 점령되고 포에니 전쟁이 종식됨
	63	폼페이우스가 예루살렘을 정복함
	44	율리우스 케사르가 암살당함
	37	헤롯이 예루살렘의 분봉왕으로 다스림
	20	성전 재건 시작

갈 4:4 때가 차매 하나님이 그 아들을 보내사…When the time had fully come, God sent his Son

신약의 세계는 구약의 세계와는 많은 점에서 달라집니다. 그 변화는 바로 이 400년간의 중간기 시대의 변화에 의한 것입니다. 이 시대의 변화를 정치적 변화, 사회적 변화, 그리고 종교적 변화로 구분하여 살펴보고자 합니다.

1. 정치적 변화

바사Persia 제국이 그리스의 알렉산더에 의해 BC 332년에 망하고 알렉산더가 이 지역의 패권을 잡습니다. BC 323년 알렉산더가 나이 33세 때에 급사하게 되자 알렉산더의 헬라 제국은 그의 네 장군에 의해 분할되어 통치됩니다. 알렉산더의 제국은 무너졌지만 그의 이념헬라 문화은 분할된 왕들에 의해 계속됩니다. 이 네 왕조 중 프톨레미Ptolemies왕조애굽 통치와 셀레우코스Seleucids왕조시리아 통치가 이스라엘의 팔레스타인 지역에 영향력을 행사하게 됩니다. 처음에는 팔레스타인이 시리아의 셀레우코스에 속했다가 얼마 지나지 않아 BC 301년에 애굽 통치의 프톨레미로 넘어가 BC 198년까지 가게 되는데 이 기간 동안 팔레스타인은 비교적 평온하게 보냅니다. BC 198년에 팔레스타인은 셀레우코스 왕조의 안티오쿠스 에피파네스 4세의 통치하로 넘어갑니다. 이 에피파네스는 이스라엘의 종교와 그들의 정체성을 포기하고 헬라 문화와 섞이기를 강요하지만 이스라엘은 완강하게 저항합니다. 에피파네스는 예루살렘으로 들어가 성전에 모세의 법에 의해 부정한 짐승으로 규정된 돼지를 제물로 바치고, 제우스의 신상을 성전에 배치하며, 할례를 금하고, 많은 유대인들을 노예로 팔아 버리는 만행을 저지릅니다. 이에 격분한 당시 제사장인 맛다디아Mattathias와 그 다섯 아들이 중심이 되어 BC167년에 반란을 일으키고 예루살렘을 탈환하고 성전을 회복하여 깨끗하게 합니다. 이것을 수전절the Feast of Hannukah 또는 Dedication이라고 합니다. 이 반란을 마카비 반란이라고 하고, BC 63년 로마에 의해 다시 점령될 때까지 잠시 독립을 얻게 되는데 이 시대를 하스모니안 시대라고 합니다. BC 63년에 이 지역은 다시 로마의 수중으로 넘어가 이 지역은 헤롯 가문에 의해 통치를 받게 됩니다.

2. 사회적 변화

1) **언어의 통일** : 이 중간기 시대는 알렉산더 대제의 꿈인 헬라 문화의 영향 하에 있으며 이 지중해 일대에는 헬라 문화로 인해 언어의 통일이 이루어져 후일에 복음 전파에 많은 기여를 하게 됩니다.

2) **행정의 통일** : 로마 제국이 모든 지역을 다스리므로 국경이 없었고, 또 잘 발달된 도로로 인해 여행이 용이한 상태였습니다.

3) **디아스포라** : 이 기간 중에 유대 이민 집단인 디아스포라Diaspora가 형성이 되며 그곳에 성전을 대신하여 율법을 가르치며 디아스포라 공동체의 구심점이 되는 회당, 즉 시나고그Synagogues가 들어서게 됩니다. 이는 나중에 복음 전파의 교두보 역할을 합니다. 한 통계에 의하면 예수님 당시 디아스포라는 800만 명에 이른다고 합니다.

이 시대 이스라엘은 많은 정치적 당파들과 종교적 사회적 계층이 형성되는 시기입니다.
이 기간 중 두드러지게 형성된 정치적 세력은 다음 셋이었습니다.

1) **마카비안** : 셀레우코스의 안티쿠오스 에피파네스의 종교적 탄압에 대항하여 일어난 반란 세력으로 '모데인'의 제사장인 '맛다디아'로부터 시작되어, '마카비쇠망치' 라는 별명을 가진 그 아들 '유다'로 이어졌습니다. 결국 BC164년 12월 14일에 성전을 재헌당할 수 있었고, 이때를 기념하여 '하누카수전절'라는 절기가 지켜지게 되었습니다.

2) **열심당** : 주로 로마를 상대로 암살 테러를 하며 투쟁하던 그룹들입니다. 이들은 '셀롯인', '갈릴리 사람' 등으로 불리기도 했으며, '시카리sicarii:자객'는 이 열심당 가운데 특별한 집단이었습니다.

3) **헤롯당** : 유대 지역 분봉왕인 에돔 사람 헤롯의 가문, 특히 헤롯 안디바를 추종하던 세력으로 정치적으로는 타협주의자요 실리주의자들이었습니다. 종종 사두개인들과 동일시되기도 했습니다.

3. 종교적 변화 이 기간 중에 형성된 종교적인 세력들로는 다음의 셋이 있습니다.

1) **사두개파** : 현실 타협주의자들로서 탐심을 종교적으로 위장하고 있는 무리들이었습니다. 이들은 다윗에 의해 세워졌던 '사독'의 후예라고 자칭하면서, 마카비안의 변질된 후예인 하스몬 왕가를 지지하고 헬라화를 주장하면서 부와 권력을 추구했던 귀족주의적, 세속주의적 당파였습니다. 신학적으로는 육체의 부활이 없다고 보는 견해를 갖고 있었습니다.행 23:8

2) **바리새파** : 이들은 사두개파와 달리 하스모니안 왕가가 세운 대제사장을 반대했으며, 평민 중심이었고, 경건주의자들이었습니다. 특히 부활에 대한 신학적 견해에 있어서는 사두개파와 정반대였습니다. 일명, '백성의 선생'으로 불렸으며요 3:10, 백성들의 지지를 많이 받고 있었습니다. 하지만 율법주의에 빠지면서 내면적으로는 세속 주의를 지향하는 형식주의자들이 되고 말았습니다.눅16:14

3) 엣세네파 : 극단적인 경건주의자하시디안들로 광야에 가서 집단생활을 하던 무리들이었습니다. 세례 요한이 이 엣세네파의 일원이었을 것으로 생각됩니다. 이들은 '사해 사본'이라는 인류에게 귀중한 유산을 남겨 주었는데, 이것 외에는 그 당시에는 별로 큰 영향력을 미치지는 못한 채 사라졌습니다.

따라서 이 400년의 기간은 하나님께서 침묵하고 계시는 것이 아니라, 오실 메시야의 복음이 온 세계에 전파되어 하나님 나라 회복 운동이 활발하게 전개될 수 있는 여건 조성을 위해 역사하고 계신 것입니다.
말라기의 마지막 절4:5,6은 누가복음 1장 17절로 연결됩니다.

말 4:5 6 5보라 여호와의 크고 두려운 날이 이르기 전에 내가 선지자 엘리야를 너희에게 보내리니 6그가 아버지의 마음을 자녀에게로 돌이키게 하고 자녀들의 마음을 그들의 아버지에게로 돌이키게 하리라 돌이키지 아니하면 두렵건대 내가 와서 저주로 그 땅을 칠까 하노라 하시니라

눅 1:17 그가 또 엘리야의 심령과 능력으로 주 앞에 먼저 와서 아버지의 마음을 자식에게 거스르는 자를 의인의 슬기에 돌아오게 하고 주를 위하여 세운 백성을 준비하리라

구약 성경과 신약 성경의 대조

구약 성경		신약 성경
소망 (욥 23:3)	신·구약 중간기	성취 (요 1:45)
창조주 (창 1:1)		구속주 (갈 3:13)
전능하신 하나님 (출 19:18)		우리 아버지 (마 6:9)
태초 (창 1:1)		마지막 (벧후 3:10)
영적 어둠 (시 82:5)		세상의 빛 (요 8:12)
사단의 승리 (창 3:6)		사단의 멸망 (계 20:10)
죄의 저주 (창 3:17-19)		죄의 구속 (요 3:16)
사망의 권세 (창 3:19)		영생 (요 5:24)
피의 제사 (출 12:3-7)		어린 양이신 그리스도 (요 1:29)
압제 (잠 5:22)		자유 (롬 8:2)
율법 (출 20:1-17)		복음 (롬 1:16)
모형 (수 22:28; 대상 28:11-19)		본질 (히 10:34)
외적 의식 (사 1:11-15)		내적 체험 (눅 24:32)
십계명 (신 5:7-21)		성령 (갈 5:5)
예언 (사 11:1-2)		성취 (행 3:18-19)
메시아 대망 (말 3:1)		우리의 구주 (눅 2:11)
낙원의 상실 (창 3:23)		낙원의 회복 (계 22:14)

신약 성경 각권 주제 한눈에 보기

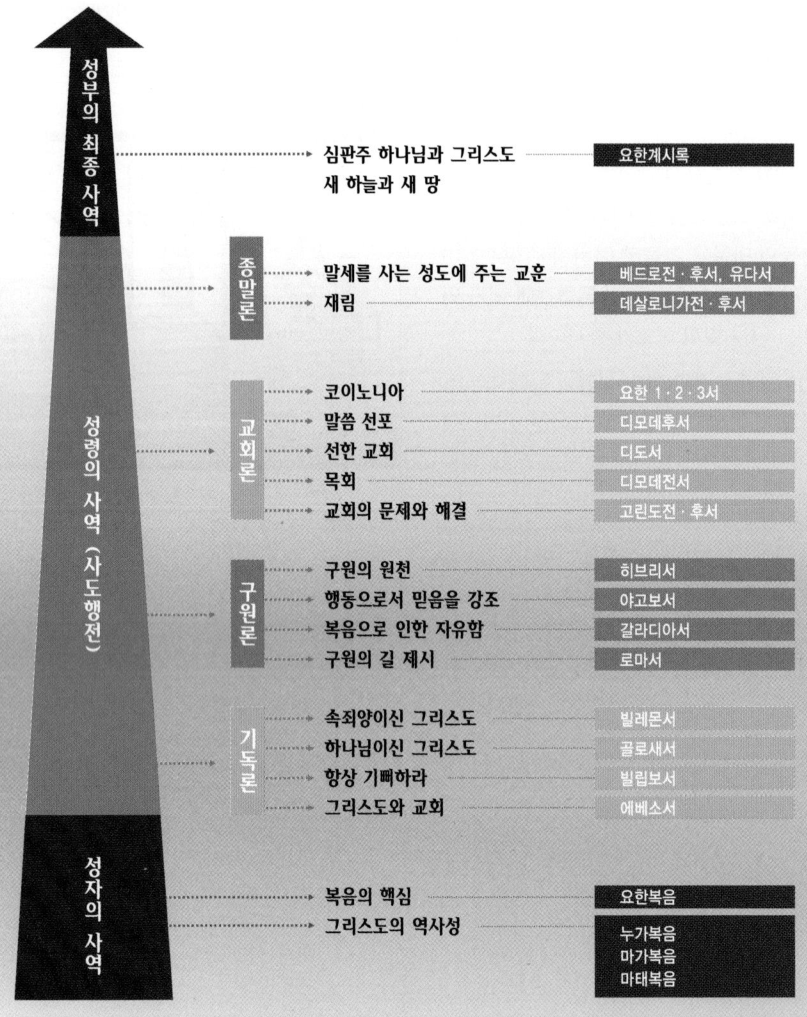

신약 구조에서 보는 구속론적 의미

복음서가 칭의적이며 하나님 나라의 임재와 성취라면 서신서는 그 하나님 나라를 이루어 가는 성화적 삶의 길을 제시하는 것이고 계시록은 하나님 나라의 완성을 통한 영화에 이르는 길을 보여 주는 의미를 갖는다고 볼 수 있다.

하나님 나라 관점에서 읽는 90일 성경 일독

11 복음시대 - 예수님의 생애

복음 선포 시대 BC 5-AD 30년

· 마태복음 · 마가복음
· 누가복음 · 요한복음

주요 인물 ·열두 제자·마리아와 요셉·마리아와 마르다
·빌라도와 헤롯·세례요한·니고데모
·나사로·막달라 마리아

BC 5/4 – AD 26

예수님의 사생애

- 탄생(눅 2:1-20)
- 하나님께 바침(눅 2:22-38)
- 동방 박사들의 경배함(마 2:1-12)
- 요셉이 가족을 데리고 애굽으로 피신함(마 2:13-18)

AD 8

- 12세 때 성전을 순례하심(눅 2:41-52)

AD 26 가을 – AD 30 봄

예수님의 공생애

- 세례 요한의 증거(요 1:29)
- 세례(마 3:16, 17)
- 시험(마 4:1-11)
- 가버나움에서 사역하심(마 4, 9장; 막 1, 2장; 눅 4, 5장)
- 갈릴리에서 사역하심(마 12장; 막 2:38-3:12; 눅 6:1-19)
- 열 두 제자를 택하심(마 10:1-4)
- 산상 수훈(마 5:1-7:29; 눅 6:20-29)
- 두로와 시돈 지방(마 15:21-28; 막 7:24-30), 데가볼리 지방(마 29-39장; 막 7:31-8:9),
- 가이사랴 빌립보 지방(마 16:13-28; 막 8:27-37; 눅 9:18-27)
- 베뢰아 지방(눅 13:22-17:10)에서 전도하심
- 마지막으로 예루살렘에 올라가심(눅 17:11 이하)
- 승리의 입성(마 21:1-11)
- 다락방에서 제자들과 함께 유월절을 지내심(마 26:17-29)
- 위대한 중보자(요 17장)
- 성전 청결(요 2:12)
- 겟세마네 동산(마 26:36-56)
- 고난과 죽으심(마 26:57-27)
- 장사되심(마 27:57-66; 막 15:42-46; 눅 23:50-56; 요 19:31-37)
- 부활(마 28장)
- 승천(행 1장)

30

핵심구절

16장 16,18절

"16시몬 베드로가 대답하여 이르되 주는 그리스도시요 살아 계신 하나님의 아들이시니이다. 18 또 내가 네게 이르노니 너는 베드로라 내가 이 반석 위에 내 교회를 세우리니 음부의 권세가 이기지 못하리라"

핵심단어

"메시야" (Messiah)

마태복음 약속의 메시야를 더욱 현실적이고 체험적으로 보여줍니다.

마태복음 MATTHEW 馬太福音

마태복음 한눈에 보기

개요 증명했지만 거절당하셨고, 죽였지만 부활하신 약속의 왕

서언 : 족보 (1:1-17)와 탄생(1:18-2:23), 세례(3:1-17), 시험(4:1-11)

I. 갈릴리 사역(4:12-18장)

(1) 열 가지 가르침 - 산상 수훈(5장-7장)

① 팔복 (5:3-16)	⑥ 사회적 규범 (7:1-6)
② 도덕적 기준 (5:17-18)	⑦ 격려 (7:7-11)
③ 종교적 동기 (6:1-18)	⑧ 결론적 구절 (7:12)
④ 맘몬 숭배 (5:19-24)	⑨ 선택 (7:13-14)
⑤ 세상적 염려 (6:25-34)	⑩ 최종적 경고 (7:15-27)

(2) 열 가지 기적 (8장- 10장)

① 문둥병자 고침 (8:1-4)	⑥ 중풍병자 고침 (9:1-8)
② 중풍병 고침 (8:5-13)	⑦ 혈루병 고침 (9:18-22)
③ 열병 고침 (8:14-15)	⑧ 소녀를 살림 (9:23-26)
④ 폭풍 다스림 (8:23-27)	⑨ 소경을 고침 (9:27-31)
⑤ 귀신 들린자 고침 (8:28-34)	⑩ 말 못하는 사람을 고치심 (9:32-34)

(3) 열 가지 반응 (11장-18장)

① 세례 요한 (11:2-15)	⑥ 나사렛 사람들 (13:53-58)
② "이 세대" (11:16-19)	⑦ 헤롯 (14:1-3)
③ 갈릴리 지역 (11:20-30)	⑧ 예루살렘 서기관 (15:1-20)
④ 바리새인 (12:2,10,14,24,38)	⑨ 바리새인 사두개인 (16:1-12)
⑤ 우리들 (13장)	⑩ 제자들 (16:13-20)

II. 유대 지방 사역 (19장-20장)

(1) 예루살렘 입성 (19장-28장)

나귀 타고 입성, 충돌, 감람산 설교

(2) 십자가 (26장-27장)

체포, 산헤드린 재판, 빌라도 재판, 골고다 사형 집행

(3) 부활 (28장)

천사, 다시 사신 주, 11제자, 마지막 부탁(대명령)

줄거리따라가기 Story Line

마태복음은 세리였던 마태가 제자가 되어 유대인을 염두에 두고 기록한 것입니다. 이 말은 예수 그리스도를 설명할 때 유대인들이 쉽게 이해할 수 있도록 썼다는 말입니다. 마태복음 1장에 소개되고 있는 족보는 이러한 면에서 중요하다고 할 수 있습니다. 왜냐하면 그들이 같은 조상인 아브라함으로부터 나온 유대인이라는 말이 되기 때문입니다.

또 마태복음에서는 예수 그리스도를 메시야, 즉 유대인들이 그토록 애타게 기다렸던 유대인의 왕이라는 것을 강조합니다. 그리고 유대인의 왕으로 오신 예수님의 탄생과 사역, 죽음과 부활을 그동안 유대인들이 믿고 지켜왔던 구약 성경의 메시야 예언과 모두 연결시켜 예수님이 구약에 예언된 유대인의 왕의 모습을 모두 성취하신 분임을 강조하고 있습니다.
마태복음은 모두 28장 1,071절로 되어 있습니다.

마가복음 MARK 馬可福音

마가복음 한눈에 보기

개요 예수, 섬기는 하나님의 종

서언 : 네 가지 신분으로 묘사되는 예수(1:1-13)

▶ "하나님의 아들" ▶ "주" ▶ "능력 많으신 이" ▶ "나의 아들"

I 능력 있는 사역 (1:14-8:30)

- 첫 메시지와 제자 (1:14-20)
- 첫 능력 있는 사역과 영향 (1:21-2:12)
- 첫 비판과 응답 (2:13-3:6)
- 무리들 모임 - 제자 선택 (3:7-19)
- 서기관의 경고 (3:20-35)
- 씨 뿌리는 비유 (4:1-34)
- 더 능력 있는 사역과 영향 (4:35-6:6)
- 12제자의 파송 (6:7-13)
- 헤롯의 생각: 12제자의 보고 (6:14-31)
- 계속되는 사역 (6:32-56)
- 비판, 마지막 징조들 (7:1-8:26)
- "주는 그리스도이시다" (8:27-30)

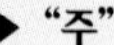

II. 비극적 수수께끼 (8:31-15장)

- 십자가 예고 (8:31-9:1)
- 변화 산 : 십자가 예고 (11:2-13)
- 이적 : 다시 십자가 예고 (9:14-32)
- 제자들의 다툼과 훈계 (9:33-50)
- 유대 지역 사역 (10:1-31)
- 예루살렘으로 (10:32-52)
- 승리의 입성 (11:1-11) - 첫째 날
- 무화과 저주, 성전 청결 (11:12-19) - 둘째 날
- 감람산 설교 (11:20-13장) - 셋째 날
- 베다니 방문 - 배신당하심 (14:1-11) - 넷째 날
- 마지막 유월절 만찬 (14:12-72) - 다섯째 날
- 빌라도 재판, 십자가, 장사지냄 (15:1-47) - 여섯째 날

결어 : 네 가지 승리(16장)

▶일어나심(1-8절) ▶나타나심(9-18절) ▶승천하심(19절) ▶역사하심(20절)

10장 45절
"인자가 온 것은 섬김을 받으려 함이 아니라 도리어 섬기려 하고 자기 목숨을 많은 사람의 대속물로 주려 함이니라"

"종" (Servant)
마가복음은 예수님의 탄생기사도 없고 가르침도 적은 부분을 할애하지만 예수님의 섬기는 자로서 그의 행동을 강조하고 있습니다.

마가복음은 이방인인 로마 사람들을 대상으로 하여 기록되었습니다. 그러므로 이방인에 대한 예수 그리스도의 관심이 많이 드러날 수 있도록 기록되었습니다. 이방인들은 이론보다는 행동을 더 중요시 여겼으므로 마가복음에서는 예수님의 족보를 과감히 삭제했습니다.

아울러 끊임없이 움직이며 바쁘게 다니시는 종의 모습을 그리고 있습니다. 인자가 온 것은 섬김을 받으려 함이 아니요, 섬기러 왔다는 완전한 종의 모습을 보여 주고자 한 것입니다.

마가복음은 16장, 678절로 되어 있습니다.

19장 10절
"인자가 온 것은 잃어버린 자를 찾아 구원하려 함이니라."

"구원자" (Savior)
누가는 예수님의 구속 사역을 집중적으로 기록합니다. 그의 사역은 남을 구속하는 데 있지 자신을 구속하는 데 있지 않습니다.

누가복음　LUKE　路加福音

누가복음 한눈에 보기

개요　인자(人子)이신 예수

설명적 서언 (1:1-4)

I. 인자이신 예수 소개 (1:5-4:13)

- 첫 12년간 (1:5-2장)
- 30세가 되었을 때 (3장-4:13)

II. 갈릴리 순회 사역 (4:14-9:50)

1. 순회 사역 (4:14-9:17)
   - 기적과 가르침 (4:14-6:11)
   - 제자 선택 후 가르침과 기적 (6:12-8장)
   - 제자 파송 (9:1-17)
2. 절정기 (9:18-50)
   - 베드로의 신앙 고백 (9:18-27)
   - 변화산 상의 변화 (9:28-36)
   - 갈릴리에서 마지막 기적 행하심 (9:37-50)

III. 예루살렘 사역 (9:51-19:44)

1. 첫 몇 주간 (9:51-13:35)
   - 70인 파송, 응답 착한 사마리아인 비유 (9:51-11:12)
   - 바리새인을 경계 (11:13-12:12)
   - 부자의 비유 등 (12:13-13:21)
   - 예수님의 슬픔 (13:22-35)
2. 최후의 몇 일간(14:1-19:44)
   - 갈릴리 사역, 여인을 고침 (14:1-17:10)
   - 사마리아, 문둥병자를 고침, 가르침 (17:11-18:34)
   - 여리고, 소경을 고침, 삭개오 가르침 (18:35-19:27)
   - 예루살렘 입성, 예수의 애가 (19:28-44)

IV. 마지막 비극과 승리 (19:45-23장)

1. 체포 전
   - 예수와 제사장, 바리새인, 서기관과 대적 (19:45-21:4)
   - 감람산 교훈 (21:5-28)
   - 마지막 유월절 만찬, 배신 (22:1-53)
2. 체포 후
   - 예수와 공의회 (22:54-71)
   - 예수와 빌라도 헤롯 (23:1-12)
   - 예수의 처형 (23:13-56)

부활　약속　승천

줄거리따라가기 Story Line

누가는 본서를 헬라의 문화와 사고방식을 가진 사람들을 위해 기록했습니다. 그는 의사로서 과학을 공부한 사람이었기에 지성인들과 학자, 철학자 등 교육을 많이 받은 사람들에게 관심을 가지고 있었습니다. 그래서 누가복음에는 길고 어려운 헬라어 단어들이 많이 사용되고 있습니다. 또한 누가는 처음부터 헬라 사람들의 글 쓰는 틀을 서론으로 시작하고 있습니다. 처음부터 저자, 쓰게 된 경위, 수신자 등의 글 쓰는 목적을 분명하게 제시하고, 또 증인을 내세우는 등 가능한 한 자세하게 조사하여 쓴 흔적을 보여 주고 있습니다. 그는 또 예수 그리스도가 온 인류를 위한 완전한 구원자이심을 강조하고 있습니다. 마태가 족보를 쓸 때에는 유대인인 아브라함으로부터 쓴 데 반해, 누가는 온 인류의 시작인 아담과 그 위의 하나님으로부터 시작하고 있습니다.
누가복음은 24장, 1,151절로 되어 있습니다.

요한복음 JOHN 約翰福音

요한복음 한눈에 보기

개요 **성육신**

서언 : 육신이 되신 말씀 (1:1-18)

I. 유대인을 위한 공 사역	II. 제자를 키우는 사역	III. 마지막 유월절, 비극과 최후의 승리
(1:19 - 12장)	(13장 - 17장)	(18장 - 20장)

결어 : "내가 다시 올 때까지" (21장)

요한복음은 모든 인류를 위해 기록되었습니다. 요한은 예수님의 모습 가운데 특별히 하나님의 아들이신 예수님을 가르쳐 주려 했습니다. 그는 시간, 공간, 죽음도 초월하시는 예수님을 그리면서 기적을 통해 예수님께서 하나님의 아들이심을 보여 주고자 했습니다.

요한복음은 21장, 878절로 되어 있습니다.

공관共觀복음과 요한복음

예수님의 생애를 같은 견해를 가지고 같은 내용으로 기록한, 다시 말해서 공통적인 관점에서 기록된 복음이라 하여 우리는 마태, 마가, 누가복음을 공관 복음 같은 관점으로 본다는 뜻이라 부릅니다.

이 공관 복음은 거의 예수님의 갈릴리 사역을 중심으로 기록되어 있습니다. 그러나 요한복음은 조금 다른 관점에서 기록되었습니다. 요한복음은 예수님께서 유대 지방에서 행하신 사역을 많이 기록하고 있습니다. 요한은 이 복음을 에베소에서 기록하였는데, 구전에 의하면 그때에는 모든 사도들이 죽고 요한만이 남아 있었습니다. 그러므로 요한마저 죽으면 예수님을 목격한 사도들이 모두 사라지게 되는 것입니다. 그래서 그의 제자들이 복음서에 기록되지 않은 다른 이야기들을 기록해 달라고 요한에게 요청했고, 그 요청으로 기록된 것이 바로 요한복음이라 합니다.

요한은 예수님께서 죽으신 후 약 60년을 더 살았기 때문에 예수님에 대하여 묵상할 시간이 많이 있었습니다.

3장 16절
"하나님이 세상을 이처럼 사랑하사 독생자를 주셨으니 이는 그를 믿는 자마다 멸망하지 않고 영생을 얻게 하려 하심이라"

"주" (Lord)
요한복음은 처음부터 끝까지 예수님이 하나님으로 주 되심을 보여주고 있습니다.

그는 예수님의 사랑을 가장 많이 받았기 때문에 '예수님의 사랑하시는 제자'라고 불렸습니다. 요한이 예수님을 깊이 묵상하며 기록한 책이 바로 요한복음이었습니다. 요한복음은 인류 역사상 많은 사랑을 받아 온 책 중의 하나입니다.

	마태	마가	누가	요한
예수님의 모습	왕/사자	종/소	인자/사람	하나님/독수리
계4, 겔1의 상들	첫째 짐승-사자 모양	둘째-황소	세째-사람	넷째-독수리
저자의 특징	교사	설교가	역사가	신학자
강조점	예수님의 설교	기적	비유	교리
원 독자	유대	로마	그리스	열방
족보	있음 *마태1:1-17	없음	있음 *눅3:23-28	없음
이유	왕은 족보가 있다	종은 족보가 필요 없다	인자는 족보가 있다	하나님은 족보가 없다
뿌리	다윗자손임을 보여줌		다윗의 아들 나단의 계보로 추적	
열매	요셉계열		마리아 계열	
주요 사역지	갈릴리 지방 가버나움			유대 지방 예루살렘
	공관 복음 - 예수의 인성 강조			4번째 복음 - 그리스도의 신성 강조

예수님 생애로 읽는 4복음서

69일

년 월 일

4복음서 읽기는 예수님의 생애를 연대기로 전기화해서 순서적으로 읽는데, 그 순서의 분석이 학자들마다 다소 차이가 있습니다. 여기서 사용하는 복음서의 시간적 분석은 신약학자인 오르빌 다니엘 박사(Dr. Orville E. Daniel)의 "A Harmony of the Four Gospels" Second Edition, Baker Books, 1996을 사용하고 있음을 밝힙니다. 그가 추정하는 연대와 날짜도 함께 사용합니다. 그가 밝힌 것처럼 연대와 날짜는 어디까지나 추정하는 수치임도 함께 밝힙니다.

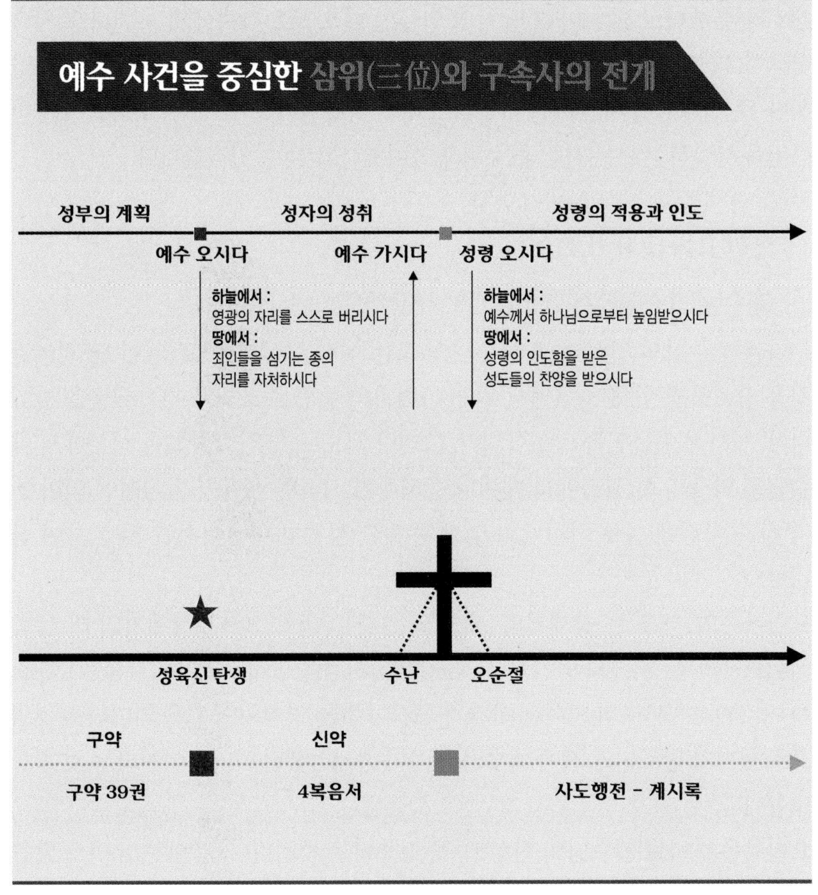

오늘의 읽을 분량

누 1:1-4
요 1:1-5,9-13
마 1:1-17
누 3:23-38
누 1:5-2:7
마 1:18-25
요 1:14
누 2:8-39
마 2:1-23
누 2:40-52
요 1:6-8,15-34
마 3장
막 1:1-11
누 3:1-18, 21-22
마 4:1-11
막 1:12-13
누 4:1-13
요 1:35-51, 2:1-12
요 3장
마 14:3-5
막 6:17-20
누 3:19-20
마 4:12
막 1:14
요 4:1-44
마 4:13-17
막 1:15
누 4:14-30
요 4:45-54
마 4:18-22
막 1:16-20
누 5:1-11

알아두기

희랍 사상으로 이해하는 Logos(λόγος)

BC 500년경 희랍의 철학자 헬라크리투스(Heraclitus)라는 철학자에 의해서 시작된 개념이다.

헬라크리투스는 만물은 끊임없이 유동한다고 보았다. 이를테면 우리가 흐르는 강물에 발을 넣었다가 다시 같은 지점에 발을 들여 놓았다고 가정하자. 결코 같은 강물에 발을 넣은 것이 아니라는 것이다. 왜냐하면 처음에 발을 넣을 때의 강물은 이미 흘러내려 갔기 때문이다.

만물이 이와 같이 끊임없이 유동하고 변화하고, 모든 인간사도 그렇게 변화한다는 것이다. 그런데 그 변화가 전혀 혼란스럽거나 무질서하게 변화하지 않고 질서정연하게 움직인다는 것이다. 이 끊임없는 변화가 질서정연하게 이루어지는데 그 질서를 유지하게 하는 존재가 있다는 것이고 그 존재는 바로 신(神)의 마음(a mind of God), 즉 로고스(Logos λόγος)이라는 것이다.

이 사상은 나중 Zeno의 Stoa주의 철학에서 발전시키며, "Logos가 만물을 전파한다"라고 주장한다. 예수님 당시 애굽에서 활약한 유대인 철학자 Philo에 의해 더욱 발전되며 희랍인들의 신적 개념으로 자리 잡는다.

제 1 부 : 서언

◎ 누가 1:1-4

□ 누가복음의 헌정

누가복음서의 서언은 예수님이 바로 역사적歷史的 실존實存했던 인물이라는 사실을 강조해 줍니다. 그때나 지금이나 예수의 역사적 실존에 대한 논쟁은 끊임없이 계속되고 있습니다. 누가복음서는 예수님의 인성人性을 강조하는 책입니다. 누가는 의사였고 역사가이기 때문에 누가복음서가 목격자의 증언을 토대로 기록했다고 밝히며2절 당시의 인물인 데오빌로 각하에게 보낸다고 서술합니다. 데오빌로라는 단어는 Theophilus로서 Theo는 '하나님', Philus는 '사랑하다' 즉 하나님을 사랑하는 사람들 모두를 상징한다고 볼 때 누가 복음서는 하나님을 사랑하는 모든 사람들을 위해 쓰여졌다고 할 수 있겠습니다.

◎ 요한 1:1-5, 9-13

□ 예수님의 선재성 先在性 Pre-incarnate Existence

누가는 예수님의 인성과 또 예수님의 모든 행적은 실재實在로 일어 난 것이란 것을 강조하기 위해 서두에서 원래 목격자의 증언을 토대로 기록했음을 밝힙니다. 역사적 인물임을 강조합니다. 그러나 사도 요한은 요한복음 서두에서 예수님은 역사의 한 시점에서 태어나 존재하기 시작한 사람이기 이전에 이미 천지 창조 이전에 성부 하나님과 함께 존재한 성자 하나님이시란 것을 보여 줍니다.

요한복음의 '태초'는 창세기의 '태초'와는 다른 태초입니다. 창세기의 태초, 즉 레쉬트ראשית는 시간과 공간이 시작되는 첫 시점을 말하지만, 요한복음의 태초, 즉 아르케ἀρχή/arche의 의미는 시간과 공간이 없는 영계의 근원을 의미하는 것임으로 천지가 창조되기 전에 예수님은 이미 존재하셨던 하나님이시라는 것을 강조합니다.

요한복음은 바로 예수님의 신성神性을 강조하는 책입니다. 그 예수님 바로 말씀이라는 것입니다. 로고스는 하나님의 마음이라는 뜻을 가지고 있습니다. 그 예수님은 바로 하나님이 성육신Incarnation하신 것이라는 것입니다.

◎ 마태 1:1-17 ◎ 누가 3:23-38

□ 예수님의 인간 족보

성경의 족보는 그 끝에 나오는 사람을 부각시키기 위해서 사용합니다. 그리고 구약의 족보의 최종 끝은 바로 예수님이십니다. 그래서 구약은 오실 메시야를 기다리면서 쓴 책이고 구약의 그 메시야는 바로 예수님이시고 그 예수님이 오심으로 구약의 족보는 종결을 짓습니다.

그 후로 신약에는 족보가 다시 등장하지 않습니다. 마태복음의 족보는 요셉의 계열을 보여 줍니다. 그 족보는 아브라함으로부터 시작하여 14대씩 3부로 나누어 보여 주고 있습니다. 첫 단계의 14대는 족장들입니다. 두 번째 14대는 왕들입니다.

마지막 14대는 포로 이후에 없어진 왕들을 대신해서 평민들의 지도자들을 보여 주고 있습니다. 14대씩으로 묶음은 이 족보의 흐름에서 중심 되는 인물이 다윗이고 다윗은 히브리 알파벳의 숫자적 개념을 모두 더하면 14가 되기 때문에 14대씩 따랐다는 견해가 있습니다. 그러나 그 14대로 정하기 위해 실제로 빠진 사람들이 있습니다. 마태는 그의 족보에 4명의 여인을 등장시킵니다.

누가의 족보는 요셉으로 출발하여 역으로 올라가며, 아담까지 올라갑니다.

누가의 족보는 마리아의 계열입니다.

제 2 부 : 세례 요한과 예수님의 탄생

구약은 메시야가 오기 전에 엘리야가 먼저 온다고 했습니다. 가브리엘 천사는 예수님이 잉태되기 6개월 전에 사가랴에게 나타나 세례 요한이 태어날 것을 알리고, 6개월 후 마리아에게 수태 고지를 합니다. 예수님은 말구유에 태어나 탄생 결례 예식을 마친 후 헤롯의 유아 학살을 피해 애굽으로 피신했다가 갈릴리 지방 나사렛으로 돌아가 거기서 어린 시절을 보냅니다. BC 5~ AD 8년

◎ 누가 1:5~2:7

말라기의 예언대로 말 4:5-6 예수님이 오시기 전에 먼저 엘리야가 온다는 예언이 세례 요한의 탄생으로 성취됩니다. 세례 요한의 탄생 예고가 있은 지 6개월 후 이번에는 가브리엘 천사는 마리아에게 예수님 탄생을 예고하면서 마리아가 성령으로 잉태하게 됨을 알립니다. 이때 마리아는 요셉과 정혼 상태에 있습니다.

당시 유대의 결혼 풍습에 혼인이 성사되기까지 3단계를 거치게 됩니다. 여자 나이 12세가 되면 약혼을 하고 13세가 되면 결혼의 전 단계인 정혼Betrothal을 하게 됩니다. 이 정혼은 부부 합방만 하지 않는 결혼과 똑같은 법적 효력을 갖습니다. 이때 아이를 가지면 안 됩니다. 아이를 가진다는 것은 간음에 해당되는 것이고, 간음은 당시 율법에 돌로 쳐 죽이는 죄에 해당됩니다.

알아두기

예수님의 탄생 연도

예수님의 탄생 연도는 AD 1년이 아니다. 이 연도는 AD 525년 당시의 교황 요한 1세가 수도승인 디오니시우스 엑시구스(Dionysius Exuguus)에게 서방 교회가 사용할 달력을 만들라고 명했고 그는 로마 기원력 AUC 754년을 AD 1년으로 삼았고 이를 예수님의 탄생 연도로 잡은 것이다.

다음과 같은 이유로 잘못된 연도이다. ① 예수님 탄생 시 2세 미만의 유아를 죽이도록 명령한 헤롯이 죽은 해가 AUC(로마 기원력) 750년으로 기록되어 있는데 예수가 AUC 754년에 태어났다면 헤롯이 죽은 지 4년이나 지나서 태어났다는 오류가 생긴다. 예수가 태어난 시기는 헤롯이 죽기 전이기 때문에 적어도 BC 4년으로 되돌아가야 한다. ② 눅 2:1에 의하면 요셉과 마리아는 가이사 아구스도의 명에 따라 호적 하라는 명을 받았다고 했다. 이는 수리아 총독인 구레뇨(Quirinius)의 때에 행했다고 했는데 수리아 총독 명단에 이런 이름은 기록되어 있지 않고 다만 이 이름을 가진 자는 BC 12~6년까지 로마 원로원이 남부 터키의 반란을 진압하기 위해 임명한 특사였다는 기록이 있다. ③ 동방박사가 별을 보고 찾아 왔다는 기록으로 당시에 나타난 별들의 특이한 현상의 시기를 계산하여 추적한다. AD 1606년 천문학자 요하네스 캐플러가 BC 7년 5/6월, 9/10월 그리고 12월에 토성과 목성이 일직선으로 나타났다고 계산했고 이 별이 동방박사가 본 별일 것이라고 추정한다. 중국의 문헌에는 BC 6년에 큰 별이 나타났다고 기록하고 있다.
이런 단서들을 종합해 볼 때 예수님의 탄생 연도는 BC 7년에서 4년 사이일 것이 틀림없는데 대개 BC 5년이라고 본다.

13세의 마리아에게 이 수태 고지는 축복의 알림이라기보다는 사형 선고와 같은 것으로 들릴 수 있었습니다. 그러나 13세의 나약한 소녀 마리아는 "주의 여종이오니 주의 뜻대로 이루어지이다"라고 순종합니다. 그리고는 그 유명한 마리아의 찬가를 남깁니다.

□ 마리아의 찬가Magnificat에서 보는 기독교의 에센스 3가지William Barclay

"the Gospel of Luke" Westminster Press 1956 p.15~16

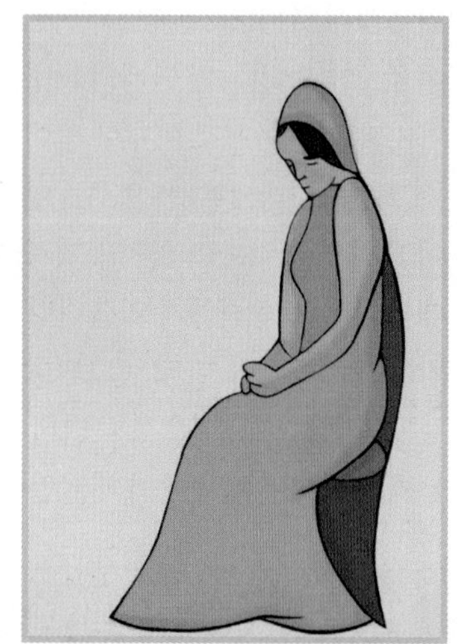

① 교만 타파
"그의 팔로 힘을 보이사 마음의 생각이
교만한 자들을 흩으셨고"눅 1:51

②정치, 사회적 개혁
"권세 있는 자를 그 위에서 내리치셨으며
비천한 자를 높이셨고"눅 1:52

③ 경제적 개혁
"주리는 자를 좋은 것으로 배불리셨으며
부자는 빈손으로 보내셨도다"눅1:53

◎ 마태 1:18-25　　◎ 요한 1:14

□ 예수님의 탄생 베들레헴:BC 5년 가을 경 - 임마누엘의 실현

요한은 예수님이 이 땅에 오신 성육신의 사건은 바로 우리 가운데 장막을 치시기 위해 오신 하나님이라고 말합니다.요 1:14 장막을 치신다는 것은 바로 구약의 성막의 원리의 완성입니다.
하나님은 시내산에서 계약을 맺으신 후에 하나님 나라의 백성이 된 이스라엘 백성에게 율법을 주시고 그런 후에 그들과 함께 삶 가운데 오시기 위해서 하나님은 성막을 허락하시고 법궤에 임재하셨습니다. 성막은 곧 하나님의 임재를 상징하는 것입니다. 하나님의 임재는 바로 에덴의 모습입니다. 그것이 임마누엘 하나님의 모습입니다. 이것은 에스겔서 10장에서 떠난 하나님의 임재가 건물로서의 성전으로 돌아오지 않고 그의 백성새 이스라엘에게로 돌아오신다는 뜻입니다.
하나님 나라의 속성은 하나님이 우리와 함께 하셔서 우리의 눈에서 눈물을 닦아 주시고 우리를 영원한 안식으로 이끌어 주시는 것입니다.계 21:3-4 바로 그것을 위해 하나님은 인간의 육체를 입고 우리 가운데로 오셨다는 것입니다. 요한은 이 사실을 우리 가운데 장막을 치셨다고 말해 줍니다.

어린예수의 여정
1. 베들레헴에서 예루살렘에 갔다가 돌아오심 (눅2:22~38)
- 그림(A) 예수의 탄생(눅2:6-7)
:그림(B) 동방박사들이 경배함(마2:1)
:그림(C) 예루살렘 성전에서 할례를 받으심 (눅2:22~38)
2. 베들레헴에서 애굽으로 피하심(마2:14)
- 그림(D)
3. 애굽에서 나사렛으로 가심(마2:19~23)
4. 나사렛에서 예루살렘으로 가심(눅2:42)
- 그림(E) 예수가 예루살렘에서 율법교사들과 이야기하심(눅2:42~46)
5. 예루살렘에서 나사렛으로 돌아가심(눅2:51)
- 그림(F) 예수가 목수일을 하심(눅2:51~52)
(F) 예수가 목수 일을 하심 (눅2:51-52)
갈릴리 바다
나사렛
갈릴리
요단강
사마리아
대해(지중해)
예루살렘
베들레헴
(E) 예수가 율법사들과 성전 뜰에서 이야기 하심 (눅 2:42-46)
여행경로
성읍
사해
유대
(C) 예루살렘 성전에서 할례를 받으심 (눅2:22-38)
(A) 베들레헴에서 예수가 탄생하심 (눅2:6-7)
애굽으로 가는길
(D) 애굽으로 피하심 (마 2:14)
(B) 동방박사들이 아기예수를 찾아 경배함(마2:1-11)

마태 1장 23절은 예수님의 이름을 임마누엘이라고 명한다고 했습니다. 그 뜻은 우리와 함께 하신다는 뜻이라고 했습니다. 그것은 복음의 시작과 끝입니다. 천사가 예수님의 수태 고지를 할 때 예수님의 이름을 임마누엘로 고지하면서 마태복음의 예수님 기사가 시작됩니다. 구약의 아하스 왕에게 이사야가 들려주었던 임마누엘의 약속사 7:14이 지금 성취되고 있는 것입니다. 이스라엘의 궁극적인 문제 해결과 궁극적인 구원은 임마누엘이 오셔야 해결되는데, 바로 지금이 그때라는 것입니다.

구약의 이스라엘의 왕들이 간혹 선정善政을 펼치는 경우는 있었으나 하나님이 함께 하신 듯한 통치는 단 한번도 없었습니다. 그래서 하나님의 백성들은 진정 하나님이 함께 하시는 것임마누엘을 사모하였습니다. 그래서 궁극적인 임마누엘의 구원을 사모했는데 지금 아기 예수님의 탄생으로 그 임마누엘이 실현되었다는 것입니다.

마태복음은 하나님이 우리와 함께하시는 임마누엘이 실현되면 어떤 일이 일어나는가를 보여 주는 책입니다. 죄인의 죄가 사해집니다. 병자가 일어납니다. 가난한 자와 고아와 과부가 위로를 받습니다. 교만한 자는 배척을 받고 마음이 가난한 자가 하나님 나라를 유업으로 받습니다. 그 백성의 영원한 복지를 위해 죽으시고 살아나셔서 부활의 생명을 공급해 주십니다. 이 임마누엘이 우리의 왕이십니다. 그것이 바로 하나님 나라의 임재입니다. 이것은 구약의 어떤 왕들도 하지 못했던 일입니다.

임마누엘의 예수님은 그의 지상의 생애 마지막에도 "볼지어다 내가 세상 끝날까지 너희와 항상 함께 있으리라"마 28:20라고 하셨습니다.

이렇게 예수님은 승천하시기 전에도 임마누엘을 약속하셨습니다. 예수님은 공생애 시절만 제자들과 함께 해 주신 것이 아닙니다. 승천하신 후에는 성령 강림으로 우리와 함께 해 주십니다. 예수님이 오늘도 우리에게 임마누엘 되어 주심으로 우리는 구원을 받으며, 평생 구원의 기쁨을 누릴 것입니다. 그러다가 예수님은 최종적으로 역사의 끝에 재림하셔서 우리와 영원히 함께해 주실 것입니다.계 21:1-4

"첫아들을 낳아 강보로 싸서 구유에 뉘었으니 이는 여관에 있을 곳이 없음이러라"눅 2:7 하나님이 인간의 몸을 입고 이 땅에 오셨을 때 그를 맞이한 자가 없었다는 것은 무엇을 의미합니까? 예수님이 오늘날 우리의 삶의 주인으로 모시는 삶을 살아가고 있습니까?

우리의 삶은 예수님을 등에 모시고 가는 나귀들의 삶을 사는 것이라는 사실을 기억해야 합니다. 하나님은 우리와 함께 하시기를 원하셔서 우리의 삶을 복된 삶이 되도록 하시기 위해 이 땅에 오셨습니다. 그것이 바로 임마누엘의 하나님입니다.

◎ 누가 2:8-39

□ 목자에게 알림 베들레헴:BC 5년 가을경 예수의 명명과 결례 예식 탄생 후 8일째, 예루살렘:탄생 후 40일째

베들레헴 근교에서 양을 치는 목자들은 예루살렘 성전에서 제물로 바쳐질 양을 치는 목자들입니다. 천사들은 일시적 제물인 양을 키우는 이들 목자들에게 이제 단 한 번 드려질 제물, 즉 '세상 죄를 지고 갈 하나님의 어린양'이 태어났음을 알려 주는 것입니다. 다시는 이런 양들을 키울 필요가 없다는 것이겠지요.

◎ 마태 2:1-23

□ 동방 박사의 방문

바클레이W. Barclay 목사의 저서 마가복음 주석서William Barclay "the Gospel of Mark" Westminster Press 1956 p.64~65에 보면 동방 박사에 대한 재미있는 전설 이야기가 나옵니다. 동방 박사가 3명이라는 것은 성경에 없는 사실입니다. 성경은 다만 3개의 선물만 언급하고 있으며 그래서 동방 박사가 3명이라고 추정할 뿐입니다. 전설에 의하면 동방 박사가 4명이라는 것입니다. 예수님을 방문한 3명의 동방 박사의 이름은 Caspar, Melchior, Balthasa였고, 네 번째 박사의 이름은 알타반Arthaban이었습니다.

이 네 번째 동방박사 알타반은 사파이어, 루비, 진주를 가지고 앞의 3명의 박사들과 만나기로 한 장소로 향하여 갔습니다. 가는 도중에 병든 여행자가 노상에서 신음하고 있음을 보고 그를 치료하고 도와주다가 시간이 지체되었습니다. 걸어서는 도저히 시간에 맞춰 그들과 만날 장소까지 갈수 없어서 사파이어를 팔아 낙타를 사야 했습니다. 예수님께 드리지 못함을 아쉬워하면서 이 사파이어를 팔아 낙타를 사서 급히 약속 장소로 갔지만, 이미 세 박사는 떠나고 말았습니다. 그래서 혼자 예수님이 태어났다는 베들레헴을 찾아갔지만 세 박사는 이미 예수님을 방문하고 떠났으며, 헤롯이 2세 이하 유아를 다 죽이라는 명령이 떨어져서 바야흐로 유아 학살이 진행되고 있었습니다.

한 집 앞을 지나가는데 그 집의 아기 어머니가 알타반을 발견하고 자기 아기를 살려 달라고 울부짖으며 애원을 하는 것입니다. 안으로 들어가 보니 헤롯의 군인이 막 아이를 죽이려고 칼을 높이 들고 있었습니다. 알타반은 급히 그를 막아서서 예수님께 드리려는 선물 2개 가운데 진주를 그 군인에게 주면서 아기를 살려 줄 것을 간청합니다. 군인은 진주를 챙기고 잽싸게 나가 버렸습니다. 알타반은 예수님을 만나지도 못했고, 이제 선물은 하나밖에 남지 않았습니다. 결국 알타반은 예수님을 만나지도 못한 채 세월이 33년이나 흘렀습니다. 어느 봄날, 알타반은 예수라는 이름을 가진 자가 골고다에서 십자가에 처형된다는 소문을 듣게 되었습니다. 그는 급히 골고다로 달려갑니다. 어린 예수님을 못 만났으나 이제 죽어가는 예수라도 뵙고 남은 선물을 드리게 되었다고 설레는 마음으로 그 형장으로 달려가고 있었습니다. 도중에 한 소녀가 군인에게 잡혀 가면서 알타반을 보자 살려 달라고 애원을 하는 것입니다. 사연을 들어 보니 병든 아버지가 빚을 갚지 못해 어린 딸이 대신 노예로 팔려 가고 있었습니다. "저의 아버지를 살려 주세요. 저가 없으면 병든 아버지는 죽습니다."
알타반에게는 이제 루비 하나가 남아 있습니다. 33년을 기다리며 그 루비를 예수님께 드리려는 순간에 또 기가 막힌 일이 벌어지고 있습니다. 알타반은 그 루비를 그 소녀의 빚을 탕감하는데 주고 그 소녀와 병든 아버지를 구해 주었습니다.

그때 날이 어두워지고 큰 지진이 나면서 알타반이 있는 그 곳 집의 처마에서 기와가 떨어지면서 알타반의 머리를 내리 쳤고, 알타반은 기절하여 그 소녀의 품에 쓰러져 안겼습니다. 소녀는 정성스럽게 알타반을 간호하고 있었습니다. 알타반이 정신을 차리면서 이렇게 중얼거리는 것입니다. "내가 언제 주님이 병들었을 때 돌보아 드렸고, 굶주릴 때 먹여 드렸고, 내가 언제 주님이 헐벗을 때 입혀 드렸고, 목마를 때 마시게 했습니까? 지난 33년간 나는 오직 주님만을 찾아다녔고, 주님께 드리려는 선물은 다른 데 다 쓰고 말았습니다." 이때 소녀도 들을 수 있는 자그마한 음성이 들려오는 것입니다. "진실로 진실로 내가 너에게 말한다. 네가 지극히 작은 자에게 해 준 것이 바로 나에게 해 준 것이란다. 고맙다, 알타반." 알타반은 자기가 준비한 그 모든 선물을 주님이 다 받으셨다는 사실을 깨닫고 미소를 지으면서 숨을 거두었습니다.

이집트에 있는 예수 피난 교회

마태복음 25장에 나오는 양과 염소의 비유를 같이 읽어 보세요.

애굽으로 피신과 귀환

바클레이W.Barclay 목사의 저서 〈마태복음 주석서〉William Barclay "the Gospel of Matthew" Westminster Press 1956 p.35 에 나오는 전설 이야기입니다. 예수님과 그 부모가 헤롯의 유아 학살을 피해 애굽으로 도망가는 길에 강도를 만나 동굴로 피하게 되었습니다. 바로 그때 동굴 입구에 있던 왕거미 한 마리가 그 동굴로 피하는 아기가 예사로운 아기가 아니라는 것을 알아차리고 동굴 입구에 거미줄을 쳐서 막았습니다. 강도가 이들이 동굴로 피한 줄로 알고 동굴을 찾아 왔지만 거미줄이 쳐 있음을 보고 동굴에 숨을 수가 없음을 알고 지나갑니다. 그래서 크리스마스트리를 장식할 때 번쩍이는 실 같은 것을 다는 것은 바로 이 전설을 기억하는 것이라고 합니다. 결국 예수님의 일행은 애굽으로 가는 도중에 강도를 만납니다. 강도 두목이 아기 예수를 보자 그 모습이 범상치 않아 예수님 가족 일행을 풀어 줍니다. 그런데 바로 이 강도가 예수님과 함께 십자가에 못 박히는 강도라는 것입니다. 그 강도는 예수님께 회개합니다. 예수님은 그에게 천국을 약속해 주십니다. 그 강도의 이름은 Dismas입니다. 성경에 없는 전설 이야기입니다.

지도 : 예수님의 피난

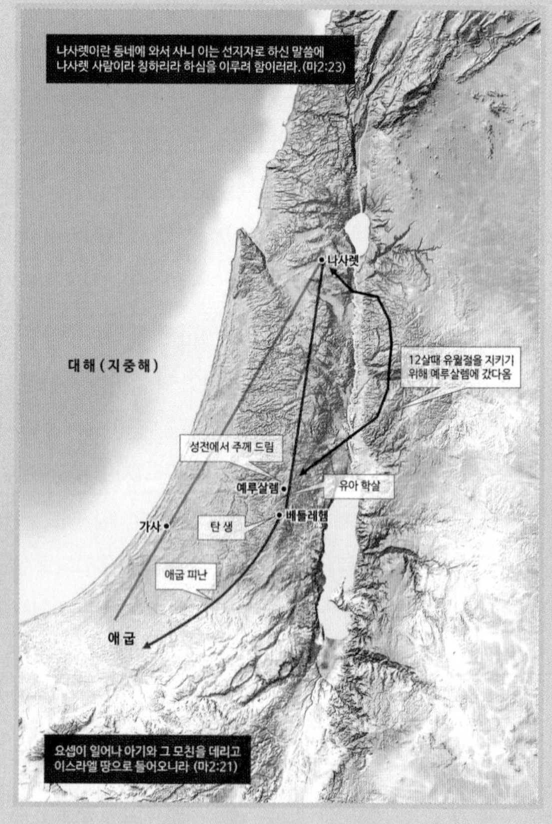
나사렛이란 동네에 와서 사니 이는 선지자로 하신 말씀에
나사렛 사람이라 칭하리라 하심을 이루려 함이러라. (마2:23)
나사렛
대 해 (지 중 해)
12살때 유월절을 지키기
위해 예루살렘에 갔다옴
성전에서 주께 드림
예루살렘
유아 학살
베들레헴
가사
탄 생
애굽 피난
애 굽
요셉이 일어나 아기와 그 모친을 데리고
이스라엘 땅으로 들어오니라 (마2:21)

◎ 누가 2: 40-52

□ 예수의 어린 시절 및 12세 성전 방문 예루살렘: AD 8년경

예수님은 어린 시절 나사렛에서 균형 잡힌 성장을 했다는 짧은 언급입니다. 그의 지혜가 자란다는 것은 정신적, 지적 성장을 말하고, 키가 자란다는 것은 육체적 성장, 건강을 말하고, 하나님께 사랑받음은 영적 성장을 말하며, 사람에게 사랑받는다는 말은 사회적 발전, 사회적 안정, 바른 인간관계를 가진다는 말입니다. 그가 12세 때에 성전을 방문했습니다. 당시 풍습에 12세가 되면 성인이 됩니다.

눅 2:44 예수가 동행중에 있는 줄로 생각하고

예수의 부모는 예수님이 당연히 자기를 따라 고향으로 돌아갈 줄로 생각했습니다. 우리도 예수님과 동행을 상습적, 습관적으로 생각하고 있지는 않는지요?

제 3 부 : 예수님의 공생애 시작

구약은 메시야가 오기 전에 엘리야가 먼저 온다고 했습니다. 세례 요한은 바로 메시야가 오기 전에 그의 첩경을 곧게 하고, 하나님 나라를 이루기 위한 메시야의 사역을 위해 광야에서 회개를 촉구하는 구약의 마지막 선지자입니다. 세례 요한은 구약의 마지막 선지자로서 구약의 역사를 예수님의 사역으로 이어지는 역할을 감당하는 사역을 시작합니다. 그의 외침은 '회개'입니다. 그것은 바로 하나님 나라의 백성이 되는 자격 요건을 말하는 것이고 예수님은 바로 하나님이 구약에서 꿈꾸어 오던 하나님 나라를 이 땅에 선포하시고 성취하시는 사역을 시작합니다. 예수님은 공생애의 사역을 시작하시기 전 세례 요한이 사역중인 광야와 요단강으로 나아가셔서 먼저 세례 의식을 통한 하나님 나라의 왕으로서 대관식을 치르시고 광야에서 40일 금식 기도 후에 시험을 거칩니다. 그리고 다시 그와 함께 사역할 제자들을 선발하시기 시작하고 가버나움으로 돌아오십니다. 이때가 AD 26년 봄입니다.

◎ 요한 1:6-8, 15-34 ◎ 마태 3장 ◎ 마가 1:1-11 ◎ 누가 3:1-18, 21-22

□ 세례 요한의 증거 유대:AD 26년 봄

세례 요한은 구약의 마지막 선지자입니다. 400년간 선지자의 침묵을 깨고 구약에서 꿈꾸고 선지자들이 외친 하나님 나라를 성취할 메시야의 오심이 이루어지게 될 때 세례 요한은 말라기 4장 5절에서 말하는 예수님보다 먼저 오는 엘리야입니다. 그는 예수님의 길을 곧게 하는 광야의 외치는 자로서 이 세상에 왔습니다. 그는 겸손의 본을 보인 사람입니다.

이 세례 요한은 하나님 나라가 예수님에 의해 이루어지기 시작하니 그 하나님 나라에 합당한 회개와 그리고 그 회개의 열매를 맺으라고 외칩니다. 회개의 유대적 개념과 헬라적 개념을 우리는 공부했습니다. שׁוּב(shub)와 μετανοέω(metanoeo)가 생각나십니까? p.211을 참고하세요.

회개를 통한 구원은 단순히 죄의 굴레에서 벗어나는 것만을 의미하는 것이 아닙니다. 그가 외치는 회개의 열매는 하나님 나라에 합당한 가치관의 변화입니다.눅 3:7-14 참조 그것은 성화의 삶의 과정입니다. 그것은 하나님 나라를 이룰 씨백성가 되는 길입니다.

하나님은 그 나라를 회복하시기 위한 역사를 시작하실 때 아브라함을 부르시고 주신 약속은 아브라함의 자손이 하늘의 별과 땅의 모래만큼 많게 해 주신다는 것이었습니다. 이것은 당신의 나라를 이루기 위한 백성을 이루는 길임을 우리는 보았습니다.

☐ 예수님의 세례 요단 강

왜 예수님은 세례를 받으셨는가? 모든 세례는 죄를 회개하는 것인데 예수님의 세례는 죄와 관계가 있는 세례가 아니고 마태 3장 15절에 모든 의를 이루기 위함이라고 했습니다. 그것은 바로 하나님 나라를 이루기 위함입니다.

세례는 하나님 나라의 백성이 되기 위한 첫 번째 절차입니다. 하나님 나라를 이루기 위한 예수님의 세례가 끝나자 장엄한 대관식이 이루어집니다. 모차르트의 대관식 미사로도 표현하기 어려운 장엄함일 것입니다. 그것은 하늘이 열렸다고 했습니다. 성경에 언제 하늘이 열렸는지 아십니까? 바로 지금입니다. 이것은 우리가 하늘에덴로 돌아 갈 수 있는 길을 여셨다는 말입니다.

예수님의 하나님 나라 사역이 시작되는 시점입니다. 성령이 비둘기처럼 예수님에게 임하고, 하나님은 '내 사랑하는 아들'이라고 선포합니다. 삼위의 하나님이 모두 나타나신 창조 사역 이래 처음 있는 가장 장엄한 순간입니다.

그것은 바로 하나님 나라가 임하는 순간이기 때문입니다. 예수님이 그 나라의 왕으로 즉위하는 대관식이기 때문입니다. 예수님이 받게 될 진짜 세례는 십자가의 세례입니다. 막10:35-40, 눅 12:50

◎ 마태 4:1-11
◎ 마가 1:12-13
◎ 누가 4:1-13

☐ 예수님의 시험 광야

'하나님 나라의 회복'의 다른 표현은 영적 싸움입니다. 예수님의 광야 시험(눅 4:1-13)은 단순히 개인적 차원의 시험이 아니었습니다. 구속사적救贖史的으로 중요한 의미가 있는 사건입니다. 창세기 3장 15절에 하나님은 뱀사탄의 머리를 밟는 여인의 후손이 온다는 약속 '원시 복음'을 주십니다. 우리는 하나님의 나라가 사탄의 유혹에 의해 무너졌다는 사실을 창세기를 통해 알았습니다. 하나님께서 그의 나라를 회복하시기 위해서는 사탄과의 대적은 피할 수 없는 싸움입니다. 이 싸움은 결국 요한계시록에서 종결되고, 하나님의 승리로 끝나며 잃어버렸던 에덴이 새 하늘과 새 땅으로 온전히 회복됨을 봅니다만, 그때까지 사탄뱀의 최대의 관심사는 역사에서 '자기의 머리를 밟을 여자의 후손'창 3:15이 나타나는 것입니다. 그런데 지금 예수님이 여자의 후손으로서 사탄에게 치명타를 가할 공생애 사역을 시작하려 하자, 사단이 그것을 좌시하지 않고 여자의 후손에게 총공격을 감행하는 장면이 바로 예수님의 광야 시험입니다.

우리는 구약의 에스더서의 하만의 흉계도 바로 사탄이 여인의 후손을 끊으려는 계략이라는 것을 알 수 있습니다. 성경의 여러 가지 영적 전쟁은 바로 이런 측면에서 보아야 합니다.

하나님의 나라를 잃어버리게 한 최초의 시험은 아담이 먹는 유혹을 이기지 못했기 때문이라는 사실을 생각해 보아야 합니다. 아담과 하와는 선악과 약속의 말씀을 의지하지 않고, 눈에 보이는 것을 의지하므로 먹는 일에서 사탄의 유혹을 이기지 못했습니다. 이스라엘 사람들도 광야에서 만나에 의지하는 삶을 살았다는 사실을 생각해 보십시오. 그러나 예수님은 그 먹는 유혹(돌로 빵을 만들라)이 왔을 때 예수님은 단호히 말씀을 택했습니다.

📖 신 **8:3** 너를 낮추시며 너를 주리게 하시며 또 너도 알지 못하며 네 조상들도 알지 못하던 만나를 네게 먹이신 것은 사람이 떡으로만 사는 것이 아니요 여호와의 입에서 나오는 모든 말씀으로 사는 줄을 네가 알게 하려 하심이니라

그것은 하나님에 대한 절대적 순종을 나타내는 것입니다. 사탄에게의 승리는 말씀에 순종하고 하나님을 의지하는 길밖에 없습니다. 그렇지 못하면 하나님의 나라는 회복되지 않을 것입니다.

예수님은 광야 시험에서 아담의 실패와 이스라엘의 실패를 회복하는 결정타를 사탄에게 날리신 것입니다.

광야의 시험

우리는 언제나 우선 광야 앞에 서게 된다.
목마름이라는, 굶주림이라는, 절망이라는 광야.
그러나 절망이라는 조망(眺望)의 그 무한성.
결국에는 조망의 무한을 견디다 못하여
우리는 그것을 막아 줄 것을 구한다.

빵이라든가, 힘이라든가 온 세계라고 하는 모두는
우리로 하여금 무한한 공포를 잠시 동안 잊게 해 주는 벽.
하지만 우리의 약함이 구하는 그 벽은 신기루의
벽으로서 그 벽 앞에 설 때 우리는 환상의 미로에서
길을 잃고 만다.
'사탄아 물러가라'라는 명령으로
벽의 마술을 깨뜨리는 강한 자만이 광야를 건너
진실된 거리에 들어갈 수 있으리라.

거리 변두리의 해골이라 일컬어지는 언덕 위에 있는
피 흘리는 나무 아래 도달할 수 있으리라.

다가하시 무쯔오

사역을 시작하신 예수
(약 30세)
1. 나사렛에서 요단강으로 가심(마3:13)
- 그림(A) 예수가 요한에게 세례를 받으심 (마3:13-17)
2. 요단강에서 유대 광야로 가심(마4:1)
- 그림(B) 예수가 사단에게 시험을 받으심 (마4:1-11)
3. 광야를 떠나 베다니로 가심
- 그림(C) 다섯 제자를 부르심(요1:38-51)
4. 베다니에서 가나로 가심(요1:43)
- 그림(D) 물로 포도주를 만두심(요2:6-10)
5. 가나를 떠나 가버나움으로 가심(요2:12)
6. 유월절을 지내려 가버나움에서 예루살렘으로 가심(요2:13)
- 그림(F) 예수와 니고데모(요3:1-21)
7. 예루살렘에서 유대 지방으로 가심(요3:22)
8. 유대 지방을 떠나 수가의 야곱 우물에 이르심(요4:3-5)
- 그림(G) 예수와 사마리아 여인(요4:6-26)
9. 사마리아를 지나 갈릴리 가나로 가심 (요4:43-46)
- 그림(H) 왕의 신하의 아들을 고치심 (요4:46-53) ; 그림(I) 마케루스의 감옥에 요한이 갇힘(마4:12) 그림(J)
10. 가나에서 나사렛으로 가심(눅4:16-27)
(A) 예수가 요한에게 세례를 받으심 (마3:13-17)
(B) 예수가 사탄의 시험을 받으심 (마4:1-11)
(C) 다섯 제자를 택하심(요1:38-51)
(D) 물로 포도주를 만드심(요2:6-10)
(F) 니고데모가 예수를 찾아옴 (요3:1-21)
(G) 예수가 사마리아 여인과 이야기하심 (요4:6-26)
(H) 가나에서 왕의 신하의 아들을 고치심(요4:46-53)
(J) 요한이 마케루스에 투옥된(마4:12)
가버나움
갈릴리 바다
가나
나사렛
야르묵강
요단강
갈릴리
사마리아
에발산
수가
그리심산
베다니(베다바라)
예루살렘
사해
마케루스
대해(지중해)
유대
여정 1-5
여정 6-10
성읍

마태복음과 누가복음의 시험 기사 비교

	마태복음	누가복음
시험의 내용	돌-떡 (육체적, 물질적)	돌-떡
	성전에서 뛰어내림- 정신적 ,명예적	내게 절하라 천하만국을 주겠다
	사탄께 경배 - 영적, 종교적	성전에서 뛰어내리라
서술의 특징	시간적 순서에 관계없이 시험의 성격에 따라 점층적으로 기록	시험의 성격보다는 시험의 순서에 따라 사실적으로 기록
시험의 성격	삶의 전 부분을 총망라한 포괄적, 총체적 시험 - 육, 영, 혼	
시험의 결과	1. 첫 아담이 에덴에서 실패한 시험을 둘째 아담되신 예수님께서 말씀으로 분쇄하심으로 온 인류에 대한 구속의 전거를 마련 2. 예수께서 사탄의 시험을 이김으로 그 안에 있는 신자들로 하여금 사탄의 시험을 이기고 승리하는 삶을 살 수 있는 장을 여심	

◎ 요한 1:35-51

요단 건너 베다니 광야에서 세례 요한이 자기 제자들에게 예수를 소개하고, 예수님이 제자 선택을 시작하십니다. 예수님의 전도 전략 "와 보라. come and see", 즉 백문百聞이 불여일견不如一見이라는 말입니다. 믿음의 형성에 있어서 지식적 앎도 중요하지만 체험적, 경험적 앎도 함께 있어야 합니다.

제 4 부 : 예수님의 갈릴리, 유대, 사마리아 사역

예수님은 가버나움을 예수님의 사역의 사령부로 삼으시고 가나의 혼인 잔치에 참석했다가 그 잔칫집에 포도주가 떨어져 어머니 마리아의 부탁으로 물로 포도주를 만드는 첫 기적을 일으킵니다. 그 후에 첫 유월절을 지키기 위해 예루살렘을 방문하고 약 8개월을 머물면서 유대 지역에서 사역을 시작합니다. 이때 예루살렘에서 니고데모의 방문을 받고 중생의 교리를 가르쳐 줍니다. 세례 요한이 헤롯에 대항하여 그의 악행을 설교하자 헤롯은 세례 요한을 체포합니다. 이를 계기로 예수님은 다시 갈릴리로 일단 물러납니다. 갈릴리로 오는 길에 사마리아 여인을 만납니다.

◎ 요한 2:1-12

가나 혼인 잔치 가나, 갈릴리 지방

이것은 예수님의 첫 기적입니다. 이 기적의 본질은 변화입니다. 요한복음의 선별된 8개 기적의 본질은 모두 변화입니다. 물이 변하여 포도주가 되었다는 것은 곧 변화를 말합니다. 단순히 물리적, 형식적인 겉모양만의 변화를 의미하는 것

변화받기를 진정으로 원하십니까?

변화는 반드시 '안'에서부터 '밖'으로 변화되어야 합니다.

바리새인들(혹은 그와 유사한 오늘의 사람들)은 '밖'에서 '안'으로 변화의 방향을 잡고 있습니다. 변화를 위해서는 다음과 같이 3가지 요소가 필수로 요구됩니다.

1) 따라야 할 예수님의 모범 (눅 6:40, 롬 8:29, 고전 11:1)
2) 성령의 인도 (요 14:12-17)
3) 그리스도인의 순종(요 15:5)

이 세 가지는 동시에 같이 작용해야 합니다. 성령의 도움 없이 자신의 노력으로 변화를 시도하면 율법주의에 빠지기 쉽습니다. 오직 성령만이 참된 변화를 이루어 내십니다.

예수의 모범으로 변화의 목표를 삼지 않으면 그것은 주관주의에 빠지기 쉽습니다. 즉 이리저리 흔들리는 개인적인 감정에 근거해서 하나님의 말씀 중 어떤 부분에 순종할 것인가를 결정합니다. 이것이 바로 성령의 사역에는 열심이지만 하나님의 말씀에 서 있지 않는 사람들이 가지고 있는 위험입니다.

1)과 2)가 있어도 그리스도인이 순종하지 않으면 영적 가치가 있는 일은 아무것도 일어나지 않습니다.

바리새인들도 변화를 위한 많은 훈련을 하지만 그들은 그릇된 동기와 참된 영성에 대한 그릇된 관심을 가지고 훈련에 임합니다.

마이클 윌킨스의 "그분의 형상대로" IVP.2000 p.67~68

이 아니고, 화학적, 실제적, 본질적인 변화를 말합니다. 이 변화는 구약의 율법주의적 가치관에서 하나님 나라의 가치관과 질서로 바뀌어야 한다는 메시지를 담고 있는 기적이라고 보아야 합니다. 새 포도주를 낡은 부대에 담을 수 없다는 예수님의 말씀과 같은 문맥입니다. "탈피하지 못하는 뱀은 죽는다."라고 괴테가 그의 희곡 <파우스트>에서 말했습니다. 기독교, 특히 개신교의 본질은 변화이고 개혁에 있습니다. 끊임없이 변하여 온전한 하나님 나라를 이룰 때까지 변화되어야 합니다. 나와 내 주위에 예수를 믿는다고 하는데 왜 이런 변화가 없습니까?

가나 혼인 잔치에서 '잔치'의 이미지는 바로 '하나님 나라'의 모습입니다. 잔치는 에덴의 모습입니다. 창세기 2장 8~9절을 읽고, 낙원의 회복과 '하나님 나라'를 생각해 보세요. 예수님이 이 잔치에 오셨다는 것은 어떤 의미가 있습니까? 그 '잔치'에 포도주가 모자란다는 것은 무엇을 말합니까? '모자람'이 주는 의미는 무엇입니까? 자기중심성 때문에 스스로 하나님이 되어 자기가 자기 주인이 되어 인위人爲의 삶을 살기로 한 인간은 에덴의 풍요로움으로부터 이탈이고 곧 결핍, 즉 '모자람'의 삶을 살아 갈 수밖에 없는 처지가 된 것입니다.
그것은 바로 자기중심성이 선택한 결과입니다. 이 모자람의 자리에 예수님이 계신다는 것은 무엇을 말해 줍니까? 예수님은 모든 모자람의 문제를 해결해 주시는 분이시라는 사실을 알아야 합니다.

신위神爲로 돌아가야 한다는 것입니다. 바로 그곳에 하나님 나라가 이루어지기 때문입니다. 물은 율법을, 포도주는 생명의 복음으로 해석하는 견해가 있는데, 이에 따르면 물은 구약이고, 포도주는 신약을 상징한다고 보는 사람들도 있습니다. 물이 포도주로 바뀐 사건은 물의 신앙에서 포도주의 신앙으로 바뀐 것이며 이는 신앙생활의 질적 변화를 의미합니다.
하인이 물 항아리를 아귀까지 채우라는 예수님의 명령에 순종하는 모습은 곧 기적은 하나님의 능력과 인간의 순종이 멋지게 이루는 합작품이라는 사실을 말해 줍니다.
사실 성경의 모든 기적은 바로 이 공식에 의해 이루어짐을 볼 수가 있습니다. 순

좋은 하나님 나라의 기초입니다. 순종은 인위人爲를 버리고 신위神爲를 택하는 결단을 말합니다. 이 순종 위에 신위가 이루어짐으로 하나님 나라가 완성되는 것입니다. 이 가나안 혼인 잔치의 기적은 예수님이 바로 새 질서 즉, 하나님 나라의 질서를 가져다주시는 분임을 나타내는 표적입니다.

주는 우리에게 말씀하신다

작가 미상

너는 나를 주라 부르면서도 따르지 않고
너는 나를 빛이라 부르면서도 우러르지 않고
너는 나를 길이라 부르면서도 걷지 않고
너는 나를 삶이라 부르면서도 의지하지 않고
너는 나를 슬기라 부르면서도 배우지 않고
너는 나를 깨끗하다 하면서도 우러르지 않고
너는 나를 부하다 부르면서도 구하지 않고
너는 나를 영원이라 부르면서도 찾지 않고
너는 나를 어질다 하면서도 오지 않고
너는 나를 존귀하다 하면서도 섬기지 않고
너는 나를 강하다 하면서도 존경하지 않고
너는 나를 의롭다 부르면서도 두려워하지 않느니
그런즉 너희들
너희를 꾸짖어도 나를 탓하지 말라.

*이 시는 독일 뤼벡 교회의 어느 낡은 돌판에 새겨져 있다.

요한복음은 8가지 기적만을 선택하여 기록하고 있습니다.
그런데 그 8개의 기적에는 변화Transform라는 공통점을 보여 줍니다.

1) 물이 변하여 포도주 된 것 : 근심슬픔이 기쁨으로 변화본질적 변화
2) 신하의 아들 고침 : 병든 자가 건강하게 바뀌는 것
3) 베데스다 연못의 병자 고침 : 무능한 자가 왕성한 자로 바뀌는 것
4) 오병이어의 기적 : 굶주림이 배부름으로 바뀌는 것
5) 바다를 걸으심 : 근심이 평화로 바뀜
6) 소경이 눈을 뜨는 것 : 어두움이 빛으로 바뀜
7) 죽은 나사로를 살림 : 죽음이 생명으로 바뀜
8) 대량의 물고기 잡음 : 좌절과 실패가 풍요로운 성공으로 바뀜

니고데모를 통해서 배우는 중생의 개념

니고데모는 바리새인이었습니다(p.456 도표 참조). 니고데모는 중생을 어머니 배 속으로 들어갔다가 다시 태어나는 육신적 거듭남으로 이해하고 있음을 봅니다.

예수님이 말하는 중생(Born Again 重生)은 영적 거듭남을 말합니다. 하나님의 백성으로 새롭게 태어나는 과정이 반드시 있어야 합니다. 이것은 구원의 여정 중의 한 여정입니다.

구원의 여정 중 중생은 하나님의 영이 살아나는 과정이고, 이것은 근본적인 변화를 초래하는 영적 변화를 의미합니다. 성화 과정의 중생은 세상적, 세속적 가치관이 하나님 나라의 가치관으로 바뀌는 것이요, 세상을 보는 안경이 바뀐다는 말입니다.

그와 같은 과정이 없으면 하나님 나라를 이해할 수 없고 그 나라의 백성이 될 수 있는 자격을 얻을 수가 없습니다.

중생, 그것은 하나님 나라에 합당한 세계관, 가치관, 즉 성경적 가치관을 확립하는 것입니다.

"하나님이 세상을 이처럼 사랑하사" 하나님의 위대한 사랑
(요 3:16)

God so loved the world that He gave His one and only son that whoever believes in Him shall not perish but have eternal life. (John 3:16 NIV)

하나님 이(God)
위대한 사랑의 제공자
(the greatest Lover)

세상을(the world)
엄청난 사랑의 대상자들
(the greatest number to be loved)

이처럼 사랑하사 (so loved)
엄청난 범위 (the greatest degree)

독생자를 주셨으니
(His only begotten Son)
위대한 선물 (the greatest gift)

주셨으니(that he gave)
위대한 행동 (the greatest act)

이는 저를 (in Him)
위대한 사람 (the greatest person)

믿는 (believes)
위대한 단순성
(the greatest simplicity)

자마다 (that whoever)
위대한 초청
(the greatest invitation)

멸망치 않고 (shall not perish)
관대한 도피
(the greatest escape)

BUT
엄청난 차이
(the greatest difference)

영생을 (eternal life)
위대한 운명
(the greatest destination)

얻게 하려 하심이라 (have)
위대한 확신
(the greatest certainty)

◎ 요한 3장

니고데모를 만나다. 예루살렘:AD 27년경 유월절 절기 중에. p.455 자라나기 참조

□ 예수님 시대의 각 계층과 예수님과의 견해 비교

계층 이름	특징	예수님과 일치점	예수님과 상이점
바리새인	유대의 전승과 율법을 가장 엄격하게 지킴. 시나고그에 가장 큰 영향력을 행사.	율법을 준수함. 부활을 믿음. 하나님의 뜻에 순종함.	예수가 그들의 전통을 지키지 않고 그들이 부정하다고 인정하는 자들과 사귀기 때문에 예수를 메시아로 인정하지 않음.
사두개인	부유함, 상류 계층이고 제사장 그룹을 이룸. 모세 5경 외의 성경은 인정하지 않음. 바리새인과 함께 시나고그를 형성함.	모세 5경에 강한 존경을 가지고 성전의 신성함을 인정함.	부활을 부인함. 성전을 상용으로 사용할 수 있다고 생각함.
서기관	직업적 율법 해석자. 이들은 율법을 해석함에 있어서 그들의 전통을 중시함. 바리새인들이 이들이 해석한 율법을 지키고 가르침.	율법을 중시하고, 하나님께 복종함.	예수의 율법 해석의 권위를 인정하지 않음. 예수님이 그들의 전통을 따르지 않기 때문에 메시아로 인정하지 않음.
헤롯당	헤롯 왕을 지지하는 정치적 집단.	명확하지 않음. 복음서에 보면 그들은 예수를 함정에 빠트려 죽이려고 했음.	예수님이 정치적 불안을 조성한다고 해서 싫어함.
열심당	로마의 압제에서 유대 나라를 해방시키고자 하는 애국 독립투사.	이스라엘의 장래를 걱정함. 메시아를 믿으나 예수를 메시아로 인정하지 않음.	메시아는 정치적으로 그들을 해방시켜 주는 자로 생각함.
에세네파	정결 의식과 거룩을 강조하는 은둔자.	정의, 정직, 그리고 헌신을 강조함.	정결 의식이 그들을 거룩하게 한다고 믿음.

□ 세례 요한의 충성심 AD 27년 봄에서 여름 사이

세례 요한의 사명감과 충성심에 의거한 그의 겸손을 읽으십시오

1) **겸손 제 1 법칙** - 매사에 하나님을 인정하기. "요한이 대답하여 이르되 만일 하늘에서 주신 바 아니면 사람이 아무것도 받을 수 없느니라" 27절

2) **겸손 제 2 법칙** - 제 2인자가 될 수 있다는 자세. "내가 말한 바 나는 그리스도가 아니요 그의 앞에 보내심을 받은 자라고 한 것을 증언할 자는 너희니라" 28절

3) **겸손 제 3 법칙** - 주인공을 위해 조용히 물러나는 것. "그는 흥하여야 하겠고 나는 쇠하여야 하리라 하니라" 30절

◎ 마태 14:3-5 ◎ 마가 6:17-20 ◎ 누가 3:19-20

□ 세례 요한의 잡힘 AD 27년 가을경

헤롯은 세례 요한이 자기 동생 빌립의 아내인 헤로디아를 가로채 자기의 아내를 삼은 것을 비난하자 헤롯은 그를 체포하여 감금합니다.

◎ 마태 4:12 ◎ 마가 1:14 ◎ 요한 4:1-44

□ 예수님이 유대 지방을 떠나야 하는 이유 AD 27년 가을경

세례 요한의 체포로 예수님에게도 신변의 위험이 커져 일단 갈릴리로 돌아가기로 합니다.

□ 예수님과 사마리아 여인 사마리아 수가 성: AD 27년 가을경

예수님이 갈릴리로 돌아가는 길에 사마리아 지방을 의도적으로 통과합니다. 당시 관습은 유대 사람은 유대 지역에서 갈릴리로 갈 때 사마리아를 거쳐서 갈릴리로 가면 하루 만에 갈 수 있는 길을 그 사마리아를 피하여 요단 강 동쪽으로 돌아 강도들이 우글거리는 길을 택해서 우회하여 갑니다. 그 이유는 이스라엘의 왕국 분열 이후부터 생기기 시작한 지역감정이 포로 시기에서는 서로 적대 감정으로 발전하여 유대인들은 사마리아인들과 상종하기를 매우 싫어하게 되었습니다. 또한 북왕국이 망하고 10지파가 흩어지면서 그 사마리아 지방에 앗수르인 등 이방인들이 이주해 들어와 남은 이스라엘 사람과 혼인하면서 그들이 이스라엘인의 혈통을 잃어버리게 됩니다. 그래서 유대인들은 사마리아인들을 동족으로 생각하지 않게 되었던 시절입니다.

예수님은 의도적으로 이런 위험한 관습을 깨고, 또한 당시 여자와 정면으로 대하지 않는 율법주의적 규례를 타파하면서 불행에 빠져 있는 한 여인을 어느 우물가에서 만나기 위하여 의도적으로 이 길을 택해 가셨고, 4절 "사마리아로 통행하여야 하겠는지라" 그래서 그 여인을 만나고 그 여인을 불행에서 회복시켜 주심을 봅니다.

이 사마리아 여인의 문제점은 심리적으로 관계 중독증 환자라고 어느 상담가 이관직 목사 "성경인물과 심리분석"는 진단합니다. 이 여인은 결손 가정에서 성장하면서 성인이 되는 과정 중 '자기 개별화'를 이루지 못함으로 의존심이 강하게 되고 남을 의존하지 않고서는 삶을 영위할 수 없는 심적, 영적 불구자가 되었다는 것입니다.
이런 사마리아의 수가 성 여인을 예수님은 치유하여 주시려고 지역감정이 극에 달해 모두 사마리아 지방을 통과해서 여행하기를 싫어하며, 여인과 직접 대면

니고데모와 사마리아 여인과의 비교

변화의 열매
니고데모는 당대에 명망 높은 유명 인사였고 사마리아 여인은 이름도 없는 시골 아낙네였습니다. 그러나 예수님을 대하는 태도는 180도 달랐습니다.

니고데모는 예수님을 자기의 가치관이라는 안경을 통해 이해하려고 했고, 그 결과 그는 중생에 대한 깨달음을 얻지 못했습니다.

그러나 이 수가성 여인은 예수님의 안경으로 자기의 문제를 보려고 하였고 그 결과 그는 참된 진리를 깨닫게 된 것입니다.

하면 안 되는 바리새인의 문화를 타파하고 사마리아 지방에 의도적으로 들어갑니다.
그 예수님은 바로 우리의 문제를 해결하시기 위해 우리와 늘 함께 동행하시는 임마누엘 하나님이십니다.

□ 예수님을 만난 수가 성 여인의 치유[변화] 과정을 분석해 봅시다[오성춘]

"멍든 가슴을 치료하시는 하나님" 쿰란 출판사 2001 p.94~112 참조

• **제 1 단계 :** 먼저 찾아 주시는 예수님.[3-8절] 당시의 모든 장벽을 깨뜨리시고 주님이 먼저 찾아오십니다. 그것이 바로 성육신을 통해 나타난 하나님의 마음입니다. "통행하여야 하겠는지라" "He had to go through Samaria"-NIV/4절

• **제 2 단계 :** 갈망을 일으키시는 예수님.[9-15절] 예수님은 사마리아 여인으로 하여금 예수님이 그를 도울 수 있다는 사실과 그 도움으로 문제를 해결할 수 있다는 사실을 인식시켜 주시고 깨닫게 해 주신다는 사실에 주의하십시오. 오늘 우리는 성경 읽기를 통해 이 과정을 거쳐 갈 수 있습니다. "그 물을 주소서"[15절]

• **제 3 단계 :** 회개의 과정.[16-18절] 그리고는 예수님은 우리로 우리의 문제의 핵심을 깨닫고 그것을 주님 앞에 고백적으로 내려놓기를 원하신다는 것입니다. "네 남편을 불러 오라"[16절] "남편이 없나이다"[17절]

• **제 4 단계 :** 예배의 과정.[19-26절] 문제 해결을 받고 그 감격과 감사를 주님께 올려 드리는 것이야 말로 예배의 본질입니다. 예배는 우리가 주님께 무엇을 얻어내기 위해 드리는 것이 아니고 이렇게 사마리아 여인처럼 문제를 해결해 주신
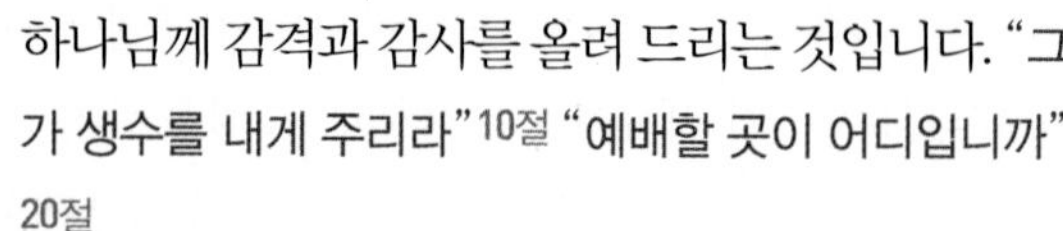
하나님께 감격과 감사를 올려 드리는 것입니다. "그가 생수를 내게 주리라"[10절] "예배할 곳이 어디입니까" 20절

• **제 5 단계 :** '세상'으로 나아가는 과정.[27-42절] 문제의 해결을 받고 하나님의 사랑을 덧입은 감격이 있으면 우리는 이것에 도취해서 세상을 잊어버리는 황홀경을 추구하는 신앙이 아니라, 예수님의 명령대로 이 세상을 향하여 나아가 그리스도의 향기를 뿜어내는 신앙을 가져야 합니다. 사마리아 여인이 그의 세상적 물동이를 버리고 그 마을로 향해 갔다

는 사실은 우리의 신앙을 되돌아보게 하는 대목입니다. "물동이를 버려두고 동네에 들어가서 사람들에게…" 28절

이 여인 때문에 사마리아에 큰 부흥이 일어났으리라고 쉽게 상상할 수 있겠지요.

기독교는 안식의 종교이지만, 안주를 추구하는 종교는 아닙니다. 은혜받고 교회 안에서만 뜨거운 신자가 되기 위해 예수님이 우리를 구원하신 것이 아니라, 바로 이 사마리아 여인처럼 세상을 향해 가는 신도가 되게 하기 위해 우리를 구원하셨다는 사실을 깨닫고 행동하시기를 바랍니다. 신앙생활은 교회가 중심이 되어야 하는 것은 사실입니다. 그러나 이 중심이라는 단어는 두 가지 개념으로 사용하여야 한다는 사실을 알아야 합니다. 그 하나는 구심적 중심이고 다른 하나는 원심적 중심이 있습니다. 구심적 중심은 가운데로 모이는 중심이고 원심적 중심은 밖으로 흩어지는 중심입니다.

교회 중심이란 이 두 가지의 중심 개념이 적용되어야 합니다. 그것은 예배를 위해 모이고, 그리스도의 사랑을 전하기 위해 흩어져야 한다는 말입니다. 교회는 하나님께 예배드리기 위해 '모이는 교회' 여야 하고, 동시에 하나님 나라 건설을 위해 세상으로 나아가야 하는 '흩어지는 교회'가 되어야 합니다. 사마리아 여인은 흩어졌습니다.

□ 세상과 세속 구별하기

송인규 "평신도 신학 1" 홍성사 2006 p.84~85 참조

요한복음 3장 16절과 요한일서 2장 15~17절의 '세상'은 같은 세상이 아닙니다. 요 3:16은 하나님이 사랑하는 세상이기에 우리도 사랑하고 하나님의 사랑으로 나아가야 할 세상입니다. 요 17:11-19

나를 거듭나게 하소서

무명

시대를 위하여 누가 나설꼬 하시는
님의 탄식, 님의 음성이
주여, 내가 여기 있나이다.
이 땅에 아직 청년이 있나이다.
나를 보내소서, 나를 쓰소서.

어둠이 있는 곳에 빛으로
절망이 있는 곳에 소망으로
미움이 있는 곳에 사랑으로
이 젊음이 활활 타게 하소서

님이시여
베푸신 사랑 감사치 못함을 회개하오니
받으소서
맡기신 사명을 감당치 못함을 자백하오니
받아 주소서

불과 성령으로 거듭나게 하소서
새롭게 새롭게 쓰임받게 하소서
이 젊음 곤고한 날에 이르기 전에
이 감격스러운 시간에 엄숙히 부복하오니
이 땅을 사랑으로 이끄시는
영원의 나의 님이시여

오오, 더욱이 막중한 청년의 때에
일어나 빛을 발하라 하신 님의 뜻 받들어
세상으로 추한 입술 성령으로 태우시고
한 알의 겨자씨가 자라서
나물보다 커져 나무가 되었음이여
공중의 새들이 가지에 깃들음이여

우리 주님의 은혜에 온전히 감사하지 못하고
바리새적 자만과 위선에 빠져
회칠한 무덤 같은 외식 또한 깊었으리.
이를 아프게 자복하지 못했음이여
이를 철저히 회개하지 못했음이여

진실로 거듭나야 하리라
님께서 이 땅 생명으로 있으시기에
이 감격스럽고 벅찬 시간에
우리는 베옷을 찢고 재를 쓰는 심정으로
참회의 눈물로, 중생의 체험으로
새 날을 맞이하리라.

그러나 요한일서 2장 15~17절은 ① 육신의 정욕자기중심성 ② 안목의 정욕가시적인 것에 의한 욕심 ③ 이생의 자랑세속적 자만심의 가치관에 의해 지배되고 있는 세상을 말합니다. 이것은 인위人爲에 의해 지배되는 세상을 말합니다.
이런 세상을 '세속'이라고 합니다. 그리스도인에게 있어서 이런 세상을 사랑하고 동화되거나 격리해야 하는 세상이 아니고, 그 세상을 향하여 나아가야 하는 세상입니다.요 17:11-19 그런 세상을 보는 4가지 가치관이 있습니다.

① 격리 주의Isolation : 세상과 완전히 담을 쌓고 등지고 사는 것
② 적응 주의Assimilation : 세상에 적응하여 세상을 벗하여 사는 것
③ 구획 주의Compartmentalization : 세상을 등지고 사는 것은 아니지만 성과 속을 구획적으로 구별하여 사는 삶
④ 변혁 주의Transformation : 세상을 그리스도의 문화로 변혁시키며 사는 삶

그리스도인은 세속적 세상에 대해서 하나님이 세상을 사랑하는 마음을 품고 변혁 주의적 자세로 나아가 초대 교인들처럼행 17:6 천하를 어지럽게 하던 이 사람들 이 세상을 변혁하고 그리스도의 문화를 심고 하나님 나라의 문화를 만들어 가야 합니다. 예수님이 그 때문에 오셨고, 그 일을 하시다가 가셨고, 그 일을 완성하기 위해 다시 오실 것입니다. 지금은 그 일이 우리 그리스도인의 몫임을 잊어서는 안 됩니다.

예수님의 중생의 가르침을 깨닫지 못했던 니고데모

물동이를 버린 사마리아 여인 - 배와 그물을 버린 어부들, 소유를 팔 수 없어 근심하면서 돌아간 부자 청년,마 19:16-22 이들은 버림에 대한 순종이 달랐다는 사실을 유의하십시오. 성화의 삶은 버림으로 시작한다는 사실을 기억하십시오. 하나님 나라를 이루기 위한 순종은 버릴 것을 버리는 것에서부터 출발합니다.

제 5 부 : 예수님의 갈릴리 대사역AD 27년 가을에서 AD 29년 봄까지

예수님은 다시 갈릴리로 오셔서 가버나움을 사역 본부로 삼고 1년 반 가까이 이곳을 중심으로 하나님 나라 사역을 계속합니다. 그 사이에 유월절을 지키시기 위해 잠시 예루살렘을 방문합니다. 그 때 베데스다 연못에서 38년 묵은 병자를 고치시는 기적을 일으키시지만, 이 기간 주로 갈릴리 지역에서 대중 사역과 제자들의 양육에 주력하십니다.

◎ 마태 4:13-17 ◎ 마가 1:15 ◎ 누가 4:14-30
◎ 요한 4:45-54

□ 예수님의 하나님 나라의 선포 - 예수님의 첫 메시지, 하나님 나라 복음

고향 갈릴리 지역으로 돌아오신 예수님은 가버나움에 사역 본부를 세우고 하나님 나라의 선포와 성취를 위한 본격적 사역에 돌입합니다. 그 예수님의 첫 설교는 바로 마가 1장 15절입니다. "이르시되 **때**가 찼고 **하나님 나라가 가까이 왔으니 회개** 하고 **복음**을 믿으라" (굵은 글씨 필자 강조)

이 말씀은 예수님이 회당에서 이사야서 61장 1-2절의 말씀을 읽으시고 그것이 오늘 너희 귀에 응했다고 선포하신 누가 4장 18-21절의 기사와 함께 예수님의 하나님 나라 선포식을 거행한 것입니다. 즉, 하나님 나라의 회복을 공식 선언했다는 것입니다. 예수님이 그 회당에서 읽은 이사야 61장을 1절에서 3절까지 인용합니다.

사 61:1~3 주 여호와의 영이 내게 내리셨으니 이는 여호와께서 내게 기름을 부으사 가난한 자에게 아름다운 소식을 전하게 하려 하심이라 나를 보내사 마음이 상한 자를 고치며 포로된 자에게 자유를 갇힌 자에게 놓임을 선포하며 2여호와의 은혜의 해와 우리 하나님의 보복의 날을 선포하여 모든 슬픈 자를 위로하되 3무릇 시온에서 슬퍼하는 자에게 화관을 주어 그 재를 대신하며 기쁨의 기름으로 그 슬픔을 대신하며 찬송의 옷으로 그 근심을 대신하시고 그들이 의의 나무 곧 여호와께서 심으신 그 영광을 나타낼 자라 일컬음을 받게 하려 하심이라

이것이 바로 에덴의 회복으로서 하나님 나라의 회복을 말하는 것입니다. 창세기 3:15에서 약속하시고, 아브라함을 부르시고, 씨백성와 땅가나안을 약속하시고, 형성된 그의 백성을 모세를 통해 애굽에서 불러내었습니다. 시내 산에서 그 백

성을 하나님의 제사장 나라가 되게 하시고 하나님은 그들의 하나님이 되신다는 언약을 맺음으로 시작된 하나님 나라의 재건 운동에덴의 회복은 구약을 통해 꿈꾸어 왔던 하나님의 섭리였습니다. 예수님의 오심은 바로 그 구약이 예비한 하나님 나라의 성취를 선포하시기 위함입니다.

① **때가 차매**kairos : '때가 찼다'는 말은 바로 하나님 나라의 선포를 위한 하나님의 정지 작업이 완료되었다는 말입니다. 이때카이로스kairos는 하나님의 섭리적 때를 말합니다.

② **하나님 나라** βασιλεία τοῦ θεοῦ 는 하나님의 절대 주권으로 통치가 이루어지는 영역을 말합니다. 태초에 창조된 에덴은 아담과 하와가 범죄하기 전 그곳에는 오직 하나님의 절대 주권만이 있었습니다. 하나님 나라의 회복은 곧 에덴의 회복입니다.

③ **가까웠으니**ηγγικεν : 그 하나님 나라가 가까웠다는 것은 하나님 나라가 예수님이 오심으로 성취되고 이룩되었지만 그 완성은 '새 하늘과 새 땅'에서 이루어진다는 것입니다. 이것은 또한 예수님의 재림의 신앙을 담고 있는 말씀입니다. 다시 말하면 지금 예수님이 선포하신 하나님 나라는 이미 임해서already 진행되지만 예수님이 다시 오시기재림까지는 완성이 보류되어 있다는 말입니다.not yet 이것은 종말론과도 연결되어 있습니다.

④ **회개**μετανοέω/metanoeo는 하나님 나라 백성의 자격시험과도 같습니다. 하나님 나라의 백성이 되는 자격은 '회개'하는 데 있습니다. **하나님 나라는 회개한 자만이 들어가는 나라입니다. 하나님 나라는 유대인이라는 혈통이나 출신 배경으로 들어가는 것이 아니라 옛 사람을 어린양 그리스도의 보배로운 피로 씻어 회개한 자만이 들어갑니다. 그래서 그 나라는 중생한 자만이 들어가는 나라인 것입니다.**

"사람이 거듭나지 아니하면 하나님 나라를 볼 수 없느니라"요 3:3 이 회개란 단순히 죄의 고백에서 끝나는 것이 아니고, 하나님 나라의 백성에 합당한 가치 체계를 갖는 것을 말합니다.

⑤ **복음** Εὐαγγέλιοω : 복음은 바로 예수님이 이 땅에 오셔서 하나님 나라를 선포하시고 십자가의 대속적 죽음을 통하여 그 나라를 성취하심으로 에덴에 들어갈 수 있는 길을 열어 주시고, 그가 다시 오실 때 그 나라를 완성시켜 주신다는 그 사실이 바로 복음인 것입니다.

마가가 전하는 예수님의 공생애 첫 메시지는 이것입니다. 이 복음 선포는 이제는 이스라엘택한 백성을 인간 왕들을 통해 다스리지 않고, 하나님이 그 나라의 왕으로서 직접 통치하시겠다는 의지의 표현입니다. 우리가 열왕기를 읽으면서 살펴보았듯이, 이스라엘의 인간 왕들은 다 하나님의 표준에 미치지 못했습니다십계명적 삶. 하나님의 마음에 합한 다윗조차도 죄를 범했습니다.

여기서 우리가 알 수 있는 것은, 이스라엘의 왕은 다윗보다 더 큰 분, 우리와 함께하시는 분임마누엘, 즉 하나님 자신이 오셔서 다스리셔야 한다는 하나님 나라 계시가 구약에 면면히 흐른다는 것입니다. 다니엘은 하나님 나라는 인자 같은 이가 하늘 구름을 타고 와서 다스리시는 영원한 신적神的 권위의 나라임을 계시해 주었습니다.단 7:13-14

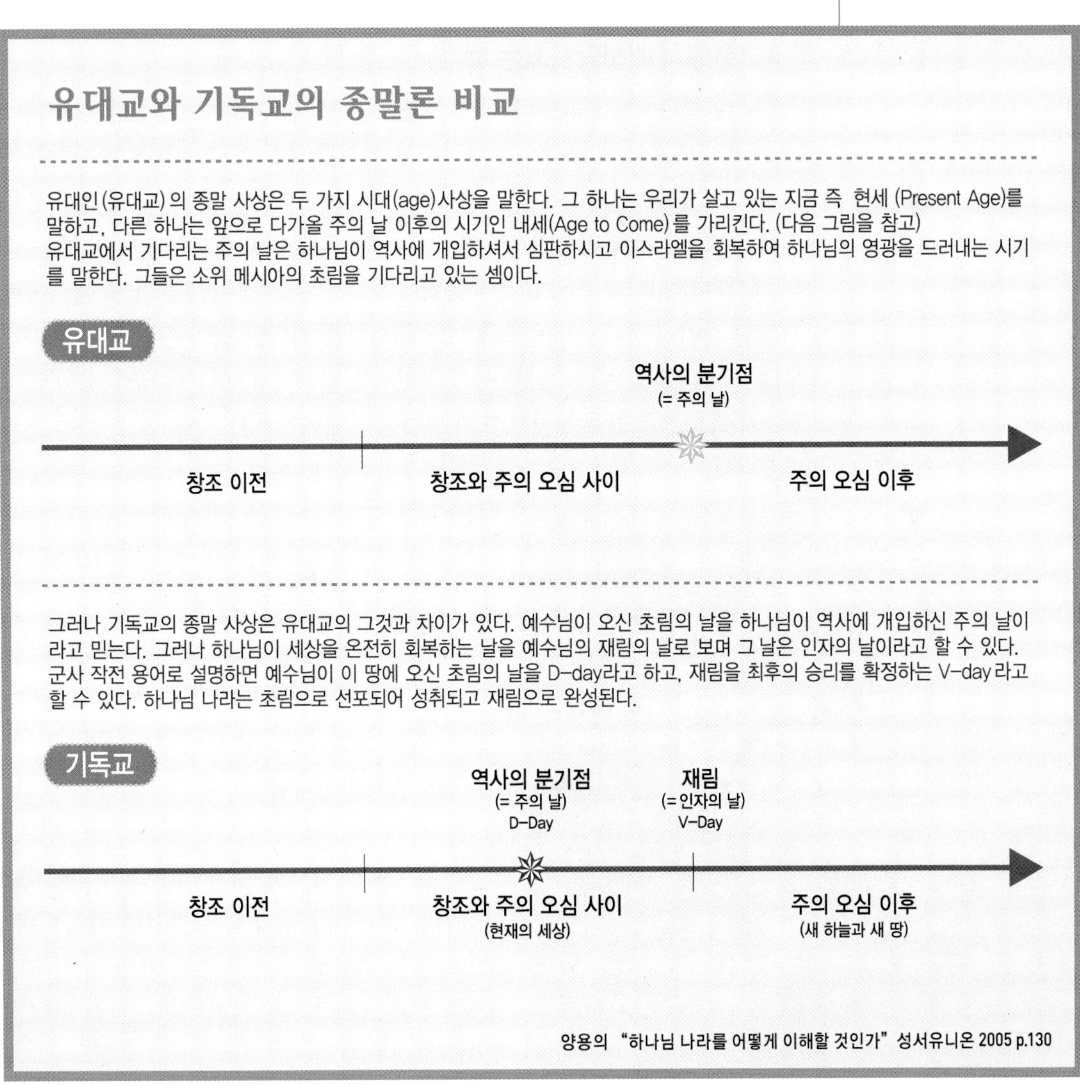

유대교와 기독교의 종말론 비교
유대인(유대교)의 종말 사상은 두 가지 시대(age)사상을 말한다. 그 하나는 우리가 살고 있는 지금 즉 현세 (Present Age)를 말하고, 다른 하나는 앞으로 다가올 주의 날 이후의 시기인 내세(Age to Come)를 가리킨다. (다음 그림을 참고)
유대교에서 기다리는 주의 날은 하나님이 역사에 개입하셔서 심판하시고 이스라엘을 회복하여 하나님의 영광을 드러내는 시기를 말한다. 그들은 소위 메시아의 초림을 기다리고 있는 셈이다.
유대교
역사의 분기점
(= 주의 날)
창조 이전
창조와 주의 오심 사이
주의 오심 이후
그러나 기독교의 종말 사상은 유대교의 그것과 차이가 있다. 예수님이 오신 초림의 날을 하나님이 역사에 개입하신 주의 날이라고 믿는다. 그러나 하나님이 세상을 온전히 회복하는 날을 예수님의 재림의 날로 보며 그 날은 인자의 날이라고 할 수 있다. 군사 작전 용어로 설명하면 예수님이 이 땅에 오신 초림의 날을 D-day라고 하고, 재림을 최후의 승리를 확정하는 V-day라고 할 수 있다. 하나님 나라는 초림으로 선포되어 성취되고 재림으로 완성된다.
기독교
역사의 분기점
(= 주의 날)
D-Day
재림
(= 인자의 날)
V-Day
창조 이전
창조와 주의 오심 사이
(현재의 세상)
주의 오심 이후
(새 하늘과 새 땅)
양용의 "하나님 나라를 어떻게 이해할 것인가" 성서유니온 2005 p.130

이로써 성경의 시제가 구약의 미래에서 신약의 현재 진행형으로 바뀝니다. 구약의 하나님 나라는 미래에 다가올 나라이고 예수님이 오심으로 그 나라는 현재 진행형으로 바뀌었습니다.

이 한 구절을 길게 공부한 것은 이 말씀이 바로 성경의 중심 주제이기 때문입니다. 본 저서의 관점은 바로 하나님 나라입니다. 하나님 나라는 구약에서 꿈꾼 하나님의 계시가 이루어지는 것입니다. 하나님 나라의 개념은 성경의 중심 주제입니다. 이것이 바로 예수님이 오신 이유입니다. 다음 성경 구절을 꼭 참조하세요.

마 4:23, 9:35-36, 마 24:14, 눅 4:42-44, 행 20:25, 28:23 관점 2

☐ 왕의 신하의 아들을 고침

☐ 고향에서 배척당하시는 예수님

고향 사람들은 예수님을 어떻게 배척했습니까? 이사야 61장 1~2절을 읽고 하나님 나라가 예수님에 의해 이루어졌다는 선포를 들은 예수님의 고향 사람들은 그가 단지 목수 요셉의 아들인데 어찌 그가 메시야겠냐고 생각하며 그가 불경죄를 저지른다고 판단했기 때문입니다. 그들은 다윗 나라를 회복시켜 주는 힘의 메시야를 기다리고 있었기 때문입니다. 그들은 그들이 만들어 낸 메시야를 기다린 것이지 하나님의 종으로서의 메시야를 기다린 것이 아닙니다. 우리도 우리가 그리고 있는 예수님을 섬기고 있지는 않는지요? 여관에 있을 곳이 없어 말구유에 나심을 알린 누가는 또한 고향에서 배척받으시는 예수님을 보여 주고 있습니다.

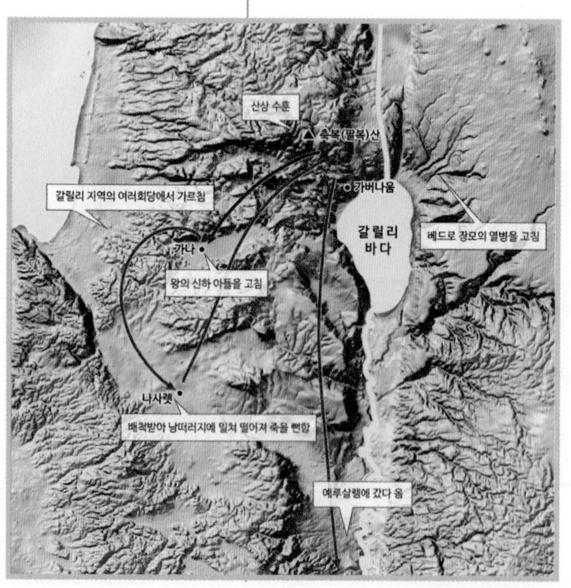

예수님을 잘 안다는 나는 과연 예수님을 이들처럼 배척하고 있지는 않습니까? 과연 예수님을 내 마음에 모시고 살아갑니까? 계 3:20

"이 사람이 요셉의 아들이 아니냐 눅 4:22" 라고 한 것처럼 내게 예수님은 단지 목수라는 직업을 가진 한 인간 요셉의 아들로서 나에게 다가오는 사람 정도로 생각합니까?

깊이 묵상해 보십시오. 내가 예수님을 영접하고 있다면, 과연 어떤 예수님을 모시고 있습니까? 그 내용을 기록해 놓고 나중에 이 성경 읽기가 끝난 후에 그 예수님이 어떤 예수님으로 바뀌는지 비교해 보십시오.

☐ 예수님의 가버나움 처소

나사렛을 떠난 예수님은 가버나움을 처소로 삼았습니다. 가버나움은 사역 본부가 됩니다.

◎ **마태 4:18-22** ◎ **마가 1:16-20** ◎ **누가 5:1-11**

☐ 제자를 부르시는 예수님

예수님의 권면과 베드로의 반응. 이것이 바로 기적을 이루어 내는 공식입니다. 그것은 바로 '하나님의 능력 + 우리의 순종 = 기적'이라는 것입니다. 하루 종일 헛수고한 베드로 일행에게 그들의 전문 지식과는 다른 조언으로 고기를 잡게 해 준 예수님의 능력 앞에 베드로는 자신의 나약함을 발견하고 그 앞에 자기중심성을 내려놓는 중대 결단을 내립니다.

자기중심성을 내려놓는다는 것은 생각과 가치관이 바뀌었다는 말입니다. 인위人爲를 내려놓고 신위神爲에 순종한다는 것을 말합니다. 이것을 '버림'의 신학이라고 합니다.

'사람을 낚는 어부'가 된다는 것은 **신분의 변화**가 아니고 **역할의 변화**를 의미합니다.

버리게 하소서

작자 미상

오 주여
버리게 하소서.

버릴 수 있는
힘을 주소서.
자랑할 것 하나 없는
이생의 자랑을
버리게 하소서.

죄의 물든
육신의 정욕을
버리게 하소서.

허물로 죽은
안목의 정욕을
버리게 하소서.

오 주여
버리게 하소서.
버리게 하소서.

지식이 무엇입니까
버리게 하소서.
명예가 무엇입니까
버리게 하소서.
물질이 무엇입니까
버리게 하소서.

아아,
당신을 향한
긍휼을 바라는
가녀린 소망조차
버리게 하소서.

당신을 향한
사랑노래조차
버리게 하소서.
다만
모든 것을 버리신
당신을 채우소서.

70일

년 월 일

오늘의 읽을 분량

마 8:14-17
막 1:21-34
눅 4:31-41
마 4:23-25
막 1:35-39
눅 4:42-44
마 8:2-4
막 1:40-45
눅 5:12-16
마 9:2-17
막 2:1-22
눅 5:17-39
요 5장
마 12:1-21
막 2:23-3:12
눅 6:1-11
마 10:2-4
막 3:13-19
눅 6:12-16
마 5:1-8:1
눅 6:17-49
마 8:5-13
눅 7:1-17
마 11:2-30
눅 7:18-35

◎ 마태 8:14-17 ◎ 마가 1:21-34 ◎ 누가 4:31-41

□ 안식일에 병자를 고치시는 예수님 가버나움에서

귀신을 이기시고 치유하신다는 것은 하나님 나라의 도래를 말해 줍니다.

눅 4:18, 19 주의 성령이 내게 임하셨으니 이는 가난한 자에게 복음을 전하게 하시려고 내게 기름을 부으시고 나를 보내사 포로된 자에게 자유를 눈 먼 자에게 다시 보게 함을 전파하며 눌린 자를 자유롭게 하고 주의 은혜의 해를 전파하게 하려 하심이라

마 12:28 그러나 내가 하나님의 성령을 힘입어 귀신을 쫓아내는 것이면 하나님의 나라가 이미 너희에게 임하였느니라

에스겔 28장 12~17절, 이사야서 14장 12~20절은 사탄의 유래에 대해 추정할 수 있는 내용들입니다. 사탄은 천지가 창조되기 이전에 하나님에 의해 창조된 천사 중 하나가 천국에서 반란을 일으켜 타락한 영적 존재라고 추정하며 그래서 언제나 하나님과 대적하는 위치에 서는 존재를 말합니다. 그에 의해서 하나님의 에덴이 망가졌기 때문에 하나님 나라를 이루는 것은 다른 표현으로 영적 전쟁입니다. 사탄은 하나님의 나라를 파괴하고 자기의 나라를 세우려고 발악을 하는 존재입니다. 창세기에서 하나님이 약속하신 대로 자기 머리를 밟는 자를 오지 못하게 발악을 하고 있는 것입니다.

구약의 역사에서 엄청난 영적 전쟁을 볼 수 있었습니다. 그런 배경으로 생각할 때 귀신을 쫓아내었다는 것은 하나님 나라의 도래를 의미하는 것입니다.

병상에서 하나님께

내 수금과 비올이 버드나무에
걸려 있다 한들 어떻겠습니까?
내 침상이 무덤이 되고 내 집에
어둠이 짙어진다 한들 어떻겠습니까?
내 건강한 날이 사라지고 죽은 자들 가운데
내가 끼어 누워 있다 한들 어떻겠습니까?
그렇더라도 지금은 비록 시들은 꽃이지만
당신의 위대한 힘에 의하여
다시 싹이 돋아나리라는 희망을 지니고
있습니다.

Robert Herrick (1591-1674)

◎ 마태 4:23-25 ◎ 마가 1:35-39 ◎ 누가 4:42-44

□ 예수님의 3대 사역과 기도 생활 예수님의 첫 번째 갈릴리 여행

마태 4장 23절은 흔히 예수님의 3대 사역을 보여 주는 구절이라고 말합니다. 1. 가르치시고Teaching, 2. 복음 전파하시고Preaching, 3. 병자를 고치시는Healing 사역 등 3대 사역이라는 것입니다. 그런데 마태 9장 35절에도 같은 내용을 반복하는데 36절에서 그 사역의 근거되는 예수님의 마음을 보여 줍니다.

마 9:35-36 35예수께서 모든 도시와 마을에 두루 다니사 그들의 회당에서 가르치시며 천국 복음을 전파하시며 모든 병과 모든 약한 것을 고치시니라 36무리를 보시고 불쌍히 여기시니 이는 그들이 목자 없는 양과 같이 고생하며 기진함이라

불쌍히 여기시는 마음. 개역 성경은 이것을 '민망히 여긴다'라고 했음예수님의 3대 사역의 근저에는 바로 이 민망히 여기는 마음이 깔려 있습니다. 이 불쌍히민망히 여기는 마음은 원어에 보면, 스플랑크니조마이σπλαγχνίζομαι 인데 그 통증의 정도가 창자가 끊어지는 듯한 아픔을 나타낼 때 쓰는 단어입니다. 예수님이 목자 없는 양 같은 우리를 보실 때 그 아픔이 창자가 끊어지는한자로는 환장(換腸) 아픔을 느낄 정도라는 것입니다. 우리가 날마다 "예수 더 닮기 원하네"라는 찬송을 부르며 예수님 닮기 원한다면 바로 이 예수님의 민망히 여기는 마음을 닮아야 합니다.

그것은 불교가 말하는 대자대비大慈大悲의 마음인데 우리 기독교의 공동체는 이에 못지않게 같이 웃고 같이 울어 주는 공동체를 이루어야 합니다롬12:14-15. 또한 가지 예수님의 모범을 배워야 할 것이 있습니다. 그것은 예수님의 기도의 모범입니다. 마가와 누가는 예수님이 하루의 바쁜 일정을 시작하기 전에 일찍 기도로 시작하고 있음을 보여 줍니다.

이것은 새벽 기도의 모범입니다. 예수님은 하나님의 신성을 가지신 분이신데 기도를 열심히 드리는 것은 바로 아버지의 뜻에 순종해야 하기 때문입니다. 그렇습니다. **기도는 내 뜻을 하나님 아버지께 알리고 그것을 이루기 위해 하나님의 능력을 끌어들이기 위해 드리는 것이 아니고, 하나님의 뜻을 알아 그분의 뜻에 순종할 수 있도록 해달라는 것입니다.**

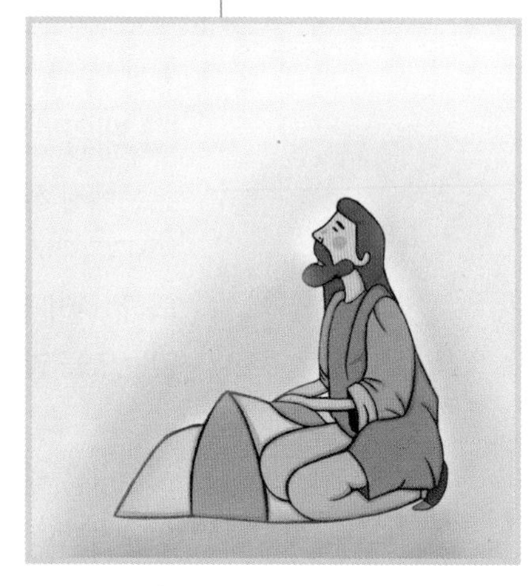

◎ 마태 8:2-4 ◎ 마가 1:40-45 ◎ 누가 5:12-16

□ 문둥병자를 고침

앞에서 예수님이 무리를 민망히 여기시는 마음에 대해 읽었습니다. 여기서 문둥병자를 민망히 여기고 치유해 주시는 예수님을 볼 수 있습니다. 접촉에 의해 100% 전염되는 그 병을 예수님은 직접 손으로 만지시면서 고치셨습니다. 또한 문둥병자를 고치시는 것은 바로 그분이 메시야라는 것을 암시하는 부분이기도 합니다. 왜 "삼가 아무에게 말하지 말라."하시고, "제사장에게 보여라."라고 했을까요? 레위기 14장을 참고하십시오.

◎ 마태 9:2-17 ◎ 마가 2:1-22 ◎ 누가 5:17-39

□ 중풍병자 및 많은 병자를 고침

이 병자 친구 네 명에게서 우리는 예수 공동체의 참 모습을 발견하여야 합니다. 그것은 교회의 참모습이어야 한다는 말입니다. 사랑은 손과 발에 있지, 입에 있는 것이 아닙니다. 하나님의 사랑도 결국은 이웃사랑으로부터 시작한다는 사실을 명심하십시오. 이웃사랑은 하나님 나라의 본질을 이루는 것입니다.

마태복음 25장 양과 염소의 비유는 이 사실을 분명히 말해 주고 있습니다. 성경이 말하는 사랑은 동사이지, 결코 명사가 아닙니다. 그 사랑은 동사 중에서도 현재 진행형이어야 합니다. 오늘날 우리의 교회가 세상을 향한 이런 모습을 찾아볼 수 있습니까? 심각하게 생각해 보십시다. 예수님은 이 병자의 죄를 용서해 주었습니다. 죄의 용서는 하나님 나라의 시작입니다.

□ 레위마태를 부르시며, 죄인을 위해 오셨다는 예수님

본문에서 하나님 나라가 어떻게 이루어져 가는가를 묵상하십시오. 이 본문마 9:9-17, 막 2:13-22, 눅 5:27-39에서 **하나님 나라는 먼저 소외된 자들을 품는 나라이고, 외식外飾이나 형식形式에 구애받지 않고 본질本質을 중요시하며, 새로운 가치관을 갖는 것을 말하고 있습니다.**

예수님은 세리를 제자 삼으시고 잔치를 즐깁니다. 예수님 당시 세리는 사회적·종교적으로 죄인 취급을 받았습니다. 당시 세금 징수 제도는 세리들이 마음대로 착복할 수 있도록 되어 있었기 때문에 많은 세리들은 세금을 과하게 징수해서 자기에게 할당된 만큼만 납부하고 나머지는 자기들이 착복했습니다. 그래서 그들은 사회에서 죄인으로 취급을 받고 사회에서 왕따당하며 소외된 계층이었습니다. 예수님은 그들을 구하러 오셨다고 했습니다. 바로 그곳에 하나님 나라가 이루어져 가는 것입니다.

예수님은 바리새인들의 금식 규정을 나무라며 그들의 외형, 형식주의를 질타합니다. 그리고 그들에게 하나님 나라에 합당한 새로운 가치관을 역설합니다. 바리새인의 금식 규례는 해 뜰 때부터 해 질 때까지라고 합니다. 해 뜨기 전에 먹고 해 지고 난 뒤에 먹으면 점심 한 끼 금식하는 셈인데 하루 종일 금식한 것으로 합니다.

"새 포도주는 새 부대에 넣어야 한다."라고 하시면서 하나님 나라에 합당하게 가치관을 바꾸라는 것을 가르쳐 줍니다. 예수님이 말하는 '새 것'의 의미는 창조적인 것, 남이 하지 않는 것을 말하는 것이 아닙니다. '새로운 것'에 대한 두 가지의 단어가 있습니다. Neos 없는 것에서 생겨나는 새것과 Kainos 이미 있는 것이 새롭게 되는 새것입니다. 예수님의 '새 것'이라는 개념은 없는 것에서 생겨나는 것의 새로움이 아니라, 이미 있는 기존의 것을 새롭게 하는 것입니다. 그것은 새로운 가치관으로 변화하는 것을 말합니다. 기존의 가치관에서 하나님 나라에 합당한 가치관으로 바꾸라는 것입니다.
예수님을 믿고 따른다고 하는 나는 얼마나 새롭게 되어 가고 있습니까? 아니면 매일매일 새 포도주를 헌 부대에 담고, 헌 천으로 더덕더덕 땜질이나 하는 삶을 살아가고 있습니까? 그렇다면 어떻게 해야 하겠습니까? 예수님을 깊이 생각해 보세요.

◎ 요한 5장

□ 베데스다 연못가의 병자와 예수님의 권세 AD 28년 봄, 유월절 기간 중 예루살렘에서

고고학 발굴에 의해 이 기적의 배경인 베데스다 연못은 실재했다는 것을 입증합니다. 여기서도 예루살렘에 오신 예수님이 먼저 찾아간 곳입니다.
병자가 예수님을 찾아간 것이 아니고, 사마리아 여인을 만나기 위해 모든 인간적 장애를 극복하고 먼저 찾아간 예수임을 상기하십시오. 오늘 예수님이 이 세상에 다시 오시면 어느 곳을 먼저 찾아갈 것 같습니까? 왜 그곳에 예수님이 찾아갈까요?

예수님이 찾아 간 베데스다 연못가의 모습을 상상해 보세요. 많은 병든 자, 불구자들이 물이 동할 때 먼저 들어가는 자는 병이 낫는다는 미신을 붙들고 서로 경

기도의 다섯 가지 법칙 (기도의 바른 이해)

1. 하나님은 우리의 기도를 들으시고 우리를 위해 무엇인가를 해 주시는 것이 아니라, 스스로 할 수 있도록 도와주시는 분이다.

2. 기도는 상황을 바꾸는 것이 아니라, 사람을 바꾼다.

3.기도는 도피가 아니라 정복이다.

4. 기도는 말하는 것이 아니라 듣는 것이다.

5. 기도는 행동(Action)이다.

김진홍 목사
〈성공한 개혁, 실패한 개혁〉
두레시대 1996 p.83~90

계하면서 경쟁하는 선착순의 원리만 지배하는 세상이지 않습니까? 이들의 모습에서 '너 죽고 나 살자'식의 모습을 보지 않습니까? 예수님을 모시지 않는 사람들의 전형적인 모습입니다. 지옥과 천당이 어떻게 다를까요? 이 세상의 인간관계는 다음과 같이 나누어 볼 수 있습니다.

① **너 죽고 나 죽자** - 이것은 막가는 세상입니다.
② **너 죽고 나 살자** - 이것은 경쟁과 선착순의 원리만 작용하는 세상입니다.
③ **너 살고 나 죽자** - 희생과 사랑이 있는 세상일 것입니다.
④ **너 살고 나 살자** - 상생相生의 세상, win-win의 세상입니다.

①과 ②는 바로 지옥 같은 세상일 것이고 예수님이 없는 곳이며, 베데스다의 연못가 같은 곳입니다. 이곳은 '가짐'과 '무엇이 됨'의 가치가 우선하는 곳입니다. 이런 곳은 예수님이 필요한 곳입니다. 예수님이 필요한 그곳에 예수님이 가셨습니다. 우리도 그런 곳에 작은 예수로서 다가가야 합니다. ③과 ④는 '나눔'과 '섬김'의 가치가 우선 하는 곳입니다. 이곳이 바로 하나님의 나라가 이루어지고 있는 곳입니다. 예수님이 가시면 그 세상은 변화 받고 이런 세상으로 바뀌게 됩니다. 그곳이 하나님 나라가 세워지는 곳입니다.

그 베데스다 연못에 38년 묵은 거동을 할 수 없는 병자가 있었습니다. 그 병자는 병을 낫고자 하는 마음조차도 무디어져 이제는 물이 동할 때 한번 그 물에 들어가 보는 것이 소원이 되어 버린 상태일 것입니다. 그는 변화에 대한 무능력자 또는 무관심하기조차 한 오늘날의 우리와 같은 영적 무능력자이지 않을까요?
그런 병자에게 "네가 낫고자 하느냐?"라고 묻는 예수님의 질문은 무엇을 뜻하는 것일까요? 그것은 "네가 정녕 변화받기를 원하느냐?"라는 다짐이 내포되어 있습니다. 38년간 긴 시간 속에 이 병자의 낫고자 하는 마음은 좌절과 절망의 도를 넘어 자포자기한 행동일 뿐, 낫겠다는 소망을 포기한 지 오래된 상태에 있었기 때문입니다.

예수님이 이 병자에 "네가 낫고자 하느냐?"라고 물었을 때
그는 동문서답을 합니다.

그 동문서답 속에는 바로 병이 낫는다변화를 받는다는 본질적인 것보다 물에라도 한번 들어가 보자는 비본질적인 것에 얽매여 있다는 것이고, 그렇게 못하는 것은 내 잘못이 아니고 그를 물에 넣어 줄 사람이 없었기 때문이라는 것입니다.
"주여 물이 움직일 때에 나를 못에 넣어 주는 사람이 없어 내가 가는 동안에 다

명망이 높아지는 예수
(약 31세)
여정 1-5
여정 6-10
성읍
(D)열두 제자를 세우심
(막 3:13~19)
(B) 가버나움에서
중풍병자를 고치심
(눅 5:18~25)
(I) 가버나움에서
야이로의 딸을 살리심
(마 9:23~26)
(G) 예수가 폭풍을
잠잠케 하심
(눅 8:22~25)
(H) 귀신 군대를
내쫓으심
(눅 8:28~35)
(C) 예루살렘의
베데스다 못에서
38년 된 병자를 고치심
(요 5:2~9)
(A)예수가 이사야의
글을 읽고 환영받지
못하심(눅4:16~30)
(F)죄인인 한 여자가
예수의 발을 향유로 씻음
(눅 7:36~50)
(E)과부의 아들을
살리심 (눅 7:12~15)
갈릴리여행
산상수훈
벳새다
고라신
가버나움
게네사렛
막달라
거라사
디베랴
갈릴리여행
나사렛
다볼산
나인
갈릴리여행
두번째 유월절을
지내기 위해
예루살렘으로 가심
1. 나사렛을 떠나 가버나움에 가심(눅4:16,31)
- 그림(A) 나사렛에서 대적자들이 예수를 쓰러
뜨리려고 시도함(눅4:28,29)
2. 갈릴리를 여행한 후 가버나움으로 돌아오심(막2:1)
- 그림(B) 가버나움에서 중풍병자를 고치심
(눅5:18~25)
3. 유월절을 지내기 위해 가버나움을 떠나
예루살렘 으로 가심(요5:1)
- 그림(C) 예루살렘의 베데스다 못에서 38년
묵은 병자를 고치심(요5:2~9)
4. 예루살렘에서 가버나움으로 돌아오심
5. 가버나움에서 팔복 산으로 가심(막3:13)
- 그림(D) 팔복 산에서 열두 제자를 세우심(막3:13~19)
6. 팔복산에서 가버나움으로 돌아오심(마8:5)
7. 가버나움을 떠나 갈릴리를 두루 다니다
다시 가버나움으로 돌아오심(눅7:11)
- 그림(E) 나인 성에서 과부의 아들을 살리심
(눅7:12~15)
- 그림(F) 죄인인 한 여자가 예수의 발에
향유를 부어 씻음(눅7:36~50)
8. 가버나움을떠나 갈릴리 지방을 여행하심(눅8:1)
9. 가버나움에서 거라사인의 땅으로 가심(눅8:22)
- 그림(G) 갈릴리바다에서 예수가 폭풍을 잠잠케하심
(눅 8:22~25)
- 그림(H) 한 귀신 들린 자를 고치심(눅 8:28~35)
10. 거라사인의 땅에서 가버나움으로 돌아오심
(마 9:11) - 그림(I) 가버나움에서 야이로의 딸을
살리심(마 9:23~26)

른 사람이 먼저 내려가나이다."라고 대답합니다. "그건 너, 바로 너 때문이야!"라는 것이지요. **변화의 시작은 진정으로 변화받기를 원하며 자신은 그 변화를 일으킬 수 없는 무능력자임을 인정하고 예수님의 능력 앞에 자신을 내려놓는 길밖에 없습니다.**

진리는 내 마음 속에서 이해되어집니다. 그것이 밖으로 나타나는 것을 가로막는 '나'를 벗고 주님 앞에 서십시오. 자기중심성을 내려놓는 것이 먼저입니다. 내가 진정으로 낫고자 하는 부분이 어떤 것입니까? 내가 분명 변화받아야 할 부분을 익히 잘 알고 구체적으로 기도하십시오.

◎ 마태 12:1-21 ◎ 마가 2:23-3:12 ◎ 누가 6:1-11

□ 안식일 논쟁 - 안식일의 주인은 예수님

□ 예수님을 따르는 자들을 고치심

하나님께서 명하신 안식일을 거룩하게 지키라는 명령을 유대인들이 지나치게 해석을 해서 안식일이 안식을 통한 거룩함을 나타내는 것이 아니라 부담과 규례에 얽매이는 것이 되어 버렸음을 예수님은 나무라시는 것입니다.

안식일은 하나님의 창조 질서의 하나로서 육체적, 영적 재충전을 통한 하나님의 능력과 영광을 재인식하는 시간이지 규례를 만들어 놓고 그것을 지키는가 안 지키는가를 따지는 것이 아니라는 것입니다. 바리새인은 안식일을 거룩하게 지키라는 제4계명의 시행 세칙을 수없이 많이 만들어 놓고 그것을 지키라고 강요하는 것입니다.

그중에 지금 예수님이 범한 시행 세칙은 안식일에 병자를 고친 것입니다. 유대인의 안식일 시행세칙에 의하면 안식일에는 환자가 죽지 않을 만큼의 응급조치만 해야 한다는 것입니다. 이를테면 안식일에 사람이 무너진 담에 깔렸다고 합시다. 그러면 먼저 흙을 치우고 그 사람이 죽었음을 알았으면 그대로 두어야 합니다. 안식일에 시체를 만지면 안 되기 때문입니다.

만약 그 깔린 사람이 아직 살아 있으면 죽지 않을 만큼만 조치하고 그대로 두어 안식일이 끝난 후에 구조를 해야 한다는 것입니다.

그런데 예수님은 병자를 아예 치료를 해 버린 것입니다. 또한 제자들이 안식일에 배가 고파 이삭을 잘라서 비벼 먹은 것은 안식일 시행 세칙 중 다음의 것을 범했다는 것입니다.

1. 수확reaping 2. 키질winnowing 3. 타작, 탈곡threshing 4. 음식 장만preparing a meal

종교는 규율과 규칙에 매일 수 있지만, 하나님 나라는 그런 규율과 규칙에 얽매이지 않고 하나님의 자비하심, 긍휼하심과 통치하심에 순종하는 것입니다. 그래서 예수님은 자신이 하나님 나라의 통치자로서 안식일의 주인이라는 것을 분명히 알려 주십니다.

◎ 마태 10:2-4 ◎ 마가 3:13-19 ◎ 누가 6:12-16

□ 열두 제자의 확정

12제자의 12는 구약의 12지파를 상징합니다. 12의 숫자적 의미는 신의 수인 3과 사람의 수인 4를 곱한 완전한 수가 됩니다. 요한계시록에 완성된 천국을 상징하는 12문이 나옵니다. 열두 제자는 다음과 같습니다.

제자	별칭	직업	성격	생애 주요 사건	예수의 평가 및 말씀	최후
베드로 (요한의 아들)	시몬, 게바	어부	직선적이고 다혈질적이나 후에 예수의 열렬한 증인이 됨	· 3인의 주요 제자 중 최고 선임자(마3:16-19) · 예수를 메시아로 고백(마16:13-16) · 예수를 부인한 후 곧 참회함(막14:66-72) · 사도 중 최초로 예수의 부활 목격(고전15:5) · 오순절 설교로 3천 명이 회개함(행2:14-36) · 예루살렘 교회의 지도자(갈2:8) · 이방인에게 세례를 줌(행10:1-48)	· 그를 베드로(반석)라 칭함(요1:41, 42) · 주님께서 자신의 수난받으심을 가로막으려는 그를 크게 책망하심(마16:21-23) · 그로 사람을 낚는 어부되게 하시겠다고 예언하심(마4:19) · 목양의 명령을 주심(요21:17) · 그가 후에 주님의 사역을 하다가 순교당할 것을 말씀하심(요21:18, 19)	로마에서 순교한 것으로 전해짐
야고보 (세베대의 아들)	보아너게 (우뢰의 아들)	어부	야망이 있고 충동적이며 비판과 정죄를 잘하나 예수를 깊이 신뢰함	· 3인의 주요 제자 중 1인(막14:33) · 요한과 함께 주님께 권세를 구함(마20:21) · 사도들 중 최초의 순교자가 됨(행12:2)	· 우뢰의 아들이라 칭함(막3:17) · 사람 낚는 어부가 되리라 하심(마4:19) · 당신의 잔을 함께 마실 것을 요구하심(마20:23)	헤롯에게 살해됨 (AD 44년으로 추정)
요한 (세베대의 아들)	보아너게, 예수의 사랑하시는 제자	어부	야망이 있고, 타인을 쉽게 정죄함. 후에 사랑이 충만한 사도가 됨	· 3인의 주요 제자 중 1인(막17:1) · 야고보와 함께 주님께 권세를 구함(마20:20-23) · 예수를 배척한 사마리아 동네에 불 내리기를 구함(눅9:51-56) · 예루살렘 교회의 지도자(갈2:9)	· 우뢰의 아들이라 칭함(막3:17) · 당신의 잔을 함께 마실 것을 요구하심(마20:23) · 예수께서 죽은 뒤 예수의 어머니를 돌봄(요19:26, 27)	밧모섬 유배 후 약 100년경에 사망
안드레 (베드로의 형제)	-	어부	이웃에게 예수를 강력히 증거함	· 세례 요한의 제자에서 예수의 제자 됨(요1:35-40) · 예수에 관해 베드로에게 소개함(요1:42) · 빌립과 함께 예수를 뵙고자 하는 헬라인들에 관해 예수께 고함(요12:2-28)	· 사람낚는 어부가 될 것이라고 말씀함(마4:19)	헬라, 소아시아 등지에서 선교하다가 십자가에 달림
빌립	-	어부	의구심 많은 태도를 지님	· 나다나엘에게 예수를 증언함(요1:45, 46) · 오병이어 기적시 예수께서 그의 믿음을 시험하심(요6:5-7) · 하나님을 보여 달라고 예수께 구함(요14:7-12)	· 빌립이 참으로 예수를 알고 보았다면 그 아버지도 알고 보았을 것이라 함	히에라볼리에서 순교한 것으로 추정
바돌로매	나다나엘	불명	정직하고 직선적이고 진취적임	· 처음 빌립이 예수님을 소개했을 때 예수가 비천한 나사렛인이라 하여 그를 메시아로 믿지 않았으나 예수를 만나 본 후에 곧 믿음(요1:43-51)	· 정직한 자, 참 이스라엘 사람이라 칭함(요1:47)	아르메니아에서 순교한 것으로 추정
마태	레위	세리	매사에 섬세하고 적극적이며 동료애가 투철함	· 자신의 이름에 세리라는 칭호를 붙여 사용(마10:3) · 세리들이 모인 연회장에 예수를 초대함(마9:10)	· 제자로 삼기 위해 부르심	에디오피아에서 순교한 것으로 추정
도마	디두모	불명	용기가 있었으나 때로 의심도 많았음	· 예수를 따르기 위해 죽음까지 각오함(요11:16) · 예수의 부활체를 직접 목격하고 상처를 만지기 전까지 그의 부활을 부인함(요20:24, 25)	· 부활하신 자신의 모습을 그가 직접 목격하고서야 겨우 부활을 믿은 사실에 대해 노하심 (요20:29)	페르시아, 인도 등지에서 선교하다가 순교한 것으로 추정
야고보 (알패오의 아들)	작은 야고보	불명	불명	-	-	애굽에서 순교한 것으로 추정
다대오 (알패오의 아들)	유다	불명	불명	· 당신을 따르는 자에게는 자신을 드러내시고 세상 사람들에게는 숨기신 예수의 의도에 대해 질문함(요14:22)	-	페르시아에서 순교한 것으로 추정
시몬	셀롯, 가나나인	불명	극명한 민족주의자	-	-	십자가 순교
유다	가룟	불명	음흉하고 재리에 밝으며 이중적임	· 예수를 배반함(마26:14, 15) · 베다니 향유 사건에 불만을 표함(요12:1-6) · 비참한 자살로 최후 장식	· 그가 예수를 팔 것을 아시고 배신자로 칭함(막14:18)	자살

◎ 마태 5:1~8:1　　◎ 누가 6:17-49

□ 산상 수훈과 하나님 나라에 이르는 길

산상 수훈은 성경의 핵심입니다. 그중에서도 주기도문은 핵심 중의 핵심이고 그 주기도문 중에 "나라가 임하옵시며" 마 6:10는 바로 성경의 근원적 주제입니다. 산상 수훈은 시내산에서 계약을 맺고 하나님의 제사장 나라가 되기로 결단한 이스라엘 백성에게 준 십계명과 같은 영적 의미를 갖습니다. 하나님 나라를 선포하신 예수님은 그 하나님 나라의 백성이 되고자 회개한 그의 제자들에게 하나님 나라의 가치관을 밝혀 주시는 것입니다. 산상 수훈이 예수님의 새 가치관을 말해 준다고 보는 대목은 예수님은 자신의 교훈을 옛 것과 다르다는 것을 강조한 부분입니다. 한 교훈을 시작할 때마다 "…라고 너희는 들었으나, 나는 너희에게 이르노니"라고 시작합니다. 지금까지 구약에서는 선지자들이 하나님의 말씀을 대언했지만 예수님은 바로 하나님의 말씀을 하신다는 것입니다. 그분이 바로 성육신하신 하나님이시기 때문입니다.

◎ 8복 마태 5장

그 첫 번째로 복에 대한 확실한 가치관을 가르쳐 주십니다. 하나님 나라의 백성의 복에 대한 가치관은 시1편의 "여호와의 율법을 주야로 묵상하는 것"과 시편 73장 28절의 "하나님께 가까이 함이 내게 복이라"의 말씀처럼 복의 근원은 물질적이고 가시적인 것이 아니라, 바로 여호와임을 분명히 밝힙니다. 물질은 복이 아니고 은사입니다.

은사는 함께 나누어야 하나님께 영광이 되듯이, 물질도 함께 나누어져야 하나님께 영광이 된다는 것입니다. 그것이 성경이 말하는 복입니다.

예수님은 산상 수훈 첫 머리 5장에서 바로 하나님 나라의 복의 개념을 이렇게 정의하면서 8가지 하나님 나라 백성이 누릴 복을 가르쳐 주십니다. 8복의 내용을 다음 도표로 정리합니다.

축복	예수에 의한 모범	다른 자에 의한 모범	상급
심령 가난	벧전 2:22	요셉 (마 1:18-20)	천국
애통	마 26:37,38	욥	위로
온유	마 26:28-30, 요13:4,5	모세(민 12:3)	땅을 기업
의에 굶주림	요 4:34	바울(빌 1:21, 3:7-14)	배부름
긍휼	눅 23:43, 히2:17	다윗	긍휼히 여김
마음 청결	눅 2:40, 52	구약의 요셉	하나님을 봄
화평	엡 2:14-17	바나바	하나님의 아들 칭호
의를 위한 핍박	행 13:28	다니엘	천국

◎ 주기도문 마태 6장

예수님 당시 각각의 랍비가 이끄는 그룹들은 각기 자기들이 기도문을 가지고 있었고, 세례 요한의 제자들도 그들의 기도문을 가지고 있었기 때문에 예수님의 제자들도 자기들의 기도문을 갖기를 원해서 예수님께 기도문을 주문한 것입니다.

예수님이 제자들에게 가르쳐 주신 기도문은 바로 성경의 핵심을 이루고 있습니다. 성경 전체를 약탕기에 넣고 푹 고아서 짜면 산상 수훈이 나오고, 그 산상 수훈을 고아서 짜면 주기도문이 나오고 그것을 다시 짜면 "나라가 임하옵시며"6:10가 나온다고 생각해 봅니다. **하나님 나라의 도래**에덴의 회복**는 바로 하나님의 마음이고 성경의 중심 주제입니다.**

우리는 예수님의 가르침대로 "뜻이 하늘에서 이루어진 것같이 이 땅"에 그 하나님 나라가 이루어지도록 기도해야 할 것이고, 그렇게 기도한 대로 행동해야 할 것입니다. 그래서 서로의 양식을 위해 기도하며 하나님 나라를 위해 섞이지 않는 삶을 살도록 죄와 악으로부터 구별되는 삶을 살아갈 수 있도록 하나님의 능력과 은총을 구하며 그분의 통치에 순종해야 할 것입니다. 그것이 주기도문의 핵심입니다.

□ 황금률 - 하나님 나라의 새 가치관

산상 수훈의 새 가치관의 내용이 많이 나옵니다.

① 돈에 관하여마 6:19, 20, ② 불안에 대하여6:31-33, ③ 판단에 대하여7:1 ④ 기도에 대하여7:7-8 이런 것들은 하나님 나라에 합당한 새 가치관을 제시하는 것입니다. 이제 우리는 그 나라에 가치관으로 변화되어야 할 것입니다. 그렇게 변화된 가치관을 다음의 황금률로 행동화되어야 합니다. ⑤ 황금률7:12 그러므로 무엇이든지 남에게 대접을 받고자 하는 대로 너희도 남을 대접하라 이것이 율법이요 선지자니라

7장 15~27절에서 변화 받은 가치관대로 실천하며 살아갈 것을 강조합니다.

산상 수훈의 결론은 6장 33절 "그런즉 너희는 먼저 그의 나라와 그의 의를 구하라 그리하면 이 모든 것을 너희에게 더하시리라"입니다. **삶의 최우선 순위는 하나님 나라를 소유하는 일입니다.**

주님의 기도를 드릴 때

"하늘에 계신"하지 마라.
세상 일에만 빠져 있으면서.

"우리"라고 하지 마라.
너 혼자만 생각하며 살아가면서.

"아버지"하지 마라.
아들딸로서 살지 않으면서.

"아버지의 이름이
거룩히 여기시오며"하지 마라.
자기 이름을 빛내기 위해서
안간힘을 쓰면서.

"아버지의 나라가 오시며"
하지 마라.
물질만능의 나라를 원하면서.

"아버지의 뜻이 하늘에서와
같이 땅에서도 이루어지소서."
하지 마라.
내 뜻대로 되기를 기도하면서.

"오늘 저희에게 일용할
양식을 주시고"하지 마라.
가난한 이들을 본체만체하면서.

"우리에게 잘못한 이를
우리가 용서하오니 우리 죄를
용서하시고"하지 마라.
누구에겐가 아직도
앙심을 품고 있으면서.

"저희를 유혹에 빠지지 않게
하시고"하지 마라.
죄 지을 기회를 찾아다니면서.

"악에서 구하소서"하지 마라.
악을 보고도 아무런
양심의 소리를 듣지 않으면서.

"아멘"하지 마라.
주님의 기도를 진정
나의 기도로 바치지 않으면서.

우루과이의 작은 성당의 벽에 쓰여 있는 기도문을 옮긴 것 - 2004년 11월 17일자 인터넷 동아일보에서 전재

◎ 마태 8:5-13 ◎ 누가 7:1-17

□ 백부장의 하인을 고치시고, 나인 성 과부의 아들을 살리시다

마태복음 8장은 예수님의 기적으로 가득 차 있습니다. 그래서 '기적 장' 이라고 할 수 있습니다. 하나님 나라에서 치유되고 회복받는 아름다움을 보여 줍니다.

◎ 마태 11:2-30 ◎ 누가 7:18-35

□ 세례 요한의 질문

세례 요한의 질문에 대한 예수님의 답변은 '듣고 보는 것'4절 즉 말보다 직접 무엇이 일어났는가를 직접 본 것을 전하라는 것입니다. 그들이 직접 본 예수님의 행한 것은 구약에서 예언한 메시야임을 증명하는 것들입니다. ① 눈먼 자가 눈을 뜸사 29:18, 35:5 ② 절름발이가 걸음사 53:4 ③ 귀머거리가 들음사 29:18, 35:5 ④ 죽은 자가 살아남사 26:18-19 ⑤ 가난한 자에게 복음을 전함사 61:1 예수님이 행한 것들은 곧 메시야만이 행할 수 있는 것임으로 이 말은 스스로 메시야임을 말해 줍니다. 엘리야가 메시야에 앞서 온다는 사실말 3:1, 4-5은 세례 요한을 가리키는 것이라고 언급함으로 이 예언이 이루어지고 메시야가 왔다는 사실을 말해 주는 것들입니다.

예수님에 의해 일어났던 일들은마 11:5-6은 하나님 나라의 회복을 의미하는 것으로 치유의 역사입니다. 그것은 곧 관계의 회복을 의미하는 것입니다. 이것이 바로 하나님 나라의 도래이며 하나님이 통치하시는 하나님 나라를 말합니다. 바로 관점 2입니다. 관점 2

그런 하나님 나라의 복된 도래를 깨닫지 못하는 군중들을 보시고 예수님은 한탄하십니다.마 11:17, 눅 7:32

① 본질에서 벗어나는 신앙을 질책 - 경건의 모양을 추구하는 자의 모습딤후 4:3-4
② 본질에서 벗어남으로 자기중심의 신앙적 자세가 됨을 질책딤후 3:5

기대와 체험이 다를 때 나의 신앙적 자세는 어떠합니까? 하나님 앞에 나아오는 나의 동기는 무엇일까요? 나는 내 개인적 관심사에만 집착한 신앙생활을 하는 것은 아닙니까?

◎ 누가 7:36-50

□ 옥합을 깬 여인

예수님이 한 바리새인의 집에 청함을 받아 저녁을 잡수시는 중에 한 여인이 와서 옥합을 깨고 그 속에 담긴 향료를 예수님의 발에 붓습니다. 이 여인은 창녀이고 그에게 용서의 가능성을 열어 주신 예수님께 감사의 표시를 하는 것입니다. 그 집주인은 타산적인 가치관에 의해 그녀의 행위를 못마땅하게 생각하자 예수님은 탕감받은 자의 비유를 들어 이 여인의 행위를 칭찬합니다. 이 여인은 사랑의 표현으로 사죄를 얻은 것이 아니라, 사함을 받을 것에 대한 감사를 표현하는 것입니다.

◎ 누가 8:1-3

□ 예수님의 두 번째 갈릴리 여행

◎ 마태 14:6-12 ◎ 마가 6:21-29

□ 세례 요한의 죽음

◎ 마태 12:22-50 ◎ 마가 3:20-35 ◎ 누가 8:19-21

□ 예수님의 집중적 사역 가버나움

예수님의 기적에 대한 두 부류, 즉 무리들과 바리새인들의 반응은 어떠한가를 마 12:23, 24에서 관찰하세요. 그리고 나의 반응은 어떠할 것 같습니까? 성령 훼방죄Blasphmia는 말로 하는 의지적인 범죄로서 성령의 일을 방해하고 비하하는 것을 말합니다. 불신자들에게서 이 죄를 범할 가능성이 있습니다.
Cranfield라는 신학자는 믿는 자는 이 죄를 범하지 않는다고 합니다. 이 죄를 범하지 않았을까 염려하는 자들이 있습니다. 염려 그 자체가 이 죄를 범하지 않았다는 증거라는 것입니다.

□ 예수님이 경고한 성령 훼방죄의 3가지의 경우

1) 성령을 훼방하는 자들은 진리를 일부러 배격한다. 바리새인들은 하나님의 능력에 근거한 예수님의 분명한 기적을 보고서도 예수님을 귀신 들린 자로 매도했다.

2) 메시야로서의 예수님의 존재가 점진적으로 나타나던 시절에 예수님을 잘 알지 못하여 의심하거나 반대하는 말은 용서받을 수 있었다. 하지만 오순절 이후 성령은 온전한 복음으로서 예수님을 받아들일 수 있는 기회를 제공하고 있다.

오늘의 읽을 분량

눅 7:36-50, 8:1-3
마 14:6-12
막 6:21-29
마 12:22-50
막 3:20-35
눅 8:19-21
마 13:1-53
막 4:1-34
눅 8:4-18
마 8:18,23-9:1
막 4:35-5:20
눅 8:22-39
마 9:18-34
막 5:21-43
눅 8:40-56
마 13:54-58
막 6:1-6(상)
마 9:35-38
막 6:6(하)
마 10:1, 5-11:1, 14:1-2
막 6:7-16, 30
눅 9:1-10(상)
마 14:13-15:20
막 6:31-7:23
눅 9:10(하)-17
요 6장

성령에 대해 불경한 태도를 갖는 것은 스스로 구원을 거부하는 행위이다.

3) 성령을 훼방하는 죄는 과거의 고의성 없는 죄와 관련된 것이 아니라, 현재에 계속되고 있는 고의적인 죄와 관련되어 있다. 그런 죄가 계속 이어진다면 그는 성령에 의해 주어지고 있는 용서의 기회를 모두 놓치는 것이다.

이 경고를 듣고 회개한다면 하나님은 그를 용서해 주실 것입니다. 오늘날 예수님을 부정하며 표적을 구하는 음란한 세대, 현대판 바리새인과 세속인은 누구인가?

무당은 귀신의 힘을 빌려 귀신을 쫓아냅니다. 예수님은 자신의 능력으로 사탄을 축출합니다. 그것은 곧 하나님 나라의 도래를 의미합니다. 예수님이 사탄을 축출함으로 그가 오실 메시야이시요, 바로 하나님 나라가 임한 것을 말합니다. 왜냐하면 에덴은 사탄의 유혹에 의해 무너졌고, 사탄은 그 후로 하나님 나라의 회복을 끊임없이 방해해 온 구약의 역사를 볼 때 하나님 나라 회복 운동은 곧 영적 전쟁이고, 영적 전쟁은 바로 사탄을 무찌르고 하나님 나라를 회복하는 것이기 때문에 예수님의 귀신 축출은 곧 하나님 나라의 회복을 말하는 것입니다. 이 영적 싸움은 계속될 것입니다.

◎ 마태 13:1-53 ◎ 마가 4:1-34 ◎ 누가 8:4-18

□ 씨 뿌리는 비유와 천국 비유들

이 부분은 예수님의 천국 복음의 하이라이트Highlight를 보여 주는 아주 중요한 부분입니다. 크게 7가지의 비유가 나오며 여기에 나오는 모든 비유는 하나님 나라에 관한 비유라는 점에서 매우 중요한 부분입니다.

비유는 천상적 의미를 가진 세상의 이야기an earthly story with heavenly meaning라고 할 수 있습니다. 예수님이 이 진리를 비유로 가르치시는 이유는 가시적인 것일상적인 일으로 보이지 않는 영적 진리를 가르치고자 함입니다. 기독교는 결코 공허한 진리를 가르치는 종교가 아닙니다.

마태 13장은 천국 비유의 장으로서 모두 7개의 천국을 설명하는 비유를 보여 줍니다.

1) 첫 4개씨 뿌리는 자의 비유, 가라지 비유, 겨자씨 비유, 누룩 비유는 무리에게 주는 비유이며
2) 나머지 3개감춰진 보화 비유, 진주 비유, 그물 비유는 제자들에게 주는 비유입니다.

씨 뿌리는 비유는 천국의 기원에 관해 설명하며, 가라지, 겨자씨, 누룩 비유는 천국은 사탄이 방해 공격을 하지만 꾸준히 자란다는 점을 설명하고, 감춰진 보화, 진주의 비유는 천국을 사모하고 찾는 사람들의 자세에 관해 설명하며, 그물 비유는 천국의 완성과 심판은 반드시 있다는 점을 설명합니다.

1. 씨 뿌리는 자의 비유 마 13:1-9, 18-23

• 말씀을 듣는 자에게 주는 의미

예수님 당시 씨 뿌리는 방법은 사람이 뿌리는 것과 나귀가 뿌리는 것 등 두 가지 방법을 주로 사용했으며, 예수님 당시 팔레스타인 지방의 경작지는 ① 길가에 있는 밭 ② 돌밭 ③ 가시밭 ④ 옥토로 구분해 볼 수 있습니다. 각 경작지의 비유적 의미를 다음과 같이 설명합니다.

> ① '길가'는 강팍한 마음을 말하며 명목상의 그리스도인을 의미합니다. 이는 죄와 죄성이 지배하는 마음을 말합니다. 마치 쇠귀에 경 읽기 식이지요. 로마서 1장 18~32절에서 전형적인 강팍한 마음을 봅니다.
>
> ② '돌밭'은 냄비 체질 같은 마음을 말합니다. 부흥회 체질이라고나 할까요. 은혜받아 금방 뜨거워 졌다가 금방 식어 버리는 마음이지요. 감상적, 감성적인 것에 의해 마음이 지배를 받는 사람들의 모습을 말합니다. 피상적인 그리스도인의 마음입니다. 그들의 변덕스러움에 의리는 찾아보기 어렵습니다.
>
> ③ '가시밭'은 세상 근심과 걱정에 찌든 마음을 말합니다. 이런 사람들은 자기중심성이 마음을 지배하는 사람, 세상적 이성理性이 마음을 강하게 지배하는 사람들입니다. 세속적인 그리스도인의 모습이지요. 성경에 여기 속한다고 생각되는 대표적인 두 사람의 마음을 볼 수 있습니다. 하나는 누가 12장 15~21절의 어느 부자처럼 곡간에 양식을 가득 채워 놓고 평안히 살자는 마음이고, 다른 하나는 누가 18장 18~23절에서 보는 어떤 부자 관리의 마음처럼 소유에 집착하여 나눔을 거절하는 마음을 말합니다.
>
> ④ '옥토'는 그야말로 열린 마음입니다. 열매 맺는 그리스도인의 모습이지요. 예수님의 영성이 마음을 지배하는 사람들입니다.

겔 36:25-27 [25]맑은 물을 너희에게 뿌려서 너희로 정결하게 하되 곧 너희 모든 더러운 것에서와 모든 우상숭배에서 너희를 정결하게 할 것이며 [26]또 새 영을 너희 속에 두고 새 마음을 너희에게 주되 너희 육신에서 굳은 마음을 제거하고 부드러운 마음을 줄 것이며 [27]또 내 영을 너희 속에 두어 너희로 내 율례를 행하게 하리니 너희가 내 규례를 지켜 행할지라

• **말씀을 전하는 자에게 주는 의미**

말씀을 전하는 자는 씨를 뿌리고 싹이 나도록 기다리는 심정을 가져야 하며, 말씀을 받는 자들의 마음 상태를 이해하라는 것입니다. 눈물로 씨를 뿌리는 자는 기쁨으로 거둔다는 사실이 말하는 인내를 가져야 합니다.
하나님 나라는 말씀의 왕성함에 의해서 자라난다는 사실을 교훈하고 있다는 사실을 말해 줍니다. 감성이나 감정으로 하나님 나라는 서지 않는다는 사실을 명심하여야 합니다.

2. 가라지의 비유 마 13:24-30, 36-43

밀과 가라지는 너무나 닮았습니다. 1) 하나님 나라를 이루어 가는 데 있어서 언제나 안과 밖으로 적대 세력이 있습니다.벧전 5:8 2) 하나님 나라 사람과 아닌 자의 구별이 쉽지 않습니다. 함부로 가지치기 해서는 안 됩니다. 우리는 심판을 너무 쉽게 행사함을 봅니다. 심판은 끝까지 기다려야 합니다. 3) 끝날에 심판은 반드시 있습니다. 그리고 그 심판은 하나님의 몫입니다.

3. 겨자 씨의 비유 마 13;31-32

하나님 나라는 지극히 작은 시작으로부터 출발한다는 것입니다. 하나님 나라는 지극히 작은 것에서부터 시작하지만 그것은 반드시 온 세상이 다 찾을 만큼 큰 것이 된다는 것입니다. 지극히 작은 곳에 있는 하나님 나라의 꿈이 자란다는 것입니다.
예수를 따르는 적은 무리를 본 제자들의 좌절감에 주는 예수님의 확신을 보여주며, 큰 것에 환장하고 성공 주의에 빠져 목양은 없는 큰 목회만을 꿈꾸는 사람들을 경고하는 말씀입니다. 하나님 나라는 그런 곳에 서지 않는다는 말이지요. 작은 일, 한 생명, 한 생명을 목양해 가는 그곳에 하나님 나라가 이루어져 간다는 것입니다.

겨자씨는 작지만 그 속에는 강한 생명력을 지니고 있습니다. 팔레스타인 지방의 겨자씨의 크기가 1mm이지만, 자라기는 1.5m-3m의 크기로 자란다고 합니

다. 새들에 쉼터를 제공하는 것은 결국 이웃을 위한 것입니다. 가지가 많을수록 좋은 것이 교회와 하나님 나라의 특징이 됩니다. 이 비유는 하나님 나라가 작은 겨자씨로서 이미 임했지만 그것은 아직 완성은 되지 않고 있다는 것을 함축합니다. 이것을 '이미 그러나 아직Already but not yet'의 접근법입니다.

4. 누룩의 비유 마 13:33

누룩은 히브리인에게는 악한 것으로 간주됩니다. 유월절 기간에 누룩을 제거해야 하기 때문에 무교절을 누룩이 없는 절기라고 합니다.
누룩의 발효력은 침습성invasive과 삼투성pervasive이 뛰어납니다. 이것은 변화의 능력을 말하며 바로 천국의 권능을 말합니다. 하나님 나라는 변화를 요구하며, 하나님 나라는 환경의 변화를 시도하는 것이 아니고 사람을 변화시키는 것입니다. 그리고 누룩의 보이지 않는 발효 과정에는 끓어오르고, 부풀리게 되는 과정을 거칩니다.
이것은 변화의 과정에는 고통이 수반된다는 것을 말합니다. 마리아의 찬가눅 1:46-55 특히 52절에서 본 기독교의 세 가지 개혁혁명에 대한 설명을 기억하십니까?p.440 참조

1) 도덕적 변화　　2) 사회의 혁명　　3) 경제의 혁명

우리는 이런 변화에 마음이 열려 있습니까?

5. 보화의 비유 마 13:44

6. 진주의 보화 마 13:45-46

보화와 진주를 찾는 자 중에는 우연히 발견하는 자와 일부러 찾는 자 중에서 발견하는 자가 있을 것입니다. 이 모든 것이 다 하나님의 은혜로 이루어집니다. 불신자는 우연히 발견될 수 있으나 신자는 일부러 그 천국 보화와 진주를 찾는 자가 되어야 한다는 교훈입니다.

① 발견한 것의 가치를 인식하고시 84:10, 시 19:10, 시 119:127-128

② 그것을 사겠다는 결단하는 자세를 가지고"구슬이 서 말이라도 꿰어야 보배"

③ 그것을 사기 위해서 소유를 다 팔 정도의 열정과 헌신을 가져야 한다는 것입니다. 다 팔았다는 것은 그것을 갖는데 장애가 되는 것을 다 버렸다는 뜻입니다. 이것은 하나님 나라를 소유하기 위해 자기중심성을 내려놓는다는 것입니다.

루터의 찬송가 384장 3절 "친척과 재물과 명예와 생명을 다 빼앗긴데도"라고 노래합니다. 찰스 스펄전은 이 보화를 입수하기 위해 팔아 버려야 할 것을 다음과 같이 말합니다.

1) 낡은 선입견 - 가치관의 변화
2) 자신의 의self-righteousness - 패러다임의 변화
3) 죄악된 삶의 습성

📖 사 55:1-2 [1]오호라 너희 모든 목마른 자들아 물로 나아오라 돈 없는 자도 오라 너희는 와서 사 먹되 돈 없이 값 없이 와서 포도주와 젖을 사라 [2] 너희가 어찌하여 양식이 아닌 것을 위하여 은을 달아 주며 배부르게 하지 못할 것을 위하여 수고하느냐 내게 듣고 들을지어다 그리하면 너희가 좋은 것을 먹을 것이며 너희 자신들이 기름진 것으로 즐거움을 얻으리라
천국 백성이 되어 예수님을 따르기 위해서 버려야 할 것은 버려야 합니다.

④ 천국은 개인적인 점유가 되어야 합니다. 성경의 진리를 내 것으로 만들어야 우리는 예수를 닮아 가게 됩니다. 이것은 천국 백성의 의식화意識化 작업입니다.

7. 그물의 비유 마 13:47-50

마지막 때는 있고, 그때는 좋은 고기와 나쁜 고기가 나누어져 심판을 받는다는 말입니다. 그때까지 교회는 그리고 이 세상의 천국에는 모두가 섞여 있습니다. 심판은 그 끝에, 그리고 하나님이 하시는 것이라는 사실을 명심하십시오. 심판은 절대적으로 오고, 그 구분은 이미 시작되어 있고, 그리고 그 결과는 영원합니다.

◎ 마태 8:18, 23~9:1
◎ 마가 4:35~5:20 ◎ 누가 8:22-39

□ 풍랑을 잠잠케 하신 예수님 갈릴리 호수

예수님은 천지를 창조할 때 함께 있었던 하나님이심을 보여 줍니다. 예수님은 그의 피조물인 자연을 통제하시는 분이심을 보여 주십니다. 그분이 바로 우리의 주님이 되신다면 우리는 이 제자들처럼 두려워할 필요가 없습니다.

☐ 귀신 들린 자를 고침 갈릴리 호수 남쪽 지역

사단처럼 귀신도 타락한 천사들입니다. 귀신은 사단의 졸개들입니다. 사단이 하나님을 거역하고 떠날 때, 귀신들도 사단을 따랐습니다. 사단에게 소속된 귀신들은 하나님의 왕국과 맞서 싸우고, 하나님의 일을 방해하는 영적인 존재들입니다. 귀신들은 사단을 돕는 졸개들입니다. '악마'라 불리는 사단은 한 명이지만, 귀신들은 군대처럼 아주 많습니다.

하지만 귀신이나 사단은 하나님의 피조물에 불과하며, 모두 하나님의 지배 아래 있습니다. 물론 그들은 하나님의 상대가 되지 못합니다. 그러므로 우리가 하나님을 믿고 있으면, 하나님은 우리를 귀신들로부터 안전하게 지켜 주십니다. 그리고 세상 마지막 날, 모든 귀신들은 그들의 우두머리인 사단과 함께 영원한 지옥불에 던져지게 됩니다.

◎ 마태 9:18-34 ◎ 마가 5:21-43 ◎ 누가 8:40-56

☐ 혈루병 여인, 야이로의 딸, 두 소경과 귀신 들린 자를 고침 가버나움

예수님을 터치touch하는 여인의 믿음을 배워야 합니다. 우리가 가지이고 예수님이 포도나무라면 가지는 본체에 붙어 있어야 살아 갈 수 있기 때문입니다. 예수님이 잡혀갈 때 멀찍이 따라가는 베드로의 모습과 비교해 보세요. 마 26:58

◎ 마태 13:54-58 ◎ 마가 6:1-6 상

☐ 고향 나사렛에서 2번째 배척당함

◎ 마태 9:35-38 ◎ 마가 6:6 하

☐ 갈릴리 3차 사역 여행

◎ 마태 10:1, 5~11:1, 14:1-2 ◎ 마가 6:7-16, 30
◎ 누가 9:1-10상

☐ 제자들의 파송과 헤롯의 불안

예수님은 제자들을 세우고 실전 훈련을 보내면서 하나님의 능력을 의지하는 법을 가르칩니다. 이것은 신위를 의지하는 주요한 훈련입니다. 하나님의 일은 하나님의 방법으로 해야 한다는 것을 가르쳐 주는 중요한 대목입니다. 이로 인해 예수님의 소문이 각처에 퍼지고 헤롯은 더욱 불안해집니다.

지도 : 도표로 보는 예수님의 생애 (핍박받으시던 해의 예수 :약 32세)

핍박받으시던 해의 예수
(약 32세)
(H) 예수가 귀신 들린 소년을 고치심 (막9:17~27)
(C) 수로보니게 여인이 예수께 자기 딸을 고쳐 달라고 간청함(막7:25~30)
헤로디아의 딸이 헤롯을 위해 춤추고 세례 요한의 목을 요구함 (마14:6~12)
(I) 10명의 문둥병자가 병고침을 받았으나 한 사람만이 감사함 (눅17:12~16)
(J) 소경을 고치심 (요9:1~41)
(G) 변화되심 (눅 9:29~36)
(A) 5천 명을 먹이심 (요 6:5~13)
(B) 예수가 물 위를 걸으심 (마 14:25)
(F) 소경을 고치심 (막 8:22~26)
(E) 4천 명을 먹이심 (마15:32~38)
(D) 귀머거리이자 소경인 한 병자를 고치심 (막7:32~37)
헤르몬산
아빌레네
이두레
가이사랴 빌립보 (파니아스)
베니게
골라니티스
드라고닛
바타네아
레온테스 강
가버나움
벳새다
게네사렛
가나
달마누다
갈멜산
기손 강
나사렛
다볼산
나인
아르묵 강
거라사인의 땅
데가볼리
사마리아
가이사랴
벨라
스구도볼리
얍복 강
요단 강
아르콘 강
에발산
그리심산
욥바
아얄론 강
아리마대
에브라임
베레아
유대
여리고
베다니 (베다바라)
이두메
아소도
엠마오
베다니
예루살렘
느보산
블레셋
베들레헴
헤로디움
이스글론
소렉 강
사해
가사
여정 1-7
여정 8-14
1. 나사렛을 떠나 갈릴리의 여러 성읍과 고을을 두루 다니다가 가버나움으로 가심 (마9:35)
2. 가버나움을 떠나 벳새다 근처의 광야로 가심 (막6:32)
- 그림(A) 벳새다 근처에서 5천명을 먹이심(마14:25)
3. 벳새다근처의 광야에서 게네사렛으로 가심(마14:22,34)
- 그림(B) 예수가 물 위를 걸으심(마14:25)
4. 게네사렛에서 가버나움으로 가심 (요6:24~25)
5. 가버나움에서 베니게로 가심(막7:24)
- 그림(C) 수로보니게 여인의딸을 고치심(막7:25~30)
6. 베니게를 떠나 데가볼리로 가심(막7:1)
- 그림(D) 데가볼리에서 귀머거리이자 벙어리인 한 사람을 고치심(막7:32~37):
그림(E) 4천 명을 먹이심(마15:32~38)
7. 데가볼리에서 배를 타고 달마누다로 가심(막8:10)
8. 달마누다에서 배를 타고 벳새다로 가심(막8:22)
- 그림(F) 벳새다 근처에서 한 소경을 고치심(8:22~26)
9. 벳새다에서 가이사랴 빌립보로 가심(마16:13)
10. 가이사랴 빌립보에서 변화산으로 가심(눅9:28)
- 그림(G) 변화산에서 변화되심(눅9:29~36):
그림(H) 돌아오는 길에 귀신들린 소년을 고치심 (막9:17~27)
11. 변화산을 떠나 가버나움으로 가심(마17:24)
12. 가버나움을 떠나 사마리아를 지나심(눅17:11)
- 그림(I) 사마리아 근처에서 10명의 문둥병자를 고치심(눅17:12~16)
13. 사마리아에서 예루살렘으로 가심(요9:1)
- 그림(J)예루살렘에서 소경을 고치심(요9:1~41)
14. 예루살렘에서 요단강을 건너 베다니로 가심 (요10:40)

제 6 부 : 갈릴리 지역 밖에서 강도 높은 제자 훈련AD 29년 봄에서 가을까지

이 기간 동안 예수님은 갈릴리 지방을 3번씩이나 떠나서 오병이어의 기적, 물 위를 걸으시는 기적, 4,000명을 먹이시는 기적, 많은 병자를 고치시는 사역, 그리고 바리새인들과의 논쟁 등을 통하여 제자들을 강도 높게 집중 훈련하십니다.

1. 예수님이 첫 번째 갈릴리 지방을 떠나시다

◎ 마태 14:13~15:20 ◎ 마가 6:31~7:23
◎ 누가 9:10하-17 ◎ 요한 6장

□ 오병이어의 기적

요한은 이 오병이어의 기적 중 물고기 두 마리와 빵 다섯 덩이를 내 놓은 한 소년의 헌신을 부각시킵니다.요 6:1-59 기적은 하나님의 능력과 인간의 믿음헌신이 합쳐질 때 일어나는 것입니다.

요한복음에 보면 기적을 행하신 후에 예수님은 언제나 그 기적의 의미를 제자들에게 설명합니다. 예수님은 유대의 굶주린 무리를 먹인 이 기적을 과거 하나님께서 광야에서 이스라엘 백성에게 만나와 메추라기를 먹이셨던 일과 연결시켰습니다. 예수님은 기적의 의미를 장차 자신의 살과 피를 만민에게 풍성히 공급해 주어 그들을 영원히 살리실 것이라는 것으로 말씀하십니다. 예수님이 곧 영생에 이르는 생명의 떡이라는 것입니다.

광야 시대는 만나로 일시적 생명만 공급되었지만 이제 자기 자신을 주시는 일로 영원한 생명이 공급됨을 말씀하십니다. "너희 조상들은 광야에서 만나를 먹었어도 죽었거니와"요 6:49
"54내 살을 먹고 내 피를 마시는 자는 영생을 가졌고 마지막 날에 내가 그를 다시 살리리니 55내 살은 참된 양식이요 내 피는 참된 음료로다 58이것은 하늘에서 내려온 떡이니 조상들이 먹고도 죽은 그것과 같지 아니하여 이 떡을 먹는 자는 영원히 살리라"요6:54, 55, 58

이 말씀은 예수님 자신이 곧 하나님 나라라는 것입니다.

• **마태와 마가복음서의 기사에서 보는 제자들의 자세** 마 14:15-17, 막 6:34-44

예수님께서 제자들에게 무리들을 먹이도록 권했을 때 제자들의 대답이 어떠했는가를 유의해 보세요. 그들은 3가지 이유를 들어 변명합니다. 최인호 "최인호의 팡세" 여백 2000 p.19~21 참조

1) **"여기는 빈 들이요"** - 공간적 이유
2) **"때도 이미 저물었고"** - 시간적 이유
3) **"빵 다섯 개와 물고기 두 마리뿐"** - 소유적 이유

다시 말하면, 우리는 거리가 너무 떨어져 있고, 또 시간도 없으며, 나눌 만큼 가진 것도 없다는 변명이지요. 오늘 우리들이 가지고 있는 변명이 바로 그것입니다. 그리스도인의 사랑은 나눔과 섬김에 근거하고 있다는 것을 알아야 합니다.

☐ 물 위를 걸으시는 예수님 갈릴리로 돌아감

예수님께 떡과 고기를 얻어먹은 무리들은 예수님을 왕으로 삼으려는 소동이 있었습니다. 예수님은 제자들을 먼저 갈릴리로 보내고 소요 사태를 수습하시고 제자들이 탄 배를 따라 잡기 위해 물 위를 걸어서 가십니다. 이것을 본 베드로도 물 위를 걷기를 원했고 예수님은 그럴 수 있도록 해 주었습니다.
그러나 베드로는 금방 물에 빠지고 말았습니다. 베드로는 왜 물에 빠졌을까요? 그는 그에게 그런 능력을 주신 예수님을 끝까지 의지하지 못하고 다가오는 파도를 보고 겁에 질렸기 때문입니다. 그는 예수님으로부터 믿음이 약했다고 지적받았습니다.

☐ 오병이어 기적 후 '생명 떡'에 관한 교훈

예수님은 이 오병이어의 기적을 통해 그의 지상 사역을 제자들에게 설명합니다. 예수님은 이 땅에서 많은 육체적 필요를 채워 주시는 사역도 감당하셨지만 그의 사명은 바로 영생을 위한 양식을 먹이는 것입니다. 그것은 하나님의 복음입니다. 그리고 그분 자신이 바로 그 생명의 떡이라고 말해 줍니다. 예수님은 여기서 처음으로 "나는 …이다"라는 직설 화법을 사용하여 메시야로서의 정체성을 보여 주기 시작합니다.
여기서 예수님은 "나는 생명의 떡이다"라고 말씀해 주십니다. 이 이외에도 요

하우 예수님이 세상의 빛8:12, 9:5, 양의 문10:7, 9, 선한 목자10:11, 14, 부활이요 생명11:25, 길이요 진리요 생명14:6, 그리고 참 포도나무15:1.5라고 하셨음을 밝혀 줍니다.

□ 바리새인과 전승전통에 관한 논쟁

바리새인들은 그들의 전승을 믿음의 표준으로 삼는 자들입니다. 그러나 예수님은 하나님의 말씀이 믿음의 근거가 되어야 함을 가르쳐 줍니다. 성경 말씀이 언제나 최우선적으로 따라야 할 규범입니다. 전승이 말씀을 해석하게 하면 이단으로 빠집니다.

요한복음이 보여 주는 예수님

명칭	의미
인자 (6:27)	예수님이 자신을 지칭할 때 가장 자주 쓰셨던 말이다. 예수님의 인성을 강조하는 동시에, 결국은 예수님 자신의 신성을 주장하시는 표현이다.
생명의 떡 (5:35)	예수님은 우리에게 생명을 주시는 분이라는 표현이다. 예수님만이 생명의 근원이시다.
세상의 빛 (8:12)	빛은 영적인 진리의 상징이다. 예수님만이 모든 사람이 필요로 하는 영적인 진리에 대한 답이다.
양의 문 (10:7)	예수님만이 우리를 하나님의 왕국으로 인도하는 유일한 문이다.
선한 목자 (10:11)	구약의 '메시아' 이미지를 예수님이 사용하신 것이다, 이것은 예수님의 사랑과 인도자의 역할을 강조한 명칭이다.
부활 생명 (11:25)	예수님은 생명의 원천일 뿐만 아니라, 죽음을 이기는 권세를 가지신 분이다.
길, 진리, 생명 (14:6)	예수님은 모든 사람들을 위한 방법이고, 메시지이고, 의미이다. 이러한 명칭들은 예수님이 이 땅에 오신 목적을 보여 준다.
포도나무 (15:1)	이 명칭에는 중요한 부분이 항상 따라붙게 되는데, 그것은 바로 "그리고 너희는 가지니라"라는 말이다 예수님은 이 말을 통해 가지가 포도나무로부터 생명을 얻고, 포도나무를 떠나서 독자적으로 살아갈 수 없는 것처럼 우리도 예수님께 의지하여 영적인 생명을 얻지 않으면 살아갈 수 없다는 사실을 상기시켜 준다.

알아두기

기적을 성경에 기록한 이유

1) 그 기적은 환상이나 지어낸 이야기가 아니고 실제로 일어난 일이기 때문.

2) 그 기적 속에 하나님이 전하시고자 하시는 중요한 메시지가 있기 때문.

① 초자연적인 능력을 가진 하나님이 존재하신다는 것을 보여 준다. 그러므로 하나님은 그런 하나님 앞에서 그들의 한계성을 깨달으며 또한 그런 하나님을 의지하여 그들의 한계를 뛰어 넘어 도전하게 하신다.

② 기적은 자연의 법칙을 깨고 이루어지는 것이다. 그 법칙을 만드신 이는 하나님이시다. 하나님은 스스로 만드신 법칙을 깨면서까지 인간을 사랑하신다는 것을 보여 주기 위함이다.

③ 하나님이 일하시는 방법을 보여 주기 위함이다. 하나님은 인간의 상식이나 이성의 한계를 훨씬 뛰어 넘는 방법으로 일하신다.

④ 그 기적은 오늘날 인간 각자의 삶 속에 일어날 수 있다는 사실을 믿게 하기 위함이다.

L.A.온누리 교회
유진소 목사
주일 설교 중에서

72일

년 월 일

오늘의 읽을 분량

마 15:21-16:4
막 7:24-8:12
마 16:5-20
막 8:13-30
눅 9:18-21
마 16:21-28
막 8:31-9:1
눅 9:22-27
마 17:1-13
막 9:2-13
눅 9:28-36
마 17:14-18장,
8:19-22
막 9:14-50
눅 9:37-62
요 7-10:21

2. 예수님이 두 번째 갈릴리 지방을 떠나시다

◎ 마태 15:21~16:4 ◎ 마가 7:24~8:12

□ 가나안수로보니게 여인의 믿음 두로와 시돈 지역

전승에 얽매여 신앙의 형식만을 강조하는 바리새인들과 대조되는 한 여인의 믿음의 능력을 보여 주는 대목입니다. 믿음은 모양이나 형식에 있지 않고 그 능력에 있습니다.

□ 소경과 많은 병자를 고침

예수님의 권세가 펴져 나가고, 예수님은 많은 병자와 소경을 고칩니다. 이것은 곧 하나님 나라의 성취를 말하는 것입니다.

□ 4,000명을 먹임의 기적

□ 예수님께서 2번째 갈릴리로 돌아오심

3. 예수님이 세 번째 갈릴리 지방을 떠나시다

◎ 마태 16:5-20 ◎ 마가 8:13-30 ◎ 누가 9:18-21

□ 바리새인과 사두개인에 대한 교훈갈릴리 호수의 북쪽 변두리에서

p.456에 있는 예수님 당시 '사회 계층표'를 참고하고 바리새인과 사두개인의 특성을 이해하세요. 바리새인은 형식주의에 빠졌고 사두개인은 부활을 부정하면서 현실주의에 빠진 자들입니다.

□ 왜 예수님이 이들을 누룩에 비유하여 조심하라고 했을까요?

누룩yeast은 아주 작은 것이지만 밀가루 반죽의 전체에 그 효력을 발휘하는 효모입니다. 누룩처럼 한 사람의 생활 방식이나 태도가 공동체 모두의 삶에 영향을 끼칠 수 있습니다. 예수님은 제자들에게 바리새인들의 누룩과 헤롯의 누룩을 주의하라고 하십니다. 하나님 앞에서 의로움을 추구하는 종교적인 바리새인들은 실상 껍데기뿐인 율법주의자에 지나지 않았습니다. 그리고 헤롯의 삶은 성적인 욕망과 권력에 대한 야심으로 가득 찬 세속 주의자의 삶이었습니다.
어떤 면에서 그러한 부패한 영향력이 누룩같이 사람들에게 스며들어 사람들로 하여금 하나님과 진실되고 친밀한 관계 맺는 것을 방해합니다. 믿는 자들은 이같은 누룩에 침투당하여 영향을 받지 말아야 한다는 말씀입니다.

☐ 그리스도와 제자 "너희는 나를 누구라 하느냐?"

"너희는 나를 누구라 하느냐?"이 질문의 대답이 우리의 신앙의 현주소를 결정해 줍니다. 이 질문과 더불어 기독교의 3대 질문은 창세기 3장에 나오는 "아담아, 네가 어디 있느냐?"와 창세기 4장에 나오는 "가인아, 네 아우 아벨이 어디 있느냐?"의 질문입니다.

아담에게 던진 질문 속에서 하나님은 우리와 관계의 위치를 묻는 것이고, 가인에게 던진 질문에서 하나님은 우리와 이웃과의 관계가 어디에 있는가를 물으시는 것입니다.p95의 도표와 설명 참조

이 두 가지의 질문의 대답은 내가 예수님을 진정 누구라고 묻는 질문의 참 대답이 될 것입니다. 우리가 고백하는 예수님은 이 우주의 통치자이신 하나님이시고 그분이 나의 주主이심을 고백할 수 있습니까? 그분이 내 삶을 주관하신다고 믿으며 그분께 내 모든 것을 의지할 수 있겠습니까?

◎ 마태 16:21-28
◎ 마가 8:31-9:1
◎ 누가 9:22-27

☐ 예수님의 수난 예고 - 자기 십자가를 지고

자기부인의 의미는 죄의 본성인 자기중심성을 버리라는 것입니다. 자기 것을 움켜쥐고는 예수님이 가시는 길을 갈 수 없다는 것입니다.

회개 μετανοέω metanoeo란 말은 생각을 바꾼다는 뜻이 포함되어 있는 말입니다. 생각, 즉 가치관 자체를 바꾸는 것이 회개이고 그것은 곧 자기중심성을 부인하는 것과 연결되어 있음을 명심하세요.

지도 : 예수님의 수난 예고

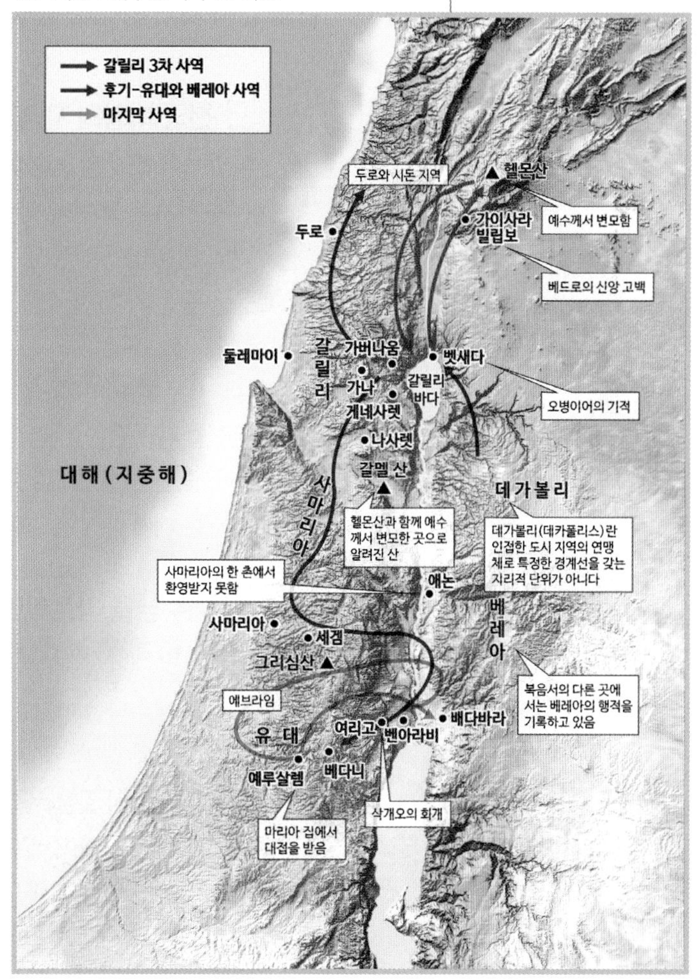

◎ 마태 17:1-13 ◎ 마가 9:2-13 ◎ 누가 9:28-36

□ 변화하심과 제자들의 당혹 헬몬 산에서

변화산에서의 교훈을 배웁시다. 산 위의 영광과 산 아래의 문제눅 9:37-43를 대조해 보시고 '세상과 세속 구별하기'p.459의 내용을 생각하면서 우리 그리스도인의 사회적 책임이 무엇인가를 생각해 보세요. 제자들의 병 고침에 대한 무능눅 9:43과 변화 산 상의 영광 앞에 안주하기를 원하는 자들의 자세가 현실을 대하는 그리스도인의 자세가 되어서는 안 되겠지요.

◎ 마태 17:14~18장, 8:19-22 ◎ 마가 9:14-50 ◎ 누가 9:37-62

□ 귀신 들린 소년을 고침

□ 예수님이 조용히 갈릴리로 돌아오시다

□ 성전세를 내시다

□ 예수님을 믿지 않는 육신의 형제에 대해서

□ 천국 백성의 자격과 잃어버린 양의 비유

어린아이와 같은 겸손함과 일곱 번씩 일흔 번을 용서해 줄 수 있는 용서가 바로 천국 백성의 자격이라는 것입니다. 그리고 한 마리의 잃은 양을 찾는 목자와 같이 한 생명이라도 귀히 여기는 마음을 품는 자가 천국 백성의 자격이 있다는 것입니다.

□ 야고보와 요한의 잘못된 열정

자신들의 뜻을 이루기 위해 주님의 능력을 사용하면 안되는 것을 몰랐던 시절입니다. 믿음의 모양은 있지만 그 능력을 잘못 이해하는 데서 생기는 열정입니다.

□ 예수님을 따르려면

예수님의 제자가 될 수 없는 세 부류의 사람들을 생각해 봅시다.

1) 예수님을 따르는 것이 물질적 복을 누리고 영광을 얻는 길이라고 생각하는 자.
2) 세상의 일을 우선으로 처리하고 남은 시간에 예수님을 따르려는 자.
3) 세상 일에 미련을 갖는 자.

이런 자는 예수님의 제자가 될 수 없습니다.

제 7 부 : 예수님의 후기 유대 지방 사역AD 29년 10월에서 12월까지

초막절과 수전절을 지키기 위해 예루살렘을 방문하면서 유대 지역에서 사역합니다. 이 기간 예루살렘에서 간음한 여인을 용서하면서 예루살렘 종교 지도자들과의 적대 감정이 더욱 고조됩니다. 70인의 제자들을 파송하며 수전절을 지키고 갈릴리로 다시 이동합니다.

◎ 요한 7장~10:21

☐ 초막절the Festival of Tabernacles 참여

초막절은 이스라엘 백성들이 출애굽하여 광야 생활을 하던 시절을 기억하는 절기입니다. 이 절기는 우리 달력으로 10월에 지킵니다. 예루살렘에는 이미 예수님에 대한 적대 감정이 고조되고 있습니다. 이런 상황 속에 예수님에 대한 반응도 여러 가지임을 볼 수 있습니다.

절기초막절 끝에 예수님은 생수에 관한 설교를 들려주십니다. 이 절기에는 실로암 물을 길러다가 하나님께 바치는 절차가 있습니다. 이것을 이용해서 예수님 자신이 생수라는 것입니다. 영원히 목마르지 않게 하는 생수입니다. 이사야 55장 1절에 "오호라 너희 모든 목마른 자들아 물로 나아오라 돈 없는 자도 오라 너희는 와서 사 먹되 돈 없이 값없이 와서 포도주와 젖을 사라"고 했습니다. 예수님은 인간의 갈급한 심령을 소생시키고 변화시키는 샘이시고 그 물은 '성령'을 가리키는 것입니다.

☐ 간음한 여인을 용서예루살렘 성전에서

예루살렘의 지도자들은 예수님을 곤경에 빠뜨려 없애려고 하는 노력을 이미 시작하고 있습니다. 그들은 간음하는 현장에서 체포한 여인을 데리고 와서 이 여인을 어떻게 다루시는가를 보고 예수님에게 올가미를 씌우려고 합니다. 간음한 여인은 당시의 유대법으로는 돌로 현장에서 즉결 처분하여 쳐 죽이는 그런 범죄입니다. 예수님은 신적 지혜를 발휘하시고 "너희 중에 죄 없는 자가 먼저 돌로 쳐라"고 판결합니다.

죄 없다고 돌을 던질 사람이 없었습니다. 군중들은 하나 둘 흩어지고 홀로 남은 여인을 향해 "나도 너를 정죄하지 아니하노니 가서 다시는 죄를 범하지 말라 하시니라"8:11라고 그 여인을 용서해 주셨습니다.

☐ 종교 지도자바리새인들과 논쟁

초막절 절기 예식 중 해 질 무렵에 광야의 시절에 밤을 밝혀 준 불 기둥출13:21을 기념하기 위하여 네 개의 커다란 금촛대에 불을 밝히는 예식이 있습니다. 예수님은 이것을 이용하셔서 예수님이 '세상의 빛'이라고 말씀하십니다. 광야의 불기둥이 이스라엘을 광야라는 제한된 공간에서 인도해 주었지만 예수님은 이 세상 전체를 인도하시는 빛이란 것입니다.

□ 요한 8:45-47에서 언급하듯이 진리란 무엇인가?

예수님은 스스로를 '진리'라고 말씀하셨을 뿐 아니라, 자신이 하는 말 역시 '진리'라고 강조하셨습니다. 이 진리는 사람들에게 구원을 가져다주는 생명의 말씀을 가리킵니다. 그것은 하나님의 은총으로 누구든지 믿음으로 받아들이면 그 진리로 인해 구원을 얻는 것입니다. 하지만 예수님 당시에 어떤 이들은 예수님이 말씀하신 것이 진리인지 아닌지 결정할 수 있는 권리를 자기들이 가지고 있다고 생각하였습니다. 예수님은 그들의 태도를 정죄하셨습니다. 예수님은 단지 자신의 말씀을 진리로 받아들이는 사람은 하나님에 속한 자들이고 그렇지 아니한 사람은 사탄에 속한 자라고 규정하셨습니다.

오늘날에도 예수님의 말씀은 모든 사람을 두 그룹으로 나누고 있습니다. 그것은 바로 하나님께 속한 그룹과 사탄에 속한 그룹입니다. 그 중간은 없습니다. 이 진리는 우리가 평가하고 판단할 성격의 것이 아닙니다. 오직 믿음으로 받아들여야 하는 것입니다.

□ 날 때부터 소경인 자를 고침,[9장] 선한 목자이신 예수님[10장]

이 세상의 빛이신 예수님은 어둠에 거한 인간들을 비추어 주시는 분이십니다. 어둠에 있는 소경의 눈을 뜨게 해 주심으로 그를 빛으로 인도하십니다. 우리 모두도 그렇게 인도해 주시는 것입니다. 그분은 바로 양을 인도하시는 선한 목자입니다.

시편 23편의 목자를 생각하세요. 예수님은 우리를 푸른 초장으로 인도하시고 사망의 음침한 골짜기를 다닐지라도 해를 받지 않게 보호해 주시는 그런 목자이십니다. 양들의 삶을 위해 목숨까지도 내어 주시는 그런 목자이십니다. 그러나 그 사실을 받아들이지 않으려는 종교 지도자들은 예수님을 향하여 적대 감정을 더욱 쌓아 갑니다.

73일

년 월 일

오늘의 읽을 분량

누 10:1-13:21
요 10:22-39
누 13:22-18:14
요 10:40-11:54
마 19:1-20:28
막 10:1-45
누 18:15-34

누가 10:1~13:21

70인을 파송 유대 지방/10:1-24

예수님은 제자들이 주의 이름으로 귀신들이 항복하는 일에 흥분하는 모습을 타이르는 모습을 볼 수 있습니다. "귀신들이 너희에게 항복하는 것으로 기뻐하지 말고 너희 이름이 하늘에 기록된 것으로 기뻐하라 하시니라"10:20 귀신을 쫓아내고 병을 낫게 하는 기복적이고 센세이션sensation한 것보다는 우리의 이름이 생명책에 기록되는 것을 기뻐하라고 합니다. 생명책에 기록된다는 것은 하나님 나라의 백성으로 삶을 살아간다는 말이 아니겠습니까!

누가 10장 18절에서 복음이 전파되니 사탄이 하늘로부터 번개처럼 떨어지는 모습을 보았다고 돌아온 제자들이 보고합니다. 이것은 영적 싸움의 승리를 보여주는 것이고 요한계시록에서 용과 싸움에서 예수님이 이기는 모습을 예견하는 것입니다. 하나님의 나라가 서게 되는 것을 말합니다. 이제 사탄은 그 적수를 만난 것입니다.

예수님을 시험하는 질문 - 선한 사마리아인 비유10:25-37

예수님에게 끈질기게 올가미를 씌우려는 종교 지도자들의 계략이 이어지고 있습니다. 이제는 한 율법사가 예수님에게 영생을 얻는 길이 무엇이냐고 묻습니다. 예수님은 그들이 율법의 전문가들이니 율법에 무엇이라고 하는가를 되묻자 하나님 사랑, 이웃 사랑이라고 답변합니다.

예수님은 '이것을 지켜야 영생을 얻는 것'이라고 하시면서 한 비유를 들려주시고 누가 진정한 이웃 사랑을 보이는 부류인가를 묻습니다. 이것이 선한 사마리아인의 비유입니다. 이 비유에 제사장, 레위인, 사마리아인 등 세 부류가 나옵니다. 강도를 만나 부상을 당해 쓰러진 한 사람을 놓고 제사장과 레위인은 피했지만 이 사마리아인만 그 사람을 도왔습니다. 사마리아인은 이스라엘 사람과는 적대적 관계에 있는 사람입니다.

여기서 당시 '이웃'이라는 개념을 어떻게 생각하고 있는가를 살펴볼 필요가 있습니다. 당시 유대인 사회에서 '이웃'이란 '신앙의 동지' 또는 '정치적, 종교적 동지' 혹은 '정당 동지'를 이웃으로 생각합니다. 이것은 오늘 우리가 생각하는 '이웃'의 개념과도 너무나 같습니다. 우리는 흔히 "우리가 남이가?" 하면서 남이 아니라고 여겨지는 서로에게는 '이웃' 의식을 강하게 보여 주지만, 그 '남이가'의 선을 넘어 가면 그들을 우리의 이웃이 아니라고 생각하는 것이 문제입니다. 예수님이 말하는 '이웃'의 범위는 하나님 나라의 백성 전체 또는 백성이 되어야 하는 모든 사람, 즉 요 3:16절에 '하나님이 사랑한 세상'을 말하는 것입니다. 우리는 이웃 사랑을 말하기

전에 먼저 우리의 '이웃'의 범위가 어디까지 인가를 먼저 생각하고 그 개념을 바꾸어야 합니다.

☐ 마르다와 마리아의 집에 머무신 예수님 예루살렘 근교의 베다니 /10:38-42

☐ 기도에 대한 교훈 11:1-13

예수님이 가르쳐 주신 기도문이 나옵니다. 마태복음의 산상 수훈에서 나오는 주기도문보다 다소 소박한 표현을 사용합니다. 또한 밤중에 찾아 온 친구를 위한 대접을 위해 떡을 강청하는 것을 놓고 강청하는 기도를 보여 줍니다.

☐ 귀신 들린 벙어리를 고침 11:14-36

귀신을 내쫓는 일은 하나님 나라의 회복과 관계가 있다는 것을 예수님은 마태복음에서 말씀하셨습니다.마 12:28 예수님의 반대자들은 예수님이 귀신의 왕 바알세불과 한 패이기 때문에 귀신을 제압할 수 있는 권세를 가졌다고 주장합니다. 예수님은 그것을 단호하게 거절합니다.

그러자 이 반대자들은 예수의 권세가 하늘로부터 온 것인가를 증명하는 표적을 요구하나 예수님은 요나의 표적밖에 보여 줄 것이 없다고 했습니다. 이 표적은 부활의 권능까지도 있다는 표적인 것을 이 사람들은 알 수가 없는 것입니다.

☐ 종교적 위선을 꾸짖음 11:37~12:12

예수님은 이들의 위선을 단호하게 비판합니다. 이들 바리새인들에게는 규율과 형식은 있지만 은혜의 교리는 없기 때문에 그들은 다른 이들을 도와주지 못하고 오히려 짐을 지우는 자들입니다. 이들을 경계해야 하며 그들의 위협을 조심하라고 당부합니다. 이어서 항상 깨어 있어야 한다고 가르칩니다. 예수님 당시 바리새인과 오늘 우리와 어떤 차이가 있는가를 묵상해 보세요. 우리도 이 바리새인들과 같은 점은 없을까요? 예수님 당시에 바리새인들은 모세 율법에 아주 충실한 율법주의자로서 종교 지도자였습니다.

그런데 이상하게도 바리새인들은 예수님에게 항상 적대적이었고, 그래서 예수님은 그들에게 "화 있을진저" 하면서 강력한 경고를 주셨습니다. 그렇다면 오늘날 **우리는 바리새인들의 모습을 통해서 나 자신을 냉철하게 성찰해 보아야 합니다.**

· 나는 진정 거룩하게 되기보다, 사람들에게 거룩하게 보이려고 애쓰지는 않는가?
· 나는 하나님을 드러내는 것보다, 나 자신을 드러내는 것을 더 좋아하지는 않는가?
· 나는 하나님께 인정받기보다, 사람에게 인정받기를 더 바라고 원하고 있지 않는가?
· 나는 다른 이들을 이해하려고 하기보다, 내 규칙에 따라 판단하고 있지는 않는가?
· 나는 실질적인 내용보다, 형식적인 의식을 갖추는 데 더 많은 시간을 할애하고 있지 않는가?

☐ 어리석은 부자의 비유 12:13-59

예수님은 인생의 행복이 충분한 곡식물질에 있지 않다고 가르칩니다. 제자들의 삶은 영원한 차원의 삶이지 이 땅에 부를 쌓는데 급급한 삶이어서는 안 된다고 가르치면서 육신을 위하여 아무 염려하지 말라고 당부합니다. 이것은 마태복음의 산상수훈의 내용입니다.

☐ 회개와 천국에 관한 비유 13:1-9

천국에 영원한 소망을 두고 사는 삶의 중요성을 강조하면서, 실로암에서 망대가 무너져 죽은 사건을 언급하고 열매 맺지 못하는 무화과나무가 찍힘을 당하는 것을 말씀하시면서 회개를 촉구합니다.

☐ 안식일에 병을 고치시다 13:10-21

예수님은 안식일에 구애받지 않고 긍휼 사역과 치유 사역과 가르치는 일을 계속합니다. 유대 지도자들은 계속해서 안식일의 문제를 놓고 시비를 걸면서 논쟁합니다.

◎ 요한 10:22-39

☐ 수전절the festival of Dedication에 참석한 예수님

셀레우코스 왕조의 안티오쿠스 4세가 성전에 모세의 법에 의해 부정한 짐승으로 규정된 돼지를 제물로 바치고, 제우스의 신상을 성전에 배치하며, 할례를 금하고, 많은 유대인들을 노예로 팔아 버리는 만행을 저지릅니다. 이에 격분한 당시 제사장인 맛다디아Mattathias와 그 다섯 아들이 중심이 되어 BC 167년에 반란을 일으키고 예루살렘을 탈환하고 성전을 회복하여 깨끗하게 합니다. 이것을 수전절the Feast of Hannukah 또는 Dedication이라고 합니다. 예루살렘에서 예수님에 대한 적대감이 더욱 고조되자 예수님은 갈릴리 지방으로 돌아갑니다.

제 8 부 : 예수님의 베레아 지방 사역AD 30년 1월에서 3월까지

적대 감정이 고조되고 있는 예루살렘을 떠나 갈릴리로 돌아가는 길에 베레아, 유대 사마리아에서 잠깐씩 사역하면서 갈릴리로 돌아갑니다.

1. 베레아 1차 여행

◎ 누가 13:22~18:14 ◎ 요한 10:40~11:54

□ 베레아로 이동하시고, 적은 수가 구원받을 것인가에 대한 질문을 받음

□ 헤롯 안티파스에 대해 경고

□ 안식일 논쟁과 예수님의 참 제자 비유 눅 14장

안식일에 병 고치는 논쟁은 한 바리새인의 집에 초대되었을 때 계속됩니다. 예수님은 이 자리에서 큰 잔치의 비유를 말씀하십니다. 잔치에서 상석에 앉기를 조심하라는 권면의 말씀입니다. 자리의 높고 낮음과 중요성을 따질 때 세상의 시각과 하나님의 시각은 다르다는 것입니다. 또한 잔치에 청함을 받고, 각자의 일에 바빠 응하지 못하는 것은 천국 잔치에 청함을 받고 인간적 분주함 때문에 그 축복을 놓치는 자로서 제자의 자격이 없다는 것입니다.

□ 잃은 양, 되찾은 은전, 탕자의 비유 눅 15장

누가 15장은 잃어버린 것에 대한 3개의 비유가 나옵니다. 잃어버린 양, 잃어버린 동전, 그리고 탕자 이야기입니다. 이것은 잃어버린 것을 되찾고 기뻐하시는 하나님의 마음을 보여 주고자 하는 것입니다. 하나님으로부터 떠난 인간이 하나님께로 돌아와 회복함으로 기뻐하시는 이는 하나님이시라는 사실을 강하게 보여 줍니다.

왜냐하면 그곳에 하나님 나라가 이루어지기 때문입니다. 특히 탕자의 비유는 바로 하나님 나라의 회복과 직결되어 있는 비유입니다. 탕

지도 : 도표로 보는 예수님의 생애 (예수의 마지막 몇 달 간의 발자취: 약 33세)

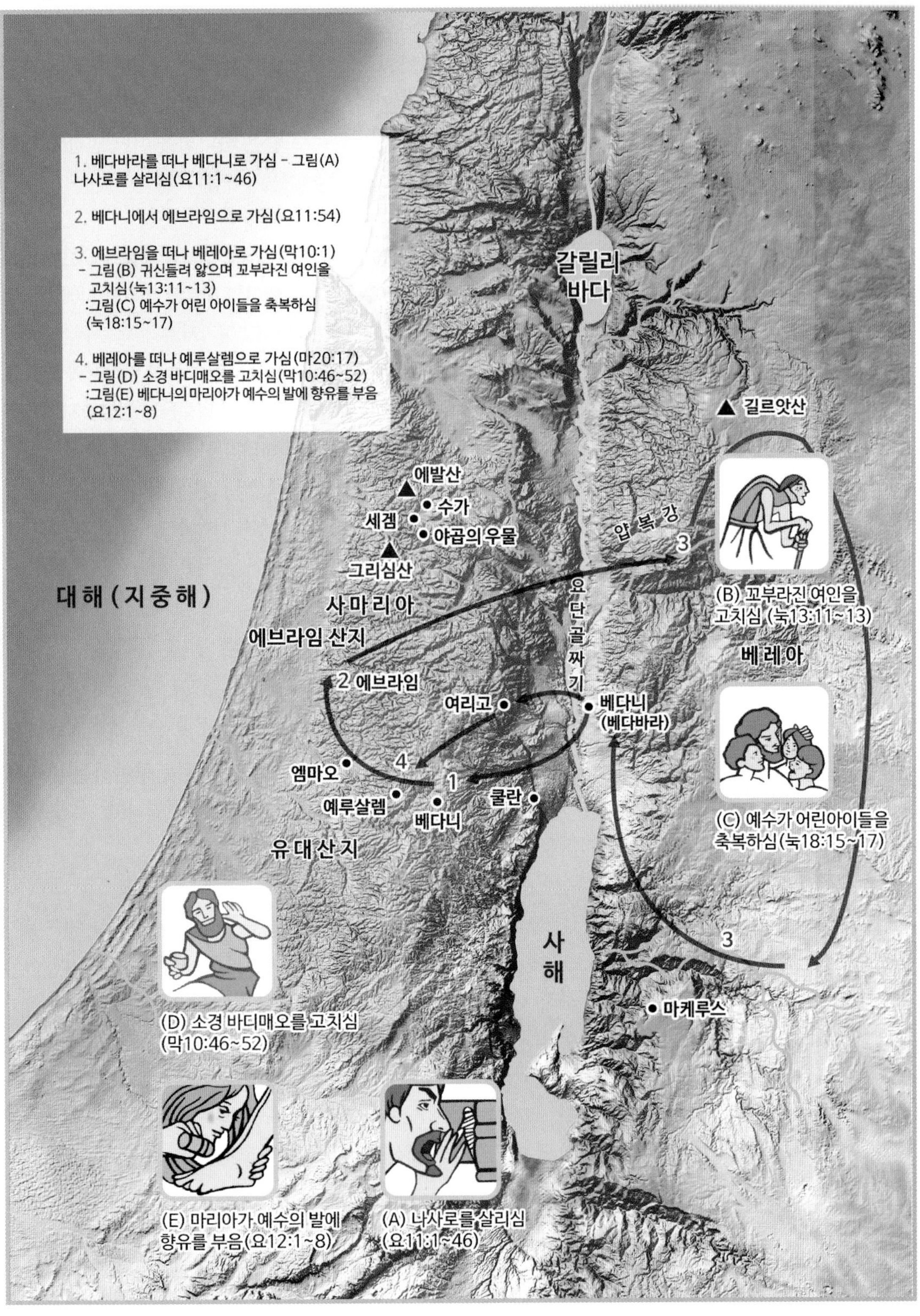

자가 자기 몫을 찾아 떠난다는 것은 스스로 자기 삶을 주관하는 하나님의 위치에 서고 싶어 하는 아담과 같은 모습입니다. 하나님 나라의 원형으로서 에덴은 바로 이 자기중심성 때문에 망가지고, 그래서 인간은 자기 몫이란 제한된 자원으로 경쟁적 삶을 살아가게 된 것입니다. 탕자도 마찬가지입니다. 자기 몫이 다 소진되었을 때 그가 돼지 먹이로 연명하는 모습은 하나님을 떠난 인간이 제한된 자원에 의존하며 궁핍한 삶을 사는 것과 같은 이치입니다.

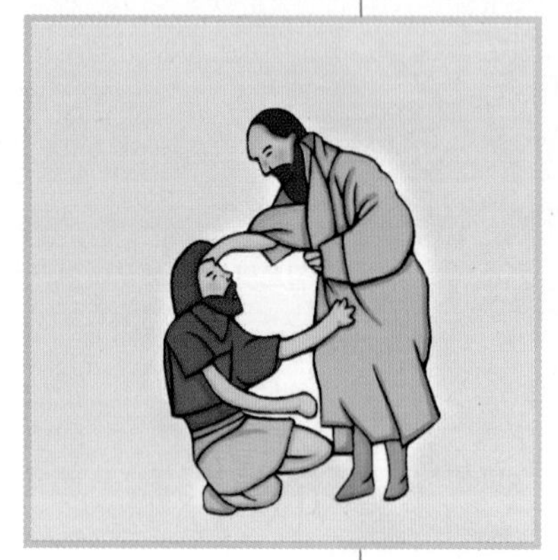

탕자의 깨달음 즉 "16그가 돼지 먹는 쥐엄 열매로 배를 채우고자 하되 주는 자가 없는지라 17이에 스스로 돌이켜 이르되 내 아버지에게는 양식이 풍족한 품꾼이 얼마나 많은가 나는 여기서 주려 죽는구나 18내가 일어나 아버지께 가서 이르기를 아버지 내가 하늘과 아버지께 죄를 지었사오니 19지금부터는 아버지의 아들이라 일컬음을 감당하지 못하겠나이다 나를 품꾼의 하나로 보소서 하리라 하고"눅 15:16~19 하나님의 풍요로움으로 돌아가는 것이 바로 하나님의 나라가 회복되는 것임을 말합니다. 인위人爲의 대안은 신위神爲라는 것임을 다시 한번 생각하게 합니다. 관점 2

□ 불의한 청지기의 비유, 부자와 나사로의 비유 눅 16장

누가복음 16장은 15장에 이어 계속해서 비유로 말씀하십니다. 15장의 비유는 잃어버린 것을 찾아서 기뻐함에 대한 비유이고, 16장의 비유는 재물과 관계가 있는 비유입니다. ① **불의한 청지기의 비유**16:1-13 ② **돈을 좋아하는 바리새인들에 대한 경계**16:14-18 ③ **부자와 나사로의 비유**16:19-31입니다. ①과 ②의 비유는 누가복음에만 나오는 비유입니다.

① 불의한 청지기가 불의한 재물로 친구를 사귀는 것을 예수님이 칭찬한 이 비유16:9는 그 모순 때문에 해석이 구구합니다. 일반적으로 이 비유는 하나님의 말씀을 맡았던 바리새인과 서기관들이 잘못함으로 지도권을 잃어버리게 된다는 해석과 신자가 이 세상에서 내세의 상급을 얻기 위하여 이 세상에 있을 동안 그 소유한 물질그것이 부정한 방법으로 소유하게 된 것이라도로 구제하는 것이 지혜롭다는 해석이 있는데 후자의 해석이 더 적합하다고 봅니다.

② 바리새인들의 위선 비유16:14-18 를 통해 돈을 좋아하는 바리새인들의 잘못된 가치관을 깨우쳐 주시고자 합니다.

③ 부자와 나사로의 비유6:19-31를 통해서 예수님은 바리새인들이

최후의 심판과 천국에서의 삶을 믿으면서도[행23:8] 그 같은 신앙에 부합하는 삶을 사는 것이 아니라, 오히려 재물을 탐내는 부자의 삶을 살고 있음이 잘못되었다는 것을 깨우치고자 하는 것입니다. 부자의 삶이 죄가 될 수는 없으나 넘치는 부의 축적은 곧 '나눔'과 '섬김'이라는 삶을 살지 못하게 된다는 것을 말합니다.

☐ 죄의 유혹과 용서 눅17:1-10

다른 사람을 죄에 빠뜨리는 행위의 심각성에 대해서 말씀하십니다. 이 부분은 바리새인들이 외식하는 행위를 염두에 두고 하시는 말씀입니다.
베뢰아 지역의 사역을 마치시고 유대와 사마리아를 거쳐 갈릴리를 잠깐씩 방문하면서 사역을 계속합니다.

2. 유대, 사마리아, 갈릴리를 잠깐씩 방문

☐ 죽은 나사로를 살림 베다니/요 11:1-54

죽은 나사로를 살리는 기적은 요한복음에 기록된 기적의 7번째 기적입니다. 이 기적은 예수님이 생명의 주관자이심을 보여 주는 기적입니다. 예수님은 이 기적을 통해서 예수님이 부활이요 생명이심을 분명히 말씀합니다.[25절]

이 기적 기사에서 우리는 마르다의 믿음에 유의할 필요가 있습니다. 예수님께서 무덤을 막고 있는 돌을 치우라고 했을 때 나사로의 누이 마르다가 이미 시체가 썩기 시작하는데 돌문이 열린다고 별 수 있겠느냐고 생각했다면 이 기적은 일어나지 않았을 것입니다. 그러나 그는 예수님의 명령에 순종했습니다.

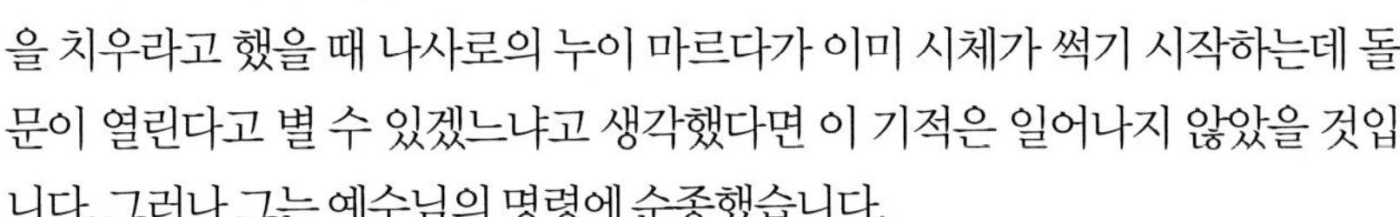

또한 예수님도 죽은 자를 살릴 능력이 있으신 분이 돌 하나를 못 치워 그것을 마르다에게 치우라고 했겠습니까? 여기서 예수님은 마르다가 순종하는 믿음을 보시고자 했던 것입니다. 이렇듯 **기적은 예수님의 능력과 그 능력을 믿고 순종하는 인간의 믿음이 어우러져야 일어나는 것임을 볼 수 있습니다.**

☐ 열 명의 문둥병자를 고침 눅 17:11-19

고침을 받은 열 명의 문둥병자 중 오직 한 명만 감사했습니다. 감사하지 않은 아홉 명은 유대인이고, 감사를 표한 한 명은 유대인이 상종하지 않는 사마리아인입니다. 유대인들이 그렇게 많은 은혜를 받고도 감사할 줄 몰랐다는 것은 구약의 역사를 통해서 볼 수 있고 말라기의 불평을 통해서도 볼 수 있습니다. 바로 이 사실이 복음이 유대인으로부터 감사하는 이방인으로 옮겨지게 되는 이유일 것입니다.

☐ 천국 도래에 대한 질문 눅17:20-37

천국 도래에 대한 바리새인들의 질문은 1.다시 이미 '주의 날'이 도래했다는 소문을 확인하려는 의도살후 2:1-2와 2.과연 예수님이 그 문제에 대한 대답을 할 수 있는 메시야인가를 시험해 보고 싶은 마음에서 나왔을 것입니다.
여기에 대해서 예수님은 "하나님의 나라는 너희 안에 있느니라"라고만 대답하십니다. 이것은 하나님 나라의 현재성만 언급합니다. 예수님의 이 답변의 의도는 하나님 나라는 유대인이 생각하는 것처럼 눈에 보이게 이르는 것이 아니고 마치 누룩이 온 밀가루에 스며들어 반죽이 부푸는 것처럼 서서히 이루어진다는 것입니다.마13:33

하나님 나라의 현재성은 하나님 나라가 관계 속에 이루어지고 있다는 말입니다. 나와 하나님, 그리고 나와 이웃의 바른 관계 속에 하나님 나라가 이루어져 가고 있다는 것입니다. 사랑과 화평의 관계, 나눔과 섬김의 관계가 있는 곳에 하나님 나라는 이루어지는 것입니다.

☐ 기도에 대한 가르침눅 18:1-14

① 불의한 재판관의 비유18:1-8에서는 끈질기게 기도해야 한다는 강청성을 강조한다기보다는 하나님께서는 이 세상 중에서 고통받으며 오해당하고 있는 자기 백성들의 원한을 반드시 풀어 주신다는 사실7, 8절을 명심하고 기도하라는 것을 가르쳐 주는 것이고, ② 바리새인과 세리의 기도하는 자세에서 기도의 바른 자세를 가르쳐주고 있습니다. **참된 기도는 내 뜻을 하나님께 관철시키는 것이 아니고, 하나님의 뜻을 구하는 것임을 기억하십시오.**

◎ 마태 19:1~ 20:28 ◎ 마가 10:1-45 ◎ 누가 18:15-34

☐ 예수님의 치유와 가르침의 사역마 19:1-2, 막 10:1

갈릴리 지방에 이르러 계속해서 병자들을 치유하시는 사역을 계속하십니다.

☐ 이혼에 대한 가르침마 19:3-12, 막 10:2-12

모세의 이혼법과 예수님의 이혼법은 다르다는 것입니다. 예수님은 결혼은 하나님이 짝지어 주신 것임으로 사람이 나눌 수 없음을 강조합니다.

☐ 어린이를 축복하시다 마 19:13-15, 막 10:13-16, 눅 18:15-17

예수님은 어린아이와 같은 심정이 천국에 합당한 심정이기 때문에 어린 아이의 심성을 배우라는 것입니다.

☐ 부자 청년 이야기 마 19:16-30, 막 10:17-31, 눅 18:18-30

어린 아이와 같은 마음이 하나님 나라를 소유할 수 있다는 말씀에 이어 하나님 나라를 소유하는 것을 방해하는 것은 재물의 욕심이라는 점을 밝혀 줍니다. **즉 재물에 대한 소유욕은 하나님 나라를 소유하지 못하게 하는 것이라는 것입니다. 왜냐하면 하나님 나라의 기본 가치관은 나눔과 섬김에 있기 때문입니다.** 그래서 부자가 천국에 가기란 낙타가 바늘귀를 통과하는 것보다 어렵다고 했습니다. 예수님 당시에는 두 가지 타입의 바늘귀가 있었는데, 하나는 오늘날 우리가 사용하는 바늘귀와 같은 바늘의 구멍이 있고, 또 다른 하나는 큰 문에 달려 있는 작은 문이었습니다. 예수님이 어떤 바늘귀를 말하는지는 명확하지 않지만 낙타가 바늘귀를 지나가려면 짐을 다 내려놓고 무릎을 낮추고, 자세를 낮추어야 하듯이 부자의 겸손을 요구하고 있음을 볼 수 있습니다.

☐ 천국의 우선 순위와 자신의 수난을 예고하시다

마 20:1-19, 막 10:32-34, 눅 18:31-34

여기의 포도원 품꾼의 비유는 마태복음에만 나오는 비유입니다. 영생의 문제에는 나중된 자가 먼저 된다는 뜻입니다. 하나님의 나라가 유대인에게 먼저 이루어져야 했지만 그들에게서는 실패한 것이 되었고 그 하나님 나라의 복음이 이제 이방인으로 옮겨지게 되었다는 것입니다. 또한 인간이 구원을 얻는 것은 인간의 공로로 되는 것이 아니라 하나님의 주권에 의한 것이라는 점을 보여 주는 것입니다.

☐ 섬김에 대한 교훈 마 20:20-28, 막 10:35-45

세베대의 아들 요한과 야고보, 그리고 그의 어머니인 살로메가 예수님이 나라를 세우는 줄 알고 인사 청탁을 하는 장면입니다. 그는 예수님이 당시 유대인이 기대하던 다윗 왕국을 회복하는 메시야인 줄로 알고 예수님이 나라를 세우면 자기 아들이 좌의정, 우의정이 되게 해 달라는 부탁을 하는 것입니다. **'나눔'과 '섬김'은 그리스도인의 가장 기본이 되는 덕목입니다. 그것은 하나님 나라의 가치관의 골격입니다. 세상 사람들은 '됨'과 '가짐'의 가치관을 추구할지라도 그리스도인은 반드시 '나눔'과 '섬김'의 가치관을 추구해야 합니다.** 천국과 지옥의 차이는 바로 이것입니다. 마태 20장 28절은 바로 성육신의 목적을 보여 주는 구절입니다. '십자가의 도'는 '섬김의 도'입니다.

74일

년 월 일

오늘의읽을분량

마 20:29-34
막 10:46-52
눅 18:35-19:28
요 11:55-12:1, 9-11
마 21-23장
막 11-12장
눅 19:29-20:40
눅 21:37-38
눅 20:41-21:4
요 12:12-19
요 2:13-25
요 12:20-50

3. 옛 여리고로 가시다

◎ 마태 20:29-34 ◎ 마가 10:46-52 ◎ 누가 18:35~19:28

☐ 여리고의 두 소경을 고치시다 마 20:29-24

여리고 방문을 마치고 떠나시려는 예수님에게 많은 무리들이 몰려와서 병 고침 받기를 원하고 있습니다. 소경 바디매오를 고쳐 주십니다.

☐ 예수님과 삭개오 눅 19:1-10

삭개오에게 구원을 베푸시는 이야기는 누가복음에만 나오는 이야기입니다. 삭개오는 부자이지만 그의 부는 세리로서 이룬 부이고 그의 부의 축적은 당시 죄인으로 취급받는 부정 축재였습니다.
그래서 그는 경멸의 대상이었고 그의 문제를 해결하는 길은 예수님을 만나는 길 뿐이었습니다. 그래서 키가 작은 그는 예수님을 만나기 위해 뽕나무 위에 올랐고 예수님을 만났습니다. 그는 구원을 받았고 회개의 열매로 그의 부정 축재한 부를 환원합니다.

☐ 열 므나의 비유 눅 19:11-28

열 므나의 비유는 예수님이 이제 고난을 받기 위해 예루살렘으로 올라가시기 직전에 마지막으로 들려주신 비유입니다. 이는 달란트 비유와 유사합니다. 달란트 비유의 의미는 하나님으로부터 받은 각자의 재능을 선용하여 하나님의 기쁘신 뜻을 이루어 드려야 한다는 데 있는 반면, 므나의 비유는 유대인들의 잘못된 천국관과 관련하여 하나님 나라는 그들이 생각하는 것처럼 당장에 이루어지지 않는다는 것을 밝히는 데 강조점이 있습니다. 또 다른 의미는 받은 은사에 대한 열매의 결산임을 명심하세요. 하나님은 반드시 그 열매를 결산하시는 분이라는 말입니다.

구분	므나 비유	달란트 비유
주인	왕위를 물려받을 귀인	단순한 부자
종의 숫자	10명	3명
화폐의 단위	므나	달란트
맡긴 액수	평등(한 므나씩)	차등(5, 2, 1달란트)
남긴 액수	10, 5, 0므나	5, 2, 0 달란트
상급	10, 5 고을의 권세를 줌	많은 것을 맡김
게으른 종	돈을 수건에 싸 둠	돈을 묻어 둠
게으른 종의 형벌	1 므나를 빼앗김	1 달란트를 빼앗기고 어두운 데로 쫓겨남

◎ 요한 11:55-12:1, 9-11

□ 종교 지도자들의 적대감

유대 종교지도자들의 적대 감정은 더욱 고조되고 이제 예수님은 예루살렘에서 마지막 고난을 받으실 것을 아시고 예루살렘으로 들어갑니다.

제 9 부 : 예수님의 예루살렘 마지막 사역 AD 30년 4월 2-5일, 주일에서 수요일 아침까지

예수님께서 마지막 유월절을 지키시려고 다시 예루살렘으로 왔습니다. 이때가 **AD 30**년 **4**월입니다. 여기서는 일요일 아침부터 수요일 아침까지의 행적을 살펴봅니다.

◎ 마태 21장~23장 ◎ 마가 11장~12장
◎ 누가 19:29~20:40, 21:37-38, 20:41~21:4
◎ 요한 12:12-19, 2:13-25, 12:20-50

□ 종려 주일 4월 2일 일요일 / 마21:1-11, 막11:1-11, 눅 19:29-44, 요 12:12-39

예수님이 생애 마지막 주간을 보내기 위해 예루살렘에 나귀를 타고 입성합니다. 이날을 종려 주일Palm Sunday라고 합니다. 나귀 타고 입성하신 예수님께 군중들은 종려가지를 꺾어 흔들며 예수님을 향해 "호산나 다윗의 자손이여…주의 이름으로 오시는 이여"하면서 환호를 했습니다.

예수님은 하나님 나라의 왕으로 입성하는데 왕으로서 위엄의 상징인 말을 타지 않고 나귀를 타셨습니다.슥 9:9 그것은 예수님은 바로 하나님의 구속 사역을 통하여 하나님 나라를 이루는 구약의 이사야서가 예언한 종의 모습의 성취입니다. 메시야 예언이 성취되는 장면입니다.

찰스 콜슨 Charles Colson은 그의 저서 "그리스도인, 이제는 어떻게 살 것인가?"에서 "예수님을 태우고 가는 나귀가 한 순간 착각해서 군중들이 자기를 환영하는 줄 알고 답례하려고 벌떡 일어나면 어떻게 될까?"라는 묵상했습니다. 우리는 예수님을 태우고 나가는 나귀입니다.

그런데 환영과 영광을 받으실 분은 예수님인데 그것이 내게로 오는 것이라고 또는 내가 받아야 한다고 벌떡 일어나면 예수님은 나귀 등에서 떨어지고 나귀는 환영은 커녕 망신을 당한다는 것입니다.

우리도 한번 이 묵상을 깊이 새겨 보아야 할 것입니다. 예수님이 받아야 할 영광을 내가 가로채거나 가로채려고 발버둥치지는 않는지.

예수의 마지막 시간

1. 예수님의 체포.(마 26:47-56, 막 14:43-52, 눅 22:47-53, 요 18:1-11)
2. 전임 대제사장 안나스에 의한 예비 조사 (요 18:12-13, 19-24)
3. 현 대제사장 가야바 앞에 서다.(눅 22:54-65)
4. 산헤드린에서의 정식 재판 (마 26:57~27:1, 막14:53~15:1, 눅 22:66-71)
5. 빌라도에 의한 재판 (마 27:2, 11-14 막 15:1-5, 눅23:1-5, 요 18:28-40)
6. 헤롯왕에 의한 재판(눅 23:6-12)
7. 빌라도에게로 데리고 가서 사형을 요구하다.(마 27:15-26, 막 15:6-15, 눅 23:13-25, 요 18:33~19 :16)
8. 로마 병정들에게 채찍을 맞고 조롱당하다. (마 27:27-31, 막 15:16-20)
9. 십자가를 졌지만 움직일 수 없어 구레네 시몬이 대신 지다. (마 27:32, 막 15:21, 눅 23:26)
10. 두 강도 사이에서 십자가에 못박히시다. (마 27:33-56, 막15:22-41, 눅 23:32-49, 요 19:17-37)

채찍 그림 설명

예수님을 친 당시 로마 군인들의 채찍. 보통 2-3개의 가죽끈으로 되어 있고 각 끈에는 쇠붙이나 뼛조각이 붙어 있어 아픔을 극대화한다.

☐ 무화과를 저주 4월 3일 월요일 /마 21:17-22, 막 11:12-14, 19-25(26절 없음)

☐ 성전 청결 4월 3일 월요일 /마 21:11-16, 막 11:15-18, 눅 19:45-48, 요 2:13-25

성전 청결의 기사는 4복음서 모두가 기록하고 있으나 요한복음은 예수님이 공생애를 시작하면서 처음으로 예루살렘을 방문해서 행한 것으로 기록하고 있고, 공관 복음은 마지막 해의 유월절에 행한 것으로 기록합니다. 어떤 학자는 성전 청소를 두 번 했다고 주장하지만 본 강의는 공생애 마지막에 행한 것이라는 설을 지지합니다.

그 이유는 당시 유대인에게 성전의 의미는 삶이요 생명이고, 또 성전을 관리하는 제사장들은 성전에서의 상행위는 그들의 부의 축적의 자원이 되기 때문에 성전을 굉장히 중요시하고 있는 정서를 감안하면 공생애 첫 해에 성전을 청소했다면 예수님은 그 즉시 체포되어 처형되었을 것입니다. 이 고난 주간에 예수님이 행한 첫 번째 일이 성전을 청소한 것이고 그 즉시 유대 지도자들은 예수님을 체포하기로 작정합니다.

그러므로 예수님의 성전 청결은 마지막 해에 한번 했다는 설이 더 타당하다고 보는 것입니다. 당시 성전을 관리하는 제사장들이 상행위를 통해 얼마나 타락되었는가를 보십시오.

윌리암 바클레이William Barclay 목사는 그의 저서 "요한복음 강해"에서 다음과 같이 당시 부패상을 보여 주고 있습니다 .위의 책 p.108~111 참조

유월절Passover은 유대의 최대의 절기입니다. 예루살렘을 중심으로 반경 15마일 이내에 사는 모든 14세 이상 유대인은 성전에 유월절을 지키러 와야 합니다. 팔레스타인 내에 사는 유대인뿐만 아니라 세계 각지에 흩어져 사는 유대인디아스포라들도 평생에 적어도 한번 이상 유월절을 지키러 와야 하는 것이 법입니다.

이들의 수는 오른쪽 '알아두기'에서 언급한 대로 약 250만 명 이상이 됩니다. 그들 중에 19세 이상은 반드시 성전세를 내어야 합니다. 그 세금은 반 세겔인데 그 가치는 당시 노동자의 하루 반의 임금에 해당되는 가치의 돈입니다. 하루 일당이 십만 원혹 미화로 100불이라면 당시 성전세 반 세겔은 15만 원150불에 해당되는 액수의 세금을 내어야 합니다. 그 총액은 19세 이상을 200만 명으로 잡으면 3,000억 원3억 불이라는 액수가 됩니다. 그런데 성전세는 반드시 갈릴리 세겔이나 성전이 발행하는 동전으로 내어야 합니다.
당시 로마 동전은 로마 황제의 얼굴이 조각되어 있기 때문에 하나님 앞에 바쳐

예수님이 마지막 지킨 유월절에 성지 순례를 위해 모인 군중은 몇 명이나 될까?

역사가 요세푸스의 기록에 의하면 로마의 네로 황제(AD 54-68년)가 그의 재임기간 어느 한 해에 유대 총독인 케스티우스에게 유월절에 예루살렘에 모이는 사람의 수가 얼마나 되는가를 조사 보고하라는 명령을 내린 적이 있다. 이 총독은 다음과 같은 방법으로 그 통계를 내었다.

우선 그 해 유월절 절기를 위해 제물로 도살된 양의 수를 버린 양의 목의 수로 세었는데 그 수가 256,500마리였다고 한다.

당시 보통 양의 제물은 한사람이 한 마리를 바치는 것이 아니라 10에서 20명이 한 그룹이 되어 양 한 마리를 바친다고 한다. 이 한 그룹 단위의 사람의 수를 평균 10명으로 잡아도 도살된 양의 수를 근거로 계산한 순례자의 수는 250만 명에 달한다.

예수님 당시에도 이 정도로 많은 사람이 몰렸을 것이다. 14세 이상 성인은 성지 순례의 의무를 가진다.

William Barclay
"the Gospel of John"
Westminster Press
1956 p.108~111 참조

서는 안 되는 돈으로 규정합니다. 그래서 그런 동전을 가져오면 반드시 성전 동전이나 갈릴리 세겔로 환전을 해야 합니다. 거의 모든 사람이 로마 화폐를 가지고 있습니다. 그것이 경제 행위에 통용되기 때문입니다. 그래서 거의 모든 사람들이 성전세를 내기 위해 성전에 와서 환전을 해야 합니다. 그런데 문제는 엄청난 환전 수수료를 부과한다는 것입니다.
반 세겔짜리 성전 동전으로 환전하는 데 수수료가 자그마치 노동자 하루 임금에 해당되는 액수를 부과합니다. 그 액수는 십만 원100불에 해당되는데 그 총액 역시 2,000억 원2억불이나 됩니다. 이것만이 아니고 제물은 흠 없는 것을 바쳐야 한다는 율법을 악용하여 돈을 버는 것도 있습니다. 백성이 직접 제물을 가져 오면 성전 관리가 흠이 있는가를 검사하는데 거의 100%가 흠이 있는 것으로 판정되어 제물로 사용할 수 없게 됩니다.

검사비를 하루 노동자 임금의 1/4에 해당하는 25,000원25불을 지불하고도 불합격을 받습니다. 그래서 성전에서 파는 제물을 사야 하는데 이 성전에서 파는 제물의 가격은 시중에서 파는 것보다 19배가 비싸다는 것입니다. 이를테면 당시 제물용 비둘기 한 쌍이 시중에서 십만 원100불 하는데 성전 안 가게에서는 190만 원1,900불한다는 것입니다.

예수님이 탄생할 때 천사가 예루살렘 근교에서 양을 치는 목동에게 먼저 알려준 이유가 이 성전 부패와 무관하지 않을 것입니다. 이 정도 부패면 예수님이 환전상을 뒤집어엎고, 비둘기파는 자를 몰아내는 이유가 충분하겠지요.
예수님의 성전 청소는 무엇보다 성전은 하나님의 집으로서 만민이 기도하는 집인데 그 '만민'이 포함되어야 할 이방인의 뜰을 시장 바닥으로 바꾼 유대 지도자들에 대한 진노입니다.

□ 예수님의 죽음의 의미 요 12:20-50

예수님은 자신의 죽음으로 자신이 영광을 받게 될 것임을 말합니다. 예수님의 죽음은 비유대인들 즉, 이방인들이 하나님의 백성으로 몰려오게 된다는 것을 암시합니다.23절 왜냐하면 예수님의 죽음과 부활과 성령의 오심은 이방 민족들이 몰려오는 전제이기 때문입니다. 예수님이 영광을 받으시는 것은 이 이방인들이 몰려오는 데서 효력이 나타날 것이며 완성될 것입니다.32절 그것을 한 알의 밀알이 떨어져 죽음으로 많은 열매를 맺는다는 말로 설명을 합니다. 예수님의 죽음은 온 인간의 죄를 대신하는 대속적 죽음이고, 그 죽음으로 하나님 나라가 회복되는 죽음이기 때문입니다.

☐ 예수님 권위에 대한 질문, 두 아들의 비유, 악한 농부의 비유, 혼인 잔치의 비유 4월 4일 화요일 /마 21:23-22:14, 막 11:27-12:12, 눅 20:1-9

이는 예수님의 권위에 도전하는 유대인들의 오만을 나무라기 위해 '두 아들의 비유' '악한 농부의 비유' '혼인 잔치의 비유'로 말씀합니다.

① **두 아들의 비유**는 오직 마태복음에만 나옵니다. 맏아들은 율법을 강조하면서도 세례 요한과 예수님의 가르침을 져버린 종교 지도자들을, 둘째 아들은 자신의 잘못을 회개하고 뒤늦게나마 하나님께로 돌아온 창기나 세리 같은 죄인을 상징합니다. 하나님께서는 어떤 자들이라도 회개하고 돌아오는 자를 받아들이며, 하나님 나라는 그 나라에 관해 알고자 하는 자의 것이고 하나님의 뜻에 순종하는 자의 것임을 말합니다.

② **악한 농부의 비유**는 유대 종교지도자들의 잘못을 지적하고 있는데 특히 하나님께 직접 반역하고 있음을 지적합니다. 집주인은 하나님을, 포도원을 임대받은 농부는 유대 종교 지도자를 상징하며, 종들은 하나님의 선지자를, 주인의 아들은 예수님을 상징합니다.

③ **혼인 잔치의 비유** 역시 유대 지도자들의 잘못을 보여 주는 비유입니다. 복음이 유대인에게 주어졌지만 그들이 거부하였고, 복음이 이제는 이방인에게 주어지지만 그들에게도 하나님 나라에 합당하지 못한 자가 있음을 말해 줍니다.

☐ 세금에 관한 질문으로 예수를 시험하다

4월 4일 화요일 /마 22:15-22, 막 12:13-17, 눅 20:20-16

예수님을 로마 황제의 정책을 위배하도록 정치적 논쟁으로 끌어들여 올가미를 씌우려는 의도입니다만 "가이사의 것은 가이사에게로, 하나님의 것은 하나님에게로"라고 가르쳐 주시면서 이 논쟁에 빠지지 않습니다.

☐ 사두개인들의 부활에 대한 질문

4월 4일 화요일 /마 22:23-33, 막 12:18-27, 눅 22:34-40

사두개인들은 부활을 믿지 않는 종교 계층의 사람들입니다.

☐ 큰 계명에 대한 서기관들의 질문 4월 4일 화요일 /마 22:34-40, 막 12:28-34, 눅 21:37

바리새인들의 계명에 대한 질문에 예수님은 모세의 십계명율법을 간단하게 요약해서 가르쳐 줍니다. **그것은 바로 하나님 사랑, 이웃 사랑이 기독교가 말하는 사랑의 두 축이라는 것을 말해 주는 것입니다. 이것은 성경의 핵심입니다.**

□ 메시야에 대한 질문 4월 5일 수요일 /마 22:41-16, 막 12:35-37, 눅 21:38, 20:41-44

□ 바리새인, 서기관, 사두개인을 조심하라

4월 5일 수요일 /마 23장, 막 12:38-40, 눅 20:45-47

예수님은 언제나 바리새인들의 외식外飾을 나무라십니다. 그들의 형식주의, 외식 주의는 그들에게도 나쁠 뿐만 아니라 누룩처럼 모든 사람에게 스며들기 때문에 예수님은 그것을 더욱 경계합니다. 그들을 향하여 예수님은 거침없는 화를 퍼 붓습니다. 구약의 선지자들의 모습을 보십니까? 관점3을 생각하십시오. 예수님의 영성은 선지자적 영성과 제사장적 영성의 조화를 이루며 합친 영성이라는 사실을 명심하고 이 본문을 읽으십시오. 관점 3

□ 과부의 동전 두렙돈 4월 5일 수요일 /막 12:41-44, 눅 21:1-4

과부의 헌금이 왜 값진 것이 되었습니까? 그것은 그녀의 헌신이 담겨 있기 때문입니다. 헌금은 물질을 내는 것이 아니고 자신을 드리는 것입니다.

바리새인과 논쟁하는 예수님, Wikipedia

예수님은 체포되실 것을 아시고 제자들과 마지막 시간을 가지면서 마지막 권면을 통하여 당부하십니다. 최후의 만찬을 함께 하면서 제자들의 발을 씻기면서 몸소 종의 자세의 모습을 보여 주시기도 합니다.

75일

년 월 일

오늘의읽을분량

마 24-25장
막 13장
눅 21:5-36
마 26:1-46
막 14:1-42
눅 22:1-46
요 12:2-8
요 13-18:1

◎마태 24장~25장 ◎마가 13장 ◎누가 21:5-36

□ 예루살렘과 세상의 종말을 말씀하시다 4월 5일 수요일 오후 감람산/마 24장

마태 24장, 마가 13장, 누가 21장은 예루살렘과 세상의 종말에 관한 설교입니다.

□ 마태 25장은 천국 장입니다

열 처녀의 비유, 달란트의 비유를 보여 주며, 특히 최후의 심판을 언급하는 양과 염소 비유는 그리스도인의 '나눔'과 '섬김'이 심판의 기준이 된다는 놀라운 사실을 보여 주고 있습니다. **'나눔'과 '섬김'은 바로 하나님 나라의 가치관이라는 것입니다. '나눔'과 '섬김'이 있는 곳에 하나님 나라가 이루어진다는 것이지요.** 다음 예화를 묵상해 보십시오.

> 기독교가 로마의 국교가 되고 난 뒤에 있었던 일입니다. 어느 몹시 추운 겨울날, 한 로마 장교가 자기 관할 구역을 순찰하는 도중, 헐벗은 거지 한 명이 추위를 이기려고 어느 부잣집 벽난로가 있는 바깥벽에 자기의 몸을 밀착하고 있는 모습을 보았습니다. 이 로마 장교는 자기가 입고 있던 로마 장교 외투를 그에게 입혀주고 막사로 돌아왔습니다. 그날 밤 이 장교의 꿈에 예수님이 자기의 외투를 입고 나타나셨습니다. 깜짝 놀란 이 장교는 "어떻게 예수님이 제 외투를 입고 계십니까?"라고 물었습니다. 예수님은 미소를 지으시며 대답하셨습니다. "자네가 골목길에서 추위에 떨고 있는 거지에게 이 외투를 입혀 주지 않았는가? 그것이 바로 나에게 해 준 것이라네."

마 25:40 임금이 대답하여 이르시되 내가 진실로 너희에게 이르노니 너희가 여기 내 형제 중에 지극히 작은 자 하나에게 한 것이 곧 내게 한 것이니라 하시고

□ 달란트의 비유

하나님은 회계사Accountant이심을 아십니까? 하나님은 반드시 결산決算하시는 분임을 명심하십시오. 한 달란트talent는 6,000데나리온인데 한 데나리온은 당시 노동자 한 명의 하루 노임입니다. **이 달란트는 당시 로마의 은화였고, 이와 비슷**

한 가치로 헬라 은화는 드라크마가 있습니다. 여기서 달란트는 하나님이 인간에게 맡긴 재능은사를 포함하는 넓은 의미입니다. 그러므로 인간은 하나님이 맡긴 달란트재능를 관리하는 청지기입니다. **특히 인간의 부나 재정 등 경제 관리는 바로 이 성경적 기준에 의한 청지기 정신에 근거해야 하나님 나라가 제대로 이루어지며 하나님이 주시는 축복을 누리게 됩니다. 하나님은 삶의 끝에 반드시 정산하신다는 것을 마음속 깊이 새겨두십시오. 인생은 빈손으로 왔다가 빈손으로 가는 것이 아니고 성경적 관점은 은사를 가지고 왔다가 그 열매를 가지고 가는 것입니다. 그래서 결산회계은 반드시 있습니다.**

◎ **마태** 26:1-46 ◎ **마가** 14:1-42
◎ **누가** 22:1-46 ◎ **요한** 12:2-8, 13장 ~18:1

□ 십자가 죽음의 예고와 마리아의 헌신

4월 5일 수요일 오후 /마 26:1-13, 막 14:1-9, 눅22:1-2, 요 12:2-8

예수님의 마지막 순간이 급속히 다가오고 있음을 봅니다. 예수님은 다시 한번 자신의 죽음을 예고하면서 제자들과 마지막 만찬을 갖기를 원하십니다.

□ 가룟 유다의 배신 4월 5일 수요일 밤 /마 26:14-16, 막 14:10-11, 눅 22:3-6

가롯 유다가 대제사장에게 예수님이 기도할 장소에 대한 정보를 제공하고 은 30을 받음으로 예수님을 배반합니다.

□ 유월절 최후의 만찬

4월 6일 목요일 예루살렘 /마 26:17-35, 막 14:12-31, 눅22:7-39, 요13-14장

유월절 어린양을 기억하십니까? 하나님은 당신의 백성을 해방하시기 위해 애굽에 마지막 재앙인 죽음의 재앙을 내릴 때 당신의 백성을 그 재앙으로부터 보호하기 위해 어린양의 피를 문설주에 바르게 했습니다. 그래서 죽음의 재앙이 이스라엘 백성에게는 뛰어 넘어유월, Passover간 것입니다. 그것을 기념하는 것이 유월절인데 이제 다시 하나님의 백성을 죄에서 구하기 위해 유월절 어린양의 피가 필요하고, 예수님이 바로 그 유월절 어린양인 것입니다. 예수님은 제자들 중에 자신을 배반한 자가 있다는 얘기를 하고, 섬김과 낮아짐의 자세가 하나님 나라의 백성의 덕목임을 몸소 보여 주기 위해 제자의 발을 씻겨 줍니다. 만찬을 나눌 때 떡과 포도주를 나누면서 그것이 바로 인간의 죄를 위해 내

성찬에 대한 견해

견해		설명
초대 교회	실재설	크리소스톰, 닛사의 그레고리, 이그나티우스 등의 교부들은 떡과 포도주가 어떤 식으로든지 예수의 피와 살로 연계된다는 주장
	상징설	오리겐, 유세비우스, 빠질 등과 같은 교부들의 주장으로서 떡과 포도주는 예수의 피와 살을 상징한다고 본다. 대부분의 초대 교회는 위의 양 견해로 분리하여 생각하지 않고 병행되는 것으로 보았다.
중세 교회	화체설	예수께서 성찬 예식에 실재적으로 임하신다는 견해로서 성도들이 떡과 포도주를 먹을 때 그것이 예수의 피와 살로 변한다는 주장. 이 견해는 9세기 초에 대두된 이래 16세기 가톨릭의 트렌트 회의에서 정설로 인정되었음
종교 개혁과 그 이후	화체설	이 설이 가톨릭의 정설이 된 것은 토마스 아퀴나스의 노력이 큼
	기념설	예수께서 성찬식에서 육체적으로 임하는 것을 인정하지 않고, 대신 그 성례를 한 기념적인 사건으로 본다. – 쯔빙글리
	공재설	화체설과 기념설을 혼합한 것으로 예수의 전 인격이 떡과 포도주의 안에, 밑에 그리고 그것들과 함께하신다는 루터의 견해
	영적 임재설	예수께서 성찬식에 육체로 임하는 것이 아니고, 대신 영적으로 임재하신다는 견해. 칼빈이 주장하고 오늘날 대부분의 개혁 교회가 정설로 받아들이고 있음

어 주는 예수님의 희생제물로서의 피와 살임을 가르쳐 주고 그것을 기념하라고 합니다. 이것은 성찬의 유래가 됩니다. 예수님은 또한 베드로의 부인을 예고합니다. 만찬을 마치신 예수님은 찬미하면서어떤 찬송을 불렀을까요? 제자들과 감람산으로 기도하러 나아갑니다.

□ 감람산에서 고별 설교 4월 6일 목요일 밤 /요15-16장

구약에서 포도나무는 이스라엘을 상징합니다. 대부분의 경우, 이스라엘은 하나님의 은혜를 배신함으로 인해 징계를 받아야 할 악한 포도나무로 묘사되곤 했습니다. 하지만 예수님은 참 포도나무입니다. 우리가 예수님과 영적으로 연합되어 있을 때만 포도송이처럼 많은 열매를 맺게 됩니다. 만찬을 마치고 감람산으로 가실 때 아마 포도원을 지나가셨을 것입니다.

그 포도나무를 보시고 예수님은 자신이 포도나무의 원줄기이고 제자들은 그 가지라고 하시면서 가지는 원줄기에 붙어 있어야 살아간다는 교훈을 주십니다. 이것은 하나님 백성의 삶의 원동력은 곧 하나님이시라는 말입니다. 여기서도 우리는 인위의 대안은 신위라는 사실을 다시 한번 깨닫습니다. 우리가 원줄기인 예수님에게 접붙어 있지 않으면 생명을 가질 수가 없는 것은 너무나 당연한 이치입니다.

예수님은 이제 자신은 죽고 부활하여 원래의 곳인 하늘로 돌아가게 되지만 제자들은 이곳에 남아 하나님 나라를 이루는 영적 싸움을 계속해야 한다는 사실을 압니다. 그 하나님 나라 회복 운동은 영적 싸움이므로 인간의 힘으로 할 수 없다는 사실을 예수님은 너무나 잘 알기 때문에 원줄기인 자신에 붙어 모든 생명력을 공급받아야 한다는 것입니다.

그와 같은 문맥에서 16장에서는 이 지상에 남아 하나님 나라의 회복 운동을 계속하는 제자들에게 성령의 역사하심이 반드시 있어야 한다는 것을 아시기 때문에 이제 예수님이 가시면 성령 하나님이 오셔서 제자들과 함께 역사하시게 하겠다는 약속을 주십니다. 그 약속은 사도행전 2장에서 성령 강림으로 이루어집니다.

□ 예수님의 대제사장으로서의 중보기도 4월 6일 목요일 밤 /요 17장

예수님은 이제 지상에서 하나님 나라의 운동을 계속하기 위해 이 세상을 나아가야 하는 제자들에게 그 자세를 가르쳐 주십니다. 예수님은 제자들에게 세상에 대한 자세가 훨씬 더 긍정적이며 적극적이어야 한다고 요한복음 17장 11~19절에서 특별히 강조해서 가르치고 있습니다.

예수님은 이 본문에서 제자는 단순히 세속을 분리하는 자세로 세상에 대해 소극적 자세를 취하는 앞의 세 가지 주의를 뛰어 넘어, 세상에 대한 변혁 주의적 자세를 가지고 이 세상 문화를 그리스도의 문화로 바꾸어가면서 하나님 나라를 이루어 가야 한다는 것입니다. 그와 같은 자세를 가진 자를 📖 **행 17:6** …천하를 어지럽게 하던 이 사람들이 여기도 이르매에서 천하를 어지럽히는 자 즉, 영어로 these men who have turned the world upside down[KJV]이라고 했습니다. 세상을 뒤집어엎은 사람들이라는 뜻입니다. 그리스도의 문화로 세상 문화를 바꾸어 놓았다는 말입니다. 이것이 예수님이 17장에서 제자들에게 주시는 마지막 권면입니다.

□ 예수님의 겟세마네 동산에서 기도

4월 6일 목요일 자정 경/마 26:36-46, 막 14:32-42, 눅 22:40-46, 요 18:1

예수님의 겟세마네 동산에서의 마지막 기도는 하나님의 구원 사역에 순종을 확인하는 기도였습니다. 인간으로 죽음을 앞둔 두려움이 강해서 그 십자가의 잔이 거두어지길 원했지만 하나님의 뜻에 순종합니다. 그러므로 하나님의 나라 회복 운동은 성취되는 것입니다. 이 기도를 마치고 예수님은 체포됩니다.

76일

년 월 일

오늘의읽을분량

마 26:47-27
막 14:43-16:1
눅 22:47-23
요 18: 2-19
마 28장
막 16:2-20
눅 24장
요 20~21장

제 11 부 : 예수님의 십자가의 대속 사역 AD 30년 4월 7-8일, 금요일 오후부터

AD 30년 4월 6일 목요일 자정 경에 겟세마네 동산에서 대제사장 안나스의 성전 경비병에게 가룟 유다의 배반하는 키스로 예수님의 신분이 확인되고 그들에게 체포됩니다. 밤이 새도록 안나스와 대제사장의 심문을 거쳐 사형을 언도받고 집행하기 위해 금요일 이른 아침에 당시 총독 본디오 빌라도에게 재판을 의뢰합니다. 이 모든 심문과 재판을 당시 절차법을 무시하고 자기들의 편의대로 진행한 것입니다. 군중들을 선동하여 빌라도를 압박하여 사형을 얻어 내고 곧바로 집행합니다. 이때가 다음날 4월 7일 이른 아침입니다.

◎ 마태 26:47~27장 ◎ 마가14:43~16:1
◎ 누가 22:47~23장 ◎ 요한 18:2~19장

□ 예수님의 체포와 재판 4월 7일 금요일 새벽-아침 6시까지

겟세마네에서 체포될 때 모든 제자들이 다 도망가고 예수님 혼자서 연행되어 갑니다. 3년간 훈련한 제자들의 모습에 예수님의 마음은 참으로 엄청난 좌절을 느끼고 있었을 것입니다.

그 중에 베드로는 '멀찍이' 예수님과 일정한 거리를 두고 예수님을 따라 갑니다. 일정한 거리를 두고 따라가는 것은 여차하여 자기 신분이 노출되어 자기에게도 그 불똥이 떨어지면 예수님과 상관이 없는 사람이라고 부인하고 위기를 모면하겠다는 계산입니다.

예수님이 최후의 만찬 때 베드로가 닭 울기 전 예수님을 세 번 부인할 것이라고 예고한 적이 있습니다. 베드로는 예수님이 재판을 받으러 이곳저곳으로 끌려다니는 동안 정말 세 번의 신분 노출 위기가 왔고 그럴 때마다 그는 완강히 예수님과의 관계를 부인합니다. 세 번째 부인할 때 닭이 두 번 울었습니다마가복음 근거. 베드로는 예수님의 말씀이 생각이 나서 밖에 나가 통곡하며 즉시 회개했습니다. 이런 와중에 가룟 유다도 죄의식에 사로잡혔고 그는 그의 죄의식을 하나님 앞에 내어 놓고 회개하는 대신 스스로 해결하고자 자살을 택합니다. 참으로 끝까지 어리석음을 보이는 자입니다. 가룟 유다는 인위人爲가 인간의 문제를 해결해 주지 못한다는 사실을 알았어야 했습니다.

유대 지도자들은 자기들이 사형 언도를 내려도 집행할 권리가 없으므로 로마의 공권력을 빌려 집행해야 합니다. 그래서 그들은 빌라도로부터 예수님의 사형

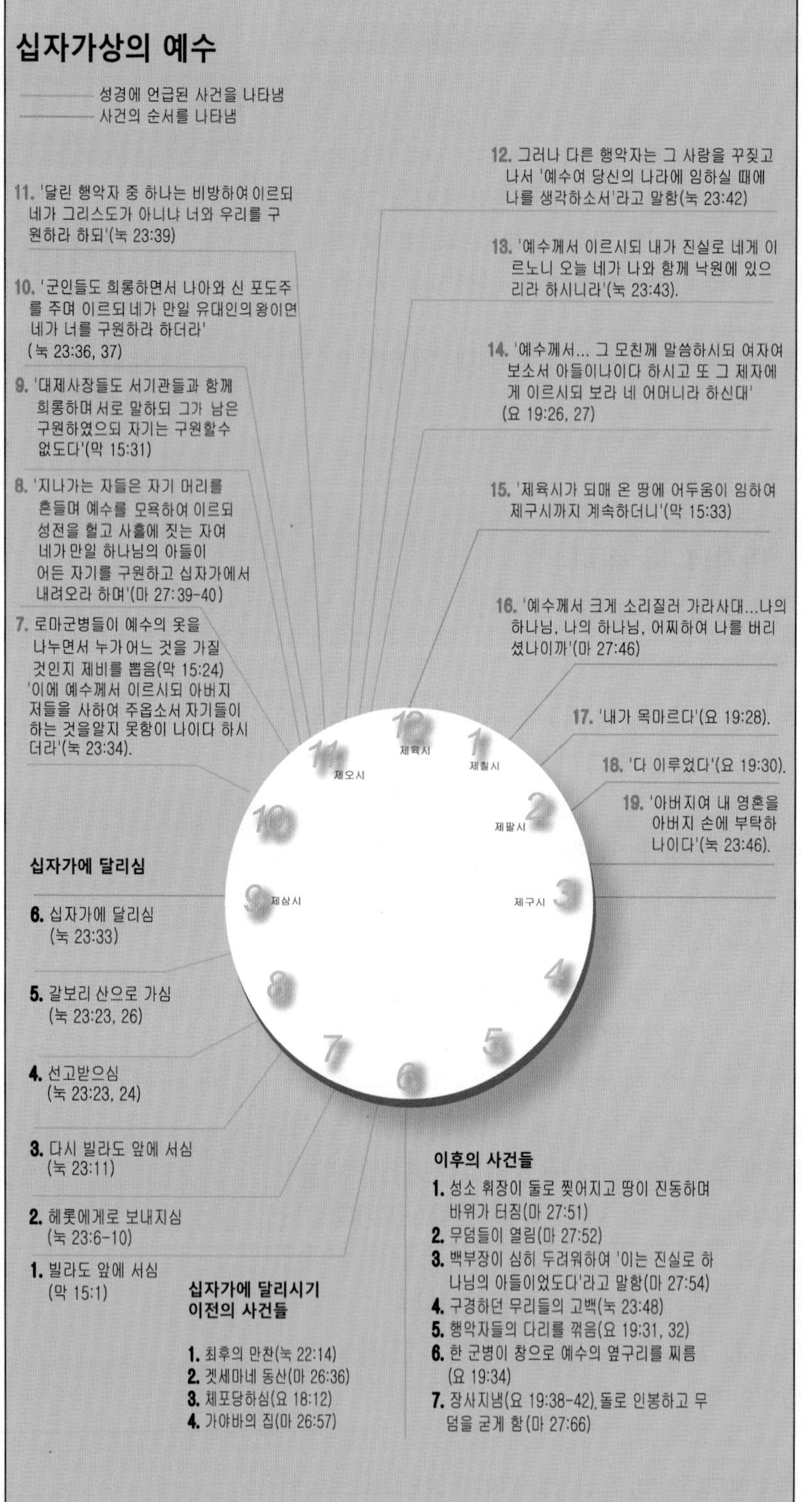

십자가상의 예수
성경에 언급된 사건을 나타냄
사건의 순서를 나타냄
11. '달린 행악자 중 하나는 비방하여 이르되 네가 그리스도가 아니냐 너와 우리를 구원하라 하되'(눅 23:39)
10. '군인들도 희롱하면서 나아와 신 포도주를 주며 이르되 네가 만일 유대인의 왕이면 네가 너를 구원하라 하더라' (눅 23:36, 37)
9. '대제사장들도 서기관들과 함께 희롱하며 서로 말하되 그가 남은 구원하였으되 자기는 구원할수 없도다'(막 15:31)
8. '지나가는 자들은 자기 머리를 흔들며 예수를 모욕하여 이르되 성전을 헐고 사흘에 짓는 자여 네가 만일 하나님의 아들이어든 자기를 구원하고 십자가에서 내려오라 하며'(마 27:39-40)
7. 로마군병들이 예수의 옷을 나누면서 누가 어느 것을 가질 것인지 제비를 뽑음(막 15:24) '이에 예수께서 이르시되 아버지 저들을 사하여 주옵소서 자기들이 하는 것을 알지 못함이 나이다 하시더라'(눅 23:34).
12. 그러나 다른 행악자는 그 사람을 꾸짖고 나서 '예수여 당신의 나라에 임하실 때에 나를 생각하소서'라고 말함(눅 23:42)
13. '예수께서 이르시되 내가 진실로 네게 이르노니 오늘 네가 나와 함께 낙원에 있으리라 하시니라'(눅 23:43).
14. '예수께서... 그 모친께 말씀하시되 여자여 보소서 아들이니이다 하시고 또 그 제자에게 이르시되 보라 네 어머니라 하신대' (요 19:26, 27)
15. '제육시가 되매 온 땅에 어두움이 임하여 제구시까지 계속하더니'(막 15:33)
16. '예수께서 크게 소리질러 가라사대...나의 하나님, 나의 하나님, 어찌하여 나를 버리셨나이까'(마 27:46)
17. '내가 목마르다'(요 19:28).
18. '다 이루었다'(요 19:30).
19. '아버지여 내 영혼을 아버지 손에 부탁하나이다'(눅 23:46).
제육시
제칠시
제오시
제팔시
제삼시
제구시
십자가에 달리심
6. 십자가에 달리심 (눅 23:33)
5. 갈보리 산으로 가심 (눅 23:23, 26)
4. 선고받으심 (눅 23:23, 24)
3. 다시 빌라도 앞에 서심 (눅 23:11)
2. 헤롯에게로 보내지심 (눅 23:6-10)
1. 빌라도 앞에 서심 (막 15:1)
십자가에 달리시기 이전의 사건들
1. 최후의 만찬(눅 22:14)
2. 겟세마네 동산(마 26:36)
3. 체포당하심(요 18:12)
4. 가야바의 집(마 26:57)
이후의 사건들
1. 성소 휘장이 둘로 찢어지고 땅이 진동하며 바위가 터짐(마 27:51)
2. 무덤들이 열림(마 27:52)
3. 백부장이 심히 두려워하여 '이는 진실로 하나님의 아들이었도다'라고 말함(마 27:54)
4. 구경하던 무리들의 고백(눅 23:48)
5. 행악자들의 다리를 꺾음(요 19:31, 32)
6. 한 군병이 창으로 예수의 옆구리를 찌름 (요 19:34)
7. 장사지냄(요 19:38-42), 돌로 인봉하고 무덤을 굳게 함(마 27:66)

부활(the resurrection)

사복음서 모두는 공히 안식일(토요일)이 자나고 일요일 이른 아침에 여인들이 예수님의 무덤에 갔을 때 그 무덤이 비어 있다는 것을 발견했다고 언급한다.(마 28:1-10, 눅 24:1-12, 요 20:2,15) 그들의 그 무덤이 빈 것이 예수님이 부활하신 것이라고 당장 생각하지 못하고 누군가가 예수님의 시신을 훔쳐 갔다고 생각했다(요 20:2,5). 한편 제자들은이 사실을 보고 허탈한 상태에 빠졌다고했다(눅 24:11). 무덤이 비어 있다는 사실이 예수님이 부활하신 것이라는 것을 깨닫는 데는 시간이 다소 걸렸던것 같다. 제자들은 많은 상상을 해 보았다. 그러나 예수님은 일요일 저녁에 제자들이 있던 곳에 나타나셨다.

이때 이 자리에 함께하지 못한 도마가 일주일이나 지나서 예수님을 만나서 예수님의 몸을 만지고는 그 자리에서 예수님을 "나의 주, 나의 하나님" 이라고 고백하였다. 이 고백은 2000년 동안이나 모든 그리스도인의 고백이기도 하다.

왜 3일인가(the 'third day' ?)

성경은 예수님이 죽은 지 3일 만에 부활하셨다고 언급하고 있다. 금요일에 운명하시고 일요일 이른 아침에 부활하셨다면 만 2일이 채 못 되지 않는가. 그때 당시 날수의 계산법은 계산을 시작하는 날이 포함되게 계산한다. 금요일,토요일, 일요일이어서 3일이라고 한다.

빈 무덤에 대한 설명들 (Explanations of the Empty Tomb)

부활은 성경에 나오는 사건 중 믿음에 가장 큰 걸림돌이 되는 사건이다.
왜냐하면 죽었던사람이 살아난다는 것은 인간의 이성으로 도저히 불가능한 현상이기 때문이다.
더더구나 3일이면 시체가 부패하기 시작하는 시작이다. 그래서 이 빈무덤에 대한 여러 가지 다른 설명들이 있는데 그것을 여기에 밝혀 본다.

- 무덤 도굴꾼들이 예수의 시신을 훔쳐 갔다.
  이 일을 막기 위해 로마 군인들이 무덤을 지키고 있었다.(마 27:62-66)
- 부활했다는 곳을 소문으로 퍼트리기 위해 예수의 제자들이 훔쳐 갔다.
  위의 경우처럼 로마 군인들이 무덤을 지키고 있었다.또한 아직까지 제자들은 예수님이 부활한다는 사실을 강하게 확신하고 있지 않았다.
- 유대 당국자들이 부활의 소문을 막기 위해 예수의 시신을 훔쳤다.
  예수의 부활의 사실이 알려지기 시작할 때 그들은 예수의 시신을 보여 주면서 그 사실에 대항하지 못했다. 왜냐하면 그들은 예수의 시신을 갖고 있지 않았기 때문이다.
- 혼동에 빠진 여인들이 다른 무덤을 예수님의 무덤으로 오인했다.
  왜 유대 지도자들은 진짜 예수님의 무덤으로 가서 시신을 훔치지 못했을까?
- 예수는 죽지 않았고 기절했는데 서늘한 무덤에서 깨어나 무덤에서 나가 버렸다.
  군인들이 예수님의 시신을 십자가에서 내렸을 때 예수님이 확실히 죽었다는 사실을 창으로 허리를 찔러 보고 확인했다(요 19:33-34). 군인들이 이 사실을 확인하지 않으면 로마법에 의해 그 군인은 살아남지 못한다.
  예수가 죽지 않았다면 반죽음 기진맥진한 상태에서 거대한 무덤 돌문을 밀고 무덤을 지키는 로마 군인들은 물리치고 예루살렘의 제자들에게로 돌아갔다는 사실을 믿으라는 것인가?

언도를 받기 위해 그의 약점을 이용하여 은근히 협박하고 또 군중을 선동하여 압력을 넣어 사형 언도를 받아 냅니다.

□ 십자가형의 집행 4월 7일 금요일 새벽 8시경

예수님의 십자가상의 일곱 가지 말씀

순서	말씀	대상	의미
1	저들을 사하여 주옵소서 자기들이 하는 것을 알지 못함이니이다(눅 23:34).	하나님	이 기도가 없었으면 유대인들과 제사장들 및 바울의 회심도 없었을 것이다.
2	오늘 네가 나와 함께 낙원에 있으리라 (눅23:43).	한 강도	잃어버린 한 양도 찾으시는 예수님이기에 회개하는 모든 이는 구원을 받는다.
3	여자여 보소서 아들이니이다 .. 보라 네 어머니라(요 19:26,27).	모 친	인간의 도리를 존중하신 예수님께서 참 인간미를 보여 주신다.
4	엘리 엘리 라마 사박다니 ... 나의 하나님, 나의 하나님, 어찌하여 나를 버리셨나이까(마 27:46).	하나님	하나님은 죄를 철저히 미워하신다는 점을 보여 준다.
5	내가 목마르다(요 19:28).	자 신	우리의 생수가 되신 예수님이 우리를 대신해서 저주의 목마름을 당하신 것이다.
6	다 이루었다(요 19:30).	온 인류	온 인류에게 하나님 나라를 성취하는 사역이 완성되었다는 것을 선포한다.
7	아버지 내 영혼을 아버지 손에 부탁하나이다(눅 23:46).	하나님	하나님은 인간 예수를 버리셨으나 아버지 하나님은 성자 하나님을 버리지 않았다.

□ 십자가의 고통에 대해서

성경은 "십자가에 못 박고"라고만 간단히 기록해 버렸기 때문에 예수님의 십자가 고통과 죽음이 어떠한 고통이었나를 잘 상상하기가 어렵습니다. 아래 글을 읽고 묵상해 보기 바랍니다.

> "시몬에게 십자가의 가로목을 땅에 내려놓으라고 명령하고 로마의 군인들은 재빨리 예수님을 낚아 겉옷을 벗기고 땅에 놓인 그 나무 위에 어깨를 맞추어 눕혔다. 나동그라지듯 나무위에 눕힌 예수님의 양팔을 그 나무에 맞게 펼치고 손목을 잡았다. 그리고 그 손목을 마치 생선을 도마 위에 올려놓듯 놓고 육중하고 사각진 쇠못을 놓고 망치를 내려쳤다.
>
> 쇠못은 그 손목을 관통하여 나무에 깊이 박혔다. 그들은 그 쇠못의 머리가 손목을 끊고 지나가 버리지 않도록 약간의 여유를 두는 것을 잊지 않았다. 그들은 재빨리 다른 손으로 옮겨 가서 그 쪽 손을 잡고 조금 전과 같이 못을 망치로 박았다. 약간 느슨하게 해 두는 것을 잊지 않고. 그리고 이 가로목에 양손이 박힌 예수님을 이미 형장에 세워 놓은 세로목에 매달았다.

유대인의 하루의 시간

유대인의 하루는 해 질 무렵에 시작해 그 다음 날 해 질 무렵까지입니다.

유대인들은 해 뜰 무렵 즉 오전 6시부터 해 질 때(오후 6시)를 12시간으로 나누어서 오전 6시를 제1시로 부릅니다.

6시는 정오를 가리킵니다. 마태 27:45 이하의 유대시간을 이런 방법으로 우리의 시간으로 환산할 수 있습니다.

예수님이 십자가에 못 박힌 시간은 유대 시간으로 제 3시경 즉 우리 시간으로 오전 9시입니다.

그리고 육시에 어두움이 찾아왔고 구시에(오후 3시) 운명하시고 성전의 지성소 휘장이 찢어졌습니다.

군인들은 예수님의 무릎이 너무 뻣뻣하지 않고 약간 굽은 정도의 여유를 두면서 왼발 위에 오른발을 포개 놓고 발톱이 아래로 향하도록 잡아당겼다.

오목하게 된 두 발의 포개진 발등 위로 사각지고 육중한 쇠못 하나를 망치로 내려 박았다. 이로서 십자가의 못 박는 작업은 끝났다. 몸이 늘어지면서 몸무게가 양 손목의 못 박힌 곳에 쏠릴 때마다 격렬하고 살과 뼈를 깎는 아픔이 손끝과 팔을 타고 뇌를 작열시키고 있다. 손목에 박힌 못은 팔을 관통하는 신경을 강하게 건드리고 있기 때문이다.

예수님은 몸이 앞으로 쏠릴 때 오는 고통을 피하려고 그는 몸을 위로 곧게 세우려고 했고, 그렇게 되면 그의 온몸의 무게가 못 박힌 발에 쏠리게 되었다. 다섯 개의 발등뼈 사이에 놓인 신경을 관통해 있는 못 때문에 인두로 지지는 듯한 통증을 느껴야 했다. 고통은 이것만이 아니다. 또 다른 고통이 따른다. 팔이 지쳐서 쥐가 나는 현상이 생기게 되며 근육에 산소 공급의 부족으로 근육 경직현상이 생기며 무지막지하고 쥐어짜는 듯한 통증이 온몸을 파도치듯 엄습한다. 이 고통 때문에 그는 목을 위로 세울 수가 없었다. 공기가 폐 속으로 들어오나 내뿜을 수가 없었다. 예수님은 호흡 무력증에 빠지게 되고 한 모금의 호흡이라도 하려고 사투를 하고 있다. 폐와 혈중에 탄산가스가 쌓여가고, 쥐어짜는 듯한 통증이 다시 엄습한다.

혼신의 힘을 다해 몸을 세워세울 때마다 엄청난 고통이 따르지만 숨을 내쉬어 한 모금의 산소를 마시고자 싸움을 계속할 수밖에 없었다. 시시각각으로 찾아오는 찢어지듯 뒤틀리는 통증, 몸을 위로 고쳐 세울 때마다 나무에 스치는 터진 등에서 오는 통증이 수시간 계속된다. 또 다른 고통이 따른다. 심장에 혈장이 서서히 축적되어 심장을 압박함으로 가슴에 엄청난 통증이 생기기 시작한다. 이제는 모든 것이 끝나가고 있다. 체내의 수분 상태는 낮아지고 위험 수위를 넘어서고 있다. 압박받는 심장은 박동을 위해 마지막 안간힘을 다하고 있다.

피의 혈청과 혈장이 분리되어 수분의 혈장은 심장 속에 축적되어 심장에 압박을 가하고 피는 빽빽해져 혈관을 흐르기에 무리가 있는 상태가 되어 있다. 폐에도 물이 차기 시작하여 작은 양의 공기를 받아들이기에도 너무나 큰 힘을 써야 했다. 예수님의 육체는 이제 모든 것이 끝난 상태에 와 있고 그는 죽음의 냄새가 그의 몸속에 스며들고 있음을 느낄 수 있었다. 이로써 구원의 사명은 완수되었다. 그는 이제 고개를 떨어뜨리고 마지막 숨이 끊어지고 운명하셨다."

Walter W. Wessell의 Expositor's Bible Commentary "마가복음편"에서 인용한 Davis의 저서 "crucifixion of Jesus"를 번역하였음

예수님이 운명하실 때 천지가 진동하고 무덤이 열렸다고 했습니다. 우주의 창조주이시고 하나님 나라의 임금이신 예수님의 대속적 죽음은 천지를 진동시킬 영광의 죽음이요 죽음을 이기게 하는 죽음이며 사망이 없는 에덴으로서의 새 하늘과 새 땅에서 하나님의 나라가 완성될 것이라는 것을 역동적으로 보여 주는 것입니다. 사망이 결코 예수님을 이길 수 없습니다.

성전 휘장이 찢어졌다는 사건은 신앙적으로 엄청난 사건입니다. 예수님의 십자가의 보혈과 중보로 죄인 된 우리가 하나님 존전에 직접 나아가 그 관계 회복을 얻게 되었습니다. 그러므로 우리 모두가 다 제사장이 되었습니다. 레 16:34, 히 9:7, 12, 히 4:14-16, 10:19, 20을 참조하세요.

만인 제사장설은 종교 개혁의 중심 되는 믿음입니다. 성전 휘장이 찢어짐으로 하나님에게 직접 나가는 길이 열렸다는 것은 에덴의 생명나무에 접근을 못하도록 세운 화염검이 무력해졌다는 말입니다. 우리는 예수 그리스도의 죽음과 그 십자가의 보혈의 공로로 생명나무에 접근할 수 있는 은총을 누리게 되었다는 말입니다.

십자가의 참 의미

1) 죄 용서의 능력

십자가는 우리가 죄악으로 인해 하나님과 단절된 관계를 온전하게 이어 주는 능력을 가지고 있습니다. 왜냐하면 십자가의 보혈만이 우리의 죄를 씻을 수 있고, 죄는 바로 하나님과의 관계를 단절시키는 것이기 때문입니다. 우리는 예수님의 십자가에서 죄에 대한 진정한 용서를 경험합니다. 예수님은 우리 죄를 대

신 속죄하기 위하여 십자가에서 죽으셨습니다. 하나님은 예수님의 십자가 고난과 죽음이라는 방법으로 우리의 죄를 용서하셨습니다. "그리스도께서 하나님 곧 우리 아버지의 뜻을 따라 이 악한 세대에서 우리를 건지시려고 우리 죄를 대속하기 위하여 자기 몸을 주셨으니" 갈 1:4

2) 사랑의 능력

십자가의 속죄는 하나님이 인간을 사랑하신다는 표시입니다. 오직 십자가만이 우리를 하나님의 사랑으로 인도합니다. 예수님의 십자가 역시 자신의 백성들을 향한 하나님의 충만한 사랑을 보여 줍니다. "우리가 아직 죄인 되었을 때에 그리스도께서 우리를 위하여 죽으심으로 하나님께 우리에 대한 자기의 사랑을 확증하셨느니라" 롬 5:8

3) 하나님을 만나는 장소

십자가의 능력만이 우리를 하나님께로 인도합니다. 이것은 구약의 성막에서 하나님을 만났던 것처럼 우리는 예수님의 '십자가'를 통해 하나님을 만납니다. 하나님께서 하나님을 드러내시고, 우리를 부르시는 것도 십자가를 통해서입니다. 예수님이 땅에서 '들리심'은 곧 십자가에 달리심을 의미합니다. 우리는 십자가에 달리신 예수님의 모습에서 십자가 위로 높이 들린 채 사람들을 하나님께로 끌어당기시는 하나님의 모습을 발견할 수 있습니다. "내예수님가 땅에서 들리면 모든 사람을 내게로 이끌겠노라" 요 12:32

☐ 예수님의 장례 4월 7일 금요일 저녁 6시 전

십자가에 달린 사형수들은 대개 사흘 동안 버티기도 합니다. 일주일을 버틴 자도 있다고 합니다. 로마 사형 집행관은 이 사형수들이 죽을 때까지 나무에 두어 죽게 하고 그대로 매어 달아 놓아 날짐승들의 먹이가 되게 합니다. 그러나 유대인들은 금요일 해 질 무렵부터 안식일이 시작되는데 그것도 유월절이 낀 안식일이 시작되기 때문에 두 강도와 예수를 빨리 죽여 시체를 멀리 치울 작정이었습니다. 유대지도자들은 시신 처리를 요청했고 군인들은 강도의 시신을 내리고 죽음을 확인하기 위해 다리를 꺾습니다. 예수님께 이르러서는 죽음을 알고 다리를 꺾지 않았습니다. 이것은 성경을 이루려 함이라고 했는데 아마 그 구절은 출애굽기 12장 46절, 민수기 9장 12절이거나 시편 34편20절일 가능성이 있습니다. 예수님은 아리마대 요셉의 무덤에 묻혔고, 니고데모가 몰약과 침향 섞은 것 100근으로 장례 의식을 베풀었습니다. 이로써 말구유에 태어나신 예수님의 인간 생애는 남의 무덤에 묻히므로 끝납니다.

☐ 예수님의 무덤 인봉 4월 8일 토요일 예루살렘 근교

이미 예수님은 죽은 지 사흘 만에 부활하신다고 예언한 일이 있기 때문에 유대 지도자들은 예수의 제자들이 예수님의 시신을 훔쳐 놓고 예수님이 예언대로 살아났다고 선전하고 돌아다닐 것이라고 하여 예수님의 무덤을 큰 돌로 막을 뿐 아니라 인봉하고 군인으로 하여금 지키게 합니다.

제 12 부 : 예수님의 부활과 승천 AD 30년 4월 9일 일요일부터 40일간

AD 30년 4월 9일 일요일 아침, 큰 지진이 일어나고, 골고다 어느 한 구석의 무덤에서 창조 이래 엄청난 사건이 일어납니다. 그것은 무덤이 열리고 예수님의 예언대로 다시 살아나는 사건입니다. 그리고 40일을 더 지상에 계시다가 감람산에서 제자들이 지켜보는 가운데 하늘로 올라가는 또 한번의 엄청난 사건이 벌어집니다.

◎ 마태 28장 ◎ 마가 16:2-20 ◎ 누가 24장
◎ 요한 20장~21장

☐ 부활 AD 30년 4월 9일 일요일

빈 무덤. 예수님의 시신을 두고 큰 돌로 무덤 문을 막고 인봉하며 군인들이 지킨 그 무덤이 AD 30년 4월 9일 일요일 이른 아침에 빈 채로 발견되는 놀라운 일이 벌어지고야 말았습니다. 바울이 말한 것처럼 부활이 없었더라면 예수님에 대한 믿음은 헛것입니다.고전 15:14 예수님이 살아나지 못하고 무덤에 영원히 머물러 버린 존재가 되었다면 그분은 석가나 공자나 소크라테스처럼 인류의 위대한 스승 중의 한 명이었거나 거짓말쟁이가 되었을 것입니다. 그러나 예수님은 죽음을 이기시고 부활하셨습니다. 그 부활의 증거는 무엇보다도 사람의 능력으로 도저히 움직일 수 없는 돌문이 열리고 빈 무덤이 되었다는 사실 그것입니다. 이 빈 무덤을 지키는 무덤지기가 공의회에 보고했습니다. 베드로와 요한이 그 빈 무덤을 보았으며, 그리고 부활

돌무덤 : 돌문이 반쯤 닫혀 있는 무덤이며, 예수님이 묻혔던 무덤과 같은 유형

하신 예수님은 막달라 마리아에게 보이셨고, 다른 여인에게 보이셨고, 엠마오로 가는 제자들에게 나타나셨고, 제자 도마에게 나타나셨습니다.

□ 갈릴리 호수에 나타나신 예수님 AD 30년 5월경

갈릴리에서 만나자는 예수님의 약속을 따라 제자들이 갈릴리로 갔습니다. 예수님이 더디 나타나자 성급한 베드로는 다시 고기잡이를 시작합니다. 처음 예수님을 만날 때처럼 베드로는 밤이 맞도록 헛수고를 합니다. 예수님이 오셔서 깊은 대로 그물을 던지라고 하여 많은 고기를 잡게 해 주십니다. 잡은 고기를 구워 조찬을 나누면서 예수님은 처음 만나서 제자 삼을 때 베드로에게 사람을 낚는 어부가 되게 하게 하신다고 했고, 3년의 훈련을 마친 지금의 베드로에게는 "내 양을 먹이라"라고 하시면서 베드로의 순교를 예언하십니다. 하나님 나라의 백성을 목양하는 것은 제자들의 핵심 사역임을 말해 주는 것입니다. 또한 이 내 양을 먹이라는 당부는 마태복음의 대명령과 다르지 않습니다.

□ 예수님의 대명령 AD 30년 5월 중순경

마태 28장 16-20절을 우리는 예수님의 대명령the Great Commission이라고 합니다. 이 명령은 예수님의 마지막 명령입니다. 하나님 나라의 백성을 키우는 이 일이야말로 모든 제자에게 부과된 가장 큰 핵심 사역입니다. 내 양을 먹이라는 명령과 같은 문맥입니다. 그 명령 다음에 예수님은 세상 끝 날까지 함께 해 주시는 약속을 주십니다. 바로 임마누엘 하나님입니다. 그러므로 **기독교는 예수님이 함께 해 주시는 안식을 추구하지만, 그 안식만을 위해 안주하는 종교가 아니고, 세상 끝까지 하나님의 나라를 세우는 일을 위해 수가 성의 사마리아 여인처럼 물동이를 뒤로 하고 나아가야 합니다.**

□ 예수님의 승천 AD 30년 5월 18일 예루살렘 근교 감람산

갈릴리에서 만나자는 예수님의 약속을 복음서에 이어지는 사도행전 1장 첫 부분에서 예수님은 부활 후 승천까지 40일간을 제자들에게 하나님 나라에 관한 교육을 시킨 것으로 언급합니다. 이 교육의 주제는 요한복음의 양을 먹이라는 명령과 마태복음의 대명령이 주요 교과 과목이었을 것입니다. 이제 예수님의 하나님 나라 회복 운동은 제자인 우리의 손

예수님이 지상의 사역을 마치고 천국에 입성했을 때 제일 먼저 맞아 준 천사는 예수님의 지상 탄생을 고지한 가브리엘 천사였습니다. 가브리엘 천사는 예수님께 묻습니다. "수고 많이 하셨습니다. 그래서 지상의 사역은 잘 될 것 같습니까?" 예수님은 지상의 사역을 설명해 주었습니다. 3년간의 공생애 동안 제자를 뽑고 키운 이야기를 자세하게 알려 주었습니다. 가브리엘이 들어 보니 기가 찼습니다. 왜냐하면 예수님이 제자삼고 3년간이나 공들여 키운 사람들이란 세리, 창기, 어부 출신 등 힘없고 능력이라고는 없는 신분이 낮은 인물들뿐이라는데 놀랍기도 하고 걱정스럽기조차 했습니다. 그래서 가브리엘은 예수님께 묻습니다. "보아하니 별 볼일 없는 인물뿐이군요. 저들이 실패하면 누가 양을 먹이며, 제자를 삼는 일을 할 것입니까? 거기에 대해 대책은 있습니까?" "대책은 없네."

에 맡겨지는 것입니다. 왼쪽의 예화를 음미해 보세요. 이 이야기는 성경에 없는 이야기이지만 그 통찰력은 매우 성경적입니다.

고전 1:26-29 26형제들아 너희를 부르심을 보라 육체를 따라 지혜로운 자가 많
지 아니하며 능한 자가 많지 아니하며 문벌 좋은 자가 많지 아니하도다 27그러나 하
나님께서 세상의 미련한 것들을 택하사 지혜 있는 자들을 부끄럽게 하려 하시고 세상
의 약한 것들을 택하사 강한 것들을 부끄럽게 하려 하시며 28하나님께서 세상의 천한
것들과 멸시 받는 것들과 없는 것들을 택하사 있는 것들을 폐하려 하시나니 29이는
아무 육체도 하나님 앞에서 자랑하지 못하게 하려 하심이라

우리가 바로 그 예수님의 대책입니다. 예수님의 양을 먹이고, 그들을 예수님의 제자 삼는 임무를 감당해야 합니다.

□ 요한복음의 기록 목적과 요한의 증거

사도 요한이 요한복음을 기록한 것은 예수님이 하나님의 아들이고, 죄인을 구할 메시야임을 알리고, 이를 통해 죄인들이 예수님을 믿고 영생을 얻는 하나님 나라가 회복되게 하는데 그 목적이 있다고 했습니다.

빌 3:7-12 7그러나 무엇이든지 내게 유익하던 것을 내가 그리스도를 위하여 다
해로 여길 뿐더러 8또한 모든 것을 해로 여김은 내 주 그리스도 예수를 아는 지식이
가장 고상하기 때문이라 내가 그를 위하여 모든 것을 잃어버리고 배설물로 여김은 그
리스도를 얻고 9그 안에서 발견되려 함이니 내가 가진 의는 율법에서 난 것이 아니요
오직 그리스도를 믿음으로 말미암은 것이니 곧 믿음으로 하나님께로부터 난 의라 10
내가 그리스도와 그 부활의 권능과 그 고난에 참여함을 알고자 하여 그의 죽으심을
본받아 11어떻게 해서든지 죽은 자 가운데서 부활에 이르려 하노니 12내가 이미 얻
었다 함도 아니요 온전히 이루었다 함도 아니라 오직 내가 그리스도 예수께 잡힌 바
된 그것을 잡으려고 달려가노라

부활하신 예수님의 발자취

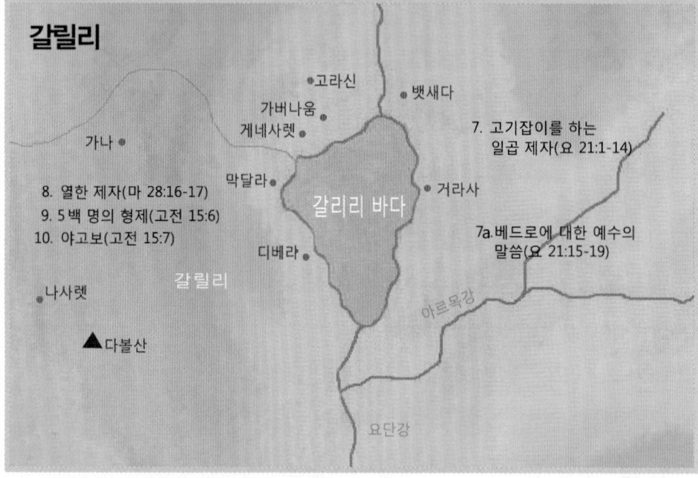

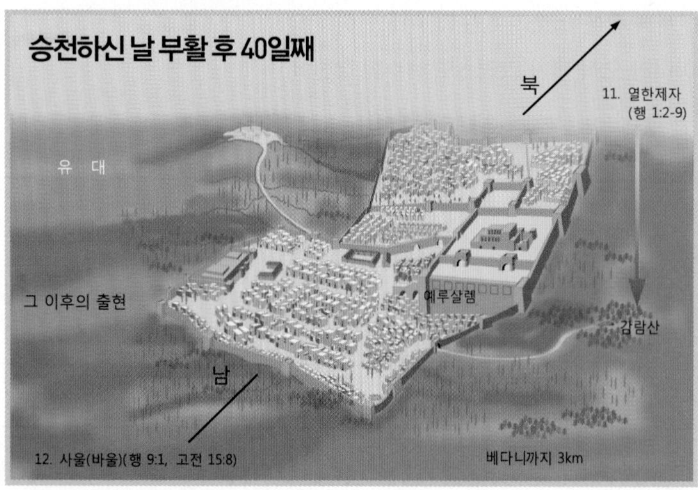

1. 부활하신 날 아침(막16:9)

2. 예수님이 여인들에게 나타나심(마28:9)

3. 예수님이 베드로에게 나타나심(고전15:5)

4. 엠마오에서 제자들과 식사하심(눅24:29-31)

5. 예수님이 열 제자에게 나타나심(요20:19,24)

6. 도마의 의심(요20:26-28)

7. 물고기의 기적(요21:1-14)

11. 예수님의 승천(눅24:50, 51)

그 분

한때는 축복만을 원했습니다.
이제는 주님을 원합니다.
한때는 막연한 감성이었습니다.
이제는 확실한 말씀입니다.
한때는 그분의 선물만을 원했습니다.
이제는 주님 자신을 원합니다.
한때는 신유의 은총만을 구했습니다.
이제는 주님의 능력을 구합니다.
한때는 고통과 수고로 느껴지던 것들이
이제는 충만한 믿음 속의 감사입니다.
한때는 구원의 확신이 없었으나
이제는 구원의 확신과 기쁨을 누립니다.
한때는 초조하게 매어 달렸으나
이제는 주님이 나를 붙들어 주십니다.
한때는 표류하는 인생이었으나
이제는 나의 닻을 당신의 사랑에 내렸습니다.
한때는 성급히 계획을 세웠으나
이제는 기도를 앞장세우게 되었습니다.
한때는 불안과 근심이 있었으나
이제는 주께서 걱정과 근심을 맡으셨습니다.
한때는 내가 원했던 것이 있었으나
이제는 주께서 나에게 원하십니다.
한때는 끊임없이 요구했으나
이제는 끊이지 않는 찬양이 있습니다.

한때는 모든 것이 나의 일이었으나
이제는 모든 것이 주님의 일이 되었습니다.
한때는 내가 주님을 사용했으나
이제는 그분께서 나를 사용하십니다.
한때는 내가 권력을 원했으나
이제는 전능하신 당신을 원합니다.
한때는 나 자신만을 위해 일했으나
이제는 그분만을 위해 일합니다.
한때는 나는 그분 안에 있기를 원했으나
이제는 내가 그분을 소유하고 삽니다.
한때는 내 어린양들은 죽어가고 있었으나
이제는 밝게 생명으로 빛나고 있습니다.
한때 나는 죽음을 기다렸으나
이제는 그분 오심을 기다립니다.
그리고 내 희망들은 당신 안에
튼튼하게 뿌리를 내렸습니다.
무엇보다도 먼저 영원토록
내가 예수님을 찬양합니다.
모든 것이 예수님 속에 있으며
모든 것에 예수님은 계시나이다.

- A B. 심프슨

12 교회시대

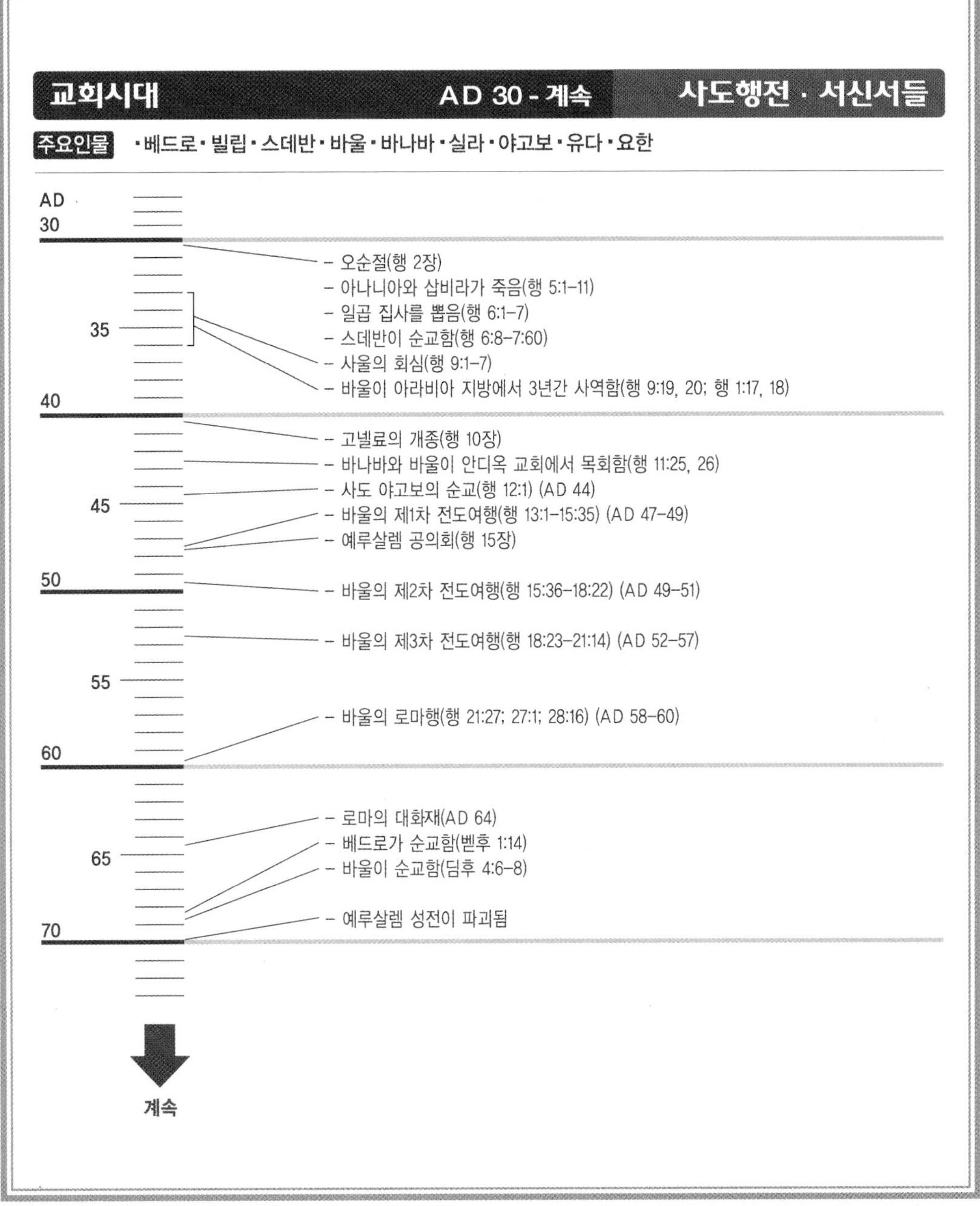
교회시대
AD 30 - 계속
사도행전 · 서신서들
주요인물
•베드로•빌립•스데반•바울•바나바•실라•야고보•유다•요한
AD 30
35
40
45
50
55
60
65
70
– 오순절(행 2장)
– 아나니아와 삽비라가 죽음(행 5:1–11)
– 일곱 집사를 뽑음(행 6:1–7)
– 스데반이 순교함(행 6:8–7:60)
– 사울의 회심(행 9:1–7)
– 바울이 아라비아 지방에서 3년간 사역함(행 9:19, 20; 행 1:17, 18)
– 고넬료의 개종(행 10장)
– 바나바와 바울이 안디옥 교회에서 목회함(행 11:25, 26)
– 사도 야고보의 순교(행 12:1) (AD 44)
– 바울의 제1차 전도여행(행 13:1–15:35) (AD 47–49)
– 예루살렘 공의회(행 15장)
– 바울의 제2차 전도여행(행 15:36–18:22) (AD 49–51)
– 바울의 제3차 전도여행(행 18:23–21:14) (AD 52–57)
– 바울의 로마행(행 21:27; 27:1; 28:16) (AD 58–60)
– 로마의 대화재(AD 64)
– 베드로가 순교함(벧후 1:14)
– 바울이 순교함(딤후 4:6–8)
– 예루살렘 성전이 파괴됨
계속

77일

년 월 일

행 1~12장

1장 8절
"오직 성령이 너희에게 임하시면 너희가 권능을 받고 예루살렘과 온 유대와 사마리아와 땅 끝까지 이르러 내 증인이 되리라 하시니라"

"성령" (Spirit)
사도행전은 성령의 충만함을 입은 사도들의 사역을 기록한 책입니다. 이 책의 저자는 성령의 도움이 없이는 아무것도 이루어질 수 없다는 사실을 잘 알고 있었습니다.

사도행전 ACTS 使徒行傳

사도행전 한눈에 보기

개요 하나님 나라의 전파

사도들의 준비와 결단 - 1장

I. 유대인에게 전해지는 복음 (하나님 나라)
(2장 - 12장)

- 2장 : 기적 - 증거 - 반응
- 3-4장 : 기적 - 증거 - 반대
- 5장 : 기적 - 증거 - 반대
- 6-7장 : 기적 - 증거 - 반대

첫 번째 위기 : 스데반의 순교 (7장)
유대인들이 복음을 거절함.
복음이 예루살렘을 벗어남.
선교센터가 안디옥으로 이전 됨

이방 선교지들

- 8장 : 사마리아 - 에티오피아 내시의 회개
- 9장 : 사울이 회개하여 바울로 개명.
- 10장 : 가이사랴 - 고넬료와 이방인들이 복음 받음.
- 11장 : 안디옥 - 이방인들을 수용함(18절)
- 12장 : 예루살렘 - 헤롯의 심판적 죽음

II. 열방에 전해지는 복음 (하나님 나라)
(13장 - 28장)

- 13-14장 : 바울의 1차 전도 여행
- 15장 : 바울의 2차 전도 여행
- 18장 : 바울의 3차 전도 여행

두 번째 위기 : 바울에 대항함 (22장)

- 바울의 체포와 로마 압송 감금 (23장-27장)

세 번째 위기 : 복음이 이방 세계로 뻗어 감 (28장)

다음 페이지의 도표를 참조

□ 사도행전을 통해서 보는 교회의 형성과 발전

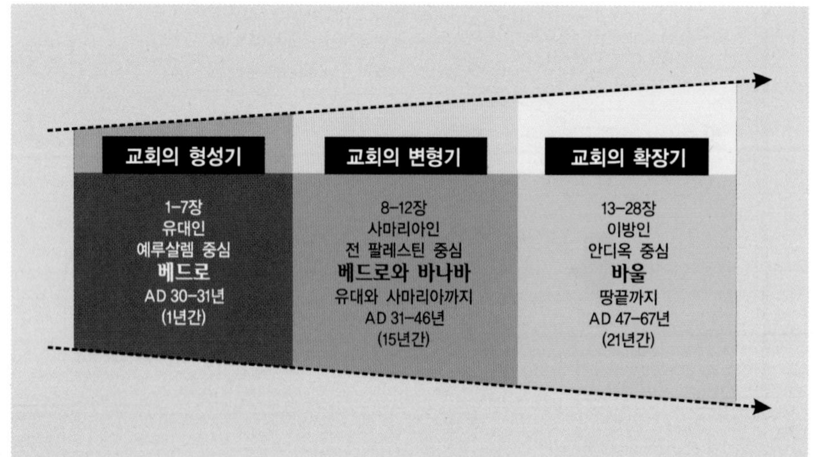

교회의 형성기
1-7장
유대인
예루살렘 중심
베드로
AD 30-31년
(1년간)
교회의 변형기
8-12장
사마리아인
전 팔레스틴 중심
베드로와 바나바
유대와 사마리아까지
AD 31-46년
(15년간)
교회의 확장기
13-28장
이방인
안디옥 중심
바울
땅끝까지
AD 47-67년
(21년간)

사도행전을 통해서 본 초대교회

단계	연대	주요사건	사건내용
Ⅰ **형성기** **행 1-7장** 교회의 구성원을 유대인으로 제한하고 이방인은 제외함 **예루살렘 중심**	AD 30	사도 선출	유다를 대신할 사도로 맛디아를 세움(1:4-12, 15-26)
		오순절 성령강림	제자들이 성령 충만하여 각종 능력을 갖게 됨(2:1-13)
		베드로의 설교	단번에 3천명이 회개함(2:14-36)
		박해 시작	베드로와 요한이 투옥됨(3:1-4:1)
		아나니아와 삽비라 사건	교회가 급성장할 즈음에 범죄한 아나니아와 삽비라가 하나님의 심판을 받아 죽음(5:1-11)
		사도들 투옥	사도들이 투옥되나 주의 사자에 의해 기적적으로 구출되어 계속 복음을 전파함(5:17-21)
		일곱 집사 선출	구제와 봉사를 위해 집사를 선출함(6:1-6)
	32	스데반의 순교	첫 순교자가 발생함(6:8-7:60)
Ⅱ **변형기** **행 8-12장** 교회가 이방인들에게 복음을 전해야 함을 점차적으로 인식함 **전 팔레스틴 중심**		흩어진 그리스도인들	예루살렘에 큰 핍박이 있어 그리스도인들이 유대와 사마리아 전역으로 흩어짐(8:1)
		이방전도 시작	빌립, 베드로, 요한이 사마리아에서 복음전도(8:4-17)
	34	사울의 회심	다메섹으로 가던 사울이 회심하여 기독교 선교 역사에 큰 업적을 남기게 됨(9:1-22)
	37	이방인 고넬료의 회심	전도 중이던 베드로가 각종 짐승이 담긴 보자기 환상을 보고 이방인 고넬료에게 복음을 전파, 이방인에의 전도가 본격화 됨(9:32-10:17)
	41	안디옥교회 설립	예루살렘에서 안디옥에 파송된 바나바가 교회를 세우고 바울과 함께 동역함(11:19-22)
			이 안디옥은 후에 이방 선교의 중심지가 됨
Ⅲ **확장기** **행 13-28장** 이방 전도사업의 확장 및 성장 교회 지도자의 시각 바뀌어 이방인들도 유대인들의 의식과 예식에 상관없이 영적 이스라엘로서의 동등한 권리를 갖는 것이 인정됨 **안디옥교회 중심**	44	헤롯의 박해	헤롯 아그립바의 핍박으로 야고보 순교, 베드로 투옥. 베드로는 천사에 의해 구출됨(12장)
	47-49	바울의 1차 전도여행	안디옥 교회에서 바울과 바나바, 마가를 파송(13:1-3)
			구브로 섬→소아시아 버가(마가는 중도 탈퇴; 13:4-13)→비시디아 안디옥→ 이고니온(13:14-14:7)→루스드라→더베→버가, 앗달리아→안디옥(14:8-28)
			2년간 약 2,400km 여행
	49-52	바울의 2차 전도여행	마가 동행 문제로 바울과 바나바가 다투고 바나바와 마가는 구브로로, 바울은 실라와 수리아, 길리기아로 감(15:36-41)
			더베, 루스드라→드로아(16:1-8)→빌립보(환상으로 인해 마게도냐로 감; 16:9-26) →데살로니가(17:1-4)→아덴(17:10-18:18)→에베소→안디옥(18:19,21)
			3년 반 동안 약 5,600km 여행
	53-58	바울의 3차 전도여행	안디옥교회에서 갈라디아, 브루기아를 둘러 에베소로 감(18:23-27)
			아볼로의 전초 위에 바울이 교회를 세우나 소동으로 인해 마게도냐로 감(18:1-41)
			고린도→마게도냐→드로아→밀레도→예루살렘(20:1-38)
	58		예루살렘에서 유대인들의 음모로 체포됨(21:29-40)
	60 63	바울의 로마여행	예루살렘 가이사랴로 가서 가이사 앞에 호소하여 로마로 호송되어 약 2년간 감옥 생활함(23:31-35)
			호송되는 기간과 감옥생활의 전기간을 바울은 전도의 기회로 삼았기에 이 로마 여행을 4차 전도 여행이라고도 함
	67		바울의 2차 투옥과 순교

세계종교의 형성

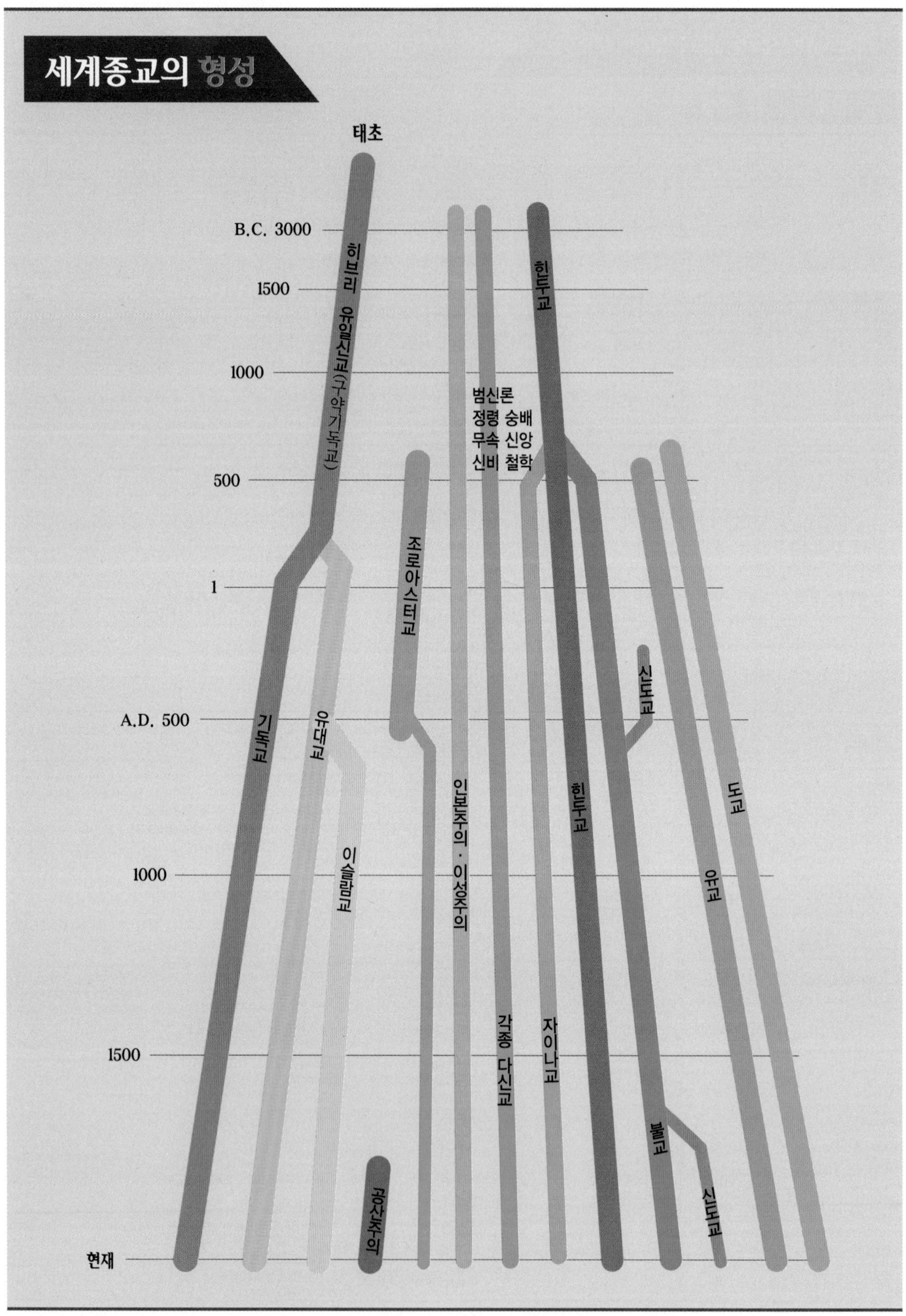

태초
B.C. 3000
1500
1000
500
1
A.D. 500
1000
1500
현재
히브리 유일신교(구약 기독교)
힌두교
범신론
정령 숭배
무속 신앙
신비 철학
조로아스터교
신도교
기독교
유대교
이슬람교
인본주의 · 이성주의
힌두교
도교
유교
각종 다신교
자이나교
불교
신도교
공산주의

◎사도행전 1장 : 사도들의 행전의 시작

예수님의 마지막 당부인 하나님 나라 회복 운동을 위해 양을 먹이라, 제자를 삼으라는 명령의 실행이 바로 사도행전입니다. 예수님은 그들이 그 일을 인간의 능력으로 감당할 수 없음을 알고 보혜사 성령을 보내 주시기로 한 약속대로 승천 후에 성령 강림 사건이 일어납니다. 예수님은 부활 후 승천하시기까지 40일간 오직 하나님 나라에 관해 교육했다고 했습니다.1:3
그 하나님 나라를 성취하기 위해 성령의 능력을 먼저 받으라고 당부하심을 보아 이 일은 인간의 능력으로 되는 일이 아님이 분명합니다.神爲 요엘 2장 28절과 예수님의 보혜사 약속요 16:5-15이 오순절 성령 강림 사건으로 이루어집니다. 따라서 사도행전은 성령 행전이라고도 합니다.

사도행전은 사도들이 교회를 세우는 이야기가 아니고, 하나님 나라를 회복하고 그것을 확장해 나가는 이야기입니다. 예수님이 이 땅에 오신 것 즉, 하나님이 인간의 몸을 입고 이 땅에 직접 오신 이유는 바로 하나님 나라의 회복에 있음을 우리는 구약과 예수님의 생애를 통해서 알았습니다. **예수님은 이 땅에 교회를 세우기 위해 오신 것이 아닙니다.** 그렇게 이해하면 우리는 잘못된 교회관을 가질 수 있습니다.

교회는 건물을 가지며 하나의 조직체를 가진 유형有形**의 모임보다는 하나님 나라의 윤리에 순종하여 그 나라를 세우고자 부름받아 나온 '남은 자'**ekklesia ἐκκλεσία **를 가리키는 것으로 이해해야 합니다. 이것이 예수님이 세우신 교회입니다.**
예수님은 제도화한 조직으로서의 종교를 창설하신 것이 아닙니다. 사도들이 전파하며 이루어 나가야 하는 것은 예수님이 종교를 창설했다는 것을 전파하는 것이 아닙니다. 하나님 나라의 백성으로서 제자를 세우는 것이 사도로서 그분의 교회를 세우는 일인 것입니다. 이것이 '제자 삼는 일'이요, 그분의 '양을 먹이는 일'입니다.

□ 사도행전에서 보는 하나님 나라

사도행전 1장 6절에서 예수님이 승천하실 무렵, 제자들이 예수님께 "주께서 이스라엘 나라를 회복하심이 이때니이까?"라고 질문합니다. 제자들은 여전히 다윗 왕국의 회복으로서의 하나님 나라 회복을 기대하고 있음을 봅니다. 그들의 잘못된 질문에 대한 명확한 답변이 사도행전에 나와 있습니다. 사도행전에서는 세 가지 모습의 하나님 나라를 제시합니다.

1) 하나님 나라는 권능으로 임합니다. 영적인 특성

여기서 권능 δύναμις dunamis 이란 무력이나 어떤 물리적인 힘이 아니라, 성령의 권능으로 이루어지는 하나님의 나라를 말합니다. 예수님이 행하신 기사와 이적 σημεῖα καὶ τέρατα semeia and terata은 하나님 나라의 권능을 맛보게 하기 위함입니다.

📖 마 12:28 그러나 내가 하나님의 성령을 힘입어 귀신을 쫓아내는 것이면 하나님의 나라가 이미 너희에게 임하였느니라 cf. 눅 11:20 이 말은 예수님의 전능한 능력이 세상 안에 들어왔다는 말입니다. 사탄은 그 적수를 드디어 만났습니다. 그의 머리를 밟을 여자의 후손을 만났다는 말입니다. **사탄을 이김은 곧 에덴의 회복이고 하나님 나라의 회복임을 의미하는 것입니다. 하나님의 나라는 성령으로 하나님의 백성들이 사탄의 억압된 삶에 구현되는 그분의 의롭고 자비로우신 통치를 말합니다. 그러므로 회개와 믿음을 통한 죄 사함이 있는 구원의 선언이 하나님 나라의 선포의 핵심이며 그 구원받은 자들의 순종의 삶을 통하여 하나님 나라가 이루어져 갑니다.**

2) 하나님 나라는 모든 사람에게 임합니다.

하나님 나라는 유대인과 이방인 모두에게 임하는 나라입니다. "모든 민족을 제자 삼고"마 28:18, "모든 족속에게"눅 24:47, "누구든지 주의 이름을 부르는 자"행 2:21, "너희와 너희 자녀와 모든 먼 데 사람"행 2:39은 구원을 얻을 것이라고 했습니다. 구약에서 말하는 예루살렘으로 모으는 '구심적 선교'에서 열방으로 흩어지는 '원심적 선교'로 바뀌게 됩니다.

구심적 선교	원심적 선교
"만방이 그리(예루살렘/시온)로 모여들 것이라." (사 2:2-3)	**"예루살렘에서…땅 끝까지 이르러" 혹은 "너희는 가서"**

3) 하나님 나라는 점진적으로 확장되어 갑니다.

"예루살렘과 온 유대와 사마리아와 땅끝까지 이르러"행 1:8라는 말은 그분이 다시 오실 때까지를 말하는 것으로 시간적으로는 성령의 강림에서부터 예수님의 재림까지의 기간을 말하여 공간적으로는 예루살렘에서 이 세상의 땅끝까지를 말합니다. 달리 표현하자면 '땅끝까지 이르러'와 '다시 오실 때 까지'세상 끝까지인 시간과 공간의 끝까지로 볼 수 있습니다. 하나님 나라는 이 시기 동안 자라 갑니다. 예수님이 다시 오실 때 "새 하늘과 새 땅"에서 완성될 것입니다.

☐ 제자 보선

가룟 유다로 인해 빠진 사도로 맛디아가 선출되었습니다.행 1:15-26 빠진 제자를 뽑아야 하는 이유는 구약의 계약 백성의 상징 수가 12지파이듯이 신약새 계약의 계약 백성으로서 교회의 상징은 12제자의 12의 숫자적 상징성을 유지해야 하기 때문입니다.

◎ 사도행전 2~6장 : 오순절 성령 강림과 교회의 탄생

☐ 오순절 성령 강림

오순절 성령 강림 사건은 요엘의 예언욜 2:28과 예수님의 보혜사 약속요 16:5-15의 성취입니다. 성령 강림은 "예루살렘을 떠나지 말고 내게서 들은 바 아버지께서 약속하신 것을 기다리라 몇 날이 못되어 성령으로 세례를 받으리라"행 1:4, 5는 예수님의 약속을 따라 오순절에 이루어졌습니다.

출애굽기의 시내 산 계약은 오순절에 시내 산에서 계약을 맺고출 19:5 율법을 받음으로 이스라엘이 하나님 나라를 이루어 나갈 제사장 나라가 되었습니다. 그러나 이스라엘은 그 계약을 지키지 못함으로 구약은 막을 내리게 됩니다. 같은 오순절에 바람과 불 가운데 음성으로 나타난 여호와의 강림의 모습출 19장과 유사하게 성령이 강림하였다는 것은 시내 산 계약과 같은 새 계약인 예수 공동체하나님 나라의 계약을 맺는 의미를 가진다고 봅니다. 그것은 이제 이스라엘이 못한 하나님 나라의 제사장의 사명을 이어받을 남은 자, 즉 새 이스라엘의 계약을 의미합니다. 이제 예수 공동체 또는 성령 공동체가 하나님 나라의 제사장 나라가 되는 새 이스라엘이 된다는 것이 오순절 성령 강림이 갖는 의미입니다. 이제 교회가 구약의 이스라엘 백성처럼 신약에서 하나님의 계약 백성이 되었다는 말입니다. 또한 오순절 성령 강림은 방언과 같은 언어적인 현상을 지닌 이적Language miracle도 보였습니다. 이러한 방언은 계시Revelation와 복음 전파의 사명과 밀접하게 관련되어 있습니다. 특히 천하 각국에서 온 유대인들이 각각 자기의 방언으로 말하는 것을 들은 사건 곧 각 방언으로 하나님의 큰 일을 들은 사건2:4-11은 사도행전에서 매우 특별한 의미인 선교적인 의미를 지닙니다.

바벨탑 사건	오순절 사건
땅이 하늘까지 올라 감(교만) 언어적 혼잡 흩어짐	하늘이 땅으로 내려 옴(겸손) 언어적 혼잡의 극복 그리스도에게로 모임(계7:9)

이는 창세기 11장의 바벨탑의 사건과 대조를 이루며 바벨에서의 하나님의 심판을 의도적으로 역전시키시는 하나님의 역사를 볼 수 있습니다.
오순절 성령 강림 사건은 성령 안에서 그리스도를 통해 인종적, 국가적, 언어적 장벽이 극복되는 새로운 공동체의 탄생을 예견하고 있습니다.

□ 초대 교회의 탄생 행 2:42-47

앞에서 언급했듯이 교회의 탄생은 새 이스라엘이 되었다는 측면에서 하나님의 구속사에서 전환점을 이루는 사건입니다. 계약 백성으로서 부름을 받아 나온 ekklesia '남은 자'들은 예배 공동체를 형성하게 됩니다. 이들은 모든 교회의 모범이 됩니다.

1) 가르치고 배우는 교회였습니다. "저희가 사도의 가르침을 받아"
교회 안에 성령이 계신 증거로서 교회는 사도의 가르침Apostolic teaching을 받는 일에 힘썼습니다. 건강한 교회, 즉 성령의 임재와 능력이 있는 교회는 올바른 가르침과 함께 적절한 배움과 그에 따른 순종이 있는 교회입니다.

2) 교제가 있는 교회였습니다. "서로 교제하며 떡을 떼며"
참된 '사귐' 즉 교제koinonia가 있는 교회였습니다. 여기서 말하는 '사귐'이란 삼위 하나님과 사귐과 함께 성도들 간의 사귐을 말합니다. 특히 성도간의 사귐은 형제 우애와 물질적 돌봄을 표현합니다. 나눔과 섬김은 하나님 나라 가치관입니다.cf 고후 8:4, 9:13

3) 함께 예배하는 교회였습니다. "떡을 떼며 기도하기를 전혀 힘쓰니라"
교회는 예배하는 공동체입니다. 이들의 예배는 또한 날마다 삶으로 드리는 예배이며, 마음을 같이하여 드리는 연합된 예배이며, 기쁨과 순전한 마음을 가진 예배였습니다.

4) 증거하는 교회였습니다. "주께서 구원받는 사람을 날마다 더하게 하시니라"
참된 교회는 배우고 나누고 예배하는 일에 그치지 않고 보내는 일에 열중합니다. '함께함'과 '보냄'은 예수님의 제자 훈련의 근간이자 초대 교회의 두 가지 구조였습니다. 이것을 우리는 '모이는 교회', '흩어지는 교회'라고 부를 수 있습니다.

이로써 조직체로서의 교회의 기능은 예전적Liturgical, 교리적Kerygmatic, 친교적Koinoniac 기능을 갖는 것을 알 수 있습니다. 교회 음악도 이 3가지의 기능을 가집니다.

□ 성령 세례와 성령 충만

성령 세례와 성령 충만을 오해하는 경우가 많습니다. 그래서 성령 세례를 따로 받아야 한다고 주장하면서 산에서 철야 금식 기도, 또는 성령 받기 부흥 집회 등을 통하여 성령받기를 간절히 소망하는 사람들이 있습니다.

- **오순절파**Pentecostal **:** 1901년 미국에서 시작한 오순절 운동으로서 이들은 성령이 오순절에 강림하셨기 때문에, 그리고 사도행전 8장 5~7절의 사마리아인이 다시 성령을 받은 것과 사도행전 19장 1~7절의 에베소 사람이 다시 성령 세례를 받은 것을 근거로 성령 세례를 따로 받아야 한다고 주장합니다.

1. 성령 세례는 회심 후의 사건이며
2. 성령 세례는 방언을 통하여 확실해지며
3. 신약 성경의 모든 은사는 오늘날에도 가능하다는 것 등을 주장합니다. 대표적인 교단은 하나님의 성회Assembly of God

- **은사파**Charismatic Movement **:** 1960, 70년대의 카리스마적 부흥 운동을 말합니다. 이들의 주장도 오순절파의 주장과 동일하지만 성령의 은사를 주로 강조하는 운동으로 교단을 만들지 않고 영향을 끼치고 있습니다. "The 700 Club"과 "Regent University"의 창설자인 팻 로벗슨 Pat Robertson 목사가 대표입니다.

- **제3의 물결 :** 성도의 삶은 표적과 이적과 기사를 수행해야 한다고 주장하는 영성파. 피터 와그너 교수와 미국 아나하임Anaheim에 위치하고 있는 빈야드 교회Vineyard Christian Church와 그 담임인 쟌 윔버John Weimber 목사가 대표입니다.

여기서 성령 세례에 대해 길게 설명할 수는 없지만 오순절 성령 강림은 성령 세례의 경우와는 다르다는 것은 분명합니다. 오순절 성령 강림은 특수한 사건이지 계속적으로 반복되는 사건이 아니라는 것입니다. 이것은 성령의 구약적 개념의 마지막인 것입니다. 즉, 구약에서는 특수한 목적을 위해 오시는 마지막의 경우입니다. 오순절 이후는 물 세례를 받을 때 성령 세례를 함께 받는다고 보는 것이 성경적입니다.행 2:38

행 **2:38** 베드로가 이르되 너희가 회개하여 각각 예수 그리스도의 이름으로 세례를 받고 죄 사함을 받으라 그리하면 성령을 선물로 받으리니 일단 성령이 우리에게 오시면 우리 속에 내주하시면서 우리 몸을 그분의 전으로 만드시고고전 6:19-20 우리를 성화聖化하는 사역을 시작하십니다. 따라서 우리에게 내주하시는 성령께서 우리 속에서 충만하게 역사하시도록 우리를 내어 드림으로 우리는 성령 충만함을 받을 수 있습니다. 물 세례와 함께 성령을 선물로 받았는데 다시 성령 세례를 다시 받는 것이 아닌 것입니다.

아래 도표는 성령 세례와 성령 충만을 잘 비교해서 보여 주고 있습니다.

성령 세례	성령 충만
단회적	여러 번
과거의 일(완성)	현재 계속되는 상태
모든 신자	순종하는 신자
결코 명령되지 않음	명령된 일
알 수 없는 일(체험되지 않음)	체험되는 일
그리스도의 몸에 연합	그리스도의 삶을 살게 함
성령이 내주함	성령이 주인이 됨

성령 충만함을 재는 척도는 성령의 열매입니다.
성령의 열매는 성령이 맺는 열매입니다. 우리가 맺는 열매가 아닙니다. 그러므로 성령을 의지하지 않으면 맺을 수 없는 열매입니다. 내주하시는 성령께 순종하여 그분께 주인 자리를 내어 드려야 맺히는 열매임을 명심하십시오. 결코 내 노력으로 열리는 것이 아닙니다. 어떻게 내 자리를 내어 주는가? 성령은 진공 상태에서 역사하지 않습니다. 말씀성경 읽기와 묵상과 기도와 그 실천이라는 연료를 필요로 하신다는 사실을 깊이 명심해야 합니다. 갈라디아서는 인간은 성령에 이끌리면 성령의 소욕대로 성령 충만한 삶을 살고 육체의 소욕에 이끌리면 육신적인 삶을 산다고 가르쳐 주고 있습니다.갈 5:16-26. 아래 그림 참조. 성령의 열매는 갈라디아서에서 다시 공부한다.

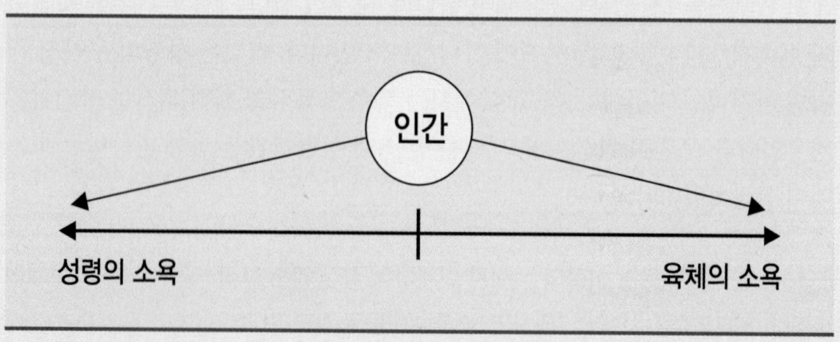

□ 시련을 통해서 성장하는 초대 교회 4~6장

신앙은 시련을 통해 단련되고 성장하며 성숙하는 것입니다. 초대 교회도 예외는 아니었습니다. 이것은 언제나 그러하듯이 사탄과의 영적 전쟁인 것입니다.

1) 물리적 박해 4:1-22, 5:17-42

누가복음에는 제자들이 받을 핍박에 대한 예수님의 예언이 나옵니다.눅 6:22 등 미움, 모욕, 거절, 재판 받음, 박해, 옥에 갇힘은 예수님과 그를 따르는 제자들베드로와 요한뿐만 아니라 사도행전에 등장하는 믿음의 인물들스데반, 야고보 바울 등에게도 동일한 운명으로 찾아옴을 봅니다.

- 첫 번째 박해 4:1-30
  체포, 투옥, 재판, 경고, 석방 → 담대히 증거 → 담대히 말씀을 전파하게 해 달라고 기도 4:24-30
- 두 번째 박해 5:17-42
  체포, 투옥, 재판, 금지령, 매질, 석방 → 지속적 순종 → 그리스도를 위해 능욕받음을 감사 찬양5:41

핍박은 성령의 인도를 받는 교회로 하여금 기도와 찬양으로 이끌었습니다.
그 결과 교회는 박해 속에서도 더 담대히 복음을 전하게 됩니다.

2) 아나니아와 삽비라의 범죄 5:1-11

두 번째 시련은 초대 교회 공동체 내부에서부터 시작됩니다. 초대 교회가 가진 가장 아름다워야 할 나눔과 섬김의 일이 거짓으로 얼룩짐을 봅니다. 교회 공동체의 순결을 위해 이 문제는 일벌백계一罰百戚의 차원에서 강한 심판을 받았는데, 당대의 독자들에게도 충격적인 이 사건은 교회는 진리가 무엇인지에 대한 진지한 고민을 하게 합니다.

3) 구제에서 제외된 과부의 문제 6:1-6

언어에 따라 모이는 가정 교회의 특성상 초대 교회는 작은 갈등을 겪게 됩니다. 그리고 헬라파 과부들이 구제의 대상에서 제외된 일로 인해 갈등이 폭발하게 되었습니다. 그러나 이 일은 비본질적 업무를 과도하게 담당하던 사도들이 본연의 직무인 말씀과 기도로 돌아가고 교회 내 새로운 지도자인 일곱 집사를 세우는 등 긍정적으로 해결됩니다. 이 사건을 계기로 사도행전의 다음 단계에서 활동할 세 인물인 스데반, 빌립, 바울의 등장을 보여 줍니다. 문제는 없을 수 없습니다. 중요한 것은 그 문제를 어떻게 해결하느냐입니다.

알아두기

당시 핍박이 심해지자 물고기의 그림이 그리스도인의 신분증처럼 되었다.

희랍어로
Ichthus ΙΧΘΥΣ익투스라고 하며 이는 바로 '하나님의 아들 구원자 예수 그리스도'

Iesous 예수
christos 그리스도
theonhyos 하나님의
soter 구원자

머리글자를 모은 것에 해당하기 때문에 물고기는 종종 그리스도인의 상징으로 사용된다.

이소영
"영어로 읽는 성경 - 신약"
시사영어사 2001 p.154

◎ 사도행전 7장 : 첫 순교자

오순절 성령 강림으로 성령을 선물로 받았을 뿐만 아니라, 성령의 능력으로 충만한 제자들은 담대해졌습니다. 사도행전 1장 8절의 예수님의 권면처럼 먼저 예루살렘을 떠나지 말고 성령의 권능을 받으라는 이유가 이제 분명해진 것입니다. 하나님 나라의 새로운 계약 백성이 된 새 이스라엘로서 제자들은 하나님 나라의 백성을 삼는 제자 삼기에 담대해진 것입니다. 하나님 나라는 인간의 능력인 인위로 이루어져 가는 것이 아니라 하나님의 영으로 이루어져 가는 것입니다.

첫 순교자 스데반 집사의 설교는 성령의 능력으로 충만한 설교였고 담대한 것이었지만 그는 이 설교로 인해 돌에 맞아 순교를 당합니다. 스데반의 순교의 피 흘림은 엄청난 역사를 이루게 되는데 그것은 사울인 바울이 회개하는 계기가 됩니다.

II. 교회의 변형기 사도행전 8 - 12장 - 유대와 사마리아

◎ 사도행전 8장 : 사마리아 전도자 빌립

스데반의 죽음 후 교회의 핍박이 거세지기 시작하고 그래서 선교의 중심이 예루살렘에서 안디옥으로 옮겨지며, 흩어지는 교회의 모습으로 전환하는 계기가 됩니다. 빌립이 처음으로 복음을 예루살렘 밖 즉 사마리아 땅으로 전파하기 시작합니다. 에티오피아 내시에게 전도하고 세례를 줌으로 복음이 에티오피아로 들어가는 계기가 됩니다.

□ 교회의 땅끝까지의 확산으로 구속 사역의 전진

지도 : 핍박 → 흩어짐 → 복음 전파

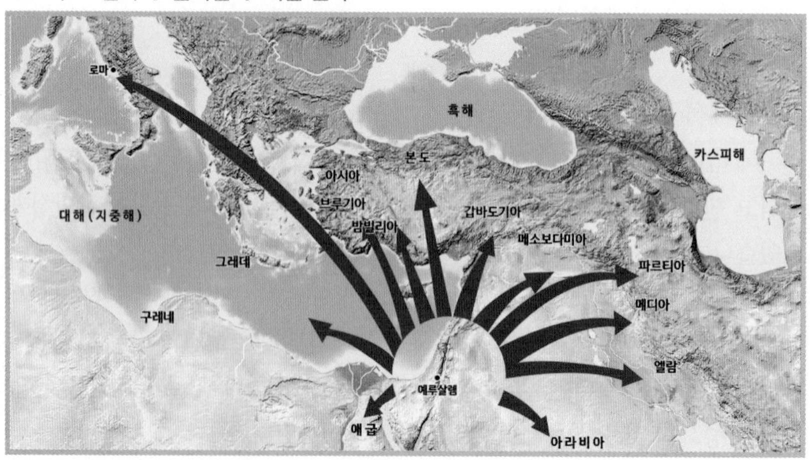

☐ 이방으로 전파의 시작

◎ 사도행전 9장 : 바울의 회심

바울이 아테네 회당에서 설교하고 있는 장면

바울의 역사는 하나님 나라가 온 세계로 확장되는 결정적인 역할을 하게 됩니다. 사울은 스데반의 순교에도 주도적인 역할을 하면서 초대 교회의 시작을 핍박하는 원흉이었습니다. 그러고도 여전히 살기등등하여 성도들을 잡아 가두기 위해 다메섹으로 가는 도중 빛으로 오신 예수님을 만나 회개하는 사건이 일어나면서 이름이 바울로 바뀝니다.

☐ 바울, 그는 누구인가?

그는 길리기아의 옛 도시인 다소 출신인데, 다소는 BC 1세기경 헬라 철학의 본고장이었으며 동서양이 합류하는 지점이었기 때문에 헬라 철학과 로마적 세계관이 동방의 신비주의와 혼합하여 이 도시의 문화를 이루고 있었습니다.

따라서 이 지방에서 자란 바울은 이런 영향을 받았을 것입니다. 그가 헬라 교육을 받았을 증거들은 그의 서신에서 잘 나타나는데 정교한 반어법고전 1-4장, 또는 명확한 논리 체계가 그것입니다. 그는 가말리엘의 문하생으로 엄격한 히브리식 율법 교육을 받은 당대의 최고의 율법 학자였습니다. 그는 유대인 베냐민 지파이지만 또한 로마의 시민권자이기도 했습니다.

이런 바울의 회심은 이방 선교의 기틀을 마련하는 역사적인 사건입니다. 만약 복음이 유대인에게만 전도되었더라면 결코 로마의 핍박을 받지 않았을 것입니다. 그러나 하나님은 바울을 회심시켜 이방인의 사도로 삼으시고, 하나님 나라의 복음을 온 세계로 전파하게 하셨고, 바울은 그 일을 하기에 적격자였습니다. 이렇듯 하나님은 사울이라는 한 인물을 준비하시고 때가 이르러 그를 바울로 만드신 것입니다.

◎ 사도행전 10~12장 : 베드로의 사역

베드로를 통한 고넬료의 회심 사건도 복음의 세계화를 위한 획기적인 사건입니다.

이 고넬료의 회심 사건을 통해 3가지 중요한 점을 봅니다.

①유대인이 아닌 이방인이 복음을 받아들였다는 것에 대해 유대인들이 반발했다는 점 ②그렇지만 이런 이방인에게 복음을 전파하게 하시고 받아들이게 주

도하신 분은 하나님이시라는 점 ③이 이방인 전도의 주역은 바울이 아니고 베드로라는 점. 이런 사실은 복음 안에서 유대인, 이방인의 구별은 무의미하다는 것을 강조하고 있음을 볼 수 있고 이미 하나님 나라는 유대인을 넘어 이방인이라도 회개하면 새 이스라엘이 된다는 하나님의 섭리를 강하게 보여 주는 것입니다.행 11:18

이것은 복음하나님 나라의 세계화입니다. 교회에 대한 핍박은 더욱 거칠어지고 헤롯은 사람을 죽이기까지 하는데 이때 요한의 형제 야고보를 죽입니다.
예수님의 제자 중 야고보가 첫 순교자가 됩니다. 그리고 베드로가 투옥됩니다.
이때 예루살렘 교회는 베드로를 위하여 열심히 기도하는데 그 결과 헤롯의 무력은 하나님의 권능 앞에 무력해지고 하나님의 초자연적 간섭으로 베드로는 구출됩니다.
이것은 복음의 전파에는 어떤 것도 방해가 될 수 없다는 것입니다. 하나님의 전능하심이 함께 하기 때문입니다. 예수님은 약속하셨습니다. "내가 너희에게 분부한 모든 것을 가르쳐 지키게 하라 볼지어다 내가 세상 끝날까지 너희와 항상 함께 있으리라 하시니라"마 28:20

지도 : 바울의 행적

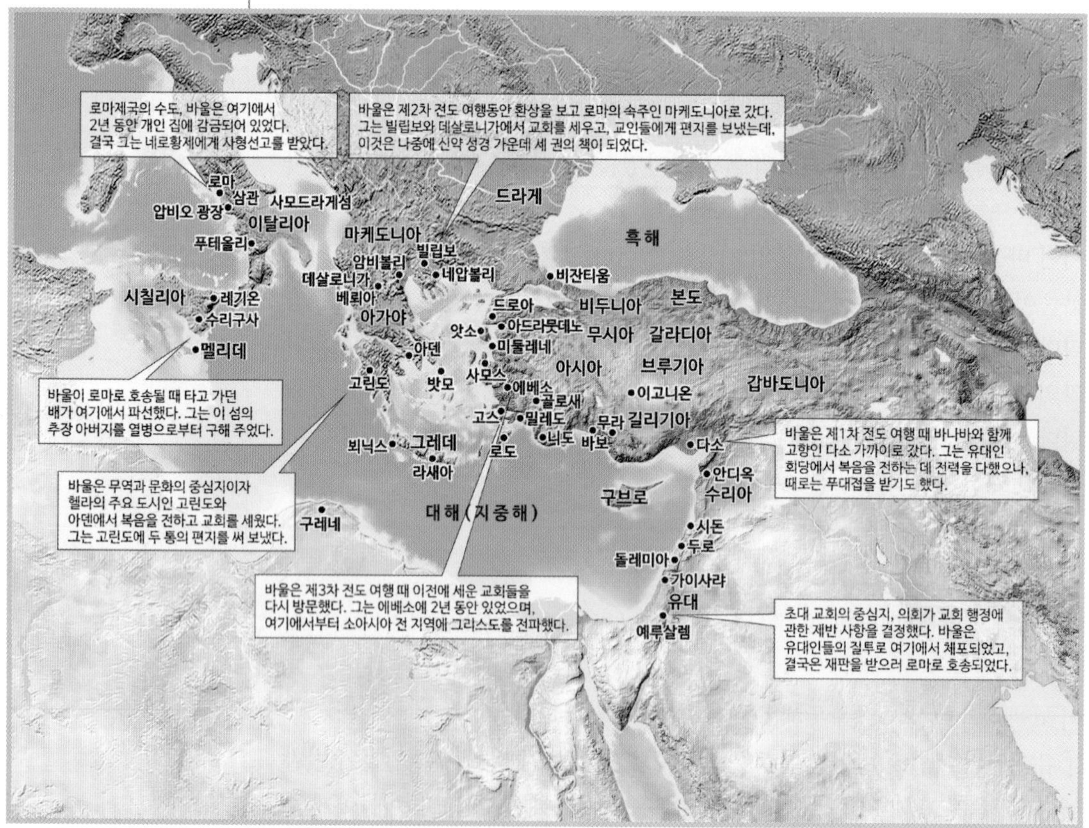

서신서의 분류와 쓰여진 시기와 상황

시간 흐름으로 본 서신서의 분류

90일 성경일독 도표 © 2009 주해홍

	무슨 일이 있었는가?	사도행전의 시간 흐름	바울서신	공동서신	예언서
AD 30	예수님의 승천 성령강림	교회의 형성기 (예루살렘) (행1장-7장)			
32 34	스데반의 순교 바울의 회심	교회의 변형기 (유대와 사마리아) (행8장-12장)		야고보서	
47	바울의 1차 전도여행 (49년까지)	교회의 확장기 (땅끝까지) (행13장-28장)	갈라디아서		
49	예루살렘 공의회 바울의 2차 전도여행 (52년까지)		데살로니가 전서 데살로니가 후서		
52	바울의 3차 전도여행 (58년까지)		고린도 전서 고린도 후서 로마서		
54	네로황제 즉위 (68년까지 통치)				
58	바울의 체포, 로마 압송			히브리서	
60	바울의 옥중생활		옥중서신: 빌립보서, 골로새서, 에베소서, 빌레몬서		
64	로마의 대화재		목회서신: 디모데 전후서, 디도서	베드로전서 베드로후서	
67	바울, 베드로 순교				
68	네로의 죽음			유다서 요한 1,2,3서	
70	예루살렘 파괴				
95	사도요한의 밧모섬 유배				요한계시록

78일

년 월 일

약 1-5장
행 13-15:35
갈 1-6 장

2장 26절
"영혼 없는 몸이 죽은 것같이 행함이 없는 믿음은 죽은 것이니라"

"행함" (Works)
야고보서는 참 믿음으로 실천을 강조하고 있습니다. 이것은 오직 믿음만을 강조한 갈라디아서의 보충입니다.

서신서를 기록한 시간 순서대로 읽습니다. 그 이유는 사도행전의 흐름과 같이 가기 때문입니다. 예수님의 동생 야고보는 **AD 62**년경에 순교했다고 추정됩니다. 바울이 갈라디아서를 쓰기전에 야고보서가 쓰여졌다고 생각됩니다. 그래서 이 야고보서를 지금 읽지만 믿음을 강조한 갈라디아서와 실천을 강조한 야고보서의 서로 보완적인 면을 염두에 두고 읽으세요.

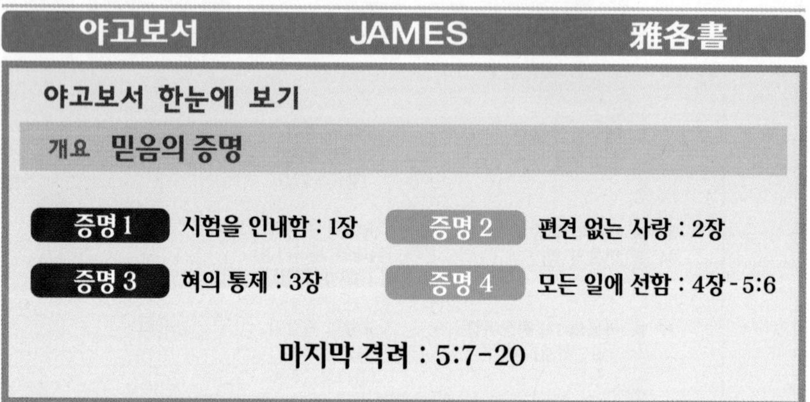

야고보서 JAMES 雅各書

야고보서 한눈에 보기

개요 **믿음의 증명**

증명 1	**시험을 인내함 : 1장**	증명 2	**편견 없는 사랑 : 2장**
증명 3	**혀의 통제 : 3장**	증명 4	**모든 일에 선함 : 4장 - 5:6**

마지막 격려 : 5:7-20

학자들은 야고보서의 저작 연도를 넓게는 AD 45년에서 야고보의 죽음AD 62년 순교 직전에 쓰였다고 생각합니다. 그러나 아래 몇 가지 사항으로 볼 때, 본서가 신약 성경 중에서 가장 처음 쓰였다고 판단됩니다.

- 이방인 기독교인에 대한 언급이 없다.
  아직 선교가 활성화되지 않은 때였다.
- 그리스도의 말씀을 제외하고는 다른 특별한 신학이 없다.
- 야고보서는 '교회'라는 용어 대신에
  '회당'이라는 단어를 사용하고 있다.2:2
- 야고보서는 사도행전 15장에 나오는 예루살렘 공의회AD 49년와
  연관된 문제점들을 언급하지 않고 있다.

그러므로 그 AD 49년 이전에 기록된 것으로 볼 수 있습니다. 아마 AD 45년에 기록했다고 봅니다.

야고보서의 저자는 누구?

신약 성경에는 야고보란 이름을 가진 사람이 네 명이나 있습니다. 사도 유다의 아버지 야고보눅 6:16, 행 1:13, 알패오의 아들 야고보마10:3, 막 3:18 , 세베대의 아들로 요한의 형제 야고보마 4:21, 10:2 AD 44년에 순교-행 12:2, 그리고 예수님의 형제 야고보 마 13:55, 막6:3, 갈 1:19입니다. 이 중에서 야고보서의 저자는 예수님의 형제 야고보라고 봅니다.

그는 예수님이 공생애 초기에 갈릴리에서 사역하실 때 예수님을 비웃던 사람이었습니다.요 7:5 예수님의 동생 야고보가 불신자에서 예수님의 부활하심을 보고 예수님을 영접한 사실은 놀라운 사실이고, 그는 예루살렘 교회를 세우는 데 가장 큰일을 한 사람입니다. 그는 AD 62년경에 순교했습니다. 그는 실천하는 믿음을 무엇보다 강조했습니다.비록 루터는 이 책을 싫어했지만 야고보는 예수님의 부활을 목격한 후에는 예수님의 제자가 되었고고전 15:7, 베드로가 예루살렘을 떠난 후에는행 12:17 예루살렘 교회를 지도하게 되었으며갈 1:19, 예루살렘에서 열린 총회를 주관하기도 했습니다.행 15:13, 21:18 바울로부터 '교회의 기둥'이라는 말을 들었습니다.갈 2:9

야고보서의 저자가 예수님의 형제 야고보라는 증거로 사도행전 15장 23~29절에 언급되는데, 이 글은 야고보의 지도 아래 쓰여진 편지글로 야고보서의 문체와 많은 유사점이 있습니다. 특히 '문안'의 뜻을 가진 헬라어 '카이레인'χαίρειν 이란 단어는 신약 성경에서 사도행전 15장 23절, 23장 26절, 야고보서 1장 1절에서만 발견됩니다.

야고보서가 예수님의 가르침에서 받은 깊은 영향은 특히 산상 수훈과 같은 예수님의 가르침에 대한 많은 암시를 통해 명백하다고 보여집니다. 때때로 야고보서는 윤리적인 완전성과 정의를 강조하기 때문에 신약의 '아모스'라고도 불리는데, 실제로 야고보는 자신이 독자들의 편에 서서 행동의 필요성을 전하기 위해 이 편지의 108절 중에 54절을 명령어로 구성하고 있습니다.

바울과 야고보의 비교

	바울	야고보
관심	율법주의자들	자유사상가들
강조점	믿음으로 하나님 앞에서 의롭게 됨 (칭의)	행위로써 사람들 앞에서 의롭게 됨 (성화)
관점	선물로 받은 믿음 (칭의적 믿음)	믿음을 드러낸 행위 (성화적 믿음)
결과	그리스도 안에서 믿음을 통해 영원히 의롭게 됨	그리스도처럼 행함으로 매일의 증거로 의롭게 됨

야고보와 바울을 신중히 비교해 보면, 믿음과 행위의 모순은 단지 표면상의 문제일 뿐입니다. 바울도 야고보만큼이나 살아 있는 믿음은 사랑과 순종의 행위로만 드러난다고 확신했습니다.갈5:6 바울은 율법주의자 등을 공격한 반면, 야고보는 그리스도인의 행위에서 질적인 면은 상관없다고 생각하는 자유주의자들을 반대했다는 점이 바울과의 차이라고 봅니다. 바울의 믿음은 칭의적인 믿음을 말하고, 야고보의 믿음은 성화적인 믿음을 가리킨다고 봅니다.

◎ 야고보서 1~5장

종교 개혁자 마틴 루터는 야고보서를 '지푸라기 같은 서신'이라고 불렀습니다. 오직 믿음으로 구원을 얻는 '이신칭의'의 관점을 가진 종교 개혁자의 눈에는 행위를 강조한 야고보서는 하찮게 보일 수밖에 없었던 것이지요. 그러나 상반된 평가도 있습니다. '그리스도인들의 생활을 위한 실제적인 지침서', '신약 성경의 잠언', '신약의 아모스'라는 별명을 갖기도 합니다.

야고보서의 의도는 1장에서의 격려를 통해서 시험에 빠진 형제들을 격려하고, 이론적이거나 관념적 탁상 이론식 교리만을 강조하며 삶을 무시하고 현실을 도피하는 식의 믿음을 경계하며 말씀 실천을 통한 복음의 사회성을 강조함에 있습니다.

사실 복음은 개인 영혼 구원뿐만 아니라 사회 구원이라는 복음의 사회성도 함께 강조되어야 합니다. 하나님 나라는 그 백성의 삶 속에 임하기 때문입니다. 믿음은 단순한 지적 인정知的 認定**만이 아니라 그 반응을 실천하며 행함으로 완성되는 것입니다. 복음은 개인적 차원을 뛰어넘어 올바른 가치관과 윤리로서 사회적 책임을 다해야 하는 것입니다. 그것이 바로 하나님 나라의 윤리입니다. 그렇다고 신앙적 근거가 없는 과격한 행동을 강조하는 것은 아닙니다.**

사회와 격리된 개인이 있을 수 없듯, 신앙과 행동은 완전히 일치된 동전의 양면과 같은 것임으로 서로 어느 한쪽으로 기울일 수가 없는 것입니다. 믿음은 행위로 표현되어야 하고 행위는 믿음에 근거해야만 합니다. 따라서 행동하는 믿음성화적 믿음**은 시험을 온전히 감당할 수 있다는 것입니다. 시련이 없는 믿음의 삶은 없습니다. 시련은 우리의 믿음을 한 차원 더 높이며 하나님과의 관계를 그것만큼 더 견고히 다지기 위함입니다. 2장, 3장, 4장은 구체적으로 행동하는 믿음이란 어떤 것인가를 보여 주는 잠언과도 같은 것입니다. 이런 것들은 바로 믿음의 증명이 되는 것입니다. 마지막으로 5장 7-20절에서 야고보는 핍박받는 형제들에게 주의 강림하시기까지 인내하라는 권면으로 끝을 맺습니다.**

III. 교회의 확장기 사도행전 13 - 28장 - 안디옥에서 땅끝까지

사도행전 12장까지는 예루살렘에 모인 새 이스라엘이 된 제자들이 예루살렘에 모여서 성령의 권능을 받음으로 시작된 교회가 그 기초를 다지면서 사마리아까지 나아가는 역사를 기록합니다. 여기까지가 사도행전의 전편이라고 할 수 있고 베드로가 주 사역자였습니다.

이제 사도행전의 중심은 안디옥과 바울로 넘어갑니다. 지금부터는 바울 행전이라고 할 수 있을 만큼 바울은 복음을 땅끝까지 전파하는 이방인의 사역자로 역할을 시작합니다. 13장에서 21장 26절까지는 선교사 바울의 사역이고 21장 27절에서 28장까지는 죄수 바울의 모습을 볼 것입니다. 선교란 전도와 동의어이지만 전도는 자국민을 상대로 복음을 전하는 것이고, 선교는 언어가 다른 민족에게 복음을 전하는 것이라고 규정한다면 바울은 그야말로 선교사입니다.

그의 선교 전략은

①교회의 후원을 얻되 자비自費를 드려서 충당하는 자비량 선교이고 ②단독으로 하는 선교가 아니고 언제나 팀을 이루어 함께 사역한다는 것 ③그는 이방의 문화를 최대한 존중하되 그 이방 문화에 따라 선교 전략은 바꾸어도 결코 복음의 본질을 변질하거나 왜곡시키지 않는다는 것 등을 들 수 있을 것입니다.

그러나 무엇보다 바울은 성령의 간섭하심을 기대하며 그분의 인도에 강하게 의지하는 믿음을 우리에게 보여 줍니다.

◎ 사도행전 13~14장 : 바울의 1차 전도 여행

안디옥의 선교 본부는 바나바와 바울을 선교사로 파송합니다. 그러나 이 선교 여행은 바울이나 바나바의 아이디어가 아니라 성령의 지시에 따라 교회가 이 두 사람을 파송한다는 점에 유의해야 합니다.13:2 아직은 바나바가 더 중심적인 인물입니다. 이들은 구브로 섬으로 갑니다. 구브로는 지중해 동북방에 위치한

관련성구	기간(AD)	거리	동반자	주요사역	의의
사도행전 13:1-14:28	47-49년 (약 2년)	약 2,240km	바나바, 마가(요한)	· 안디옥 교회의 파송을 받음 (13:2) · 바보에서 박수 엘루마를 물리치고 로마 총독 서기오 바울에게 전도함 (13:6-12) · 마가 요한이 예루살렘으로 돌아감 (13:13) · 루스드라에서 앉은뱅이를 치유함 사람들이 그를 신(神)으로 받듦 (14:8-18) · 안디옥으로 돌아와 보고함 (14:21-28)	· 이방 전도의 가능성 확인 및 체계화 · 이방인 개종에 있어서의 할례 문제가 제기됨 (15장)

지도 : 바울의 1차 전도 여행

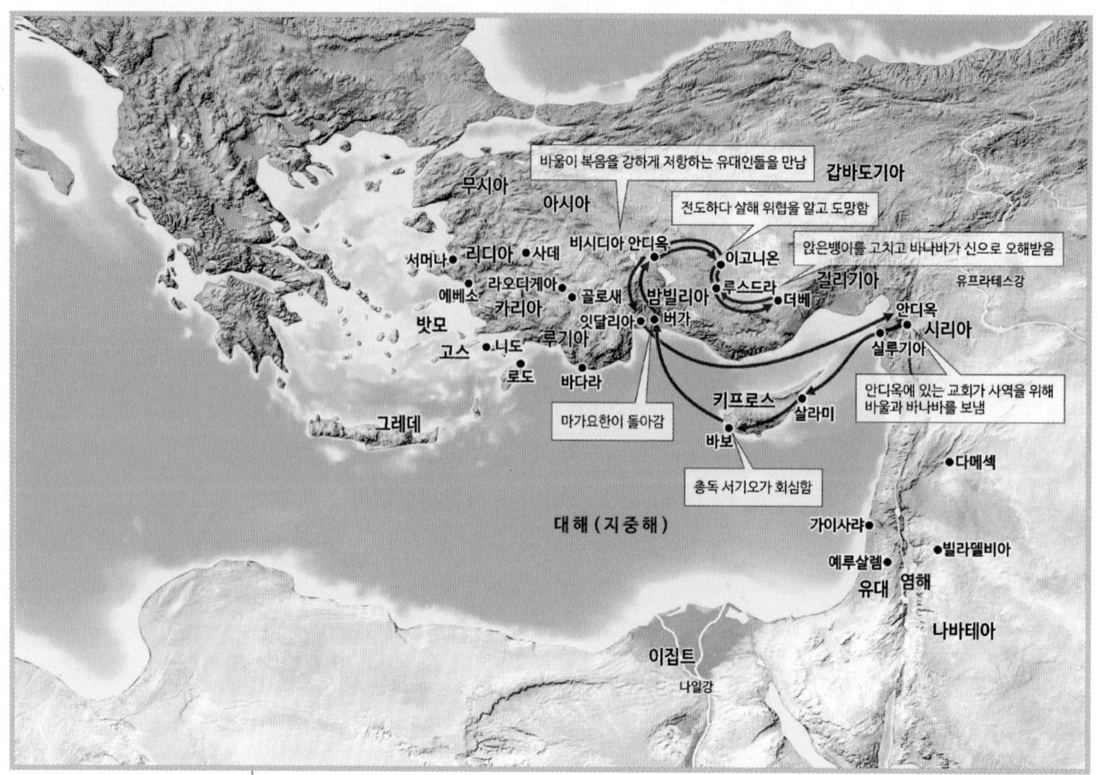

섬으로 많은 유대인이 살고 있으며, 바로 바나바의 출신지이기도 합니다. 여기서 무당을 만나 한판 대결을 벌이지만 승리하고 전진을 계속합니다. 구브로를 떠나 갈라디아 지역의 안디옥과 이고니온과 루스드라를 거쳐 더베까지 가는 선교 여행입니다.위 지도 참조 여기서 바울은 갈라디아 교회를 세우고 나중에 갈라디아 서신을 보냅니다.

◎ 사도행전 15:1~35 : 예루살렘 공회

교회사에 있어서 첫 총회인 이 예루살렘 총회는 당시 구약의 율법과 새 믿음의 부딪침인 할례 문제를 해결하기 위해 소집된 회의였습니다. 예루살렘 교회는 안디옥 교회를 통해 파송된 바울과 바나바에 의해 이방인에게 복음이 확산되자 율법 문제로 인해 다소 당혹한 것이라고 생각됩니다. 구약의 율법에 충실한 예루살렘 교인들의 반발을 사게 된 것이지요.

그러나 복음이 이방 세계로 향하여 땅끝까지 가기 위해서는 이 문제는 반드시 한번은 짚고 넘어가야 할 과제였던 것입니다. 이 제1차 예루살렘 총회에서는 율법의 엄수를 주장하는 자들의 폐쇄적인 태도를 물리치고, 이방인들을 향한 하나님의 뜻을 자각하여 그들을 한 형제로 영접한다고 하는 내용의 결의를 통해

할례 문제를 깨끗하게 해결한 것입니다. 새 이스라엘은 율법을 엄수하는 자가 아니고 하나님의 뜻에 순종하는 자들임을 다시 한 번 확인한 것이고 그것이 바로 하나님 나라의 백성이 되는 것입니다.

바울이 1차 선교 후에 이 갈라디아서를 썼다고 봅니다. 그래서 여기서 갈라디아서를 읽습니다.

갈라디아서 GALATIANS 加拉太書

갈라디아서 한눈에 보기

개요 복음으로 누리는 자유함

인사 - 1:1-5

I. 복음의 진정성	II. 복음의 탁월성	III. 복음으로 누리는 참 자유함
(1:6-2장)	(교리적 설명) (3장 - 4장)	(실재적 적용) (5장 - 6장)
· 복음의 근원의 정통성 · 복음의 내용의 정통성	· 새로운 관계의 정립 (3장) · 그것으로 누리는 특권 (4장)	· 사랑의 섬김은 율법적 멍에를 끊음 (5:1-15) · 성령은 육신적 멍에를 끊음 (6:16-6:10)

후기 - 6:11-18

갈라디아서는 바울의 1차 전도 여행의 결실로 쓰여진 책이라고 봅니다. 바울은 율법 준수를 강조하는 유대인 교인들에게 인간의 참 자유는 율법을 지키는 데 있는 것이 아니라 진리예수를 알고 그 진리를 받아들이는 데 있다는 것을 깨우쳐 주고자 합니다. "진리를 알지니 진리가 너희를 자유롭게 하리라" 요 8:32

□ 갈라디아서의 이신칭의以信稱義의 의미

갈라디아서가 말하는 이신칭의以信稱義의 믿음은 행함을 무시하는 측면이 있는 개념일 수가 없습니다. 왜냐하면 믿음은 곧 행함실천으로 직결되어 있기 때문입니다. 야고보서에서 행함을 강조하는 것도 믿음의 근거를 무시한 것이 아닙니다. 이 믿음으로 구원을 받는다는 것은 우리의 구원이 우리의 행함 즉 당시 분위기로 말하면 외향적 율법 지킴이 우리를 구원하지 못한다는 것을 분명히 하기 위함입니다. 종교 개혁의 말미를 제공한 가톨릭의 공적 주의적 구원관도 이 부분을 잘못 해석한 것입니다.

행위 구원이 아니고 믿음에 의한 구원은 구원의 주체는 하나님이시고 그 구원은 그분의 고유한 권한이며 그 구원은 그분의 지극하신 사랑에 의해 거저 주어

2장 16절

"사람이 의롭게 되는 것은 율법의 행위로 말미암음이 아니요 오직 예수 그리스도를 믿음으로 말미암는 줄 알므로 우리도 그리스도 예수를 믿나니 이는 우리가 율법의 행위로써가 아니고 그리스도를 믿음으로써 의롭다 함을 얻으려 함이라 율법의 행위로써는 의롭다 함을 얻을 육체가 없느니라."

"믿음" (Faith)

믿음이 바로 이 책의 맥박입니다. 바울은 인간의 어떤 공적도 인간을 구원할 수 없다고 강조합니다. 더구나 율법을 지키는 행위가 구원을 이루는 것이 아니라는 것입니다.

지는 것임을 분명히 하는 것입니다. 이것은 우리가 말하는 신위神爲의 개념과 도 같은 것이고, 이 이신칭의以信稱義는 기독교만의 독특한 교리입니다. 불교에서도 선행과 자비를 베풀어야 극락에 간다고 가르칩니다. 이것은 행위에 의한 자력 구원自力救援을 말하는 것입니다. 그러나 기독교, 특히 개신교는 절대타자 絶對他者에 의한 타력 구원他力救援을 주장합니다. 바로 그 사실을 믿으면 구원을 받는다는 것입니다. 그것은 그 믿는 바를 실천에 옮기는 것으로 직결되어 있습니다.

믿음과 행위를 두 개의 별개의 개념으로 생각하면 안 됩니다. 그것은 결국 하나입니다. 칭의와 성화는 같은 구원의 과정입니다.

◎ 갈라디아서 1~6장

1. 복음의 진정성

□ 갈라디아서는 그리스도인의 자유에 관한 대헌장

갈라디아서는 믿음을 통해 은혜로 얻는 칭의 교리에 관한 고전적인 진술입니다. 바울은 하나님 앞에 의롭게 되기 위해서는 유대인의 율법을 반드시 지켜야 한다고 믿는 거짓 교사들을 대적하기 위하여 이 편지를 썼습니다.

갈라디아서는 '그리스도인의 자유에 관한 대헌장'으로 불려 왔으며, 마틴 루터와 요한 웨슬레는 자신들의 삶에 결정적인 영향을 미쳤다고 고백하기도 했습니다.

□ 갈라디아 교회의 세 부류 교인들

1) 바울파 : 오직 믿음으로만 의롭게 된다는 가르침을 고수하는 사람들.
2)유대주의자들 : 그리스도를 믿는 믿음에 율법을 덧붙이려고 하는 사람들.
3)율법 폐기론자 : 믿음으로 의롭게 된다는 교리를 받아들이면서 그들의 행동을 통제하는 율법이나 어떠한 수단도 거부하는 사람들.

유대주의자들은 반율법주의자들의 자유로운 삶을 지적하며 '오직 믿음'만을 가르치는 것의 결과부도덕를 너희는 보고 있다고 말했습니다.

바울은 유대주의자들의 비난에 유의하면서 반율법주의자들 역시 잘못되었다는 것을 말해 줍니다. 바울은 결코 율법 자체를 반대하지 않았습니다. 1장~2장은 바울의 개인 간증문과 같습니다. 이 1~2장을 보면 바울이 자기의 사도직에 대한 정통성을 말하려고 합니다. 특히 1장 1절에서 그의 사도직이 사람에게서나 사람으로 말미암은 것이 아님을 말합니다. 또한 2장 11-21절에 가면 바울이 베드로를 책망하는 언급이 나옵니다.

이러한 것은 모두 갈라디아 교회에 존재했던 거짓 교사들 때문이었습니다. 갈라디아 교회에 있었던 유대주의자들은 예수 그리스도를 믿어도 율법을 지키고 할례를 받아야만 구원받을 수 있다고 주장했습니다. 그들은 또한 바울의 사도직까지 의심했습니다. 그래서 바울은 그가 전한 복음은 예수 그리스도의 직접적인 계시로부터 온 것이며 그의 사도직 역시 하나님의 직접적인 계시와 위탁을 통해서 얻은 것이라는 사실을 그의 개인 간증을 통해 설명할 수밖에 없었습니다.

2. 복음의 탁월성 3장~4장

3장에서 바울은 복음과 율법을 비교해서 설명합니다.
다음 도표가 그것을 잘 요약하고 있습니다.

기능		효과	
율법	은혜	율법	은혜
행위에 기초함 (3:10) 우리의 보호자 (3:23; 4:2) 우리의 교사 (3:24)	믿음에 기초함 (3:11–12) 그리스도 중심 (3:24) 우리의 자유를 보증 (4:30–31)	우리를 저주 아래 있게 함 (3:10) 믿음을 위해 우리를 가둠 (3:23) 우리를 그리스도에게로 인도함 (3:24)	믿음으로 의롭다 함 (3:8, 24) 그리스도가 우리와 함께 사심 (2:20) 우리를 아들이자 상속자로 받아들임 (4:7)
율법은 우리의 죄를 선언하고, 우리를 그리스도께로 몰아가며 순종의 삶으로 우리를 이끄는 기능을 하지만, 우리를 구원하기에는 무력하다.			

☐ 율법과 은혜의 비교

4장에서 바울은 복음과 율법을 창세기 16장 아브라함의 정실 자식과 후실 자식으로 비유하여 설명합니다. 다음의 도표가 그것을 잘 요약합니다.

구분	옛 언약 (율법)	새 언약 (복음)	비고
4:24	하갈	사라	율법의 기원은 종의 위치에 있는 모세이나, 복음은 본부인과 같은 그리스도를 기원으로 한다.
4:22	계집종	자유하는 여인	하갈이 사라에게 속한 것같이 율법은 복음에 종속된다.
4:28	이스마엘	이삭	율법은 율법에 속한 자를 생산하나 복음은 자유한 자를 낳는다.
4:23	종	약속의 자녀	복음은 언약의 본질이나 율법은 복음을 섬기는 위치에 머문다.
4:25,26	구속	자유	율법은 인간을 영원히 속박하나 복음은 자유케 한다.
4:29	육체	성령	율법은 인간적 노력이 요구되나 복음은 성령의 감동하심에 기인한다.
4:30	추방	유업 상속	율법으로서 구원을 이룰 수 없으나 복음은 구원을 이룬다.

3. 복음으로 누리는 참 자유함5~6장

□ 갈라디아서 5장의 성령의 열매The fruit of the Spirit

갈라디아서에서 말하는 성령의 열매란 성령이 성도 안에 내재하시고, 그분의 인도하심에 순종하는 성령 충만한 삶의 결과가 나타나는 것을 말합니다.갈 5:22-23 바울은 아홉 가지를 말하고 있지만 성령의 열매는 복수가 아니라 단수로 제시되고 있습니다. 이는 성령의 열매로 제시된 속성들이 서로 연합되어 있으며 모두가 성령의 지배 아래 살아가는 성도에게서 발견되어야 할 것임을 말해 주는 것입니다. 히브리 수의 개념으로 하나, 즉 1을 말할 때, 이 하나는 단순 하나의 개념이 아니고, 복수적 개념이 섞여 있는 하나, 즉 복합적 단수compound unity의 성격을 갖는 집단적collective의미를 갖는 하나one를 말합니다. 이를 테면, 포도 한 송이를 많은 포도들이 포함되어 한 송이를 만들 때 그 하나를 말합니다. 이것은 히브리어의 하나 즉 '이하드 echad'의 개념입니다. 히브리어에서 단순 하나를 말할 때, '야히드 yacheed'를 사용하는데 이는 절대적 의미의 단수absolute unity를 말합니다.

□ 세 종류의 성령의 열매

• **성령의 열매 1 :** 갈라디아서 5장 22-23절의 아홉 가지 열매

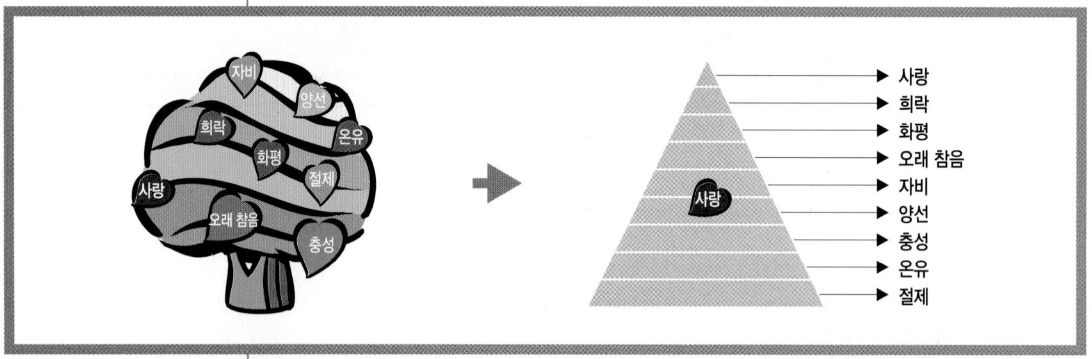

1) 하나님과의 관계

① 사랑 : 우리의 가슴hearts에 하나님의 사랑을 심어 주십니다.
하나님은 사랑이십니다.요일 4:8 사랑의 방향성은? 하나님을 위한 사랑의 방향을 결국 이웃으로 향해야 합니다.

② 희락 : 우리의 심령souls 속에 하나님의 기쁨을 심어 주십니다.
이 기쁨은 근심과 걱정이 없는 기쁨이 아니고, 그런 와중에서도 하나님을 의지하면서 누릴 수 있는 기쁨입니다.

③ 화평 : 우리의 마음minds에 하나님의 화평을 심으십니다.
하나님과의 관계에서 화평한 자는 이웃과의 관계에서도 화평합니다. 화평을 누리는 자의 모습은 마치 엄마의 품속에 안겨 주위가 아무리 시끄러워도 잠을 잘 수 있는 아이와 같습니다. 성령께서 하시는 일은 모두 다 사랑 안에서 계획되어지고 희락으로 착수되며, 화평 속에서 완성됩니다.

2) 이웃과의 관계

④ 오래 참음인내 : 남의 무례함과 불친절을 참고 보복을 거부하는 것, '빨리 빨리' 문화를 만드는 한국인에게 필요합니다.

⑤ 자비 : 남에게 해를 끼치지 않겠다는 부정적 관대함을 넘어 모든 사람이 잘 되기를 바라는 긍정적인 인자함입니다.

⑥ 양선 : 호의를 행동으로 옮겨 구체적이고 건설적인 방향으로 옮겨 솔선하며 사람들에게 봉사하는 것, 오른뺨도 내어 주는 마음, 마태 25장의 양과 같은 사람들의 마음을 말합니다.

3) 자신과의 관계

⑦ 충성 : 믿음으로 번역되는 말인데 하나님이나 남에 대한 믿음이 아니라 남이 자신을 믿게 하는 믿음, 즉 신뢰감을 주는 것을 말합니다.

⑧ 온유 : 온유는 부드럽고 연약한 자들의 특징이 아닙니다. 강하고 힘이 있지만 그 강함과 힘을 규제하고 있는 사람의 특징입니다. 내유외강의 기질이며 우유부단의 모습이 아닙니다.

⑨ 절제 : 우리의 말과 생각과 욕망과 감정을 다스리는 것을 말합니다.

성령의 아홉 가지 열매는 모두 '성품'에 관한 것입니다. 다시 말하면 성령의 열매는 인간의 인격, 즉 사람의 됨됨이를 보여 주는 것들입니다. 어떤 업적을 이루었는가를 중요하게 여기는 것이 아니라 어떤 관계성을 가지고 살아가는 사람인가를 중요하게 여긴다는 것입니다. 어떻게 사람이 하나님 앞에서 바른 삶, 영적인 삶을 사는가 이것이 열매의 기준이라는 것입니다. 은사는 하나님이 주시는 선물로 그냥 받는 것이지만, 열매는 그 대가를 치러야 맺어지는 것입니다.

인간은 이 세상에 태어날 때 빈손으로 왔다가 빈손으로 간다고 흔히 생각하지만 성경적 발상은 인간은 이 세상에 하나님이 주시는 은사를 가지고 왔다가 그 은사의 열매를 맺어 그것을 가지고 본향으로 돌아간다는 사실을 기억하십시오.

• **성령의 열매 2 :** 에베소서 5장 18~21절의 열매

18술 취하지 말라 이는 방탕한 것이니 오직 성령으로 충만함을 받으라 19시와 찬송과
신령한 노래들로 서로 화답하며 너희의 마음으로 주께 노래하며 찬송하며 20범사에
우리 주 예수 그리스도의 이름으로 항상 아버지 하나님께 감사하며 21그리스도를 경
외함으로 피차 복종하라

• **성령의 열매 3 :** 요한복음 14장 17절, 16장 13절의 열매

14:17 그는 진리의 영이라 세상은 능히 그를 받지 못하나니 이는 그를 보지도 못하고
알지도 못함이라 그러나 너희는 그를 아나니 그는 너희와 함께 거하심이요 또 너희
속에 계시겠음이라
16:13 그러나 진리의 성령이 오시면 그가 너희를 모든 진리 가운데로 인도하시리니 그
가 스스로 말하지 않고 오직 들은 것을 말하며 장래 일을 너희에게 알리시리라

□ 성령의 은사

📖 고전 **12:4-11** 4은사는 여러 가지나 성령은 같고 5직분은 여러 가지나 주는 같으
며 6또 사역은 여러 가지나 모든 것을 모든 사람 가운데서 이루시는 하나님은 같으니
7각 사람에게 성령을 나타내심은 유익하게 하려 하심이라 8어떤 사람에게는 성령으
로 말미암아 지혜의 말씀을 어떤 사람에게는 같은 성령을 따라 지식의 말씀을 9다
른 사람에게는 같은 성령으로 믿음을 어떤 사람에게는 한 성령으로 병 고치는 은사
를 10어떤 사람에게는 능력 행함을 어떤 사람에게는 예언함을 어떤 사람에게는 영들
분별함을 다른 사람에게는 각종 방언 말함을 어떤 사람에게는 방언들 통역함을 주시
나니 11이 모든 일은 같은 한 성령이 행하사 그의 뜻대로 각 사람에게 나누어 주시는
것이니라

로마서 8장을 깊이 묵상하십시오. 성령을 이해하는 데 대단히 중요한 장

□ 예수 그리스도의 흔적6장

📖 갈 **6:17** 이후로는 누구든지 나를 괴롭게 하지 말라 내가 내 몸에 예수의 흔적을 지니고 있노라

바울은 율법을 가지고 문제를 일으키는 사람들을 이 한 구절로 일소해 버립니다. 흔적을 헬라어로 '스티그마' stigma라고 하는데, 이 말은 흔적, 낙인, 고난으로 인한 상처 등을 의미하는 말이며, 신약 성경에 단 한 번 사용된 단어입니다. 이 말은 바울이 몸에 그리스도의 상처와 비슷한 상처들을 가졌다는 의미가 아니라 그가 그리스도의 십자가를 위해 고난을 견디었음을 입증한다는 뜻입니다.

바울 시대에는 군사들, 노예들 그리고 어떤 이방신에게 헌신한 사람들에게 표식을 했는데 바울은 그리스도의 군사요, 그리스도의 노예이며, 그리스도께 헌신한 추종자로서의 표시를 가졌다는 말입니다. 우리도 그런 흔적을 가지는 삶을 살아야 하겠습니다. 그 흔적은 십자가에 의해 거듭나는 삶이어야 하겠지요.

갈 2:20 내가 그리스도와 함께 십자가에 못 박혔나니 그런즉 이제는 내가 사는 것이 아니요 오직 내 안에 그리스도께서 사시는 것이라 이제 내가 육체 가운데 사는 것은 나를 사랑하사 나를 위하여 자기 자신을 버리신 하나님의 아들을 믿는 믿음 안에서 사는 것이라

내 안에 그리스도가 산다는 것은 나의 옛 자아가 그리스도와 함께 십자가에 못 박혀 죽었고, 하나님의 백성으로 다시 태어나 내 안에 하나님 나라가 이루어졌다는 말입니다. 그것은 내 삶의 모든 가치관이 하나님 나라의 백성으로서 합당하게 바뀌었다는 말입니다.

◎ 사도행전 15:36-18:22 : 바울의 2차 전도 여행과 갈리오 총독 앞에 선 바울

행 15:36~18:22
살전 1~5장
살후 1~3장
행 18:23~19:22
고전 1~6장

□ 바울의 2차 전도 여행은 인간과 하나님의 협주곡이었다

1차 전도 여행을 마친 뒤, 그때 다녔던 곳들을 다시 방문하여 믿음을 굳게 하려고 했던 바울과 바나바는 2차 전도 여행을 계획합니다. 바로 그 소아시아 지방을 다시 목적지로 잡았습니다. 마가의 동반 문제로 바울과 바나바는 결별하고 바울은 실라를 택하여 2차 전도 여행을 떠납니다. 그리고 더베와 루스드라에 이르러 거기서 다시 디모데를 영입합니다. 성령이 소아시아에서의 바울의 사역을 막으시고, 오히려 밤에 환상으로 바울을 마케도니아로 부르시는 모습을 봅니다.16:1-10 그 부르심에 순종함으로 제 1차 전도 여행의 주 무대가 소아시아 지역이었다면 제2차 전도 여행은 유럽의 관문인 마케도니아 지역이 되었습니다.

바울은 드로아에서 배로 떠나 사모드라게바위섬로 직행하여 이튿날 네압볼리로 가고 거기서 빌립보에 이르게 됩니다.16:11~12 당시 240킬로미터나 되는 길을 이틀 만에 도착할 정도로 순풍이 불었습니다.
자신의 계획을 포기하고 성령의 인도를 따른 바울의 순종에 의해 빌립보에 교회가 세워지고, 유럽의 복음화가 시작되었습니다. 하나님이 원하시는 길로 나아갈 때 길이 열린다는 사실을 봅니다. 이래서 사도행전은 사도들의 행전인 동시에 성령 행전이기도 합니다. 이것은 오늘에도 여전히 유효합니다.

관련 성구	기간(AD)	거리	동반자	주요 사역	의의
사도행전 15:40-18:22	49–52년 (약 3년)	약 4,500 ~5,600km	실라, 디모데, 누가 (도중 합류)	· 제1차 전도지의 몇 교회들을 방문, 굳게 함 (15:40–16:5) · 성령의 인도로 마게도냐 지역으로 감 (16:6–10) · 빌립보, 베뢰아, 데살로니가, 고린도 지역에서 복음 전파함 (17:1–34) · 에베소에서 아굴라와 브리스길라 부부와 동역함 (18:19–22) · 예루살렘 교회 방문 후 안디옥으로 돌아옴 (18:22)	· 소아시아 중심에서 유럽 지역으로 선교 사역을 확장함 · 살전, 살후의 직접적인 배경이 됨

지도 : 바울의 2차 전도 여행

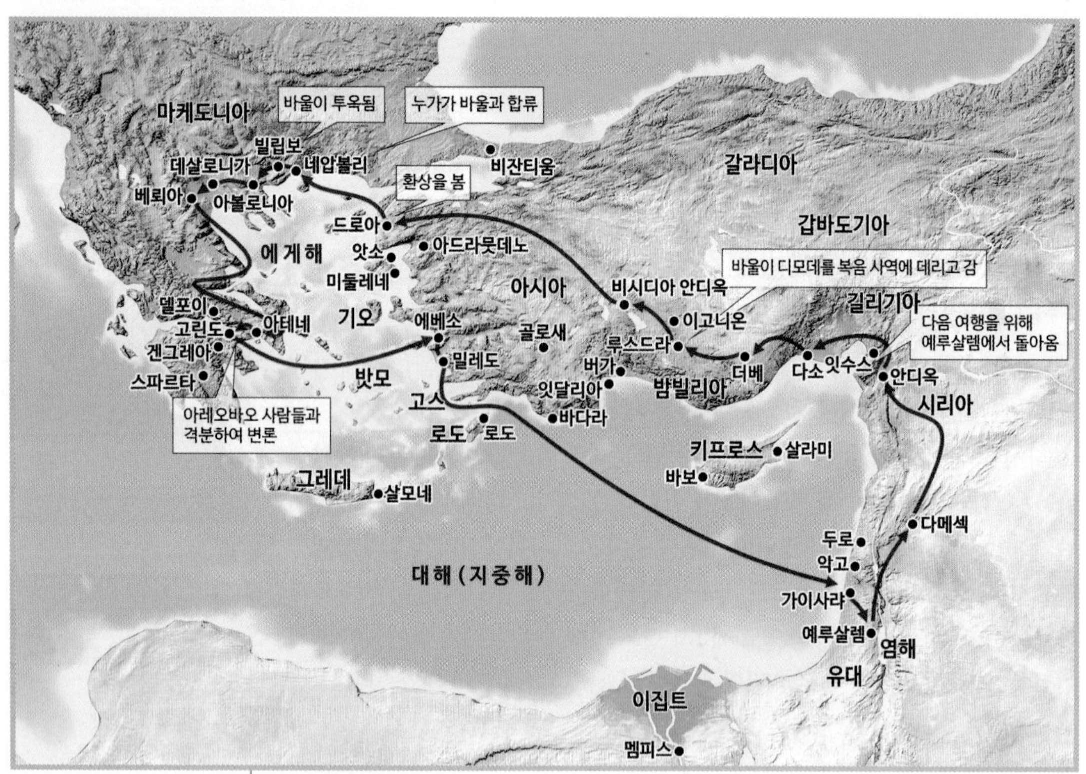

행 17:6 "…천하를 어지럽게 하던 이 사람들이 여기도 이르매"의 묵상

구약에 있어서 구별된 삶은 규례를 지키는 단순 수동적인 순종적 삶입니다. 그러나 신약적으로 구별된 삶은 단순히 수동적 삶을 넘어서 보다 능동적이고 더 적극적인 삶입니다. 그리스도인은 구별된 삶을 산다는 이유로 이분법적 사고ㄷ

分法的 思考로 세상과 구별하여 세상과 선을 긋는 삶을 중요하게 생각하는 삶을 살아서는 안 됩니다.

그리스도인은 오히려 더 적극적으로 세상을 향하여 나아가 그 세상의 시대정신時代精神을 주도하며 세상에 그리스도의 문화를 심어야 합니다. 이 구절에서 초대 교회 시절의 이방인들은 그리스도인바울과 디모데 실라를 가리키지만**들은 '천하를 어지럽히는 자들' 즉, 영어 성경에는 'these that have turned the world upside down**KJV**' 이라고 했습니다.**
즉, '세상을 뒤집어엎은 사람들'이라는 뜻입니다. 그리스도의 문화로 세상 문화를 바꾸어 놓았다는 말입니다. 신약의 구별된 삶은 바로 이런 변혁적 정신을 가지고 그리스도의 복음을 시대정신으로 삼을 수 있는 패기 있는 삶을 말합니다. 그 삶은 바로 예수님의 삶입니다.

예수님의 삶은 가르치시고, 전파하시고, 고치시는 삶을 사셨다고 했습니다.마 4:23 우리는 흔히 이것을 예수님의 3대 사역이라고 말합니다. 그러나 거기에는 한 가지가 빠졌습니다.
마태 9장 35절에 4장 23절과 꼭 같이 3대 사역을 말합니다만 그 다음 절인 9장 36절은 "무리를 보시고 민망히 여기시니 이는 저희가 목자 없는 양과 같이 고생하며 유리함이라"개혁판라고 했습니다. 그것은 예수님이 무리를 민망히 여기는 삶을 말하는 것입니다.

이것은 예수님의 모든 사역의 기본 정신을 보여 주는 것입니다. 바로 그 민망히 여기는 마음 때문에 예수님은 가르치시고, 전파하시고, 고치시는 것입니다. 이 민망히 여기는 마음은 불교가 말하는 측은지심惻隱之心, 대자대비大慈大悲와 같은 마음입니다. 우리는 이 세상을 향하여 이런 마음을 품고 함께 울고 함께 웃으면 이 세상은 더욱 그리스도의 마음으로 바뀔 것입니다.
그것이 바로 '천하를 어지럽힌 사람들'이 한 일이었습니다.

사도행전 17장 11절의 베뢰아 사람들은 신사적이고 날마다 성경을 상고한다고 했습니다. 체험과 은사 중심의 데살로니가 교인과 비교해서 '말씀 중심'의 베뢰아 교인들이 칭찬받는 모습을 묵상해 보세요.

사도행전 17장 24절~25절에서 바울은 이방 헬라인들을 향해 행한 설교에서 우주, 세상, 인간을 지으신 창조주 하나님만이 참된 신임을 강조한 성경적 세계관을 가르칩니다. 이것이 하나님 나라에 대한 바른 복음입니다.

4장 16-17절

"16주께서 호령과 천사장의 소리와 하나님의 나팔 소리로 친히 하늘로부터 강림하시리니 그리스도 안에서 죽은 자들이 먼저 일어나고 17그 후에 우리 살아 남은 자들도 그들과 함께 구름 속으로 끌어 올려 공중에서 주를 영접하게 하시리니 그리하여 우리가 항상 주와 함께 있으리라"

"재림" (Coming)

이 책 각 장에서 예수님의 재림에 관해 언급합니다.

바울의 2차 전도 여행 중에 데살로니가 교회에 편지를 썼습니다.
여기서 데살로니가전 · 후서를 읽습니다.

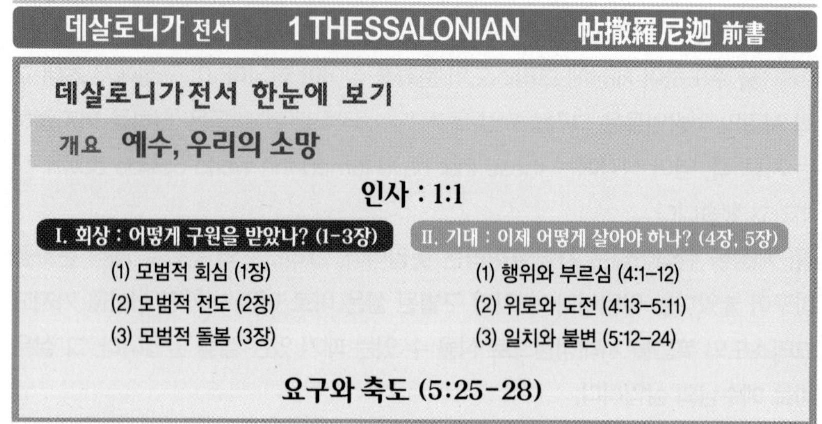

데살로니가 전서 1 THESSALONIAN 帖撒羅尼迦 前書

데살로니가전서 한눈에 보기

개요 **예수, 우리의 소망**

인사 : 1:1

I. 회상 : 어떻게 구원을 받았나? (1-3장)	II. 기대 : 이제 어떻게 살아야 하나? (4장, 5장)
(1) 모범적 회심 (1장)	(1) 행위와 부르심 (4:1-12)
(2) 모범적 전도 (2장)	(2) 위로와 도전 (4:13-5:11)
(3) 모범적 돌봄 (3장)	(3) 일치와 불변 (5:12-24)

요구와 축도 (5:25-28)

데살로니가는 마케도니아 지방의 수도입니다. 마케도니아는 에게 해 동쪽에 위치한 지금의 그리스 지역입니다. 이 지역은 풍요로운 농경지를 가지고 있고 데살로니가는 육로를 해로에 연결하는 도시입니다.

2차 여행에서 바울은 바나바와 헤어집니다. 그 대신 디모데가 합류합니다. 디모데는 루스드라에서 제2차 선교 여행 중이었던 바울과 실라를 만나 그들과 합류합니다. 디모데는 아버지가 헬라인이었으므로 할례를 받지 않았습니다.
그러나 그 지역의 유대인들에게 불필요한 마찰을 불러일으킬 이유가 없었으므로 바울은 디모데에게 할례를 행했습니다. 바울이 환상 중에 "마케도니아로 건너 와서 우리를 도우라"는 마케도니아 사람의 호소를 듣기 전까지는 일들이 순조롭게 진행됩니다. 이 요청이 하나님에게서 비롯된 것임을 확신한 세 사람은 빌립보로 갔습니다. 그리고 환란이 시작됩니다. 바울과 실라는 많은 매를 맞고 감옥에 갇힙니다. 그러나 이에 굴하지 않고 하늘의 사명을 확신한 세 사람은 여행을 계속하여 암비볼리와 아볼로니아를 거쳐 데살로니가에 이릅니다. 거기서 그들은 유대인의 회당을 찾아 세 차례의 안식일에 데살로니가인에게 성경을 강론했습니다. 이때 적지 않은 귀부인을 포함한 유대인들과 헬라인들이 이 말씀을 듣고 믿습니다.
그러나 이 말씀을 듣고 시기하여 격노한 다른 유대인들도 있었습니다. 바울 일행은 다시금 새로운 반대에 직면하게 되었는데, 이번에는 이 세 사람에게뿐만 아니라 이들에게서 복음을 듣고 믿은 사람들에게까지 핍박이 닥쳐왔습니다. 결국 데살로니가 성도들은 바울과 실라와 디모데를 밤에 베뢰아로 보냈는데, 그곳에서도 복음은 다시 열매를 맺었습니다. 한편 데살로니가의 유대인들은 베뢰아에서 일어난 일을 전해 듣고 견디지 못하여 베뢰아까지 쫓아가 소위 천하를 어지럽게 하던 이 전도자들을 핍박했습니다.

이후에 바울은 베뢰아에서 아덴으로, 아덴에서 고린도로 갔습니다. 그러나 데살로니가 교회가 여전히 그의 마음에 남아 있었습니다. 그렇게 강한 핍박 중에 그들이 어떻게 지내는지 바울은 꼭 알고 싶었습니다. 그래서 AD 51년경 고린도에 머무르고 있을 때 바울은 데살로니가 교회에 그의 첫 번째 편지를 써 보낸 것입니다.

바울은 데살로니가 교회의 성도들이 예수님의 재림에 대해 오해하고 있는 점을 풀어 줍니다. 예수님의 재림을 기다리며 말세를 살아가는 성도들을 향한 하나님의 뜻은 규모 없는 자들을 권면하여 가르치고, 마음이 약한 자들을 위로하고, 힘이 없는 자들을 붙들어 주며, 모든 사람을 대하여 오래 참고, 누구에게든지 악을 악으로 갚지 말고, 모든 사람을 대하든지 선을 좇으며, 항상 기뻐하고, 쉬지 말고 기도하고, 범사에 감사하며, 성령을 소멸치 말고, 예언도 멸시하지 말고, 범사에 헤아려 좋은 것을 취하되 악은 그 어떤 모양이라도 버리고, 우리의 영과 혼이 흠 없이 보존되었다가 주님을 맞이하기를 바라시는 것입니다.살전 5:14-23

◎ 데살로니가전서 1~5장

☐ 1. 회상 : 어떻게 구원을 받았나 1장~3장

바울은 복음을 접한 지 얼마 되지 않는 데살로니가 교회의 성도들이 환난 가운데서도 굳건히 신앙을 지키며 이웃 교회에 모범이 되는 것을 칭찬합니다. 신앙의 힘은 연륜에 있는 것이 아니고 신실하게 열심을 다하는 데 있다는 사실을 보게 됩니다. 바울은 2장에서 데살로니가 교인에 대한 그의 사랑이 부성애적이란 면모를 보여 줍니다.

3장에서 바울은 사탄의 방해로 데살로니가를 방문하지 못하고살전 2:18 대신 디모데를 보내 그곳 교인들이 환난과 박해 가운데서도 기쁨으로 신앙생활을 열심히 한다는 소식을 듣고 위로와 격려를 보냅니다. 데살로니가 교회는 여러 면에서 모범이 되는 점이 많습니다.

□ 2. 기대 : 이제 어떻게 살아야 하나 4~5장

4장에서 바울은 데살로니가 교인들의 잘못된 종말관을 바로잡습니다. 즉, 현실 부정적이고 회의적인 종말관을 지양하고 보다 적극적인 자세를 가지고 자기에게 주어진 현실적 사명을 잘 감당하라는 것입니다. 성경은 이 세상의 종말을 말하면서 그곳에만 소망을 두라고 가르치고 있지만, 그렇다고 이 세상을 등지라고 주장하는 것도 아닙니다. 성경은 천국이 우리의 영원한 안식처라고 말하지만, 동시에 이미 천국의 시민권을 취득한 성도이지만 이 세상의 삶의 기쁨과 소명을 동시에 강조하고 있습니다.

성경의 종말론적 계시의 목적은 먼저 미래적 측면에서는 인간들에게 인간 역사의 종말과 인간의 영원한 구원과 심판에 대한 경고를 줌으로써 미래에 대한 희망과 각성을 갖는 동시에 현재적 측면에서는 지상의 삶이 얼마나 엄숙하며 중요한 것인가를 깨달아 인생을 성실히 살아갈 지혜를 제공하는 것입니다.
그러므로 구원의 목적은 우리로 하여금 천국의 소망을 갖게 하여 이 세상에서 하나님이 주신 사명을 바르게 수행하게 하기 위함임을 알아야 합니다.
그것이 바로 창세기 1장 26–28절의 문화 명령입니다. 이 땅의 문화는 비록 그것이 타락하고 죄로 물들어 있지만 원래의 그것은 하나님에 의해 창조된 것이고, 그래서 인간이 이것을 지배하는 모든 행위가 문화일진대 이 능력은 하나님으로부터 오는 것이고, 그래서 인간이 그렇게 해야 할 명령을 받고 있는 것입니다. 종말을 사는 자의 자세는 이 세상을 현실 도피적 자세로 임하면 안 된다는 것이 바울이 데살로니가 교인들에게 바른 종말관을 가르치는 이유입니다.

5장에서 바울은 성도들이 바른 종말관을 가지고 삶 속에서 지켜야 할 10가지 지침을 가르쳐 줍니다. 5:12-22

1) 영적 지도자를 인정하고 존경하며, 지도자는 본을 보이라.
2) 서로 화목하라.
3) 사람에 대해 오래 참아라.
4) 선으로 악을 이겨라
5) 항상 기뻐하라.
6) 쉬지 말고 기도하라.
7) 모든 일에 감사하라.
8) 성령을 근심하게 하지 말라.
9) 선포되어진 하나님의 말씀과 은사를 소홀히 여기지 말라.
10) 모든 일을 잘 분별하라.

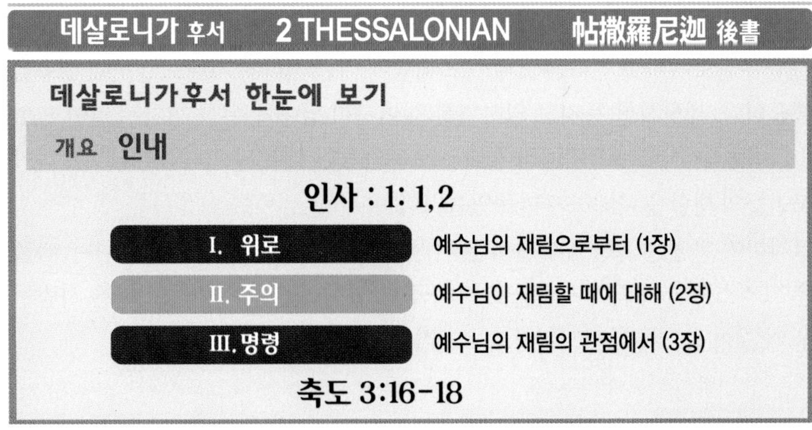

데살로니가 후서 2 THESSALONIAN 帖撒羅尼迦 後書
데살로니가후서 한눈에 보기
개요 인내
인사 : 1: 1,2
I. 위로
예수님의 재림으로부터 (1장)
II. 주의
예수님이 재림할 때에 대해 (2장)
III. 명령
예수님의 재림의 관점에서 (3장)
축도 3:16-18

2장 15절
"그러므로 형제들아 굳건하게 서서 말로나 우리의 편지로 가르침을 받은 전통을 지키라"

"굳게 서라" (Stand)
이 책은 거짓 가르침에 흔들리지 말고 바울의 가르침을 잡고 굳게 서라는 권면의 말씀입니다.

바울이 AD 51년경 데살로니가 교회에 그의 첫 번째 편지를 쓴 지 약 넉 달 내지 여섯 달이 지났습니다. 그동안 그들이 당하는 핍박이 잠잠해지지는 않았으나, 자기의 수고가 헛되지 않았기 때문에 바울은 참으로 기뻐했습니다. 그들은 시험하는 자의 공격을 잘 견뎌 냈습니다. 그러나 바울은 그 교회의 몇 가지 문제들에 대해 염려하고 있었습니다. 제 2차 선교 여행 중에 그는 다시 한번 시간을 내어 편지를 써야만 했습니다. 바울은 그 편지에 친필로 서명을 해야 했으며, 그 교회는 그 편지가 확실히 바울에게서 왔다는 사실을 알아야만 했습니다.

◎ 데살로니가후서 1장~3장

주의 재림에 대한 거짓 가르침에 현혹되지 말고 그리스도께서 오시기까지 믿음을 굳게 잡으라는 권면입니다. 데살로니가 교회에 핍박의 불이 타오르기 시작할 때 교인들은 자신들이 지금 대환난을 겪고 있으며 '주의 날'이 임했다고 교인들 중 일부는 생각하면서 그리스도께서 갑작스럽게 임하시리라는 말씀을 오해하여 일상생활에도 충실치 않고 들떠 있는 사람들이 있었습니다. 그렇기 때문에 이 서신을 쓰게 되었습니다. '주의 날'이 임하기 전에 먼저 배도하는 일이 있고2:3, 적그리스도가 나와 주를 대적하고2:3-4 그 후에야 주께서 무서운 심판을 하러 오신다는 것입니다. 그러면 말세를 사는 성도들은 어떻게 살아야 할까요? 슬기 있는 다섯 처녀가 기름을 준비하면서 신랑 맞을 준비했다가 맞이한 것처럼마 25 기름을 준비하면서 주어진 일에 충실하면서 경건한 삶을 사는 길이 주님 맞을 준비를 하는 것입니다. 천년 왕국과 예수님 재림에 관한 견해 비교는 계시록에서 참조할 것p.623

□ 재림을 기다리는 성도는 이 땅에서 어떻게 살아야 하는가?

일부 데살로니가 교인들은 그리스도 재림에 대한 지나친 기대로 잘못된 행동을 했습니다. 세상사를 등지고 일하기를 싫어하며 남에게 누를 끼치는 일이 있었습니다.살전 4:11, 살후 3:7-12 재림에 대한 오해가 빚은 잘못된 기대감이 데살로니가 교인들의 생활을 나태하게 만들었습니다.

그리하여 바울은 그들에게 올바른 지침을 주기 위하여 펜을 든 것입니다. 바울은 그리스도의 재림이 사람들로 하여금 더 열심히 일하게 만들고 다른 사람들을 더 많이 돕도록 각성시킨다고 교훈합니다.

"누구든지 일하기 싫어하거든 먹지도 말게 하라"살후 3:10

"삼가 누가 누구에게든지 악으로 악을 갚지 말게 하고 오직 피차 대하든지 항상 선을 따르라"살전 5:15

따라서 그리스도의 재림을 대망하는 자는 영적으로 특이한 일을 하는 것이 아니라 작은 일에 충성하고, "너희를 부르시는 이는 미쁘시니 그가 또한 이루시리라"살전 5:24는 확신 속에서 삽니다.

안디옥에서 얼마를 지낸 후 바울은 갈라디아와 부르기아 땅을 차례로 다니며 모든 제자들의 믿음을 굳게 했습니다.

이리하여 3차 전도 여행이 시작됩니다. 특별히 전에 "그가 다시 오리라"고 약속한 에베소의 방문과 그곳에서의 3년간의 사역은 매우 중요한 사역이었습니다.

◎ 사도행전 18:23~19:22

바울의 3차 전도 여행에서 고린도전후서를 고린도 교회에 보내고 로마서를 로마 교회로 보냅니다.

□ 바울의 3차 전도 여행

관련 성구	기간(AD)	거리	동반자	주요 사역	의의
사도행전 18:23-21:19	53–58년 (약 6년)	약 4,500 ~5,600km	누가와 디모데 (도중 합류)	· 2차 전도지의 몇 교회들을 방문, 굳게함 (18:23) · 에베소 두란노 서원에서 2년간 말씀을 강론함 (19:1–41) · 고린도전서와 로마서를 기록함 (20:1–6; 롬16:23; 고후7:5–16) · 가이사랴를 거쳐 예루살렘으로 돌아와 전도 여행 결과를 보고함 (21:10–19)	· 제1, 2차 전도 여행을 통해 세운 교회들을 굳게 함으로 복음의 뿌리가 내리게 함 · 고린도전·후서, 로마서 등의 직접적인 배경이 됨

♛ 지도 : 바울의 3차 전도 여행

☐ 바울의 세계 비전 행 19:21

안정된 기반을 잡으면 그것을 평생을 누리며 살고 싶은 것이 모든 사람의 바람입니다. 그러나 복음의 첨병이었던 바울은 에베소에서의 3년간의 사역을 마무리하며 마음속에 품고 있던 세계 비전을 다시 끄집어냅니다. 그는 이제 마케도니아와 아가야를 거쳐 예루살렘에 가기를 바랐고, 또한 거기에서 로마를 방문할 것을 계획했습니다. 19:21 그리고 로마를 지나 서바나 스페인 까지 나아가고자 하는 비전을 선포합니다. 롬 15:23, 28 당시 로마는 세계의 중심, 제국의 심장부였으며, 지금의 스페인인 서바나는 세상의 끝이었습니다. 주님의 지상 명령에 사로잡혀 있던 바울은 진정한 '비전의 사람'이었음을 봅니다.

☐ 복음에 대한 수용과 거절

복음이 선포되는 곳에서는 언제나 두 가지 반응이 일어나는 법입니다. 베드로가 전한 복음과 스데반이 전한 복음이 동일했음에도 그 결과는 판이하게 달랐습니다.

복음이 전해지는 곳마다 "마음에 찔려…형제들아 우리가 어찌할꼬" 행 2:37 의 수용적 반응 reception 과 "마음에 찔려 저를 향하여 이를 갈거늘 그에게 달려들어 성 밖에 내치고 돌로 칠새…" 행 7:54-58 의 거절적 반응 rejection 입니다. 이 둘 사이의 절충은 없습니다.

이러한 수용과 거절은 바울이 다녔던 3차의 전도 여행 내내 동일한 결과를 가져왔습니다.

바울의 3차 전도 여행 중에 에베소에서 고린도 교회와 고린도에서 로마 교회에 편지를 썼습니다. 여기서 고린도 전·후서와 로마서를 읽습니다.

고린도전서 한눈에 보기

개요 예수님은 우리의 지혜

I. 분당 짓기에 대한 책망 (1장-6장) 고린도 교회는 파벌 등 많은 인간 중심적인 문제들에 직면함

II. 교회가 직면한 문제들에 대한 바울의 대답 (7-15장)

보충 : 16장

고린도 교회는 바울이 2차 전도 여행 때 세웠습니다.행 18:1-8 아덴에서 고린도로 처음 왔을 때 바울은 몹시 두려워했습니다.고전 2:3 그러나 하나님이 그에게 좋은 동역자를 만나게 하셨으니, 그들이 바로 아굴라와 브리스길라입니다.
또한 마케도니아로 파견했던 실라와 디모데도 돌아와 합세하면서 바울은 고린도 선교에 적극적으로 나서게 되었습니다. 그러나 유대인의 격렬한 반대에 부딪힌 그들은 유대인 전도를 중단하고 디도 유스도라는 이방인 집을 중심으로 1년 반 동안 이방인에게 전도하여 고린도 교회를 세우게 되었습니다.행 18:7-11

□ 고린도는 어떤 도시인가?

그리스 본토와 펠로폰네소스를 연결하는 고린도는 에게 해와 아드리아 해 사이의 좁은 항구 도시로 부유한 상업의 중심지였습니다. 선박들은 헬라의 남단을 돌아가는 위험스러운 항로를 피하려고 이 지역을 가로질러 갔습니다.

따라서 여러 민족이 모이는 이 도시는 선교 전략 면에서 볼 때 매우 중요한 요충지였으며 바울도 각별한 정열을 기울였습니다. 이 도시는 이만 명을 수용할 수 있는 야외 극장을 가지고 있었는데 여기서 운동 경기가 수시로 열렸습니다. 또한 사랑의 여신으로 불리는 아프로디테의 신전이 이곳에 있었고, 천 명 정도의 신전 매춘부들이 있어 도시 전체를 도덕적으로 타락시키는 역할을 했습니다. 신전 창기들은 공공연하게 몸을 팔았으며, 정육점에는 신전에 바쳤던 제물들을 팔면서 번창했습니다. 고린도 사람들은 잘 먹었으며 아무런 죄책감 없이 그들의 강한 성적 욕구를 만족시켰고, 인간의 지혜를 즐겼으며, 헬라의 신들처럼 아

15장 58절
"그러므로 내 사랑하는 형제들아 견실하며 흔들리지 말고 항상 주의 일에 더욱 힘쓰는 자들이 되라 이는 너희 수고가 주 안에서 헛되지 않은 줄 앎이라"

"사랑" (Love)
이 책은 고린도 교회가 직면한 많은 문제점들을 다루지만 그 문제의 해결의 근원은 사랑이라는 사실을 말해 주고 있습니다. 13장은 사랑 장으로 유명합니다.

름답게 되고자 하여 할 수 있는 한 자기들의 몸을 아름답게 가꾸었습니다. 그들은 또한 위대한 변사들의 웅변을 즐겨 들었습니다.

250,000명의 시민들에게는 한 사람 당 거의 두 명의 노예가 있었습니다. 그런 고린도에 더 필요한 것이 무엇이었을까요? 그것은 자유, 죄와 사망으로부터의 자유였습니다. 바울의 2차 선교 여행 중에 성령께서 바울을 여러모로 막으시고 바울은 환상 중에 "와서 우리를 도우라"라는 마케도니아 사람의 부름을 받고 나섰습니다.

고린도 교회를 세운 후 바울은 에베소로 가서 3년 간 머물게 됩니다. 그곳에서 바울은 고린도 신자들에게 그의 첫 번째 서신을 썼습니다. 그들은 도움과 바르게 함이 너무나 절박하게 필요했습니다. 그때가 AD 52년에서 AD 56년 사이입니다.

고린도 교회는 모든 시대의 교회가 갖는 문제의 본보기들을 가진 교회였습니다. 고린도전서는 바로 이런 문제들을 다루는 책입니다.

바울이 그가 세운 고린도 교회를 떠나 에베소에 3년간 머무는 동안에 고린도 교회는 여러 문제들이 생겼습니다. 고린도 교인들은 문벌 좋은 자가 별로 없으나 헬라인과 같이 지적 자만심에 가득 차 있었습니다. 그래서 바울은 그들이 가장 고귀한 진리를 모르고 세상적인 지혜를 자랑하는 것을 나무랍니다. 또 그들이 도덕적으로 부패해 있는 것과간음, 난잡한 성행위 술 취함에 빠져 있는 것, 사회적 또는 종교적 생활 면에서 잘못된 것,믿는 사람끼리 소송, 이혼, 십일조나 헌금을 하지 않음 잘못된 교리,고전 15:12 무질서만찬, 영적 은사등을 책망합니다.

이 책을 '책망의 서신'이라고도 합니다. 특히 무질서는 그들이 예수 그리스도를 '주'로 인식하지 못한 데에 기인된 것이라는 것입니다. 그래서 '주 예수 그리스도'라는 말이 많이 나옵니다.

□ 고린도전서의 주요 내용

1. 교인들의 분열에 대하여 바울은 교회의 하나됨을 강조했다.1:10-17, 12:4-6, 13:13
2. 교회의 일체성과 관련해, 바울은 약한 자들과 그들의 양심을 고려하여 행동할 것을 충고했다.8:1-3, 10:23-33
3. 성령의 은사 특히 예언과 방언의 문제에 바울은 특히 관심을 기울였다. 이 문제를 다루면서 그는 무엇보다도 교회의 질서를 중요시했다.14:5, 28
4. 성만찬 예식에 있어서도 바울은 성도들 서로를 향한 사랑과 연합을 강조했다.11:23-24
5. 고린도전서의 많은 부분이 헬라 철학의 영향을 받은 이원론을 공격하고 복음의 가치를 재정립하는 것과 관계되어 있다.1:18-25, 6:4, 6:19

교회와 세상

고린도전서는 고린도에 있는 하나님의 교회 곧 그리스도 예수 안에서 거룩하여지고 성도라 부르심을 입은 자들고전 1:2에게 보낸 편지입니다. 여기서 고린도에 있는 하나님의 교회라는 표현은 세상 가운데 있는 교회의 모습살전 1:1 참고을 잘 지적하고 있습니다. **교회란 세상 가운데 있지만**in the world, **세상에 속하지 아니하고**not of the world, **세상 속으로**into the world **보냄을 받았습니다.**요 17:11-19 **교회는 세상 가운데 있을 수밖에 없는 존재입니다. 그렇다고 세속에 물들면 하나님의 교회일 수가 없지요. 교회는 오히려 세상을 변혁시키는 교회가 되어야 합니다.**행 17:6

1. 분당 짓는 것에 대한 책망1장~6장

◎ 고린도전서 1~6장

바울은 고린도 편지 문안 부분에서 자신의 사도권의 권위에 언급을 합니다. 자신의 사도권은 하나님의 뜻에 따라 부여받은 것이라는 것입니다. 그는 이어서 고린도 교회의 분쟁에 대해 언급합니다. 바울은 분쟁의 원인은 하나님의 지혜를 무시하고 인간의 지혜를 과신한 데 기인하는 것이라고 지적합니다. 고린도 교회의 교인들은 바울의 표현대로 육신적 그리스도인이었음을 볼 수 있습니다. 그들은 그리스도를 구주로 영접했지만 아직은 모든 것을 예수님 앞에 온전히 내려놓지 못한 교인들입니다. 바로 이것이 고린도의 모든 문제의 근본적인 원인이 되는 것입니다. 그것은 오늘날에도 꼭 같습니다.

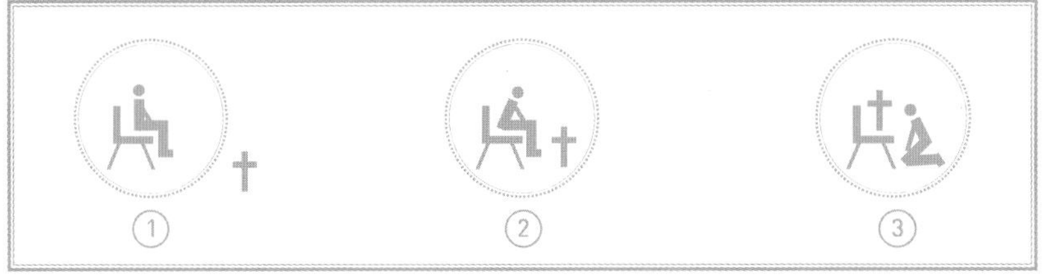

위의 그림은 C.C.C. 창설자인 Bill Bright 박사의 사영리四靈理 공부에 나오는 그림입니다.

①번 그림은 불신자를 말합니다. ②와 ③의 그림은 신자를 가리키지만, ②의 경우는 고린도 교회 교인들처럼 예수님을 구주로 영접하여 구원의 반열에 들어갔지만 그들은 아직도 자기가 자신의 삶의 주인 역할을 하는 것을 보여 줍니다. 둥근 원 안의 h자 같은 모양은 마음 즉 heart의 약자이지만 마음의 보좌를 뜻하는 의자 모양이기도 합니다. ②의 신자는 그 마음의 보좌의 주인이 아직도 자기 자

신이고 성령님은 비록 그의 마음 안으로 들어와 내주하시지만 여전히 그 발 아래에 있습니다. 아직은 자기 의Self-righteousness가 강합니다. 이런 신자를 한자로 표현하면 信者입니다. 바울은 이런 자를 육에 속한 자2:14이라고 했습니다. ③의 경우는 성숙한 성령 충만한 신자를 가리킴을 알 수 있습니다. 그는 모든 것을 성령님께 맡기고 자신은 그 앞에 내려와 순종하는 모습입니다. 이런 교인은 내려놓음의 달인이라고 하겠지요. 이런 신자를 神子라고 합니다. 그야말로 하나님의 아들이라는 것입니다. 바울은 이들을 '신령한 자'2:15라고 했습니다.

고린도 교회의 문제는 바로 '육에 속한 자'들의 미성숙함에 있다는 것입니다. 그것은 바로 그들이 예수님을 구주로 영접하는 순간 '성령의 전'이 된다는 사실을 제대로 알지 못했기 때문입니다. 이것은 우리 신앙에 있어서 굉장히 중요한 기본을 제공합니다. **우리의 몸이 '성령의 전'이 된다면 그 성전 즉, 몸의 주인은 성령이 되어야 하고 우리는 당연히 그분의 주인 됨**Lordship**을 인정하여야 합니다. 이것이 바로 신위 앞에 인위를 내려놓는 것이고 이것이 바로 인간의 문제를 해결받는 유일한 길입니다. 그러므로 우리는 信者**아직도 人爲가 지배하는**가 아니라 神子**神爲의 지배를 받는**가 되어야 합니다.** 관점 2

고전 **3:16-17** 16너희는 너희가 하나님의 성전인 것과 하나님의 성령이 너희 안에 계시는 것을 알지 못하느냐 17누구든지 하나님의 성전을 더럽히면 하나님이 그 사람을 멸하시리라 하나님의 성전은 거룩하니 너희도 그러하니라

우리가 하나님의 성전이 되었다는 것은 예수님이 운명하실 때 성전의 휘장이 찢어짐으로 구약적 성전의 의미는 없어지게 되었고, 성전의 발전 과정에서 우리가 바로 하나님이 임재하시는 이스라엘의 성전과 같은 역할을 한다는 것이고, 그것은 우리가 바로 새 언약의 동역자가 된 새 이스라엘이라는 것입니다.

고전 7~16장

□ 2. 교회의 문제들에 대한 바울의 해답 7~16장

◎ 고린도전서 7~16장

고린도전서 후반부7~16장는 고린도 교회의 문제점과 신앙적 질문에 대한 바울의 해답을 보여 줍니다.

7장은 결혼 문제에 관한 바울의 해답입니다. 고린도 교회는 결혼을 꼭 해야 한다는 부류와 이를 부정하는 부류로 나뉘어 있습니다. 바울은 결혼도 하나님의 영광을 위한 목적으로 수행되어야 한다는 것을 말해 줍니다. 7장 25-38절은 그리스도인의 결혼관을 보여 줍니다.

① 결혼은 성도들의 부부 생활성생활 자체가 목적일 수가 없고
② 가정은 그리스도의 사랑을 실현하며
③ 그리스도의 구속 사업과 하나님의 창조 질서를 수행하는 방편임을 봅니다.

8장은 우상에 바쳤던 제물을 먹어야 하느냐는 문제에 대한 답변입니다. 바울은 이 문제를 율법의 차원에서가 아니라 복음의 믿음의 차원에서 해결해야 한다고 답합니다. 형식의 차원이 아니라 본질의 차원이라는 것이지요. 그 우상 제물을 먹음으로 시험을 받게 되는 연약한 형제가 있다면 먹지 말아야 한다는 것입니다. 이때 핵심은 우상의 제물이기 때문이 아니고 형제가 시험받는 것이 핵심입니다.

이어서 **9장에서 그리스도 안에서 참된 자유를 누릴 수 있는 신앙의 성숙을 말합니다.** 그러나 그 자유는 방종을 의미하는 것은 아니라는 것을 **10장**이 지적합니다. 방종함은 교만을 부르고 교만은 시험에 이르게 합니다. 선 줄로 생각하는 교만을 버려야 한다는 것입니다.

📖 **고전 10:12-13** 12그런즉 선 줄로 생각하는 자는 넘어질까 조심하라 13사람이 감당할 시험 밖에는 너희가 당한 것이 없나니 오직 하나님은 미쁘사 너희가 감당하지 못할 시험 당함을 허락하지 아니하시고 시험 당할 즈음에 또한 피할 길을 내사 너희로 능히 감당하게 하시느니라

우리는 시험을 당해도 결코 좌절해서는 안 됩니다. 하나님께 더욱 의지하고 기도해야 합니다. 하나님은 우리가 감당하기 힘든 시험은 주지 않습니다. 그런 시험이 올 때 피할 길을 내어 주시는 하나님이심을 믿어야 합니다.

11장에서 바울은 공중 예배에 대해 권고합니다. 여기서 바울은 각 문화권의 고유한 전통이나 관습을 무시하지 않음을 보게 되고, 모든 피조물은 그리스도 안

에서 진정한 통일성과 참된 의미를 발견하게 된다는 것을 봅니다.

12장을 은사장이라고 합니다. 교회는 획일성을 추구하지 않고 다양성 가운데 그리스도 안에서 하나 됨을 추구하는 곳입니다.
그래서 은사가 다양하게 주어지고, 주어진 은사는 그리스도의 몸, 하나님의 나라를 세우는 데 모두 귀한 것입니다. 우리는 하나님으로부터 하나님 나라를 세우는데 어떤 은사를 받았는지를 찾아야 할 것입니다.아래 도표 참조

은사의 종류	내용	초대 교회의 상황
지혜의 말씀	하나님의 뜻을 분별하는 통찰력	하나님의 뜻을 삶의 현장에서 구체적으로 실천하는 은사
지식의 말씀	세상적 판단력	복음의 진리를 깨닫는 이지적인 은사, 주로 가르치는 직분에 쓰임
믿음	삶 속에서 하나님을 신뢰하는 것	구원에 대해 일반적인 믿음을 초월해서 능력을 행하고 그리스도의 고난에 구체적으로 동참하는 믿음을 뜻한다.
병 고치는 은사	육체적 질병을 고침	효과적인 복음 전파를 위해 초대 교회에서 보편적으로 강력하게 나타난다.(행 3:1-10)
능력 행함	특별한 능력이 임하면 이를 사사로이 쓰는 것이 아니라 원칙을 따라 행사해야 한다. 교회에 덕을 세우고 하나님의 영광을 위해 사용	사도 된 증거의 하나로 병 고침 이외의 여러 가지 이적을 일으키는 능력이며 하나님의 말씀에 대한 실천적인 능력이다.(행 5:1-11, 13:8-12, 고후 12:12)
예언	예언은 백성에게 바른 길을 제시한 것으로 모든 예언을 바른 길이신 예수님께로 초점이 맞추어져야 한다.	복음에 나타난 하나님의 계시를 아는 것으로 지식의 말씀과 연결된다. 그러나 초대 교회 당시는 앞 일에 대한 예고로 나타나기도 했다.(행 19:6, 20:23)
영 분별	예언이 참인가 거짓인가를 분별함	① 숨은 죄악을 판단할 줄 아는 초자연적 은사(행 5:1-11)와 ② 사탄의 거짓된 가르침을 분별하는 능력(요일 4:1)으로 나타난다.
방언	특수 목적을 위해 어떤 형태의 언어로 말하는 능력	① 오순절에 있었던 이방 방언 (행 2:1-4) ② 개인적인 영의 교제 또는 기도의 차원(14:14-15)으로 나타난다
방언의 통역	그 방언의 언어를 이해하도록 통역하는 은사	방언 은사와 관련되어 나타난다. 공중 예배 시 방언의 내용을 밝히고 교회에 덕을 세우기 위해 주어진 은사(14:5)
실천적 은사들		12:7-11에 언급된 9가지 은사와는 달리 신앙생활의 실천적인 면에서 특별하게 주어지는 은사들을 말한다. 이것은 섬기는 것, 가르치는 것, 권유하는 것, 구제하는 것, 다스리는 것, 긍휼을 베푸는 것(롬12:7-8). 그런데 은사 중 최고 은사는 사랑의 실천이다.(12:31, 13장)

13장을 사랑장이라고 합니다. 성령의 은사를 앞세우고 불화와 반목을 일삼던 고린도 교인들에게 은사의 목적과 활용 자세를 논하던 바울은 이제 가장 근본적인 문제인 사랑에 관해 이야기 합니다. 바울은 사랑을 단순히 하나의 덕목으로 찬양하거나 교훈하는 데 그치지 않고 사랑의 신앙적 의미를 밝혀 줍니다.
그 내용은 ①사랑의 절대 우위와 필요성1-3절 ②사랑의 실천적 특징4-7절 ③사랑의 영원성8-13절의 세 부분으로 나누어집니다. 이 사랑은 인본주의적 사랑 곧 남녀간의 애정인 에로스, 친구간의 사랑인 필리아, 혈연적인 사랑을 의미하는 스톨게와는 다른 것으로 신의 사랑 즉 아가페를 의미하는 것입니다.

14장에서 바울은 예배 시 방언의 남용으로 인한 고린도 교회의 무질서를 다루고 있습니다. 교회 안에서 드리는 예배는 교회의 건덕과 하나님께 영광 돌리는 것이며 참으로 가치 있는 일은 자신을 위한 것이 아니라 이웃과 소속된 공동체 전체에 유익을 끼치는 것임을 말합니다.

15장을 부활장이라고 합니다. 또한 고린도 교회의 문제의 해결장입니다. 고린도 교회의 중요한 몇 가지 문제를 시정하기 위하여 바울이 고린도전서를 썼습니다.

첫째, 분쟁이 있었습니다. 고전 1-3장
둘째, 바울의 사도권에 도전했습니다. 고전 4장
셋째, 음행의 문제가 있었습니다. 고전 5장
넷째, 교인들의 문제를 불신자에게 송사하였습니다. 고전 6장
다섯째, 결혼의 정결성에 대해 가르칠 필요가 있었습니다. 고전 7장
여섯째, 우상의 제물에 대해 가르칠 필요가 있었습니다. 고전 10장
일곱째, 은사 발휘의 혼란을 시정하고 예배의 질서에 대해 가르칠 필요가 있었습니다. 고전 11-14장

이 모든 문제들에 대한 바울의 해결 방안이 복음의 핵심인 그리스도의 부활입니다. 고전 15장 분쟁이 있고, 음행이 있고, 결혼이 더럽혀지고, 은사 발휘가 혼란스러운 자는 부활의 질서에 참여치 못한 '육에 속한 자'라는 바울의 준열한 꾸중입니다. 고전 15:48 또한 하나님 나라를 유업으로 받지 못하는 혈과 육에 속한 자라는 엄중한 책망입니다. 고전 15:50 바울은 진정한 부활의 은혜에 참여한 자는 현실에서도 죄와 죽음의 세력을 이기는 실력을 발휘한다고 역설합니다.

"사망아 너의 승리가 어디 있느냐. 사망아 너의 쏘는 것이 어디 있느냐… 우리 주 예수 그리스도로 말미암아 우리에게 승리를 주시는 하나님께 감사하노니 그러므로 내 사랑하는 형제들아 견실하며 흔들리지 말고 항상 주의 일에 더욱 힘쓰는 자들이 되라" 고전 15:55, 57, 58

이런 견지에서 볼 때 고린도 교회의 모든 문제의 해답은 바로 그리스도의 부활입니다. 오늘 우리도 그리스도의 부활을 믿어 새 질서에 참여한 사람이라면, 구습舊習에 젖어 죄에 종노릇하며 살지 않을 것입니다. 우리는 죄와 세상을 제압하는 부활의 질서에 속한 사람입니까? 아니면 습관적으로 부활절만 지키는 자입니까?

16장에서 바울의 미래 계획을 밝히고 인사로 끝맺습니다.

81 일

년 월 일

행 19:23~20:1
고후 1~13장

12장 9절
"나에게 이르시기를 내 은혜가 네게 족하도다. 이는 내 능력이 약한 데서 온전하여짐이라 하신지라 그러므로 도리어 크게 기뻐함으로 나의 여러 약한 것들에 대하여 자랑하리니 이는 그리스도의 능력이 내게 머물게 하려 함이라"

"방어" (Defensive)
바울 서신 중 가장 개인적인 책이며 자기 방어가 가장 많은 부분을 차지하고 있습니다.

◎ 사도행전 19:23~20:1

바울의 3차 전도 여행은 주로 에베소에 공을 들이는 시기입니다. 에베소는 한 때 '아시아의 보고'라고 불릴 만큼 번창한 도시였습니다. 이곳은 이방 미신의 중심지이기도 합니다. 특히 '에베소 주문'이라는 부적을 몸에 지니면 만사형통한다는 미신이 만연되고 있었습니다. 이런 곳에서 3년간을 머물면서 교회를 굳건히 성장·성숙시키는 사역을 감당합니다.

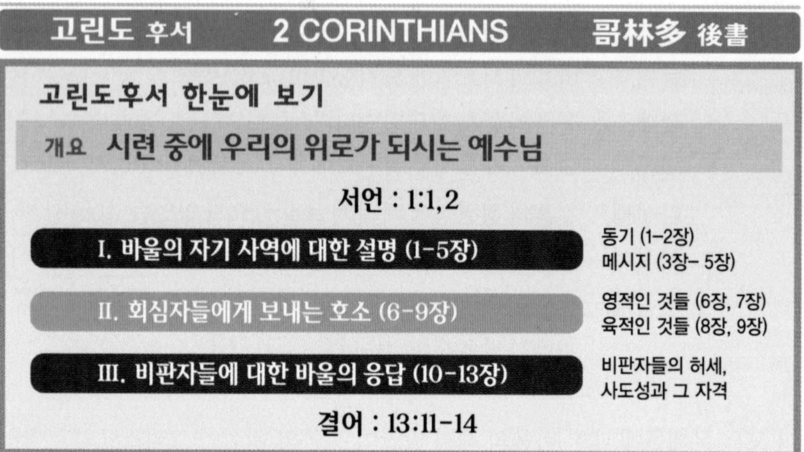

고린도 후서 2 CORINTHIANS 哥林多 後書

고린도후서 한눈에 보기

개요 시련 중에 우리의 위로가 되시는 예수님

서언 : 1:1,2

I. 바울의 자기 사역에 대한 설명 (1-5장)	동기 (1-2장) 메시지 (3장- 5장)
II. 회심자들에게 보내는 호소 (6-9장)	영적인 것들 (6장, 7장) 육적인 것들 (8장, 9장)
III. 비판자들에 대한 바울의 응답 (10-13장)	비판자들의 허세, 사도성과 그 자격

결어 : 13:11-14

디도를 통해 고린도 교회에 고린도전서를 보낸 후, 소식이 없어 애타게 기다리다가 빌립보에서 돌아온 디도를 만났습니다. 그로부터 고린도전서로 인해 교인 전체가 철저히 회개 중이라는 좋은 소식과 예루살렘 교회로부터 유대인 교사가 추천서를 받아서 다른 복음을 전하면서 바울의 사도권에 대해 시비한다는 나쁜 소식을 바울은 들었습니다.

바울은 고린도전서를 보낸 같은 해 가을에 후서를 보냅니다. 그 목적은 고린도 교회가 갖는 자신에 대한 오해를 해명하고 자신의 사도권의 정당성을 옹호하기 위함이며4-6장, 10-13장, 교회 안에 남아 있는 유대주의자들을 척결하고8장, 예루살렘 성도들의 구제를 위한 연보의 필요성을 강조하기 위함입니다. 고린도후서는 전서처럼 교리적인 것이 아니고, 실천의 책으로 주관적인 성격이 강한 책입니다.

◎ 고린도후서 1~13 장

바울이 고린도 교회의 문제에 간섭하였기 때문에 자기를 해명하기 위한 또 다른 편지를 보낼 필요가 있게 됨은 놀랄 일이 아닙니다. 바울의 말을 좋아하지 않는 고린도의 일부 사람들은 그의 평판을 나쁘게 하려고 했습니다. 이것은 오늘날도 마찬가지입니다.
바울의 가장 자서전적인 이 서신서에서 사도 바울은 자기 영혼의 창窓을 열었습니다. 이 논리적인 사도 바울은 또한 매우 감정적일 수도 있었습니다. 우리는 새로운 회심자들의 믿음을 훼방하려고 했던 거짓 선생들에 대한 바울의 분노를 느낍니다. 기독교는 고린도 사람들이 알고 있던 유대인이나 이방의 어떤 종교보다도 한없이 우월했습니다. 바울에 대한 끈질긴 핍박은 그의 그리스도 안에서의 소명에 대한 헌신을 약하게 할 수 없었습니다. 그는 하나님께서 주신 사도의 권위가 있었으나 이를 행사하지 않는 편을 더 좋아했습니다. 그는 고린도 사람들이 스스로 따르기를 원했습니다. 바울은 만일 고린도의 회심자들이 주님에 대한 진리에 머무르고 그들의 믿음이 자라는 데 도움이 된다면, 자기 자신의 모든 권리를, 심지어 자신의 명성까지도 기꺼이 포기하고자 했습니다.

바울의 마지막 예루살렘 방문AD 57년이 있기 2년 전, 예루살렘에 있는 가난한 사람들을 위한 연보에 대한 이방 교회들의 관심이 고조되었습니다. 바울은 어려운 형편 속에서도 아낌없는 연보를 한 마게도냐인들의 모범을 예로 들며 고린도 교인들에게 도전을 줍니다.

고린도후서 8장, 9장에는 모든 성경을 통틀어 연보에 대한 하나님의 뜻이 가장 잘 나타나 있습니다. 연보는 교회의 하나님 나라 사역에 필요한 경비 등을 충당하기 위해 돈이나 물건을 내는 것으로 오늘날의 '헌금'과 동일한 말입니다.
헌금과 연보를 굳이 구분하자면 '헌금'은 하나님의 은혜에 감사하며 하나님께 바치는 물질이란 뜻으로 사용되고, 반면에 연보는 가난한 사람들은 돕기 위한 구제 헌금을 지정할 때 주로 쓰인다고 할 수 있겠습니다. 바울은 본서에서 연보의 원리를 다음과 같이 언급합니다.

> 첫째, 미리 준비해야 한다.9:5
> 둘째, 억지로나 인색한 마음이 아닌, 자원하는 마음으로 해야 한다.9:8
> 셋째, 자기희생적인 마음으로 해야지 과시나 자랑으로 해서는 안 된다.9:9-10

그 연보의 결과는 다음과 같습니다.

> 첫째, 적게 하는 자는 적게 거두고 많이 하는 자는 많이 거둔다.9:6
> 둘째, 하나님께서 영적인 은혜 뿐만 아니라 모든 일에 넉넉하게 하신다.9:8
> 셋째, 하나님께서 기억하시고 보상하실 것이다.9:9-10

당시에는 바울의 권위를 손상시키며, 예루살렘 교회가 지키는 관습을 강요하는 유대 그리스도인들로 말미암아 이방 선교 영역이 침범당하고 있었습니다. 바울은 이방 교회들이 복음 그 자체로 인해 예루살렘 교회에 빚지고 있음을 표현하고, 그로 말미암아 이방 선교지에 관한 예루살렘 교회의 의심이 완화되기를 원했습니다.롬 15:25-27 즉, 연보를 통해 유대인 그리스도인들을 향한 이방인 그리스도인들의 관심을 나타내며, 그들의 결속을 견고히 하고자 했던 것입니다.

□ 바울이 가진 사도직의 정당성

사도란 '보냄을 받은 자', 즉 일정한 사명을 부여받아 파견된 사람을 말합니다. 예수님의 증인으로서 부활하신 예수님을 증거하며, 사람들을 예수님의 제자로 삼는 일에 부르심을 받은 자들이 곧 사도인 것입니다. 바울 역시 자신을 사도라고 칭했습니다.고전 9:1 이는 그가 다메섹으로 가는 길에서 부활하신 예수님을 만난 뒤, 부활하신 주님을 증거하는 일에 부르심을 받았기 때문입니다. 그런데 당시 유대인들 중에는 자신들이 그리스도의 사도라고 주장하며 사람들을 미혹하는 거짓 사도들이 있었습니다.
바울은 다음과 같은 자들을 거짓 사도라고 규정합니다.

1. 교회를 이용하여 자기의 부와 명예를 구한다.고후 11:9, 딤전 6:5, 벧후 2:3
2. 그리스도를 이용하여 자기를 자랑한다.고후 10:13, 벧후 2:18
3. 사도의 복음과 다른 진리를 전한다.고후 11:4, 갈 1:6
4. 자기의 거짓을 숨기기 위해 진실을 가장한다.고후 11:13-14, 벧후 3:14
5. 결국 그 열매로 그 정체를 알 수 있다.고후 11:15, 마 7:20, 갈5:19
6. 많은 약속을 하지만 결국 영혼을 속박한다.벧후 3:19-20

□ 정당성 입증을 위한 바울의 자기 자랑

거짓 사도들이 육체를 따라 자랑하므로, 바울도 그것이 어리석은 줄은 알지만 '부득불' 자기 자랑을 하여 사도권의 정당성을 입증합니다.

1. 혈통으로 : 대적자들과 마찬가지로 바울 역시 히브리인이요, 아브라함의 씨로서 하나님의 택함을 받은 이스라엘인이라는 것입니다.11:22

2. 고난으로 : 사십에 하나를 감한 매를 다섯 번 맞고, 세 번 태장으로 맞고, 한번 돌로 맞고, 세 번 파선하는 등 극심한 고난을 당하며 그리스도의 일꾼으로서 수고를 넘치도록 했습니다.11:23-33 바울이 수치스러운 고난의 경험을 이야기하며 자신의 약함을 자랑한 것은 하나님의 능력을 드러내기 위함입니다.

3. 영적 체험으로 : 14년 전에 셋째 하늘삼층천에 올라가 환상을 보고 하나님의 계시를 받았으며[12:1-7], 표적과 기사와 능력을 행했습니다.[12:12] 바울은 자신이 행한 일이 아닌, 하나님께서 행하신 일에 대해 언급하며 자신의 사도됨이 하나님의 은혜임을 강조합니다.

◎ 사도행전 20:2, 3 상

바울은 로마에 교회를 직접 세우지 않았지만 AD 57년경에 고린도에서 3개월 머무는 동안 로마서를 씁니다.

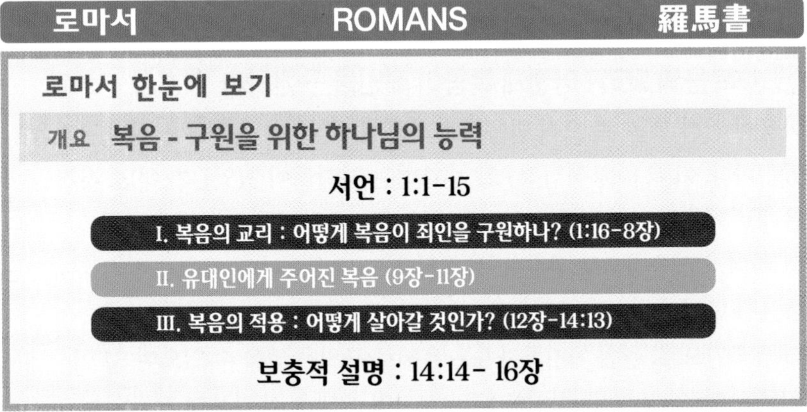

로마서
ROMANS
羅馬書
로마서 한눈에 보기
개요 복음 - 구원을 위한 하나님의 능력
서언 : 1:1-15
I. 복음의 교리 : 어떻게 복음이 죄인을 구원하나? (1:16-8장)
II. 유대인에게 주어진 복음 (9장-11장)
III. 복음의 적용 : 어떻게 살아갈 것인가? (12장-14:13)
보충적 설명 : 14:14- 16장

행 20:2, 3상
롬 1~16장

1장 16,17절

"16내가 복음을 부끄러워하지 아니하노니 이 복음은 모든 믿는 자에게 구원을 주시는 하나님의 능력이 됨이라 먼저는 유대인에게요 그리고 헬라인에게로다 17복음에는 하나님의 의가 나타나서 믿음으로 믿음에 이르게 하나니 기록된 바 오직 의인은 믿음으로 말미암아 살리라 함과 같으니라."

"의" (Righteousness)

로마서는 의롭지 못한 죄인이 어떻게 의롭다 함을 받게 되는가를 보여 주는 책입니다.

바울의 3차 여행 중 소아시아 지역에서의 전도 활동 후에 고린도에 3개월 동안 머물면서 예루살렘으로 떠나기 전에 쓴 편지입니다. 로마 교회는 자생적으로 생긴 교회였습니다.

바울은 스페인 선교를 위해 로마를 방문하기를 원했고, 사도들로부터 직접 가르침을 받지 못한 로마 교회에 기독교 신앙의 기본 교리를 체계적으로 설명하며, 유대인 성도들의 율법주의적 신앙을 교정하기 위해 쓴 서신서입니다. 서신서라기보다는 일종의 논문이라고 할 만큼 체계적이고, 기독교 신앙의 기본적 교리인 죄, 구원, 은혜, 믿음, 칭의, 성화, 부활 등의 중심 교리를 원리적인 측면에서 다루고, 이스라엘의 현재 상태와 궁극적인 구원 및 이방인과의 관계들을 언급합니다.

이 로마서에서 바울이 전하는 복음의 중심 내용은 하나님의 의義입니다. 즉, 죄란 근본적으로 하나님에 대한 불순종을 말합니다. 인류의 첫 인간인 아담이 하나님께 불순종하면서 모든 인류에게 그 죄가 전가되었습니다.롬 5:12 그래서 모든 인류는 죄의 상태에 있게 되었습니다.
따라서 '죄'란 하나님의 계명들을 어기는 범죄들의 이면에 있는 근원적 '상태' 개념으로 이해할 수 있습니다. 죄는 하나님의 뜻을 거역하게 하며 결국은 사망에 이르게 합니다.롬 6:23 인간의 죄에 대한 성향에 대한 궁극적이고 온전한 해방과 치유는 오직 예수 그리스도와 만남에 의해서 이루어집니다.요 4:14 전적으로 타락한 인간은 자력으로 구원에 이를 수 없습니다.롬 10:3 따라서 대속 사역을 이룬 것을 믿는 자에게 하나님께서 의를 덧입게 하시는 하나님의 무조건적인 은혜만이 우리를 죄와 세상과 율법과 죽음에서 구원할 수 있는 것입니다.롬 3:21-25

◎ 로마서 1~16장

□ 1. 복음의 교리 : 어떻게 복음이 죄인을 구원하나 1~8장

바울이 전한 복음, 즉 오직 믿음으로 의롭게 된다는 가르침은 끈질긴 공격을 받았습니다. 이 복음을 직접적으로 반대하는 사람들이 있었는가 하면, 자기들 마음대로 왜곡하는 사람들도 있었습니다. 유대주의자들은 은혜로 구원을 받는다고 하더라도 율법으로 신자가 '보호된다'고 말했습니다. 구원을 받기 위해서는 할례를 받아야 한다고 주장했습니다.
다른 극단으로, 율법 폐기론자들은 은혜로 구원을 얻을 수 있으며, 그 이후에는 원하는 대로 어떻게든 살아도 되고 심지어는 계속 죄 가운데 거해도 된다고 가르쳤습니다. 오직 복음에 대한 분명한 설명으로만 그러한 오류들을 논박할 수 있었습니다. 유대인과 이방인을 모두 구원하고 성화시키는 복음의 능력을 증명하려는 열망으로 바울은 지혜로운 변호사처럼 복음을 증인석에 불러내어 모든 견지에서 철저하게 분석합니다.
그 결과가 바로 AD 56년 혹은 57년경에 쓰여진 신학의 역작 로마서입니다.

로마서는 사도 바울이 쓴 13개의 서신서 중 논리적으로 제일 앞에 나옵니다. 왜냐하면 로마서는 우리에게 복음을 잘 설명해 주는 것으로, 이는 하나님에 대한 의를 밝혀 주고 있기 때문입니다. 모든 사람은 하나님이 존재하신다는 증거와 창조에 있어서의 의로움과 양심을 가지고 있습니다. 그리고 성경은 대부분의 사람이 볼 수 있습니다.
그러나 모든 사람이 하나님의 의義의 기준에 미치지 못하며, 그러므로 오직 하나님이 은혜의 선물로 주시는 구원을 필요로 합니다. 하나님의 의는 하나님의 완전한 어린양이 십자가 위에서 죽음으로써 충족되었습니다. 우리 죄인들이 하나님 편에 있는 하나님의 선물인 의를 한번 받아들이면 칭의의롭다 함라 부름을 받습니다. 하나님께서는 우리가 성화라고 부르는 과정에서 자라게 하십니다.

한편 우리들은 하나님께 주어진 생활 속에서 하나님의 의가 무엇을 만들어 낼 수 있는지를 나타내는 생활을 살아야 할 것입니다. 바울의 모든 서신들과 같이 로마서는 교회와 의무를 균형 있게 말해 주고 있습니다.
진실한 믿음은 매일 매일의 행동에 있어 차이가 있게 해 줍니다. 하나님의 구원에는 그 목적과 방향성이 있습니다. 우리를 천국에 데리고 가기 위한 칭의적稱義的 구원이 구원의 최종 목적은 아닙니다.

성화의 삶을 통해 이 땅에 하나님의 나라를 이루며 천국을 맛보게 하는 삶을 살아가게 하기 위해 우리를 구원하신 것이라는 사실을 기억해야 합니다. 그래서 바울은 복음이 성화의 과정까지 포함한다는 사실을 12장 이하에서 보여 줍니다. **성화는 섬김과 나눔의 삶을 통하여 하나님을 영화롭게 하는 것입니다. 우리는 섬기기 위해 구원을 받았습니다!**
바울은 구원은 믿음으로 받는다는 것을 하박국 2장 4절을 인용해서 설명합니다.야고보서 참조

롬 **1:17** 복음에는 하나님의 의가 나타나서 믿음으로 믿음에 이르게 하나니 기록된 바 오직 의인은 믿음으로 말미암아 살리라 함과 같으니라

구약 성경 하박국 2장 4절에 의인은 믿음으로 산다고 했습니다. 바로 로마서의 이 구절이 행위에 의한 구원을 강조하는 로마 가톨릭으로부터 믿음에 의한 구원을 강조하면서 마틴 루터Martin Luther1483-1546가 종교 개혁을 하였습니다. 루터의 종교 개혁Reformation의 중심 사상은 1.믿음으로 구원을 받으며, 2.성경 말씀이 신앙의 최고 기준이며, 3.거듭난 사람이면 누구나 제사장만인 제사장설이라는 것입니다.

우리는 모두 하나님의 형상으로 지음을 받은 존재이기 때문에 이 세상 이치에서 하나님의 존재를 알 수 있는 능력이 모두에게 주어졌습니다.
그러나 사탄의 속임수에 놀아나 우리가 하나님의 존재를 인정하지 못하는 불행 속에 살아가는 자가 되었습니다. 이 문제를 율법으로 해결할 수 없습니다. 율법은 죄를 알게 해 주는 역할뿐 결코 우리를 구원하지 못합니다.

율법을 지키는 것은 하나님 나라 백성으로서 반드시 해야 할 일이지만, 구원은 예수님을 구주로 영접하여 믿음으로 이루어집니다. 이스라엘 백성이 십계명율법을 출애굽해서 시내 산에서 받을 때 '시내 산 언약'이 먼저 이루어진 후에 받았다는 사실이 의미하는 바를 기억하세요.

우리는 로마서 5장 1~2절의 말씀에서 구원의 9가지 서정序程을 살펴보고자 합니다.

롬 5장 1~2절 [1]그러므로 우리가 믿음으로 의롭다 하심을 받았으니 우리 주 예수 그리스도로 말미암아 하나님과 화평을 누리자 [2]또한 그로 말미암아 우리가 믿음으로 서 있는 이 은혜에 들어감을 얻었으며 하나님의 영광을 바라고 즐거워하느니라

구원의 서정序程을 말할 때 구원의 시간적 순서를 말하는 것이 아니고, 구원이 이루어지는 논리적 순서를 말합니다. 순서라고 하지만 어떤 과정은 거의 동시에 일어난다고 보는 것도 있습니다.

1. "믿음으로 의롭다 하심을 받았으니"

과거에 받은 구원 - 칭의稱義, Justification

1) 소명召命, Calling
2) 중생重生, Regeneration, Born-Again
3) 회심回心, Conversion
4) 믿음Faith
5) 칭의稱義, Justification
6) 양자養子, Adoption

2. "하나님과 화평을 누리자"

현재에 이루어 가는 구원 - 성화聖化, Sanctification

7) 성화聖化, Sanctification : 삶 속에서 하나님 나라를 이루어 가는 과정

3. "하나님의 영광을 바라고 즐거워하느니라"

미래에 이룰 구원 - 영화榮化, Glorification

8) 견인堅忍 Perseverance
9) 영화榮化, Glorification

구원은 단순히 죄 사함을 받는 칭의적 의미로서 국한되는 것이 아님을 보기 위해 이 부분을 간단히 살펴보았습니다. 참으로 많은 성도들이 구원을 단순히 죄 사함 받고 천국행 편도 티켓ticket을 받는 것으로 생각합니다. 그래서 칭의의 다음 단계인 성화의 과정을 무시합니다.

성화의 과정은 바로 행함의 믿음이 강조되는 영역입니다. 그런 행함이 없는 믿음은 세상에 암적인 것이 될 수 있습니다. 흔히 기독교가 사회의 지탄을 받는 경우는 바로 성도들의 성화의 과정이 잘못되었기 때문입니다. 이 부분도 회개의 범위 안에 있음을 명심하십시오.

바울은 6장 이하에서 성화의 중요성을 강조합니다. 그리고 12장 이하에서 그 구체적인 것들을 제시합니다. 칭의는 하나님의 은혜로 그저 받은 선물이지만, 성화는 성령의 도움을 받아 인간의 의지로 이루어져 가는 부분입니다.

□ 2. 유대인에게 주어진 복음 9~11장

바울의 성화에 관한 가르침을 잠시 중단하고8장까지 버림받은 이스라엘에 관한 이야기를 11장까지 합니다. 그들은 복음을 거절해서 하나님으로부터 버림을 받았다는 것입니다.

이스라엘은 아브라함으로부터 시작하여 하나님 나라의 회복 사역에 부름받은 하나님의 선민이었지만 불순종을 되풀이하고 끝내 예수님을 배척하고 복음을 거절함으로 버림을 받았고, 그 이스라엘의 특권을 새 이스라엘인 교회로 옮겨지게 된 것입니다.

그러나 11장 17~32절에서 바울은 이스라엘이 복음을 받아들일 때 복음은 그 정점에 이를 것이라고 언급합니다. 이것은 예언적인 성격을 띤 언급입니다. 그러나 유대인들은 아직도 메시야가 이 땅에 오시는 글자 그대로의 왕국을 기다리며, 이스라엘은 하나님이 약속을 지키시는 확실한 예증例證을 고집하고 있습니다.

□ 3. 복음의 적용 : 어떻게 살아갈 것인가 12~16장 

1~8장은 칭의가 주제였다면 12장 이하의 주제는 성화입니다. 구원의 개념은 칭의에서 끝나는 좁은 의미가 아니고, 성화의 과정을 거쳐 영화에 이르기까지가 구원의 범위입니다.

그러므로 바울은 12장이 성화의 과정 즉, 구원받은 자들은 어떤 삶을 살아야 하는가의 길을 제시합니다. 그 길은 신위神爲에 순종하는 삶이라는 것입니다. 그 핵심 구절이 12장 1-2절입니다. 이것은 성화의 삶의 핵심을 보여 주는 구절입니다. **성화의 핵심은 변화인데 그 변화는 단순한 행동의 변화가 아니라 가치관의 변화이요. 의식**意識**의 변화**라고 바울은 다음의 유명한 구절에서 강조합니다.

📖 롬 12:1-2 1그러므로 형제들아 내가 하나님의 모든 자비하심으로 너희를 권하노니 너희 몸을 하나님이 기뻐하시는 거룩한 산 제물로 드리라 이는 너희가 드릴 영적 예배니라 2너희는 이 세대를 본받지 말고 오직 마음을 새롭게 함으로 변화를 받아 하나님의 선하시고 기뻐하시고 온전하신 뜻이 무엇인지 분별하도록 하라

하나님 나라 백성에 합당한 가치관과 사고방식을 가지며, 삶으로 하나님을 영화롭게 하는 삶을 살아야 합니다. 제물은 죽어야 됩니다. 그러하듯 **우리도 자기중심성을 제물로 죽여야 합니다. 자기중심성을 죽인다는 것은 인위**人爲**를 내려놓는다는 것을 말합니다. 삶의 모든 부분에서 하나님의 주권을 인정하고 그분의 통치에 순종하며 그분이 주 되심**Lordship**을 인정해야 한다는 것입니다.** 이것은 성화의 가장 중심이요, 기본입니다. 이런 본질의 변화가 없는 변화는 외식적이고 율법주의적 변화일 수밖에 없습니다. 이것이 관점3 즉, '섞이면 안된다' 는 삶의 모습입니다.

오늘의읽을분량

행 20:3하~28장

◎ 사도행전 20:4~28장 : 바울의 체포와 재판 그리고 로마행

바울의 로마 여행

관련 성구	기간(AD)	거리	동반자	주요 사역	의의
사도행전 27:1-28:31	59-61년 (약 3년)	약 3,800 ~4,000km	로마 군인들, 다른 죄수들	· 총독 베스도가 바울을 로마로 송환토록 명령함 (27:1-2) · 시돈에서 친구들의 대접을 받음(27:3-5) · 뵈닉스로 가는 도중 유라굴로 광풍을 만났으나 기적적으로 살아남 (27:9-44) · 멜리데 섬에서 바울은 독사에 물렸지만 살아남 (28:1-10) · 2년간 로마에서 연금 상태로 있으면서 복음 전파함(28:30, 31)	· 제국의 수도 로마에 복음을 전파함으로써 복음의 세계 전파에 기틀을 다짐

지도 : 바울의 로마행

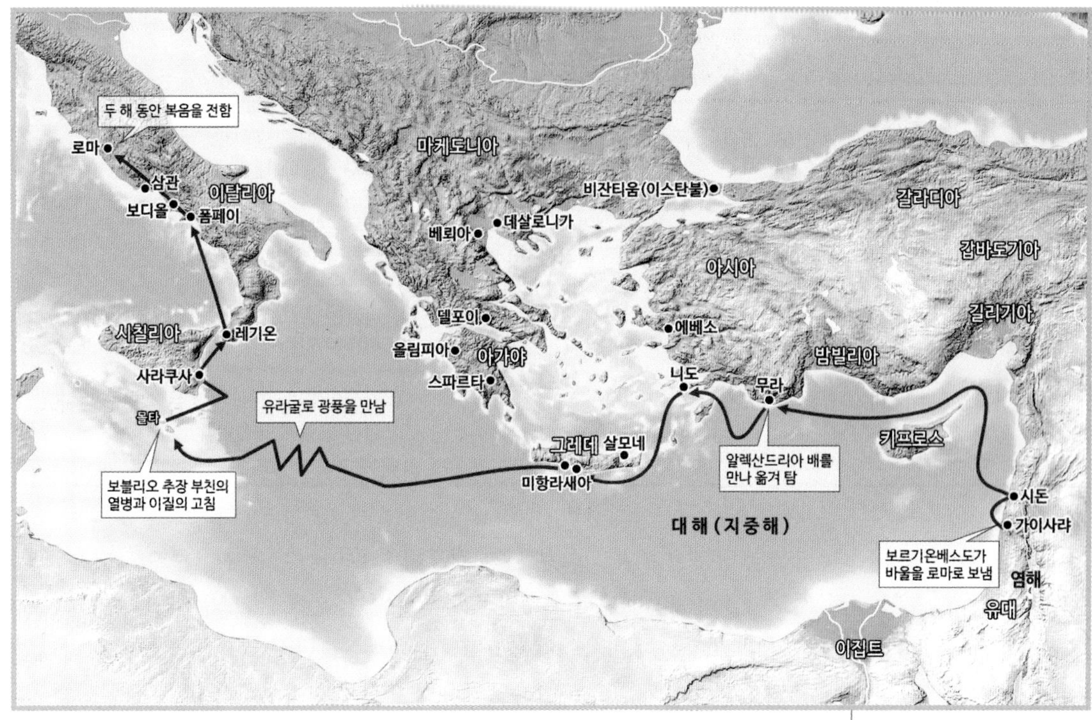

세상의 심장부로 향하는 복음

사도행전의 마지막 삼분의 일19:21-28:31은 예루살렘에서 로마에 이르는 바울의 여정旅程을 기록하고 있습니다. 바울은 로마의 가이사의 법정에 호소함으로써 로마로 향하는 여행을 하게 됩니다. 사실 이 시련은 이미 앞에서 예언된 일행 9:15-16, 21:4, 11, 23:11이었고 이 일로 인해 마침내 바울은 임금들 앞에 서서 복음을 변호할 수 있었을 뿐 아니라 로마의 법정에서도 복음을 변호증거하는 기회를 얻게 됩니다. 이제 비록 잡힌 자의 모습으로 가는 것이긴 하지만 바울은 복음을 세상의 심장부로 가지고 가게 됩니다.

밀레도에서의 에베소 장로들에게 고별 설교 20:17-35

바울은 대부분의 사람들이 만류하는 예루살렘행을 강행하며 밀레도에서 사람을 에베소로 보내어 장로들을 청했습니다.20:17 도착한 이들에게 바울은 그 유명한 고별 설교18-35절를 했습니다.

바울의 고별 설교는 에베소에서 그가 행한 과거의 눈물어린 사역을 언급함18-21절과 동시에 미래가 불확실한 자신의 운명과 그에 대한 각오22-27절 그리고 장로들에 대한 현재적 권면28-35절으로 이어졌습니다. 에베소를 향한 유언과도 같은 바울의 고백과 부탁입니다. 고별 설교의 내용을 도표에 요약했습니다.

도표 : 바울의 고별 설교 내용

주제	구절	핵심어	의미
과거 자신의 사역	18-21절	"너희도 아는 바니"	자신의 에베소에서의 목자 생활에 대해 회고한다.
미래의 운명과 각오	22-27절	"나의 생명을 조금도 귀한 것으로 여기지 아니하노라"	예루살렘으로 가는 자신의 미래는 불투명하지만 각오와 삶은 굳세다.
교회를 위한 현재적 권면	28-30절	"삼가라"	바울은 장로들에게 목자로서의 사명을 일깨워 주고 있다.
자립정신과 주는 생활	31-35절	"기억하라"	자신의 본을 따라, 탐하는 생활을 금하고 섬김의 삶에 도전한다.

바울의 당부 이후에 그들은 함께 기도하며 헤어집니다. 참으로 아름다운 교회 지도자들의 모습입니다. "이 말을 한 후 무릎을 꿇고 그 모든 사람과 함께 기도하니 다 크게 울며 바울의 목을 안고 입을 맞추고 다시 그 얼굴을 보지 못하리라 한 말로 말미암아 더욱 근심하고 배에까지 그를 전송하니라."20:36-38

□ 바울의 수감 생활

사도행전 21장 27절에서 28장 31절까지 기록된 바울의 첫 번째 장기 투옥은 바울이 이방인을 성전 영내로 데려온 것으로 착각한 예루살렘의 유대인들이 악의로 고발했기 때문입니다.

로마 시민권자였기 때문에 예루살렘 폭도들로부터 로마 당국의 보호를 받게 되었고, 그 보호 아래 가이사랴로 이송되었습니다.23:11-35 로마 총독 벨릭스 앞에서24:1-21, 그다음 총독 베스도 앞에서25:1-12 아그립바 왕 앞에서25:13-26:32 심문을 받은 후에 바울은 로마로 이송되었습니다.

□ 로마를 향한 바울의 항해 길 27:1-28:31

사도행전 23장 11절에서 성령에게 감동된 바울은 마침내 로마를 향해 떠나게 됩니다.27:2 바울은 죄수의 신분으로, 세상의 심장부인 로마를 향해 복음을 전하기 위해 떠나는 사명과 어울리지 않게 보입니다. 그러나 이 항해의 과정마다 죄수라는 바울의 신분과는 달리 구원자의 모습이 드러납니다.

1) 가이사랴에서 그레데로27:1-12 : 죄수의 신분으로 떠나는 로마행

바울은 죄수의 몸이지만 갈망했던 로마Rome행 여행길에 오릅니다. 백부장 율리오의 호송 책임하에 아드라뭇데노 배를 타고 가이사랴에서 출발, 시돈을 거쳐 광풍 때문에 구브로 해안을 의지하여 길리기아와 밤빌리아 바다를 건너 루기아의 무라 성Myra city에 이르렀습니다.
거기서 다시 배를 갈아타고 니도, 살모네 앞을 통과하여 미항美港에 이르렀습니다. 바울의 경고에도 불구하고 백부장은 선장과 선주의 말을 듣고 그레데Crete의 항구인 뵈닉스Phoenix에서 겨울을 지나기로 결정하며 떠납니다.

2) 유라굴로의 광풍27:13-38 : 절망에서 구원으로
바울 일행이 탄 배는 그레데 해변을 행선하다가 광풍 유라굴로동풍(Euros)+ 북풍(Aguilo)의 합성어로 동북풍 광풍를 만나 십여 일 동안 방황합니다. 그러나 파선 직전의 절망적 상황에서 바울은 구원의 메시지를 전했습니다. 열나흘째 되는 날 밤에 사공들이 도망치고자 하나 바울이 백부장에게 알려 무산됩니다. 오히려 바울은 그들에게 위로의 말을 전하고 그 다음 날 멜리데 섬에 상륙합니다. 배는 파선했으나 배에 탔던 276인이 모두 구원을 얻게 되었습니다.

3) 멜리데 섬에서27:39-28:10 : 사망에서 생명으로
바울 일행은 섬 사람들로부터 따뜻한 영접을 받습니다. 모닥불을 피우는 중 나뭇가지에서 나온 독사에게 물리지만 아무 이상이 없는 바울을 보고 사람들은 그를 신神이라고 부릅니다. 그리고 보블리오의 부친의 열병과 이질을 안수하여 낫게 하고, 다른 병든 사람들도 고쳤습니다. 석 달 후 그곳에서 겨울을 보내고 알렉산드리아 배를 타고 수라구사, 레기온, 보디올을 거쳐 로마로 갑니다.

4) 로마에 도착한 바울28:11-31 : 셋집에서 보내는 2년
바울은 죄수의 몸으로 마침내 로마에 도착합니다. 도착하여 사흘이 지난 후 바울은 유대인 중 높은 사람들을 청하여 그들에게 변론하고 자신을 찾아온 사람들에게 하나님 나라를 증거하고, 모세의 율법과 선지자의 말을 가지고 예수에 관해 설득했습니다.
바울은 2년 동안 가택 연금 형식으로 셋집에 머물면서 사람들에게 담대히 하나님 나라를 전파하며 주 예수그리스도에 관한 것을 가르쳤습니다.

☐ 바울의 마지막 생애

예루살렘에서 체포된 이후 로마로 이송되었습니다.행 21:27, 28:16-31 기독교 전승에 의하면 바울은 풀려난 후 마게도냐에서 선교 사역을 더 할 수 있도록 허락을 받았습니다. 그러나 다시 체포된 후 로마에서 재수감 되었고, 로마 외곽에서 참수를 당했다고 합니다.

사도행전 28장 이후를 쓰며 사는 우리들

결론적으로 누가는 부활하신 주님으로부터 주어진 복음 전파의 사명은 모든 역경과 어려움에도 불구하고 방해받지 아니한 체 언제나 모든 사람에게 열려져 있음을 언급함으로써 이 책을 끝내고 있습니다.

사도행전은 아무런 결론도 없이 끝나 버립니다. 왜냐하면 성령 행전은 그의 몸인 교회 안에서, 교회를 통해서 계속되기 때문입니다. 그리스도께서 그의 교회를 위해 다시 오실 때, 사도행전의 결론이 내려질 것입니다.

28장 이후는 바로 하나님 나라를 이루어 가는 성령의 역사를 통해 쓰임받고 있는 우리들의 삶을 하늘의 행위 책에 기록하고 있는 것입니다.

이러한 사도행전의 맺음행 28:16-31에서 바울의 죽음이 기록되지 않음은 아직 살아 있기 때문이 아니라, 그의 순교적 죽음이 누가가 이해한 초대 교회의 땅끝 정복 이야기에 핵심적 주제가 되지 않기 때문입니다. 따라서 사도행전은 바울의 전기가 아니라, '땅끝을 향한 복음의 거침없는 전진'이라는 확고한 신학적 주제를 가진 역사책입니다.

바울이 받은 다섯 번의 재판

장소	재판	본문	진행
예루살렘 성전	유대인 군중	21:18-22:29	유대인 군중에게 붙잡혀 몰매 맞음, 천부장에게 자기 신분을 밝히고 항변할 기회 얻음
예루살렘	산헤드린(공회)	22:30-23:30	바울이 로마에서도 주님을 증거할 것임을 확신하게 함, 바리새인과 사두개인의 갈등으로 모면
가이사랴	벨릭스 총독	23:31-24:27	가이사랴에 와서 벨릭스에게 심문, 벨릭스가 유대인의 환심을 사기 위해 2년간 감금 (24:27)
가이사랴	베스도 총독	25:1-12	새로운 총독 베스도가 부임하여 심문함. 예루살렘에 가겠냐는 제안에 바울이 가이사에게 호소
가이사랴	헤롯 아그립바 2세	25:13-26:32	총독 베스도가 바울에 관한 문제를 '유대인의 풍속과 문제'를 잘 아는 사람인 아그립바 왕에게 의뢰, 아그립바는 아무 잘못도 찾을 수 없었고 가이사에게 호소하지 않았다면 놓일 수 있을 뻔했다고 말함

바울은 이제 체포되어 로마로 가기 위해 수감되었습니다. 그 후 바울은 로마로 호송되었고, 로마의 구금 상태에서 빌립보서, 빌레몬서, 골로새서, 에베소서를 씁니다. 우리는 이것을 옥중 서신이라고 합니다. 그것을 순서대로 읽습니다.

84일

년 월 일

빌 1-4장
몬 1장
골 1-4장

3장 10절
"내가 그리스도와 그 부활의 권능과 그 고난에 참여함을 알고자 하여 그의 죽으심을 본받아"

"기쁨" (Joy)
'기쁨' 또는 '기뻐하다'의 단어가 이 짧은 서신서에서 15번이나 나옵니다. 이 책이야 말로 성경의 책 중에서 기쁨을 가장 잘 가르쳐주고 있습니다.

빌립보서	PHILIPPIANS	腓立比書

빌립보서 한눈에 보기

개요 그리스도인의 기쁨

1장	그리스도, 우리의 생명 (삶의 목적)
2장	그리스도, 우리의 마음 (삶의 모범)
3장	그리스도, 우리의 목표 (삶의 대가)
4장	그리스도, 우리의 힘 (삶의 권능)

줄거리따라가기 Story Line

빌립보 시는 알렉산더 대왕의 아버지였던 필립 2세가 세운 도시로, 로마의 식민지였습니다. 가이사 아구스도는 안토니를 패배시킨 뒤, 그를 추종했던 군인들의 재산을 몰수하고 빌립보 시에 정착시켰습니다. 이들에게는 '로마 시민권'이 주어졌으므로 세금이 면제되고, 특별한 경우 외에는 채찍질을 당하거나 체포되지 않았으며, 황제에게 호소할 수 있는 등 로마 시민의 모든 권한을 누릴 수 있었습니다. 뿐만 아니라 그들은 로마의 문명까지 고스란히 받아들였고, 이것은 야만족들과 국경을 이루고 있던 빌립보 사람들의 자부심을 더욱 강하게 했습니다. 바울은 이런 배경을 가진 빌립보 성도들이 이해하기 쉬운 표현들을 곳곳에 사용하고 있습니다.

그리스도께서 하나님의 목적을 이루기 위해 가지셨던 동일한 마음을 성도들이 갖도록 하기 위해서 이 책을 기록합니다. 빌립보 교회에는 여성들이 중요한 위치에 있었습니다. 아마도 교회 내에 유오디아와 순두게 두 여인간의 기독교인의 완전함에 대한 교리 문제로 서로 두 파로 갈라질 정도가 된 것 같습니다.빌 4:2 이 분파 문제를 서두에 꺼내지 않고 서두에다 우리 주님의 위대하심과 낮아지심과 온유하심과 고난받으심을 그들이 깨닫게 한 다음 끝장에 그것을 지적합니다.
이들의 단합을 위해 '모두'라는 단어를 많이 써 가면서 이 분쟁의 문제를 풀어가는 바울의 지혜를 엿볼 수 있습니다. 그리스도의 몸인 교회가 어떤 경우에 깨어지고 연합이 되는가를 잘 보여 주고 있습니다.

◎ 빌립보서 1~4장

☐ 빌립보서, 감사와 기쁨의 서신

이 서신은 빌립보 교회의 섬김에 대한 감사의 서신입니다. 빌립보 교회는 에바브로디도를 통해 로마의 감옥에 갇혀 있는 바울에게 헌금을 보냈고, 바울은 그에 대한 감사의 인사와 몇 가지 조언을 이 서신에 담아 빌립보 교회에 보냈습니다.

빌립보서는 기쁨의 삶을 누리는 비결을 보여 주는 책입니다. 인생을 살아가다 보면 어려운 상황에 처하는 때를 만나게 됩니다. 대부분의 사람들의 첫 반응은 이러한 상황에서 실망과 원망을 보이기 마련입니다. 그러나 무고한 죄명으로 감옥에 갇혀 있던 바울은 어떠했는가? 그는 기쁨에 대해 말합니다. 그는 이러한 상황에서도 기뻐하는 삶을 살 수 있었으며, 그리스도를 위해 죽는 상황에 처하게 된다고 할지라도 기뻐할 수 있다고 말했습니다. 그리고 빌립보 성도들도 자신과 같이 어떠한 어려움 가운데에서도 그리스도 안에서 항상 기뻐하라고 권면하고 있습니다. 그렇다면 바울은 어떻게 항상 기뻐하는 삶을 살 수 있었을까요?

바울은 그리스도를 존귀하게 하는 것을 삶의 목적으로 삼았으며,빌 1:20 그리스도의 마음을 품기 원했고,빌 2:5 그리스도를 아는 지식을 최고의 가치로 삼았으며,빌 3:8 그리스도 안에서 자족하며 모든 환경을 초월할 수 있는 능력을 공급받았기빌 4:13 때문입니다.

즉, 그리스도는 바울의 생명이며, 모범이고, 목표이며, 만족이었습니다. 바울은 감옥 속에서의 승리와 같이빌 1장, 그리스도와 교제함으로 인해 환경과 상황을 초월한 기쁨의 삶을 살기 위해서는 그리스도의 마음 즉, 그리스도의 낮아지심을 통해 자기 비움의 비결을 배우는 것입니다.2:5-11 불교처럼 욕심을 비우는 것이 필요하지만, 성도들은 그 비운 마음에 예수님으로 가득 채워야 합니다. 또한 세상의 빛으로의 삶을 살아가는 데서 얻어지는 기쁨을 말합니다.2:15 그리고 그리스도에 대한 지식을 가지며,빌 3장 그리스도의 평강을 소유하라고 말합니다.빌 4장 환경을 초월하는 능력 있는 삶을 살았던 바울의 비결은 한마디로 그리스도와의 풍성한 교제에 있었습니다.

☐ 빌립보서의 주요 교훈들

바울이 빌립보 교회에 주었던 여러 가지 권면들은 오늘날의 교회에도 동일하게 적용될 수 있습니다. 당시 내부적인 분열과 외부적인 핍박 가운데 있던 빌립보 교회에 바울은 연합할 것, 감사할 것, 기뻐할 것, 헌신과 용서와 그리스도의 겸손과 순종을 배울 것 등에 대해 교훈합니다.

☐ 빌립보서에서 윤리적 행동을 요구하는 방식

겸손하라. 세상의 윤리는 겸손을 당위로 요청하기 때문에 그 기반이 취약합니다. 그저 좋은 게 좋으니까 요청할 뿐입니다. 그러나 빌립보서에서 윤리건덕를 요구하는 방식을 주의 깊게 살펴보십시오. 바울은 다툼이나 허영을 피하고 겸손할 것을 요청합니다. "아무 일에든지 다툼이나 허영으로 하지 말고 오직 겸손한 마음으로 각각 자기보다 남을 낫게 여기고"빌 2:3 윤리적 덕목이 나올 수 있는 기반은 무엇입니까?

빌 **2:5-8** 5너희 안에 이 마음을 품으라 곧 그리스도 예수의 마음이니 6그는 근본
하나님의 본체시나 하나님과 동등됨을 취할 것으로 여기지 아니하시고 7오히려 자기
를 비워 종의 형체를 가지사 사람들과 같이 되었고 사람의 모양으로 나타나사 자기를
낮추시고 죽기까지 복종하셨으니 곧 십자가에 죽으심이라

바울은 지금 그리스도께서 하늘 보좌를 버리고 십자가를 지신 구속救贖의 행동을 기반으로 겸손할 것을 빌립보 교인들에게 요구하는 것을 봅니다. 예수님의 구속의 행동을 기초로 겸손의 미덕이 발휘될 수 있음을 바울이 지적하는 것을 봅니다. 이때의 겸손은 나 자신의 미덕이 아니라 그리스도의 미덕이 됩니다.

즉, 그리스도와 접붙여진 사람으로서 그리스도적인 미덕이 발휘되는 것입니다. 그리하여 이제는 내가 산 것이 아니요 내 안에 그리스도가 사시며,갈 2:20 그분의 미덕이 발휘된 것이 됩니다. 이것은 개인의 자기수양과 완성으로 발휘되는 세상의 윤리와는 다른 것입니다. 이런 점을 볼 때 그리스도인들의 윤리적 미덕이 발휘되려면 예수님의 구속의 행동에 확실히 접붙임을 받아야 한다는 것을 알 수 있습니다.

핵심구절

1장 16절
"이후로는 종과 같이 대하지 아니하고 종 이상으로 곧 사랑 받는 형제로 둘 자라 내게 특별히 그러하거든 하물며 육신과 주 안에서 상관된 네게랴"

핵심단어

"형제" (Brother)
주인과 종이 그리스도인이 될 때 그들은 그리스도 안에서 한 형제가 된다는 것입니다.

빌레몬서 PHILEMON 腓利門書

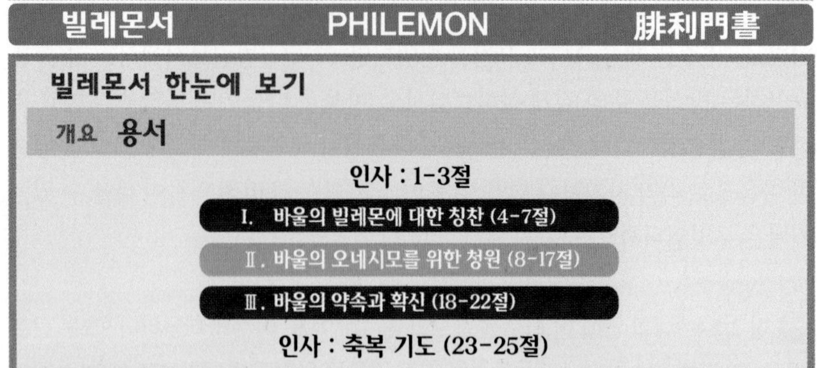

빌레몬서 한눈에 보기

개요 **용서**

인사 : 1-3절

I. 바울의 빌레몬에 대한 칭찬 (4-7절)

Ⅱ. 바울의 오네시모를 위한 청원 (8-17절)

Ⅲ. 바울의 약속과 확신 (18-22절)

인사 : 축복 기도 (23-25절)

줄거리따라가기
Story Line

빌레몬서는 한 장으로 된 짧은 편지입니다. 바울이 자신이 개종시킨 오네시모라는 도망친 하인을 대신하여 그 주인에게 보냅니다. 바울은 그를 주인인 빌레몬에게 돌려보내면서 오네시모를 그리스도 안에서 형제와 같이 대해 주라는 요지의 내용을 기록하고 있습니다.

◎ 빌레몬서 1장

바울 당시의 노예 제도는 바울이 변화시킬 수는 없는 삶의 현실이었습니다. 그러나 바울은 노예와 그 주인에게 예수께서 그들 모두를 위하여 매인 종이 되신 사실과 이러한 예수님의 희생을 통하여 구속받은 자들이 서로를 어떻게 대하여야 하는지를 보여 줄 수 있었습니다. 그의 서신에서 바울은 이 원리들을 말합니다.

그런데 뭔가 일이 생겼습니다. 바울은 골로새의 신자인 빌레몬에게 아주 개인적인 문제에 관하여 호소해야 했습니다. 바울은 주인 빌레몬에게서 도망친 노예 한 사람을 알게 되었는데, 로마법에 따르면 그 노예는 주인에게 죽임을 당할 수도 있었습니다. 그래서 골로새서를 쓸 무렵, 바울은 그의 셋집에서 빌레몬에게 편지를 쓰고 있는데, 바울 자신도 로마의 죄수 신분으로 죽임을 당할 수 있는 처지였습니다. 그때가 AD 61~62년경이었습니다.

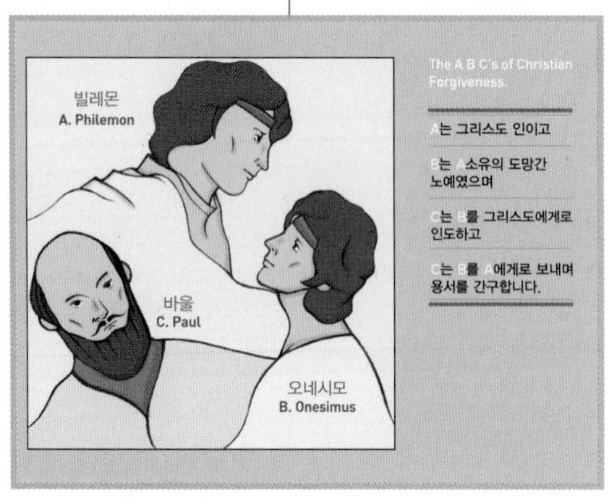
빌레몬
A. Philemon
바울
C. Paul
오네시모
B. Onesimus
The A B C's of Christian Forgiveness.
A는 그리스도 인이고
B는 A소유의 도망간 노예였으며
C는 B를 그리스도에게로 인도하고
C는 B를 A에게로 보내며 용서를 간구합니다.

□ 빌레몬서 - 오네시모의 용서

오네시모는 로마에 있는 사도 바울에게로 도망친 노예입니다. 그는 바울을 통해서 예수 그리스도를 만났고, 그의 인생이 바뀌었습니다. 오네시모의 이전 주인은 우연히 바울의 친구이자 동료 신자였던 빌레몬이었습니다. 바울은 도망친 것을 용서해 달라고 하는 편지와 함께 오네시모를 빌레몬에게 보냈습니다. 바울은 오네시모의 빚진 것을 잊어버리라는 것이 아니라 단지 그를 용서해 줄 것을 부탁했습니다. 오네시모의 빚은 바울에게로 회계會計되어져야 했습니다. 이 얼마나 구원을 잘 보여주고 있습니까! 하나님은 우리의 모든 죄가 하나님의 아들에게로 회계會計 되었기 때문에 우리를 값없이 용서하실 수 있습니다. 이 사실은 우리의 삶에 놀라운 변화를 일으킵니다. 지금까지 편지는 모두 사도 바울이 하나님의 영감으로 쓴 것입니다. 교회에 대한 제일가는 공적公敵 이었던 사울을 하나님이 택하셔서 사도 바울로 변화시켜 그로 하여금 신약 성경의 거의 절반을 쓰게 하신 것은 하나님의 사랑과 은혜에 대한 증거가 아니겠습니까! 이는 누구도 구원받지 못할 만큼 악한 사람은 없다는 것을 보여 줍니다. 그리고 우리의 과거의 삶이 아무리 악했다 할지라도, 그 무엇으로도 하나님께서 우리를 통해 위대하고 능력 있는 일들을 하시는 것을 막을 수 없습니다.

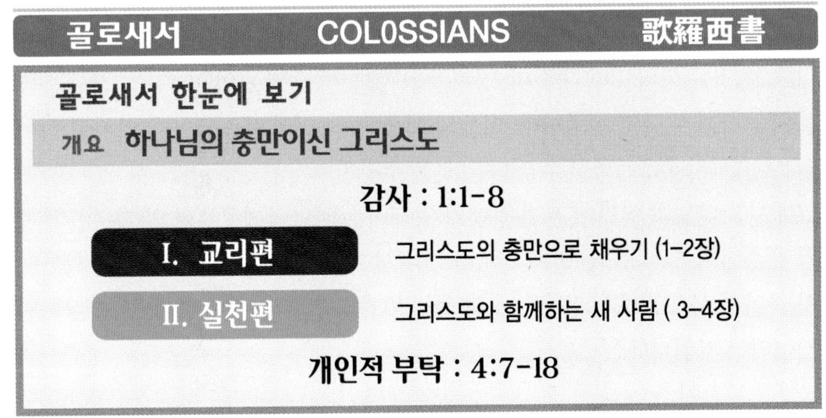

골로새서 COLOSSIANS 歌羅西書
골로새서 한눈에 보기
개요 하나님의 충만이신 그리스도
감사 : 1:1-8
I. 교리편
그리스도의 충만으로 채우기 (1-2장)
II. 실천편
그리스도와 함께하는 새 사람 (3-4장)
개인적 부탁 : 4:7-18

1장 18절
"그는 몸인 교회의 머리시라 그가 근본이시요 죽은 자들 가운데서 먼저 나신 이시니 이는 친히 만물의 으뜸이 되려 하심이요"

"으뜸" (First Place)
골로새서는 예수님이 모든 만물의 으뜸이 됨을 강조합니다. 이는 당시의 예수님에 대한 이단 사상을 변증하는 것입니다.

골로새는 라오디게아에서 약 19km, 고대 브라기아 남부 지방의 루커스 강 계곡의 에베소에서 동쪽으로 약 160km 정도 떨어진 곳에 위치해 있었으며, 동방 신비주의를 받아들여 뿌리를 내린 곳이었습니다.

골로새가 주요 무역로상에 위치해 있었기 때문에 많은 유대인들과 브리기아인, 그리고 헬라인들이 그곳을 찾아왔습니다. 이렇게 다양한 배경으로 인하여 그 도시는 흥미로운 문화의 중심지가 되었으며 사람들은 동방으로부터 들어온 온갖 종류의 새로운 사상과 교리들을 논의하고 숙고하였습니다.

이 모든 불경건한 영향력 때문에 로마에 투옥되어 있는 바울의 마음에 골로새의 그리스도인들이 떠오른 것은 당연합니다. 바울이 골로새 사람들을 직접 대면해 본 일은 없었지만, 그들은 바울이 섬기는 그리스도께 속해 있으며 그는 영으로 그들과 하나 되었습니다. 비록 육신은 쇠사슬에 매여 있을지라도, 바울은 편지로 그들에게 다가갈 수 있었습니다. 이것이 그가 하나님의 양 무리를 삼키려는 이리 떼로부터 그들을 보호할 수 있는 한 가지 방법이었습니다.

바울이 AD 62년경에 골로새의 충성된 성도들에게 쓴 이 편지의 메시지는 그 후 수세기에 걸쳐 필요했습니다. 아마도 그것이 하나님께서 바울로 하여금 말로 이 메시지를 전하는 대신 편지로 쓰게 하신 이유 중 하나일 것입니다. 바울은 이 골로새서를 통하여 예수 그리스도의 위대하심에 근거하여 성도들은 세상 철학이나 거짓된 가르침을 거부하고 주께 합당한 삶을 일상생활 속에서 실천해야 한다고 가르치고 있습니다.

바울은 로마 옥중에 에바브라라는 죄수와 함께 갇히었습니다.빌레몬 1:23 이 죄수는 아마도 바울이 에베소에서 3년간 사역하는 중에 개종하고 골로새 교회까지 세운 것 같습니다.1:7, 8, 2:1 에바브라를 통해 골로새에 이단이 생긴 것을 알았습니다. 이것은 아마도 유대주의, 영지주의Gnoticism, 금욕주의Asceticism, 천사 숭배 등의 혼합한 이단일 것입니다. 이들의 이론은 곧, 근본적으로 육은 악하고 하나님은 선한데 서로 접촉할 수 없다는 것을 주장합니다.
그래서 하나님과 인간이 관련을 맺기 위해서는 하나님께로부터 덜 거룩한 존재가 유출되며, 그 다음 두 번째 거룩한 것에서 그보다 덜 거룩한 것이 유출되고… 자꾸 이런 식으로 해서 신성이 거의 없는 인간과 접할 수 있는 존재예수가 나타난 것이라는 것입니다.

이런 이단 사상은 예수 그리스도의 최고의 주권을 파괴할 뿐 아니라, 그를 보좌에서 끌어 내리며, 그의 신성을 빼앗고 그리스도의 최고의 중보자 되심을 파괴하는 어리석고 위험한 이단 사상입니다. 그리스도를 머리로 하는 참 교회의 모습, 참 기독교인의 모습, 참 일꾼에 관하여 언급하고 있지만 그것보다는 이 서신의 주 목적은 이단을 물리치기 위해서 모든 위엄과 신성 및 영광 가운데 계신 주 예수를 충실히 묘사하려는데 있습니다.
우리의 생애에 있어서 예수님을 전적으로 뛰어나신 분으로 그리고 왕으로 모셨으면 우리 마음을 위의 것에 두며 옛 성품을 죽이고 새 사람의 성품을 입어 예수님과 함께하여야 합니다. 예수님의 몸으로서 우리는 세상에 예수님을 나타내는 도구가 되어야 합니다.고전3:16, 6:19-20

◎ 골로새서 1~4장

□ 승천하신 교회의 머리이신 그리스도를 묘사

그리스도께서 승천하셨을 때 교회라고 불리는 신자Ekklesia들의 새로운 몸을 형성하기 위해서 성령을 보내 주셨습니다. 그리스도는 세상에서의 몸에 대한 하늘의 머리이십니다. 마치 심해 잠수부가 자기 위에 높이 떠 있는 생명 지원 시스템을 관리하는 배 안의 설비에 전적으로 의존하는 것과 같이 교회도 그리스도를 의존합니다. 그리스도로 인해서 죄를 이기고, 세상에서 섬기며, 언젠가 하늘의 집에 갈 수 있는 보장을 얻는데 필요한 모든 것이 나옵니다. 바울은 그리스도 안에 있는 단순한 믿음을 훼방하려는 사람들에 대해서 단호하였습니다. "예수님과 …"가 아니라 "오직 예수님만"입니다! 일단 우리가 예수님을 우리의 생애에 있어 전적으로 뛰어나신 분으로, 그리고 왕으로 모셨으면, 우리의 마음을 위의 것에 두며 옛 성품을 죽이고 새 사람의 성품을 입어 우리가 할 수 있는 모든 것에 예수님과 개인적으로 함께하여야 합니다.

예수님의 몸으로서 우리는 세상에서 예수님을 나타내는 도구입니다. 예수님은 우리의 손 말고는 손이 없으시고, 우리의 발 이외에는 발이 없으십니다. 우리의 손과 발은 예수님의 것이 되어야만 하며 예수님의 명령을 따르는 데 민감해야 합니다.

□ 그리스도인들은 편협한 금욕주의에서 해방되었다

골로새의 거짓 교사들은 자신들만이 구원의 신비한 지식을 소유하였다고 자랑하였습니다. 그들은 이러한 높은 수준의 지식을 얻으려면 금욕적인 규례를 지켜야 한다고 했습니다. 그래서 어떤 음식은 삼가야 하며 어떤 날은 금식을 해야 한다고 가르쳤습니다.골 2:16-23

□ 해방의 복음

바울은 골로새서를 통해 우리를 옛 율법으로 옭아매는 세력을 그리스도의 십자가와 부활로 정복하셨다고 증거합니다.골 1:13-23 이제는 율법의 '초등 학문'에서 해방되었음을 증거합니다.골 2:20 골로새 교인들이 그리스도와 함께 죽었을 때 온갖 의식적儀式的인 율법을 지켜야 할 의무로부터 해방되었다는 자유의 선언을 바울이 하고 있습니다. 이 자유의 복음 외에 다른 교훈에 착념하는 것은 자의적自意的 종교를 고안해내는 것이요 자기 이익을 좇는 행위입니다.

골 2:23 이런 것들은 자의적 숭배와 겸손과 몸을 괴롭게 하는데는 지혜 있는 모양이나 오직 육체를 따르는 것을 금하는 데는 조금도 유익이 없느니라 골로새 교인들은 이런데서 벗어나 오직 위의 것을 찾아야 했습니다.

📖 골 3:1 그러므로 너희가 그리스도와 함께 다시 살리심을 받았으면 위의 것을 찾으라 거기는 그리스도께서 하나님 우편에 앉아 계시느니라

엡 1~6장
딤전 1~6장

3장 10-11절
"10이는 이제 교회로 말미암아 하늘에 있는 통치자들과 권세들에게 하나님의 각종 지혜를 알게 하려 하심이니 11곧 영원부터 우리 주 그리스도 예수 안에서 예정하신 뜻대로 하신 것이라"

"연합" (Unity)
이 책은 그리스도의 몸인 교회, 그 교회의 머리이신 그리스도와의 연합을 강조하고 있습니다. 유대인과 이방인의 연합도 함께 강조합니다.

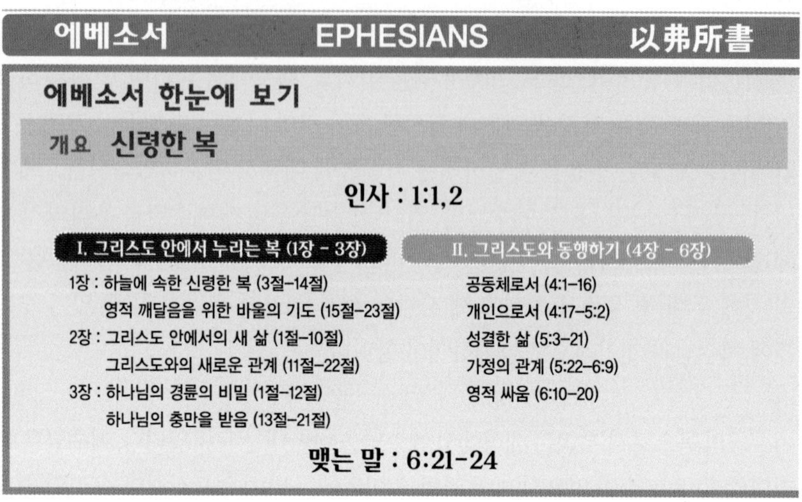

에베소서 EPHESIANS 以弗所書

에베소서 한눈에 보기

개요 **신령한 복**

인사 : 1:1,2

I. 그리스도 안에서 누리는 복 (1장 - 3장)	II. 그리스도와 동행하기 (4장 - 6장)
1장 : 하늘에 속한 신령한 복 (3절-14절)	공동체로서 (4:1-16)
영적 깨달음을 위한 바울의 기도 (15절-23절)	개인으로서 (4:17-5:2)
2장 : 그리스도 안에서의 새 삶 (1절-10절)	성결한 삶 (5:3-21)
그리스도와의 새로운 관계 (11절-22절)	가정의 관계 (5:22-6:9)
3장 : 하나님의 경륜의 비밀 (1절-12절)	영적 싸움 (6:10-20)
하나님의 충만을 받음 (13절-21절)	

맺는 말 : 6:21-24

에베소는 로마 제국에서 네 번째로 큰 도시로, 다이애나라고도 불리는 아데미 여신 신전의 본고장이었습니다. 아시아에 있는 모든 신들 중에서 아데미만큼 열정적으로 숭배된 신은 없었습니다. 그러나 바울 당시 에베소는 그 항구에 배가 다닐 수 없게 되면서 무역 중심지의 위치를 상실했습니다. 그때로부터 아데미 숭배가 그 도시의 경제적 생존 수단이 되었습니다. 아데미와 연관된 관광객과 순례자를 대상으로 하는 교역으로 에베소의 많은 주민들이 부자가 되었습니다. 은장색들은 아데미 여신상과 그 신전 모형을 만들어 팔아 생계를 유지했습니다. 세계 7대 불가사의 중 하나인 아데미 신전을 보기 위해 아주 먼 곳으로부터 찾아오는 수많은 숭배자들로 인하여 여관과 식당 주인들은 부유해졌습니다. 심지어는 신전의 회계가 은행 역할을 수행하여, 왕들을 포함한 많은 사람들에게 거액의 돈을 대출하기까지 했습니다. 그리고 아데미가 성性의 후원자였으므로 창녀들은 마블가Mable Road의 이층집에서 몸을 팔았습니다.

최고의 인기를 누렸던 아데미 숭배 외에도 사람들은 온갖 종류의 마술과 요술을 부렸으며 그 내용을 기록했습니다. 이 기록은 후에 에베시아 그라마타Ephesia grammata라 일컬어졌습니다.

하나님께서는 바울을 에베소로 보내 거기서 살게 하시고 하나님 자신을 위하여 한 교회를 불러내셔서 이 도시의 마술적 흑암을 비추는 빛이 되게 하셨습니다. 에베소의 역사적, 문화적 배경을 이렇게 간단히 살펴보는 것으로도 바울이 에베소 교회에 이 편지를 쓴 이유를 이해하는데 도움이 될 것입니다. AD 60-62년경 바울이 로마의 죄수 신분으로 이 서신을 썼을 때와 마찬가지로 이 서신의 메시지는 오늘날에도 절실히 필요합니다.

바울은 에베소 교회를 세운 지 약 10년쯤 지난 후 로마 감옥에서 이 편지를 씁니다. 바울은 그리스도의 교회를 신부로, 인간의 몸을 성전으로 비유했습니다. 그의 몸의 구성원들은 연합을 위해 최선을 다해야 합니다.[4:1-3] 그의 몸이 연합하는 힘을 보여 주고 있습니다.[4:4-6]
그의 몸을 세우기 위한 갖가지 은사를 소개하고 있습니다.[4:7-16] 그의 몸에 참여한 자들은 그들의 임무를 깨달아 합당하게 행하라고 가르칩니다.

◎ 에베소서 1~6장

□ 에베소서 - 그리스도 안에서 존귀하게 됨

그리스도 안에 있는 모든 신자들은 그리스도 자신의 모든 부요함으로 부요합니다. 하나님은 우리가 그리스도와 함께 거룩하게 된 것으로 보십니다. 우리는 완전한 지위를 가졌습니다.

우리에 대한 하나님의 사랑은 너무나도 크시기 때문에 성삼위聖三位께서 모두 우리의 구속에 관여하셨습니다. 우리의 죄로 죽었던 우리들은 이제 그리스도 안에서 살게 되었습니다. 우리가 그리스도의 피를 통해 하나님과 하나가 될 뿐만 아니라, 그리스도의 교회 안에서 사람들 사이의 장벽까지도 없어졌습니다. 이제는 유대인과 이방인 사이에 더 이상의 구별이 없으며 오히려 그리스도를 믿는 모든 사람은 하나님의 한 가족입니다. 하나님은 우리가 우리의 받은 복에 합당하게 살기를 원하십니다. 우리의 생활이 그리스도 안에서의 우리의 지위를 보충해 완전케 하여야 합니다. 성령께서 교회가 통합되도록 모든 것을 해 주지만 우리는 교회의 단일성을 지켜가야만 합니다. 승천하신 그리스도께서는 사역을 위해 영적 은사를 주셨습니다. 우리는 이를 계발하여 이용해야만 합니다.

부활의 능력이 우리에게 주어졌습니다. 우리는 빛의 자녀로서 사랑 가운데 살기 위해 이를 요구해야만 합니다. 만일 우리가 성령의 지배를 받는다면 우리의 가정과 일에 관한 것들이 달라질 것입니다. 하나님의 갑옷은 마귀를 막을 수 있고 우리가 이를 입어야만 합니다.

□ 에베소서에서 영적 전투를 강조한 이유

구약 백성이 왜 망했는지 우리는 구약을 공부하면서 배웠습니다. 그것은 끊임없는 우상 숭배 때문이었습니다. 바울이 에베소서에서 특별히 영적 전투를 강조하고엡 6:10-20 있는 이유는 에베소가 영적 적대 세력의 본거지이기 때문입니다. 에베소에는 풍요와 다산의 신인 아데미다이아나 신전이 있는데 이는 세계7대 불가사의 중의 하나입니다. 구약에서 다산과 풍요의 신은 바알이었습니다. 바알은 사탄의 영적 전쟁의 도구이었습니다. 바울이 이 아데미 신의 본거지인 에베소에서 복음을 전할 때에 혹독한 박해를 받았습니다.행 19:23-41

이런 우상 숭배가 왕성한 에베소에 복음의 씨가 뿌려졌는데, 사도 바울은 에베소 교인들에게 단호하게 영적 전투를 수행하여 그 복음을 수호하고 더욱 왕성하게 자라도록 해야 하기 때문에 영적 전쟁의 중요성을 강조합니다. 앞서도 언급했지만 하나님이 당신의 나라를 회복하기 위해서는 필연적으로 사탄을 물리쳐야 하는 것입니다.

영적 전쟁은 눈에 보이지 않는 대상인 사탄을 상대로 해서 싸워야 하기 때문에 그 무장(武裝)도 세상의 무기가 아니라 하나님의 무기로 해야 합니다. "10끝으로 너희가 주 안에서와 그 힘의 능력으로 강건하여지고 11마귀의 간계를 능히 대적하기 위하여 하나님의 전신 갑주를 입어라"엡 6:10, 11

하나님의 전신 갑주the Armor of God

- 허리띠Belt - 진리Truth
- 흉배Breastplate - 의Righteousness
- 신Sandals - 평안의 복음Gospel of Peace
- 방패Shield - 믿음Faith
- 투구Helmet - 구원salvation
- 성령의 검Sword of the Spirit - 하나님의 말씀Word of God

위의 무기는 성령의 검을 빼고는 다 방어를 위한 무기임을 기억하세요. 그것도 다 앞을 방어하는 무기들입니다. 사탄에게 뒤를 보이면 안 됩니다.
열심히 앞으로 나가는 삶을 살아야 합니다. 그리고 사탄을 공격하는 데는 성령의 검, 즉 하나님의 말씀 뿐이라는 사실을 명심하고 열심히 말씀 공부하고 말씀대로 살아야 합니다. 예수님도 말씀으로 사탄의 시험을 이긴 사실을 잘 아시지요?

마귀가 틈타기 아주 쉬운 3가지 상황 - 에베소서 4장

1) 불화Disunity : 주 안에서 하나가 되지 못할 때4:1-13
2) 미성숙Immaturity : 영적 거듭남이 없거나 예수를 닮는 것이 이루어지지 않을 때4:14-16
사랑과 진리로 성숙하고 충만하라. 사탄은 거짓말쟁이이기 때문에 진리 앞에 맥을 못 춘다. 이간자이기에 사랑 앞에 맥을 못 춘다.벧전 1:22-2:3
3) 불결Impurity : 구습을 청소해야 한다.4:17-32

알아두기 에베소서의 신학적 독특성

매우 완성도가 높은 다양한 신학적 주제를 다룬 교회론, 신론, 기독론, 성령론, 구원론, 마귀론, 종말론, 윤리론, 우주론 등을 결정화結晶化된 형태로 서술하고 있다.

① **교회론 :** 에베소서의 핵심 테마라고 할 수 있다. 바울에 따르면, 교회는 하나님이 창세 전에 예수 그리스도 안에서 선택한 사람들로 구성된 공동체이다. 하나님은 만물을 회복시키고자 하는 원대한 계획을 성취하기 위해 교회를 그 중심에 두신다. 교회는 예수님이 재림하실 때 하나님 나라를 상속하게 될 공동체다. 또한 교회는 만물의 머리가 되시는 그리스도의 몸이다. 교회는 유대인과 이방인이 그리스도 안에서 연합하여 '한 새 사람'이 된 것과 같은 연합체적 공동체다. 또한 교회는 남편과 아내의 결합과 같이 그리스도와 신비적으로 연합된 실체다. 교회는 다양한 은사들의 유기적 결합을 통해 성숙한 인격으로 성장해 가는 통일체다. 교회는 세상에서 마귀를 대적하며 미래를 향해 전진하는 영적 전사 공동체다.

- 교회의 3대 사역 또는 기능행 2:42-47

교회의 기능은 예전적Liturgical, 교리적Kerygmatic, 친교적Koinoniac 기능을 갖는 것을 알 수 있다.

② **성령론 :** 에베소서에서 성령은 '약속의 성령'엡 1:13, '계시의 성령'엡 1:17, '하나님의 성령'엡 4:30으로 불린다. 약속된 성령은 더 이상 약속의 대상이 아니라 이미 오셔서 신자 안에 계시며, 신자들을 더욱 강건하게 하시고 그리스도에 대한 믿음을 더 풍성하게 하신다.엡 3:16-17 성령은 신자들로 하여금 그리스도의 몸인 교회의 구성원이 되게 하시며, 그 몸을 계속 유지하고 보존하게 하신다.엡 4:3-4

③ **구원론 :** 에베소서에 따르면 구원은 처음부터 끝까지 신적 작정과 계획을 통해 이루어졌다.엡 1:9 유대인과 마찬가지로 이방인의 구원 역시 이 신적 작정 속에 들어 있었다. 예수님의 죽음은 이 구원을 이루는 데 결정적인 역할을 했다.엡 1:7, 2:13 그리스도는 속죄자인 동시에 어둠과 악한 세력을 정복한 승리자다. 에

베소서는 이루어질 구원보다도 이미 이루어진 구원을 강조한다. 신자는 이미 구원을 받았고,엡 2:8 이미 용서를 받았고,엡 1:7 이미 하나님께 나아가게 되었다.엡 2:18 심지어 신자는 이미 그리스도와 함께 부활되었고, 그리스도와 함께 하늘로 올려졌다.엡 2:6

④ **기독론 :** 다른 어떤 서신서보다도 예수 그리스도의 승귀昇貴를 강조한다. 에베소서 1장 20절~2장 10절은 승귀하신 그리스도의 우주적 주 되심과 그의 교회와의 연합, 신자들이 그리스도의 승귀의 위치에 참여함을 강조한다. 그의 관점에 따르면, 신자들은 지금 하늘에서 그리스도와 함께 앉아 있다는 것이다.

⑤ **화목론 :** 수직적인 동시에 수평적인 이중 화목론이다. 다시 말해 하나님과 인간의 화목은 물론, 인간과 인간의 화목, 즉 유대인과 이방인의 화목도 가리킨다.엡 2:16

에베소서에는 바울 신학의 핵심인 "그리스도 안에서"in Christ, en Christos가 35번이나 나옵니다.

6장 11절
"오직 너 하나님의 사람아 이것들을 피하고 의와 경건과 믿음과 사랑과 인내와 온유를 따르며"

"하나님 닮음" (Godliness)
하나님을 닮는 것은 모든 성도들의 가장 큰 덕목입니다. 그것은 사역의 기본입니다.

디모데 전서 1 TIMOTHY 提摩太 前書

디모데전서 한눈에 보기

개요 교회와 그의 사역

서언 : 1:1-17

명심할 교훈 : 1:18-20

I. 회중과 그들의 행동 (2장, 3장)	II. 사역자와 그들의 행동 (4장- 6장)
1) 질서에 대하여 (2장) · 남자와 공중 기도 (2:1-8) · 여자와 대중 앞에서 태도 (2:9-15) 2) 직책에 대해서 (3장) · 장로의 자격 (3:1-7) · 집사의 자격 (3:8-13)	1) 일반 회중에게 (4장) · 충성된 좋은 교사 (4:1-11) · 모범적 삶을 사는 사역자 (4:12-16) 2) 특별 계층에게 (5장, 6장) · 노인과 젊은이 (5:1,2) · 과부들 (5:3-16) · 장로들 (5:17-25) · 섬기는 자들 (6:1-8) · 부자들에게 (6:9-19)

마지막 호소 : 6:20, 21

디모데는 바울이 루스드라에서 일할 때 믿게 된 사람으로행 14장, 딤전 1:2 모든 사람들에게 칭찬을 받을 정도로 신앙의 성장이 빨랐습니다.
바울이 감옥에서 풀려나왔을 때 서바나스페인로 가기 전에롬 15:23-24 에베소를 들렀습니다. 에베소에서 오래 머물 수 없어서 그 일을 연소한 디모데에게 맡긴 것

입니다. 성격이 소심하고 민감했던5:23 그에게는 그 일이 힘들었던 것입니다. 그래서 바울은 원숙한 지혜로바울 나이 70세 그 젊은 디모데를 가르치기 위해 이 목회 서신을 쓰게 된 것입니다.

복음 사역을 위하여 바울은 30여 년간 큰 희생을 하였습니다.

그의 몸에는 예수 그리스도의 흔적갈 6:17이 있었습니다. 그러나 그의 고통도 그의 심령에 새겨진 교회들을 향한 그의 사랑과 관심에 비할 수는 없었습니다.

바울은 로마에서 2년 동안 셋집에 연금되어 있었음에도 불구하고 그에 굴하지 않고 그리스도 예수 안에서 위에 있는 부르심의 상을 계속 좇아갔습니다. 그는 아시아와 마케도니아 그리고 가능하면 서바나를 방문하고자 했습니다. 서바나는 바울이 로마의 죄수가 되기 전에 이미 그의 심령에 자리하고 있었습니다.

그는 또한 에베소 교회에 대해서 염려하고 있었습니다. 그의 신실한 동역자인 디모데가 전략적으로 중요한 그 교회에서 목회를 하고 있었습니다.

바울의 방문이 지체될 가능성이 있었으며, 또 항상 상기해야 할 진리, 성도 앞에 제시할 문서가 필요하리라는 생각에 믿음 안에서 사랑하는 아들에게 첫 번째 편지를 썼습니다. 이 편지는 진리의 기둥과 터인 교회를 위한 유산이 되었습니다. 그때가 AD 62년경이었습니다.

이 서신을 가르쳐 목회 서신이라고 합니다. 그것은 목회에 근간이 되는 원리들을 보여 주고 있기 때문입니다. 목회 서신에는 디모데후서와 디도서가 있습니다.

◎ 디모데전서 1~6장

□ 바른 교훈을 전파해야 할 목자의 사명

바울은 에베소에 있는 디모데에게 편지를 보내 거짓된 교훈을 멀리하고 바른 교훈을 전파해야 될 목자의 책임을 일러 주었습니다. 디모데가 목회하고 있는 에베소 교회는 기독교와 유대교를 혼합하려는 움직임이 있었습니다.

율법 교사들의 이단 사설이 에베소 교회를 위협하고 있었습니다. 복음에 망령되고 허탄한 신화를 첨가하려고 했습니다.딤전 4:7, 6:20

바울은 이런 거짓된 가르침주로 영지주의적인 가르침을 말함에 맞서 젊은 목회자인 디모데에게 복음을 가르치는 일에 진력하되 말과 행실에 본이 될 것을 당부합니다.딤전 4:10-16 참된 목자로서 양들을 거느린다는 것은 믿음의 선한 싸움을 하며 필요한 경우에는 단호히 권징을 해야 함을 의미했습니다.

📖 **딤전 6:12, 20, 21** 12믿음의 선한 싸움을 싸우라 영생을 취하라 이를 위하여 네가 부르심을 받았고 많은 증인 앞에서 선한 증언을 하였도다… 20디모데야 망령되고 헛된 말과 거짓된 지식의 반론을 피함으로 네게 부탁한 것을 지키라 21이것을 따르는 사람들이 있어 믿음에서 벗어났느니라 은혜가 너희와 함께 있을지어다

86일

년 월 일

딛 1~3장
딤후 1~4장
벧전 1~5장

2장 1절
"오직 너는 바른 교훈에 합당한 것을 말하여"

"교리" (Doctrine)
건전하고 올바른 교리는 모든 사역에 필요하다는 사실을 강조하고 있습니다.

디도서 TITUS 提多書

디도서 한눈에 보기

개요 **참된 지역 교회의 지도자와 회중**

축도 : 1:1-4

- I. 장로에게 (1장)
- II. 특수 계층에게 (2장)
- III. 회중에게 (3장)

그레데인들은 소란한 민족 중의 하나로서 민족성이 좋지 않아 거짓말을 많이 하며 악한 짐승과 같이 자기 배만 위한 게으름쟁이들이었습니다. 이런 곳에 세운 교회에 유대주의 성격이 강한 이단들이 들어왔습니다. 그들은 참된 진리를 거부하고 악덕을 일삼으며 허탄한 논쟁인간의 행위가 구원의 일부를 담당한다는 거짓 교사들의 주장을 즐겨서, 믿음이 약한 신자들을 미혹합니다. 바울은 이러한 이단들의 잘못된 교훈에 대해 경계할 것과, 디도와 장로들이 해야 할 일을 이 서신에서 말하고 있습니다.

바울이 그레데를 지나 로마로 향하여 갈 때 그는 자신이 타고 있던 배의 선장이 아니었습니다. 그는 로마의 죄수였습니다. 백부장이 바울의 말을 듣고 그레데에 정박하고 있었더라면 참으로 지혜로웠을 것이라고 생각됩니다. 광풍이 크게 일어남에도 불구하고, 그들은 많은 어려움 중에서도 항해를 계속했습니다. 바울이 예상한 대로, 시실리에서 남쪽으로 약 93km 떨어진 멜리데 섬에서 그들은 배를 잃게 됩니다.

바울이 탔던 배는 바다 밑바닥으로 가라앉았습니다. 이와 마찬가지로 그레데 역시 죄악의 깊은 수렁에 빠져 있었습니다. 하나님 없는 방탕한 생활 양식으로 말미암아 도덕적으로 산산이 부서진 그레데에게는 복음의 기쁜 소식이 필요했습니다.
다행스럽게도 그레데는 부서진 배와 달리 그대로 버려지지는 않았습니다. 바울이 2년간 로마의 셋집에서 지내기 전부터 그레데가 바울의 심령에 자리하고 있었는지는 알 수 없습니다. 다만 우리가 아는 것은 바울이 로마의 사슬에서 벗어난 후 분명히 그가 디도를 그레데로 데리고 가서 거기에 그를 남겨 두었다는 것입니다. 바울이 디도서를 쓸 때는 AD 62년경이었습니다. 바울은 자기가 로마로 되돌아가 마지막으로 투옥되리라는 사실을 몰랐습니다. 디도서는 바울이 디도에게 보낸 목회서신이고 디모데전·후서 사이에 기록했을 것입니다.

◎ 디도서 1~3장

□ 선한 행실을 무시하는 사람들에 대한 교훈

그레데 사람들의 방종

바울이 디도를 그레데 섬에 남겨 두었던 것은 그레데 교인들의 잘못을 바로잡기 위함입니다.딛 1:5 바울은 그레데 사람들이 윤리적으로 방종하고 게으르다고 말하면서 그들을 엄히 꾸짖으라고 디도에게 당부합니다.딛 1:12, 13 그리스도인들이 윤리적으로 방탕한 것은 용납할 수 없는 일입니다. 복음의 자유가 방종을 의미하지는 않습니다. 바울은 디도에게 이렇게 말합니다. "그그리스도가 우리를 대신하여 자신을 주심은 모든 불법에서 우리를 구속救贖하시고 우리를 깨끗하게 하사 선한 일을 열심히 하는 자기 백성이 되게 하려 하심 이니라"딛 2:14

선한 일을 열심히 하라구별된 삶을 사는 것 관점 3

예수를 믿기만 하면, 성령 세례를 받기만 하면, 윤리적으로 좀 문제가 있더라도 상관없다는 것은 성경의 가르침이 아닙니다. 예수께서 우리를 구원하신 목적은 선한 일을 열심히 하는 자기 백성이 되게 하기 위함이었습니다. 성령 충만을 받은 초대 예루살렘 교회 교인들의 행실이 불신자들의 칭찬을 받을 정도였습니다.행 2:47 복음으로 말미암아 자유케 된 자들은 선한 행실을 할 필요가 없다는 '반법 주의'反法主義 antinomianism는 기독교에서 설 자리가 없습니다. 디도서는 이 사실을 중점으로 교훈하고 있습니다.

2장 2절
"또 네가 많은 증인 앞에서 내게 들은 바를 충성된 사람들에게 부탁하라 그들이 또 다른 사람들을 가르칠 수 있으리라"

"결단" (Committed)
디모데는 그 자신을 복음 전파에 헌신하기로 결단합니다.

디모데 후서 2 TIMOTHY 提摩太 後書

디모데후서 한눈에 보기

개요 용기와 충성에 도전

인사 : 1:1,2

I. 참 교역자와 그의 현재적 시련 (1장, 2장)	II. 참 교역자와 말세적 시련 (3장, 4장)
개인으로서의 반응 (1:3–2:13)	개인적 반응 (3장)
참 교역자로서의 반응 (2:14–26)	참 교역자로서 반응 (4장)

바울은 디모데에게 확신에 서서 진리를 가르치는 일에 충실하라고 이 편지에서 권면합니다. 이단에 대한 경고와 열심을 내도록 또한 용기와 인내를 권면하는 것입니다.
바울은 이제 새로운 상황에 처하게 됩니다. 그때가 AD 약 64년경이었는데AD 67년경이라는 사람들도 있습니다. 그의 심령에 디모데가 무겁게 자리하고 있었습니다. 바울은 자기의 제자 디모데에게 마지막 편지를 써서 목회에 관련된 중대한 문제들을 상기시키고, 겨울 전에 속히 오라고 재촉했습니다. 예수님은 바울에게 복음을 의뢰하셨습니다.1:12

바울에게 위탁하신 복음의 내용은 '그리스도 예수는 사망을 폐하시고 복음으로써 생명과 썩지 아니할 것을 드러내셨다'라는 것입니다.1:10 바울은 이 복음을 위하여 '설교자'와 '사도'와 '교사'로 세우심을 입었습니다.1:11 이제 죽음을 앞둔 바울은 디모데에게 자신이 가르친 복음을 지키라고 위탁합니다. "…네게 부탁한 아름다운 것을 지키라."1:13-14 바울에게 복음을 받은 디모데는 '충성된 사람들'에게 다시 그 복음을 부탁하고, 그들은 '또 다른 사람들'을 가르칩니다.
이렇게 해서 종국에는 우리에게까지 복음이 전해지게 된 것입니다. 이제 모든 족속으로 제자를 삼아 주님께서 분부하신 모든 것을 가르치는 것은 우리의 몫입니다.마 28:19-20

◎ 디모데후서 1~4장

□ 복음을 위탁받은 자의 행동 양식

디모데는 다른 사역자들에 비해 나이가 어리고, 다소 소심한 면이 있었습니다.

바울은 연령에 상관없이 하나님께서 허락하신 권위로 임무를 감당하라고 권고하며 그에게 용기를 북돋워 줍니다. 또한 디모데를 "예수 그리스도의 좋은 군사"2:3라고 부르며, "부끄러워 말고"1:8, "강하게"2:1, "자신을 하나님 앞에 드리기를 힘쓰라"2:15고 당부합니다. 바울은 디모데에게 복음을 전하는 사역자로서 가져야 할 필수적인 행동 양식을 다음과 같이 알려 줍니다.

바울이 갇혔던 감옥.
바울이 실라와 함께 복음을 전파하다가 귀신 들린 여종을 고쳐 준 일로 매를 맞고 갇혔던 감옥으로 빌립보 지역의 유적지이다.

사역자는 반드시,

- 복음과 함께 고난을 받으라1:8, 2:3
- 내게 들은 바 바른 말을 본받아 지키라2:13, 2:15
- 의와 믿음과 사랑과 화평을 좇으라2:22
- 논쟁을 피하라2:23-25
- 전투적으로 복음을 전하라4:2

왜냐하면,

- 저희로도 그리스도 예수 안에 있는 구원을 함께 얻게 하려 함이라2:10
- 거짓 교리는 경건치 않음으로 점점 나아가기 때문이다2:16-17
- 반드시 깨끗해야 하며, 주인이 쓰시도록 구별되어 야 하기 때문이다2:21
- 이웃을 온유하게 진리로 이끌어야 하기 때문이다2:24-26
- 엄청난 배교의 시대가 오고 있기 때문이다4:3-4

바울, 디모데의 멘토Mentor

그리스도인의 신앙은 본받는 신앙입니다. 우리는 하나님을 향해 함께 좇아갈 때, 그분을 더 깊이 알게 됩니다. 영적 멘토링 관계는 성숙한 그리스도인과 그리스도 안에서 성장하고자 하는 어린 그리스도인 사이에 이루어집니다. 디모데는 바울로부터 신앙의 좋은 본보기를 배워, 말세에 늘어가는 반대 세력과 시련 앞에서 하나님의 말씀으로 자신을 무장할 수 있었습니다. 바울은 소위 디모데의 멘토Mentor였던 것입니다.

멘토Mentor라는 말의 기원은 그리스 신화에서 비롯됩니다. 오디세우스가 트로이 전쟁을 떠나면서 자신의 아들인 텔레마코스를 한 친구에게 맡겼습니다. 그 친구의 이름이 바로 멘토였습니다. 그는 텔레마코스의 선생님이자 상담자, 친구, 때로는 아버지가 되어 그를 잘 돌봐 주었습니다. 이후로 리더십 이론에서 한 사람의 인생을 이끌어 주는 지도자를 멘토Mentor라 부르게 되었습니다. 한편, 멘토의 상대방이 되는 사람을 '멘티Mentee', '멘토리mentoree' 혹은 '프로테제 protege'라고 합니다.

딤후 3:15-17 [15]또 어려서부터 성경을 알았나니 성경은 능히 너로 하여금 그리스도 예수 안에 있는 믿음으로 말미암아 구원에 이르는 지혜가 있게 하느니라 [16]모든 성경은 하나님의 감동으로 된 것으로 교훈과 책망과 바르게 함과 의로 교육하기에 유익하니 [17]이는 하나님의 사람으로 온전하게 하며 모든 선한 일을 행할 능력을 갖추게 하려 함이라

성경의 힘은 모든 것을 깨우쳐 주는 교훈의 기능, 잘못된 것을 바르게 하는 책망의 기능, 잘못된 세상을 바르게 잡는 바르게 함의 기능, 성경의 진리로 그 시대의 백성을 가르치는 의로 교육하기에 유익한 기능을 갖고 있습니다.
15절은 개인 구원, 16절은 사회 구원, 17절은 총체적 구원을 말한다고 봅니다. **먼저 한 사람이 성경의 진리를 깨달으면 그것을 온 사회로 확대 적용하고, 그래서 온전한 세상을 만드는 것이 바로 하나님 나라를 이루는 것입니다.**

4장 13절
"오히려 너희가 그리스도의 고난에 참여하는 것으로 즐거워하라 이는 그의 영광을 나타내실 때에 너희로 즐거워하고 기뻐하게 하려 함이라"

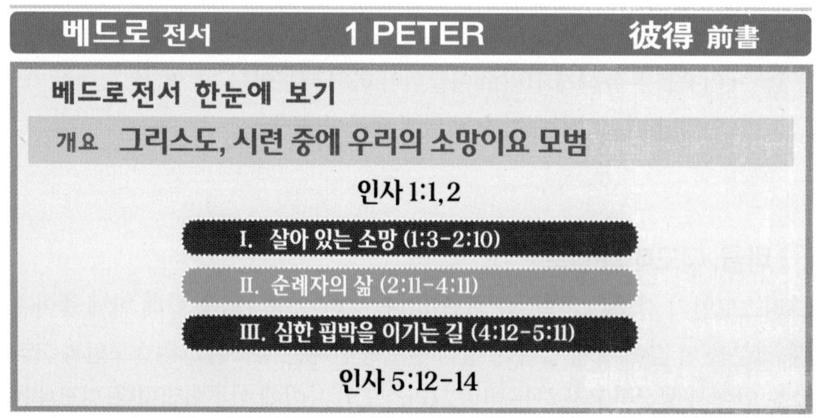

베드로 전서 1 PETER 彼得 前書
베드로전서 한눈에 보기
개요 그리스도, 시련 중에 우리의 소망이요 모범
인사 1:1,2
I. 살아 있는 소망 (1:3-2:10)
II. 순례자의 삶 (2:11-4:11)
III. 심한 핍박을 이기는 길 (4:12-5:11)
인사 5:12-14

"소망" (Hope)
베드로는 환난 중에 있는 성도들에게 소망의 길을 제시하고 있습니다.

바울과 베드로 사이에 믿음에 관하여 근본적인 차이가 있다고 많은 초대 기독교인들이 오해했기 때문에 베드로는 이를 시정해 주기 위할 뿐 아니라 시험과 박해고난를 받고 있는 성도들을 주님의 말씀으로 위로하고 권면하기 위해서 썼습니다.

바울은 믿음의 사도, 요한은 사랑의 사도, 베드로는 소망의 사도라 부를 수 있겠지요. 4복음서에서 베드로가 충동적이고 용기 있고 급한 성격에다 세상 권력에 야심이 있었지만 이 서신서에서 그는 참으로 하나님의 은혜로 변화된 모습을 볼 수 있습니다.

◎ 베드로전서 1~5장

목자 되신 그리스도께서 죽임을 당하시고 양들이 흩어질 시간이 다가왔습니다. 예수님께서는 자기 생애의 마지막 시간을 열한 제자들과 함께 보내시면서 다가올 환난에 대비하여 그들을 준비시키십니다.
하지만 예수께서 부활 승천하신 후에 환난은 비교적 가벼운 듯 했습니다. 기분이 상한 바리새인들은 가르침과 표적으로 예루살렘을 뒤엎는 사람들의 입을 다물게 하려 했지만, 그들의 목숨을 위협 할 수 있는 것이 도무지 없어 보였습니다. 그런 후 첫 번째 돌이 던져졌습니다. 첫 순교자 스데반이 땅 바닥에 쓰러졌습니다. 사울은 스데반이 죽는 것을 지켜보았습니다. 스데반의 죽음에 전적으로 동의한 사울은 대제사장에게 가서 이 도를 좇아 복음을 전하는 사람들을 결박할 허락을 얻어 냈습니다.

그러나 사울의 숙청은 오래가지 못했습니다. 예수께서 다메섹 도상에서 사울을 구원하시고 그를 부르셨습니다. 그의 이름은 바울로 바뀝니다. 그러나 그리스도인들을 향한 핍박은 여전히 계속되었습니다. 헤롯 왕은 믿는 자들에게 적이 되었으며, 예수님을 메시야로 믿게 된 유대인들은 로마의 다른 영토로 흩어졌습니다.
그러나 네로의 시대가 되자 그리스도인들을 향한 핍박은 드디어 유대 지경을 넘어 확대되었습니다. 네로가 로마를 불태웠으며 자기가 원하는 대로 로마를 재건하려 한다는 소문이 돌았습니다. 네로는 시민들의 관심을 자기로부터 다른 데로 돌리기 위한 속죄양이 필요했습니다.
결국 그 화재를 그리스도인들 탓으로 돌려 하나님의 백성들을 조직적으로 핍박하기 시작했습니다. 예수께서는 세상의 환난에 대비하여 베드로를 준비시키셨습니다. 이제 베드로는 다른 사람들을 준비시킵니다. 베드로는 그의 첫 번째 서신을 약 AD 63-64년경 네로의 박해 직전에 썼습니다.

네로는 AD 68년에 죽었는데, 그보다 먼저 베드로가 네로에 의해 죽임을 당했습니다. 베드로서는 이런 환난과 핍박에 임하는 그리스도인의 믿음에 대한 권면의 말씀입니다. 이 편지는 신자의 구원1:1~2:12, 신자의 순종2:13~3:12, 신자의 고난3:13~5:14이라는 주제를 논리적으로 전개해 나갑니다. 베드로전서의 기본적인 주제는 그리스도인의 고난에 대한 적절한 답변입니다.
베드로는 자신의 편지를 읽는 사람들이 전에 없이 큰 박해에 직면할 것임을 알았기 때문에 그들에게 이런 고난에 대한 하나님의 관점을 전하여 믿음이 흔들리지 않고 고난을 견디게 하려고 이 편지를 썼습니다.
이 서신서는 그리스도를 신자의 표본으로, 고난의 때에 소망을 표현하고 있습니다. 그리스도의 고난은 그를 따르는 자들이 옳은 일을 행하기 때문에 직면할 수 있는 고난의 예가 됩니다. 믿음을 위한 개인적인 고난은 또 그리스도인들이 그리스도와 같은 기쁨을 품는 수단이 되는 것입니다.[4:1] 베드로는 이 세상에서 갖는 신자들의 관계를 언급합니다.
그리고 조화와 참된 자유를 위해 그리스도와 같은 방식으로 순종하라고 호소합니다. 주님의 뜻을 위해 정부와 사회와 가족의 권위에 순종하는 것은 외인들에게 좋은 증거가 될 것입니다.

□ 이교도 가운데 산다는 것

베드로는 신자들의 중요한 목표가 그들의 거룩한 생활 방식을 통해 사람들로 하여금 하나님을 주목하게 하는 것이라고 편지했습니다. 이처럼 신자들은 하나님을 찬양하고[2:9] 믿지 않는 이들이 하나님께 영광을 돌리게 하며[2:12], 자신들의 모범을 통해 배우자를 설득하여 그리스도를 믿게 하고[3:1], 부도덕한 비방을 부끄럽게 만들며[3:15, 16], 이전의 친구들이 무슨 일이 일어났는가 생각하게 만든다는 것입니다.[4:4] 그리스도인은 비록 고난을 당할지라도 세상에서 구속하는 힘이 될 것입니다.

벧전 5:2-4 [2]너희 중에 있는 하나님의 양 무리를 치되 억지로 하지 말고 하나님의 뜻을 따라 자원함으로 하며 더러운 이득을 위하여 하지 말고 기꺼이 하며 [3]맡은 자들에게 주장하는 자세를 하지말고 양 무리의 본이 되라 [4]그리하면 목자장이 나타나실 때에 시들지 아니하는 영광의 관을 얻으리라

□ 크리스천 지도자들이 가져야 할 지도력의 3가지 원칙

1) 억지로 하지 말고 자발적으로 할 것
2) 이권을 따라 일하지 말고 명분과 뜻을 따라 할 것
3) 민주주의 원칙에 입각하되 솔선수범으로 섬기는 자세로 할 것
   등을 말해 주고 있습니다.

벧전 5:8-9 [8]근신하라 깨어라 너희 대적 마귀가 우는 사자 같이 두루 다니며 삼킬 자를 찾나니 [9]너희는 믿음을 굳건하게 하여 그를 대적하라 이는 세상에 있는 너희 형제들도 동일한 고난을 당하는 줄을 앎이라

유다서 JUDE 猶大書

유다서 한눈에 보기

개요 **믿음을 위한 선한 싸움**

인사 : 1,2절

I. 왜 싸워야 하나 — 믿음을 버린 선생들 (3-16절)

II. 어떻게 싸우나 — 우리의 참 전략 (17-23절)

유 1장
벧후 1~3장
히 1~7장

3절
"사랑하는 자들아 우리가 일반으로 받은 구원에 관하여 내가 너희에게 편지하려는 생각이 간절하던 차에 성도에게 단번에 주신 믿음의 도를 위하여 힘써 싸우라는 편지로 너희를 권하여야 할 필요를 느꼈노니"

"투쟁" (Contend)
그리스도인은 영적 싸움을 싸우는 용사들입니다. 복음의 진리를 지키기 위해 끊임없는 투쟁을 계속해야 합니다.

이 서신의 기록자인 유다막 6:3는 예수님과 야고보의 형제였습니다. 그는 따뜻하고 부드러운 심성을 가진 자였습니다.3, 17, 20절 그가 초대 교회의 배교자들이 Apostates 고의로 교회의 일원으로 남아 있으면서 믿음을 거절하고 있었기 때문에 그 정도가 위험 수위에 도달하자 그들에게 자신을 지키라고 하면서 경고적인 선언의 강도를 매우 강하게, 심지어는 예수 그리스도를 부인하며 교회에 나오는 신앙심이 없는 자들에게 엄한 경고를 하고 있습니다. 그래서 이 유다서는 가장 준엄한 내용을 지닌 책 중의 하나입니다.

◎ 유다서 1장

유다는 단호히 선포했습니다. 그는 우리가 일반으로 얻은 구원에 대해 쓰려고 했지만 또 다른 것, 즉 성도에게 단번에 주신 믿음의 도를 위하여 힘써 싸우라는 말을 하지 않을 수가 없었습니다. 유다는 사도도 아니었고 자기 형제 야고보처럼 교회의 기둥도 아니었습니다. 유다는 주 예수 그리스도의 형제였음에도 불구하고 자신이 예수님의 종이라는 사실 외에는 예수 그리스도와의 관계를 일부러 내세우지 않습니다. 유다는 처음에 예수를 믿지 않았으나요 7:5 결국 하나님의 아들이신 예수님의 본모습을 보고 깨달았습니다. 유다는 자기 백성을 저희 죄에서 구원하려고 오신 분마 1:20의 임재 가운데서 성장했습니다. 그러므로 유다가 이런 내용의 편지를 쓴 것은 당연한 일입니다. 유다서는 비록 한 장뿐이지만 오늘날에도 적합한 책입니다.

거짓 교사들에 대한 경고

유다가 목회하는 공동체에 은밀히 들어온 몇 사람들이 은혜를 색욕色慾거리로 바꾸고 그리스도의 신성神性을 부인하는 이단 가르침을 퍼트렸습니다. 유다는 단호하게 "성도에게 단번에 주신 믿음의 도道를 위하여 힘써 싸우라"는 편지를 써서 보냅니다.유 3~4절 유다는 5~7절에서 과거 구원 역사에서 불경건한 자들광야 시대의 이스라엘 백성, 소돔과 고모라, 타락한 천사 등에게 임한 하나님의 그 심판을 초래한 그들의 타락 상유 13절을 상기시킵니다.

오늘날 교회 안에도 이런 유의 잘못된 가르침이 많으나, 그것에 대해 너무 관대한 자세를 봅니다. 오늘의 교회는 권징을 행하기를 주저합니다. 권징은 당근과 채찍으로 이루어집니다. 이것은 사랑과 공의를 말합니다. 사랑과 공의는 결국 하나의 사랑입니다. 사랑이 없는 공의는 폭력이고, 공의가 없는 사랑은 맹목적입니다. 채찍이 없는 사랑은 무의미할 뿐입니다. 특히 한국 교회는 공의가 없는 사랑만을 너무 많이 가르쳐 오고 있기 때문에 채찍을 행사하는 공의의 권징을 행할 수가 없습니다. 그래서 잘못된 교리가 교회 안에서 공공연하게 퍼지고 있습니다. 우리는 유다서에서 교회 안에서 이단 사설이 퍼지는 것을 얼마나 경계해야 할 것인가를 배워야 합니다. 또한 교회가 바른 가르침은 권장하고 잘못된 가르침은 징계하는, 권징이 살아 있는 교회가 되어야 한다는 것을 배웁니다.

1장 12절
"그러므로 너희가 이것을 알고 이미 있는 진리에 서 있으나 내가 항상 너희에게 생각나게 하려 하노라."

"재림" (Return)
거짓 가르침에 대항하여 진리에 굳게 서라는 것이 이 서신의 요지입니다. 예수님이 영광 중에 재림하실 것이기 때문입니다.

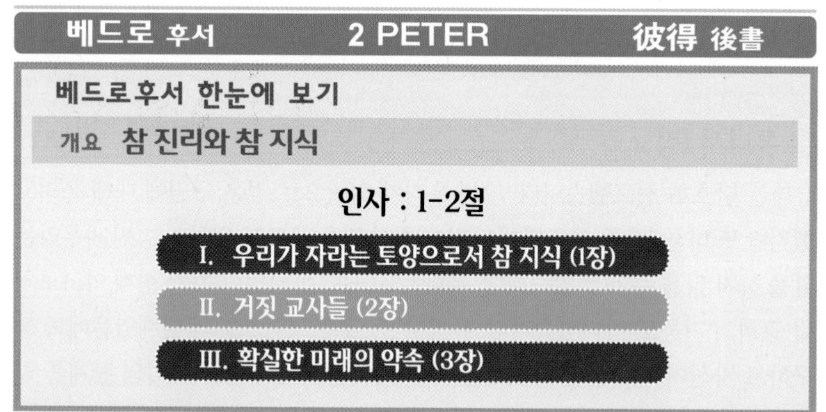

베드로 후서
2 PETER
彼得 後書
베드로후서 한눈에 보기
개요 참 진리와 참 지식
인사 : 1-2절
I. 우리가 자라는 토양으로서 참 지식 (1장)
II. 거짓 교사들 (2장)
III. 확실한 미래의 약속 (3장)

거짓 교사와 그들의 타락과 타락한 교리에 대해 경고하고자 썼습니다.

◎ 베드로후서 1~3장

생업이 어부였던 베드로는 예수님께 붙들려 변화되었습니다. 한낱 어부였던 베드로는 3년간 예수님으로부터 배우고 오순절 성령 강림으로 충만해졌습니다.

자신의 가장 암울한 순간조차도 하나님의 양 떼들의 안녕을 걱정하는 베드로의 모습을 통해 하나님의 역사하심을 볼 수 있습니다.

베드로가 갈릴리 호수에서 부활하신 예수님과 함께 서 있었던 그날, 생선 굽는 냄새가 아침 공기를 가득 채웠던 그때부터 베드로는 자기가 어떻게 죽을지 알았습니다. 그러나 베드로는 충성을 다했습니다. 자기의 참혹한 죽음에 대한 염려보다도 예수께서 그에게 먹이고, 치라고 맡기신 주님의 양 떼에 대한 관심이 더 컸습니다. 그는 예수님의 부탁을 충실히 이행했습니다.
그래서 AD 63~64년경, 베드로는 '동일하게 보배로운 믿음을 우리와 같이 받은 자들에게' 편지를 보냅니다. 이것은 그의 마지막 편지입니다.
전설에 따르면 AD 64년에 베드로는 한때 모른다고 부인했던 그 주님을 위해 십자가에 거꾸로 못 박혀 죽었다고 합니다. 베드로는 자기 하나님을 아는 지식과 은혜 안에서 진정으로 자라갔던 것입니다.

베드로후서는 세 부분으로 나눌 수 있습니다.

그리스도인의 성품 배양1장
거짓 교사들에 대한 책망2장
그리스도의 재림에 대한 확신3장입니다.

베드로는 독자들이 그리스도인의 성품을 배양할 때, 믿음과 하나님의 말씀에서 발견한 진리에 관한 지식 안에서 자라 가라고 강조합니다. 특별히, 성경은 신뢰할 만하다고 강조합니다.

1장 21절은 영감靈感, Inspiration의 신적이며 동시에 인간적인 과정에 관해 놀랍게 묘사하고 있습니다. "오직 성령의 감동하심을 받은 사람들이 하나님께 받아 말한 것임이니라."
거짓 교사들에 대한 베드로의 책망은 그들의 부도덕한 생활, 무익하고 파괴적인 가르침, 확실한 하나님의 멸망과 심판을 묘사하고 있습니다. 주님의 재림에 대한 베드로의 강조는 거룩한 심판이 임할 것이라는 사실을 부정하는 거짓 교사들에 의해 촉진되었습니다.
주님의 재림에 비추어서, 베드로는 자신의 서신을 읽는 독자들에게 거룩하고 흔들림 없이 성장하는 삶을 살도록 권유하고 있습니다.

1장 1-3절
"1옛적에 선지자들을 통하여 여러 부분과 여러 모양으로 우리 조상들에게 말씀하신 하나님이 2이 모든 날 마지막에는 아들을 통하여 우리에게 말씀하셨으니 이 아들을 만유의 상속자로 세우시고 또 그로 말미암아 모든 세계를 지으셨느니라 3이는 하나님의 영광의 광채시요 그 본체의 형상이시라 그의 능력의 말씀으로 만물을 붙드시며 죄를 정결하게 하는 일을 하시고 높은 곳에 계신 지극히 크신 이의 우편에 앉으셨느니라."

"우월" (Better)
히브리서는 새 언약이 옛 언약보다 우월하다는 사실을 강조합니다.

히브리서 HEBREWS 希伯來書

히브리서 한눈에 보기

개요 그리스도, 새로운 생명의 길

I. 예수	우리의 참 구원자 (1장-7장)
II. 갈보리	새 언약 (8장-10:18)
III. 믿음	참된 원리 (10:19-13장)

맺는 말 13:22-25

유대인 성도들이 심한 핍박을 받자, 그들은 그리스도와 합함으로 그들의 제단이나 제사장 등을 잃게 되었다고 생각했습니다. 성도라는 귀한 신분을 생각 못하고 그들이 당장 겪는 핍박에서 오는 고난만 생각하면서 타락으로 빠지게 되자 이들의 잘못을 고쳐 주기 위해 누군가가 이 편지를 썼습니다. 실망한 이들에게 그리스도의 영광과 하늘에서의 사역을 언급하고 기독교의 우월성을 말하면서 고난을 겪는 이들에게 모든 것을 잃는 것이 아니라 모든 것을 얻었음을 말해주고 있습니다.

어려운 핍박과 고난이 온다 할지라도 우리에게 계신 분은 우리 연약함을 다 체휼하시고, 모든 일에 우리와 한결같이 시험을 받으시되 죄가 없으신히4:15 거룩한 제사장, 구속자 제사장, 사도인 제사장, 온전한 제사장, 영원한 제사장이시기에 모두가 이 분을 향하여 모든 무거운 것과 얽매이기 쉬운 죄를 벗어 버리고 인내하며 사랑하며 더 큰 상을 주시는 자임을 믿고 나아가야 합니다. 더 나은 본향을 사모하며 많은 믿음의 선진들과 같이 믿음의 경주를 해 나아갈 때에 하나님의 놀라운 위로와 상급이 앞에 기다리고 있습니다.

□ 히브리서의 저자와 수신자는 누굴까?

히브리서의 저자는 아직까지 밝혀지지 않고 있습니다. 바울, 바나바, 누가와 같은 사람들이 나름의 논리 아래서 저자로 추측되고 있지만, 이 서신에 대한 전승이나 어휘나 문체로는 저자가 누구인지를 알 수 없습니다. 결국 교회사 속에서 수없이 많은 추측과 가설을 만들어 냈던 히브리서 저자에 관한 최선의 답으로 3세기 신학자인 오리겐은 다음과 같이 말했습니다. "히브리서의 저자는 오직 하나님만 아신다." 히브리서의 수신자는 아마 로마에 살던 기독교인들이었을 것이라는 견해가 지배적입니다. "이달리아에서 온 자들도 너희에게 문안하느니라."

13:24라는 말씀은 고향을 떠난 이탈리아 사람들이 안부를 전하는 것으로 해석되는 것이 가장 자연스럽기 때문입니다.

본서의 수신자를 정리해 보면, 그리스도를 직접 눈으로 본 사람들의 간증을 통해 믿게 된 자들이었습니다.1:2, 2:3 그들은 신앙의 초보자들이 아니었으며5:12, 복음에 굳게 선 믿음으로 지금까지 고난을 잘 인내해 왔습니다.10:32-34 그러나 불행하게도 이들은 "듣는 것이 둔하므로"5:11 믿음에서 떨어져 나갈 위험이 있는 사람들이었습니다.2:1, 3:12

히브리서는 유대교에 대한 기독교의 변증서라고 할 수 있습니다.
다음 도표는 유대교와의 비교점을 요약합니다.

구분	유대교	기독교
신 론	일원론적 신관(단일신론)	삼위일체 신관
인간론	인간의 타락은 극히 부분적인 것으로 행위로 의롭게 할 수 있다.	인간의 타락은 치명적이며 믿음으로 그리스도의 은혜를 입어야 함
성경관	하나님의 계시는 구약 성경에만 국한 되는 것이 아니라 후시대의 유대 문학에도 나타나며, 구약은 하나님의 영감 아래 기록되었으나 구절마다 영감된 것은 아님	하나님의 계시는 신·구약 성경으로 완결되었으며 더 이상의 특별한 계시는 없음
속죄관	인본주의 속죄관으로 중보자가 필요 없으며 자력(自力)과 선행에 의해 의롭게 됨	중보자이신 예수 그리스도를 믿음으로 구원을 얻을 수 있음
메시아관	메시아는 아직 오지 않았으며 그가 오시면 이 땅 위에 이상향을 건설하고 이스라엘 민족은 종교적, 정치적으로 인류를 지도하는 위치에 서게 됨	메시아는 예수 그리스도로, 그분은 성육신과 부활로 인간들을 죄 중에서 구원하셨을 뿐 아니라 장차 재림하셔서 세상을 심판하심
내세관	악을 행하는 자는 게헨나에서 고난을 당하고 선을 행하는 자는 천국에서 복된 생활을 누리게 된다. 특히 이스라엘 민족은 선민이기 때문에 사후에 아브라함의 품에 안기는 축복을 누림	그리스도에 대한 신앙의 여부로 결정되며 주님 만이 모든 것을 판단하고 심판하실 권한이 있음

◎ 히브리서 1~7장

1. 우리의 참 구원자 예수1장~7장

이제는 구약적인 제사 방식의 예배로 돌아갈 수 없습니다. 그러나 그 정신은 따라야 합니다.

히브리서 기자는 과거 성전 제사 방식으로 하나님께 예배드렸다가 그리스도인이 된 유대인들을 염두에 두고 히브리서를 기록했습니다. 유대인들은 그리스도인이 된 후에도 성전에서 화려하게 드리는 제사를 잊지 못하였습니다. 예수를 믿는다고 하면서도 이 성전 제사에 대한 향수를 잊지 못하였습니다. 그래서 여차하면 성전 제사로 회귀하려고 하는 그들에게 이제 그리스도 안에서 새로운 예배가 시작되었으므로 예배에 굳게 설 것을 권유하기 위해 히브리서를 기록했습니다.히 10:19-25

진정한 예배의 완성자는 예수님이십니다. 이렇게 말할 수 있는 근거가 무엇입니까? 구약의 제사 제도를 폐하고 새로운 예배 방식을 창조한 예수님은 천사보다 큰 자이고히 1:4-2:18, 유대인들이 하나님 다음으로 떠받드는 모세보다 큰 자이고히 3:1-4:13, 구약의 대제사장보다 큰 자이고히 4:14-16, 구약의 모든 믿음의 영웅들보다 큰 자이기 때문입니다.히 11:1-12:2 구약의 성전 제도와 제사 제도와 제사장들은 예수님의 사역의 그림자로서, 그분이 십자가와 부활로 구속救贖을 완성하시자 이 모든 그림자들은 철폐되었습니다.대하 7:11-10:39 이제 구약적인 그림자의 예배 방식은 철폐되고 예수님의 구속을 찬양하는 전 인적全人的인 예배가 시작되었습니다.

"그러므로 우리는 예수로 말미암아 항상 찬송의 제사를 하나님께 드리자 이는 그 이름을 증언하는 입술의 열매니라 오직 선을 행함과 서로 나눠주기를 잊지 말라 하나님은 이 같은 제사를 기뻐하시느니라"히 13:15-16

□ 예수 그리스도, 우리를 위한 대제사장

대제사장은 사람들을 위해 하나님 앞에 서야 하는 일에 세움을 받은 자로서 매일의 소제와 백성을 위해 드리는 속죄제를 담당했습니다.레 16:2, 11, 14, 34, 히 9:7, 10:3

대제사장과 예수 그리스도 사이에는 유사점이 있으면서도 비교할 수 없는 중요한 차이점들이 있습니다.

항목	대제사장	예수 그리스도
신분	대제사장이 되는 존귀는 사람이 스스로 취하지 못하고 하나님의 부르심으로 된다.	예수 그리스도께서 대제사장이 되신 영광도 스스로 취하신 것이 아니라 하나님의 말씀을 따른 것이다.(히 5:5-6*) *시 2:7 ; 110:4 인용
성품	대제사장이 "무식하고 미혹한 자를 능히 용납할 수 있는 것은 자기도 연약에 휩싸여"(5:2) 있기 때문이다.	예수님은 "우리 연약함을 동정하지 못하실 이가 아니요"(4:15), "육체에 계실 때에…심한 통곡과 눈물"(5:7)을 가졌던 분이셨다.

📖 히 3:1 그러므로 함께 하늘의 부르심을 받은 거룩한 형제들아 우리가 믿는 도리의 사도이시며 대제사장이신 예수를 깊이 생각하라

□ 히브리서의 3대 주요 동사

- 예수를 깊이 생각하라3:1
- 예수를 바라보자12:2
- 그에게 나아가자13:13

□ 안식에 들어가기를 힘쓰라

사람의 영혼은 하나님의 임재 가운데 있을 때 안식을 누리며시 23:2, 그리스도의 일을 할 때 진정한 쉼을 얻게 됩니다.마 11:29 히브리서 저자는 창조 사역 후 안식하신 하나님의 모습을 믿는 자가 궁극적으로 누리게 될 안식의 좋은 모델로 삼았습니다.4:9-10 또한 출애굽 세대 중 여호수아를 따라 가나안 땅에 들어간 사람들에게는 안식이 주어졌으나수23:1 이것도 진정한 안식은 아니었으며, 다른 안식이 남아 있다고 말합니다.4:9

또한 "안식에 들어가기를 힘쓸지니"4:11라고 했는데, 여기에는 하나님 나라를 상속받아 누릴 안식을 소망하면서 하나님의 뜻이 이루어지도록 열심히 살아가라는 의미가 담겨 있습니다.

□ 멜기세덱이 아론보다 더 큰 제사장인가?

1세기에 이 서신을 읽었던 유대인 교인들은 인간의 족보에 매우 큰 비중을 두고 있었습니다. 그들은 아론의 자손이 아닌 사람을 제사장으로 인정하려 하지 않았습니다. 그래서 히브리서 저자는 다른 종류의 제사장을 강조합니다. 즉 아론이나 레위 반열이 아닌 멜기세덱의 반열을 따른 예수님이 대제사장이 되신다고 설명합니다.7:4-10 히브리서 저자는 6~7장에 걸쳐 예수님이 멜기세덱의 반차임을 집요하게 입증한 후, 어떻게 멜기세덱이 아론보다 더 큰 대제사장인지를 설명합니다.

신분	멜기세덱은 시작도 없고 끝도 없는 신분을 갖고 있다.(7:1–3)
아브라함과 멜기세덱과의 관계	레위(또는 아론)의 조상인 아브라함은 멜기세덱에게 예물을 드렸고, 멜기세덱은 아브라함에게 축복했는데(창 14:18–20, 히7:4–10), 낮은 자가 예물을 드리고 높은 자가 축복을 하는 법이다.
시간적인 우선성	멜기세덱은 레위(또는 아론)보다 훨씬 먼저 활동했다.(7:5, 10)
대제사장의 조건	아론의 반차를 따르는 대제사장은 맹세 없이 되었으나 멜기세덱의 반차를 따르는 예수님은 맹세로 되셨다.(7:11–28)

88일

년 월 일

오늘의 읽을 분량

히 8~13장
요일 1~5장
요이 1장
요삼 1장

◎ 히브리서 8~13장

2. 갈보리에서의 새 언약8장~10:18

□ 신약의 레위기, 히브리서

거룩하지 못한 인간이 거룩하신 하나님을 만나는 것은 불가능합니다. 죄가 있는 상태에서는 하나님을 만나는 것이 오히려 화가 됩니다.사 6:5 그러므로 하나님은 레위기를 통해 엄격한 희생 제사를 허락하셨습니다. 그러나 동물의 피로 드리는 희생 제사는 인간의 죄를 완전히 없애지 못했습니다. 그래서 필요할 때마다 동물을 잡아 제사를 드려야 했습니다. 하지만 신약에는 온전한 제사법이 등장합니다. 그것은 예수님 자신이 제물이 되어 인간의 죄를 완전하게 없앤 제사, 즉 단 한번만으로도 영원한 효력이 있는 제사영단번의 제사입니다.9:12

그렇기에 히브리서는 사람이 하나님을 직접 만날 수 있게 된 제사법을 언급한 '신약 속의 레위기'라고 할 수 있습니다.9~10장 히브리서는 19곳에서 레위기를 간접적으로 인용하고 있는데, 특히 9장을 보면 레위기 16장이 집중적으로 인용되었음을 발견할 수 있습니다. 이는 레위기 16장에 기록된 대속죄일욤 키푸르, Yom Kippur의 제사법과 대제사장의 역할이 히브리서 9장에 기록된 예수 그리스도의 대제사장 되심과 어떻게 연결되는지를 보여 주기 때문입니다. 따라서 예수님은 새 언약의 중보자이십니다.8장

□ 대제사장과 예수 그리스도 사이의 차이점

항목	대제사장	예수 그리스도
죄의 유무	사람 가운데서 취한 자로서 연약에 싸여 있어(5:1-2) 자신을 위한 속죄제가 필요(레16:11, 히5:3)	죄가 없으시기에(4:15) 자기 자신을 위한 속죄가 불필요(7:27)
제사의 성격	대제사장은 죽음으로 인해 항상 그 직분을 감당하지는 못했다.(7:23) 또한 대속죄일의 시효 때문에 매년 반복적인 제사를 드려야 했다.(9:25)	영원한 제사장이시기에(6:20; 7:21) 제사 직분도 갈리지 않는다.(7:24) 또한 자신을 단번에 드린 단회적인 제사였다.(9:26; 10:10)
대제사장의 반차	아론의 반차(5:4)로 "육체에 상관된 계명의 법" (7:16a)을 따르는 율법의 계명으로 됨	멜기세덱의 반차(5:6, 10; 6:20)로 "무궁한 생명의 능력"(7:16)을 따르는 맹세의 말씀으로 됨(7:28)
섬기는 공간	땅에 있는 성소	하늘에 있는 성소(8:1-2; 9:11, 24)
속죄를 위한 제물의 피	염소와 황소와 송아지의 피(9:12-13, 19; 10:4), 온전한 속죄를 이루지 못함	예수님 자신의 피(9:12, 14), 온전한 속죄를 이룸

10장에서는 그리스도의 제사가 더 뛰어난 제사임을 언급합니다.

다음 도표로 요약합니다.

율법 아래서의 제사들	그리스도의 제사
10장 1~4절	10장 5~18절
남겨진 죄악들	죄사함
장차 오는 일의 그림자	참형상
부단히 반복됨	단번에
죄를 생각하게 하는 것	죄를 없게 하는 것
동물의 피/비자발적	그리스도의 피/자발적

3. 믿음 - 참된 원리[10:18~13장]

히브리서 11장, 믿음의 전당

히브리서의 마지막 단락인 11~13장은 신앙의 본이 되신 그리스도를 비추며, 환경에 관계없이 하나님의 약속을 의지하는 믿음을 호소함으로써 본서를 마무리합니다. 히브리서 저자는 하나님의 약속보다 도리어 세상의 압력에 따라 행동하는 성도들에게 편지하면서, 구약 시대의 많은 믿음의 사람들이 가졌던 믿음으로부터 영감받은 삶의 유형을 역설합니다. 그리고 이를 통해 우리에게도 그들의 본을 따라 믿음으로 행하라고 도전합니다. 다음 도표는 믿음장이라는 히브리서 11장의 내용을 정리합니다.

믿음의 정의	1-3절	"믿음은…보지 못하는 것들의 증거" (11:1)
믿음의 본보기	4-31절	죽어서 믿음을 증거했던 아벨 믿음으로 죽음을 보지 않고 승천한 에녹 믿음으로 방주를 지어 가족을 구원한 노아 갈 바를 알지 못했지만 믿음으로 본토를 떠난 아브라함 늙었으나 믿음으로 잉태했던 사라 믿음으로 자녀를 축복했던 이삭과 야곱 믿음으로 애굽을 떠날 것을 말한 요셉 믿음으로 공주의 아들이 되기를 거부했던 모세 믿음으로 정탐꾼을 숨겨 준 라합
	32-35절	믿음으로 나라를 이긴 바락, 기드온, 입다, 사무엘, 다윗 믿음으로 의를 행한 사무엘, 다윗 믿음으로 약속을 받은 아브라함 믿음으로 사자의 입을 막은 다니엘 믿음으로 불의 세력을 막은 다니엘의 세 친구 믿음으로 칼날을 피한 다윗, 엘리야, 엘리사 믿음으로 연약한 가운데 강하게 된 삼손 믿음으로 죽은 자를 부활로 받은 사렙다 과부, 수넴 여인 믿음으로 결박당하고 옥에 갇힌 예레미야, 미가야
믿음으로 승리한 사람들	36-40절	그 외에도 믿음으로 고난을 이긴 삶들이 언급된다.

□ 히브리서의 다섯 가지 권면

히브리서의 독자들은 영적 미성숙으로 인해 다시 육신적 상태로 되돌아가려는 배교의 위험에 처한 성도들이었습니다. 그렇게 될 경우 그들은 하나님의 징계를 자초하는 것이며, 그리스도의 심판대에서 그들의 상급을 잃게 될 것입니다. 히브리서 저자는 성도가 신실하지 못한 삶을 살 때, 그의 영적 생활이 어떻게 파멸되는지를 경고하고 있습니다. 다음 도표를 숙지하십시오.

1	소홀히 함으로 말씀에서 떠나 표류함	2:1-4
2	마음이 강팍함으로 말씀을 의심함	3:7-4:13
3	나태함으로 말씀에 대해 무디어짐	5:11-6:20
4	완고함으로 말씀을 업신여김	10:26-39
5	듣기를 거절함으로 말씀에 불순종함	12:14-29

□ 이보다 더 좋을 수 없다

예수님은 이전보다 더 좋은 계시, 위치, 제사장직, 언약, 제사, 능력을 제시하십니다. 히브리서 저자는 독자들이 기독교를 버리고 옛 유대교 체제로 돌아가는 것을 막기 위해 이러한 주제를 전개하고 있습니다.

그렇기에 '이보다 나은', '더 좋은'이란 표현이 자주 사용되고 있습니다. 또한 다양한 대상과의 비교를 통해 예수 그리스도가 가장 뛰어나신 분이심을 증거합니다.

아래 도표는 점점 더 좋아지는 것을 보여 주고 있습니다.

믿음의 본이 되신 그리스도	11-13장
옛 언약보다 좋으신 그리스도	8-10장
아론의 제사장 직분보다 뛰어나신 그리스도	5-7장
모세와 여호수아보다 뛰어나신 그리스도	3-4장
선지자와 천사들보다 뛰어나신 그리스도	1-2장

요한일서	1 JOHN	約翰一書

요한일서 한눈에 보기

개요 아는 것과 실천하는 것(참과 거짓)

7가지 대조

1. 빛과 어둠 (15-2:11)
2. 하나님과 세상 (2:12-2:17)
3. 그리스도와 적그리스도 (2:18-2:28)
4. 선한 일과 악한 일 (2:29-3:24)
5. 성령과 거짓 (4:1-6)
6. 참사랑과 겉치레 경건 (4:7-21)
7. 하나님으로부터 온 것과 아닌 것 (5:1-21)

교회가 처음 시작할 때 초대 교회에 개종한 유대교도와 이방신자들이 그들이 전에 가졌던 믿음에 관한 이론들로 기독교 신앙을 변질시키려 했습니다.
이들로 인해 이단과 배교가 일어났으며, 이러한 잘못은 특히 그리스도의 인성을 부인하는 영지주의자들에 의해 고조를 이루었습니다.
그래서 이들만이 진정한 지식을 소유했다고 하면서 사도적 신앙을 고수하려는 사람들을 무시했습니다. 사도 요한은 그리스도를 직접 만져 보기도 하고 보기도 했다고 하면서 그리스도의 인성을 강조하였습니다.요일 1:1-2 신성을 부인하는 자들을 반박하고4:2-3, 참성도는 계시에 의해서 참지식을 알게 된 것이라고 말하고 있습니다.

◎ 요한일서 1~5장

이 서신들은 동일한 저자, 사도 요한에 의해 기록되었습니다. 갈릴리 지방의 어부로 형제 야고보와 함께 '우뢰의 아들'이라고 불렸습니다.막 3:17
요한은 최후의 만찬 상에서 예수님의 품에 의지하여 누울 정도로 총애를 받았고 요 13:23, 예수님께서 십자가에 달렸을 때, 어머니 마리아를 돌보아 달라는 부탁을 받았던 제자입니다.요 19:25-27 요한복음과 요한일, 이, 삼서, 요한계시록을 기록한 그는 노년에 밧모 섬으로 유배되었다가 에베소에서 죽음을 맞이했다고 전해지고 있습니다.

1장 3절
"우리가 보고 들은 바를 너희에게도 전함은 너희로 우리와 사귐이 있게 하려 함이니 우리의 사귐은 아버지와 그의 아들 예수 그리스도와 더불어 누림이라."

"친교" (Fellowship)
친교는 성도간의 교제이면서 예수님과의 동역 관계로서의 교제를 말합니다. 거짓교리에 대항하는 길은 진정한 교제를 나누는 것입니다.

요한일서에는 하나님의 사랑에 대한 강조와 그 사랑을 받은 성도들이 형제를 사랑할 것에 대한 권면이 전면에 흐르며, 진리 위에서 영지주의 풍의 거짓 교리들에 대한 경고가 담겨 있습니다.

☐ 요한일서에 나타난 사랑의 특성

사랑의 근원	사랑의 효과
하나님은 사랑이시다(4:8,16).	세상에서 하나님의 사랑을 나타낸다(4:7).
하나님은 우리를 사랑하신다(4:19).	하나님을 사랑하며, 두려움이 사라지며, 하나님의 계명들을 지킨다(4:18, 19, 5:3).
하나님은 우리를 위해 아들을 주셨다(4:9, 10).	타인을 위해 재물을 사용한다(3:17).
그리스도는 우리를 위해 자신의 생명을 주셨다(3:16).	타인을 위해 우리의 삶을 희생한다(3:16).

영지주의

초대 교회의 많은 성도들은 오늘날의 교회와 마찬가지로 당시의 지배적인 철학으로부터 현저하게 영향을 받았다. 신약 성경 중 몇 권이 기록되는 동안에 영지주의가 아시아의 교회를 위협했는데 영지주의는 사도 시대 초대 교회에서 복음의 주요한 대적이 되었던 철학이다. 영지주의의 가르침을 잘 알게 되면 서신서에 나타난 경고와 가르침을 더 깊이 이해할 수 있다.

영지주의靈知主義 gnosticism이란 용어는 '지식'을 뜻하는 헬라어 그노시스gnosis에서 유래했다. 영지주의자들은 이 지식이 지성적인 지식이 아니고, 보통 그리스도인은 얻을 수 없는 지식이라고 가르쳤다. 영지주의자들은 일단 신자가 이런 특별한 지식을 갖게 되면 그는 이미 '구원'을 얻은 것이라고 생각했다. 영지주의 철학은 이상하고 다양한 방식들로 여러 차례 변화되어 갔지만 그 가르침에는 기본적인 두 가지 원칙이 있었다.

- 영지주의의 첫 번째 주요 교리는 지식의 우월성이다. 특정한 '영적인 자들pneumatikon'은 진리에 관한 특별한 지식을 가지고 있다고 주장했다. 보통 그리스도인은 이 고등 지식의 비밀을 알지 못했고 알 수 없다.
- 영지주의의 두 번째 주요 교리는 영과 육물질의 분리이다. 모든 물질은 악한 것이며 악의 원인이라고 여겼다. 영은 선하며 육체물질로 인하여 생긴 어떤 것에도 오염되지 않는다고 생각했다.
- 가현설적Docetic 영지주의자들은 예수의 인성을 부인했다. 도케틱docetic이란 말은 '…처럼 보이다'는 뜻의 헬라어 도케오dokeo에서 나왔다. 가현설주의자들Docetists에 의하면 영이시고 선하신 하나님이 예수 그리스도라는 인간이 되는 것, 물질이요 악한 육체가 되는 것은 불가능하다. 예수는 환영phantom으로, 진짜 살과 피를 가진 몸이 아니며 단지 몸이 있는 것처럼 보였을 따름이라고 그들은 믿었다.

"프리셉트 성경" 프리셉트 1999 부록 p.17

참신자와 거짓 신자

주님은 마지막 추수의 때에 좋은 열매와 가라지를 가려내실 것이나 그때까지는 한 밭에서 자라도록 두시겠다고 말씀하셨습니다.마 24:24-30
즉, 한 교회 안에서도 참신자와 거짓 신자들이 함께 거할 수 있다는 의미입니다. 요한의 서신을 수신했던 교회에서 일부 신자들이 분리되어 나가는 일이 발생했습니다.
이들은 본래 참신자였다가 타락했다기보다는 사실 참신자가 아니었던 것입니다. 그렇다면 참신자와 거짓 신자를 어떻게 구별할 수 있을까요? 요한일서는 하나님과 교제를 나누고 있는 참된 신자라면 반드시 다음의 3가지 증거가 있어야 한다고 말합니다. 그리고 이러한 3가지 증거를 여러 차례 반복적으로 언급하고 있습니다.

1) 예수님의 성육신과 십자가의 대속적 죽음에 대한 신앙 고백
요일 1:2, 2:18-27, 4:1-6, 5:1-12
2) 하나님과 예수님이 우리를 사랑하듯이 형제를 서로 사랑하는 것
요일 2:3-11, 3:11-24, 4:7-21
3) 상습적으로 죄를 짓지 않고 말씀에 순종하는 의로운 삶을 사는 것
요일 1:5-22, 2:28-3:10, 5:13-21

요한일서는 진정한 하나님의 자녀임을 확신시켜 주는 참된 증거가 무엇인지 분명하게 보여 줌으로써 우리에게 참된 구원의 확신을 갖게 해 줍니다. "내가 하나님의 아들의 이름을 믿는 너희에게 이것을 쓴 것은 너희로 하여금 너희에게 영생이 있음을 알게 하려 함이라"요일 5:13 요즘과 같은 시대에 요한일서가 제시하는 이러한 그리스도인 상像은 우리에게 큰 도전으로 다가옵니다.

대조적 표현법

요한은 뚜렷하게 극을 이루는 단어들을 즐겨 사용하는데, 이것은 제3의 선택은 있을 수 없다는 그의 사상을 드러낸 것입니다. 이것은 요한복음에서도 보여지는 요한의 독특한 표현 방식이기도 합니다.

요한일서에 나오는 대조적 표현들

1:5	어두움	빛
1:6	거짓	진리
2:7	옛 계명	새 계명
2:9-10	미워함	사랑함
2:15-16	세상에 속한 것	주께 속한 것
2:17	지나가는 것	영원한 것
2:23	주를 부인함	주를 시인함
3:10	마귀의 자녀	하나님의 자녀
3:12	악한 행위	의로운 행위
3:14	사망	생명
4:6	미혹의 영	진리의 영
4:17-18	두려움	담대함

8절
"너희는 스스로 삼가 우리가 일한 것을 잃지 말고 오직 온전한 상을 받으라"

"충성" (Faithful)
이 편지에 충성이란 단어가 직접 나오지는 않지만 그 내용은 충성을 강조하고 있습니다.

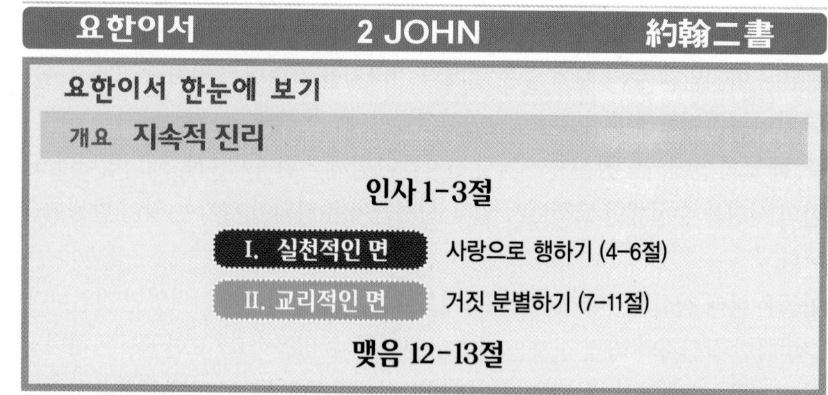

요한이서
2 JOHN
約翰二書
요한이서 한눈에 보기
개요 지속적 진리
인사 1-3절
I. 실천적인 면
사랑으로 행하기 (4-6절)
II. 교리적인 면
거짓 분별하기 (7-11절)
맺음 12-13절

거짓 교사를 모르고 받아들인 한 부인에게 참 진리에 대하여 알리려 한 것입니다. 이단 교리를 퍼뜨리는, 즉 예수 그리스도께서 육신으로 오신 하나님이라고 말하지 않는 그들을 돕거나 대하지 말라고 교훈합니다.

◎ 요한이서 1장

요한이서는 하나님의 계명 안에 거하며, 거짓 교사들을 피할 것에 대한 권고가 있으며, 요한일서의 축소판이라고 할 만큼 내용이 흡사합니다.

공통내용	요한일서	요한이서
하나님께서 진리로서 우리와 함께 계심	1:5-10	1:2-3
서로 사랑하라	4:7-12	1:5
진리를 행하는 것은 주의 계명을 지키는 것임	3:18-24	1:6
그리스도의 육체를 부인하는 자는 적그리스도임	4:2-3	1:7
그리스도 교훈에 거하는 자가 하나님의 자녀임	2:29-3:6	1:8-9
진리를 수호하라	4:1-4	1:10-11
자신과의 교제를 통해 기쁨이 충만케 되기를 바람	1:1-4	1:12

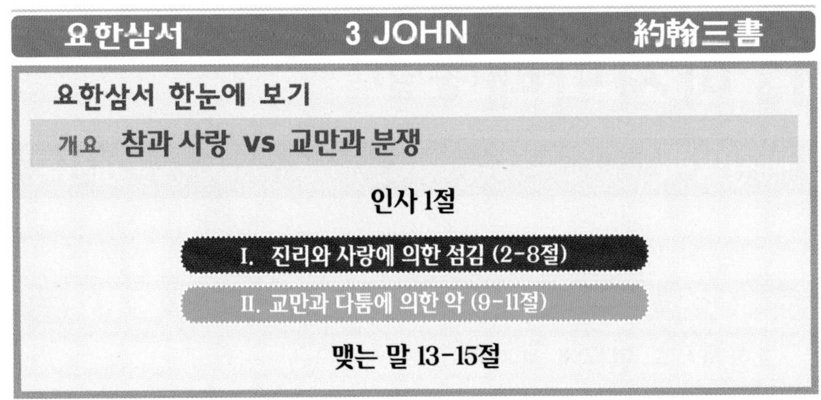

요한삼서
3 JOHN
約翰三書
요한삼서 한눈에 보기
개요 참과 사랑 vs 교만과 분쟁
인사 1절
I. 진리와 사랑에 의한 섬김 (2-8절)
II. 교만과 다툼에 의한 악 (9-11절)
맺는 말 13-15절

8절
"그러므로 우리가 이같은 자들을 영접하는 것이 마땅하니 이는 우리로 진리를 위하여 함께 일하는 자가 되게 하려 함이라"

"진리" (Truth)
이 단어는 6번이나 나옵니다. 그리스도인은 진리에 헌신하고 결단하도록 부름을 받은 자들입니다.

초대 교인 중에는 세상에서 아무런 보상도 받지 아니하고 전도 여행을 다니는 사람들이 많았습니다. 그래서 각 지역에 흩어져 사는 부유한 성도들의 도움을 받을 수밖에 없었습니다. 디오드레베라는 인물이 있는 그 교회에서는 이 사람이 대단한 권력을 행사하고 있었습니다. 이 곳에서는 전도인들이 일을 못하게 할 뿐만 아니라 그들을 영접하는 성도들을 교회에서 내어 쫓기까지 했습니다.
요한은 이 교회에 서신을 보냈으나 그들은 그 서신을 거절하고 그 사도권까지 인정하지 않으려 했습니다.[9절] 나이 많은 사도 요한은 사랑이 많은 가이오에게 편지를 다시 써서 주의 종들을 받아들이라고 권면합니다.[5, 6, 8절]
또한 후에 그 교회를 방문할 때 핍박자를 엄히 대할 것을 말하고 있습니다.[10절]
이 서신에는 다음과 같은 세 인물이 등장합니다. 첫째 가이오는 친절하고 너그러운 인물로, 디오드레베는 교회 일을 맡았지만 교만하고 오만한 자로, 데메드리오는 모든 사람에게 칭찬을 받는 자로 등장하고 있습니다.
오늘날 교회 일을 맡은 자들 중에 혹시 자신이 디오드레베와 같은 인격으로 봉사한다면 그는 하나님을 믿노라 하면서 어두운 가운데에 있으며 거짓말하는 위선자일 것입니다.

◎ 요한삼서 1장

15절로 이루어진 요한삼서는 요한일서와 같이 진리를 강조하고, 사랑을 권면하며, 이단을 경계하라는 내용으로 이루어져 있습니다.
또한 가이오와 데메드리오, 디오드레베를 예로 들면서 참성도의 모습에 대해 교훈합니다. 가이오와 데메드리오는 칭찬받지만, 디오드레베는 책망을 받습니다.

89일

년 월 일

하나님 나라 관점에서 읽는 90일 성경 일독

13 마지막때(종말)

마지막때 · 계시록

계 1~11장

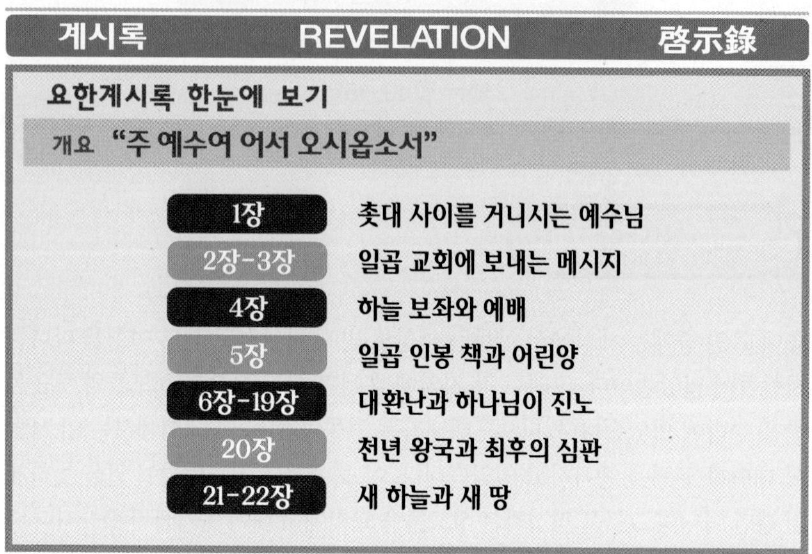

계시록 REVELATION 啓示錄

요한계시록 한눈에 보기

개요 "주 예수여 어서 오시옵소서"

1장	촛대 사이를 거니시는 예수님
2장-3장	일곱 교회에 보내는 메시지
4장	하늘 보좌와 예배
5장	일곱 인봉 책과 어린양
6장-19장	대환난과 하나님이 진노
20장	천년 왕국과 최후의 심판
21-22장	새 하늘과 새 땅

1장 7절

"볼지어다 그가 구름을 타고 오시리라 각 사람의 눈이 그를 보겠고 그를 찌른 자들도 볼 것이요 땅에 있는 모든 족속이 그로 말미암아 애곡하리니 그러하리라 아멘"

11장 15절

"일곱째 천사가 나팔을 불매 하늘에 큰 음성들이 나서 이르되 세상 나라가 우리 주와 그의 그리스도의 나라가 되어 그가 세세토록 왕 노릇 하시리로다 하니"

"예언" (Prophecy)

이 책의 처음과 끝에서 예언의 책이라고 스스로 밝힙니다. 이 책은 신약의 유일한 예언서입니다.

요한계시록의 원래 목적은 1세기 말 일곱 교회로 대표되는 초대 교회 교인들이 극악한 박해에 직면해 있을 때 그들에게 새 하늘과 새 땅의 소망을 품어 박해를 견디도록 격려함에 있었습니다. 극심한 시험을 이기는 자에게는 새 하늘과 새 땅에서 축복을 누리게 된다는 비전을 보여 주어 그들로 하여금 인내하게 합니다. 이런 극심한 시련은 말세에 하나님의 악에 대한 심판이 진행되며 하나님은 반드시 승리하여 악의 세력은 무저갱으로 영원히 멸망하며 하나님 나라가 최종적으로, 그리고 온전히 회복되는 것을 보여 주는 것이 계시록이 쓰여진 이유입니다.

요한계시록은 인간의 역사에 대한 하나님의 계획을 요약하고 있습니다. 오래전에 첫 창조에서 시작된 일들이 궁극적으로는 새 창조에서 완성됨을 보여 주는 것입니다. 그것은 하나님 나라인 최초의 에덴이 망하게 된 배후 세력인 사탄을 박멸하고 그 에덴을 다시 회복하는 새 하늘과 새 땅은 바로 하나님 나라의 완전한 회복을 말하는 것입니다.

이것은 영적 전쟁입니다. 사실 이 영적 전쟁은 창세기 3장 15절에서 이미 선전 포고가 된 것이고, 예수님이 오셔서 십자가를 지심으로 이미 승리를 쟁취한 전쟁이고, 말세는 그 최종 승리를 향한 마지막 정리 단계의 싸움이 진행되고 있음을 보여 주는 것이 계시록의 목적입니다. 사탄은 그 마지막 때의 발악을 하고 있는 것일 뿐입니다. 이런 맥락에서 요한계시록은 '축복을 담고 있는 책'입니다. 1:3, 14:13, 16:15, 19:9, 20:6, 22:7, 14 등에서 일곱 개의 다른 '축복'들을 찾아보세요.

또한 이 책은 '역사history가 주님의 이야기His Story'인 것, 곧 인간사는 승리자이신 그리스도의 손 안에 있음을 보여 줍니다. 이 책을 잘 공부하여 우리는 예수님이 다시 오시는 때를 예비하기 위해 격려를 받아야 하며, 섬기도록 영감을 받으며, 정결한 생활을 할 수 있도록 능력을 받아야 합니다.

요한계시록을 의미하는 Revelation은 원래 '벗기다' 또는 '폭로하다'라는 의미를 갖고 있습니다. 그런데도 사람들은 요한계시록에 사용된 많은 상징들로 인해 그 내용이 가려지고 닫혀 있다고 여깁니다. 이 때문에 어떤 사람들은 이 책을 공부해서는 안 된다고 주장하기도 합니다. 종교 개혁자 칼뱅이 대표적인데, 그는 요한계시록 주석을 의도적으로 집필하지 않았습니다.
반면에 지나친 확신을 가지고 요한계시록에 상징적으로 쓰인 모든 것을 이해할 수 있다고 주장하는 사람들도 있습니다.
이것은 수많은 이단이 요한계시록으로 인해 나타나는 이유이기도 합니다. 사실 요한계시록에는 신비하고 알기 어려운 것들이 많이 있습니다. 때문에 한낱 미래에 대한 호기심을 충족하기 위해 접근하면 위험합니다. 그렇다면 우리가 취할 바른 태도는 무엇인가?
이 두 극단 사이에서 중간적 입장을 취하는 것입니다. 즉 우리의 이해에는 한계가 있음을 겸허히 인식하면서, 가능한 한 많이 이해하려고 노력하는 것입니다.

□ 요한계시록의 네 가지 해석 방식

박윤성 "요한계시록, 어떻게 가르칠까" 기독신문사 2002 p.32-37참조

요한계시록을 바르게 이해하는 관점은 무엇인가? 요한계시록 6장에서 18장에 나오는 환상이 가리키는 역사적 대상이 무엇인가? 그리고 천년 왕국에 대한 대답이 요한계시록을 해석하는 방법을 달리하게 합니다.
그러나 안타깝게도 2,000년 교회 역사 속에서는 하나의 일치된 견해가 정립되지 못했습니다. 한 가지 방식만으로 요한계시록을 해석할 수 없었기 때문일 것입니다. 요한계시록에 대한 해석의 역사가 남긴 네 가지 해석 방식은 나름대로의 장·단점을 가지고 있습니다.

1) 과거 주의 관점

과거주의적 해석은 요한계시록의 내용을 1세기 역사적인 배경 아래에서 해석하려는 관점과 이것과는 달리 로마 제국의 멸망의 예언으로 해석하려는 관점으로 나누어집니다.

① 예루살렘 멸망을 위한 예언으로 보는 관점
② 로마의 멸망을 위한 예언으로 보는 관점

2) 역사주의 관점

이 역사주의 관점은 한국 교회에서 많이 설교하는 방식인데, 이는 요한계시록을 실제로 이 세상에 일어난 일에 대한 예언으로 보는 것입니다. 그래서 요한계시록에 일어난 일들을 역사적으로 중요한 사건들과 일치시키려는 입장으로, 이런 의미에서 본다면, 짐승을 교황으로 해석할 수도 있고, 666이 상품마다 찍히는 바코드로 해석할 수도 있습니다. 이 관점의 단점은 역사적인 사건들을 너무 일일이 예언에 꿰어 맞추려는 것과 서방 교회의 역사에만 요한계시록을 적용하려는 경향이 있다는 것입니다. 또한 해석자들이 각자의 시대의 정황에 맞게 역사적인 사건들을 맞추다 보니 해석자마다 각자의 시대에 따라 다르게 적용해 버리는 불합리한 결과가 나오게 됩니다.
또 다른 약점은 이렇게 요한계시록의 예언들을 미래의 사건에 적용하다 보니 1세기 당시의 요한계시록의 독자들에게는 적용되지 않는 결점이 있습니다.

3) 미래주의 관점

미래주의적 해석은 한국 교회에서 주종을 이루어왔던 관점이다.
미래주의 관점은 ① 세대 주의적 미래주의와 ② 수정 미래주의가 있습니다.
이들은 전 천년설을 주장합니다.

① 세대 주의적 미래주의

가장 보편적인 형태는 요한계시록에 나오는 환상의 순서를 문자 그대로 미래의 역사에서 나타날 것으로 해석하는 것이 세대 주의적 미래주의입니다. 그 순서를 나열하면 다음과 같습니다. 이들은 2장~3장의 일곱 교회를 예수님 재림하실 때까지의 일곱 교회 시대를 상징하는 것으로 봅니다. 민족적 이스라엘이 국토를 회복하는 일이것은 4장 1절-22장 5절의 사건이 일어나기 바로 전에 일어날 일, 교회의 휴거, 7년 대환란, 적그리스도의 통치, 악한 나라들이 예루살렘과 싸우기 위해 모임, 예수께서 악한 나라들을 멸망시키실 때 재림하심, 그리스도의 천년 왕국, 천년 왕국의 마지막에 사탄의 마지막 반역이 있고, 그리고 새 하늘과 새 땅에서 성도들과 함께 그리스도께서 영원히 통치하신다는 순서로 설명합니다. 이들은 1장 19

절의 말씀이 요한계시록의 윤곽이라고 생각합니다. 이 관점을 주장하는 대표자들은 다비J. N. Darby, 스코필드C. I. Scofield, 라르킨Clarence Larkin, 라이리Charles Ryrie, 왈부드John Walvoord, 린세이Hal Lindsey 등이며 한국의 많은 부흥사들과 목사들이 이 세대 주의적인 견해를 가지고 있습니다.

② 수정 미래주의

두 번째의 미래주의 관점은 '수정 미래주의'라고 말할 수 있습니다. 수정 미래주의는 위의 세대 주의적 미래주의보다는 문자적 해석에 있어서 온건한 편이며, 요한계시록의 비전들이 미래의 역사에 시간적 순서를 가지고 일어난다고 강하게 주장하지는 않습니다. 수정 미래주의는 교회가 진정한 이스라엘이라고 말하며, '전 환란기 휴거'가 없다고 말합니다. 그보다는 크리스천들이 마지막 환란기를 지나갈 것이라고 말합니다. 세대 주의적 미래주의나 수정 미래주의는 공히 요한계시록이 1세기 독자들에게는 아무런 적용점을 주지 못한다는 큰 약점을 가지고 있습니다. 요한이 1세기에 로마로부터 고난을 당하고 있는 크리스천들에게 편지를 쓰면서 그들과는 상관없는 사실을 기록했다고 보기에는 무리가 있을 것입니다. 이 점으로 볼 때 세대 주의적 해석이나 수정 미래주의는 큰 취약점을 가지고 있습니다.

4) 상징주의Idealist View 또는 관념적 해석

상징주의는 요한계시록이 선과 악의 세력 간의 투쟁을 그리고 있으며, 하나님의 세력과 사탄의 세력 간의 투쟁을 상징적으로 묘사하고 있다고 말합니다. 그러므로 요한계시록의 내용을 역사적인 사건과 일치시키려고 해서는 안 되고 하나님께서 일하시는 방식으로 보아야 한다는 것입니다. 요한계시록에 나오는 전쟁들은 영적인 전쟁으로 보아야 하며, 크리스천들을 박해하는 것으로 보아야 한다는 것입니다.

바다로부터 나온 짐승은 각 시대마다 교회를 핍박하는 사탄적인 정치 세력들로 규정됩니다. 그러므로 사탄의 결박은 실제적으로 사탄을 무저갱에 가두어 두는 것이 아니라 진리로 사탄의 세력을 결박하는 것이며, 천년 왕국도 실제로 의인들이 통치하는 문자적인 천년이 있는 것이 아니라 교회 시대를 상징하는 것으로 보는 것입니다.무천년설 이러한 상징주의 관점은 요한계시록을 마지막 역사의 종말이라는 관점에서 본다는 점에서 부족한 점이 있으며, 하나님의 마지막 승리와 사탄 세력의 마지막 심판이라는 영역이 축소되어 보이는 경향이 있습니다. 그러므로 상징주의는 과거 주의나 역사주의 관점이 직면하는 문제와는 반대의 문제를 가지게 되는 것입니다. 왜냐하면 상징주의가 특별한 역사적 사건들과 요한계시록의 상징들을 굳이 일치시키지 않기 때문입니다.

□ 본 저서의 관점 - 절충주의Eclecticism 관점

요한계시록에 대한 해석의 역사가 남긴 네 가지 해석 방식은 나름대로의 장·단점을 가지고 있습니다. 본 저서의 관점은 상징주의를 근간으로 하여 상징주의를 보완하는 방법을 따릅니다. 즉, 상징주의 관점은 마지막 심판과 하나님의 승리의 절정 역시 상징적으로 해석을 하는 반면에, 절충주의 관점은 구원과 심판에 있어서 마지막 절정을 포함하는 것입니다. 따라서 예수 그리스도께서 재림하셔서 새로운 피조물 속에 하나님의 나라를 형성하기 위하여 행하는 마지막 심판과 구원을 제외하고는 특별히 역사 속에서 특정한 사건을 예언한 것이 없다는 것입니다.

절충주의 해석의 최고권위자인 영국 계시록 신학자인 리차드 보캄 Richard Bauckham은 그의 저서 "계시록 신학"Richard Bauckham " the Theology of the Revelation" Cambridge university Press 1993 p.12~19 참조에서 이 문제를 다음과 같이 설명합니다: 요한 계시록은 미래에 대한 단순한 정보를 제공하기 위해 쓰여진 책이 아니고 그리스도인들로 하여금 세상을 향하신 하나님의 최종적인 목적이 요구하는 방식대로 살아갈 수 있도록 하기 위해 쓰여진 책이라고 했습니다. 다시 말하면 본 저서의 관점 2에서 밝힌 것처럼 하나님 나라의 회복을 위한 하나님의 역사를 쓴 성경이 그 최종적인 순간에 어떻게 이루어지게 되는가를 보여 주심으로 하나님 나라 회복을 위한 하나님의 마음을 이해하고 그래서 그분의 뜻에 따라 살도록 하기 위해 쓰여진 책입니다. 따라서 보캄은 무엇보다 이 책이 초대교회에 회람 서신으로 주어졌다는 점을 강조합니다. 그것은 핍박받고 있는 당시의 첫 독자들이 하나님의 나라가 최종적으로 그리고 반드시 회복된다는 것을 보여 주심으로 그들로 하여금 소망을 가지고 핍박을 견디며 승리할 수 있도록 하기 위함입니다. 가장 인기 있는 해석법인 세대 주의적 해석법은 이 책이 초대교회 독자들에게 주어진 역사적 사실을 무시하는 오류를 범합니다.
세대 주의자들은 이 책편지이 주어진 소아시아의 일곱 교회를 실제적 상황으로 생각하지 않고 대환난이 오기까지의 세대를 커버한 일곱 교회 시대로 보는 오류를 범합니다.
보캄은 계속해서, 이 책이 상징을 많이 사용한 것은 이 책의 내용을 애매모호하게 하기 위함이 아니라 상상력과 통찰력을 고무시키기 위함이라고 했습니다. 그것은 당시에 지배적인 이데올로기의 관점과는 정 반대되는 관점으로 묘사함으로 로마의 제국주의적인 이데올로기를 반박하고, 그 우상 숭배적인 속임수를 노출시킴과 아울러 참된 실상을 드러내기 위함이라는 것입니다. 이를테면, 그 상징적 이미지의 외향과는 달리 지존자는 짐승과는 완전히 다른 하나님이시며,

궁극적인 승리는 폭력을 통해서가 아니라 고난 속에서 진리를 증거하는 가운데 얻는다는 것입니다.

□ **본 저서는** 요한계시록을 바르게 이해하기 위해 다음 사항들을 염두에 두어야 함을 강조합니다.

① 원근 통시telescoping of time

요한계시록에 나타나는 예언의 성취 시기에 대해서는 묵시 문학의 특징인 원근 통시로 이해할 필요가 있습니다. 요한계시록을 바로 이해하려면 무엇보다도 현재와 미래의 일치성에 주목해야 합니다. 이는 성경 묵시 문학 전체에 나타나는 특징입니다. 하나님의 구원 역사에는 '이미'와 '아직' 사이의 긴장이 있습니다. '이미' 이루어진 역사가 있고, 그것에 기초해 앞으로 이루어질 '아직'에 해당하는 예언들이 함께 있습니다.

이 두 가지 영역의 사건들이 밀접하게 연결되어 두 시대가 통시적인 것으로 보이는 것입니다. 이것은 '하나님 나라'의 개념입니다. 이 원근 통시의 개념을 이해하기 위해서는 하나님은 시간과 공간을 초월하시는 분이시라는 사실을 염두에 두어야 합니다. 앞의 그림을 보면 하나님은 태초부터 새 하늘과 새 땅까지의 모든 사건을 동시적同時的으로 볼 수 있습니다, 시간과 공간은 그분에 의해 피조된 것이고 그분 안에 있는 것이기 때문입니다. 위의 그림을 참조하세요.

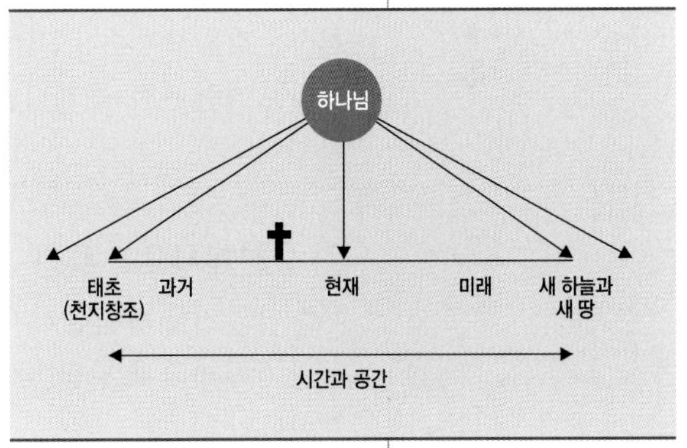

이를테면 '여호와의 날'이 앗수르에 의한 이스라엘의 심판과 동시에 종말적 구원의 날을 의미하고암 5:18, 27, 예루살렘의 멸망이 종말적 멸망과 연결되어 있는 것마 24:15, 눅 21:20이하 등이 원근 통시의 예라고 봅니다. 요한계시록의 예언 중에서도 13장과 17장에 묘사되는 일곱 머리와 열 뿔을 가진 짐승은 로마 혹은 로마의 황제들을 가리키면서 동시에 종말적인 적그리스도를 가리키는 것으로 볼 수 있다는것입니다. 따라서 계시록에서 진행되는 일곱 재앙의 세 심판 시리즈는 반드시 우리의 시간적 흐름에서 순서적으로 일어나는 것이라고 볼 수 없습니다.

② 요한계시록의 시간은 하나님의 시간Kairos입니다.

그것을 인간의 시간Kronos의 개념으로 풀려고 하기 때문에 잘못을 저지르는 것입니다. 이를테면 종말의 때가 언제인가가 제일 큰 관심사인데 그 종말의 때를 인간의 때의 개념으로 이해해서 몇 날 몇 시에 온다고 하는 것은 잘못된 것이지요. 재림의 때를 비롯해서 계시록에서 전개되는 모든 때는 하나님의 섭리적인 때임으로 우리는 그 사실에 순종하는 마음을 가지고 계시록을 읽어야 합니다. 우리의 호기심을 발동해서는 안 됩니다.

③ 하나님 나라의 완성, 에덴의 회복

계시록은 핍박받는 초대 교회 교인들에게 새 하늘과 새 땅에서 하나님 나라가 완성된다는 사실을 알게 함으로 소망을 가지고 그들의 신앙을 지키게 하기 위함입니다. 이것은 오늘을 살아가는 우리에게도 동등하게 유효합니다. 계시록 1장 5-6절의 말씀에서 이 점을 볼 수 있습니다.
이 구절은 하나님이 우리를 ①"사랑하시려고" 창조했으나 우리가 죄를 범해 그 나라를 잃어 버렸고, 그러나 여전히 우리를 사랑하시기 때문에 ②그 나라를 회복시켜 주기 위해 우리를 "죄에서 해방하게 하시어" ③그 나라를 온전히 회복하시는 것을 보여 주기 위함이라는 관점입니다.
우리는 이런 관점, 즉 하나님 나라의 완성이라는 관점으로 계시록을 이해하고자 합니다.

□ 요한계시록의 특징 - 상징이 많다

무슨 말을 전할 때 직접 하지 않고 상징적으로 말하는 것이 아주 많습니다. 예를 들면 '두루마리 책, 나팔, 금 대접, 인으로 봉한다, 인 친다, 용, 여인' 등의 상징적 표현이 있습니다.

1. 숫자적인 상징이 많이 등장한다.

'1'은 하나님을 상징하고1:8, '2'는 인간의 수를 나타낸다. '3'은 삼위일체를 의미하는 하늘의 수이고, '4'는 동서남북을 가리키는 땅의 숫자다.4:6, 5:8 '6'은 사탄의 수이고13:18, '7'은 하나님의 수이자 완전수이며, '10'은 세속적 완전수입니다.12:3, 13:1, 17:3 등

'7' 요한계시록에는 7과 관련된 여러 형태의 내용이 나오는데, 이는 요한계시록의 문학적인 구성이 유대교적인 배경을 갖고 있기 때문입니다. 일곱 교회2~3장, 일곱 가지 인 재앙5~7장, 일곱 가지 나팔 재앙8~11장, 일곱 가지 대접 재앙15-16장을 비롯해 일곱 금 촛대1:12, 20, 2:1, 일곱 천사8:2, 15:1, 6, 일곱 별1:16, 20, 2:1, 일곱 뿔과 일곱 눈을 가진 어린양5:6, 일곱 머리와 일곱 왕관을 쓴 용12:3, 일곱 머리를 가진 짐승13:1 등이 있습니다.

또한 요한계시록에는 일곱 가지 복 있는 자들이 언급되고 있습니다. '전능하신 하나님', '그리스도', '합당하다', '흰옷'과 같은 단어는 7번씩 사용되었으며, 그 밖에도 촛대, 예언, 무저갱, 음행, 지진, 큰 도시 바벨론 등도 일곱 번씩 사용되었습니다.

'666' 짐승의 숫자입니다. 1세기에는 아라비아 숫자가 통용되지 않았습니다. 대신 알파벳 각 글자가 수치를 갖고 있었습니다. 히브리어로 '시이저 네로'를 이루고 있는 수치들을 취하면 666이 됩니다. '시이저 네로'의 히브리어 표현은 'Qsr Nrwn', 인데 각 철자의 수는 다음과 같습니다.
Q=100, S=60, R=200, N=50, R=200, W=6, N=50.
이 수치를 다 더하면 666이 됩니다. 요한계시록은 헬라어로 기록되었는데, 왜 히브리어로 그의 이름이 쓰였는지에 대해서는 알 수가 없습니다. 다만 암호의 형태로 주어진 것이라 추측할 뿐입니다.
결국 666은 부활한 네로가 다시 한번 세상에 나타나리라는 것입니다. 근간에 있어 왔던 바코드, 수표 등의 비인격체는 요한계시록이 말하는 666이 아닙니다. 이 절이 정확히 누구를 언급하는지에 대해서는 알 수 없습니다. 그가 나타날 때까지는 말입니다. 또 헨드릭슨 같은 학자는 단지 실패의 숫자인 6이 3겹으로 합쳐진 것으로 짐승사단의 실패를 암시하기도 한다고 주장합니다.

'144,000' 144,000은 땅에서 구속함을 받은 14만 4천 성도를 말합니다. 따라서 '144,000'7:4, 14:1, 3이란 문자 그대로 14만 4천 명만을 뜻하거나 유대인들 가운데서 구속받은 자들만을 가리키는 것이 아닙니다. 이들은 이 세상에서 어린양의 피로 구속받은 자들로서, 하나님과 어린양에게 속한 자들입니다.

2. 색의 상징적인 의미가 나온다.
흰색은 정결과 무죄 또는 승리를 말하고, 붉은색은 죽음과 악, 전쟁과 사탄을 의미합니다. 또한 청황색은 죽음을 의미하고, 검은색은 재앙과 땅의 기근을 의미합니다.

3. 동물의 상징적인 의미가 나온다.
양은 예수님을 가리키고, 용은 사탄, 독수리는 심판자, 짐승은 불신의 왕들, 개구리와 메뚜기는 재앙을 말합니다.

4. 자연환경이 상징하는 것도 있다.
바람은 생명을, 지진은 재앙을, 구름은 하나님의 영광을 나타낸다고 봅니다.

□ 천년 왕국설

예수님이 천년 동안 왕 노릇 하신다는 것을 두고 언제 오셔서 왕 노릇하시는가에 대해 3가지 견해로 나누어집니다. 그것을 천년설이라고 하는데 ① 전 천년설, 즉 예수님이 재림하신 후에 천년 왕국이 시작된다는 견해 ② 후 천년설, 천년 왕국이 먼저 있고 예수님이 그 천년 왕국 끝에 재림하신다는 견해, 그리고 ③ 무 천년설, 즉 천년 왕국이 따로 없고 예수님의 초림과 재림 사이가 천년 왕국이라는 견해입니다. 그 견해들을 다음의 도표로 설명합니다.

① 전 천년설

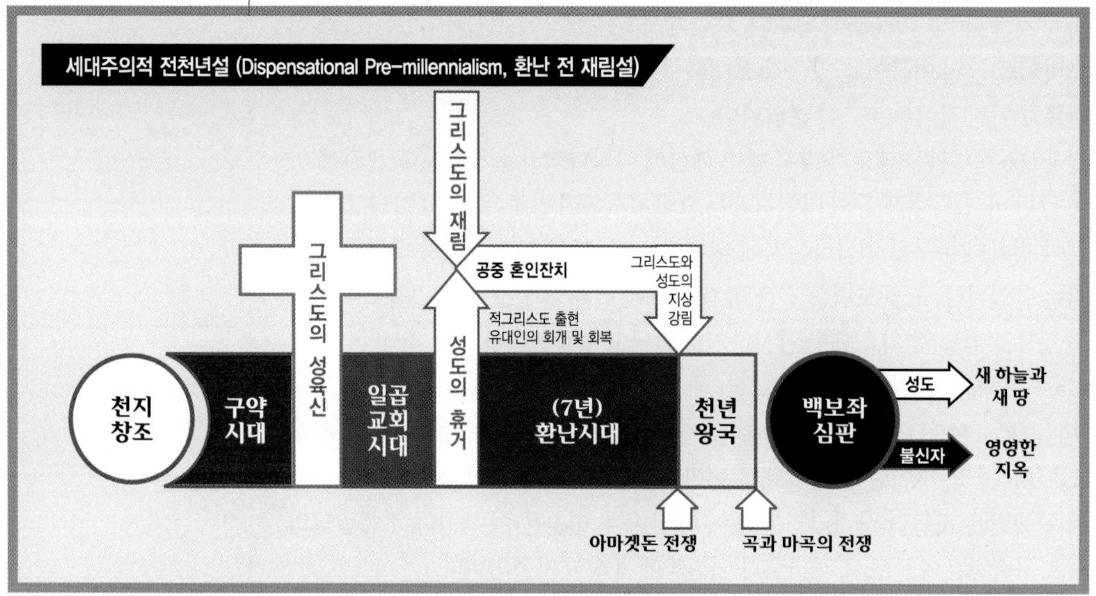

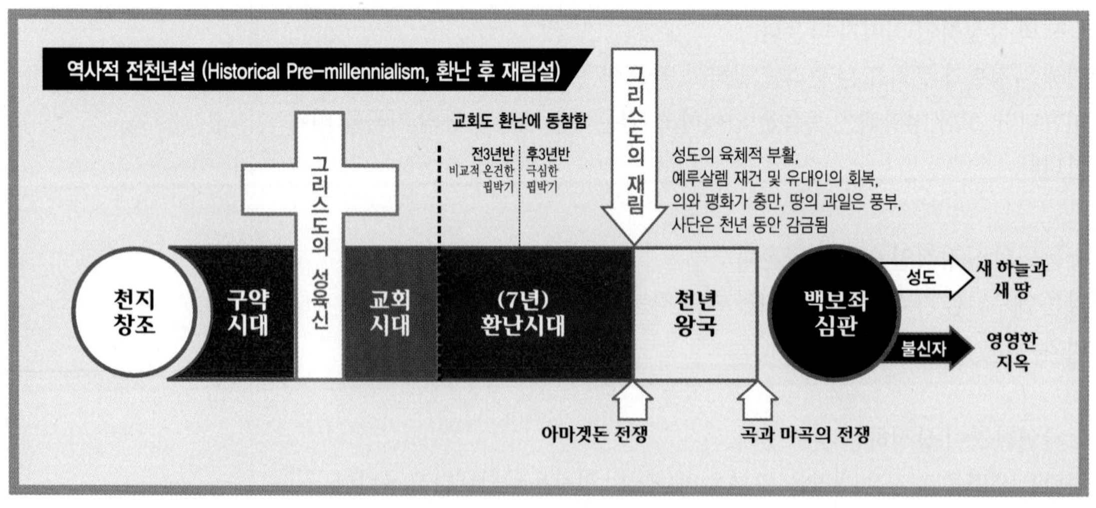

② 후 천년설

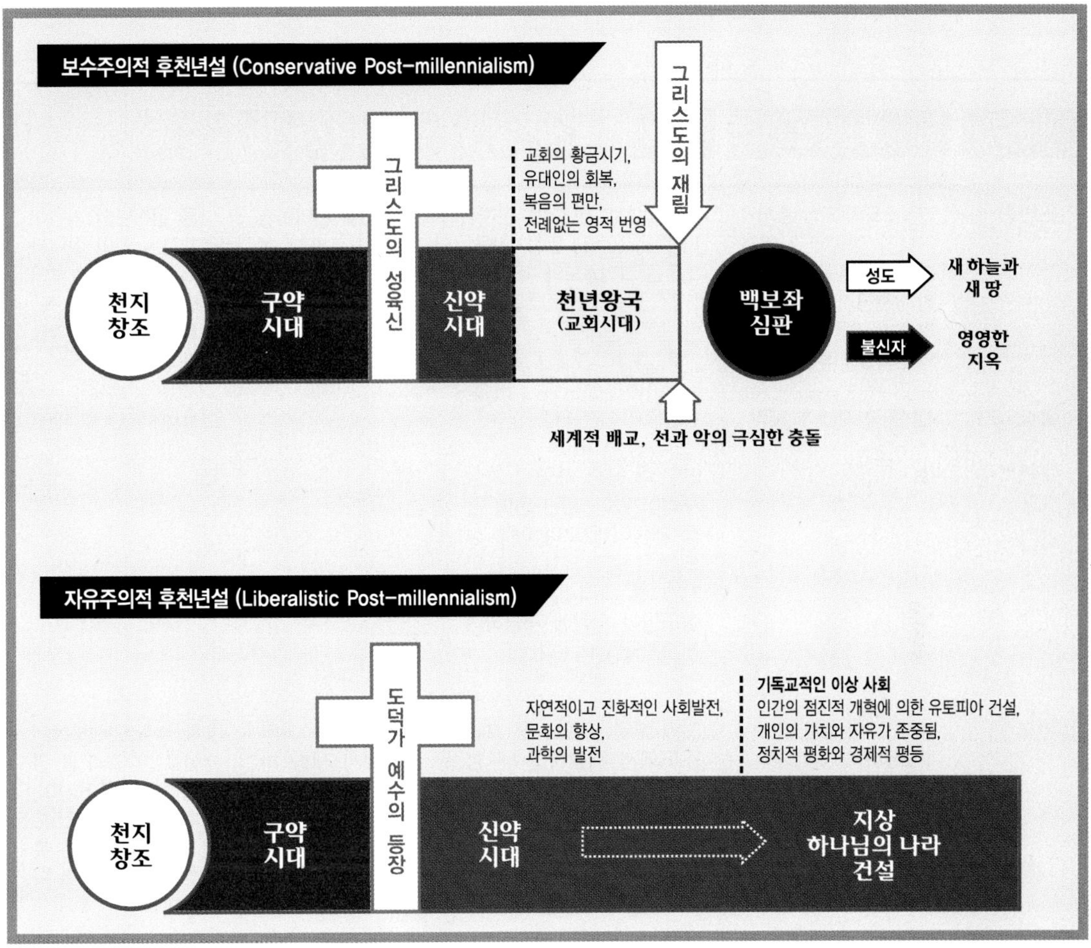

보수주의적 후천년설 (Conservative Post-millennialism)
그리스도의 성육신
교회의 황금시기,
유대인의 회복,
복음의 편만,
전례없는 영적 번영
그리스도의 재림
천지 창조
구약 시대
신약 시대
천년왕국 (교회시대)
백보좌 심판
성도
새 하늘과 새 땅
불신자
영영한 지옥
세계적 배교, 선과 악의 극심한 충돌
자유주의적 후천년설 (Liberalistic Post-millennialism)
도덕가 예수의 등장
자연적이고 진화적인 사회발전,
문화의 향상,
과학의 발전
기독교적인 이상 사회
인간의 점진적 개혁에 의한 유토피아 건설,
개인의 가치와 자유가 존중됨,
정치적 평화와 경제적 평등
천지 창조
구약 시대
신약 시대
지상 하나님의 나라 건설

③ 무 천년설

무천년설 (A-mellennialism)
그리스도의 성육신
그리스도의 통치 및
교회의 통치
전3년반
비교적 온건한 핍박기
후3년반
극심한 핍박기
그리스도의 재림
천지 창조
구약 시대
신약시대 = 천년왕국
7년 환난
백보좌 심판
성도
새 하늘과 새 땅
불신자
영영한 지옥
아마겟돈(곡과 마곡) 전쟁

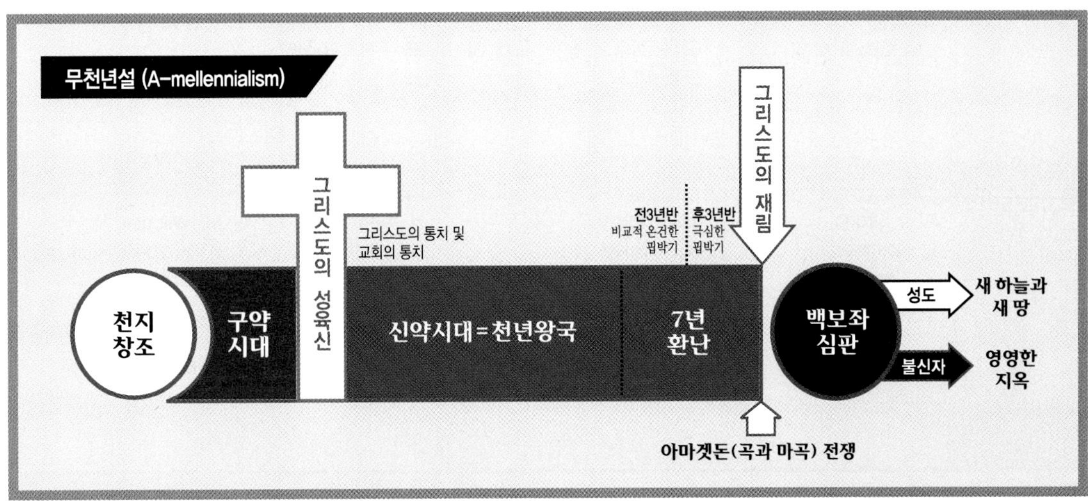

□ 천년 왕국과 예수님 재림에 관한 견해 비교

	후천년설	세대주의적 전천년설	역사주의적 전천년설	무천년설
천년왕국	그리스도의 지상 통치가 아니라 성령의 사역과 복음의 확장을 통해 교회가 황금기를 맞이하고 영적 번영을 이루어 의와 평화를 이루는 시기	일반적으로 천년기는 문자적으로 일천년을 의미하거나 혹은 정해진 일정기간을 가리키는 것으로 이때 성도들은 그리스도와 더불어 지상에서 왕노릇 한다.		다른 일천년의 기간이 존재하는 것이 아니라 그리스도의 초림부터 재림 때까지이며, 즉 교회시대의 전 기간을 말한다.
재림시기	천년왕국 지난 후 재림	천년왕국 이전 재림		교회시대 지난 후 재림
재림회수	1회	2회. 즉 공중 재림과 지상 재림이 있다. 환난 전에 공중 재림이 있으며 이때 성도들은 휴거되고, 환난이 지난 후 그리스도와 함께 성도들이 지상에 재림하여 천년왕국을 이룬다.	1회	1회
부활	그리스도의 재림 때 모두 부활한다.	첫째 부활은 환난 전 그리스도께서 재림하실 때 성도들의 부활이며, 둘째 부활은 환난 때에 죽은 순교자의 부활이며, 셋째 부활은 천년왕국의 마지막 때에 모든 자의 부활이다.	첫째 부활은 그리스도께서 재림 하실 때 성도의 부활이며 둘째 부활은 천년왕국 마지막 때의 전체 부활이다.	첫째 부활은 성도들의 부활로 그리스도를 영접할 때 이루어지며, 둘째 부활은 그리스도의 재림 때 전체가 육체로 부활하는 것을 의미한다.
과정	대환난(악 감소, 선 증가) – 천년왕국 – 그리스도의 재림 – 최후의 심판 – 새 하늘과 새 땅	그리스도의 공중재림 – 성도의 휴거 – 대환난 – 그리스도의 지상 재림 –천년왕국 – 최후의 심판 – 새 하늘과 새 땅	대환난 – 그리스도의 재림 – 성도의 부활, 휴거 – 천년왕국 – 최후의 심판 – 새 하늘과 새 땅	그리스도의 초림과 재림 – 최후의 심판 – 새 하늘과 새 땅
지지하는 신학자	A H Strong L. Boettner R. Campell R.L. Dabney	J.N. Darby W.B. Riley J.M. Gray R.A.Torey	H. Alford G.E. Ladd R. Mounce L. Morris J.A. Bemgel A,C, Gaebelein	M. Wilcock A. Kuyper H. Bavink W. Hendriksen G. Vos, J. Murry L. Berkhof

☐ 요한계시록의 구조

계시록을 크게 3부분으로 나누어 볼 수 있습니다.
그것은 요한이 기록해야 할 일이기도 합니다.

① 요한이 본 일 : 1장
② 이제 있는 일 : 2~3장 일곱 교회에 있을 일
③ 장차 될 일 : 4장 이후의 일들

① 요한이 본 일 : 머리말1:1-3 다음에 삼위일체 하나님에 관한 깊은 신학적 진리가 설명됩니다.1:4-8 그 다음으로는 사도 요한이 경험한 놀라운 신의 현현theophany이 기록됩니다.1:9-20 부활하신 예수님을 소개하는 1:9-20은 그 예수님의 말씀을 기록하는 선지자적 메시지로서 2~3장의 도입 부분에 해당됩니다. 그러므로 1:9은 3:22에 가서야 끝나는 하나의 문맥을 형성하고 있습니다.

② 이제 있는 일 : 요한계시록 2장은 독립된 서신이 아니라 요한계시록 전체와 유기적으로 연결되어 있습니다. 그리고 2~3장의 일곱 교회를 향한 메시지는 일정한 형식을 가지고 있는데, 먼저 예수님의 이름이 주어지고, 칭찬과 책망이 있으며, 성령의 말씀에 귀를 기울일 것을 촉구하는 내용과 마지막으로 이기는 자에게 주어지는 종말적 약속이 등장합니다. 우리는 2~3장을 통해 오늘날 교회가 나아가야 할 방향성을 정립 할 수 있습니다.

③ 장차 될 일 : 4장 이후의 일들. 그러나 그것은 원근 통시의 개념으로 보며 시제적으로 미래의 일을 의미하는 것이라고만 할 수 없고, 책의 기록을 위한 논리적 순서에 의한 미래의 일이라는 것으로 보아야 합니다.

그러나 우리는 이 계시록을 7부분으로 나누어 공부합니다.

① 촛대 사이를 거니시는 예수님1장
② 일곱 교회에 주는 권면2~3장
③ 하늘 보좌와 예배4장
④ 일곱 인봉 책과 어린양5장
⑤ 대환난과 하나님의 진노6~19장
⑥ 천년 왕국과 최후의 심판20장
⑦ 새 하늘과 새 땅21~22장

1. 촛대 사이를 거니시는 예수님

◎ 요한계시록 1장 : 예수님의 상징적 모습

신체부위	형상	상징적 의미
몸	발에 끌리는 옷	영광과 위엄
가슴	금띠를 두름	위엄과 신성한 권위
머리	흰 양털 같음	신성과 순결
털	눈(雪)	존귀와 지혜
눈	불 꽃	깊은 통찰력과 격렬한 진노
발	빛난 주석	하나님의 임재와 강력한 심판
음성	많은 물소리	영광과 위엄
오른손	일곱별	권능과 보호
입	좌우에 날선 검	신실한 증거와 심판
얼굴	밝은 태양	승리와 탁월성, 영광

2. 일곱 교회에 주는 권면

◎ 요한계시록 2~3장 : 아래 도표로 요약합니다

	칭찬	비판	가르침	약속
에베소 (2:1-7)	악한 자를 용납하지 않고, 견디고 인내했다.	처음 사랑을 버렸다.	처음 행위를가져라.	생명나무의 과실
서머나 (2:8-11)	은혜롭고, 환난과 궁핍을 견뎠다.	없음	죽도록 충성하라.	생명의 면류관
버가모 (2:12-17)	믿음을 저버리지 않았다.	부도덕, 우상숭배, 음행을 허용했다.	회개하라.	감추었던 만나와 새 이름을 새긴 돌
두아디라 (2:18-29)	사랑, 섬김, 믿음, 인내가 처음보다 더했다.	우상숭배의 제단과 부도덕을 허용했다.	심판이 다가온다. 믿음을 지켜라.	만국을 다스리는 권세와 새벽별
사데 (3:1-6)	믿음을 지킨 사람들이 있었다.	죽은 교회다.	회개하라. 남은 것을 굳게 하라.	명예를 얻고, 흰 옷을 입을 것이다.
빌라델비아 (3:7-13)	믿음 안에서 견뎠다.	없음	믿음을 지켜라.	하나님이 임재하시는 장소, 새 이름, 새 예루살렘
라오디게아 (3:14-22)	없음	무관심	열심을 내라. 회개하라.	예수님의 보좌에 함께 앉음

3. 하늘 보좌와 예배

◎ 요한계시록 4장

땅일곱 교회으로부터 장면이 천상으로 바뀝니다. 핍박받고 고군분투하며 신앙을 지키려고 애쓰는 지상 교회의 모습과는 정반대의 모습이 나타는 것입니다. 갖가지 형언할 수 없는 색깔과 보석으로 표현될 수밖에 없는 천국의 모습입니다. 거기에는 장로들이 하나님 보좌에 둘러 앉아 끊임없는 찬양과 예배로 하나님의 영광을 노래하고 있는 모습입니다.

지도 : 아시아의 일곱 교회 (계 2-3장)

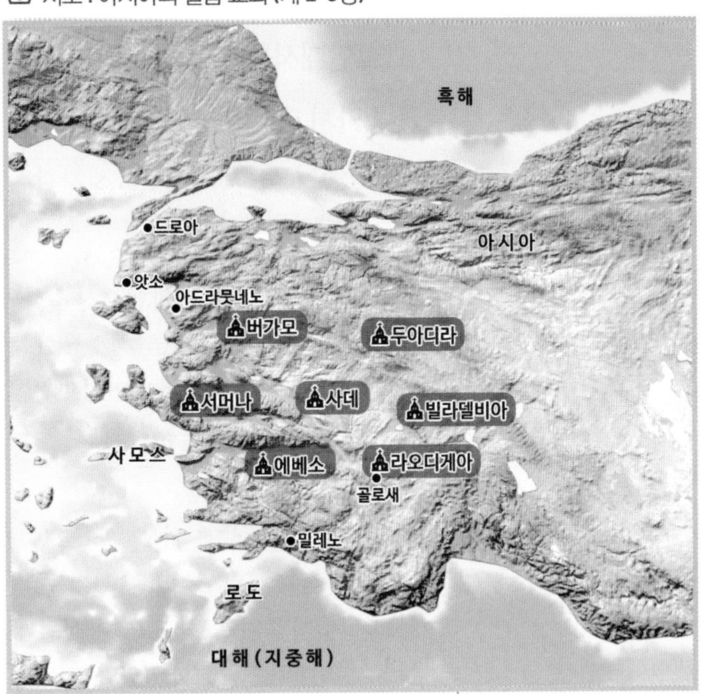

4. 일곱 인봉 책과 어린양

◎ 요한계시록 5장 : 일곱 인봉 책과 어린양

요한은 일곱 인봉된 책을 보고 그 책을 열 자가 없음을 알고 애석해 하며 크게 울었습니다. 왜냐하면 그 책의 인봉이 열리지 않으면 종말은 오지 않고 하나님 나라의 회복은 이루어지지 않음을 요한은 알고 있었기 때문입니다. 그때 장로 중 하나가 어린양 예수님께서 그 인봉을 떼시기에 합당한 분이라는 사실을 알려 줍니다. 천사가 그 어린양을 찬양하는 내용5:11-12을 다음 도표가 요약합니다.

종류	의미	관련성구
능력	하나님의 내재적 속성의 하나로 그리스도는 하나님의 능력 그 자체이시다.	고전1:24
부	그리스도의 전인적인 충만을 의미하는 것으로 성도들에게 영육간의 부를 부여해 주는 근거가 된다.	막10:29, 30 고후8:9; 엡3:8
지혜	하늘과 땅의 모든 일에 관한 깊은 통찰력을 가리키는 것으로 영원하며 신적 기원을 갖는다.	고전1:24 약1:5
힘	예수 그리스도는 사단의 세력을 물리치고 승리할 수 있는 힘을 가지신 분이다.	눅11:22
존귀	고난과 비천함을 극복하신 만주의 주, 만왕의 왕으로서의 존귀함을 의미한다.	빌2:10, 11
영광	하나님의 내재적 속성으로 주께서 성부 하나님과 동등한 분이심을 나타낸다.	요1:14; 히2:9
찬송	그리스도의 십자가 구속에 대한 성도의 응답으로 구속받은 자들이 그분께 드릴 수 있는 유일한 특권이자 선물이다.	행24:15 살전4:14 벧전1:3

5. 대환난과 하나님의 진노[6~19장]

◎ 요한계시록 6~11장 : 7가지 재앙 I

□ 7가지 재앙의 사이클

6~16장에 나오는 일곱 심판의 세 가지 사이클은 일곱 인, 일곱 나팔, 일곱 대접으로 구성되어 있습니다. 7 재앙의 내용을 다음과 같이 요약 정리합니다.

일곱 인 위엄 있게 보좌에 앉으신 하나님께서 안팎으로 쓰여 일곱 인으로 봉한 책을 붙들고 계신다. 유다의 사자 외에는 그 인을 떼어 내 그 내용을 드러낼 자가 없다. 처음의 여섯 인들이 떼어질 때 땅 위에는 전쟁, 기근, 죽음, 지진 그리고 하늘의 대변동을 수반하는 참화가 쏟아진다. 땅의 임금은 그 진노의 순간에 낙담한다.

일곱 나팔 일곱 나팔 심판은 각각의 나팔들이 차례로 울리면서 자연과 하늘의 재앙들이 다시 한번 일어난다. 그것들은 우박, 불, 떨어지는 별들, 죽음, 어두움, 화등 '사람들이 죽기를 구해도 얻지 못하게 하는 재앙'[9:6]이었다. 이 재앙 중 몇 가지는 모세 시대의 애굽에서 있었던 열 가지 재앙들[출 7:12-12:36]과 유사한 것들이다.

일곱 대접 144,000명이 하나님의 보좌 앞에서 새 노래를 부르며 두 번째로 요한의 환상 가운데 나타나고, 하늘 한가운데 있는 천사들은 심판의 시간이 이르렀다는 소식을 알린다. 손에 낫을 든 인자가 땅의 추수를 시작하기 위해 오시고, 심판을 위해 익은 포도들은 하나님의 진노의 포도주 틀에 던져진다. 그때 일곱 천사가 일곱 대접에 담긴 마지막 재앙을 가지고 등장한다. 그 재앙들은 종기, 피, 태우는 불, 어두움, 고통, 지진, 우박 그리고 아마겟돈이라 불리는 곳에서의 거대한 전쟁을 포함한다.

이러한 일곱 심판의 사이클 중 내용이 삽입된 부분이 네 곳 있습니다. 인과 나팔, 대접 재앙의 여섯째와 일곱째 사이에 예언의 말씀이 삽입되어 있고 나팔 심판과 대접 심판 사이에 긴 내용이 삽입되어 있습니다. 각각의 심판 중에서 일곱째 심판은 서로 유사점이 있기 때문에 세 종류의 심판이 동시에 일어나거나 약간씩 겹치는 부분이 있어서 그리스도께서 다시 오시는 때를 기점으로 모두 끝난다고 볼 수도 있습니다.

또한 일부에서는 세 가지 종류의 심판들이 연달아 일어나는 것으로 해석하기도 하는데, 이 해석은 일곱째 인이 일곱 나팔이며, 일곱째 나팔이 일곱 대접이라고 봅니다. 다음 도표는 이 3시리즈의 7재앙이 어떻게 일어나는가에 대한 3가지 견해를 보여 줍니다.

	일곱 인(6:1-19:6) 어린 양이 뗌	일곱 나팔(8:6-11:19) 일곱 천사가 붊	일곱 대접(15:1-19:6) 일곱 천사가 쏟음
1	흰 말: 정복자	우박과 불: 식물의 1/3이 소화됨	헌데
2	붉은 말: 전쟁	불붙는 큰 산: 바다 생물의 1/3이 파괴됨	바다가 피가 됨: 모든 바다 생물이 죽음
3	검은 말: 기근	쑥이라는 이름의 별이 떨어짐: 물의 1/3이 쓰임	강과 물 근원이 피가 됨
4	청황색 말: 죽음	부분적인 어둠: 해, 달, 별들의 1/3이 어두워짐	불타는 듯한 해가 사람들을 태움
5	순교자들을 안심하게 함	첫 번째 화: 천사가 무저갱에서 황충을 풀어 줌	짐승의 나라에 어두움이 임함
6	진노의 큰 날: 지진과 하늘의 징조들	두 번째 화: 유브라데에 결박된 네 천사가 지상의 사람 1/3을 도살함	유브라데 강이 메마름: 전쟁을 위해 왕들이 아마겟돈에 집결함
휴지기	144,000에게 인침 (7:1-17)	작은 책과 두 증인 (10:1-11:14)	아마겟돈(16:13-16)
7	반 시간 동안의 고요: 우뢰, 번개, 지진	뇌성, 지진, 우박	번개, 뇌성

공관복음서에 나오는 재앙의 내용과 일곱 인의 재앙

순서	마태복음 (마24:1-35)	마가복음 (막13:1-37)	누가복음 (눅21:5-33)	일곱인의 재앙 (계6:1-17)
1	난리	난리	난리와 소란	세계적인 정복(흰 말)
2	세계대전	세계대전	세계대전	전쟁과 내란(붉은 말)
3	흉년과 배고픔	큰 지진	대지진	흉년과 기근(검은 말)
4	지진	기근	기근	배고픔과 죽음(청황색 말)
5	거짓 선지자와 불법에 의한 성도의 고난	적그리스도에 의한 성도들의 고난	온역	성도들의 고난과 순교자들의 탄원
6	하늘의 징조	하늘의 징조	성도들의 고난 (무서운 일)	지진 하늘의 징조
7			하늘의 징조	우뢰, 번개, 지진

□ 심판 시리즈의 배열에 대한 견해

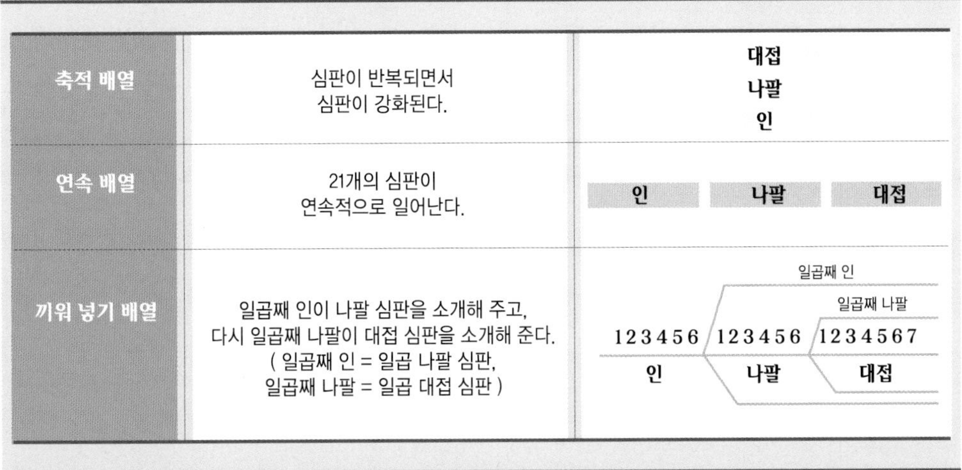

축적 배열	심판이 반복되면서 심판이 강화된다.	대접 나팔 인
연속 배열	21개의 심판이 연속적으로 일어난다.	인 / 나팔 / 대접
끼워 넣기 배열	일곱째 인이 나팔 심판을 소개해 주고, 다시 일곱째 나팔이 대접 심판을 소개해 준다. (일곱째 인 = 일곱 나팔 심판, 일곱째 나팔 = 일곱 대접 심판)	일곱째 인 일곱째 나팔 123456 123456 1234567 인 나팔 대접

1) 축적 배열은 인 심판 시리즈가 있은 후에 더 강화된 나팔 심판이 그 다음 더 강화된 대접 심판 시리즈가 이어진다고 보는 견해입니다

2) 연속 배열은 각 시리즈의 심판이 인, 나팔, 대접 심판 시리즈 순서대로 진행된다는 견해입니다.

3) 끼워 넣기 배열은 인 심판의 일곱 번째 재앙은 그다음 시리즈인 나팔 심판을 품고 있고, 나팔 심판 7번째 재앙은 그다음 시리즈인 대접 심판을 예고한다고 보는 견해입니다. 성경을 자세히 보면 이 끼워 넣기 배열은 옳지 않음을 알 수 있습니다. 각각의 일곱 번째 재앙은 그 자체가 하나의 재앙임을 알 수 있습니다.

6장 일곱 인의 재앙이 내려집니다. p.631의 도표를 참조하세요. 이 재앙들은 예수님 재림 전에 내려지는 것이고, 오직 하나님의 섭리에 의해 이루어지며, 이 땅위의 모든 영역에 미치는 것입니다. 7장 나팔 재앙이 일어나기 전에 환난에서 구원받는 자가 있음을 알려 줍니다. 이들은 하나님의 인치심을 받은 십사만 사천 명[1-8절]과 흰옷 입은 자[9-17절]들입니다.
본장은 최후의 때가 되면 견디기 힘든 핍박과 재난이 온다는 것을 경고하지만 하나님의 백성들의 구원과 영생에 대한 하나님의 약속이 신실함을 강조하고, 그들은 극심한 환난 중에도 구원을 얻게 된다는 것을 알려 줍니다. 8장~9장 나팔 재앙이 진행됨을 보여 줍니다.
10장 6번째 나팔 재앙과 7번째 나팔 재앙 사이에 부가적으로 삽입된 부분으로 일곱 번째 나팔 재앙을 향한 점진적 과도기를 형성하고 있으며 그 준비 과정을 묘사하고 있습니다. 힘센 천사가 나타나 작은 책을 요한에게 주고 요한은 그것을 먹습니다.
이것은 사도 요한이 예언자적 사명을 받는 것을 의미합니다. 11장 두 증인의 활동과 죽음과 일곱 번째 천사의 나팔로 나누어집니다. 두 증인은 성전 측량과 그들의 예언 그리고 무저갱에서 올라온 짐승에 의한 두 증인의 죽음과 부활을 묘사하고 있습니다.

축적 배열의 의한

심판 시리즈의 구조

(계시록 6장~16장)

논리적 순번	1	2	3	4	5	6	삽입	7
인심판	흰말: 전쟁	붉은말: 전쟁	검은말: 기근	청황색말: 죽음	순교자의 탄원	천체의 변화	7장: 인치심 (144,000)	지진, 뇌성, 음성, 번개
나팔심판	우박,불: 땅	불붙은 큰산: 바다	횃불같이 타는 큰산: 강	해 달 별 천체	황충	네 천사의 전쟁	10장: 천사의 작은책 11장: 두증인	번개, 음성, 우레, 지진, 큰 우박
삽입	12장: 여자와 용의 싸움 13장: 두 짐승 이야기 14장: 144,000의 찬양 15장: 대접심판 시작의 징조							
대접심판	땅: 종기	바다: 피	강, 바다: 피	해: 불로 사람을 태움	짐승의 왕좌	큰강 유브라데	없음	번개, 음성, 우레소리

90일

년 월 일

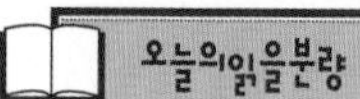

계 12~22장

◎ 요한계시록 12~16장 : 7가지 재앙 II

나팔 재앙과 마지막 재앙인 대접 재앙이 있기 전 그 중간에 일어나는 재앙입니다. 12장~14장은 계시록의 핵심을 이루는 부분입니다. 한 여자를 삼키려는 붉은 용의 대결12장 그리고 사탄의 하수인인 두 짐승13장 등 어둠의 권세와의 대결이 첨예하게 전개되지만, 그 엄청난 영적 싸움에서 하나님의 백성은 하나님과 그리스도의 승리로 그 승리에 동참하게 되며 보호받는다는 것입니다.

14장은 온갖 핍박과 고난 가운데 놓인 하나님의 백성들에게 장차 있을 하나님의 공의로운 심판을 미리 계시해 보여 줌으로 그들을 위로하고 격려하는 내용입니다. 짐승의 표를 받기를 거절하다 죽임을 당한 신실한 성도들이 받을 상급과 짐승을 경배한 자들이 받을 최후의 심판에 대한 예언적 선포인 것입니다.

먼저 14장 1~5절의 144,000명의 영광스러운 모습을 아래 도표가 잘 요약합니다. 그리고 세 천사에 대한 심판의 예고, 알곡인 신자의 구원, 포도송이로 비유된 불신자들의 심판이 14장의 주요 내용입니다. 그 내용을 다음 도표가 요약합니다.

이마에 어린 양의 이름과 아버지의 이름이 기록된 사람들(14:1)	성령으로 거듭나사 하나님의 소유물이라는 표시가 있는 사람들
보좌와 네 생물과 장로들 앞에서 새 노래를 부르는 사람들(14:3)	새 노래는 질적으로 새로운 노래를 말하는 것으로, 거듭난 사람만이 새 노래를 부를 수 있다.
여자로 더불어 더럽히지 않은 사람들(14:4)	도덕적인 순결, 신앙의 절개를 지킨 사람들
정절이 있는 사람들(14:4)	예수님께만 순종하는 사람들
그 입에 거짓이 없는 사람들(14:5)	예수님을 부인하지 않고(요일 2:22), 형제 자매를 사랑하는 사람들(요일 4:20)
흠이 없는 사람들(14:5)	오직 예수 그리스도의 보혈로 씻겨서 정결하게 될 때에만 흠이 없어질 수 있다(벧전 1:19).

15장과 16장은 마지막 재앙인 대접 심판이 준비되고 시행되는 것을 보여 줍니다.

◎ 요한계시록 17~19장 : 죄악의 도성과 적그리스도

17~18장 일곱 번째 대접 재앙과 그리스도의 재림 사이에 있는 상황입니다. 음녀 바벨론의 멸망을 언급하고 있습니다.

즉 17장에는 음녀의 등장과 그녀에 대한 심판의 내용이, 18장에는 큰 성 바벨론의 멸망이 나오고 있는데, 음녀와 바벨론은 동일한 것이기 때문에 17장과 18장은 같은 내용을 다른 각도에서 본 것으로 하나의 연속적인 주제를 형성하고 있는 것입니다. 19장 큰 음녀 바벨론의 멸망으로 대환난은 끝나고 그리스도의 영광스러운 재림과 최후의 전쟁에 의한 짐승, 즉 적그리스도의 멸망이 나오고 있습니다. 바벨론의 완전한 심판에 대한 찬양1-5절, 어린양의 혼인 잔치6-10절, 예수그리스도의 재림11-18절 그리고 아마겟돈 전쟁19-21절의 순으로 묘사되고 있습니다.

6. 천년 왕국과 최후의 심판

◎ 요한계시록 20장 : 천년 왕국

20장은 천국왕국에 관한 내용입니다. 그 견해가 다 다르기 때문에 그것을 도표화해서 비교했습니다. 다음의 도표들을 잘 숙지熟知하십시오.

전천년설과 무천년설의 견해

항목	전천년설의 견해	무천년설의 견해	관련성구
무저갱	그리스도의 재림 때 주께 패배한 사단이 지상의 천년 왕국기간동안 갇혀 있을 임시 처소를 의미함.	예수그리스도의 십자가와 부활사건으로 사단이 치명적인 상처를 받아 그 활동이 제한된 것을 상징.	계20:1,3
일천년 동안	문자적인 천년을 의미하며 그리스도의 재림후에 이 지상에 이루어질 하나님의 실제적인 통치 기간을 가리킨다.	상징적으로 이해하여 그리스도의 초림에서 재림때까지의 전 기간을 가리킨다.	계20:2,4,6
만국을 미혹하지 못하게	사단이 재림하신 그리스도께 패하여 무저갱에 갇혔기 때문에 천년왕국 기간 동안은 아무런 활동도 할 수 없게 된 것을 의미한다.	교회의 전역사기간 동안 비록 사단이 하나님을 대적하고 성도들을 핍박할지라도 사단의 세력은 결정적으로 패했기 때문에 그들의 모든 시도는 결국 실패하고 말 것임을 암시한다.	계20:3,6
왕 노릇	예수 그리스도께서 재림하셔서 이 땅 위에 천년왕국을 건설하실 때 성도들이 주와 함께 만국을 다스리는 권세를 얻게 될 것을 의미한다.	①믿는 성도들이 죽은 후 그리스도의 재림시까지 하늘나라에서 주와 함께 왕 노릇하는 것과 ②땅 위에서 성도들이 복음의 권세로 세상을 심판하고 정복할 뿐만 아니라 그리스도의 영광에 동참하게 되는 것을 의미한다.	계20:4,6
첫째 부활	그리스도의 재림 때 신실한 성도들만이 먼저 육체적으로 부활하여 그리스도의 천년왕국에 참여하게 되는 것을 의미한다.	①죄로 죽었던 영혼들이 그리스도를 믿음으로 중생하는 것과 ②그리스도를 믿는 성도들이 죽어 육체로부터 해방되는 것을 의미한다.	계20:5,6
사단이 옥에서 놓여나와	천년왕국이 끝나고 흰 보좌에 의한 최후심판이 있기 전에 곡과 마곡에서의 마지막 싸움을 위해 사단이 일시적으로 놓여나는 것을 의미한다.	교회의 전 역사 기간 동안 사단은 그리스도의 십자가에 의해 치명적인 상처를 입고 거의 죽은 것처럼 보였지만 점차로 그 힘을 회복하여 성도들을 핍박하고 세상 권세를 잡게 되는 것을 의미한다.	계20:3,7,8
곡과 마곡	그리스도의 재림 때 있을 아마겟돈 전쟁과는 다른 것으로 천년왕국이 지난 후 최후 심판 직전에 사단과 그 추종세력이 최후로 하나님을 대적하여 싸우는 것을 의미한다.	아마겟돈 전쟁의 또 다른 표현으로 그리스도의 재림 때 있게 될 이미 판가름난 사단과 하나님의 최후결전을 의미한다.	계20:8-10
둘째 사망	첫째 부활 때 일어나지 못한 불신자들이 천년 왕국 후에 육체적으로 부활하여 최후 심판을 거쳐 영원한 형벌에 처하게 되는 것을 의미한다.	그리스도의 재림 때 모든 사람들이 육체적으로 부활하여 백보좌 심판에서 영생과 영벌로 나누어지게 되는 것을 상징한다.	계20:11-11

7. 새 하늘과 새 땅

◎ 요한계시록 21~22장 : 하나님 나라의 완전한 회복

□ 알파와 오메가

창세기 1-3장		요한계시록 20-22장
창조	구속	새창조
A	†	Ω

창세기 1-3장	요한계시록 20-22장
"태초에 하나님이 천지를 창조하시니라" (1:1)	"내가 새 하늘과 새 땅을 보니" (21:1)
"어두움을 밤이라 칭하시니라" (1:5)	"거기는 밤이 없음이라" (21:25)
"네가 먹는 날에는 정녕 죽으리라" (2:17)	"다시 사망이 없고" (21:4)
사탄이 인간을 속이는 자로 나타난다 (3:1).	사탄이 영원히 사라진다 (20:10).
뱀의 최초의 승리 (3:13)	어린 양의 최후의 승리 (20:10; 22:3)
"내가 네게 고통을 크게 더하리니" (3:16)	"다시 사망이 없고 애통하는 것이나… 다시 있지 아니하리니" (21:4)
"땅은 너로 인하여 저주를 받고" (3:17)	"다시 저주가 없으며" (22:3)
아담 안에서 생명나무로 나아가는 길을 잃는다 (3:24).	그리스도 안에서 생명나무로 나아가는 길이 회복된다 (22:14).
그들은 하나님의 임재로부터 추방된다 (3:24).	"그의 얼굴을 볼 터이요" (22:4)

창세기가 시작에 관한 책이라면, 요한계시록은 완성에 관한 책입니다. 이런 말이 있습니다. "종말은 창조를 완성하고, 창조는 종말을 전망한다."Eschatology is Protology : Protology is Eschatology. 이필찬 "내가 속히 오리라 - 요한계시록 주해" 이레서원 2006 p.926

이것은 구속 역사의 완성이고 하나님 나라의 온전한 회복이며 에덴의 회복입니다. 창세기가 시작에 관한 책이라면, 요한계시록은 완성에 관한 책입니다. 요한계시록 21~22장은 타락이 존재하지 않는 새로운 창세기라고 할 수 있습니다. 성경은 창조, 구속, 새 창조에 있어서 하나님의 하시는 일을 이야기한 것으로 예수 그리스도의 성육신을 중심점으로 삼고 있습니다.

역사의 종말은 심판에 있는 것이 아니고 하나님 나라의 회복에 있는 것입니다.

사탄의 간교에 속아 인간이 죄를 범함으로 잃어버린 낙원인 에덴, 즉 하나님 나라는 하나님의 첫 약속처럼 그 대적 사탄의 머리를 짓밟고 승리할 여인의 후손, 예수 그리스도께서 오심으로 영적 싸움은 시작되었습니다.

그것이 바로 하나님 나라의 성취였습니다. 그 나라의 완성은 대적 사탄을 최종적으로 무찌르고 그를 무저갱에 버림으로 하나님이 최종적 승리를 쟁취하심으로 잃어버린 낙원, 에덴이 온전히 회복된 것입니다. 계시록은 그 새 에덴인 새 하늘과 새 땅을 다음과 같이 묘사합니다.

계 21:1-4 [1]또 내가 새 하늘과 새 땅을 보니 처음 하늘과 처음 땅이 없어졌고 바다
도 다시 있지 않더라 [2]또 내가 보매 거룩한 성 새 예루살렘이 하나님께로부터 하늘에
서 내려오니 그 준비한 것이 신부가 남편을 위하여 단장한 것 같더라 [3]내가 들으니 보
좌에서 큰 음성이 나서 이르되 보라 하나님의 장막이 사람들과 함께 있으매 하나님이
그들과 함께 계시리니 그들은 하나님의 백성이 되고 하나님은 친히 그들과 함께 계셔
서 [4]모든 눈물을 그 눈에서 닦아 주시니 다시는 사망이 없고 애통하는 것이나 곡하는
것이나 아픈 것이 다시 있지 아니하리니 처음 것들이 다 지나갔음이러라

계 22:1-2 [1]또 그가 수정같이 맑은 생명수의 강을 내게 보이니 하나님과 및 어린
양의 보좌로부터 나와서 [2]길 가운데로 흐르더라 강 좌우에 생명나무가 있어 열두 가
지 열매를 맺되 달마다 그 열매를 맺고 그 나무 잎사귀들은 만국을 치료하기 위하여
있더라

이제야말로 온전한 안식에 이르게 됩니다. 하나님 나라는 온전히 회복되었습니다. 새 하늘과 새 땅은 이루어졌습니다. 이것은 우리가 누릴 소망입니다. 이 모든 일들은 예수님이 재림하셔서 최후의 싸움을 이기는 것으로 이루어지는 우리의 소망입니다.

이제 우리의 믿음은 예수님이 다시 오시는 재림에 초점을 맞추고 그 날까지 이 땅에 하나님의 나라를 이루어 가는 새 이스라엘로서 세상과 섞이지 않는 삶을 살아가야 할 것입니다.

계 22:20-21 [20]이것들을 증언하신 이가 이르시되 내가 진실로 속히 오리라 하시
거늘 아멘 주 예수여 오시옵소서 [21]주 예수의 은혜가 모든 자들에게 있을지어다 아멘

내가 진실로 속히 오리라 하시거늘
아멘 주 예수여 오시옵소서!

"수고하셨습니다"

구약 황금장

모세오경

책	장	제목
창	1장	창조
	3장	타락
	7,8장	홍수
	11장	바벨탑
	12장	소명Ⅰ(아브라함)
	15장	언약Ⅰ(아브라함)
	22장	구약의 갈보리
	49장	12지파 축복Ⅰ(야곱)
출	3장	소명Ⅱ(모세)
	12장	유월절
	14장	홍해
	16장	안식일
	20장	십계명Ⅰ
	40장	성막
레	8장	제사장
	23장	절기
	25장	희년
민	14장	반역
	21장	놋뱀
	35장	피난처
신	5장	십계명Ⅱ
	6장	말씀
	28장	축복과 저주
	32장	모세의 노래
	34장	12지파 축복Ⅱ(모세)

황금장은 성경의 모든 장 중에서 어느 한 주요 주제를 집중적으로 다루고 있는 장을 가리킨다. 따라서 황금장을 이용하면 성경의 극적 현장에서 직접 뛰어들 수 있다. 단 황금장은 학자에 따라 견해가 다른 것으로서 성경신학적으로 고정된 것은 결코 아니다.

역사서

책	장	제목
수	3장	요단강 도하
	4장	가나안 입국
	24장	결단 촉구
삿	7장	기드온
룻	1장	절개
삼상	9장	사울의 기름부음
	16장	다윗의 기름부음
	20장	우정
삼하	6장	예루살렘
	7장	언약Ⅱ(다윗)
왕상	3장	일천 번제
	30장	부흥
	34장	종교개혁
스	1장	귀환Ⅰ
	4장	방해
	7장	귀환Ⅱ
느	2장	귀환Ⅲ
	4장	성전건축
에	4장	일사각오

시가 및 지혜서

책	장	제목
욥	1장	천상(天上)의 대화
시	1편	복 있는 사람
	8편	인생
	22편	갈보리의 시편
	23편	선한목자
	32편	교화자
	39편	연약
	51편	회개
	72편	전도
	73편	번영
	84편	경배
	103편	찬양
	119편	말씀의 시편
	121편	섭리
	136편	감사
	139편	전지(全知)
	150편	찬양
잠	1장	교훈
	3장	지혜
	23장	금주(禁酒)
	31장	현숙한 여인
전	2장	허무
	12장	노년(老年)
아	8장	사랑의 완성

대선지서

책	장	제목
사	6장	소명Ⅲ(이사야)
	7장	임마누엘
	12장	기쁨
	14장	사단
	35장	천년 왕국
	53장	메시아의 고난
	55장	초청
렘	1장	소명Ⅳ(예레미야)
	31장	새 언약
겔	10장	그룹
	28장	사단
	33장	파수꾼
	37장	부활
	38장	곡의 전쟁
	40장	미래의 성전
단	2장	신상(神像)
	6장	기도
	9장	70이레

소선지서

책	장	제목
호	14장	배교
슥	14장	그리스도의 재림
말	3장	십일조

신약 황금장

사복음서

책	장	주제
마	1장	예수의 족보
	4장	시험
	5–7장	산상보훈
	13장	씨뿌리는 자의 비유
	16장	교회에 대한 약속
	17장	예수님의 변형
	21장	배척
	24장	작은 계시록
	25장	달란트
	27장	십자가
	28장	부활
눅	1장	세례 요한
	2장	성탄
	3장	예수의 족보
	10장	봉사
	11장	기도 I
	18장	기도 II
요	1장	로고스
	2장	첫 이적
	3장	중생(重生)
	4장	생명수
	6장	생명의 떡
	9장	소경
	10장	선한 목자
	11장	나사로
	13장	만찬
	14장	위로 I
	15장	포도나무
	17장	중보기도

역사서

책	장	주제
행	1장	승천
	2장	오순절
	7장	스데반
	9장	바울의 개종
	12장	구출
	13장	선교
	15장	예루살렘 종교회의
	16장	마게도니아인의 환상

바울서신

책	장	주제
롬	5장	칭의
	6장	성화
	8장	영화
	9장	선택
	10장	전도
	11장	섭리
	12장	헌신 I
	14장	형제사랑
고전	2장	교사
	4장	목회자
	7장	결혼
	11장	성찬
	12장	은사
	13장	사랑
	14장	예언
	15장	부활
고후	1장	위로 II
	4장	징계
갈	5장	성령의 열매
	6장	짐진 자
엡	1장	예정
	4장	교회
	5장	부부(夫婦)
	6장	영적 무장(武裝)
빌	2장	겸손
	3장	헌신 II
살전	4장	휴거
딤후	3장	직분

공동서신

책	장	주제
히	4장	안식
	8장	새 언약
	11장	믿음
	12장	징계
약	3장	말(言)
요일	1장	사귐
유	1장	이단

예언서

책	장	주제
계	2–3장	일곱 교회
	6장	환난
	13장	적그리스도
	19장	재림
	20장	백보좌(白寶座)
	21장	새 하늘과 새 땅

황금장은 성경의 모든 장 중에서 어느 한 주요 주제를 집중적으로 다루고 있는 장을 가리킨다. 따라서 황금장을 이용하면 성경의 극적 현장에서 직접 뛰어들 수 있다. 단, 황금장은 학자에 따라 견해가 다른 것으로서 성경신학적으로 고정된 것은 결코 아니다.